여러분의 합격을 응원하는
해커스공무원의 특별 혜택

JN354439

FREE 공무원 회계학 **특강**

해커스공무원(gosi.Hackers.com) 접속 후 로그인 ▶ 상단의 [무료강좌] 클릭하여 이용

해커스공무원 온라인 단과강의 **20% 할인쿠폰**

98F6EE543898TQY2

해커스공무원(gosi.Hackers.com) 접속 후 로그인 ▶ 상단의 [나의 강의실] 클릭 ▶
좌측의 [쿠폰등록] 클릭 ▶ 위 쿠폰번호 입력 후 이용

* 등록 후 7일간 사용 가능(ID당 1회에 한해 등록 가능)

합격예측 온라인 모의고사 응시권 + 해설강의 수강권

A43799892543328C

해커스공무원(gosi.Hackers.com) 접속 후 로그인 ▶ 상단의 [나의 강의실] 클릭 ▶
좌측의 [쿠폰등록] 클릭 ▶ 위 쿠폰번호 입력 후 이용

* ID당 1회에 한해 등록 가능

쿠폰 이용 관련 문의 **1588-4055**

단기 합격을 위한 해커스공무원 커리큘럼

입문
탄탄한 기본기와 핵심 개념 완성!
누구나 이해하기 쉬운 개념 설명과 풍부한 예시로 부담없이 쌩기초 다지기
TIP 베이스가 있다면 **기본 단계**부터!

기본+심화
필수 개념 학습으로 이론 완성!
반드시 알아야 할 기본 개념과 문제풀이 전략을 학습하고
심화 개념 학습으로 고득점을 위한 응용력 다지기

기출+예상 문제풀이
문제풀이로 집중 학습하고 실력 업그레이드!
기출문제의 유형과 출제 의도를 이해하고 최신 출제 경향을 반영한
예상문제를 풀어보며 본인의 취약영역을 파악 및 보완하기

동형문제풀이
동형모의고사로 실전력 강화!
실제 시험과 같은 형태의 실전모의고사를 풀어보며 실전감각 극대화

최종 마무리
시험 직전 실전 시뮬레이션!
각 과목별 시험에 출제되는 내용들을 최종 점검하며 실전 완성

PASS

* 커리큘럼 및 세부 일정은 상이할 수 있으며, 자세한 사항은 해커스공무원 사이트에서 확인하세요.

단계별 교재 확인 및 수강신청은 여기서!
gosi.Hackers.com

해커스공무원 정윤돈 회계학 재무회계 기본서

해커스공무원

정윤돈

약력
성균관대학교 경영학과 졸업
현 | 해커스공무원 회계학 강의
현 | 해커스 감정평가사, 관세사 회계학 강의
현 | 해커스 경영아카데미 재무회계 전임(회계사, 세무사)
현 | 해커스금융 전임(신용분석사, 매경TEST)
현 | 미래세무회계 대표 회계사
현 | 삼일아카데미 외부교육 강사
전 | 삼정회계법인 감사본부(CM본부)
전 | 한영회계법인 금융감사본부(FSO)
전 | 한영회계법인 금융세무본부(FSO TAX)
전 | 대안회계법인 이사

저서
해커스공무원 정윤돈 회계학 재무회계 기본서
해커스공무원 정윤돈 회계학 원가관리회계·정부회계 기본서
해커스공무원 정윤돈 회계학 단원별 기출문제집
해커스 감정평가사 정윤돈 회계학 기본서
해커스 감정평가사 정윤돈 회계학 1차 기출+예상문제집
해커스 IFRS 정윤돈 회계원리
해커스 IFRS 정윤돈 고급회계
해커스 IFRS 정윤돈 중급회계 입문
해커스 IFRS 정윤돈 중급회계 1/2
해커스 IFRS 정윤돈 객관식 재무회계
해커스 IFRS 정윤돈 재무회계연습
해커스 IFRS 정윤돈 재무회계 키 핸드북
해커스 세무사 IFRS 정윤돈 재무회계 1차 FINAL
해커스 신용분석사 1부 이론 + 적중문제

공무원 시험
합격을 위한 필수 기본서!

공무원 공부, 어떻게 시작해야 할까?

공무원 시험에서 회계학 과목은 9급 세무직, 관세직 등의 필수과목입니다. 이에 따라 많은 수험생분들이 회계학 공부방법에 대해서 고민을 하고 있습니다. 회계학에 대해 여러 가지 학습방법이 있으나, 그 중 가장 중요한 것은 이해를 바탕으로 각 거래가 재무제표에 어떠한 영향을 가져오는지를 파악하는 것입니다. 이를 위하여 여러 교재들이 각 거래를 회계처리나 그림, 산식 등을 이용하여 풀이하고 있습니다. 하지만 이로 인해 수험생들이 각 거래가 재무제표에 미치는 영향은 뒤로 하고 오로지 회계처리와 그림만을 학습하는 실수를 범하고 있습니다. 이를 해결하기 위해서는 회계학을 학습하실 때 거래별로 재무제표에 어떠한 영향을 가져오는지 고민하는 습관을 가져야 할 것입니다. 이를 위해 『해커스공무원 정윤돈 회계학 재무회계 기본서』는 각 계정별로 재무제표 효과를 자세히 기재하였습니다.

『해커스공무원 정윤돈 회계학 재무회계 기본서』 교재는 다음과 같은 특징을 가지고 있습니다.

첫째, 상세한 해설을 수록하였습니다.

그동안 공무원 시험을 대비하는 많은 회계학 교재들이 문제를 많이 수록하려고 하다 보니 해설이 빈약하였고, 이로 인해 수험생분들이 책을 보아도 제대로 답을 이해하지 못하였습니다. 본서는 이를 보완하기 위하여 시험에 자주 출제되는 PART의 이론과 문제에 대한 그림과 회계처리, 산식들을 충분히 작성하여 수험생들의 폭 넓은 이해가 가능하도록 하였습니다.

둘째, 최신 개정법령 및 회계기준을 반영하였습니다.

최근 회계학에서 많은 개정 이슈가 있었습니다. 이에 최신 개정 법령과 회계기준을 반영한 문제들을 선별하여 수록하여, 최신 출제경향을 정확히 이해하고 시험에 완벽하게 대비할 수 있습니다.

셋째, 해당 회계처리가 나올 수밖에 없는 이유와 배경을 충실히 설명하였습니다.

많은 수험생분이 꼽는 회계학 학습의 가장 큰 고충은 '회계는 외울 수밖에 없다'는 것입니다. 이유도 모른 채 암기만 한다면, 그 학습의 효과는 결코 길지 않을 것입니다. 따라서 이를 극복하기 위해 본서는 각 거래별 해당 회계처리가 만들어진 이유를 자세히 기재하여 인과관계 파악을 통한 심도 깊은 학습이 가능합니다.

서문을 마무리하며, 늘 부족한 남편을 한결같은 마음으로 사랑해주는 아내 현주와 생각만 해도 행복하고, 보고 있어도 보고 싶고, 안아줘도 또 안아주고 싶은 딸 소은, 소율에게 사랑한다는 말을 전합니다.

『해커스공무원 정윤돈 회계학 재무회계 기본서』가 공무원 합격을 꿈꾸는 모든 수험생 여러분에게 훌륭한 길잡이가 되기를 바랍니다.

정윤돈

목차

I 기본편

PART 01 재무회계와 회계원칙
CHAPTER 1 재무회계의 의의	10
CHAPTER 2 일반적으로 인정된 회계원칙(GAAP)과 한국채택국제회계기준(K-IFRS)	15
핵심 빈출 문장	19
확인 문제	20

PART 02 회계원리
CHAPTER 1 거래의 기록	22
CHAPTER 2 장부기록의 과정	29
CHAPTER 3 회계순환과정	41
핵심 빈출 문장	54
확인 문제	55

PART 03 재무제표 표시와 현재가치
CHAPTER 1 재무상태의 목적과 전체 재무제표, 일반 사항	70
CHAPTER 2 재무상태표	76
CHAPTER 3 포괄손익계산서	83
CHAPTER 4 기타 재무제표	90
CHAPTER 5 현재가치 측정	91
핵심 빈출 문장	101
확인 문제	103

PART 04 재고자산
CHAPTER 1 재고자산의 정의	110
CHAPTER 2 재고자산의 취득원가 및 기말 재고자산 조정	111
CHAPTER 3 재고자산의 단위원가 결정방법	124
CHAPTER 4 재고자산의 감모손실과 평가손실	132
CHAPTER 5 특수한 원가배분방법	142
CHAPTER 6 농림어업	149
핵심 빈출 문장	152
확인 문제	155

PART 05 유형자산
CHAPTER 1 유형자산의 의의	171
CHAPTER 2 유형자산의 최초 인식과 측정	172
CHAPTER 3 유형자산의 감가상각과 후속 원가, 제거	176
CHAPTER 4 유형별 자산의 원가	191
CHAPTER 5 복구원가와 정부보조금	197
CHAPTER 6 재평가모형	210
CHAPTER 7 유형자산의 손상	228
핵심 빈출 문장	235
확인 문제	237

PART 06 투자부동산과 무형자산
CHAPTER 1 투자부동산	256
CHAPTER 2 무형자산	270
핵심 빈출 문장	289
확인 문제	291

PART 07 충당부채와 중간재무보고
CHAPTER 1 충당부채의 의의와 인식, 측정	301
CHAPTER 2 충당부채의 적용 사례	314
CHAPTER 3 보고기간후사건	316
CHAPTER 4 중간재무보고	318
핵심 빈출 문장	321
확인 문제	323

PART 08 금융부채
CHAPTER 1 금융부채의 정의와 분류	330
CHAPTER 2 상각후원가 측정 금융부채	332
핵심 빈출 문장	359
확인 문제	360

II 심화편

PART 09 자본
CHAPTER 1 자본의 의의와 측정, 분류	372
CHAPTER 2 자본금	376
CHAPTER 3 자본거래	377
CHAPTER 4 손익거래	388
CHAPTER 5 우선주 - 이익배당우선주	400
핵심 빈출 문장	403
확인 문제	404

PART 10 금융자산(1)
CHAPTER 1 현금및현금성자산과 은행계정조정표	414
CHAPTER 2 수취채권의 손상	419
CHAPTER 3 금융자산의 제거	422
핵심 빈출 문장	426
확인 문제	427

PART 11 금융자산(2)
CHAPTER 1 금융자산 일반	432
CHAPTER 2 투자지분상품	436
CHAPTER 3 투자채무상품	446
CHAPTER 4 금융자산의 손상	457
핵심 빈출 문장	467
확인 문제	468

PART 12 고객과의 계약에서 생기는 수익

CHAPTER 1 수익의 의의	480
CHAPTER 2 고객과의 계약에서 생기는 수익	481
CHAPTER 3 STEP 1 - 계약의 식별	485
CHAPTER 4 STEP 2 - 수행의무의 식별	491
CHAPTER 5 STEP 3 - 거래가격의 산정	494
CHAPTER 6 STEP 4 - 거래가격의 배분	500
CHAPTER 7 STEP 5 - 수익의 인식	503
CHAPTER 8 거래형태별 수익의 인식의 적용 사례	505
핵심 빈출 문장	521
확인 문제	524

PART 13 건설계약

CHAPTER 1 건설계약 일반	530
CHAPTER 2 건설계약의 회계처리	533
CHAPTER 3 건설계약의 특수상황	538
핵심 빈출 문장	541
확인 문제	542

PART 14 회계변경 및 오류수정

CHAPTER 1 회계변경과 오류수정의 기초	545
CHAPTER 2 회계정책의 변경의 적용	552
CHAPTER 3 회계추정의 변경의 적용	555
CHAPTER 4 오류수정의 적용	556
핵심 빈출 문장	569
확인 문제	570

PART 15 주당이익

CHAPTER 1 주당이익의 기초	578
CHAPTER 2 기본주당이익	580
CHAPTER 3 희석주당이익	586
핵심 빈출 문장	588
확인 문제	589

PART 16 현금흐름표

CHAPTER 1 현금흐름표의 기초	592
CHAPTER 2 현금흐름표의 작성방법	597
CHAPTER 3 영업활동으로 인한 현금흐름	598
CHAPTER 4 투자활동으로 인한 현금흐름	608
CHAPTER 5 재무활동으로 인한 현금흐름	610
핵심 빈출 문장	612
확인 문제	613

PART 17 법인세회계

CHAPTER 1 법인세회계의 기초	626
CHAPTER 2 법인세의 기간 간 배분	632
CHAPTER 3 법인세의 기간 내 배분	640
핵심 빈출 문장	644
확인 문제	645

PART 18 합병과 관계기업투자주식

CHAPTER 1 사업결합과 합병회계	648
CHAPTER 2 관계기업투자주식	652
확인 문제	657

PART 19 재무비율

CHAPTER 1 재무상태표 분석	660
확인 문제	667

PART 20 재무보고를 위한 개념체계

CHAPTER 1 개념체계의 목적과 위상	675
CHAPTER 2 일반목적재무보고의 목적	677
CHAPTER 3 유용한 재무정보의 질적특성	679
CHAPTER 4 보고실체	686
CHAPTER 5 재무제표의 요소	688
CHAPTER 6 재무제표 요소의 인식과 제거	698
CHAPTER 7 재무제표 요소의 측정	700
CHAPTER 8 자본 및 자본유지개념	704
핵심 빈출 문장	709
확인 문제	711

Ⅲ 기타편

PART 21 차입원가의 자본화

CHAPTER 1 차입원가의 기초	720
CHAPTER 2 차입원가의 자본화	723
핵심 빈출 문장	732
확인 문제	733

PART 22 복합금융상품

CHAPTER 1 복합금융상품의 의의 및 종류	736
CHAPTER 2 전환사채	737
CHAPTER 3 신주인수권부사채	741
확인 문제	750

PART 23 종업원급여

CHAPTER 1 종업원급여의 의의 및 분류	751
CHAPTER 2 퇴직급여제도	752
핵심 빈출 문장	754
확인 문제	755

PART 24 리스

CHAPTER 1 리스회계의 기초	756
CHAPTER 2 리스제공자 - 금융리스	758
CHAPTER 3 리스제공자 - 운용리스	768
CHAPTER 4 리스제공자가 제조자 또는 판매자인 금융리스	771
CHAPTER 5 리스이용자	773

이 책의 구성

『해커스공무원 정윤돈 회계학 재무회계 기본서』는 수험생 여러분들이 회계학 과목을 효율적으로 정확히 학습하실 수 있도록 상세한 내용과 다양한 학습장치를 수록·구성하였습니다. 아래 내용을 참고하여 본인의 학습 과정에 맞게 체계적으로 학습 전략을 세워 학습하기 바랍니다.

① 이론의 세부적인 내용을 정확하게 이해하기

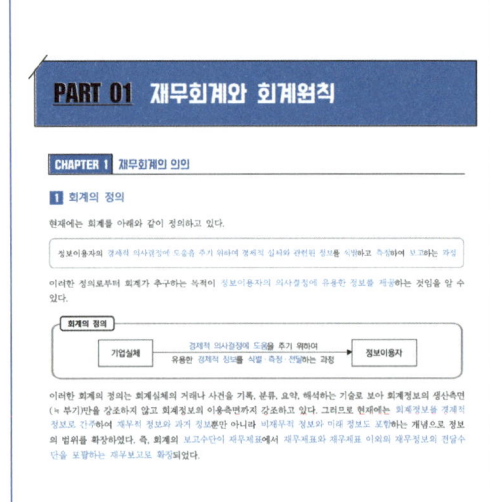

최근 출제경향 및 개정 기업회계기준을 반영한 이론

1. 최근 출제경향 반영
철저한 기출분석으로 도출한 최신 출제경향을 바탕으로 자주 출제되거나 출제가 예상되는 내용들을 빠짐없이 교재 내 이론에 반영·수록하였습니다. 이를 통해 방대한 회계학의 내용 중 시험에 나오는 이론만을 효과적으로 학습할 수 있습니다.

2. 2026년 시험 대비 기업회계기준 및 정부회계규칙 반영
2026년에 적용되는 최신 기업회계기준 및 정부회계규칙을 교재 내 모든 이론과 문제에 적극 반영하였습니다. 이를 통해 개정된 회계기준의 내용으로 정확하게 학습하여 시험에 효율적으로 대비할 수 있습니다.

② 다양한 학습장치를 활용하여 이론 완성하기

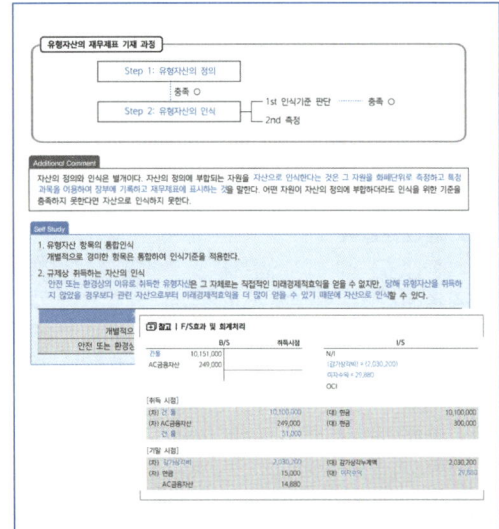

체계적인 학습을 위한 다양한 학습 장치

1. Self Study, Additional Comment
수업 후 혼자 학습한 내용을 복습할 때, 2회독 이상 기본서를 학습할 때 등 다양한 상황에 맞춰 기본서를 활용할 수 있도록 Self Study, Additional Comment를 구성하였습니다. 이를 통해 본인의 학습 단계에 맞춰 다양한 방법으로 기본서를 활용할 수 있습니다.

2. 참고
본문 내용 외에도 더 알아두면 좋거나 심화된 내용들은 따로 모아서 '참고'에 수록하였습니다. 참고를 학습함으로써 학습의 빈틈을 채우고, 회계학 개념을 완성할 수 있습니다.

해커스공무원 정윤돈 회계학 재무회계 기본서

③ 실제 사례 및 문제를 통해 이론 적용하기

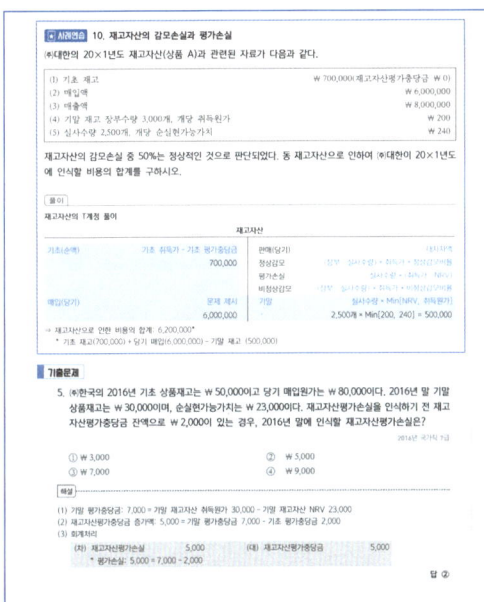

심층학습을 위한 사례연습 및 기출문제

1. 사례연습
공무원 회계학 시험에서는 주요 이론 외에도 실제와 같은 사례를 제시하고 이를 해결해야 하는 문제가 함께 출제되고 있으므로, 이를 대비하기 위해 이론과 관련된 사례 및 그에 따른 분개, 풀이 과정을 함께 수록하였습니다. 이론을 사례에 적용함으로써 학습한 내용을 확실하게 정리할 수 있고, 사례형 문제에 대한 적응력을 높일 수 있습니다.

2. 기출문제
이론과 사례연습을 통해 개념을 익혔다면, 학습한 개념이 실제 시험에서는 어떻게 출제되었는지 바로 확인할 수 있도록 본문 내에 '기출문제'를 수록하였습니다. 이를 통해 이론이 어떻게 문제화되는지, 문제로 출제되는 포인트는 무엇인지 파악할 수 있습니다.

④ 기출문제를 통해 다시 한번 이론 정리하기

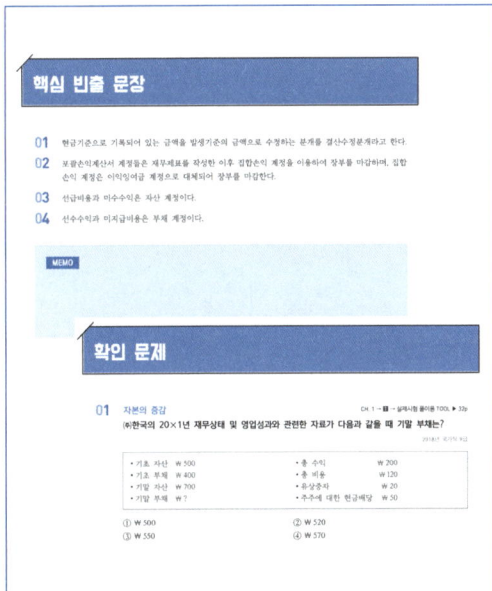

실전 감각을 높일 수 있는 핵심 빈출 문장 및 확인 문제

1. 핵심 빈출 문장
시험에 자주 출제되는 문장들은 반복되어 출제되는 경우가 많으므로, 이를 따로 모아 PART 말미에 수록하였습니다. 미리 주요 지문들에 친숙해질 수 있도록 학습 직후 또는 틈틈이 빈출 문장들을 읽어보시기 바랍니다.

2. 확인 문제
학습한 회계학 이론을 문제에 적용할 수 있도록 핵심 키워드와 기출문제를 함께 수록하였습니다. 문제를 풀어봄으로써 학습한 개념과 이론을 제대로 이해하고 있는지 확인해볼 수 있으며, 상세한 해설을 통해 회계학을 암기하는 것이 아닌 '이해'하며 개념을 익힐 수 있습니다.

이 책의 구성 **7**

해커스공무원 학원·인강
gosi.Hackers.com

해커스공무원 정윤돈 회계학 재무회계 기본서

I
기본편

PART 01 재무회계와 회계원칙
PART 02 회계원리
PART 03 재무제표 표시와 현재가치
PART 04 재고자산
PART 05 유형자산
PART 06 투자부동산과 무형자산
PART 07 충당부채와 중간재무보고
PART 08 금융부채

PART 01 재무회계와 회계원칙

CHAPTER 1 재무회계의 의의

1 회계의 정의

현재에는 회계를 아래와 같이 정의하고 있다.

> 정보이용자의 경제적 의사결정에 도움을 주기 위하여 경제적 실체와 관련된 정보를 식별하고 측정하여 보고하는 과정

이러한 정의로부터 회계가 추구하는 목적이 정보이용자의 의사결정에 유용한 정보를 제공하는 것임을 알 수 있다.

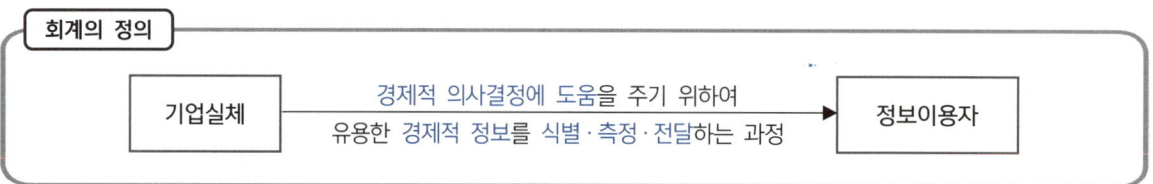

이러한 회계의 정의는 회계실체의 거래나 사건을 기록, 분류, 요약, 해석하는 기술로 보아 회계정보의 생산측면(≒ 부기)만을 강조하지 않고 회계정보의 이용측면까지 강조하고 있다. 그러므로 현재에는 회계정보를 경제적 정보로 간주하여 재무적 정보와 과거정보뿐만 아니라 비재무적 정보와 미래정보도 포함하는 개념으로 정보의 범위를 확장하였다. 즉, 회계의 보고수단이 재무제표에서 재무제표와 재무제표 이외의 재무정보의 전달수단을 포괄하는 재무보고로 확장되었다.

> **Self Study**
> 경제적 정보: 재무적 정보·과거정보 + 비재무적 정보·미래정보
> 1. 재무적 정보: 화폐로 측정 가능한 정보(기업의 재무상태, 재무성과에 대한 정보 등)
> 2. 비재무적 정보: 화폐로 측정 불가능한 정보(경영진의 능력, 기업의 이미지 등)

2 회계정보이용자와 회계의 분류

1. 회계정보이용자의 구분

기업실체와 이해관계가 있는 회계정보이용자는 현재 및 잠재적 투자자, 대여자와 그 밖의 채권자, 정부와 규제기관, 경영자, 종업원, 일반대중 등으로 매우 다양하다. 이들은 기업실체와 직접적으로 또는 간접적으로 관련된 다양한 의사결정 상황에서 회계정보를 필요로 한다.

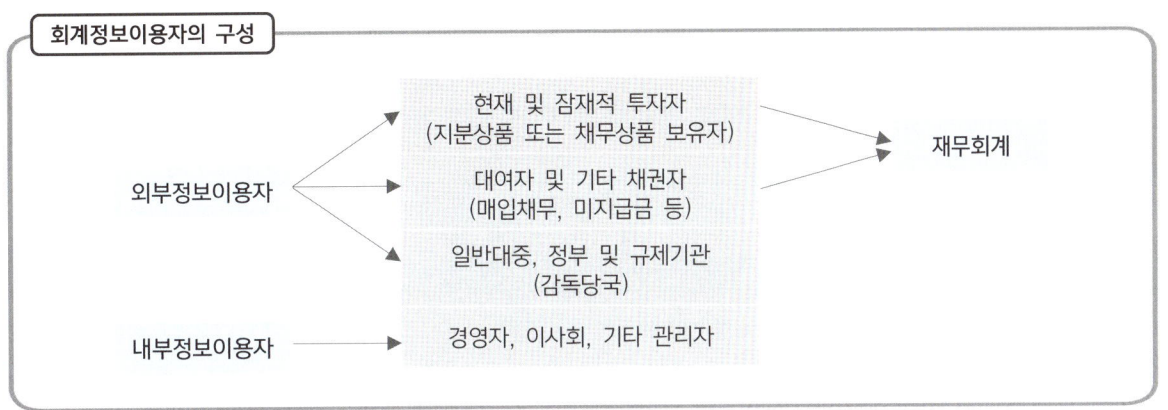

기업의 회계정보이용자는 내부정보이용자와 외부정보이용자로 구분할 수 있으며, 이러한 회계정보이용자의 분류에 따라 회계는 재무회계와 관리회계로 구분된다.

2. 내부정보이용자

기업의 주요 내부정보이용자는 기업의 경영자이며 그들은 기업활동과 관련된 의사결정에 도움을 받기 위해서 회계정보를 필요로 한다. 내부정보이용자는 당해 기업과 관련된 정보를 언제든지 얻을 수 있는 권한을 가지고 있을 뿐만 아니라 회계정보의 산출 과정에서도 상당한 영향력을 행사할 수 있다. 따라서 경영자에게 제공되는 회계정보는 내용이나 형식에 특별한 제약을 받지 않고 회계정보를 산출하는 데 있어서 지켜야 할 지침이나 규칙이 요구되지 않으며, 오로지 경영자가 가장 유용하게 이용할 수 있도록 회계정보를 산출하여 제공하기만 하면 된다. 이와 같이 내부정보이용자를 위한 회계를 관리회계라고 한다.

3. 외부정보이용자

기업의 외부정보이용자는 현재 및 잠재적인 투자자, 대여자 및 그 밖의 채권자, 정부, 일반대중 등이 있다. 이들은 이해관계가 있는 기업으로부터 격리되어 있기 때문에 그들이 필요로 하는 회계정보를 직접 요구할 수 있는 권한도 상당히 제한되어 있다는 것이 내부정보이용자와 구별되는 점이다. 따라서 외부정보이용자에게 제공되는 회계정보는 통일된 지침과 규칙에 따라서 작성되어야 하고, 일정한 수준 이상의 충분한 정보가 제공될 필요가 있다. 이때 회계정보 작성 및 공시과정에서 준거해야 할 지침 또는 규칙을 '일반적으로 인정된 회계원칙(GAAP; Generally Accepted Accounting Principles)'이라고 한다.

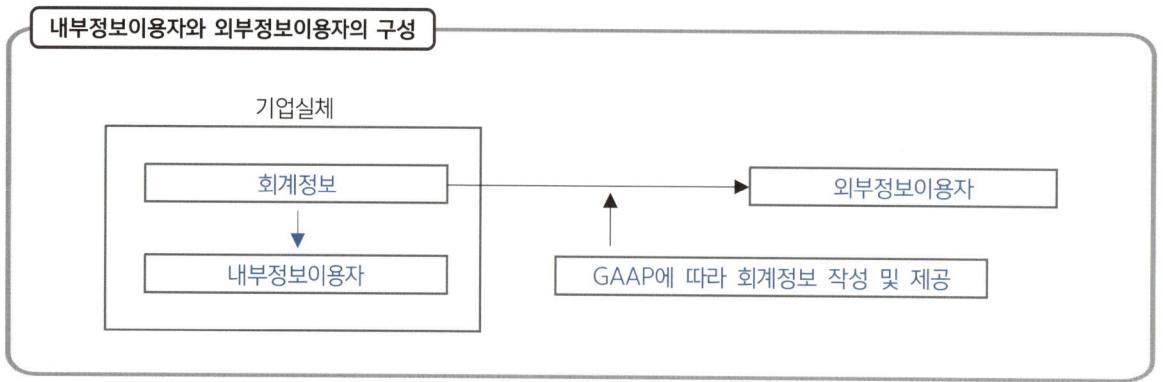

Self Study
외부정보이용자에게 전달되는 회계정보는 일반적으로 인정된 회계원칙에 따라 작성될 필요가 있으나, 내부정보이용자(= 경영자)에게 전달되는 회계정보는 일반적으로 인정된 회계원칙에 따라 작성될 필요가 없다. 또한, 경영자는 의사결정에 있어서 일반적으로 인정된 회계원칙에 따라 작성된 회계정보에 의존할 필요도 없다.

4. 회계의 분류

회계는 회계정보의 이용주체인 회계정보이용자에 따라 재무회계와 관리회계로 분류된다. 여기서 현재 및 잠재적 투자자, 대여자와 그 밖의 채권자 등의 외부정보이용자가 이용하는 회계정보를 재무회계라고 하고 경영자 등의 내부정보이용자가 이용하는 회계정보를 관리회계라고 한다.

(1) 재무회계

재무회계는 외부정보이용자의 경제적 의사결정에 유용한 정보를 제공하는 것을 목적으로 하는 회계이다. 재무회계는 일정한 규칙인 회계원칙에 따라 작성된 재무보고서를 통하여 정보를 제공한다. 다양한 회계정보이용자에게 표준화되고 일정한 양식에 의하여 보고하여야 이해가능성을 높일 수 있기 때문이다.

서로 다른 정보이용자에게 정보 욕구에 충족하는 보고서를 개별적으로 작성하여 정보를 이용할 수 있게 하기 위해서는 비용이 많이 들 것이다. 그러므로 재무회계는 다수의 회계정보이용자들을 위한 것이기 때문에 일반목적재무보고라고도 표현한다.

(2) 관리회계

관리회계는 경영진의 관리적 의사결정에 유용한 정보를 제공하는 것을 목적으로 한다. 관리회계는 경영진의 의사결정에 필요한 정보를 제공하기 때문에 특수목적회계라고 하며, 재무제표와 같은 보고양식이나 일반적인 회계원칙을 필요로 하지 않는다. 한편, 제조기업의 원가계산은 외부정보이용자들에게 정보를 제공하는 외부보고목적으로 공시되는 재무제표에 포함될 재무회계의 일부이다. 그러나 관리회계가 원가정보에 바탕을 두고 의사결정을 중심으로 발전하여 왔기 때문에 관리회계에 제품원가계산을 같이 다루고 있다. 즉, 관리회계는 경영자의 관리적 의사결정과 관련한 특수한 상황에 대한 정보를 제공하므로 일반적으로 인정된 회계원칙에 의하여 작성되지 않는다. 그러므로 과거의 정보를 보고하는 재무회계에 비하여 상대적으로 미래지향적인 정보를 포함하고 있다.

● 회계의 분류

구분	재무회계	관리회계
목적	외부보고목적	내부보고목적
대상	외부정보이용자	내부정보이용자
보고수단	일반목적재무제표	특수목적보고서
작성원칙	일반적으로 인정된 회계원칙	기준 없음
정보의 성격	신뢰성 강조	목적적합성 강조
정보의 범위	기업전체의 정보	기업의 부문별, 제품별 정보
보고시기	회계연도 말 등에 정기적 보고	필요에 따라 수시로 보고
시간적 관점	과거의 결과에 대한 정보	과거사건의 결과 및 미래 예측에 대한 정보

Additional Comment

참고로 세무회계는 재무회계시스템을 통해서 산출된 회계이익으로부터 세법 규정에 의한 과세소득을 산정하는 과정을 다룬다. 세무회계정보의 이용자는 과세당국이며, 세무회계의 목적은 적정한 과세소득의 산정에 있다는 점에서 관리회계 및 재무회계와 구별된다.

3 재무보고

재무회계시스템을 통하여 산출된 회계정보를 외부정보이용자에게 제공하는 것을 재무보고라고 하고, 재무보고를 할 때 사용하는 가장 대표적인 전달 수단이 재무제표이다.

1. 재무제표

재무회계는 기업의 외부정보이용자들이 합리적인 의사결정을 할 수 있도록 유용한 정보를 제공하는 것이 목적이다. 그러므로 기업은 외부정보이용자들에게 기업에 유입될 미래 순현금유입의 금액, 시기 및 불확실성을 예측하기 위하여 재무상태, 재무성과, 자본변동 및 현금흐름에 관한 정보를 제공하여야 한다. 이러한 재무회계의 목적을 달성하기 위해서는 다양한 회계정보가 필요하고, 이를 위하여 표준화된 일정한 양식이 필요한데 이를 재무제표(Financial Statements)라고 한다. 재무제표는 기업실체의 외부 정보이용자에게 기업실체에 관한 재무적 정보를 전달하는 핵심적인 재무보고의 수단이다. 재무보고의 목적을 달성하기 위해서는 다양한 회계정보가 제공되어야 하고, 이를 위해서는 여러 종류의 재무제표가 필요하다. 재무제표는 특정 시점의 상태(저량, Stock)를 나타내는 재무제표와 특정 기간의 변동(유량, Flow)을 나타내는 재무제표로 구분된다.

기업회계기준서 제1001호 '재무제표 표시'는 다음과 같은 재무제표들을 공시하도록 요구하고 있다.

① 특정 시점의 상태에 관한 재무제표 - 재무상태표(B/S, Statement of Financial Position): 일정 시점에 기업의 경제적 자원(자산)과 보고기업에 대한 청구권(부채 및 자본)에 관한 정보를 제공하는 재무제표
② 특정 기간의 변동에 관한 재무제표
　㉠ 포괄손익계산서(I/S, Statement of Comprehensive Income): 일정 기간 동안의 지분참여자에 의한 출현과 관련된 것을 제외한 순자산의 증감에 의하여 발생하는 재무성과에 관한 정보를 제공하는 재무제표
　㉡ 자본변동표(S/E, Statement of Change in Equity): 일정 시점에 자본의 잔액과 일정 기간 동안의 자본의 변동에 관한 정보를 제공하는 재무제표
　㉢ 현금흐름표(CF, Statement of Cash Flow): 일정 기간 동안의 현금및현금성자산의 창출능력과 현금흐름의 사용 용도를 평가하는 데 유용한 기초를 제공하는 재무제표

재무제표는 주석을 통하여 재무제표 본문에 표시된 정보를 이해하는 데 도움이 되는 추가적 정보나 재무제표 본문에 계상되지 않은 자원, 의무 등에 대한 정보를 함께 제공하여야 한다. 주석은 재무제표상 해당 과목 또는 금액에 기호를 붙이고 난외 또는 별지에 동일한 기호를 표시하여 그 내용을 간결하게 기재하는 것을 말한다. 주석은 재무제표와는 별도로 공시하지만 재무제표에 포함된다.

재무제표의 종류와 관계

B/S				I/S		CF		자본변동표	
자산	1,000	부채	800	수익	500	유입	300	자본금	100 → 100
		자본	200	비용	(400)	유출	(600)	이익잉여금	0 → 100
		• 자본금	100	N/I	100		(300)		
		• 이익잉여금	100						

주석 (세부사항)
- 자산구성내역 등
- 수익구성내역 등

2. 재무보고

재무보고는 기업 외부의 다양한 이해관계자들의 경제적 의사결정을 위해 경영자가 기업실체의 경제적 자원과 의무, 재무성과 등에 관한 재무정보를 제공하는 것을 의미한다.

재무보고에 의한 정보는 주로 기업의 재무제표에 의해 제공된다. 하지만 재무정보는 재무제표 이외에도 경영자 분석 및 전망 그리고 경영자의 주주에 대한 서한 등과 같은 수단으로 제공될 수도 있다. 재무보고의 기타 수단으로 제공되는 재무정보에는 재무제표에 보고되기에는 적절하지 않지만 정보이용자의 의사결정에는 유용한 정보가 모두 포함되어 있다. 사업보고서는 재무제표와 더불어 기업의 재무정보를 제공하는 재무보고 수단의 예로 비재무정보를 포함한다.

재무보고의 형태

외부정보이용자의 투자, 신용제공 및 기타 의사결정에 유용한 모든 정보			
재무보고			
재무제표(양적 정보)		기타 재무보고 (질적 정보)	기타 정보
재무제표	주석		
재무상태표	회사개요	경영진 회의 자료	분석보고서
포괄손익계산서	회계정책	사업보고서	경제 통계자료
현금흐름표	우발부채	영업보고서	회사 관련 기사
자본변동표	잉여금처분계산서		

CHAPTER 2 일반적으로 인정된 회계원칙(GAAP)과 한국채택국제회계기준(K-IFRS)

1 일반적으로 인정된 회계원칙

1. 일반적으로 인정된 회계원칙의 필요성

기업의 다양한 이해관계자가 필요로 하는 회계정보는 다양하면서도 서로 일치하는 점이 있다. 현실적으로 다양한 정보이용자의 요구를 모두 충족시키는 것이 불가능하므로 일반적으로 많이 요구되는 공통된 정보를 제공해야 한다고 보는 것이 재무회계의 입장이다. 이에 따라 회계정보이용자에게 전달되는 공통된 회계정보를 담고 있는 일반목적재무제표를 위한 일반적으로 인정된 회계원칙이 필요하게 되었다.

> **Additional Comment**
>
> 기업은 정부의 규제 또는 자발적인 결정으로 외부정보이용자에게 회계정보를 제공하는데, 이때 가장 중요한 회계정보는 재무제표이다. 정보이용자는 재무제표를 통해서 기업의 재무상태와 재무성과, 현금흐름 및 자본변동을 한눈에 파악할 수 있다. 그런데 기업이 임의로 재무제표의 내용 및 형식을 정해서 작성·보고한다면 회계정보이용자의 유용성은 감소할 것이다. 그 이유는 하나의 거래에 대해 기업마다 측정한 결과나 보고하는 형식이 다를 수 있어 회계정보이용자가 여러 기업의 재무제표를 비교·분석하는 데 많은 어려움이 있을 수 있기 때문이다. 그러므로 기업이 재무제표를 작성하는 데 있어서 준거해야 할 통일된 지침이 필요하며, 이를 회계기준이라고 한다.

2. 일반적으로 인정된 회계원칙의 의의와 특징

회계기준은 회계정보의 공급자와 이용자 모두로부터 광범위한 지지를 받아야 비로소 회계실무의 지침으로 인정될 수 있는 특성이 있다. 이러한 특성 때문에 회계기준을 '일반적으로 인정된 회계원칙'이라고 부른다. 일반적으로 인정된 회계원칙은 고의나 오류에 의해서 회계정보가 왜곡되는 것을 방지하여 회계정보가 기업 간·기간 간 비교 가능하고 객관적인 정보가 되도록 하기 위해서 기업실체에 영향을 미치는 특정 거래나 사건을 재무제표에 보고할 때 따라야 할 지침 또는 규범이라고 할 수 있다.

일반적으로 인정된 회계원칙의 특징은 다음과 같다.

(1) 실질적 권위가 있는 다수의 전문가들에 의한 지지

회계원칙은 경제적 실체에 영향을 미치는 사건을 재무제표에 보고하는 일정한 방법으로, 권위 있는 다수의 전문가들에 의한 합의를 통하여 제정된다. 회계정보이용자들은 회계원칙의 제정 과정에서 자신들의 이해관계에 유리하게 만들기 위한 정치적인 압력을 행사할 유인이 있다. 그러므로 실질적이고 권위가 있는 다수의 전문가들에 의하여 지지를 받고 수용되어야 하나의 사회적 제도로 존속이 가능해진다.

(2) 중립적인 성격(이해조정적 성격)

정보이용자의 욕구는 다양하므로 특정 정보이용자에게는 유리하지만, 다른 특정 정보이용자에게는 불리하게 회계원칙이 제정될 수 있다. 따라서 회계원칙은 다양한 정보이용자의 정보 욕구를 충족시키기 위한 일반적인 원칙을 제시함으로써 중립적인 성격(이해조정적 성격)을 가지고 있다.

(3) 가변성

회계원칙은 경제적·사회적 환경에 따라 변화한다. 회계는 사회과학이므로 시대의 흐름에 따라 변화하는 특징이 있다.

(4) 신뢰성, 비교가능성, 이해가능성의 향상 및 제고

회계원칙을 제정하면 표준화된 객관적인 재무제표의 작성이 가능해져 재무제표의 신뢰성이 향상되고 재무제표 간의 비교가능성과 정보이용자의 이해가능성이 제고된다.

3. 회계기준 제정

우리나라의 회계원칙을 기업회계기준이라고 한다. 「주식회사 등의 외부감사에 관한 법률」 제13조 제4항에 따라 금융감독위원회가 회계처리기준에 관한 업무를 전문성을 갖춘 민간 법인 또는 단체에 위탁할 수 있는 근거가 마련되었으며, 같은 법 시행령 제7조의2에서는 회계기준제정기구로 한국회계기준원(KAI; Korea Accounting Institute)을 지정하였고, 이에 따라 한국회계기준원은 기업회계기준의 제정, 개정, 해석과 질의회신 등 관련 업무를 수행하게 되었다. 그러나 금융위원회는 이해관계인의 보호와 국제적 회계처리기준과 합치 등을 위하여 필요하다고 인정되면 증권선물위원회의 심의를 거쳐 한국회계기준원에 대하여 회계처리기준의 내용을 수정할 것을 요구할 수 있다. 이 경우 회계기준원은 정당한 사유가 있는 경우를 제외하고는 이에 따라야 한다.

> **Additional Comment**
> 회계정보는 공공재의 성격을 가지고 있으므로 제공자에게는 비용이 발생하지만 이용자는 그 대가를 거의 지불하지 않기 때문에 경제학적 관점에서 균형가격이 형성될 수 없어 시장실패를 초래할 수 있다. 따라서 공공의 이익을 보호하기 위해 중립적인 제3자가 회계기준을 제정하고, 회계정보의 공시에 대해서도 어느 정도 규제를 하여야 한다. 이러한 이유로 세계 각국에서는 중립적인 제3자가 회계기준을 제정하고 있다. 우리나라에서는 2000년부터 금융위원회로부터 회계기준 제정 권한을 위임받은 한국회계기준원이 회계기준을 제정하고 있다.

> **Self Study**
> 회계기준원은 정당한 사유가 없으면 금융위원회의 수정요구사항에 응하고, 확정된 기업회계기준을 일반에 공표한다.

4. 외부감사제도

기업은 회계정보를 통하여 외부정보이용자들의 의사결정에 도움이 되는 유용한 정보를 제공한다. 여기서 제기되는 문제가 회계정보의 신뢰성이다. 같은 회계정보라고 하더라도 내부정보이용자와 외부정보이용자가 회계정보에 대하여 부여하는 신뢰의 정도는 다르다. 그러므로 외부정보이용자에게 제공되는 회계정보가 의사결정에 도움을 주기 위해서는 그 회계정보에 독립적인 제3자가 신뢰성을 부여할 필요가 있다.

기업은 외부감사인과 감사계약을 체결하여 재무제표에 대한 회계감사(Auditing)를 수행하도록 함으로써 재무제표의 신뢰성을 제고시킬 수 있는데, 이를 외부감사제도라고 한다. 외부감사제도란 기업의 경영자가 작성한 재무제표가 일반적으로 인정된 회계원칙에 따라 작성되었는지를 독립적인 전문가가 감사를 수행하고 그에 따른 의견을 표명함으로써 재무제표의 신뢰성을 높이기 위한 제도이다. 즉, 현재 및 잠재적 투자자, 대여자와 그 밖의 채권자들은 경영자가 작성한 재무제표가 일반적으로 인정된 회계원칙에 의하여 작성되었는지를 파악할 수 없기 때문에 기업과 이해관계가 없는 독립적인 전문가인 공인회계사(Certified Public Accountant)가 회사의 재무제표가 재무상태와 경영성과를 중요성의 관점에서 적정하게 표시하고 있는지에 대한 의견(적정의견, 한정의견, 부적정의견, 의견거절)을 표명하는 제도이다.

2 한국채택국제회계기준

1. 한국채택국제회계기준의 의의

회계기준위원회는 국제회계기준의 내용에 일치시키는 것을 원칙으로 하여 한국채택국제회계기준(K-IFRS)을 제정·개정하고 있다.

한국채택국제회계기준(K-IFRS)은「주식회사 등의 외부감사에 관한 법률 시행령」제7조 제1항에 따라 같은 법 적용 대상 기업 중「자본시장과 금융투자업에 관한 법률」에 따른 주권상장법인과「은행법」에 따른 은행 등을 포함한 금융회사 등의 회계처리에 적용한다.「주식회사 등의 외부감사에 관한 법률」적용 대상 기업 중 한국채택국제회계기준을 적용하지 않는 기업은 일반기업회계기준을 적용한다.

2011년부터 우리나라가 국제회계기준을 전면 도입하기로 결정하고, 2013년에는 중소기업회계기준이 제정됨에 따라 회계기준이 3원화되었다. 하나는 상장기업이 강제적으로 적용하여야 하는 한국채택국제회계기준(K-IFRS)이며, 다른 각각은 외부감사 대상인 비상장기업이 적용할 수 있는 일반기업회계기준과 외부감사 대상이 아닌 비상장 중소기업이 적용할 수 있는 중소기업회계기준이다.

우리나라 회계기준의 구성

구분			적용되는 회계기준
상장기업		원칙	한국채택국제회계기준 적용
비상장기업	외부감사대상	원칙	일반기업회계기준 적용
		예외	한국채택국제회계기준 적용 가능
	비외부감사대상	원칙	중소기업회계기준 적용
		예외	일반기업회계기준, 한국채택국제회계기준 적용 가능

> **Self Study**
> 1. 국제회계기준의 도입으로 재무제표의 신뢰성과 비교가능성이 향상되고, 재무보고비용을 감소시킬 수 있다. 또한, 회계문제에 대한 정부 및 압력집단의 간섭이 감소되어 중립성이 유지될 수 있다.
> 2. 공무원 7·9급 시험은 한국채택국제회계기준(K-IFRS)을 그 범위로 하고 있다.

2. 국제회계기준의 특징

현재 전세계 대부분의 나라가 국제회계기준을 도입하였거나 도입할 예정이다. 이러한 국제회계기준의 특징은 아래와 같다.

(1) 원칙 중심의 회계기준

국제회계기준은 재무회계 개념체계의 범위 내에서 재무제표에 포함될 내용을 원칙 위주로 규정하고, 세부적인 인식 및 측정방법은 원칙을 벗어나지 않는 범위 내에서 각국의 재량을 허용하는 방식으로 규정되어 있다. 따라서 회계전문가의 판단을 중요시하며, 다양한 회계처리방법이 수용되어 기업 간 비교가능성이 훼손될 수 있으나 기간별 비교가능성은 강조된다.

Additional Comment

회계기준은 회계의 목적에 따라 원칙적인 기준만을 규정하고 전문가적인 판단을 중요시하여 제정되는 원칙 중심의 회계기준과 모든 경제적 사건과 거래에 대한 구체적인 기준을 규정하는 규칙 중심의 회계기준으로 구분할 수 있다. 각 분류에 따른 특징은 아래와 같다.

구분	원칙주의	규칙주의
비교가능성	낮음	높음
전문가의 판단	많음	최소화

(2) 공정가치 측정원칙

이전의 회계기준은 자산과 부채의 측정 속성으로 역사적 원가를 원칙으로 하였으나 국제회계기준은 공정가치 측정을 기본원칙으로 하고 있다. 그 예로 유형자산의 재평가모형과 투자부동산의 공정가치모형이 전면 도입되었고 '공정가치 측정'의 기준서가 제정되었다.

(3) 연결재무제표 중심

국제회계기준은 종속회사가 있는 경우에는 경제적 실질에 따라 지배회사와 종속회사의 재무제표를 결합하여 보고하는 연결재무제표를 기본재무제표로 제시하고 있다.

● 국제회계기준의 특징 비교

구분	일반기업회계기준 (Local Gaap)	한국채택국제회계기준 (K-IFRS)
접근방식	규칙 중심	원칙 중심
외부공표 F/S	개별F/S	연결F/S
측정기준	역사적 원가	공정가치

핵심 빈출 문장

01 회계의 정의는 회계정보를 경제적 정보로 간주한다. 그러므로 회계정보에는 재무적 정보와 과거정보뿐만 아니라 비재무적 정보와 미래정보도 포함된다.

02 재무회계는 다양한 정보이용자들의 의사결정에 필요한 공통적인 정보를 제공하기에 일반목적회계라고도 하며, 일반적으로 인정된 회계원칙에 따라 재무제표라는 보고서를 이용하여 공표된다.

03 주석은 재무제표와는 별도로 공시하지만 재무제표에 포함된다.

04 재무회계는 기업 내부·외부 자원 모두에 대한 배분 및 개념적으로의 배분뿐만 아니라 실제 자원의 이동 모두에 영향을 미친다.

05 정치적 과정이 부정적인 영향만을 미치는 것은 아니다. 회계처리기준이 일반적으로 인정된 회계원칙이 되기 위해서는 회계처리기준에 의해 영향을 받는 집단에 의한 수용이 전제되어야 한다는 측면에서 정치적 과정은 긍정적인 의미를 가질 수도 있다.

06 회계기준원은 정당한 사유가 없으면 금융위원회의 수정요구사항에 응하고, 확정된 기업회계기준을 일반에 공표한다.

MEMO

확인 문제

01 재무제표의 종류

한국채택국제회계기준에 의한 재무제표의 종류가 아닌 것은?

① 재무상태표　　② 포괄손익계산서
③ 현금흐름표　　④ 사업보고서

02 회계정보의 의의

회계정보와 관련한 설명으로 옳지 않은 것은?

① 경영자는 회계정보를 생산하여 외부 이해관계자들에게 공급하는 주체로서 회계정보의 공급자이므로 수요자는 아니다.
② 경제의 주요 관심사는 유한한 자원을 효율적으로 사용하는 것인데, 회계정보는 우량기업과 비우량기업을 구별하는 데 이용되어 의사결정에 도움을 준다.
③ 회계정보의 신뢰성을 확보하기 위하여 기업은 회계기준에 따라 재무제표를 작성하고, 외부감사인의 감사를 받는다.
④ 외부감사는 전문자격을 부여받은 공인회계사가 할 수 있다.

03 한국채택국제회계기준

한국채택국제회계기준(K-IFRS)의 도입과 관련한 설명으로 옳지 않은 것은?

① 공시체계가 연결재무제표 중심으로 전환되어 내부거래가 제거된 연결재무정보가 공시되므로 회계투명성과 재무정보의 질이 높아진다.
② 회계처리의 기본원칙과 방법론을 제시하는 데 주력하는 원칙 중심의 기준체계로 복잡한 현실을 모두 규율할 수 없어 기업의 규제회피가 쉬워진다.
③ 자본시장의 투자자에게 기업의 재무상태 및 내재가치에 대한 의미 있는 투자정보를 제공하는 데 중점을 두어 공정가치 회계가 확대 적용된다.
④ 한국회계기준원 및 규제기관에 대한 질의와 회신의 역할이 축소되어 기업 회계담당자들의 전문성이 절실하게 요구된다.

04 한국채택국제회계기준

한국채택국제회계기준의 특징과 관련된 설명 중에서 옳지 않은 것은?
2021년 국가직 9급

① 연결재무제표를 주재무제표로 작성함으로써 개별 기업의 재무제표가 보여주지 못하는 경제적 실질을 더 잘 반영할 수 있을 것으로 기대된다.
② 「주식회사 등의 외부감사에 관한 법률」의 적용을 받는 모든 기업이 한국채택국제회계기준을 회계기준으로 삼아 재무제표를 작성하여야 한다.
③ 과거 규정 중심의 회계기준이 원칙 중심의 회계기준으로 변경되었다.
④ 자산과 부채의 공정가치 평가 적용이 확대되었다.

정답 및 해설

01
⊞ 한국채택국제회계기준(K-IFRS)에 의한 재무제표
㉠ 기말 재무상태표
㉡ 기간 포괄손익계산서
㉢ 기간 자본변동표
㉣ 기간 현금흐름표
㉤ 주석
㉥ 회계정책을 소급하여 적용하거나, 재무제표의 항목을 소급하여 재작성 또는 재분류하는 경우 전기 기초 재무상태표

02
보고기업의 경영진은 해당 기업에 대한 재무정보에 관심이 있지만 경영진은 그들이 필요로 하는 재무정보를 내부에서 구할 수 있기 때문에 일반목적재무보고서에 의존할 필요가 없으나 회계정보를 필요로 하므로 회계정보의 수요자는 맞다.

03
회계처리의 기본원칙과 방법론을 제시하는 데 주력하는 원칙 중심의 기준체계로 복잡한 현실에 적용 가능하여 기업의 규제회피가 어렵다.

04
비상장기업의 경우, 외부감사 대상이라도 일반기업회계기준을 원칙으로 하되 한국채택국제회계기준(K-IFRS)도 적용 가능하다.

정답 01 ④ 02 ① 03 ② 04 ②

PART 02 회계원리

CHAPTER 1 거래의 기록

1 회계등식

1. 회계등식의 의의

기업에서 발생하는 경제적 사건을 거래라고 하는데, 여러 가지 거래로 인하여 기업의 재무상태가 변동되고, 이익이나 손실이 발생한다. 이때 발생된 거래를 어떻게 장부에 기록하는지 그 원리를 이해하는 것이 회계원리의 핵심이다.

거래가 발생하면 기업의 자산이나 부채의 금액이 늘거나 줄어든다. 여기서 현재 기업이 보유하고 있는 가치 있는 자원을 자산, 기업이 부담하고 있는 빚을 부채로 생각하고 기업의 자산에서 부채를 빼고 남은 순자산을 자본이라 한다. 그러므로 이러한 관계를 다음의 [등식 1]과 같이 표시할 수 있다.

● 등식 1

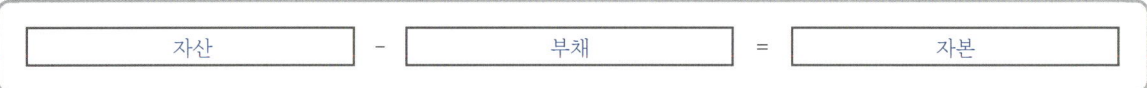

거래가 발생하면 자산, 부채 및 자본이 변동하는데, 그 변동 내용을 장부에 쉽게 기록하기 위해서 [등식 1]의 자산, 부채 및 자본의 부호를 모두 (+)로 일치시킬 필요가 있다. 따라서 [등식 1]의 좌변에 있는 부채를 우변으로 옮기면 다음과 같은 [등식 2]로 전환할 수 있는데, 이를 회계등식이라고 한다.

● 등식 2

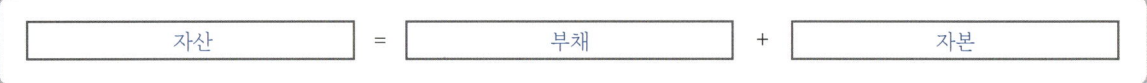

> **Self Study**
> 어떤 거래가 발생하더라도 등호가 유지되도록 자산, 부채 및 자본의 변동을 기록한다는 것이 회계등식의 핵심이다.

> **참고 | 주식회사**
>
> 개인이 사업을 하다가 사업 규모가 커지면 회사 형태로 전환하는 경우가 많다. 개인 사업을 하든 회사를 조직하여 사업을 하든 회계처리에 기본적인 차이는 없다. 그러나 회사 중 주식회사를 설립하여 여기에서 벌어지는 다양한 거래를 회계처리하는 식으로 설명하는 것이 수월하기 때문에 본서는 주식회사를 중심에 두고 회계처리와 재무제표의 작성과정을 설명한다.
>
> 1. 주식회사의 설립 과정
>   A회사는 갑이 출자한 ₩ 1,000을 수취하고, 출자증서를 주는데 그것이 바로 주식이다. 이렇게 출자거래가 끝나면 갑은 A회사의 주주가 된다. 즉, 주주란 특정 회사에 출자를 하고 그만큼 자신의 지분을 갖는 자를 말한다.

2. 주주가 갖게 되는 권리
   ① 주주는 소유 지분만큼 의결권을 가지므로 회사의 주요 정책결정 과정에 참여하여 의결권을 행사할 수 있다.
   ② 주주는 회사가 가득한 이익 중 일부를 배당할 때 소유 지분율에 비례하여 배당을 받기도 한다.
   ③ 주주는 회사를 경영할 경영자를 맡을 수도 있고, 제3자를 임명할 수도 있다.
3. 주식회사의 특징
   ① 회사는 살아있는 생명체는 아니지만 마치 사람처럼 행위를 할 수 있는 주체라고 법률에서 그 자격을 인정한다. (= 독립된 법인격 취득)
   ② 주식회사의 주주는 자신의 지분을 자유롭게 양도할 수 있고 자신이 부담하는 최대 손실은 자신이 출자한 금액으로 제한된다. (= 유한책임)
   ③ 주식회사는 기업을 공개하여 다수의 투자자로부터 대규모 자금을 조달하기 용이하다.

사례연습 1. 회계등식을 통한 거래의 기록

용역 제공을 주업으로 하는 ㈜포도에서 발생한 아래의 9가지 거래를 [등식 2]에 따라 기록하시오.

[거래 1] 1월 1일: 주식을 발행하여 투자자로부터 현금 ₩200,000을 출자 받아 ㈜포도를 설립하였다.
[거래 2] 1월 10일: 사무실로 사용할 건물을 ₩140,000의 현금을 지급하고 취득하였다.
[거래 3] 1월 15일: 사무실에서 사용할 책상과 의자 및 컴퓨터를 외상으로 ₩16,000에 취득하였다.
[거래 4] 1월 22일: 컨설팅용역을 제공하고 거래처로부터 ₩40,000을 현금으로 받았다.
[거래 5] 1월 25일: 신문에 회사 광고를 냈는데 ₩10,000의 광고선전비 청구서를 받았다.
[거래 6] 1월 27일: 컨설팅 용역을 제공하고 ₩24,000을 받아야 하는데 거래처로부터 ₩4,000은 현금으로 받고 잔액 ₩20,000은 나중에 받기로 하였다.
[거래 7] 1월 29일: 직원 급여 ₩6,000과 전기료 ₩2,000을 현금으로 지급하였다.
[거래 8] 1월 30일: [거래 3]에서 발생한 미지급금 ₩16,000을 현금으로 지급하였다.
[거래 9] 1월 31일: [거래 6]에서 거래처로부터 받지 못했던 컨설팅 용역대가 ₩20,000 중 ₩10,000을 현금으로 받았다.

풀이

	자산	=	부채	+	자본
[거래 1]	+200,000	=		+	+200,000
[거래 2]	−140,000 +140,000	=		+	
[거래 3]	+16,000	=	+16,000	+	
[거래 4]	+40,000	=		+	+40,000
[거래 5]		=	+10,000	+	−10,000
[거래 6]	+4,000 +20,000	=		+	+24,000
[거래 7]	−8,000	=		+	−8,000
[거래 8]	−16,000	=	−16,000	+	
[거래 9]	+10,000 −10,000	=		+	
합계	+256,000	=	+10,000	+	+246,000

Additional Comment

거래가 발생하여 자산, 부채 및 자본이 변동하더라도 회계등식의 등호는 유지된다. 앞으로 다양하고 복잡한 여러 가지 거래를 접할 것인데, 어떤 거래이든 그 거래로 인하여 자산, 부채 또는 자본이 변동될 것이지만 회계등식의 등호는 유지된다는 점을 기억하여야 한다. 정확히 말하여 회계등식의 등호가 유지되도록 장부기록을 하는 것이 핵심이다.

2. 재무상태표의 작성

[사례연습 1. 회계등식을 통한 거래의 기록]에서 ㈜포도는 1월 1일에 설립되었는데 설립 직후 회계등식을 보면, ㈜포도의 재무상태(자산, 부채 및 자본의 잔액)는 자산 ₩ 200,000과 자본 ₩ 200,000으로 구성되어 있다. 한편, 설립 후 한 달이 지난 1월 31일 현재의 회계등식을 보면, ㈜포도의 재무상태표는 자산 ₩ 256,000, 부채 ₩ 10,000과 자본 ₩ 246,000으로 구성되어 있다. ㈜포도의 외부정보이용자에게 특성 시점 현재의 자산, 부채 및 자본에 대한 정보를 제공하고자 한다면 다음과 같은 양식의 재무제표를 작성하는데, 이를 재무상태표라고 한다.

재무상태표
(1월 1일 현재)

자산	200,000	부채	0
		자본	200,000
	200,000		200,000

재무상태표
(1월 31일 현재)

자산	256,000	부채	10,000
		자본	246,000
	256,000		256,000

㈜포도에 관심이 있는 외부정보이용자가 1월 1일과 1월 31일 현재의 재무상태표를 입수하였다면, 1월 31일 현재의 자본이 1월 1일 현재의 자본보다 ₩ 46,000 증가하였는데, 그 이유가 무엇인지 의문일 것이다. 즉, 주주가 추가 출자를 했기 때문에 자본이 증가한 것인지, 아니면 회사가 영업을 잘하여 이익이 발생했기 때문에 자본이 증가한 것인지 알고 싶을 것이다.

그러나 특정 시점의 잔액 정보만 보여주는 재무상태표로는 일정 기간 동안 기업에서 수익과 비용이 얼마나 발생하였고, 그 결과 당기순이익이 얼마인지에 대한 정보를 제공해주지 못한다. 그러므로 일정 기간 동안 발생한 수익과 비용의 정보를 보고하는 재무제표도 필요하다. 이에 대하여는 절을 달리하여 설명하겠다.

3. 회계등식의 전개

기업이 상품을 팔거나 서비스를 제공하면서 벌어들인 금액이 수익이며, 이러한 영업활동 과정에서 종업원의 인건비, 사무실 임차료 등이 발생할 수 있는데 이를 비용이라고 한다. 또한 수익에서 비용을 차감한 것을 당기 순이익이라고 하며 당기순이익만큼 자본이 증가한다고 할 수 있다.

회계등식 [자산 = 부채 + 자본]을 이용하여 거래를 기록하면 자산, 부채 및 자본에 대한 회계정보는 제공할 수 있지만, 일정 기간 동안 발생한 수익과 비용이 각각 총액으로 표시되지 않고, 수익에서 비용을 뺀 순액이 자본에 포함되어 표시되기 때문에, 성과(수익, 비용 및 당기순이익)에 대한 회계정보는 제공할 수 없다. 그 이유는 일정 기간 동안 발생한 수익과 비용이 각각 총액으로 표시되지 않고, 수익에서 비용을 뺀 순액이 자본에 합쳐서 표시되기 때문이다.

기업이 설립되는 시점에서 자본은 주주로부터 출자 받은 금액으로만 구성된다. 이후 기업이 영업활동을 통해서 당기순이익을 얻게 되면 기업의 자본은 주주로부터 출자 받은 금액과 당기순이익으로 나누어진다. 즉, 자본을 주주로부터 출자 받은 금액과 당기순이익의 두 가지 요소로 분해하면, [등식 2]를 [등식 3]으로 표시할 수 있다.

등식 3

당기순이익은 수익에서 비용을 차감한 금액이므로 [등식 3]을 [등식 4]로 전개할 수 있다.

등식 4

[등식 4]에서 모든 항목의 부호를 (+)로 일치시키기 위하여 우변에 있는 비용을 좌변으로 옮기면 다음과 같은 [등식 5]의 최종적인 회계등식을 만들 수 있다.

등식 5: 최종 회계등식

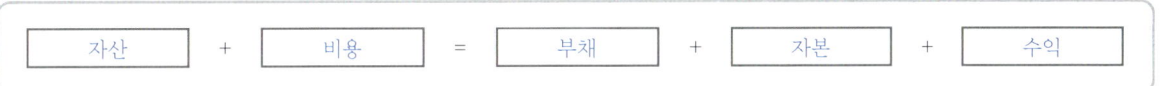

기업에서 어떤 거래가 발생할 경우 좌변 또는 우변의 어떤 항목들이 증가 또는 감소하게 되는데, 회계등식의 등호를 그대로 유지시키면서 이러한 변동 내용을 장부에 기록하는 것이 장부기록(부기)의 원리이다. 이때 회계등식의 등호가 유지되도록 두 군데 이상을 동시에 기록하기 때문에 이러한 장부기록의 방법을 복식부기라고 부른다.

사례연습 2. 회계등식의 전개

용역 제공을 주업으로 하는 ㈜포도에서 발생한 아래의 9가지 거래를 [등식 5]에 따라 기록하시오.

[거래 1] 1월 1일: 주식을 발행하여 투자자로부터 현금 ₩200,000을 출자 받아 ㈜포도를 설립하였다.
[거래 2] 1월 10일: 사무실로 사용할 건물을 ₩140,000의 현금을 지급하고 취득하였다.
[거래 3] 1월 15일: 사무실에서 사용할 책상과 의자 및 컴퓨터를 외상으로 ₩16,000에 취득하였다.
[거래 4] 1월 22일: 컨설팅용역을 제공하고 거래처로부터 ₩40,000을 현금으로 받았다.
[거래 5] 1월 25일: 신문에 회사 광고를 냈는데 ₩10,000의 광고선전비 청구서를 받았다.
[거래 6] 1월 27일: 컨설팅 용역을 제공하고 ₩24,000을 받아야 하는데 거래처로부터 ₩4,000은 현금으로 받고 잔액 ₩20,000은 나중에 받기로 하였다.
[거래 7] 1월 29일: 직원 급여 ₩6,000과 전기료 ₩2,000을 현금으로 지급하였다.
[거래 8] 1월 30일: [거래 3]에서 발생한 미지급금 ₩16,000을 현금으로 지급하였다.
[거래 9] 1월 31일: [거래 6]에서 거래처로부터 받지 못했던 컨설팅 용역대가 ₩20,000 중 ₩10,000을 현금으로 받았다.

풀이

	자산	+	비용	=	부채	+	자본	+	수익
[거래 1]	+ 200,000	+		=		+	+ 200,000	+	
[거래 2]	- 140,000 + 140,000	+		=		+		+	
[거래 3]	+ 16,000	+		=	+ 16,000	+		+	
[거래 4]	+ 40,000	+		=		+		+	+ 40,000
[거래 5]		+	+ 10,000	=	+ 10,000	+		+	
[거래 6]	+ 4,000 + 20,000	+		=		+		+	+ 24,000
[거래 7]	- 8,000	+	+ 2,000 + 6,000	=		+		+	
[거래 8]	- 16,000	+		=	- 16,000	+		+	
[거래 9]	+ 10,000 - 10,000	+		=		+		+	
합계	+ 256,000	+	+ 18,000	=	+ 10,000	+	+ 200,000	+	+ 64,000

4. 재무상태와 성과의 측정 및 보고

재무상태란 특정 시점에서 기업의 자산, 부채 및 자본의 수준(잔액)을 말한다. 즉, 재무상태라는 것은 특정 시점에서 회사의 재무구조가 어떤 상태인지를 보여주는 것이다.

성과란 일정 기간 동안 회사에서 발생한 수익과 비용이 얼마인지, 그 결과 당기순이익이 얼마인지를 말한다. 즉, 성과라는 것은 일정 기간의 회사의 수익성을 보여주는 개념이다.

> **Self Study**
> 회계정보는 다양한데, 그중에서 가장 중요한 회계정보는 기업의 재무상태와 성과를 보여주는 재무제표이다.
> 1. 재무상태표: 특정 시점의 자산, 부채 및 자본의 잔액, 즉 재무상태를 보여주는 재무제표
> 2. 포괄손익계산서: 일정 기간 동안의 수익과 비용의 총액 및 당기순이익 등 성과를 보여주는 재무제표

[사례연습 2. 회계등식의 전개]의 회계등식의 구성요소와 금액을 정리하면 다음과 같다.

	자산	+	비용	=	부채	+	자본	+	수익
합계	+ 256,000	+	+ 18,000	=	+ 10,000	+	+ 200,000	+	+ 64,000

이러한 회계등식의 구성요소와 금액을 다음과 같이 표시할 수 있다.

시산표

자산	256,000	부채	10,000
비용	18,000	자본	200,000
		수익	64,000
	274,000		274,000

위의 양식을 보면 좌우의 합계가 각각 ₩ 274,000로 동일하며, 좌변에는 자산과 비용을, 우변에는 부채, 자본 및 수익을 기재함으로써 회계등식과 동일한 내용으로 표시되어 있음을 알 수 있다. 이러한 양식을 회계에서는 시산표라고 부른다. 즉, 시산표란 특정 시점에서의 자산, 부채 및 자본의 잔액과 그 시점까지 발생한 수익과 비용의 총액을 좌우 대비하는 식으로 작성한 회계양식으로, 결국 회계등식의 다른 표현이다.

위의 시산표를 자산, 부채 및 자본을 한 묶음으로, 수익 및 비용을 다른 한 묶음으로 하여 나누면 다음과 같이 될 것이다.

시산표

자산	256,000	부채	10,000
비용	18,000	자본	200,000
		수익	64,000
	274,000		274,000

↓ ↓

재무상태표

자산	256,000	부채	10,000
		자본	200,000
			46,000
	256,000		256,000

포괄손익계산서

비용	18,000	수익	64,000
당기순이익	46,000		
	64,000		64,000

시산표의 수익과 비용의 묶음을 보면 수익이 비용보다 더 많으며, 시산표의 자산, 부채 및 자본의 묶음을 보면 자산이 부채와 자본의 합계보다 더 많음을 알 수 있고 두 부분의 차이는 ₩ 46,000으로 정확하게 일치하게 된다. 이는 수익에서 비용을 차감한 당기순이익이 넓은 의미의 자본에 포함된다는 것을 의미한다. 결국 재무상태표와 포괄손익계산서는 시산표로부터 도출되는 것이다.

㈜포도의 1월 31일 현재 재무상태표상 자본 ₩ 246,000이 1월 1일에 비해 ₩ 46,000이 증가하였는데, 그 증가가 주주의 출자 때문에 증가한 것이 아닌 당기순이익 ₩ 46,000 때문임을 파악할 수 있다. 그러므로 재무상태표와 포괄손익계산서의 정보를 이용하여 다음의 등식을 세울 수 있다.

(기초 자산 – 기초 부채) + 추가 출자 + 당기순이익 = (기말 자산 – 기말 부채)

2 회계적 거래의 식별

거래는 기업이 장부에 기록하여야 할 경제적 사건을 의미한다. 모든 사건을 장부에 기록해야 하는 것은 아니다. 그러므로 특정 사건이 발생하였을 때 이러한 사건이 장부기록의 대상인지 여부를 판단하는 것이 매우 중요하다. 기업에서 거래가 발생하였을 때 이를 회계장부에 기록하여야 할 거래인지의 여부를 판단하려면 다음의 두 가지 조건을 고려하여야 한다. 다음의 두 가지 조건을 모두 충족한다면 당해 거래를 장부에 기록하여야 하고, 그렇지 않다면 두 가지 조건을 모두 충족할 때까지 장부에 기록하지 않는다.

① 그 거래로 인하여 기업의 재무상태에 변화를 가져와야 한다.
② 신뢰성 있는 측정이 가능하여야 한다.

Additional Comment
신뢰성 있는 측정 자체가 정확한 측정을 의미하는 것은 아니다. 정확하지는 않더라도 합리적인 추정이 가능하다면 이는 신뢰성 있는 측정치로 간주되기 때문에 장부에 기록할 수 있다.

Self Study
1. 장부에 기록해야 할 거래를 회계적 거래라고 하며, 앞으로 거래라고 하면 장부기록의 대상인 회계적 거래만을 의미한다고 보면 된다.
2. 단순계약은 회계적 거래로 보지 않는다.

● 회계적 거래와 일반적 의미의 거래

구분	사례
일반적인 의미의 거래가 아니나 회계적 거래인 경우 (장부에 기록 ○)	① 공장건물의 화재로 인한 손실 ② 보유 자산의 시가 변동 ③ 기계장치의 사용에 따른 장부금액의 감소
일반적인 의미의 거래이나 회계적 거래는 아닌 경우 (장부에 기록 ×)	① 상품의 구입주문서 발송 ② 사무실의 임차계약 체결 ③ 차입금에 대한 부동산의 담보제공

기출문제

1. 다음은 기업에서 발생한 사건들을 나열한 것이다. 이 중 회계상의 거래에 해당되는 것을 모두 고른 것은?

   2012년 지방직 9급

   ㄱ. 현금 ₩50,000,000을 출자하여 회사를 설립하였다.
   ㄴ. 원재료 ₩30,000,000을 구입하기로 계약서에 날인하였다.
   ㄷ. 종업원 3명을 고용하기로 하고 근로계약서를 작성하였다. 계약서에는 월급여액과 상여금액을 합하여 1인당 ₩2,000,000으로 책정하였다.
   ㄹ. 회사 사무실 임대계약을 하고 보증금 ₩100,000,000을 송금하였다.

   ① ㄱ, ㄴ, ㄷ, ㄹ ② ㄱ, ㄴ, ㄹ
   ③ ㄱ, ㄹ   ④ ㄴ, ㄷ

해설

ㄱ. 출자하여 설립: 현금·자본금 증가 ⇒ 재무상태의 변동(O)
  ∴ 재무상태의 변동(O), 거래(O)
ㄹ. 보증금 송금: 현금 감소 ⇒ 재무상태의 변동(O)
  ∴ 재무상태의 변동(O), 거래(O)

▶ 오답체크
ㄴ. 계약서에 날인: 계약체결만 된 상태에 해당함(= 단순 계약)
  ∴ 재무상태의 변동(×), 거래(×)
ㄷ. 근로계약서 작성: 계약체결만 된 상태에 해당함(= 단순 계약)
  ∴ 재무상태의 변동(×), 거래(×)

답 ③

CHAPTER 2 장부기록의 과정

1 계정의 의의

회계에서는 세부적으로 구분된 거래기록의 개별 단위를 계정이라 한다. 즉, 재무제표에 표시되는 세부 항목을 계정이라고 말한다. 계정을 사용함으로써 회계정보 이용자들에게 재무상태 및 성과에 대한 정보를 좀 더 상세하게 제공할 수 있다.

Additional Comment

> 정보이용자는 자산 총액뿐만 아니라 그 자산 중에 현금이 얼마이고, 토지나 상품은 얼마인지 자산을 구성하는 세부 항목과 금액도 알고 싶을 것이다. 이는 자산뿐만 아니라 부채나 수익 및 비용 등 다른 재무제표 요소에 대해서도 마찬가지이다. 따라서 재무제표의 요소를 구성하는 세부 항목을 사용하여 재무제표를 표시할 필요가 있다. 이때 사용되는 것이 계정이다.

회사는 각 계정별로 장부를 만들어 놓고, 거래가 발생할 때마다 어떤 계정이 증가 또는 감소하였는지 파악한 후 해당 계정별 장부에 변동 금액을 기록한다. 재무상태표는 특정 시점 현재 자산, 부채 및 자본의 여러 계정별 장부에 기록되어 있는 잔액을 보고하는 재무제표이며, 포괄손익계산서는 일정 기간 동안 발생한 수익과 비용의 여러 계정별 장부에 기록되어 있는 총액을 보고하는 재무제표이다.

○ 계정의 예

구분		계정의 예
재무상태표 계정	자산 계정	현금, 매출채권, 미수금, 미수수익, 제품, 상품, 토지, 건물, 비품, 대여금 등
	부채 계정	매입채무, 미지급금, 미지급비용, 차입금 등
	자본 계정	자본금, 이익잉여금 등
포괄손익계산서 계정	수익 계정	매출, 임대수익, 이자수익, 유형자산의 처분이익 등
	비용 계정	매출원가, 급여, 보험료, 임차료, 광고선전비, 법인세비용 등

> **Self Study**
> 1. 제품, 상품의 구분
>   ① 제품: 제조기업이 영업활동에서 판매를 목적으로 직접 제조한 자산
>   ② 상품: 상기업이 영업활동에서 판매를 목적으로 외부에서 구입한 자산
> 2. 매출채권, 미수금, 미수수익의 구분
>   ① 매출채권: 기업이 영업활동으로 제품이나 상품 또는 용역을 제공하고 아직 수취하지 못한 대가를 받을 권리
>   ② 미수금: 기업이 영업외활동으로 재화를 판매하고 아직 수취하지 못한 대가를 받을 권리
>   ③ 미수수익: 기업이 영업외활동으로 용역을 제공하고 아직 수취하지 못한 대가를 받을 권리
> 3. 매입채무, 미지급금, 미지급비용의 구분
>   ① 매입채무: 기업이 제품이나 상품을 제조·구매하고 대금을 지급하여야 할 의무
>   ② 미지급금: 기업이 제품이나 상품이 아닌 재화를 구매하고 대금을 지급하여야 할 의무
>   ③ 미지급비용: 기업이 용역을 제공받고 대금을 지급하여야 할 의무
> 4. 이익잉여금: 기업의 매년 발생한 당기순이익이 쌓여 있는 자본 계정

2 거래의 분개

1. 재무제표 도출과정

기업에서 거래가 발생하면 자산, 부채, 자본 및 수익, 비용이 변동될 것이다. 그 변동 내역을 각 계정별로 마련된 장부에 계속 기록해 두었다가 특정 시점의 모든 계정별 금액을 하나의 표로 옮겨 놓은 것이 시산표이다. 그리고 시산표에 있는 여러 계정들 중에서 자산, 부채, 자본의 계정들만을 일정한 양식에 옮겨 놓은 것이 재무상태표이고, 수익, 비용의 계정들만을 일정한 양식에 옮겨 놓은 것이 포괄손익계산서이다. 즉, 재무제표는 다음과 같은 절차를 통하여 만들어지는 것이다.

◯ 재무제표의 도출과정

| 발생한 거래의 장부기록
1st 거래의 발생
2nd 거래의 분개
3rd 거래의 전기 | ⇒ | 시산표의 작성 | ⇒ | 시산표로부터 재무제표 도출 |

2. 분개의 의미와 방법

특정 거래가 발생하였을 때 재무상태의 변동을 장부에 기록하기 위해서는 어느 계정이 얼마만큼 증가 또는 감소되었는지 결정하는 절차가 필요한데, 회계에서는 이와 같은 절차를 분개라고 한다.
회계에서는 회계등식 또는 시산표의 좌변을 차변이라고 부르고, 우변을 대변이라고 부른다. 특정 거래가 발생할 때마다 차변과 대변의 계정 중 어떤 계정을 얼마만큼 변동시킬 것인지 분개를 통하여 결정하고, 이렇게 결정된 계정과 금액을 각 계정별로 장부에 옮겨 적는 것이 거래의 기록이다.

◯ 분개의 절차

> 1st 어느 계정에 영향을 미치는지 결정
> 2nd 해당 계정에 증가·감소 or 발생·취소 결정
> 3rd 해당 계정에 얼마만큼의 영향을 주는지 금액 결정

분개의 과정을 이해하기 위해서는 특정 거래가 발생할 때 재무제표의 요소들이 어떻게 변동되는지를 알아야 하는데 기업에서 특정 거래가 발생하면 자산, 부채, 자본, 수익, 비용 중 하나 이상의 요소가 증가 또는 감소한다.

거래의 8요소

차변	대변
자산(증가)	자산(감소)
부채(감소)	부채(증가)
자본(감소)	자본(증가)
비용(발생)	수익(발생)

그런데 어떤 거래가 발생하든 회계등식의 좌변의 합계와 우변의 합계는 항상 균형을 이루어야 한다. 거래가 발생할 경우 회계등식의 균형을 유지하기 위해서는 다음의 두 가지 중 한 가지 유형으로 장부기록을 해야 한다.

(1) 유형 1

차변과 대변을 동일한 금액만큼 증가(또는 감소)시키는 기록을 한다.

(차) 자산·비용	××	(대) 부채·자본·수익	××

(2) 유형 2

차변(또는 대변)에서만 동일한 금액을 증가시키고 동시에 감소시키는 기록을 한다.

(차) 자산·비용	××	(대) 자산	××
(차) 부채·자본	××	(대) 부채·자본·수익	××

만일 자산이 감소하거나 부채·자본이 감소하는 거래가 발생하였다면 당해 항목의 감소 거래는 원래 위치의 반대편에 놓는 방식으로 분개를 한다.

또한, 경우에 따라서 차변과 대변의 금액을 일치시키기 위해서 특정 금액을 차변 또는 대변에 끼워넣기(plug-in) 해야 하는 분개도 있다.

Case 1. ₩2,000에 취득한 토지를 현금 ₩2,200을 수령하고 매각

(차) 현금	2,200	(대) 토지	2,000
		처분이익	200

Case 2. ₩2,000에 취득한 토지를 현금 ₩1,600을 수령하고 매각

(차) 현금	1,600	(대) 토지	2,000
처분손실	400		

어떤 경우에도 분개와 차변과 대변의 합계금액은 일치해야 한다. 따라서 위와 같이 유형자산의 처분손익이 발생하는 거래를 분개할 때에는 대차를 일치시키기 위한 금액을 차변 또는 대변에 끼워 넣어야 함을 알 수 있다.

사례연습 3. 거래의 분석 및 분개

용역 제공을 주업으로 하는 ㈜포도에서 발생한 아래의 9가지 거래를 분개하시오.

[거래 1] 1월 1일: 주식을 발행하여 투자자로부터 현금 ₩ 200,000을 출자 받아 ㈜포도를 설립하였다.
[거래 2] 1월 10일: 사무실로 사용할 건물을 ₩ 140,000의 현금을 지급하고 취득하였다.
[거래 3] 1월 15일: 사무실에서 사용할 책상과 의자 및 컴퓨터를 외상으로 ₩ 16,000에 취득하였다.
[거래 4] 1월 22일: 컨설팅용역을 제공하고 거래처로부터 ₩ 40,000을 현금으로 받았다.
[거래 5] 1월 25일: 신문에 회사 광고를 냈는데 ₩ 10,000의 광고선전비 청구서를 받았다.
[거래 6] 1월 27일: 컨설팅 용역을 제공하고 ₩ 24,000을 받아야 하는데 거래처로부터 ₩ 4,000은 현금으로 받고 잔액 ₩ 20,000은 나중에 받기로 하였다.
[거래 7] 1월 29일: 직원 급여 ₩ 6,000과 전기료 ₩ 2,000을 현금으로 지급하였다.
[거래 8] 1월 30일: [거래 3]에서 발생한 미지급금 ₩ 16,000을 현금으로 지급하였다.
[거래 9] 1월 31일: [거래 6]에서 거래처로부터 받지 못했던 컨설팅 용역대가 ₩ 20,000 중 ₩ 10,000을 현금으로 받았다.

풀이

[거래 1]
| (차) 현금 | 200,000 | (대) 자본금 | 200,000 |

[거래 2]
| (차) 건물 | 140,000 | (대) 현금 | 140,000 |

[거래 3]
| (차) 비품 | 16,000 | (대) 미지급금 | 16,000 |

[거래 4]
| (차) 현금 | 40,000 | (대) 매출 | 40,000 |

[거래 5]
| (차) 광고비 | 10,000 | (대) 미지급비용 | 10,000 |

[거래 6]
| (차) 현금 | 4,000 | (대) 매출 | 24,000 |
| 매출채권 | 20,000 | | |

[거래 7]
| (차) 급여 | 6,000 | (대) 현금 | 8,000 |
| 전기료 | 2,000 | | |

[거래 8]
| (차) 미지급금 | 16,000 | (대) 현금 | 16,000 |

[거래 9]
| (차) 현금 | 10,000 | (대) 매출채권 | 10,000 |

실제시험 풀이용 TOOL

① 분개: 특정 거래 ⇒ ㉠ 어느 계정, ㉡ 얼마만큼, ㉢ 증가·감소
② 거래의 8요소

차변	대변
자산 ↑	자산 ↓
부채 ↓	부채 ↑
자본 ↓	자본 ↑
수익 취소·비용 발생	수익 발생·비용 취소

③ 옳지 않은 거래 요소의 결합관계를 묻는 문제는 시산표를 이용하여 대차합계가 일치하지 않는 것을 찾아낸다.

Self Study

1. 복식부기제도하에서 모든 회계 거래는 반드시 어떤 계정의 차변과 다른 계정의 대변에 같은 금액을 기입한다. 따라서 아무리 많은 거래를 기입하더라도 계정 전체의 차변 합계금액과 대변 합계금액은 반드시 일치해야 하는데 이것을 대차평균의 원리라고 한다.
2. T계정에서의 전기 과정은 자산의 증가 거래는 차변, 감소 거래는 대변에 기록하고, 부채 및 자본의 증가 거래는 대변, 감소 거래는 차변에 기록한다. 또한 수익의 발생 거래는 대변에, 비용의 발생 거래는 차변에 기록한다.

3 전기

발생한 거래를 분개하고 차변과 대변의 금액을 각 계정별로 준비된 장부에 기록해야 하는데 회계에서는 이를 전기라고 한다. 그런데 발생한 거래를 분개한 후 각 계정별 장부에 이를 기록하는 것을 설명할 때마다 계정의 장부처럼 세부적인 장부 양식을 일일이 그려 설명하는 것은 매우 번거로우므로 회계학에서는 일반적으로 장부의 양식을 영어 대문자 'T'를 이용하여 간단하게 표시한 후, 여기에 발생한 거래를 기록하는 방식으로 전기를 설명하는데, 이를 회계에서 'T계정'이라고 부른다.

T계정에서의 전기 과정은 자산의 증가 거래는 차변, 감소 거래는 대변에 기록하고, 부채 및 자본의 증가 거래는 대변, 감소 거래는 차변에 기록한다. 또한 수익의 발생 거래는 대변에, 비용의 발생 거래는 차변에 기록한다. 이러한 T계정에의 기록은 이미 분개 과정에서 발생한 거래에 대하여 차변과 대변의 계정 및 금액을 결정한 것을 그대로 옮겨 적는 것과 동일하다.

○ T계정의 구성

자산·비용 계정		부채·자본·수익 계정	
(차변)	(대변)	(차변)	(대변)
+ 자산 증가 + 비용 발생	− 자산 감소 − 비용 취소	− 부채 감소 − 자본 감소 − 수익 취소	+ 부채 증가 + 자본 증가 + 수익 발생

사례연습 4. 거래의 전기

앞의 [사례연습 3. 거래의 분석 및 분개]에서 분개한 거래들을 T계정을 이용하여 각 계정별로 전기하시오.

풀이

현금
자본금	200,000	건물	140,000
매출	40,000	급여	6,000
매출	4,000	전기료	2,000
매출채권	10,000	미지급금	16,000
		월말 잔액	90,000
	254,000		254,000

건물
현금	140,000	월말 잔액	140,000
	140,000		140,000

비품
미지급금	16,000	월말 잔액	16,000
	16,000		16,000

매출채권
매출	20,000	현금	10,000
		월말 잔액	10,000
	20,000		20,000

미지급금
현금	16,000	비품	16,000
월말 잔액	0		
	16,000		16,000

미지급비용
월말 잔액	10,000	광고비	10,000
	10,000		10,000

자본금
월말 잔액	200,000	현금	200,000
	200,000		200,000

매출
총액	64,000	현금	40,000
		현금	4,000
		매출채권	20,000
	64,000		64,000

광고비
미지급비용	10,000	총액	10,000
	10,000		10,000

급여
현금	6,000	총액	6,000
	6,000		6,000

전기료
현금	2,000	총액	2,000
	2,000		2,000

4 시산표 및 재무상태표와 포괄손익계산서의 작성

[사례연습 4. 거래의 전기]의 사례에서 ㈜포도의 1월 한 달 동안 발생한 거래들을 각 계정별로 마련된 장부에 기록한 후 1월 31일 현재 자산, 부채 및 자본의 각 계정별 잔액과 수익 및 비용의 각 계정별 총액을 아래의 시간표에 집합시킬 수 있다.

시산표			
현금	90,000	미지급비용	10,000
건물	140,000	자본금	200,000
비품	16,000	매출	64,000
매출채권	10,000		
광고비	10,000		
급여	6,000		
전기료	2,000		
	274,000		274,000

시산표를 작성하였으면 시산표를 위와 아래 두 부분으로 나누어서 재무상태표와 포괄손익계산서를 만들 수 있다. 즉, 위의 시산표에서 자산, 부채 및 자본을 한 묶음으로 하여 재무상태표를 작성하고, 나머지 부분(수익, 비용)을 한 묶음으로 하여 포괄손익계산서를 작성한다.

㈜포도의 1월 31일 현재 재무상태표와 1월 한 달 동안의 포괄손익계산서를 작성하면 다음과 같다.

재무상태표			
현금	90,000	미지급비용	10,000
건물	140,000	자본금	200,000
비품	16,000	이익잉여금	46,000
매출채권	10,000		
	256,000		256,000

포괄손익계산서			
광고비	10,000	매출	64,000
급여	6,000		
전기료	2,000		
당기순이익	46,000		
	64,000		64,000

5 장부의 마감

1. 회계기간

일반적으로 기업은 1년 단위로 기간을 나누어서 재무상태 및 성과를 보고한다. 즉, 1월 1일부터 사업연도 개시일이라면 12월 31일이 결산일이며, 사업연도 개시일부터 결산일까지의 기간을 회계기간 또는 재무보고기간이라고 한다.

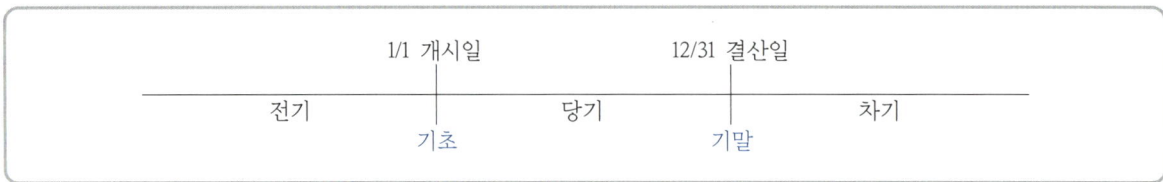

1월 1일을 기초라고 하고 12월 31일을 기말이라고 한다. 전년도 1월 1일부터 12월 31일까지의 회계기간을 전기라고 하고, 금년도 1월 1일부터 12월 31일까지의 회계기간을 당기라고 하며, 다음 연도 1월 1일부터 12월 31일까지의 회계기간을 차기라고 한다.

2. 장부 마감의 정의

장부기록의 절차를 마무리하기 위해서는 자산, 부채, 자본 계정들을 차기(다음 회계연도)로 이월시키고, 수익, 비용 계정은 차기로 이월시키지 않고 이를 집합시켜 자본(이익잉여금)에 대체하는 절차가 필요한데 이러한 절차를 장부의 마감이라고 한다.

> **Additional Comment**
> 자산, 부채, 자본 계정은 차기로 이월시키고, 수익과 비용 계정은 차기로 이월시키지 않는 이유는 수익과 비용이 연도별로 이월시키면 금액이 계속 누적되어 연도별 정확한 재무성과를 파악할 수 없기 때문이다.

3. 포괄손익계산서 계정의 마감

수익 및 비용 계정들은 다음 연도로 이월시키지 않고 그 순액, 즉 당기순이익을 재무상태표의 이익잉여금 계정으로 귀속시키는 회계처리를 하는 것으로 장부를 마감한다. 이익잉여금은 당기순이익의 누적액으로 자본의 한 항목이다. 포괄손익계산서 계정의 마감을 위한 회계처리는 다음과 같다.

(1) 수익 계정의 당기 발생 총액을 집합손익 계정으로 대체하여 모든 수익 계정의 잔액을 '0'으로 만든다.

| (차) 수익 | ×× | (대) 집합손익 | ×× |

(2) 비용 계정의 당기 발생 총액을 집합손익의 계정으로 대체하여 모든 비용 계정의 잔액을 '0'으로 만든다.

| (차) 집합손익 | ×× | (대) 비용 | ×× |

(3) 집합손익 계정의 잔액(즉, 당기순이익에 해당됨)을 이익잉여금 계정으로 대체한다. 이렇게 분개하면 집합손익 계정의 잔액은 '0'이 된다. 집합손익이라는 계정은 포괄손익계산서 계정의 마감 과정에서 임시로 사용되는 계정이며, 이익잉여금 계정으로 대체되면서 사라진다.

장부의 마감 절차를 통해서 시산표의 모든 금액이 다음 연도로 이월된다. 여러 가지 자산과 부채 계정은 직접 이월(영구 계정)되고, 여러 가지 수익과 비용 계정은 이를 순액(당기순이익)으로 하여 이익잉여금에 포함시킨 후에 그 이익잉여금이 이월(임시 계정 또는 명목 계정)된다.

● 포괄손익계산서의 마감

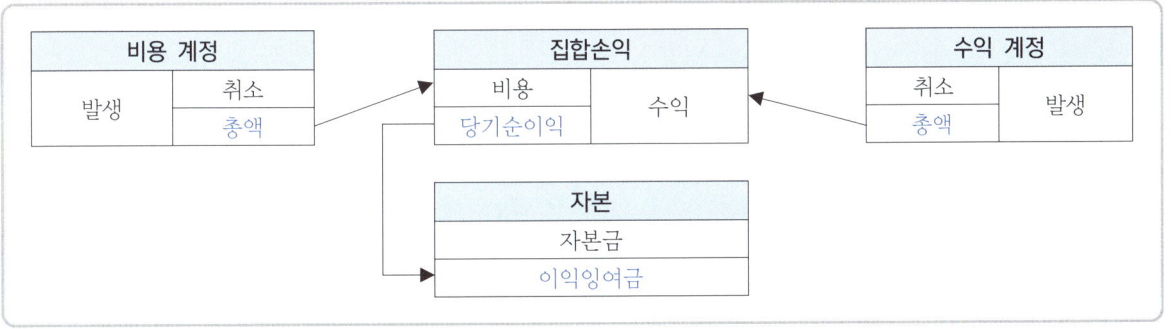

4. 재무상태표 계정의 마감

재무상태표 계정의 마감은 별도의 회계처리 없이 장부상 최종 잔액에 차기이월이라고 기입하는 것으로 종료된다. 즉, 포괄손익계산서의 마감과 달리 재무상태표 계정의 마감은 별도의 분개를 하지 않는다. 다음 회계연도에는 새로운 총계정원장을 사용하여 발생한 거래를 기록하는데, 다음 회계연도의 총계정원장에는 전기 이월된 금액으로부터 시작된다.

● 재무상태표의 마감

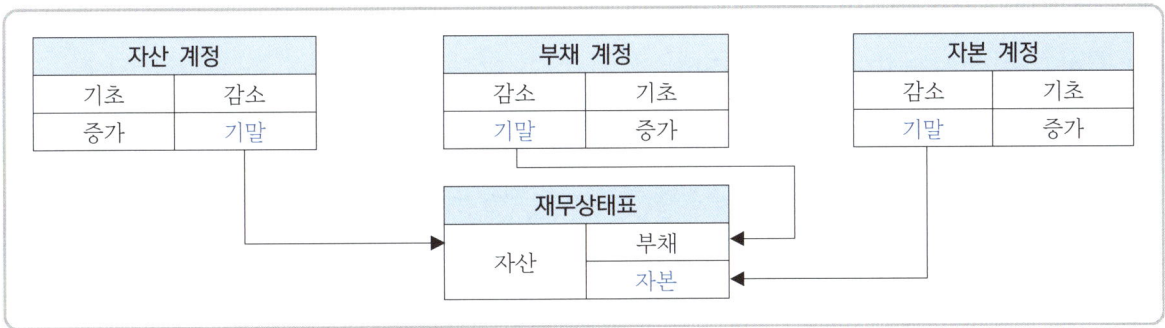

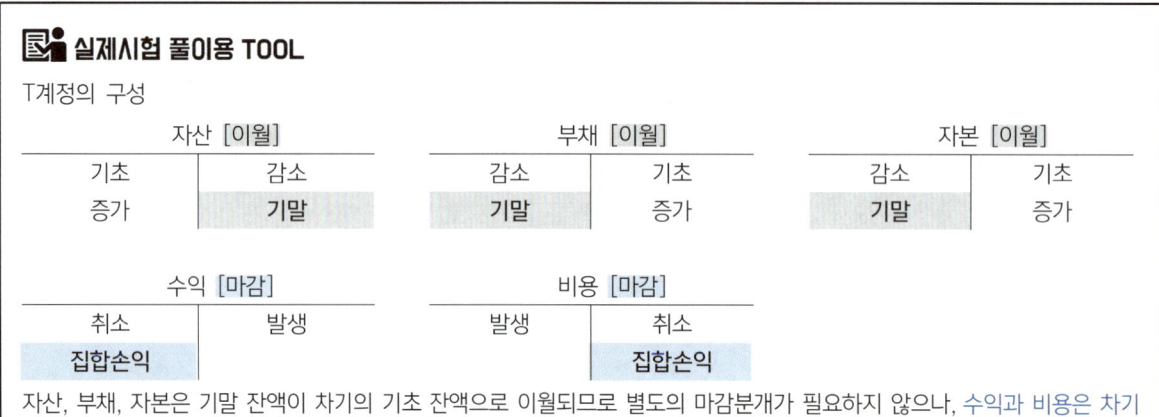

Self Study
장부의 마감 절차를 통해서 시산표의 모든 금액이 다음 연도로 이월된다. 여러 가지 자산과 부채 계정은 직접 이월(영구 계정)되고, 여러 가지 수익과 비용 계정은 이를 순액(당기순이익)으로 하여 이익잉여금에 포함시킨 후에 그 이익잉여금이 이월(임시 계정 또는 명목 계정)된다.

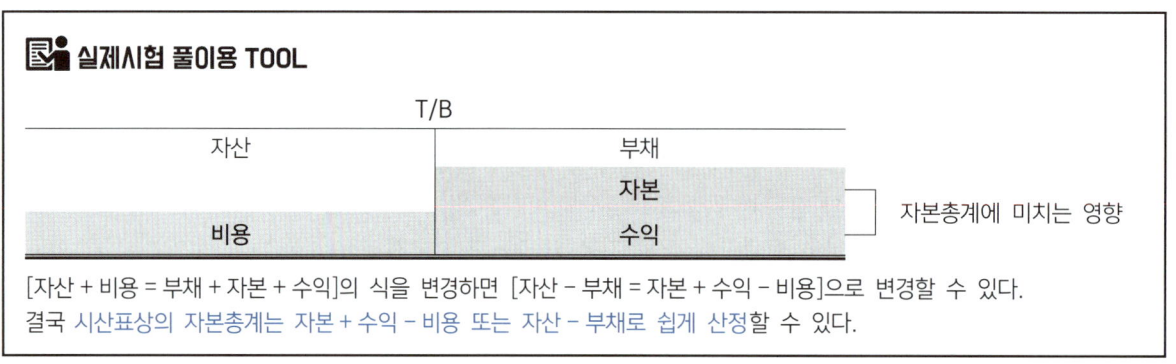

6 시산표와 복식부기의 자기검증기능

1. 시산표의 종류

시산표는 특정 시점에서 총계정원장에 기록되어 있는 차변 잔액(또는 총액) 및 대변 잔액(또는 총액)을 한데 모아 놓은 양식을 말한다. 시산표가 포함하는 기간은 다양할 수 있다. 하루에 발생한 거래들을 시산표로 집합시킬 수 있는데, 이를 일계표라고 한다. 또한 특정 월에 발생한 거래들을 시산표로 집합시킬 수도 있는데, 이를 월계표라고 한다. 한 회계기간의 재무제표를 작성하기 위해서 만드는 시산표는 1년 동안 발생한 거래들을 집합시킨 연 단위의 시산표라고 이해하면 된다.

시산표에는 잔액시산표, 합계시산표 및 합계잔액시산표의 3종류가 있다. 잔액시산표란 총계정원장의 각 계정별 잔액(또는 총액)을 하나의 표에 모두 모은 것이다. 잔액시산표의 단점은 일정 기간 동안 각 계정별로 얼마나 증가 거래 및 감소 거래가 발생하여 현재의 잔액이 되었는지를 알 수 없다는 것이다.

그러므로 증가 금액 및 감소 금액의 총액을 나타내는 시산표를 작성할 수 있는데, 이를 합계시산표라고 한다. 즉, 합계시산표는 총계정원장의 각 계정별 차변 합계와 대변 합계를 하나의 표에 모두 모은 것이다.

합계시산표의 각 계정별 차변 합계에서 대변 합계를 차감하면 그 차액이 계정별 잔액이다. 합계시산표는 일정기간 동안 증가 거래 및 감소 거래의 총액을 알 수는 있지만, 잔액을 쉽게 파악할 수 없다는 단점이 있다. 따라서 합계 및 잔액을 모두 표시하는 시산표가 필요하며, 이러한 시산표를 합계잔액시산표라고 한다.

> **Self Study**
> 일반적으로 실무에서 시산표라고 하면 합계잔액시산표를 의미하며, 회계학 책에서는 편의상 잔액시산표를 주로 사용한다.

2. 복식부기의 자기검증기능

분개를 할 때 차변과 대변의 특정 계정 및 금액을 확정하여 이를 분개장 및 총계정원장에 기록하였다. 따라서 차변에 기록된 금액의 합계와 대변에 기록된 금액의 합계는 당연히 일치해야 하는데, 이를 대차평균의 원리라고 한다.

대차평균의 원리를 지켰다면 총계정원장상의 금액을 하나의 표로 집합시킨 시산표의 차변 합계와 대변 합계는 일치해야 할 것이다. 만일 시산표의 차변 합계와 대변 합계가 일치하지 않는다면, 분개에서 시작하여 원장에 전기하는 과정 중 어디에선가 오류가 발생하였음을 의미한다. 따라서 시산표의 대차 금액이 불일치할 때 어느 곳에서 기록의 오류가 있었는지 추적하여 이를 수정할 수 있을 것이다. 이와 같은 기능을 복식부기의 자기검증기능이라고 하며, 거래를 기록할 때 차변과 대변을 동시에 기록하는 복식부기를 사용해야 하는 이유가 바로 여기에 있다.

그러나 복식부기의 자기검증기능은 차변 금액과 대변 금액이 다를 경우에만 오류를 적발할 수 있다. 차변과 대변을 모두 같은 금액만큼 잘못 기록하더라도 시산표상 차변 합계와 대변 합계는 일치할 것이기 때문에 거래의 과정에서 포함된 오류를 적발할 수 없다는 한계점이 있다.

● 시산표에서 발견할 수 있는 오류의 예시

> ① 차변과 대변 중 어느 한쪽의 전기를 누락한 경우
> ② 차변과 대변 중 한쪽에만 중복 기장한 경우
> ③ 차변과 대변 중 한쪽에만 계정상 금액을 잘못 기입한 경우
> ④ 계정 자체의 대차 합계와 잔액계산에 오류가 발생한 경우

● 시산표에서 발견할 수 없는 오류의 예시

> ① 거래 전체의 분개가 누락되거나, 전기가 누락된 경우
> ② 다른 계정과목에 잘못 전기하였을 때
> ③ 오류에 의하여 전기된 금액이 우연히 일치하여 서로 상계되었을 때
> ④ 분개는 틀렸으나 대차의 금액은 일치하는 경우와 어떤 거래의 분개가 이중으로 분개된 경우
> ⑤ 분개장에서 원장에 대차를 반대로 전기하였을 때

> **Self Study**
> 1. 오류가 발생했을 때 시산표상에서 발견될 수 있으려면 차변과 대변의 합계가 일치하여야 한다.
> 2. 오류임에도 시산표상에서 차변과 대변의 합계가 일치한다면 발견되지 않는다.

실제시험 풀이용 TOOL

```
           시산표
    자산    │    부채
            │
            │    자본
            │
    비용    │    수익
            =
      "자기검증기능"
```

● 시산표에서 발견할 수 있는·없는 오류

- 발견(O) 오류: 대차의 합계가 불일치할 때
- 발견(×) 오류: 대차의 합계가 일치할 때

※ Tip
- 계정의 원래 자리가 아닌 곳에 기재되면, "대차의 합계가 불일치"
  ∴ 대차의 합계가 불일치 ⇒ **시산표 발견(O) 오류**
  예 차변 '자리' ⇒ 대변 '기재' or 대변 '자리' ⇒ 차변 '기재'

- 계정의 원래 자리에 다른 계정이 기재되면, "대차의 합계가 일치"
  ∴ 대차의 합계가 일치 ⇒ **시산표 발견(×) 오류**
  예 차변 '자리' ⇒ 차변 '기재' or 대변 '자리' ⇒ 대변 '기재'

> **Self Study**
>
> 1. 잔액시산표란 총계정원장의 각 계정별 잔액(또는 총액)을 하나의 표에 모두 모은 것이다. 잔액시산표의 단점은 일정 기간 동안 각 계정별로 얼마나 증가 거래 및 감소 거래가 발생하여 현재의 잔액이 되었는지를 알 수 없다는 것이다.
> 2. 합계시산표는 총계정원장의 각 계정별 차변 합계와 대변 합계를 하나의 표에 모두 모은 것이다. 합계시산표의 각 계정별 차변 합계에서 대변 합계를 차감하면 그 차액이 계정별 잔액이다. 합계시산표는 일정 기간 동안 증가 거래 및 감소 거래의 총액을 알 수는 있지만, 잔액을 쉽게 파악할 수 없다는 단점이 있다.
> 3. 시산표의 대차 금액이 불일치할 때 어느 곳에서 기록의 오류가 있었는지 추적하여 이를 수정할 수 있을 것이다. 이와 같은 기능을 복식부기의 자기검증기능이라고 한다.

기출문제

2. 시산표를 작성하는 중 차변 합계와 대변 합계가 일치하지 않은 것을 발견하였다. 이와 관련하여 시산표상 차변 합계와 대변 합계가 일치하지 않는 원인은?   2020년 국가직 7급

① ₩50,000의 매입채무를 현금으로 상환하면서 분개를 누락하였다.
② ₩30,000의 토지를 외상으로 구입하면서 분개는 정확하게 하였지만, 원장으로 전기할 때 토지 계정 대신 건물 계정 차변에 ₩30,000, 미지급금 계정 대변에 ₩30,000으로 전기하였다.
③ [(차) 매출채권 ₩35,000 / (대) 매출 ₩35,000]의 분개를 원장으로 전기할 때 매출채권 계정 차변에 ₩53,000, 매출 계정 대변에 ₩35,000으로 전기하였다.
④ 건물 수선비를 현금 지급하면서 차변에 건물 ₩10,000, 대변에 현금 ₩10,000으로 분개하였다.

해설
원장으로 전기할 때 매출채권 계정에 서로 다른 금액으로 전기하였다.

T/B	
매출채권 53,000	매출 35,000

≠

▶ **오답체크**
① 분개를 누락하였다.

T/B	

=

② 분개는 정확하게 하였지만, 원장으로 전기할 때 토지 계정 대신 건물 계정에 전기하였다.

T/B			
건물	30,000	미지급금	30,000

④ 건물수선비를 현금 지급하면서 서로 같은 금액으로 분개하였다.

T/B			
건물	10,000	현금	10,000

답 ③

CHAPTER 3 회계순환과정

1 현금기준과 발생기준의 비교

현금이 유입되거나 유출되는 시점에서 자산, 부채, 수익 및 비용을 인식하는 것을 현금기준이라고 한다. 현금기준에 따라 재무제표를 작성하면 재무상태 및 성과를 적정하게 보고하기 어렵다. 그 이유는 현금기준을 적용하면 결산일 현재 비용이 발생하였더라도 현금을 지급하지 않는 한 비용을 인식하지 않으며, 결산일 현재 수익이 발생하였더라도 현금을 수령하지 않는 한 수익으로 인식하지 않기 때문이다.

현금기준에 따라 장부기록을 하면 당기 중에 현금의 입금 및 출금의 결과는 정확하게 보고할 수 있으나, 당기 말 현재 재무상태 및 당기의 재무성과를 적절하게 보고하지 못하는 한계가 있다. 회계에서는 현금의 입금 및 출금과 관계없이 재무상태에 변동을 가져오는 거래가 발생한 시점에 이를 인식하도록 하는데, 이를 발생기준 (발생주의)이라고 한다.

① 현금기준: 현금의 유입이나 유출 시점에 재무제표 요소의 변동을 인식
② 발생기준: 현금의 유입이나 유출과 관계없이 재무제표 요소의 변동이 발생했을 때 인식

Additional Comment

재무제표를 통해서 미래 현금흐름의 예측이 가능하기 위해서는 재무제표가 발생기준에 따라 작성되어야 함을 의미한다. 발생기준에 따라 장부기록을 해야 기업의 재무상태와 성과를 적절하게 보고할 수 있고, 회계정보이용자가 기업의 미래 현금흐름을 예측하는 데 유용할 수 있다.

2 결산수정분개의 의의

기업들은 회계기간 중에 발생기준에 따라 회계처리를 하지만, 경우에 따라서는 현금을 수령하거나 현금을 지급할 때 전체 금액을 수익이나 비용으로 인식하기도 한다. 그러므로 기업이 결산을 하는 과정에서 이를 바로잡을 필요가 있다.

기업에서 결산을 한다는 것은 당기 중에 발생한 거래 기록들을 정리하고 재무상태 및 성과를 확정짓는 것을 의미한다. 기업이 결산을 하는 과정에서 발생기준에 따라 제대로 인식되지 않은 자산, 부채, 수익 및 비용 등을 발견하였다면 발생기준에 따라 인식되어야 할 금액으로 수정하는 분개를 해야 하는데, 이를 결산수정분개 (adjusting entries)라고 한다.

◐ 결산수정분개의 의의

결산수정분개가 반영되지 않은 시산표를 수정전시산표라고 하며, 결산수정분개를 반영한 시산표를 수정후시산표라고 한다. 아래의 그림과 같이 특정 회계연도의 재무상태표와 포괄손익계산서는 결산수정분개가 반영된 수정후시산표로부터 도출된다.

◐ 수정전시산표로부터 재무제표의 도출

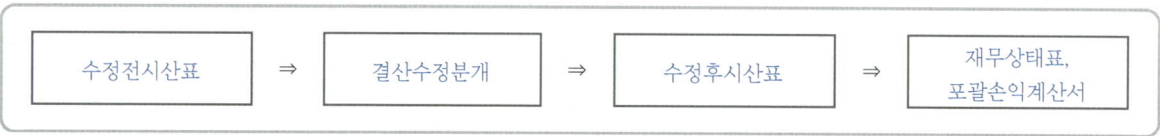

3 발생에 대한 결산수정분개

결산수정분개는 크게 발생(accruals)과 이연(deferrals)에 대한 수정분개를 구분할 수 있다. 당기 중에 수익 또는 비용이 이미 발생하였으나 결산일까지 현금의 유입 또는 유출이 없어서 아무런 회계처리도 하지 않았다면, 발생한 수익 또는 비용을 인식하는 결산수정분개가 필요하다. 이를 발생에 대한 결산수정분개라고 한다.

1. 미수수익

회계기간 중에 수익은 이미 발생하였으나 결산일까지 현금을 수령하지 않았기 때문에 아무런 회계처리를 하지 않았다면, 발생한 수익을 인식해야 한다. 이때 수익의 상대계정으로 미수수익을 인식한다. 미수수익은 자산 계정인데, 미래에 현금 등 경제적 자원을 수취할 권리이므로 자산의 정의에 부합한다.

결산수정분개는 다음과 같으며, 대변의 수익 계정은 수익의 내용에 따라 적합한 계정(예 이자수익, 임대수익, 수수료수익 등)을 사용하면 된다. 미수수익은 자산 계정이므로 다음 연도로 이월되는데, 다음 연도에 미수수익을 현금으로 수취할 때 다음과 같이 현금을 증가시키고 미수수익을 감소시키는 분개를 한다.

[결산수정분개]
(차) 미수수익 ×× (대) ○○수익 ××

[다음 연도에 현금 수령 시]
(차) 현금 ×× (대) 미수수익 ××

> **Self Study**
> 발생기준에 따라 회계처리하면 수익 거래가 발생했을 때 수익을 인식하는 것이지, 현금을 수취할 때 수익을 인식하는 것이 아님을 알 수 있다.

사례연습 5. 미수수익

갑회사는 20×1년 7월 1일 은행에 1년 만기 정기예금에 현금 ₩1,000,000을 예치하였으며, 이자는 연 10% 이자율로 20×2년 6월 30일에 수령하기로 하였다. 갑회사가 결산일인 20×1년 12월 31일 해야 할 결산수정분개 및 20×2년 6월 30일에 이자 수령 시 해야 할 회계처리를 하시오.

[풀이]

(1) 수정전시산표

수정전시산표

(2) 결산수정분개
[20×1년 12월 31일]
(차) 미수수익[1] 50,000 (대) 이자수익 50,000
　　[1] 1,000,000 × 10% × 6/12 = 50,000

[20×2년 6월 30일]
(차) 현금 100,000 (대) 미수수익 50,000
　　　　　　　　　　　　　　　　이자수익 50,000

(3) 수정후시산표

수정후시산표

| 미수수익 | 50,000 | 이자수익 | 50,000 |

(4) 재무제표

재무상태표

| 미수수익 | 50,000 | | |

포괄손익계산서

| | | 이자수익 | 50,000 |

2. 미지급비용

회계기간 중에 비용은 발생하였으나 결산일까지 현금을 지급하지 않았기 때문에 아무런 회계처리를 하지 않았다면, 발생한 비용을 인식해야 한다. 이때 비용의 상대계정으로 미지급비용을 인식한다. 미지급비용은 부채 계정인데, 미래에 현금 등 경제적 자원을 이전해야 하는 의무이므로 부채의 정의에 부합한다.

결산수정분개는 다음과 같으며, 차변의 비용 계정은 비용의 내용에 따라 적합한 계정(예 이자비용, 보험료, 임차료 등)을 사용한다.

미지급비용은 부채 계정이므로 다음 연도로 이월되는데, 다음 연도에 미지급비용을 현금으로 지급할 때 다음과 같이 현금과 미지급비용을 감소시키는 분개를 한다.

[결산수정분개]
(차) ○○비용　　　　　　　　×× 　　　(대) 미지급비용　　　　　　　××

[다음 연도에 현금 지급 시]
(차) 미지급비용　　　　　　　×× 　　　(대) 현금　　　　　　　　　　××

Self Study
발생기준에 따라 회계처리하면 비용 거래가 발생했을 때 비용을 인식하는 것이지, 현금을 지급할 때 비용을 인식하는 것이 아님을 알 수 있다.

사례연습 6. 미지급비용

갑회사는 20×1년 7월 1일 은행으로부터 ₩1,000,000을 차입하였다. 이자는 연 10% 이자율로 20×2년 6월 30일에 수령하기로 하였다. 갑회사가 결산일인 20×1년 12월 31일에 해야 할 결산수정분개 및 20×2년 6월 30일에 이자 지급 시 해야 할 회계처리를 하시오.

풀이

(1) 수정전시산표

　　　　　　　　　　　　　　수정전시산표

(2) 결산수정분개

[20×1년 12월 31일]
(차) 이자비용　　　　　　　　50,000　　　(대) 미지급비용[1]　　　　　50,000
　　[1] 1,000,000 × 10% × 6/12 = 50,000

[20×2년 6월 30일]
(차) 미지급비용　　　　　　　50,000　　　(대) 현금　　　　　　　　　100,000
　　이자비용　　　　　　　　50,000

(3) 수정후시산표

수정후시산표

이자비용	50,000	미지급비용	50,000

(4) 재무제표

재무상태표

		미지급비용	50,000

포괄손익계산서

이자비용	50,000		

4 이연에 대한 결산수정분개

결산수정분개는 크게 발생(accruals)과 이연(deferrals)에 대한 수정분개로 구분할 수 있다. 회계기간 중에 현금을 수취하거나 지급하면서 수익이나 비용을 인식했는데, 수취하거나 지급한 현금만큼 수익이나 비용이 발생하지 않은 경우 결산수정분개가 필요하다. 이를 이연에 대한 결산수정분개라고 한다. 이연이란 당기의 현금 유출액 중 차기의 수익 또는 비용에 해당되는 금액을 미래로 넘겨서 차기에 수익 또는 비용을 인식하는 것을 의미한다.

> **Additional Comment**
> 기업이 회계기간 중에 현금을 수취하거나 지급하면서 수익이나 비용 대신 부채나 자산을 인식했을 수도 있다. 따라서 기업이 회계기간 중에 어떻게 회계처리했는지에 따라 이연에 대한 결산수정분개가 달라지므로 발생에 대한 결산수정분개보다 다소 복잡하다.

1. 선급비용

선급비용과 관련된 결산수정분개는 기중에 현금을 지급할 때 모두 비용으로 인식한 경우와 모두 자산(선급비용)으로 인식한 경우에 따라 다르다. 그에 대한 회계처리는 다음과 같다.

기중 현금 지급 시 회계처리	결산수정분개	다음 연도
모두 비용으로 인식	다음 연도에 귀속될 비용만큼 당기 중에 인식하였던 비용을 줄이고, 자산을 인식	전기 이월된 선급비용을 기간 경과에 따라 비용으로 대체
모두 자산으로 인식	비용을 전혀 인식하지 않았으므로 당기에 귀속될 비용만큼 비용을 인식하고, 당기 중에 자산으로 인식하였던 선급비용을 그만큼 감소	

(1) 기중 현금 지급 시 모두 비용으로 인식

```
[기중 현금 지급 시]
    (차) 비용                    ××        (대) 현금                    ××
[결산수정분개]
    (차) 선급비용          당기 미 귀속분    (대) 비용              당기 미 귀속분
```

(2) 기중 현금 지급 시 모두 자산으로 인식

```
[기중 현금 지급 시]
    (차) 선급비용                 ××        (대) 현금                    ××
[결산수정분개]
    (차) 비용              당기 귀속분       (대) 선급비용          당기 귀속분
```

Self Study

계정을 대체한다는 것은 한 계정에서 다른 계정으로 바꾼다는 것을 의미한다. 선급비용을 비용으로 대체하면 자산(선급비용)이 감소하고 그만큼 비용이 증가한다.

사례연습 7. 선급비용

갑회사는 20×1년 7월 1일 건물에 대한 1년분 화재보험료 ₩200,000을 현금 지급하였다. 갑회사가 20×1년 7월 1일 현금 지출 시 전액 비용으로 처리한 경우와 전액 자산으로 처리한 경우로 나누어 결산일인 20×1년 12월 31일에 해야 할 결산수정분개를 하시오.

풀이

(1) 전액 비용으로 처리한 경우
　1) 기중 현금 지급 시
　　　(차) 화재보험료   200,000   (대) 현금   200,000
　2) 수정전시산표

수정전시산표		
화재보험료	200,000	

　3) 결산수정분개
　　　(차) 선급비용[1)]   100,000   (대) 화재보험료   100,000
　　　[1)] 200,000 × 6/12 = 100,000
　4) 수정후시산표

수정후시산표		
화재보험료	100,000	
선급비용	100,000	

5) 재무제표

재무상태표

선급비용	100,000		

포괄손익계산서

화재보험료	100,000		

(2) 전액 자산으로 처리한 경우
  1) 기중 현금 지급 시
     (차) 선급비용　　　200,000　　　(대) 현금　　　200,000
  2) 수정전시산표

수정전시산표

선급비용	200,000		

  3) 결산수정분개
     (차) 화재보험료[2]　　　100,000　　　(대) 선급비용　　　100,000
     [2] 200,000 × 6/12 = 100,000

  4) 수정후시산표

수정후시산표

화재보험료	100,000		
선급비용	100,000		

  5) 재무제표

재무상태표

선급비용	100,000		

포괄손익계산서

화재보험료	100,000		

2. 선수수익

선수수익과 관련된 결산수정분개는 기중에 현금을 수령할 때 모두 수익으로 인식한 경우와 모두 부채(선수수익)로 인식한 경우에 따라 다르다. 그에 대한 회계처리는 다음과 같다.

기중 현금 수령 시 회계처리	결산수정분개	다음 연도
모두 수익으로 인식	다음 연도에 귀속될 수익만큼 당기 중에 인식하였던 수익을 줄이고, 부채를 인식	전기 이월된 선수수익을 기간 경과에 따라 수익으로 대체
모두 부채로 인식	수익을 전혀 인식하지 않았으므로 당기에 귀속될 수익만큼 수익을 인식하고, 당기 중에 부채로 인식하였던 선수수익을 그만큼 감소	

(1) 기중 현금 수령 시 모두 수익으로 인식

```
[기중 현금 수령 시]
 (차) 현금                    ××      (대) ○○수익                  ××
[결산수정분개]
 (차) ○○수익        당기 미 귀속분    (대) 선수수익        당기 미 귀속분
```

(2) 기중 현금 수령 시 모두 부채로 인식

```
[기중 현금 수령 시]
 (차) 현금                    ××      (대) 선수수익                ××
[결산수정분개]
 (차) 선수수익         당기 귀속분      (대) ○○수익          당기 귀속분
```

Additional Comment

대변의 선수수익 계정을 수익의 유형에 따라 선수임대료, 선수이자, 선수수수료 등의 계정으로 분개할 수도 있으나, 보다 일반적인 계정인 선수수익을 사용한다.

사례연습 8. 선수수익

갑회사는 20×1년 7월 1일 회사 소유의 건물을 을에게 1년간 임대해주기로 하였다. 갑회사는 1년분 임대료 ₩ 200,000을 20×1년 7월 1일에 현금으로 수령하였다. 갑회사가 20×1년 7월 1일 현금 수령 시 전액 수익으로 처리한 경우와 전액 부채로 처리한 경우로 나누어 결산일인 20×1년 12월 31일에 해야 할 결산수정분개를 하시오.

풀이

(1) 전액 수익으로 처리한 경우
  1) 기중 현금 수령 시
      (차) 현금   200,000   (대) 임대료수익   200,000
  2) 수정전시산표

	수정전시산표	
	임대료수익	200,000

  3) 결산수정분개
      (차) 임대료수익[1]   100,000   (대) 선수수익   100,000
      [1] 200,000 × 6/12 = 100,000
  4) 수정후시산표

	수정후시산표	
	선수수익	100,000
	임대료수익	100,000

5) 재무제표

재무상태표

		선수수익	100,000

포괄손익계산서

		임대료수익	100,000

(2) 전액 부채로 처리한 경우
  1) 기중 현금 수령 시

  (차) 현금　　　　　　　　　200,000　　　　(대) 선수수익　　　　　　　　　200,000

  2) 수정전시산표

수정전시산표

		선수수익	200,000

  3) 결산수정분개

  (차) 선수수익[2]　　　　　　100,000　　　　(대) 임대료수익　　　　　　　100,000

  [2] 200,000 × 6/12 = 100,000

  4) 수정후시산표

수정후시산표

		선수수익	100,000
		임대료수익	100,000

  5) 재무제표

재무상태표

		선수수익	100,000

포괄손익계산서

		임대료수익	100,000

3. 소모품

선급비용과 유사한 결산조정분개를 하는 것이 소모품이다. 소모품에는 기업에서 사용하는 종이나 볼펜과 같은 사무용품 등이 있다. 소모품 중 당기 중에 사용한 부분은 비용(소모품비 계정)으로, 당기 말까지 사용하지 않은 부분은 자산(소모품 계정)으로 보고되어야 한다.

그에 대한 회계처리는 다음과 같다.

기중 현금 지급 시 회계처리	결산수정분개	다음 연도
모두 비용으로 인식	다음 연도에 귀속될 비용만큼 당기 중에 인식하였던 비용을 줄이고, 자산을 인식	전기 이월된 소모품을 기간 경과에 따라 비용으로 대체
모두 자산으로 인식	비용을 전혀 인식하지 않았으므로 당기에 귀속될 비용만큼 비용을 인식하고, 당기 중에 자산으로 인식하였던 소모품을 그만큼 감소	

(1) 기중 현금 지급 시 모두 비용으로 인식

[기중 현금 지급 시]			
(차) 소모품비	××	(대) 현금	××
[결산수정분개]			
(차) 소모품	당기 미 귀속분	(대) 소모품비	당기 미 귀속분

(2) 기중 현금 지급 시 모두 자산으로 인식

[기중 현금 지급 시]			
(차) 소모품	××	(대) 현금	××
[결산수정분개]			
(차) 소모품비	당기 귀속분	(대) 소모품	당기 귀속분

사례연습 9. 소모품

갑회사는 20×1년 7월 1일 사무용 소모품을 ₩200,000에 현금을 지급하고 구입하였는데, 결산일인 20×1년 12월 31일 현재 미사용 소모품이 ₩100,000임을 확인하였다. 갑회사가 20×1년 7월 1일 현금 지출 시 전액 비용으로 처리한 경우와 전액 자산으로 처리한 경우로 나누어 결산일인 20×1년 12월 31일에 해야 할 결산수정분개를 하시오.

풀이

(1) 전액 비용으로 처리한 경우

  1) 기중 현금 지급 시

(차) 소모품비	200,000	(대) 현금	200,000

  2) 수정전시산표

  수정전시산표
소모품비	200,000		

  3) 결산수정분개

(차) 소모품[1]	100,000	(대) 소모품비	100,000

  [1] 200,000 × 6/12 = 100,000

  4) 수정후시산표

  수정후시산표
소모품	100,000		
소모품비	100,000		

5) 재무제표

재무상태표

소모품	100,000		

포괄손익계산서

소모품비	100,000		

(2) 전액 자산으로 처리한 경우

1) 기중 현금 지급 시

  (차) 소모품   200,000   (대) 현금   200,000

2) 수정전시산표

수정전시산표

소모품	200,000		

3) 결산수정분개

  (차) 소모품비[2]   100,000   (대) 소모품   100,000

  [2] 200,000 × 6/12 = 100,000

4) 수정후시산표

수정후시산표

소모품	100,000		
소모품비	100,000		

5) 재무제표

재무상태표

소모품	100,000		

포괄손익계산서

소모품비	100,000		

⊞ 참고 | 결산수정분개를 잘못한 경우 재무제표에 미치는 영향

1. 결산수정분개의 미계상 오류

구분	재무제표 요소에 미치는 영향		당기순이익의 영향
미수수익 미계상	자산 과소계상	수익 과소계상	과소계상
미지급비용 미계상	부채 과소계상	비용 과소계상	과대계상

2. 결산수정분개의 과소계상 오류

구분	재무제표 요소에 미치는 영향		당기순이익의 영향
선급비용 과소계상	자산 과소계상	비용 과대계상	과소계상
선수수익 과소계상	부채 과소계상	수익 과대계상	과대계상

기출문제

3. ㈜서울은 12월 말 결산법인이며 <보기>는 기말수정사항이다. 기말수정분개가 ㈜서울의 재무제표에 미치는 영향으로 가장 옳은 것은? (단, 법인세는 무시한다)
2018년 서울시 9급

<보기>

- 3월 1일에 1년간 보험료 ₩ 300,000을 현금으로 지급하면서 전액 보험료로 기록하였다.
- 4월 1일에 소모품 ₩ 300,000을 현금으로 구입하면서 전액 소모품으로 기록하였다. 기말에 실사한 결과 소모품은 ₩ 70,000으로 확인되었다.
- 5월 1일에 1년간 건물 임대료로 ₩ 300,000을 수취하면서 전액 임대료수익으로 기록하였다.

---

① 자산이 ₩ 180,000만큼 증가한다.   ② 부채가 ₩ 100,000만큼 감소한다.
③ 비용이 ₩ 180,000만큼 증가한다.   ④ 당기순이익이 ₩ 80,000만큼 감소한다.

해설

T/B

자산	부채
(1) 선급보험료 50,000 ↑ (2) 소모품 230,000 ↓	(3) 선수수익 100,000 ↑
⇓	⇓
N/I (−) 330,000 (2) 230,000 ↑ (3) 100,000 ↑	N/I (+) 50,000 (1) 50,000 ↑

기말수정사항의 회계처리

(1) 보험료의 기말수정사항

[기중 회계처리]

(차) 보험료	300,000	(대) 현금	300,000

[결산수정분개]

(차) 선급보험료	50,000	(대) 보험료¹⁾	50,000

¹⁾ 보험료: 300,000 × 2/12 = 50,000

(2) 소모품의 기말수정사항

[기중 회계처리]

(차) 소모품	300,000	(대) 현금	300,000

[결산수정분개]

(차) 소모품비	230,000	(대) 소모품	230,000

(3) 임대료의 기말수정사항

[기중 회계처리]

(차) 현금	300,000	(대) 임대료수익	300,000

[결산수정분개]

(차) 임대료수익²⁾	100,000	(대) 선수수익	100,000

²⁾ 임대료수익: 300,000 × 4/12 = 100,000

답 ③

기출문제

4. ㈜한국의 수정전시산표상 소모품은 ₩160,000이고, 기말 현재 남아 있는 소모품이 ₩70,000이다. 수정분개로 옳은 것은?

2013년 국가직 9급

① (차) 소모품비 ₩90,000 (대) 소모품 ₩90,000
② (차) 소모품비 ₩70,000 (대) 소모품 ₩70,000
③ (차) 소모품 ₩90,000 (대) 소모품비 ₩90,000
④ (차) 소모품 ₩70,000 (대) 소모품비 ₩70,000

해설

[수정분개]

| (차) 소모품비 | 90,000 | (대) 소모품 | 90,000 |

답 ①

5 회계순환과정

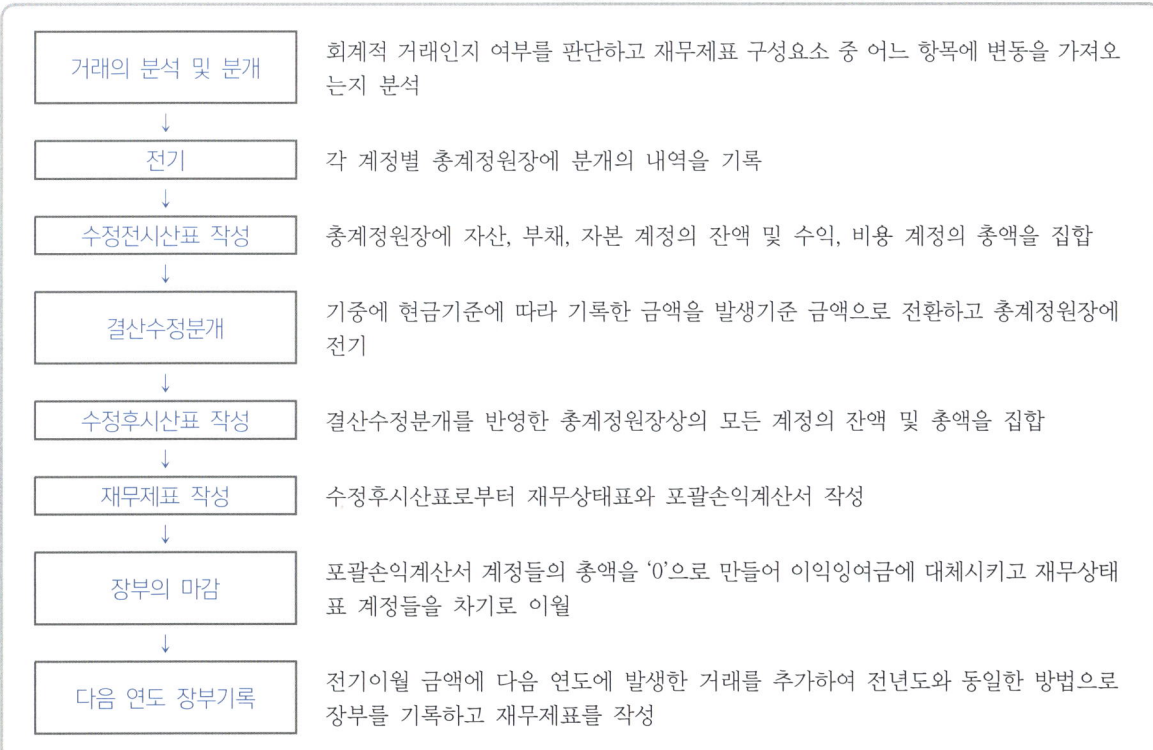

위의 과정 전체는 매 회계연도마다 반복되며, 이를 회계순환과정이라고 부른다. 회계순환과정 중 수정전시산표 작성부터 장부의 마감에 이르는 절차까지 일반적으로 결산과정이라고 부른다.

핵심 빈출 문장

01 현금기준으로 기록되어 있는 금액을 발생기준의 금액으로 수정하는 분개를 결산수정분개라고 한다.

02 포괄손익계산서 계정들은 재무제표를 작성한 이후 집합손익 계정을 이용하여 장부를 마감하며, 집합손익 계정은 이익잉여금 계정으로 대체되어 장부를 마감한다.

03 선급비용과 미수수익은 자산 계정이다.

04 선수수익과 미지급비용은 부채 계정이다.

확인 문제

01 회계적 거래
CH. 1 → 2 회계적 거래의 식별 ▶ 28p
2025년 국가직 9급

회계상 거래가 아닌 것은?

① 사무실을 1개월 후에 1년간 임차하기로 임대인과 계약 체결
② 업무에 사용하던 비품의 자연재해로 인한 파손
③ 제품생산을 위한 기계장치의 사용
④ 공장건물에 대한 수선 후 청구서 수령

02 자본의 증감
CH. 1 → 2 회계적 거래의 식별 ▶ 28p
2010년 국가직 9급

회계상의 거래에 포함될 수 없는 것은?

① 장부가액이 ₩ 2,500,000인 건물이 화재로 인해 전소되었다.
② 상품을 판매하고 아직 대금을 받지 않았다.
③ 원료 공급회사와 100톤의 원재료를 ₩ 1,000,000에 구입하기로 계약을 체결하였다.
④ 기계장치를 구입하여 인도받았으나 아직 대금을 지급하지 않았다.

정답 및 해설

01
단순계약은 회계적 거래가 아니다.

02
단순 계약에 해당함(∵ 돈을 지급할 의무가 발생하지 않았음)
∴ 재무상태의 변동(×) ⇒ 회계상의 거래(×)

▶ 오답체크
① (1) 화재 ⇒ 재무상태의 변동(○)
　(2) 금액의 명시 ⇒ 신뢰성 있게 측정 가능(○)
　∴ 재무상태의 변동(○) ⇒ 회계상의 거래(○)
② 판매 ⇒ 돈을 수취할 권리가 발생함
　∴ 재무상태의 변동(○) ⇒ 회계상의 거래(○)
④ (1) 구입 ⇒ 자산의 증가
　(2) 대금 미지급 ⇒ 돈을 지급할 의무가 발생함(= 부채의 증가)
　∴ 재무상태의 변동(○) ⇒ 회계상의 거래(○)

정답 01 ① 02 ③

03 자본의 증감

㈜대한의 2010 회계연도 기초 자산총계는 ₩ 4,000,000이며, 기초와 기말 시점의 부채총계는 각각 ₩ 2,000,000과 ₩ 1,500,000이다. 또한, 당기 포괄손익계산서상 수익총액이 ₩ 7,000,000, 비용총액이 ₩ 6,500,000이고, 당기 중 주주의 출자액이 ₩ 1,000,000일 때 기말 자산총계는? (단, 기타포괄손익은 없는 것으로 가정한다)

2011년 국가직 9급

① ₩ 2,500,000
② ₩ 3,000,000
③ ₩ 3,500,000
④ ₩ 5,000,000

04 회계등식

CH. 1 → 1 회계등식 ▶ 22p

교육컨설팅업을 영위하는 ㈜한국의 다음 거래가 회계등식의 구성요소에 미치는 영향으로 옳지 않은 것은?

2022년 국가직 9급

① 주식발행의 대가로 현금 ₩ 10,000을 출자받았다. 이 거래로 인해 자산이 ₩ 10,000 증가하고, 자본이 ₩ 10,000 증가한다.
② 사무실에 사용할 비품 ₩ 10,000을 취득하면서 현금 ₩ 5,000을 지급하고 잔액은 나중에 지급하기로 하였다. 이 거래로 인해 자산이 ₩ 5,000 증가하고, 부채가 ₩ 5,000 증가한다.
③ 교육컨설팅 용역을 ₩ 10,000에 제공하였는데 이 중 ₩ 3,000은 현금으로 받고 잔액은 나중에 받기로 하였다. 이 거래로 인해 자산이 ₩ 10,000 증가하고, 자본이 ₩ 10,000 증가한다.
④ 사무실 임차료 ₩ 5,000을 현금으로 지급하였다. 이 거래로 인해 부채가 ₩ 5,000 증가하고, 자본이 ₩ 5,000 감소한다.

05 회계처리

CH. 2 → 2 거래의 분개 ▶ 30p

㈜한국이 차입금 ₩ 1,000과 이자 ₩ 120을 현금으로 변제 및 지급하였다. 이 거래에 대한 분석으로 옳은 것은?

2013년 국가직 9급

① (차) 자산의 증가 (대) 부채의 증가와 수익의 발생
② (차) 자산의 증가 (대) 자산의 감소와 수익의 발생
③ (차) 부채의 감소와 비용의 발생 (대) 자산의 감소
④ (차) 자산의 증가와 비용의 발생 (대) 자산의 감소

정답 및 해설

03

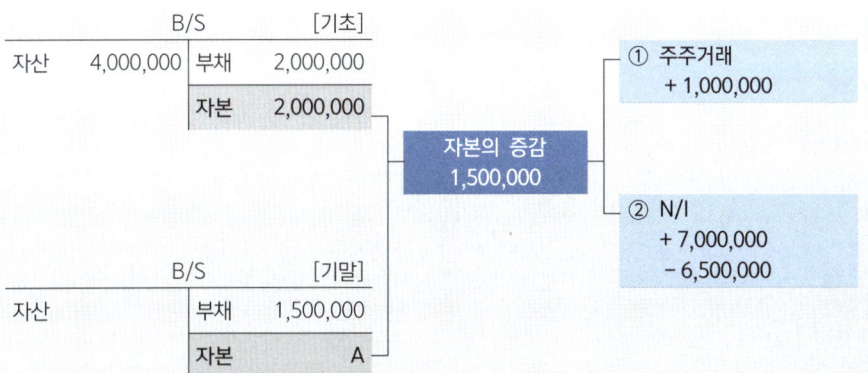

⇒ A = 2,000,000 + 1,500,000
∴ A = 3,500,000
⇒ 자산: 5,000,000 = 1,500,000 + 3,500,000
(1) 자본(기초): 2,000,000 = 자산 4,000,000 − 부채 2,000,000
(2) 자본증가: 1,500,000 = 출자 1,000,000 + (총 수익 7,000,000 − 총 비용 6,500,000)
(3) 자본(기말): 3,500,000 = 기초 2,000,000 + 증가 1,500,000
(4) 자산(기말): 5,000,000 = 부채 1,500,000 + 자본 3,500,000

04
자산이 ₩5,000 감소하고, 자본이 ₩5,000 감소한다.

▶ 오답체크
① 자산이 ₩10,000 증가하고, 자본이 ₩10,000 증가한다.
② 자산이 ₩5,000 증가(현금 ₩5,000 감소, 비품 ₩10,000 증가)하고, 부채가 ₩5,000 증가한다.
③ 자산이 ₩10,000 증가(현금 ₩3,000 증가, 매출채권 ₩7,000 증가)하고, 자본이 ₩10,000 증가한다.

05
차입금 관련 회계처리

| (차) 차입금(부채) | 1,000 | (대) 현금(자산) | 1,120 |
| 이자비용(비용) | 120 | | |

If) 자본의 변동?
⇒ 이자비용의 발생으로 자본 120 감소

정답 03 ④ 04 ④ 05 ③

06 전기

다음과 같은 현금 원장의 내용에 기반하여 추정한 날짜별 거래로 옳지 않은 것은? 2021년 국가직 9급

		현금			
1/15	용역수익	70,000	1/2	소모품	50,000
1/18	차입금	100,000	1/5	비품	75,000
			1/31	미지급급여	20,000

① 1월 2일 소모품 구입을 위하여 현금 ₩50,000을 지급하였다.
② 1월 15일 용역을 제공하고 현금 ₩70,000을 수취하였다.
③ 1월 18일 차입금 상환을 위하여 현금 ₩100,000을 지급하였다.
④ 1월 31일 미지급급여 ₩20,000을 현금으로 지급하였다.

07 전기

㈜한국의 20×1년 말 소모품 관련 총계정원장은 다음과 같다.

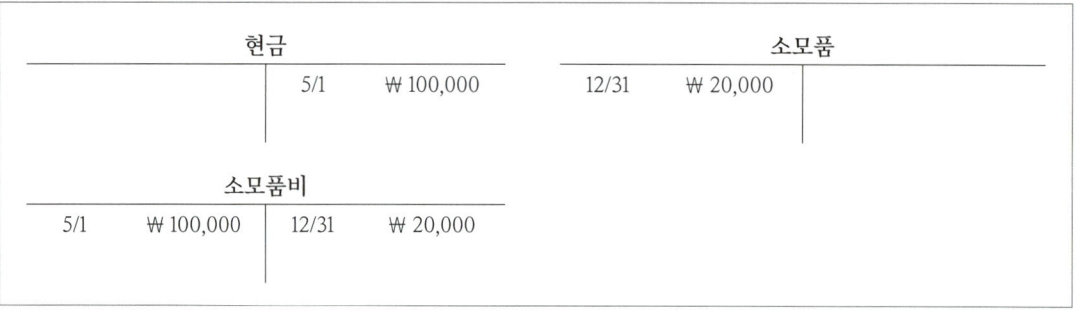

㈜한국의 20×1년 회계처리에 관한 설명으로 옳지 않은 것은? 2023년 국가직 9급

① 소모품과 관련하여 비용으로 인식한 금액은 ₩20,000이다.
② 소모품 관련 수정분개는 '(차)소모품 ₩20,000 (대)소모품비 ₩20,000'이다.
③ 기말 소모품 잔액은 ₩20,000이다.
④ 5월 1일 소모품 구입 시 지출한 현금 ₩100,000을 전액 비용으로 처리하였다.

08 장부의 마감

수익과 비용 계정을 마감 후 집합손익 계정의 잔액은 ₩100,000이다. 수익이 비용보다 큰 경우, 집합손익 계정의 마감분개로 옳은 것은?

2025년 국가직 9급

① (차) 수익　　　　　₩100,000　　　　(대) 집합손익　₩100,000
② (차) 이익잉여금　　₩100,000　　　　(대) 집합손익　₩100,000
③ (차) 집합손익　　　₩100,000　　　　(대) 비용　　　₩100,000
④ (차) 집합손익　　　₩100,000　　　　(대) 이익잉여금₩100,000

정답 및 해설

06
1월 18일 거래는 차입금을 통하여 현금 ₩100,000을 수령한 거래이다.

07
일자별 회계처리
[5월 1일]
(차) 소모품비　　　100,000　　　(대) 현금　　　100,000
[12월 31일]
(차) 소모품　　　　20,000　　　(대) 소모품비　20,000
⇒ 소모품과 관련하여 비용처리된 금액은 ₩80,000(= 100,000 − 20,000)이다.

08
수익보다 비용이 크므로 장부마감 후 이익잉여금이 증가하여야 한다.

정답　06 ③　07 ①　08 ④

09 결산수정분개가 당기순이익에 미치는 영향

다음 자료를 이용한 수정분개가 당기순이익에 미치는 영향은?

2025년 국가직 9급

계정과목	수정전시산표 잔액	수정후시산표 잔액
선급비용	₩ 2,000	₩ 1,000
미지급비용	₩ 2,000	₩ 3,000
선수수익	₩ 1,500	₩ 2,500
미수수익	₩ 3,000	₩ 4,000

① ₩ 1,000 감소
② ₩ 2,000 감소
③ ₩ 3,000 감소
④ ₩ 4,000 감소

10 결산수정분개로 당기순이익에 미치는 영향

㈜한국의 2014년 12월 31일 결산 시 당기순이익 ₩ 400,000이 산출되었으나, 다음과 같은 사항이 누락되었다. 누락 사항을 반영할 경우의 당기순이익은? (단, 법인세는 무시한다)

2015년 국가직 9급

- 기중 소모품 ₩ 50,000을 구입하여 자산으로 기록하였고 기말 현재 소모품 중 ₩ 22,000이 남아 있다.
- 2014년 12월분 급여로 2015년 1월 초에 지급 예정인 금액 ₩ 25,000이 있다.
- 2014년 7월 1일에 현금 ₩ 120,000을 은행에 예금하였다. (연 이자율 10%, 이자 지급일은 매년 6월 30일)
- 2014년도의 임차료 ₩ 12,000이 미지급 상태이다.

① ₩ 341,000
② ₩ 347,000
③ ₩ 353,000
④ ₩ 369,000

11 결산수정분개로 당기순이익에 미치는 영향

20×1년 5월 31일에 월말 결산수정분개를 하기 전에 ㈜한국의 시산표상의 수익 합계는 ₩ 7,000이고 비용 합계는 ₩ 2,000이다. 수정전시산표에 반영되지 않은 다음의 결산수정 항목들을 반영하여 산출한 20×1년 5월분 포괄손익계산서상의 당기순이익은?

2011년 국가직 7급

- 단기차입금에 대한 5월분 이자 발생액이 ₩ 800이다.
- 5월 초의 선급보험료 중 5월분에 해당하는 금액은 ₩ 700이다.
- 전월에 선수용역수익으로 받은 금액 가운데 5월에 용역제공이 완료된 금액은 ₩ 700이다.
- 용역제공은 이미 완료됐지만 아직 받지 못한 금액이 ₩ 600이다.

① ₩ 4,800
② ₩ 5,000
③ ₩ 5,100
④ ₩ 5,200

정답 및 해설

09
(1) 선급비용 수정분개: 자산의 감소(1,000 − 2,000) ⇒ 당기순이익 감소 (−)1,000
(2) 미지급비용 수정분개: 부채의 증가(3,000 − 2,000) ⇒ 당기순이익 감소 (−)1,000
(3) 선수수익 수정분개: 부채의 증가(2,500 − 1,500) ⇒ 당기순이익 감소 (−)1,000
(4) 미수수익 수정분개: 자산의 증가(4,000 − 3,000) ⇒ 당기순이익 증가 1,000
(5) 각 수정분개가 당기순이익에 미치는 영향: (1) + (2) + (3) + (4) = (−)2,000

10

T/B	
자산	부채
(1) 28,000 ↓	(2) 25,000 ↑
(3) 6,000 ↑	(4) 12,000 ↑
⇓	⇓
N/I (−)	N/I (+)
(1) 28,000 ↑	(3) 6,000 ↑
(2) 25,000 ↑	
(4) 12,000 ↑	

(1) 미사용 소모품(자산)↓: 50,000 − 22,000
(2) 미지급급여(부채)↑: 25,000
(3) 미수이자(자산)↑: 6,000
(4) 미지급임차료(부채)↑: 12,000
⇒ 수정 후 당기순이익: 341,000
  = 수정 전 400,000 + 가산 6,000 − 차감 (28,000 + 25,000 + 12,000)
참고 미수이자(6개월분): 6,000 = 120,000 × 10% × 6/12

11

T/B	
자산	부채
(2) 700 ↓	(1) 800 ↑
(4) 600 ↑	(3) 700 ↓
⇓	⇓
N/I (−)	N/I (+)
(1) 800 ↑	(3) 700 ↑
(2) 700 ↑	(4) 600 ↑

(1) 미지급이자(부채)↑: 800
(2) 선급보험료(자산)↓: 700
(3) 선수수익(부채)↓: 700
(4) 미수수익(자산)↑: 600
⇒ 수정 후 당기순이익: 4,800
  = 수정 전 (7,000 − 2,000) + 가산 (700 + 600) − 차감 (800 + 700)

정답 09 ② 10 ① 11 ①

12 결산수정분개

다음의 기말수정 사항이 재무제표에 미치는 영향으로 옳지 않은 것은?

2025년 국가직 9급

- 기중에 구입한 소모품 ₩800,000을 소모품비로 회계처리하였으며, 기말 현재 남아 있는 소모품은 ₩200,000이다. (단, 소모품의 기초 잔액은 없다)
- 당기에 발생한 미수이자 수익 ₩800,000에 대한 회계처리가 이루어지지 않았다.

① 자산총액이 ₩1,000,000 증가한다.
② 부채총액은 변동이 없다.
③ 수익총액이 ₩800,000 증가한다.
④ 당기순이익이 ₩800,000 증가한다.

13 결산수정분개

㈜한국의 2012년 말 소모품 재고액은 ₩50,000이다. ㈜한국은 2013년 중에 소모품 ₩100,000어치를 현금으로 구입하고 이를 소모품비로 회계처리하였다. 2013년 말에 소모품 재고를 실사한 결과 ₩70,000의 소모품이 남아 있음을 확인하였다. 이와 관련하여 2013년 말의 결산수정분개로 옳은 것은?

2014년 국가직 9급

① (차) 소모품   20,000   (대) 소모품비   20,000
② (차) 소모품비   20,000   (대) 소모품   20,000
③ (차) 소모품   30,000   (대) 소모품비   30,000
④ (차) 소모품비   30,000   (대) 소모품   30,000

정답 및 해설

12

(1) 수정분개

소모품	(차) 소모품	200,000	(대) 소모품비	200,000
미수수익	(차) 미수수익	800,000	(대) 이자수익	800,000

(2) 재무제표 효과
  1) 자산 변동: 200,000 + 800,000 = 1,000,000 증가
  2) 부채 변동: 해당사항 없음
  3) 수익: 800,000 증가
  4) 당기순이익: 200,000 + 800,000 = 1,000,000 증가

13

수정전T/B		수정후T/B	
소모품	50,000	소모품	70,000
소모품비	100,000	소모품비	80,000

⇒ 올바른 소모품비: 80,000

소모품			
기초	50,000	감소(소모품비 대체)	80,000
증가	100,000	기말	70,000

∴ 소모품 ↑ & 소모품비 ↓ by 수정분개
⇒ 결산수정분개

(차) 소모품	20,000	(대) 소모품비	20,000

정답 12 ④ 13 ①

14 결산수정분개

CH. 3 → 2 결산수정분개의 의의 ▶ 42p

㈜한국의 2012년 12월 31일 수정전시산표와 추가적 정보는 다음과 같다. 수정분개로 옳은 것은?

2013년 국가직 9급

<수정전시산표>

계정과목	잔액
매출채권	₩ 200,000
선수수익	₩ 60,000
선급임차료	₩ 120,000
선급보험료	₩ 24,000

<추가적 정보>

ㄱ. 2012년 12월 31일을 기준으로 선수수익의 3분의 1에 해당하는 용역을 제공하였다.
ㄴ. 2012년 9월 1일 1년분의 보험료를 지급하고, 선급보험료로 회계처리하였다.
ㄷ. 대금이 회수되지 않은 용역 제공분 ₩ 6,000에 대하여 회계처리하지 않았다.
ㄹ. 6개월분의 선급임차료에 대한 거래는 2012년 10월 1일에 발생하였다.

① ㄱ: (차) 선수수익 ₩ 20,000 (대) 매출원가 ₩ 20,000
② ㄴ: (차) 선급보험료 ₩ 8,000 (대) 보험료 ₩ 8,000
③ ㄷ: (차) 현금 ₩ 6,000 (대) 용역매출 ₩ 6,000
④ ㄹ: (차) 임차료 ₩ 60,000 (대) 선급임차료 ₩ 60,000

15 결산수정분개

CH. 3 → 4 이연에 대한 결산수정분개 ▶ 45p

㈜한국은 보험업을 영위하는 회사이며, 보험상품을 판매 시점에 전액 부채로 인식하는 회계처리방식을 선택하고 있다. ㈜한국은 기중에 보험상품 ₩ 20,000을 ㈜대한에 판매하였다. ㈜한국과 맺은 보험계약과 관련하여 ㈜대한이 수행한 결산수정분개는 다음과 같다. ㈜한국이 ㈜대한과 맺은 보험계약에 대해 수행해야 할 결산수정분개로 옳은 것은?

2016년 국가직 7급

<결산수정분개>

| (차변) 보험료비용 | ₩ 10,000 | (대변) 선급보험료 | ₩ 10,000 |

	(차변)		(대변)	
①	선수보험료	₩ 10,000	보험료수익	₩ 10,000
②	보험료비용	₩ 10,000	선급보험료	₩ 10,000
③	보험료수익	₩ 10,000	선수보험료	₩ 10,000
④	선수보험료	₩ 10,000	선급보험료	₩ 10,000

정답 및 해설

14
ㄱ. 선수수익의 감소
| (차) 선수수익 | 20,000 | (대) 용역수익 | 20,000 |

  * 60,000 × 1/3 = 20,000

ㄴ. 선급보험료의 감소
| (차) 보험료 | 8,000 | (대) 선급보험료 | 8,000 |

  * 24,000 × 4/12 = 8,000

ㄷ. 회계처리 누락
| (차) 미수수익 | 6,000 | (대) 용역매출 | 6,000 |

ㄹ. 선급임차료 감소
| (차) 임차료 | 60,000 | (대) 선급임차료 | 60,000 |

  * 120,000 × 3/6 = 60,000

15
(1) ㈜한국의 회계처리
  1) 계약 시점
| (차) 현금 | 20,000 | (대) 선수보험료 | 20,000 |

  2) 기말 시점
| (차) 선수보험료 | 10,000 | (대) 보험료수익 | 10,000 |

(2) ㈜대한의 회계처리
  1) 계약 시점
| (차) 선급보험료 | 20,000 | (대) 현금 | 20,000 |

  2) 기말 시점
| (차) 보험료비용 | 10,000 | (대) 선급보험료 | 10,000 |

정답 14 ④ 15 ①

16 결산수정분개 종합

㈜한국의 결산수정사항이 다음과 같은 경우, 기말수정분개가 미치는 영향으로 옳지 않은 것은?
(단, 법인세비용에 미치는 영향은 없다고 가정한다)

2015년 지방직 9급

- 4월 1일 1년간의 보험료 ₩12,000을 지급하고 전액을 선급보험료 계정에 차기하였다.
- 당해 회계연도의 임대료수익 ₩6,000이 발생되었으나 12월 31일 현재 회수되지 않고 다음 달 말일에 회수할 예정이다.

① 수정후잔액시산표의 대변 합계는 ₩6,000만큼 증가한다.
② 당기순이익이 ₩3,000만큼 증가한다.
③ 자산총액이 ₩3,000만큼 감소한다.
④ 부채총액은 변동이 없다.

17 결산수정분개 종합

㈜한국이 다음 결산수정사항들을 반영한 결과에 대한 설명으로 옳은 것은?

2017년 국가직 7급

<수정전시산표 잔액>			
자산	₩120,000	부채	₩80,000
수익	₩90,000	비용	₩70,000

<결산수정사항>
- 당기 중 건물을 임대하면서 현금 ₩6,000을 받고 모두 수익으로 처리하였다. 이 중 당기에 해당하는 임대료는 ₩2,000이다.
- 당기 중 보험료 ₩5,000을 지급하면서 모두 자산으로 처리하였다. 이 중 다음 연도에 해당하는 보험료는 ₩2,000이다.
- 차입금에 대한 당기 발생이자는 ₩1,000이다.
- 대여금에 대한 당기 발생이자는 ₩2,000이다.

① 수정후시산표상의 수익은 ₩92,000이다.
② 수정후시산표상의 비용은 ₩78,000이다.
③ 수정후시산표상의 당기순이익은 ₩14,000이다.
④ 수정후시산표상의 자산총액은 ₩121,000이다.

정답 및 해설

16

```
              T/B
      자산    │   부채
 (1) 9,000 ↓ │
 (2) 6,000 ↑ │
 ─────────── │ ──────────
     비용    │   수익     │   자본
 (1) 9,000 ↑ │ (2) 6,000 ↑│  3,000 ↓
```

(1) 보험료의 수정분개
    (차) 보험료   9,000   (대) 선급보험료   9,000

(2) 임대료수익의 수정분개
    (차) 미수수익   6,000   (대) 임대수익   6,000

⇒ 당기순이익 3,000 감소(= 6,000 − 9,000)

17

```
              T/B
      자산    │   부채
 (2) 3,000 ↓ │ (1) 4,000 ↑
 (4) 2,000 ↑ │ (3) 1,000 ↑
 ─────────── │ ─────────── │
     비용    │    수익     │   자본
 (2) 3,000 ↓ │ (1) 4,000 ↑ │  6,000 ↓
 (4) 1,000 ↑ │ (3) 2,000 ↑ │
```

[결산수정분개]
(1) 임대료수익
    (차) 임대료수익   4,000   (대) 선수수익   4,000

(2) 보험료
    (차) 보험료   3,000   (대) 선급보험료   3,000

(3) 이자비용
    (차) 이자비용   1,000   (대) 미지급이자   1,000

(4) 이자수익
    (차) 미수이자   2,000   (대) 이자수익   2,000

[결산수정분개사항이 미치는 영향]
(1) 자산: 120,000 − 3,000 + 2,000 ⇒ 119,000(수정후시산표)
    1) 선급보험료: − 3,000
    2) 미수이자: + 2,000
(3) 수익: 90,000 − 4,000 + 2,000 ⇒ 88,000(수정후시산표)
    1) 임대료수익: − 4,000
    2) 이자수익: + 2,000
(2) 부채: 80,000 + 4,000 + 1,000 ⇒ 85,000(수정후시산표)
    1) 선수수익: + 4,000
    2) 미지급이자: + 1,000
(4) 비용: 70,000 + 3,000 + 1,000 ⇒ 74,000(수정후시산표)
    1) 보험료: + 3,000
    2) 이자비용: + 1,000

⇒ 수정 후 당기순이익: 14,000 = 수익 88,000 − 비용 74,000

정답 16 ② 17 ③

18 결산수정분개 종합

다음은 ㈜한국과 관련된 거래이다. 기말 수정분개가 재무제표에 미치는 영향으로 옳은 것은? (단, 기간은 월할 계산한다)

2021년 국가직 9급

- 8월 1일 건물을 1년간 임대하기로 하고, 현금 ₩ 2,400을 수취하면서 임대수익으로 기록하였다.
- 10월 1일 거래처에 현금 ₩ 10,000을 대여하고, 1년 후 원금과 이자(연 이자율 4 %)를 회수하기로 하였다.
- 11월 1일 보험료 2년분 ₩ 2,400을 현금 지급하고, 보험료로 회계처리하였다.

① 자산이 ₩ 2,100만큼 증가한다.
② 비용이 ₩ 200만큼 증가한다.
③ 수익이 ₩ 100만큼 증가한다.
④ 당기순이익이 ₩ 900만큼 증가한다.

19 결산수정분개 종합

㈜한국은 20×1년 말 결산 중 다음 항목에 대한 기말수정분개가 누락된 것을 발견하였다. 누락된 기말수정분개가 20×1년 당기순이익에 미치는 영향은? (단, 기간은 월할 계산한다)

2022년 국가직 9급

- 20×1년 7월 1일 1년치 보험료 ₩ 120,000을 현금지급하고 전액 선급보험료로 처리하였다.
- 20×1년 1월 1일 자산으로 계상된 소모품 ₩ 200,000 중 12월 말 현재 보유하고 있는 소모품은 ₩ 100,000이다.
- 20×1년 3월 1일 사무실 일부를 임대하고 1년치 임대료 ₩ 240,000을 현금으로 수령하면서 전액 수익으로 처리하였다.

① ₩ 60,000 증가
② ₩ 100,000 증가
③ ₩ 60,000 감소
④ ₩ 200,000 감소

20 결산수정분개 종합

㈜한국은 20×1년 7월 1일 창고를 임대하고 1년분 임대료 ₩ 300,000을 현금 수령하여 임대료수익으로 회계처리하였다. ㈜한국이 임대료와 관련하여 기말 수정분개를 하지 않은 경우, ㈜한국의 재무제표에 미치는 영향에 대한 설명으로 옳은 것은? (단, 기간은 월할 계산한다) 2023년 국가직 9급

① 부채와 당기순이익이 모두 과대계상된다.
② 부채는 과소계상되고 당기순이익은 과대계상된다.
③ 자산과 당기순이익이 모두 과소계상된다.
④ 자산은 과소계상되고 당기순이익은 과대계상된다.

21 결산수정분개

CH. 2 → 2 결산수정분개의 의의 ▶ 42p

20×1년 4월 1일 ㈜한국은 1년 만기 정기예금(연 이자율 6 %)에 현금을 예치하였으며, 만기일에 원금과 이자를 수취한다. ㈜한국이 결산일에 이자에 대한 회계처리를 누락한 경우, 20×1년 말 재무제표에 미치는 영향으로 옳은 것은?

2024년 국가직 9급

① 부채에 영향은 없고, 당기순이익이 과대계상된다.
② 자산과 당기순이익이 모두 과소계상된다.
③ 자산은 과대계상되고, 당기순이익은 과소계상된다.
④ 자산과 자본은 과소계상되고, 당기순이익은 과대계상된다.

정답 및 해설

18

(1) 수정분개 내역

	(차)		(대)	
8월 1일	임대료수익	1,400	선수임대료[1]	1,400
	[1] 선수임대료: 2,400 × 7 / 12 = 1,400			
10월 1일	미수이자[2]	100	이자수익	100
	[2] 미수이자: 10,000 × 4% × 3 / 12 = 100			
11월 1일	선급보험료[3]	2,200	보험료비용	2,200
	[3] 선급보험료: 2,400 × 22 / 24 = 2,200			

(2) 자산의 증가: 2,300 = 100 + 2,200
(3) 비용의 감소: 2,200
(4) 수익의 감소: 1,300 = 1,400 − 100
(5) 당기순이익의 증가: 900 = 2,200 − 1,300

19

(1) 당기순이익에 미친 영향: −120,000 × 6/12 − (200,000 − 100,000) − 240,000 × 2/12 = (−)200,000
(2) 결산수정분개

(차)	보험료	60,000	(대)	선급보험료	60,000
(차)	소모품비	100,000	(대)	소모품	100,000
(차)	임대료수익	40,000	(대)	선수임대료	40,000

20

(1) 결산수정분개

(차)	임대료수익*	150,000	(대)	선수수익	150,000

* 300,000 × 6/12 = 150,000

(2) 결산수정분개를 수행하면 수익이 감소하고 부채가 증가한다. 문제에서는 결산수정분개를 하지 않았을 때의 영향을 물었으므로 그 반대로 수익은 증가하고 부채는 감소하여 당기순이익은 증가하게 된다.

21

(1) 수정분개

(차) 미수수익	(대) 이자수익

(2) 오류수정이 재무제표에 미치는 효과: 자산 증가, 수익 증가, 당기순이익 증가, 자본 증가
(3) 오류가 재무제표에 미치는 효과: 자산 과소, 수익 과소, 당기순이익 과소, 자본 과소

정답 18 ④ 19 ④ 20 ② 21 ②

PART 03 재무제표 표시와 현재가치

CHAPTER 1 재무상태의 목적과 전체 재무제표, 일반 사항

1 재무제표의 목적

재무제표는 기업의 재무상태와 재무성과를 체계적으로 표현한 보고서로 일반목적재무보고의 가장 대표적인 수단이다. 재무제표의 목적은 다양한 정보이용자의 경제적 의사결정에 유용한 기업의 재무상태, 재무성과와 재무상태의 변동에 관한 정보를 제공하는 것이다. 또한 재무제표는 위탁받은 자원에 대한 경영진의 수탁책임에 대한 결과도 보여준다. 이러한 목적을 충족하기 위하여 재무제표는 다음과 같은 기업 정보를 제공한다.

① 자산, 부채, 자본
② 수익, 비용
③ 소유주에 의한 출자와 소유주에 대한 배분
④ 현금흐름

이러한 정보는 주석에서 제공되는 정보와 함께 재무제표의 이용자가 기업의 미래 현금흐름과 그 시기, 확실성을 예측하는 데 도움을 준다.

2 전체 재무제표

전체 재무제표는 다음을 모두 포함하여야 한다. 또한, 아래의 재무제표 명칭이 아닌 다른 명칭을 사용할 수도 있다.

① 기말 재무상태표
② 기간 포괄손익계산서
③ 기간 자본변동표
④ 기간 현금흐름표
⑤ 주석(중요한 회계정책 정보와 그 밖의 설명 정보로 구성)
⑥ 전기에 관한 비교정보
⑦ 회계정책을 소급하여 적용하거나, 재무제표의 항목을 소급하여 재작성 또는 재분류하는 경우 전기 기초 재무상태표

[예 전기 기초 재무상태표]

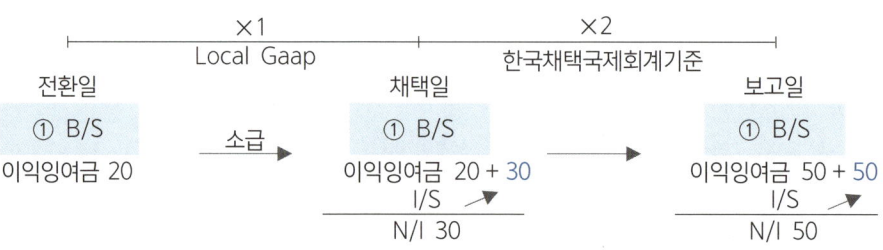

> **Self Study**
> 1. 각각의 재무제표는 전체 재무제표에서 동등한 비중으로 표시한다. 또한 기업들은 기업회계기준서 제1001호 '재무제표 표시'에서 사용하는 재무제표의 명칭이 아닌 다른 명칭을 사용할 수 있다.
> 2. 전체 재무제표는 전기에 관한 비교정보를 포함한다(예 당기와 전기의 비교식 공시). 다만, 회계정책의 변경이나 중요한 오류수정으로 전기 이전의 재무제표를 소급재작성하는 경우에는 재무상태표 3개(당기 말 재무상태표, 전기 말 재무상태표, 전기 초 재무상태표)를 작성하여야 한다.
> 3. 재무제표 이외의 보고서는 한국채택국제회계기준의 적용범위에 해당하지 않는다.

3 일반 사항

1. 공정한 표시와 한국채택국제회계기준의 준수

재무제표는 기업의 재무상태, 재무성과 및 현금흐름을 공정하게 표시해야 한다. 공정하게 표시하기 위해서는 '개념체계'에서 정한 자산, 부채, 수익 및 비용에 대한 정의와 인식요건에 따라 거래, 그 밖의 사건과 상황의 효과를 충실하게 표현해야 한다. 한국채택국제회계기준에 따라 작성된 재무제표(필요에 따라 추가 공시한 경우 포함)는 공정하게 표시된 재무제표로 본다.

또한 한국채택국제회계기준을 준수하여 작성된 재무제표는 국제회계기준을 준수하여 작성된 재무제표임을 주석으로 공시할 수 있다.

재무제표가 한국채택국제회계기준의 요구사항을 모두 충족한 경우가 아니라면 한국채택국제회계기준을 준수하여 작성되었다고 기재하여서는 안 된다. 부적절한 회계정책은 이에 대하여 공시나 주석 또는 보충자료를 통해 설명하더라도 정당화될 수 없다.

● 공정한 표시와 한국채택국제회계기준의 준수

구분	내용	비고
재무제표의 공정한 표시	한국채택국제회계기준을 준수함으로써 달성	부적절한 회계정책은 정당화될 수 없음

*한국채택국제회계기준의 요구사항을 모두 충족한 경우에만 한국채택국제회계기준을 준수하여 작성하였다고 기재할 수 있음

2. 재무제표의 목적과의 상충

극히 드문 상황으로 한국채택국제회계기준의 요구사항을 준수하는 것이 오히려 '개념체계'에서 정하고 있는 재무제표의 목적과 상충되어 재무제표이용자의 오해를 유발할 수 있는 경우에는 관련 감독체계가 이러한 요구사항으로부터의 일탈을 의무화하거나 금지하지 않는다면, 요구사항을 달리 적용하고, 일탈의 내용과 그로 인한 재무적 영향 등을 공시한다.

그러나 이와 같이 경영진이 한국채택국제회계기준의 요구사항을 준수하는 것이 오히려 '개념체계'에서 정하고 있는 재무제표의 목적과 상충될 수 있다고 결론을 내린 경우에도 관련 감독체계가 이러한 요구사항으로부터의 일탈을 의무화하거나 금지하는 경우에는 기업은 경영진이 결론을 내린 이유와 재무제표의 각 항목에 대한 조정내용을 공시하여 오해를 유발할 수 있는 가능성을 최대한 줄여야 한다.

재무제표 목적과의 상충

구분		적용
원칙		한국채택국제회계기준의 요구사항을 모두 적용
예외	일탈을 허용하는 경우	한국채택국제회계기준의 요구사항을 달리 적용 가능
	일탈을 허용하지 않는 경우	기준서의 요구사항을 준수, 관련 사항을 주석으로 추가 공시

> **Self Study**
> 1. 영업이익 산정에 포함된 항목 이외에도 기업의 고유 영업환경을 반영하는 그 밖의 수익 또는 비용 항목은 영업이익에 추가하여 별도의 영업성과 측정치를 산정하여 조정영업이익으로 주석에 공시할 수 있다.
> 2. 수익과 비용의 어느 항목도 당기손익과 기타포괄손익을 표시하는 보고서 또는 주석에 특별손익 항목으로 표시할 수 없다.

3. 계속기업의 가정

재무제표는 일반적으로 기업이 계속기업이며, 예상 가능한 기간 동안 영업을 계속할 것이라는 가정하에 작성된다. 경영진은 재무제표를 작성할 때 계속기업으로서의 존속가능성을 평가해야 한다. 경영진이 기업을 청산하거나 경영활동을 중단할 의도를 가지고 있지 않거나, 청산 또는 경영활동을 중단 외에 다른 현실적 대안이 없는 경우가 아니면 계속기업을 전제로 재무제표를 작성한다. 그러므로 계속기업으로서의 존속능력에 유의적인 의문이 제기될 수 있는 사건이나 상황과 관련된 중요한 불확실성을 알게 된 경우, 경영진은 그러한 불확실성을 공시하여야 한다.

재무제표가 계속기업의 기준하에 작성되지 않는 경우에는 그 사실과 함께 재무제표가 작성된 기준 및 그 기업을 계속기업으로 보지 않는 이유를 주석 공시하여야 한다. 계속기업의 가정이 적절한지의 여부를 평가할 때 경영진은 적어도 보고기간 말부터 향후 12개월 기간에 대하여 이용 가능한 모든 정보를 고려한다.

> **Additional Comment**
> 경영자가 보고기간 말로부터 12개월을 초과하는 기간에 대해서도 계속기업으로서 존속할 것인지를 평가하는 것은 어렵기 때문에 보고기간 말로부터 12개월 이내의 기간으로 평가기간을 제한하는 것이다.

> **Self Study**
> 기업이 상당기간 계속 사업이익을 보고하였고, 보고기간 말 현재 경영에 필요한 재무자원을 확보하고 있는 경우에는 자세한 분석이 없어도 계속기업을 전제로 한 회계처리가 적절하다는 결론을 내릴 수 있다.

4. 발생기준 회계

기업은 현금흐름정보(현금흐름표)를 제외하고는 발생기준 회계를 사용하여 재무제표를 작성한다. 발생기준 회계는 미래 현금흐름의 예측에 필요한 정보를 제공할 수 있기 때문에 현금기준 회계보다 더 유용하다는 데에는 이견이 없다. 발생기준 회계를 사용하는 경우, 각 항목이 개념체계의 정의와 인식요건을 충족할 때 자산, 부채, 자본, 광의의 수익 및 비용으로 인식한다.

5. 중요성과 통합표시

유사한 항목은 중요성 분류에 따라 재무제표에 구분하여 표시하며, 상이한 성격이나 기능을 가진 항목을 구분하여 표시한다. 단, 중요하지 않은 항목은 성격이나 기능이 유사한 항목과 통합하여 표시(예 현금및현금성자산)할 수 있다. 재무제표에는 중요하지 않아 구분하여 표시하지 않은 항목이라도 주석에는 구분표시해야 할 만큼 충분히 중요할 수 있다.

기업은 중요하지 않은 정보로 중요한 정보가 가려져서 불분명하게 하거나, 다른 성격과 기능을 가진 중요한 항목들을 통합함으로써 기업의 재무제표의 이해가능성을 저하시키지 말아야 한다. (⇒ 개별적으로 중요하지 않은 항목은 상기 재무제표나 주석의 다른 항목과 통합한다)

◉ 중요성과 통합표시

성격이나 기능		재무제표 표시
상이한 항목		구분하여 표시
유사한 항목	중요한 경우	구분하여 표시
	중요하지 않는 경우	성격이나 기능이 유사한 항목과 통합하여 표시 가능

Additional Comment
현재 한국채택국제회계기준을 적용하여 공시되고 있는 회사들의 재무제표를 비교해보면 매우 다양하게 구분표시 또는 통합표시를 하고 있음을 확인할 수 있는데, 이는 회사마다 적용한 중요성 기준이 동일하지 않기 때문이다.

6. 상계

한국채택국제회계기준에서 요구하거나 허용하지 않는 한 자산과 부채 그리고 수익과 비용은 상계하지 아니한다. 이들 항목을 상계표시하면 발생한 거래, 그 밖의 사건과 상황을 이해하고 기업의 미래 현금흐름을 분석할 수 있는 재무제표이용자의 능력을 저해할 수 있다.

동일 거래에서 발생하는 수익과 관련 비용의 상계표시가 거래나 그 밖의 사건의 실질을 반영한다면 그러한 거래의 결과는 상계하여 표시한다. 이러한 상계표시의 예는 다음과 같다.

① 투자자산 및 영업용 자산을 포함한 비유동자산의 처분손익은 처분대금에서 그 자산의 장부금액과 관련 처분비용을 차감하여 표시한다.
② 기준서 제1037호 '충당부채, 우발부채 및 우발자산'에 따라 인식한 충당부채와 관련된 지출을 제3자와의 계약관계 (예 보증약정)에 따라 보전받는 경우, 당해 지출과 보전받는 금액은 상계하여 표시할 수 있다.
③ 외환손익 또는 단기매매금융상품에서 발생하는 손익과 같이 유사한 거래의 집합에서 발생하는 차익과 차손은 순액(≒상계)으로 표시한다. 그러나 그러한 차익과 차손이 중요한 경우에는 구분하여 표시한다.

> **⊕ 참고 | 상계**
>
> 1. 토지(장부금액 ₩ 200)를 ₩ 250에 처분하면서 수수료 ₩ 10이 발생하였다.
>
> | (차) 현금 | 240 | (대) 토지 | 200 |
> |---|---|---|---|
> | | | 유형자산처분손익(상계) | 40 |
>
> 2. 기업이 손해배상소송과 관련하여 충당부채로 인식할 금액은 ₩ 200이며, 보험에 가입하여 ₩ 100을 보험회사로부터 수령할 것이 거의 확실하다.
>
> | (차) 손해배상손실(N/I) | 200 | (대) 손해배상충당부채 | 200 |
> |---|---|---|---|
> | (차) 대리변제자산 | 100 | (대) 손해배상손실(상계) | 100 |
> | | | or 충당부채관련수익 | (N/I) |

● 상계

원칙	자산과 부채, 수익과 비용은 상계하지 않음 * 평가충당금의 순액 측정은 상계 ×
상계표시하는 경우	① 비유동자산처분손익(처분비용도 상계, 강제사항) ② 충당부채와 관련된 지출을 제3자와의 계약 관계로 보전받는 금액(임의사항)
유사한 거래의 집합에서 발생하는 차익과 차손	외환손익·단기매매금융상품 관련 손익 순액(≒ 상계)표시 * 중요한 경우 구분하여 표시

> **Self Study**
>
> 재고자산에 대한 재고자산평가충당금과 매출채권에 대한 손실충당금과 같은 평가충당금을 차감하여 관련 자산을 순액으로 측정하는 것은 상계표시에 해당하지 아니한다. 재고자산평가충당금이나 손실충당금은 부채가 아니라 자산의 차감계정이므로 이를 해당 자산에서 차감표시하는 것은 자산과 부채의 상계가 아니기 때문이다.

7. 보고빈도

전체 재무제표(비교정보를 포함)는 적어도 1년마다 작성한다. 보고기간 종료일을 변경하여 재무제표의 보고기간이 1년을 초과하거나 미달하는 경우 재무제표가 해당하는 기간뿐만 아니라 다음의 사항을 추가로 공시한다.

> ① 보고기간이 1년을 초과하거나 미달하게 된 이유
> ② 재무제표에 표시된 금액이 완전하게 비교 가능하지 않다는 사실

일반적으로 재무제표는 일관성 있게 1년 단위로 작성한다. 그러나 실무적인 이유로 보고 빈도를 1년에 2회, 4회로 할 수도 있으며 이러한 보고 관행을 금지하지 않는다.

8. 비교정보

한국채택국제회계기준이 달리 허용하거나 요구하는 경우를 제외하고는 당기 재무제표에 보고되는 모든 금액에 대해 전기 비교정보를 표시한다. 당기 재무제표를 이해하는 데 목적적합하다면 서술형 정보의 경우에도 비교정보를 포함한다. 그러므로 최소한 두 개의 재무상태표와 두 개의 포괄손익계산서, 두 개의 별개 손익계산서(표시하는 경우), 두 개의 현금흐름표, 두 개의 자본변동표 그리고 관련 주석을 표시하여야 한다.

회계정책을 소급하여 적용하거나, 재무제표 항목을 소급하여 재작성 또는 재분류하고 이러한 소급적용, 소급 재작성 또는 소급재분류가 전기 기초 재무상태표의 정보에 중요한 영향을 미치는 경우에는 세 개의 재무상태표를 표시한다. 이 경우 각 시점(당기 말, 전기 말, 전기 초)에 세 개의 재무상태표를 표시하되 전기 기초의 개시 재무상태표에 관련된 주석을 표시할 필요는 없다.

● 비교 공시

구분	재무상태표	다른 재무제표(주석 포함)
일반적인 경우	당기 말, 전기 말	당기, 전기
회계정책을 소급적용하거나 재무제표 항목을 소급하여 재작성하는 경우[1]	당기 말, 전기 말, 전기 초	당기, 전기

[1] 재무제표 항목의 표시나 분류를 변경하는 경우 비교금액도 재분류

9. 표시의 계속성

재무제표 항목의 표시와 분류는 다음의 경우를 제외하고는 매기 동일하여야 한다.

① 사업내용의 유의적인 변화나 재무제표를 검토한 결과 다른 표시나 분류방법이 더 적절한 것이 명백한 경우
② 한국채택국제회계기준에서 표시방법의 변경을 요구하는 경우

기출문제

1. '재무제표의 표시'의 일반 사항에 대한 설명으로 옳지 않은 것은?   2019년 국가직 7급

① 계속기업으로서의 존속능력에 유의적인 의문이 제기될 수 있는 사건이나 상황과 관련한 중요한 불확실성을 알게 된 경우, 경영진은 그러한 불확실성을 공시하여야 한다.
② 매출채권에 대한 대손충당금과 같은 평가충당금을 차감하여 관련 자산을 순액으로 측정하는 것은 상계표시에 해당하지 아니한다.
③ 한국채택국제회계기준이 달리 허용하거나 요구하는 경우를 제외하고는 당기 재무제표에 보고되는 모든 금액에 대해 전기 비교정보를 표시하며, 서술형 정보는 당기 정보만 표시한다.
④ 기업은 현금흐름 정보를 제외하고는 발생기준 회계를 사용하여 재무제표를 작성한다.

해설
한국채택국제회계기준이 달리 허용하거나 요구하는 경우를 제외하고는 당기 재무제표에 보고되는 모든 금액에 대해 전기 비교정보를 공시한다. 당기 재무제표를 이해하는 데 목적적합하다면 서술형 정보의 경우에도 비교정보를 포함한다.   답 ③

CHAPTER 2 재무상태표

1 재무상태표의 의의와 양식 및 표시되는 정보

1. 재무상태표의 의의와 양식

(1) 재무상태표의 의의

재무상태표는 특정 시점 현재 기업의 자산, 부채 및 자본의 잔액을 보고하는 재무제표이다. 재무상태표는 기업의 재무구조, 유동성과 지급능력, 영업환경 변화에 대한 적응능력을 평가하는 데 필요한 정보를 제공한다.

> **Additional Comment**
>
> 재무상태표는 자산에 대한 측정기준을 선택하여 적용할 수 있고, 가치가 있는 내부창출 무형자산을 비용으로 인식하며, 재무상태표에 인식되지 않는 외부 항목이 발생할 수 있는 한계점이 있다. 그러므로 기업의 재무상태를 평가할 때 주석으로 공시한 사항도 함께 분석해야 한다.

(2) 재무상태표에 표시되는 정보

일정 시점에 기업의 경제적 자원과 보고기업에 대한 청구권에 관한 정보를 제공하는 재무상태표는 적어도 다음에 해당하는 금액을 나타내는 항목을 표시하도록 기준서에서 규정하고 있다. 아래의 항목은 최소한 재무상태표에 표시되어야 할 항목이므로 기업의 재량에 따라 더 많은 항목이 재무상태표에 표시될 수 있다.

> ① 유형자산
> ② 투자부동산
> ③ 무형자산
> ④ 금융자산(단, ⑤, ⑧ 및 ⑨ 제외)
> ⑤ 지분법에 따라 회계처리하는 투자자산
> ⑥ 생물자산
> ⑦ 재고자산
> ⑧ 매출채권 및 기타 채권
> ⑨ 현금및현금성자산
> ⑩ 기준서 제1105호 '매각예정비유동자산과 중단영업'에 따라 매각예정으로 분류된 자산과 매각예정으로 분류된 처분자산집단에 포함된 자산의 총계
> ⑪ 매입채무 및 기타 채무
> ⑫ 충당부채
> ⑬ 금융부채(단, ⑪과 ⑫ 제외)
> ⑭ 기준서 제1021호 '법인세'에서 정의된 당기 법인세와 관련한 부채와 자산
> ⑮ 기준서 제1012호에서 정의된 이연법인세부채 및 이연법인세자산
> ⑯ 기준서 제1105호에 따라 매각예정으로 분류된 처분자산집단에 포함된 부채
> ⑰ 자본에 표시된 비지배지분
> ⑱ 지배기업의 소유주에게 귀속되는 납입자본과 적립금

(3) 재무상태표의 양식

기준서 제1001호의 실무적용지침에서 예시하고 있는 재무상태표 양식은 다음과 같다.

재무상태표

㈜××회사 (단위: 원)

과목	20×2년		20×1년	
자산				
유동자산		×××		×××
현금및현금성자산	×××		×××	
재고자산	×××		×××	
매출채권	×××		×××	
기타비유동자산	×××		×××	
…	×××		×××	
비유동자산		×××		×××
유형자산	×××		×××	
영업권	×××		×××	
기타무형자산	×××		×××	
관계기업투자자산	×××		×××	
…	×××		×××	
자산총계		×××		×××
부채				
유동부채		×××		×××
매입채무와 기타미지급금	×××		×××	
단기차입금	×××		×××	
유동성장기차입금	×××		×××	
당기법인세부채	×××		×××	
단기충당부채	×××		×××	
…	×××		×××	
비유동부채		×××		×××
장기차입금	×××		×××	
이연법인세부채	×××		×××	
장기충당부채	×××		×××	
부채총계		×××		×××
자본				
납입자본	×××		×××	
이익잉여금	×××		×××	
기타자본요소	×××		×××	
비지배지분		×××		×××
자본총계		×××		×××
자본 및 부채 총계		×××		×××

Additional Comment

기준서에서 제시한 재무상태표는 자산, 부채, 자본의 순서로 표시되어 있는데 자산, 자본, 부채의 순서로 표시해도 무방하다. 자산과 부채의 유동·비유동 구분은 유동 항목을 먼저 표시한 후 비유동 항목을 표시하거나 비유동 항목을 먼저 표시하고 유동 항목을 먼저 표시해도 무방하다. 현재 한국채택국제회계기준을 적용하여 공시하고 있는 기업들의 재무상태표를 비교해보면 표시방법이 다양하다는 것을 알 수 있다.

2 자산과 부채의 유동·비유동의 구분

1. 표시방법

유동 항목과 비유동 항목을 재무상태표에 표시하는 방법은 아래와 같으며 한국채택국제회계기준은 각 방법을 모두 인정하고 있다.

(1) 유동·비유동 항목 구분법

자산과 부채를 유동성 순서에 따라 표시하는 방법이 신뢰성 있고 더욱 목적적합한 정보를 제공하는 경우를 제외하고는 자산과 부채를 유동 항목과 비유동 항목으로 구분하여 재무상태표에 표시한다. 이는 기업이 명확히 식별할 수 있는 영업주기 내에서 재화나 용역을 제공하는 경우, 재무상태표에 유동자산과 비유동자산 및 유동부채와 비유동부채를 구분하여 표시한다. 이는 운전자본으로서 계속 순환되는 순자산과 장기 영업활동에서 사용하는 순자산을 구분함으로써 기업의 지급능력에 대한 유용한 정보를 제공할 수 있기 때문이다. 단, 유동 항목과 비유동 항목을 구분할 경우 재무상태표의 표시 순서는 기업이 정한다.

(2) 유동성 순서법

금융기관과 같이 재화나 용역 제공에 따른 영업주기가 명확히 식별되지 않는 경우에는 자산과 부채를 유동성 순서에 따라 표시하는 것이 신뢰성 있고 더욱 목적적합한 정보를 제공할 수 있다. 현재 우리나라 금융기관들은 재무상태표에 자산과 부채를 유동성 순서에 따라 표시하고 있다. 이때에도 기업의 선택에 따라 유동성이 높은 항목부터 표시하거나 유동성이 낮은 항목부터 표시할 수 있다.

(3) 혼합표시방법

신뢰성 있고 더욱 목적적합한 정보를 제공한다면 자산과 부채의 일부는 유동과 비유동 구분법을, 나머지는 유동성 순서에 따른 표시방법으로 표시하는 것이 허용된다. 이러한 혼합표시방법은 기업이 다양한 사업을 영위하는 경우에 필요할 수 있다.

> **Self Study**
> 1. 기업의 재무상태표에 유동자산과 비유동자산, 유동부채와 비유동부채로 구분하여 표시하는 경우, 이연법인세자산(부채)은 유동자산(부채)으로 분류하지 않는다.
> 2. 자산과 부채의 일부는 유동·비유동으로 구분하고, 나머지 유동성 순서에 따르는 표시방법은 일반적으로 연결재무제표를 작성하는 경우 나타날 수 있다.
> 3. 오답유형: 재무상태표에 표시되는 자산과 부채는 반드시 유동자산과 비유동자산, 유동부채와 비유동부채로 구분하여 표시해야 한다. (×)

2. 유동자산과 비유동자산

보고기간 후 12개월 이내 또는 정상영업주기 이내에 실현되거나 판매하거나 소비할 의도가 있는 자산은 유동자산으로 분류하며, 그 밖의 모든 자산은 비유동자산으로 분류한다. 유동자산으로 분류하는 자산의 예는 다음과 같다.

> ① 기업의 정상영업주기 내에 실현될 것으로 예상하거나, 정상영업주기 내에 판매하거나 소비할 의도가 있다.
> ② 주로 단기매매 목적으로 보유하고 있다.
> ③ 보고기간 후 12개월 이내에 실현될 것으로 예상된다.
> ④ 현금이나 현금성자산으로서, 교환이나 부채상환 목적으로서의 사용에 대한 제한기간이 보고기간 후 12개월 이상이 아니다.

Additional Comment

유동·비유동을 판단하는 시점은 보고기간 말이며, 보고기간 말 현재 위의 4가지 요건을 충족하는지의 판단에 따라 분류한다. 그러나 유동자산은 보고기간 후 12개월 이내에 실현될 것으로 예상하지 않는 경우에도 재고자산과 매출채권과 같이 정상영업주기의 일부로서 판매, 소비 또는 실현되는 자산을 포함한다. 또한 유동자산은 주로 단기매매 목적으로 보유하고 있는 자산(FVPL금융자산)과 비유동금융자산의 유동성 대체 부분을 포함한다.

Self Study

1. 영업주기는 영업활동을 위한 자산의 취득 시점부터 그 자산이 현금이나 현금성자산으로 실현되는 시점까지 소요되는 기간이다.
2. 기업의 정상영업주기가 명확하게 식별되지 않은 경우 그 주기는 12개월인 것으로 가정한다.

3. 유동부채와 비유동부채

보고기간 후 12개월 이내 또는 정상영업주기 이내에 결제되거나 혹은 정상영업주기 내에 결제될 것으로 예상되는 부채는 유동부채로 분류하며, 그 밖의 모든 부채는 비유동부채로 분류한다. 유동부채로 분류하는 부채의 예는 다음과 같다.

> ① 기업의 정상영업주기 내에 결제될 것으로 예상하고 있다.
> ② 주로 단기매매 목적으로 보유하고 있다.
> ③ 보고기간 후 12개월 이내에 결제하기로 되어 있다.
> ④ 보고기간 말 현재 보고기간 후 적어도 12개월 이상 부채의 결제를 연기할 수 있는 권리를 가지고 있지 않다. 계약상 대방의 선택에 따라, 지분상품의 발행을 결제할 수 있는 부채의 조건은 그 분류에 영향을 미치지 아니한다.

Additional Comment

매입채무 그리고 종업원 및 그 밖의 영업원가에 대한 미지급비용과 같은 유동부채는 기업의 정상영업주기 내에 사용되는 운전자본의 일부이기 때문에 이러한 항목은 보고기간 후 12개월을 초과하여 결제일이 도래한다 하더라도 유동부채로 분류한다. 기타의 유동부채는 정상영업주기 이내에 결제되지 않지만 보고기간 후 12개월 이내에 결제일이 도래하거나 주로 단기매매 목적으로 보유한다.

Self Study

보고기간 후 적어도 12개월 이상 부채의 결제를 연기할 수 있는 기업의 권리는 실질적이어야 하고, 보고기간 말 현재 존재해야 한다. 부채의 분류는 기업이 보고기간 후 적어도 12개월 이상 부채의 결제를 연기할 권리의 행사 가능성에 영향을 받지 않는다. 부채가 비유동부채로 분류되는 기준을 충족한다면, 비록 경영진이 보고기간 후 12개월 이내에 부채의 결제를 의도하거나 예상하더라도, 또는 보고기간 말과 재무제표 발행승인일 사이에 부채를 결제하더라도 비유동부채로 분류한다.

4. 유동부채와 비유동부채의 특수상황 구분
(1) 장기성 채무
원래의 결제기간이 12개월을 초과하는 경우에도 금융부채가 보고기간 후 12개월 이내에 결제일이 도래하면 이를 유동부채로 분류한다. 또는 보고기간 후 재무제표 발행승인일 전에 장기로 차환하는 약정 또는 지급기일을 장기로 재조정하는 약정이 체결된 경우에도 금융부채가 보고기간 후 12개월 이내에 결제일이 도래하면 이를 유동부채로 분류한다.

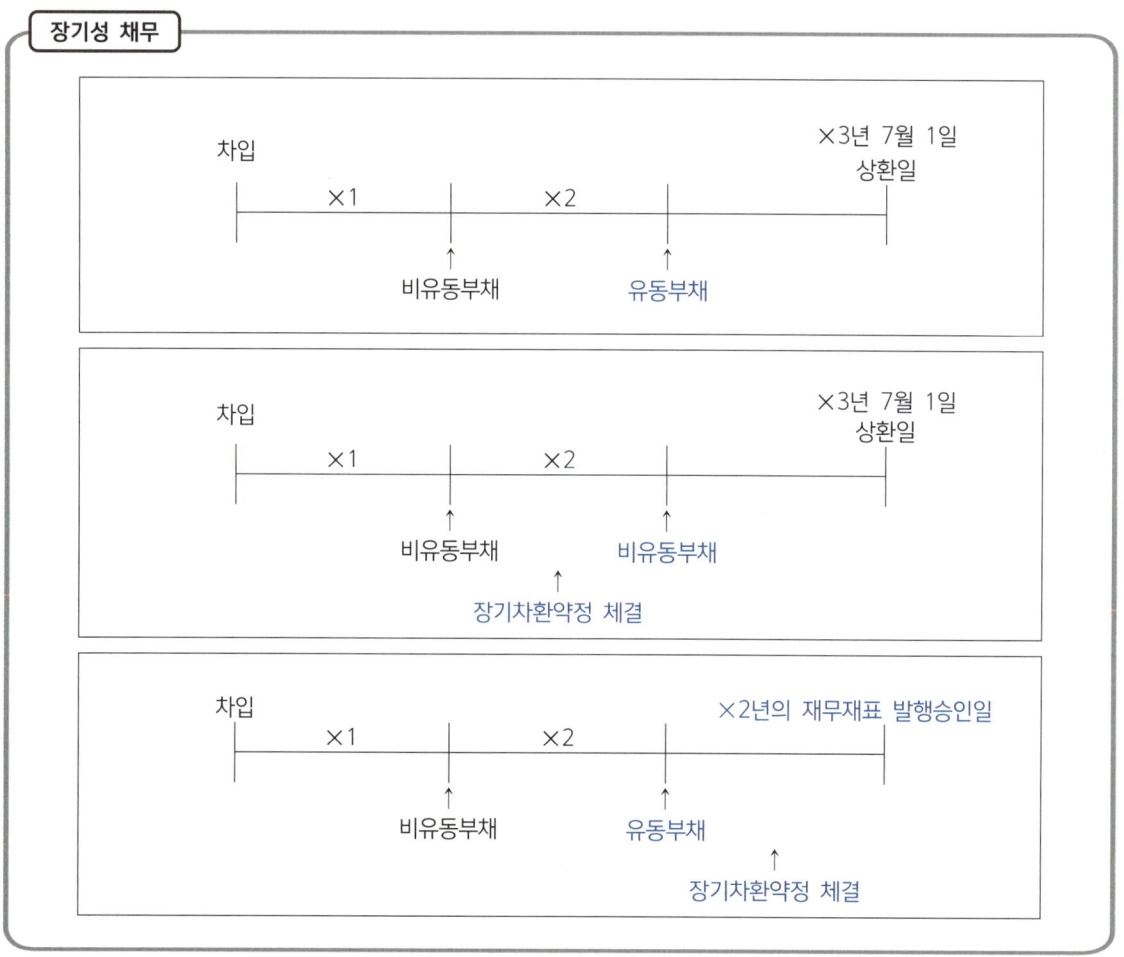

(2) 만기연장이 가능한 단기성 채무
① 보고기간 후 적어도 12개월 이상 부채의 결제를 연기할 수 있는 기업의 권리는 실질적이어야 하고, 보고기간 말 현재 존재해야 한다. 보고기간 후 적어도 12개월 이상 부채의 결제를 연기할 수 있는 기업의 권리는 기업이 차입 약정상의 특정 조건(이하 '약정사항')을 준수하는지 여부에 좌우될 수 있다.

⊙ 기업이 보고기간 말 또는 보고기간 말 이전에 약정사항을 준수하도록 요구받는다면, 이러한 약정사항은 보고기간 말 현재 그러한 권리가 존재하는지 여부에 영향을 미친다. 비록 약정사항의 준수 여부가 보고기간 후에만 평가되더라도(약정사항은 보고기간 말 현재 기업의 재무상태를 기초로 하지만, 약정의 준수여부는 보고기간 후에만 평가되는 경우), 이러한 약정사항은 보고기간 말 현재 그러한 권리가 존재하는지 여부에 영향을 미친다.
ⓒ 기업이 보고기간 후에만 약정사항을 준수하도록 요구받는다면(기업의 보고기간 말 6개월 후 재무상태에 기초한 약정사항), 이러한 약정사항은 보고기간 말 현재 그러한 권리가 존재하는지 여부에 영향을 미치지 않는다.

② 기업이 보고기간 말 현재 기존의 대출계약조건에 따라 보고기간 후 적어도 12개월 이상 부채를 연장할 권리가 있다면, 보고기간 후 12개월 이내에 만기가 도래한다 하더라도 비유동부채로 분류한다. 만약 기업에 그러한 권리가 없다면, 차환가능성을 고려하지 않고 유동부채로 분류한다.

③ 부채의 분류는 기업이 보고기간 후 적어도 12개월 이상 부채의 결제를 연기할 권리의 행사가능성에 영향을 받지 않는다. 부채가 비유동부채로 분류되는 기준을 충족한다면, 비록 경영진이 보고기간 후 12개월 이내에 부채의 결제를 의도하거나 예상하더라도, 또는 보고기간 말과 재무제표 발행승인일 사이에 부채를 결제하더라도 비유동부채로 분류한다. 그러나 그러한 상황 중 하나에 해당하는 경우, 재무제표 이용자가 기업의 재무상태에 부채가 미치는 영향을 이해할 수 있도록 결제시기에 대한 정보를 공시할 필요가 있을 수 있다.

(3) 즉시상환 요구가 가능한 약정을 위반한 장기성 채무

보고기간 말 이전에 장기차입약정을 위반했을 때, 대여자가 즉시상환을 요구할 수 있는 채무라 하더라도 채권자가 보고기간 말 이전에 보고기간 후 적어도 12개월 이상의 유예기간을 주는 데 합의하여 그 유예기간 내에 기업이 위반사항을 해소할 수 있고, 또 그 유예기간 동안에는 채권자가 즉시상환을 요구할 수 없다면, 그 부채는 비유동부채로 분류한다. 그러나 보고기간 후 재무제표 발행승인일 전에 채권자가 약정 위반을 이유로 상환을 요구하지 않기로 합의한 경우에는 그대로 유동부채로 분류한다.

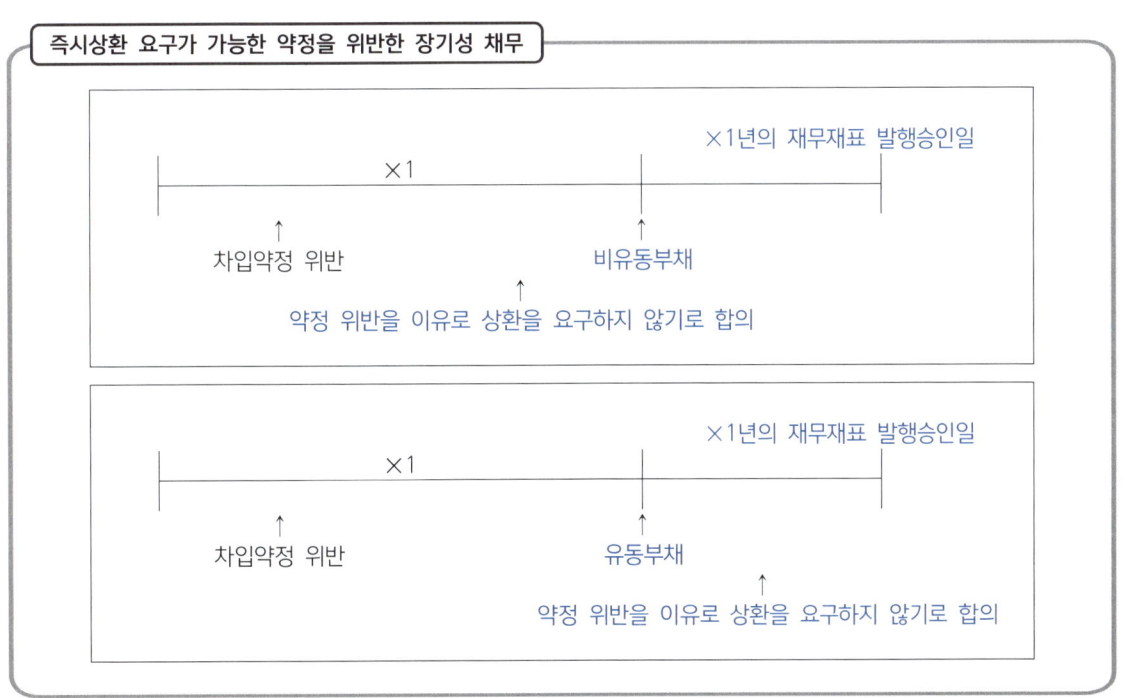

> **Additional Comment**
>
> 특수한 상황에서의 유동부채와 비유동부채를 구분하는 것에 대한 한국채택국제회계기준의 취지는 기업이 단기부채인 유동부채를 비유동부채로 공시하고 싶은 자의적인 의도를 가지고 있기 때문에 보고기간 말 이후에 채권자와의 합의나 재조정을 통하여 유동부채를 비유동부채로 재분류하는 것을 막기 위한 것이다.

> **Self Study**
>
> 유동부채와 비유동부채의 구분은 보고기간 말(재무제표 발행승인일 아님) 기준으로 한다. 이는 재무상태표일 이전에 발생한 사건이 재무상태표일 이후에 변경되면 재무제표를 수정하지만, 재무상태표 이후에 새롭게 발생한 사건은 재무제표에 반영하지 않는다는 '보고기간후사건'의 기준서 내용과도 일치한다.

기출문제

2. 유동자산과 유동부채에 대한 설명으로 옳지 않은 것은? 2018년 국가직 7급

① 기업의 정상영업주기 내에 실현될 것으로 예상하거나, 정상영업주기 내에 판매하거나 소비할 의도가 있는 자산은 유동자산으로 분류한다.
② 보고기간 후 12개월 이내에 실현될 것으로 예상되는 자산은 유동자산으로 분류한다.
③ 보고기간 후 12개월 이상 부채의 결제를 연기할 수 있는 무조건의 권리를 가지고 있지 않은 부채는 유동부채로 분류한다.
④ 매입채무와 같이 기업의 정상영업주기 내에 사용되는 운전자본의 일부 항목이라도 보고기간 후 12개월 후에 결제일이 도래할 경우 비유동부채로 분류한다.

해설

정상영업주기 내에 결제가 예상되는 부채는 유동부채로 분류한다. 다만, 정상영업주기를 명확하게 식별할 수 없는 경우에는 정상영업주기를 12개월인 것으로 가정한다. 따라서, 보고기간 후 12개월 이내에 결제되는 부채는 유동부채로 분류하게 된다.
매입채무와 같이 정상영업주기 내에 사용되는 운전자본의 일부인 항목은 정상영업주기 내에 결제되기 때문에 보고기간 후 12개월 후에 결제일이 도래한다고 하더라도 유동부채로 분류한다.

답 ④

CHAPTER 3 포괄손익계산서

1 포괄손익계산서의 의의와 표시되는 정보

1. 포괄손익계산서의 의의

포괄손익계산서란 일정 기간 동안 발생한 모든 수익과 비용을 보고하는 재무제표이다. 즉, 포괄손익계산서는 소유주(주주)와의 자본거래에 따른 자본의 변동을 제외한 기업 순자산의 변동을 표시하는 보고서이다. 포괄손익계산서는 기업의 성과평가에 유용한 정보를 제공한다.

Additional Comment

포괄손익계산서에서 보여주는 영업손익, 당기순손익 등의 정보를 통해서 기업이 얼마나 효과적이고 효율적으로 성과를 달성하였는지 평가할 수 있다. 그러나 포괄손익계산서를 작성할 때 내부창출 무형자산과 관련된 특정 지출을 비용으로 인식하며, 자산의 손상차손 등 비용을 추정하는 과정에 경영자의 주관적 재량이 개입되어 이익조정이 가능하다는 한계점도 존재한다.

2. 포괄손익계산서에 표시되는 정보

(1) 당기순이익

한 회계기간에 인식되는 모든 수익과 비용 항목은 한국채택국제회계기준이 달리 정하지 않는 한 당기손익으로 인식한다. (수익과 비용의 정의를 만족하지만 당기손익에 반영되지 않는 항목은 기타포괄손익과 오류수정과 회계정책의 변경효과이다)

(2) 기타포괄손익

한국채택국제회계기준에서 요구하거나 허용하여 당기손익으로 인식하지 않은 수익과 비용 항목으로 모두 장기성 미실현보유이익 성격의 계정이다.

수익과 비용의 분류

수익과 비용	원칙적으로 당기손익으로 인식
당기손익으로 분류하지 않는 경우	① 오류수정과 회계정책의 변경효과 ② 기타포괄손익

Additional Comment

수익과 비용 중 어느 항목을 당기순손익이나 기타포괄손익으로 구분하는지에 대한 논리적 기준은 없다. 그러나 당기순손익으로 구분되는 수익과 비용 항목이 기타포괄손익으로 구분되는 수익과 비용 항목보다 더 높은 미래의 현금흐름에 대한 예측능력이 있고, 경영자의 수탁책임 이행 여부를 판단할 수 있는 증거를 제시하고 있다. 그러므로 대체로 미래의 현금흐름을 예측하거나 기업의 경영성과를 평가하는 데 관련이 많은 항목을 당기순손익으로 구분하고, 그렇지 않은 항목을 기타포괄손익으로 구분한다.

(3) 당기순손익과 기타포괄손익의 구분

수익에서 비용을 차감한 순액을 총포괄손익이라고 한다. 포괄손익계산서는 당기에 발생한 총포괄손익에 대한 정보를 제공하기 때문에 붙여진 명칭이다. 총포괄손익은 당기순손익과 기타포괄손익(Other Comprehensive Income)으로 구분할 수 있다.

> (총)포괄손익 = 당기순손익 + 기타포괄손익의 변동(재분류조정 포함)

포괄손익계산서에는 당기순손익을 구성하는 수익과 비용을 먼저 표시하고, 그 아래에 기타포괄손익을 구성하는 수익과 비용을 표시한 후 당기순손익과 기타포괄손익의 합계를 총포괄손익으로 표시한다. 대부분의 수익과 비용은 당기순손익 항목이며, 일부의 수익과 비용이 기타포괄손익으로 구분된다.

```
수익과 비용의 포괄손익계산서 표시

              포괄손익계산서
              ─────────────
              수익 – 비용
              = 당기순손익(I)
              수익 – 비용
              = 기타포괄손익(II)
              ─────────────
              총포괄손익
```

2 포괄손익계산서의 표시방법 및 비용의 분류

1. 포괄손익계산서의 표시방법

(1) 단일보고와 별도보고

한국채택국제회계기준에서는 포괄이익개념으로 손익을 접근하므로 당기순손익의 구성요소는 단일 포괄손익계산서의 일부로 표시하거나, 두 개의 손익계산서 중 별개의 손익계산서에 표시할 수 있다. (선택 가능) 단일의 포괄손익계산서에 두 부분으로 나누어 표시할 경우 당기손익 부분을 먼저 표시하고 바로 이어서 기타포괄손익 부분을 함께 표시하고, 별개의 손익계산서에 표시할 경우 별개의 손익계산서는 포괄손익을 표시하는 보고서 바로 앞에 위치한다.

단일보고와 별도보고

구분	내용	비고
단일의 포괄손익계산서	당기손익을 먼저 표시하고 기타포괄손익을 이어서 표시	–
두 개의 포괄손익계산서 (선택 가능)	① 별개의 손익계산서 ② 포괄손익계산서(당기순손익으로부터 시작)	별개의 손익계산서를 먼저 표시

Additional Comment

포괄손익계산서는 당기순손익과 기타포괄손익을 함께 표시한다. 그러나 경영자는 자신이 통제하기 어려운 기타포괄손익 항목을 기업의 경영성과로 간주되는 당기순손익과 함께 표시하는 것을 꺼리는 경향이 있다. 이에 많은 기업들이 기타포괄손익을 당기순손익과 함께 표시하는 단일보고방법을 적용하지 않고 별도보고방법을 선택하여 기타포괄손익이 당기순손익에 미치는 영향을 차단하고, 오로지 당기순손익으로만 경영자의 성과를 평가받을 수 있게 하고 있다.

참고 | 단일의 포괄손익계산서

포괄손익계산서
당기: 20×1년 1월 1일부터 20×1년 12월 31일까지
전기: 20×0년 1월 1일부터 20×0년 12월 31일까지

A회사 (단위: 원)

구분	당기	전기
매출액	××	××
매출원가	(××)	(××)
매출총이익	××	××
판매비와 관리비	(××)	(××)
영업이익	××	××
영업외수익과 차익	××	××
영업외비용과 차손	(××)	(××)
법인세비용차감전순이익	××	××
법인세비용	(××)	(××)
계속영업이익	××	××
세후중단영업손익	××	××
당기순이익	××	××
기타포괄손익		
당기손익으로 재분류되지 않는 세후기타포괄손익	××	××
당기손익으로 재분류되는 세후기타포괄손익	××	××
총포괄이익	××	××

참고 | 두 개의 포괄손익계산서

(별개의) 손익계산서
당기: 20×1년 1월 1일부터 20×1년 12월 31일까지
전기: 20×0년 1월 1일부터 20×0년 12월 31일까지

A회사 (단위: 원)

구분	당기	전기
매출액	××	××
매출원가	(××)	(××)
매출총이익	××	××
판매비와 관리비	(××)	(××)
영업이익	××	××
영업외수익과 차익	××	××
영업외비용과 차손	(××)	(××)
법인세비용차감전순이익	××	××
법인세비용	(××)	(××)
계속영업이익	××	××
세후중단영업손익	××	××
당기순이익	××	××

포괄손익계산서

A회사 (단위: 원)

구분	당기	전기
당기순이익	××	××
기타포괄손익		
당기손익으로 재분류되지 않는 세후기타포괄손익	××	××
당기손익으로 재분류되는 세후기타포괄손익	××	××
총포괄이익	××	××

(2) 기타포괄손익의 표시방법

기타포괄손익은 다른 한국채택국제회계기준서에서 요구하거나 허용하여 당기손익으로 인식하지 않은 수익과 비용 항목을 말하며 기타포괄손익 부분에 해당 기간의 금액을 표시하는 항목은 다음과 같다.

① 성격별로 분류하고 다른 한국채택국제회계기준에 따라 다음의 집단으로 묶은 기타포괄손익의 항목(②의 금액은 제외)
  ㉠ 후속적으로 당기손익으로 재분류되지 않는 항목
  ㉡ 특정 조건을 충족할 때에 후속적으로 당기손익으로 재분류되는 항목
② 지분법으로 회계처리하는 관계기업과 공동기업의 기타포괄손익에 대한 지분으로서 다른 한국채택국제회계기준에 따라 다음과 같이 구분되는 항목에 대한 지분
  ㉠ 후속적으로 당기손익으로 재분류되지 않는 항목
  ㉡ 특정 조건을 충족할 때에 후속적으로 당기손익으로 재분류되는 항목

기타포괄손익은 후속적으로 당기손익으로 재분류되지 않는 항목과 당기손익으로 재분류되는 항목으로 구분되며 이를 각각 포괄손익계산서에 표시한다. (강제사항)

○ 기타포괄손익의 표시방법

항목	강제·선택사항
재분류조정 가능 항목과 재분류조정 불가 항목 구분 표시	강제사항

Additional Comment

수익과 비용은 결산과정을 거쳐 재무상태표의 자본에 반영된다. 당기순손익을 구성하는 수익과 비용은 차기로 이월되는 것이 아니라 마감 과정을 거쳐 그 순액이 재무상태표의 자본 중 이익잉여금에 집합된다. 그러나 기타포괄손익을 구성하는 수익과 비용 항목은 각각 재무상태표의 자본 중 기타포괄손익누계액에 집합되어 다음 연도로 이월된다. 그런데 기타포괄손익 중 어느 항목은 다음 연도 이후에 당기손익으로 재분류되기도 하고, 어느 항목은 다음 연도 이후에 당기손익으로 재분류되지 않기도 한다.

(3) 기타포괄손익의 후속적 당기손익 재분류

재분류조정은 당기나 과거 기간에 기타포괄손익으로 인식되었으나 당기손익으로 재분류된 금액을 말한다. 또한 다른 기준서들은 과거기간에 기타포괄손익으로 인식한 금액을 당기손익으로 재분류할지 여부와 그 시기에 대하여 규정하고 있는데 재분류를 재분류조정으로 규정하고 있다.

재분류조정은 포괄손익계산서나 주석에 표시할 수 있는데, 재분류조정을 주석에 표시하는 경우에는 관련 재분류조정을 반영한 후에 기타포괄손익의 항목을 표시한다. 기타포괄손익의 종류와 후속적으로 당기손익으로 재분류되는지의 여부를 요약하면 아래와 같다.

○ 후속적으로 당기손익으로 재분류되는 항목과 재분류되지 않는 항목 구분

구분	내용	재분류 시기
재분류 조정 ○	FVOCI금융자산(채무상품)에 대한 투자에서 발생한 손익	처분 시
	해외사업환산손익	해외사업장 매각 시
	파생상품평가손익(현금흐름위험회피에서 위험회피 대상이 비금융자산이나 비금융부채가 아닌 경우에 발생하는 평가손익 중 효과적인 부분)	예상 거래가 당기손익 인식 시
	관계기업 및 공동기업의 재분류되는 지분법기타포괄손익	
재분류 조정 ×	순확정급여부채(자산)의 재측정요소	해당사항 없음
	유형·무형자산의 재평가잉여금의 변동손익	
	FVOCI금융자산(지분상품)에 대한 투자에서 발생한 손익	
	FVPL금융부채(지정)의 신용위험 변동으로 인한 공정가치 변동손익	
	파생상품평가손익(현금흐름위험회피에서 위험회피 대상이 비금융자산이나 비금융부채인 경우)	
	관계기업 및 공동기업의 재분류되지 않는 지분법기타포괄손익	

Self Study

1. 재분류조정 대상 기타포괄손익: 당기나 과거 기간에 인식한 기타포괄손익을 당기손익으로 재분류할 금액을 말한다.
2. 재분류조정 대상이 아닌 기타포괄손익: 최초에 기타포괄손익으로 인식하고 후속 기간에 당기손익으로 재분류하지 않으며, 이익잉여금으로 직접 대체할 수 있는 금액을 말한다.
3. 재분류조정은 포괄손익계산서나 주석에 표시할 수 있다. 재분류조정을 주석에 표시하는 경우에는 관련 재분류조정을 반영한 후에 기타포괄손익의 구성요소를 표시한다.

(4) 기타포괄손익의 항목과 관련한 법인세비용의 공시

포괄손익계산서에 기타포괄손익을 표시하는 경우 기타포괄손익의 구성요소와 관련된 법인세효과를 차감한 순액으로 표시하거나 기타포괄손익은 관련된 법인세효과 반영 전 금액으로 표시하고, 각 항목들에 관련된 법인세효과를 단일 금액으로 합산하여 표시할 수도 있다.

⊙ 기타포괄손익의 항목과 관련한 법인세비용의 공시

항목	강제 · 선택사항
세전 금액(법인세효과 별도 표시), 세후 금액 표시	선택사항

기출문제

3. 기타포괄손익 중 재분류조정이 가능한 것은? 2019년 서울시 7급

① 유형자산의 재평가잉여금
② 확정급여제도의 재측정요소
③ 기타포괄손익 - 공정가치 측정 항목으로 지정한 지분상품의 평가손익
④ 기타포괄손익 - 공정가치 측정 채무상품의 평가손익

해설

기타포괄손익 - 공정가치 측정 채무상품의 평가손익은 재분류조정이 가능하다. 답 ④

(5) 영업이익의 구분표시

기업은 수익에서 매출원가 및 판매비와 관리비(물류원가 등을 포함)를 차감한 영업이익(또는 영업손실)을 포괄손익계산서에 구분하여 표시한다. 영업손익 산출에 포함된 주요 항목과 그 금액을 포괄손익계산서의 본문에 표시할 수도 있고 주석으로 공시할 수도 있다.

⊙ 영업이익의 구분표시

항목	강제 · 선택사항
영업이익의 구분표시	강제사항

Additional Comment

과거 재무성과에 대한 정보는 통상적으로 미래의 재무상태나 재무성과 그리고 배당과 급여지급능력, 주가변동, 기업의 채무이행능력과 같이 회계정보이용자와 직접적 이해관계가 있는 사안을 예측하는 기초자료로 이용되고 있다. 과거 거래나 사건이 표시되는 방법에 따라 재무제표의 예측능력이 제고될 수 있다. 이 때문에 포괄손익계산서는 당기순이익뿐만 아니라 통상적 · 반복적 활동에서 발생하는 영업손익과 비통상적 · 비반복적 활동에서 발생하는 영업외손익과 구분하여 공시하는 것이다.

Self Study

1. 영업활동과 관련하여 비용이 감소함에 따라 발생하는 퇴직급여충당부채환입, 판매보증충당부채환입 및 대손충당금환입 등은 판매비와 관리비의 부(-)의 금액으로 한다.
2. 영업의 특수성을 고려할 필요가 있는 경우(예 매출원가를 구분하기 어려운 경우)나 비용을 성격별로 분류하는 경우 영업수익에서 영업비용을 차감한 영업이익을 포괄손익계산서에 구분하여 표시할 수 있다.

당기손익 항목		내용
영업이익	매출원가 구분이 가능	매출액 - 매출원가 - 판매비와 관리비
	매출원가 구분이 불가능	영업수익 - 영업비용
당기순이익		영업이익 + 영업외수익 - 영업외비용 - 법인세비용

(6) 계속영업이익과 중단영업이익

계속영업이익은 세전 금액과 법인세를 구분하여 표시하고 중단영업이익은 세후 금액으로 표시하여야 한다.

Additional Comment

어떤 기업은 여러 개의 영업단위(사업부문)로 구분하여 경영활동을 수행하기도 한다. 이 중에서 하나 이상의 영업단위를 폐쇄 또는 매각하기로 결정한 경우 이를 포괄손익계산서에서 구분표시하지 않으면, 정보이용자는 차기에도 당기와 유사하게 수익과 비용이 발생할 것으로 예상하는 오류를 범할 수 있다. 그 이유는 폐쇄 또는 매각하기로 한 영업단위에서는 차기 이후 더 이상 수익이나 비용이 발생하지 않을 것이기 때문이다. 따라서 당기 중에 중단한 영업단위가 있다면 여기에서 발생한 손익(매출, 매출원가, 판매관리비 등)을 별도로 구분하여 세후 순액으로 하여 중단영업손익으로 표시한다.

2. 비용의 분류

기업이 포괄손익계산서에 비용을 분류하는 방법은 성격별 비용으로 표시하는 방법과 기능별 비용으로 표시하는 방법이 있고 한국채택국제회계기준은 신뢰성 있고 더욱 목적적합한 정보를 제공할 수 있는 방법을 경영진이 선택하여 분류할 수 있도록 규정하고 있다.

(1) 성격별 분류방법

성격별 분류방법은 당기손익에 포함된 비용을 그 성격(예 감가상각비, 원재료의 구입, 운송비, 종업원급여와 광고비)별로 통합하여 분류하는 것을 말한다. 비용을 기능별 분류로 배분할 필요가 없기 때문에 적용이 간단할 수 있으며 미래 현금흐름을 예측하는 데 유용하다.

비용의 성격별 분류방식에 기초한 비용 분석을 표시할 경우 당기의 재고자산 순변동액과 함께 비용으로 인식한 원재료 및 소모품, 노무원가와 기타원가를 주석에 공시하여야 한다.

(2) 기능별 분류방법

기능별 분류방법은 비용을 매출원가 그리고 물류원가와 관리활동원가 등과 같이 기능별로 분류하는 것을 말한다. 이 방법은 적어도 매출원가를 다른 비용과 분리하여 공시한다. 이 방법은 성격별 분류보다 재무제표이용자에게 더욱 목적적합한 정보를 제공할 수 있지만 비용을 기능별로 배분하는 데 자의적인 배분과 상당한 정도의 판단이 개입될 수 있다.

비용을 기능별로 분류하는 기업은 감가상각비, 기타 상각비와 종업원급여비용을 포함하여 비용의 성격에 대한 추가 정보를 주석에 공시하여야 한다.

Self Study

비용을 기능별로 분류하는 기업은 감가상각비, 기타 상각비와 종업원급여비용을 포함하여 비용의 성격에 대한 추가 정보를 주석 공시한다. (비용을 성격별로 분류하는 기업은 비용의 기능에 대한 추가 정보를 공시하지 않는다)

기출문제

4. 재무제표 표시에 대한 설명으로 옳지 않은 것은? 2025년 국가직 9급

① 「한국채택국제회계기준」에서 요구하거나 허용하지 않는 경우 자산과 부채 그리고 수익과 비용은 상계하지 않는다.
② 포괄손익계산서상 영업손익은 영업의 특수성을 고려할 필요가 있는 경우나 비용을 성격별로 분류하는 경우를 제외하고는 영업수익에서 영업비용을 차감하여 산출한다.
③ 매입채무 그리고 종업원 및 그 밖의 영업원가에 대한 미지급비용과 같은 유동부채는 기업의 정상영업주기 내에 사용되는 운전자본의 일부이다. 이러한 항목은 보고기간 후 12개월 후에 결제일이 도래한다 하더라도 유동부채로 분류한다.
④ 기업은 현금흐름 정보를 제외하고는 발생기준 회계를 적용하여 재무제표를 작성한다.

해설

포괄손익계산서상 영업손익은 영업의 특수성을 고려할 필요가 있는 경우나 비용을 성격별로 분류하는 경우 영업수익에서 영업비용을 차감하여 산출한다.

답 ②

CHAPTER 4 기타 재무제표

1 자본변동표

자본변동표란 당해 기간 동안 변동된 자본의 증가 및 감소의 내용을 보고하는 재무제표이다. 자본변동표에 대한 상세한 설명은 'PART 11 금융자산(2)'에서 하기로 한다.

2 현금흐름표

현금흐름표는 기업의 현금및현금성자산에 대한 창출능력과 기업의 현금흐름 사용 필요성에 대한 평가를 위한 정보를 제공하는 재무제표로 당해 기간 동안 발생한 현금흐름을 영업활동 현금흐름, 투자활동 현금흐름 및 재무활동 현금흐름으로 분류하여 표시한다. 현금흐름표에 대한 상세한 설명은 'PART 16 현금흐름표'에서 하기로 한다.

3 주석

주석은 재무제표 작성 근거와 기업이 적용한 회계정책에 대한 정보, 한국채택국제회계기준에서 요구하는 정보이지만 재무제표 어느 곳에도 표시되지 않는 정보 및 재무제표 어느 곳에도 표시되지 않지만 재무제표를 이해하는 데 목적적합한 정보를 제공한다. 주석은 일반적으로 다음의 순서로 표시한다.

① 한국채택국제회계기준을 준수하였다는 사실
② 적용한 중요한 회계정책의 요약
③ 재무상태표, 포괄손익계산서, 별개의 손익계산서(표시하는 경우), 자본변동표 및 현금흐름표에 표시된 항목에 대한 보충정보, 재무제표의 배열 및 각 재무제표에 표시된 개별 항목의 순서에 따라 표시
④ 다음을 포함한 기타 공시
   ㉠ 우발부채와 재무제표에서 인식하지 아니한 계약상 약정사항
   ㉡ 비재무적 공시 항목(예 기업의 재무위험관리목적과 정책)

CHAPTER 5 현재가치 측정

1 화폐의 시간가치의 이해

1. 유동성선호와 이자

화폐의 가치는 시간의 경과에 따라 달라진다. 동일한 현금이라면 미래의 현금보다 현재의 현금이 더 가치가 있다. 이는 일반적으로 경제적 주체들이 미래의 현금보다 현재의 현금을 선호하기 때문이며, 이러한 선호 현상을 유동성 선호라고 한다.

Additional Comment

지금 ₩1,000을 받는 것이 1년 후에 ₩1,000을 받는 것보다 더 유리하다. 이와 같은 의사결정은 인플레이션이 없다고 하더라도 마찬가지이다. 일반적으로 이자율은 0%보다 높기 때문에 지금 ₩1,000을 받아서 이자가 발생하는 금융상품에 투자한다면 1년 후에 금액은 ₩1,000보다 더 큰 금액이 된다. 그러므로 지금 ₩1,000을 받는 것이 1년 후에 ₩1,000을 받는 것보다 더 유리한 의사결정이다.

화폐는 시간가치를 갖는데 이를 이자라고 한다. 이자는 화폐를 사용하는 과정에서 그 대가로 발생하는 원가이다. 돈을 차입하는 입장에서 보면 빌린 금액보다 나중에 더 많은 금액을 갚아야 하는데 그 차이가 바로 이자비용이며, 돈을 대여하는 입장에서 보면 빌려준 금액보다 나중에 더 많은 금액을 회수하는데 그 차이가 이자수익이다. 그런데 이자율이 일정하게 유지되더라도 이자는 시간의 길이에 따라 증가한다. 즉, 화폐의 시간가치는 시간의 경과에 따라 변화하는 특징이 있다.

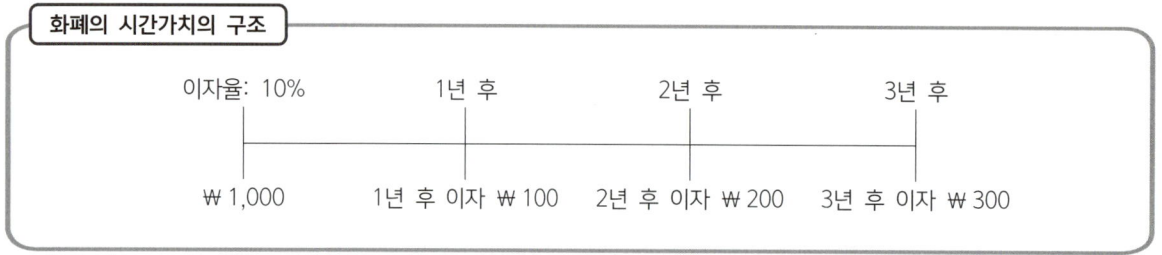

화폐의 시간가치의 구조

> **Self Study**
> 현재의 현금을 소비할 수 있는 기회를 미래로 연기하게 되면 적절한 대가를 요구하며, 이를 이자라고 한다. 이때 현재의 현금에 대한 이자의 비율을 이자율, 할인율 또는 수익률이라고 한다. 쉽게 말해 이자율은 현재 ₩1을 소비할 수 있는 기회를 미래로 연기하면서 요구하는 이자이다.

2. 이자의 계산방법

(1) 이자를 발생시키는 거래

이자를 발생시키는 거래는 통상적으로 원금, 이자 계산의 기간, 이자율 그리고 미래 현금흐름의 요소를 가진다. 각각에 대한 설명은 아래와 같다.

① **원금**: 대여자와 차입자의 관계에서 최초 대출 또는 차입되는 금액으로 초기 이자 발생의 근거가 되는 화폐금액을 말한다.

② **이자 계산의 기간**: 대여자에게는 투자 또는 대여기간이라고 할 수 있으며, 차입자에게는 차입기간이 된다. 보통 이 기간이 1년을 초과하는 경우 1년 단위로 구분하여 이자를 계산하는 것이 일반적이다.

③ **이자율**: 이자의 계산 대상 금액에 대하여 발생된 이자의 비율을 나타내는 것으로 계산 대상 금액은 원금만이 포함될 수도 있고 원금과 과거 기간에 발생한 이자금액이 함께 포함될 수도 있다.

④ **미래 현금흐름**: 최초 거래 발생 이후 원금에 이자가 가산된 금액의 합계액으로 원금과 이자의 합계액이라고 볼 수 있다.

(2) 단리와 복리를 통한 이자의 계산방법

이자는 시간이 경과함에 따라 계속 발생한다. 흔히 이자율이라고 하면 연 이자율을 의미한다. 이자의 발생은 단리와 복리의 형태로 구분할 수 있다. 단리는 매년 동일한 이자가 발생하는 형태이며, 복리는 발생한 이자가 원금과 합쳐져 그 원금과 이자의 합계액에 다시 이자가 발생하는 형태이다. 이자의 계산방법 중 단리 계산방법은 투자자의 입장에서 이자 계산의 기간별로 투자수익률이 일정하지 않은 점 등 여러 가지 측면에서 불합리한 점이 존재하므로 일반적으로 재무회계에서는 복리를 전제로 하여 이자를 계산한다.

> **예 단리와 복리를 사용한 이자 계산**
> 현재 원금이 ₩1,000인 금융상품에 투자하였으며, 3년 동안 투자할 예정이며, 이자율은 10%를 적용한다.
> ① 단리를 적용

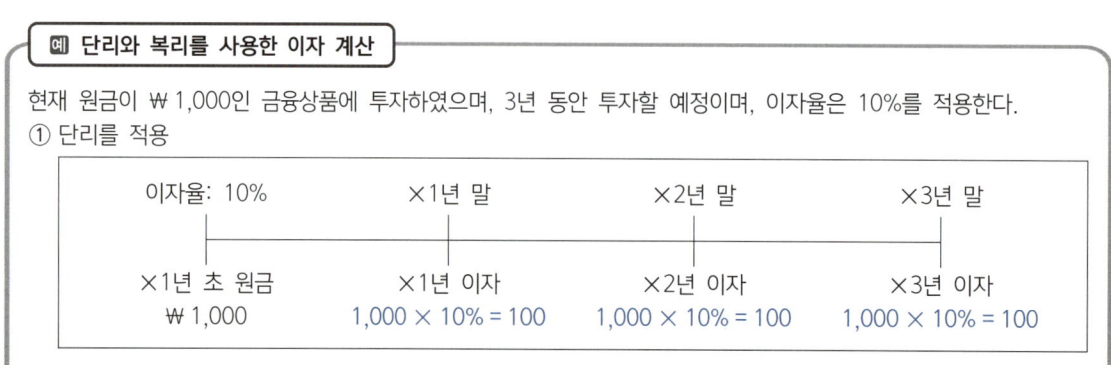

② 복리를 적용

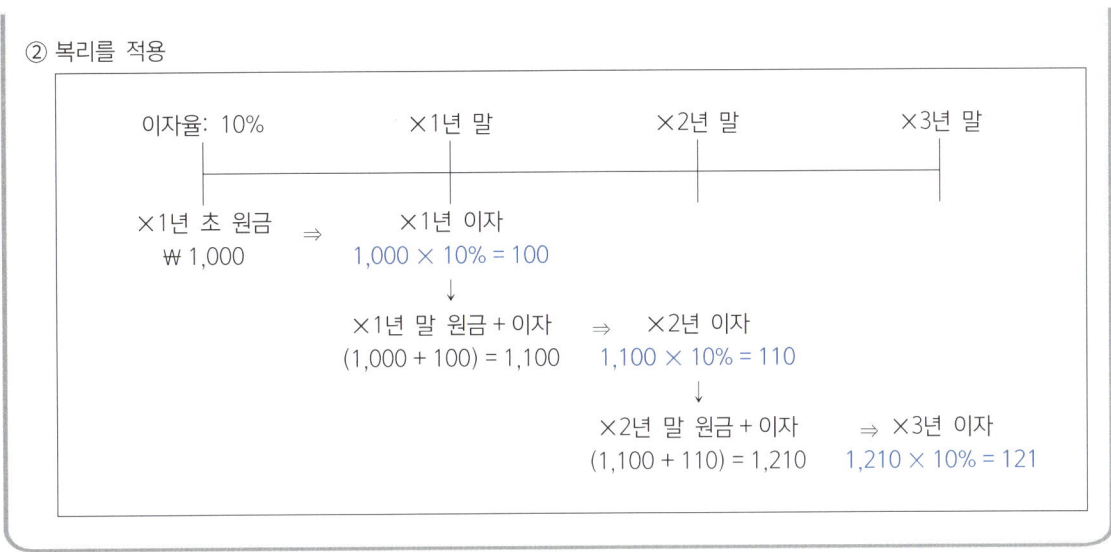

3. 현재가치 및 미래가치의 계산

(1) 단순 현금흐름의 현재가치와 미래가치

단순 현금흐름이란 현재 또는 미래에 단 한 번의 현금흐름이 발생하는 경우를 말한다. 미래가치란 현재에 존재하는 일정한 금액과 등가관계에 있는 미래 특정 시점의 가치를 말하며, 일반적으로 특정한 금액으로 표시하게 된다.

예를 들어 현재의 시장이자율이 10%이고 이자는 1년마다 지급하지 않고 만기에 일시 지급하는 조건이라고 가정하면 현재 ₩1,000을 10%의 이자가 발생하는 금융상품에 투자할 경우 1년 후에 받게 될 원금과 이자의 합계는 ₩1,100{ = 1,000 + 1,000 × 10% or 1,000 × (1 + 10%)}이고, 2년 후에 받게 될 원금과 이자의 합계는 ₩1,210{ = 1,000 × (1 + 10%) × (1 + 10%) or 1,000 × (1 + 10%)^2}이다. 이 경우 현재 시점의 ₩1,000의 1년 후 미래가치는 ₩1,100이고, 현재 시점의 ₩1,000의 2년 후 미래가치는 ₩1,210이다.

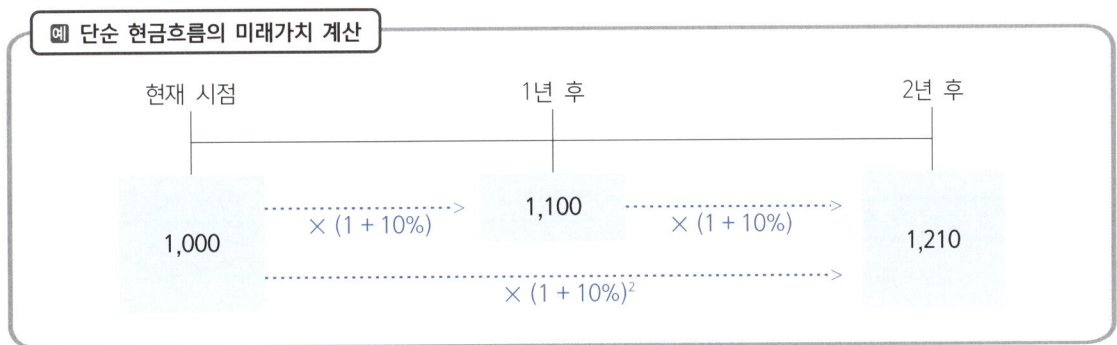

예 단순 현금흐름의 미래가치 계산

또한 현재 이자율이 10%일 때 1년 후의 ₩1,100의 현재가치는 ₩1,000이고, 2년 후의 ₩1,210의 현재가치는 ₩1,000이다.

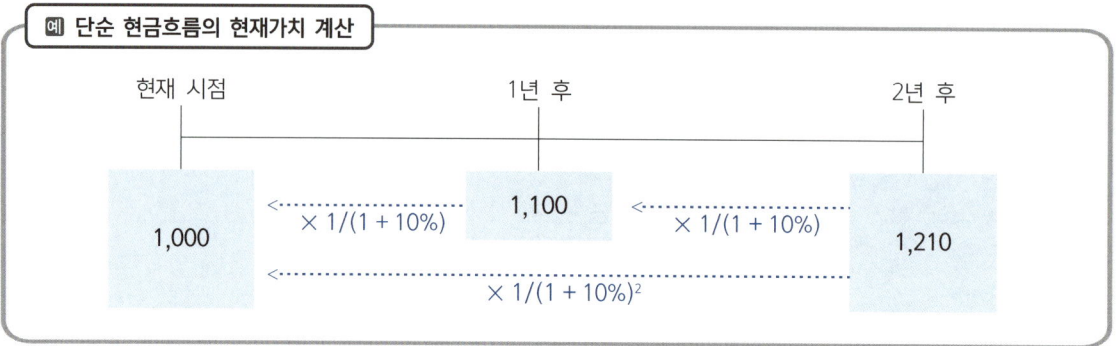

예 단순 현금흐름의 현재가치 계산

따라서 현재가치와 미래가치는 다음과 같은 식으로 정리할 수 있다.

① 미래가치 = 현재가치 × $(1 + R)^n$
② 현재가치 = 미래가치 ÷ $(1 + R)^n$
* R: 이자율, n: 기간

Additional Comment

현재의 현금흐름을 미래가치로 전환하기 위해서 현재가치에 $(1 + R)^n$을 곱해야 하며 미래의 현금흐름을 현재가치로 전환하기 위해서는 미래가치를 $(1 + R)^n$으로 나누어야 한다. 이 경우, 기간이 길지 않다면 $(1 + R)^n$을 직접 곱하거나 나누는 것이 가능하나 기간이 길어지면 이에 대한 계산이 번거로울 수 있어 본서의 부록에 미래가치표와 현재가치표가 제시되어 있으며, 이자를 계산할 때에는 해당 표의 해당 계수를 이용하면 된다. 즉, 부록에 제시되어 있는 미래가치표와 현재가치표에는 소수로 표시되어 있는 계수가 제시되어 있는데, 현재가치에 미래가치계수를 곱하면 미래가치로 전환되고, 미래의 현금흐름에 현재가치계수를 곱하면 현재가치로 전환된다.

(2) 연금의 현재가치

단순 현금흐름은 오직 한 번 현금흐름이 발생하는 것을 의미한다. 그러나 연금이란 일정액의 현금흐름이 2번 이상 계속되는 것을 의미한다. 즉, 동일한 금액이 연속적이고 규칙적으로 발생하는 현금흐름의 형태를 연금이라고 한다.

예를 들어 현재 시장이자율이 10%일 경우, 매년 ₩1,000씩 2년 동안 유입되는 자산의 현재가치를 계산하면 아래와 같다.

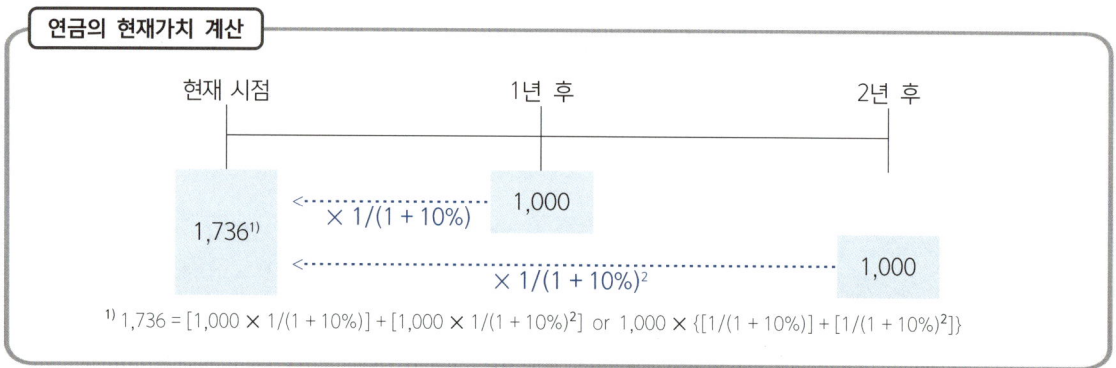

연금의 현재가치 계산

1) 1,736 = [1,000 × 1/(1 + 10%)] + [1,000 × 1/(1 + 10%)²] or 1,000 × {[1/(1 + 10%)] + [1/(1 + 10%)²]}

위의 예와 같이 연금의 현재가치는 각각 단순 현금의 현재가치를 합친 수치이다. 또한 매년의 동일한 현금흐름에 $[1/(1 + 10\%) + 1/(1 + 10\%)^2]$만 곱하면 현재가치가 계산되므로, 본서 부록의 연금의 현재가치표에서 이러한 금액이 미리 계산되어 있는 연금의 현재가치계수를 이용하면 쉽게 계산할 수 있다.

사례연습 1. 현재가치의 계산

각 물음별 현재가치를 계산하시오. 단, 모든 물음에 적용되는 이자율은 연 10%이다.

[물음 1]
3년 후 ₩100,000을 수령하는 금융상품의 현재가치(3년, 10% 현재가치계수 0.75)

[물음 2]
3년간 매년 말에 ₩100,000씩 수령하는 금융상품의 현재가치(3년, 10% 연금의 현재가치계수 2.48)

[물음 3]
3년간 매년 말에 ₩5,000씩 수령하고 3년 후에 ₩100,000을 수령하는 금융상품의 현재가치(3년, 10% 현재가치계수 0.75, 3년, 10% 연금의 현재가치계수 2.48)

풀이

[물음 1]

[1] $100,000 \times 1/(1 + 10\%)^3$ or $100,000 \times 0.75$

[물음 2]

[2] $[100,000 \times 1/(1 + 10\%)] + [100,000 \times 1/(1 + 10\%)^2] + [100,000 \times 1/(1 + 10\%)^3]$ or $100,000 \times 2.48$

[물음 3]

[3] $[5,000 \times 1/(1 + 10\%)] + [5,000 \times 1/(1 + 10\%)^2] + [105,000 \times 1/(1 + 10\%)^3]$ or $[(5,000 \times 2.48) + (100,000 \times 0.75)]$

2 현재가치 평가의 재무회계 적용

1. 현재가치 평가의 대상

장기성 채권·채무는 장기연불조건의 매매거래나 장기금전대차거래에서 발생하는 채권·채무를 말한다. 장기성 채권·채무는 장기간에 걸쳐서 회수되거나 결제되기 때문에 만기에 수수되는 금액에는 금융요소가 포함되어 있다. 여기서 금융요소는 별도로 구분하여 이자수익이나 이자비용으로 인식하는 것이 타당하며, 이를 위해서 장기성 채권·채무를 적정한 이자율로 할인한 현재가치로 평가하여야 한다.

(1) 장기연불조건의 매매거래

장기연불조건의 매매거래는 거래의 대상이 재화나 용역인 경우를 말하며, 일반적으로 상거래에서 발생하는 재화의 매매거래, 용역의 수수거래 및 유형자산의 매매거래 등을 포함한다.

예 장기연불조건의 매매거래의 자산과 부채

구분		계정과목
장기연불조건의 매매거래	자산	장기매출채권, 장기미수금 등
	부채	장기매입채무, 장기미지급금 등

(2) 장기금전대차거래

장기금전대차거래는 거래의 대상이 금전인 경우를 말하며, 투자채무증권, 장기대여금, 사채 및 장기차입금 등의 계정들이 나타난다.

예 장기금전대차거래의 자산과 부채

구분		계정과목
장기금전대차거래	자산	투자채무상품, 장기대여금 등
	부채	사채, 장기차입금 등

> **Self Study**
> 1. 기업이 고객에게 약속한 재화나 용역을 이전하는 시점과 고객이 그에 대한 대가를 지급하는 시점 간의 기간이 1년 이내일 것이라고 예상한다면 유의적인 금융요소의 영향을 반영하여 약속한 대가를 조정하지 않는 실무적 간편법을 사용할 수 있다.
> 2. 미래 현금흐름의 현재가치는 자산 및 부채의 평가에 모두 적용할 수 있다. 다만, 미래 현금흐름의 금액 및 시기를 알 수 있어야만 현재가치 평가가 가능하기 때문에 계약 등에 의해서 미래에 수령하거나 지불할 현금의 크기 및 시점을 명확하게 알 수 있는 자산 및 부채가 현재가치 평가 대상이 된다.

2. 현재가치 적용의 필요성

현재가치는 미래 현금흐름을 적절한 할인율로 할인하여 이자요소를 제거한 금액이다. 이는 일반적으로 해당 재화나 용역의 공정가치와 일치한다. 예를 들어 토지를 처분하면서 3년 후에 그 구입대금으로 ₩300,000을 수령하기로 하였다. 여기에는 현재 토지의 구입대금을 수령하지 않고 3년 후에 수령하는 대가인 이자가 포함되어 있다. 회사가 토지의 처분 시점에 ₩300,000을 전액 미수금으로 인식하게 되면 자산이 과대계상됨은 물론이고 3년간의 이자수익까지 처분 시점에 처분이익으로 인식되어 손익의 구분과 손익의 귀속시기가 모두 잘못될 수 있다. 이러한 문제를 극복하기 위해서 현재가치를 적용하는 것이다.

예 현재가치 적용의 필요성

×1년 초에 외상으로 재화를 판매하였다. 대금은 2년 후에 ₩121원을 수령하기로 하였고, 적용되는 이자율은 10%이다.

일자	현재가치 적용 ×				현재가치 적용 ○			
×1 초	(차) 매출채권	121	(대) 매출	121	(차) 매출채권	100	(대) 매출	100
×1 말	회계처리 없음				(차) 매출채권	10	(대) 이자수익	10
×2 말	(차) 현금	121	(대) 매출채권	121	(차) 매출채권	11	(대) 이자수익	11
					(차) 현금	121	(대) 매출채권	121

현재가치를 적용하지 않으면 적용하였을 때보다 ×1년 초에 매출채권이 ₩21만큼 과대계상되고 ×1년에 매출로 ₩121을 인식하고 ×2년에는 인식할 수익이 없다. 즉, 현재가치를 적용하지 않으면 자산은 과대계상되고 손익의 구분(매출, 이자수익 등)과 손익의 귀속시기가 모두 적절하게 표시되지 못할 수 있다.

3. 현재가치 평가 시 적용할 이자율

장기성 채권·채무는 최초 인식 시점에 현재가치로 측정해야 하기 때문에 적절한 이자율로 할인한 현재가치로 평가해야 한다. 이러한 현재가치 평가 시 적용할 이자율은 당해 거래의 유효이자율이다. 여기서 유효이자율이란 금융상품의 기대존속기간에 예상되는 미래 현금흐름의 현재가치를 재화나 용역의 현금결제가격과 일치시키는 이자율을 말하며, 이를 거래의 내재이자율이라고도 한다.

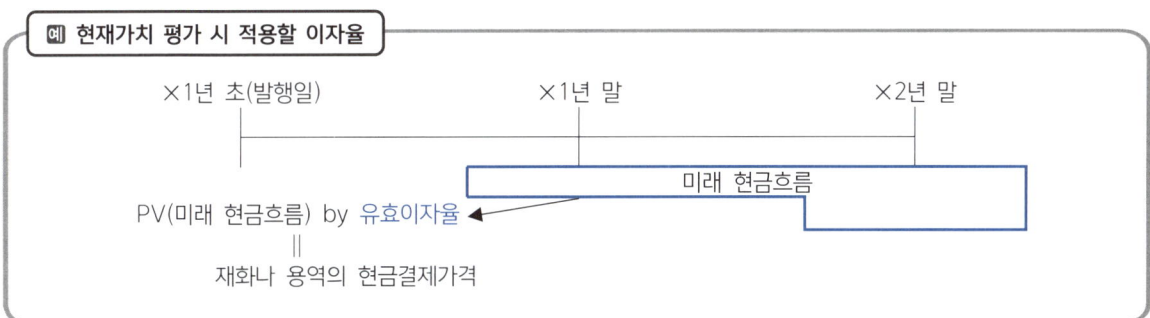

4. 현재가치 측정 시 회계처리

(1) 유효이자율법의 적용

장기성 채권·채무의 명목 미래 현금흐름 총액과 자산·부채 최초 인식 시 현재가치의 차액은 현금을 수령하거나 지급하는 기간 동안 총 이자수익 또는 총 이자비용으로 인식한다.

● 총 이자수익 or 총 이자비용의 구조

총 이자수익(비용) = 미래 현금흐름의 합계 - 자산·부채의 최초 인식 시 현재가치

장기성 채권·채무의 현재가치 측정에 따른 회계처리의 핵심은 유효이자율법의 적용이다. 유효이자율법이란 장기성 채권·채무의 현재가치를 계산하고 관련 기간에 걸쳐 이자수익이나 이자비용을 배분하는 방법을 말한다. 즉, 현금을 수령하거나 지급하는 기간 동안 발생하는 총 이자수익 또는 총 이자비용을 유효이자율에 따라 기간에 걸쳐 배분하는 것이 현재가치 측정에 대한 회계처리(유효이자율법의 적용)이다.

(2) 현재가치 측정에 따른 매기 보고기간 말 회계처리

최초 인식할 때 현재가치로 측정한 자산과 부채는 현금을 수령하거나 지급하는 기간 동안 이자수익과 이자비용을 인식한다. 각 회계기간 별로 인식할 이자수익과 이자비용은 자산·부채의 기초 장부금액에 유효이자율을 곱하여 계산한다.

● 이자수익(비용)의 계산

$$\text{이자수익(비용)} = \text{기초 장부금액} \times \text{유효이자율}$$

유효이자율법으로 계산된 유효이자와 표시이자의 차액은 자산·부채의 장부금액에 가감된다. 유효이자와 표시이자의 차액을 상각액이라고 한다. 따라서 특정 시점의 자산·부채의 장부금액은 이전 장부금액에 상각액이 가감되고 수수되는 명목금액만큼 차감되어 결정되는데, 이렇게 결정된 장부금액을 상각후원가라고 한다. 즉, 상각액은 해당 자산·부채의 장부금액의 변동액을 의미한다. 또한 유효이자율법으로 회계처리하면 특정 시점의 장부금액이 그 시점부터 남아 있는 미래 현금흐름을 유효이자율로 할인한 현재가치가 된다.

유효이자와 표시이자, 상각액의 구조

- 기초 BV(①)
- 기말 BV
- 표시이자(③)
- 상각액(② − ③)
- 유효이자(②) = 기초 BV(①) × 유효 R

1. 기말 장부금액 산정방법
   (1) 기초 장부금액(①) + 유효이자(②) − 표시이자(③)
   (2) 기초 장부금액(①) + 유효이자(① × R) − 표시이자(③) = 기초 장부금액(①) × (1 + R) − 표시이자(③)
   (3) PV(잔여 미래 현금흐름) by R
2. 매기 상각액 산정방법
   (1) 유효이자 − 표시이자
   (2) 기말 장부금액 − 기초 장부금액
   (3) 전기 상각액 × (1 + R)

3 사채의 현금흐름의 현재가치 적용

사채의 현금흐름은 매기 일정액의 현금흐름(액면이자)이 있고 만기에 원금에 대한 현금흐름이 있는 유형이다.

> **사례연습 2. 사채의 현금흐름**
>
> 20×1년 초에 A사는 장부금액 ₩ 80,000, 처분 시점의 공정가치 ₩ 85,460인 기계장치를 매각하고 액면금액 ₩ 100,000, 액면이자율 연 2%(매년 말 지급), 만기 2년의 어음을 교부받기로 하였다. 동 거래에 적용되는 유효이자율은 연 10%이다. (단, 이자율 10%, 2년 연금현가계수는 1.73이고, 현가계수는 0.82이다)
>
> **풀이**
>
> (1) 사채의 현금흐름 그리기
>
>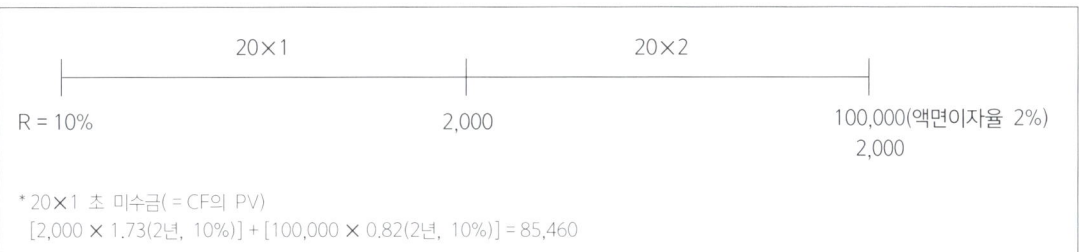
>
> * 20×1 초 미수금(= CF의 PV)
> [2,000 × 1.73(2년, 10%)] + [100,000 × 0.82(2년, 10%)] = 85,460
>
> (2) 상각표 그리기
>
> | 일자 | ① 기초 장부가액 | ② 유효이자 | ③ 액면이자 | ②-③ 상각액 | ①' 기말 장부가액 | ①'의 산정방법 |
> |---|---|---|---|---|---|---|
> | 20×1년 | 85,460 | 8,546 | 2,000 | 6,546 | 92,006 | = ① + ② − ③ |
> | 20×2년 | 92,006 | 9,994 | 2,000 | 7,994 | 100,000 | = ① + (① × R) − ③ |
> | 합계 | | 18,540 | 4,000 | 22,540 | | = ① × (1 + R) − ③ |
>
> (3) 그림
>
>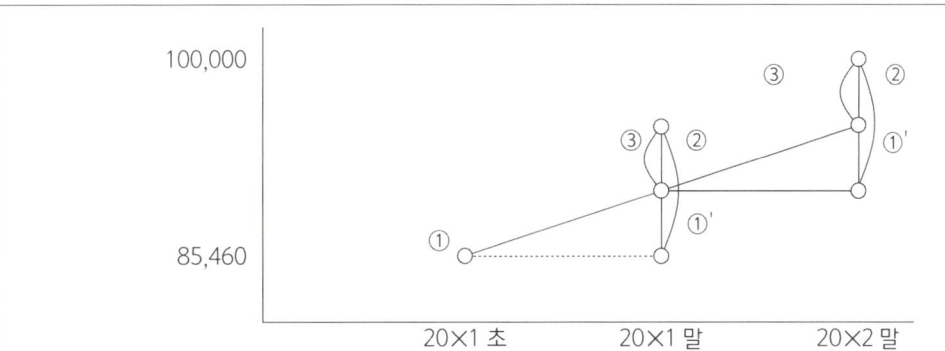
>
> [필수산식]
> 1) 이자수익: 기초 장부금액 × 유효 R = ② = ① × 유효이자율 R
> 2) 기말 장부금액(상각후원가): 기초 장부금액(상각후원가) + 유효이자 − 액면이자
>   ①' = ① + ② − ③ = ① + ① × 유효이자율 R − ③ = ① × (1 + 유효이자율 R) − ③
> 3) 총 이자수익: 유효이자(②)의 합계 = 액면이자(③)의 합계 + 상각액(② − ③)의 합계
>   = 액면이자 × 연수 + 미수금의 액면금액 − 미수금의 최초 상각후원가
>   = 총 현금 수령액 − 총 현금 지급액

(4) 수식
   1) 20×1년 초 미수금의 최초 상각후원가: (2,000 × 1.73) + (100,000 × 0.82) = 85,460
   2) 20×1년 이자수익: 85,460 × 10% = 8,546
   3) 20×1년 말 장부가액(상각후원가): [85,460 × (1 + 10%)] − 2,000 = 92,006
   4) 20×1 ~ 20×2년 간 총 이자수익: 2,000 × 2 + (100,000 − 85,460) = 18,540
   5) 20×1년 유형자산의 처분이익: 미수금의 최초 상각후원가 − 유형자산의 장부가액 = 85,460 − 80,000 = 5,460

(5) 회계처리(순액)

일자	판매자				
20×1년 초	(차) 미수금	85,460	(대) 기계장치 처분이익		80,000 5,460
20×1년 말	(차) 현금 미수금	2,000 6,546	(대) 이자수익		8,546
20×2년 말	(차) 현금 미수금	2,000 7,994	(대) 이자수익		9,994
	(차) 현금	100,000	(대) 미수금		100,000

⇒ 20×1년의 N/I 영향: + 14,006
   1) 이자수익: 85,460 × 10% = 8,546
   2) 처분이익: 85,460 − 80,000 = 5,460

핵심 빈출 문장

01 한국채택국제회계기준에 따라 작성된 재무제표는 공정하게 표시된 재무제표로 보며, 국제회계기준을 준수하여 작성된 재무제표임을 주석으로 공시할 수 있다.

02 재무제표가 한국채택국제회계기준의 요구사항을 모두 충족한 경우가 아니라면 한국채택국제회계기준을 준수하여 작성되었다고 기재하여서는 안 된다. 또한, 부적절한 회계정책은 이에 대하여 공시나 주석 또는 보충자료를 통해 설명하더라도 정당화될 수 없다.

03 극히 드문 상황으로 한국채택국제회계기준의 요구사항을 준수하는 것이 오히려 '개념체계'에서 정하고 있는 재무제표의 목적과 상충되어 재무제표이용자의 오해를 유발할 수 있는 경우에는 관련 감독체계가 이러한 요구사항으로부터의 일탈을 의무화하거나 금지하지 않는다면, 요구사항을 달리 적용한다. 그러나 이러한 경우에도 관련 감독체계가 이러한 요구사항으로부터의 일탈을 의무화하거나 금지하는 경우에는 기업은 그러한 사항을 공시하여 오해를 유발할 수 있는 가능성을 최대한 줄여야 한다.

04 유사한 항목은 중요성 분류에 따라 재무제표에 구분하여 표시하며, 상이한 성격이나 기능을 가진 항목은 구분하여 표시한다. 단, 중요하지 않은 항목은 성격이나 기능이 유사한 항목과 통합하여 표시할 수 있다.

05 중요하지 않은 정보일 경우 한국채택국제회계기준에서 요구하는 특정 공시를 제공할 필요는 없다.

06 재고자산에 대한 재고자산평가충당금과 매출채권에 대한 손실충당금과 같은 평가충당금을 차감하여 관련 자산을 순액으로 측정하는 것은 상계표시에 해당하지 아니한다.

07 재무상태표에 표시되는 자산과 부채는 반드시 유동자산과 비유동자산, 유동부채와 비유동부채로 구분하여 표시하지 않을 수 있다.

08 매입채무 그리고 종업원 및 그 밖의 영업원가에 대한 미지급비용과 같은 유동부채는 기업의 정상영업주기 내에 사용되는 운전자본의 일부이므로, 이러한 항목은 보고기간 후 12개월 후에 결제일이 도래하더라도 유동부채로 분류한다.

09 기업이 기존의 대출계약조건에 따라 보고기간 후 적어도 12개월 이상 부채를 차환하거나 연장할 것으로 기대하고 있고, 그런 재량권이 있다면 보고기간 후 12개월 이내에 만기가 도래하더라도 비유동부채로 분류한다.

10 보고기간 말 이전에 장기차입약정을 위반했을 때 대여자가 즉시상환을 요구할 수 있는 채무는 보고기간 후 재무제표 발행승인일 전에 채권자가 약정 위반을 이유로 상환을 요구하지 않기로 합의하여도 유동부채로 분류한다.

11 영업이익 산정에 포함된 항목 이외에도 기업의 고유의 영업환경을 반영하는 그 밖의 수익 또는 비용 항목은 영업이익에 추가하여 별도의 영업성과 측정치를 산정하여 조정영업이익으로 주석에 공시할 수 있다.

12 수익과 비용의 어느 항목도 당기손익과 기타포괄손익을 표시하는 보고서 또는 주석에 특별손익 항목으로 표시할 수 없다.

13 비용을 기능별로 분류하는 기업은 감가상각비, 기타 상각비와 종업원급여비용을 포함하여 비용의 성격에 대한 추가 정보를 주석 공시한다.

확인 문제

01 재무제표 일반

CH. 1 → 3 일반 사항 ▶ 71p

2020년 지방직 9급

재무제표 표시에 제시된 계속기업에 대한 설명으로 옳지 않은 것은?

① 경영진은 재무제표를 작성할 때, 계속기업으로서의 존속가능성을 평가하지 않는다.
② 경영진이 기업을 청산하거나 경영활동을 중단할 의도를 가지고 있지 않거나, 청산 또는 경영활동의 중단 외에 다른 현실적인 대안이 없는 경우가 아니면 계속기업을 전제로 재무제표를 작성한다.
③ 계속기업으로서의 존속능력에 유의적인 의문이 제기될 수 있는 사건이나 상황과 관련된 중요한 불확실성을 알게 된 경우, 경영진은 그러한 불확실성을 공시하여야 한다.
④ 재무제표가 계속기업의 기준하에 작성되지 않는 경우에는 그 사실과 함께 재무제표가 작성된 기준 및 그 기업을 계속기업으로 보지 않는 이유를 공시하여야 한다.

02 재무제표 일반

CH. 1 → 3 일반 사항 ▶ 71p

2019년 서울시 7급

재무제표의 표시에 대한 설명으로 가장 옳은 것은?

① 유동성 순서에 따른 표시방법이 신뢰성 있고 더욱 목적적합한 정보를 제공하는 경우를 제외하고는 자산과 부채를 유동 항목과 비유동 항목으로 구분하여 재무상태표에 표시한다.
② 부적절한 회계정책을 적용할 경우 공시나 주석 또는 보충자료를 통해 설명한다면 정당하다.
③ 기업은 발생기준 회계를 사용하여 모든 재무제표를 작성한다.
④ 수익과 비용의 특별손익 항목은 주석에 표시한다.

정답 및 해설

01
경영진은 재무제표를 작성할 때, 계속기업으로서의 존속가능성을 평가한다.

02
▶ 오답체크
② 부적절한 회계정책은 공시나 주석 또는 보충자료를 통해 설명하더라도 정당화될 수 없다.
③ 기업은 현금흐름에 관한 정보를 제외하고는 발생기준 회계를 사용한다.
④ 특별손익 항목은 주석에도 표시하지 않는다.

정답 01 ① 02 ①

03 재무제표 일반
재무제표 표시에 대한 설명으로 옳은 것은?

2018년 국가직 9급

① 재무상태표에 자산과 부채는 반드시 유동성 순서에 따라 표시하여야 한다.
② 정상적인 영업활동과 구분되는 거래나 사건에서 발생하는 것으로 그 성격이나 미래의 지속성에 차이가 나는 특별손익 항목은 포괄손익계산서에 구분해서 표시하여야 한다.
③ 부적절한 회계정책이라도 공시나 주석 또는 보충 자료를 통해 잘 설명된다면 정당화될 수 있다.
④ 재무제표 항목의 표시와 분류방법의 적절한 변경은 회계정책 변경에 해당된다.

04 재무제표 일반
한국채택국제회계기준에 근거한 재무제표 작성과 표시의 일반원칙에 관한 설명으로 옳지 않은 것은?

2014년 국가직 9급

① 기업은 현금흐름 정보를 제외하고는 발생기준 회계를 사용하여 재무제표를 작성한다.
② 한국채택국제회계기준에서 요구하거나 허용하지 않는 한 자산과 부채, 그리고 수익과 비용은 상계하지 아니한다.
③ 재무제표 본문에서 중요하지 않다고 판단하여 구분하여 표시하지 않은 항목은 주석에서도 구분하여 표시할 수 없다.
④ 한국채택국제회계기준이 달리 허용하거나 요구하는 경우를 제외하고는 당기 재무제표에 보고되는 모든 금액에 대해 전기 비교정보를 공시하며, 재무제표를 이해하는 데 목적적합하다면 서술형 정보의 경우에도 비교정보를 포함한다.

05 재무제표 일반
기업회계기준서 제1001호 '재무제표 표시'에 따른 재무제표 작성 및 표시의 일반원칙으로 옳지 않은 것은?

2015년 국가직 7급

① 재무제표는 기업의 재무상태, 재무성과 및 현금흐름을 공정하게 표시해야 한다.
② 경영진이 기업을 청산하거나 경영활동을 중단할 의도를 가지고 있는 경우에도 계속기업을 전제로 재무제표를 작성한다.
③ 유사한 항목은 중요성 분류에 따라 재무제표에 구분하여 표시한다.
④ 기업은 현금흐름 정보를 제외하고는 발생기준 회계를 사용하여 재무제표를 작성한다.

06 재무제표 일반

CH. 1 → 3 일반 사항 ▶ 71p

재무제표 작성과 관련된 설명으로 옳은 것은?

2016년 국가직 9급

① 기업의 재무제표는 발생기준 회계만을 사용하여 작성하며, 현금기준 회계는 사용하지 않는다.
② 포괄손익계산서상의 비용은 성격별 분류법과 기능별 분류법 중에서 매출원가를 다른 비용과 분리하여 공시하는 기능별 분류법만으로 표시하여야 한다.
③ 재무제표 표시에 있어 반드시 유사한 항목은 통합하고, 상이한 성격이나 기능을 가진 항목은 구분하여 표시하여야 한다.
④ 한국채택국제회계기준에서 요구하거나 허용하지 않는 한 자산과 부채 그리고 수익과 비용은 상계처리하지 아니한다.

정답 및 해설

03
▶ 오답체크
① 재무상태표에 자산과 부채는 반드시 유동성 순서에 따라 표시할 필요는 없다.
② 특별손익 항목은 포괄손익계산서 및 주석에 표시할 수 없다.
③ 부적절한 회계정책은 공시나 주석 또는 보충 자료를 통해 설명된다 해도 정당화될 수 없다.

04
재무제표 본문에서 중요하지 않다고 판단하여 구분하여 표시하지 않은 항목은 주석에서 구분하여 표시할 수 있다.
▶ 오답체크
① 현금흐름표는 현금기준에 따라 작성되며, 이를 제외한 재무제표는 발생기준에 따라 작성된다.
② 한국채택국제회계기준에서 요구하거나 허용하지 않는 한 자산과 부채 그리고 수익과 비용은 상계하지 아니한다. 다만, 동일 거래에서 발생하는 수익과 관련 비용의 상계표시가 거래나 그 밖의 사건의 실질을 반영한다면 그러한 거래의 결과는 상계하여 표시한다.
④ 재무제표는 최소 두 개의 재무상태표와 두 개의 포괄손익계산서, 두 개의 별개 손익계산서, 두 개의 현금흐름표, 두 개의 자본변동표 그리고 관련 주석을 표시해야 한다.

05
경영활동을 청산하거나 중요하게 축소할 의도나 필요성이 있다면 계속기업을 가정한 기준과는 다른 기준을 적용하여 작성하는 것이 타당할 수 있으며 이때 적용한 기준은 별도로 공시하여야 한다.
▶ 오답체크
③ 유사한 항목은 중요성 분류에 따라 재무제표에 구분하여 표시한다. 상이한 성격이나 기능을 가진 항목은 구분하여 표시하고, 유사한 성격이나 기능을 가진 항목은 중요성에 따라 중요하면 구분하여 표시하고, 중요하지 않으면 통합하여 표시한다.
④ 현금흐름표는 현금기준에 따라 작성되며, 이를 제외한 재무제표는 발생기준에 따라 작성된다.

06
▶ 오답체크
① 현금흐름표는 현금기준에 따라 작성되며, 이를 제외한 재무제표는 발생기준에 따라 작성된다.
② 포괄손익계산서상의 비용은 성격별 분류법과 기능별 분류법 중에서 신뢰성 있고 보다 목적적합한 표시방법을 경영진이 선택할 수 있다.
③ 유사한 항목은 중요성 분류에 따라 재무제표에 구분하여 표시한다. 상이한 성격이나 기능을 가진 항목은 구분하여 표시하고, 유사한 성격이나 기능을 가진 항목은 중요성에 따라 중요하면 구분하여 표시하고, 중요하지 않으면 통합하여 표시한다.

정답 03 ④ 04 ③ 05 ② 06 ④

07 재무상태표

재무상태표에 대한 설명으로 옳지 않은 것은?

① 기업이 재무상태표에 유동자산과 비유동자산, 그리고 유동부채와 비유동부채로 구분하여 표시하는 경우, 이연법인세자산(부채)은 유동자산(부채)으로 분류한다.
② 유동성 순서에 따른 표시방법이 신뢰성 있고 더욱 목적적합한 정보를 제공하는 경우를 제외하고는 유동자산과 비유동자산, 유동부채와 비유동부채로 재무상태표에 구분하여 표시한다.
③ 유동자산은 주로 단기매매목적으로 보유하고 있는 자산과 비유동금융자산의 유동성 대체 부분을 포함한다.
④ 보고기간 후 12개월 이상 결제를 연기할 수 있는 무조건의 권리를 가지고 있지 않으면 유동부채로 분류한다.

08 포괄손익계산서

포괄손익계산서에 대한 설명으로 옳지 않은 것은?

① 비용을 기능별로 분류하는 기업은 감가상각비, 기타 상각비와 종업원급여비용을 포함하여 비용의 성격에 대한 추가 정보를 공시한다.
② 재분류조정을 주석에 표시하는 경우에는 관련 재분류조정을 반영한 후에 당기손익의 항목을 표시한다.
③ 수익과 비용의 어느 항목도 당기손익과 기타포괄손익을 표시하는 보고서 또는 주석에 특별손익 항목으로 표시할 수 없다.
④ 유형자산의 재평가잉여금을 이익잉여금으로 대체하는 경우 그 금액은 당기손익으로 인식하지 않는다.

09 포괄손익계산서

㈜한국은 포괄손익계산서에 표시되는 비용을 매출원가, 물류원가, 관리활동원가 등으로 구분하고 있다. 이는 비용 항목의 구분표시방법 중 무엇에 해당하는가?

① 성격별 분류
② 기능별 분류
③ 증분별 분류
④ 행태별 분류

10 포괄손익계산서

포괄손익계산서에 대한 설명으로 옳지 않은 것은?

CH. 3 → ❷ 포괄손익계산서의 표시방법 및 비용의 분류 ▶ 84p

2016년 국가직 7급

① 비용을 기능별로 분류하는 기업은 감가상각비, 기타 상각비와 종업원급여비용을 포함하여 비용의 성격에 대한 추가 정보를 공시한다.
② 수익과 비용 항목의 별도 공시가 필요할 수 있는 상황은 유형자산의 취득, 투자자산의 취득, 소송사건의 해결을 포함한다.
③ 비용은 빈도, 손익의 발생가능성 및 예측가능성의 측면에서 서로 다를 수 있는 재무성과의 구성요소를 강조하기 위해 세분류로 표시하며, 성격별로 분류하거나 기능별로 분류하여 표시한다.
④ 수익과 비용 항목이 중요한 경우, 그 성격과 금액을 별도로 공시한다.

정답 및 해설

07
기업이 재무상태표에 유동자산과 비유동자산 그리고 유동부채와 비유동부채로 구분하여 표시하는 경우, 이연법인세자산(부채)은 유동자산(부채)으로 분류하지 않는다.

08
재분류조정은 포괄손익계산서나 주석에 표시할 수 있다. 재분류조정을 주석에 표시하는 경우에는 관련 재분류조정을 반영한 후에 기타포괄손익의 항목을 표시한다.

09
기능별 분류에 대한 설명이다.

10
수익과 비용 항목의 별도 공시가 필요할 수 있는 상황은 유형자산의 처분, 투자자산의 처분, 소송사건의 해결을 포함한다.

정답 07 ① 08 ② 09 ② 10 ②

11 포괄손익계산서

재무제표 표시 중 포괄손익계산서에 대한 설명으로 옳지 않은 것은?

① 기타포괄손익의 항목(재분류조정 포함)과 관련한 법인세비용 금액은 포괄손익계산서나 주석에 공시하지 않는다.
② 기업의 재무성과를 이해하는 데 목적적합한 경우에는 당기손익과 기타포괄손익을 표시하는 보고서에 항목, 제목 및 중간합계를 추가하여 표시한다.
③ 한 기간에 인식되는 모든 수익과 비용 항목은 한국채택국제회계기준이 달리 정하지 않는 한 당기손익으로 인식한다.
④ 기업은 수익에서 매출원가 및 판매비와 관리비(물류원가 등을 포함)를 차감한 영업이익(또는 영업손실)을 포괄손익계산서에 구분하여 표시한다.

12 재무제표 표시공시 종합

재무제표 표시에 대한 설명으로 옳지 않은 것은?

① 보고기간말 이전에 장기차입약정을 위반했을 때 대여자가 즉시 상환을 요구할 수 있는 채무는 보고기간 후 재무제표 발행승인일 전에 채권자가 약정위반을 이유로 상환을 요구하지 않기로 합의하더라도 유동부채로 분류한다.
② 기타포괄손익의 항목(재분류조정 포함)과 관련한 법인세비용 금액은 포괄손익계산서나 주석에 공시한다.
③ 비용의 성격별 분류는 기능별 분류보다 재무제표이용자에게 더욱 목적적합한 정보를 제공할 수 있지만 비용을 성격별로 배분하는 데 자의적인 배분과 상당한 정도의 판단이 개입될 수 있다.
④ 재분류조정은 포괄손익계산서나 주석에 표시할 수 있으며, 재분류조정을 주석에 표시하는 경우에는 관련 재분류조정을 반영한 후에 기타포괄손익의 항목을 표시한다.

13 재무제표 일반

재무제표 표시에 대한 설명으로 옳지 않은 것은?

① 경영진은 재무제표를 작성할 때 계속기업으로서의 존속가능성을 평가해야 한다.
② 기업은 현금흐름 정보를 제외하고는 발생기준 회계를 사용하여 재무제표를 작성한다.
③ 당기 재무제표를 이해하는 데 목적적합하다면 서술형 정보의 경우에도 비교정보를 포함한다.
④ 회계기준에서 표시방법의 변경을 요구하는 경우에도 재무제표의 표시와 분류는 매기 동일하여야 한다.

14 재무제표 표시공시 종합

재무제표의 표시에 대한 설명으로 옳지 않은 것은?

① 당기손익과 기타포괄손익은 단일의 포괄손익계산서에 두 부분으로 나누어 표시할 수 있지만 당기손익 부분을 별개의 손익계산서로 표시할 수 없다.
② 「한국채택국제회계기준」에 따라 작성된 재무제표(필요에 따라 추가공시한 경우 포함)는 공정하게 표시된 재무제표로 본다.
③ 「한국채택국제회계기준」에서 요구하거나 허용하지 않는 한 자산과 부채 그리고 수익과 비용은 상계하지 아니한다.
④ 재무제표가 「한국채택국제회계기준」의 요구사항을 모두 충족한 경우가 아니라면 주석에 「한국채택국제회계기준」을 준수하여 작성되었다고 기재하여서는 아니 된다.

정답 및 해설

11
재분류조정을 포함한 기타포괄손익의 항목과 관련한 법인세비용 금액은 포괄손익계산서나 주석에 공시한다.

12
비용의 기능별 분류는 성격별 분류보다 재무제표이용자에게 더욱 목적적합한 정보를 제공할 수 있지만 비용을 기능별로 배분하는 데 자의적인 배분과 상당한 정도의 판단이 개입될 수 있다.

13
회계기준에서 표시방법의 변경을 요구하는 경우에는 재무제표의 표시와 분류는 매기 동일하지 않는다.

14
당기손익과 기타포괄손익은 단일의 포괄손익계산서에 두 부분으로 나누어 표시할 수 있지만 당기손익 부분을 별개의 손익계산서로 표시할 수 있다.

정답 11 ① 12 ③ 13 ④ 14 ①

PART 04 재고자산

CHAPTER 1 재고자산의 정의

재고자산은 통상적인 영업과정에서 판매를 위하여 보유 중인 상품과 제품, 판매를 위하여 생산 중인 재공품 및 생산 중인 자산 및 생산이나 용역 제공에 사용될 원재료나 소모품을 말한다.

◎ 한국채택국제회계기준에서 정의하고 있는 재고자산

구성	해당 재고자산
통상적인 영업과정에서 판매를 위하여 보유 중인 자산	상품, 제품
통상적인 영업과정에서 판매를 위하여 생산 중인 자산	재공품, 반제품
생산이나 용역 제공에 사용될 원재료나 소모품	원재료, 소모품

> **Additional Comment**
> 재고자산은 회사의 업종에 따라 세부 분류에 차이가 있다. 도소매업을 주업으로 하는 기업은 통상적인 영업과정에서 판매를 위하여 다량의 재고자산을 보유하는데, 이를 상품이라고 한다. 이에 반해 제조 및 판매를 주업으로 하는 기업이 보유하는 생산에 사용할 원재료, 생산 중인 재공품 그리고 생산을 완료한 제품이 모두 재고자산에 해당한다. 용역 제공을 주업으로 하는 기업도 재고자산을 보유하는데, 용역 제공에 사용될 소모품(예 운수업을 하는 기업이 보유하는 차량용 경유 등)이 재고자산에 해당된다.

CHAPTER 2 재고자산의 취득원가 및 기말 재고자산 조정

1 재고자산의 취득원가

재고자산의 취득원가는 매입가격의 정상적인 취득 과정에서 불가피하게 발생한 부대비용을 가산한 금액이다. 이에 따라 한국채택국제회계기준 제1002호 '재고자산'에서 재고자산의 취득원가는 매입원가, 전환원가 및 재고자산을 현재의 장소에 현재의 상태로 이르게 하는 데 발생한 기타 원가 모두를 포함하도록 규정하고 있다.

> 재고자산의 취득원가: 매입원가 + 전환원가 + 기타 원가

Additional Comment
기타 원가는 재고자산을 현재의 장소에 현재의 상태로 이르게 하는 데 발생한 범위 내에서만 취득원가에 포함된다. 예를 들어, 특정 고객을 위한 비제조간접원가 또는 제품의 디자인 원가는 재고자산의 원가에 포함하는 것이 적절할 수 있다.

재고자산의 취득원가에 포함할 수 없으며 발생 기간의 비용으로 인식하여야 하는 원가의 예는 다음과 같다.

> ① 재료원가, 노무원가 및 기타 제조원가 중 비정상적으로 낭비된 부분
> ② 후속 생산단계에 투입하기 전에 보관이 필요한 경우 이외의 보관원가
> ③ 재고자산을 현재의 장소에 현재의 상태로 이르게 하는 데 기여하지 않은 관리간접원가
> ④ 판매원가

1. 상품매매기업의 재고자산 취득원가

상품매매기업이 보유하는 재고자산의 매입원가는 매입가격에 수입관세와 제세금, 매입운임, 하역료 그리고 완제품, 원재료 및 용역의 취득 과정에 직접 관련된 기타 원가를 가산한 금액이다. 매입할인, 리베이트 및 기타 유사한 항목은 매입원가를 결정할 때 차감하며, 과세당국으로부터 추후 환급받을 수 있는 수입관세나 제세금(부가가치세 등)은 매입원가에서 제외한다.

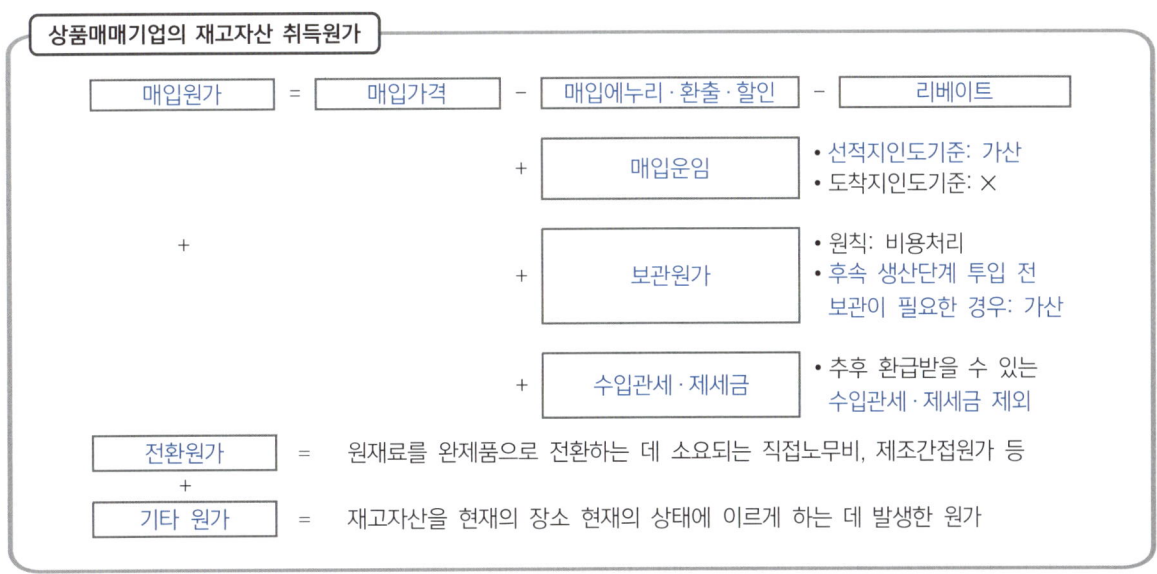

(1) 매입운임

매입운임은 통상적인 영업과정에서 재고자산 취득 시 불가피하게 발생한 지출을 말하며, 매입운임은 매입원가에 포함되므로 재고자산의 취득원가에 포함시켜야 한다. 매입운임은 선적지인도기준과 도착지인도기준에 따라 매입운임의 부담자가 달라지고 각각의 회계처리도 달라진다.

● 선적지인도기준과 도착지인도기준의 매입운임의 부담자와 회계처리

구분	매입운임의 부담자	회계처리
선적지인도기준	매입자	재고자산의 취득원가에 가산
도착지인도기준	판매자	비용(판매비) 처리

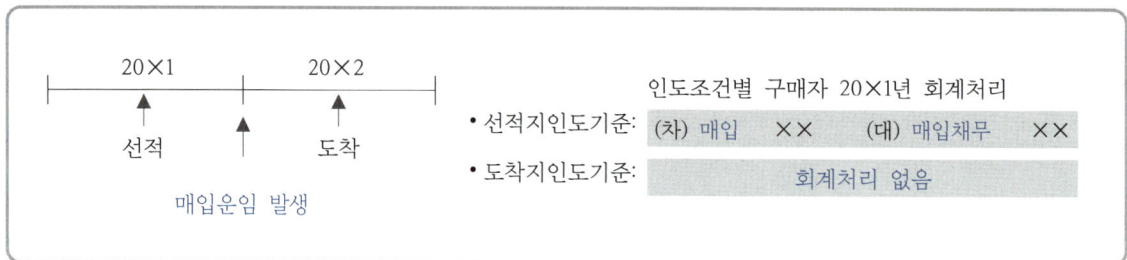

Additional Comment

선적지인도기준은 재고자산에 대한 통제권이 선적 시점에 이전되기 때문에 구매자가 운임을 부담한다. 그러나 도착지인도기준은 재고자산에 대한 통제권이 도착 시점에 이전되기 때문에 판매자가 운임을 부담한다.
운반비용은 취득이나 생산 과정에 수반되어 발생한 경우에만 재고자산의 매입원가에 포함시키고, 그렇지 않은 경우(에 재고자산의 매입이나 생산 완료 후 단순한 위치 이동에 소요되는 운반비용의 경우)에는 당기비용으로 인식한다.

(2) 매입에누리와 환출, 매입할인

① 매입에누리와 환출

매입에누리는 매입한 재고자산을 대량으로 구매하거나 상품의 결함 혹은 파손으로 인하여 판매자가 가격을 할인해주는 것이다. 매입환출은 매입한 상품의 결함 혹은 파손으로 인하여 반품하는 것을 말한다. 따라서 매입이 취소된 것으로 보기 때문에 매입에누리와 환출은 재고자산의 취득원가에서 차감하여야 한다.

> **매입에누리와 환출의 예시**
>
> A사가 B사로부터 상품 ₩100,000을 외상으로 매입하였으며, 상품의 결함 혹은 파손으로 인하여 매입에누리 ₩2,000과 매입환출 ₩1,000이 발생하였다. 각 시점별 회계처리를 나타내면 아래와 같다.
>
> [상품의 외상매입 시]
>
> | (차) 매입 | 100,000 | (대) 매입채무 | 100,000 |
> |---|---|---|---|
>
> [매입에누리와 환출 발생 시]
>
> | (차) 매입채무 | 3,000 | (대) 매입(에누리·환출) | 3,000 |
> |---|---|---|---|
>
> [매입채무 지급 시]
>
> | (차) 매입채무 | 97,000 | (대) 현금 | 97,000 |
> |---|---|---|---|

② **매입할인**

매입할인이란 매입자가 매입채무를 조기에 지급하여 가격을 할인해 주는 것을 말한다. 매입할인은 매입원가를 결정할 때 차감한다. 그 이유는 매입할인은 수익창출 과정에서 발생한 순자산의 증가(즉, 수익)가 아니라 당초 그 금액만큼 매입원가가 적게 소요된 것이나 다름없기 때문이다.

> **매입할인의 예시**
>
> A사가 B사로부터 상품 ₩100,000을 외상으로 매입하였으며, 매입할인 ₩2,000이 발생하였다. 각 시점별 회계처리를 나타내면 아래와 같다.
>
> [상품의 외상매입 시]
> (차) 매입   100,000   (대) 매입채무   100,000
>
> [매입할인 발생 시]
> (차) 매입채무   100,000   (대) 현금   98,000
>   매입(할인)   2,000

● 매입에누리·환출·할인의 회계처리, 취득원가 가산(차감) 여부

구분	회계처리		취득원가 가산(차감) 여부
매입에누리와 환출	(차) 매입채무	(대) 매입(에누리·환출)	차감
매입할인	(차) 매입채무	(대) 현금 매입(할인)	차감

Self Study

재무제표에 표시될 매출원가는 총 매입액을 기준으로 하는 것이 아니라 기업에 순수하게 유출되는 순 매입액을 기준으로 한다. 그러므로 문제의 자료에서 총 매입액과 에누리, 환출, 할인 등을 제시하고 있다면 총 매입액에서 에누리, 환출, 할인을 차감한 순 매입액을 기준으로 풀이하여야 한다. 다만, 문제에서 매입채무의 기초, 기말 잔액 및 매입채무 지급액을 제시한 후에 에누리, 환출, 할인을 추가 자료로 제시하였다면 매입채무에는 이미 해당 금액이 고려되어 있으므로 추가로 차감할 필요가 없다.

매입채무		당기매입
지급	기초	= 현금매입 + 외상매입(순)[1]
기말	외상매입(순)	[1] 에누리·환출·할인 고려됨
		= 총 매입 − 매입에누리·환출·할인 + 매입운임

(3) 후불 지급조건

재고자산을 후불 지급조건으로 취득하는 경우 한국채택국제회계기준에서는 재고자산의 구입계약이 실질적으로 금융요소를 포함하고 있다면 해당 금융요소(예 정상신용조건의 매입가격과 실제 지급액 간의 차이)는 금융이 이루어지는 기간 동안 이자비용으로 인식한다. 즉, 재고자산의 취득원가는 지급할 대가의 현재가치(공정가치)로 결정한다.

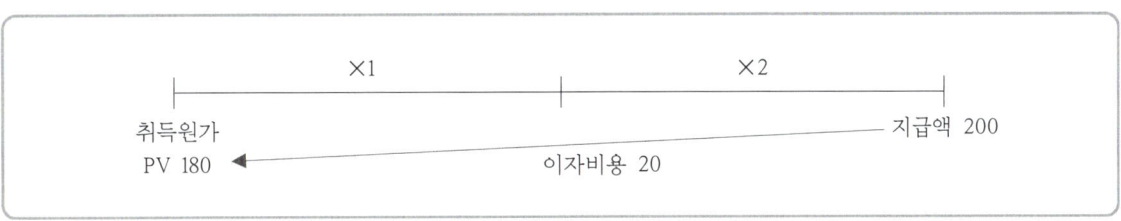

○ 후불 지급조건의 회계처리 예시

[취득일]			
(차) 재고자산	정상신용조건의 매입가격	(대) 매입채무	PV(실제 지급액)
[기말]			
(차) 이자비용	N/I	(대) 매입채무	××
[지급일]			
(차) 이자비용	N/I	(대) 매입채무	××
(차) 매입채무	BV	(대) 현금	명목금액

(4) 차입원가

한국채택국제회계기준에서는 판매 가능한 상태에 이르게 하는 데 상당한 기간을 필요로 하는 재고자산의 경우 타인자본에서 발생하는 차입원가를 재고자산의 취득원가로 인식하도록 규정하고 있다. 단, 단기간 내에 반복해서 대량으로 제조되거나 다른 방법으로 생산되는 재고자산은 적격자산에 해당하지 않으므로 차입원가를 자본화하지 않는다. 차입원가의 구체적인 내용은 'PART 21 차입원가의 자본화'에서 다룰 것이다.

○ 차입원가의 자본화의 회계처리와 취득원가 가산(차감) 여부

구분	회계처리		취득원가 가산(차감) 여부
차입원가	(차) 매입	(대) 이자비용 등	가산

(5) 보관원가

후속 생산단계에 투입하기 전에 보관이 필요한 경우의 보관원가는 취득원가에 포함된다. 따라서 일반적으로 상품 또는 제품의 보관비용은 당기비용으로 처리하지만, 원재료의 보관비용은 자산의 취득원가로 처리한다.

○ 보관원가의 회계처리, 취득원가 가산(차감) 여부

구분	회계처리		취득원가 가산(차감) 여부
상품 또는 제품	(차) 보관비용	(대) 현금	해당사항 없음(당기비용 처리)
원재료	(차) 매입	(대) 현금	가산

(6) 관세 납부금·환급금

관세 납부금은 납부 시점에 자산의 취득원가에 가산한다. 관세 환급금은 수입원재료의 구입시기와 다른 시기에 환급될 수 있으므로 원재료수입액에서 차감하기보다는 관세가 환급된 시기의 매출원가에서 차감하는 것이 합리적이다. 단, 문제에서 매출원가만을 묻는다면 매입원가에서 관세 환급금을 차감하여 매출원가를 계상하여도 답은 동일하다.

○ 관세 납부금과 환급금의 회계처리, 취득원가 가산(차감) 여부

구분	회계처리		취득원가 가산(차감) 여부
관세 납부금	(차) 매입	(대) 현금	가산
관세 환급금	(차) 현금	(대) 매입	차감

사례연습 1. 재고자산의 취득원가

다음은 ㈜서울의 20×1년 단일상품거래와 관련한 자료이다.

구분	금액	구분	금액
기초 재고	₩ 120,000	당기 매입	₩ 500,000
매입운임(선적지인도조건)	₩ 15,000	보험료	₩ 2,000
하역료	₩ 3,000	매입할인	₩ 2,000
관세 납부금	₩ 7,000	매입에누리	₩ 13,000
기말 재고	₩ 75,000	관세 환급금	₩ 5,000

㈜서울의 20×1년의 매입액을 구하시오.

[풀이]

구분	금액
조정 전 당기 매입	500,000
매입운임(선적지인도조건)	15,000
보험료	2,000
하역료	3,000
매입할인	(2,000)
매입에누리	(13,000)
관세 납부금	7,000
관세 환급금	(5,000)
조정 후 당기 매입	507,000

2 기말 재고자산의 원가배분

1. 재고자산의 원가배분

상품매매기업의 판매 가능한 재고자산은 기초 재고자산에 당기 매입액을 합산한 금액으로 구성된다. 이때 판매 가능한 재고자산 중 기중 판매된 부분에 해당하는 금액은 당기비용으로 인식되며, 보고기간 말까지 판매되지 않은 부분에 해당하는 금액은 기말 재무상태표에 재고자산으로 보고되는데 이러한 과정을 재고자산의 원가배분이라고 한다.

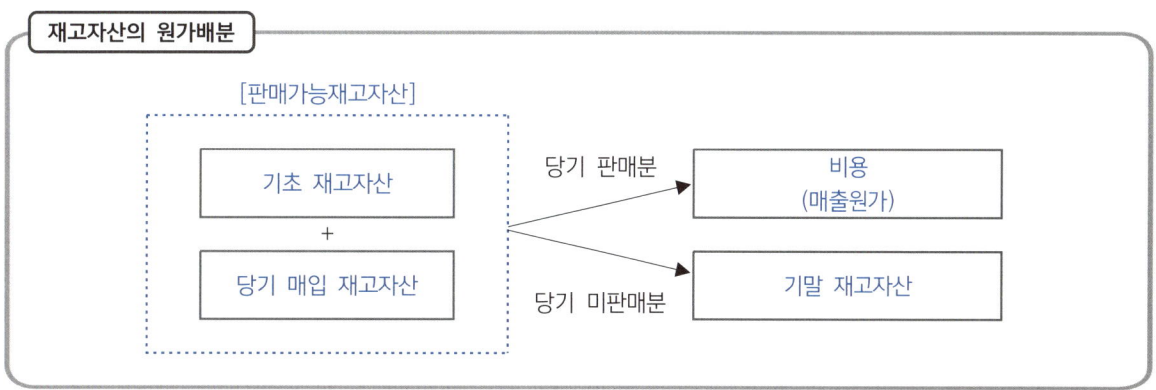

2. 재고자산의 수량결정방법

재고자산의 특성상 상품의 입·출고가 빈번하고 그 금액이 크기 때문에 매출원가와 기말 재고자산으로 인식할 금액을 결정하는 문제는 매우 중요하다. 따라서 재고자산 회계의 초점은 기초 재고자산과 당기 매입 재고자산의 합(= 판매가능재고자산)을 비용과 자산으로 적절하게 배분하는 데 있다.

> **재고자산 회계의 핵심**
>
> 기초 재고자산 + 당기 매입 재고자산 = 매출원가 + 기말 재고자산
>
> 위 등식에서 알 수 있듯이 등식 우변의 매출원가를 먼저 확정지으면 기말 재고자산을 간접적으로 알 수 있으며, 기말 재고자산을 먼저 확정지으면 매출원가를 간접적으로 알 수 있다. 어느 금액을 먼저 확정할지는 재고자산의 수량 기록법에 따라 다르다. 기말 재고자산을 과대평가하면 그만큼 매출원가가 과소계상되어 당기순이익을 증가시킬 수 있고, 기말 재고자산을 과소평가하면 그만큼 매출원가가 과대계상되어 당기순이익을 감소시킬 수 있다. 그러므로 재고자산 회계의 핵심은 기말 재고자산을 얼마나 적정하게 인식하는가에 있다.

(1) 계속기록법

계속기록법은 상품의 입고와 출고상황을 상품계정과 매출원가계정에 계속적으로 기록하는 방법이다. 즉, 당기 판매가능수량에서 당기에 실제로 판매된 수량을 차감하여 기말 재고수량을 역산하는 방법이다.

> 기초 재고수량 + 당기 매입수량 - ① 당기 판매수량(기록) = ② 기말 재고수량(역산)

계속기록법을 적용하면 언제든지 특정 기간의 매출원가와 특정 시점의 재고자산 잔액을 파악할 수 있다는 장점이 있다. 계속기록법의 회계처리를 요약하면 다음과 같다.

● 계속기록법의 재고자산 회계처리

매입	(차) 재고자산	××	(대) 매입채무	××
판매	(차) 매출채권	××	(대) 매출	××
	(차) 매출원가	실제 판매분	(대) 재고자산	××
결산				
매출원가	회계처리 없음			

Additional Comment

계속기록법을 적용하면 재고자산을 판매할 때마다 보유 재고자산을 매출원가로 대체하기 때문에 재고자산 장부에는 기중의 증가, 감소 금액이 계속 기록된다. 따라서 특정 시점 현재 장부에 계상되어 있는 재고자산의 금액이 곧 그 시점의 재고자산 잔액이 되어 기말에 재고자산의 잔액을 구하기 위하여 별도의 회계처리를 수행할 필요가 없다는 장점이 있다. 그러나 도난, 분실 등의 사유로 감모수량이 발생한다면 재고자산의 장부상 수량과 실제 수량 간에 차이가 발생할 수 있다. 따라서 재고자산의 감모 여부를 파악하지 않고 장부상 재고자산을 재무상태표의 기말 재고자산으로 결정하면 재고자산이 과대계상될 수 있다.

(2) 실지재고조사법

실지재고조사법은 상품의 입고 시에는 매입계정에 기록하고 출고 시에는 매출원가를 계속적으로 기록하지 않고, 결산일 현재 실사(= 재고자산의 수량을 일일이 세는 것)를 통하여 기말 재고수량을 파악하여 한 번에 매출원가를 기록하는 방법이다. 즉, 당기 판매가능수량에서 기말 실사를 통한 실제 수량을 차감하여 당기 판매수량을 역산하는 방법이다.

> 기초 재고수량 + 당기 매입수량 - ① 기말 재고수량(실사) = ② 당기 판매수량(역산)

실지재고조사법을 사용하면 장부기록이 간편해지고 실제 존재하는 재고가 기말 재고자산금액으로 계상되는 장점이 있다. 실지재고조사법의 회계처리를 요약하면 다음과 같다.

● 실지재고조사법의 재고자산 회계처리

매입	(차) 매입[1]	××	(대) 매입채무	××
판매	(차) 매출채권	××	(대) 매출	××
결산				
매출원가	(차) 매출원가	대차차액	(대) 기초자산(재고)	1st
	재고자산(기말)	3rd 창고에 있는 재고	매입[1]	2nd

[1] 매입 계정을 자산으로 보아야 한다는 주장과 비용으로 보아야 한다는 주장도 있지만 핵심은 임시 계정으로 기말에 모두 사라진다는 것임

Additional Comment
실지재고조사법을 사용하면 재고자산을 판매할 때마다 매출원가를 기록해야 하는 계속기록법의 번거로움을 피할 수 있다. 그러나 재고자산에 대하여 실사를 하지 않는 한 특정 시점 현재 재고자산의 잔액과 매출원가를 파악할 수 없고, 당기 판매수량에 도난이나 파손으로 발생한 감모수량이 포함되는 문제점이 있다.

(3) 혼합법(계속기록법과 실지재고조사법 동시 적용)

판매할 때마다 재고자산의 원가를 추적해야 하는 번거로움을 고려하지 않는다면 재고자산에 대한 관리목적상 계속기록법이 실지재고조사법보다 더 바람직한 방법이다. 그 이유는 계속기록법을 적용하면 회사는 특정 시점의 재고자산 잔액과 그때까지 발생한 매출원가에 대한 정보를 적시에 제공할 수 있기 때문이다. 그러나 계속기록법과 실지재고조사법 모두 도난이나 파손으로 발생하는 감모수량이 기말 재고수량이나 당기 판매수량에 포함되는 문제점이 있다. 그러므로 현재 우리나라에서는 소규모 기업을 제외하고는 대부분의 기업이 계속기록법과 실지재고조사법을 병행하여 사용하고, 계속기록법의 실제 판매수량과 실지재고조사법의 실제 기말 재고수량을 사용하여 감모수량을 파악한다.

> 기초 재고수량 + 당기 매입수량 - ① 당기 판매수량(기록) = ② 기말 재고수량(실사) + 감모수량

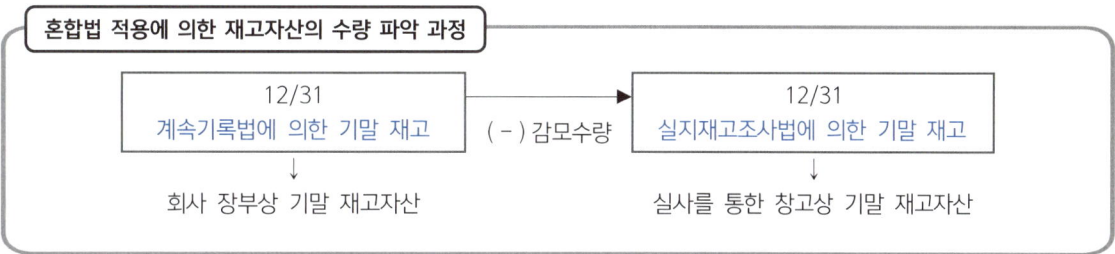

Self Study
1. 회계기간 중 재고자산의 입·출고수량을 계속 기록(계속기록법)하여 기말 장부수량을 파악한 후, 기말 실지수량(실지재고조사법)과 비교하여 차이를 감모수량으로 파악한다.
2. 계속기록법의 기말 재고수량 - 감모수량 = 실지재고조사법의 기말 재고수량

사례연습 2. 재고자산의 수량결정방법

아래의 물음들은 서로 독립적이다.

[물음 1]
A사의 당기 재고자산의 수량에 대한 자료가 다음과 같을 때, A사가 계속기록법과 실지재고조사법, 혼합법을 각각 사용할 경우의 당기 판매수량과 기말 재고수량을 구하시오.

> 기초 재고수량 100개, 당기 매입수량 1,000개, 회사의 창고에 기말 현재 존재하는 기말 재고수량 250개, 당기 판매수량 800개

[물음 2]
계속기록법을 적용하는 B사는 기초 재고자산이 ₩1,000이고 재고자산의 당기 매입액(전액 외상매입)이 ₩10,000이며, 당기 매출액(전액 외상매출)이 ₩15,000이다. 당기 중에 판매된 재고자산에 대한 매출원가가 ₩9,500이며 B사는 이에 대한 적절한 회계처리를 하였다. 결산 시점의 수정전시산표에는 다음과 같은 금액들이 표시되어 있다.

수정전시산표			
...		...	
재고자산	1,500	매출	15,000
...		...	
매출원가	9,500		
...		...	

B사가 기말 시점에 재고자산과 관련하여 행하여야 할 회계처리를 보이시오. (단, 재고자산의 감모손실과 평가손실은 당기에 발생하지 않은 것으로 가정한다)

[물음 3]
실지재고조사법을 적용하는 C사는 기초 재고자산이 ₩1,000이고 재고자산의 당기 매입액(전액 외상매입)이 ₩10,000이며, 당기 매출액(전액 외상매출)이 ₩15,000이다. 결산일에 재고자산을 실사한 결과 기말 재고자산이 ₩1,500인 것을 확인하였다. 결산 시점의 수정전시산표에는 다음과 같은 금액들이 표시되어 있다.

수정전시산표			
...		...	
재고자산	1,000	매출	15,000
...		...	
매입	10,000		
...		...	

C사가 기말 시점에 재고자산과 관련하여 행하여야 할 회계처리를 보이시오. (단, 재고자산의 감모손실과 평가손실은 당기에 발생하지 않은 것으로 가정한다)

풀이

[물음 1]
(1) <계속기록법> 당기 판매수량: 800개, 기말 재고수량: 300개
    ⇒ 기초 재고 100 + 당기 매입 1,000 − ① 당기 판매 800 = ② 기말 재고 300(역산)
(2) <실지재고조사법> 당기 판매수량: 850개, 기말 재고수량: 250개
    ⇒ 기초 재고 100 + 당기 매입 1,000 − ① 기말 재고 250 = ② 당기 판매 850(역산)
(3) <혼합법> 당기 판매수량: 800개, 기말 재고수량: 250개
    ⇒ 기초 재고 100 + 당기 매입 1,000 − 당기 판매 800 = 기말 재고 250 + 감모손실 50

[물음 2]
B사는 기중에 아래와 같은 회계처리를 수행하였고 그 결과로 수정전시산표에는 판매가능재고자산(₩ 11,000)이 당기 판매된 재고자산에 해당하는 매출원가(₩ 9,500)와 당기 미판매된 재고자산(₩ 1,500)에 배분되어져 있다. 그러므로 결산 시점에 추가적인 회계처리를 수행할 필요는 없다.

매입	(차) 재고자산	10,000	(대) 매입채무	10,000
판매	(차) 매출채권	15,000	(대) 매출	15,000
	(차) 매출원가	실제 판매분 9,500	(대) 재고자산	9,500
결산				
매출원가		회계처리 없음		

* 장부상 기말 재고자산: 1,000 + 10,000 − 9,500 = 1,500

<계속기록법의 수정후시산표>

수정후시산표			
…		…	
재고자산	1,500	매출	15,000
…		…	
매출원가	9,500		
…			

[물음 3]
C사는 기중에 아래와 같은 회계처리를 수행하였고 그 결과로 수정전시산표에는 매출원가가 표시되어 있지 않으며, 재고자산도 기말 재고자산이 아니라 기초 재고자산으로 표시되어 있다. 그러므로 회사는 결산수정분개를 아래와 같이 수행하여야 한다.

매입	(차) 매입	10,000	(대) 매입채무	10,000
판매	(차) 매출채권	15,000	(대) 매출	15,000
결산				
매출원가	(차) 매출원가	대차차액 9,500	(대) 재고자산(기초)	1st 1,000
	재고자산(기말)	3rd 실제 존재하는 재고 1,500	매입	2nd 10,000

<실지재고조사법의 수정후시산표>

수정후시산표			
…		…	
재고자산	1,500	매출	15,000
…		…	
매출원가	9,500		
…			

3. 기말 재고자산에 포함될 항목(기말 재고자산 조정)

재무상태표에 표시할 기말 재고자산의 수량은 회사 소유의 재고수량을 파악함으로써 결정할 수 있다. 여기서 회사 소유의 재고수량은 창고실사재고로만 구성되어 있지 않다. 특정 재고수량을 재무상태표의 재고자산에 포함할 것인지는 재고자산에 대한 통제권을 기업이 소유하고 있는지에 따라 결정된다. 기업이 특정 재고자산에 대한 통제권(= 실질소유권)을 보유하고 있다면 해당 재고자산은 회사소유의 재고자산에 포함된다.

⊙ 재무상태표에 가산할 기말 재고자산 조정의 유형과 처리방법

구분(판단순서)	1st In 창고	→	2nd My 재고	→	창고실사재고자산 가산(차감) 여부
유형 1	○	→	○	→	조정사항 없음
유형 2	○	→	×	→	차감
유형 3	×	→	○	→	가산
유형 4	×	→	×	→	조정사항 없음

Additional Comment

기업의 창고에는 존재하지 않지만 통제권을 기업이 가지고 있을 때에는 창고실사재고에 해당 항목을 가산하여 기말 재고자산을 산정하고 기업의 창고에는 존재하지만 통제권을 기업이 가지고 있지 않다면 창고실사재고에서 해당 항목을 차감하여 기말 재고자산을 산정하여야 한다.

기업이 재고자산에 대한 통제권을 소유하고 있는지는 재화의 판매나 용역의 제공으로 인한 수익을 인식하였는지 여부에 따라 결정된다. 구체적인 내용은 뒤에서 후술할 'PART 12 고객과의 계약에서 생기는 수익'에서 다루게 된다.

(1) 미착상품

미착상품이란 상품을 주문하였으나 운송 중에 있어 아직 도착하지 않은 상품을 말한다. 이 경우 상품에 대한 통제권(= 법적 소유권)의 이전 여부는 선적지인도조건과 도착지인도기준과 같은 매매계약조건에 따라 결정된다.

⊙ 미착상품의 재고자산 조정 판단

구분(운송 중)		1st In 창고	→	2nd My 재고	→	창고실사재고자산 가산(차감) 여부
선적지인도조건	구매자	×	→	○	→	가산
	판매자	×	→	×	→	조정사항 없음
도착지인도조건	구매자	×	→	×	→	조정사항 없음
	판매자	×	→	○	→	가산

Additional Comment

선적지인도조건으로 재고자산을 판매한 경우 판매자가 선적하는 시점에 재고자산의 통제권이 매입자에게 이전된다. 따라서 판매자는 선적 시점에 매출을 인식하며, 매입자도 선적 시점에 매입을 인식한다. 그러나 도착지인도조건으로 재고자산을 판매하는 경우 재고자산이 목적지에 도착하여야 재고자산의 통제권이 매입자에게 이전된다. 따라서 목적지에 도착하기 전까지 판매자는 매출을 인식하지 않으며, 매입자도 매입을 인식하지 않는다.

사례연습 3. 미착상품

다음은 12월 말 결산법인인 A사의 20×1년도 재고자산의 매입과 관련된 자료이다. 다음 자료를 바탕으로 물음에 답하시오.

> (1) 선적지인도조건으로 매입 중인 상품 ₩3,000이 12월 31일 현재 운송 중이다. 12월 31일까지 선적서류가 도착하여 매입에 관한 회계처리를 하였다.
> (2) 도착지인도조건으로 매입 중인 상품 ₩2,000이 12월 31일 현재 운송 중이다. 12월 26일 선적서류가 도착하여 매입에 관한 회계처리를 하였다.

12월 31일 현재 A사의 창고에 있는 모든 재고자산을 실사한 결과 재고자산이 ₩12,000이라면 12월 31일 현재 올바른 재고자산은 얼마인가? (단, 회사는 실지재고조사법을 적용하고 있다)

풀이

(1) 재고자산 조정의 판단

구분(운송 중)	1st In 창고	→	2nd My 재고	→	창고실사재고자산 가산(차감) 여부
(1)	×	→	○	→	가산
(2)	×	→	×	→	조정사항 없음

(2) 12월 31일 현재 올바른 재고자산

12월 31일 현재 창고실사재고자산	12,000
(1)	(+) 3,000
(2)	-
합계	15,000

(2) 시용판매

시용판매는 재고자산을 고객에게 인도하고 일정 기간 사용한 후 구매 여부를 결정하는 조건부 판매로, 시용판매한 상품을 시송품이라고 한다. 매입자가 매입의사를 표시한 시점에 수익을 인식하고 매입의사 표시가 없으면 시송품이 창고실사재고자산에 포함되어 있지 않았더라도 기말 재고자산에 포함시켜야 한다.

ⓞ 시용판매의 재고자산 조정 판단

구분	1st In 창고	→	2nd My 재고	→	창고실사재고자산 가산(차감) 여부
시송품(매입의사 표시 ×)	×	→	○	→	가산
시송품(매입의사 표시 ○)	×	→	×	→	조정사항 없음

(3) 할부판매

할부판매란 상품 등을 고객에게 인도하고 대금은 미래에 분할하여 회수하기로 한 판매를 말한다. 한국채택국제회계기준에서는 할부판매의 경우 계약에 유의적인 금융요소가 포함되어 있으므로 자산에 대한 통제권이 이전되는 시점에 현재가치로 평가한 금액을 수익으로 인식하고, 유의적인 금융요소는 신용 기간 동안 이자수익으로 인식하도록 규정하고 있다. 그러므로 할부판매된 재고자산은 수익의 인식 시점 이후에는 판매자의 재고자산에서 제외하여야 한다.

○ **할부판매의 재고자산 조정 판단**

구분	1st In 창고	→	2nd My 재고	→	창고실사재고자산 가산(차감) 여부
할부판매 - 판매자	×	→	×	→	조정사항 없음

(4) 위탁판매

위탁판매는 제품의 판매를 다른 기업에게 위탁하고 그 다른 기업이 재고자산을 판매하게 되면 그 대가로 수수료를 지급하는 형태의 판매이다. 이때 재고자산의 판매를 위탁한 기업을 위탁자, 재고자산의 판매를 위탁받은 기업을 수탁자라고 한다. 이때 위탁자가 수탁자에게 판매를 위탁하기 위해 보낸 재고자산을 적송품이라고 한다.

위탁판매가 되려면 최종 고객에게 판매하기 위해 기업이 재고자산을 중개인이나 유통업자 등 다른 당사자에게 인도하는 경우에는 그 다른 당사자(= 수탁자)가 그 시점에 재고자산을 통제하게 되었는지 여부를 먼저 평가하여야 한다.

> ① 다른 당사자(= 수탁자)가 재고자산을 통제하는 경우: 재고자산의 통제가 다른 당사자에게 이전되었으므로 수익으로 인식
> ② 다른 당사자(= 수탁자)가 재고자산을 통제하지 못하는 경우: 재고자산의 통제가 다른 당사자(= 수탁자)에게 이전되지 않았으므로 다른 당사자(= 수탁자)가 제3자에게 재고자산에 대한 통제를 이전할 때 수익으로 인식(위탁판매)

○ **위탁판매의 재고자산 조정 판단**

구분		1st In 창고	→	2nd My 재고	→	창고실사재고자산 가산(차감) 여부
위탁판매 미판매분	위탁자	×	→	○	→	가산
	수탁자	○	→	×	→	차감
위탁판매 판매분	위탁자	×	→	×	→	조정사항 없음
	수탁자	×	→	×	→	조정사항 없음

(5) 저당상품

저당상품이란 자금을 차입하기 위해 채무의 담보로 잡힌 재고자산이다. 차입자인 회사가 원금과 이자를 상환하지 못할 경우 금융기관이 임의로 처분하여 채권을 회수하게 되지만, 저당권이 실행되기 전까지는 담보제공자인 회사에게 소유권이 있다. 그러므로 저당권이 행사되기 전까지의 저당상품은 창고실사재고자산에 포함되어 있지 않다면 가산하여 기말 재고자산으로 표시하여야 한다.

○ **저당상품의 재고자산 조정 판단**

구분	1st In 창고	→	2nd My 재고	→	창고실사재고자산 가산(차감) 여부
저당상품 - 창고에 보관 ○	○	→	○	→	조정사항 없음
저당상품 - 창고에 보관 ×	×	→	○	→	가산

⭐ 사례연습 4. 기말 재고자산의 조정

㈜세무의 20×1년 재고자산 관련 현황이 다음과 같을 때, 20×1년 말 재무상태표의 재고자산은?

> (1) 20×1년 말 재고실사를 한 결과 ㈜세무의 창고에 보관 중인 재고자산의 원가는 ₩100,000이다.
> (2) 20×1년도 중 고객에게 원가 ₩80,000 상당의 시송품을 인도하였으나, 기말 현재까지 매입의사를 표시하지 않았다.
> (3) 20×1년도 중 운영자금 차입목적으로 은행에 원가 ₩80,000의 재고자산을 담보로 인도하였으며, 해당 재고자산은 재고실사 목록에 포함되지 않았다.
> (4) ㈜한국과 위탁판매계약을 체결하고 20×1년도 중 원가 ₩100,000 상당의 재고자산을 ㈜한국으로 운송하였으며, 이 중 기말 현재 미판매되어 ㈜한국이 보유하고 있는 재고자산의 원가는 ₩40,000이다.
> (5) ㈜대한으로부터 원가 ₩65,000의 재고자산을 도착지인도조건으로 매입하였으나 20×1년 말 현재 운송 중이다.

풀이

(1) 재고자산 조정 판단

구분	1st In 창고	→	2nd My 재고	→	창고실사재고자산 가산(차감) 여부
시송품(매입의사 ×)	×	→	○	→	+ 80,000
담보제공(창고실사재고 포함 ×)	×	→	○	→	+ 80,000
위탁자 – 미판매분	×	→	○	→	+ 40,000
도착지인도조건(미도착)	×	→	×	→	–
합계					200,000

(2) 기말 재고자산
창고보관 재고 100,000 + 재고자산 조정 200,000 = 300,000

기출문제

1. 다음은 ㈜한국의 20×1년 1월 1일부터 12월 31일까지 재고자산 관련 자료이다. 20×1년 ㈜한국의 매출원가는? *2020년 국가직 7급*

> 1. 기초 재고자산 ₩200,000
> 2. 당기 매입액 ₩1,000,000
> 3. 기말 재고자산 ₩100,000(창고보관분 실사금액)
> 4. 미착상품 ₩60,000(도착지인도조건으로 매입하여 12월 31일 현재 운송 중)
> 5. 적송품 ₩200,000(이 중 12월 31일 현재 80% 판매 완료)
> 6. 시송품 ₩60,000(이 중 12월 31일 현재 고객이 매입의사 표시를 한 금액 ₩20,000)

① ₩780,000 ② ₩820,000
③ ₩920,000 ④ ₩1,020,000

해설

재고자산 조정	1st In 창고	→	2nd My 재고	→	창고실사재고자산 가산(차감) 여부
구매(도착지)	×	→	×	→	×
위탁판매(○)	×	→	×	→	×
위탁판매(×)	×	→	○	→	+
시용판매(○)	×	→	×	→	×
시용판매(×)	×	→	○	→	+

(1) 기말 재고: 180,000
 = 창고 100,000 + 적송품 [200,000 × (1 − 0.8)] + 시송품 (60,000 − 20,000)
(2) 매출원가: 1,020,000
 = 기초 200,000 + 매입 1,000,000 − 기말 180,000

[T계정 풀이]

재고자산

| 기초 | 200,000 | 매출원가 | 1,020,000 |
| 매입 | 1,000,000 | 기말 | 180,000 |

매출원가: 1,020,000 = 판매가능재고자산 1,200,000 − 기말 재고자산 180,000

답 ④

CHAPTER 3 재고자산의 단위원가 결정방법

1 재고자산의 원가배분에 수량과 단가의 고려

재고자산의 판매가능재고자산을 결산일 현재 판매된 매출원가와 판매되지 않고 기업이 보유하는 기말 재고자산의 원가로 배분하는 것을 원가의 배분이라고 한다. 재고자산의 원가배분을 하기 위해서는 판매된 부분과 판매되지 않고 보유하는 부분의 수량(Q)과 단가(P)를 결정하여야 한다.

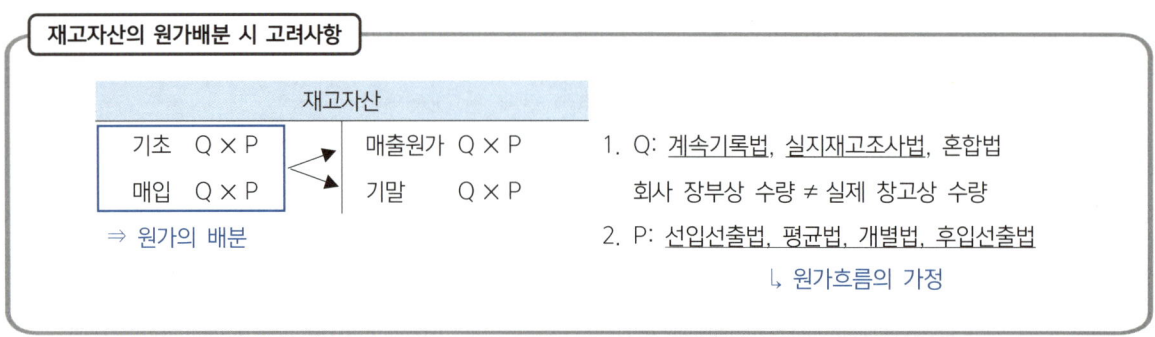

2 단위원가 결정(= 원가흐름의 가정)

당기 중에 재고자산을 여러 차례 매입할 경우 매입 시점마다 재고자산의 단위당 취득원가가 동일하다면 판매된 재고자산의 취득원가(= 매출원가)는 쉽게 파악할 수 있다. 그러나 재고자산의 단위당 취득원가가 매입 시점마다 상이하다면 얼마에 취득했던 재고자산이 판매되었는지 파악하는 것은 쉽지 않다. 따라서 재고자산의 실물흐름과 관계없이 원가흐름에 대한 가정을 선택하여야 한다.

```
┌─ 원가흐름에 대한 가정의 필요성 ─────────────────────────────┐
│                         재고자산                              │
│   기초          1개 @100 │ 매출원가      2개 판매  ← 매출원가에 적용: @? │
│   매입(4/1)     1개 @120 │                                    │
│   매입(6/1)     1개 @160 │ 기말          1개 보유  ← 기말 재고에 적용: @? │
└──────────────────────────────────────────────────────────────┘
```

Additional Comment

위의 예에서 판매되는 재고자산의 당초 취득원가를 식별하는 것이 어려운 경우 기업이 자의적으로 매출원가를 결정할 여지가 있다. 만약 기업이 당기순이익을 증가시키고자 한다면 매출원가를 적게 인식하기 위하여 ₩100과 ₩120에 취득한 재고자산이 판매되었다고 주장할 수 있다. 또한 당기순이익을 감소시키고자 한다면 매출원가를 많이 인식하기 위하여 ₩120과 ₩160에 취득한 재고자산이 판매되었다고 주장할 것이다.

3 단위원가 결정방법

재고자산을 매입하는 시점이 여러 번인 경우 판매된 매출원가와 판매되지 않은 기말 재고자산에 단가를 어떻게 적용하느냐에 따라 기말 재고자산, 매출원가, 당기순이익, 법인세 지급액에 영향을 미치게 된다. 이 경우 각 원가흐름의 가정(개별법, 선입선출법, 후입선출법, 평균법)의 단위원가 결정방법과 각각의 장단점은 아래와 같다.

Self Study

1. 원가흐름의 가정에 따라 다양한 단위원가 결정방법을 사용하여도 수량을 결정하는 계속기록법과 실지재고조사법이 결합되어 사용된다.
2. 성격과 용도 면에서 유사한 재고자산에는 동일한 단위원가 결정방법을 적용하여야 하며, 성격이나 용도에 차이가 있는 재고자산에는 서로 다른 단위원가 결정방법을 적용할 수 있다.
3. 재고자산의 지역별 위치나 과세방식이 다르다는 이유만으로 동일한 재고자산에 다른 단가 결정방법을 적용할 수 없다.

1. 개별법

개별법은 식별되는 재고자산별로 특정한 원가를 부과하는 방법이다.

● 개별법의 장점과 단점

구분	장점	단점
개별법	① 실제 물량흐름과 원가흐름의 가정이 일치하므로 이론상 가장 이상적인 방법 ② 실제원가와 실제수익이 대응되어 수익·비용 대응이 이상적임	① 재고자산의 종류와 수량이 많고 거래가 빈번한 경우에는 실무적용이 어려움 ② 동일한 상품의 구입단가가 다른 경우 의도적인 이익조작이 가능함

> **Self Study**
> 1. 통상적으로 상호 교환될 수 없는 재고자산 항목의 원가와 특정 프로젝트별로 생산되고 분리되는 재화 또는 용역의 원가는 개별법을 사용하여 결정한다. 개별법이 적용되지 않는 재고자산의 단위원가는 선입선출법이나 가중평균법을 사용하여 결정한다.
> 2. 통상적으로 상호 교환이 가능한 대량의 재고자산 항목에 개별법을 적용하는 것은 적절하지 않다. 이 경우 기말 재고로 남아 있는 항목을 선택하는 방식을 사용하여 손익을 자의적으로 조정할 수 있기 때문이다.

2. 선입선출법

선입선출법은 먼저 매입 또는 생산한 재고자산이 먼저 판매되고 결과적으로 기말에 재고로 남아 있는 항목은 가장 최근에 매입 또는 생산된 항목이라고 가정한다. 선입선출법은 실물흐름과 원가흐름이 대체로 일치하는 방법으로서 부패하기 쉽거나 진부화 속도가 빠른 재고자산에 적용하는 것이 적절하다.

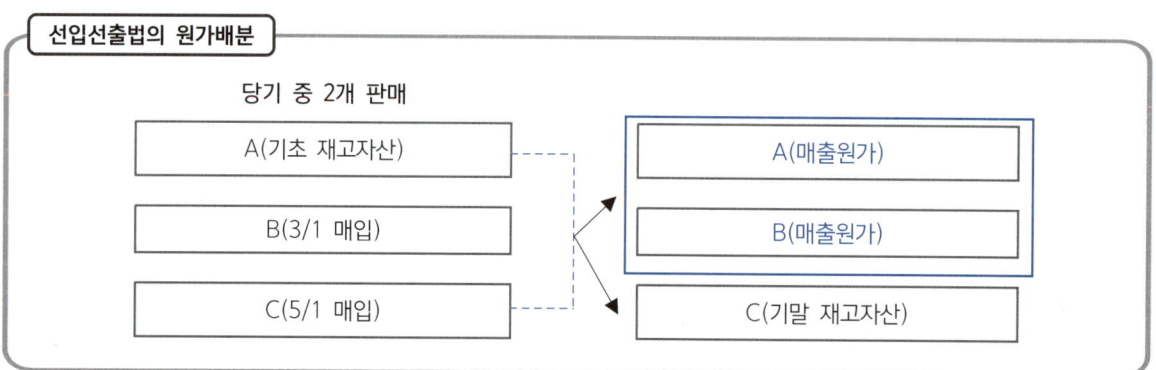

● 선입선출법의 장점과 단점

구분	장점	단점
선입선출법	① 일반적인 물량흐름과 원가흐름의 가정이 일치함 ② 기말 재고는 최근에 구입한 상품의 원가가 되므로 재무상태표상 재고자산금액은 현행원가에 가까움	① 물가상승 시 현재의 수익에 과거의 원가가 대응되므로 높은 이익을 계상하게 되어 실물자본유지를 어렵게 함 ② 현행수익에 과거원가를 대응시키므로 대응원칙에 충실하지 못함

3. 후입선출법

후입선출법은 가장 최근에 매입 또는 생산한 재고자산 항목이 가장 먼저 판매된다고 원가흐름을 가정하는 방법이다. 그러나 후입선출법을 적용하면 재무상태표의 재고자산은 최근의 원가수준과 거의 관련 없는 금액으로 표시될 뿐만 아니라 재고자산이 과거의 낮은 취득원가로 계상되어 있을 때 의도적으로 당해 재고자산이 매출원가로 대체되도록 함으로써 이익조정의 수단으로 이용될 수 있다. 이러한 이유 때문에 한국채택국제회계기준은 후입선출법을 허용하지 않는다.

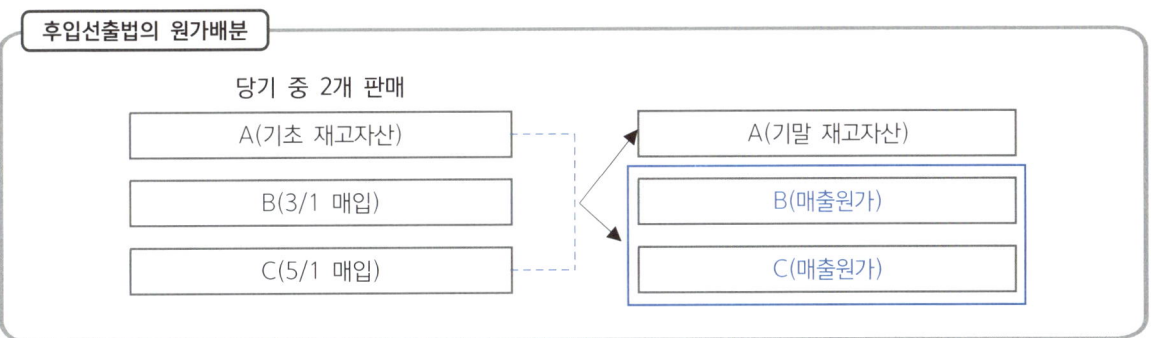

Additional Comment

재고자산을 후입선출법으로 평가하는 경우 기업이 기말 재고자산으로 보유하고 있는 재고자산이 과거에 구입한 재고자산이 되는 것은 아니다. 기업이 기말에 보유하고 있는 재고자산은 모두 최신 재고자산들이다. 다만, 후입선출법에서는 최신 상품들에 적용하는 단가를 과거의 가격으로 한다는 것일 뿐이다.

● 후입선출법의 장점과 단점 - 물가의 지속적 상승 & '기말 재고수량 > 기초 재고수량'인 경우

구분	장점	단점
후입선출법 (한국채택국제회계기준 인정 ×)	① 다른 방법에 비하여 현재의 수익에 현재의 원가가 대응되므로 수익·비용대응이 적절히 이루어짐 ② 물가상승 시 기말 재고수량이 기초 재고수량과 같거나 증가하는 한 다른 방법보다 이익을 적게 계상하므로 법인세의 이연효과가 있음	① 재고자산금액은 오래 전에 구입한 원가로 구성되어 있기 때문에 공정가치를 표시하지 못함 ② 일반적인 물량흐름과 원가흐름의 가정이 일치하지 않음 ③ 물가상승 시 재고자산의 수량이 감소하면 오래된 재고가 매출원가로 계상되어 이익을 과대계상하게 되므로 과다한 법인세 및 배당을 부담하는 현상이 발생할 수 있음(LIFO청산)

Self Study

1. 후입선출청산(LIFO청산)은 물가상승 시 특정 회계기간의 판매량이 급증하여 기말 재고수량이 감소하면 오래된 재고의 원가가 매출원가를 구성하여 이익을 과대계상하게 되는 것을 말한다. 이로 인하여 그동안 적게 계상한 이익을 한꺼번에 모두 인식하여 과다한 법인세를 납부하게 된다.
2. 물가상승 시 후입선출청산을 회피하기 위해 불필요한 재고를 매입하거나, 이익을 증가시키기 위해 기말 재고를 고갈시킴으로써 후입선출청산을 유도할 수 있어 불건전한 구매관습을 통해 당기순이익을 조작할 수 있다.

4. 가중평균법

가중평균법은 기초 재고자산과 회계기간 중에 매입 또는 생산된 재고자산의 원가를 가중평균하여 단위원가를 결정하는 방법이다.

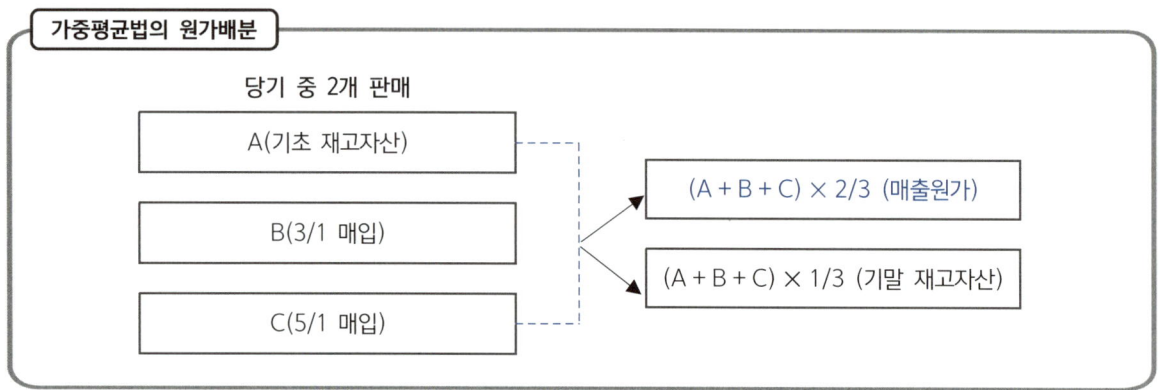

가중평균법을 적용할 경우, 기업이 실지재고조사법에 따라 장부기록을 한다면 월별 또는 분기별, 연말에 총평균법을 적용하겠지만, 계속기록법에 따라 장부기록을 한다면 판매할 때마다 재고자산의 단위당 취득원가를 파악하여 매출원가로 인식해야 하므로 이동평균법을 적용해야 할 것이다.

◉ 가중평균법의 장점과 단점

구분	장점	단점
가중평균법	① 실무적으로 적용하기 편리하며 객관적이어서 이익 조작의 가능성이 작음 ② 실제 물량흐름을 개별 항목별로 파악하는 것은 현실적으로 불가능하므로 평균원가의 사용이 보다 적절할 수 있음	① 수익과 비용의 적절한 대응이 어려움 ② 기초 재고자산의 원가가 평균단가에 합산되어 기말 재고자산의 금액에 영향을 미칠 수 있음

사례연습 5. 단위원가 결정방법

다음은 A사의 20×1년 재고자산 관련 자료이다.

일자	거래	수량	단가
기초	기초 재고	10개	₩100
2월	매입	10개	₩120
5월	매출	(10개)	?
8월	매입	10개	₩140
기말	기말 재고	20개	

다음의 각 방법에 따라 A사가 20×1년에 포괄손익계산서에 인식할 매출원가와 20×1년 말에 재무상태표에 인식할 재고자산을 구하라.

(1) 계속기록법 - 개별법(단, 2월 매입분이 판매된 것으로 가정한다)
(2) 실지재고조사법 - 개별법(단, 2월 매입분이 판매된 것으로 가정한다)
(3) 계속기록법 - 선입선출법
(4) 실지재고조사법 - 선입선출법
(5) 계속기록법 - 평균법
(6) 실지재고조사법 - 평균법
(7) 계속기록법 - 후입선출법
(8) 실지재고조사법 - 후입선출법

풀이

구분	매출원가	기말재고
개별법(2월분 판매)		
- 계속기록법	1,200 = @120 × 10개	2,400 = 3,600[1] - 1,200
- 실지재고조사법	1,200 = 3,600 - 2,400	2,400 = @120 × 20개
선입선출법		
- 계속기록법	1,000 = @100 × 10개	2,600 = 3,600 - 1,000
- 실지재고조사법	1,000 = 3,600 - 2,600	2,600 = @120 × 10개 + @140 × 10개
평균법		
- 계속기록법(이동평균법)	1,100 = @110[2] × 10개	2,500 = 3,600 - 1,100
- 실지재고조사법(총평균법)	1,200 = 3,600 - 2,400	2,400 = @120[3] × 20개
후입선출법		
- 계속기록법	1,200 = @120 × 10개	2,400 = 3,600 - 1,200
- 실지재고조사법	1,400 = 3,600 - 2,200	2,200 = @100 × 10개 + @120 × 10개

[1] [(@100 × 10개) + (@120 × 10개) + (@140 × 10개)] = 3,600
[2] [(@100 × 10개) + (@120 × 10개)] ÷ 20개 = @110
[3] [(@100 × 10개) + (@120 × 10개) + (@140 × 10개)] ÷ 30개 = @120

Self Study

개별법과 선입선출법은 계속기록법과 실지재고조사법 사용 시 결과가 일치하지만 후입선출법과 평균법은 계속기록법과 실지재고조사법 사용 시 결과가 일치하지 않는다.

기출문제

2. ㈜한국은 재고자산에 대해 가중평균법을 적용하고 있으며, 2016년 상품 거래내역은 다음과 같다. 상품거래와 관련하여 실지재고조사법과 계속기록법을 각각 적용할 경우, 2016년도 매출원가는? (단, 상품과 관련된 감모손실과 평가손실은 발생하지 않았다) 　　　　　　　　　　　　　　　　　　　2016년 국가직 7급

일자	적요	수량	단가	금액
1월 1일	기초 재고	100개	₩8	₩800
3월 4일	매입	300개	₩9	₩2,700
6월 20일	매출	(200개)		
9월 25일	매입	100개	₩10	₩1,000
12월 31일	기말 재고	300개		

	실지재고조사법	계속기록법
①	₩1,800	₩1,700
②	₩1,750	₩1,700
③	₩1,700	₩1,750
④	₩1,800	₩1,750

[해설]
(1) 총평균법(= 실지재고조사법 & 가중평균법)
　1) 평균단가 계산: @9 = (800 + 2,700 + 1,000) ÷ (400 + 100)개
　2) 매출원가: 1,800 = 판매수량 200개 × 단가 @9
(2) 이동평균법(= 계속기록법 & 가중평균법)
　1) 평균단가 계산: @8.75 = (800 + 2,700) ÷ 400개
　2) 매출원가: 1,750 = 판매수량 200개 × 단가 @8.75

답 ④

5. 원가흐름의 가정별 비교

위의 [기출문제 2]를 보듯이 물가가 지속적으로 상승하고 기말 재고수량이 기초 재고수량보다 많은 경우 재고자산 원가흐름의 가정별로 당기순이익의 크기는 일정한 관계를 갖게 된다. 그 관계를 정리하면 아래와 같다.

🔹 원가흐름의 가정별 재무제표 효과 분석 – 물가의 지속적 상승 및 재고수량 증가 가정

기말 재고자산의 크기		선입선출법 > 이동평균법 > 총평균법 > 후입선출법
매출원가		선입선출법 < 이동평균법 < 총평균법 < 후입선출법
당기순이익		선입선출법 > 이동평균법 > 총평균법 > 후입선출법
법인세비용(과세소득이 있는 경우)		선입선출법 > 이동평균법 > 총평균법 > 후입선출법
현금흐름	법인세 효과 ×	선입선출법 = 이동평균법 = 총평균법 = 후입선출법
	법인세 효과 ○	선입선출법 < 이동평균법 < 총평균법 < 후입선출법

[참고] 물가가 지속적으로 하락할 때에는 위의 부호는 반대가 됨

선입선출법의 경우에는 최근에 높은 가격으로 매입한 재고자산부터 기말 재고자산의 장부금액을 구성하는 것으로 가정하는 반면, 가중평균법에서는 기초 재고자산과 당기 매입 재고자산의 평균단위원가를 기말 재고자산 장부금액으로 결정하기 때문에 선입선출법의 기말 재고자산의 장부금액이 가중평균법의 기말 재고자산의 장부금액보다 더 많다. 그 결과 매출원가는 선입선출법이 가중평균법보다 더 적으며, 법인세부담액과 당기순이익은 선입선출법이 가중평균법보다 더 많다. 후입선출법은 이 반대의 경우를 적용하여 판단하면 된다.

Self Study

1. 법인세가 있는 경우 법인세는 당기순이익에 비례하므로 당기순이익의 크기를 비교한 순서와 동일하며, 법인세가 클수록 기업의 현금흐름이 나빠지므로 현금흐름의 크기는 당기순이익의 크기 순서의 반대가 된다.
2. 법인세가 없다고 가정하면 현금흐름의 크기는 재고자산 원가흐름의 가정에 관계없이 동일한 금액이다. 각 방법별로 판매가능재고자산을 매출원가와 기말 재고로 배분하는 가정의 차이만 있을 뿐이지 실제 현금흐름(매출, 매입)과 원가배분과는 무관하다. 그러므로 법인세를 고려하지 않으면 현금흐름은 모두 동일하다.

I/S		재고자산	
매출원가	매출	판매가능재고자산 기초	매출원가
		매입	기말

기출문제

3. ㈜한국의 7월 상품 매매거래는 다음과 같다. 7월의 매출원가와 7월 말의 상품재고에 관한 설명으로 옳은 것은? (단, 장부상 기말 재고는 실지재고수량과 일치한다) *2010년 국가직 7급*

7월	1일	월초 재고	10개 (단위당 ₩20)
7월	5일	매입	40개 (단위당 ₩21)
7월	15일	매출	30개
7월	20일	매입	50개 (단위당 ₩22)
7월	30일	매출	40개

① 7월 15일자 매출에 대한 선입선출법의 매출원가는 이동평균법의 매출원가보다 ₩4이 많다.
② 7월 30일자 매출에 대한 선입선출법의 매출원가는 이동평균법이나 후입선출법의 매출원가보다 많다.
③ 선입선출법의 7월 말 재고액이 총평균법의 7월 말 재고액보다 ₩18이 많다.
④ 선입선출법의 7월 말 재고액은 이동평균법이나 후입선출법의 7월 말 재고액보다 적다.

해설

단위당 원가가 20 → 21 → 22이므로 인플레이션하의 상황이라는 것을 알 수 있다.

▶ 오답체크
① 7월 15일자 매출에 대한 선입선출법의 매출원가는 이동평균법의 매출원가보다 작아야 한다.
② 7월 30일자 매출에 대한 선입선출법의 매출원가는 이동평균법이나 후입선출법의 매출원가보다 작아야 한다.
④ 선입선출법의 7월 말 재고액은 이동평균법이나 후입선출법의 7월 말 재고액보다 많아야 한다.
  (1) 선입선출법하의 7월 말 재고자산: 7월 20일 매입분 재고만 남아 있으므로 재고자산은 30개
    = (10 + 40 + 50 - 30 - 40) × @22 = 660
  (2) 총평균법하의 7월 말 재고자산: 30개 × @21.4[1] = 642
    [1] (10개 × @20) + (40개 × @21) + (50개 × @22) ÷ 100개 = @21.4
  (3) 선입선출법하의 7월 말 재고자산이 총평균법보다 ₩18(= 660 - 642) 많다.

답 ③

CHAPTER 4 재고자산의 감모손실과 평가손실

1 재고자산의 감모손실

1. 재고자산의 감모손실의 정의와 인식

재고자산의 창고실사수량이 장부수량보다 적은 경우 차액을 재고자산 감모손실이라고 한다. 재고자산감모손실은 아래의 그림과 같이 구할 수 있다.

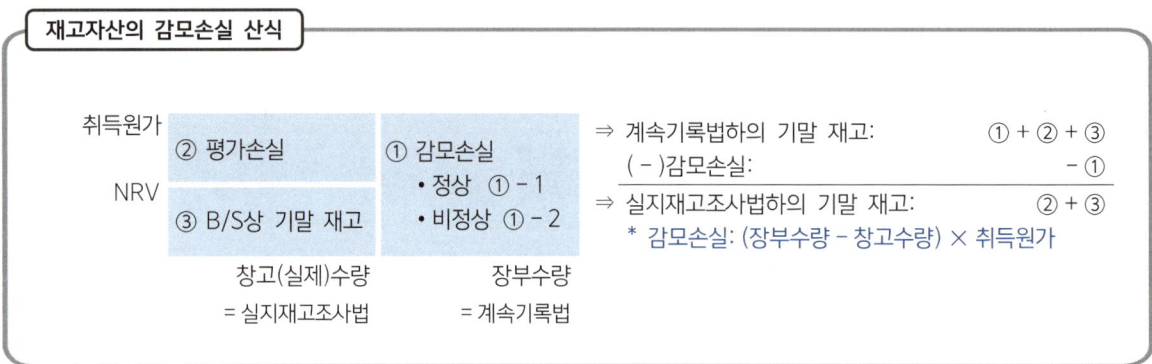

재고자산의 감모손실은 정상적인 경우(정상감모손실)와 비정상적(비정상감모손실)인 경우로 나눌 수 있다.

구분	정의	산식
정상적인 경우 = 정상감모손실	재고자산의 특성으로 인해 정상적인 영업활동에서 감소하는 것	(장부수량 – 창고수량) × 취득원가 × 정상감모비율
비정상적인 경우 = 비정상감모손실	영업활동과 관련 없이 특별한 사유로 인해 감소하는 것	(장부수량 – 창고수량) × 취득원가 × 비정상감모비율

2. 재고자산의 감모손실 회계처리

재고자산감모손실은 재고자산이 수익에 공헌하지 못하고 소멸된 부분이므로 장부상 재고자산금액을 감소시키고 동 금액을 비용으로 인식하여야 한다. 한국채택국제회계기준에서는 모든 감모손실은 감모가 발생한 기간에 비용으로 인식하도록 규정하고 있다.

┌─ 재고자산의 감모손실 회계처리 - 정상감모는 매출원가에 포함 가정 ─┐

[계속기록법하의 감모손실]

(차) 매출원가	정상감모	(대) 재고자산	감모손실
기타 비용(영업외비용)	비정상감모		

[실지재고조사법하의 감모손실]

| (차) 기타 비용(영업외비용) | 비정상감모 | (대) 매출원가 | 비정상감모 |

Additional Comment
재고자산의 감모손실은 실제로 판매할 수 있는 재고자산이 존재하지 않으므로 충당금을 설정하는 방법을 사용할 수 없다.

2 재고자산의 평가손실과 저가법 적용

1. 재고자산의 평가

재고자산의 회계처리는 취득원가에 기초하여 매출원가와 기말 재고자산을 결정하는 과정을 중시하고 있다. 그러나 재고자산의 취득원가보다 순실현가능가치(Net Realizable Value)가 낮음에도 불구하고 재무상태표에 재고자산을 취득원가로 보고한다면 재고자산금액이 과대표시되는 문제가 발생한다. 그러므로 재고자산은 취득원가와 순실현가능가치 중 낮은 금액으로 측정하여야 하는데 이를 저가법이라고 한다.

> **Additional Comment**
> 재고자산의 순실현가능가치가 취득원가보다 낮은 경우에도 재고자산을 취득원가로 보고하면, 미래 현금 유입액에 대한 정보이용자의 예측을 오도할 수 있다. 그러므로 재고자산의 장부금액은 순실현가능가치와 취득원가 중 낮은 금액으로 표시되어야 한다. 이는 저가법이 재고자산의 장부금액이 판매(제품, 상품)나 사용(원재료)으로부터 실현될 것으로 기대되는 금액을 초과해서는 안 된다는 견해와 일치한다.

2. 재고자산의 재무상태표 표시

재고자산의 순실현가능가치가 장부금액 이하로 하락하여 발생한 평가손실은 발생한 기간에 비용으로 인식한다. 비용으로 인식한 평가손실은 재고자산평가충당금의 과목으로 하여 재고자산의 차감계정으로 표시한다.

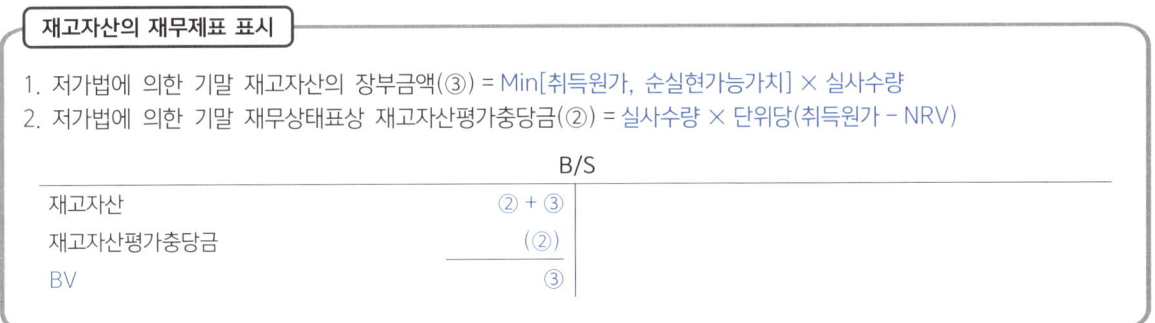

> **Additional Comment**
> 한국채택국제회계기준에서는 재고자산의 평가손실의 분류표시에 대해서 언급하고 있지 않으므로 기업의 판단에 따라 재고자산평가손실을 매출원가 또는 기타의 비용으로 분류할 수 있을 것이다. 또한 재고자산평가충당금 계정의 사용에 대해서도 기준서 제1002호에는 명시적으로 언급하고 있지 않으나 기준서 제1001호에서 재고자산평가충당금의 표시를 언급하고 있기 때문에 재고자산평가충당금으로 회계처리한다. 또한 재고자산평가손실을 인식하면서 직접 재고자산을 감소시키면 재고자산의 감소가 저가법을 적용한 결과인지, 판매한 결과인지 구분하기가 어렵기 때문에 재고자산평가충당금을 사용하는 회계처리가 더 적절하다고 사료된다.

3. 재고자산의 저가법 회계처리

재고자산을 순실현가능가치로 측정한 이후에는 매 보고기간에 순실현가능가치를 재평가한다. 재고자산의 감액을 초래했던 사유가 해소되거나 경제상황의 변동으로 순실현가능가치가 상승한 명백한 증거가 있는 경우에는 최초의 장부금액을 초과하지 않는 범위 내에서 평가손실을 환입한다. 순실현가능가치의 상승으로 인한 재고자산평가손실의 환입은 환입이 발생한 기간의 비용으로 인식된 재고자산금액의 차감액으로 인식한다.

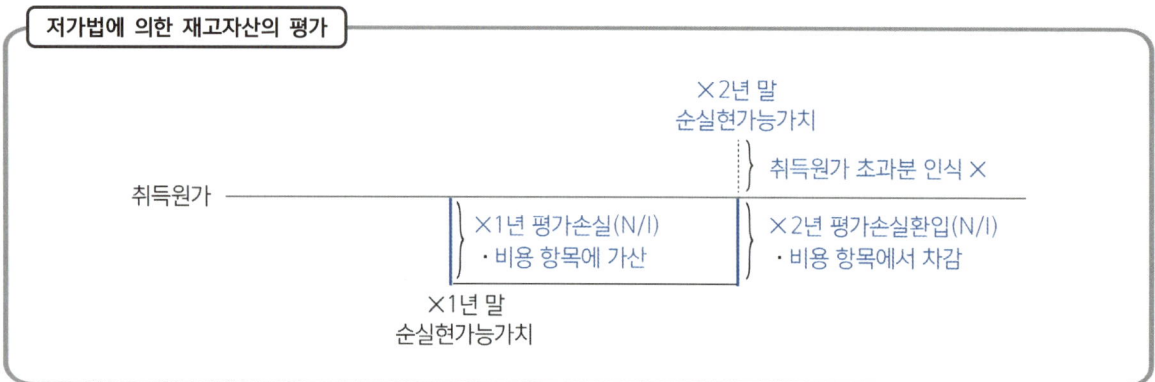

● 재고자산의 저가법 회계처리

[기말 재고자산평가충당금 > 기초 재고자산평가충당금]
(차) 재고자산평가손실(비용)　　　　　××　　(대) 재고자산평가충당금　　　　　××

[기말 재고자산평가충당금 < 기초 재고자산평가충당금]
(차) 재고자산평가충당금　　　　　××　　(대) 재고자산평가손실환입(비용의 차감)　　××

Additional Comment

만약 재고자산의 취득원가를 초과하여 재고자산평가손실환입을 인식하면 이는 재고자산에 대해서 공정가치법을 적용하는 결과가 된다. 재고자산은 통상적인 영업 과정에서 판매나 생산을 위해서 보유하는 자산이지 공정가치의 변동에 따른 시세차익을 얻고자 보유하는 자산이 아니다. 그러므로 재고자산의 공정가치 증가에 따른 보유이익을 재고자산을 판매하기 전에 인식하는 것보다 재고자산을 판매한 회계기간의 매출총이익에 포함하여 보고하는 것이 정보이용자에게 더 유용한 정보를 제공할 것이다. 이러한 이유로 재고자산 최초의 장부금액을 초과하지 않는 범위 내에서 재고자산평가손실환입을 인식하는 것이다.

사례연습 6. 재고자산의 저가법 회계처리

A사가 20×1년 말 현재 보유 중인 재고자산의 취득원가는 ₩100이다. 아래의 각 물음별 상황에 따라 A사가 20×1년과 20×2년에 재고자산의 평가와 관련하여 수행할 회계처리를 보이시오. (단, 20×2년에 A사는 재고자산을 추가 구매하거나 판매하지 않았다)

[물음 1]
20×1년 말 현재 보유 중인 재고자산의 순실현가능가치는 ₩70이고 20×2년 말 현재 보유 중인 재고자산의 순실현가능가치는 ₩50이다.

[물음 2]
20×1년 말 현재 보유 중인 재고자산의 순실현가능가치는 ₩70이고 20×2년 말 현재 보유 중인 재고자산의 순실현가능가치는 ₩90이다.

[물음 3]
20×1년 말 현재 보유 중인 재고자산의 순실현가능가치는 ₩70이고 20×2년 말 현재 보유 중인 재고자산의 순실현가능가치는 ₩120이다.

풀이

[물음 1]

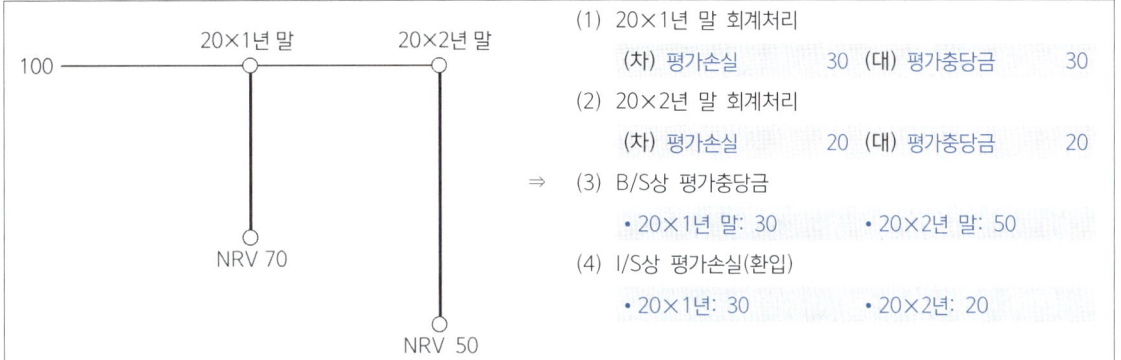

(1) 20×1년 말 회계처리
    (차) 평가손실   30   (대) 평가충당금   30
(2) 20×2년 말 회계처리
    (차) 평가손실   20   (대) 평가충당금   20
(3) B/S상 평가충당금
    • 20×1년 말: 30   • 20×2년 말: 50
(4) I/S상 평가손실(환입)
    • 20×1년: 30   • 20×2년: 20

[물음 2]

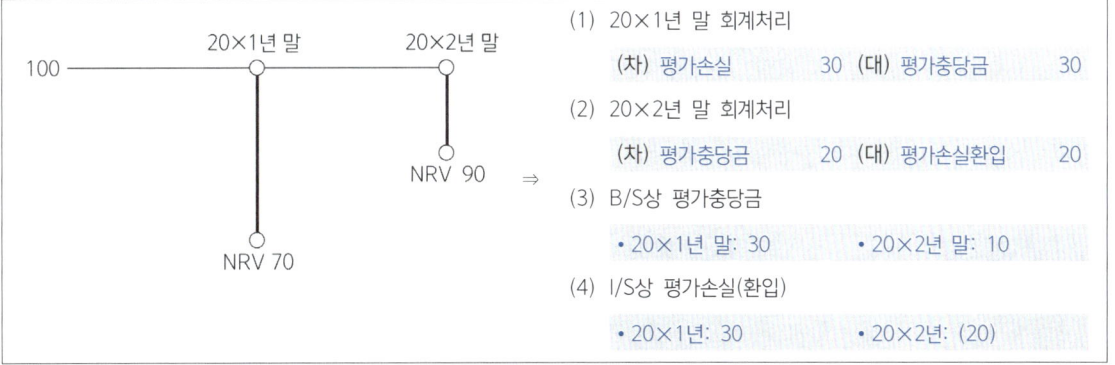

(1) 20×1년 말 회계처리
    (차) 평가손실   30   (대) 평가충당금   30
(2) 20×2년 말 회계처리
    (차) 평가충당금   20   (대) 평가손실환입   20
(3) B/S상 평가충당금
    • 20×1년 말: 30   • 20×2년 말: 10
(4) I/S상 평가손실(환입)
    • 20×1년: 30   • 20×2년: (20)

[물음 3]

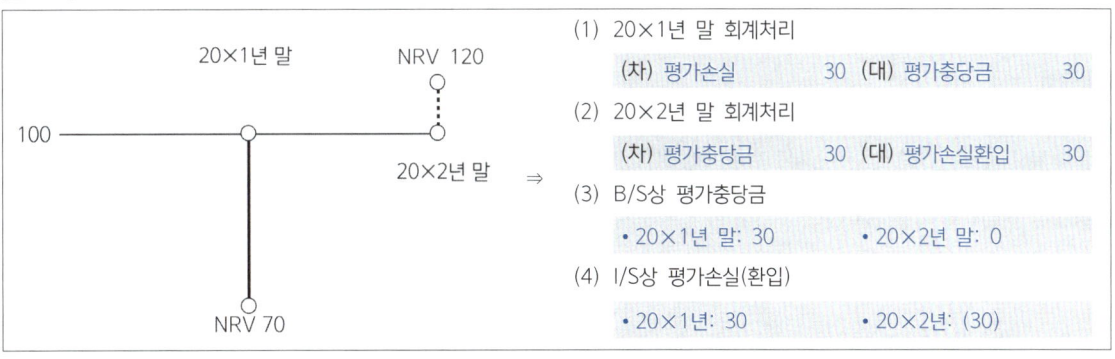

(1) 20×1년 말 회계처리
    (차) 평가손실   30   (대) 평가충당금   30
(2) 20×2년 말 회계처리
    (차) 평가충당금   30   (대) 평가손실환입   30
(3) B/S상 평가충당금
    • 20×1년 말: 30   • 20×2년 말: 0
(4) I/S상 평가손실(환입)
    • 20×1년: 30   • 20×2년: (30)

4. 순실현가능가치

순실현가능가치는 통상적인 영업 과정에서 재고자산의 판매를 통해 실현할 것으로 기대하는 순매각금액을 말한다. 그러므로 순실현가능가치는 통상적인 영업 과정의 예상 판매가격에서 예상되는 추가 완성원가와 판매비용을 차감한 금액으로 측정된다.

> **Additional Comment**
> 공정가치는 측정일에 시장참여자 사이의 정상거래에서 자산을 매도할 때 받거나 부채를 이전할 때 지급하게 될 가격을 말한다. 순실현가능가치는 기업특유가치이지만 공정가치는 그렇지 않으므로 재고자산의 순실현가능가치는 순공정가치와 일치하지 않을 수도 있다.

재고자산을 저가법으로 평가하는 경우 순실현가능가치는 재고자산의 보유 목적을 고려하여 아래의 표와 같이 추정한다.

● 순실현가능가치의 추정

구분	순실현가능가치의 추정
확정판매계약 또는 용역계약을 이행하기 위하여 보유하는 재고자산	계약에 기초하여 추정
보유하고 있는 재고자산의 수량이 확정판매계약의 이행에 필요한 수량을 초과하는 경우	초과 수량의 순실현가능가치는 일반 판매가격에 기초하여 추정

완성될 제품이 원가 이상으로 판매될 것으로 예상되는 경우에는 그 생산에 투입하기 위해 보유하는 원재료 및 기타 소모품을 감액하지 아니한다. 그러나 원재료의 가격이 하락하여 제품의 원가가 순실현가능가치를 초과할 것으로 예상된다면 해당 원재료를 순실현가능가치로 감액한다. 이 경우 원재료의 현행대체원가는 순실현가능가치에 대한 최선의 측정치가 될 수 있다.

● 재고자산의 순실현가능가치와 저가법 적용 여부

구분	순실현가능가치(NRV)	저가법 적용(취득원가 > NRV)
제품	예상 판매가(≠ FV) − 예상 판매비용	적용 ○
재공품	예상 판매가(≠ FV) − 추가 가공원가 − 예상 판매비용	적용 ○[1]
원재료	현행대체원가	원칙: 적용 ×, 예외[2]

[1] 재공품은 완성될 제품의 저가법 적용 대상 여부와 관계없이 저가법 적용 대상이 되면 저가법 적용 ○
[2] 원재료의 경우 완성될 제품이 원가 이상으로 판매되지 못하면(취득원가 > NRV) 저가법 적용 ○

> **Self Study**
> 원재료의 가격이 하락하고 제품의 원가가 순실현가능가치(현행대체원가)를 초과할 것으로 예상된다면 해당 원재료를 순실현가능가치(현행대체원가)로 감액한다. ⇒ 원재료의 저가법 적용 조건: 1, 2를 모두 만족할 때
> 1. 제품: 취득원가 > 순실현가능가치
> 2. 원재료: 취득원가 > 현행대체원가

사례연습 7. 재고자산의 저가법 적용을 위한 순실현가능가치

20×2년 초 영업을 개시한 A회사의 20×2년 말 기말 재고자산의 평가와 관련된 자료는 아래와 같다. 20×2년에 계상될 재고자산평가손실은 얼마인가?

구분	취득원가	현행대체원가	예상 판매가 – 추가 비용
제품	₩ 24,000	₩ 22,000	₩ 26,000
재공품	₩ 18,000	₩ 19,000	₩ 16,000
원재료	₩ 15,000	₩ 12,000	₩ 10,000

풀이

(1) 제품: 0(24,000 < 26,000, 순실현가능가치가 취득원가보다 크므로 저가법 적용 대상이 아니다)
(2) 재공품: (2,000)(18,000 > 16,000, 순실현가능가치가 취득원가보다 작으므로 저가법 적용 대상이다)
(3) 원재료: 0(현행대체원가가 취득원가보다 작지만 제품의 순실현가능가치가 취득원가보다 높으므로 원재료의 평가손실을 계상하지 않는다)
If) 20×2년 재고자산 장부금액은 얼마인가? ⇒ 24,000 + 16,000 + 15,000 = 55,000

기출문제

4. ㈜한국은 제품생산에 투입될 취득원가 ₩ 200,000의 원재료와 제조원가 ₩ 240,000의 제품 재고를 보유하고 있다. 원재료의 현행대체원가가 ₩ 180,000이고 제품의 순실현가능가치가 ₩ 250,000일 때, 저가법에 의한 재고자산평가손실은? 2013년 국가직 7급

① ₩ 30,000
② ₩ 20,000
③ ₩ 10,000
④ ₩ 0

해설

구분	취득원가	순실현가능가치 or 현행대체원가	저가법 적용
제품	240,000	250,000	×
원재료	200,000	180,000	×

(1) 원재료의 현행대체원가가 장부가액보다 낮더라도 원재료를 투입하여 완성할 제품의 시가가 원가보다 높을 때는 원재료에 대하여 저가법을 적용하지 않는다.
(2) 제품의 순실현가능가치가 제조원가보다 높기 때문에 원재료의 현행대체원가가 장부가액보다 낮더라도 원재료는 저가법을 적용하지 않는다.

답 ④

5. 저가법의 적용

재고자산을 순실현가능가치로 감액하는 저가법은 항목별로 적용한다. 그러나 경우에 따라서는 서로 비슷하거나 관련된 항목들을 통합하여 적용하는 것(조별)이 적절할 수 있다. 이러한 경우로는 재고자산 항목이 비슷한 목적 또는 최종 용도를 갖는 같은 제품군과 관련되고, 같은 지역에서 생산되어 판매되며, 실무적으로 그 제품군에 속하는 다른 항목과 구분하여 평가할 수 없는 경우를 들 수 있다. 그러나 재고자산의 분류나 특정 영업부문에 속하는 모든 재고자산에 기초하여 저가법을 적용하는 것은 적절하지 않다.

저가법 적용

구분	취득원가	NRV	항목별 기준	조별 기준	총계 기준
A	100	80	(20)	(20)	
B	100	100	0		
①	100	70	(30)	0	
②	100	160	0		
계	400	410	(50)	(20)	0

즉, 재고자산을 저가법으로 평가하는 방법에는 항목별 기준, 조별 기준, 총계 기준이 있다. 세 가지 방법 중에서 항목별 기준이 가장 보수적인 방법이라고 할 수 있다. 항목별 기준으로 저가법을 적용하는 것을 원칙으로 하고, 재고자산들이 서로 유사하거나 관련 있는 경우에는 조별 기준으로도 저가법을 적용할 수 있도록 하고 있다.

Self Study
1. 완제품 또는 특정 영업 부문에 속하는 모든 재고자산과 같은 분류에 기초하여 저가법을 적용하는 것은 적절하지 아니하다. (= 총계 기준은 인정하지 않는다)
2. 보유하고 있는 재고자산의 순실현가능가치 총 합계액이 취득원가 총 합계액을 초과하더라도 재고자산평가손실을 계상할 수 있다.

6. 재고자산의 감모손실과 평가손실 적용에 따른 재무제표 효과

(1) 기말 재고자산의 산정 과정

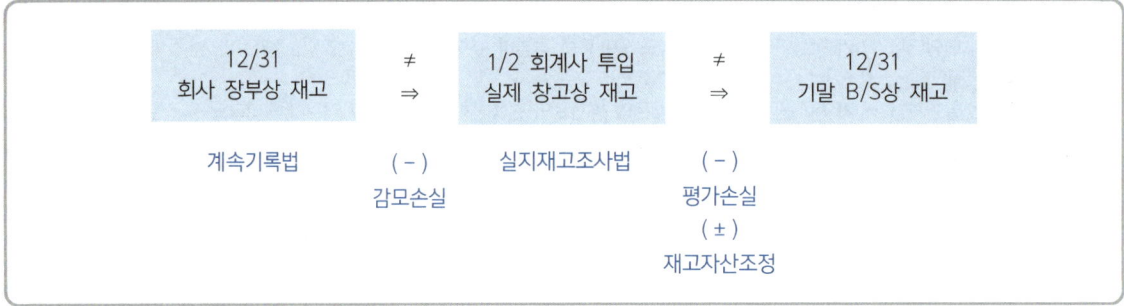

(2) 재고자산의 감모손실과 평가손실 적용에 따른 구조

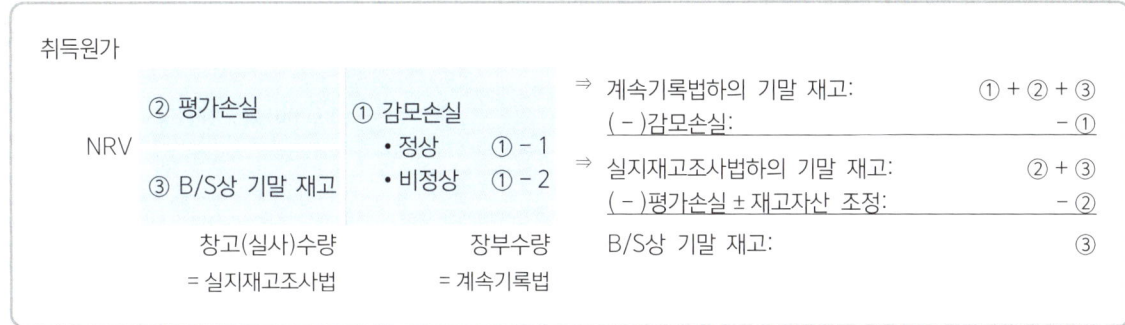

(3) 재고자산의 T계정 구성항목 파악

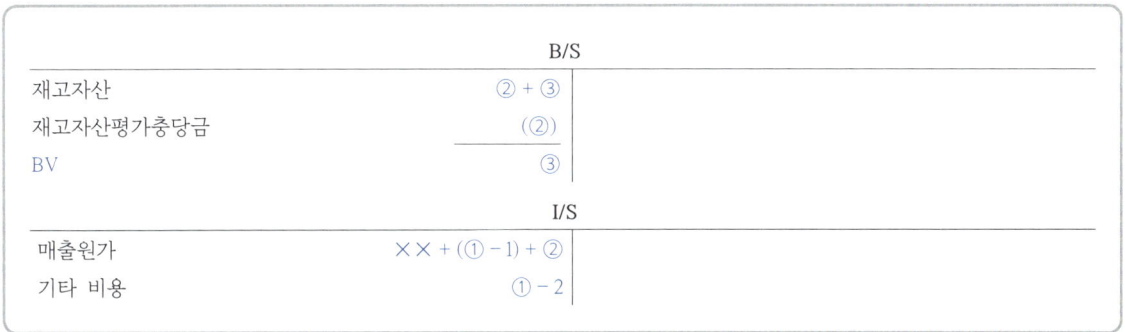

(4) 재고자산의 재무제표 표시

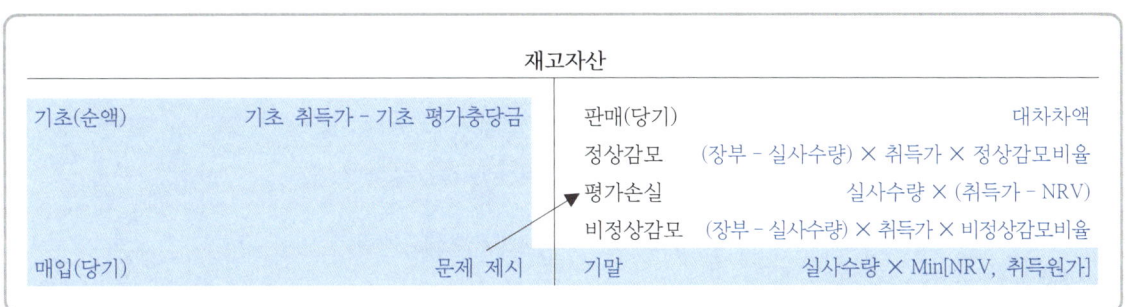

(5) 재고자산 T계정을 이용한 풀이 TOOL(순액법 풀이)

	재고자산		
기초(순액)	기초 취득가 − 기초 평가충당금	판매(당기)	대차차액
		정상감모	(장부 − 실사수량) × 취득가 × 정상감모비율
		평가손실	실사수량 × (취득가 − NRV)
		비정상감모	(장부 − 실사수량) × 취득가 × 비정상감모비율
매입(당기)	문제 제시	기말	실사수량 × Min[NRV, 취득원가]

사례연습 8. 재고자산의 감모손실과 평가손실

㈜대한의 20×1년도 재고자산(상품 A)과 관련된 자료가 다음과 같다.

(1) 기초 재고 ₩ 700,000(재고자산평가충당금 ₩ 0)
(2) 매입액 ₩ 6,000,000
(3) 매출액 ₩ 8,000,000
(4) 기말 재고 장부수량 3,000개, 개당 취득원가 ₩ 200
(5) 실사수량 2,500개, 개당 순실현가능가치 ₩ 240

재고자산의 감모손실 중 50%는 정상적인 것으로 판단되었다. 동 재고자산으로 인하여 ㈜대한이 20×1년도에 인식할 비용의 합계를 구하시오.

풀이

재고자산의 T계정 풀이

재고자산			
기초(순액)	기초 취득가 − 기초 평가충당금 700,000	판매(당기) 정상감모 평가손실 비정상감모	대차차액 (장부 − 실사수량) × 취득가 × 정상감모비율 실사수량 × (취득가 − NRV) (장부 − 실사수량) × 취득가 × 비정상감모비율
매입(당기)	문제 제시 6,000,000	기말	실사수량 × Min[NRV, 취득원가] 2,500개 × Min[200, 240] = 500,000

⇒ 재고자산으로 인한 비용의 합계: 6,200,000[1]
  [1] 기초 재고(700,000) + 당기 매입(6,000,000) − 기말 재고(500,000)

기출문제

5. ㈜한국의 2016년 기초 상품재고는 ₩ 50,000이고 당기 매입원가는 ₩ 80,000이다. 2016년 말 기말 상품재고는 ₩ 30,000이며, 순실현가능가치는 ₩ 23,000이다. 재고자산평가손실을 인식하기 전 재고자산평가충당금 잔액으로 ₩ 2,000이 있는 경우, 2016년 말에 인식할 재고자산평가손실은?

2016년 국가직 7급

① ₩ 3,000 ② ₩ 5,000
③ ₩ 7,000 ④ ₩ 9,000

해설

(1) 기말 평가충당금: 7,000 = 기말 재고자산 취득원가 30,000 − 기말 재고자산 NRV 23,000
(2) 재고자산평가충당금 증가액: 5,000 = 기말 평가충당금 7,000 − 기초 평가충당금 2,000
(3) 회계처리

| (차) 재고자산평가손실 | 5,000[1] | (대) 재고자산평가충당금 | 5,000 |

[1] 평가손실: 5,000 = 7,000 − 2,000

답 ②

기출문제

6. 다음은 ㈜한국의 재고자산 관련 자료이다. 기말 상품의 실사수량과 단위당 순실현가능가치는? (단, 재고자산감모손실은 실사수량과 장부상 재고수량의 차이로 인해 발생한 계정이며, 재고자산평가손실은 취득원가와 순실현가능가치의 차이로 인해 발생한 계정이다)

2015년 국가직 7급

• 기초 상품재고액(재고자산평가충당금 없음)	₩ 20,000
• 당기 매입액	₩ 400,000
• 장부상 기말 상품재고액(단위당 원가 ₩ 2,000)	₩ 200,000
• 재고자산감모손실	₩ 20,000
• 재고자산평가손실	₩ 18,000

	기말 상품 실사수량	기말 상품 단위당 순실현가능가치
①	80개	₩ 1,800
②	80개	₩ 2,000
③	90개	₩ 1,800
④	90개	₩ 2,000

해설

취득원가 @2,000 | ② 평가손실 18,000 | ① 감모손실 20,000
NRV @1,800 | ③ B/S상 기말 재고 162,000 |
| 창고수량 90개 | 장부수량 100개 |

- 감모손실: 20,000 = (100 − 90)개 × @2,000
- 평가손실: 18,000 = 90개 × @(2,000 − 1,800)

(1) 기말 장부수량: 100개 = 기말 상품재고액 200,000 ÷ 취득원가 @2,000
(2) 감모손실 20,000: (장부수량 100개 − 창고수량) × 취득원가 @2,000, 창고수량 = 90개
(3) 기말 창고수량: 90개 = 기말 장부수량 100개 − 감모수량 10개
(4) 평가손실 18,000: (취득원가 @2,000 − NRV) × 실제 수량 90개, NRV = @1,800

참고

재고자산

기초	20,000	판매 ⎫	
		감모손실 ⎬	258,000
		평가손실 ⎭	
매입	400,000	기말	162,000
	420,000		

⇒ 당기 비용 합계: 20,000 + 400,000 − 162,000 = 258,000

답 ③

CHAPTER 5 특수한 원가배분방법

1 매출총이익률법

매출총이익률법이란 과거의 매출총이익률을 이용하여 판매가능상품원가를 매출원가와 기말 재고자산에 배분하는 방법으로 기준서에서 규정하는 재고자산의 평가방법이 아니다. 그러나 매출총이익률법은 화재 등의 재난으로 인해 재고자산에 대한 기록을 이용할 수 없거나 실지재고조사를 하지 않고 중간결산을 하는 경우 등 회사의 필요에 의해 사용한다.

	재고자산		
기초	④ 매출원가	←	③ 매출(순)
① 매입(순)	⑤ 기말		
② 판매가능상품원가			

1. 매입(순)

⇒ 총 매입 − 매입에누리/환출/할인 + 매입운임 등 = 현금매입 ± 외상매입

	매입채무	
지급	기초	→ 매입(순) ① = 현금매입 + 외상매입(순)[1]
기말	외상매입(순)	[1] 에누리 · 환출 · 할인 고려됨

2. 판매가능상품원가

⇒ 기초 + 매입

재고자산(×1)			재고자산(×2)		
기초재고 ××	매출원가	××	기초	?	← 매출 ××
	기말	?	매입	××	

×1년 재고자산 평균보유기간: ××

⇒ 재고자산회전율: 매출원가 ÷ [(기초 재고자산 + 기말 재고자산)/2]
            = 360(1년을 360일로 가정) ÷ 재고자산 평균보유기간
⇒ 매출채권회전율: 매출 ÷ [(기초 매출채권 + 기말 매출채권)/2]
            = 360(1년을 360일로 가정) ÷ 매출채권 평균회수기간

3. 매출(순)

⇒ 총 매출 - 매출에누리/환입/할인 = 현금매출 ± 외상매출

매출채권		
기초	회수·대손확정	→ 매출(순) ③ = 현금매출 + 외상매출(순)[1]
외상매출(순)	기말	[1] 에누리·환입·할인 고려됨
		*판매운임 → 판매관리비(비용)로 처리

4. 매출원가

⇒ 매출총이익률(a): 매출 × (1 - a) = 매출원가
⇒ 원가가산율 = 매출원가대비 매출총이익률(b): 매출/(1 + b) = 매출원가

5. 기말 재고자산

⇒ 판매가능상품원가(②) - 매출원가(④)

6. 화재 발생 시 재고자산손실액

⇒ 기말 재고자산 추정액(⑤) - 소실 후 남은 재고자산 Min[NRV, 취득원가]

> **Self Study**
> 매출총이익률법은 과거의 자료에 의한 매출총이익률을 사용하며, 정확성이 없고 검증가능성이 떨어지기 때문에 재무회계 목적상 사용할 수 없으며, 한국채택국제회계기준에서도 이를 인정하고 있지 않다.

기출문제

7. ㈜한국의 20×1년의 상품매출액은 ₩1,000,000이며, 매출총이익률은 20%이다. 20×1년의 기초 상품재고액이 ₩50,000이고 당기의 상품매입액이 ₩900,000이라고 할 때, 20×1년 말의 재무상태표에 표시될 기말 상품재고액은?   2019년 국가직 9급

① ₩70,000   ② ₩100,000
③ ₩150,000   ④ ₩180,000

해설

재고자산			
기초	50,000	매출원가	800,000	⇐ 800,000 = 1,000,000 × (1 - 0.2)
매입	900,000	기말	150,000	

(1) 매출원가: 800,000 = 매출 1,000,000 × (1 - 매출총이익률 0.2)
(2) 기말 재고자산: 150,000 = 판매가능재고자산 950,000 - 매출원가 800,000

답 ③

> **기출문제**

8. ㈜한국은 상품을 신용에 의해서만 판매하는데, 경리담당자가 판매대금의 회수 과정에서 공금을 횡령하였다. 매출채권의 실제 기말잔액은 ₩50,000이고, 기중에 대손처리된 금액은 없다. ㈜한국이 매출원가에 20%를 가산하여 판매가를 결정한다고 할 때, 다음 자료를 이용하여 경리담당자의 횡령액을 계산하면?

   2011년 지방직 9급

• 기초 상품재고액	₩ 20,000
• 당기 상품매입액	₩ 100,000
• 기말 상품재고액	₩ 10,000
• 매출채권 기초잔액	₩ 30,000
• 매출채권 회수보고액	₩ 40,000

   ① ₩ 60,000　　　　　　　　　② ₩ 72,000
   ③ ₩ 110,000　　　　　　　　　④ ₩ 122,000

   해설

   재고자산

기초	20,000	매출원가	110,000	⇒	110,000 = x ÷ (1 + 원가산율 0.2)
매입	100,000	기말	10,000		∴ x = 132,000

   (1) 매출원가: 110,000 = 차변 120,000 − 기말 10,000
   (2) 매출: 132,000 = 매출원가 110,000 ÷ 이익률 (1 + 0.2)

   매출채권

기초	30,000	회수	40,000
외상매출(순)	132,000	기말	122,000

   (1) 외상매출(순): 132,000 = 매출 132,000 − 현금매출 0
   (2) 기말 채권(횡령 전): 122,000 = 차변합계 162,000 − 회수 40,000
   (3) 손실액: 72,000 = 기말 채권(횡령 전) 122,000 − 기말 채권(횡령 후) 50,000

   답 ②

2 소매재고법

소매재고법은 판매가를 기준으로 평가한 기말 재고자산에 구입원가, 판매가 및 판매가의 변동액에 근거하여 산정한 원가율을 적용하여 기말 재고자산의 원가를 결정하는 방법으로 매출가격환원법이라고도 한다.
소매재고법은 실제원가가 아닌 추정에 의한 원가 결정방법이므로 평가한 결과가 실제원가와 유사한 경우에 편의상 사용할 수 있다. 따라서 소매재고법은 이익률이 유사하고 품종 변화가 심한 다품종 상품을 취급하는 유통업에서 실무적으로 다른 원가 측정방법을 사용할 수 없는 경우에 흔히 사용한다.

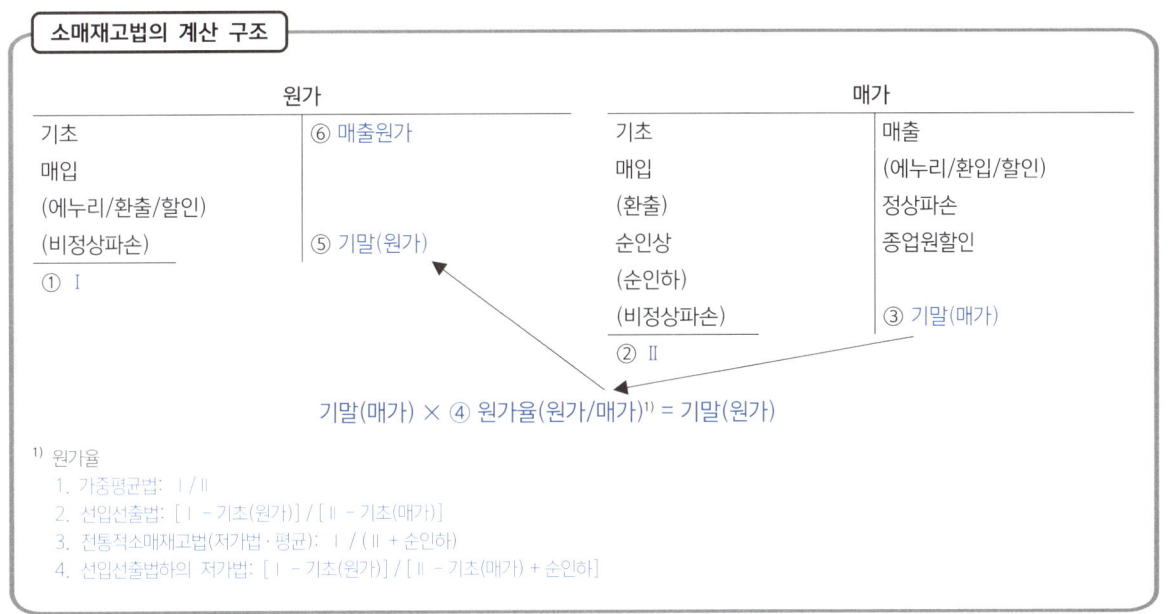

1. 매입운임, 매입환출, 매입에누리 및 매입할인

각 항목은 매입의 가산 또는 차감 항목이다. 다만, 매입환출의 경우에는 환출을 하면 상품 자체가 반품이 되므로 원가와 매가 모두에서 차감해야 한다. (매입환출은 매가 자료가 있을 때만 고려한다)

2. 순인상액과 순인하액

순인상액(가격인상 − 가격인상취소)과 순인하액(가격인하 − 가격인하취소)은 최초에 정한 판매가격보다 더 높거나 낮은 가격으로 조정된 판매가격을 말한다. 매가기준 매출액과 기말 재고자산에 반영하면 되고 매가의 변동이므로 원가에는 고려하지 않는다.

3. 비정상파손

비정상파손은 비정상적으로 발생한 파손, 감손, 도난 등을 말하는 것으로 정상적인 영업활동과 무관하므로 기타 비용(영업외비용)으로 처리한다. 그러므로 비정상파손은 원가와 매가에서 차감한다.

4. 종업원할인과 정상파손

종업원할인이나 정상파손은 정상적인 영업활동에서 발생한 것으로 매출원가로 처리해야 한다. 이 금액을 조정하지 않으면 기말 재고자산(매가)이 과대평가되므로 기말 재고자산(매가)을 적정하게 평가하기 위해서 종업원할인과 정상파손은 기말 재고자산과 별도로 구분하여 표시한다. 다만, 원가에서는 매출원가에 고려되므로 별도로 고려할 필요가 없다.

5. 원가율

(1) 가중평균소매재고법
가중평균소매재고법은 기초 재고와 당기 매입분이 평균적으로 판매된다고 가정하므로 원가율은 기초 재고자산과 당기 매입, 순인상액, 순인하액을 모두 포함하여 계산한다.

(2) 선입선출소매재고법
선입선출소매재고법은 먼저 구입한 재고자산이 먼저 판매된다고 가정하므로 가중평균소매재고법의 원가율에서 기초 재고자산을 고려하지 않는다.

(3) 저가기준가중평균소매재고법(전통적소매재고법)
저가기준가중평균소매재고법은 기말 재고자산을 가능한 낮게 표시하기 위하여 가중평균소매재고법의 원가율에서 순인하액을 원가율 분모에서 제외시켜 원가율을 낮게 계상하는 방법이다.

(4) 저가기준선입선출소매재고법
저가기준선입선출소매재고법은 가중평균소매재고법의 원가율에서 기초 재고자산을 고려하지 않고 순인하액도 분모에서 제외시키는 방법이다.

> **Self Study**
> 1. 소매재고법은 판매가격을 기준으로 한 기말 재고자산에 원가율을 적용하여 기말 재고자산금액을 산정하므로 원가율이 서로 다른 재고자산을 통합하여 매출가격환원법을 적용할 경우 매출원가 및 재고자산금액에 신뢰성이 결여될 수 있다. 그러므로 원가율이 서로 다른 상품군을 통합하여 소매재고법을 적용할 수는 없다.
> 2. 한국채택국제회계기준에서 표준원가법이나 소매재고법 등의 원가 측정방법은 그러한 방법으로 평가한 결과가 실제원가와 유사한 경우에 편의상 사용할 수 있다고 규정하고 있다.

사례연습 9. 소매재고법

여의마트는 재고자산 평가의 원가배분방법으로 소매재고법을 사용하고 있다. 20×2년의 재고자산과 관련된 자료는 다음과 같다.

구분	원가	매가
기초 재고	₩ 5,700	₩ 10,000
총 매입액	₩ 88,600	₩ 132,900
매입환출	₩ 1,900	₩ 1,200
총 매출액		₩ 81,000
매출에누리 등		₩ 8,000
순인상액		₩ 600
순인하액		₩ 8,000
종업원할인		₩ 1,000
정상파손	₩ 940	₩ 1,450
비정상파손	₩ 2,700	₩ 4,300

여의마트가 아래의 원가흐름의 가정을 적용하는 경우 다음 표의 각 번호에 해당하는 금액은 얼마인가? (단, 소수점 첫째 자리에서 반올림한다)

구분	기말(원가)	매출원가
가중평균소매재고법	①	②
선입선출소매재고법	③	④
전통적소매재고법	⑤	⑥
저가기준 선입선출소매재고법	⑦	⑧

풀이

상품(원가)				상품(매가)			
기초	5,700	매출원가		기초	10,000	매출액	81,000
매입	88,600			매입	132,900	정상파손	1,450
매입환출	(1,900)			매입환출	(1,200)	종업원할인	1,000
비정상파손	(2,700)	기말(원가)		순인상	600	매출에누리 등	(8,000)
				순인하	(8,000)		
				비정상파손	(4,300)	기말(매가)	54,550
합계: I	89,700			합계: II	130,000		

(1) 가중평균법
  1) 원가율: I/II = 69%
  2) 기말(원가): 54,550 × 69% = 37,640
  3) 매출원가: 89,700 − 37,640 = 52,060

(2) 선입선출법
  1) 원가율: (I − 5,700)/(II − 10,000) = 70%
  2) 기말(원가): 54,550 × 70% = 38,185
  3) 매출원가: 89,700 − 38,185 = 51,515

(3) 전통적소매재고법
  1) 원가율: I/(II + 8,000) = 65%
  2) 기말(원가): 54,550 × 65% = 35,458
  3) 매출원가: 89,700 − 35,458 = 54,242

(4) 저가기준선입선출법
  1) 원가율: (I − 5,700)/(II − 10,000 + 8,000) = 66%
  2) 기말(원가): 54,550 × 66% = 36,003
  3) 매출원가: 89,700 − 36,003 = 53,697

기출문제

9. ㈜한국은 원가기준 소매재고법을 사용하고 있으며, 원가흐름은 선입선출법을 가정하고 있다. 다음 자료를 근거로 한 기말 재고자산원가는?

2018년 국가직 9급

구분	원가	판매가
기초 재고	₩ 1,200	₩ 3,000
당기 매입액	₩ 14,900	₩ 19,900
매출액		₩ 20,000
인상액		₩ 270
인상 취소액		₩ 50
인하액		₩ 180
인하 취소액		₩ 60
종업원할인		₩ 200

① ₩ 1,890
② ₩ 1,960
③ ₩ 2,086
④ ₩ 2,235

해설

재고자산(원가)

기초	1,200	매출원가	③ 14,014
매입	14,900		
비정상파손	0	기말	② 2,086
Ⅰ	16,100		

재고자산(매가)

기초	3,000	매출	20,000
매입	19,900	정상파손	0
순인상	220	종업원할인	200
(순인하)	-120		
비정상파손	0	기말	① 2,800
Ⅱ	23,000		

× 0.745(= 14,900 / 20,000)

1st 기말 재고(매가): 2,800 = Ⅱ 23,000 - 매출 20,000 - 종업원할인 200
2nd 원가율(선입): 0.745 = (Ⅰ - 기초) ÷ (Ⅱ - 기초) = (16,100 - 1,200) ÷ (23,000 - 3,000)
3rd 기말 재고(원가): 2,086 = 기말(매가) 2,800 × 원가율 0.745
4th 매출원가: 14,014 = Ⅰ 16,100 - 기말(원가) 2,086

답 ③

CHAPTER 6 농림어업

1 의의

농림어업활동은 판매 목적 또는 수확물이나 추가적인 생물자산으로의 전환 목적으로 생물자산의 생물적 변환과 수확을 관리하는 활동을 말한다. 농림어업활동은 목축, 조림, 일년생이나 다년생 곡물 등의 재배, 과수재배와 농원경작, 화훼원예, 양식(양어 포함)과 같은 다양한 활동을 포함한다. 이러한 활동의 공통적인 특성은 다음과 같다.

① 변환할 수 있는 능력: 살아있는 동물과 식물은 생물적 변환을 할 수 있는 능력이 있다.
② 변화의 관리: 관리는 생물적 변환의 발생 과정에 필요한 조건을 향상시키거나 적어도 유지시켜 생물적 변환을 용이하게 한다. 이러한 관리는 농림어업활동을 다른 활동과 구분하는 기준이 된다.
③ 변화의 측정: 생물적 변환이나 수확으로 인해 발생한 질적변화나 양적변화는 일상적인 관리기능으로 측정되고 관찰된다.

2 인식과 측정

1. 인식

생물자산과 수확물은 다음의 조건이 모두 충족되는 경우에 한하여 인식한다.

① 정의 충족: 과거 사건의 결과로 자산을 통제한다.
② 효익의 가능성: 자산과 관련된 미래경제적효익의 유입가능성이 높다.
③ 측정 가능성: 자산의 공정가치나 원가를 신뢰성 있게 측정할 수 있다.

(1) 생물자산은 살아있는 동물이나 식물을 말하며, 생산용식물에서 자라는 생산물을 포함한다. 한편, 수확물은 생물자산에서 수확한 생산물을 말한다. 생산용식물은 다음 모두에 해당하는 살아있는 식물을 말한다.
① 수확물을 생산하거나 공급하는 데 사용
② 한 회계기간을 초과하여 생산물을 생산할 것으로 예상
③ 수확물로 판매될 가능성이 희박함(부수적인 폐물로 판매하는 경우는 제외)

(2) 다음의 경우에는 생산용 식물에 해당하지 아니한다.
① 수확물로 수확하기 위해 재배하는 식물(예 목재로 사용하기 위해 재배하는 나무)
② 부수적인 폐물 판매가 아닌, 수확물로도 식물을 수확하고 판매할 가능성이 희박하지 않은 경우 수확물을 생산하기 위해 재배하는 식물(예 과일과 목재를 모두 얻기 위해 재배하는 나무)
③ 한해살이 작물(예 옥수수, 밀)

2. 측정

(1) 생물자산은 최초 인식 시점과 매 보고기간 말에 순공정가치로 측정하여야 한다. 단, 생물자산 중 생산용식물은 유형자산으로 분류하여 원가모형이나 재평가모형을 적용한다.

(2) 생물자산의 공정가치를 신뢰성 있게 측정할 수 없는 경우(⇒ 오직 최초 인식 시점에만 적용됨)에는 생물자산은 취득원가에서 감가상각누계액과 손상차손누계액을 차감한 금액으로 측정한다. 그러나 원가로 측정하는 경우에도 추후에 그러한 생물자산의 공정가치를 신뢰성 있게 측정할 수 있게 되면 순공정가치로 측정한다.

(3) 생물자산에서 수확된 수확물의 경우에도 수확 시점의 순공정가치로 측정해야 하며, 이 측정치는 기업회계기준서 제1002호 '재고자산'이나 적용 가능한 다른 한국채택국제회계기준서를 적용하는 시점의 원가가 된다.

3. 평가손익 인식방법

(1) 생산용식물을 제외한 생물자산을 최초 인식 시점에 순공정가치로 인식하여 발생하는 평가손익과 후속적으로 생물자산의 순공정가치 변동으로 발생하는 평가손익은 발생한 기간의 당기손익에 반영한다.

(2) 수확물을 최초 인식 시점에 순공정가치로 인식하여 발생하는 평가손익은 발생한 기간의 당기손익에 반영하며, 수확의 결과로 수확물의 최초 인식 시점에 평가손익이 발생할 수 있다.

● 생물자산 등의 측정

구분		최초 취득	후속 측정	비고
생물자산	공정가치 측정 가능	순공정가치	순공정가치	평가손익 ○, 상각 ×
	공정가치 측정 불가	취득원가	상각후원가 측정	감가상각, 손상차손 인식
수확 시점의 수확물		순공정가치	재고자산(저가법)	취득 시 평가손익 계상
수확 후 가공		재고자산으로 분류	재고자산(저가법)	
생산용식물		원가	원가 or 재평가모형 적용	유형자산으로 분류

사례연습 10. 농림어업

㈜대한은 우유 생산을 위하여 20×1년 1월 1일 어미 젖소 5마리를 마리당 ₩1,500,000에 취득하였으며, 관련 자료는 다음과 같다.

> (1) 20×1년 10월 말 처음으로 우유를 생산하였으며, 동 일자에 생산된 우유 전체의 순공정가치는 ₩1,000,000이다.
> (2) 20×1년 11월 초 전월에 생산된 우유 전체를 유제품 생산업체에 ₩1,200,000에 납품하였다.
> (3) 20×1년 11월 말 새끼 젖소 2마리가 태어났다. 이 시점의 새끼 젖소의 순공정가치는 마리당 ₩300,000이다.
> (4) 20×1년 12월 말 우유를 2차로 생산하였으며, 동 일자에 생산된 우유 전체의 순공정가치는 ₩1,100,000이다. 또한 20×1년 12월 말에도 어미 젖소와 새끼 젖소의 수량 변화는 없으며, 기말 현재 어미 젖소의 순공정가치는 마리당 ₩1,550,000, 새끼 젖소의 순공정가치는 마리당 ₩280,000이다.

위 거래의 각 일자별 회계처리를 보이시오.

풀이

[10/31]
(차) 수확물　　　　　　　　　1,000,000　　(대) 평가이익　　　　　　　　　1,000,000

[11/1]
(차) 현금　　　　　　　　　　1,200,000　　(대) 수확물　　　　　　　　　　1,000,000
　　　　　　　　　　　　　　　　　　　　　　처분이익　　　　　　　　　　　200,000

[11/30]
(차) 생물자산　　　　　　　　　600,000　　(대) 평가이익　　　　　　　　　　600,000

[12/31]
(차) 수확물　　　　　　　　　1,100,000　　(대) 평가이익　　　　　　　　　1,100,000
(차) 생물자산[1]　　　　　　　 210,000　　(대) 평가이익　　　　　　　　　　210,000

[1] [(1,550,000 − 1,500,000) × 5] + [(280,000 − 300,000) × 2] = 210,000

If) 당기손익에 미치는 영향: 3,110,000 = 1,000,000 + 200,000 + 600,000 + 1,100,000 + 210,000

핵심 빈출 문장

01 재고자산의 매입원가는 매입가액에 매입운임, 하역료 및 보험료 등 취득과정에서 정상적으로 발생한 부대비용을 가산하며, 매입과 관련된 할인, 에누리 및 기타 유사 항목은 매입원가에서 차감한다.

02 후속 생산단계에 투입하기 전 보관이 필요한 경우 이외의 보관원가는 재고자산의 취득원가에 포함할 수 없으며 발생 기간의 비용으로 인식한다.

03 재고자산의 취득원가는 매입원가, 전환원가 및 재고자산을 현재의 장소에 현재의 상태로 이르게 하는 데 발생한 기타 원가 모두를 포함한다.

04 하나의 생산과정을 통하여 동시에 둘 이상의 제품이 생산되는 연산품의 경우 전환원가를 완성 시점의 제품별 상대적 판매가치를 기준으로 배부할 수 있다.

05 용역제공기업이 재고자산을 가지고 있다면, 이를 제조원가로 측정하며 이는 용역 제공에 직접 관여된 인력에 대한 노무원가 및 기타 원가와 관련된 간접원가로 구성된다.

06 통상적으로 상호 교환될 수 없는 재고자산 항목의 원가와 특정 프로젝트별로 생산되고 분리되는 재화 또는 용역의 원가는 개별법을 적용한다. 개별법이 적용되지 않는 재고자산의 단위원가는 선입선출법이나 가중평균법을 사용한다.

07 특정한 고객을 위한 비제조간접원가 또는 제품의 디자인 원가를 재고자산의 원가에 포함하는 것이 적절할 수도 있다.

08 물가가 지속적으로 상승하는 경우 선입선출법하의 기말 재고자산금액은 평균법하의 기말 재고자산금액보다 적지 않다.

09 물가가 지속적으로 상승할 때 후입선출법하에서의 당기순이익이 선입선출법하에서의 당기순이익보다 적어지는데, 이는 후입선출법이 수익비용의 대응을 왜곡하는 일례가 아니다.

10 계속기록법에서는 판매가 이루어질 때마다 당해 판매로 인한 매출원가를 계산하여야 한다.

11 계속기록법을 사용하더라도 기말의 정확한 재고를 파악하기 위하여 실지재고조사법을 병행하여 사용할 수 있다.

12 개별법을 적용할 수 없는 재고자산의 단위원가는 선입선출법이나 가중평균법을 사용하여 결정한다.

13 성격과 용도 면에서 유사한 재고자산에는 동일한 단위원가 결정방법을 적용하여야 하며, 성격이나 용도 면에서 차이가 있는 재고자산에는 서로 다른 단위원가 결정방법을 적용할 수 있다.

14 동일한 재고자산이 동일한 기업 내에서 영업부문에 따라 서로 다른 용도로 사용되는 경우에는 서로 다른 단위원가 결정방법을 적용할 수 있다.

15 재고자산의 지역별 위치나 과세방식이 다르다는 이유만으로 동일한 재고자산에 다른 단위원가 결정방법을 적용하는 것이 정당화될 수는 없다.

16 재고자산에 대한 단위원가 결정방법 적용은 동일한 용도나 성격을 지닌 재고자산에 대해서는 동일하게 적용해야 하나, 지역별로 분포된 사업장이나 과세방식이 다른 사업장 간에는 동일한 재고자산이라도 원칙적으로 다른 방법을 적용할 수 없다.

17 재고자산은 서로 유사하거나 관련 있는 항목들을 통합하여 적용하는 것이 적절하지 않은 경우 항목별로 저가법을 적용한다.

18 완성될 제품이 원가 이상으로 판매될 것으로 예상하는 경우에는 그 제품의 생산에 투입하기 위해 보유하는 원재료는 감액하지 아니한다.

19 순실현가능가치를 추정할 때에는 재고자산으로부터 실현 가능한 금액에 대하여 추정일 현재 사용 가능한 가장 신뢰성 있는 증거에 기초하여야 한다. 또한 보고기간후사건이 보고기간 말 존재하는 상황에 대하여 확인하여 주는 경우에는, 그 사건과 직접 관련된 가격이나 원가의 변동을 고려하여 추정하여야 한다.

20 재고자산을 순실현가능가치로 감액한 평가손실과 모든 감모손실은 감액이나 감모가 발생한 기간에 비용으로 인식한다. 순실현가능가치의 상승으로 인한 재고자산 평가손실의 환입은 환입이 발생한 기간의 비용으로 인식된 재고자산금액의 차감액으로 인식한다.

21 재고자산보유 수량을 초과하는 확정판매계약을 체결하는 경우 매입단가와 계약단가를 비교하여 손실이 예상되는 경우에는 손실충당부채가 인식될 수 있다.

22 표준원가법이나 소매재고법 등의 원가 측정방법은 그러한 방법으로 평가한 결과가 실제 원가와 유사한 경우 편의상 사용할 수 있다.

23 소매재고법은 흔히 이익률이 유사하고 품종변화가 심한 다품종 상품을 취급하는 유통업에서 실무적으로 다른 원가측정법을 사용할 수 없는 경우에 사용한다.

24 가중평균소매재고법을 사용할 경우 매출원가는 판매가능재고자산의 원가와 판매가를 이용하여 산출한 원가율을 매출액에 곱하여 결정한다.

25 다음의 경우에는 생산용식물에 해당하지 아니한다.
① 수확물로 수확하기 위해 재배하는 식물(예 목재로 사용하기 위해 재배하는 나무)
② 부수적인 폐물 판매가 아닌, 수확물로도 식물을 수확하고 판매할 가능성이 희박하지 않은 경우 수확물을 생산하기 위해 재배하는 식물(예 과일과 목재를 모두 얻기 위해 재배하는 나무)
③ 한해살이 작물(예 옥수수, 밀)

26 생물자산은 최초 인식 시점과 매 보고기간 말에 순공정가치로 측정하여야 한다. 단, 생물자산 중 생산용식물은 유형자산으로 분류하여 원가모형이나 재평가모형을 적용한다.

27 생물자산의 공정가치를 신뢰성 있게 측정할 수 없는 경우(⇒ 오직 최초 인식 시점에만 적용된다)에는 생물자산은 취득원가에서 감가상각누계액과 손상차손누계액을 차감한 금액으로 측정한다. 그러나 원가로 측정하는 경우에도 추후에 그러한 생물자산의 공정가치를 신뢰성 있게 측정할 수 있게 되면 순공정가치로 측정한다.

28 생물자산에서 수확된 수확물의 경우에도 수확 시점의 순공정가치로 측정해야 하며, 이 측정치는 기업회계기준서 제1002호 '재고자산'이나 적용 가능한 다른 한국채택국제회계기준서를 적용하는 시점의 원가가 된다.

29 생산용식물을 제외한 생물자산을 최초 인식 시점에 순공정가치로 인식하여 발생하는 평가손익과 후속적으로 생물자산의 순공정가치 변동으로 인해 발생하는 평가손익은 발생한 기간의 당기손익에 반영한다.

30 수확물을 최초 인식 시점에 순공정가치로 인식하여 발생하는 평가손익은 발생한 기간의 당기손익에 반영하며, 수확의 결과로 수확물의 최초 인식 시점에 평가손익이 발생할 수 있다.

MEMO

확인 문제

01 재고자산 서술형 문제

재고자산의 회계처리에 대한 설명으로 옳지 않은 것은? 2018년 지방직 9급

① 재고자산의 취득 시 구매자가 인수운임, 하역비, 운송기간 동안의 보험료 등을 지불하였다면, 이는 구매자의 재고자산의 취득원가에 포함된다.
② 위탁상품은 수탁기업의 판매 시점에서 위탁기업이 수익으로 인식한다.
③ 재고자산의 매입단가가 지속적으로 하락하는 경우, 선입선출법을 적용하였을 경우의 매출총이익이 평균법을 적용하였을 경우의 매출총이익보다 더 높게 보고된다.
④ 재고자산의 매입단가가 지속적으로 상승하는 경우, 계속기록법하에서 선입선출법을 사용할 경우와 실지재고조사법하에서 선입선출법을 사용할 경우의 매출원가는 동일하다.

정답 및 해설

01
재고자산의 매입단가가 지속적으로 하락하는 경우, 선입선출법을 적용하였을 경우의 매출총이익이 평균법을 적용하였을 경우의 매출총이익보다 더 낮게 보고된다.

정답 01 ③

02 재고자산의 취득원가

다음 ㈜한국의 20×1년 자료를 이용한 매출총이익과 영업이익을 바르게 연결한 것은?

2022년 국가직 9급

• 기초상품재고액 ₩ 10,000	• 기말상품재고액 ₩ 12,000
• 당기상품총매입액 ₩ 20,000	• 매입운임 ₩ 2,000
• 매입에누리 ₩ 1,000	• 매입환출 ₩ 600
• 매입할인 ₩ 400	• 당기상품총매출액 ₩ 27,000
• 판매운임 ₩ 2,500	• 매출에누리 ₩ 1,800
• 매출환입 ₩ 1,200	• 매출할인 ₩ 500
• 판매사원 급여 ₩ 1,000	

	매출총이익	영업이익
①	₩ 5,500	₩ 2,000
②	₩ 5,500	₩ 4,500
③	₩ 8,000	₩ 4,500
④	₩ 8,000	₩ 7,000

03 기말 재고자산 조정

㈜한국의 20×1년 기초 재고자산은 ₩ 100,000, 당기 매입액은 ₩ 200,000이다. ㈜한국은 20×1년 12월 말 결산 과정에서 재고자산 실사 결과 기말 재고가 ₩ 110,000인 것으로 파악되었으며, 다음의 사항은 고려하지 못하였다. 이를 반영한 후 ㈜한국의 20×1년 매출원가는? 2021년 국가직 9급

- 도착지인도조건으로 매입한 상품 ₩ 20,000은 20×1년 12월 31일 현재 운송 중이며, 20×2년 1월 2일 도착 예정이다.
- 20×1년 12월 31일 현재 시용판매를 위하여 고객에게 보낸 상품 ₩ 40,000(원가) 가운데 50%에 대하여 고객이 구매의사를 표시하였다.
- 20×1년 12월 31일 현재 ㈜민국에 담보로 제공한 상품 ₩ 50,000은 창고에 보관 중이며, 재고자산 실사 시 이를 포함하였다.

① ₩ 170,000
② ₩ 180,000
③ ₩ 190,000
④ ₩ 220,000

04 기말 재고자산 조정

CH. 2 → ② → 3. 기말 재고자산에 포함될 항목(기말 재고자산 조정) ▶ 120p

㈜한국의 2013년 재고자산을 실사한 결과 다음과 같은 오류가 발견되었다. 이러한 오류가 2013년 매출원가에 미치는 영향은? (단, ㈜한국은 실지재고조사법을 사용하고 있다) *2014년 국가직 7급*

- ㈜한국이 시용판매를 위하여 거래처에 발송한 시송품 ₩1,300,000(판매가격)에 대하여 거래처의 매입의사가 있었으나, 상품의 원가가 ㈜한국의 재고자산에 포함되어 있다. 판매가격은 원가에 30% 이익을 가산하여 결정한다.
- 2013년 중 ㈜한국은 선적지인도기준으로 상품을 ₩1,000,000에 구입하고 운임 ₩100,000을 지급하였는데, 해당 상품이 선적은 되었으나 아직 도착하지 않아 재고자산 실사에 누락되었다.
- 2013년 중 ㈜한국은 도착지인도기준으로 상품을 ₩1,000,000에 구입하고, 판매자가 부담한 운임은 ₩100,000이다. 이 상품은 회사 창고에 입고되었으나, 기말 재고자산 실사에 누락되었다.

① ₩1,100,000 과대계상
② ₩1,200,000 과대계상
③ ₩1,100,000 과소계상
④ ₩1,200,000 과소계상

정답 및 해설

02
(1) 매입: 20,000 + 2,000 − 1,000 − 600 − 400 = 20,000
(2) 매출원가: 10,000 + 20,000(매입) − 12,000 = 18,000
(3) 매출: 27,000 − 1,800 − 1,200 − 500 = 23,500
  * 판매운임은 별도의 판매관리비 처리함
(4) 매출총이익: 23,500 − 18,000 = 5,500
(5) 영업이익: 5,500 − 2,500 − 1,000 = 2,000

03
(1) 정확한 기말 재고자산: 110,000 + (40,000 × 50%) = 130,000
(2) 매출원가: 100,000 + 200,000 − 130,000 = 170,000

04

	재고	매출원가	↔	오류수정 시
판매 (시송품 판매)	과대계상: 수정 재고 감소	과소계상: 수정 매출원가 증가	↔	당기손익 과대계상: 당기손익 감소
구매 (선적지인도조건)	과소계상: 수정 재고 증가	과대계상: 수정 매출원가 감소	↔	당기손익 과소계상: 당기손익 증가
구매 (도착지인도조건)	과소계상: 수정 재고 증가	과대계상: 수정 매출원가 감소	↔	당기손익 과고계상: 당기손익 증가

매출원가에 미치는 영향: (+) 1,100,000 과대계상
= 시송품 − [1,300,000 ÷ (1 + 0.3)] + 선적지인도조건 1,100,000 + 도착지인도조건 1,000,000

정답 02 ① 03 ① 04 ①

05 기말 재고자산 조정

판매자의 기말 재고자산에 포함되지 않는 것은?

① 고객이 구매의사를 표시하지 아니하고, 반환금액을 신뢰성 있게 추정할 수 없는 시용판매상품
② 위탁판매를 하기 위하여 발송한 후, 수탁자가 창고에 보관 중인 적송품
③ 판매대금을 일정 기간에 걸쳐 분할하여 회수하는 조건으로 판매·인도한 상품
④ 도착지인도조건으로 선적되어 운송 중인 미착상품

06 재고자산의 원가흐름의 가정

<보기>는 ㈜서울의 재고자산과 관련된 자료이다. 재고자산에 대한 원가흐름의 가정으로 선입선출법을 적용하는 경우 평균법을 적용하는 경우 대비 매출원가의 감소액은? (단, 재고자산과 관련된 감모손실이나 평가손실 등 다른 원가는 없으며, ㈜서울은 재고자산 매매거래에 대해 계속기록법을 적용한다)

<보기>

일자	구분	수량	매입단가
1월 1일	기초 재고	100개	₩ 10
5월 8일	매입	50개	₩ 13
8월 23일	매출	80개	
11월 15일	매입	30개	₩ 4

① ₩ 80
② ₩ 120
③ ₩ 200
④ ₩ 240

07 재고자산의 원가흐름의 가정

재고자산에 대한 설명으로 옳은 것은?

① 기초 재고자산금액과 당기 매입액이 일정할 때, 기말 재고자산금액이 과대계상될 경우 당기순이익은 과소계상된다.
② 선입선출법은 기말에 재고로 남아 있는 항목은 가장 최근에 매입 또는 생산된 항목이라고 가정하는 방법이다.
③ 실지재고조사법을 적용하면 기록유지가 복잡하고 번거롭지만 특정 시점의 재고자산 잔액과 그 시점까지 발생한 매출원가를 적시에 파악할 수 있는 장점이 있다.
④ 도착지인도기준에 의해서 매입이 이루어질 경우, 발생하는 운임은 매입자의 취득원가에 산입하여야 한다.

정답 및 해설

05

장기 할부판매조건 등으로 인도한 상품: 판매자의 기말 재고 ×

재고자산 조정	In 창고	My 재고	가감
판매(할부)	×	×	×

▶ 오답체크

① 반환금액의 신뢰성이 없는 시용판매상품: 판매자의 기말 재고 ○

재고자산 조정	In 창고	My 재고	가감
판매(시송품)	×	○	+

② 위탁판매의 수탁자 미판매분: 판매자의 기말 재고 ○

재고자산 조정	In 창고	My 재고	가감
판매(위탁품)	×	○	+

④ 판매자 입장의 도착지인도조건 미착상품: 판매자의 기말 재고 ○

재고자산 조정	In 창고	My 재고	가감
구매(도착지)	×	×	×
판매(도착지)	×	○	+

06

(1) 매출원가(선입선출법): 800 = 판매수량 80개 × 단위당 취득원가 @10
(2) 매출원가(평균법)
    1) 평균단위원가 계산: @11 = [(100개 × @10) + (50개 × @13)] ÷ 150개
    2) 매출원가: 880 = 판매수량 80개 × 평균단위원가 @11
(3) 매출원가의 감소액: 80 = 매출원가(평균법) 880 − 매출원가(선입선출법) 800

07

선입선출법은 먼저 매입한 재고자산이 먼저 판매된 것으로 인식하는 방법이다.

▶ 오답체크

① 기초 재고자산금액과 당기 매입액이 일정할 때, 기말 재고자산금액이 과대계상 될 경우 매출원가는 과소계상된다. 매출원가의 과소계상 시 당기순이익은 과대계상된다.
③ 계속기록법을 적용하면 기록유지가 복잡하고 번거롭지만 특정 시점의 재고자산 잔액과 그 시점까지 발생한 매출원가를 적시에 파악할 수 있는 장점이 있다.
④ 도착지인도기준에 의해서 매입이 이루어질 경우, 발생하는 운임은 판매자의 비용으로 인식해야 한다.

정답 05 ③ 06 ① 07 ②

08 재고자산의 원가흐름의 가정

CH. 3 → 3 단위원가 결정방법 ▶ 125p

다음은 ㈜한국의 2015년 1월의 상품매매에 관한 기록이다. 계속기록법에 의한 이동평균법으로 상품거래를 기록할 경우 2015년 1월의 매출총이익은?

2015년 지방직 9급

일자	내역	수량	매입단가	판매단가
1월 1일	전기이월	150개	₩ 100	
1월 15일	현금매입	50개	₩ 140	
1월 20일	현금매출	100개		₩ 150
1월 25일	현금매입	100개	₩ 150	
1월 28일	현금매출	100개		₩ 160

① ₩ 2,000　　　　　　　　② ₩ 4,000
③ ₩ 7,000　　　　　　　　④ ₩ 9,000

09 재고자산의 수량배분

상품매매기업의 재고자산에 대한 설명으로 옳지 않은 것은? (단, 재고자산에 대한 감모(평가)손실, 매입할인은 없다)

2025년 국가직 9급

① 계속기록법을 적용할 경우, 재고자산 관련 기말 수정분개는 필요 없다.
② 실지재고조사법을 적용할 경우, 수정전시산표상 재고자산 금액은 재무상태표상 기초 재고자산 금액과 동일하다.
③ 계속기록법을 적용할 경우, 기중에도 재고자산의 수량과 단가를 상시적으로 파악할 수 있다.
④ 실지재고조사법을 적용할 경우, 매입계정을 재고자산 취득 시 차변에 기록하고 재고자산 판매 시 대변에 기록한다.

10 재고자산의 원가흐름의 가정

CH. 3 → 3 단위원가 결정방법 ▶ 125p

㈜한국의 6월 중 재고자산 거래가 다음과 같을 때 이에 대한 설명으로 옳지 않은 것은?

2012년 국가직 7급

일자	적요	수량	단가
6월 1일	월초 재고	100개	₩ 10
6월 9일	매입	300개	₩ 15
6월 16일	매출	200개	₩ 25
6월 20일	매입	100개	₩ 20
6월 28일	매출	200개	₩ 30

① 회사가 총평균법을 사용할 경우 매출원가는 ₩ 6,000이다.
② 회사가 선입선출법을 사용할 경우 6월 말 재고자산금액은 ₩ 2,000이다.
③ 총평균법을 사용할 경우보다 이동평균법을 사용할 경우에 순이익이 더 크다.
④ 계속기록법과 선입선출법을 사용할 경우보다 실지재고조사법과 선입선출법을 사용할 경우에 매출원가가 더 크다.

정답 및 해설

08
(1) 평균단위원가 계산(이동평균법)
  1) 1월 20일(1차): @110 = [(150개 × @100) + (50개 × @140)] ÷ 200개
  2) 1월 28일(2차): @130 = [(100개 × @110) + (100개 × @150)] ÷ 200개
(2) 매출: 31,000 = [1차 (100개 × @150) + 2차 (100개 × @160)]
(3) 매출원가: 24,000 = [1차 (100개 × @110) + 2차 (100개 × @130)]
(4) 매출총이익: 7,000 = 매출 31,000 − 매출원가 24,000

09
실지재고조사법은 재고자산 판매 시 재고자산에 대한 회계처리를 하지 않는다.

10
선입선출법의 경우 계속기록법에 의한 매출원가와 실지재고조사법에 의한 매출원가는 동일하다.
▶ 오답체크
① (1) 평균단위원가 계산(총평균법): @15
    = [(100개 × @10) + (300개 × @15) + (100개 × @20)] ÷ 500개
  (2) 매출원가: 6,000 = 판매수량 (200 + 200)개 × 평균단위원가 @15
② 재고자산금액(선입선출법): 2,000 = 잔여수량 100개 × 단위원가 @20
③ 단위당 원가를 분석하면 인플레이션하의 상황이라는 것을 알 수 있다.

참고 원가흐름의 가정별 재무제표 효과 분석

기말 재고자산의 크기		선입선출법 > 이동평균법 > 총평균법 > 후입선출법
매출원가		선입선출법 < 이동평균법 < 총평균법 < 후입선출법
당기순이익		선입선출법 > 이동평균법 > 총평균법 > 후입선출법
법인세비용(과세소득이 있는 경우)		선입선출법 > 이동평균법 > 총평균법 > 후입선출법
현금흐름	법인세효과 ×	선입선출법 = 이동평균법 = 총평균법 = 후입선출법
	법인세효과 ○	선입선출법 < 이동평균법 < 총평균법 < 후입선출법

참고 물가가 지속적으로 하락할 때는 부호 반대

정답 08 ③ 09 ④ 10 ④

11 재고자산의 감모손실과 평가손실

다음은 도·소매 기업인 ㈜한국의 상품과 관련된 자료이다. 정상적 원인에 의한 재고감모손실은 매출원가로, 비정상적 감모손실은 기타 비용으로 보고하는 경우 ㈜한국이 당기에 인식해야 할 매출원가는? (단, 재고감모손실의 30%는 비정상적 원인, 나머지는 정상적 원인에 의해 발생되었다)

2020년 국가직 9급

• 기초 상품재고액	₩ 100,000
• 당기 상품매입액	₩ 900,000
• 기말 상품재고액(장부금액)	₩ 220,000
• 기말 상품재고액(실사금액)	₩ 200,000

① ₩ 766,000   ② ₩ 786,000
③ ₩ 794,000   ④ ₩ 800,000

12 재고자산의 감모손실과 평가손실

재고자산평가손실과 정상적 원인에 의한 재고감모손실은 매출원가로, 비정상적인 감모손실은 기타 비용으로 보고하는 경우 다음 자료를 토대로 계산한 매출원가는?

2014년 국가직 9급

• 판매가능원가(= 기초 재고원가 + 당기 매입원가): ₩ 78,000
• 계속기록법에 의한 장부상 수량: 100개
• 실지재고조사에 의해 파악된 기말 재고수량: 90개
• 재고부족수량: 40%는 비정상적 원인, 나머지는 정상적 원인에 의해 발생됨
• 기말 재고자산의 원가: @₩ 100
• 기말 재고자산의 순실현가능가치: @₩ 90

① ₩ 69,500   ② ₩ 69,300
③ ₩ 68,400   ④ ₩ 68,600

정답 및 해설

11

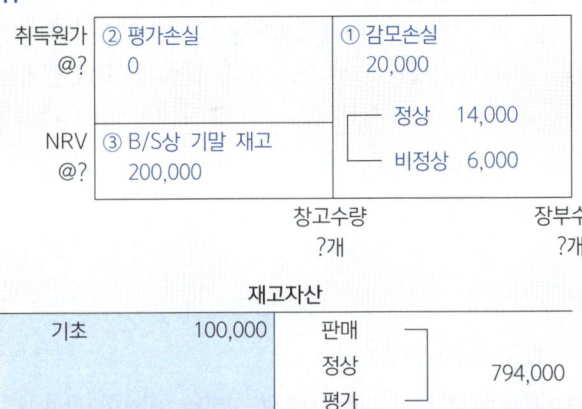

- 감모손실: 20,000
  = 220,000 − 200,000
- 평가손실: 0

(1) 감모(비정상): 6,000 = (220,000 − 200,000) × (1 − 0.7)
(2) 매출원가: 794,000 = 판매가능재고자산 1,000,000 − 비정상감모 6,000 − B/S상 기말 재고자산 200,000

12

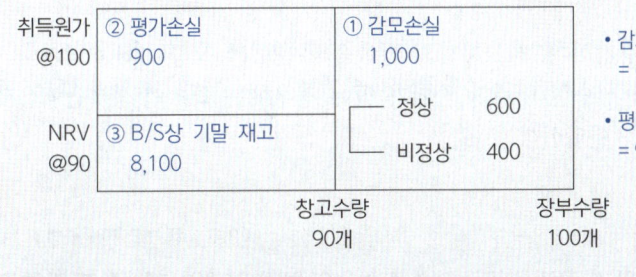

- 감모손실: 1,000
  = (100 − 90)개 × @100
- 평가손실: 900
  = 90개 × @(100 − 90)

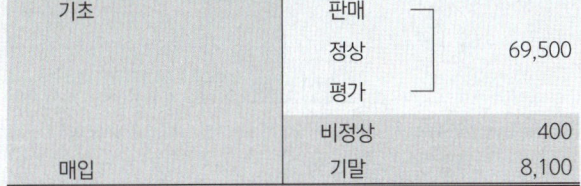

(1) 감모(비정상): 400 = (100 − 90)개 × @10 × (1 − 0.6)
(2) 매출원가: 69,500
  * 판매가능재고자산 78,000 − 비정상감모 400 − 기말 8,100

정답 11 ③ 12 ①

13 재고자산의 저가법 적용

CH. 4 → ❷ → 6. → (5) 재고자산 T계정을 이용한 풀이 TOOL(순액법 풀이) ▶ 139p

㈜한국의 20×1년 기말 재고 관련 자료는 다음과 같으며 품목별로 저가법을 적용한다.

품목	수량	취득원가	예상 판매가격	예상 판매비용
상품 a	2	@₩ 5,000	@₩ 7,000	@₩ 1,500
상품 b	3	@₩ 8,000	@₩ 9,000	@₩ 2,000
상품 c	2	@₩ 2,500	@₩ 3,000	@₩ 1,000

기초 상품재고액은 ₩ 50,000, 당기 총 매입액은 ₩ 1,000,000, 매입할인은 ₩ 50,000이며, ㈜한국은 재고자산평가손실을 매출원가에 포함한다. ㈜한국의 20×1년 포괄손익계산서상 매출원가는?

2019년 국가직 7급

① ₩ 962,000
② ₩ 964,000
③ ₩ 965,000
④ ₩ 1,050,000

14 재고자산의 저가법 적용

CH. 4 → ❷ 재고자산의 평가손실과 저가법 이용 ▶ 133p

재고자산의 순실현가능가치에 대한 설명으로 옳지 않은 것은?

2022년 국가직 7급

① 순실현가능가치를 추정할 때에는 재고자산으로부터 실현가능한 금액에 대하여 추정일 현재 사용 가능한 가장 신뢰성 있는 증거에 기초하여야 한다.
② 순실현가능가치를 추정할 때 재고자산의 보유 목적도 고려하여야 하는데, 예를 들어 확정판매계약 또는 용역계약을 이행하기 위하여 보유하는 재고자산의 순실현가능가치는 계약가격에 기초한다.
③ 완성될 제품이 원가 이상으로 판매될 것으로 예상하는 경우에는 그 생산에 투입하기 위해 보유하는 원재료 및 기타 소모품을 감액하지 아니하며, 원재료 가격이 하락하여 제품의 원가가 순실현가능가치를 초과할 것으로 예상되더라도 해당 원재료를 순실현가능가치로 감액하지 않는다.
④ 매 후속기간에 순실현가능가치를 재평가하며, 재고자산의 감액을 초래했던 상황이 해소되거나 경제상황의 변동으로 순실현가능가치가 상승한 명백한 증거가 있는 경우에는 최초의 장부금액을 초과하지 않는 범위 내에서 평가손실을 환입한다.

15 매출총이익률법

CH. 5 → ❶ 매출총이익률법 ▶ 142p

㈜한국의 수정전시산표의 각 계정잔액이 다음과 같다. 매출총이익이 ₩2,000일 때, 총 매입액은?

2020년 국가직 9급

매출관련 자료		매입관련 자료	
총매출	₩ 11,000	총매입	?
매출에누리	₩ 1,000	매입에누리	₩ 800
매출운임	₩ 300	매입운임	₩ 200
재고관련 자료			
기초 재고	₩ 600		
기말 재고	₩ 500		

① ₩ 8,500
② ₩ 8,600
③ ₩ 8,700
④ ₩ 8,800

정답 및 해설

13

	취득원가	NRV	저가법 적용
상품 a	5,000	5,500	×
상품 b	8,000	7,000	○
상품 c	2,500	2,000	○

㈜한국의 기말 재고자산: 35,000 = [2개 × @5,000] + [3개 × @(9,000 − 2,000)] + [2개 × @(3,000 − 1,000)]
(1) 상품 a: 5,000 = MIN(5,000, 7,000 − 1,500)
(2) 상품 b: 7,000 = MIN(8,000, 9,000 − 2,000)
(3) 상품 c: 2,000 = MIN(2,500, 3,000 − 1,000)

재고자산			
기초	50,000	판매 정상 평가	965,000
		비정상	0
매입	950,000	기말	35,000
	1,000,000		

(1) 매입(순): 950,000 = 총 매입 1,000,000 − 할인 50,000
(2) 기말 창고수량: 35,000[1]
   [1] 상품 a [2개 × @5,000] + 상품 b [3개 × @(9,000 − 2,000)] + 상품 c [2개 × @(3,000 − 1,000)]
(3) 매출원가: 965,000[2]
   [2] 판매가능재고자산 1,000,000 − 비정상감모손실 0 − B/S상 기말 재고자산 35,000

14
완성될 제품이 원가 이상으로 판매될 것으로 예상하는 경우에는 그 생산에 투입하기 위해 보유하는 원재료 및 기타 소모품을 감액하지 아니하나, 원재료 가격이 하락하여 제품의 원가가 순실현가능가치를 초과할 것으로 예상된다면 해당 원재료를 순실현가능가치로 감액한다.

15

재고자산			
기초	600	매출원가	8,000 ⇐ 8,000 = 10,000 − 2,000
매입	7,900	기말	500

(1) 매출(순): 10,000 = 총 매출액 11,000 − 에누리 1,000
(2) 매출원가: 8,000 = 매출 10,000 − 매출총이익 2,000
(3) 매입(순): 7,900 = 판매가능재고자산 8,500 − 기초 600
(4) 매입(총): 8,500 = 순 매입액 7,900 + 에누리 800 − 매입운임 200

정답 13 ③ 14 ③ 15 ①

16 매출총이익률법

㈜대한의 기초 및 기말 재무상태표의 매출채권 잔액은 각각 ₩ 1,000,000과 ₩ 2,000,000이고, 기초 매출채권 중 절반이 당기 중에 현금으로 회수되었다. ㈜대한의 당기 매출원가 및 매출총이익률이 각각 ₩ 7,500,000과 25%인 경우에 ㈜대한의 당기 매출액 중 현금 회수액은?

2019년 국가직 7급

① ₩ 7,000,000
② ₩ 7,500,000
③ ₩ 8,000,000
④ ₩ 8,500,000

17 매출총이익률법

도소매기업인 ㈜한국의 2016년 1월 1일부터 12월 31일까지 영업활동과 관련된 자료가 다음과 같을 때, 2016년 매출원가는? (단, 모든 매입거래는 외상매입거래이다)

2017년 국가직 9급

- 기초 매입채무   ₩ 43,000
- 기말 매입채무   ₩ 41,000
- 매입채무 현금상환   ₩ 643,000
- 기초 재고자산   ₩ 30,000
- 기말 재고자산   ₩ 27,000

① ₩ 642,000
② ₩ 644,000
③ ₩ 646,000
④ ₩ 647,000

18 매출총이익률법

상품매매기업인 ㈜우리의 결산 시점에서 각 계정의 잔액이 다음과 같을 때 매출원가와 매출총이익은?

2014년 지방직 9급

- 기초 재고   ₩ 48,000   · 당기 총매입   ₩ 320,000
- 매입에누리   ₩ 3,000   · 매입할인   ₩ 2,000
- 매입운임   ₩ 1,000   · 매입환출   ₩ 4,000
- 당기 총매출   ₩ 700,000   · 매출할인   ₩ 16,000
- 매출에누리   ₩ 18,000   · 매출환입   ₩ 6,000
- 매출운임   ₩ 1,000   · 광고비   ₩ 39,000
- 급여   ₩ 60,000   · 수선유지비   ₩ 5,000
- 기말 재고   ₩ 30,000

	매출원가	매출총이익
①	₩ 329,000	₩ 331,000
②	₩ 330,000	₩ 330,000
③	₩ 332,000	₩ 328,000
④	₩ 338,000	₩ 362,000

정답 및 해설

16

매출채권			
기초	1,000,000	회수	9,000,000
외상(순)	10,000,000	기말	2,000,000

(1) 매출원가: 7,500,000 = 매출 × (1 − 매출총이익률 0.25), 매출 = 10,000,000
(2) 회수: 9,000,000 = 차변 합계 11,000,000 − 기말 2,000,000
(3) 당기 현금 회수액: 8,500,000 = 회수 9,000,000 − 기초 (1,000,000 × 50%)

17

(1) 매입(순): 641,000

매입채무			
지급	643,000	기초	43,000
기말	41,000	외상매입	641,000

⇒ 매입(순): 641,000 = 외상매입 641,000 + 현금매입 0

(2) 매출원가: 644,000 = 판매가능재고자산 671,000 − 기말 27,000

재고자산			
기초	30,000	매출원가	644,000
매입	641,000	기말	27,000

18

재고자산			
기초	48,000	매출원가	330,000
매입	312,000	기말	30,000

⇒ 330,000 = 660,000 − x
∴ x = 330,000

(1) 매입(순): 312,000
   * 총 매입액 320,000 − (에누리 3,000 + 할인 2,000 + 환출 4,000) + 매입운임 1,000
(2) 매출(순): 660,000 = 총 매출액 700,000 − (할인 16,000 + 에누리 18,000 + 환입 6,000)
(3) 매출원가: 330,000
   * 판매가능재고자산 360,000(= 48,000 + 312,000) − 기말 재고자산 30,000
(4) 매출총이익: 330,000 = 매출 660,000 − 매출원가 330,000

정답 16 ④ 17 ② 18 ②

19 매출총이익률법

재고자산과 관련된 자료가 다음과 같을 때, 화재로 소실된 상품의 추정원가는? 2014년 국가직 9급

- 2013년 4월 30일 화재가 발생하여 보유하고 있던 상품 중 ₩350,000(원가)만 남고 모두 소실되었다.
- 2013년 1월 1일 기초 재고원가는 ₩440,000이다.
- 2013년 1월 1일부터 2013년 4월 29일까지의 매입액은 ₩900,000이다.
- 2013년 1월 1일부터 2013년 4월 29일까지의 매출액은 ₩1,000,000이다.
- 해당 상품의 매출원가 기준 매출총이익률(= 매출총이익 ÷ 매출원가)은 25%이다.

① ₩150,000
② ₩190,000
③ ₩200,000
④ ₩240,000

20 소매재고법

㈜서울은 재고자산의 평가방법으로 저가기준선입선출 소매재고법을 사용하고 있다. <보기>의 자료를 근거로 계산한 기말 재고자산의 원가는? 2018년 서울시 7급

<보기>

항목	원가	매가
기초 재고자산	₩800	₩1,000
당기 매입	₩4,200	₩6,400
매입운임	₩900	
매출액		₩4,000
인상액		₩500
인상 취소액		₩100
인하액		₩400
인하 취소액		₩200

① ₩2,223
② ₩2,290
③ ₩2,700
④ ₩2,781

21 소매재고법

㈜한국은 재고자산평가방법으로 소매재고법을 적용하고 있다. 다음 자료를 이용한 ㈜한국의 2017년 매출원가는? (단, 단위원가 결정방법으로 가중평균법을 적용한다) 2017년 지방직 9급

	원가	매가
2017년 기초 재고	₩250,000	₩400,000
2017년 순매입액	₩1,250,000	₩1,600,000
2017년 매입운임	₩100,000	–
2017년 순매출액	–	₩1,800,000

① ₩1,120,000
② ₩1,160,000
③ ₩1,280,000
④ ₩1,440,000

정답 및 해설

19

재고자산			
기초	440,000	매출원가	800,000
매입	900,000	기말	540,000

⇐ 800,000 = 1,000,000 ÷ (1 + 0.25)

(1) 매출원가: 800,000 = 매출 1,000,000 ÷ (1 + 원가가산율 0.25)
(2) 기말 재고(화재 전): 540,000 = 판매가능재고자산 1,340,000 − 매출원가 800,000
(3) 손실액: 190,000 = 기말 재고(화재 전) 540,000 − 기말 재고(화재 후) 350,000

20

재고자산(원가)					재고자산(매가)			
기초	800	매출원가	③ 3,200		기초	1,000	매출	4,000
매입	5,100				매입	6,400	정상파손	−
					순인상	400	종업원할인	−
					(순인하)	−200		
비정상파손	−	기말	② 2,700		비정상파손	−	기말	① 3,600
Ⅰ	5,900				Ⅱ	7,600		

× 0.75(= 5,100 ÷ 6,800)

(1) 기말 재고(매가): 3,600 = Ⅱ 7,600 − 매출 4,000
(2) 원가율(저가 + 선입선출): 0.75 = (Ⅰ − 기초) ÷ (Ⅱ − 기초 + 순인하) = (5,900 − 800) ÷ (7,600 − 1,000 + 200)
(3) 기말 재고(원가): 2,700 = 기말(매가) 3,600 × 원가율 0.75
(4) 매출원가: 3,200 = 차변 합계 5,900 − 기말(원가) 2,700

21

재고자산(원가)					재고자산(매가)			
기초	250,000	매출원가	1,440,000		기초	400,000	매출	1,800,000
매입[1)]	1,350,000				매입	1,600,000	정상 파손	0
					순인상	0	종업원할인	0
					(순인하)	0		
비정상파손	0	기말	160,000		비정상 파손	0	기말	200,000
Ⅰ	1,600,000				Ⅱ	2,000,000		

× 0.8(= 1,600,000 ÷ 2,000,000)

1) 매입(원가): 1,350,000 = 순매입액 1,250,000 + 매입운임 100,000

(1) 기말 재고(매가): 200,000 = Ⅱ 2,000,000 − 매출 1,800,000
(2) 원가율(가중평균법): 0.8 = Ⅰ ÷ Ⅱ = 1,600,000 ÷ 2,000,000
(3) 기말 재고(원가): 160,000 = 기말(매가) 200,000 × 원가율 0.8
(4) 매출원가: 1,440,000 = Ⅰ 1,600,000 − 기말(원가) 160,000

정답 19 ② 20 ③ 21 ④

22 생물자산

생물자산과 수확물의 인식과 측정에 대한 설명으로 옳지 않은 것은?

2022년 지방직 9급

① 생물자산에서 수확된 수확물은 수확시점에 공정가치에서 처분부대원가를 뺀 금액으로 측정하여야 한다.
② 생물자산의 공정가치에서 처분부대원가를 뺀 금액을 산정할 때에 추정 매각부대원가를 차감하기 때문에 생물자산의 최초 인식시점에 손실이 발생할 수 있다.
③ 생물자산을 최초에 원가에서 감가상각누계액과 손상차손누계액을 차감한 금액으로 측정하고, 그 이후 그러한 생물자산의 공정가치를 신뢰성 있게 측정할 수 있더라도 최초 적용한 측정방법을 변경하지 않는다.
④ 공정가치에서 처분부대원가를 뺀 금액으로 측정하는 생물자산과 관련된 정부보조금에 다른 조건이 없는 경우에는 이를 수취할 수 있게 되는 시점에만 당기손익으로 인식한다.

정답 및 해설

22
생물자산을 최초에 원가에서 감가상각누계액과 손상차손누계액을 차감한 금액으로 측정하고, 그 이후 그러한 생물자산의 공정가치를 신뢰성 있게 측정할 수 있다면 최초 적용한 측정방법을 변경한다.

정답 22 ③

PART 05 유형자산

CHAPTER 1 유형자산의 의의

1 유형자산의 정의 및 특징

1. 유형자산의 정의

유형자산은 기업이 재화나 용역의 생산이나 제공, 타인에 대한 임대 또는 관리활동에 사용할 목적으로 보유하는 물리적 형태가 있는 자산으로서 한 회계기간을 초과하여 사용할 것이 예상되는 자산으로 정의하고 있다.

2. 유형자산의 특징

유형자산은 한 회계기간을 초과하여 사용할 것으로 예상되는 자산이다. 만약에 자산을 취득하였으나 사용기간이 한 회계기간을 초과하지 못한다면 중요성의 관점에서 발생 기간의 비용으로 회계처리하는 것이 타당하다. 물리적 형태가 있는 자산이라고 해서 모두 유형자산으로 분류되는 것은 아니다. 물리적 형태가 있는 자산도 그 보유 목적에 따라 여러 가지 자산으로 분류하여 재무제표에 표시하는데, 그 이유는 자산의 보유 목적에 따라 미래 현금흐름의 창출에 기여하는 특성이 다르기 때문이다.

● 자산의 보유 목적에 따른 물리적 실체가 있는 자산의 분류

자산의 보유 목적	자산의 분류
재화나 용역의 생산이나 제공, 타인에 대한 임대 또는 관리활동에 사용할 목적으로 보유	유형자산
임대수익이나 시세차익 또는 두 가지 모두를 얻기 위하여 보유하는 부동산	투자부동산
영업활동 과정에서 판매를 위하여 보유 중이거나 생산 중인 자산 또는 생산이나 용역 제공에 사용될 원재료나 소모품	재고자산

Self Study

1. 유형자산의 특징
   ① 재화나 용역의 생산이나 제공, 타인에 대한 임대 또는 관리활동에 사용할 목적으로 보유
   ② 한 회계기간을 초과하여 사용할 것으로 예상
   ③ 물리적 실체가 있는 자산
2. 예비부품, 대기성 장비 및 수선 용구와 같은 항목은 유형자산의 정의를 충족하면 유형자산으로 인식하고, 유형자산의 정의를 충족하지 못하면 재고자산으로 분류한다.

2 유형자산의 분류

유형자산은 시간의 경과나 사용으로 인하여 가치가 감소되어 감가상각비를 인식하는 상각자산과 시간의 경과나 사용으로 인하여 가치가 감소되지 않는 비상각자산으로 나누어진다.

🔹 **유형자산의 분류**

계정과목		내용
사용 중인 자산	토지(상각 ×)	대지, 임야 등 영업활동에 사용할 목적으로 취득한 자산
	건물(상각 ○)	건물, 냉난방, 전기, 통신 및 기타 건물 부속설비
	구축물(상각 ○)	교량, 굴뚝, 저수지 등(토지, 건물 분류 불가)
	기계장치(상각 ○)	기계장치, 운송설비 및 기타의 부속설비
	기타 자산(상각 ○)	위 항목 이외의 자산, 차량운반구, 리스계량자산 등
건설 중인 자산(상각 ×)		유형자산의 건설을 위한 재료비, 노무비, 경비 등

CHAPTER 2 유형자산의 최초 인식과 측정

1 인식기준

유형자산을 인식하기 위해서는 다음의 인식기준을 모두 충족하여야 한다.

> ① 자산으로부터 발생하는 미래경제적효익이 기업에 유입될 가능성이 높다.
> ② 자산의 원가를 신뢰성 있게 측정할 수 있다.

유형자산과 관련된 모든 원가는 그 발생 시점에 인식원칙을 적용하여 평가한다. 이러한 원가에는 유형자산을 매입하거나 건설할 때 최초로 발생하는 원가뿐만 아니라 후속적으로 증설, 대체 또는 수선 및 유지와 관련하여 발생하는 원가를 포함한다. 즉, 최초 원가든 후속 원가(= 취득 후 사용 과정에서 발생하는 원가)든 관계없이 발생한 원가가 유형자산의 인식기준을 모두 충족하면 유형자산으로 인식하고, 그렇지 못하면 발생 시점에서 당기손익으로 인식한다.

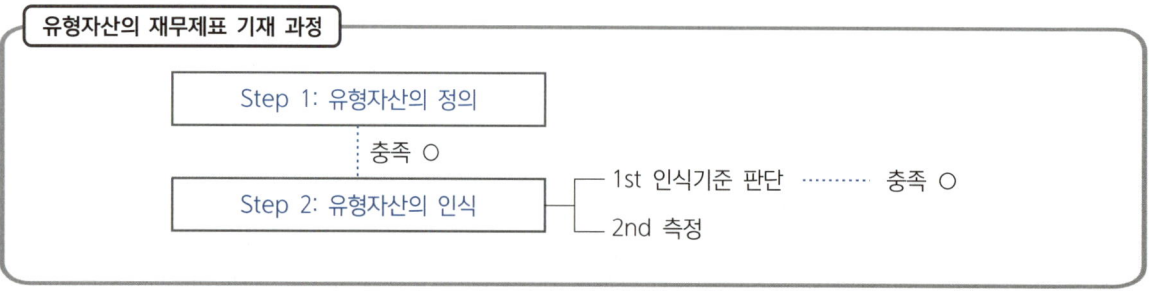

Additional Comment

자산의 정의와 인식은 별개이다. 자산의 정의에 부합되는 자원을 자산으로 인식한다는 것은 그 자원을 화폐단위로 측정하고 특정 과목을 이용하여 장부에 기록하고 재무제표에 표시하는 것을 말한다. 어떤 자원이 자산의 정의에 부합하더라도 인식을 위한 기준을 충족하지 못한다면 자산으로 인식하지 못한다.

Self Study

1. 유형자산 항목의 통합인식: 개별적으로 경미한 항목은 통합하여 인식기준을 적용한다.
2. 규제상 취득하는 자산의 인식: 안전 또는 환경상의 이유로 취득한 유형자산은 그 자체로는 직접적인 미래경제적효익을 얻을 수 없지만, 당해 유형자산을 취득하지 않았을 경우보다 관련 자산으로부터 미래경제적효익을 더 많이 얻을 수 있기 때문에 자산으로 인식할 수 있다.

계정과목	내용
개별적으로 경미한 항목	통합하여 유형자산 분류
안전 또는 환경상의 이유로 취득한 자산	자체적 효익 없어도 유형자산 분류

2 최초 인식 시 측정

유형자산 인식 시 측정은 아래의 그림과 같이 구분할 수 있다. 유형자산은 사용이 가능한 상태부터 수익을 창출할 수 있으므로 유형자산과 관련된 지출들도 사용이 가능한 시점 이후부터는 비용처리될 수 있다. 단, 유형자산의 취득과 직접적으로 관련이 없는 지출들은 그 즉시 비용처리된다.

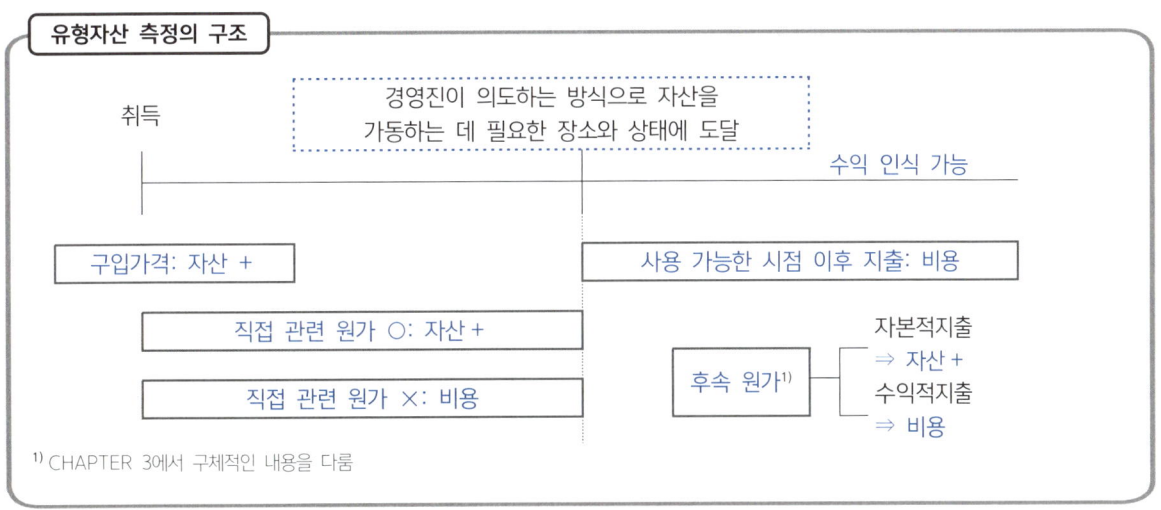

[1] CHAPTER 3에서 구체적인 내용을 다룸

1. 구입가격

재무제표에 인식하는 유형자산은 원가로 측정한다. 이때 원가란 자산을 취득하기 위하여 자산의 취득 시점이나 건설 시점에 지급한 현금 또는 현금성자산이나 기타 제공한 기타 대가의 공정가치를 의미한다. 만약, 유형자산을 무상으로 취득한 경우에는 취득한 유형자산의 공정가치를 원가로 측정한다.

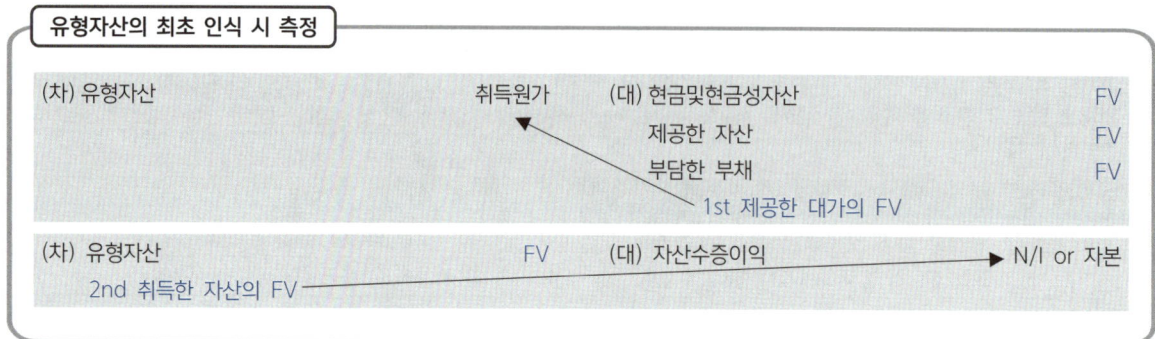

Additional Comment

관세나 환급 불가능한 취득 관련 세금(취득세, 등록세 등)은 취득 과정에서 회피할 수 없는 원가이므로 유형자산의 구입가격에 포함하는 반면, 매입할인이나 리베이트는 유형자산을 싸게 구입하는 것이므로 구입가격에서 차감한다.

2. 경영진이 의도한 방식으로 자산을 가동하는 데 필요한 장소와 상태에 이르게 하는 데 직접 관련된 원가

경영진이 의도한 방식으로 자산을 가동하는 데 필요한 장소와 상태에 이르게 하는 데 직접 관련되는 원가의 예는 아래와 같다.

① 유형자산의 매입 또는 건설과 직접적으로 관련된 종업원급여
② 취득과 관련하여 전문가에게 지급하는 수수료
③ 최초의 운송 및 취급 관련 원가, 설치장소 준비 원가, 설치원가 및 조립원가
④ 정상적인 작동을 위해 시험하는 과정에서 발생하는 시험원가

Self Study

경영진이 의도한 방식으로 유형자산을 가동할 수 있는 장소와 상태에 이르게 하는 동안에 재화(예 자산이 정상적으로 작동되는지를 시험할 때 생산되는 시제품)가 생산될 수 있다. 그러한 재화를 판매하여 얻은 매각금액과 그 재화의 원가는 적용 가능한 기준서에 따라 당기손익으로 인식한다.

3. 유형자산의 원가에 포함되지 않는 항목들(= 직접적으로 관련된 원가×)

정상적인 취득 과정에서 불가피하게 발생한 부대비용이 아니거나 미래경제적효익이 기업에 유입될 가능성이 불분명한 원가는 유형자산의 원가에 포함해서는 안 된다. 이러한 유형자산의 원가가 아닌 예는 아래와 같다.

① 새로운 시설을 개설하는 데 소요되는 원가
② 새로운 상품과 서비스를 소개하는 데 소요되는 원가(예 광고 및 판촉활동과 관련된 원가)
③ 새로운 지역 또는 고객층을 대상으로 영업을 하는 데 소요되는 원가(예 직원 교육훈련비)
④ 관리 및 기타 일반간접원가

4. 경영진이 의도하는 방식으로 자산을 가동할 수 있는 장소와 상태에 이른 후에 발생한 원가

유형자산이 경영진이 의도하는 방식으로 가동될 수 있는 장소와 상태에 이른 후에 발생한 원가는 더 이상 자산으로 인식하지 않는다. 따라서 유형자산을 사용하거나 이전하는 과정에서 발생하는 아래와 같은 원가는 유형자산의 장부금액에 포함하지 않는다.

① 유형자산이 경영진이 의도하는 방식으로 가동될 수 있으나 실제 사용되지 않고 있는 경우 또는 가동수준이 완전 조업도 수준에 미치지 못하는 경우에 발생하는 원가
② 유형자산과 관련된 산출물에 대한 수요가 형성되는 과정에서 발생하는 초기 가동손실
③ 기업의 영업 전부 또는 일부를 재배치하거나 재편성하는 과정에서 발생하는 원가

★ 사례연습 1. 유형자산의 취득원가

㈜한영은 재화의 생산을 위하여 기계장치를 취득하였으며, 관련 자료는 다음과 같다. 동 기계장치의 취득원가는?

구분	금액
구입가격(매입할인 미반영)	₩ 1,000,000
매입할인	₩ 15,000
설치장소 준비 원가	₩ 25,000
정상작동 여부 시험 과정에서 발생한 원가	₩ 10,000
정상작동 여부 시험 과정에서 생산된 시제품 순매각금액	₩ 5,000
신제품을 소개하는 데 소요되는 원가	₩ 3,000
신제품 영업을 위한 직원 교육훈련비	₩ 2,000
기계 구입과 직접적으로 관련되어 발생한 종업원급여	₩ 2,000

[풀이]

구분	금액
구입가격(매입할인 미반영)	₩ 1,000,000
매입할인	₩ (15,000)
설치장소 준비 원가	₩ 25,000
정상작동 여부 시험 과정에서 발생한 원가	₩ 10,000
정상작동 여부 시험 과정에서 생산된 시제품 순매각금액	당기손익처리
신제품을 소개하는 데 소요되는 원가	취득원가에 포함되지 않음
신제품 영업을 위한 직원 교육훈련비	취득원가에 포함되지 않음
기계 구입과 직접적으로 관련되어 발생한 종업원급여	₩ 2,000
합계	₩ 1,022,000

CHAPTER 3 유형자산의 감가상각과 후속 원가, 제거

1 감가상각의 본질

감가상각이란 당해 자산의 경제적 내용연수 동안 자산의 감가상각대상금액(= 취득원가 - 잔존가치)을 합리적이고 체계적인 방법으로 배분하여 당기비용으로 인식하는 과정을 말한다. 감가상각은 원가의 배분 과정이지 자산의 평가 과정이 아니다.

> **Additional Comment**
>
> 토지를 제외한 유형자산은 회사의 통상적인 영업활동에 사용되면서 미래의 경제적효익이 감소된다. 유형자산의 미래경제적효익의 감소 요인으로는 크게 물리적 요인(예 파손, 화재 등)과 경제적 요인(예 진부화)이 있다. 그러나 유형자산의 경제적효익의 감소 원인은 다양하고 복합적이므로 회사가 유형자산의 경제적효익의 감소분을 직접 관찰하여 화폐금액으로 측정하기는 어렵다. 대신 유형 자산의 취득원가를 합리적이고 체계적인 방법으로 배분하여 당기비용으로 인식하는데, 이를 감가상각이라고 한다.

> **Self Study**
>
> 감가상각의 목적은 원가배분이며, 자산의 평가는 아니다. 즉, 감가상각비는 취득원가 중에서 당기에 비용으로 배분된 부분을 의미하고, 재무상태표상의 유형자산의 장부금액(= 취득원가 - 감가상각누계액)은 취득원가 중에서 아직까지 비용으로 배분되지 않은 부분을 의미할 뿐이지 그 자산의 공정가치가 아니다.

2 감가상각단위와 감가상각액의 회계처리

1. 감가상각단위 - 유의적인 일부의 원가

유형자산을 구성하는 일부의 원가가 당해 유형자산의 전체 원가와 비교하여 유의적이라면, 해당 유형자산을 감가상각할 때 그 부분은 별도로 구분하여 감가상각한다. 단, 일부의 원가가 당해 유형자산의 전체 원가와 비교하여 유의적이지 않더라도 그 부분을 별도로 구분하여 감가상각할 수 있다.

유형자산의 일부를 별도로 구분하여 감가상각하는 경우에는 동일한 유형자산을 구성하고 있는 나머지 부분도 별도로 구분하여 감가상각한다. 나머지 부분은 개별적으로 유의적이지 않은 부분들로 구성된다.

2. 감가상각액의 회계처리

각 기간의 감가상각액은 당기손익으로 인식한다. 그러나 유형자산에 내재된 미래경제적효익이 다른 자산을 생산하는 데 사용되는 경우도 있는데, 이러한 경우 유형자산의 감가상각액은 해당 자산의 원가의 일부가 된다. 감가상각은 여러 기간에 걸쳐 자산을 비용으로 대체하는 회계처리이다. 즉, 현금 지급 등으로 자산으로 인식한 금액 중 일부를 매 결산 시 비용으로 대체하는 결산수정분개이다. 감가상각의 회계처리는 다음과 같다.

(차) 감가상각비	N/I	(대) 감가상각누계액	자산의 차감계정

B/S			
유형자산	취득원가		
(감가상각누계액)	(Σ감가상각비)		
	BV		

감가상각누계액 계정은 대변 과목이지만 부채가 아니라 차변의 자산에 대한 차감계정이다.

> **Additional Comment**
>
> 예를 들어 제품 생산에 사용되는 기계장치의 감가상각비는 제품 제조원가의 일부이므로 발생 시 제품의 장부금액에 포함시키고, 향후 동 제품이 판매될 때 비용(매출원가)으로 인식한다.
>
> | 감가상각비 발생 | (차) 감가상각비 | A | (대) 감가상각누계액 | A |
> |---|---|---|---|---|
> | 장부금액에 포함 | (차) 재고자산 | A | (대) 감가상각비 | A |
> | 제품 판매 | (차) 매출원가 | A | (대) 재고자산 | A |

3 감가상각액의 기본요소

특정 회계연도의 감가상각비를 계산하기 위해서는 아래의 3가지 기본요소가 먼저 결정되어야 한다.

1. 감가상각대상금액

감가상각대상금액이란 취득원가에서 잔존가치를 차감한 것으로 당해 자산을 수익 획득 과정에서 이용하는 기간 동안 인식할 총 감가상각비를 의미한다. 유형자산의 감가상각대상금액은 내용연수에 걸쳐 체계적인 방법으로 배분된다.

> 감가상각대상금액(감가상각기준액) = 유형자산의 원가(취득원가) - 잔존가치

잔존가치는 자산이 이미 오래되어 내용연수 종료 시점에 도달하였다는 가정하에 자산의 처분으로부터 현재 획득할 금액에서 추정 처분부대원가를 차감한 금액의 추정치를 말한다. (잔존가치 = 내용연수 종료 시점의 처분금액 - 처분부대원가)

> **Self Study**
>
> 1. 잔존가치는 적어도 매 회계연도 말에 재검토하고 재검토의 결과 추정치가 종전의 추정치와 다르다면 그 차이는 회계추정의 변경으로 회계처리한다.
> 2. 토지와 건물을 동시에 취득하는 경우에도 이들은 분리 가능한 자산이므로 별개의 자산으로 회계처리한다. 건물이 위치한 토지의 가치가 증가하더라도 건물의 감가상각대상금액에는 영향을 미치지 않는다.

2. 내용연수

유형자산의 감가상각은 자산이 사용 가능한 때부터 시작한다. 유형자산을 매각예정비유동자산으로 분류하거나 재무상태표에서 제거하지 않는 한 내용연수 동안 감가상각하는데, 여기서 내용연수란 기업에서 자산을 사용 가능할 것으로 기대되는 기간 또는 자산에서 얻을 것으로 예상되는 생산량이나 이와 유사한 단위 수량을 말한다. 유형자산의 내용연수는 자산으로부터 기대되는 효용에 따라 결정된다. 내용연수와 관련된 한국채택국제회계기준의 규정은 아래와 같다.

> ① 유형자산의 감가상각은 자산이 사용 가능한 때부터 시작한다. 즉, 경영진이 의도하는 방식으로 자산을 가동하는 데 필요한 장소와 상태에 이른 때부터 시작한다.
> ② 유형자산의 내용연수는 자산으로부터 기대되는 효용에 따라 결정되므로 내용연수는 일반적 상황에서의 경제적 내용연수보다 짧을 수 있다. 유사한 자산에 대한 기업의 경험에 비추어 해당 유형자산의 내용연수를 추정해야 한다.
> ③ 유형자산의 미래경제적효익은 주로 사용함으로써 소비하는 것이 일반적이다. 그러나 자산을 사용하지 않더라도 기술적 또는 상업적 진부화와 마모 또는 손상 등의 다른 요인으로 인하여 자산에서 얻을 것으로 예상하였던 경제적효익이 감소될 수 있으므로 자산의 내용연수를 결정할 때에는 다른 요인들을 고려하여야 한다.

Self Study
내용연수는 적어도 매 회계연도 말에 재검토하고 재검토의 결과 추정치가 종전의 추정치와 다르다면 그 차이는 회계추정의 변경으로 회계처리한다.

3. 감가상각방법

감가상각방법은 감가상각대상금액을 내용연수에 걸쳐 각 회계기간에 배분하는 방법을 말한다. 감가상각방법은 자산의 미래경제적효익이 소비되는 형태를 반영하여 결정하고, 예상 소비 형태가 달라지지 않는 한 매 회계기간에 일관성 있게 적용한다.

유형자산의 감가상각방법에는 아래와 같은 방법들이 있다.

> ① 균등상각법: 정액법
> ② 체감상각법: 연수합계법, 정률법, 이중체감법
> ③ 활동기준법: 생산량비례법

균등상각법은 매기 일정액의 감가상각비를 인식하는 방법이고, 체감상각법은 내용연수 초반부에는 감가상각비를 많이 인식하고 후반부로 갈수록 감가상각비를 적게 인식하는 방법이다. 또한 활동기준법은 자산을 이용한 활동량에 따라 감가상각비를 인식하는 방법이다.

Self Study
1. 한국채택국제회계기준은 자산의 사용을 포함하는 활동에서 창출되는 수익에 기초한 감가상각방법을 인정하지 않는다. 그러한 활동으로 창출되는 수익은 일반적으로 자산의 경제적효익의 소비 외 요소를 반영한다(예 가격의 변동).
2. 감가상각방법에 따라 각 회계기간단위로 배분되는 감가상각액은 다르지만, 내용연수 동안 총 감가상각액은 동일하다.
3. 감가상각방법은 적어도 매 회계연도 말에 재검토하고 재검토의 결과 추정치가 종전의 추정치와 다르다면 그 차이는 회계추정의 변경으로 회계처리한다.

4 감가상각비의 계산

유형자산의 감가상각대상금액을 내용연수 동안 체계적으로 배분하기 위해 다양한 방법을 사용할 수 있다. 이러한 감가상각방법에는 정액법, 체감잔액법과 생산량비례법이 있다. 정액법은 잔존가치가 변동하지 않는다고 가정할 때 자산의 내용연수 동안 매 기간 일정액의 감가상각액을 계상하는 방법이며, 체감잔액법은 자산의 내용연수 동안 감가상각액이 매 기간 감소하는 방법이다. 또한 생산량비례법은 자산의 예상 조업도 또는 예상 생산량에 기초하여 감가상각액을 계산하는 방법이다. 정액법과 체감잔액법의 연도별 감가상각비를 비교하면 아래와 같다.

● 정액법과 체감잔액법의 비교

총 감가상각비	정액법 = 체감잔액법
내용연수 초기의 감가상각비	정액법 < 체감잔액법
내용연수 후기의 감가상각비	정액법 > 체감잔액법

1. 감가상각방법의 계산구조

감가상각의 각 방법별 계산구조는 아래와 같다.

상각방법	감가상각대상금액	상각률
정액법	취득원가 - 잔존가치	1/내용연수
연수합계법	취득원가 - 잔존가치	내용연수 역순/내용연수 합계
생산량비례법	취득원가 - 잔존가치	당기생산량/총생산가능량
정률법	기초 장부가액 = 취득원가 - 기초 감가상각누계액	별도의 상각률
이중체감법	기초 장부가액 = 취득원가 - 기초 감가상각누계액	2/내용연수

Additional Comment

체감잔액법의 경우 감가상각대상금액이나 기초 유형자산의 장부금액에 상각률을 곱하여 감가상각비를 매년 계상하고 내용연수가 경과할수록 감가상각비가 감소하여야 하는데, 이를 위해서 연수합계법은 감가상각대상금액은 고정이지만 상각률이 매년 감소한다. 이에 반해 이중체감법과 정률법은 상각률이 변동하지 않고 기초 유형자산의 장부금액이 매년 감소한다.

1. 정액법, 연수합계법, 생산량비례법: $\dfrac{(취득가 - 잔존가치)}{고정} \times \dfrac{상각률}{(변동, 정액법 제외)}$

2. 이중체감법, 정률법: $\dfrac{기초\ BV(취득가 - 기초\ 감가상각누계액)}{변동} \times \dfrac{상각률}{고정}$

(1) 정액법(가정: 자산의 가치가 시간의 경과에 따라 감소)

정액법은 잔존가치가 변동하지 않는다고 가정할 때 자산의 내용연수 동안 매 기간 일정액의 감가상각액을 계상하는 방법이다.

(2) 정률법(가정: 진부화)

정률법은 기초의 장부금액(= 취득원가 - 기초 감가상각누계액)에 매기 일정한 상각률을 곱하여 계산하는 방법이다. 정률법은 상각률에 잔존가치가 이미 고려되어 있기 때문에 감가상각비 계산 시 잔존가치를 고려하지 않는다.

(3) 이중체감법(가정: 진부화)

이중체감법은 기초 장부금액(= 취득원가 − 기초 감가상각누계액)에 상각률을 곱하여 감가상각비를 계산하는 방법이다. 정률법과 유사하나 상각률은 정액법 상각률의 2배를 곱하여 사용한다.

(4) 연수합계법(가정: 진부화)

연수합계법은 감가상각대상금액(= 취득원가 − 잔존가치)에 다른 상각률을 곱하여 매기 감가상각액을 구한다. 상각률의 분모는 내용연수의 합계금액이고 분자는 내용연수의 역순으로 매년 다른 상각률이 계산된다.

★ 사례연습 2. 감가상각비의 계산

㈜토리는 20×1년 초에 기계장치를 ₩ 2,000,000에 취득하여 사용을 개시하였다. ㈜토리의 보고기간은 매년 1월 1일부터 12월 31일까지이며, 관련 자료는 다음과 같다.

> (1) 기계장치의 내용연수는 3년, 잔존가치는 ₩ 200,000으로 추정되며, 총 생산단위는 250,000개로 추정된다.
> (2) ㈜토리는 20×1년에 80,000개의 제품을 생산하였으며, 20×2년에는 100,000개의 제품을 생산, 20×3년에는 70,000개의 제품을 생산하였다.

다음의 각 방법에 따라 연도별 감가상각비를 계산하시오.

① 정액법 ② 연수합계법
③ 생산량비례법 ④ 정률법(상각률: 0.536)
⑤ 이중체감법(상각률: 0.667)

[풀이]

① 정액법의 감가상각비

연도	계산근거	감가상각비	감가상각누계액	장부금액
취득 시	−	−	−	2,000,000
20×1년 말	(2,000,000 − 200,000)/3	600,000	600,000	1,400,000
20×2년 말	(2,000,000 − 200,000)/3	600,000	1,200,000	800,000
20×3년 말	(2,000,000 − 200,000)/3	600,000	1,800,000	200,000

② 연수합계법의 감가상각비

연도	계산근거	감가상각비	감가상각누계액	장부금액
취득 시	−	−	−	2,000,000
20×1년 말	(2,000,000 − 200,000) × 3/6[1]	900,000	900,000	1,100,000
20×2년 말	(2,000,000 − 200,000) × 2/6	600,000	1,500,000	500,000
20×3년 말	(2,000,000 − 200,000) × 1/6	300,000	1,800,000	200,000

[1] 1 + 2 + 3 = 6

③ 생산량비례법의 감가상각비

연도	계산근거	감가상각비	감가상각누계액	장부금액
취득 시	−	−	−	2,000,000
20×1년 말	1,800,000 × 80,000/250,000	576,000	576,000	1,424,000
20×2년 말	1,800,000 × 100,000/250,000	720,000	1,296,000	704,000
20×3년 말	1,800,000 × 70,000/250,000	504,000	1,800,000	200,000

④ 정률법의 감가상각비

연도	계산근거	감가상각비	감가상각누계액	장부금액
취득 시	-	-	-	2,000,000
20×1년 말	2,000,000 × 0.536	1,072,000	1,072,000	928,000
20×2년 말	928,000 × 0.536	497,408	1,569,408	430,592
20×3년 말	430,592 - 200,000	230,592	1,800,000	200,000

⑤ 이중체감법의 감가상각비

연도	계산근거	감가상각비	감가상각누계액	장부금액
취득 시	-	-	-	2,000,000
20×1년 말	2,000,000 × 2/3(0.667)	1,334,000	1,334,000	666,000
20×2년 말	666,000 × 2/3(0.667)	444,222	1,778,222	221,778
20×3년 말	221,778 - 200,000	21,778	1,800,000	200,000

Self Study

정률법과 이중체감법은 내용연수가 종료되는 회계연도에는 감가상각비를 계산한 이후의 장부금액이 잔존가치와 다르므로 잔존가치를 남겨두기 위하여 기초 장부금액에서 잔존가치를 차감한 금액을 감가상각비로 계상한다.

2. 회계기간 중 취득한 유형자산의 감가상각비 계산과 월할 상각

지금까지의 서술은 감가상각비 계산을 1년 단위로 한 것이었지만, 일반적으로 유형자산의 구입과 처분은 보고기간의 기초나 기말에 발생하기보다 기중에 발생한다. 따라서 유형자산을 기중에 취득한 경우에는 1년치 감가상각비를 다 인식하는 것보다 취득 시점부터 기말까지의 기간에 대하여만 감가상각비를 인식하는 것이 더 합리적이다. 이를 월할 상각이라고 하는데 월할 상각이란 1년 단위로 계산한 감가상각비를 보고기간의 월수에 비례하여 배분하는 방법이다.

(1) 기중 취득에 따른 월할 상각의 계산방법

① 정액법, 정률법, 이중체감법으로 감가상각을 하는 경우 감가상각대상금액에 해당 연도의 상각 기간에 따라 월수를 고려하여 감가상각비를 계상한다.
② 연수합계법의 경우 상각률이 매년 변동하므로 구입연도와 그 다음 연도까지의 1년 전체의 감가상각비를 계상한 후에 월수에 따라 안분 후 감가상각비를 계상한다.

기중 취득에 따른 월할 상각

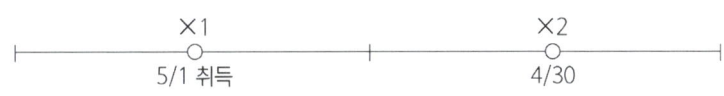

① 방법별 ×1년의 감가상각비 계산식 (단, 연수합계법은 내용연수 3년 가정)

구분	×1년 계상 감가상각비
정액법	(취득원가 - 잔존가치)/내용연수 × 8/12
정률법	(취득원가 - 기초 감가상각누계액) × 상각률 × 8/12
이중체감법	(취득원가 - 기초 감가상각누계액) × 2/내용연수 × 8/12
연수합계법	(취득원가 - 잔존가치) × 3/6 × 8/12

② 방법별 ×2년의 감가상각비 계산식 (단, 연수합계법은 내용연수 3년 가정)

구분	×2년 계상 감가상각비
정액법	(취득원가 - 잔존가치)/내용연수
정률법	(취득원가 - 기초 감가상각누계액) × 상각률
이중체감법	(취득원가 - 기초 감가상각누계액) × 2/내용연수
연수합계법	[(취득원가 - 잔존가치) × 3/6 × 4/12] + [(취득가액 - 잔존가치) × 2/6 × 8/12]

(2) 정률법과 이중체감법의 기중 취득에 따른 월할 상각의 계산방법

정률법과 이중체감법은 1년분의 감가상각비를 계산한 후 월수에 비례하여 배분하는 방법을 사용하거나 취득한 이후의 보고기간에는 월수에 비례하지 않고 기초 장부금액에 상각률을 곱하여 계산하여도 동일한 금액으로 계산된다. 그러므로 정률법과 이중체감법은 취득한 회계연도에만 월할 상각하고 다음 회계연도부터는 일반적인 방법을 적용해도 동일한 결과에 도달한다.

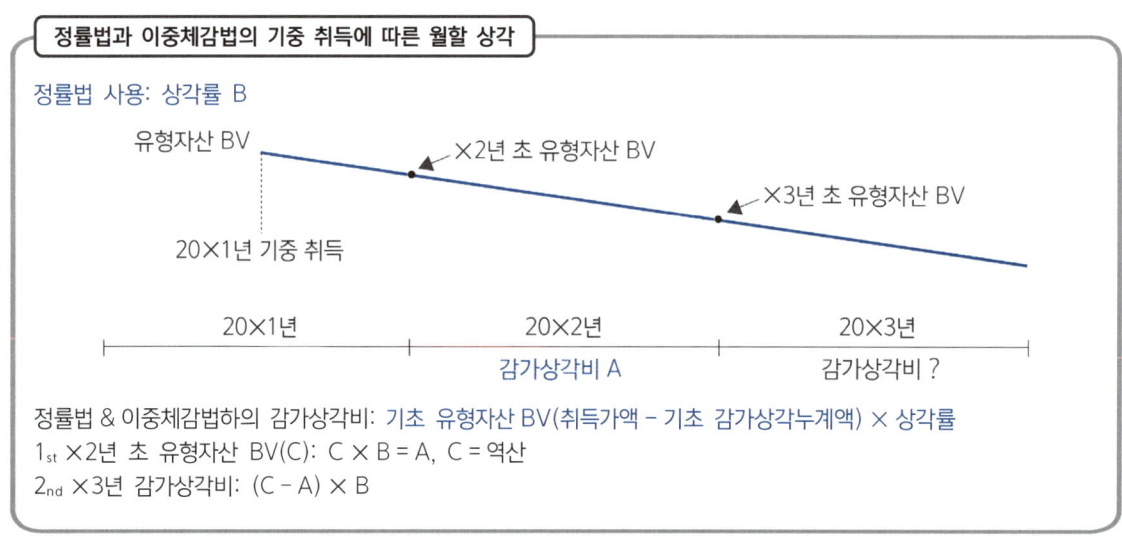

Self Study
1. 특별히 언급이 없는 한 월 단위에 따라 안분하여 상각한다.
2. 이중체감법과 정률법은 기중 취득을 하여도 취득 다음 연도의 감가상각대상금액은 기초 장부가액(취득원가 - 기초 감가상각누계액)이므로 다음 연도에는 별도의 월할 상각을 고려할 필요가 없다.

사례연습 3. 기중 취득 시 감가상각비 계산

㈜도도는 기계장치를 20×1년 5월 1일 ₩2,000,000에 취득하고 사용을 개시하였다. 잔존가치는 ₩200,000, 내용연수 3년으로 감가상각하려 한다. 아래의 물음에 답하시오.

[물음 1]
정액법 상각 시 20×1년과 20×2년의 감가상각비를 구하시오.

[물음 2]
이중체감법 상각 시 20×1년과 20×2년의 감가상각비를 구하시오.

[물음 3]
연수합계법 상각 시 20×1년과 20×2년의 감가상각비를 구하시오.

풀이

[물음 1]
(1) 20×1년 감가상각비: [(2,000,000 − 200,000)/3] × 8/12 = 400,000
(2) 20×2년 감가상각비: (2,000,000 − 200,000)/3 = 600,000

[물음 2]
(1) 20×1년 감가상각비: (2,000,000 − 0) × 2/3 × 8/12 = 888,889
(2) 20×2년 감가상각비: (2,000,000 − 888,889) × 2/3 = 740,741

[물음 3]
(1) 20×1년 감가상각비: [(2,000,000 − 200,000) × 3/6] × 8/12 = 600,000
(2) 20×2년 감가상각비: 300,000 + 400,000 = 700,000
   1) [(2,000,000 − 200,000) × 3/6] × 4/12 = 300,000
   2) [(2,000,000 − 200,000) × 2/6] × 8/12 = 400,000

기출문제

1. ㈜한국은 20×1년 10월 1일에 기계장치를 ₩1,200,000(내용연수 4년, 잔존가치 ₩200,000)에 취득하고 연수합계법을 적용하여 감가상각하고 있다. 20×2년 말 포괄손익계산서와 재무상태표에 보고할 감가상각비와 감가상각누계액은? (단, 감가상각비는 월할 계산한다)   2018년 국가직 9급

① 감가상각비 ₩375,000   감가상각누계액 ₩475,000
② 감가상각비 ₩375,000   감가상각누계액 ₩570,000
③ 감가상각비 ₩450,000   감가상각누계액 ₩475,000
④ 감가상각비 ₩450,000   감가상각누계액 ₩570,000

해설

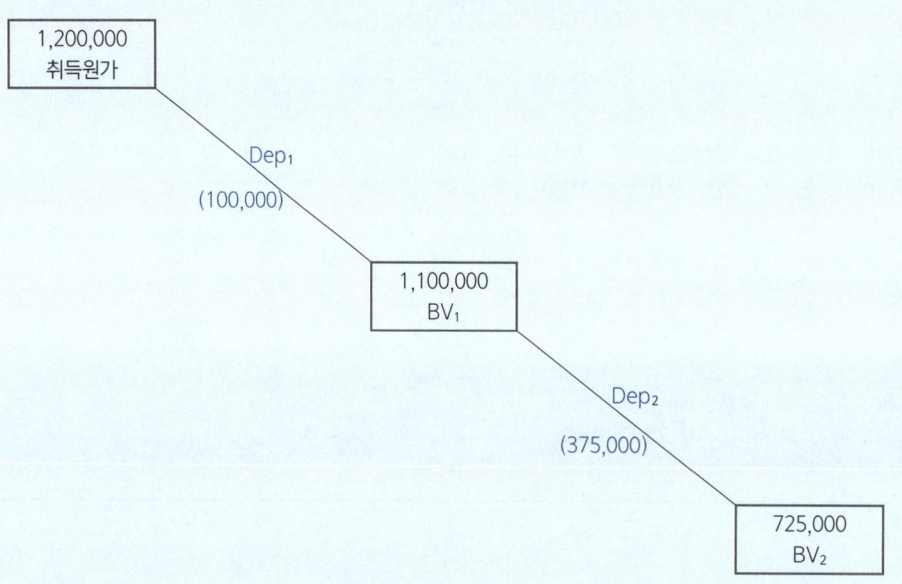

(1) ×1년 취득원가(기계): 1,200,000
(2) ×1년 Dep: 100,000 = (1,200,000 − 200,000) × $\frac{4}{4+3+2+1}$ × 3/12
(3) ×1년 말 BV: 1,100,000 = 1,200,000 − 100,000
(4) ×2년 Dep: 375,000
  * [(1,200,000 − 200,000) × $\frac{4}{4+3+2+1}$ × 9/12] + [(1,200,000 − 200,000) × $\frac{3}{4+3+2+1}$ × 3/12]
(5) ×2년 말 BV: 725,000 = 1,100,000 − 375,000
∴ ×2년 감가상각누계액: 475,000 = 100,000 + 375,000

답 ①

3. 기타 사항

(1) 감가상각의 개시와 중지

유형자산의 감가상각은 자산이 사용 가능한 때부터 시작한다. 이는 경영진이 의도하는 방식으로 자산을 가동하는 데 필요한 장소와 상태에 이른 때부터 시작한다. 감가상각은 자산이 매각예정자산으로 분류되는 날과 자산이 제거되는 날 중 이른 날에 중지한다.

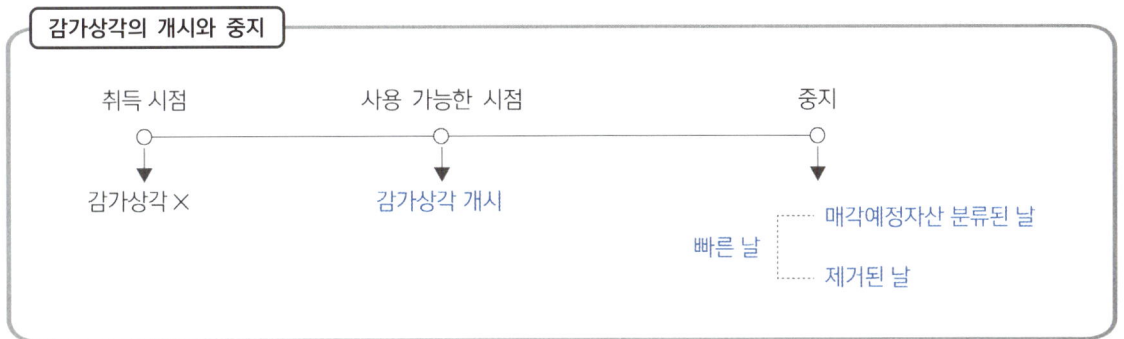

(2) 감가상각의 중단

유형자산이 가동되지 않거나 유휴상태가 되더라도, 감가상각이 완전히 이루어지기 전까지는 감가상각을 중단하지 않는다. 그러나 유형자산의 사용 정도에 따라 감가상각을 하는 경우에는 생산활동이 이루어지지 않을 때 감가상각액을 인식하지 않는다.

(3) 잔존가치가 유형자산의 장부금액보다 큰 경우

유형자산의 잔존가치가 해당 자산의 장부금액과 같거나 큰 금액으로 증가하는 경우에는 자산의 잔존가치가 장부금액보다 작은 금액으로 감소될 때까지 유형자산의 감가상각액은 '0'이 된다. 더하여 유형자산의 공정가치가 장부금액을 초과하더라도 잔존가치가 장부금액을 초과하지 않는 한 감가상각액을 계속 인식한다.

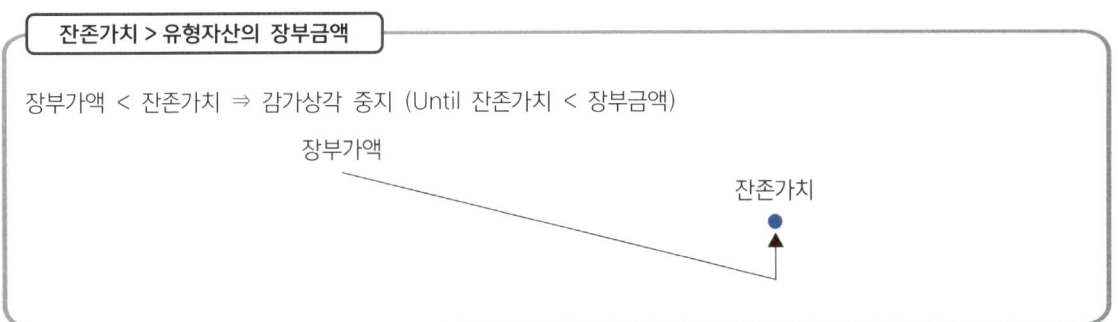

> **기출문제**

2. 유형자산의 감가상각에 대한 설명 중 옳지 않은 것은? 2017년 국가직 9급

① 유형자산의 기말 공정가치 변동을 반영하기 위해 감가상각한다.
② 감가상각방법은 자산의 미래경제적효익이 소비될 것으로 예상되는 형태를 반영한다.
③ 각 기간의 감가상각액은 다른 자산의 장부금액에 포함되는 경우가 아니라면 당기손익으로 인식한다.
④ 잔존가치, 내용연수, 감가상각방법은 적어도 매 회계연도 말에 재검토한다.

해설
(1) 감가상각은 자산의 평가 과정이 아니라 원가의 배분 과정이다.
    감가상각이란 자산의 경제적 내용연수 동안 자산의 감가상각대상금액을 합리적이고 체계적인 방법으로 배분하여 당기비용으로 인식하는 과정이다.
(2) 감가상각방법은 적어도 매 회계연도 말에 재검토한다.
    재검토결과 자산의 미래경제적효익의 예상되는 소비형태가 유의적으로 달라졌다면, 감가상각방법을 변경한다. 이러한 변경은 회계추정의 변경으로서 전진법으로 회계처리한다.   답 ①

5 후속 원가

유형자산을 매입하거나 건설할 때 최초로 발생하는 원가뿐 아니라 사용하는 기간 동안에도 후속적으로 증설, 대체 또는 수선·유지와 같은 자산과 관련된 여러 가지 지출이 발생한다. 이를 후속 원가라 하며, 한국채택국제회계기준에서는 후속 원가를 자산의 취득원가로 포함할 수 있는지에 대해서 최초 인식과 동일하게 판단하도록 하고 있다. 따라서 유형자산의 인식기준을 모두 충족하면 당해 지출을 취득원가(자산)로 인식하며, 충족하지 못하는 경우에는 당해 지출을 발생 시점에 당기비용으로 인식한다.

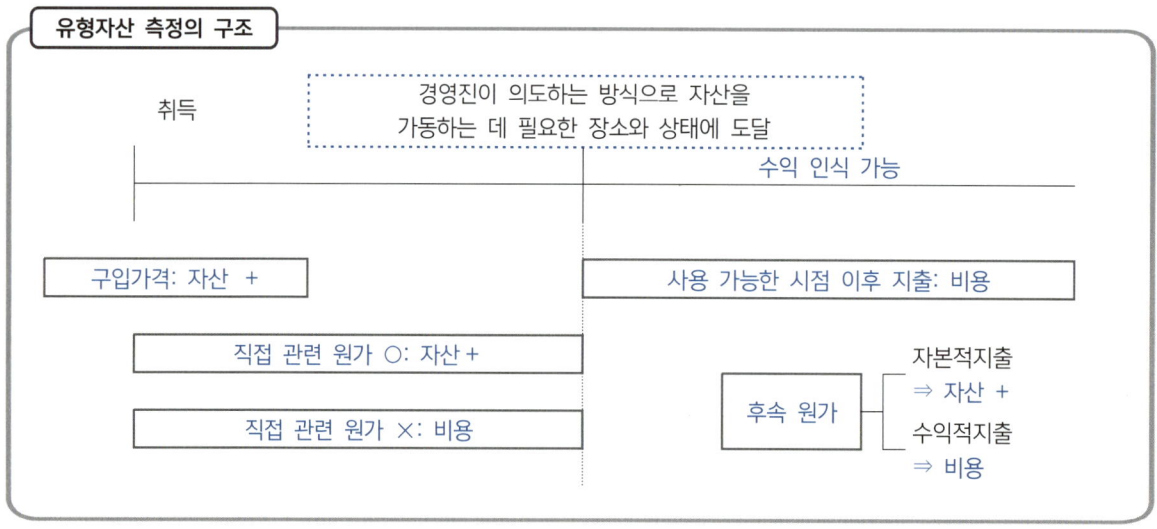

1. 수익적지출

유형자산의 인식기준을 충족하지 못하는 일상적인 수선·유지와 관련하여 발생하는 원가는 해당 유형자산의 장부금액에 포함하여 인식하지 않고 발생 시점에 당기손익으로 인식한다. 일상적인 수선·유지과정에서 발생하는 원가는 주로 노무비와 소모품비로 구성되며 사소한 부품 원가가 포함될 수 있다. 이러한 지출의 목적은 보통 유형자산의 '수선과 유지'를 위한 것이며, 일반적으로 이를 수익적지출이라고 한다.

● 수익적지출의 회계처리

인식요건	구분				비고
인식기준 ×	(차) 수선유지비	××	(대) 현금 등	××	원상회복, 능력유지, 소액지출

2. 자본적지출

후속적으로 발생한 지출이 자산으로부터 발생하는 미래경제적효익이 기업에 유입될 가능성이 높고, 자산의 원가를 신뢰성 있게 측정할 수 있으면 자산의 취득원가에 가산하여 회계처리하는데 이를 자본적지출이라고 한다.

● 자본적지출의 회계처리

인식요건	구분				비고
인식기준 ○	(차) 유형자산	××	(대) 현금 등	××	내용연수 증가 미래 제공 서비스의 양 or 질 증가

3. 자본적지출과 감가상각

회계연도 중 유형자산에 자본적지출이 발생한 경우에는 자본적지출이 발생한 시점부터 해당 자산의 잔존내용연수에 걸쳐 감가상각비를 계산한다. 또한 자본적지출로 인하여 내용연수, 잔존가치의 증가가 생긴다면 이는 회계추정의 변경으로 회계처리한다.

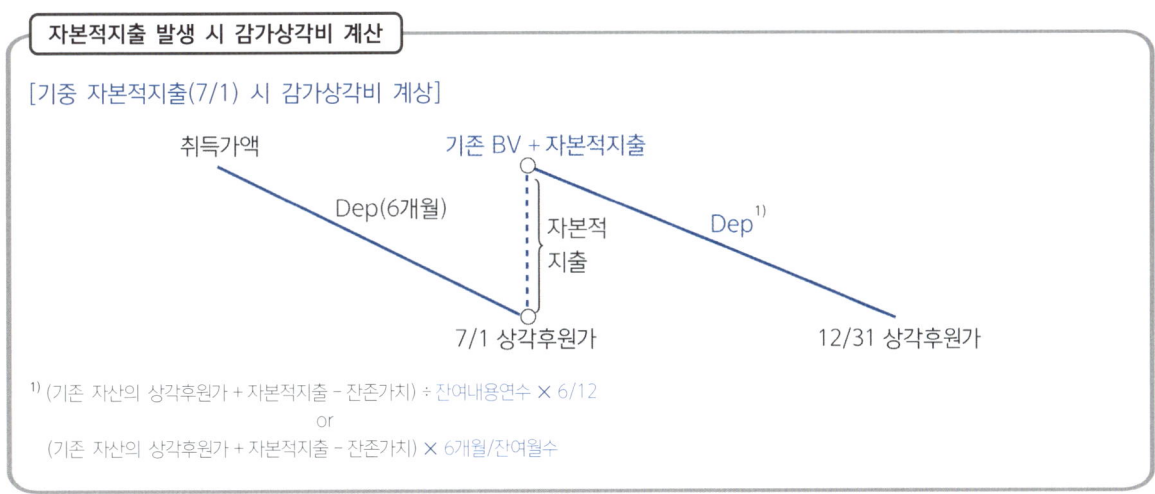

[기중 자본적지출(7/1) 시 감가상각비 계상]

[1] (기존 자산의 상각후원가 + 자본적지출 − 잔존가치) ÷ 잔여내용연수 × 6/12
or
(기존 자산의 상각후원가 + 자본적지출 − 잔존가치) × 6개월/잔여월수

Self Study

자본적지출로 인하여 내용연수나 잔존가치가 변경된 경우에는 지출이 발생한 시점 현재 기존 자산의 장부금액에 자본적지출을 가산한 금액을 새로운 취득원가로 보고 잔존내용연수 동안 감가상각한다.

기출문제

3. ㈜한국은 20×1년 1월 1일에 기계장치를 ₩450,000에 취득하면서 운송비와 설치비로 ₩50,000을 지출하였다. 이 기계장치는 내용연수 5년, 잔존가치 ₩0으로 정액법을 적용하여 감가상각하고 있다. 20×3년 1월 1일 사용중이던 동 기계장치의 생산능력을 높이고 사용기간의 연장을 위해 ₩100,000을 지출하였으며, 일상적인 수선을 위해 ₩5,000을 지출하였다. 지출의 결과로 기계장치의 내용연수는 5년에서 7년으로 연장되었으며 잔존가치는 ₩50,000으로 변경되었다. ㈜한국이 20×3년도에 인식해야 할 감가상각비는? (단, 원가모형을 적용하며 손상차손은 없다)   2019년 국가직 9급

① ₩50,000
② ₩60,000
③ ₩70,000
④ ₩80,000

해설

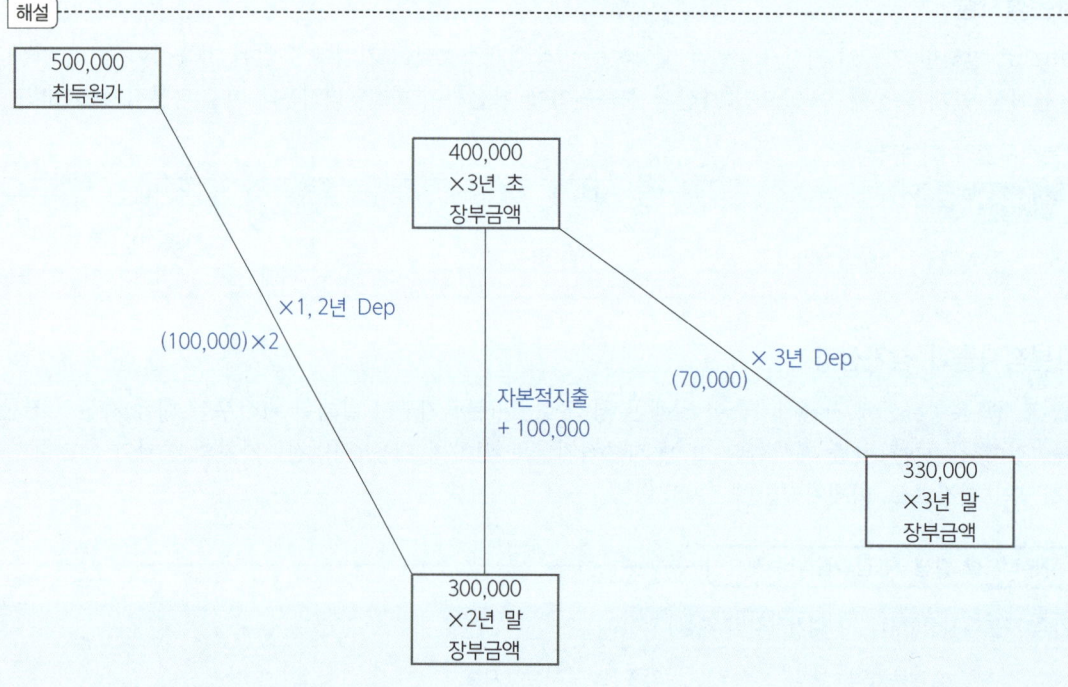

(1) ×1년 취득원가(기계): 500,000 = 450,000 + 50,000
(2) 정액법 Dep: 100,000 = (500,000 − 0) × 1/5
(3) ×2년 말 BV: 300,000 = 500,000 − (100,000 × 2)
(4) ×3년 초 자본적지출 후 BV: 400,000 = 300,000 + 100,000
   * 일상적인 수선유지비: 당기비용으로 처리
(5) ×3년 Dep: 70,000 = (400,000 − 50,000) × 1/(5 − 2 + 2)
(6) ×3년 말 BV: 330,000 = 400,000 − 70,000

답 ③

6 유형자산의 제거

유형자산의 장부금액은 처분하는 때 또는 사용이나 처분을 통하여 미래경제적효익이 기대되지 않을 때 제거한다. 유형자산 항목의 일부에 대한 대체원가를 자산의 장부금액으로 인식하는 경우, 대체되는 부분이 별도로 분리되어 상각되었는지 여부와 관계없이 대체된 부분의 장부금액을 제거한다.

유형자산의 제거로 인해 발생하는 손익은 순매각금액과 장부금액의 차이로 결정하며, 유형자산처분손익의 과목으로 하여 당기손익으로 인식한다. 처분일에 매각금액이 수취되지 않는 경우 매각금액은 현금가격상당액[= PV(수취할 현금)]으로 인식하고, 명목금액과의 차이는 유효이자율을 적용하여 이자수익으로 인식한다.

1. 회계연도 중에 유형자산을 처분하는 경우

유형자산의 장부금액은 유형자산의 원가에서 감가상각누계액과 손상차손누계액을 뺀 후의 금액이다. 만약, 회계연도 중에 유형자산을 처분하는 경우의 장부금액은 기중 취득과 마찬가지로 기초부터 처분일까지의 감가상각비를 인식한 이후의 금액을 의미한다.

● 회계연도 중에 유형자산을 처분하는 경우의 회계처리

처분 시	(차) 감가상각비(N/I)	1st	(대) 감가상각누계액	××
	(차) 현금	2nd	(대) 유형자산	취득가액
	감가상각누계액	BV	유형자산처분이익(N/I)	3rd

Self Study

1. 만약, 유형자산의 회계연도 중 처분 시 문제에서 당기손익에 미친 영향을 묻는다면 아래와 같이 처분대가에서 기초 유형자산의 장부금액을 차감하여 쉽게 계산할 수 있다.
   ⇒ 기중 처분 시 당기손익에 미친 영향: ② − ① = 처분대가 − 기초 유형자산의 BV
     ① 당해 회계연도의 감가상각비
     ② 처분손익 = 처분대가 − (기초 유형자산의 BV − ①)
2. 기중 처분 시 내용연수를 연수에서 월수로 환산하여 산정하면 처분 시 감가상각누계액을 쉽게 구할 수 있다.
   • 처분 시 감가상각누계액: 감가상각대상금액×경과 월수/전체 내용연수 월수

사례연습 4. 회계연도 중 유형자산의 처분

A사는 취득원가 ₩ 2,000,000(내용연수 3년, 잔존가치 ₩ 200,000)인 기계장치를 20×1년 초에 취득하여 정액법으로 감가상각하던 중 20×2년 7월 1일에 처분하였다. 처분대가는 1년 후에 ₩ 1,100,000을 받기로 하였는데, 이의 현재가치는 ₩ 1,000,000이다. 20×2년 7월 1일에 A사가 수행할 회계처리를 보이시오.

풀이

처분 시	(차) 감가상각비(N/I)	300,000	(대) 감가상각누계액	300,000
	(차) 미수금	1,000,000	(대) 기계장치	2,000,000
	감가상각누계액[1]	900,000		
	유형자산처분손실(N/I)[2]	100,000		

[1] 처분 시 감가상각누계액: (2,000,000 − 200,000) × 18/36 = 900,000
[2] 유형자산처분손실: 1,000,000 − (2,000,000 − 900,000) = (100,000)

기출문제

4. ㈜한국은 2015년 4월 1일 기계장치를 ₩80,000에 취득하였다. 이 기계장치는 내용연수가 5년이고 잔존가치가 ₩5,000이며, 연수합계법에 의해 월할로 감가상각한다. ㈜한국이 이 기계장치를 2016년 10월 1일 ₩43,000에 처분한 경우 기계장치 처분손익은? (단, ㈜한국은 원가모형을 적용한다)

2016년 국가직 9급

① 처분손실 ₩2,000 ② 처분이익 ₩2,000
③ 처분손실 ₩3,000 ④ 처분이익 ₩3,000

해설

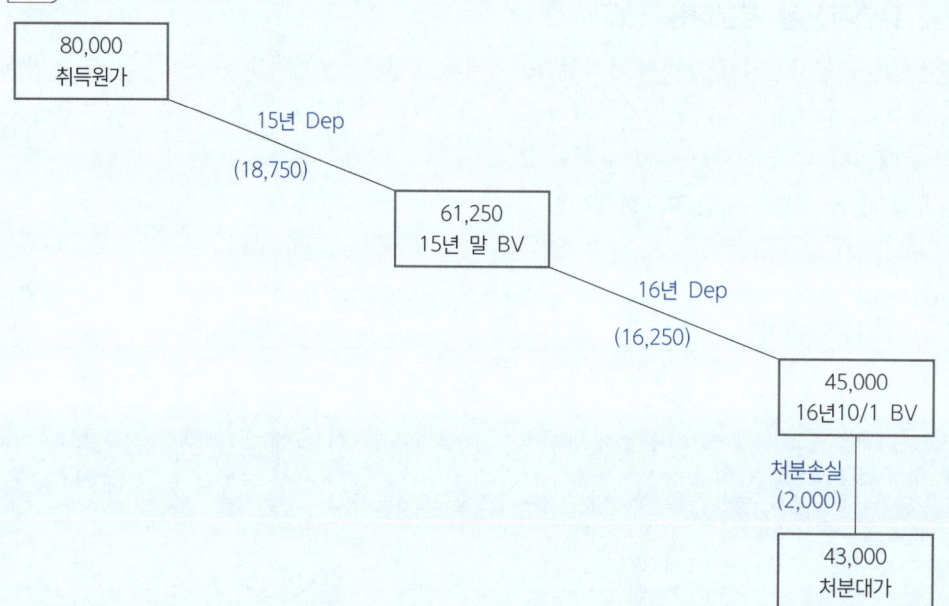

(1) 15년 취득원가(기계): 80,000
(2) 15년 Dep: $18,750 = (80,000 - 5,000) \times \dfrac{5}{5+4+3+2+1} \times 9/12$
(3) 15년 말 BV: 61,250 = 80,000 - 18,750
(4) 16년 Dep: 16,250
　　* $[(80,000 - 5,000) \times \dfrac{5}{5+4+3+2+1} \times 3/12] + [(80,000 - 5,000) \times \dfrac{4}{5+4+3+2+1} \times 6/12]$
(5) 16년 처분 시 BV: 45,000 = 61,250 - 16,250
(6) 16년 처분대가: 43,000
(7) 16년 처분손실(N/I): 2,000 = 45,000 - 43,000

참고 처분 시 회계처리

(차) 현금	43,000	(대) 기계(장부금액)	45,000
처분손실	2,000		

답 ①

CHAPTER 4 유형별 자산의 원가

유형자산의 원가는 자산을 취득하기 위하여 자산의 취득 시점이나 건설 시점에 지급한 현금 또는 현금성자산이나 제공한 기타 대가의 공정가치이며, 이는 인식 시점의 현금가격상당액이다.

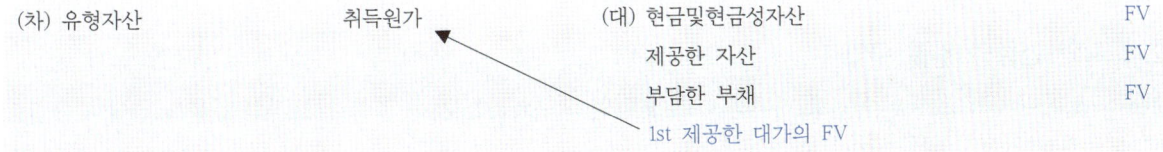

(차) 유형자산	취득원가	(대) 현금및현금성자산	FV
		제공한 자산	FV
		부담한 부채	FV

1st 제공한 대가의 FV

1 할부구입

유형자산의 원가는 인식 시점의 현금가격상당액[= PV(CF)]이다. 만약 대금지급이 일반적인 신용기간을 초과하여 이연되는 경우, 현금가격상당액과 실제 총 지급액과의 차액은 차입원가의 자본화에 따르지 않는 한 신용기간에 걸쳐 이자비용으로 인식한다.

2 토지의 구입과 토지와 건물의 일괄 구입

1. 토지의 구입

토지는 구입가격에 중개수수료, 취득세 및 법률비용 등 취득 부대원가를 가산한 금액을 원가로 한다. 토지의 원가에 가산되는 항목과 기타 원가로 비용처리되는 항목은 아래와 같다.

● 토지의 원가

토지의 취득원가(가산 항목)	기타 원가
취득세 등(재산세 제외)	재산세: 당기손익 처리
국공채 매입가액 – FV	토지 취득 후 일시 운영수익: 당기손익 처리
내용연수가 영구적인 배수·조경비용	내부이익·비정상원가: 당기손익 처리
국가가 유지·관리하는 진입도로 포장비	토지굴착비용: 건물 취득원가 가산
취득 관련 차입원가	–
토지정지비용	–

*건물의 경우에 이전 소유자가 체납한 재산세 대납액은 건물의 원가에 포함되며, 차량운반구를 취득한 경우에는 이전 소유자의 체납한 자동차세 대납액도 차량운반구의 원가에 포함

한편, 토지를 취득 목적에 사용하기 위하여 발생한 구획정리비용 및 산업공단 입주 시의 하수종말처리장 분담금도 토지의 취득원가에 포함된다. 또한 내용연수가 영구적인 배수공사비용 및 조경공사비용과 국가나 지방자치단체가 유지·관리하는 진입도로 포장공사비 및 상하수도 공사비는 토지의 원가에 포함된다. 그러나 내용연수가 영구적이지 않거나 기업이 유지·관리하는 경우에는 토지의 원가에 포함될 수 없으며 구축물의 과목으로 인식하고 감가상각한다.

● 배수공사비용, 조경관리비용, 진입도로 공사비용과 상하수도공사비용의 회계처리

토지 취득 이후 진입도로 개설, 도로포장, 조경공사 등 추가적 지출	회계처리
회사가 유지·보수책임 ×(영구적 지출)	토지의 취득원가에 가산(감가상각 ×)
회사가 유지·보수책임 ○(반영구적 지출)	구축물로 계상(감가상각 ○)

2. 토지와 건물의 일괄 구입

일괄 구입이란 여러 종류의 자산을 정해진 가격에 한번에 구입하는 것을 말한다. 토지와 건물을 일괄로 구입할 때 취득원가를 결정하는 방법은 아래와 같다.

● 토지와 건물의 일괄 구입 시 유형별 원가

구분		취득가액
취득 후 모두 사용		공정가치 비율로 안분
취득 후 기존 건물 철거 후 신축	토지	일괄 구입원가 + 철거비용 - 폐물 매각수익 + 토지정지비용 등
	신축 건물	신축비용 + 토지굴착비용 등
기존 건물 철거 후 신축		기존 건물 장부가액 + 철거비용 - 폐물 매각수익: 당기손익 처리

(1) 토지와 건물을 모두 사용할 목적인 경우

토지와 건물을 모두 사용할 목적으로 토지와 건물을 일괄 구입하는 경우, 일괄 구입대가는 토지와 건물의 공정가치 비율로 안분한 금액을 각각 토지와 건물의 원가로 처리한다. 그러나 토지와 건물 중 어느 하나의 공정가치만을 신뢰성 있게 추정할 수 있는 경우에는 공정가치를 측정할 수 있는 자산은 공정가치를 원가로 하고, 일괄 구입대가 중 나머지 금액은 다른 자산의 원가로 한다.

또한, 일괄 구입으로 발생한 취득 부대원가, 중개수수료 등 공통 부대원가는 토지와 건물의 공정가치 비율로 안분하여 각 자산의 원가에 포함한다. 그러나 토지나 건물과 개별적으로 관련되어 발생하는 취득세는 공통 부대원가가 아니므로 토지와 건물에 각각 개별적으로 원가에 포함한다.

(2) 취득 후 건물을 신축하는 경우

토지만 사용할 목적으로 토지와 건물을 일괄 구입하는 경우 건물 취득에 대한 대가는 토지 취득을 위하여 발생한 회피 불가능한 지출이므로 일괄 구입대가를 모두 토지의 원가로 처리한다. 일괄 구입 후 기존 건물을 철거할 때 발생하는 건물 철거비용은 토지의 원가에 가산하고, 건물 철거로 인한 폐자재 처분수입은 토지의 원가에서 차감한다. 만일 건물 철거로 발생한 폐자재들을 처리하는 비용이 발생하는 경우에는 동 지출도 토지의 원가에 가산한다(토지와 건물을 각각 별개로 구입하는 계약을 체결하는 경우에도 동일하다).

(3) 기존에 보유 중인 건물을 철거 후 건물을 신축하는 경우

사용 중인 건물을 철거하고 새로운 건물을 신축하는 경우 기존 건물의 장부금액은 처분손실로 처리하며, 철거비용도 처분손실에 포함하여 당기비용으로 처리한다.

기존에 보유 중인 건물 철거 시의 회계처리					
(차) 처분손실	N/I	(대) 건물(기존 건물)			최초 취득원가
감가상각누계액	BV				
(차) 철거비용	N/I	(대) 현금			철거 시 지출

> **기출문제**

5. ㈜한국은 20×1년 초에 토지를 새로 구입한 후, 토지 위에 새로운 사옥을 건설하기로 하였다. 이를 위해 토지 취득 후 토지 위에 있는 창고건물을 철거하였다. 토지의 취득 후 바로 공사를 시작하였으며, 토지 취득 및 신축 공사와 관련된 지출내역은 다음과 같다. 20×1년 12월 31일 현재 사옥 신축 공사가 계속 진행 중이라면 건설 중인 자산으로 계상할 금액은? *2021년 국가직 9급*

• 토지의 구입가격	₩ 20,000
• 토지의 구입에 소요된 부대비용	₩ 1,300
• 토지 위의 창고 철거비용	₩ 900
• 새로운 사옥의 설계비	₩ 2,000
• 기초공사를 위한 땅 굴착비용	₩ 500
• 건설자재 구입비용	₩ 4,000
• 건설자재 구입과 직접 관련된 차입금에서 발생한 이자	₩ 150
• 건설 근로자 인건비	₩ 1,700

① ₩ 8,200 ② ₩ 8,350
③ ₩ 9,100 ④ ₩ 9,250

해설

건설 중인 자산의 장부금액: 2,000 + 500 + 4,000 + 150 + 1,700 = 8,350

답 ②

3 교환거래

교환거래란 하나 이상의 비화폐성자산 또는 화폐성자산과 비화폐성자산이 결합된 대가와 교환하여 하나 이상의 유형자산을 취득하는 경우를 말한다. 교환거래로 인하여 취득한 비화폐성자산의 취득원가는 상업적 실질의 유무에 따라 달라진다.
교환거래의 상업적 실질의 유무는 교환거래 결과 미래 현금흐름이 얼마나 변동될 것인지를 고려하여 결정하는데 다음에 해당하는 경우 상업적 실질이 있는 것으로 본다.

> 다음 중 하나에 해당하고 그 차이가 교환된 자산의 공정가치에 비하여 유의적이다.
> ① 취득한 자산과 관련된 현금흐름의 구성(위험, 유출입시기, 금액)이 제공한 자산과 관련된 현금흐름의 구성과 다르다.
> ② 교환거래의 영향을 받는 영업 부분의 기업특유가치가 교환거래의 결과로 변동한다.

1. 교환거래에 상업적 실질이 있는 경우

교환거래에 상업적 실질이 있는 경우 교환으로 취득한 자산의 원가는 제공한 자산의 공정가치로 하되, 현금이 수수되는 경우에는 현금 수수액을 가감한다. 다만, 취득한 자산의 공정가치가 더 명백한 경우에는 취득한 자산의 공정가치를 취득한 자산의 원가로 한다. 이때 취득한 자산과 제공한 자산 모두의 공정가치를 신뢰성 있게 측정할 수 없는 경우에는 제공한 자산의 장부금액을 취득한 유형자산의 원가로 한다.

(1) 제공한 자산의 공정가치가 보다 명확한 경우

```
[1st 처분손익]
  (차) 유형자산(신규 취득자산)    제공한 자산 FV    (대) 유형자산(기존 보유자산)         BV
                                                처분손익              제공한 자산 FV - BV
[2nd 현금 지급액 or 수령액]
  (차) 유형자산(신규 취득자산)    현금 지급액      (대) 현금                              ××
  (차) 현금                      ××            (대) 유형자산(신규 취득자산)         현금 수령액
```

(2) 취득한 자산의 공정가치가 보다 명확한 경우

```
[처분손익 & 현금 지급액 or 현금 수령액 동시 고려]
  (차) 유형자산(신규 취득자산)    1st 취득한 자산 FV   (대) 유형자산(기존 보유자산)      2nd BV
       현금                       3rd 현금 수령액           현금                     3rd 현금 지급액
       처분손익                                                                      대차차액
```

2. 교환거래에 상업적 실질이 없는 경우

상업적 실질이 없거나 취득한 자산과 제공한 자산 모두 공정가치를 신뢰성 있게 측정할 수 없는 경우에는 제공한 자산의 장부금액을 취득한 자산의 취득원가로 인식한다. 제공된 유형자산으로부터 수익창출 과정이 아직 완료되지 않기 때문에 교환에 따른 손익을 인식하지 않는다.

```
(차) 유형자산(신규 취득자산)     제공한 자산 BV    (대) 유형자산(기존 보유자산)         BV
(차) 유형자산(신규 취득자산)     현금 지급액       (대) 현금                        추가 지급액
(차) 현금                        추가수령액        (대) 유형자산(신규 취득자산)      현금 수령액
```

● 유형자산의 교환거래 정리

구분		취득원가	처분손익
상업적 실질 O	제공한 자산 FV가 명확	제공한 자산 FV + 현금 지급 - 현금 수령	제공한 자산 FV - BV
	취득한 자산 FV가 명확	취득한 자산 FV	취득한 자산 FV - BV - 현금 지급 + 현금 수령
	FV를 측정할 수 없는 경우	제공한 자산 BV + 현금 지급 - 현금 수령	-
상업적 실질 ×		제공한 자산 BV + 현금 지급 - 현금 수령	-

사례연습 5. 교환거래

㈜하늘은 차량 A를 ㈜포도의 차량 B와 교환하였으며, 추가로 현금 ₩20,000을 지급하였다. 교환 당시 차량 A와 차량 B의 장부금액 및 공정가치는 다음과 같다.

구분	차량 A	차량 B
취득원가	₩500,000	₩1,000,000
감가상각누계액	₩200,000	₩150,000
공정가치	₩250,000	₩270,000

[물음 1]
동 거래가 상업적 실질이 있는 교환거래에 해당될 경우 ㈜하늘의 차량 취득원가와 유형자산처분손익은 각각 얼마인가?

[물음 2]
동 거래가 상업적 실질이 있는 교환거래에 해당될 경우 ㈜하늘의 차량 취득원가와 유형자산처분손익은 각각 얼마인가? (단, ㈜하늘의 차량 A의 공정가치를 신뢰성 있게 측정할 수 없다)

[물음 3]
동 거래가 상업적 실질이 없는 교환거래에 해당될 경우 ㈜하늘의 차량 취득원가와 유형자산처분손익은 각각 얼마인가? (단, 두 차량의 공정가치를 신뢰성 있게 측정할 수 없다)

[풀이]

구분		취득원가	처분손익
상업적 실질 O	제공한 자산 FV가 명확	제공한 자산 FV + 현금 지급 – 현금 수령 250,000 + 20,000 = 270,000	제공한 자산 FV – BV 250,000 – 300,000 = (50,000)
	취득한 자산 FV가 명확	취득한 자산 FV 270,000	취득한 자산 FV – BV – 현금 지급 + 현금 수령 270,000 – 300,000 – 20,000 = (50,000)
상업적 실질 X		제공한 자산 BV + 현금 지급 – 현금 수령 300,000 + 20,000 = 320,000	–

[회계처리]
[물음 1]

[1st 처분손익]
(차) 유형자산(신규 취득자산)   제공한 자산 FV   (대) 유형자산(기존 보유자산)   BV
                              250,000   300,000
    처분손실   제공한 자산 FV – BV
                              50,000

[2nd 현금 수령액]
(차) 유형자산(신규 취득자산)   현금 지급액   (대) 현금   20,000
                              20,000

[물음 2]

[처분손익 & 현금 수령액 동시 고려]

(차) 유형자산(신규 취득자산)	1st 취득한 자산 FV 270,000	(대) 유형자산(기존 보유자산)	2nd BV 300,000
처분손실	대차차액 50,000	현금	3rd 현금 지급액 20,000

[물음 3]

(차) 유형자산(신규 취득자산)	제공한 자산 BV 300,000	(대) 유형자산(기존 보유자산)	BV 300,000
(차) 유형자산(신규 취득자산)	20,000	(대) 현금	20,000

기출문제

6. ㈜한국은 사용 중인 기계장치 A(장부금액 ₩300,000, 공정가치 ₩150,000)를 ㈜대한의 사용 중인 기계장치 B(장부금액 ₩350,000, 공정가치 ₩250,000)와 교환하였으며 공정가치 차액에 대하여 현금 ₩100,000을 지급하였다. 해당 교환거래가 상업적 실질이 존재하는 경우, ㈜한국과 ㈜대한이 각각 인식할 유형자산처분손실은? 2020년 국가직 7급

	㈜한국	㈜대한
①	₩100,000	₩100,000
②	₩100,000	₩150,000
③	₩150,000	₩100,000
④	₩150,000	₩150,000

해설

[유형: 상업적 실질 ○, 제공한 자산 FV 명확]

(1) ㈜한국의 처리

[교환거래 시 회계처리]

(차) 신자산	150,000	(대) 구자산	300,000
처분손실	150,000		
(차) 신자산	100,000	(대) 현금	100,000

참고 별해

1) 취득원가: 제공한 자산 FV + 현금 지급 − 현금 수령
   ⇒ 250,000 = 150,000 + 100,000
2) 처분손익: 제공한 자산 FV − BV
   ⇒ (150,000) = 150,000 − 300,000

(2) ㈜대한의 처리

[교환거래 시 회계처리]

(차) 신자산	250,000	(대) 구자산	350,000
처분손실	100,000		
(차) 현금	100,000	(대) 신자산	100,000

참고 별해
1) 취득원가: 제공한 자산 FV + 현금 지급 - 현금 수령
   ⇒ 150,000 = 250,000 - 100,000
2) 처분손익: 제공한 자산 FV - BV
   ⇒ (100,000) = 250,000 - 350,000

답 ③

CHAPTER 5 복구원가와 정부보조금

1 복구원가

1. 복구원가의 의의

기업은 유형자산을 해체, 제거하고 복구할 의무를 부담하는 경우가 많다. 복구원가란 이렇듯 유형자산의 경제적 사용이 종료된 후에 원상회복을 위하여 그 자산을 제거, 해체하거나 또는 부지를 복원하는 데 소요될 것으로 추정되는 비용을 말한다. 회사가 자산을 해체, 제거하거나 부지를 복구할 의무는 해당 유형자산을 취득한 시점 또는 해당 유형자산을 특정 기간 동안 재고자산의 생산 이외의 목적으로 사용한 결과로서 발생한다. 유형자산의 최초 인식 시점에 예상되는 자산의 복구원가가 다음의 충당부채의 인식요건을 충족한다면 복구충당부채로 인식하고 해당 금액을 유형자산의 원가에 가산한다.

① 과거사건의 결과로 현재의무(법적의무 or 의제의무)가 존재
② 당해 의무를 이행하기 위하여 경제적효익이 내재된 자원의 유출가능성이 높음
③ 당해 의무의 이행에 소요되는 금액을 신뢰성 있게 추정할 수 있음

Additional Comment

복구원가는 경영진이 의도하는 방식으로 자산을 가동하는 데 필요한 장소와 상태에 이르게 하는 데 직접 관련되는 원가는 아니므로 회계이론상 취득원가에 포함해서는 안 된다. 그러나 미래에 부채의 인식요건을 충족하는 복구원가의 현재가치를 복구충당부채로 인식한 후 일시에 비용처리하게 된다면 수익이 발생하는 기간과 비용을 인식하는 기간이 일치하지 않아 수익·비용 대응이 되지 않는 문제점이 발생한다. 그러므로 복구원가의 현재가치를 유형자산의 취득원가에 포함하여 감가상각을 통해 자산을 사용하는 내용연수 동안 비용처리하게 되면 수익·비용 대응 원칙에 합리적인 회계처리가 될 수 있다.

2. 복구원가의 회계처리

복구원가는 복구충당부채로 인식한다. 복구충당부채는 예상되는 복구원가의 현재가치로 하며, 유효이자율법을 적용하여 기간 경과에 따라 증가시키고 해당 금액은 차입원가(이자비용)로 인식한다.

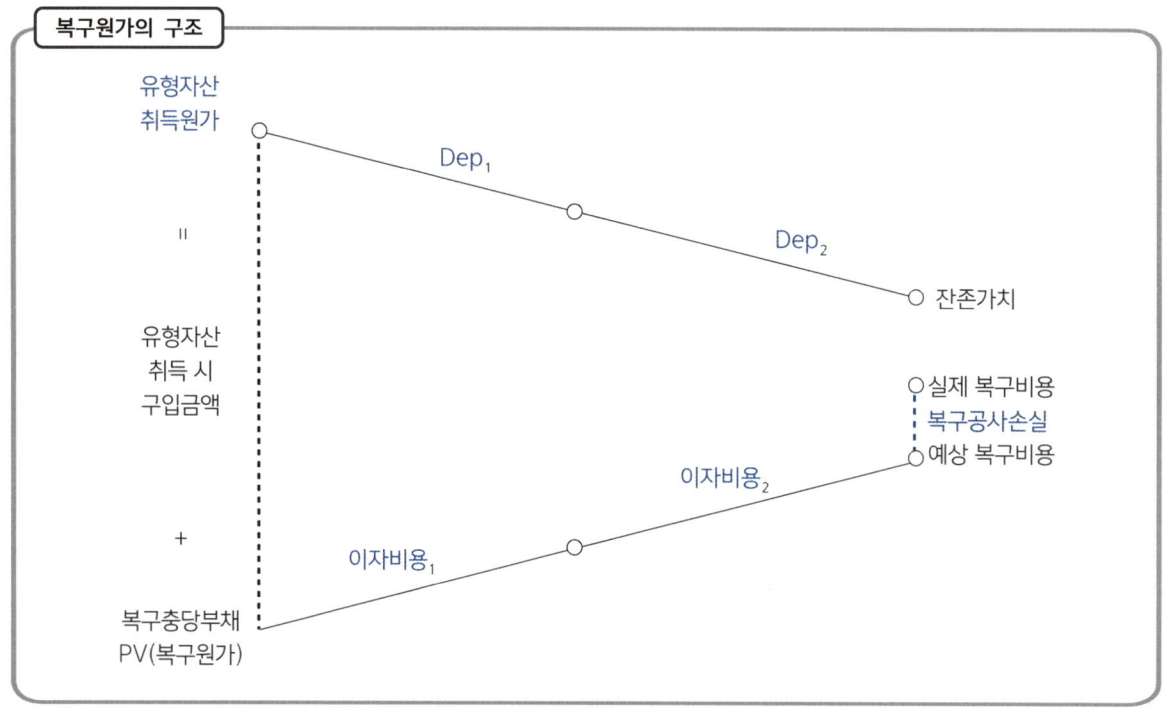

(1) 유형자산 취득 시

유형자산의 취득, 건설, 개발에 따른 내용연수 종료 시점의 복구비용은 적정한 할인율로 할인한 현재가치를 복구충당부채로 계상하고 동 금액을 유형자산의 취득원가에 가산한다.

(차) 유형자산	××	(대) 현금	××
		복구충당부채	PV(복구원가)

B/S			
유형자산	××+PV(복구원가)	복구충당부채	PV(복구원가) at 취득

(2) 내용연수기간 중의 보고기간 말

내용연수기간 중의 보고기간 말 기초 복구충당부채의 장부금액에 유효이자율법을 적용하여 이자금액을 이자비용(복구충당부채 전입액)으로 하여 당기비용으로 인식하고, 동 금액을 복구충당부채의 장부금액에 가산한다. 이때 사용하는 할인율은 복구충당부채를 인식할 때 현재가치 평가 시 사용한 할인율을 의미한다. 또한 해당 유형자산이 감가상각대상자산이라면 수익에 공헌한 미래경제적효익의 해당분을 감가상각한다.

(차) 감가상각비	N/I	(대) 감가상각누계액	××
(차) 이자비용	N/I	(대) 복구충당부채	전입액

B/S

유형자산	×× + PV(복구원가)	복구충당부채	PV(복구원가) at 취득
(감가상각누계액)	(××)		
유형자산 BV	××		

I/S

감가상각비	최초 취득원가에 근거
이자비용	기초 PV(복구원가) × R

(3) 실제 복구원가 지출 시점

유형자산의 내용연수 종료 시 실제 복구공사를 하는 경우, 실제로 발생한 복구원가와 복구충당부채의 장부금액을 상계하고 그 차액은 복구공사손실 또는 복구공사이익(복구공사손실환입)으로 하여 당해 연도의 손익으로 인식한다.

① 실제로 발생한 원가 > 복구충당부채 장부금액

(차) 복구충당부채	예상 복구원가	(대) 현금	실제 복구비용
복구공사손실	N/I		

② 실제로 발생한 원가 < 복구충당부채 장부금액

(차) 복구충당부채	예상 복구원가	(대) 현금	실제 복구비용
		복구공사이익	N/I

사례연습 6. 복구원가

㈜대한은 20×1년 초 해양구조물을 ₩974,607에 취득하여 20×3년 말까지 사용한다. ㈜대한은 관련 법률에 따라 사용 종료 시점에 해양구조물을 철거 및 원상복구하여야 한다. 20×3년 말 철거 및 원상복구 시점에 ₩300,000이 지출될 것으로 예상되며, 이는 인플레이션과 시장위험프리미엄 등을 고려한 금액이다. ㈜대한의 신용위험 등을 고려하여 산출된 할인율은 10%이며, 이를 이용하여 계산한 20×1년 초의 현재가치는 ₩225,393이다. ㈜대한은 해양구조물을 정액법(내용연수 3년, 잔존가치 ₩0)으로 감가상각한다. ㈜대한은 20×3년 말에 이 해양구조물을 철거하였으며, 총 ₩314,000의 철거 및 원상복구비용이 발생하였다.

㈜대한이 20×1년부터 20×3년까지 수행할 회계처리를 보이시오.

풀이

(1) 최초 취득일(20×1년 초)

(차) 유형자산	1,200,000	(대) 현금	974,607
		복구충당부채	PV(복구원가) 225,393

B/S			
유형자산	1,200,000	복구충당부채	225,393

(2) 내용연수 보고기간 말

[20×1년 말]

(차) 감가상각비[1]	N/I 400,000	(대) 감가상각누계액	400,000
(차) 이자비용[2]	N/I 22,539	(대) 복구충당부채	22,539

[1] (1,200,000 − 0)/3 = (400,000)
[2] 225,393 × 10% = 22,539

[20×2년 말]

(차) 감가상각비[3]	N/I 400,000	(대) 감가상각누계액	400,000
(차) 이자비용[4]	N/I 24,793	(대) 복구충당부채	24,793

[3] (1,200,000 − 0)/3 = (400,000)
[4] 225,393 × (1 + 10%) × 10% = 24,793

(3) 복구시점(20×3년 말)

(차) 감가상각비	N/I 400,000	(대) 감가상각누계액	400,000
(차) 이자비용	N/I 27,273	(대) 복구충당부채	27,273
(차) 복구충당부채	복구원가 300,000	(대) 현금	실제 복구비용 314,000
복구공사손실	N/I 14,000		

I/S	
감가상각비	최초 취득원가에 근거 (1,200,000 − 0)/3 = (400,000)
이자비용	기초 PV(복구원가) × R (225,393 + 22,539 + 24,793) × 10% = (27,273)
복구공사손실	예상 복구원가 − 실제 복구비용 300,000 − 314,000 = (14,000)

기출문제

7. ㈜한국은 20×1년 초 ₩720,000에 구축물을 취득(내용연수 5년, 잔존가치 ₩20,000, 정액법 상각)하였으며, 내용연수 종료 시점에 이를 해체하여 원상복구해야 할 의무가 있다. 20×1년 초 복구비용의 현재가치는 ₩124,180으로 추정되며 이는 충당부채의 요건을 충족한다. 복구비용의 현재가치 계산에 적용한 할인율이 10%일 때 옳지 않은 것은? (단, 소수점 발생 시 소수점 아래 첫째 자리에서 반올림한다)

2018년 국가직 9급

① 20×1년 초 구축물의 취득원가는 ₩844,180이다.
② 20×1년 말 복구충당부채 전입액(또는 이자비용)은 ₩12,418이다.
③ 20×1년 말 복구충당부채는 ₩136,598이다.
④ 20×1년 말 인식할 비용 총액은 ₩156,418이다.

해설

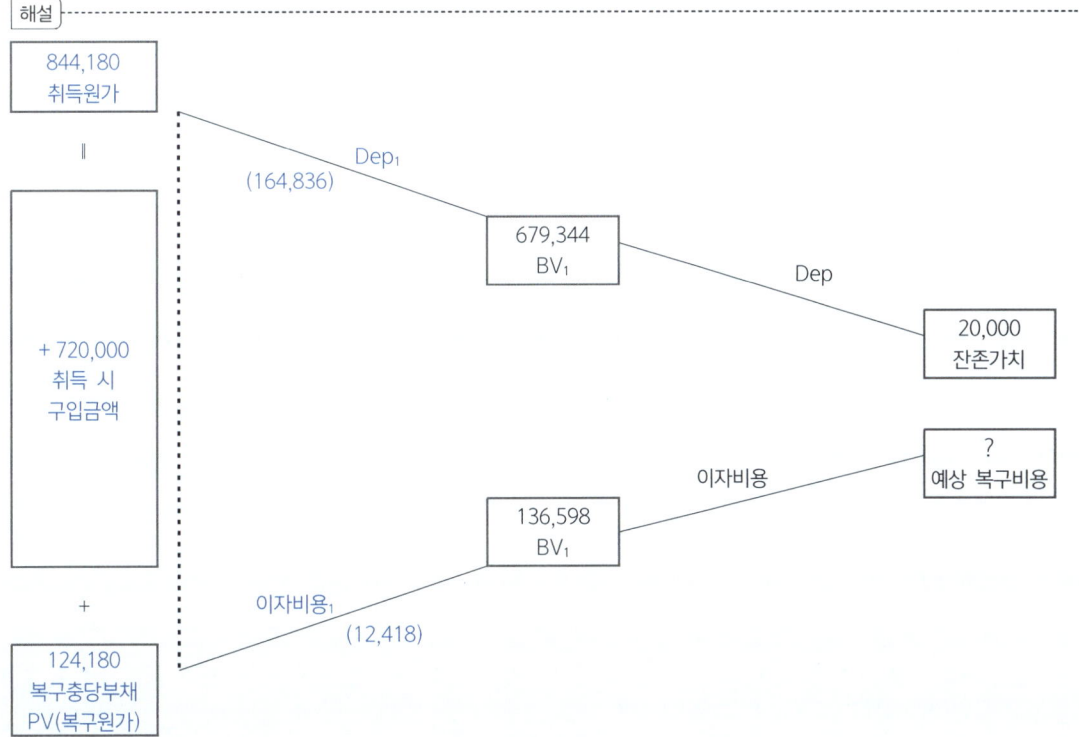

(1) 자산 관련 사항
   1) ×1년 취득원가(구축물): 844,180 = 720,000 + 124,180
   2) ×1년 Dep: 164,836 = (844,180 − 20,000) × 1/5
   3) ×1년 말 BV: 679,344 = 844,180 − 164,836

(2) 복구충당부채 관련 사항
   1) ×1년 PV(복구원가): 124,180
   2) ×1년 이자비용: 12,418 = 124,180 × 10%
   3) ×1년 말 BV: 136,598 = 124,180 + 12,418
      * 별해: 136,598 = 124,180 × (1 + 10%)

답 ④

2 정부보조금

1. 정보보조금의 의의

정부보조금은 기업의 영업활동과 관련하여 과거나 미래에 일정한 조건을 충족하였거나 충족할 경우 기업에게 자원을 이전하는 형식의 정부 지원을 말한다. 여기서 정부란 지방자치단체, 중앙정부 또는 국제기구인 정부, 정부기관 및 이와 유사한 단체를 말한다.

정부 지원이란 일정한 기준을 충족하는 기업에게 경제적효익을 제공하기 위한 정부의 행위를 말한다. 한국채택국제회계기준에서는 다음과 같은 거래는 정부보조금에서 제외한다.

> ① 합리적으로 가치를 산정할 수 없는 정부 지원 및 기업의 정상적인 거래와 구분할 수 없는 정부와의 거래는 정부보조금에서 제외한다.
> ② 대중교통과 통신망의 개선 그리고 지역사회 전체의 효익을 위해 부정기적으로 계속 진행하는 관개수로나 수도관 등 개선된 시설의 공급으로 사회기반시설을 제공하는 것은 정부 지원에 해당하지 않는다.

2. 정부보조금의 인식 방법

정부보조금에 부수되는 조건의 준수와 보조금 수취에 대한 합리적인 확신이 있을 경우에만 정부보조금을 인식한다. 보조금의 수취 자체가 보조금에 부수되는 조건이 이행되었거나 이행될 것이라는 결정적인 증거를 제공하지는 않는다.

보조금을 수취하는 방법은 보조금에 적용되는 회계처리방법에는 영향을 미치지 않는다. 따라서 보조금을 현금으로 수취하는지 또는 정부에 대한 부채를 감소시키는지에 관계없이 동일한 방법으로 회계처리한다.

[정부보조금으로 현금 수령]
(차) 현금 ×× (대) 정부보조금 ××
[정부보조금으로 미지급법인세 면제]
(차) 미지급법인세 ×× (대) 이연정부보조금수익 ××

정부의 상환면제 가능 대출은 당해 기업 대출의 상환면제 조건을 충족할 것이라는 합리적인 확신이 있을 때 정부보조금으로 처리한다.

[정부로부터 차입]
(차) 현금 ×× (대) 정부차입금(부채) ××
[상환면제 조건을 충족할 것이라는 합리적인 확신]
(차) 정부차입금(부채) ×× (대) 정부보조금 ××

3. 정보보조금의 회계처리방법의 이론적 접근법

정부보조금의 회계처리방법에는 아래의 두 가지 접근방법이 있다.

> ① 자본접근법: 정부보조금을 당기손익 이외의 항목으로 인식
> ② 수익접근법: 정부보조금을 하나 이상의 회계기간에 걸쳐 당기손익으로 인식

한국채택국제회계기준에서는 정부보조금을 수익접근법에 따라 회계처리하도록 규정하고 있다. 따라서 자산 관련 보조금이든 수익 관련 보조금이든 관계없이 이를 수익으로 인식하여야 한다.

4. 수익접근법에 따른 정부보조금의 수익 인식 방법

정부보조금을 수익으로 인식하는 방법은 정부보조금을 관련 원가와 대응시키는 경우와 그렇지 않은 경우에 따라 다르다.

정부보조금은 보전하려는 관련 원가를 비용으로 인식하는 기간에 걸쳐 체계적인 기준에 따라 당기손익으로 인식한다. 예를 들어, 감가상각자산과 관련된 정부보조금은 당해 자산의 감가상각비가 인식되는 비율에 따라 인식 기간에 걸쳐 당기손익으로 인식한다.

비상각자산과 관련된 정부보조금이 일정한 의무의 이행도 요구한다면 그 의무를 충족시키기 위한 원가를 부담하는 기간에 그 정부보조금을 당기손익으로 인식한다. 예를 들어 건물을 건설하는 조건으로 토지를 보조금으로 받은 경우 건물의 내용연수 동안 보조금을 당기손익으로 인식하는 것이 적절할 수 있다.

이미 발생한 비용이나 손실에 대한 보전 또는 향후의 관련 원가 없이 기업에 제공되는 즉각적인 금융 지원으로 수취하는 정부보조금은 정부보조금을 수취할 권리가 발생한 기간에 당기손익으로 인식한다. (≠ 수취한 시점)

● 정부보조금의 수익 인식 방법

구분	수익 인식 방법
관련 원가와 대응되는 정부보조금	정부보조금으로 보전하려는 관련 원가를 비용으로 인식하는 기간에 걸쳐 체계적인 기준에 따라 당기순손익으로 인식
이미 발생한 비용이나 손실에 대한 보전 또는 향후의 관련 원가가 없는 정부보조금	정부보조금을 수취할 권리가 발생하는 기간에 당기순손익으로 인식

수익접근법에 의한 정부보조금의 회계처리와 표시는 자산 관련 보조금과 수익 관련 보조금으로 구분하여 회계처리한다. 각 표시 방법을 요약하면 아래와 같다.

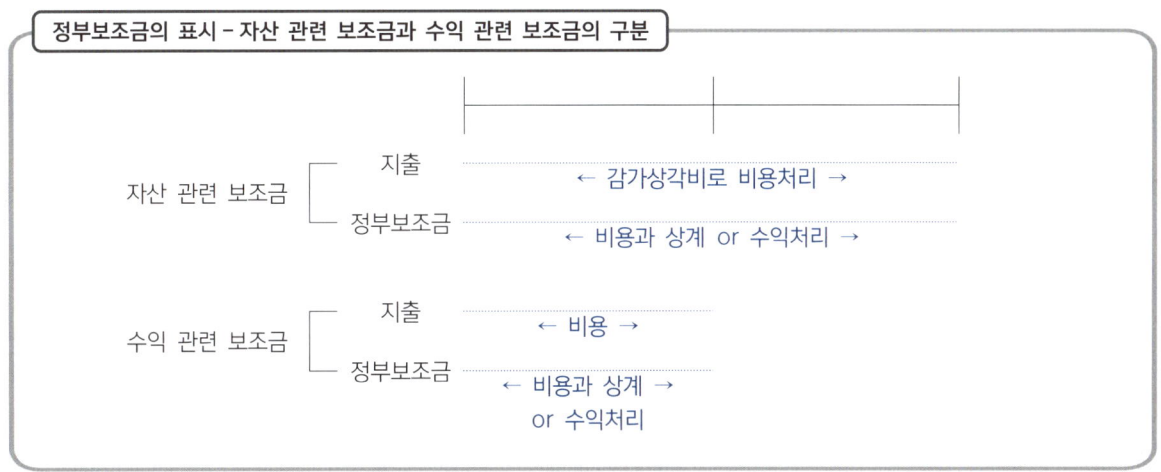

5. 수익 관련 보조금

수익 관련 보조금이란 자산 관련 보조금 이외의 정부보조금을 말한다. 수익 관련 보조금은 당기순손익의 일부로 별도의 계정이나 기타 수익과 같은 일반계정으로 표시(수익인식법)하거나 대체적인 방법으로 관련 비용에서 보조금을 차감(비용차감법)할 수도 있다.

◐ 수익 관련 보조금의 회계처리 정리

구분		수익 인식의 회계처리
수익 관련 보조금	수익인식법	별도의 계정이나 기타 수익으로 표시
	비용차감법	관련 비용을 보조금에서 차감

6. 자산 관련 보조금

자산 관련 보조금이란 정부 지원의 요건을 충족하는 기업이 장기성 자산을 매입, 건설하거나 다른 방법으로 취득하여야 하는 일차적 조건이 있는 정부보조금을 말한다. 자산 관련 보조금은 부수조건으로 해당 자산의 유형이나 위치 또는 자산의 취득기간이나 보유기간을 제한할 수 있다. 이와 관련된 한국채택국제회계기준의 내용은 아래와 같다.

자산 관련 보조금의 회계처리방법으로 자산차감법과 이연수익법을 모두 인정하며, 두 가지 방법 중 하나를 선택할 수 있다.

> ① 자산차감법: 자산의 장부금액을 계산할 때 보조금을 차감하는 방법을 말한다. 보조금은 감가상각자산의 내용연수에 걸쳐 감가상각비를 감소시키는 방식으로 당기순손익을 인식한다.
> ② 이연수익법: 보조금을 이연수익(부채)으로 인식하여 자산의 내용연수에 걸쳐 체계적인 기준으로 당기순손익에 인식하는 방법을 말한다.

◐ 자산 관련 보조금의 회계처리 정리

구분		수익 인식의 회계처리
자산 관련 보조금	자산차감법	내용연수에 걸쳐 감가상각비와 상계
	이연수익법	내용연수에 걸쳐 체계적인 기준으로 수익 인식

7. 자산차감법과 이연수익법의 회계처리 비교

(1) 정부보조금 수령 및 자산의 취득 시점

구분	자산차감법	이연수익법
수령	(차) 현금　　　　　B　(대) 정부보조금　B	(차) 현금　　　　　B　(대) 이연수익　　B
취득	(차) 유형자산　　　A　(대) 현금　　　　A	(차) 유형자산　　　A　(대) 현금　　　　A
F/S	B/S 유형자산　　　A 정부보조금　　(B) BV　　　　A − B	B/S 유형자산　　　A　｜　이연수익　　B

Self Study

자산차감법과 이연수익법은 재무제표에 미치는 영향은 동일하나 이연수익법은 별도의 부채가 계상되어 실무적으로 자산차감법을 선호한다.

(2) 내용연수 동안의 각 결산 시점

구분	자산차감법	이연수익법
기말	(차) 감가상각비　　　Ⅰ　(대) 상각누계액　　×× (차) 정부보조금　××　(대) 감가상각비　　Ⅱ	(차) 감가상각비　　　Ⅰ　(대) 상각누계액　　×× (차) 이연수익　　××　(대) 보조금수익　　Ⅱ
F/S	**B/S** 유형자산　　　　A 정부보조금　(B – 상계액) 감가상각누계액　(××) **I/S** 감가상각비　　Ⅰ – Ⅱ	**B/S** 유형자산　　　　A　이연수익　(B – 상계액) 상각누계액　(××) **I/S** 감가상각비　Ⅰ　보조금수익　　Ⅱ

자산 관련 보조금은 매 보고기간 말 자산차감법에서는 감가상각비와 상계하고, 이연수익법에서는 체계적인 기준으로 당기에 수익으로 인식한다. 이때, 매 보고기간 말 감가상각비와 상계하거나 수익으로 인식할 금액은 다음과 같다.

> 감가상각비와 상계하거나 수익으로 인식할 금액: 감가상각비 × 정부보조금 ÷ (취득원가 – 잔존가치)

Self Study

1. 유형자산을 정액법이나 연수합계법으로 감가상각하는 경우에는 정부보조금을 내용연수에 걸쳐 정액법이나 연수합계법으로 상각해도 동일한 결과에 도달한다.
2. 정액법 사용 시
   (취득원가 – 잔존가치) / 내용연수 × 정부보조금 / (취득원가 – 잔존가치) = 정부보조금/내용연수

(3) 자산의 처분 시점

구분	자산차감법	이연수익법
처분	(차) 현금　　①　처분가　(대) 유형자산　　②　A 감가상각누계액　③　BV　　처분손익　대차차액 정부보조금　④　BV	(차) 현금　　①　처분가　(대) 유형자산　　②　A 감가상각누계액　③　BV　　처분손익　대차차액 (차) 이연수익　　BV　(대) 보조금수익　　BV

자산 관련 보조금이 있는 자산의 처분이 발생하였을 때, 자산차감법에서는 정부보조금의 잔액을 모두 제거하여 자산의 처분손익에 가감하며, 이연수익법에서는 이연정부보조금수익의 잔액을 일시에 정부보조금수익으로 인식한다.

참고 | 자산차감법, 이연수익법의 비교와 자산차감법의 간편법

A사는 20×1년 초에 정부로부터 설비 구입에 필요한 자금으로 ₩20을 보조받아 내용연수 5년, 잔존가치가 ₩0인 기계장치를 ₩100에 취득하였다. A회사는 기계장치가 사용 목적에 적합하지 않아 20×2년 말에 ₩70에 매각하였다. A회사의 결산일은 매년 12월 31일이며, 감가상각방법은 정액법이다.

동 사례에 대하여 자산차감법과 이연수익법을 사용할 때를 도식화하면 아래와 같다.

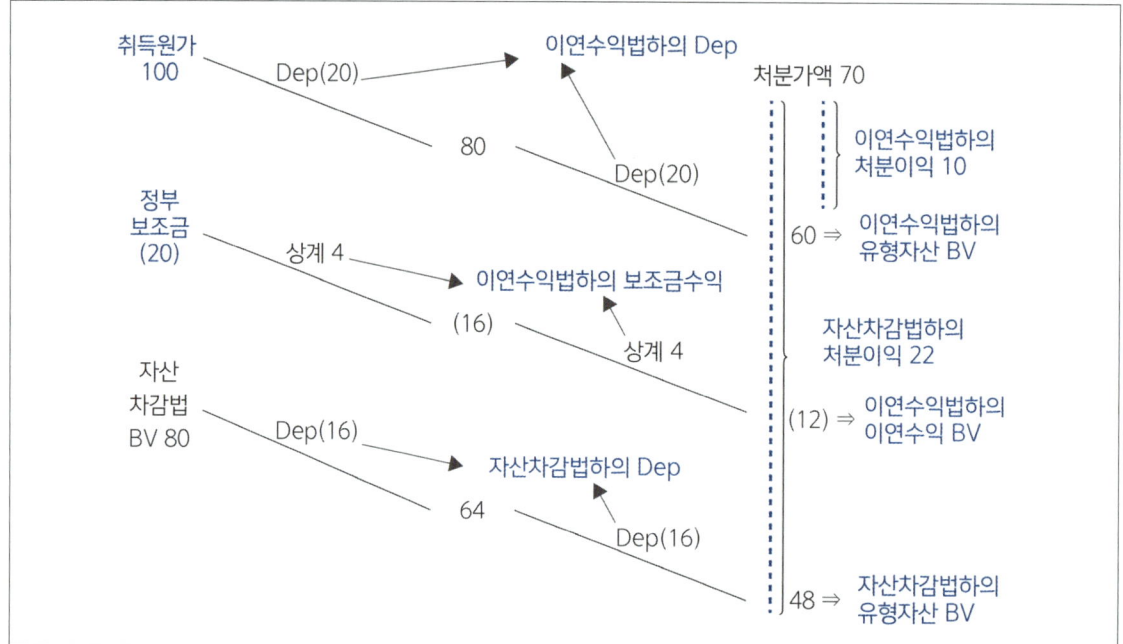

상계되는 정부보조금은 감가상각비 × [정부보조금/감가상각대상금액(취득원가 - 잔존가치)]이며 매기 말 유형자산의 장부가액의 변동을 표로 나타내면 아래와 같이 구성된다.

구분	×1년 초	상각	×1년 말
취득가액	100	-	100
상각누계액	-	(20)	(20)
정부보조금	(20)	4	(16)
장부가액	80	(16)	64

① 정부보조금 차감 후 순장부가액(BV): 취득원가 - 정부보조금
② I/S상 감가상각비: (정부보조금 차감 후 BV - 잔존가치) × 상각률
③ I/S상 처분손익: 처분대가 - (정부보조금 차감 후 BV - 상각누계액)

위와 같이 정액법이나 연수합계법을 사용하여 감가상각하는 경우에는 유형자산에서 정부보조금을 차감한 순장부가액을 기준으로 감가상각비와 처분손익을 계산하여도 결론은 동일하다. 그러나 정률법이나 이중체감법을 사용하는 경우에는 동 방법을 사용하여서는 안 된다.

사례연습 7. 자산 관련 정부보조금

12월 말 결산법인인 ㈜나우는 20×1년 1월 1일 경제적 내용연수 5년, 잔존가치 ₩0인 기계장치를 ₩100,000에 취득하였다. 기계장치의 취득과 관련하여 ㈜나우는 정부로부터 ₩20,000을 수령하였다. 기계장치의 감가상각방법은 정액법이다. 아래의 물음들은 서로 독립적이다.

[물음 1]
20×2년도에 ㈜나우가 자산차감법과 이연수익법으로 회계처리할 경우 각각 감가상각비로 인식할 금액은 얼마인가?

[물음 2]
20×3년 7월 1일 기계장치를 ₩60,000에 처분하였다면 ㈜나우가 자산차감법과 이연수익법으로 회계처리할 경우 각각 유형자산처분이익으로 인식할 금액은 얼마인가?

[물음 3]
20×3년 7월 1일 기계장치를 ₩60,000에 처분하였다면 ㈜나우가 자산차감법과 이연수익법으로 회계처리할 경우 각각 20×3년 ㈜나우의 당기손익에 영향을 미치는 금액은 얼마인가?

[물음 4]
회사가 정액법이 아닌 정률법을 적용하는 경우(상각률 20%) 20×2년에 감가상각비와 상계되는 정부보조금은 얼마인가?

풀이

[물음 1, 2]

구분	자산차감법	이연수익법
정부보조금 표시	자산의 차감계정으로 표시	별도의 부채로 표시(이연수익)
취득가액	취득원가 – 정부보조금 100,000 – 20,000 = 80,000	취득원가 100,000
20×2년 감가상각비	(취득원가 – 정부보조금 – 잔존가치) × 상각률 (80,000 – 0)/5 = (16,000)	(취득원가 – 잔존가치) × 상각률 (100,000 – 0)/5 = (20,000)
유형자산 BV (20×3년 7/1)	취득원가 – 감가상각누계액 – 정부보조금 80,000 – (16,000 × 2.5) = 40,000	취득원가 – 감가상각누계액 100,000 – (20,000 × 2.5) = 50,000
유형자산 처분손익	처분가 – (취득원가 – 감가상각누계액 – 정부 보조금) 60,000 – [80,000 – (16,000 × 2.5)] = 20,000	처분가 – (취득원가 – 감가상각누계액) 60,000 – [100,000 – (20,000 × 2.5)] = 10,000

[물음 3]
20×3년 당기순이익에 미치는 영향은 자산차감법과 이연수익법이 동일하다.
취득한 현금 60,000 – 기초 기계장치 [(80,000 – 16,000 × 2)] = 12,000
* 당기손익에 미치는 영향은 자산의 증감(취득한 현금 – 기초 자산)으로 쉽게 구할 수 있음

[물음 4]
20×2년 정률법 적용 시 감가상각비: 기초 유형자산 BV(취득원가 – 기초 감가상각누계액) × 상각률 = (100,000 – 20,000) × 20%
= 16,000
정부보조금 상계액: 감가상각비 × 정부보조금 수령액/(취득원가 – 잔존가치) = 16,000 × 20,000/(100,000 – 0) = 3,200

[회계처리 및 F/S효과]

(1) 취득 시점의 F/S효과

구분	자산차감법	이연수익법
수령	(차) 현금 20,000 (대) 정부보조금 20,000	(차) 현금 20,000 (대) 이연수익 20,000
취득	(차) 유형자산 100,000 (대) 현금 100,000	(차) 유형자산 100,000 (대) 현금 100,000
F/S	B/S 유형자산 100,000 정부보조금 (20,000)	B/S 유형자산 100,000 ｜ 이연수익 20,000

(2) 결산일

구분	자산차감법	이연수익법
기말	(차) 감가상각비 20,000 (대) 감가상각누계액 20,000 (차) 정부보조금 4,000 (대) 감가상각비 4,000	(차) 감가상각비 20,000 (대) 감가상각누계액 20,000 (차) 이연수익 4,000 (대) 보조금수익 4,000
F/S	B/S 유형자산 100,000 정부보조금 (16,000) 감가상각누계액 (20,000) I/S 감가상각비 16,000	B/S 유형자산 100,000 ｜ 이연수익 16,000 감가상각누계액 (20,000) I/S 감가상각비 20,000 ｜ 보조금수익 4,000

(3) 처분일

구분	자산차감법	이연수익법
상각	(차) 감가상각비 10,000 (대) 감가상각누계액 10,000 (차) 정부보조금 2,000 (대) 감가상각비 2,000	(차) 감가상각비 10,000 (대) 감가상각누계액 10,000 (차) 이연수익 2,000 (대) 보조금수익 2,000
처분	(차) 현금 60,000 (대) 유형자산 100,000 감가상각누계액 50,000 　　처분이익 20,000 정부보조금 10,000	(차) 현금 60,000 (대) 유형자산 100,000 감가상각누계액 50,000 　　처분이익 10,000 (차) 이연수익 10,000 (대) 보조금수익 10,000

기출문제

8. ㈜한국은 20×1년 10월 1일 ₩100,000의 정부보조금을 받아 ₩1,000,000의 설비자산을 취득(내용연수 5년, 잔존가치 ₩0, 정액법 상각)하였다. 정부보조금은 설비자산을 6개월 이상 사용한다면 정부에 상환할 의무가 없다. 20×3년 4월 1일 동 자산을 ₩620,000에 처분한다면 이때 처분손익은? (단, 원가모형을 적용하며 손상차손은 없는 것으로 가정한다) 2018년 지방직 9급

① 처분손실 ₩10,000 ② 처분이익 ₩10,000
③ 처분손실 ₩80,000 ④ 처분이익 ₩80,000

해설

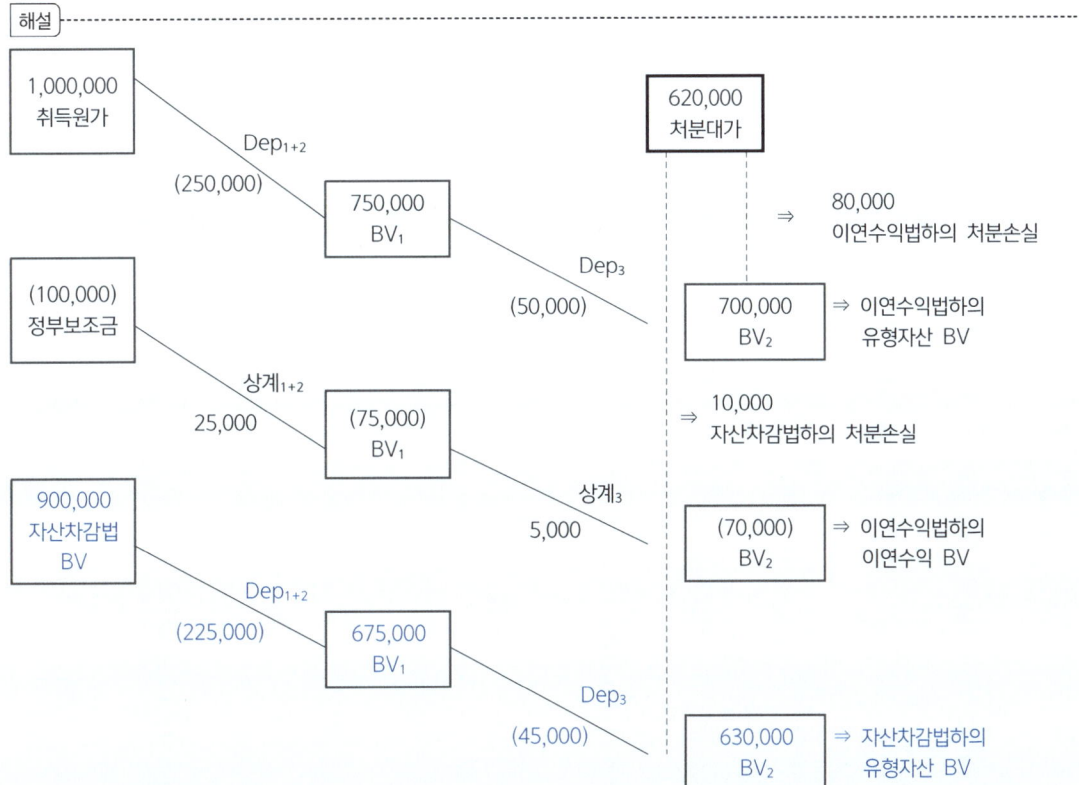

(1) ×1년 취득원가(설비): 900,000 = 1,000,000 − 100,000
(2) ×1년 Dep: 45,000 = (900,000 − 0) × 1/5 × 3/12
(3) ×2년 Dep: 180,000 = (900,000 − 0) × 1/5
(4) ×2년 말 BV: 675,000 = 900,000 − (45,000 + 180,000)
  * 별해: 675,000 = (900,000 − 0) × (60 − 15)/60
(5) ×3년 Dep: 45,000 = (900,000 − 0) × 1/5 × 3/12
(6) ×3년 처분 시 BV: 630,000 = 675,000 − 45,000
  * 별해: 630,000 = (900,000 − 0) × (60 − 18)/60
(7) ×3년 처분손실(N/I): 10,000 = 630,000 − 620,000

답 ①

CHAPTER 6 재평가모형

1 재평가모형의 기초이론

1. 재평가모형의 선택과 의의
한국채택국제회계기준에서는 기업이 원가모형과 재평가모형 중 하나를 회계정책으로 선택하여 유형자산의 유형별로 동일하게 적용하도록 규정하고 있다. 유형자산을 취득한 후 공정가치의 변동을 인식하지 않는 것을 원가모형이라고 하고 유형자산을 최초 인식한 후에 공정가치를 신뢰성 있게 측정할 수 있는 유형자산에 대하여 재평가일의 공정가치로 측정하는 것을 재평가모형이라고 한다.

2. 재평가의 빈도와 범위
재평가는 보고기간 말에 자산의 장부금액이 공정가치와 중요하게 차이가 나지 않도록 주기적으로 수행한다. 재평가의 빈도는 재평가되는 유형자산의 공정가치 변동에 따라 달라진다. 재평가된 자산의 공정가치가 장부금액과 중요하게 차이가 나는 경우에는 추가적인 재평가가 필요하다.

특정 유형자산을 재평가할 때 해당 자산이 포함되는 유형자산의 유형 전체를 재평가한다. 따라서 유형자산의 유형 중 일부만을 보고기간 말의 공정가치로 재평가할 수는 없다. 이는 유형자산별로 선택적 재평가를 하거나 서로 다른 기준일의 평가금액이 혼재된 재무보고를 하는 것을 방지하기 위한 것이다.

◐ 재평가의 빈도와 범위

구분	내용	비고
재평가의 빈도	주기적으로 재평가 (장부금액과 공정가치가 중요하게 차이나는 경우)	매 보고기간 말마다 재평가 ×
재평가의 범위	유형자산의 유형 전체를 재평가	일부만 재평가 ×

2 비상각자산의 재평가 시 회계처리

유형자산을 재평가할 때 자산의 장부금액이 증가하는 경우와 감소하는 경우의 회계처리를 최초로 재평가하는 회계연도와 이후 연도로 구분하면 아래와 같다.

1. 최초 재평가 시 평가증(공정가치 > 장부금액)

유형자산에 대하여 최초로 재평가모형을 적용할 때 장부금액을 증가시킬 경우에는 증가액인 재평가잉여금을 기타포괄손익으로 인식한다. 또한 이후에 장부금액을 감소시킬 경우에는 이전에 인식한 재평가잉여금을 우선 감소시키고, 초과액이 있으면 재평가손실(당기손익)을 인식한다.

○ 최초 재평가 시 평가증(공정가치 > 장부금액)의 구조

최초 재평가 시 구분	최초 재평가 시 회계처리	이후 재평가 시 회계처리
최초 재평가 시 평가증	재평가잉여금(OCI) 인식	① 평가증의 경우: 재평가잉여금 인식 ② 평가감의 경우: 이전에 인식한 재평가잉여금을 우선 감소시키고, 초과액이 있으면 재평가손실(N/I)을 인식

○ Case 1

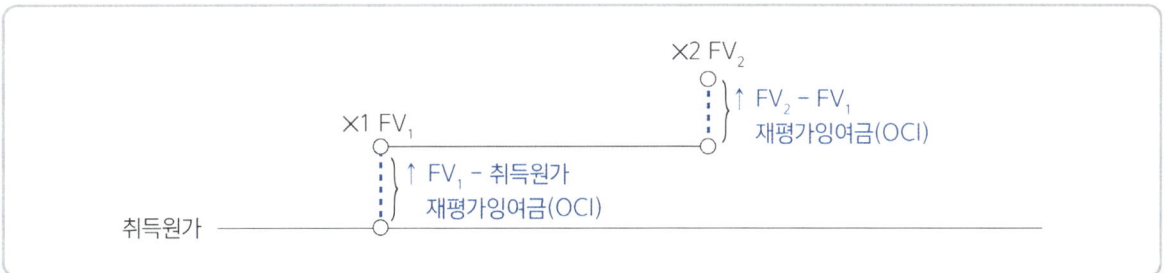

○ Case 2

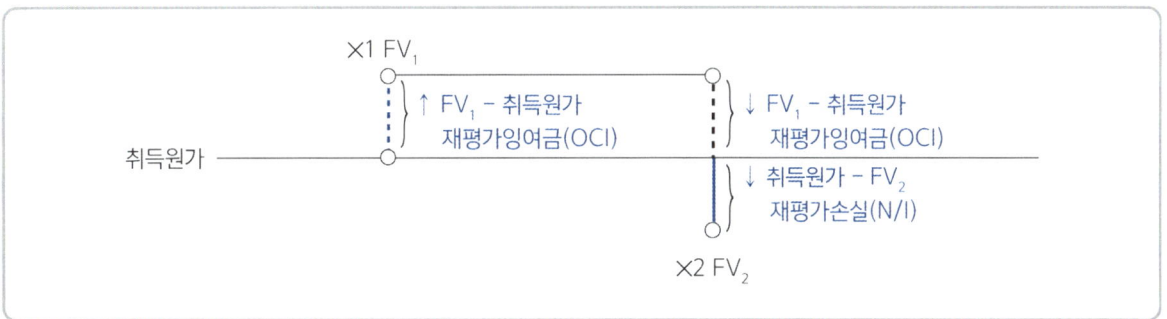

Additional Comment

유형자산의 재평가잉여금은 매년 반복하여 발생하는 항목도 아니며, 비록 경영자가 재평가모형을 적용하기로 선택을 했더라도 공정가치의 변동은 경영자가 통제할 수 없다. 따라서 한국채택국제회계기준은 재무제표이용자 및 경영자의 입장을 모두 고려하여 재평가잉여금을 당기순이익이 아닌 기타포괄손익으로 구분하도록 하였다. 또한 한국채택국제회계기준은 재평가잉여금을 인식한 후에 공정가치가 감소하는 경우에는 재평가잉여금을 우선 감소시키고 초과액을 당기비용으로 인식하도록 하고 있다. 그 이유는 당초에 인식했던 재평가잉여금을 초과하는 공정가치의 감소는 자산의 미래경제적효익이 감소된 것으로 볼 수 있기 때문이다.

2. 최초 재평가 시 평가감(공정가치 < 장부금액)

유형자산에 대하여 최초로 재평가모형을 적용할 때 공정가치가 장부금액보다 낮아지는 경우에는 감소액을 재평가손실(당기손익)로 인식한다. 이후에 장부금액을 증가시킬 경우에는 이전에 인식한 재평가손실만큼 재평가이익(당기손익)을 인식하고, 초과액이 있으면 재평가잉여금(기타포괄손익)을 인식한다.

◉ 최초 재평가 시 평가감(공정가치 < 장부금액)의 구조

최초 재평가 시 구분	최초 재평가 시 회계처리	이후 재평가 시 회계처리
최초 재평가 시 평가감	재평가손실(N/I) 인식	① 평가감의 경우: 재평가손실 인식 ② 평가증의 경우: 이전에 인식한 재평가손실만큼 재평가이익(N/I)을 인식하고, 초과액이 있으면 재평가잉여금(OCI)을 인식

◉ Case 1

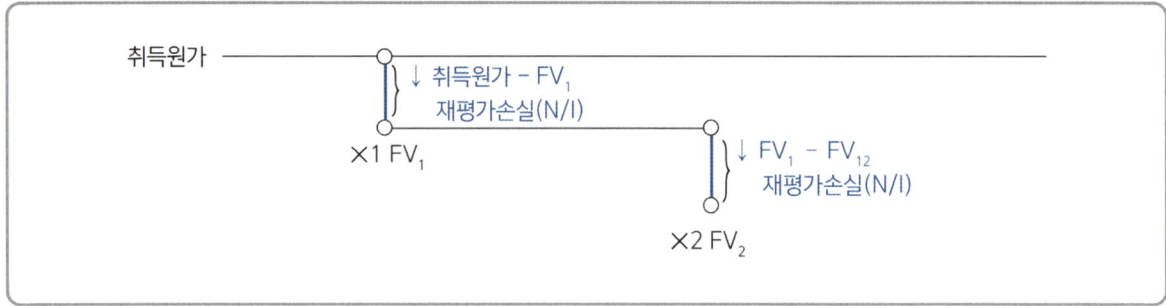

◉ Case 2

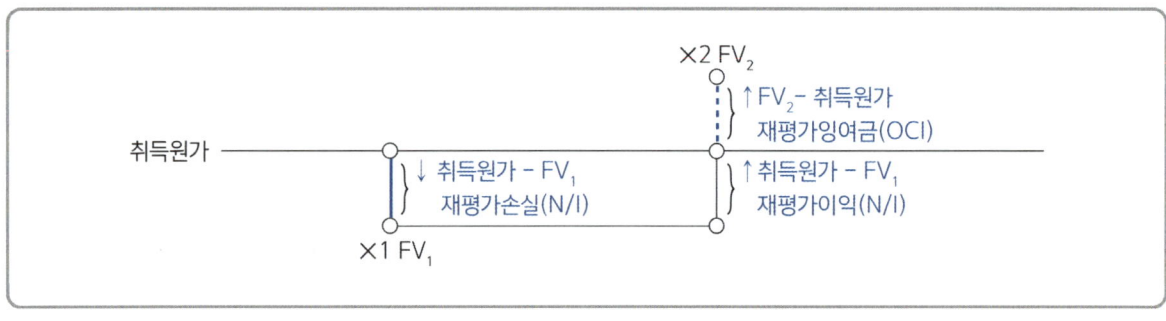

3. 재평가모형을 적용하는 비상각자산의 제거

재평가모형을 사용하는 유형자산의 장부금액도 원가모형을 적용하는 경우와 동일하게 처분하는 때 또는 사용이나 처분을 통하여 미래경제적효익이 기대되지 않을 때 제거한다. 유형자산의 제거로 발생하는 손익은 원가모형의 경우와 마찬가지로 순매각금액과 장부금액의 차이로 결정하며, 당기손익으로 인식한다.

유형자산의 재평가와 관련하여 자본 항목으로 보고한 재평가잉여금이 있는 경우 동 금액은 이익잉여금으로 대체할 수 있다. 처분 시점에 재평가잉여금을 이익잉여금으로 대체하는 규정도 임의 규정이므로 대체하지 않을 수도 있다.

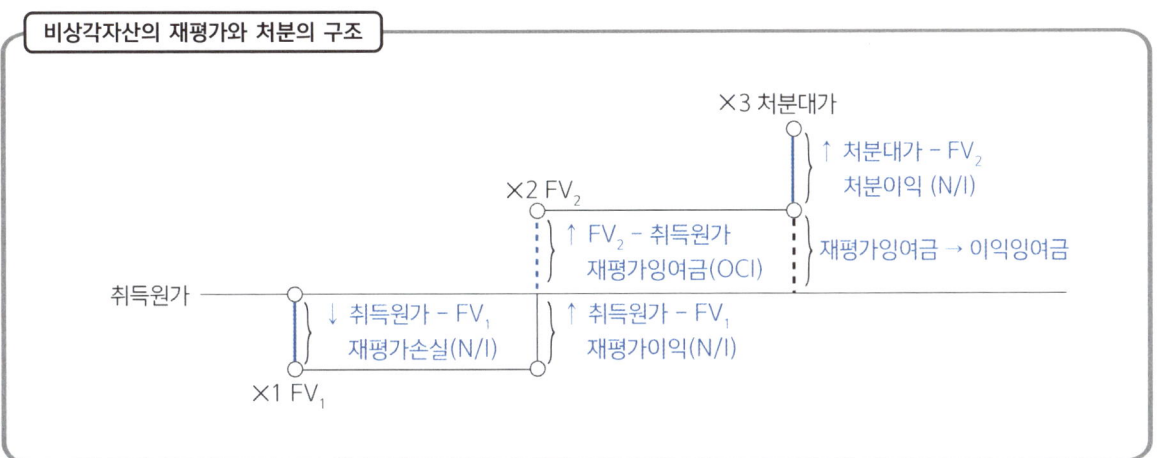

Self Study

유형자산의 처분 시 재평가잉여금을 이익잉여금으로 대체하는 회계처리는 자본총계(총포괄손익, OCI)에 영향을 미치지 않는다. 재평가잉여금을 이익잉여금으로 대체하는 것은 자본 내에서 자본 계정 간의 변동으로 순자산의 변동은 없기 때문에 포괄손익계산서에는 표시하지 않는다.

사례연습 8. 비상각자산의 재평가 시 회계처리

㈜현주는 20×1년 초 토지를 ₩100,000에 구입하였다. ㈜현주는 토지에 대하여 재평가모형을 적용하여 회계처리하고 있으며 매기 말 ㈜현주가 소유한 동 토지의 공정가치는 다음과 같다. ㈜현주는 20×3년 7월 1일 토지를 외부에 ₩130,000에 처분하였다.

20×1년 말	20×2년 말	20×3년 7월 1일
₩70,000	₩120,000	₩130,000 처분

[물음 1]
토지의 재평가와 관련하여 ㈜현주가 20×1년부터 20×3년까지 매 연도별로 동 거래로 포괄손익계산서상에 인식할 당기손익과 기타포괄손익, 총포괄손익에 미치는 영향을 구하시오.

[물음 2]
동 거래와 관련하여 ㈜현주가 20×1년 초부터 20×3년 처분까지 해야 할 회계처리를 보이시오. (단, ㈜현주는 자본에 계상된 재평가잉여금을 관련 자산이 제거될 때 직접 이익잉여금으로 대체하고 있다)

[풀이]

[물음 1]

구분	N/I 영향	OCI 변동	총포괄이익 변동
20×1년 말	(30,000)	-	(30,000)
20×2년 말	30,000	20,000	50,000
처분	10,000		10,000

[근거]

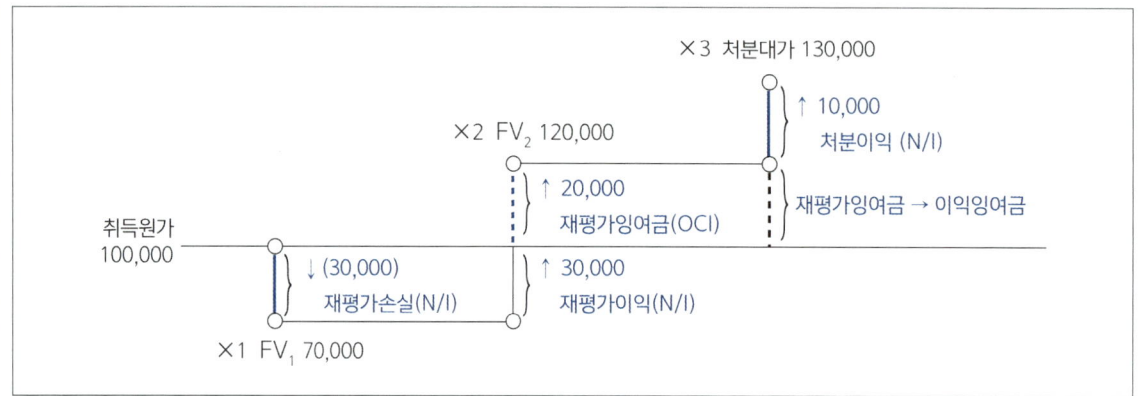

[물음 2]

×1 초	(차) 토지	100,000	(대) 현금	100,000
×1 말	(차) 재평가손실	30,000	(대) 토지	30,000

F/S	B/S		I/S	
	토지 70,000		N/I 재평가손실	30,000
			OCI -	

×2 말	(차) 토지	50,000	(대) 재평가이익	30,000
			재평가잉여금	20,000

F/S	B/S		I/S	
	토지 120,000		N/I 재평가이익	30,000
	재평가잉여금 20,000		OCI 재평가잉여금	20,000

처분	(차) 현금	130,000	(대) 토지	120,000
			처분이익	10,000
	(차) 재평가잉여금	20,000	(대) 이익잉여금	20,000

F/S	B/S		I/S	
	현금 130,000		N/I 처분이익	10,000
			OCI -	

기출문제

9. ㈜서울은 토지를 취득한 후 재평가모형에 의하여 토지에 대한 회계처리를 한다. 토지의 취득원가와 각 회기 말 토지의 공정가치는 <보기>와 같다. 토지의 재평가와 관련하여 ㈜서울이 20×3년에 인식할 당기손실과 총포괄손실은? (단, 법인세효과는 고려하지 않는다) 2018년 서울시 7급

<보기>

구분	취득원가	각 회계기간 말 공정가치		
	20×1년 초	20×1년 말	20×2년 말	20×3년 말
토지	₩ 2,500	₩ 3,000	₩ 2,700	₩ 2,300

① 당기손실 ₩ 400   총포괄손실 ₩ 0
② 당기손실 ₩ 300   총포괄손실 ₩ 100
③ 당기손실 ₩ 300   총포괄손실 ₩ 400
④ 당기손실 ₩ 200   총포괄손실 ₩ 400

해설

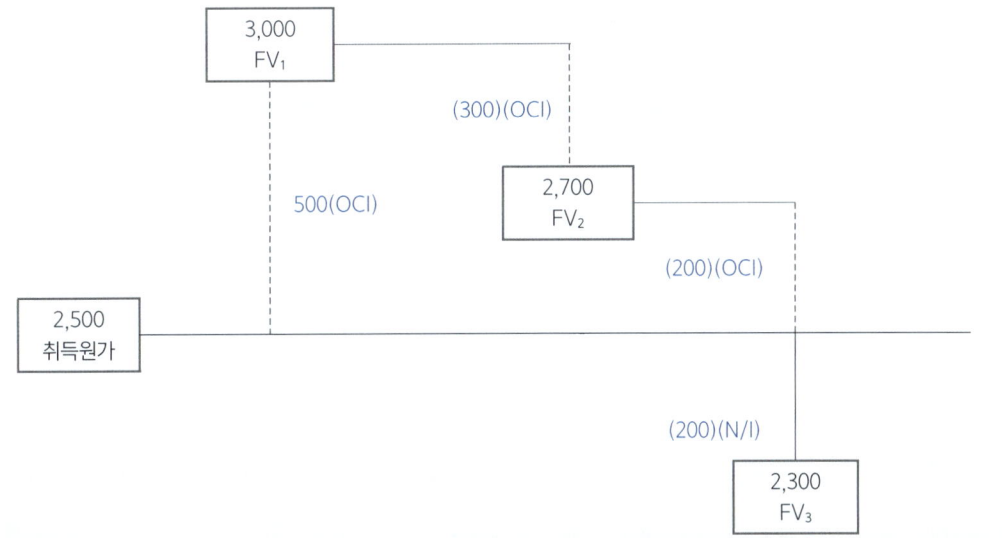

참고 회계처리

취득	(차) 토지	2,500	(대) 현금	2,500
×1년 말 재평가	(차) 토지	500	(대) 재평가잉여금[1]	500
	[1] 재평가잉여금: 3,000 − 2,500 = 500			
×2년 말 재평가	(차) 재평가잉여금[2]	300	(대) 토지	300
	[2] 재평가잉여금: 3,000 − 2,700 = 300			
×3년 말 재평가	(차) 재평가잉여금[3] 재평가손실[4]	200 200	(대) 토지	400
	[3] 재평가잉여금: 2,700 − 2,500 = 200 [4] 재평가손실: 2,500 − 2,300 = 200			

* 1st 최초 재평가 시 평가증: 재평가잉여금(OCI)을 인식함
* 2nd 이후 재평가 시 평가감: 이전에 인식한 재평가잉여금을 우선 감소시키고, 초과액이 있으면 재평가손실(N/I)을 인식함

답 ④

3 상각자산의 재평가 시 회계처리

1. 상각자산의 재평가 회계처리방법론

건물이나 기계장치와 같은 감가상각자산에 대해서 재평가모형을 적용할 경우에도 기본적으로 토지에 대한 재평가모형의 적용과 다르지 않다. 다만 이미 인식한 감가상각누계액을 두 가지 방법 중 하나를 적용하여 수정한다.

(1) 비례수정법

비례수정법은 자산 장부금액의 재평가와 일치하는 방식으로 자산의 총장부금액(감가상각누계액을 차감하기 전 금액, 즉 취득원가)을 조정하는 방법이다.

비례수정법 적용 시 재평가 후 재무상태표와 회계처리

B/S			
유형자산	(역산)		
(감가상각누계액)[1]	직접 계산(A)		
상각후원가(BV)	기말 FV	재평가잉여금	××

[1] 감가상각누계액(A): (기말 FV − 잔존가치) ÷ 잔여내용연수 × 경과기간

(차) 유형자산	××	(대) 감가상각누계액	××
		재평가잉여금	FV − 재평가 전 BV

(2) 누계액제거법

누계액제거법은 총장부금액에서 기존의 감가상각누계액을 전부 제거하여 자산의 순장부금액이 재평가금액이 되도록 하는 방법이다.

누계액제거법 적용 시 재평가 후 재무상태표와 회계처리

B/S			
유형자산	기말 FV	재평가잉여금	××

(차) 감가상각누계액(1st)	BV	(대) 재평가잉여금(2nd)	FV − 재평가 전 BV
유형자산(3rd)	대차차액		

> **Additional Comment**
>
> 장부금액이 ₩1,000(취득금액 ₩2,000, 감가상각누계액 ₩1,000)인 건물의 보고기간 말 현재 공정가치가 ₩1,800인 경우, 누계액제거법에서는 감가상각누계액 ₩1,000을 전액 제거하고 대차차액은 건물의 취득금액으로 수정한다. 재평가 이후의 장부금액이 ₩1,800이 되어야 하므로 건물의 취득금액은 ₩1,800으로 수정된다. 이에 대한 회계처리는 아래와 같다.
>
> | (차) 감가상각누계액(1st) | 1,000 | (대) 재평가잉여금(2nd) | 800 |
> |---|---|---|---|
> | 유형자산(3rd) | 대차차액 | 유형자산(3rd) | 200 |

재평가모형 회계처리의 방법론		
회계 처리	비례수정법	① 감가상각누계액과 총장부금액을 비례적으로 수정하는 방법 ② 재평가 후 감가상각누계액: (기말 FV - 잔존가치) ÷ 잔존내용연수 × 경과내용연수
	누계액 제거법	① 기존 감가상각누계액을 제거하여 자산의 순장부금액이 재평가금액이 되도록 수정하는 방법 ② 재평가 후 감가상각누계액: 0

사례연습 9. 상각자산의 재평가 시 회계처리

㈜현주가 20×1년 초에 취득한 건물의 취득원가는 ₩10,000이며, 잔존가치는 ₩0, 내용연수는 10년이고 정액법으로 감가상각한다. ㈜현주는 동 건물에 대하여 재평가모형을 적용하고 있다. 20×1년 말 현재 건물의 공정가치는 ₩10,800이다.

[물음 1]
㈜현주가 재평가모형 적용 시 상각자산에 대하여 비례수정법을 사용한다면 20×1년 말 동 건물에 대하여 ㈜현주가 수행할 회계처리를 보이시오.

[물음 2]
㈜현주가 재평가모형 적용 시 상각자산에 대하여 누계액제거법을 사용한다면 20×1년 말 동 건물에 대하여 ㈜현주가 수행할 회계처리를 보이시오.

풀이

[물음 1]

(차) 감가상각비	1,000	(대) 감가상각누계액	1,000
(차) 건물	2,000	(대) 감가상각누계액	200
		재평가잉여금	1,800

(1) 비율: 10,800(재평가 후 공정가치)/9,000(재평가 전 장부금액) = 1.2
(2) 재평가 후 건물: 10,000 × 1.2 = 12,000
(3) 재평가 후 감가상각누계액: 1,000 × 1.2 = 1,200

[물음 2]

(차) 감가상각비	1,000	(대) 감가상각누계액	1,000
(차) 감가상각누계액(1st)	1,000	(대) 재평가잉여금(2nd)	1,800
건물(3rd)	800		

2. 상각자산 재평가의 후속 적용

(1) 재평가 이후의 감가상각

재평가모형을 적용하여 공정가치로 재평가한 이후의 회계연도에는 원가모형을 선택한 경우와 마찬가지로 감가상각을 하여야 한다. 감가상각비는 기초 시점의 유형자산 장부금액, 즉 전기 말 재평가금액을 기초로 하여 잔존내용연수에 걸쳐 선택한 감가상각방법을 적용하여 측정한다.

> 재평가 이후 회계연도의 Dep = (전기 말 FV - 잔존가치) ÷ 기초 시점의 잔여내용연수

(2) 재평가잉여금의 후속 처리

유형자산의 재평가와 관련하여 자본 항목으로 계상된 재평가잉여금은 당해 자산을 사용함에 따라 일부금액을 이익잉여금으로 대체할 수 있다. 이러한 재평가잉여금의 이익잉여금 대체는 임의조항으로 선택사항이지 반드시 대체할 필요는 없다.

재평가잉여금을 이익잉여금으로 대체하는 정책을 채택하는 경우 대체되는 금액은 재평가된 금액에 근거한 감가상각액과 최초 원가에 근거한 감가상각액의 차이가 된다.

> 이익잉여금으로 대체될 재평가잉여금 = 재평가된 금액에 기초한 Dep - 최초 원가에 기초한 Dep

재평가잉여금 중 이익잉여금으로 대체한 금액은 포괄손익계산서의 당기손익이나 기타포괄손익에 표시되지 않으며 자본변동표에만 표시된다. 그 이유는 재평가잉여금을 이익잉여금으로 대체하는 것은 자본의 구성내역의 변동만 있을 뿐이지 자본총계에는 영향을 미치지 않기 때문에 재평가잉여금을 당기손익이나 기타포괄손익으로 인식하게 되면 총포괄이익이 왜곡 표시된다.

Additional Comment

재평가잉여금이 발생한 경우 원가모형을 적용하는 것보다 재평가잉여금에 해당하는 감가상각비가 더 많이 계상되어 당기순이익이 적게 계상되므로 이익잉여금도 동 금액만큼 적게 계상된다. 이때 재평가잉여금 중 일부를 이익잉여금으로 대체함으로써 원가모형을 적용한 경우의 이익잉여금과 동일한 금액이 되도록 하는 것이다.

Self Study

1. 재평가잉여금을 이익잉여금으로 대체하는 금액은 유형자산을 정액법으로 감가상각하는 경우에 재평가잉여금을 잔존내용연수에 걸쳐 정액법으로 상각한 금액과 일치한다. 또한 이 경우 잔존가치가 있는 경우에도 이익잉여금으로 대체할 재평가잉여금은 동일하게 계산된다.
2. 사용하는 동안 재평가잉여금을 이익잉여금(미처분이익잉여금)으로 대체하는지 여부에 따라 당기순이익은 달라진다. 그러나 총포괄이익(= 순자산의 변동 금액)은 차이가 없다.

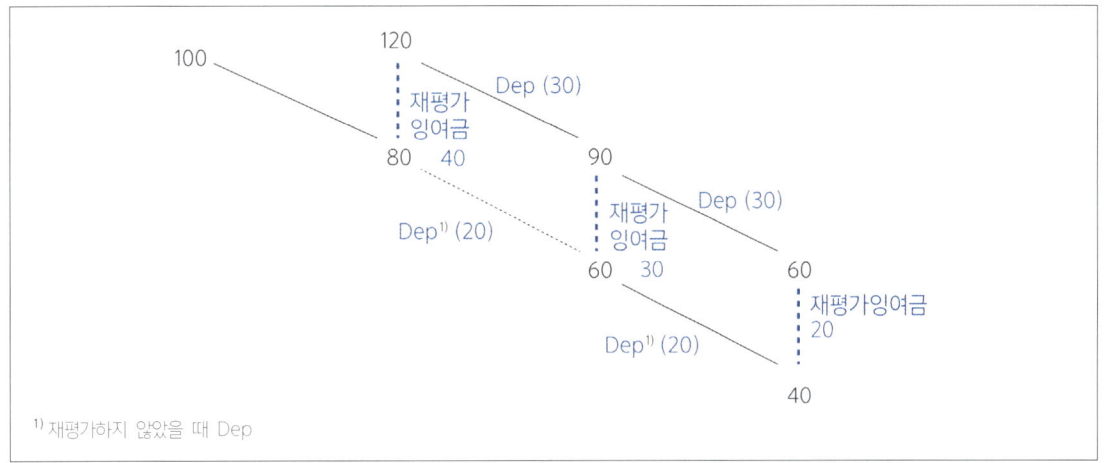

① 재평가를 수행하지 않는 경우
  ㉠ 매년 감가상각비: 20
  ㉡ 유형자산이 이익잉여금에 미치는 영향: (20)
② 재평가를 수행하는 경우
  ㉠ 매년 감가상각비: 30
  ㉡ 이익잉여금에 미치는 영향: (30)
  ㉢ 재평가잉여금을 이익잉여금으로 대체하는 금액: 30 - 20 = 10 or 40 ÷ 4년 = 10
  ㉣ 재평가잉여금을 이익잉여금으로 대체 시 유형자산이 이익잉여금에 미치는 영향: (30) + 10 = (20)

(3) 재평가 이후 연도의 재평가

① 재평가잉여금을 인식한 이후 재평가손실이 발생하는 경우

재평가잉여금을 인식한 이후의 재평가에서 재평가손실이 발생하는 경우에는 아래와 같이 재평가손실을 인식한다.

> 1st 전기 재평가잉여금 해당분: 기타포괄손익으로 인식
> 2nd 초과분: 재평가손실로 당기손익에 반영

기업이 재평가잉여금을 당해 유형자산의 사용에 따라 이익잉여금으로 대체한 경우에는 전기 재평가잉여금 중 감가상각비의 차이에 해당하는 금액을 제외한 금액이 재평가손실과 상계된다. 그러나 기업이 재평가잉여금을 이익잉여금으로 대체하지 않는 경우에는 전기 재평가잉여금이 재평가손실과 상계된다.

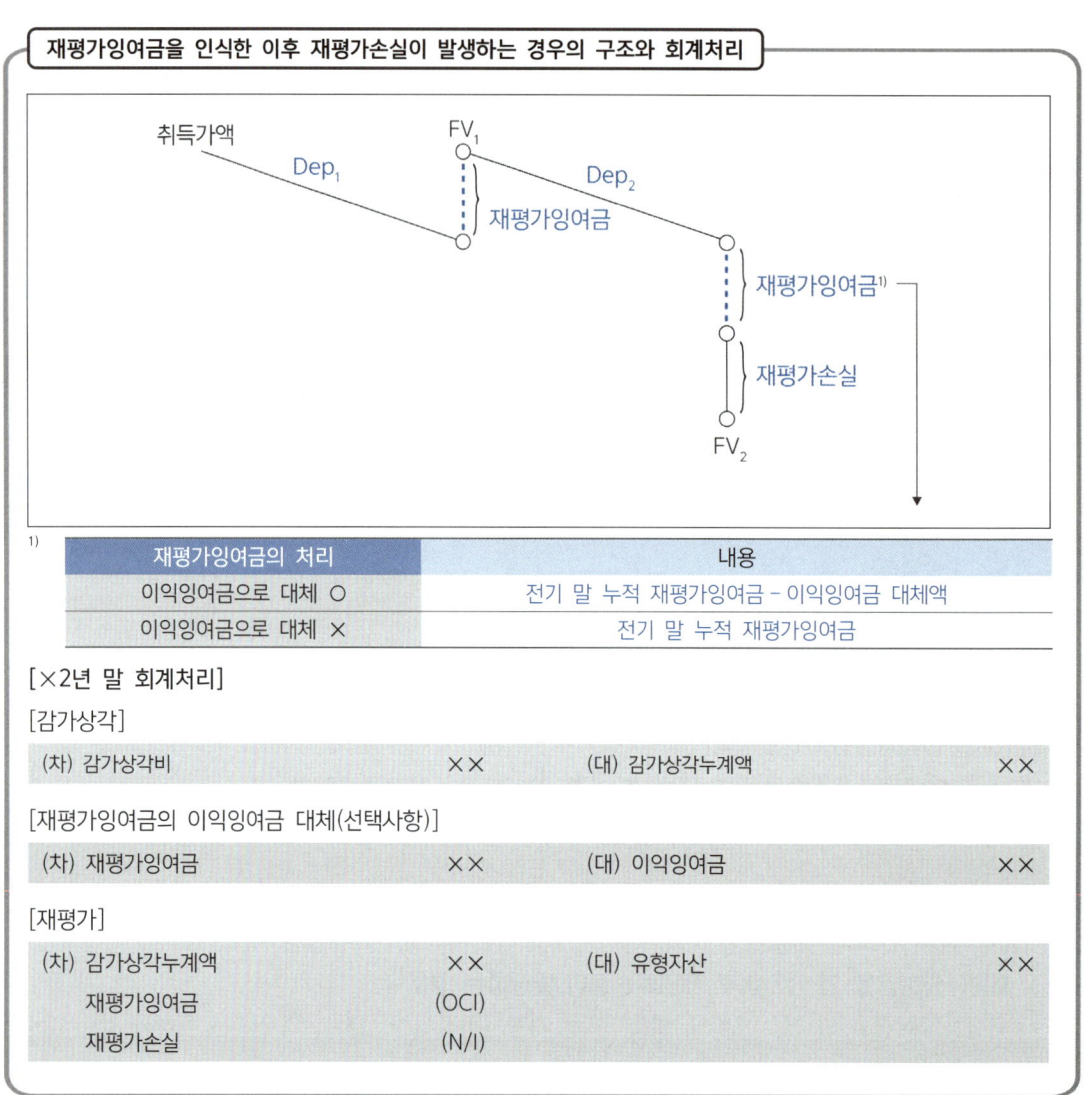

재평가잉여금의 처리	내용
이익잉여금으로 대체 O	전기 말 누적 재평가잉여금 − 이익잉여금 대체액
이익잉여금으로 대체 X	전기 말 누적 재평가잉여금

[×2년 말 회계처리]

[감가상각]

| (차) 감가상각비 | ×× | (대) 감가상각누계액 | ×× |

[재평가잉여금의 이익잉여금 대체(선택사항)]

| (차) 재평가잉여금 | ×× | (대) 이익잉여금 | ×× |

[재평가]

(차) 감가상각누계액	××	(대) 유형자산	××
재평가잉여금	(OCI)		
재평가손실	(N/I)		

② 재평가손실을 인식한 이후 재평가이익이 발생하는 경우

재평가잉여금을 인식한 이후의 재평가에서 재평가손실이 발생하는 경우에는 아래와 같이 재평가이익을 인식한다.

1st 전기 재평가손실 해당분: 당기손익으로 인식
2nd 초과분: 재평가잉여금으로 기타포괄손익에 반영

Additional Comment

재평가잉여금을 이익잉여금으로 대체하는 것은 재평가손익의 감가상각비의 차이를 반영하기 위한 것이므로 재평가잉여금을 이익잉여금으로 대체하는 정책을 채택한다면 재평가손실도 이익잉여금으로 대체하여야 한다. 그러나 한국채택국제회계기준에서는 재평가잉여금을 이익잉여금으로 대체하도록 하고 있을 뿐 재평가손실을 이익잉여금으로 대체하는지 여부에 대해서는 규정하고 있지 않다. 현재 다수의 견해는 재평가손실의 감가상각비의 차이는 한국채택국제회계기준에 규정되어 있지 않으므로 고려하지 않아야 한다는 것이다.

재평가손실을 인식한 이후 재평가이익이 발생하는 경우의 구조와 회계처리

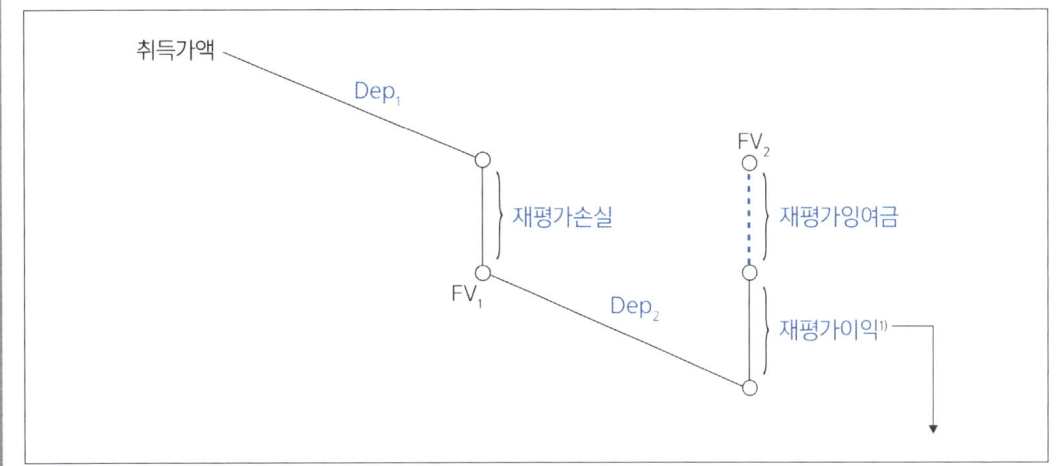

재평가손실의 처리	내용
이익잉여금으로 대체 O	전기 말 누적 재평가손실
이익잉여금으로 대체 ×	전기 말 누적 재평가손실

[×2년 말 회계처리]
[감가상각]

| (차) 감가상각비 | ×× | (대) 감가상각누계액 | ×× |

[재평가잉여금의 이익잉여금 대체(선택사항)]

| (차) 재평가잉여금 | ×× | (대) 이익잉여금 | ×× |

[재평가]

(차) 유형자산	××	(대) 감가상각누계액	××
		재평가이익	(N/I)
		재평가잉여금	(OCI)

3. 재평가모형을 적용하는 상각자산의 제거

재평가모형을 사용하는 유형자산의 장부금액도 원가모형을 적용하는 경우와 동일하게 처분하는 때 또는 사용이나 처분을 통하여 미래경제적효익이 기대되지 않을 때 제거한다. 유형자산의 제거로 발생하는 손익은 원가모형의 경우와 마찬가지로 순매각금액과 장부금액의 차이로 결정하며, 당기손익으로 인식한다. 유형자산의 재평가와 관련하여 자본 항목으로 보고한 재평가잉여금이 있는 경우 동 금액은 이익잉여금으로 대체할 수 있다. 처분 시점에 재평가잉여금을 이익잉여금으로 대체하는 규정도 임의 규정이므로 대체하지 않을 수도 있다.

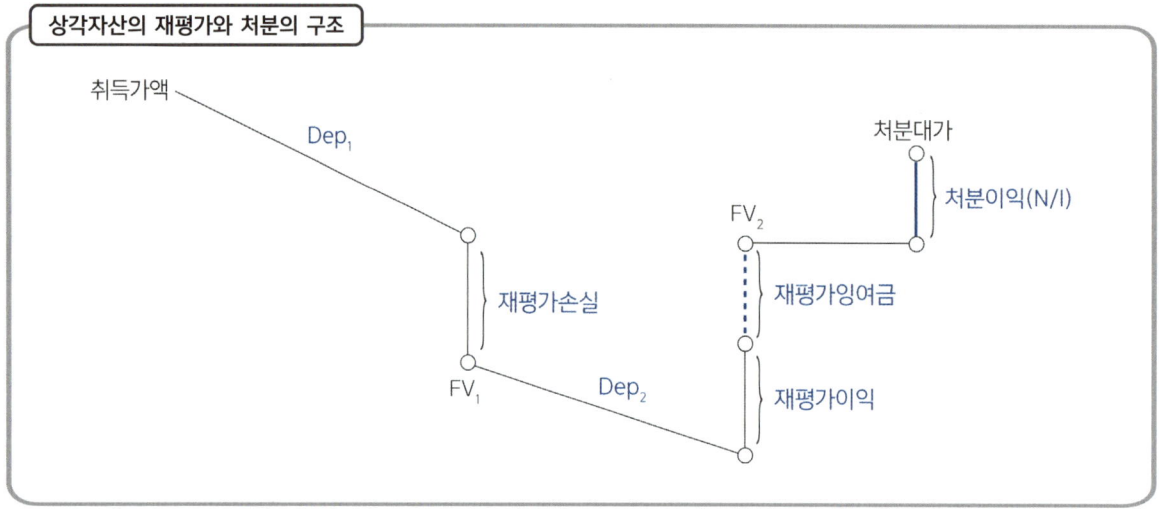

★ 사례연습 10. 상각자산의 재평가(1)

매년 12월 31일이 결산일인 ㈜포도는 기계장치를 재평가모형으로 측정하고 있다. 유형자산과 관련된 자료는 다음과 같다.

> (1) ㈜포도는 기계장치를 20×1년 초 ₩100,000(내용연수 10년, 잔존가치 없음)에 취득하여 정액법으로 감가상각하였다.
> (2) 재평가결과 20×1년 말 기계장치의 공정가치가 ₩99,000이었으며, 20×2년 말 공정가치는 ₩105,000이다.

[물음 1]
㈜포도가 유형자산을 사용함에 따라 재평가잉여금의 일부를 이익잉여금으로 대체하는 회계처리방법을 채택하고 있을 경우, 20×1년과 20×2년의 당기손익과 기타포괄손익, 총포괄손익에 미친 영향을 구하고, ㈜포도가 20×1년 말과 20×2년 말에 동 거래와 관련하여 수행할 회계처리를 보이시오. (단, ㈜포도는 누계액제거법을 사용하여 재평가 회계처리를 하고 있다)

[물음 2]
㈜포도가 유형자산을 사용함에 따라 재평가잉여금의 일부를 이익잉여금으로 대체하지 않는 회계처리방법을 채택하고 있을 경우, 20×1년과 20×2년의 당기손익과 기타포괄손익, 총포괄손익에 미친 영향을 구하고, ㈜포도가 20×1년 말과 20×2년 말에 동 거래와 관련하여 수행할 회계처리를 보이시오. (단, ㈜포도는 누계액제거법을 사용하여 재평가 회계처리를 하고 있다)

풀이

[물음 1]

(1) B/S법 풀이

B/S				N/I 변동	OCI 변동	총포괄손익 변동
취득	100,000					
상각	(10,000)			(10,000)		(10,000)
① ×1 말 상각후원가	90,000					
③ 재평가잉여금	9,000	재평가잉여금	9,000		9,000	9,000
② ×1 말 FV	99,000					
		OCI잔액	9,000	(10,000)	9,000	(1,000)
상각[1]	(11,000)	대체[2]	(1,000)	(11,000)		(11,000)
① ×2 말 상각후원가	88,000					
③ 재평가잉여금	17,000	재평가잉여금	17,000		17,000	17,000
② ×2 말 FV	105,000					
		OCI잔액	25,000	(11,000)	17,000	6,000

[1] (전기 말 FV − 잔존가치) / 잔여내용연수
[2] 재평가된 금액에 근거한 감가상각액과 최초 취득원가에 근거한 감가상각비의 차이

(2) 회계처리

×1 말	1st 상각	(차) 감가상각비	10,000	(대) 감가상각누계액		10,000
	2nd 재평가	(차) 감가상각누계액(1st)	10,000	(대) 재평가잉여금(2nd)		9,000
				기계장치(3rd)		1,000
×2 말	1st 상각	(차) 감가상각비	11,000	(대) 감가상각누계액		11,000
	2nd 대체	(차) 재평가잉여금	1,000	(대) 이익잉여금		1,000
	3rd 재평가	(차) 감가상각누계액(1st)	11,000	(대) 재평가잉여금(2nd)		17,000
		기계장치(3rd)	6,000			

[물음 2]

(1) B/S법 풀이

B/S				N/I 변동	OCI 변동	총포괄손익 변동
취득	100,000					
상각	(10,000)			(10,000)		(10,000)
① ×1 말 상각후원가	90,000					
③ 재평가잉여금	9,000	재평가잉여금	9,000		9,000	9,000
② ×1 말 FV	99,000					
		OCI잔액	9,000	(10,000)	9,000	(1,000)
상각[1]	(11,000)			(11,000)		(11,000)
① ×2 말 상각후원가	88,000					
③ 재평가잉여금	17,000	재평가잉여금	17,000		17,000	17,000
② ×2 말 FV	105,000					
		OCI잔액	26,000	(11,000)	17,000	6,000

[1] (전기 말 FV − 잔존가치) / 잔여내용연수

(2) 회계처리

×1 말	1st 상각	(차) 감가상각비	10,000	(대) 감가상각누계액		10,000
	2nd 재평가	(차) 감가상각누계액(1st)	10,000	(대) 재평가잉여금(2nd)		9,000
				기계장치(3rd)		1,000
×2 말	1st 상각	(차) 감가상각비	11,000	(대) 감가상각누계액		11,000
	2nd 대체	회계처리 없음				
	3rd 재평가	(차) 감가상각누계액(1st)	11,000	(대) 재평가잉여금(2nd)		17,000
		기계장치(3rd)	6,000			

사례연습 11. 상각자산의 재평가(2)

매년 12월 31일이 결산일인 ㈜포도는 기계장치를 재평가모형으로 측정하고 있다. 유형자산과 관련된 자료는 다음과 같다.

> (1) ㈜포도는 기계장치를 20×1년 초 ₩100,000(내용연수 10년, 잔존가치 없음)에 취득하여 정액법으로 감가상각하였다.
> (2) 재평가결과 20×1년 말 기계장치의 공정가치가 ₩126,000이었으며, 20×2년 말 공정가치는 ₩70,000이다.

[물음 1]
㈜포도가 유형자산을 사용함에 따라 재평가잉여금의 일부를 이익잉여금으로 대체하는 회계처리방법을 채택하고 있을 경우, 20×1년과 20×2년의 당기손익과 기타포괄손익, 총포괄손익에 미친 영향을 구하고, ㈜포도가 20×1년 말과 20×2년 말에 동 거래와 관련하여 수행할 회계처리를 보이시오. (단, ㈜포도는 누계액제거법을 사용하여 재평가 회계처리를 하고 있다)

[물음 2]
㈜포도는 유형자산을 사용함에 따라 재평가잉여금의 일부를 이익잉여금으로 대체하지 않는 회계처리방법을 채택하고 있을 경우, 20×1년과 20×2년의 당기손익과 기타포괄손익, 총포괄손익에 미친 영향을 구하고, ㈜포도가 20×1년 말과 20×2년 말에 동 거래와 관련하여 수행할 회계처리를 보이시오. (단, ㈜포도는 누계액제거법을 사용하여 재평가 회계처리를 하고 있다)

풀이

[물음 1]
(1) B/S법 풀이

B/S				N/I 변동	OCI 변동	총포괄손익 변동
취득	100,000					
상각	(10,000)			(10,000)		(10,000)
① ×1 말 상각후원가	90,000					
③ 재평가잉여금	36,000	재평가잉여금	36,000		36,000	36,000
② ×1 말 FV	126,000					
		OCI잔액	36,000	(10,000)	36,000	26,000
상각[1]	(14,000)	대체[2]	(4,000)	(14,000)		(14,000)
① ×2 말 상각후원가	112,000					
③ 재평가잉여금	(32,000)	재평가잉여금	(32,000)		(32,000)	(32,000)
③ 재평가손실	(10,000)			(10,000)		(10,000)
② ×2 말 FV	70,000	OCI잔액	−	(24,000)	(32,000)	(56,000)

[1] (전기 말 FV − 잔존가치) / 잔여내용연수
[2] 재평가된 금액에 근거한 감가상각액과 최초 취득원가에 근거한 감가상각비의 차이

(2) 회계처리

×1 말	1st 상각	(차) 감가상각비	10,000	(대) 감가상각누계액	10,000
	2nd 재평가	(차) 감가상각누계액(1st) 기계장치(3rd)	10,000 26,000	(대) 재평가잉여금(2nd)	36,000
×2 말	1st 상각	(차) 감가상각비	14,000	(대) 감가상각누계액	14,000
	2nd 대체	(차) 재평가잉여금	4,000	(대) 이익잉여금	4,000
	3rd 재평가	(차) 감가상각누계액 (1st) 재평가잉여금 (2nd) 재평가손실 (2nd)	14,000 32,000 10,000	(대) 기계장치 (3rd)	56,000

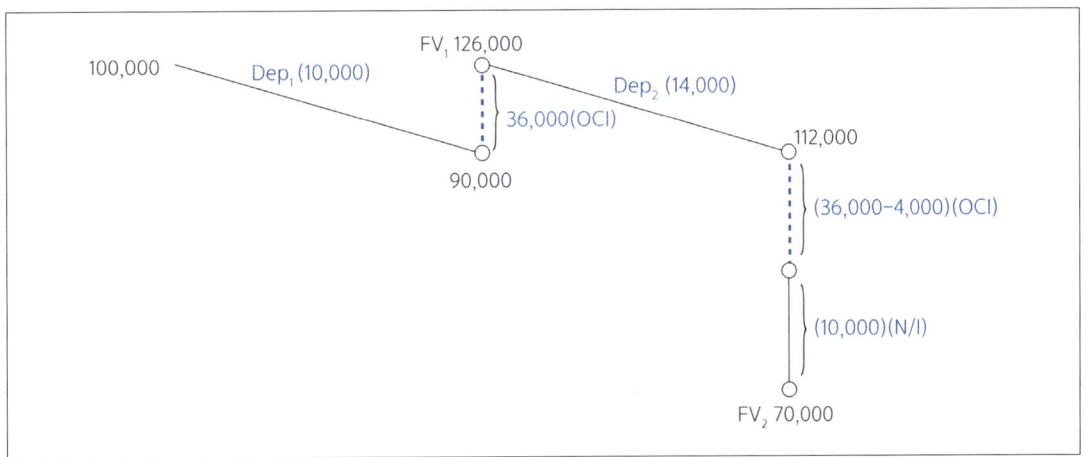

[물음 2]
(1) B/S법 풀이

B/S				N/I 변동	OCI 변동	총포괄손익 변동
취득	100,000					
상각	(10,000)					
① ×1 말 상각후원가	90,000					
③ 재평가잉여금	36,000	재평가잉여금	36,000			
② ×1 말 FV	126,000					
		OCI잔액	36,000	(10,000)	36,000	26,000
상각[1]	(14,000)					
① ×2 말 상각후원가	112,000					
③ 재평가잉여금	(36,000)	재평가잉여금	(36,000)			
③ 재평가손실	(6,000)					
② ×2 말 FV	70,000	OCI잔액	—	(20,000)	(36,000)	(56,000)

[1] (전기 말 FV − 잔존가치) / 잔여내용연수

(2) 회계처리

×1 말	1st 상각	(차) 감가상각비	10,000	(대) 감가상각누계액	10,000
	2nd 재평가	(차) 감가상각누계액(1st) 기계장치(3rd)	10,000 26,000	(대) 재평가잉여금(2nd)	36,000
×2 말	1st 상각	(차) 감가상각비	14,000	(대) 감가상각누계액	14,000
	2nd 대체	회계처리 없음			
	3rd 재평가	(차) 감가상각누계액 (1st) 재평가잉여금 (2nd) 재평가손실 (2nd)	14,000 36,000 6,000	(대) 기계장치 (3rd)	56,000

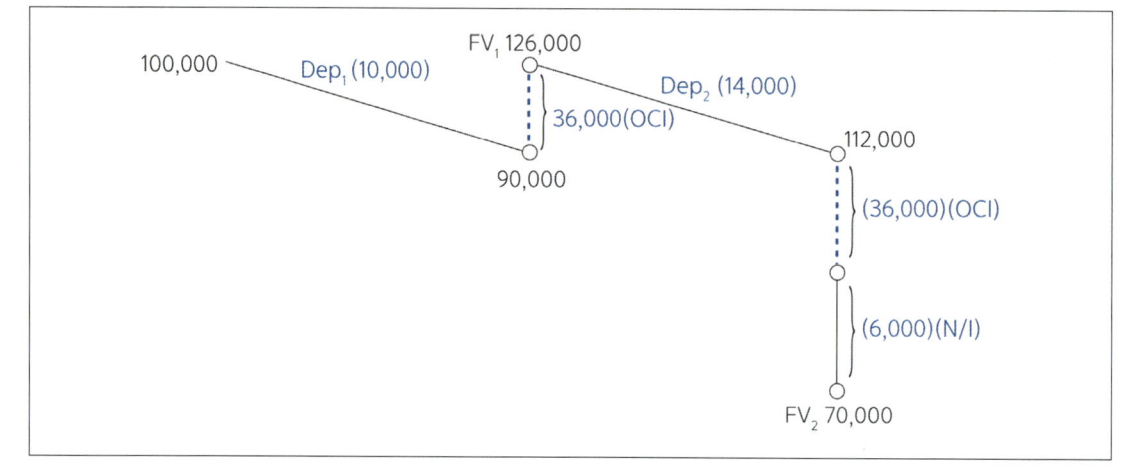

기출문제

10. ㈜한국은 20×1년 초에 ₩ 15,000을 지급하고 항공기를 구입하였다. 20×1년 말 항공기의 감가상각누계액은 ₩ 1,000이며, 공정가치는 ₩ 16,000이다. 감가상각누계액을 전액 제거하는 방법인 재평가모형을 적용하고 있으며 매년 말 재평가를 실시하고 있다. 20×2년 말 항공기의 감가상각누계액은 ₩ 2,000이며, 공정가치는 ₩ 11,000이다. 상기의 자료만을 근거로 도출된 설명으로 옳지 않은 것은? (단, 재평가잉여금을 당해 자산을 사용하면서 이익잉여금으로 대체하는 방법은 선택하고 있지 않다)

2020년 지방직 9급

① 20×1년 말 재평가잉여금은 ₩ 2,000이다.
② 20×1년 말 항공기의 장부금액은 ₩ 16,000이다.
③ 20×2년에 인식하는 재평가손실은 ₩ 3,000이다.
④ 20×2년에 인식하는 재평가손실은 포괄손익계산서의 비용 항목으로 당기순이익에 영향을 준다.

해설

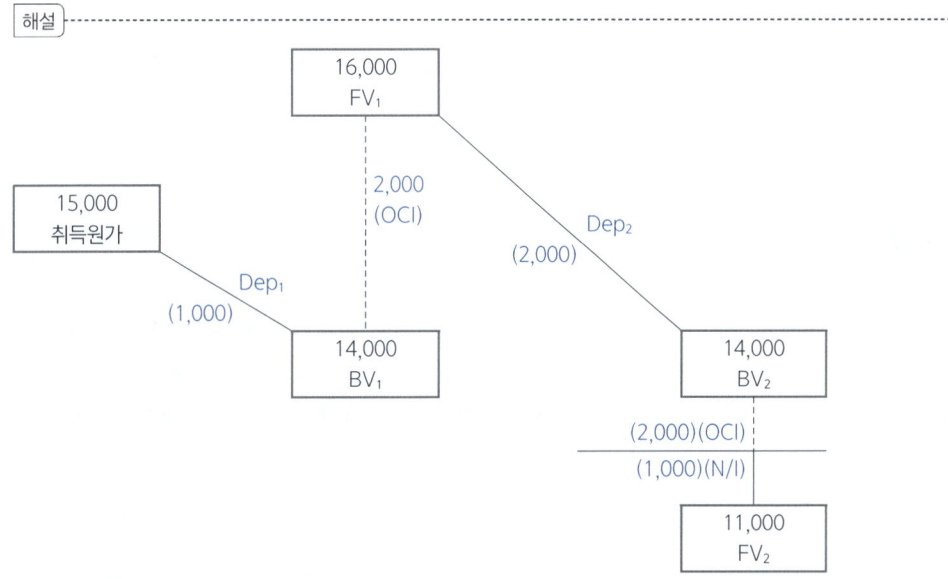

(1) ×1년 Dep: 1,000 = ×1년 감가상각누계액: 1,000
(2) ×1년 재평가잉여금(OCI): 2,000 = 16,000 − 14,000
(3) ×2년 Dep: 2,000 = ×2년 감가상각누계액: 2,000
(4) ×2년 우선 상계액(OCI): 2,000 = 14,000 − 12,000
(5) ×2년 재평가손실(N/I): 1,000 = 12,000 − 11,000

참고 회계처리

취득	(차)	항공기	15,000	(대)	현금	15,000
×1년 말 감가상각	(차)	감가상각비	1,000	(대)	감가상각누계액	1,000
×1년 말 재평가	(차)	감가상각누계액 항공기	1,000 1,000	(대)	재평가잉여금	2,000
×2년 말 감가상각	(차)	감가상각비	2,000	(대)	감가상각누계액	2,000
×2년 말 재평가	(차)	감가상각누계액 재평가잉여금 재평가손실	2,000 2,000 1,000	(대)	항공기	5,000

답 ③

CHAPTER 7 유형자산의 손상

1 손상의 기초이론

1. 손상의 의의

투자자를 보호하기 위하여 재무상태표에 표시되는 자산은 장부금액을 회수가능액보다 더 큰 금액으로 표시할 수 없다. 만약 자산의 장부금액이 자산을 매각하거나 사용하여 회수될 금액을 초과하면, 자산의 장부금액은 그 자산의 회수가능액보다 더 큰 금액으로 표시된 것이며, 회수가능액을 초과하는 금액을 손상차손으로 인식해야 하는데 이를 자산손상이라고 말한다.

> **Additional Comment**
> 기업이 보유하는 기계장치의 당기 말 장부금액이 10억 원인데, 당기 말에 발생한 물리적 손상으로 인하여 이를 계속 사용하더라도 10억 원의 미래경제적효익의 유입을 기대할 수 없으며, 당장 매각하더라도 10억 원보다 낮은 금액을 받을 것으로 예상된다면, 당기 말 재무상태표에 기계장치를 10억 원으로 보고한다면 미래경제적효익보다 더 많은 금액으로 자산이 표시되는 문제가 발생한다. 따라서 재무상태표에 기계장치를 적절하게 감액한 금액으로 보고함으로써 정보이용자의 의사결정이 오도되지 않도록 할 수 있다. 이와 같은 상황에서 기업은 기계장치가 손상된 것으로 판단하고, 기계장치의 장부금액을 감액하면서 손상차손을 당기손익으로 인식한다.

2. 손상의 인식 과정

손상차손을 인식하기 위해서는 손상징후를 검토한 결과 손상 징후가 존재하는 경우 회수가능액을 추정한다. 그러므로 유형자산은 반드시 손상징후를 검토하여야 한다. 손상검사는 연차 회계기간 중 어느 때라도 할 수 있으며 매년 같은 시기에 실시한다. 단, 일부 자산은 손상 징후를 검토하지 않고 곧바로 회수가능액을 추정하는 자산도 있다. (Ex 내용연수가 비한정인 무형자산, 아직 사용할 수 없는 무형자산 및 사업결합으로 취득한 영업권)

2 원가모형의 손상

1. 회수가능액

회수가능액은 순공정가치와 사용가치 중 큰 금액을 말한다. 순공정가치는 공정가치에서 처분부대원가를 뺀 금액으로, 이때 처분부대원가는 자산의 처분에 직접 기인하는 증분원가를 말한다. 처분부대원가의 예로는 법률원가, 인지세와 거래세 등이 있다. 사용가치는 자산에서 얻을 것으로 예상되는 미래 현금흐름의 현재가치를 말한다. 미래 현금흐름은 자산의 현재 상태를 기초로 추정하며, 미래 현금흐름 추정치에는 재무활동에서 생기는 현금흐름과 법인세는 포함하지 않는다.

> **회수가능액의 구조**
>
> 회수가능액 = MAX ┌ 순공정가치 = 공정가치 − 처분부대원가
> └ 사용가치: 자산에서 얻을 것으로 예상되는 미래 CF의 PV

2. 손상차손의 인식

유형자산의 회수가능액이 장부금액에 못 미치는 경우에 자산의 장부금액을 회수가능액으로 감액하고 해당 감소액은 손상차손으로 인식한다. 손상차손은 곧바로 당기손익으로 인식하며, 손상차손누계액의 계정으로 하여 유형자산의 차감계정으로 표시한다.

손상차손의 회계처리 및 F/S분석

[회계처리]

(차) 감가상각비	××	(대) 감가상각누계액	××
(차) 유형자산손상차손	××	(대) 손상차손누계액	××

B/S

유형자산	제공한 대가 FV
(감가상각누계액)	(역산)
(손상차손누계액)	(손상 전 BV - 회수가능액)
유형자산 BV	회수가능액

I/S

| 감가상각비 | (제공한 대가 FV - 잔존가치)/내용연수 |
| 손상차손 | 손상 전 BV - 회수가능액 |

Additional Comment

자산의 손상을 인식하는 경우 감가상각비를 먼저 인식하고 손상차손은 나중에 인식한다. 감가상각은 회계기간 동안 사용한 부분에 대한 원가를 비용처리하는 것이므로 회수가능액의 하락으로 인한 손상차손의 인식보다 먼저 이루어져야 한다.

3. 손상차손 인식 이후의 감가상각비

손상차손 인식 이후의 회수가능액은 새로운 취득원가로 보아 잔존가치를 차감한 금액을 자산의 잔여내용연수에 걸쳐 체계적인 방법으로 감가상각비를 인식한다. 그러므로 특정 연도에 유형자산에 대해서 손상차손을 인식했다면, 다음 연도 감가상각비는 손상차손을 인식하지 않는 경우에 비해 적게 인식된다.

4. 손상차손환입

보고일마다 과거 기간에 인식한 손상차손이 더는 존재하지 않거나 감소되었을 수 있는 징후가 있는지를 검토하고, 그러한 징후가 있는 경우에는 해당 자산의 회수가능액을 추정한다. 회수가능액이 장부금액을 초과하는 경우 자산의 장부금액은 회수가능액으로 증액하고 손상차손환입의 계정으로 하여 당기손익으로 인식한다. 이때 증액된 장부금액은 과거에 손상차손을 인식하기 전에 장부금액의 감가상각 후 남은 잔액을 초과할 수 없다. 즉, 손상차손을 인식한 유형자산의 회수가능액이 장부금액을 초과하는 경우에는 손상차손을 인식하지 않았을 경우의 장부금액을 한도로 당기이익(유형자산손상차손환입)으로 처리한다.

손상차손환입의 회계처리 및 F/S분석

[회계처리]

(차) 감가상각비	××	(대) 감가상각누계액	××
(차) 손상차손누계액	××	(대) 손상차손환입	××

B/S

유형자산	제공한 대가 FV
(감가상각누계액)	(역산)
(손상차손누계액)	(손상차손(누적) - 손상차손환입(누적))
유형자산 BV	Min[회수가능액, 손상되지 않았을 경우 BV]

I/S

감가상각비	(손상 후 BV - 잔존가치)/잔여내용연수
손상차손환입	Min[손상되지 않았을 경우 BV, 회수가능액] - 손상 후 BV

Additional Comment

유형자산의 원가모형의 경우, 손상차손환입은 과거에 손상차손을 인식하기 전 장부금액의 감가상각 또는 상각 후 잔액(즉, 손상차손을 인식하지 않았다면 계상되었을 장부금액)을 초과할 수 없다. 그 이유는 손상차손을 인식하지 않았다면 계상되었을 장부금액을 초과하여 손상차손환입을 인식하면 당해 자산에 대해서 원가모형을 적용하지 않고 마치 재평가모형과 같이 평가이익을 인식한 결과가 되기 때문이다.

원가모형의 손상차손의 구조

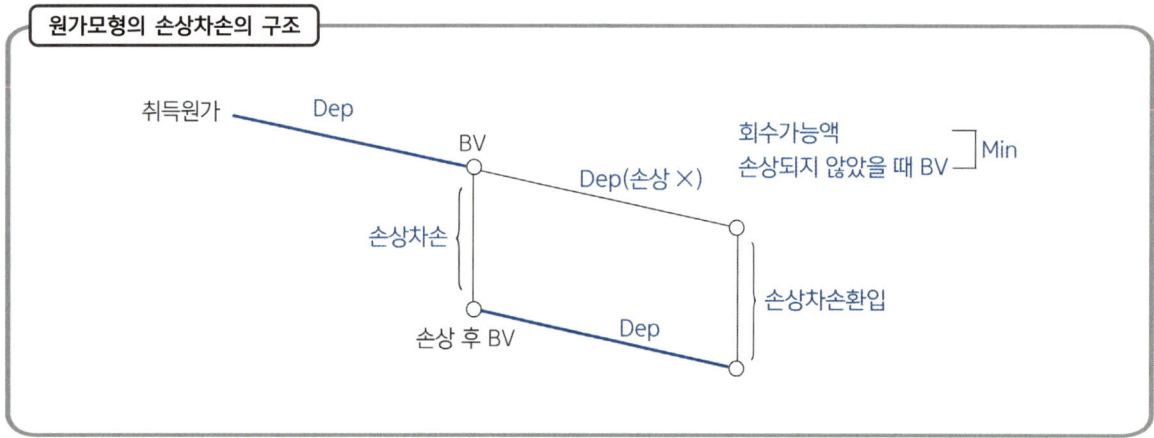

5. 손상에 대한 보상

손상, 손실 또는 포기된 유형자산에 대해 제3자로부터 보상금을 받는 경우가 있다. 이 경우 보상금은 수취할 권리가 발생하는 시점에 당기손익으로 반영한다.

사례연습 12. 원가모형의 손상

매년 12월 31일이 결산일인 ㈜포도는 ×1년 초 기계장치를 ₩100에 취득하고 원가모형으로 기록하고 있다. 동 자산의 잔존가치는 0, 내용연수는 5년이고 ㈜포도는 동 자산을 정액법으로 상각한다.

> (1) ×1년 말 현재 손상 징후를 보인 것으로 판단하고 손상차손을 인식하기로 하였다. ×1년 말 현재 동 자산의 회수가능액은 ₩60으로 추정되었다.
> (2) ×3년 말에 손상 사유가 해소되었고 이때의 동 자산의 회수가능액은 ₩50으로 추정되었다.

[물음 1]
동 거래가 ㈜포도의 ×1년부터 ×3년까지 각 연도별 포괄손익계산서상 당기손익에 미친 영향을 구하시오.

[물음 2]
동 거래로 ㈜포도가 ×1년 초부터 ×3년 말까지 수행할 회계처리를 보이시오.

풀이

[물음 1]

×1년 N/I영향	① 감가상각비: (100 − 0)/5 = (20) ② 손상차손: 60 − (100 − 20) = (20)
×2년 N/I영향	감가상각비: (60 − 0)/4 = 15
×3년 N/I영향	① 감가상각비: (60 − 0)/4 = 15 ② 손상차손환입: Min[40, 50] − (60 − 30) = 10

참고

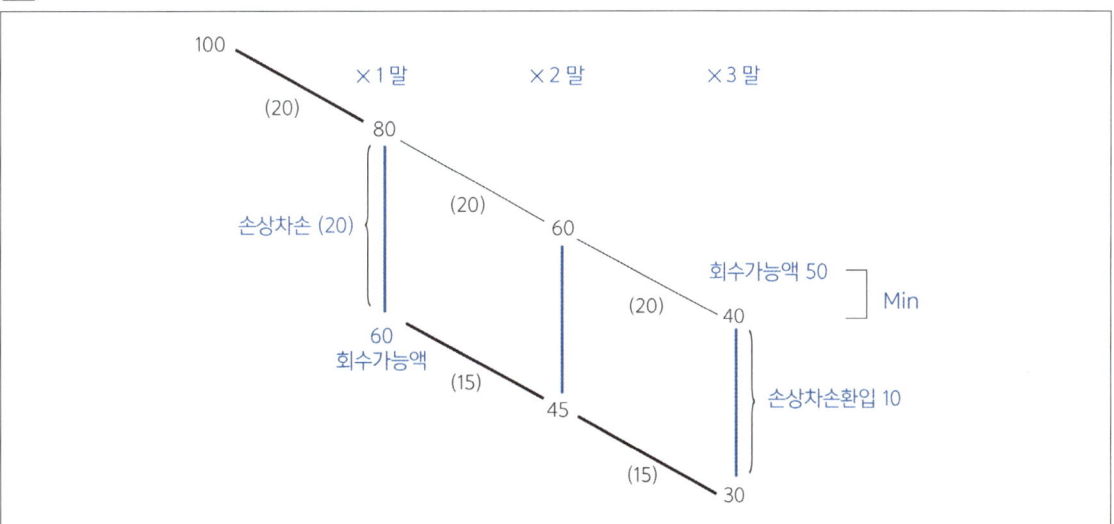

[물음 2]

×1년 초	(차) 기계장치	100	(대) 현금	100
×1년 말	(차) 감가상각비(N/I) (차) 손상차손(N/I)	20 20	(대) 감가상각누계액 (대) 손상차손누계액	20 20
×2년 말	(차) 감가상각비(N/I)	15	(대) 감가상각누계액	15
×3년 말	(차) 감가상각비(N/I) (차) 손상차손누계액	15 10	(대) 감가상각누계액 (대) 손상차손환입(N/I)	15 10

> [참고]
>
> | B/S | | ×1년 말 | | B/S | | ×3년 말 |
> |---|---|---|---|---|---|---|
> | 유형자산 | | 100 | | 유형자산 | | 100 |
> | (감가상각누계액) | | (20) | | (감가상각누계액) | | (50) |
> | (손상차손누계액) | | (20) | | (손상차손누계액) | | (10) |
> | 유형자산 BV | | 60 | | 유형자산 BV | | 40 |

기출문제

11. ㈜한국은 20×1년 초 기계를 ₩480,000(내용연수 5년, 잔존가치 ₩0, 정액법 상각)에 구입하고 원가모형을 채택하였다. 20×2년 말 그 기계에 손상 징후가 있었으며, 이때 기계의 순공정가치는 ₩180,000, 사용가치는 ₩186,000으로 추정되었다. 20×3년 말 회수가능액이 ₩195,000으로 회복되었다면 옳지 않은 것은? *2018년 국가직 9급*

① 20×2년 말 손상차손인식 전 장부금액은 ₩288,000이다.
② 20×2년 말 손상차손으로 인식할 금액은 ₩102,000이다.
③ 20×3년 말 감가상각비로 인식할 금액은 ₩62,000이다.
④ 20×3년 말 손상차손환입액으로 인식할 금액은 ₩71,000이다.

> [해설]
>
>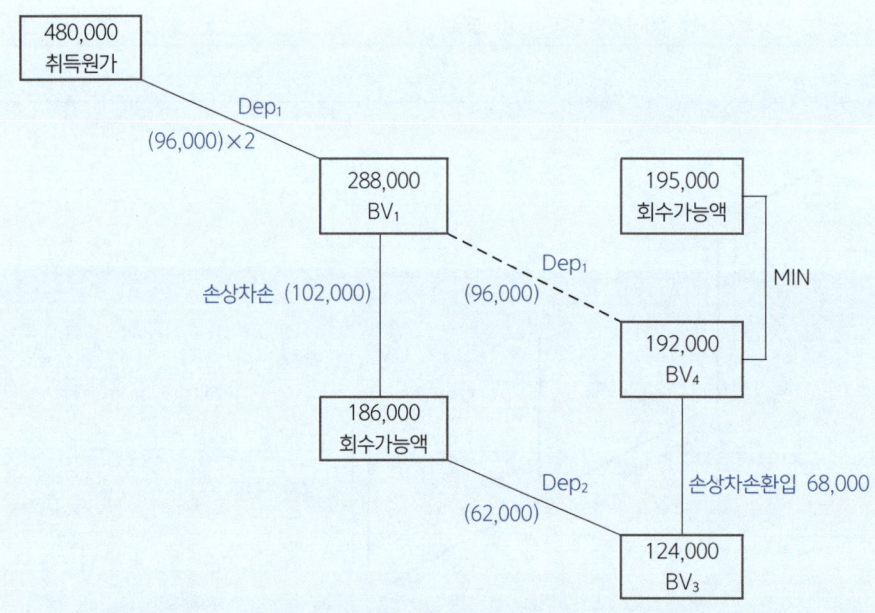
>
> (1) 손상되지 않았을 때의 Dep: 96,000 = (480,000 − 0) × 1/5
> (2) ×2년 말 BV: 288,000 = 480,000 − (96,000 × 2)
> (3) ×2년 손상차손(N/I): 102,000 = 288,000 − MAX[180,000, 186,000]
> (4) ×2년 손상 후 BV: 186,000 = 288,000 − 102,000
> (5) ×3년 Dep: 62,000 = (186,000 − 0) × 1/3
> (6) ×3년 말 손상차손후 BV: 124,000 = 186,000 − 62,000
> (7) ×3년 손상차손환입(N/I): 68,000 = 124,000 − MIN[195,000, 192,000]
> (8) ×3년 환입 후 BV: 192,000 = 124,000 + 68,000
>
> 답 ④

3 재평가모형의 손상

유형자산 재평가모형의 경우 실무적으로 손상이 발생하는 경우가 드물다. 그러므로 손상 여부를 먼저 판단하고 회수가능액이 하락하면 손상차손을 인식하고 회수가능액이 회복하면 손상차손환입을 인식한다.

1. 손상 여부의 검토

재평가모형을 적용하는 유형자산의 공정가치와 순공정가치 사이의 유일한 차이는 자산의 처분에 소요되는 직접 증분원가이다. 처분부대원가가 무시해도 될 정도인 경우 재평가자산의 회수가능액은 재평가금액에 가깝거나 이보다 많다. 이 경우 재평가 규정을 적용한 후라면 재평가된 자산이 손상되었을 것 같지 않으므로 회수가능액을 추정할 필요가 없다.

처분부대원가가 무시할 수 없는 정도인 경우 재평가된 자산의 순공정가치는 당연히 그 자산의 공정가치보다 적다. 따라서 자산의 사용가치가 재평가금액보다 적다면 재평가된 자산은 손상된 것이다. 이 경우 재평가 규정을 적용한 다음에 손상되었는지를 판단한다.

> **Additional Comment**
>
> 처분부대원가가 무시할 수 없는 정도라면 순공정가치는 재평가금액(공정가치)보다 당연히 적다. 아래 그림과 같이 사용가치가 어디에 위치하는가에 따라 재평가된 자산의 손상 여부가 달라진다.
>
>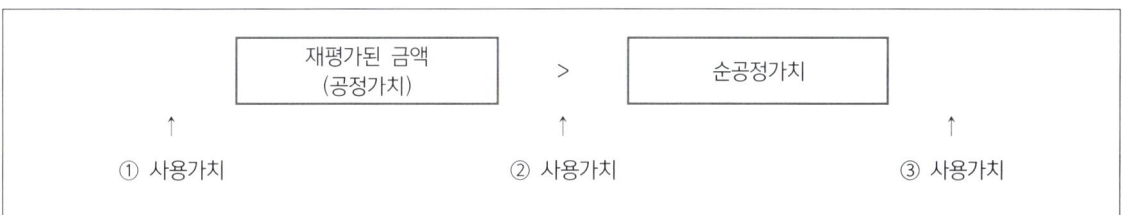
>
> 사용가치가 ①에 위치한다면 회수가능액이 되어 공정가치보다 크므로 자산이 손상되지 않은 것으로 본다. 그러나 사용가치가 ②나 ③의 위치에 있으면 손상된 것으로 본다. 이때 ②의 경우에는 사용가치가 회수가능액이 되고 ③의 경우 순공정가치가 회수가능액이 된다.
>
>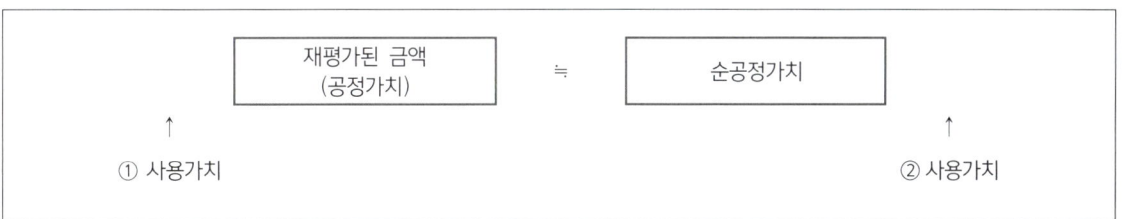
>
> 그러나 위의 그림과 같이 처분부대원가가 무시해도 될 정도일 때 사용가치가 ①에 위치한다면 회수가능액이 사용가치가 되어 자산이 손상되지 않는다. 또한 사용가치가 ②에 위치하면 순공정가치가 회수가능액이 되며 해당 금액은 재평가금액과 근사치이므로 손상가능성이 낮다고 보아 손상차손을 인식하지 않는다.

> **Self Study**
>
> 1. 처분부대원가가 미미한 경우에는 공정가치와 순공정가치의 차이가 크지 않기 때문에, 사용가치 측정금액과 상관없이 손상되었을 가능성이 적다.
> 2. 처분부대원가가 미미하지 않은 경우에는 재평가된 자산의 처분부대원가를 차감한 순공정가치는 항상 그 자산의 공정가치보다 작다. 이 경우에는 해당 자산의 사용가치가 재평가금액보다 작다면 재평가된 자산은 손상된 것이다.

2. 회수가능액의 하락

재평가모형을 적용하는 유형자산의 회수가능액이 재평가모형을 적용한 재평가금액에 미달하는 경우 장부금액을 회수가능액으로 감액하고 손상차손을 인식한다. 이 경우 손상차손은 재평가감소액으로 보아 해당 자산에서 생긴 재평가잉여금에 해당하는 금액까지 기타포괄손익으로 인식하며, 초과하는 금액은 당기손익으로 인식한다.

손상차손을 인식하는 경우

1st 과년도에 기타포괄손익으로 인식한 재평가잉여금 우선 감소
2nd 초과액이 있다면 당기손익으로 인식

상각자산의 재평가모형 적용 시 손상과 환입의 구조와 회계처리

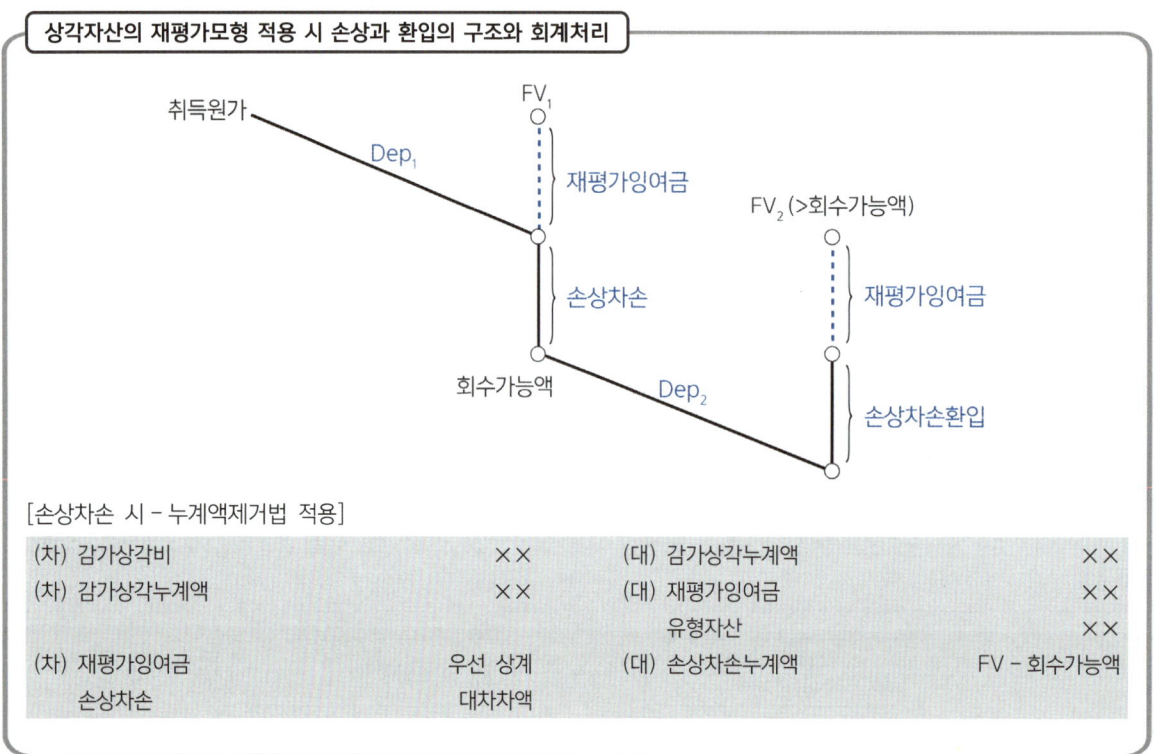

[손상차손 시 - 누계액제거법 적용]

(차) 감가상각비	××	(대) 감가상각누계액	××
(차) 감가상각누계액	××	(대) 재평가잉여금	××
		유형자산	××
(차) 재평가잉여금	우선 상계	(대) 손상차손누계액	FV − 회수가능액
손상차손	대차차액		

Additional Comment

손상차손을 인식하는 경우에는 자산의 재평가를 먼저 인식하고 손상차손을 나중에 인식한다. 재평가를 먼저 인식한 후의 재평가금액보다 회수가능액이 적을 경우 손상차손을 순차적으로 인식하기 때문이다.

핵심 빈출 문장

01 회사가 자산을 해체, 제거하거나 부지를 복구할 의무는 해당 의무의 발생 시점에 취득원가로 인식한다.

02 유형자산 자체로는 직접적인 미래경제적효익을 얻을 수 없지만, 다른 자산에서 미래경제적효익을 얻기 위하여 필요한 자산은 유형자산으로 인식할 수 있다.

03 유형자산은 자산으로부터 발생하는 미래경제적효익이 기업에 유입될 가능성이 높고, 자산의 원가를 신뢰성 있게 측정할 수 있는 경우에 인식한다.

04 비화폐성자산 간의 교환거래가 상업적 실질을 결여하지 않은 경우라 하더라도 제공한 자산과 취득한 자산 모두의 공정가치를 신뢰성 있게 측정할 수 없는 경우에는 취득한 유형자산의 취득원가는 그 교환으로 제공한 자산의 장부금액으로 측정한다.

05 부채의 변경은 당기에 관련 자산의 원가에 가산하거나 차감한다. 자산의 원가에서 차감되는 금액은 그 자산의 장부금액을 초과할 수 없고 만약 그 초과분이 존재한다면 즉시 당기손익으로 인식한다.

06 정부보조금에 부수되는 조건의 준수와 보조금 수취에 대한 합리적인 확신이 있을 경우에만 정부보조금으로 인식한다.

07 합리적으로 가치를 산정할 수 없는 정부지원과 기업의 정상적인 거래와 구분할 수 없는 정부와의 거래, 대중교통과 통신망의 개선 및 사회기반시설을 제공하는 행위는 정부보조금에서 제외한다.

08 정부보조금을 하나의 주주지분으로 직접 인식하는 자본접근법과 하나 이상의 회계기간에 걸쳐 수익으로 인식해야 하는 수익접근법 중 한국채택국제회계기준은 수익접근법을 채택하고 있다.

09 유형자산에 내재된 미래경제적효익이 다른 자산을 생산하는 데 사용되는 경우 유형자산의 감가상각액은 해당 자산의 원가의 일부가 된다.

10 정액법으로 감가상각하는 경우, 감가상각이 완전히 이루어지기 전이라도 유형자산이 가동되지 않거나 유휴상태가 되더라도 감가상각을 중단하지 않는다.

11 매 회계연도 말 재검토 결과 자산에 내재된 미래경제적효익의 예상되는 소비 형태에 유의적인 변동이 있다면, 변동된 소비 형태를 반영하기 위하여 감가상각방법을 변경한다.

12 유형자산의 잔존가치는 해당 자산의 장부금액과 같거나 큰 금액으로 증가할 수도 있다. 이 경우에는 자산의 잔존가치가 장부금액보다 작은 금액으로 감소될 때까지 유형자산의 감가상각액은 '0'이 된다.

13 자산에 내재된 미래경제적효익의 예상되는 소비 형태에 유의적인 변동이 있어 감가상각방법을 변경할 경우, 그 변경 효과를 전진 적용하고 비교표시되는 재무제표에 재작성하지 않는다.

14 내용연수가 유한한 무형자산과 유형자산의 감가상각방법은 적어도 매 회계연도 말에 재검토한다.

15 유형자산의 경제적효익이 소비되는 형태를 신뢰성 있게 결정할 수 없는 경우에도 모든 상각방법을 사용할 수 있다.

16 유형자산을 구성하는 일부의 원가가 당해 유형자산의 전체 원가에 비교하여 유의적이라면, 해당 유형자산을 감가상각할 때 그 부분은 별도로 구분하여 감가상각하며, 유의적이지 않은 경우에도 분리하여 감가상각할 수 있다.

17 유형자산의 사용을 포함하는 활동에서 창출되는 수익에 기초한 감가상각방법은 미래경제적효익의 예상 소비 형태를 잘 반영하는 방법이 아니므로 적절한 방법이 아니다.

18 토지의 내용연수가 한정되는 경우에는 관련 경제적효익이 유입되는 형태를 반영하는 방법으로 감가상각한다.

19 재평가모형을 선택한 유형자산에 대해서도 자산손상에 대해 회계처리를 적용한다.

20 유형자산은 원가모형이나 재평가모형 중 하나를 회계정책으로 선택하여 동일 범주의 유형자산에 동일하게 적용한다.

21 특정 유형자산을 재평가할 때에는 유형자산의 분류 내에서 공정가치와 장부금액이 중요하게 차이나는 항목만 공정가치로 재측정하고, 중요하게 차이나지 않는 항목도 공정가치로 측정한다.

22 자산의 장부금액이 재평가로 인하여 증가된 경우에 그 증가액은 기타포괄손익으로 인식하고 재평가잉여금의 과목으로 자본에 가산하되, 이전에 당기손익으로 인식한 재평가감소액에 해당하는 부분도 당기손익으로 인식한다.

23 재평가모형은 자산을 원가로 최초에 인식한 후에 적용한다. 따라서 일부 과정이 종료될 때까지 인식기준을 충족하지 않아서 무형자산의 원가의 일부만 자산으로 인식한 경우에도 재평가모형을 적용할 수 있다.

MEMO

확인 문제

01 유형자산의 원가

CH. 2 → 2 최초 인식 시 측정 ▶ 173p

유형자산의 원가를 구성하는 것은?

2022년 지방직 9급

① 새로운 시설을 개설하는 데 소요되는 원가
② 경영진이 의도한 방식으로 유형자산을 가동할 수 있는 장소와 상태에 이르게 하는 동안에 재화가 생산된다면 그러한 재화를 판매하여 얻은 매각금액과 그 재화의 원가
③ 유형자산이 경영진이 의도하는 방식으로 가동될 수 있으나 아직 실제로 사용되지는 않고 있는 경우 또는 가동수준이 완전조업도 수준에 미치지 못하는 경우에 발생하는 원가
④ 자산을 해체, 제거하거나 부지를 복구하는 데 소요될 것으로 최초에 추정되는 원가

정답 및 해설

01
자산을 해체, 제거하거나 부지를 복구하는 데 소요될 것으로 최초에 추정되는 원가만 유형자산의 원가에 포함된다.

▶ 오답체크
①, ②, ③은 모두 지출시점에 비용처리한다.

정답 01 ④

02 감가상각비의 계산

㈜한국은 20×1년 초에 취득한 기계장치를 원가모형을 적용하여 연수합계법으로 감가상각하고 있다. ㈜한국은 동 기계장치의 내용연수를 4년, 잔존가치는 ₩50,000으로 추정하였다. ㈜한국이 20×3년도에 인식한 감가상각비가 ₩10,000인 경우, 동 기계장치의 취득원가는? (단, 취득 이후 기계장치에 대한 손상은 없다)

2025년 국가직 9급

① ₩100,000
② ₩200,000
③ ₩300,000
④ ₩400,000

03 감가상각비의 계산(변경)

㈜한국은 2010년 1월 1일 건물을 ₩1,000,000에 구입하여 2015년 12월 31일까지 정액법(내용연수는 10년, 잔존가치 ₩100,000)으로 감가상각하였다. 2016년 1월 1일 동 건물에 대해 감가상각방법을 정액법에서 연수합계법으로 변경하였으며, 잔존가치는 ₩40,000으로 재추정하였고 향후 5년을 더 사용할 수 있을 것으로 예상하였다. 2016년 말에 인식해야 할 동 건물의 감가상각비는? (단, 유형자산에 대해 원가모형을 적용한다)

2016년 국가직 7급

① ₩84,000
② ₩90,000
③ ₩96,000
④ ₩140,000

정답 및 해설

02
20×3년 감가상각비 10,000 = (취득원가 − 50,000) × 2/10, 취득원가: 100,000

03

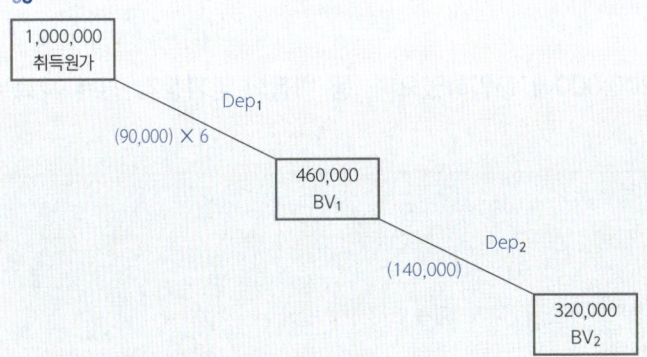

(1) 10년 취득원가(건물): 1,000,000
(2) 정액법 Dep: 90,000 = (1,000,000 − 100,000) × 1/10
(3) 15년 말 BV: 460,000 = 1,000,000 − (90,000 × 6)
(4) 16년 Dep: 140,000 = (460,000 − 40,000) × $\dfrac{5}{5+4+3+2+1}$
(5) 16년 말 BV: 320,000 = 460,000 − 140,000

정답 02 ① 03 ④

04 감가상각비의 계산(변경) CH. 3 → 4 감가상각비의 계산 ▶ 179p

㈜한국은 2012년 초에 업무용 차량운반구를 ₩ 10,000(내용연수 5년, 잔존가치 ₩ 0)에 취득하여 정액법으로 감가상각하여 오다가 2013년부터 감가상각방법을 연수합계법으로 변경하였다. 다른 사항은 변화가 없고 원가모형을 적용한다고 가정할 경우, 2013년 말 재무상태표에 표시되는 동 차량운반구의 장부금액은?   2014년 국가직 9급

① ₩ 6,000   ② ₩ 5,200
③ ₩ 4,800   ④ ₩ 4,200

05 감가상각비의 계산(변경) CH. 3 → 4 감가상각비의 계산 ▶ 179p

㈜한국은 2007년 초에 비품을 ₩ 3,200,000에 구입하였으며, 동 비품의 감가상각 관련 자료는 다음과 같다.

- 내용연수: 4년
- 잔존가치: ₩ 200,000
- 감가상각방법: 정액법

해당 비품을 2년간 사용한 후 2009년 초에 다음과 같이 회계변경하였다.

- 잔존내용연수: 3년
- 잔존가치: ₩ 50,000
- 감가상각방법: 연수합계법

회계변경이 ㈜한국의 재무제표에 미치는 영향으로 옳은 것은?   2012년 국가직 7급

① 2009년도 재무제표에서 전기이월이익잉여금은 ₩ 300,000이 감소한다.
② 2010년도 감가상각비는 ₩ 850,000이다.
③ 2009년도 감가상각비는 ₩ 550,000이다.
④ 2009년도 감가상각비는 ₩ 825,000이다.

정답 및 해설

04

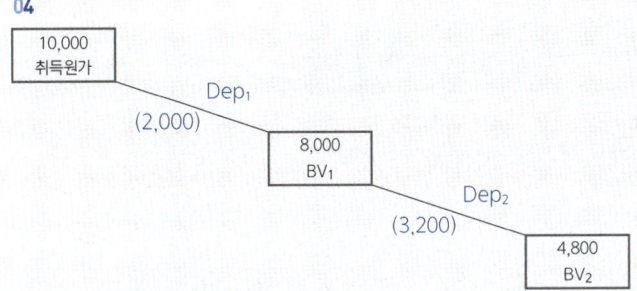

(1) 12년 취득원가(차량): 10,000
(2) 12년 Dep: 2,000 = (10,000 − 0) × 1/5
(3) 12년 말 BV: 8,000 = 10,000 − 2,000
(4) 13년 Dep: 3,200 = (8,000 − 0) × $\frac{4}{4+3+2+1}$
(5) 13년 말 BV: 4,800 = 8,000 − 3,200

05

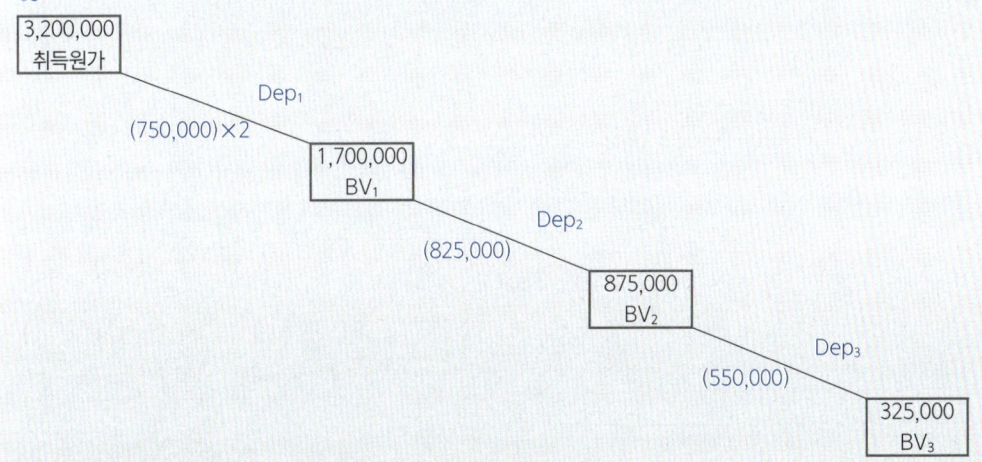

(1) 07년 취득원가(비품): 3,200,000
(2) 정액법 Dep: 750,000 = (3,200,000 − 200,000) × 1/4
(3) 08년 말 BV: 1,700,000 = 3,200,000 − (750,000 × 2)
(4) 09년 Dep: 825,000 = (1,700,000 − 50,000) × $\frac{3}{3+2+1}$
(5) 09년 말 BV: 875,000 = 1,700,000 − 825,000
(6) 10년 Dep: 550,000 = (1,700,000 − 50,000) × $\frac{2}{3+2+1}$
(7) 10년 말 BV: 325,000 = 875,000 − 550,000

참고 회계추정의 변경: 전진법 ⇒ 전기이월이익잉여금에 영향(×)

정답 04 ③ 05 ④

06 유형자산의 제거

CH. 3 → 6 유형자산의 제거 ▶ 189p

㈜한국은 2015년 4월 1일 기계장치를 ₩80,000에 취득하였다. 이 기계장치는 내용연수가 5년이고 잔존가치가 ₩5,000이며, 연수합계법에 의해 월할로 감가상각한다. ㈜한국이 이 기계장치를 2016년 10월 1일 ₩43,000에 처분한 경우 기계장치 처분손익은? (단, ㈜한국은 원가모형을 적용한다)

2016년 국가직 9급

① 처분손실 ₩2,000
② 처분이익 ₩2,000
③ 처분손실 ₩3,000
④ 처분이익 ₩3,000

정답 및 해설

06

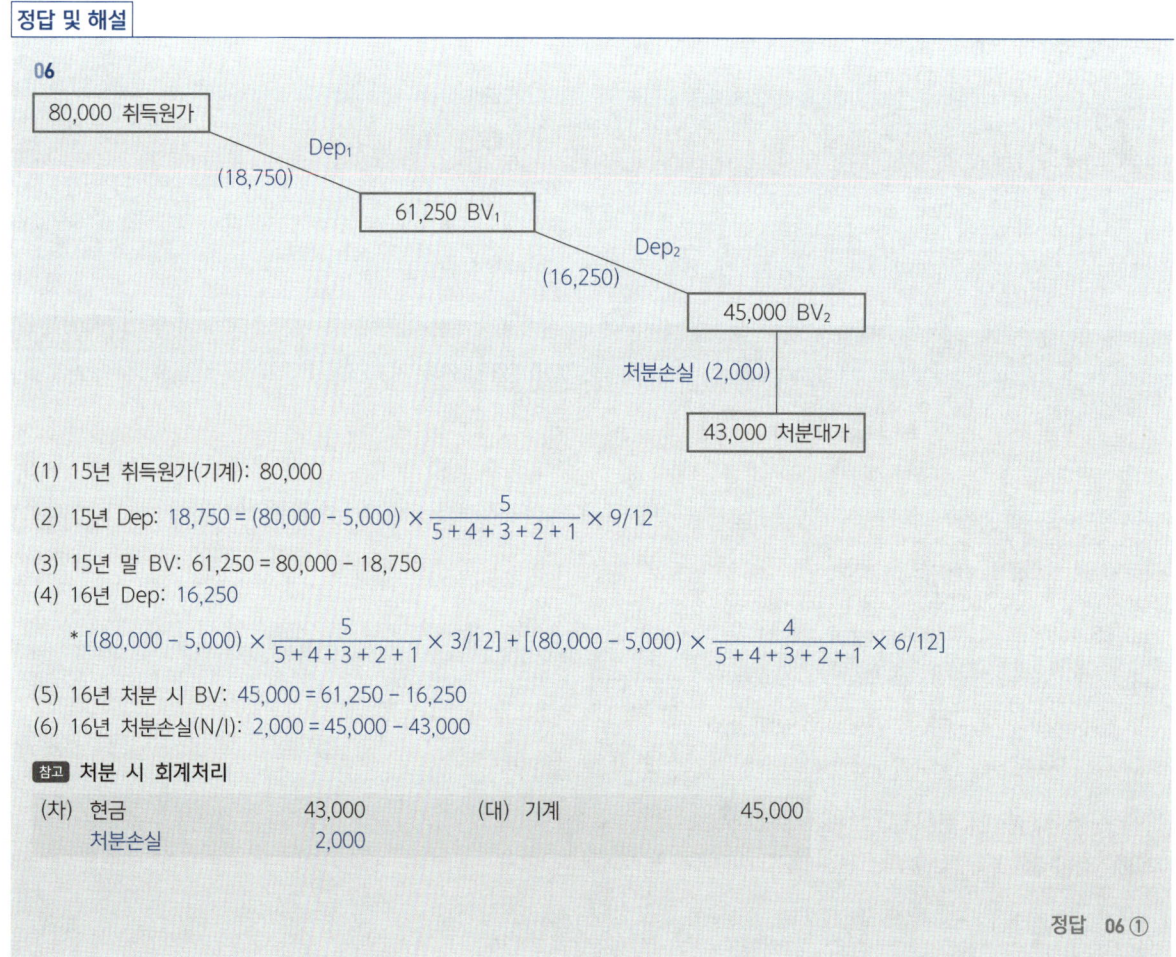

(1) 15년 취득원가(기계): 80,000
(2) 15년 Dep: $18,750 = (80,000 - 5,000) \times \dfrac{5}{5+4+3+2+1} \times 9/12$
(3) 15년 말 BV: $61,250 = 80,000 - 18,750$
(4) 16년 Dep: 16,250
  * $[(80,000 - 5,000) \times \dfrac{5}{5+4+3+2+1} \times 3/12] + [(80,000 - 5,000) \times \dfrac{4}{5+4+3+2+1} \times 6/12]$
(5) 16년 처분 시 BV: $45,000 = 61,250 - 16,250$
(6) 16년 처분손실(N/I): $2,000 = 45,000 - 43,000$

[참고] 처분 시 회계처리

(차) 현금　　　　　43,000　　(대) 기계　　　　　45,000
　　 처분손실　　　 2,000

정답 06 ①

07 유형자산의 제거

㈜한국은 2010년 1월 1일에 기계장치를 ₩ 5,000,000에 매입하였다. 기계장치의 잔존가치는 ₩ 500,000이고, 내용연수는 5년이다. 매년 12월 31일에 감가상각을 실시하며, 2012년 12월 31일에 해당 기계를 ₩ 2,000,000에 매각했다. 해당 기계를 연수합계법으로 감가상각할 때, 매각 시 인식할 유형자산처분손익은?

2012년 국가직 9급

① 유형자산처분이익 ₩ 500,000 ② 유형자산처분이익 ₩ 600,000
③ 유형자산처분손실 ₩ 500,000 ④ 유형자산처분손실 ₩ 600,000

정답 및 해설

07

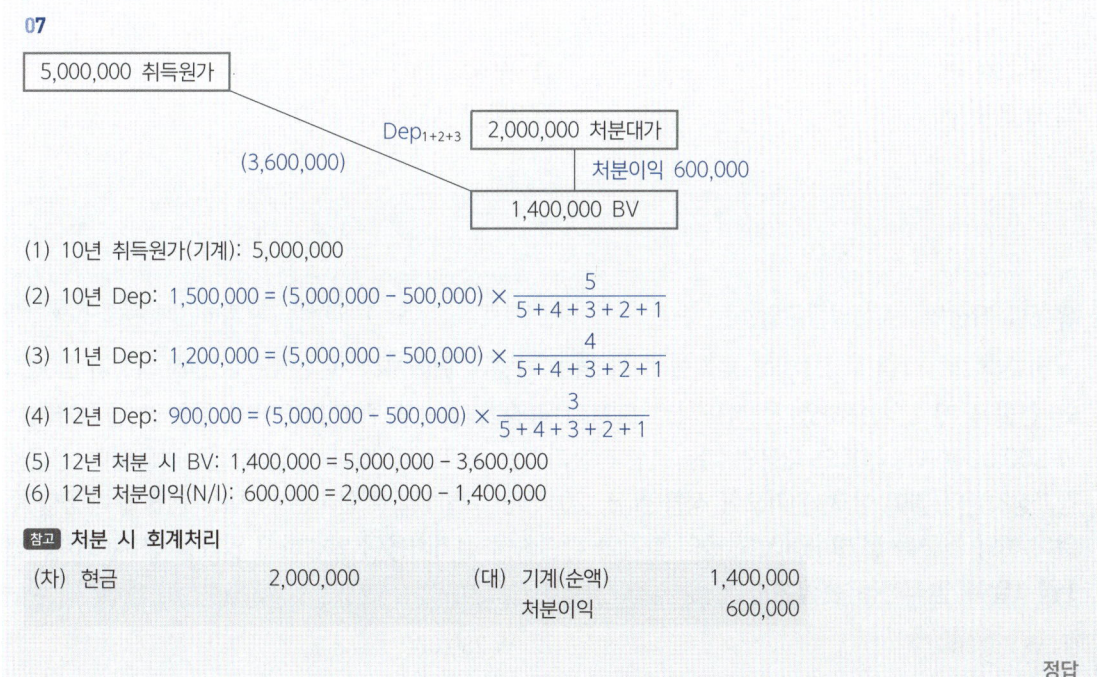

(1) 10년 취득원가(기계): 5,000,000
(2) 10년 Dep: $1,500,000 = (5,000,000 - 500,000) \times \dfrac{5}{5+4+3+2+1}$
(3) 11년 Dep: $1,200,000 = (5,000,000 - 500,000) \times \dfrac{4}{5+4+3+2+1}$
(4) 12년 Dep: $900,000 = (5,000,000 - 500,000) \times \dfrac{3}{5+4+3+2+1}$
(5) 12년 처분 시 BV: 1,400,000 = 5,000,000 - 3,600,000
(6) 12년 처분이익(N/I): 600,000 = 2,000,000 - 1,400,000

참고 처분 시 회계처리

(차) 현금 2,000,000   (대) 기계(순액) 1,400,000
                            처분이익   600,000

정답 07 ②

08 유형별 자산의 원가(일괄 구입)

㈜한국은 공장을 신축하기 위하여 기존건물이 서 있던 토지를 구입하고 즉시 기존건물을 철거하였다. 관련 자료가 <보기>와 같을 때, 토지의 취득원가는?

<보기>

- 토지 구입가격 ₩ 1,000,000
- 토지 취득세 ₩ 100,000
- 토지 취득관련 중개수수료 ₩ 100,000
- 신축공장 건축허가비용 ₩ 20,000
- 신축공장건물 설계비용 ₩ 50,000
- 기존건물 철거비용 ₩ 100,000
- 기존건물 철거 시 발생한 폐자재 처분수입 ₩ 50,000
- 토지의 구획정리비용 ₩ 400,000
- 신축건물 공사원가 ₩ 800,000

① ₩ 1,450,000
② ₩ 1,550,000
③ ₩ 1,650,000
④ ₩ 1,750,000

09 유형별 자산의 원가(일괄 구입)

㈜한국은 2015년 7월 1일 토지와 건물을 ₩ 2,000,000에 일괄 취득하였으며, 취득 당시 토지의 공정가치는 ₩ 1,000,000, 건물의 공정가치는 ₩ 1,500,000이었다. 건물의 경우 원가모형을 적용하며, 연수합계법(내용연수 3년, 잔존가치 ₩ 0)으로 상각한다. 건물에 대해 2016년에 인식할 감가상각비는? (단, 감가상각비는 월할 상각한다)

① ₩ 750,000
② ₩ 625,000
③ ₩ 600,000
④ ₩ 500,000

10 유형별 자산의 원가(일괄구입)

㈜한국은 20×1년 1월 1일에 토지와 토지 위의 건물을 일괄하여 ₩ 1,000,000에 취득하고 토지와 건물을 계속 사용하였다. 취득시점 토지의 공정가치는 ₩ 750,000이며 건물의 공정가치는 ₩ 500,000이다. 건물의 내용연수는 5년, 잔존가치는 ₩ 100,000이며, 정액법을 적용하여 건물을 감가상각한다(월할 상각, 원가모형 적용한다). 20×3년 1월 1일 ㈜한국은 더 이상 건물을 사용할 수 없어 해당 건물을 철거하였다. 건물의 철거와 관련하여 철거비용이 발생하지 않았을 경우, 20×3년 1월 1일에 인식하는 손실은?

① ₩ 120,000
② ₩ 280,000
③ ₩ 360,000
④ ₩ 400,000

정답 및 해설

08
(1) 취득 목적: 공장을 신축 ⇒ 토지만 사용할 목적
(2) 최초 취득원가(토지): 1,650,000 = 1,000,000 + 100,000 + 100,000 + (100,000 − 50,000) + 400,000
  1) 구입가격: + 1,000,000   2) 취득세: + 100,000
  3) 수수료: + 100,000   4) 철거비용: + 100,000
  5) 철거수입: − 50,000   6) 구획정리비용: + 400,000

참고 신축건물의 원가와 관련있는 항목
(1) 신축공장 건축허가비용
(2) 신축공장건물 설계비용
(3) 신축건물 공사원가

09
(1) 취득 목적: 모두 사용할 목적 ⇒ FV비율로 안분
(2) 15년 취득원가(건물): 1,200,000 = 2,000,000 × 3/5
  * 공정가치의 합계: 2,500,000 = 1,000,000 + 1,500,000
  * 자산의 공정가치 비율 ⇒ 토지 : 건물 = 0.4 : 0.6
(3) 15년 Dep: $300,000 = (1,200,000 - 0) \times \frac{3}{3+2+1} \times 6/12$
(4) 16년 Dep: $500,000 = [(1,200,000 - 0) \times \frac{3}{3+2+1} \times 6/12] + [(1,200,000 - 0) \times \frac{2}{3+2+1} \times 6/12]$
(5) 16년 말 BV: 400,000 = 1,200,000 − 800,000

참고 일괄 구입 시 회계처리

(차) 건물[1]   1,200,000   (대) 현금   2,000,000
    토지[2]   800,000

[1] 건물 BV: 2,000,000 × 3/5 = 1,200,000
[2] 토지 BV: 2,000,000 × 2/5 = 800,000

10
(1) 취득 시 건물의 취득원가: 1,000,000 × 500,000/(750,000 + 500,000) = 400,000
(2) 20×3년 1월 1일의 건물의 장부금액: 400,000 − (400,000 − 100,000) × 2/5 = 280,000
⇒ 기존에 사용중이던 건물을 철거하는 경우, 건물의 장부금액과 철거비용은 모두 비용처리한다.

정답 08 ③ 09 ④ 10 ②

11 유형별 자산의 원가(교환거래)

CH. 4 → 3 교환거래 ▶ 193p

2014년 1월 1일 ㈜한국은 당사의 기계장치 X를 ㈜민국의 기계장치 Y와 교환하고, ㈜한국은 ㈜민국으로부터 현금 ₩100,000을 수령하였다. 각 회사의 기계장치의 장부가액과 공정가치에 대한 정보는 다음과 같다.

구분	기계장치 X	기계장치 Y
장부가액	₩400,000	₩300,000
공정가치	₩700,000	₩600,000

기계장치 X와 기계장치 Y의 교환거래가 상업적 실질이 있는 경우와 상업적 실질이 없는 경우 각각에 대하여 ㈜한국이 교환으로 취득한 기계장치 Y의 취득원가를 계산하면?

2015년 국가직 9급

	상업적 실질이 있는 경우	상업적 실질이 없는 경우
①	₩300,000	₩600,000
②	₩500,000	₩200,000
③	₩600,000	₩300,000
④	₩700,000	₩400,000

12 정부보조금

CH. 5 → 2 정부보조금 ▶ 202p

㈜한국은 2011년 7월 1일에 기계설비(내용연수 5년, 잔존가치 ₩2,000)를 ₩20,000에 취득하면서, '산업시설 및 기계 등의 설치 및 구입'으로 사용 목적이 제한된 상환의무가 없는 정부보조금 ₩7,000을 받았다. 2013년 12월 31일 당해 기계설비의 장부금액(순액)은? (단, ㈜한국은 당해 기계설비에 대하여 정액법을 사용하여 월할 기준으로 감가상각하며, 정부보조금은 관련된 유형자산의 차감계정으로 표시하는 회계정책을 적용하고 있다)

2014년 국가직 7급

① ₩7,500
② ₩8,600
③ ₩11,000
④ ₩13,000

13 정부보조금

CH. 5 → 2 정부보조금 ▶ 202p

정부보조금의 회계처리와 정부지원의 공시에 대한 설명으로 옳은 것은?

2022년 국가직 7급

① 정부보조금의 회계처리는 보조금을 당기손익 이외의 항목으로 인식하는 수익접근법과 보조금을 하나 이상의 회계기간에 걸쳐 당기손익으로 인식하는 자본접근법이 있다.
② 이미 발생한 비용이나 손실에 대한 보전으로 수취하는 정부보조금은 정부보조금을 수취할 권리가 발생하는 기간에 기타포괄손익으로 인식한다.
③ 자산의 취득과 관련된 보조금의 수취는 기업의 현금흐름에 중요한 변동을 일으키므로 재무상태표에 보조금이 관련 자산에서 차감하여 표시되는지와 관계없이 자산의 총투자를 보여주기 위해 이러한 변동을 주석에 별도 항목으로 표시한다.
④ 정부보조금에 부수되는 조건의 준수와 보조금 수취에 대한 합리적인 확신이 있을 경우에만 정부보조금을 인식하며, 보조금의 수취 자체가 보조금에 부수되는 조건이 이행되었거나 이행될 것이라는 결정적인 증거를 제공하지는 않는다.

정답 및 해설

11

(1) 상업적 실질이 있는 경우
[교환거래 시 회계처리]

(차) 신자산	700,000	(대) 구자산	400,000	
		처분이익	300,000	
(차) 현금	100,000	(대) 신자산	100,000	

(2) 상업적 실질이 없는 경우
[교환거래 시 회계처리]

(차) 신자산	400,000	(대) 구자산	400,000
(차) 현금	100,000	(대) 신자산	100,000

12

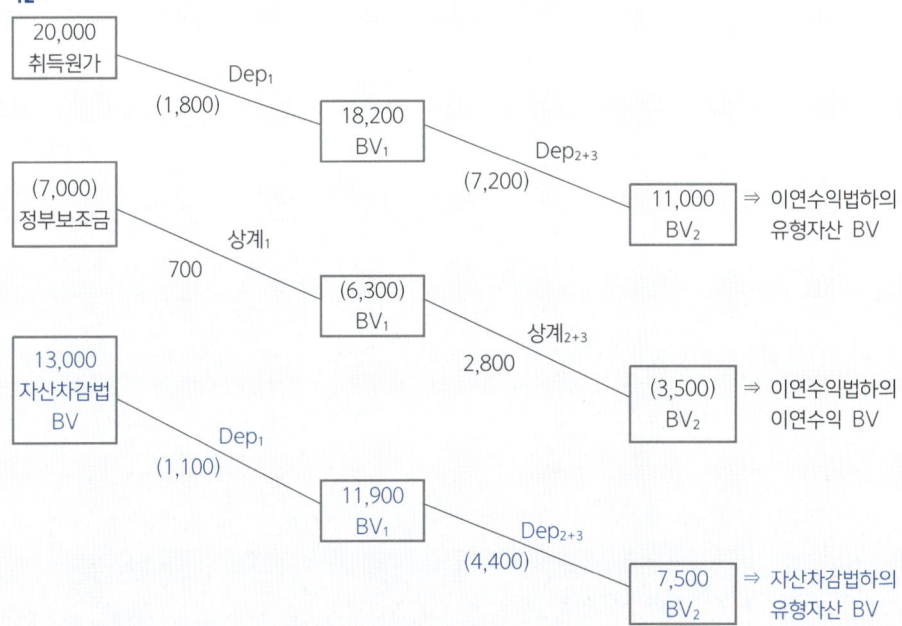

(1) 11년 취득원가(기계): 13,000 = 20,000 − 7,000
(2) 11년 Dep: 1,100 = (13,000 − 2,000) × 1/5 × 6/12
(3) 11년 말 BV: 11,900 = 13,000 − 1,100
(4) 정액법 Dep: 2,200 = (13,000 − 2,000) × 1/5
(5) 13년 말 BV: 7,500 = 11,900 − (2,200 + 2,200)
   * 별해: 7,500 = 13,000 − [(13,000 − 2,000) × (6 + 24)/60]

13

▶ 오답체크
① 정부보조금의 회계처리는 보조금을 당기손익 이외의 항목으로 인식하는 자본접근법과 보조금을 하나 이상의 회계기간에 걸쳐 당기손익으로 인식하는 수익접근법이 있다.
② 이미 발생한 비용이나 손실에 대한 보전으로 수취하는 정부보조금은 정부보조금을 수취할 권리가 발생하는 기간에 당기손익으로 인식한다.
③ 자산의 취득과 관련된 보조금의 수취는 기업의 현금흐름에 중요한 변동을 일으키므로 재무상태표에 보조금이 관련 자산에서 차감하여 표시된다면 자산의 총투자를 보여주기 위해 이러한 변동을 주석에 별도 항목으로 표시한다.

정답 11 ③ 12 ① 13 ④

14 재평가모형

CH. 6 → ❸ → 2. 상각자산 재평가의 후속 적용 ▶ 218p

㈜한국은 2015년 1월 1일 기계장치를 ₩1,000,000에 취득하여 정액법(내용연수 5년, 잔존가치 ₩0)으로 감가상각하고 있다. 동 기계장치에 대하여 감가상각누계액을 전액 제거하는 방법으로 재평가모형을 적용하고 있으며, 공정가치는 다음과 같다. 2016년 말 기계장치의 회수가능액이 ₩420,000인 경우, 2016년 말 포괄손익계산서에 인식할 당기비용은? (단, 2016년 말 기계장치에 대해 손상차손을 인식해야 할 객관적인 증거가 있다)

2016년 국가직 7급

	2015년 말	2016년 말
공정가치	₩920,000	₩580,000

① ₩150,000
② ₩280,000
③ ₩330,000
④ ₩380,000

정답 및 해설

14

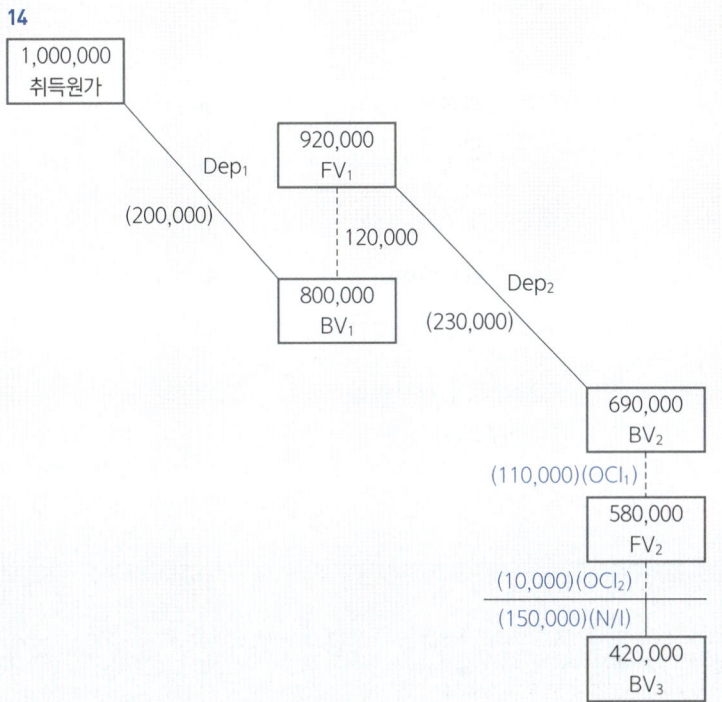

(1) 15년 Dep: 200,000 = (1,000,000 − 0) × 1/5
(2) 15년 재평가잉여금(OCI): 120,000 = 920,000 − 800,000
(3) 16년 Dep: 230,000 = (920,000 − 0) × 1/4
(4) 16년 우선 상계액(OCI)
   1) 110,000 = 690,000 − 580,000
   2) 10,000 = 580,000 − 570,000
(5) 16년 손상차손(N/I): 150,000 = 570,000 − 420,000
∴ 16년 N/I효과: (−)380,000 = (−)230,000 + (−)150,000

참고 회계처리

취득	(차)	기계	1,000,000	(대)	현금	1,000,000
15년 말 감가상각	(차)	감가상각비[1]	200,000	(대)	감가상각누계액	200,000
		[1] 감가상각비: (1,000,000 − 0) × 1/5 = 200,000				
15년 말 재평가	(차)	감가상각누계액	200,000	(대)	재평가잉여금 기계	120,000 80,000
16년 말 감가상각	(차)	감가상각비[2]	230,000	(대)	감가상각누계액	230,000
		[2] 감가상각비: (920,000 − 0) × 1/4 = 230,000				
16년 말 재평가	(차)	감가상각누계액 재평가잉여금	230,000 110,000	(대)	기계	340,000
16년 말 손상	(차)	재평가잉여금 손상차손	10,000 150,000	(대)	손상차손누계액	160,000

정답 14 ④

15 재평가모형

CH. 6 → ❷ 비상각자산의 재평가 시 회계처리 ▶ 211p

㈜한국은 2014년 초 취득원가 ₩50,000의 토지를 매입하였으며, 재평가모형을 적용하고 있다. 해당 토지의 2014년 말 공정가치는 ₩45,000으로 추정되어 ₩5,000의 당기손실을 인식하였다. 2015년 말 토지의 공정가치는 ₩52,000으로 추정된다. ㈜한국의 2015년 말 토지에 대한 회계처리로 옳은 것은?

2015년 국가직 7급

① (차변) 토지 ₩7,000 (대변) 재평가이익 ₩5,000
　　　　　　　　　　　　　　　　　재평가잉여금 ₩2,000

② (차변) 토지 ₩7,000 (대변) 재평가이익 ₩7,000

③ (차변) 토지 ₩7,000 (대변) 재평가이익 ₩2,000
　　　　　　　　　　　　　　　　　재평가잉여금 ₩5,000

④ (차변) 토지 ₩7,000 (대변) 재평가잉여금 ₩7,000

정답 및 해설

15

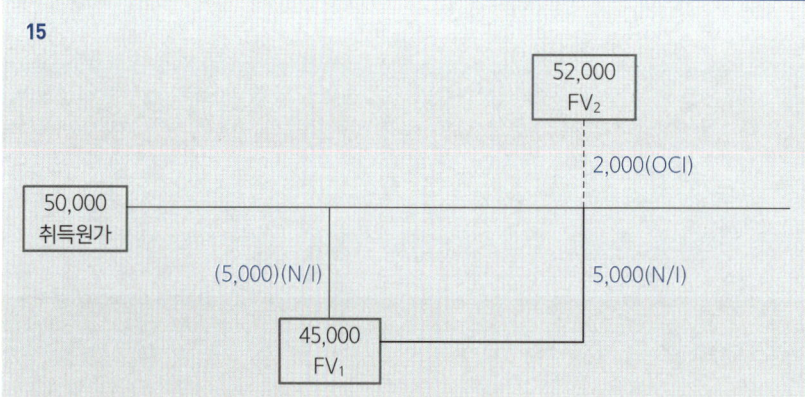

(1) 14년 재평가손실(N/I): 5,000 = 50,000 − 45,000
(2) 15년 재평가이익(N/I): 5,000 = 50,000 − 45,000
(3) 15년 재평가잉여금(OCI): 2,000 = 52,000 − 50,000

참고 회계처리

취득	(차) 토지 50,000	(대) 현금 50,000
14년 말 재평가	(차) 재평가손실[1] 5,000	(대) 토지 5,000
	[1] 재평가손실: 50,000 − 45,000 = 5,000	
15년 말 재평가	(차) 토지 7,000	(대) 재평가이익[2] 5,000
		재평가잉여금[3] 2,000
	[2] 재평가이익: 50,000 − 45,000 = 5,000	
	[3] 재평가잉여금: 52,000 − 40,000 = 2,000	

1st 최초 재평가 시 평가감: 재평가손실(N/I)을 인식한다.
2nd 이후 재평가 시 평가증: 이전에 인식한 재평가손실만큼 재평가이익(N/I)을 인식하고, 초과액이 있으면 재평가잉여금(OCI)을 인식한다.

정답 15 ①

16 재평가모형

㈜지방은 20×1년 중에 토지를 ₩ 100,000에 취득하였으며, 매 보고기간마다 재평가모형을 적용하기로 하였다. 20×1년 말과 20×2년 말 현재 토지의 공정가치가 각각 ₩ 120,000과 ₩ 90,000이라고 할 때, 다음 설명 중 옳은 것은?

2014년 지방직 9급

① 20×1년에 당기순이익이 ₩ 20,000 증가한다.
② 20×2년에 당기순이익이 ₩ 10,000 감소한다.
③ 20×2년 말 현재 재평가잉여금 잔액은 ₩ 10,000이다.
④ 20×2년 말 재무상태표에 보고되는 토지 금액은 ₩ 100,000이다.

정답 및 해설

16

▶ 오답체크
① 20×1년에 기타포괄이익이 20,000 증가한다.
③ 20×2년 말 현재 재평가잉여금 잔액은 0이다.
④ 20×2년 말 재무상태표에 보고되는 토지 금액은 90,000이다.

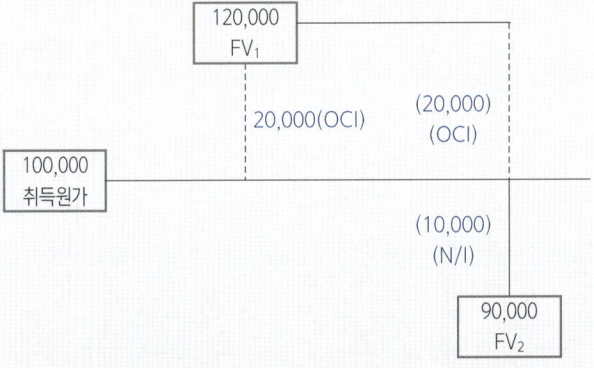

(1) ×1년 재평가잉여금(OCI): 20,000 = 120,000 − 100,000
(2) ×2년 우선 상계액(OCI): 20,000 = 120,000 − 100,000
(3) ×2년 재평가손실(N/I): 10,000 = 100,000 − 90,000

참고 누적 회계처리

취득	(차) 토지	100,000	(대) 현금	100,000
×1년 말 재평가	(차) 토지	20,000	(대) 재평가잉여금[1]	20,000
	[1] 재평가잉여금: 120,000 − 100,000 = 20,000			
×2년 말 재평가	(차) 재평가잉여금[2] 재평가손실[3]	20,000 10,000	(대) 토지	30,000
	[2] 재평가잉여금: 120,000 − 100,000 = 20,000 [3] 재평가손실: 100,000 − 90,000 = 10,000			

1st 최초 재평가 시 평가증: 재평가잉여금(OCI)을 인식한다.
2nd 이후 재평가 시 평가감: 이전에 인식한 재평가잉여금을 우선 감소시키고, 초과액이 있으면 재평가손실(N/I)을 인식한다.

정답 16 ②

17 재평가모형

㈜한국이 20×1년 초 건물을 사용할 목적으로 토지와 건물을 ₩150,000에 일괄 취득하였다. 취득일 현재 토지와 건물의 공정가치는 각각 ₩100,000이다. ㈜한국은 매년 말 토지를 재평가하며, 토지의 공정가치는 다음과 같다.

구분	20×1년 말	20×2년 말	20×3년 말
공정가치	₩80,000	₩70,000	₩90,000

㈜한국은 20×4년 초 토지를 ₩90,000에 처분하였으며, 처분시점에 재평가잉여금을 이익잉여금으로 대체하였다. ㈜한국의 토지와 관련된 회계처리의 영향으로 옳지 않은 것은? 2023년 국가직 9급

① 20×1년도 당기손익의 증감은 없고 기타포괄이익 ₩5,000이 증가한다.
② 20×2년도 당기손실 ₩5,000이 발생하고 기타포괄이익 ₩5,000이 감소한다.
③ 20×3년도 당기손익의 증감은 없고 기타포괄이익 ₩20,000이 증가한다.
④ 20×4년도 자본 총계에 미치는 영향은 없다.

18 재평가모형

유형자산 재평가모형에 대한 설명으로 옳지 않은 것은?

① 최초 인식 후에 공정가치를 신뢰성 있게 측정할 수 있는 유형자산은 재평가일의 공정가치에서 이후의 감가상각누계액과 손상차손누계액을 차감한 재평가금액을 장부금액으로 한다.
② 자산의 장부금액이 재평가로 인하여 증가된 경우에 그 증가액은 기타포괄손익으로 인식하고 재평가잉여금의 과목으로 자본에 가산한다. 그러나 동일한 자산에 대하여 이전에 당기손익으로 인식한 재평가감소액이 있다면 그 금액을 한도로 재평가증가액만큼 당기손익으로 인식한다.
③ 자산의 장부금액이 재평가로 인하여 감소된 경우에 그 감소액은 기타포괄손익으로 인식한다. 그러나 그 자산에 대한 재평가잉여금의 잔액이 있다면 그 금액을 한도로 재평가감소액을 당기손익으로 인식한다.
④ 특정 유형자산을 재평가할 때, 해당 자산이 포함되는 유형자산의 유형 전체를 재평가한다.

정답 및 해설

17
(1) 토지의 취득원가: 150,000 × 100,000/(100,000 + 100,000) = 75,000
(2) 20x1년 재평가잉여금: 80,000 − 75,000 = 5,000
(3) 20x2년 재평가잉여금 5,000 감소하고 재평가손실 5,000(= 80,000 − 70,000 − 5,000) 발생한다.
(4) 20x3년 재평가이익 5,000 발생 후 재평가잉여금 15,000 증가한다.
(5) 20x4년 자본 총계에 미치는 영향은 없다. 재평가잉여금이 이익잉여금으로 대체되어도 자본 총계는 변동하지 않는다.

18
자산의 장부금액이 재평가로 인하여 감소된 경우에 그 감소액은 당기손익으로 인식한다.

정답 17 ③ 18 ③

19 유형자산의 손상   CH. 7 → ② 원가모형의 손상 ▶ 228p

㈜한국은 2012년 1월 1일에 기계장치(내용연수는 5년, 잔존가치는 없음)를 ₩100,000에 취득하였다. ㈜한국은 당해 기계장치에 대하여 원가모형을 적용하고 있으며, 감가상각방법으로 정액법을 사용한다. 2012년 말 동 기계장치의 회수가능액이 ₩40,000으로 하락하여 손상차손을 인식하였다. 그러나 2013년 말 동 기계장치의 회수가능액이 ₩70,000으로 회복되었다. 2013년 말에 인식할 손상차손환입액은?

2014년 국가직 7급

① ₩20,000 ② ₩30,000
③ ₩40,000 ④ ₩50,000

20 유형자산의 손상   CH. 7 → ② 원가모형의 손상 ▶ 228p

㈜한국은 2011년 7월 1일 건물을 ₩11,000에 취득하여 정액법(잔존가치는 ₩1,000이고 내용연수는 10년)으로 월할 상각하고 있다. ㈜한국은 당기 중 예상치 못한 금융위기로 인해 부동산 가격이 폭락함에 따라 손상 징후가 있다고 판단하였다. 2011년 12월 31일 현재 동 건물의 순공정가치는 ₩2,000으로 추정되고 사용가치는 ₩2,500이다. ㈜한국이 2011년 12월 31일에 인식해야 할 손상차손은?

2012년 국가직 7급

① ₩0 ② ₩8,000
③ ₩8,500 ④ ₩9,000

정답 및 해설

19

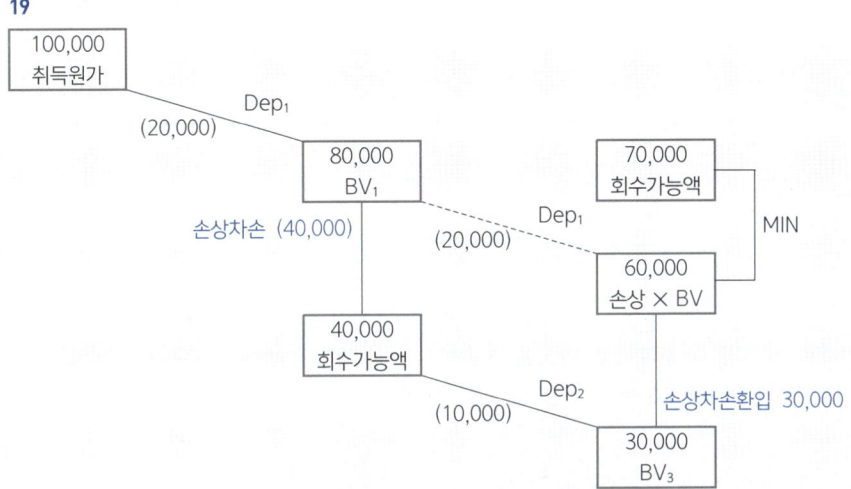

(1) 정액법 Dep: 20,000 = (100,000 − 0) × 1/5
(2) 12년 말 BV: 80,000 = 100,000 − 20,000
(3) 12년 손상차손(N/I): 40,000 = 80,000 − 40,000
(4) 12년 손상 후 BV: 40,000 = 80,000 − 40,000
(5) 13년 Dep: 10,000 = (40,000 − 0) × 1/4
(6) 13년 말 BV: 30,000 = 40,000 − 10,000
(7) 13년 손상차손환입(N/I): 30,000 = 30,000 − MIN[70,000, 60,000]
(8) 13년 환입 후 BV: 60,000 = 30,000 + 30,000

20

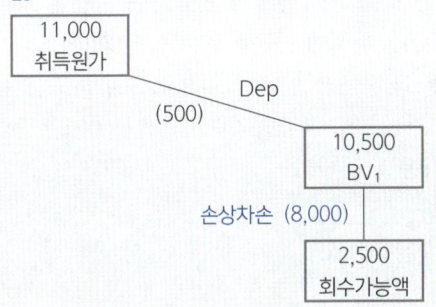

(1) 11년 취득원가(건물): 11,000
(2) 11년 Dep: 500 = (11,000 − 1,000) × 1/10 × 6/12
(3) 11년 말 BV: 10,500 = 11,000 − 500
(4) 11년 손상차손(N/I): 8,000 = 10,500 − MAX[2,000, 2,500]
(5) 11년 손상 후 BV: 2,500 = 10,500 − 8,000

참고 **오답분석**
(1) 회수가능액을 고려하지 않은 경우의 11년 손상차손: 8,500
(2) 회수가능액을 고려하지 않은 경우의 11년 손상 후 BV: 2,000

정답 19 ② 20 ②

PART 06 투자부동산과 무형자산

CHAPTER 1 투자부동산

1 투자부동산의 정의와 분류

1. 투자부동산의 정의

기업이 임대목적이나 시세차익을 획득할 목적으로 부동산을 보유하는 경우가 있다. 이와 같은 부동산은 임대수익이나 시세차익을 통하여 다른 자산과 독립적으로 현금을 창출할 수 있기 때문에 국제회계기준에서는 자가사용부동산과 구분하여 투자부동산으로 회계처리할 것을 요구하고 있다.
투자부동산은 임대수익이나 시세차익 또는 두 가지 모두를 얻기 위하여 소유자가 보유하거나 리스이용자가 사용권자산으로 보유하고 있는 부동산(토지, 건물)을 말한다.

> **Additional Comment**
> 투자부동산은 기업이 보유하는 다른 자산과 거의 독립적으로 현금흐름을 창출한다. 이는 임대 목적 부동산은 임대수익으로 유입되는 현금흐름에 직접적으로 기여하는 반면, 공장으로 사용하는 부동산은 공장에서 생산한 제품의 판매로 인하여 유입되는 현금흐름에 간접적으로 기여하기 때문이다. 그러므로 이러한 특성에 기초하여 투자부동산과 자가사용부동산을 구별한다.

2. 투자부동산의 분류

재화나 용역의 생산 또는 제공이나 관리 목적에 사용하거나, 통상적인 영업 과정에서의 판매하는 자산은 투자부동산에서 제외한다. 그 이유는 재화의 생산이나 용역의 제공 또는 관리 목적에 사용하는 부동산(예 제조회사가 보유하는 공장건물)은 유형자산으로 분류하며, 통상적인 영업활동 과정에서 판매 목적으로 보유하고 있는 부동산(예 부동산 개발회사가 보유하는 판매용 토지나 건물)은 재고자산으로 분류하기 때문이다. 투자부동산으로 분류되는 예와 투자부동산으로 분류되지 않는 항목의 예는 다음과 같다.

부동산의 목적별 분류

구분	계정 분류
장기 시세차익을 얻기 위하여 보유하고 있는 토지	투자부동산
장래 사용 목적을 결정하지 못한 채로 보유하고 있는 토지	
직접 소유하고 운용리스로 제공하는 건물 또는 보유하는 건물에 관련되고 운용리스로 약정한 사용권자산	
운용리스로 제공하기 위하여 보유하고 있는 미사용건물	
미래에 투자부동산으로 사용하기 위하여 건설 또는 개발 중인 부동산	
통상적인 영업 과정에서 판매하거나 이를 위해 건설 또는 개발 중인 부동산	재고자산
자가사용부동산	유형자산
처분 예정인 자가사용부동산	매각예정비유동자산

Additional Comment

유형자산을 기업이 재화 혹은 용역의 생산이나 제공, 타인에 대한 임대 또는 관리활동에 사용할 목적으로 보유하는 물리적 형태가 있는 자산으로 정의하였다. 그런데 이 중 '타인에 대한 임대'라는 것이 투자부동산의 임대수익을 얻기 위한 목적과 중복되는 것에 대한 의문이 들 수 있는데, 유형자산은 토지나 건물과 같은 부동산뿐만 아니라 기계장치나 비품과 같이 부동산이 아닌 자산도 모두 포함한다. 그러므로 유형자산을 정의할 때 임대라는 것은 부동산이 아닌 자산에 적용되는 것으로 보아야 할 것이다.

Self Study

1. 통상적인 영업 과정에서 단기간에 판매하기 위하여 보유하는 토지는 투자부동산에서 제외한다.
2. 토지를 자가사용할지, 통상적인 영업 과정에서 단기간에 판매할지 결정하지 못한 경우 당해 토지는 시세차익을 얻기 위하여 보유하고 있는 것으로 본다.
3. 오답유형: 장래에 사용 목적을 결정하지 못한 채로 보유하고 있는 토지는 자가사용부동산으로 회계처리한다. (×)
   ⇒ 투자부동산으로 회계처리한다.

3. 투자부동산의 분류에 대한 추가상황

투자부동산의 분류에 대한 기준서의 추가적인 설명은 아래의 두 가지 상황으로 구분한다.

(1) 부동산 중 일부분은 임대수익 or 시세차익, 나머지는 자가사용 목적으로 보유하는 경우

부동산 중 일부분은 임대수익이나 시세차익을 얻기 위하여 보유하고, 일부분은 재화나 용역의 생산 또는 제공이나 관리 목적에 사용하기 위하여 보유할 수 있다. 이러한 경우 다음과 같이 투자부동산과 자가사용부동산을 식별한다.

○ 부동산 중 일부분은 임대수익 or 시세차익, 나머지는 자가사용 목적으로 보유하는 경우

구분	내용
일부만 투자부동산으로 분리매각 가능한 경우	투자부동산과 자가사용부동산을 각각 분리하여 인식
일부만 투자부동산으로 분리매각 불가능한 경우	재화 생산, 용역 제공 또는 관리 활동에 사용하는 부분이 경미한 경우에만 투자부동산으로 분류

(2) 부수적인 용역을 제공하는 경우

부동산 보유자가 부동산 사용자에게 부수적인 용역을 제공하는 경우에는 다음과 같이 투자부동산과 자가사용부동산으로 식별한다.

○ 부수적인 용역을 제공하는 경우

구분	내용
제공하는 부수용역이 경미한 경우	투자부동산으로 분류
제공하는 부수용역이 유의적인 경우	자가사용부동산으로 분류

Additional Comment

사무실 건물의 소유자가 그 건물을 사용하는 리스이용자에게 보안과 관리용역을 제공하는 경우 보안이나 관리용역은 경미하므로 건물의 소유자는 건물을 투자부동산으로 분류한다.

Self Study

오답유형: 부동산 중 일부는 시세차익을 얻기 위하여 보유하고 일부분은 재화의 생산에 사용하기 위하여 보유하고 있으나, 이를 부분별로 나누어 매각할 수 없다면 재화의 생산에 사용하기 위하여 보유하는 부분이 중요하다고 하더라도 전체 부동산을 투자부동산으로 분류한다. (×)
⇒ 전체 부동산을 자가사용부동산으로 분류한다.

2 투자부동산의 최초 인식과 최초 측정 및 후속 원가

1. 투자부동산의 인식기준

소유 부동산은 다른 자산과 마찬가지로 다음의 조건을 모두 충족할 때, 자산으로 인식한다. (⇒ 유형자산과 동일)

① 투자부동산에서 발생하는 미래경제적효익의 유입가능성이 높다.
② 투자부동산의 원가를 신뢰성 있게 측정할 수 있다.

투자부동산의 원가는 이 인식기준에 따라 발생 시점에 평가한다.

2. 최초 측정

투자부동산은 최초 인식 시점에 원가로 측정하며, 거래원가는 최초 측정에 포함한다. 투자부동산의 원가는 당해 자산을 취득하기 위하여 최초로 발생한 원가와 후속적으로 발생한 추가원가, 대체원가가 포함되며, 일상적으로 발생하는 유지원가는 발생 기간의 비용으로 인식한다. (⇒ 유형자산과 동일)

3. 후속 원가

투자부동산의 원가에는 취득하기 위하여 최초로 발생한 원가와 후속적으로 발생한 추가원가, 대체원가 또는 유지원가를 포함한다. 부동산과 관련하여 일상적으로 발생하는 유지원가는 투자부동산의 장부금액에 인식하지 않으며, 이러한 원가는 발생하였을 때 당기손익으로 인식한다.

3 투자부동산의 후속 측정

한국채택국제회계기준에서는 투자부동산을 최초로 인식한 후 당해 자산에 대해서 공정가치모형과 원가모형 중 하나를 선택하여 모든 투자부동산에 적용하도록 규정하고 있다. 투자부동산에 대해서 공정가치모형의 적용을 강제하지 못하는 이유는 각 국가마다 부동산 시장의 성숙도가 다르기 때문에 신뢰성 있는 공정가치 측정이 어려울 수 있다는 점을 고려한 결과이다.

원가모형과 공정가치모형 간의 선택은 회계정책의 변경에 해당하며, 기준서 제1008호 '회계정책, 회계추정 및 오류'에 따르면 회계정책의 변경으로 재무상태, 재무성과 또는 현금흐름에 미치는 영향에 대해 신뢰성이 있으며 더 목적적합한 정보를 제공하는 경우에만 자발적인 회계정책의 변경을 허용한다. 그러므로 원가모형을 적용하던 투자부동산을 특정 회계연도부터 공정가치모형으로 변경하는 것은 허용되나, 반대로 공정가치모형에서 원가모형으로 변경하는 것은 더 목적적합한 정보를 제공한다고 보기 어렵기 때문에 허용되기 어려울 것이다. 투자부동산에 공정가치모형을 적용하지 않더라도 투자부동산의 공정가치 정보를 주석에 공시해야 하므로 투자부동산을 보유하는 모든 기업은 투자부동산의 공정가치를 측정하여야 한다. 이 경우 최근에 유사한 부동산을 평가한 경험이 있고 전문적 자격이 있는 독립된 평가인의 가치평가에 기초하여 공정가치를 측정할 것을 권고하나, 반드시 의무적일 필요는 없다.

투자부동산의 후속 측정에서 공정가치모형과 원가모형의 적용에 따른 차이는 아래와 같다.

투자부동산의 후속 측정 시 원가모형과 공정가치모형의 비교

구분	원가모형	공정가치모형
감가상각 여부	상각 ○	상각 ×
기말 평가 여부	평가 × (FV 주석 공시)	평가 ○ (평가손익 N/I 반영)
손상 인식 여부	손상차손 인식 ○	손상차손 인식 ×

1. 공정가치모형

(1) 공정가치의 신뢰성 있는 측정이 가능한 경우

투자부동산의 평가방법으로 공정가치모형을 선택한 경우 공정가치를 신뢰성 있게 측정하기 어려운 경우가 아니라면, 최초 인식 후 모든 투자부동산을 공정가치로 측정한다.

투자부동산에 공정가치모형을 적용할 경우 공정가치의 변동으로 발생하는 손익을 당기손익으로 인식한다. 또한 투자부동산을 공정가치모형에 의하여 측정하는 경우에는 감가상각을 수행하지 않는다. 감가상각을 수행하고 공정가치 평가를 하거나 감가상각을 수행하지 않고 공정가치 평가를 하는 경우에 당기손익에 미치는 영향이 같아 감가상각의 실익이 없기 때문이다. 더하여 공정가치모형을 적용하는 경우에는 투자부동산에 대하여 손상을 인식하지 않는다.

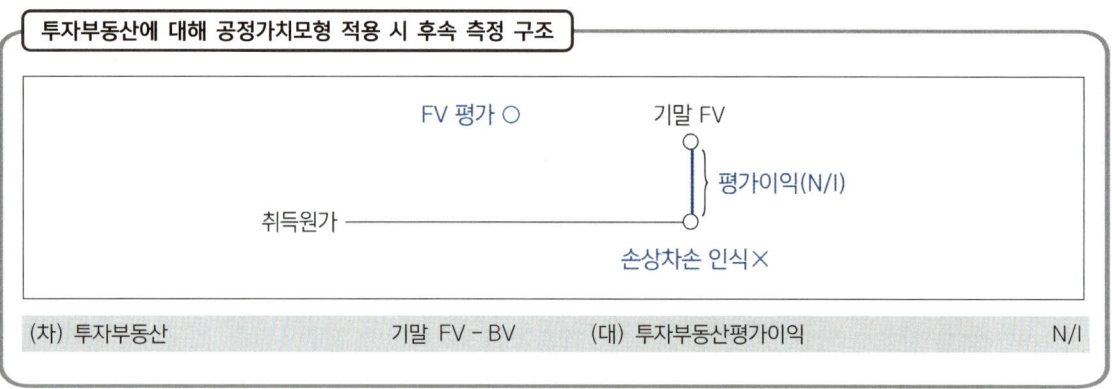

| (차) 투자부동산 | 기말 FV − BV | (대) 투자부동산평가이익 | N/I |

(2) 공정가치의 신뢰성 있는 측정이 어려운 경우

기업은 투자부동산의 공정가치를 계속 신뢰성 있게 측정할 수 있다고 추정한다. 그러나 예외적인 경우 처음으로 취득한 투자부동산의 공정가치를 계속 신뢰성 있게 측정하기가 어려울 것이라는 명백한 증거가 있을 수 있다. 이 경우에는 예외적으로 원가로 측정한다.

건설 중인 투자부동산의 공정가치가 신뢰성 있게 측정될 수 있다는 가정은 오직 최초 인식 시점에만 반박될 수 있다. 따라서 건설 중인 투자부동산을 공정가치로 측정한 기업은 완성된 투자부동산의 공정가치를 신뢰성 있게 측정할 수 없다고 결론지을 수 없다.

> **Additional Comment**
>
> 건설 중인 투자부동산의 공정가치를 신뢰성 있게 측정할 수 없지만, 건설이 완료된 시점에는 공정가치를 신뢰성 있게 측정할 수 있다고 예상하는 경우 공정가치를 신뢰성 있게 측정할 수 있는 시점과 건설이 완료되는 시점 중 이른 시점까지는 건설 중인 투자부동산을 원가로 측정한다. 신뢰성 있는 공정가치 측정이 어려워 원가로 측정해온 건설 중인 투자부동산의 공정가치를 신뢰성 있게 측정할 수 있게 되면, 기업은 그 부동산을 공정가치로 측정한다. 일단 그 부동산의 건설이 완료되면, 공정가치를 신뢰성 있게 측정할 수 있다고 가정한다. 이에 대한 회계처리는 다음과 같다.
>
> | 건설 중 | (차) 건설중인자산 | ×× | (대) 현금 | ×× |
> | 건설 완료 | (차) 투자부동산 | 완료 시점의 FV | (대) 건설중인자산
평가이익 | BV
N/I |
>
> 만약 그렇지 않다면 해당 투자부동산이 소유 자산인 경우에는 원가모형을 사용하여 회계처리한다.

공정가치모형을 선택하였는데, 예외적으로 공정가치의 신뢰성 있는 측정이 어려워 하나의 투자부동산에 원가모형을 적용하더라도 그 밖의 모든 투자부동산은 공정가치모형을 적용한다.

투자부동산을 공정가치로 측정해온 경우라면 비교할만한 시장의 거래가 줄어들거나 시장가격 정보를 쉽게 얻을 수 없게 되더라도, 당해 부동산을 처분하거나 자가사용부동산으로 대체하거나, 통상적인 영업 과정에서 판매하기 위하여 개발을 시작하기 전까지는 계속하여 공정가치로 측정한다.

2. 원가모형

투자부동산의 평가방법으로 원가모형을 선택한 경우에는 최초 인식 후 다음에 따라 투자부동산으로 측정한다.

① 매각예정으로 분류하는 조건을 충족하는 경우: 기준서 제1105호 '매각예정비유동자산과 중단영업'에 따라 측정
② 리스이용자가 사용권자산으로 보유하고 매각예정이 아닌 경우: 기준서 제1116호 '리스'에 따라 측정
③ 다른 모든 경우: 기준서 제1016호 '유형자산'에 따라 측정

그러므로 원가모형에 의하여 측정하는 투자부동산 중 감가상각대상자산은 감가상각을 수행하고 원가모형의 손상 규정을 준용하여 평가하여야 한다(매 보고기간 말마다 자산손상 징후가 있는지를 검토하고 그러한 징후가 있다면 해당 자산의 회수가능액을 추정하고, 자산의 회수가능액이 장부금액에 못 미치는 경우에 자산의 장부금액을 회수가능액으로 감액하고 해당 감소 금액을 손상차손의 과목으로 당기손익으로 인식한다).

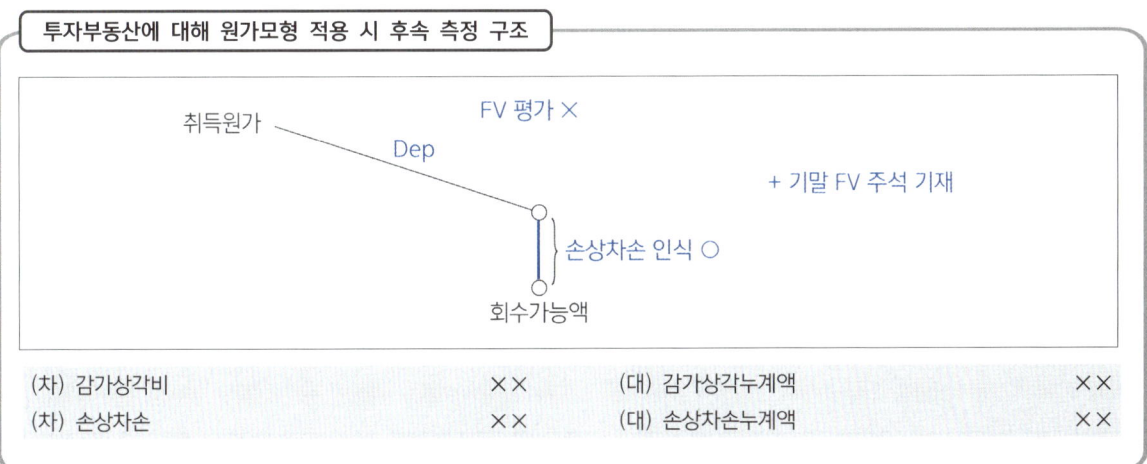

사례연습 1. 투자부동산의 후속 측정

㈜국세는 20×2년 1월 1일에 임대수익을 얻을 목적으로 건물 A를 ₩150,000,000에 취득하였다. 건물 A의 내용연수는 10년이고, 잔존가치는 없는 것으로 추정하였다. 20×2년 12월 31일 건물 A의 공정가치는 ₩140,000,000이다.

[물음 1]
㈜국세가 건물 A에 대해 원가모형을 적용하는 경우, 20×2년 동 거래가 ㈜국세의 당기손익에 미치는 영향은 얼마인가? (단, ㈜국세는 통상적으로 건물을 정액법으로 감가상각한다)

[물음 2]
㈜국세가 건물 A에 대해 공정가치모형을 적용하는 경우, 20×2년에 동 거래가 ㈜국세의 당기손익에 미치는 영향은 얼마인가?

풀이

[물음 1]
(1) 20×2년 당기손익에 미치는 영향: (15,000,000)
(2) 감가상각비: (150,000,000 − 0) / 10년 = (15,000,000)

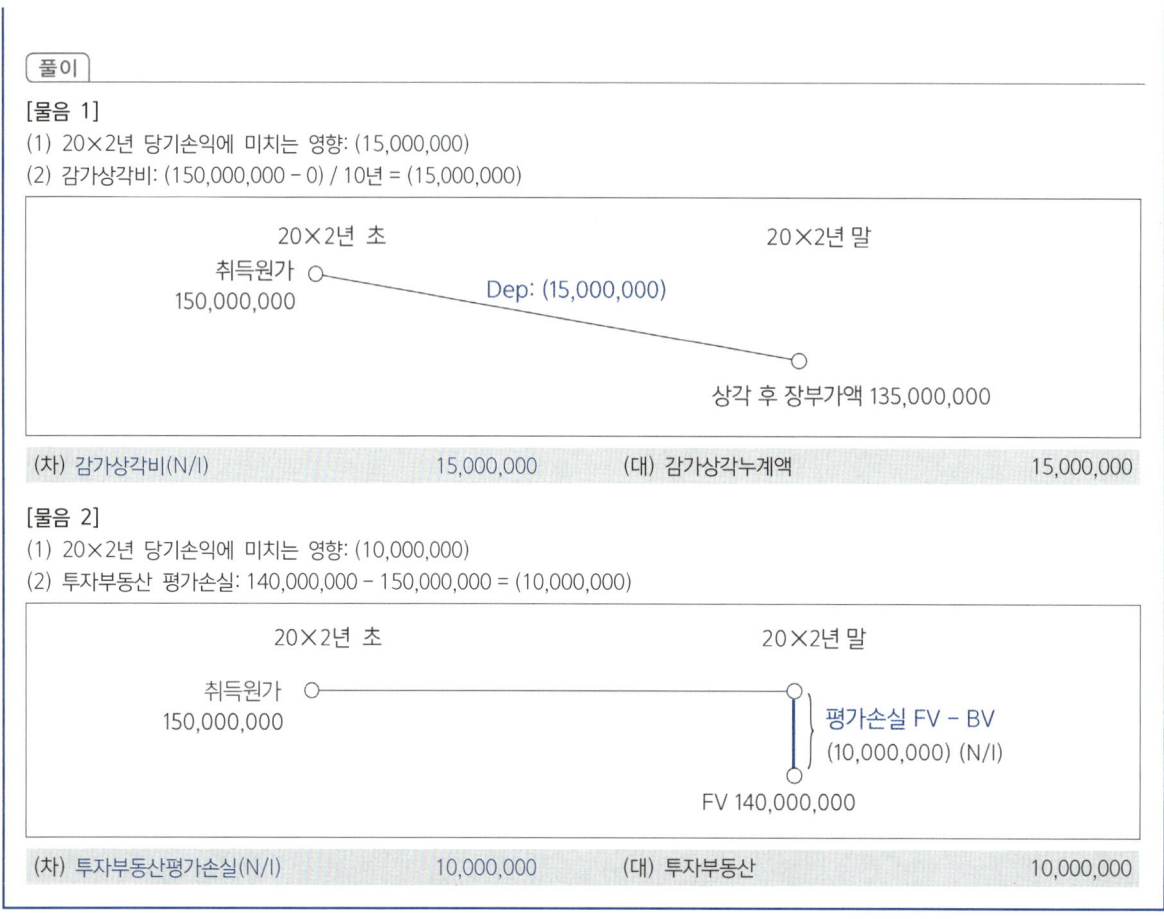

| (차) 감가상각비(N/I) | 15,000,000 | (대) 감가상각누계액 | 15,000,000 |

[물음 2]
(1) 20×2년 당기손익에 미치는 영향: (10,000,000)
(2) 투자부동산 평가손실: 140,000,000 − 150,000,000 = (10,000,000)

| (차) 투자부동산평가손실(N/I) | 10,000,000 | (대) 투자부동산 | 10,000,000 |

3. 재평가모형과 공정가치모형의 비교

유형자산에 대하여 재평가모형을 최초 적용할 경우에는 기준서 제1008호에 따른 소급법을 적용하지 않고 예외적으로 전진법을 적용한다. 이에 반해 투자부동산에 대해서는 공정가치모형을 최초 적용할 경우에는 기준서 제1008호에 따라 소급법을 적용하여 비교표시되는 과거 기간의 재무제표를 재작성해야 한다.

유형자산에 대한 재평가모형과 투자부동산에 대한 공정가치모형의 차이를 비교하면 다음과 같다.

● 유형자산에 대한 재평가모형과 투자부동산에 대한 공정가치모형의 비교

구분	유형자산 재평가모형	투자부동산 공정가치모형
측정 대상	당해 자산이 포함되는 유형자산의 유형 전체에 대해 적용	일부 예외를 제외하고, 모든 투자부동산에 대해 적용
평가 주기	공정가치 변동의 정도를 고려하여 재평가	매 보고기간 말에 공정가치 평가
공정가치 변동액의 회계처리	① 평가증: 기타포괄손익에 반영 ② 평가감: 당기손익에 반영	당기손익에 반영
감가상각 여부	재평가된 금액에 기초하여 다음 연도 감가상각비 인식	감가상각비 인식하지 않음
손상차손 여부	처분부대원가가 미미하지 않은 경우 손상차손 인식	손상차손 인식하지 않음

> **기출문제**

1. <보기>는 토지의 공정가치 변동자료이다. ㈜서울은 토지를 20×0년 7월 중에 취득하고 계속 보유 중이다. 동 토지가 투자부동산으로 분류되는 경우와 유형자산으로 분류되는 경우 각각 기말 재무상태표상의 이익잉여금에 미치는 영향은? (단, ㈜서울은 토지 회계처리 시 투자부동산의 경우 공정가치모형을, 유형자산의 경우 재평가모형을 적용하고 있다) 2020년 서울시 7급

   ─────────── <보기> ───────────
   • 20×0년 7월 중 취득 시 공정가치: ₩100,000
   • 20×0년 12월 31일 공정가치: ₩150,000

	투자부동산으로 분류	유형자산으로 분류
①	변화없음	변화없음
②	변화없음	₩50,000 증가
③	₩50,000 증가	변화없음
④	₩50,000 증가	₩50,000 증가

   해설

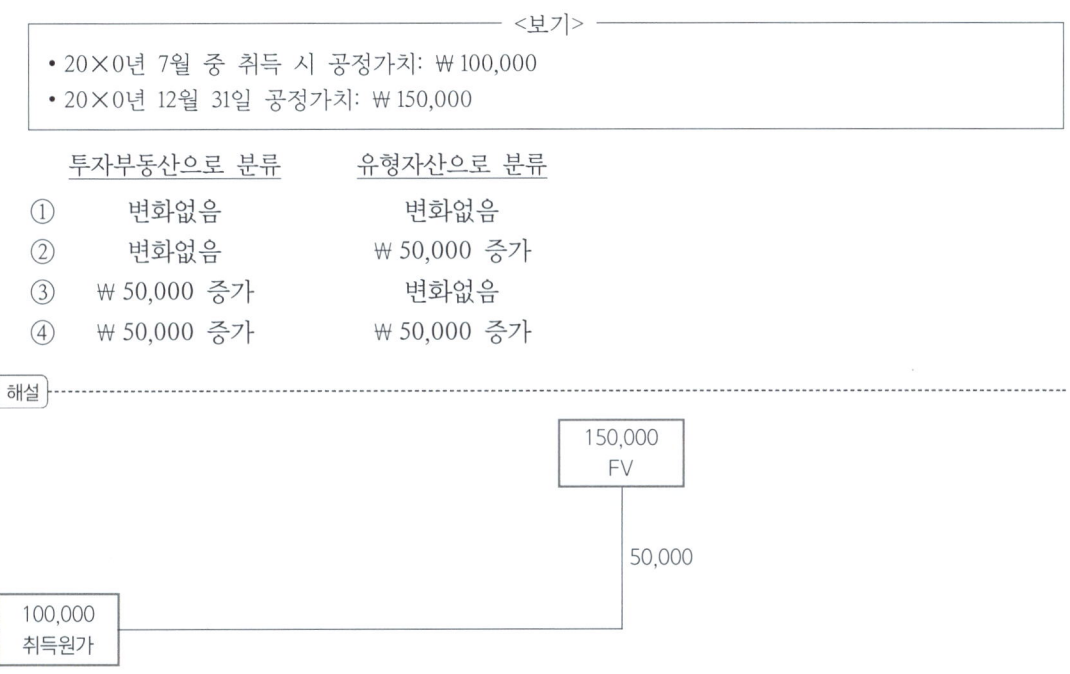

   평가 관련사항
   (1) 투자부동산으로 분류한 경우: 평가이익(N/I) 계상
       20×0년 평가이익(N/I): 50,000 = 150,000 − 100,000
       * 당기손익은 장부의 마감을 통하여 이익잉여금에 반영됨
   (2) 유형자산으로 분류한 경우: 재평가잉여금(OCI) 계상
       20×0년 재평가잉여금(OCI): 50,000 = 150,000 − 100,000
       * 기타포괄손익은 장부의 마감 없이 재무상태표에 기타포괄손익누계액으로 처리함

   답 ③

4 투자부동산의 제거

투자부동산을 처분하거나, 투자부동산의 사용을 영구히 중지하고 처분으로도 더 이상의 경제적효익을 기대할 수 없는 경우에는 제거한다. 관련된 내용은 다음과 같으며 유형자산의 제거와 동일하다.

> ① 투자부동산의 폐기나 처분으로 발생하는 손익은 순처분금액과 장부금액의 차액이며 폐기나 처분이 발생한 기간에 당기손익으로 인식한다.
> ② 투자부동산의 손상, 멸실 또는 포기로 제3자에게 받는 보상은 받을 수 있게 되는 시점에 당기손익으로 인식한다.

5 투자부동산의 계정 대체

부동산은 자가사용부동산자산, 재고자산 또는 투자부동산 중 한 가지로 분류된다. 이때 부동산의 용도가 변경되는 경우에는 투자부동산과 자가사용부동산 간, 또는 투자부동산과 재고자산 간에 계정대체를 한다.

1. 투자부동산의 용도 변경에 따른 계정 대체

부동산이 투자부동산의 정의를 충족하게 되거나 충족하지 못하게 되고, 용도 변경의 증거가 있는 경우에는 부동산의 용도가 변경된 것이다. 단, 부동산의 용도에 대한 경영진의 의도 변경만으로는 용도 변경의 증거가 되지 않는다. 한국채택국제회계기준에서는 다음과 같은 예를 용도 변경의 증거로 인정하고 있다.

● 투자부동산의 용도 변경에 따른 계정 대체

구분	분류 변경
투자부동산의 자가사용 개시 or 자가사용을 목적으로 개발 시작	투자부동산 → 유형자산
통상적인 영업 과정에서 판매하기 위한 개발 시작	투자부동산 → 재고자산
자가사용의 종료	유형자산 → 투자부동산
판매 목적 자산을 제3자에 대한 운용리스 제공의 약정	재고자산 → 투자부동산

Self Study
1. 투자부동산을 개발하지 않고 처분하려는 경우에는 제거될 때까지 투자부동산으로 분류하고, 재고자산으로 대체하지 않는다.
2. 투자부동산을 재개발하여 미래에도 투자부동산으로 사용하고자 하는 경우에도 재개발 기간 동안 계속 투자부동산으로 분류하며 자가사용부동산으로 대체하지 않는다.

2. 투자부동산의 계정 대체의 회계처리

투자부동산을 원가모형으로 평가하는 경우 투자부동산에서 자가사용부동산 또는 재고자산으로 대체가 발생할 때에는 대체 전 자산의 장부금액을 승계하며 자산의 원가를 변경하지 않는다. 그러나 투자부동산을 공정가치로 평가하는 경우 자가사용부동산이나 재고자산으로 대체할 때에는 후속적인 회계를 위한 간주원가는 용도 변경 시점의 공정가치가 된다. 용도 변경 시점에 발생한 평가손익은 당기손익으로 인식한다.

● 계정대체의 유형 및 유형별 효과

구분	계정 대체의 유형	회계처리
투자부동산에 대해 원가모형 적용	투자부동산 ↔ 유형·재고자산	장부가액 승계, N/I 영향 없음
투자부동산에 대해 공정가치모형 적용	① 투자부동산 ↔ 재고자산	공정가치 승계, N/I 반영
	② 투자부동산 → 유형자산	공정가치 승계, N/I 반영
	③ 유형자산 → 투자부동산	재평가 후 대체 ㉠ 평가이익(재평가잉여금 OCI) ㉡ 평가손실(재평가손실 N/I)

(1) 투자부동산을 원가모형으로 평가하는 경우

투자부동산을 원가모형을 적용하는 경우 투자부동산, 자가사용부동산, 재고자산 간에 계정 대체 시 재분류 전 자산의 장부금액을 승계하며, 재분류 시점의 당기손익에 영향을 미치지 않는다.

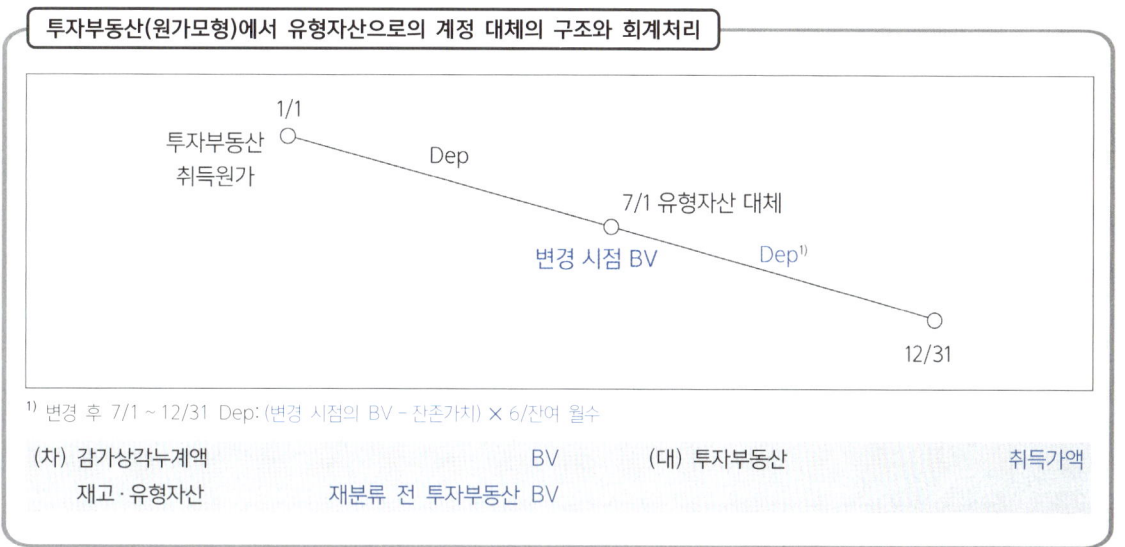

투자부동산(원가모형)에서 유형자산으로의 계정 대체의 구조와 회계처리

1) 변경 후 7/1 ~ 12/31 Dep: (변경 시점의 BV − 잔존가치) × 6/잔여 월수

(차) 감가상각누계액	BV	(대) 투자부동산	취득가액
재고·유형자산	재분류 전 투자부동산 BV		

(2) 투자부동산을 공정가치모형으로 평가하는 경우

① 투자부동산(공정가치모형) ↔ 재고자산

㉠ 투자부동산(공정가치모형) → 재고자산

사용 목적의 변경 시점의 투자부동산의 공정가치를 재고자산의 최초 인식 원가로 간주하여 사용 목적의 변경 시점에 투자부동산에 대한 평가손익을 당기손익으로 인식하는 회계처리를 함께 해야 한다.

(차) 재고자산	투자부동산 FV	(대) 투자부동산	BV
		투자부동산평가이익(N/I)	FV − BV

㉡ 재고자산 → 투자부동산(공정가치모형)

재고자산을 공정가치로 평가하는 투자부동산으로 대체하는 경우, 재고자산의 장부금액과 대체 시점의 공정가치의 차액은 당기손익으로 인식한다. 따라서 재고자산을 공정가치로 평가하는 투자부동산으로 대체하는 회계처리는 재고자산을 매각하는 경우의 회계처리와 일관성이 있다.

(차) 투자부동산	재고자산 FV	(대) 재고자산	BV
		재고자산처분이익(N/I)	FV − BV

> **참고** | 아래와 같은 주장도 있다.
>
> | (차) 투자부동산 | 변경 시점의 FV | (대) 매출 | ×× |
> |---|---|---|---|
> | (차) 매출원가 | ×× | (대) 재고자산 | BV |

② 투자부동산(공정가치모형) → 유형자산
  ㉠ 투자부동산(공정가치모형) → 유형자산(원가모형)
    사용 목적의 변경 시점의 투자부동산의 공정가치를 유형자산의 최초 인식 원가로 간주하여 사용 목적의 변경 시점에 투자부동산에 대한 평가손익을 당기손익으로 인식하는 회계처리를 함께 해야 한다.

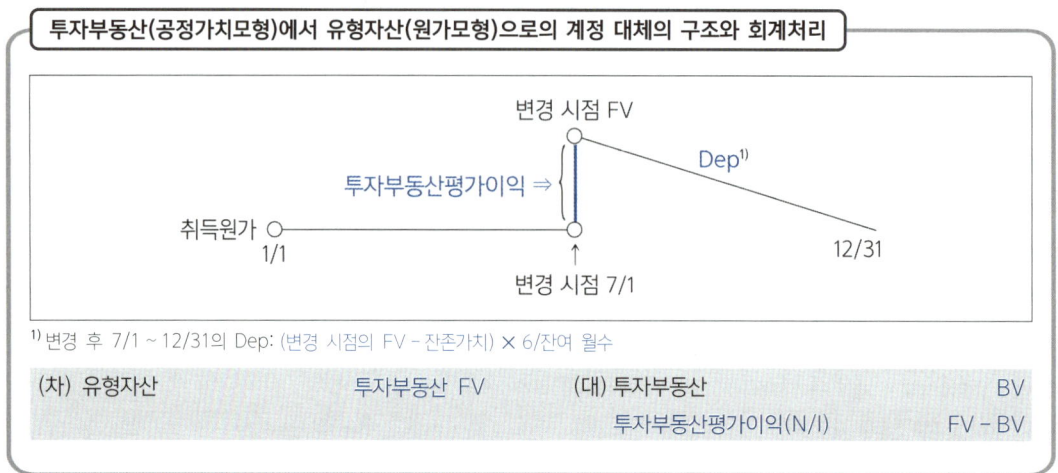

  ㉡ 투자부동산(공정가치모형) → 유형자산(재평가모형)
    사용 목적의 변경 시점의 투자부동산의 공정가치를 유형자산의 최초 인식 원가로 간주하여 사용 목적의 변경 시점에 투자부동산에 대한 평가손익을 당기손익으로 인식하는 회계처리를 함께 해야 한다. 계정 대체 시점 이후 유형자산은 기말 시점에 공정가치를 측정하여 재평가손익을 인식한다.

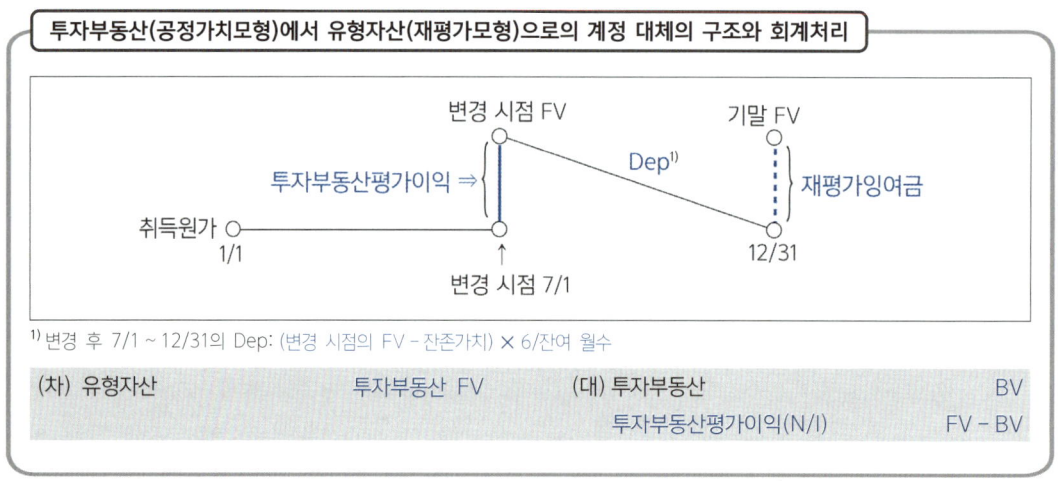

③ 유형자산 → 투자부동산(공정가치모형)
  자가사용부동산을 공정가치로 평가하는 투자부동산으로 대체하는 경우, 용도 변경 시점까지 그 부동산을 감가상각하고, 발생한 손상차손을 인식한다. 용도 변경 시점에 부동산의 장부금액과 공정가치의 차액은 재평가모형의 회계처리와 동일한 방법으로 회계처리한다. (⇒ 유형자산에 원가모형을 적용하여 왔더라도 동일하게 적용한다)

Additional Comment

이때 재평가모형의 회계처리와 동일한 방법으로 회계처리한다는 것은 자가사용부동산에 대해서 먼저 재평가를 한 후에 계정 대체함을 의미한다. (선 평가, 후 대체) 즉, 자가사용부동산의 장부금액보다 공정가치가 적다면 장부금액과 공정가치의 차액을 당기손익(재평가손실)으로 인식하되, 이미 자가사용부동산을 재평가모형으로 평가하여 장부금액에 재평가잉여금이 포함되어 있으면 재평가잉여금을 우선 감소시키고, 초과액을 당기손익(재평가손실)에 반영한다. 반면에 자가사용부동산의 장부금액보다 공정가치가 크다면 장부금액과 공정가치의 차액을 이전에 인식한 손상차손을 한도로 당기손익(재평가이익)으로 인식하고, 초과액은 재평가잉여금으로 인식한다.

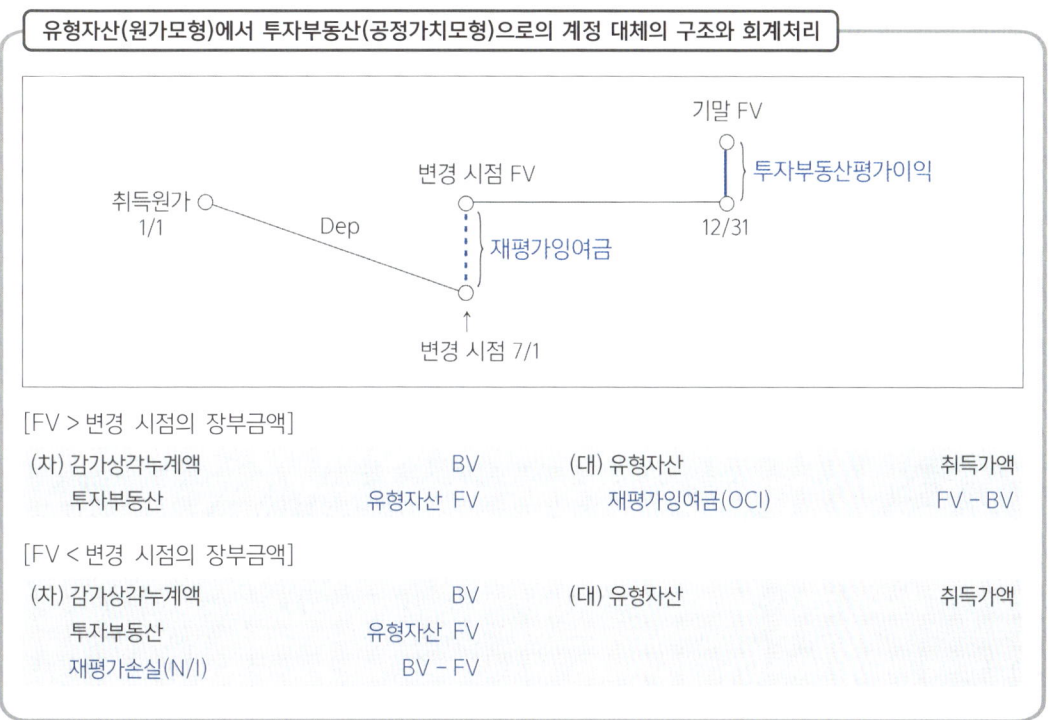

[FV > 변경 시점의 장부금액]

(차) 감가상각누계액	BV	(대) 유형자산	취득가액
투자부동산	유형자산 FV	재평가잉여금(OCI)	FV − BV

[FV < 변경 시점의 장부금액]

(차) 감가상각누계액	BV	(대) 유형자산	취득가액
투자부동산	유형자산 FV		
재평가손실(N/I)	BV − FV		

사례연습 2. 투자부동산의 계정 대체

㈜짱짱은 20×1년 초에 임대수익과 시세차익을 목적으로 건물을 ₩100,000에 구입하였다. 동 건물의 내용연수는 10년이고, 잔존가치는 없다. 매년 동 건물의 공정가치는 아래와 같다.

20×1년 말	20×2년 말	20×3년 초
₩180,000	₩150,000	₩140,000

[물음 1]
동 투자부동산에 대하여 공정가치모형을 적용해 오던 중 20×3년 초 유형자산으로 계정 대체하고 사용하였다. 20×3년의 회계처리를 보이시오. (단, 20×3년 초 잔여내용연수는 7년, 잔존가치는 ₩0이고 정액법으로 상각한다)

[물음 2]
위 물음들과 독립적으로 동 건물을 자가사용 목적으로 취득한 후 20×3년 초 임대 목적으로 전환한 경우 20×3년의 회계처리를 보이시오. (단, ㈜짱짱은 유형자산에 대하여 원가모형을 적용하고 투자부동산에 대하여는 공정가치모형을 적용하고 있으며, 20×3년 말 동 건물의 공정가치는 ₩150,000이다)

풀이

[물음 1]
[20×3년 초]

(차) 유형자산(FV)	140,000	(대) 투자부동산(BV)	150,000
투자부동산평가손실(N/I)	10,000		

[20×3년 말]

(차) 감가상각비	20,000	(대) 감가상각누계액	20,000

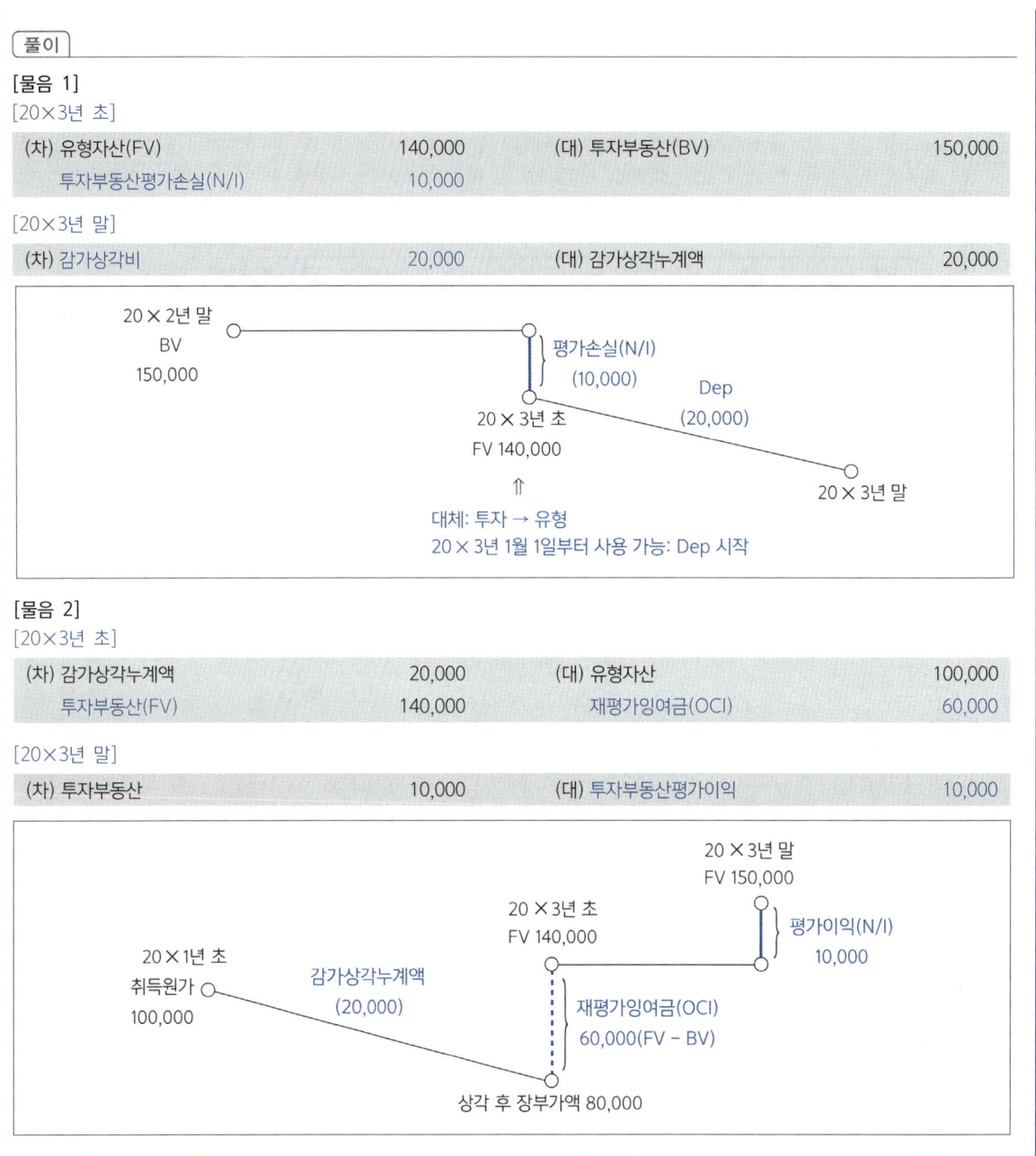

[물음 2]
[20×3년 초]

(차) 감가상각누계액	20,000	(대) 유형자산	100,000
투자부동산(FV)	140,000	재평가잉여금(OCI)	60,000

[20×3년 말]

(차) 투자부동산	10,000	(대) 투자부동산평가이익	10,000

기출문제

2. 다음 자료에 따른 건물 관련 손익이 20×2년 ㈜대한의 당기순이익에 미치는 영향은? (단, 감가상각은 월할 상각한다)

2020년 국가직 7급

- 20×1년 1월 1일 투자 목적으로 건물(취득원가 ₩1,000, 잔존가치 ₩0, 내용연수 4년, 정액법 상각)을 취득한 후 공정가치모형을 적용하였다.
- 20×2년 7월 1일 ㈜대한은 동 건물을 공장용 건물(잔존가치 ₩0, 내용연수 2.5년, 정액법 상각)로 대체하여 자가사용하기 시작하였으며 재평가모형을 적용하였다.
- 일자별 건물 공정가치

20×1년 말	20×2년 7월 1일	20×2년 말
₩1,200	₩1,400	₩1,500

① ₩300 증가 ② ₩280 감소
③ ₩180 증가 ④ ₩80 감소

해설

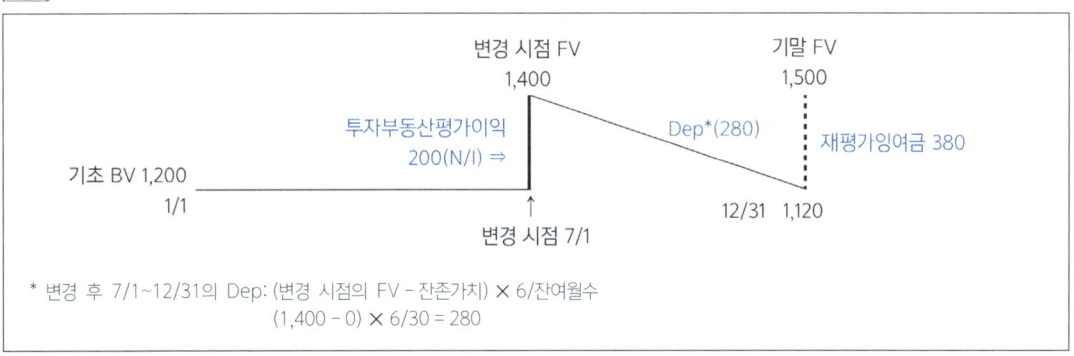

* 변경 후 7/1~12/31의 Dep: (변경 시점의 FV − 잔존가치) × 6/잔여월수
  (1,400 − 0) × 6/30 = 280

(1) 대체 시점의 회계처리

(차) 유형자산	1,400	(대) 투자부동산	1,200
		평가이익	200

(2) 기말 시점
  1) Dep: 280 = (1,400 − 0)/2.5년 × 6/12
  2) 재평가잉여금(OCI): 380 = 1,500 − 1,120
     ⇒ 당기손익에 미친 영향: 평가이익 200 − 감가상각비 280 = (−)80 감소

답 ④

CHAPTER 2 | 무형자산

1 무형자산의 정의, 식별 및 최초 인식

1. 무형자산의 정의

무형자산은 물리적 실체는 없지만 식별할 수 있는 비화폐성자산을 말한다. 여기에 포함되는 무형자산의 예로는 컴퓨터 소프트웨어, 특허권, 저작권, 영화필름, 고객 목록, 모기지관리용역권, 어업권, 수입할당량, 프랜차이즈, 고객이나 공급자와의 관계, 고객충성도, 시장점유율과 판매권 등이 있다. 그러나 이러한 항목이 모두 무형자산의 정의를 충족시키는 것은 아니다. 이러한 항목들이 무형자산의 정의를 충족하지 않는다면 그것을 취득하거나 내부적으로 창출하기 위하여 발생한 지출은 발생 시점에 비용으로 인식한다.

> **Additional Comment**
>
> 무형자산은 물리적 실체가 존재하지 않으므로 물리적 실체가 존재하는 자산과 동일한 기준을 적용하여 자산을 인식하는 것은 곤란하다. 따라서 기준서에서는 무형자산을 인식하기 위해 인식요건을 판단하기 전에 무형자산으로 정의할 수 있는 세 가지 조건을 충족하는지 판단하도록 요구하고 있다.
>
> | 1. 원칙: | (차) 비용 | ×× | (대) 현금 | 물리적 실체가 없는 것에 대한 지출 |
> | 2. 예외: | 무형자산 | ×× | | |
>
> ⇒ 정의 충족 + 엄격한 인식요건 충족 시

무형자산의 정의를 충족시키기 위해서는 다음의 요건을 모두 충족시켜야 한다.

> ① 식별가능성　　　② 통제　　　③ 미래경제적효익

(1) 식별가능성

무형자산으로 정의되기 위해서는 영업권과 구별되기 위하여 식별가능성이 있어야 한다. 자산은 다음 중 하나에 해당하는 경우 식별이 가능하다.

○ 식별가능성의 요건

> ① **자산의 분리가능성**: 기업의 의도와는 무관하게 기업에서 분리하거나 분할할 수 있고, 개별적으로 또는 관련된 계약, 식별 가능한 자산이나 부채와 함께 매각, 이전, 라이선스, 임대, 교환할 수 있다.
>
> or
>
> ② **자산이 계약상 권리 또는 기타 법적 권리로부터 발생**: 이 경우 그러한 권리가 이전 가능한지 여부 또는 기업이나 기타 권리와 의무에서 분리 가능한지 여부는 고려하지 아니한다.

> **Additional Comment**
>
> 기업이 지방자치단체 소유의 특정 시설물을 일정 기간 사용하기로 계약을 체결하고 대가를 지급했다면 그 대가는 계약상 권리이므로 무형자산으로 정의되기 위한 식별가능성의 조건을 충족한다. 또한 기업이 개발한 신기술에 대해서 특허권을 획득했다면, 이는 일정 기간 동안 법적으로 보호받을 권리이므로 무형자산으로 정의되기 위한 식별가능성의 조건을 충족한다. 기준서 제1038호 '무형자산'에서 무형자산의 인식조건을 제시하기 전에 분리가능성을 요구하는 것은 인식과 측정을 좀 더 용이하게 하기 위해서이다. 일반적으로 분리가 가능하여 거래상대방과 교환거래를 할 수 있는 자산은 그렇지 못한 자산에 비해 시장가격 등 거래가격에 대한 정보를 쉽게 입수할 수 있다.

> **Self Study**
> 분리가능성이 식별가능성을 나타내는 유일한 지표는 아니다. 특정 권리가 분리 가능하지 않더라도 계약상 또는 기타 법적 권리로부터 발생한 자산은 식별 가능하다. 예를 들어 일부 국가의 법에 의하면 기업에 인가된 특정 라이선스는 기업 전체를 매각할 때에만 양도가 가능한데, 이 경우 동 라이선스는 분리 가능하지 않다. 그러나 영업권과는 구분되는 자산이므로 식별가능성의 조건을 충족한다.

(2) 통제

기초가 되는 자원에서 유입되는 미래경제적효익을 확보할 수 있고 그 효익에 대한 제3자의 접근을 제한할 수 있다면 기업이 자산을 통제하고 있는 것이다. 무형자산의 미래경제적효익에 대한 통제능력은 일반적으로 법원에서 강제할 수 있는 법적 권리에서 나오지만 다른 방법으로도 미래경제적효익을 통제할 수 있기 때문에 권리의 법적 집행가능성이 통제의 필요조건은 아니다. 기업의 무형자산 통제 여부를 판단하는 구체적인 사례는 다음과 같다.

① **시장에 대한 지식과 기술적 지식**
이러한 지식이 저작권, 계약상의 제약이나 법에 의한 종업원의 기밀유지의무 등과 같은 법적 권리에 의하여 보호된다면, 기업은 그러한 지식에서 얻을 수 있는 미래경제적효익을 통제하고 있는 것이다.

② **숙련된 종업원과 교육훈련**
기업은 숙련된 종업원으로 구성된 팀을 보유할 수 있고, 교육훈련을 통하여 습득된 미래경제적효익을 가져다 줄 수 있는 종업원의 기술 향상을 식별할 수 있다. 기업은 또한 그러한 숙련된 기술을 계속하여 이용할 수 있을 것으로 기대할 수 있다. 그러나 기업은 숙련된 종업원이나 교육훈련으로부터 발생하는 미래경제적효익에 대해서는 일반적으로 무형자산의 정의를 충족하기에는 충분한 통제를 가지고 있지 않다. 그 이유는 숙련된 종업원은 언제라도 다른 회사로 옮길 수 있고 회사는 이를 막을 수 있는 능력이 없기 때문이다.

③ **특정 경영능력과 기술적 재능**
특정 경영능력이나 기술적 재능이 그것을 사용하여 미래경제적효익을 확보하는 것이 법적 권리에 의하여 보호되지 않거나 무형자산의 정의의 기타 요건을 충족하지 않는다면, 일반적으로 무형자산의 정의를 충족할 수 없다.

④ **고객관계와 고객충성도(예 고객구성, 시장점유율)**
기업은 고객구성이나 시장점유율에 근거하여 고객관계와 고객충성도를 잘 유지함으로써 고객이 계속하여 거래할 것이라고 기대할 수 있다. 그러나 그러한 고객관계나 고객충성도를 지속할 수 있는 법적 권리나 그것을 통제할 기타 방법이 없다면, 일반적으로 고객관계나 고객충성도에서 창출될 미래경제적효익에 대해서는 그러한 항목이 무형자산의 정의를 충족하기에 기업이 충분한 통제를 가지고 있지 않다.

> **Self Study**
> 고객관계를 보호할 법적 권리가 없는 경우에 동일하거나 유사한 비계약적 고객관계를 교환하는 거래(사업결합 과정에서 발생한 것이 아닌)가 발생한 경우 이는 고객관계로부터 기대되는 미래경제적효익을 통제할 수 있다는 증거를 제공하므로 이러한 고객관계는 무형자산의 정의를 충족한다. 예를 들어 A사가 B사로부터 B사의 고객 목록을 대가를 지급하고 취득하였으며, B사는 이후 그 고객에 대한 접근을 할 수 없다면 A사의 관점에서 볼 때 그 고객 목록은 분리 가능하며, 고객에 대한 B사의 접근이 제한되므로 이는 A사가 미래경제적효익을 통제할 수 있다는 증거가 된다.

(3) 미래경제적효익

무형자산의 미래경제적효익은 제품의 매출, 용역수익, 원가절감 또는 자산의 사용에 따른 기타 효익의 형태로 발생할 수 있다. 예를 들어, 제조과정에서 지적재산을 사용하면 미래 수익을 증가시키기보다 미래의 제조원가를 감소시킬 수 있다.

🔹 **무형자산의 정의 정리**

식별가능성 (분리가능성 or 계약상 권리 또는 기타 법적 권리)	계약적·법적 권리가 이전 가능한지 여부 또는 기업이 기타 권리와 의무에서 분리 가능한지 여부는 동시에 고려하지 않음
통제(제3자의 접근 제한)	통제의 일반적인 능력은 법적 권리에서 나오나, 권리의 법적 집행가능성이 통제의 필요조건은 아님
미래경제적효익 존재	미래경제적효익은 제품의 매출, 용역수익, 원가절감 또는 자산의 사용에 따른 기타 효익의 형태로 발생할 수 있음

2. 무형자산의 식별

일부 무형자산은 컴팩트디스크(컴퓨터 소프트웨어의 경우), 법적 서류(라이선스나 특허권의 경우)나 필름과 같은 물리적 형체에 담겨 있을 수 있다. 유형의 요소와 무형의 요소를 모두 갖추고 있는 자산을 유형자산으로 회계처리하는지 아니면 무형자산으로 회계처리하는지를 결정해야 할 때에는, 어떤 요소가 더 유의적인지를 판단한다.

> **Additional Comment**
> 컴퓨터로 제어되는 기계장치가 특정 컴퓨터 소프트웨어가 없으면 가동이 불가능한 경우에는 그 소프트웨어를 관련된 하드웨어의 일부로 보아 유형자산으로 회계처리한다. 컴퓨터의 운영시스템에도 동일하게 적용하며, 관련된 하드웨어의 일부가 아닌 소프트웨어는 무형자산으로 회계처리한다.

무형자산의 회계처리는 광고, 교육훈련, 사업개시, 연구와 개발활동 등에 대한 지출에 적용한다. 연구와 개발활동의 목적은 지식의 개발에 있으므로, 이러한 활동으로 인하여 물리적 형체(예 시제품)가 있는 자산이 만들어지더라도 그 자산의 물리적 요소는 무형자산 요소로 본다. 즉, 그 자산이 갖는 지식의 부수적인 것으로 보아 무형자산으로 인식한다.

🔹 **무형자산의 식별 정리**

구분	개별 식별
① 유형자산 + 무형자산	무형자산 필수 ×: 유형자산과 무형자산 분류
	무형자산 필수 ○: 전체를 유형자산으로 분류
② 연구·개발활동으로 만들어진 물리적 형체(시제품)의 자산	무형자산으로 분류

> **Self Study**
> 오답유형: 컴퓨터로 제어되는 기계장치가 특정 소프트웨어가 없으면 가동이 불가능한 경우에는 그 기계장치를 소프트웨어의 일부로 보아 무형자산으로 회계처리한다. (×) ⇒ 전체를 유형자산으로 본다.

3. 무형자산의 인식

(1) 인식기준

어떤 항목을 무형자산으로 인식하기 위해서는 무형자산의 정의를 충족하면서 다음의 인식기준을 모두 충족해야 한다.

1st 무형자산의 정의 충족	2nd 무형자산의 인식요건
① 식별가능성 ② 통제 ③ 미래경제적효익의 존재	① 자산에서 발생하는 미래경제적효익이 기업에 유입될 가능성이 높음 ② 자산의 원가를 신뢰성 있게 측정할 수 있음

① 미래경제적효익의 유입가능성

미래경제적효익이 기업에 유입될 가능성은 무형자산의 내용연수 동안 경제적 상황에 대한 경영자의 최선의 추정치를 반영하는 합리적이고 객관적인 가정에 근거하여 평가하여야 한다. 이 경우 미래경제적효익의 유입에 대한 확실성 정도에 대한 평가는 무형자산을 최초로 인식하는 시점의 이용 가능한 증거에 근거하며, 외부 증거에 비중을 더 크게 둔다.

② 자산의 원가를 신뢰성 있게 측정

무형자산은 그 특성상 자산이 증가하지 않거나 자산의 부분 대체가 이루어지지 않는 경우가 많다. 따라서 대부분의 취득이나 완성 후의 지출은 무형자산의 정의와 인식기준을 충족하기 보다는 기존 무형자산이 갖는 기대 미래경제적효익을 유지하는 것이 대부분이며, 사업 전체가 아닌 특정 무형자산에 직접 귀속시키기 어려운 경우가 많다. 그러므로 취득한 무형자산의 최초 인식 후 또는 내부적으로 창출한 무형자산의 완성 후 발생한 후속 지출이 자산의 장부금액으로 인식되는 경우는 매우 드물다.

Additional Comment

연예기획사는 소속 아이돌로부터 기대되는 미래경제적효익을 통제할 수 있다. 그러나 아이돌이 데뷔를 한다고 해서 모두 성공하는 것이 아니므로 미래경제적효익이 유입될 가능성이 높다고 보기 어렵다. 또한 무형자산으로 인식하기 위해서는 원가를 신뢰성 있게 측정할 수 있어야 하는데, 연습생 시절부터 이들을 훈련시키는 데 소요되는 원가를 신뢰성 있게 측정하는 것이 어려울 뿐만 아니라 그 원가들이 무형자산으로 인식할 수 있는 항목인지도 확실하지 않다. 따라서 연예기획사 입장에서는 소속 아이돌이 무형자산으로 인식되는 것은 적절하지 않다.

Self Study

무형자산으로 정의될 수 있는 3가지 조건을 충족한다고 해서 무조건 무형자산으로 인식할 수 있는 것은 아니다.

(2) 최초 측정

재무상태표에 인식하는 무형자산은 원가로 측정한다. 이때 원가란 자산을 취득하기 위하여 자산의 취득 시점이나 건설 시점에 지급한 현금 또는 현금성자산이나 제공한 기타 대가의 공정가치를 말한다. (⇒ 무형자산의 최초 인식금액은 유형자산의 경우와 동일하다)

① 개별 취득

개별 취득하는 무형자산은 미래경제적효익이 유입될 시기와 금액이 불확실하더라도 기업에 미래경제적효익의 유입이 있을 것으로 기대하고 있어, 미래경제적효익이 유입될 가능성이 높다는 인식기준을 항상 충족한 것으로 본다.

Additional Comment

일반적으로 무형자산을 개별 취득하기 위하여 지급하는 가격에는 그 자산이 갖는 기대 미래경제적효익이 기업에 유입될 확률에 대한 기대를 반영할 것이다. 기업은 미래경제적효익의 유입 시기와 금액이 불확실하더라도 미래경제적효익의 유입이 있을 것으로 기대한다. 왜냐하면 기업은 미래경제적효익이 기대되지 않는 무형자산을 취득하지 않을 것이기 때문이다. 그러므로 개별 취득하는 무형자산은 인식기준 중 자산에서 발생하는 미래경제적효익이 기업에 유입될 가능성이 높다는 것을 항상 충족하는 것으로 본다.

개별 취득하는 무형자산의 원가는 일반적으로 신뢰성 있게 측정할 수 있으며, 다음의 항목으로 구성된다.

> ⊙ 구입가격(매입할인과 리베이트를 차감하고 수입관세와 환급받을 수 없는 제세금을 포함한다)
> ⓒ 자산을 의도한 목적에 사용할 수 있도록 준비하는 데 직접 관련되는 원가
> • 자산을 사용 가능한 상태로 만드는 데 직접적으로 발생하는 종업원급여
> • 자산을 사용 가능한 상태로 만드는 데 직접적으로 발생하는 전문가 수수료
> • 자산이 적절하게 기능을 발휘하는지 검사하는 데 발생하는 원가

정상적인 취득 과정에서 불가피하게 발생한 부대비용이 아니거나 미래경제적효익이 기업에 유입될 가능성이 불분명한 원가는 무형자산의 원가에 포함해서는 안 된다. 이렇게 무형자산의 원가에 포함되지 않는 지출의 예는 다음과 같다.

> ⊙ 새로운 제품이나 용역의 홍보원가(광고와 판매촉진활동 원가를 포함한다)
> ⓒ 새로운 지역에서 또는 새로운 계층의 고객을 대상으로 사업을 수행하는 데서 발생하는 원가(교육훈련비를 포함한다)
> ⓒ 관리원가와 기타 일반경비원가

무형자산의 원가의 인식은 그 자산을 경영자가 의도하는 방식으로 운용될 수 있는 상태에 이르면 중지한다. 따라서 무형자산을 사용하거나 재배치하는 데 발생하는 원가는 무형자산의 장부금액에 포함하지 않는다. 그러므로 다음의 원가는 무형자산의 장부금액에 포함하지 않는다.

> ⊙ 경영자가 의도하는 방식으로 운용될 수 있으나 아직 사용하지 않고 있는 기간에 발생한 원가
> ⓒ 자산의 산출물에 대한 수요가 확립되기 전까지 발생한 손실과 같은 초기 영업손실
> ⓒ 무형자산을 사용하거나 재배치하는 데 발생하는 원가

무형자산의 개발과 관련된 영업활동 중에는 해당 자산을 경영자가 의도하는 방식으로 운영될 수 있는 상태에 이르도록 하는 데 반드시 필요하지 않은 활동도 있다. 이러한 부수적인 활동과 관련하여 발생한 수익이나 비용은 즉시 당기손익으로 인식한다.

무형자산에 대한 대금지급기간이 일반적인 신용기간보다 긴 경우 무형자산의 취득원가는 현금가격상당액으로 한다. 이때 현금가격상당액과 실제 총 지급액과의 차액은 자본화 대상이 아닌 한 신용기간에 걸쳐 이자비용으로 인식한다.

Self Study

1. 무형자산의 취득원가는 무형자산의 인식기준이 모두 충족된 이후에 발생한 지출만 포함한다.
2. 오답유형: 최초의 비용으로 인식한 무형자산에 대한 지출은 그 이후에 무형자산이 인식요건을 만족하게 된 경우에 한하여 무형자산의 취득원가로 다시 인식할 수 있다. (×) ⇒ 취득원가로 인식할 수 없다.

② 발생 시점에 비용으로 인식하는 지출

미래경제적효익을 얻기 위해 지출이 발생하더라도 인식할 수 있는 무형자산이나 다른 자산이 획득 또는 창출되지 않는다면, 그러한 지출은 발생 시점에 비용으로 인식한다. 발생 시점에 비용으로 인식하는 지출의 예는 다음과 같다.

> **발생 시점에 비용으로 인식하는 지출의 예**
>
> ㉠ 사업개시활동에 대한 지출: 법적 실체를 설립하는 데 발생한 법적비용과 사무비용과 같은 설립원가, 새로운 시설이나 사업을 개시하기 위하여 발생한 지출(개업원가) 또는 새로운 영업을 시작하거나 새로운 제품이나 공정을 시작하기 위하여 발생하는 지출(신규영업준비원가)
> ㉡ 교육훈련을 위한 지출
> ㉢ 광고 및 판매촉진 활동을 위한 지출(우편 주문 카탈로그 포함)
> ㉣ 기업의 전부나 일부의 이전 또는 조직 개편에 관련된 지출

③ 사업결합으로 인한 취득

㉠ 사업결합의 이해

사업결합이란 취득자가 하나 이상의 사업에 대한 지배력을 획득하는 거래나 그 밖의 사건을 말하며 합병과 취득을 그 예로 들 수 있다.

> **사업결합의 이해**
>
> A사(취득자)가 B사(피취득자)를 합병(사업결합)하는 경우 취득자는 피취득자의 주주에게 대가를 지급하고, 피취득자의 자산과 부채를 취득한다. 이때 취득자가 수행하는 회계처리는 아래와 같다.
>
> | (차) B사 자산 | FV | (대) B사 부채 | FV |
> |---|---|---|---|
> | 영업권 | 대차차액 | 현금 | 대가 |
>
> 사업결합이 아닌 개별 자산의 취득이라면 원가를 취득원가로 인식하지만 사업결합의 경우 기준서 제1103호 '사업결합'에 따라 피취득자로부터 취득·인수하는 식별 가능한 자산(무형자산 포함)과 부채의 공정가치를 취득원가로 인식한다. 즉, 무형자산을 개별 취득할 때에는 원가로 최초 측정하는 반면, 사업결합 과정에서 무형자산을 취득할 때에는 공정가치로 최초 측정한다.
>
> 사업결합과정에서 취득자가 지급하는 대가가 피취득자로부터 취득·인수한 자산과 부채의 공정가치 차감액(순자산의 공정가치)을 초과할 경우 초과액을 영업권으로 인식한다. 영업권을 자산으로 인식하는 이유는 피취득자의 식별이 불가능한 자산(예 피취득자의 브랜드 가치, 기술, 우수한 인적자원 등)으로부터 미래경제적효익의 유입을 기대할 수 있어 취득자가 피취득자의 순자산의 공정가치보다 더 많은 대가를 지급하였기 때문이다.

Additional Comment

기준서 제1038호 '무형자산'에서는 무형자산의 정의에서 영업권과 구별하기 위하여 무형자산이 식별 가능할 것을 요구한다고 언급하고 있다. 여기서 영업권을 간략하게 설명하면 A사가 자산의 공정가치가 ₩10,000이고 부채의 공정가치가 ₩7,000이며, 순자산의 공정가치가 ₩3,000인 B사를 합병하였다. 이때, A사가 B사의 주주에게 합병대가로 현금 ₩5,000을 지급할 경우 A사가 B사의 순자산의 공정가치보다 초과 지급한 ₩2,000을 영업권으로 인식하고, A사가 해야 할 관련 회계처리는 다음과 같다.

(차) B사 자산	10,000	(대) B사 부채	7,000
영업권	2,000	현금	5,000

영업권은 A사의 입장에서 볼 때 합병으로 인한 시너지 효과 등을 기대하고 추가로 지급한 대가를 자산으로 인식한 것일 뿐, 이를 제3자에게 매각하거나 이전할 수 있는 대상이 아니다. 즉, 합병(사업결합)을 인식하는 영업권은 사업결합에서 획득하였지만 개별적으로 식별하여 별도로 인식하는 것이 불가능한 그 밖의 자산에서 발생하는 미래경제적효익을 나타내는 자산이다.

ⓛ 사업결합으로 인한 취득

사업결합 과정에서 취득자는 두 가지 종류의 무형자산을 순서에 따라 인식할 수 있다. 첫 번째로 피취득자의 무형자산(예 지적재산권, 소프트웨어 등)이며, 두 번째는 영업권이다. 취득자는 피취득자로부터 취득하는 무형자산을 공정가치로 인식하며, 영업권은 대가와 취득·인수하는 피취득회사의 순자산의 공정가치의 차이로 결정한다. 그러므로 사업결합 과정에서 피취득자의 무형자산의 공정가치를 신뢰성 있게 측정할 수 없다면, 이는 자동적으로 영업권에 포함될 것이다.

또한, 사업결합 과정에서 취득자가 취득하는 무형자산의 공정가치를 신뢰성 있게 측정할 수 있다면 사업결합 전에 피취득자가 그 자산을 인식했는지의 여부와 관계없이 취득자는 취득일에 당해 무형자산으로 인식한다.

┌─ 사업결합으로 인한 취득 시 무형자산과 영업권의 인식 ─┐
│ 1st 개별적으로 식별가능 ○ + 공정가치를 신뢰성 있게 측정 ○   개별 무형자산으로 인식
│   ↓ 충족 ×
│ 2nd 개별적으로 식별가능 × + 공정가치를 신뢰성 있게 측정 ×   영업권에 포함
└────────────────────────────────┘

Additional Comment
피취득자가 진행하고 있는 연구·개발 프로젝트가 자산의 정의를 충족하고, 식별 가능하다면 피취득자가 이를 자산으로 인식하지 않고 비용으로 처리하였더라도 취득자가 이를 공정가치로 측정하여 별도의 무형자산으로 인식한다.

Self Study
1. 사업결합으로 취득하는 무형자산은 자산에서 발생하는 미래경제적효익이 기업에 유입될 가능성이 높고 자산의 원가를 신뢰성 있게 측정할 수 있다는 인식기준을 항상 충족하는 것으로 본다.
2. 피취득자가 진행하고 있는 연구개발 프로젝트가 무형자산의 정의(자산의 정의를 충족하고, 식별 가능하다)를 충족한다면 취득자가 영업권과 분리하여 별도의 자산으로 인식하는 것을 의미한다.
3. 사업결합으로 인식하는 영업권은 사업결합에서 획득하였지만 개별적으로 식별하여 별도로 인식하는 것이 불가능한 그 밖의 자산에서 발생하는 미래경제적효익을 나타내는 자산이다.

기출문제

3. ㈜한국은 ㈜민국을 합병하고 합병대가로 ₩ 20,000,000의 현금을 지급하였다. 합병 시점의 ㈜민국의 재무상태표상 자산총액은 ₩ 15,000,000이고 부채총액은 ₩ 9,000,000이다. ㈜민국의 재무상태표상 장부가치는 토지를 제외하고는 공정가치와 같다. 토지는 장부상 ₩ 5,000,000으로 기록되어 있으나, 공정가치는 합병 시점에 ₩ 10,000,000인 것으로 평가되었다. 이 합병으로 ㈜한국이 영업권으로 계상하여야 할 금액은?

2015년 국가직 9급

① ₩ 0
② ₩ 4,000,000
③ ₩ 9,000,000
④ ₩ 14,000,000

해설

B/S			
1st 자산 BV	15,000,000	2nd 부채 BV	9,000,000
1st FV − BV	+ 5,000,000		
		3rd 자본 FV	11,000,000
		영업권(역산)	9,000,000

이전대가
4th 20,000,000

(1) 자본의 FV: 11,000,000 = 자산의 FV 20,000,000 − 부채의 FV 9,000,000
(2) 영업권: 9,000,000 = 이전대가 20,000,000 − 자본의 FV 11,000,000

답 ③

④ 내부적으로 창출한 영업권

영업권은 사업결합 과정에서 취득·인수하는 피취득자의 순자산의 공정가치를 초과하여 대가를 지급할 경우에만 인식한다. 그러므로 내부적으로 창출한 영업권은 무형자산으로 인식하지 않는다. 그 이유는 내부적으로 창출한 영업권은 취득원가를 신뢰성 있게 측정할 수 없고, 기업이 통제하고 있는 식별 가능한 자원이 아니기 때문이다.

> **Additional Comment**
> A사가 경영 노하우나 우수한 인적자원을 아무리 많이 보유하고 있어도 A사 스스로 영업권을 인식할 수 없다. 그러나 다른 회사가 A사를 합병할 때 A사의 노하우나 우수한 인적자원을 고려하여 A사의 순자산의 공정가치를 초과하여 대가를 지급한 경우에는 다른 회사는 영업권을 인식할 수 있다.

⑤ 내부적으로 창출한 브랜드 등

내부적으로 창출한 브랜드, 제호, 출판표제, 고객 목록과 이와 실질이 유사한 항목은 무형자산으로 인식하지 않는다. 이는 사업을 전체적으로 개발하는 데 발생한 원가와 구별할 수 없으므로 무형자산으로 인식하지 아니한다. 다만, 브랜드, 고객 목록 등을 외부에서 대가로 지급하고 구입하는 경우에는 무형자산으로 인식한다.

그러나 브랜드, 제호, 출판표제, 고객 목록과 이와 실질이 유사한 항목에 대한 취득이나 완성 후의 지출은 외부에서 취득하였는지 또는 내부적으로 창출하였는지에 관계없이 발생 시점에 항상 당기손익으로 인식한다. 그 이유는 이러한 지출은 사업을 전체적으로 개발하기 위한 지출과 구분할 수 없기 때문이다.

구분	최초 인식	취득 or 완성 후의 지출
내부적으로 창출한 브랜드, 고객 목록 등	당기비용으로 인식	당기비용으로 인식
외부에서 구입한 브랜드, 고객 목록 등	무형자산으로 인식	

⑥ 정부보조에 의한 취득

정부보조로 무형자산을 무상이나 낮은 대가로 취득할 수 있다. 이 경우, 정부보조로 무형자산을 취득하는 경우 무형자산과 정부보조금 모두를 최초에 공정가치로 인식할 수 있다. 최초에 자산을 공정가치로 인식하지 않기로 선택하는 경우에는, 자산을 명목상 금액과 의도한 용도로 사용할 수 있도록 준비하는 데 직접 관련되는 지출을 합한 금액으로 인식한다.

> **Additional Comment**
> 정부가 공항착륙권, 라디오나 텔레비전 방송국 운영권, 수입면허 또는 수입할당이나 기타 제한된 자원을 이용할 수 있는 권리를 기업에게 이전하거나 할당하는 경우가 있는데, 이것이 정부보조로 무형자산을 무상이나 낮은 대가로 취득하는 예이다.
> **예** ㈜포도는 정부로부터 공정가치 ₩10,000의 주파수이용권을 현금 ₩2,000에 취득하였다. 이 경우 취득일에 ㈜포도가 수행할 회계처리를 보이시오.
>
> [무형자산과 정부보조금을 모두 공정가치로 측정]
>
> | (차) 주파수이용권 | 10,000 | (대) 현금 | 2,000 |
> | --- | --- | --- | --- |
> | | | 정부보조금 | 8,000 |
>
> [무형자산을 공정가치로 측정하지 않기로 선택]
>
> | (차) 주파수이용권 | 2,000 | (대) 현금 | 2,000 |
> | --- | --- | --- | --- |

⑦ **교환에 의한 취득**

하나 이상의 무형자산을 하나 이상의 비화폐성자산 또는 화폐성자산과 비화폐성자산이 결합된 대가와 교환하여 취득하는 경우, 다음 중 하나에 해당하는 경우를 제외하고는 무형자산의 취득원가는 제공한 자산의 공정가치로 측정한다. (⇒ 유형자산과 동일)

> ㉠ 교환거래에 상업적 실질이 결여된 경우
> ㉡ 취득한 자산과 제공한 자산의 공정가치를 둘 다 신뢰성 있게 측정할 수 없는 경우

취득한 자산을 공정가치로 측정하지 않는 경우에 취득원가는 제공한 자산의 장부금액으로 측정한다.

기출문제

4. 무형자산의 회계처리에 대한 설명으로 옳지 않은 것은? 2020년 지방직 9급 변형

① 무형자산을 최초로 인식할 때에는 원가로 측정한다.
② 무형자산이란 물리적 실체는 없지만 식별할 수 있는 비화폐성자산이다.
③ 내부적으로 창출한 영업권은 자산으로 인식하지 아니한다.
④ 계약상 권리 또는 기타 법적 권리는 그러한 권리가 이전 가능하거나 또는 기업에서 분리 가능한 경우 무형자산 정의의 식별가능성 조건을 충족한 것으로 본다

[해설]
계약상 권리 또는 기타 법적 권리가 존재하면 분리가능성의 충족 여부와 관계없이 식별가능성을 충족한 것으로 본다.

답 ④

2 무형자산의 후속 측정

1. 무형자산 후속 측정의 의의

무형자산은 유형자산과 동일하게 회계정책으로 원가모형이나 재평가모형을 선택할 수 있다. 재평가모형을 적용하는 경우에는 같은 분류의 기타 모든 자산과 그에 대한 활성시장이 없는 경우를 제외하고는 동일한 방법을 적용하여 회계처리한다.

Additional Comment

무형자산에 재평가모형을 적용하기 위해서는 동 무형자산에 대한 활성시장이 존재하는 경우에만 가능하다. 우리나라에서는 무형자산의 활성시장이 존재하는 경우가 거의 없으므로 무형자산에 대해서 재평가모형을 적용하는 경우는 찾기 어려울 것으로 보인다.

2. 원가모형

기업이 원가모형을 선택하였을 경우 무형자산의 매 보고기간 말 상각해야 한다. 최초 인식 후에 무형자산은 원가에서 상각누계액과 손상차손누계액을 차감한 금액을 장부금액으로 한다.

(1) 내용연수의 구분

무형자산도 유형자산처럼 내용연수 동안 상각을 한다. 그러나 일부 무형자산은 내용연수가 얼마나 되는지 추정하기 어렵다. 그러므로 무형자산을 상각하기 위해서는 우선 무형자산의 내용연수가 유한한지 또는 비한정인지 평가할 필요가 있다. 관련된 모든 요소의 분석에 근거하여, 그 자산이 순현금유입을 창출할 것으로 기대되는 기간에 대하여 예측 가능한 제한이 없다면, 무형자산의 내용연수가 비한정인 것으로 본다.

> **Additional Comment**
> 무형자산의 내용연수가 유한한 경우에는 내용연수 동안 상각을 하지만, 무형자산의 내용연수가 비한정인 경우에는 상각을 하지 않는다. 이때 '비한정'이라는 용어는 '무한'을 의미하지는 않는다. 그 이유는 무형자산의 내용연수를 추정하는 시점에서 여러 가지 요인을 종합적으로 고려하여 볼 때 미래경제적효익의 지속연수를 결정하지 못할 뿐이지 미래경제적효익이 무한히 지속될 것으로 보는 것은 아니기 때문이다.

(2) 내용연수가 유한한 무형자산의 상각

① 내용연수

무형자산의 내용연수가 유한하다면 자산의 내용연수 기간이나 내용연수를 구성하는 생산량 및 이와 유사한 단위를 평가하여 내용연수를 결정한다.

계약상 권리 또는 기타 법적 권리로부터 발생하는 무형자산의 내용연수는 그러한 계약상 권리 또는 기타 법적 권리의 기간을 초과할 수는 없지만, 자산의 예상 사용기간에 따라 더 짧을 수는 있다. 만약 계약상 또는 기타 법적 권리가 갱신 가능한 한정된 기간 동안 부여된다면, 유의적인 원가 없이 기업에 의해 갱신될 것이 명백한 경우에만 그 갱신 기간을 무형자산의 내용연수에 포함한다.

이러한 무형자산의 내용연수는 경제적 요인과 법적 요인의 영향을 받는다. 경제적 요인은 자산의 미래경제적효익이 획득되는 기간을 결정하고, 법적요인은 기업이 그 효익에 대한 접근을 통제할 수 있는 기간을 제한한다. 이때 내용연수는 경제적 내용연수와 법적 내용연수 중에서 짧은 기간으로 한다.

② 잔존가치

내용연수가 유한한 무형자산의 잔존가치는 다음 중 하나에 해당하는 경우를 제외하고는 '0'으로 한다.

> ⊙ 내용연수의 종료 시점에 제3자가 자산을 구입하기로 한 약정이 있다.
> ⓒ 무형자산의 활성시장이 존재하고 그 활성시장에 기초하여 잔존가치를 결정할 수 있으며, 그러한 활성시장이 내용연수의 종료 시점에 존재할 가능성이 높다.

무형자산의 잔존가치는 해당 자산의 장부금액과 같거나 큰 금액으로 증가할 수도 있다. 이 경우에는 자산의 잔존가치 이후에 장부금액보다 작은 금액으로 감소될 때까지는 무형자산의 상각액은 '0'이 된다.

③ 상각방법

내용연수가 유한한 무형자산의 상각대상금액은 내용연수 동안 체계적인 방법으로 배분하여야 한다. 무형자산의 상각방법은 자산의 경제적효익이 소비될 것으로 예상되는 형태를 반영한 방법이어야 하며, 이러한 상각방법에는 정액법, 체감잔액법과 생산량비례법이 있다. (⇒ 모든 방법 선택 가능)

상각방법은 자산이 갖는 예상되는 미래경제적효익의 소비 형태에 기초하여 선택하고, 예상되는 미래경제적효익의 소비 형태가 달라지지 않는다면 매 회계기간에 일관성 있게 적용한다. 다만, 그 형태를 신뢰성 있게 결정할 수 없는 경우에는 정액법을 사용한다.

상각액은 다른 자산이 장부금액에 포함하도록 허용하거나 요구하는 경우를 제외하고는 당기손익으로 인식한다. 즉, 제조 과정에서 사용된 무형자산의 상각과 같이 다른 자산의 생산에 소모되는 경우에는 재고자산 등 다른 자산의 장부금액에 포함시킨다.

④ 상각의 개시와 중지

내용연수가 유한한 무형자산의 상각은 당해 무형자산이 사용 가능한 때부터 (즉, 자산을 경영자가 의도하는 방식으로 운영할 수 있는 위치와 상태에 이르렀을 때부터) 시작한다.

무형자산의 상각은 매각예정비유동자산으로 분류되는 날과 자산이 재무상태표에서 제거되는 날 중 이른 날에 중지한다. 또한 무형자산은 그 자산을 사용하지 않을 때에도 상각을 중지하지 않는다. 다만, 완전히 상각한 경우에는 상각을 중지한다.

⑤ 상각기간과 상각방법, 잔존가치의 검토

무형자산의 상각기간과 상각방법 그리고 잔존가치는 적어도 매 회계연도 말에 검토한다. 검토 결과 상각기간, 상각방법 및 잔존가치를 변경하는 경우에는 회계추정의 변경으로 보고 전진적으로 회계처리한다. 즉, 변경연도부터 변경된 추정치를 이용하여 무형자산의 상각비를 계산한다.

(3) 내용연수가 비한정인 무형자산

내용연수가 비한정인 무형자산은 상각을 하지 않는다. 대신 매년 또는 무형자산의 손상을 시사하는 징후가 있을 때 회수가능액과 장부금액을 비교하여 손상검사를 수행하여야 한다.

기업은 매 회계기간에 내용연수가 비한정이라는 평가가 정당한지 검토하여야 한다. 사건과 상황이 그러한 평가를 정당화하지 않는 경우에는 비한정 내용연수를 유한 내용연수로 변경해야 하며, 이 경우 회계추정의 변경으로 회계처리한다. 이와 같이 비한정 내용연수를 유한 내용연수로 재추정하는 것은 그 자산의 손상을 시사하는 하나의 징후가 된다. 따라서 손상검사를 하고 장부금액이 회수가능액을 초과하면 손상차손을 인식한다.

> **Self Study**
> 다음의 경우에는 자산손상을 시사하는 징후가 있는지에 관계없이 회수가능가액을 추정하고 손상검사를 한다. (⇒ 매년 그리고 손상을 시사하는 징후가 있을 때 손상검사를 한다)
> 1. 내용연수가 비한정인 무형자산
> 2. 아직 사용할 수 없는 무형자산(예 사용 가능한 상태가 안 된 개발비)
> 3. 사업결합으로 취득한 영업권
> 4. 매각예정비유동자산

● 무형자산의 상각 정리

내용 연수	유한	상각 ○, 내용연수: MIN[경제적 내용연수, 법적 내용연수], 손상 징후가 있는 경우 손상검사를 수행
	비한정(≠ 무한)	상각 ×, 매년 또는 손상 징후가 있을 때 손상검사를 수행
상각 개시		사용 가능한 때부터 시작
상각 중지		매각예정비유동자산으로 분류되는 날과 재무상태표에서 제거되는 날 중 이른 날
상각방법		경제적효익이 소비되는 형태를 신뢰성 있게 결정할 수 없는 경우에는 정액법 사용 (요건 충족 시, 예외적으로 수익에 기초한 상각방법 적용 가능)
잔존가치		예외사항을 제외하고는 '0'으로 함
후속 측정		원가모형, 재평가모형 중 선택 가능(같은 분류 내의 무형자산 항목들을 동시에 재평가)

사례연습 3. 무형자산의 후속 측정

아래의 각 사례는 서로 독립적이며 모든 회사의 회계기간은 1월 1일부터 12월 31일까지이다. 각 회사는 모두 원가모형을 적용하며, 상각방법은 정액법을 사용한다.

[물음 1]
A사는 이메일 발송용 고객 목록을 20×1년 7월 1일 ₩ 200,000에 취득하였다. 회사는 당해 고객 목록 정보로부터 1~3년간 효익을 얻을 것으로 기대하고 있다. 회사의 경영진은 내용연수에 대한 최선의 추정기간을 2.5년으로 결정하였다. A사가 동 무형자산에 대해 인식할 20×1년의 무형자산의 상각비를 구하시오.

[물음 2]
B사는 20×1년 9월 1일 무형자산을 ₩ 40,000에 취득하였다. 동 무형자산은 15년 동안 순현금유입의 원천이 될 것으로 예상된다. 회사는 동 무형자산을 취득한 가액의 40%로 4년 후에 동 무형자산을 구매하려는 제3자와 약정하였으며, 4년 후에 동 무형자산을 매각할 의도를 가지고 있다. B사가 동 무형자산에 대해 인식할 20×1년의 무형자산의 상각비를 구하시오.

[물음 3]
12월 말 결산법인인 B사는 20×1년 5월 1일 사업결합의 성과로 식별 가능한 무형자산인 고객 목록을 공정가치 ₩ 50,000에 취득하였다. B사는 고객 목록에 대하여 원가모형을 적용하기로 하였으며, 미래경제적효익이 소멸되는 형태를 합리적으로 추정할 수 없다고 판단하였다. B사는 고객 목록의 경제적 내용연수를 비한정으로, 20×1년 말 회수가능액은 ₩ 20,000으로 추정하였으나 손상 징후가 발생하지는 않는다. 또한 B사는 20×1년 10월에 고객 목록과 관련하여 현금 ₩ 10,000을 추가적으로 지출하였다. 동 거래가 B사의 20×1년의 당기손익에 미치는 영향은 얼마인가?

풀이

[물음 1]
20×1년 무형자산의 상각비: 40,000 = (200,000 − 0) × 1/2.5 × 6/12

[물음 2]
20×1년 무형자산의 상각비: 2,000 = [40,000 − (40,000 × 40%)] × 1/4 × 4/12

[물음 3]
20×1년 당기손익에 미친 영향: (30,000) + (10,000) = (40,000)
(1) 무형자산 손상차손: 20,000 − 50,000 = (30,000)
  * 내용연수가 비한정인 무형자산은 손상 징후에 관계없이 손상차손을 인식하므로 손상차손을 인식함
(2) 고객 목록에 대한 지출액: (10,000)
  * 고객 목록 등은 외부에서 취득하였는지 또는 내부적으로 창출하였는지에 관계없이 취득이나 완성 후의 지출을 발생 시점에 당기손익으로 인식함

기출문제

5. 내용연수가 유한한 무형자산의 상각에 대한 설명으로 가장 옳지 않은 것은? 2019년 서울시 7급

① 상각기간과 상각방법은 적어도 매 회계연도 말에 검토하고, 자산의 예상 내용연수가 과거의 추정치와 다르다면 상각기간을 이에 따라 변경한다.
② 무형자산의 상각방법은 자산의 경제적효익이 소비될 것으로 예상되는 형태를 반영한 방법이어야 한다. 다만, 그 형태를 신뢰성있게 결정할 수 없는 경우에는 정액법을 사용한다.
③ 상각은 무형자산이 매각예정비유동자산으로 분류되는 날과 재무상태표에서 제거되는 날 중 이른 날에 중지한다.
④ 제조 과정에서 사용된 무형자산의 상각액은 당기손익으로 인식한다.

해설
제조 과정에서 사용된 무형자산의 상각액은 다른 자산의 생산에 소모되는 경우에는 재고자산 등 다른 자산의 장부금액에 포함시킨다.
답 ④

3. 재평가모형

최초 인식 후에 재평가모형을 적용하는 무형자산은 재평가일의 공정가치에서 이후의 상각누계액과 손상차손누계액을 차감한 재평가금액을 장부금액으로 한다. 재평가 목적상 공정가치는 활성시장을 기초로 하여 측정한다. 재평가모형을 적용하는 경우 다음 사항은 허용하지 않는다.

① 이전에 자산으로 인식하지 않은 무형자산의 재평가
② 원가가 아닌 금액으로 무형자산을 최초로 인식

재평가모형을 적용하는 경우 최초 인식 후의 무형자산은 재평가일의 공정가치에서 상각누계액과 손상차손누계액을 차감한 금액을 장부금액으로 한다. 보고기간 말에는 무형자산의 장부금액이 공정가치와 중요하게 차이가 나지 않도록 주기적으로 재평가를 실시한다.

4. 손상

무형자산은 매 보고기간 말마다 자산손상 징후가 있는지를 검토하고 그러한 징후가 있다면 해당 자산의 회수가능액을 추정한다. 그러나 다음의 경우에는 자산손상 징후가 있는지에 관계없이 회수가능액과 장부금액을 비교하여 손상검사를 한다.

① 내용연수가 비한정인 무형자산이나 아직 사용할 수 없는 무형자산은 일 년에 한 번 손상검사를 한다.
② 사업결합으로 취득한 영업권은 일 년에 한 번 손상검사를 한다.

Self Study
1. 손상검사를 매년 같은 시기에 수행한다면 연차 회계기간 중 어느 때에라도 할 수 있다. 서로 다른 무형자산은 각기 다른 시점에 손상검사를 할 수 있다. 다만, 해당 회계연도 중에 이러한 무형자산을 처음 인식한 경우에는 해당 회계연도 말 전에 손상검사를 한다.
2. 무형자산의 손상은 유형자산의 손상과 동일하다.

사례연습 4. 무형자산의 손상차손과 손상차손환입

㈜사과는 20×1년 초 사업결합을 통하여 주파수 이용권과 회원권을 무형자산으로 인식하였으며, 공정가치는 각각 ₩1,000,000과 ₩2,500,000이다. ㈜사과는 무형자산에 대하여 매 보고기간 말 원가모형을 적용하여 평가하며, 20×1년과 20×2년 말 현재 주파수 이용권과 회원권의 회수가능액은 다음과 같다.

구분	20×1. 12. 31.	20×2. 12. 31.
주파수 이용권	₩720,000	₩900,000
회원권	₩2,500,000	₩2,000,000

주파수 이용권의 내용연수는 5년이며, 회원권의 내용연수는 비한정으로 판단된다. ㈜사과는 무형자산을 정액법으로 상각하며, 잔존가치는 ₩0으로 가정한다.

무형자산과 관련하여 ㈜사과가 인식할 다음 ①부터 ⑥까지의 금액을 계산하시오. (단, 회수가능액이 장부금액보다 낮으면 손상 징후가 있는 것으로 가정한다)

구분	20×1년도	20×2년도
무형자산의 상각비	①	④
손상차손	②	⑤
손상차손환입	③	⑥

풀이

구분	20×1년도	20×2년도
무형자산의 상각비	① 200,000	④ 180,000
손상차손	② 80,000	⑤ 500,000
손상차손환입	③ 0	⑥ 60,000

(1) 20×1년
  1) 무형자산의 상각비: 1,000,000/5년 = 200,000
  2) 손상차손(주파수): 800,000 - 720,000 = 80,000

(2) 20×2년
  1) 무형자산의 상각비: 720,000/4년 = 180,000
  2) 손상차손환입(주파수): Min[900,000, 600,000[1)]] - 540,000 = 60,000
     [1)] 1,000,000 - (1,000,000 × 2/5) = 600,000
  3) 손상차손(회원권): 2,500,000 - 2,000,000 = 500,000

[20×1년 초]

(차) 주파수이용권	1,000,000	(대) 현금	1,000,000
(차) 회원권	2,500,000	(대) 현금	2,500,000

[20×1년 말]

(차) 무형자산상각비(주파수이용권)	200,000	(대) 상각누계액(주파수이용권)	200,000
(차) 손상차손(주파수이용권)	80,000	(대) 손상차손누계액(주파수이용권)	80,000

[20×2년 말]

(차)	무형자산상각비(주파수이용권)	180,000	(대)	상각누계액(주파수이용권)	180,000
(차)	손상차손누계액(주파수이용권)	60,000	(대)	손상차손환입	60,000
(차)	손상차손(회원권)	500,000	(대)	손상차손누계액(회원권)	500,000

5. 제거

무형자산은 다음의 각 경우에 재무상태표에서 제거하고, 제거로 인하여 발생하는 손익은 당해 자산을 제거할 때 당기손익으로 인식한다. (⇒ 유형자산과 동일하다)

> ① 처분하는 때
> ② 사용이나 처분으로부터 미래경제적효익이 기대되지 않을 때

3 내부적으로 창출한 무형자산

내부적으로 창출한 무형자산의 경우에는 다음과 같은 이유로 자산의 인식기준에 부합하는지 평가하는 것이 쉽지 않다.

> ① 기대 미래경제적효익을 창출할 식별 가능한 자산의 존재 유무와 시점 파악이 어렵다.
> ② 자산의 취득원가를 신뢰성 있게 결정하는 것이 어렵다.

그러므로 한국채택국제회계기준 기준서 제1038호는 내부적으로 창출한 무형자산은 무형자산의 인식과 최초 측정에 대한 일반 규정과 함께 추가적인 지침을 고려하여 내부적으로 창출한 무형자산을 회계처리 하도록 규정하고 있다.

Additional Comment

제약회사가 암 치료를 위한 신약 연구·개발을 할 경우 연구·개발 기간이 수년에 걸쳐 이루어지고 많은 금액이 소요되는데, 연구·개발을 위한 지출을 무형자산으로 인식할 것인지를 판단하는 것은 쉽지 않다. 그 이유는 당해 연도에 연구·개발 목적으로 지출한 금액이 미래경제적효익의 유입으로 이어질 것인지 불확실하기 때문이다.

1. 연구단계와 개발단계의 구분

내부적으로 창출한 무형자산이 인식기준을 충족하는지를 평가하기 위하여 무형자산의 창출 과정을 연구단계와 개발단계로 구분해야 한다. 연구단계와 개발단계의 정의와 일반적인 예는 다음과 같다.

> ① 연구단계: 새로운 과학적, 기술적 지식이나 이해를 얻기 위해 수행하는 독창적이고 계획적인 탐구활동
> ② 개발단계: 상업적인 생산이나 사용 전에 연구결과나 관련 지식을 새롭거나 현저히 개량된 재료, 장치, 제품 공정, 시스템이나 용역의 생산을 위한 계획이나 설계에 적용하는 활동

연구활동과 개발활동의 예시는 다음과 같다.

연구활동의 예시
① 새로운 지식을 얻고자 하는 활동
② 연구결과나 기타 지식을 탐색, 평가, 최종 선택, 응용하는 활동
③ 재료, 장치, 제품, 공정, 시스템이나 용역에 대한 여러 가지 대체안을 탐색하는 활동
④ 새롭거나 개선된 재료, 장치, 제품, 공정, 시스템이나 용역에 대한 여러 가지 대체안을 제안, 설계, 평가, 최종 선택하는 활동

개발활동의 예시
① 생산이나 사용 전의 시제품과 모형을 설계, 제작, 시험하는 활동
② 새로운 기술과 관련된 공구, 금형, 주형 등을 설계하는 활동
③ 상업적 생산 목적으로 실현 가능한 경제적 규모가 아닌 시험공장을 설계, 건설, 가동하는 활동
④ 신규 또는 개선된 재료, 장치, 제품, 공정, 시스템이나 용역에 대하여 최종적으로 선정된 안을 설계, 제작, 시험하는 활동

Additional Comment

무형자산을 창출하기 위한 내부 프로젝트의 연구단계에서는 미래경제적효익을 창출할 무형자산이 존재한다는 것을 제시할 수 없는 반면, 개발단계는 연구단계보다 훨씬 더 진전되어 있는 상태이기 때문에 어떤 경우에는 개발단계에서 무형자산을 식별할 수 있고, 그 무형자산이 미래경제적효익을 창출할 것임을 제시할 수 있다. 그러므로 내부 프로젝트가 어느 단계에 있는지 구분하는 것이 중요하다.

Self Study

무형자산을 창출하기 위한 내부 프로젝트를 연구단계와 개발단계로 구분할 수 없는 경우에는 그 프로젝트에서 발생한 지출은 모두 연구단계에서 발생한 것으로 본다.

> **기출문제**

6. <보기>는 ㈜서울의 연구, 개발과 관련된 자료이다. <보기>와 관련하여 ㈜서울이 당기손익으로 인식할 연구비는? (단, 개발비로 분류되는 지출의 경우 개발비 인식요건을 충족한다고 가정한다)

2018년 서울시 7급

<보기>

(1) 새로운 지식을 얻고자 하는 활동의 지출 ₩ 10,000
(2) 새롭거나 개선된 재료, 장치, 제품, 공정, 시스템이나 용역에 대한 여러 가지 대체안을 제안, 설계, 평가, 최종 선택하는 활동의 지출 ₩ 10,000
(3) 생산이나 사용 전의 시제품과 모형을 설계, 제작, 시험하는 활동의 지출 ₩ 10,000
(4) 상업적 생산 목적으로 실현 가능한 경제적 규모가 아닌 시험공정을 설계, 건설, 가동하는 활동의 지출 ₩ 10,000
(5) 무형자산을 창출하기 위한 내부 프로젝트를 연구단계와 개발단계로 구분할 수 없는 경우 그 프로젝트에서 발생한 지출 ₩ 10,000

① ₩ 20,000　　② ₩ 30,000
③ ₩ 40,000　　④ ₩ 50,000

해설

당기손익으로 인식할 연구비: 30,000 = 10,000 + 10,000 + 10,000
(1) 연구활동: + 10,000
(2) 연구활동: + 10,000
(3) 개발활동: 무형자산으로 인식
(4) 개발활동: 무형자산으로 인식
(5) 연구활동: + 10,000

답 ②

2. 내부적으로 창출한 무형자산의 회계처리

내부 프로젝트의 연구단계에서는 미래경제적효익을 창출할 무형자산이 존재한다는 것을 제시할 수 없다. 따라서 내부 프로젝트의 연구단계에서 발생한 지출은 발생 시점에 비용으로 인식한다.

개발단계는 연구단계보다 훨씬 더 진전되어 있는 상태이기 때문에 어떤 경우에는 내부 프로젝트의 개발단계에서 무형자산을 식별할 수 있으며, 그 무형자산이 미래경제적효익을 창출할 것임을 제시할 수 있다. 그러므로 다음 사항을 모두 제시할 수 있는 경우에만 무형자산을 인식하고 그 이외의 경우에는 발생한 기간의 비용으로 인식한다.

① 무형자산을 사용하거나 판매하기 위해 그 자산을 완성할 수 있는 기술적 실현가능성
② 무형자산을 완성하여 사용하거나 판매하려는 기업의 의도
③ 무형자산을 사용하거나 판매할 수 있는 기업의 능력
④ 무형자산이 미래경제적효익을 창출하는 방법, 그중에서도 특히 무형자산의 산출물이나 무형자산 자체를 거래하는 시장이 존재함을 제시할 수 있거나 또는 무형자산을 내부적으로 사용할 것이라면 그 유용성을 제시할 수 있음
⑤ 무형자산의 개발을 완료하고 그것을 판매하거나 사용하는 데 필요한 기술적, 재정적 자원 등의 입수가능성
⑥ 개발과정에서 발생한 무형자산 관련 지출을 신뢰성 있게 측정할 수 있는 기업의 능력

> **Self Study**
>
> 개발단계에서 발생한 지출이 위의 인식기준을 충족하면 개발비의 과목으로 무형자산으로 인식하고 위의 인식기준을 충족하지 못하면 경상개발비의 과목으로 당기비용으로 인식한다.

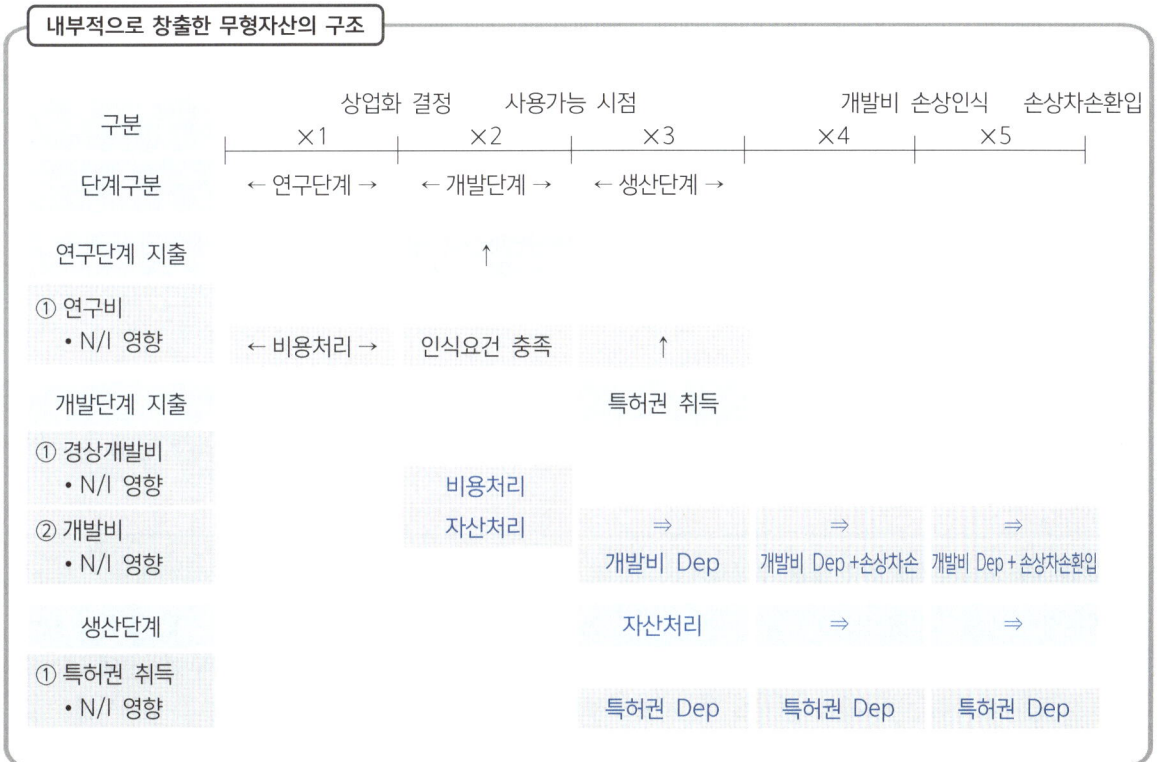

3. 내부적으로 창출한 무형자산의 원가

내부적으로 창출한 무형자산의 원가는 그 자산의 창출, 제조 및 경영자가 의도하는 방식으로 운영될 수 있게 준비하는 데 필요한 직접 관련된 모든 원가를 포함한다. 직접 관련된 원가의 예는 다음과 같다.

> ① 무형자산의 창출에 사용되었거나 소비된 재료원가, 용역원가 등
> ② 무형자산의 창출을 위하여 발생한 종업원급여
> ③ 법적 권리를 등록하기 위한 수수료
> ④ 무형자산의 창출에 사용된 특허권과 라이선스의 상각비

그러나 다음 항목은 내부적으로 창출한 무형자산의 원가에 포함하지 아니한다.

> ① 판매비, 관리비 및 기타 일반경비 지출(다만, 자산을 의도한 용도로 사용할 수 있도록 준비하는 데 직접 관련된 경우는 제외한다)
> ② 계획된 성과를 달성하기 전에 발생한 명백한 비효율로 인한 자산 손실과 초기 영업손실
> ③ 자산을 운용하는 직원의 교육훈련과 관련된 지출

이미 무형자산의 인식기준을 충족하지 못하여 비용으로 인식한 지출은 그 이후에 무형자산의 원가로 인식할 수 없다.

연구와 개발활동의 목적은 지식의 개발에 있다. 그러므로 이러한 활동의 결과 시제품과 같은 물리적 형체가 있는 자산이 만들어지더라도, 그 자산의 물리적 요소는 무형자산 요소에 부수적인 것으로 본다. (⇒ 무형자산으로 본다)

더하여 개발활동의 결과 산업재산권을 취득한 경우에는 산업재산권의 취득을 위하여 직접 지출된 금액만을 산업재산권의 원가로 인식한다. 따라서 개발비 미상각잔액은 산업재산권으로 대체할 수 없다.

Additional Comment

특허권과 개발활동은 일대일 대응이 되지 않는 경우가 많아 하나의 개발 프로젝트에서 여러 개의 산업재산권이 출원되기도 하며, 여러 개의 개발 과제가 하나의 산업재산권을 형성하기도 하므로 당해 산업재산권의 원가를 식별하기 어렵다. 또한, 개발비와 산업재산권은 효익이 기대되는 기간이 다를 수 있기 때문에 관련된 개발비 미상각잔액을 산업재산권으로 대체한다면 당초의 내용연수와 달라져 상각금액이 달라진다. 그러므로 개발비 미상각잔액은 산업재산권으로 대체할 수 없다.

Self Study

내부적으로 창출된 무형자산의 취득원가는 무형자산의 인식기준이 모두 충족된 이후에 발생한 지출만을 포함한다. 따라서 과거 보고기간의 재무제표나 중간재무제표에서 비용으로 인식한 지출은 그 이후의 기간에 무형자산 취득원가의 일부로 인식할 수 없다.

사례연습 5. 내부적으로 창출한 무형자산

㈜세무의 신제품 개발활동으로 다음과 같이 연구·개발비가 발생하였다. 차입원가는 연구·개발활동과 관련된 특정차입금에서 발생한 이자비용이다. 20×1년은 연구단계이고, 20×2년은 개발단계(무형자산의 인식요건을 충족함)에 속하는데, 20×2년 7월 1일에 프로젝트가 완료되어 제품 생산에 사용되었다. 무형자산(개발비)은 내용연수 5년, 잔존가치 ₩0, 정액법 상각(월할 상각)하며, 원가모형을 적용한다. 20×2년 12월 31일 무형자산(개발비)의 장부금액은?

내역	20×1년 1월 1일 ~ 20×1년 12월 31일	20×2년 1월 1일 ~ 20×2년 6월 30일
연구원 급여	₩ 40,000	₩ 30,000
시험용 원재료 사용액	₩ 25,000	₩ 20,000
시험용 기계장치 감가상각비	₩ 10,000	₩ 5,000
차입원가	₩ 5,000	₩ 5,000

풀이

내역	20×1년 1월 1일 ~ 20×1년 12월 31일	20×2년 1월 1일 ~ 20×2년 6월 30일
연구원 급여	₩ 40,000	₩ 30,000
시험용 원재료 사용액	₩ 25,000	₩ 20,000
시험용 기계장치 감가상각비	₩ 10,000	₩ 5,000
차입원가	₩ 5,000	₩ 5,000
합계	당기비용 처리 ₩ 80,000	개발비 처리 ₩ 60,000

(1) 20×2년 개발비 상각비(20×2년 7월 1일 ~ 20×2년 12월 31일): $(60,000 - 0)/5 \times 6/12 = (6,000)$
(2) 20×2년 말 개발비 BV: $60,000 - 6,000 = 54,000$

핵심 빈출 문장

01 부동산 중 일부는 시세차익을 얻기 위하여 보유하고, 일부분은 재화의 생산에 사용하기 위하여 보유하고 있으나, 이를 부분별로 나누어 매각할 수 없다면 재화의 생산에 사용하기 위하여 보유하는 부분이 경미한 경우에만 전체 부동산을 투자부동산으로 분류한다.

02 지배기업이 보유하고 있는 건물을 종속기업에게 리스하여 종속기업의 본사 건물로 사용하는 경우 그 건물은 지배기업의 연결재무제표상에서 투자부동산으로 분류할 수 없다.

03 건설 중인 투자부동산의 공정가치가 신뢰성 있게 측정될 수 있다는 가정은 오직 최초 인식 시점에만 반박될 수 있다.

04 기업이 건설 중인 투자부동산의 공정가치를 신뢰성 있게 측정할 수 없지만, 건설이 완료된 시점에 공정가치를 신뢰성 있게 측정할 수 있다고 기대하는 경우, 공정가치를 신뢰성 있게 측정할 수 있는 시점과 건설이 완료되는 시점 중 빠른 시점까지는 건설 중인 투자부동산을 원가로 측정한다.

05 운용리스로 제공하기 위하여 직접 소유하고 있는 미사용 건물은 투자부동산에 해당된다.

06 투자부동산의 손상, 멸실 또는 포기로 제3자에게 보상을 받을 수 있게 되는 시점에 당기손익으로 인식한다.

07 투자부동산을 원가모형으로 평가하는 경우에는 투자부동산, 자가사용부동산, 재고자산 사이에 대체가 발생할 때에 대체 전 자산의 장부금액으로 승계한다.

08 사업결합으로 취득한 연구·개발 프로젝트의 경우 사업결합 전에 그 자산을 피취득자가 인식하였는지 여부에 관계없이 취득일에 무형자산의 정의를 충족한다면 취득자는 영업권과 분리하여 별도의 무형자산으로 인식한다.

09 무형자산을 창출하기 위한 내부 프로젝트를 연구단계와 개발단계로 구분할 수 없는 경우에 그 프로젝트에서 발생한 지출은 모두 연구단계에서 발생한 것으로 본다.

10 계약상 권리 또는 기타 법적 권리로부터 발생하는 무형자산의 내용연수는 그러한 계약상 권리 또는 법적 권리의 기간을 초과할 수 없지만, 자산의 예상기간에 따라 더 짧을 수는 있다.

11 내용연수가 유한한 무형자산의 잔존가치가 장부금액을 초과하는 경우에는 상각을 중단한다.

12 내용연수가 비한정인 무형자산은 상각하지 아니한다. 다만 매년 그리고 무형자산의 손상을 시사하는 징후가 있을 때마다 회수가능액과 장부금액을 비교하는 손상검사를 수행하여 손상차손을 인식한다.

13 무형자산의 상각방법으로 정액법 이외의 방법을 사용할 수 있다.

14 정부보조로 무형자산을 무상이나 낮은 대가로 취득한 경우 당해 무형자산의 최초 원가는 명목상 금액과 직접 관련된 지출을 합한 금액이나 공정가치로 할 수 있다.

15 무형자산의 사용을 포함하는 활동에서 창출되는 수익에 기초한 상각방법은 적절할 수도 있다.

16 내용연수가 유한한 무형자산은 그 자산을 더 이상 사용하지 않을 때도 상각을 중지하지 아니한다. 다만, 완전히 상각하거나 매각예정으로 분류되는 경우에는 상각을 중지한다.

17 연구와 개발활동으로 인하여 물리적 형체가 있는 자산이 만들어지는 경우 당해 자산의 물리적 요소는 인식요건을 충족하는 경우 무형자산으로 인식한다.

18 개별 취득하는 무형자산의 원가에는 자산을 의도한 목적에 사용할 수 있도록 준비하는 데 직접 관련되는 원가가 포함되며, 이러한 원가에는 그 자산이 적절하게 기능을 발휘하는지 검사하는 데 발생하는 원가가 포함된다.

19 내부적으로 창출한 무형자산의 원가는 인식기준을 최초로 충족시킨 이후에 발생한 지출금액의 합으로 하며, 이미 비용으로 인식한 지출도 무형자산의 원가로 인식할 수 없다.

20 미래경제적효익이 기업에 유입될 가능성은 무형자산의 내용연수 동안의 경제적 상황에 대한 경영자의 최선의 추정치를 반영하는 합리적이고 객관적인 가정에 근거하여 평가하여야 하며, 이용 가능한 증거는 외부 증거에 비중을 더 크게 둔다.

21 내부 프로젝트의 연구단계에서 미래경제적효익을 창출한 무형자산이 존재한다는 것을 제시할 수 있는 경우에도 비용으로 인식하며, 그렇지 못한 경우에는 내부 프로젝트의 연구단계에서 발생한 지출은 발생 시점에 비용으로 인식한다.

MEMO

확인 문제

01 투자부동산의 분류

CH. 1 → 1 투자부동산의 정의와 분류 ▶ 256p

2020년 서울시 7급

투자부동산에 대한 설명으로 가장 옳지 않은 것은?

① 장기 시세차익을 얻기 위하여 보유하고 있는 토지는 투자부동산으로 분류한다.
② 장래 자가사용할지, 통상적인 영업 과정에서 단기간에 판매할지를 결정하지 못한 토지는 시세차익을 얻기 위하여 보유한다고 보아 투자부동산으로 분류한다.
③ 투자부동산은 기업이 보유하고 있는 다른 자산과는 거의 독립적으로 현금흐름을 창출한다는 점에서 자가사용부동산과 구별된다.
④ 부동산 중 일부분은 임대수익이나 시세차익을 얻기 위하여 보유하고, 일부분은 재화나 용역의 생산 또는 제공이나 관리 목적에 사용하기 위하여 보유하는 경우 동 부동산은 모두 투자부동산으로 분류한다.

정답 및 해설

01
부동산 중 일부분은 임대수익이나 시세차익을 얻기 위하여 보유하고, 일부분은 재화나 용역의 생산 또는 제공이나 관리 목적에 사용하기 위하여 보유하는 경우 부분별로 분리하여 매각(또는 금융리스로 제공)할 수 있으면 각 부분을 분리하여 회계처리한다. 부분별로 분리하여 매각할 수 없다면 재화나 용역의 생산 또는 제공이나 관리 목적에 사용하기 위하여 보유하는 부분이 경미한 경우에만 해당 부동산을 투자부동산으로 분류한다.

정답 01 ④

02 투자부동산의 분류

투자부동산에 대한 설명으로 옳지 않은 것은?

2022년 국가직 9급

① 장기 시세차익을 얻기 위하여 보유하고 있는 토지는 투자부동산으로 분류되나, 통상적인 영업과정에서 단기간에 판매하기 위하여 보유하는 토지는 투자부동산에서 제외한다.
② 재고자산을 공정가치로 평가하는 투자부동산으로 대체하는 경우, 재고자산의 장부금액과 대체시점의 공정가치의 차액은 당기손익으로 인식한다.
③ 투자부동산에 대하여 공정가치모형을 선택한 경우 감가상각하지 않으며, 공정가치 변동으로 발생하는 손익은 기타포괄손익으로 분류한다.
④ 장래 용도를 결정하지 못한 채로 보유하고 있는 토지는 투자부동산으로 분류한다.

03 투자부동산의 후속 측정

㈜한국은 20×1년 1월 1일 임대수익과 시세차익을 목적으로 건물을 ₩ 100,000,000(내용연수 10년, 잔존가치 ₩ 0, 정액법)에 구입하고, 해당 건물에 대해서 공정가치모형을 적용하기로 하였다. 20×1년 말 해당 건물의 공정가치가 ₩ 80,000,000일 경우 ㈜한국이 인식해야 할 평가손실은?

2020년 국가직 9급

① 기타포괄손실 ₩ 10,000,000
② 당기손실 ₩ 10,000,000
③ 기타포괄손실 ₩ 20,000,000
④ 당기손실 ₩ 20,000,000

04 투자부동산의 분류와 후속 측정

투자부동산의 회계처리에 대한 설명 중 가장 옳지 않은 것은?

2019년 서울시 7급

① 투자부동산의 후속 측정방법으로 공정가치모형을 선택할 경우, 변동된 공정가치모형을 적용하여 감가상각비를 인식한다.
② 회사가 영업활동에 활용하지 않고, 단기적으로 판매하기 위하여 보유하지 않으며, 장기 시세차익을 얻을 목적으로 보유하는 토지는 투자부동산으로 분류한다.
③ 투자부동산에 대해서 공정가치모형을 적용할 경우, 공정가치 변동은 당기손익으로 인식한다.
④ 투자부동산의 취득원가는 투자부동산의 구입금액과 취득에 직접적으로 관련된 지출을 포함한다.

정답 및 해설

02
투자부동산에 대하여 공정가치모형을 선택한 경우 감가상각하지 않으며, 공정가치 변동으로 발생하는 손익은 당기손익으로 분류한다.

03

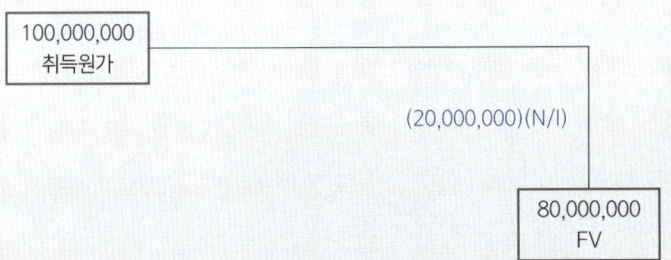

∴ ×1년 평가손실(N/I): 20,000,000 = 100,000,000 − 80,000,000

04
투자부동산의 후속 측정방법으로 공정가치모형을 선택할 경우, 감가상각비를 인식하지 않는다.

참고 투자부동산 후속 측정 시 원가모형과 공정가치모형의 비교

구분	원가모형	공정가치모형
감가상각 여부	상각 ○	상각 ×
기말 평가 여부	평가 ×(FV 주석 공시)	평가 ○ (평가손익 N/I 반영)
손상 인식 여부	손상차손 인식 ○	손상차손 인식 ×

정답 02 ③ 03 ④ 04 ①

05 공정가치모형과 재평가모형의 비교

CH. 1 → ❸ → 3. 재평가모형과 공정가치모형의 비교 ▶ 262p

㈜한국은 20×1년 초 건물을 ₩1,000,000에 취득하고 그 건물을 유형자산 또는 투자부동산으로 분류하고자 한다. 유형자산은 재평가모형을 적용하며 내용연수 10년, 잔존가치 ₩0, 정액법 상각하고, 투자부동산은 공정가치모형을 적용한다. 20×1년과 20×2년 기말 공정가치가 각각 ₩990,000, ₩750,000일 경우, 다음 설명 중 옳지 않은 것은? (단, 건물은 유형자산 또는 투자부동산의 분류요건을 충족하며, 내용연수 동안 재평가잉여금의 이익잉여금 대체는 없는 것으로 가정한다)

2018년 국가직 7급

① 건물을 유형자산으로 분류한다면, 20×1년 말 재평가잉여금(기타포괄손익)이 계상된다.
② 건물을 유형자산으로 분류한다면, 20×2년 말 재평가손실(당기손익)이 계상된다.
③ 건물을 투자부동산으로 분류한다면, 20×1년 말 투자부동산평가이익(기타포괄손익)이 계상된다.
④ 건물을 투자부동산으로 분류한다면, 20×2년 말 투자부동산평가손실(당기손익)이 계상된다.

정답 및 해설

05

(1) 유형자산(재평가모형)으로 분류한 경우

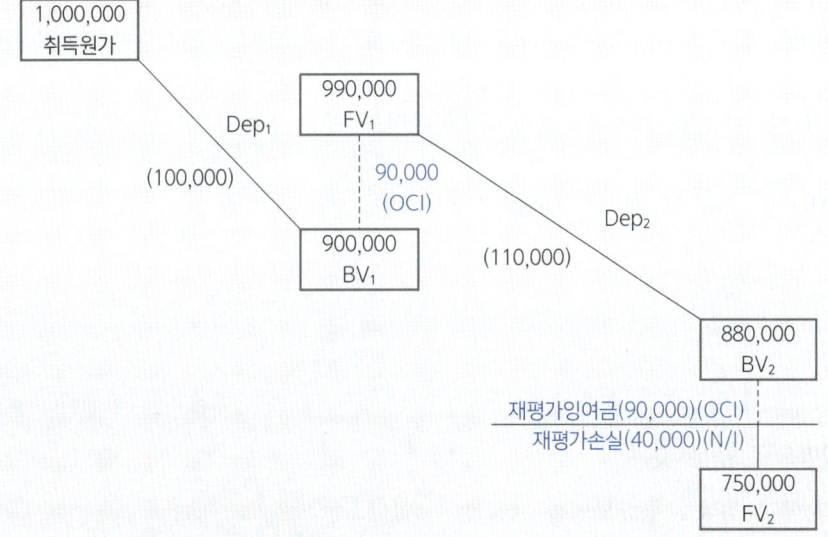

1) ×1년 Dep: 100,000 = (1,000,000 − 0) × 1/10
2) ×1년 재평가잉여금(OCI): 90,000 = 990,000 − 900,000
3) ×2년 Dep: 110,000 = (990,000 − 0) × 1/9
4) ×2년 재평가잉여금 상계액(OCI): 90,000 = 880,000 − 790,000
5) ×2년 재평가손실(N/I): 40,000 = 790,000 − 750,000

(2) 투자부동산(공정가치모형)으로 분류한 경우

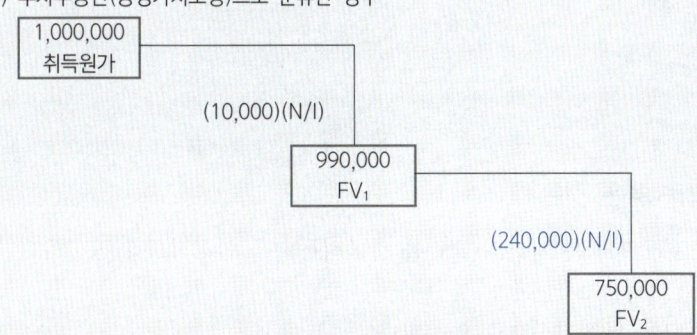

1) ×1년 평가손실(N/I): 10,000 = 1,000,000 − 990,000
2) ×2년 평가손실(N/I): 240,000 = 990,000 − 750,000

정답 05 ③

06 투자부동산 재분류

㈜한국은 20×1년 1월 1일 건물을 ₩500,000에 취득하고 공정가치모형을 적용하는 투자부동산으로 분류하였다. ㈜한국은 20×2년 7월 1일 동 건물을 유형자산(내용연수 10년, 잔존가치 ₩0, 정액법, 월할 상각)으로 분류를 변경하여 공장으로 사용하기 시작하였다. 각 시점별 공정가치가 다음과 같을 때 옳은 것은?

2022년 국가직 7급

• 20×1년 12월 31일	₩550,000
• 20×2년 7월 1일	₩600,000
• 20×2년 12월 31일	₩580,000

① 20×1년 건물의 공정가치변동으로 인해 기타포괄이익이 ₩50,000 증가한다.
② 20×2년 유형자산(건물)에 대해 원가모형을 적용한다면, 건물로 인해 20×2년 당기순이익이 ₩30,000 증가한다.
③ 20×2년 유형자산(건물)에 대해 재평가모형을 적용한다면, 건물로 인해 20×2년 기타포괄이익이 ₩10,000 증가한다.
④ 20×2년 유형자산(건물)에 대해 재평가모형을 적용한다면, 건물로 인해 20×2년 당기순이익이 ₩50,000 증가한다.

07 무형자산의 인식

CH. 2 → 1 → 3. 무형자산의 인식 ▶ 273p

무형자산에 대한 설명으로 옳은 것은?

2018년 지방직 9급

① 무형자산은 유형자산과 달리 재평가모형을 사용할 수 없다.
② 라이선스는 특정 기술이나 지식을 일정 지역 내에서 이용하기로 한 권리를 말하며, 취득원가로 인식하고 일정 기간 동안 상각한다.
③ 내부적으로 창출한 상호, 상표와 같은 브랜드, 네임은 그 경제적 가치를 측정하여 재무제표에 자산으로 기록하여 상각한다.
④ 영업권은 내용연수가 비한정이므로 상각하지 않는다.

08 무형자산의 인식

CH. 2 → 1 → 3. 무형자산의 인식 ▶ 273p

무형자산의 인식에 대한 설명으로 옳은 것은?

2015년 국가직 9급

① 내부 프로젝트의 연구단계에 대한 지출은 자산의 요건을 충족하는지를 합리적으로 판단하여 무형자산으로 인식할 수 있다.
② 개발단계에서 발생한 지출은 모두 무형자산으로 인식한다.
③ 사업결합으로 취득하는 무형자산의 취득원가는 취득일의 공정가치로 인식하고, 내부적으로 창출한 영업권은 무형자산으로 인식하지 아니한다.
④ 내부적으로 창출한 브랜드, 출판표제, 고객 목록과 이와 실질이 유사한 항목은 무형자산으로 인식한다.

정답 및 해설

06
(1) 투자부동산 공정가치 모형은 평가이익을 당기손익에 반영한다.
(2) 20x2년 회계처리(원가모형)

[7월1일]
(차) 유형자산	600,000	(대) 투자부동산	550,000
		투자부동산평가이익(N/I)	50,000

[12월31일]
(차) 감가상각비*	30,000	(대) 감가상각누계액	30,000

* 600,000/10 × 6/12 = 30,000

(3) 20x2년 회계처리(재평가모형)

[7월1일]
(차) 유형자산	600,000	(대) 투자부동산	550,000
		투자부동산평가이익(N/I)	50,000

[12월31일]
(차) 감가상각비*	30,000	(대) 감가상각누계액	30,000
(차) 감가상각누계액	30,000	(대) 재평가잉여금	10,000
		유형자산	20,000

* 600,000/10 × 6/12 = 30,000

07
▶ 오답체크
① 무형자산은 원가모형 또는 재평가모형을 선택하여 사용할 수 있다.
② 라이선스는 특정 기술이나 지식을 일정 지역 내에서 이용하기로 한 권리를 말하며, 무형자산 인식요건 충족 여부에 따라 다르게 처리한다.
③ 내부적으로 창출한 상호, 상표와 같은 브랜드, 네임은 자산으로 인식하지 않는다.

08
▶ 오답체크
① 내부 프로젝트의 연구단계에 대한 지출은 발생 시점에 비용으로 인식한다.
② 개발단계에서 발생한 지출은 인식요건을 충족하면 무형자산의 취득원가로 인식하고 그 이외의 경우에는 발생한 기간의 비용으로 인식한다.
④ 내부적으로 창출한 브랜드, 출판표제, 고객 목록과 이와 실질이 유사한 항목은 무형자산으로 인식하지 않는다.

[참고] 영업권의 유형 비교

구분	사업결합으로 취득한 영업권	내부적으로 창출한 영업권
무형자산 인식 여부	영업권과 분리하여 별도의 자산으로 인식	무형자산으로 인식하지 않음
상각 여부	영업권은 상각하지 않음	영업권은 상각하지 않음

정답 06 ③ 07 ④ 08 ③

09 무형자산의 인식
무형자산에 대한 설명으로 옳지 않은 것은?

① 연구단계에서 발생한 지출은 자산의 요건을 충족하는지를 합리적으로 판단하여 무형자산으로 인식 또는 발생한 기간의 비용으로 처리한다.
② 내부적으로 창출한 브랜드와 이와 실질이 유사한 항목은 무형자산으로 인식하지 아니한다.
③ 무형자산의 상각방법은 자산의 미래경제적효익이 소비되는 형태를 반영한 합리적인 방법을 적용한다.
④ 무형자산은 물리적 실체는 없지만 식별 가능한 비화폐성 자산이다.

10 무형자산의 인식
무형자산에 대한 설명으로 옳지 않은 것은?

① 생산이나 사용 전의 시제품과 모형을 설계, 제작, 시험하는 활동과 같은 개발단계의 지출은 일정요건을 충족하면 무형자산으로 인식한다.
② 새로운 지식을 얻고자 하는 활동과 같은 연구단계의 지출은 발생시점에 비용으로 인식한다.
③ 내부적으로 창출된 영업권은 원가를 신뢰성 있게 측정할 수 없고 기업이 통제하고 있는 식별가능한 자원이 아니기 때문에 자산으로 인식하지 아니한다.
④ 무형자산을 창출하기 위한 내부 프로젝트를 연구단계와 개발단계로 구분할 수 없는 경우에는 모두 개발단계에서 발생한 것으로 본다.

11 내부적으로 창출한 무형자산
다음은 ㈜한국이 2015년 12월 31일에 지출한 연구 및 개발 활동 내역이다. ㈜한국이 2015년에 비용으로 인식할 총 금액은? (단, 개발활동으로 분류되는 항목에 대해서는 지출 금액의 50%가 자산의 인식요건을 충족했다고 가정한다)

> (1) 새로운 지식을 얻고자 하는 활동: ₩100,000
> (2) 생산이나 사용 전의 시제품과 모형을 제작하는 활동: ₩250,000
> (3) 상업적 생산 목적으로 실현 가능한 경제적 규모가 아닌 시험공장을 건설하는 활동: ₩150,000
> (4) 연구결과나 기타 지식을 탐색, 평가, 응용하는 활동: ₩300,000
> (5) 재료, 장치, 제품, 공정, 시스템이나 용역에 대한 여러 가지 대체안을 탐색하는 활동: ₩50,000

① ₩450,000
② ₩550,000
③ ₩650,000
④ ₩700,000

12 유형자산, 투자부동산, 무형자산의 비교

자산에 대한 설명으로 옳지 않은 것은?

2015년 지방직 9급

① 유형자산의 감가상각방법은 적어도 매 회계연도 말에 재검토하고, 이를 변경할 경우 회계추정의 변경으로 보아 전진법으로 회계처리한다.

② 유형자산에 대해 재평가모형을 적용하는 경우 최초 재평가로 인한 장부금액의 증가액은 당기손익이 아닌 기타포괄손익으로 회계처리한다.

③ 연구·개발과 관련하여 연구단계에서 발생한 지출은 당기비용으로 회계처리하고, 개발단계에서 발생한 지출은 무형자산의 인식기준을 모두 충족할 경우 무형자산으로 인식하고 그 외에는 당기비용으로 회계처리한다.

④ 투자부동산에 대해 공정가치모형을 적용하는 경우 감가상각비와 공정가치 변동으로 발생하는 손익은 모두 당기손익으로 회계처리한다.

정답 및 해설

09
개발단계에서 발생한 지출은 자산의 요건을 충족하는지를 합리적으로 판단하여 무형자산으로 인식 또는 발생한 기간의 비용으로 처리한다.

10
무형자산을 창출하기 위한 내부 프로젝트를 연구단계와 개발단계로 구분할 수 없는 경우에는 모두 연구단계에서 발생한 것으로 본다.

11
비용으로 인식할 총 금액: 650,000 = 100,000 + 300,000 + 50,000 + [(250,000 + 150,000) × 0.5]
(1) 연구활동: +100,000
(2) 개발활동: +250,000 × 0.5
(3) 개발활동: +150,000 × 0.5
(4) 연구활동: +300,000
(5) 연구활동: +50,000

12
투자부동산에 대해 공정가치 모형을 적용하는 경우 감가상각비는 인식하지 않는다.

정답 09 ①   10 ④   11 ③   12 ④

13 무형자산의 인식

무형자산에 대한 설명으로 옳은 것은?

2024년 국가직 9급

① 무형자산의 회계처리는 내용연수에 따라 다르다. 내용연수가 유한한 무형자산은 상각하고, 내용연수가 비한정인 무형자산은 상각하지 아니한다.
② 무형자산을 창출하기 위한 내부 프로젝트를 연구단계와 개발단계로 구분할 수 없는 경우에는 그 프로젝트에서 발생한 지출은 모두 개발단계에서 발생한 것으로 본다.
③ 무형자산의 내용연수는 자산의 내용연수를 추정하는 시점에 평가된 표준적인 성능수준을 유지하기 위하여 필요한 지출을 초과하는 계획된 미래지출이 예상되는 경우 비한정으로 판단한다.
④ 내용연수가 유한한 무형자산은 그 자산을 더 이상 사용하지 않을 때에는 상각을 중지한다.

정답 및 해설

13

▶ 오답체크
② 무형자산을 창출하기 위한 내부 프로젝트를 연구단계와 개발단계로 구분할 수 없는 경우에는 그 프로젝트에서 발생한 지출은 모두 연구단계에서 발생한 것으로 본다.
③ 무형자산의 내용연수는 자산의 내용연수를 추정하는 시점에 평가된 표준적인 성능수준을 유지하기 위하여 필요한 지출을 초과하는 계획된 미래지출이 예상되는 경우 유한으로 판단한다.
④ 내용연수가 유한한 무형자산은 그 자산을 제거하거나 매각예정비유동자산으로 분류한 날 중 이른날 상각을 중지한다.

정답 13 ①

PART 07 충당부채와 중간재무보고

CHAPTER 1 충당부채의 의의와 인식, 측정

1 충당부채의 의의

기업은 언제, 누구에게, 얼마를 지급해야 할지 몰라도 부채를 인식할 수 있다. 즉, 자원의 유출가능성이 높고 금액을 신뢰성 있게 추정할 수 있다면 언제, 누구에게 그 자원을 이전해야 할지 확정되어 있지 않더라도 부채를 인식해야 하는데, 이러한 부채를 충당부채라고 한다.

즉, 충당부채는 지출하는 시기 또는 금액이 불확실한 부채를 말한다. 과거사건의 결과로 발생한 현재의무로서 지출의 시기 또는 금액이 불확실한 부채이지만, 미래경제적효익의 유출가능성이 높고, 해당 의무의 이행에 소요되는 금액을 신뢰성 있게 추정할 수 있어서 부채로 인식할 수 있는 항목을 충당부채라고 한다.

> **Additional Comment**
> 자동차를 제조하여 판매하는 회사가 일정 기간 또는 일정 사용거리 내에서 판매한 자동차에 결함이 발견될 경우 고객에게 무상으로 수리나 교체 서비스를 제공할 경우 회사는 언제, 누구에게 무상 서비스를 제공할 것인지 확실하지 않더라도 미래에 서비스 제공에 따른 자원의 유출가능성이 높다고 판단되고, 그 금액을 신뢰성 있게 추정할 수 있다면 부채와 비용을 인식해야 한다. 이와 같이 추정한 부채를 충당부채라고 한다.

일반적으로 모든 충당부채는 결제에 필요한 지출의 시기 또는 금액이 불확실하므로 우발적이라고 할 수 있다. 그러나 기업이 전적으로 통제할 수 없는 하나 이상의 불확실한 미래 사건의 발생 여부로만 부채나 자산의 존재 여부를 확인할 수 있는데 이를 확인할 수 없어 재무제표에 부채나 자산으로 인식하지 않는 경우에 우발부채, 우발자산이라는 용어를 사용한다.

> **Self Study**
> 1. 충당부채는 결제에 필요한 미래 지출의 시기 또는 금액에 불확실성이 있다는 점에서 매입채무나 미지급비용 등의 부채와 구별된다. 미지급비용도 지급 시기나 금액의 추정이 필요한 경우가 있지만 일반적으로 충당부채보다는 불확실성이 훨씬 작다.
> 2. 충당부채는 현재의무이고 이를 이행하기 위하여 경제적효익이 있는 자원을 유출할 가능성이 높으며 해당 금액을 신뢰성 있게 추정할 수 있으므로 부채로 인식한다. 충당부채는 반드시 재무제표에 부채로 인식한다. 그러나 우발부채나 우발자산은 재무제표에 자산이나 부채로 인식하지 않는다.

2 충당부채의 인식과 우발부채, 우발자산

1. 충당부채의 인식요건

충당부채는 다음의 요건을 모두 충족하는 경우에 인식한다.

> ① 과거사건의 결과로 현재의무(법적의무나 의제의무)가 존재한다.
> ② 해당 의무를 이행하기 위하여 경제적효익이 내재된 자원의 유출가능성이 높다.
> ③ 해당 의무의 이행에 소요되는 금액을 신뢰성 있게 추정할 수 있다.

위의 요건을 충족하지 못하여 충당부채로 인식할 수 없는 의무를 우발부채라고 한다. 우발부채는 구체적으로 다음에 해당하는 의무를 의미한다.

> ① 과거사건으로 생겼으나, 기업이 전적으로 통제할 수는 없는 하나 이상의 불확실한 미래 사건의 발생 여부로만 그 존재 유무를 확인할 수 있는 잠재적 의무
> ② 과거사건으로 생겼으나, 다음의 경우에 해당하여 인식하지 않는 현재의무
>   ㉠ 해당 의무를 이행하기 위하여 경제적효익이 있는 자원을 유출할 가능성이 높지 않은 경우
>   ㉡ 해당 의무의 이행에 필요한 금액을 신뢰성 있게 추정할 수 없는 경우

충당부채의 인식요건

자원의 유출가능성	금액의 신뢰성 있는 추정가능성	
	추정 가능	추정 불가능(극히 드묾)
높음(50% 초과)	① 현재의무: 충당부채로 인식하고 공시 ② 잠재적 의무: 우발부채로 주석 공시	우발부채로 주석 공시
높지 않음	우발부채로 주석 공시	우발부채로 주석 공시
아주 낮음	공시하지 않음	

Additional Comment

충당부채는 부채의 인식요건을 충족하므로 재무상태표에 부채로 계상하고 포괄손익계산서에 당기손실을 반영한다. 반면에 우발부채는 부채의 인식요건을 충족하지 못하므로 재무제표 본문에 계상하지 못하고 주석으로 기재하는 것을 원칙으로 한다. 다만, 우발부채 중에서 자원의 유출가능성이 아주 낮은 경우에는 공시할 필요가 없다. 우발부채를 지속적으로 검토하여 과거에 우발부채로 처리하였더라도 미래경제적효익의 유출가능성이 높아진 경우에는 그러한 가능성의 변화가 발생한 기간의 재무제표에 충당부채로 인식한다.

(1) 현재의무

충당부채를 인식하기 위해서는 기업이 현재의무를 부담하고 있어야 한다. 현재의무에는 의무발생사건에 의해 발생한 법적의무와 의제의무가 모두 포함된다.

현재의무 구조

현재의무 ① or ②로 성립	① 법적의무: 명시적 또는 암묵적 조건에 따른 계약, 법률 및 그 밖의 법적 효력에서 생기는 의무
	② 의제의무: 과거의 실무 관행, 발표된 경영방침 또는 구체적이고 유효한 약속 등을 통해 기업이 특정 책임을 부담하겠다는 것을 상대방에게 표명하여, 상대방이 당해 책임을 이행할 것이라는 정당한 기대를 가지게 되는 경우

드물지만 현재의무가 있는지 분명하지 않은 경우가 있다. 이 경우에는 사용할 수 있는 증거를 모두 고려하여 보고기간 말에 현재의무가 존재할 가능성이 존재하지 않을 가능성보다 높으면 과거사건이 현재의무를 생기게 한 것으로 본다.

Additional Comment

대부분의 경우에 과거사건이 현재의무를 생기게 하는지는 분명하다. 드물지만 진행 중인 소송과 같이 어떤 사건이 실제로 일어났는지 또는 해당 사건으로 현재의무가 생겼는지 분명하지 않은 경우가 있다. 이러한 경우에는 사용할 수 있는 증거를 모두 고려하여 보고기간 말에 현재의무가 존재하는지를 판단한다. 이때 보고기간후사건이 제공하는 추가 증거도 고려하며, 고려한 증거를 바탕으로 다음과 같이 처리한다.
① 보고기간 말에 현재의무가 존재할 가능성이 존재하지 않을 가능성보다 높고 인식기준을 충족하는 경우: 충당부채로 인식
② 보고기간 말에 현재의무가 존재하지 않을 가능성이 높더라도 경제적효익이 있는 자원을 유출할 가능성이 희박하지 않은 경우: 우발부채로 공시

Self Study

1. 의무는 의무의 이행 대상이 되는 상대방이 존재하여야 한다. 그러나 의무의 상대방이 불특정 일반대중이 될 수도 있다(즉, 현재의무가 성립되기 위해서 의무의 상대방이 누구인지 반드시 알아야 하는 것은 아니다). 의무에는 반드시 상대방에 대한 확약이 포함되므로, 경영진이나 이사회의 결정이 보고기간 말이 되기 전에 충분히 구체적인 방법으로 전달되어 기업이 자신의 책임을 이행할 것이라는 정당한 기대를 상대방에게 갖도록 해야만 해당 결정이 의제의무를 생기게 하는 것으로 본다.
2. 고려하여야 할 증거에는 보고기간후사건이 제공하는 추가적인 증거도 포함된다.

(2) 과거사건

현재의무를 생기게 하는 과거사건을 의무발생사건이라고 한다. 의무발생사건이 되기 위해서는 당해 사건으로부터 발생된 의무를 이행하는 것 외에는 실질적인 대안이 없어야 한다. 이러한 경우는 다음의 ① 또는 ②의 경우에만 해당된다.

① 의무의 이행을 법적으로 강제할 수 있는 경우
② 의제의무와 관련해서 기업이 당해 의무를 이행할 것이라는 정당한 기대를 상대방이 가지게 되는 경우

재무제표는 미래 시점의 예상 재무상태표가 아니라 보고기간 말의 재무상태를 표시하는 것이므로, 미래 영업에서 생길 원가는 충당부채로 인식하지 아니한다. 즉, 보고기간 말에 존재하는 부채만을 재무상태표에 인식한다.

① 복구의무

기업의 미래 행위(미래 사업 행위)와 관계없이 존재하는 과거사건에서 생긴 의무만을 충당부채로 인식한다.

Additional Comment

환경오염으로 인한 범칙금이나 환경정화비용은 기업의 미래 행위에 관계없이 해당 의무를 이행해야 하므로 관련된 충당부채로 인식한다. 또한 유류보관시설이나 원자력 발전소 때문에 이미 일어난 피해에 대하여 기업은 미래 행위와 관계없이 복구할 의무가 있으므로 유류보관시설이나 원자력 발전소의 사후처리원가와 관련된 충당부채를 인식한다.

어떤 사건은 발생 당시에는 현재의무를 생기게 하지 않지만 나중에 의무를 생기게 할 수 있다. 법률이 제정·개정되면서 의무가 생기거나 기업의 행위에 따라 나중에 의제의무가 생기는 경우가 있기 때문이다. 입법 예고된 법률의 세부 사항이 아직 확정되지 않은 경우에는 해당 법안대로 제정될 것이 거의 확실한 때에만 의무가 생긴 것으로 본다.

Additional Comment

일어난 환경오염에 대하여 지금 당장 정화해야 하는 의무가 없는 경우에도 나중에 새로운 법률에서 그러한 환경오염을 정화하도록 요구하거나 기업이 그러한 정화의무를 의제의무로서 공개적으로 수용한다면, 해당 법률의 제정·개정 시점이나 기업의 공개적인 수용 시점에 그 환경오염을 일으킨 것은 의무발생사건이 된다.

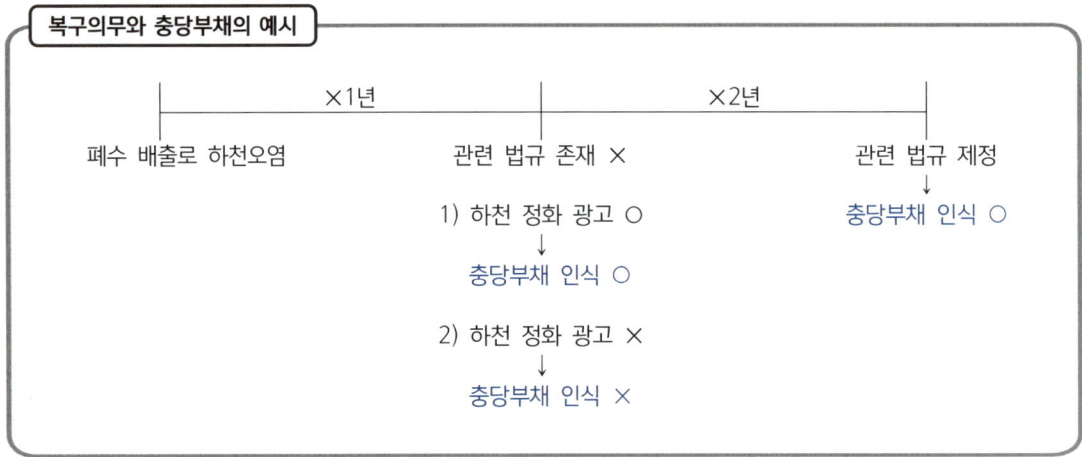

② **설치의무**

사업적 압력이나 법률 규정 때문에 공장에 특정 정화장치를 설치하는 지출을 계획하고 있거나 그런 지출이 필요한 경우에는 공장 운영방식을 바꾸는 등의 미래 행위로 미래의 지출을 회피할 수 있으므로 미래에 지출을 해야 하는 현재의무는 없다. 그러므로 이러한 경우 충당부채로 인식하지 않는다.

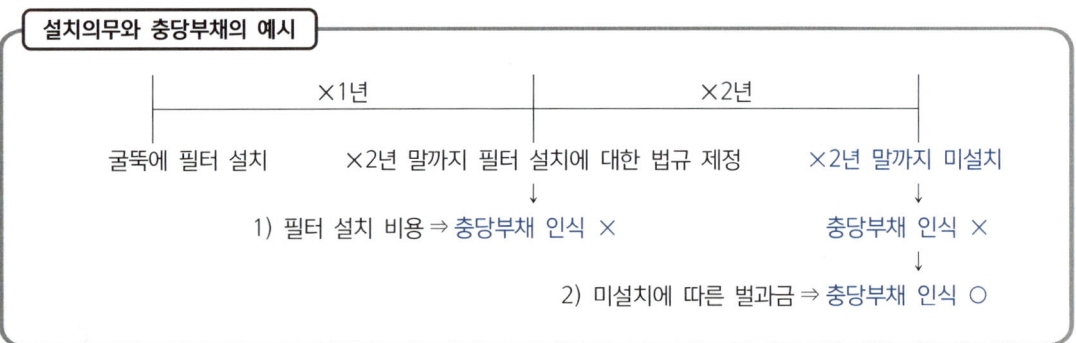

③ **수선비**

유형자산을 정기적으로 수선해야 하는 경우 미래에 발생할 수선비에 대해 현재 시점에서 비용을 인식하면서 수선충당부채로 인식할 수 없다. 그 이유는 기업은 해당 유형자산의 매각 등을 통하여 정기수선에 따른 미래의 지출을 회피할 수 있으므로 기업이 미래에 수행할 수선은 현재 부담해야 할 의무가 아니기 때문이다.

Self Study

미래에 발생할 수선원가(수선유지비)는 법률적인 요구가 있든 없든 충당부채가 아니다.

사례연습 1. 충당부채의 인식(과거사건의 결과로 존재하는 현재의무)

다음은 각 기업의 사례이다. 이 사례별로 20×1년 말 재무제표에 충당부채를 인식할 수 있는지 판단하시오. (단, 모든 사례에 대하여, 예상되는 유출금액은 중요하며, 그 금액을 신뢰성 있게 추정할 수 있다고 가정한다)

> (1) ㈜세계는 법률이 요구하는 경우에만 오염된 토지를 정화하는 정책을 가지고 있다. 이제까지는 오염된 토지를 정화해야 한다는 법규가 없었고, 따라서 ㈜세계는 지난 몇 년에 걸쳐 토지를 오염시켜 왔다. 그런데 이미 오염된 토지를 정화하는 것을 의무화하는 관계 법률이 연말 후에 곧 제정될 것이 20×1년 12월 31일 현재 거의 확실하다. 제정될 법률에 따라 오염된 토지를 정화하기 위한 추가 금액이 필요할 것으로 예상된다.
> (2) 20×1년 12월 28일 ㈜부산은 한 사업부를 폐쇄하기로 결정하였고 이를 고객과 폐쇄되는 사업부의 종업원들에게 공표하였다. 그러나 20×1년 12월 31일까지 이 사업부의 폐쇄와 관련한 지출이나 폐쇄 결정의 구체적인 이행 시기에 대해서는 계획을 확정하지 못하였다.
> (3) ㈜클린은 기존의 법규에 따라 적정한 폐수처리시설을 운용하고 있다. 그런데 기존의 법규상 기준치보다 더 강화된 새로운 폐수처리에 대한 법규가 연말 이후에 곧 제정될 것이 20×1년 12월 31일 현재 거의 확실하다. 개정될 법규에 따라 추가 시설투자가 필요할 것으로 예상된다.
> (4) ㈜포스포는 기술적인 이유로 용광로의 내벽을 4년마다 대체할 필요가 있다. 보고기간 말에 내벽은 2년 동안 사용하였다.
> (5) ㈜에시이아나는 법률에 따라 항공기를 5년에 한 번씩 분해·수리하여야 한다.

풀이

(1) 토지정화비용 등의 환경과 관련된 지출이 현재의무가 되기 위해서는 과거에 환경오염을 발생시켰으며, 그러한 환경오염으로 인해 법적의무 또는 의제의무가 발생하여야만 한다. 이 경우 토지정화의 법규가 없으므로 회사에게 법적인 의무는 발생하지 않았다. 그러나 이미 오염된 토지를 정화하는 것을 의무화하는 관계 법률이 연말 후에 곧 제정될 것이 기말 현재 거의 확실한 경우에는 현재의무를 발생시켰다고 볼 수 있다. 그러므로 과거의 오염이 법적의무를 발생시킨 것은 아니라고 하더라도 현재의무를 발생시킬 것이 거의 확실하므로 충당부채로 인식한다.

(2) 구조조정 계획의 이행에 착수하거나 구조조정의 주요내용을 공표하지 않았으므로, 관련 당사자가 기업이 구조조정을 이행할 것이라는 기대를 가질 수 없고, 의제의무가 발생하지 않는다. 따라서 충당부채로 인식하지 않는다.

(3) 폐수처리시설과 관련한 지출 예상액이 현재의무가 되기 위해서는 환경오염이 과거에 발생하고 그에 따른 환경정화와 관련한 지출을 이행하는 것 외에는 현실적인 대안이 없어야 한다. 그러나 폐수처리시설과 관련된 환경오염은 과거에 발생한 것이 아니라 미래에 발생될 것이라 예상되는 오염이다. 또한 환경오염이 발생되지 않는 방식으로 공장을 운영한다면, 폐수처리시설과 관련된 지출이 반드시 발생하는 것도 아니므로(미래 행위에 독립적이지 않음) 현재의무에 해당하지 않는다. 그러므로 충당부채로 인식하지 않는다.

(4) 현재의무가 없으므로 충당부채로 인식하지 않는다.
  * 미래에 발생할 수선원가(수선비)는 법률적인 요구가 있는 경우든, 없는 경우든 충당부채로 인식하지 않음. 수선유지가 필요한 자산을 매각하는 등 기업의 미래 행위로써 미래 지출을 회피할 수 있기 때문에 현재의무가 아님

(5) 현재의무가 없으므로 충당부채로 인식하지 않는다.
  * 미래에 발생할 수선원가(수선비)는 법률적인 요구가 있는 경우든, 없는 경우든 충당부채로 인식하지 않음. 수선유지가 필요한 자산을 매각하는 등 기업의 미래 행위로써 미래 지출을 회피할 수 있기 때문에 현재의무가 아님

(3) 경제적효익이 있는 자원의 유출가능성

부채로 인식하기 위해서는 현재의무가 존재해야 할 뿐만 아니라 당해 의무의 이행을 위하여 경제적효익을 갖는 자원의 유출가능성이 높아야 한다. (특정 사건이 일어날 가능성이 일어나지 않을 가능성보다 높은 경우) 현재의무의 존재가능성이 높지 않은 경우에는 우발부채로 공시한다. 다만, 해당 의무를 이행하기 위하여 경제적효익이 있는 자원을 유출할 가능성이 희박한 경우에는 공시하지 않는다.

제품보증 또는 이와 유사한 계약 등 다수의 유사한 의무가 있는 경우 의무 이행에 필요한 자원의 유출가능성은 당해 유사한 의무 전체를 고려하여 결정한다. 비록 개별 항목의 의무 이행에 필요한 자원의 유출가능성이 높지 않더라도 전체적인 의무 이행을 위하여 필요한 자원의 유출가능성이 높을 경우에는 기타 인식기준이 충족된다면 충당부채로 인식한다.

★ 사례연습 2. 경제적효익이 있는 자원의 유출가능성

A사는 노트북을 제조·판매하는 회사로 제품에 하자가 발생하는 경우 무상으로 수리해주는 정책을 시행하고 있다. A사는 20×1년 중 제품 100,000대를 판매하였으며, 개별 제품에 하자가 발생하여 무상으로 수리해 줄 가능성은 0.1%로 예상된다. A사는 동 거래와 관련하여 충당부채로 인식할 수 있는지 서술하시오.

[풀이]

충당부채로 인식할 수 있다.
판매한 제품에 하자가 발생할 가능성은 0.1%이지만 다수의 유사한 의무가 존재하므로 전체를 하나의 의무로 보아 자원의 유출가능성 여부를 판단한다. 동 거래는 100,000대의 0.1%에 해당하는 100대에 대하여 무상으로 수리해 줄 가능성이 높으므로 충당부채로 인식하여야 한다.

---

(4) 신뢰성 있는 추정

추정치의 사용은 재무제표 작성에 반드시 필요하며 재무제표의 신뢰성을 떨어뜨리지 않는다. 충당부채의 특성상 재무상태표의 다른 항목보다 불확실성이 더 크기 때문에 극히 드문 경우를 제외하고는 가능한 결과의 범위를 판단할 수 있으므로 충당부채를 인식할 때 충분히 신뢰성 있는 금액을 추정할 수 있다. 극히 드문 경우로 신뢰성 있는 금액의 추정을 할 수 없을 때에는 부채로 인식하지 않고 우발부채로 공시한다.

2. 우발부채

충당부채와 그 성격이 유사하지만 부채의 인식요건을 충족하지 못하여 재무상태표에 인식하지 못하는 의무를 우발부채라고 한다. 충당부채와 우발부채의 가장 큰 차이점은 재무상태표에 부채로 인식할 수 있는지의 여부이다.

우발부채는 재무제표에 인식하지 아니한다. 의무를 이행하기 위하여 경제적효익이 있는 자원을 유출할 가능성이 희박하지 않다면 우발부채로 주석에 공시한다.

우발부채는 처음에 예상하지 못한 상황에 따라 변할 수 있으므로, 경제적효익이 있는 자원의 유출가능성이 높아졌는지를 판단하기 위하여 우발부채를 지속적으로 평가한다. 과거에 우발부채로 처리하였더라도 미래경제적효익의 유출가능성이 높아진 경우에는 신뢰성 있게 추정할 수 없는 극히 드문 경우를 제외하고는 그러한 가능성 변화가 생긴 기간의 재무제표에 충당부채로 인식한다.

3. 우발자산

우발자산은 과거사건으로 생겼으나, 기업이 전적으로 통제할 수는 없는 하나 이상의 불확실한 미래 사건의 발생 여부로만 그 존재 유무를 확인할 수 있는 잠재적 자산을 말한다.

일반적으로 우발자산은 사전에 계획하지 않았거나 다른 예상하지 못한 사건으로 생기며, 그 사건은 경제적효익의 유입가능성을 불러온다. 기업이 제기하였으나 그 결과가 불확실한 소송을 예로 들 수 있다.

우발자산은 미래에 전혀 실현되지 않을 수도 있는 수익을 인식하는 결과를 가져올 수 있기 때문에 우발자산은 재무제표에 인식하지 아니한다. 그러나 우발부채와 마찬가지로 상황의 변화가 적절하게 재무제표에 반영될 수 있도록 우발자산을 지속적으로 평가하여 상황 변화로 수익의 실현이 거의 확실하다면 관련 자산은 우발자산이 아니므로 해당 자산을 재무제표에 인식하는 것이 타당하다.

또한, 경제적효익의 유입이 거의 확실한 것은 아니지만 경제적효익의 유입가능성이 높아진 경우에는 우발자산을 주석으로 공시한다. 우발자산을 주석 공시할 때에는 우발자산에서 수익이 생길 가능성이 있다는 오해를 주지 않도록 주의해야 한다.

우발자산의 인식

자원의 유입가능성	금액의 신뢰성 있는 추정가능성	
	추정 가능	추정 불가능
거의 확실	재무상태표에 자산으로 인식	우발자산으로 주석 공시
높지만 거의 확실하지 않음	우발자산으로 주석 공시	우발자산으로 주석 공시
높지 않음	공시하지 않음	

Self Study
1. 과거에 우발부채로 처리하였더라도 그 이후 상황 변화로 인하여 미래경제적효익의 유출가능성이 높아지고 금액을 신뢰성 있게 추정할 수 있는 경우에는 그러한 가능성의 변화가 발생한 기간에 충당부채로 인식한다.
2. 예상 이익의 경우 발생가능성이 높지만 확실하지 않은 경우 우발자산으로 주석 공시, 거의 확실한 경우는 자산으로 인식한다.

기출문제

1. 충당부채의 인식에 대한 설명으로 옳지 않은 것은? 2025년 국가직 9급

① 과거 사건의 결과로 현재 의무가 존재하여야 하며, 현재 의무에는 법적 의무뿐만 아니라 의제 의무도 포함한다.
② 기업의 미래 행위(미래 사업행위)와 관련하여 존재하는 과거 사건에서 생긴 의무만을 충당부채로 인식한다.
③ 해당 의무를 이행하기 위하여 경제적 효익이 있는 자원의 유출 가능성이 높다.
④ 해당 의무를 이행하기 위하여 필요한 금액을 신뢰성 있게 추정할 수 있다.

해설
기업의 미래 행위(미래 사업행위)와 관련하여 존재하는 과거 사건에서 생긴 의무만을 충당부채로 인식하지 않는다. **답 ②**

3 충당부채의 측정

1. 최선의 추정치

충당부채로 인식하는 금액은 현재의무를 보고기간 말에 이행하기 위하여 필요한 지출에 대한 최선의 추정치여야 한다.

> **Additional Comment**
> 최선의 추정치란 보고기간 말에 의무를 이행하거나 제3자에게 이전하는 경우에 합리적으로 지급해야 하는 금액을 말한다.

충당부채로 인식하여야 하는 금액과 관련된 불확실성은 상황에 따라 판단한다. 다수의 항목과 관련되는 충당부채를 측정하는 경우에 해당 의무는 가능한 모든 결과에 관련된 확률을 가중평균하여 추정한다. 이러한 통계적 추정방법을 기댓값이라고 한다. 가능한 결과가 연속적인 범위에 분포하고 각각의 발생 확률이 같을 경우에는 해당 범위의 중간값을 사용한다.

> **기댓값의 예시**
>
> 구입 후 첫 6개월 이내에 제조상 결함으로 생기는 수선비용을 보장하는 보증을 재화에 포함하여 판매하는 기업이 있다. 수선비용이 발생할 가능성이 다음과 같다고 가정한다.
>
> | 상황 | 예상 수선비용 | 예상 확률 |
> |---|---|---|
> | 전혀 결함이 발생하지 않는 경우 | - | 75% |
> | 중요하지 않은 결함이 발생할 경우 | ₩ 120,000 | 20% |
> | 치명적인 결함이 발견되는 경우 | ₩ 480,000 | 5% |
>
> 기업은 보증의무와 관련된 자원의 유출가능성을 해당 의무 전체에 대하여 평가한다. 이 경우 수선비용의 기댓값은 다음과 같이 계산한다.
> ⇒ 수선비용의 기댓값: (0 × 75%) + (120,000 × 20%) + (480,000 × 5%) = 48,000

하나의 의무를 측정하는 경우에는 가능성이 가장 높은 단일의 결과가 해당 부채에 대한 최선의 추정치가 될 수 있다. 그러나 그러한 경우에도 그 밖의 가능한 결과들을 고려한다. 만약 그 밖의 가능한 결과들이 가능성이 가장 높은 결과보다 대부분 높거나 낮다면 최선의 추정치도 높거나 낮은 금액일 것이다.

> **불확실성과 관련하여 충당부채로 인식하여야 하는 금액**
>
> 충당부채
> ├ 다수의 항목과 관련된 경우: 가능한 모든 결과에 관련된 확률을 가중평균하여 추정
> └ 하나의 의무를 측정하는 경우: 가능성이 가장 높은 단일의 결과로 추정

> **Self Study**
> 충당부채의 법인세효과와 그 변동은 한국채택국제회계기준 제1021호 '법인세'에 따라 회계처리하므로 충당부채는 세전 금액으로 측정한다.

2. 위험과 불확실성

충당부채에 대한 최선의 추정치를 구할 때에는 관련된 여러 사건과 상황에 따르는 불가피한 위험과 불확실성을 고려한다. 위험은 결과의 변동성을 의미한다. 위험조정으로 부채의 측정금액이 증가할 수 있다. 그러나 불확실성을 이유로 과도한 충당부채를 계상하거나, 부채를 고의적으로 과대 표시하는 것은 정당화될 수 없다.

> **Additional Comment**
> 불확실한 상황에서는 수익이나 자산을 과대 표시하거나 비용이나 부채를 과소 표시하지 않도록 유의하여야 한다. 예를 들어, 특별히 부정적인 결과에 대해 예상원가를 신중하게 추정하였다고 해서 의도적으로 해당 결과의 발생가능성이 실제보다 더 높은 것처럼 취급해서는 안 된다. 따라서 위험과 불확실성을 이중 조정하여 충당부채를 과대 표시하지 않도록 주의하여야 한다.

3. 현재가치

충당부채는 미래의 예상되는 지출이므로 화폐의 시간가치가 중요할 수 있다. 이러한 경우 충당부채는 예상되는 지출액의 현재가치로 평가한다. 현재가치 평가 시 적용할 할인율은 부채의 특유한 위험과 화폐의 시간가치에 대한 현행 시장의 평가를 반영한 세전 이자율이다. 이 할인율에는 미래 현금흐름을 추정할 때 고려된 위험을 반영하지 않는다. 그 이유는 미래의 위험은 이미 현금흐름 추정액에 반영되기 때문에 할인율 추정 시 동 위험을 다시 고려할 필요가 없기 때문이다.

충당부채를 현재가치로 평가하는 경우 충당부채의 장부금액을 기간 경과에 따라 증가시키고, 해당 증가금액은 차입원가(= 이자비용)로 인식한다.

4. 미래 사건

현재의무를 이행하기 위하여 필요한 지출 금액에 영향을 미치는 미래 사건이 일어날 것이라는 충분하고 객관적인 증거가 있는 경우에는 그 미래 사건을 고려하여 충당부채 금액을 추정한다.

> **Self Study**
> 새로운 법률의 제정이 거의 확실하다는 충분하고 객관적인 증거가 존재할 때 해당 법률의 영향을 고려하여 충당부채를 측정한다. 일반적으로 새로운 법률이 제정되기 전까지는 충분하고 객관적인 증거가 존재하지 않는다.

★ 사례연습 3. 현재가치

A사는 20×1년 말 안마의자를 2년간 무상수리하는 조건으로 판매하였다. 안마의자의 1대당 무상수리비용 예상액은 아래와 같이 추정되며, 모든 무상수리비용은 보고기간 말에 지출된다고 가정한다. 안마의자 1대당 20×2년 말의 무상수리비용과 20×3년 말의 무상수리비용이 모두 발생한다. A사는 20×1년 말에 판매한 안마의자가 모두 100대라고 가정할 경우 20×1년 말에 충당부채로 인식할 금액은 얼마인가? (단, 미래 현금흐름의 추정에 고려한 위험을 제외한 세전 이자율은 10%이고, 1기간 현가계수는 0.9091, 2기간 현가계수는 0.8264이다)

구분	발생확률	20×2년 말	20×3년 말
하자가 없는 경우	70%	-	-
중요하지 않은 하자	20%	2,000	4,000
중요한 하자	10%	10,000	20,000

> [풀이]

(1) 1대당 무상수리비용 예상액
   1) 20×2년 말: (0 × 70%) + (2,000 × 20%) + (10,000 × 10%) = 1,400
   2) 20×3년 말: (0 × 70%) + (4,000 × 20%) + (20,000 × 10%) = 2,800
(2) 20×1년 말 충당부채: (1,400 × 0.9091 × 100대) + (2,800 × 0.8264 × 100대) = 358,666

5. 예상되는 자산의 처분이익

예상되는 자산의 처분이 충당부채를 생기게 한 사건과 밀접하게 관련되었더라도 예상되는 자산의 처분이익은 충당부채를 측정하는 데 고려하지 않는다. 예상되는 자산의 처분이익은 해당 자산과 관련된 회계처리를 다루는 한국채택국제회계기준에 규정하는 시점에 인식한다.

> **사례연습 4. 예상되는 자산의 처분이익**
>
> A사는 손해배상청구소송과 관련하여 충당부채로 인식할 최선의 추정치가 ₩10,000이다. 기업이 충당부채 의무를 이행하기 위해서는 현재 보유하고 있는 장부금액 ₩7,000의 토지를 처분하여야 하는데, 토지를 처분하는 경우 발생할 예상 처분이익은 ₩2,000이다. 이 경우 충당부채로 인식할 금액은 얼마인가?
>
> [풀이]
>
> 충당부채로 인식할 금액은 ₩10,000이다. 관련 자산의 예상 처분이익은 충당부채 금액에 영향을 미치지 않는다.

6. 미래 예상 영업손실

미래의 예상 영업손실은 충당부채로 인식하지 않는다. 그러나 미래에 영업손실이 예상되는 경우에는 영업과 관련된 자산이 손상되었을 가능성이 있으므로 기업회계기준 제1036호 '자산손상'에 따라 손상검사를 수행한다.

Additional Comment

부채는 과거사건으로 생긴 현재의무로서, 기업이 가진 경제적효익이 있는 자원의 유출을 통해 그 이행이 예상되는 의무이다. 미래의 예상 영업손실은 이러한 부채의 정의에 부합하지 않고 충당부채의 인식기준도 충족하지 못한다.

4 충당부채의 사용과 변동 및 변제

1. 충당부채의 사용과 변동

(1) 충당부채의 사용

충당부채는 최초 인식과 관련된 지출에만 사용한다. 그 이유는 당초에 다른 목적으로 인식된 충당부채를 그 목적이 아닌 지출에 사용하면 서로 다른 두 사건의 영향이 적절하게 재무제표에 표시되지 않기 때문이다.

(2) 충당부채의 변동

충당부채는 보고기간 말마다 잔액을 검토하고, 보고기간 말 현재 최선의 추정치를 반영하여 조정한다. 의무를 이행하기 위하여 경제적효익이 있는 자원을 유출할 가능성이 높지 않게 된 경우에는 관련 충당부채를 환입한다. 충당부채를 현재가치로 평가한 경우에는 할인율의 변동분도 반영한다.

◆ 충당부채의 사용과 변동의 정리

구분	내용	비고
사용	최초 인식과 관련된 지출에만 사용	-
변동	보고기간 말 최선의 추정치를 반영하여 조정	현재가치 평가 시 유효이자율법 적용, 할인율의 변동분도 반영

2. 충당부채의 변제

충당부채를 결제하기 위하여 필요한 지출액의 일부나 전부를 제3자가 변제할 것으로 예상되는 경우에는 기업이 의무를 이행한다면 변제를 받을 것이 거의 확실하게 되는 때에만 변제금액을 별도의 자산으로 인식한다. 다만, 자산으로 인식하는 금액은 관련 충당부채 금액을 초과할 수 없다. 그러나 충당부채와 관련하여 포괄손익계산서에 인식한 비용은 제3자의 변제와 관련하여 인식한 수익과 상계표시를 할 수 있다.

◆ 충당부채 변제의 회계처리 예시

| (차) 손해배상손실 | ×× | (대) 손해배상충당부채 | ×× |
| (차) 대리변제자산 | 관련 충당부채 초과 금지 | (대) 손해배상손실 or 충당부채관련수익 | ×× |

Additional Comment

기업이 의무를 이행하기 위하여 지급한 금액을 보험약정이나 보증계약 등에 따라 제3자가 보전하거나, 기업이 지급할 금액을 제3자가 직접 지급하는 경우가 있는데 이를 변제라고 한다. 대부분의 경우 기업은 전체 의무금액에 대하여 책임이 있으므로 제3자가 변제할 수 없게 되면 전체 의무금액을 이행해야 할 책임을 진다. 따라서 전체 의무금액을 충당부채로 인식하고, 기업이 의무를 이행한다면 변제를 받을 것이 거의 확실하게 되는 때에만 그 예상 변제금액을 별도의 자산으로 인식한다.

3. 제3자와 연대하여 의무를 지는 경우

어떤 의무에 대하여 제3자와 연대하여 의무를 지는 경우에는 이행할 전체 의무 중 제3자가 이행할 것으로 예상되는 부분을 우발부채로 처리한다. 신뢰성 있게 추정할 수 없는 극히 드문 경우를 제외하고는 해당 의무 중에서 경제적효익이 있는 자원의 유출가능성이 높은 부분에 대해서 충당부채로 인식한다.

구분	내용	비고
연대보증의무	① 회사가 이행할 부분 + 제3자가 이행 못 하는 부분: 충당부채 ② 제3자가 이행할 부분: 우발부채	자원의 유출가능성이 높지 않은 경우 금융보증부채로 보증기간에 걸쳐 수익 인식

사례연습 5. 충당부채의 변제

각 물음은 서로 독립적이다.

[물음 1]
A사는 고객들에게 무료 여행권 지급 이벤트를 진행하고 있다. 20×1년 말 현재 이벤트 행사와 관련하여 지출이 예상되는 금액은 ₩ 600,000이다. A사는 동 이벤트 행사와 관련하여 손해보험에 가입하였으며, ₩ 650,000을 보상받을 것이 거의 확실하다. 동 거래와 관련하여 A사가 20×1년 말에 해야 할 회계처리를 하시오.

[물음 2]
B사는 C사로부터 공급받은 부품을 조립하여 제품을 생산해서 고객에게 판매하고 있다. 그런데 당기 말 현재 판매한 제품의 불량으로 인하여 고객에게 ₩ 2,000,000의 배상금을 지급해야 할 가능성이 높다. 제품의 불량은 C사가 공급한 부품의 결함에 기인하는 것으로 밝혀졌다. B사와 C사는 사전에 제품 불량으로 인한 고객에 대한 배상금 지급 상황이 발생하면 연대하여 책임을 부담하기로 계약을 하였을 때 B사가 당기 말에 해야 할 회계처리를 하시오. (단, 전체 의무 중 C사가 이행할 것으로 기대되는 부분은 50%이다)

풀이

[물음 1]

(차) 이벤트 관련 비용	600,000	(대) 이벤트 관련 충당부채	600,000
(차) 변제자산	600,000	(대) 이벤트 관련 비용 or 별도 수익	600,000

* 제3자의 변제가 거의 확실한 경우 동 금액은 자산으로 인식하고 충당부채에서 차감하지 않는다. 또한, 자산으로 인식할 금액은 충당부채로 인식한 금액을 초과할 수 없음

[물음 2]

(차) 배상손실	1,000,000	(대) 배상충당부채	1,000,000

* 전체 배상금액 중 B사가 부담할 금액을 충당부채로 인식하고, 전체 배상금액 중 C사가 부담할 것으로 기대되는 부분은 우발부채로 주석에 공시함

기출문제

2. 충당부채와 우발부채에 대한 설명으로 옳은 것은? 2020년 국가직 7급

① 미래의 예상 영업손실에 대하여 충당부채로 인식한다.
② 우발부채는 자원의 유출가능성을 최초 인식 시점에 판단하며 지속적으로 평가하지 않는다.
③ 제3자와 연대하여 의무를 지는 경우에는 이행할 전체 의무 중 제3자가 이행할 것으로 예상되는 부분을 우발부채로 처리한다.
④ 다수의 항목과 관련되는 충당부채를 측정하는 경우에 해당 의무는 가능한 모든 결과에 관련된 확률 중 최댓값으로 추정한다.

해설

▶ 오답체크
① 미래의 예상 영업손실에 대하여 충당부채로 인식하지 않는다.
② 우발부채는 자원의 유출가능성을 지속적으로 검토한다.
④ 다수의 항목과 관련되는 충당부채를 측정하는 경우에 해당 의무는 가능한 모든 결과에 관련된 확률을 가중평균하여 측정한다.

답 ③

기출문제

3. <보기>는 ㈜대한의 20×1년 말 결산 절차 중에 처리해야 할 사항들을 요약해 놓은 것이다. ㈜대한이 재무상태표에 인식해야 할 충당부채 금액은? (단, 제시된 금액은 모두 신뢰성 있게 측정되었다)   2019년 서울시 7급

― <보기> ―

(1) 20×1년 중 판매한 제품에 대한 보증수리비용은 총 ₩2,000,000이 예상되며, 향후 2년간 발생할 것으로 예상된다.
(2) 20×1년 중 ㈜민국의 은행 차입금 ₩4,000,000에 대하여 지급보증을 해주었으나 영업부진으로 인하여 ㈜민국이 부도처리되었다. ㈜민국은 은행 차입금에 대한 상환능력이 없는 것으로 평가되었다. 해당 금액 지급의 일차적 책임은 ㈜대한에게 있다.
(3) ㈜대한은 20×1년 말 해상구조물을 현금 ₩3,000,000에 구입하였다. 환경과 관련된 법률에서는 이 구조물의 추정내용연수가 종료된 후에는 훼손된 환경을 원상복구하도록 하고 있다. 이를 위하여 지출될 것으로 추정되는 금액은 ₩1,000,000이며, 현재가치는 ₩500,000이다.

① ₩9,500,000
② ₩7,000,000
③ ₩6,500,000
④ ₩6,000,000

해설

재무상태표에 인식할 충당부채 금액: 6,500,000 = 2,000,000 + 4,000,000 + 500,000
(1) 제품보증충당부채: +2,000,000
(2) 보증채무 관련 충당부채: +4,000,000
(3) 복구충당부채: +500,000

답 ③

CHAPTER 2 충당부채의 적용 사례

1 손실부담계약

손실부담계약이란 계약상의 의무 이행에서 발생하는 회피 불가능한 원가가 그 계약에 의하여 받을 것으로 기대되는 경제적효익을 초과하는 계약을 말한다. 만약 기업이 손실부담계약을 체결하고 있는 경우에는 관련된 현재의무를 충당부채로 인식하고 측정해야 한다.

손실부담계약을 충당부채로 인식하고 측정할 경우에 회피 불가능 원가는 계약을 해지하기 위한 최소순원가로 다음과 같이 측정한다.

> **손실부담계약의 충당부채 인식액:** Min[A, B]
> ① A. **계약 이행 시의 손실:** 계약을 이행하기 위하여 필요한 원가
> ② B. **계약 불이행 시의 손실:** 계약을 이행하지 못하였을 때 지급하여야 할 보상금이나 위약금

Additional Comment
통상적인 구매 주문과 같이 상대방에게 보상 없이 해약할 수 있는 계약은 아무런 의무도 발생하지 않으므로 손실부담계약이 아니다. 그러나 당사자 간에 권리와 의무를 발생시키는 계약이 특정 사건으로 인하여 손실부담계약이 될 경우 충당부채로 인식한다. 또한 미이행계약은 손실부담계약에 해당되는 경우에만 충당부채로 인식한다.

★ 사례연습 6. 손실부담계약

12월 말 결산법인인 ㈜포도는 20×1년 12월에 생산 제품 100개를 개당 ₩100에 판매하는 확정판매계약을 체결하였다. 20×1년 말 현재 인도한 제품은 없으며, 20×2년 중에 인도할 예정이다. ㈜포도는 20×1년 말 현재 해당 제품의 제조원가를 개당 ₩120으로 추정하였다. 20×1년 말 현재 생산이 완료된 제품은 없다. 또한 동 계약을 해지하였을 경우, 위약금은 개당 ₩30이다. ㈜포도가 20×1년 말 현재 충당부채로 계상할 금액은 얼마인가?

풀이

20×1년 말 충당부채: Min[100개 × (@120 − @100) = 2,000, 100개 × @30 = 3,000] = 2,000

2 제품보증충당부채

제품보증이란 제품의 판매와 용역의 제공 후 제품의 결함이 있을 경우에 그것을 보증하여 수선이나 교환해주겠다는 구매자와 판매자 사이의 계약을 말한다. 이러한 제품보증으로 인하여 미래에 보증청구를 위한 자원의 유출가능성이 높으며, 자원의 유출금액에 대해 신뢰성 있는 추정이 가능하다면 제품보증충당부채를 인식해야 한다.

사례연습 7. 제품보증충당부채

12월 말 결산법인인 C사는 20×1년에 출시된 신제품을 판매하면서 제품에 하자가 발생하는 경우 무상으로 수리하여 주기로 하였다. 보증비용은 매출액의 5%로 추정되며, 20×1년과 20×2년의 매출액과 실제 발생한 제품보증비용은 다음과 같다.

회계연도	매출액	실제 발생한 제품보증비용	
		20×1년 분	20×2년 분
20×1년	₩ 2,000,000	₩ 10,000	-
20×2년	₩ 4,000,000	₩ 40,000	₩ 52,000

[물음 1]
무상수리기간이 2년인 경우, 20×1년의 제품보증충당부채와 20×2년의 제품보증충당부채와 당기손익에 미치는 영향을 구하시오.

[물음 2]
위의 [물음 1]에서 무상수리기간이 1년인 경우, 20×1년의 제품보증충당부채와 20×2년의 제품보증충당부채와 당기손익에 미치는 영향을 구하시오.

풀이

[물음 1]
(1) 20×1년의 제품보증충당부채: (2,000,000 × 5%) − 10,000 = 90,000
(2) 20×2년의 제품보증충당부채: [(2,000,000 + 4,000,000) × 5%] − (10,000 + 40,000 + 52,000) = 198,000
(3) 20×2년의 당기손익에 미치는 영향: ① + ② = (200,000)
    ① 제품보증비용 발생액: (40,000) + (52,000) = (92,000)
    ② 제품보증충당부채 증가액: 90,000 − 198,000 = (108,000)

[물음 2]
(1) 20×1년의 제품보증충당부채: (2,000,000 × 5%) − 10,000 = 90,000
(2) 20×2년의 제품보증충당부채: (4,000,000 × 5%) − 52,000 = 148,000
(3) 20×2년의 당기손익에 미치는 영향: ① + ② = (150,000)
    ① 제품보증비용 발생액: (40,000) + (52,000) = (92,000)
    ② 제품보증충당부채 증가액: 90,000 − 148,000 = (58,000)

CHAPTER 3 보고기간후사건

1 보고기간후사건의 의의

보고기간후사건은 보고기간 말과 재무제표 발행승인일 사이에 발생한 유리하거나 불리한 사건을 말한다.

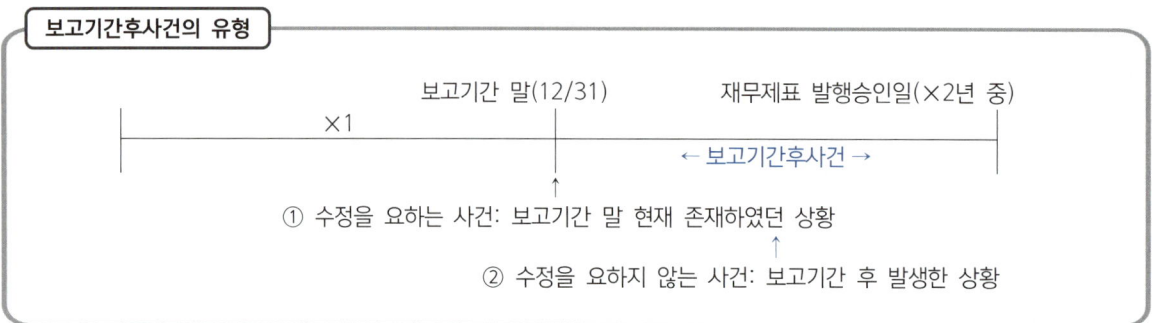

보고기간후사건은 수정을 요하는 보고기간후사건과 수정을 요하지 않는 보고기간후사건 두 가지 유형으로 분류된다.

구분	내용
수정을 요하는 보고기간후사건	보고기간 말에 존재하였던 상황에 대해 증거를 제공
수정을 요하지 않는 보고기간후사건	보고기간 후에 발생한 상황을 나타내는 사건

재무제표를 발행하기 위한 승인 과정은 경영조직, 법적 요구사항, 재무제표를 작성하고 완성하기 위한 절차 등 여러 가지 요건에 따라 다르다. 재무제표 발행승인일은 다음과 같다.

① 재무제표를 발행한 이후에 주주에게 승인을 받기 위하여 제출하는 경우: 재무제표를 발행한 날
② 경영진이 별도의 감독이사회(비집행이사만으로 구성)의 승인을 얻기 위하여 재무제표를 발행하는 경우: 경영진이 감독이사회에 재무제표를 제출하기 위하여 승인한 날

2 수정을 요하는 보고기간후사건

수정을 요하는 보고기간후사건은 이를 반영하기 위하여 재무제표에 이미 인식한 금액은 수정하고, 재무제표에 인식하지 않은 항목은 새로 인식해야 한다. 수정을 요하는 보고기간후사건의 예는 다음과 같다.

① 보고기간 말에 존재하였던 현재의무가 보고기간 후에 소송사건의 확정에 의해 확인되는 경우
② 보고기간 말에 이미 자산손상이 발생되었음을 나타내는 정보를 보고기간 후에 입수하는 경우나 이미 손상차손을 인식한 자산에 대하여 손상차손금액의 수정이 필요한 정보를 보고기간 후에 입수한 경우
　㉠ 보고기간 후의 매출처 파산은 보고기간 말에 고객의 신용이 손상되었음을 확인해준다.
　㉡ 보고기간 후의 재고자산 판매는 보고기간 말의 순실현가능가치에 대한 증거를 제공할 수 있다.
③ 보고기간 말 이전에 구입한 자산의 취득원가나 매각한 자산의 대가를 보고기간 후에 결정하는 경우
④ 보고기간 말 이전 사건의 결과로서 보고기간 말에 종업원에게 지급해야 할 법적 의무나 의제의무가 있는 이익분배나 상여금지급 금액을 보고기간 후에 확정하는 경우
⑤ 재무제표가 부정확하다는 것을 보여주는 부정이나 오류를 발견한 경우

3 수정을 요하지 않는 보고기간후사건

수정을 요하지 않는 보고기간후사건은 재무제표에 인식된 금액을 수정하지 아니한다. 이러한 사건의 예로는 보고기간 말과 재무제표 발행승인일 사이의 투자자산의 공정가치 하락을 들 수 있다. 공정가치의 하락은 일반적으로 보고기간 말의 상황과 관련된 것이 아니라 보고기간 후에 발생한 상황이 반영된 것이므로 재무제표에 인식된 금액을 수정하지 아니한다.

보고기간 후에 지분상품 보유자에 대해 배당을 선언한 경우, 그 배당금을 보고기간 말의 부채로 인식하지 아니한다. 보고기간 후부터 재무제표 발행승인일 전 사이에 배당을 선언한 경우, 보고기간 말에 어떠한 의무도 존재하지 않으므로 보고기간 말에 부채로 인식하지 아니한다.

기업은 수정을 요하지 않는 보고기간후사건으로 중요한 것은 그 범주별로 사건의 성격과 사건의 재무적 영향에 대한 추정치 또는 그러한 추정을 할 수 없는 경우에 이에 대한 설명을 공시한다.

보고기간후사건의 구조

구분	보고기간 종료일 (×1년 말)	재무제표 발행승인일 (×2년 2월)	재무제표 수정 (×1년 F/S)
수정을 요하는 사건	존재	추가적인 증거	수정 ○
수정을 요하지 않는 사건	미존재	추가 발생한 상황	수정 ×

사례연습 8. 보고기간후사건

보고기간후사건은 보고기간 말과 재무제표 발행승인일 사이에 발생한 유리하거나 불리한 사건을 말한다. 보고기간후사건은 재무제표의 수정을 요하는 사건과 수정을 요하지 않는 사건으로 구분된다. 다음 각 사례의 내용이 수정을 요하는 사건인지 수정을 요하지 않는 사건인지 기술하시오.

(1) 보고기간 말 이전에 기업은 당기순이익의 10%를 종업원에게 상여금으로 지급하기로 하였다. 상여금은 보고기간 말 후 재무제표 발행승인일 전에 ₩20,000으로 확정되었으며, 즉시 지급하였다.
(2) 보고기간 말에 보유한 재고자산의 취득원가는 ₩10,000이고, 재무제표 발행승인일 전에 재고자산을 ₩7,000에 판매하였다.
(3) 보고기간 말에 진행 중인 소송사건에 대해서 충당부채로 ₩500,000을 추정하였으나, 재무제표 발행승인일 전에 소송사건이 ₩700,000으로 확정되었다.

풀이

(1) 수정을 요하는 사건(미지급비용 20,000 계상)
(2) 수정을 요하는 사건(재고자산평가손실 3,000 계상)
(3) 수정을 요하는 사건(충당부채를 700,000으로 수정)

CHAPTER 4 중간재무보고

1 의의

중간재무보고는 한 회계기간을 몇 개의 기간으로 나누어 하는 재무보고를 말한다. 적시성과 재무제표 작성비용의 관점에서 또한 이미 보고된 정보와의 중복을 방지하기 위하여 중간재무보고서에는 연차재무제표에 비하여 적은 정보를 공시할 수 있다. 기업회계기준서 제1034호 '중간재무보고'에 따르면 중간재무보고서의 최소내용은 요약재무제표와 선별적 주석을 포함하는 것으로 본다.

중간재무보고서는 중간기간에 대한 재무보고서로 기업회계기준서 제1001호 '재무제표 표시'에 따른 전체재무제표 또는 기업회계기준서 제1034호 '중간재무보고'에 따른 요약재무제표를 포함한 보고서를 말한다.

중간재무보고서는 최소한 다음의 구성요소를 포함하여야 한다.

(1) 요약재무상태표
(2) 요약된 하나 또는 그 이상의 포괄손익계산서
(3) 요약자본변동표
(4) 요약현금흐름표
(5) 선별적 주석

> **Self Study**
> 1. 중간기간은 한 회계기간보다 짧은 회계기간을 말하며, 3개월 단위의 중간기간을 분기, 6개월 단위의 중간기간을 반기라고 한다. (상장기업의 경우 최소한 반기기준으로 중간재무보고를 하고, 중간기간 종료 후 60일 이내에 중간재무보고를 하도록 권장한다)
> 2. 중간재무보고서는 직전의 전체 연차재무제표를 갱신하는 정보를 제공하기 위하여 작성한 것으로 본다. 따라서 중간재무보고서는 새로운 활동, 사건과 환경에 중점을 두며 이미 보고된 정보를 반복하지 않는다.

2 형식과 내용

중간재무보고서는 전체재무제표 또는 요약재무제표를 포함할 수 있다. 각각의 경우는 아래와 같이 표시한다.

> ① 전체재무제표를 포함하는 경우: 기업회계기준서 제1001호 '재무제표 표시'에서 정한 전체재무제표의 형식과 내용에 부합해야 함
> ② 요약재무제표를 포함하는 경우: 최소한 직전 연차재무제표에 포함되었던 제목, 소계 및 선별적 주석을 포함

직전 연차재무보고서를 연결기준으로 작성하였다면 중간재무보고서도 연결기준으로 작성해야 한다. 지배기업의 별도재무제표는 직전 연차연결재무제표와 일관되거나 비교 가능한 재무제표가 아니다. 연차재무보고서에 연결재무제표 외에 추가적으로 지배기업의 별도재무제표가 포함되어 있더라도, 중간재무보고서에 지배기업의 별도재무제표를 포함하는 것을 요구하거나 금지하지 않는다.

> **Self Study**
> 1. 중간재무보고서의 이용자는 해당 기업의 직전 연차재무보고서도 이용할 수 있을 것이다. 따라서 직전 연차재무보고서에 이미 보고된 정보에 대한 갱신사항이 상대적으로 경미하다면 중간재무보고서에 주석으로 보고할 필요는 없다.
> 2. 직전 연차보고기간 말 후에 발생한 사건이나 거래가 재무상태와 경영성과의 변동을 이해하는 데 유의적인 경우에 중간재무보고서는 직전 연차보고기간의 재무제표에 포함되어 있는 관련 정보에 대하여 설명하고 갱신하여야 한다.
> 3. 중간재무보고서를 작성할 때 인식, 측정, 분류 및 공시와 관련된 중요성의 판단은 해당 중간기간의 재무자료에 근거하여 이루어져야 한다. 중요성을 평가하는 과정에서 중간기간의 측정은 연차재무자료의 측정에 비하여 추정에 의존하는 정도가 크다는 점을 고려하여야 한다.

3 중간재무제표가 제시되어야 하는 기간

중간재무보고서는 중간기간 또는 누적기간을 대상으로 작성하는 재무보고서이다. 이때 누적기간은 회계기간 개시일부터 당해 중간기간의 종료일까지의 기간이다.

(1) 당해 중간보고기간 말과 직전 연차보고기간 말을 비교하는 형식으로 작성한 재무상태표
(2) 당해 중간기간과 당해 회계연도 누적기간을 직전 회계연도의 동일기간과 비교하는 형식으로 작성한 포괄손익계산서
(3) 당해 회계연도 누적기간을 직전 회계연도의 동일기간과 비교하는 형식으로 작성한 자본변동표
(4) 당해 회계연도 누적기간을 직전 회계연도의 동일기간과 비교하는 형식으로 작성한 현금흐름표

● 12월 말 결산법인의 반기재무보고 – 분기별로 중간재무보고서를 발표하는 기업

구분	당기	전기
재무상태표	20×1년 6월 30일 현재	20×0년 12월 31일 현재
포괄손익계산서	① 20×1년 4월 1일 ~ 20×1년 6월 30일 ② 20×1년 1월 1일 ~ 20×1년 6월 30일	① 20×0년 4월 1일 ~ 20×0년 6월 30일 ② 20×0년 1월 1일 ~ 20×0년 6월 30일
자본변동표 현금흐름표	20×1년 1월 1일 ~ 20×1년 6월 30일	20×0년 1월 1일 ~ 20×0년 6월 30일

*반기별로 중간재무보고서를 발표하는 기업의 경우에는 반기재무보고서 중 포괄손익계산서에 직전 3개월(4월 1일 ~ 6월 30일)의 중간기간을 표시하지 않음

4 연차재무제표 공시

특정 중간기간에 보고된 추정금액이 최종 중간기간에 중요하게 변동하였지만 최종 중간기간에 대하여 별도의 재무보고를 하지 않는 경우, 추정의 변동 성격과 금액을 해당 회계연도의 연차재무제표에 주석으로 공시하여야 한다.

5 인식과 측정

1. 연차기준과 동일한 회계정책

중간재무제표는 연차재무제표에 적용하는 회계정책과 동일한 회계정책을 적용하여 작성한다. 연차재무제표의 결과는 보고빈도(연차보고, 반기보고, 분기보고)에 따라 달라지지 않아야 한다. 이러한 목적을 달성하기 위하여 중간재무보고를 위한 측정은 당해 회계연도 누적기간을 기준으로 하여야 한다. 이는 중간기간이 회계연도의 부분이라는 사실을 인정하고 있는 것이다.

2. 계절적, 주기적 또는 일시적인 수익

계절적, 주기적 또는 일시적으로 발생하는 수익은 연차보고기간 말에 미리 예측하여 인식하거나 이연하는 것이 적절하지 않은 경우, 중간보고기간 말에도 미리 예측하여 인식하거나 이연하여서는 안 된다.

3. 연중 고르지 않게 발생하는 원가

연중 고르지 않게 발생하는 원가는 연차보고기간 말에 미리 비용으로 예측하여 인식하거나 이연하는 것이 타당한 방법으로 인정되는 경우에 한하여 중간재무보고서에서도 동일하게 처리된다.

4. 추정치의 사용

중간재무보고서 작성을 위한 측정 절차는 측정 결과가 신뢰성이 있으며 기업의 재무상태와 경영성과를 이해하는 데 적합한 모든 중요한 재무정보가 적절히 공시되었다는 것을 보장할 수 있도록 설계한다. 연차기준과 중간기준의 측정 모두 합리적인 추정에 근거하지만 일반적으로 중간기준의 측정은 연차기준의 측정보다 추정을 더 많이 사용한다.

> **Self Study**
> 1. 중간기간의 법인세비용은 기대총연간이익에 적용될 수 있는 법인세율, 즉 추정평균연간유효법인세율을 중간기간의 세전 이익에 적용하여 계산한다. 세무상 결손금의 소급공제 혜택은 관련 세무상 결손금이 발생한 중간기간에 반영한다.
> 2. 중간보고기간 말 현재 자산의 정의를 충족하지는 못하지만 그 후에 정의를 충족할 가능성이 있다는 이유로 또는 중간기간의 이익을 유연화하기 위하여 자산으로 계상할 수 없다.

기출문제

4. 중간재무보고에 대한 설명으로 옳지 않은 것은? 　　　　　　2019년 국가직 9급

① 중간재무보고는 6개월, 3개월 등으로 보고기간을 설정할 수 있다.
② 직전 연차재무보고서를 연결기준으로 작성하였다면 중간재무보고서도 연결기준으로 작성해야 한다.
③ 중간재무보고서는 당해 회계연도 누적기간을 직전 연차보고기간 말과 비교하는 형식으로 작성한 재무상태표를 포함하여야 한다.
④ 중간재무보고서는 당해 회계연도 누적기간을 직전 회계연도의 동일기간과 비교하는 형식으로 작성한 현금흐름표를 포함하여야 한다.

해설
중간재무보고서는 당해 중간보고기간 말과 직전 연차보고기간 말을 비교하는 형식으로 작성한 재무상태표를 포함하여야 한다.

답 ③

핵심 빈출 문장

01 의제의무는 과거의 실무 관행, 발표된 경영방침 또는 구체적이고 유효한 약속 등을 통하여 기업이 특정 책임을 부담하겠다는 것을 상대방에게 표명하는 것만으로는 발생되지 않는다.

02 입법 예고된 법규의 세부 사항이 아직 확정되지 않은 경우에는 당해 법규안대로 제정될 것이 거의 확실한 때에만 의무가 발생한 것으로 본다.

03 어떤 사건이 실제로 발생하였는지 혹은 당해 사건으로 현재의무가 발생하였는지의 여부가 분명하지 아니한 경우에는 모든 이용 가능한 증거를 고려함으로써 보고기간 말 현재 의무가 존재하는지를 결정하여야 하며, 이때 고려해야 할 증거에는 보고기간후사건이 제공하는 추가적인 증거도 포함한다.

04 할인율은 화폐의 시간가치에 대한 현행 시장의 평가를 반영한 세전 이자율이다.

05 현재의무를 이행하기 위하여 소요되는 지출금액에 영향을 미치는 미래 사건이 발생할 것이라는 충분하고 객관적인 증거가 있는 경우에는 그러한 미래 사건을 감안하여 충당부채 금액을 추정한다.

06 예상되는 처분이 충당부채를 발생시킨 사건과 밀접하게 관련된 경우 당해 자산의 예상 처분이익은 충당부채를 측정하는 데 고려하지 않는다.

07 충당부채를 현재가치로 평가하여 표시하는 경우에는 장부금액을 기간 경과에 따라 증가시키고 해당 증가금액은 차입원가로 인식한다.

08 충당부채로 인식되기 위해서는 과거사건으로 인한 의무가 기업의 미래 행위와 독립적이어야 한다. 따라서 불법적인 환경오염으로 인한 범칙금이나 환경정화비용의 경우에는 충당부채로 인식한다.

09 재무제표는 재무제표이용자들의 현재 및 미래 의사결정에 유용한 정보를 제공하는 데에 그 목적이 있다. 따라서 미래 영업을 위하여 발생하게 될 원가에 대해서 충당부채로 인식하지 않는다.

10 우발자산은 경제적효익이 유입될 것이 거의 확실하게 되는 경우에는 그러한 상황 변화가 발생한 기간의 재무제표에 그 자산과 관련 이익을 인식한다.

11 의무는 언제나 당해 의무의 이행 대상이 되는 상대방이 존재하게 된다. 그러나 의무의 상대방이 누구인지 반드시 알아야 하는 것은 아니며 경우에 따라서는 일반대중도 상대방이 될 수 있다.

12 적시성과 재무제표 작성 비용의 관점에서 또한 이미 보고된 정보와의 중복을 방지하기 위하여 중간재무보고서에는 연차재무제표에 비하여 적은 정보를 공시할 수 있다. 기업회계기준서 제1034호 '중간재무보고'에 따르면 중간재무보고서의 최소 내용은 요약재무제표와 선별적 주석을 포함하는 것으로 본다.

13 중간재무보고서는 직전의 전체 연차재무제표를 갱신하는 정보를 제공하기 위해 작성한 것으로 본다. 따라서 중간재무보고서는 새로운 활동, 사건과 환경에 중점을 두며 이미 보고된 정보를 반복하지 않는다.

14 직전 연차재무보고서를 연결기준으로 작성하였다면 중간재무보고서도 연결기준으로 작성해야 한다. 지배기업의 별도재무제표는 직전 연차연결재무제표와 일관되거나 비교 가능한 재무제표가 아니다.

15 중간재무보고서의 이용자는 해당 기업의 직전 연차재무보고서도 이용할 수 있을 것이다. 따라서 직전 연차재무보고서에 이미 보고된 정보에 대한 갱신사항이 상대적으로 경미하다면 중간재무보고서에 주석으로 보고할 필요는 없다.

16 직전 연차보고기간 말 후에 발생한 사건이나 거래가 재무상태와 경영성과의 변동을 이해하는 데 유의적인 경우에, 중간재무보고서는 직전 연차보고기간의 재무제표에 포함되어 있는 관련 정보에 대하여 설명하고 갱신하여야 한다.

17 중간재무보고서를 작성할 때 인식, 측정, 분류 및 공시와 관련된 중요성의 판단은 해당 중간기간의 재무자료에 근거하여 이루어져야 한다. 중요성을 평가하는 과정에서 중간기간의 측정은 연차재무자료의 측정에 비하여 추정에 의존하는 정도가 크다는 점을 고려하여야 한다.

18 중간재무보고서는 중간기간 또는 누적기간을 대상으로 작성하는 재무보고서이다. 이때 누적기간은 회계기간 개시일부터 당해 중간기간의 종료일까지의 기간이다.
① 당해 중간보고기간 말과 직전 연차보고기간 말을 비교하는 형식으로 작성한 재무상태표
② 당해 중간기간과 당해 회계연도 누적기간을 직전 회계연도의 동일기간과 비교하는 형식으로 작성한 포괄손익계산서
③ 당해 회계연도 누적기간을 직전 회계연도의 동일기간과 비교하는 형식으로 작성한 자본변동표
④ 당해 회계연도 누적기간을 직전 회계연도의 동일기간과 비교하는 형식으로 작성한 현금흐름표

19 중간재무제표는 연차재무제표에 적용하는 회계정책과 동일한 회계정책을 적용하여 작성한다. 연차재무제표의 결과는 보고빈도(연차보고, 반기보고, 분기보고)에 따라 달라지지 않아야 한다.

20 계절적, 주기적 또는 일시적으로 발생하는 수익은 연차보고기간 말에 미리 예측하여 인식하거나 이연하는 것이 적절하지 않은 경우 중간보고기간 말에도 미리 예측하여 인식하거나 이연하여서는 안 된다.

21 연중 고르지 않게 발생하는 원가는 연차보고기간 말에 미리 비용으로 예측하여 인식하거나 이연하는 것이 타당한 방법으로 인정되는 경우에 한하여 중간재무보고서에서도 동일하게 처리된다.

22 연차기준과 중간기준의 측정 모두 합리적인 추정에 근거하지만 일반적으로 중간기준의 측정은 연차기준의 측정보다 추정을 더 많이 사용한다.

23 중간기간의 법인세비용은 기대총연간이익에 적용될 수 있는 법인세율, 즉 추정평균연간유효법인세율을 중간기간의 세전 이익에 적용하여 계산한다. 세무상 결손금의 소급공제 혜택은 관련 세무상 결손금이 발생한 중간기간에 반영한다.

확인 문제

01 충당부채의 인식

CH. 1 → **2** 충당부채의 인식과 우발부채, 우발자산 ▶ 302p

충당부채, 우발부채, 우발자산에 대한 설명으로 옳지 않은 것은?

2017년 지방직 9급

① 우발자산은 경제적효익의 유입가능성이 높지 않은 경우에 주석으로 공시한다.
② 의무를 이행하기 위하여 경제적효익이 있는 자원을 유출할 가능성이 높지 않은 경우 우발부채를 주석으로 공시한다.
③ 우발부채와 우발자산은 재무제표에 인식하지 아니한다.
④ 현재의무를 이행하기 위하여 해당 금액을 신뢰성 있게 추정할 수 있고 경제적효익이 있는 자원을 유출할 가능성이 높은 경우 충당부채로 인식한다.

정답 및 해설

01
우발자산은 경제적효익의 유입가능성이 거의 확실한 경우를 제외하고 주석으로 공시한다.

참고 우발자산의 인식

자원의 유입가능성	금액의 신뢰성 있는 추정가능성	
	추정 가능	추정 불가능
거의 확실	재무상태표에 자산으로 인식	우발자산으로 주석 공시
높지만 거의 확실하지 않음	우발자산으로 주석 공시	우발자산으로 주석 공시
높지 않음	공시하지 않음	

* 과거에 우발자산으로 처리하였더라도 그 이후 상황 변화로 인하여 미래경제적효익의 유입가능성이 거의 확실하고 금액을 신뢰성 있게 추정할 수 있는 경우에는 그러한 가능성의 변화가 발생한 기간에 그 자산과 관련 이익을 인식함

정답 01 ①

02 충당부채의 인식

충당부채와 우발부채에 대한 설명으로 옳지 않은 것은?

2016년 지방직 9급

① 충당부채는 지출의 시기 또는 금액이 불확실한 부채이다.
② 충당부채와 우발부채 모두 재무상태표에 인식하지 않고 주석으로 공시한다.
③ 충당부채로 인식하기 위해서는 현재의무가 존재하여야 할 뿐만 아니라 당해 의무를 이행하기 위해 경제적효익이 내재된 자원의 유출가능성이 높아야 한다.
④ 현재의무를 이행하기 위한 자원의 유출가능성은 높으나 신뢰성 있는 금액의 추정이 불가능한 경우에는 우발부채로 공시한다.

03 충당부채의 인식

2015년에 제품의 결함으로 인하여 피해를 입었다고 주장하는 고객이 ㈜한국을 상대로 손해배상청구소송을 제기하였다. 법률전문가는 2015년 재무제표가 승인되는 시점까지는 회사의 책임이 밝혀지지 않을 가능성이 높다고 조언하였다. 그러나 2016년 말 현재 ㈜한국에 소송이 불리하게 진행 중이며, 법률전문가는 ㈜한국이 배상금을 지급하게 될 가능성이 높다고 조언하였다. ㈜한국의 충당부채 또는 우발부채 인식과 관련된 설명으로 옳지 않은 것은?

2016년 국가직 9급 회계원리

① 충당부채는 현재의 의무가 존재하고, 경제적효익을 갖는 자원이 유출될 가능성이 높으며, 당해 금액을 신뢰성 있게 추정할 수 있을 경우에 인식한다.
② 2015년의 경우 현재의 의무가 없고, 배상금을 지급할 가능성이 아주 낮다고 하더라도 우발부채로 공시할 의무는 있다.
③ 2016년 말에는 현재의무가 존재하고 배상금에 대한 지급가능성이 높으므로, 배상금을 신뢰성 있게 추정할 수 있다면 충당부채를 인식해야 한다.
④ 만약 2016년 말에 배상금을 신뢰성 있게 추정할 수 없다면 이를 충당부채로 인식하지 않고 우발부채로 공시한다.

정답 및 해설

02
(1) 충당부채는 재무제표에 인식한다.
(2) 우발부채는 재무제표에 인식하지 아니한다.

참고 충당부채와 우발부채의 비교

구분		충당부채	우발부채
잠재적 의무		해당사항 없음	잠재적 의무에 해당
현재의무	자원의 유출가능성	높음	높지 않음
	+	and	or
	신뢰성 있는 추정	추정 가능	추정 불가능
재무제표 공시		부채와 관련 비용 인식	자원의 유출가능성이 희박하지 않으면 주석 공시

* 과거에 우발부채로 처리하였더라도 그 이후 상황 변화로 인하여 미래경제적효익의 유출가능성이 높아지고 금액을 신뢰성 있게 추정할 수 있는 경우에는 그러한 가능성의 변화가 발생한 기간에 충당부채로 인식함

03
2015년의 경우 현재의 의무가 없고, 배상금을 지급할 가능성이 아주 낮으면 우발부채로 공시할 의무가 없다.

참고 보고기간후사건

구분	내용
수정을 요하는 보고기간후사건	보고기간 말에 존재하였던 상황에 대해 증거를 제공
수정을 요하지 않는 보고기간후사건	보고기간 후에 발생한 상황을 나타내는 사건

구분	보고기간 종료일 (×1년 말)	재무제표 발행승인일 (×2년 2월)	재무제표 수정 (×1년 F/S)
수정을 요하는 사건	존재	추가적인 증거	수정 ○
수정을 요하지 않는 사건	미존재	추가 발생한 상황	수정 ×

정답 02 ② 03 ②

04 충당부채의 측정

충당부채에 대한 설명으로 가장 옳지 않은 것은?

① 보고기간 말마다 충당부채의 잔액을 검토하고, 보고기간 말 현재 최선의 추정치를 반영하여 조정한다.
② 충당부채와 관련하여 포괄손익계산서에 인식한 비용은 제3자의 변제와 관련하여 인식한 금액과 상계하여 표시할 수 없다.
③ 제3자가 지급하지 않더라도 기업이 해당 금액을 지급할 의무가 없는 경우에는 이를 충당부채에 포함하지 아니한다.
④ 충당부채를 현재가치로 평가하여 표시하는 경우에는 장부금액을 기간 경과에 따라 증액하고 해당 증가금액은 차입원가로 인식한다.

05 충당부채의 측정

충당부채에 대한 설명으로 옳지 않은 것은?

① 충당부채로 인식하는 금액은 현재의무를 보고기간 말에 이행하기 위하여 필요한 지출에 대한 최선의 추정치이어야 한다.
② 미래의 예상 영업손실은 충당부채로 인식하지 아니한다.
③ 현재의무를 이행하기 위하여 필요한 지출 금액에 영향을 미치는 미래 사건이 일어날 것이라는 충분하고 객관적인 증거가 있는 경우에도, 그 미래 사건을 고려하여 충당부채 금액을 추정하지 않는다.
④ 화폐의 시간가치 영향이 중요한 경우에 충당부채는 의무를 이행하기 위하여 예상되는 지출액의 현재가치로 평가한다.

06 충당부채, 우발부채 및 우발자산

충당부채, 우발부채 및 우발자산에 대한 설명으로 옳은 것은?

① 의무를 이행하기 위하여 경제적 효익이 있는 자원을 유출할 가능성이 희박하지 않다면, 우발부채를 재무제표에 인식한다.
② 예상되는 자산 처분이 충당부채를 생기게 한 사건과 밀접하게 관련되어 있다면, 예상되는 자산 처분이익은 충당부채를 측정하는 데 고려한다.
③ 수익의 실현이 거의 확실하다면, 관련 자산은 우발자산이 아니므로 해당 자산을 재무제표에 인식하는 것이 타당하다.
④ 손실부담계약을 체결하고 있는 경우에는 관련된 현재의무를 우발부채로 인식하고 측정한다.

정답 및 해설

04
충당부채와 관련하여 포괄손익계산서에 인식한 비용은 제3자의 변제와 관련하여 인식한 금액과 상계하여 표시할 수 있다.

참고 충당부채의 인식요건
(1) 과거 사건의 결과로 현재의무(법적의무나 의제의무)가 존재한다.
(2) 해당 의무를 이행하기 위하여 경제적효익이 내재된 자원의 유출가능성이 높다.
(3) 해당 의무의 이행에 소요되는 금액을 신뢰성 있게 추정할 수 있다.

참고 제3자와 연대하여 의무를 지는 경우

구분	내용	비고
연대보증의무	① 회사가 이행할 부분 + 제3자가 이행 못하는 부분: 충당부채 ② 제3자가 이행할 부분: 우발부채	자원의 유출가능성이 높지 않은 경우, 금융보증부채로 보증기간에 걸쳐 수익 인식

* 제3자와 연대하여 의무를 지는 경우에는 이행할 전체 의무 중 제3자가 이행할 것으로 예상되는 부분을 우발부채로 처리한다. 신뢰성 있게 추정할 수 없는 극히 드문 경우를 제외하고는 해당 의무 중에서 경제적효익이 있는 자원의 유출가능성이 높은 부분에 대하여 충당부채로 인식함

참고 복구충당부채
(1) 개념: 자산을 제거, 해체하거나 부지를 복원하는 데 소요될 것으로 최초에 추정되는 원가에 따라 인식하는 부채
(2) 회계처리: 예상되는 복구원가의 현재가치로 평가하여 해당 금액을 유형자산의 원가에 가산

(차) 유형자산	(대) 현금
	복구충당부채[1]

[1] 복구충당부채: 예상되는 복구원가를 구입 시점의 시장 R로 할인한 PV

05
현재의무를 이행하기 위하여 필요한 지출 금액에 영향을 미치는 미래 사건이 일어날 것이라는 충분하고 객관적인 증거가 있는 경우에도, 그 미래 사건을 고려하여 충당부채 금액을 추정한다.

06
▶ 오답체크
① 의무를 이행하기 위하여 경제적 효익이 있는 자원을 유출할 가능성이 희박하지 않다면, 우발부채를 재무제표 주석에 공시한다(= 인식하지 않는다).
② 예상되는 자산 처분이 충당부채를 생기게 한 사건과 밀접하게 관련되어 있다면, 예상되는 자산 처분이익은 충당부채를 측정하는 데 고려하지 않는다.
④ 손실부담계약을 체결하고 있는 경우에는 관련된 현재의무를 충당부채로 인식하고 측정한다.

정답 04 ② 05 ③ 06 ③

07 제품보증충당부채

㈜뚠뚠이는 20×1년 중 신제품을 출시하면서 판매한 제품에 하자가 발생하는 경우 판매일로부터 1년간 무상으로 수리해주는 정책을 채택하였다. ㈜뚠뚠이는 보증비용으로 매출액의 4%가 발생하는 것으로 추정하였으며, 20×1년과 20×2년의 매출액과 실제 발생한 보증수리비용은 다음과 같다. 무상수리보증이 ㈜뚠뚠이의 20×2년도 당기손익에 미친 영향은 얼마인가?

회계연도	매출액	실제보증비용	
		20×1년분	20×2년분
20×1년	₩ 400,000	₩ 6,000	-
20×2년	₩ 900,000	₩ 8,000	15,000

① ₩ 15,000
② ₩ 19,000
③ ₩ 21,000
④ ₩ 34,000

08 충당부채

20×1년 초에 영업을 개시한 ㈜한국은 품질보증 기간을 1년으로 하여 에어컨을 판매하고 있다. 20×1년 에어컨 판매 수량은 500대이고, 대당 판매가격은 ₩ 1,000이며, 동종업계의 과거 경험에 따르면 제품보증비용은 대당 ₩ 50이 발생할 것으로 추정된다. 20×1년 중 실제 제품보증비 지출이 ₩ 10,000이면, ㈜한국의 20×1년 말 재무상태표에 표시될 제품보증충당부채는?

2022년 지방직 9급

① ₩ 5,000
② ₩ 15,000
③ ₩ 25,000
④ ₩ 40,000

09 중간재무제표

중간재무보고에 관한 설명으로 옳지 않은 것은?

① 직전 연차재무보고서를 연결기준으로 작성하였다면 중간재무보고서도 연결기준으로 작성해야 한다. 연차보고기간 말에 연결재무제표를 작성할 때에 자세하게 조정되는 일부 내부거래 잔액은 중간보고기간 말에 연결재무제표를 작성할 때는 덜 자세하게 조정될 수 있다.

② 중간재무보고서는 당해 중간보고기간 말과 직전 연차보고기간 말을 비교하는 형식으로 작성한 재무상태표, 당해 중간기간과 당해 회계연도 누적기간을 직전 회계연도의 동일기간과 비교하는 형식으로 작성한 포괄손익계산서, 당해 회계연도 누적기간을 직전 회계연도의 동일기간과 비교하는 형식으로 작성한 자본변동표와 당해 회계연도 누적기간을 직전 회계연도의 동일기간과 비교하는 형식으로 작성한 현금흐름표를 포함한다.

③ 계절적, 주기적 또는 일시적으로 발생하는 수익은 연차보고기간 말에 미리 예측하여 인식하거나 이연하는 것이 적절하지 않은 경우 중간보고기간 말에도 미리 예측하여 인식하거나 이연하여서는 아니 된다. 배당수익, 로열티수익 및 정부보조금 등이 예이다.

④ 중간재무보고서를 작성할 때 인식, 측정, 분류 및 공시와 관련된 중요성의 판단은 연차재무보고서의 재무자료에 근거하여 이루어져야 한다. 중요성을 평가하는 과정에서 중간기간의 측정은 연차재무자료의 측정에 비하여 추정에 의존하는 정도가 작다는 점을 고려하여야 한다.

정답 및 해설

07
(1) 20×1년 말 제품보증충당부채: (400,000 × 4%) − 6,000 = 10,000
(2) 20×2년 말 제품보증충당부채: (900,000 × 4%) − 15,000 = 21,000
(3) 20×2년 당기손익에 미치는 영향: ① + ② = (34,000)
　① 실제 보증비용 지출액: (8,000) + (15,000) = (23,000)
　② 충당부채 증감액: (21,000) − (10,000) = (11,000)

08
500개 × 50 − 10,000 = 15,000

09
중간재무보고서를 작성할 때 인식, 측정, 분류 및 공시와 관련된 중요성의 판단은 해당 중간기간의 재무자료에 근거하여 이루어져야 한다. 중요성을 평가하는 과정에서 중간기간의 측정은 연차재무자료의 측정에 비하여 추정에 의존하는 정도가 크다는 점을 고려하여야 한다.

정답 07 ④ 08 ② 09 ④

PART 08 금융부채

CHAPTER 1 금융부채의 정의와 분류

1 금융부채의 정의

1. 금융상품

금융상품은 거래 당사자 어느 한쪽에게는 금융자산이 생기게 하고 동시에 거래 상대방에게 금융부채나 지분상품이 생기게 하는 모든 계약을 말한다. 그러므로 금융상품의 보유자는 금융상품을 금융자산으로 인식하며, 금융상품의 발행자는 거래의 실질에 따라 금융부채와 지분상품으로 분류하여 인식한다.

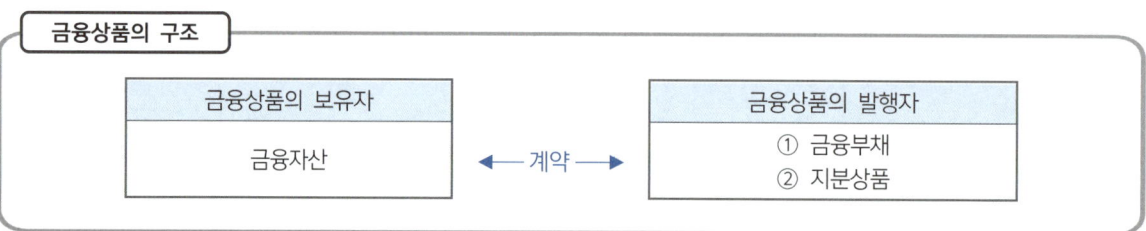

금융부채와 지분상품을 정의하면 다음과 같다.

① 금융부채
  ㉠ 다음 중 하나에 해당하는 계약상 의무
    • 거래 상대방에게 현금 등 금융자산을 인도하기로 한 계약상 의무
    • 잠재적으로 불리한 조건으로 거래 상대방과 금융자산이나 금융부채를 교환하기로 한 계약상 의무
  ㉡ 기업자산의 지분상품(= 자기지분상품)으로 결제되거나 결제될 수 있는 다음 중 하나의 계약
    • 인도할 자기지분상품의 수량이 변동 가능한 비파생상품
    • 확정수량의 자기지분상품의 수량에 대하여 확정금액의 현금 등 금융자산을 교환하여 결제하는 방법이 아닌 방법으로 결제되거나 결제될 수 있는 파생상품
② 지분상품: 기업의 자산에서 모든 부채를 차감한 후의 잔여지분을 나타내는 모든 계약

2. 금융부채의 정의

부채를 금융부채로 분류하기 위해서는 관련 의무가 계약에 기초하여 발생하여야 하고, 의무의 이행에는 현금 등 금융자산을 인도하여야 한다.

> **금융부채 분류기준**
> ① 현금 등 금융자산을 인도
> ② 관련 의무가 계약에 기초하여 발생

Additional Comment

계약에 의하지 않은 부채나 자산은 금융부채나 금융자산이 아니다. 그러므로 과세 당국에 납부할 당기법인세부채나 기준서 제1037호 '충당부채, 우발부채, 우발자산'에서 정의한 의제의무도 계약에서 발생한 것이 아니므로 금융부채가 아니다. 또한 계약에 기초하더라도 현금 등 금융자산을 인도할 의무여야 금융부채로 분류한다. 선수수익, 선수금과 대부분의 품질보증의무와 같은 항목은 현금 등 금융자산을 인도할 의무가 아니라 재화나 용역을 인도해야 할 의무이기 때문에 금융부채에 해당되지 않는다.

2 금융부채의 분류

금융부채는 최초 인식 시점에서는 공정가치로 측정하지만 후속적으로 상각후원가로 측정하는 금융부채와 상각후원가로 측정하지 않고 별도의 후속 측정기준을 적용하는 금융부채로 분류한다. 또한 당기손익 - 공정가치 측정 금융부채로 지정하는 경우도 있다. 즉, 모든 금융부채는 다음을 제외하고는 후속적으로 상각후원가로 측정되도록 분류한다. 또한 금융부채는 재분류하지 않는다.

> **금융부채의 분류**
>
> ① 상각후원가 측정 금융부채(AC금융부채)
> ② 상각후원가로 측정하지 않고 별도의 후속 측정기준을 적용하는 금융부채
>   ㉠ 당기손익 - 공정가치 측정 금융부채(FVPL금융부채)
>   ㉡ 금융자산의 양도가 제거조건을 충족하지 못하거나 지속적 관여접근법이 적용되는 경우 생기는 금융부채
>   ㉢ 금융보증계약
>   ㉣ 시장이자율보다 낮은 이자율로 대출하기로 한 약정
>   ㉤ 기준서 제1103호 '사업결합'을 적용하는 사업결합에서 취득자가 인식하는 조건부 대가
>
> 금융부채 재분류 ×

CHAPTER 2 상각후원가 측정 금융부채

금융부채는 당기손익 - 공정가치 측정 금융부채로 분류되지 않는 경우 상각후원가로 측정한다. 상각후원가 측정 금융부채에는 매입채무, 차입금, 사채 등이 있다. 이 중 1년 이내에 지급할 것으로 예상되는 매입채무 등은 유의적인 금융요소를 포함하지 않는다고 볼 수 있으므로 거래가격으로 측정할 수 있다. 상각후원가로 후속 측정하지 않는 금융부채에 대해서는 CHAPTER를 달리하여 설명하기로 하고 본 CHAPTER에서는 상각후원가로 측정하는 가장 대표적인 금융부채인 사채의 회계처리를 구체적으로 설명하고자 한다.

1 사채의 의의와 최초 인식

1. 사채의 의의

사채란 주식회사가 자금을 조달하기 위하여 유가증권을 발행하여 불특정 다수로부터 자금을 차입하는 정형화된 부채를 말하며 회사채라고도 한다. 사채는 발행회사의 입장에서 상각후원가로 측정하는 가장 대표적인 금융부채이다.

사채의 기본요소는 사채 관련 현금흐름을 나타내는 것으로 다음과 같다.

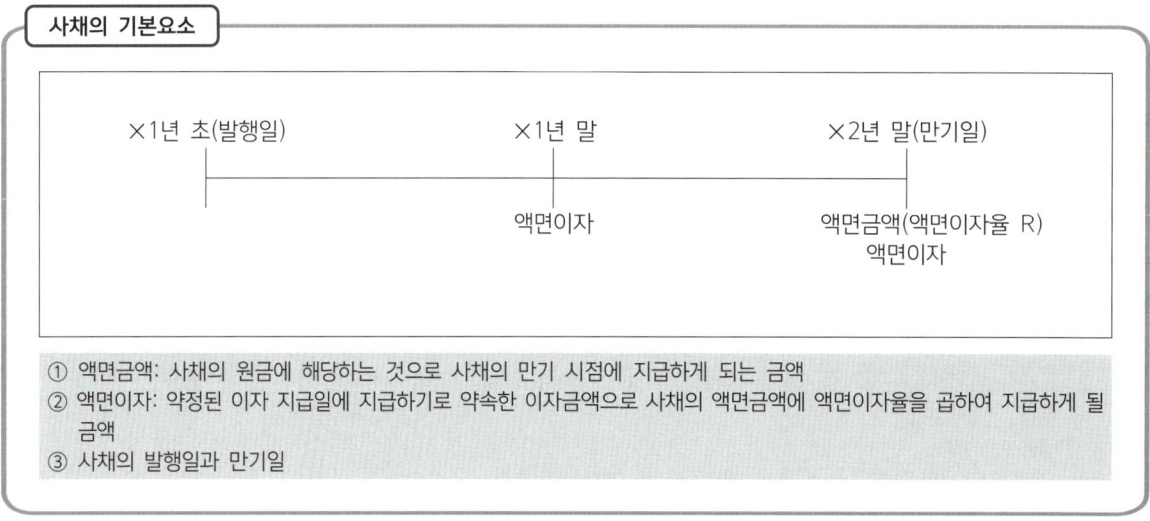

① 액면금액: 사채의 원금에 해당하는 것으로 사채의 만기 시점에 지급하게 되는 금액
② 액면이자: 약정된 이자 지급일에 지급하기로 약속한 이자금액으로 사채의 액면금액에 액면이자율을 곱하여 지급하게 될 금액
③ 사채의 발행일과 만기일

2. 사채의 최초 인식

금융부채는 최초 인식 시 공정가치로 측정한다. 사채는 발행 시에 액면금액과 액면이자, 발행일 및 만기일, 시장이자율이 결정되어 있으므로 최초 인식 시점의 미래 현금유출액을 발행일의 시장이자율을 이용하여 산정한 현재가치가 발행일의 공정가치와 일치한다.

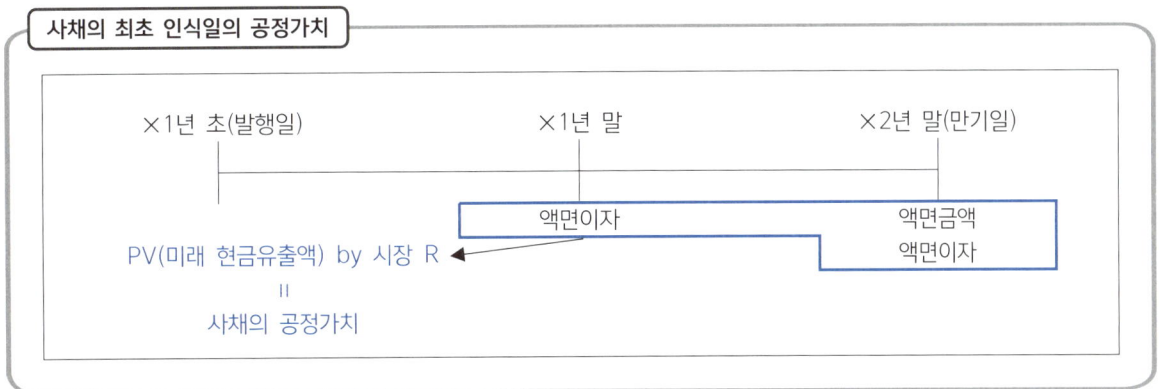

Additional Comment

사채 발행일의 시장이자율은 당해 사채에 대하여 투자자들이 요구하는 수익률로 기준금리에 신용위험을 가산하여 결정된다.

시장이자율(채권수익률) = 기준금리(LIBOR금리 등) + 신용위험(위험프리미엄)

기업들은 자신들의 신용위험을 산정하기 위하여 신용평가기관에 사채의 신용등급평가를 의뢰한다. 각 신용등급에 따라 해당 기업의 신용위험이 다르게 결정된다. 동일한 일자에 동일한 조건의 사채를 발행하는 경우에는 어느 기업이든지 모두 동일한 기준금리를 부담하지만 신용위험이 기업마다 다르므로 시장이자율은 기업에 따라 다르게 결정된다. 따라서 동일한 일자에 동일한 조건으로 사채를 발행하는 경우에도 발행하는 기업의 사채 신용등급에 따라 사채의 발행금액이 다르게 결정된다.

Self Study

사채의 발행금액은 사채의 미래 현금흐름을 현재의 시장이자율로 할인한 현재가치금액으로 한다는 것이다. 즉, 사채의 발행금액은 사채의 미래 현금흐름에 시장이자율에 해당하는 현재가치계수를 곱한 금액으로 계산된다. 현재가치계수는 이자율이 증가할수록 감소하므로, 시장이자율이 증가하면 사채의 발행금액인 현재가치는 감소하게 된다.

2 사채의 발행유형별 회계처리

1. 사채의 발행유형

사채의 발행금액은 사채의 미래 현금흐름에 시장이자율에 해당하는 현재가치계수를 곱한 금액으로 계산된다. 그러므로 사채의 발행가액 계산 과정을 식으로 표현하면 다음과 같다.

사채의 발행가액 계산과정

사채의 발행가액
① 액면이자 / (1 + 시장이자율) + 액면이자 / (1 + 시장이자율)^2 + ⋯ + (액면이자 + 액면금액) / (1 + 시장이자율)^n
② 액면이자 × 연금현가계수(사채 기간, 시장이자율) + 액면금액 × 현가계수(사채 기간, 시장이자율)

*액면이자 = 액면금액 × 액면이자율

사채의 발행가액은 액면이자율과 시장이자율의 관계에 의하여 결정된다. 시장이자율과 액면이자율에 따른 사채의 발행유형은 다음과 같다.

액면이자율과 시장이자율의 관계에 따른 사채의 발행유형		
구분	이자율 간의 관계	액면금액과 발행금액의 관계
액면발행	시장이자율 = 액면이자율	발행금액 = 액면금액
할인발행	시장이자율 > 액면이자율	발행금액 < 액면금액
할증발행	시장이자율 < 액면이자율	발행금액 > 액면금액

시장이자율은 사채의 수익률이므로 시장이자율과 액면이자율이 동일한 경우 사채의 미래 현금흐름을 시장이자율로 할인한 현재가치는 사채의 액면금액과 일치한다. 이러한 경우를 사채의 액면발행이라고 한다.

시장이자율이 액면이자율보다 높은 경우에는 사채의 액면이자율이 시장이자율보다 낮으므로 투자자는 사채의 상환기간 동안 시장이자율보다 덜 받게 되는 액면이자를 발행일에 덜 지급하려고 한다. 사채의 발행자는 발행일에 시장이자율과 액면이자율의 차액을 시장이자율로 할인한 현재가치에 해당하는 금액을 차감한 잔액만을 수령하게 된다. 그러므로 사채의 발행금액은 액면금액에 미달하게 되며, 이러한 경우를 할인발행이라고 한다. 이때 시장이자율과 액면이자율의 차액을 시장이자율로 할인한 현재가치는 사채할인발행차금이 된다.

시장이자율이 액면이자율보다 낮은 경우에는 발행자는 사채의 상환기간 동안 시장이자율보다 더 지급하게 되는 액면이자를 발행일에 더 받으려고 한다. 사채의 발행자는 발행일에 시장이자율과 액면이자율의 차액을 시장이자율로 할인한 현재가치에 해당하는 금액을 더 가산한 금액을 수령하게 된다. 따라서 사채의 발행금액은 액면금액을 초과하게 되며, 이러한 경우 할증발행이라고 한다. 이때 시장이자율과 액면이자율의 차액을 시장이자율로 할인한 현재가치는 사채할증발행차금이 된다.

2. 액면발행

사채의 액면이자율과 시장이자율이 같다면 사채는 액면금액으로 발행된다. 이를 액면발행이라고 한다. 사채를 액면발행하게 되면 매기 말 인식하는 이자비용은 액면이자와 동일하고 사채의 장부금액은 발행 시점에 액면금액으로 발행되어 매기 말 변동하지 않는다.

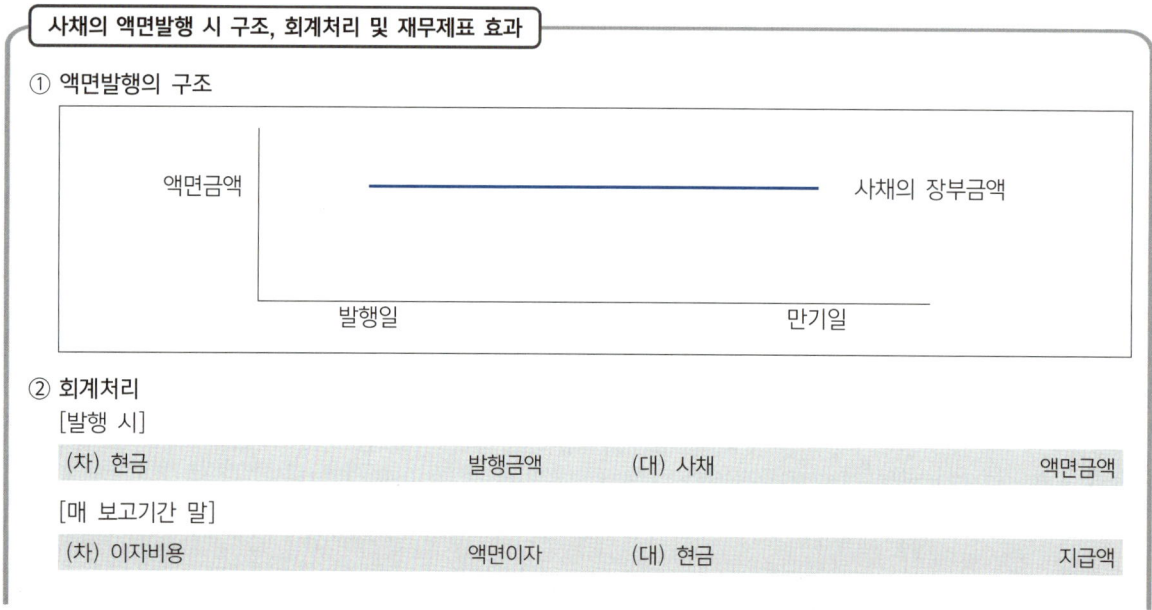

[만기상환 시]
(차) 사채　　　　　　　　　액면금액　　(대) 현금　　　　　　　　　만기 상환액

③ 재무제표 효과
　㉠ 발행일의 재무상태표 = 매 보고기간 말 재무상태표

B/S
	사채	액면금액

　㉡ 매 보고기간 포괄손익계산서

I/S
이자비용		액면금액 × 액면이자율

사례연습 1. 사채의 액면발행

A사는 20×1년 초에 만기 20×3년 말, 액면금액 ₩100,000, 액면이자율 연 8%, 이자 지급일은 매년 12월 31일, 만기상환일은 20×3년 12월 31일인 사채를 발행하였다. 관련 현가계수는 아래와 같다.

구분	이자율 8%	이자율 10%	이자율 6%
3기간 현가계수	0.79383	0.75131	0.83962
3기간 연금현가계수	2.57710	2.48685	2.67301

동 사채의 발행 당시 시장이자율이 8%인 경우 아래의 물음에 답하시오. (단, 소수점 첫째자리에서 반올림한다)

[물음 1]
동 사채의 발행 시부터 만기상환 시까지 회계처리를 보이시오.

[물음 2]
동 사채의 만기까지 A사가 인식할 총 이자비용을 구하시오.

[풀이]

[물음 1]
(1) 회계처리
　[발행 시]
　　(차) 현금　　　　　　　　　100,000　　(대) 사채[1]　　　　　　　　　100,000
　　　[1] (8,000 × 2.57710) + (100,000 × 0.79383) = 100,000
　[매 보고기간 말(20×1, 2, 3년 말)]
　　(차) 이자비용[2]　　　　　　　8,000　　(대) 현금　　　　　　　　　8,000
　　　[2] 100,000 × 8% = 8,000
　[만기상환 시]
　　(차) 사채　　　　　　　　　100,000　　(대) 현금　　　　　　　　　100,000

(2) 재무제표의 효과

발행일의 재무상태표 = 매 보고기간 말 재무상태표(상환 전까지)

	B/S	
	사채	100,000

[물음 2]
사채의 만기까지 A사가 인식할 총 이자비용: 8,000×3년 = 24,000

3. 할인발행

(1) 사채의 할인발행 시 발행일의 회계처리

사채의 액면이자율이 시장이자율보다 낮다면 사채는 할인금액으로 발행될 것이며, 이를 할인발행이라고 한다. 사채는 일반적으로 정보이용자에게 유용한 정보를 제공하기 위하여 사채 계정을 액면금액으로 기록하며, 액면금액과 발행금액의 차액은 사채할인발행차금 계정으로 처리하는 것이 일반적이다. 사채할인발행차금은 사채의 차감계정으로 사채에서 차감하는 형식으로 표시한다. 사채에서 사채할인발행차금을 차감한 금액을 사채의 장부금액이라고 한다.

Additional Comment

사채할인발행차금은 재무상태표를 작성할 때 사채 계정에서 차감(표시)한다. 한국채택국제회계기준에서는 사채할인발행차금의 사용에 대해서 명시적 언급이 없기 때문에 사채할인발행차금 계정을 사용하지 않고 사채를 순액으로 계상할 수도 있다. 단, 사채할인발행차금의 잔액이나 사채할인발행차금의 상각액을 묻는 문제가 아니라면 사채할인발행차금을 사용한 총액법 회계처리와 사채할인발행차금을 사용하지 않는 순액법 회계처리의 사채의 장부금액이나 이자비용이 일치한다.

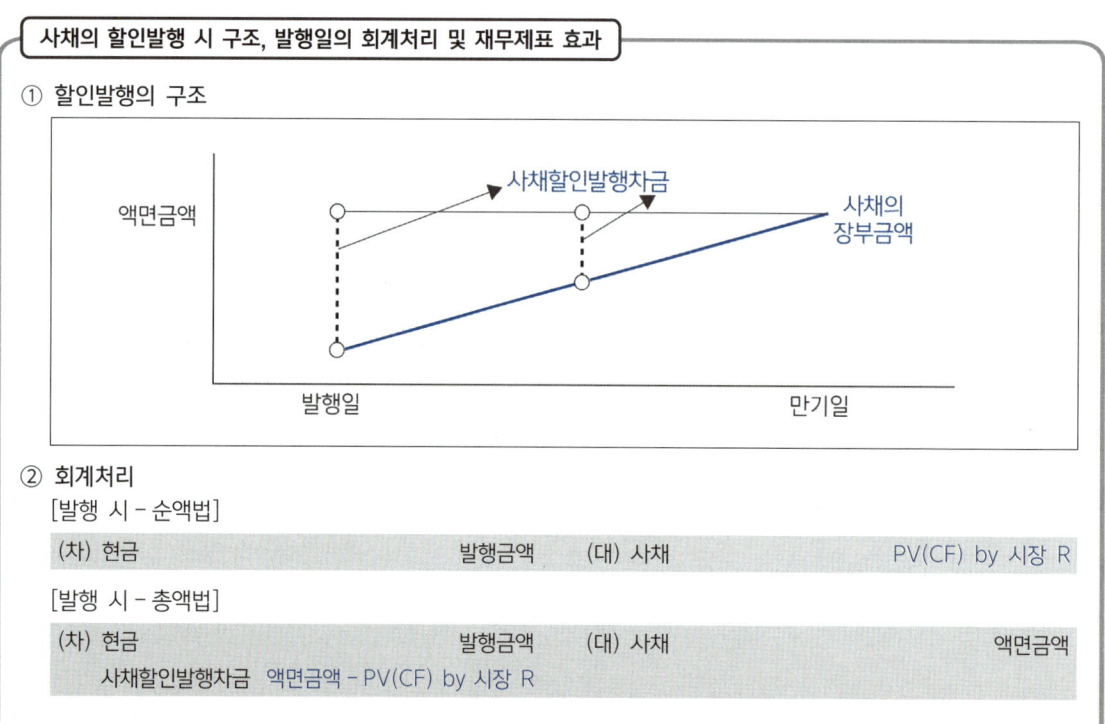

③ 발행일의 재무상태표

	B/S	
	사채	액면금액
	(사채할인발행차금)	(역산)
	사채 장부금액	PV(CF) by 시장 R

⇒ 매기 말 사채할인발행차금의 잔액: 액면금액 − PV(CF) by 시장 R

(2) 사채의 할인발행 시 매 보고기간 말의 회계처리

사채할인발행차금은 액면이자를 시장이자율보다 적게 지급함에 따른 대가를 투자자에게 미리 지급한 금액으로 이자와 동일한 성격이다. 사채할인발행차금은 사채의 상환기간에 걸쳐 유효이자율법에 따라 상각하여 이자비용에 가산한다.

Additional Comment

유효이자율법은 금융부채의 상각후원가를 계산하고 관련 기간에 이자비용을 당기손익으로 인식하고 배분하는 방법이다. 즉, 유효이자율을 이용하여 유효이자[= 기초 장부금액 × 시장이자율(or 유효이자율)]를 이자비용으로 인식하고, 유효이자와 액면이자의 차이를 사채의 장부금액에 가감하는 방법이다. 사채의 할인발행하에서 유효이자는 매기 말 사채의 기초 장부금액이 증가하면서 매기 증가하게 된다.

Self Study

유효이자율은 금융부채의 기대존속기간에 추정 미래 현금 지급액의 현재가치를 금융부채의 상각후원가와 정확히 일치시키는 이자율을 말한다. 유효이자율은 거래원가를 차감한 사채의 발행금액과 사채의 미래 현금흐름의 현재가치를 일치시키는 이자율로 사채발행 시에 거래원가가 없다면 시장이자율과 유효이자율은 동일하다.

유효이자율법에서는 직전 이자 지급일의 장부금액에 유효이자율을 곱한 유효이자를 이자비용으로 인식하고, 액면이자와의 차액은 사채할인발행차금 상각액으로 인식한다. 또한 순액법으로 회계처리하는 경우에는 동 금액만큼 사채의 장부금액을 증가시킨다. 그러므로 매 보고기간 말 유효이자율법에 따라 인식한 이자비용에 포함되는 사채할인발행차금의 상각액은 사채의 장부금액 변동액과 일치한다.

사채의 할인발행 시 매 보고기간 말의 구조, 회계처리 및 재무제표 효과

① 할인발행의 구조

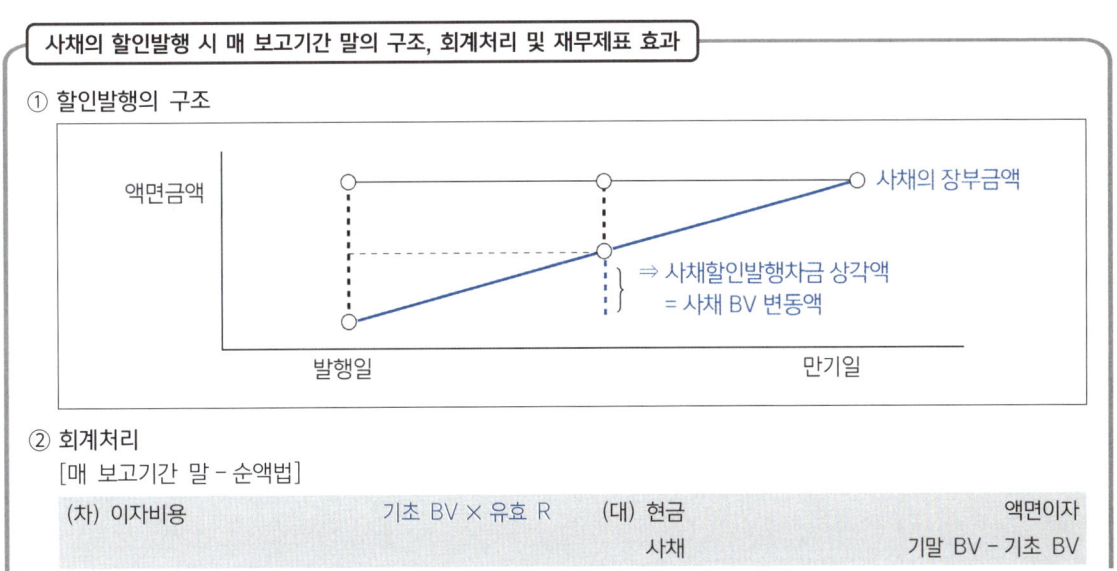

② 회계처리

[매 보고기간 말 − 순액법]

(차) 이자비용	기초 BV × 유효 R	(대) 현금	액면이자
		사채	기말 BV − 기초 BV

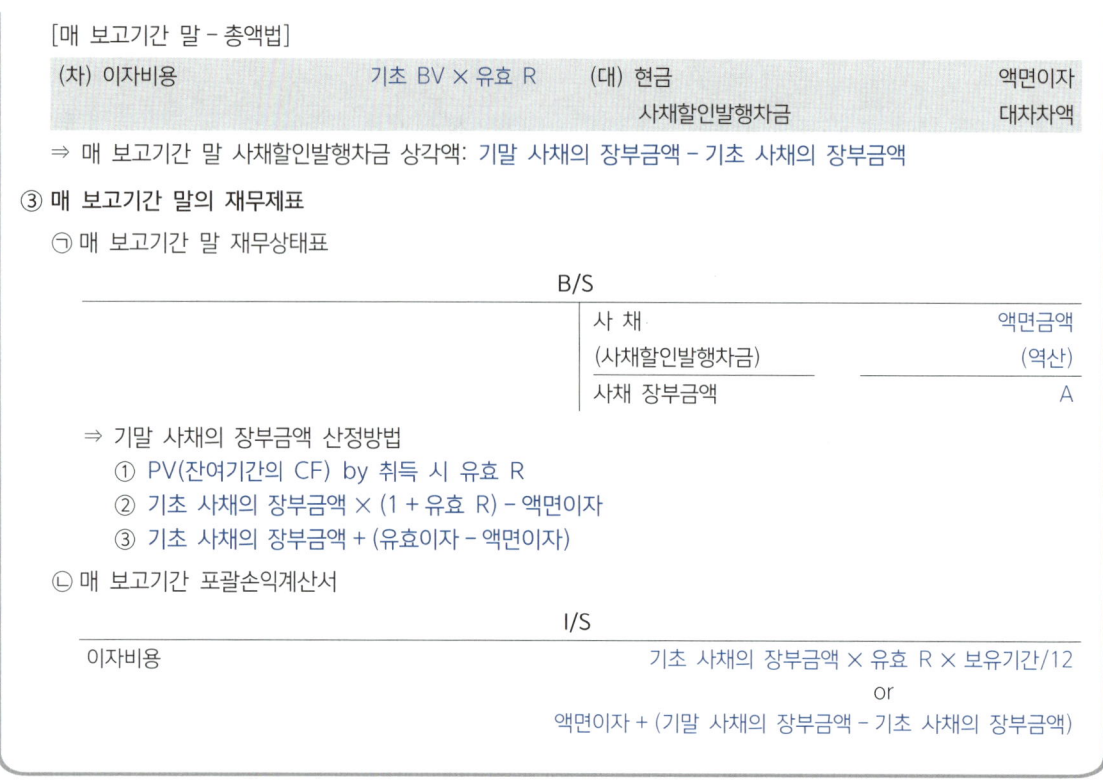

사채의 상환기간 동안 사채의 발행금액보다 더 지급하는 금액은 성격적으로 모두 이자에 해당하므로 사채의 발행자가 상환기간 동안에 인식할 총 이자비용은 액면이자의 합계액과 사채할인발행차금의 합이나 사채의 미래 현금흐름의 합계액 - 사채의 발행금액(현재가치)으로 계산된다.

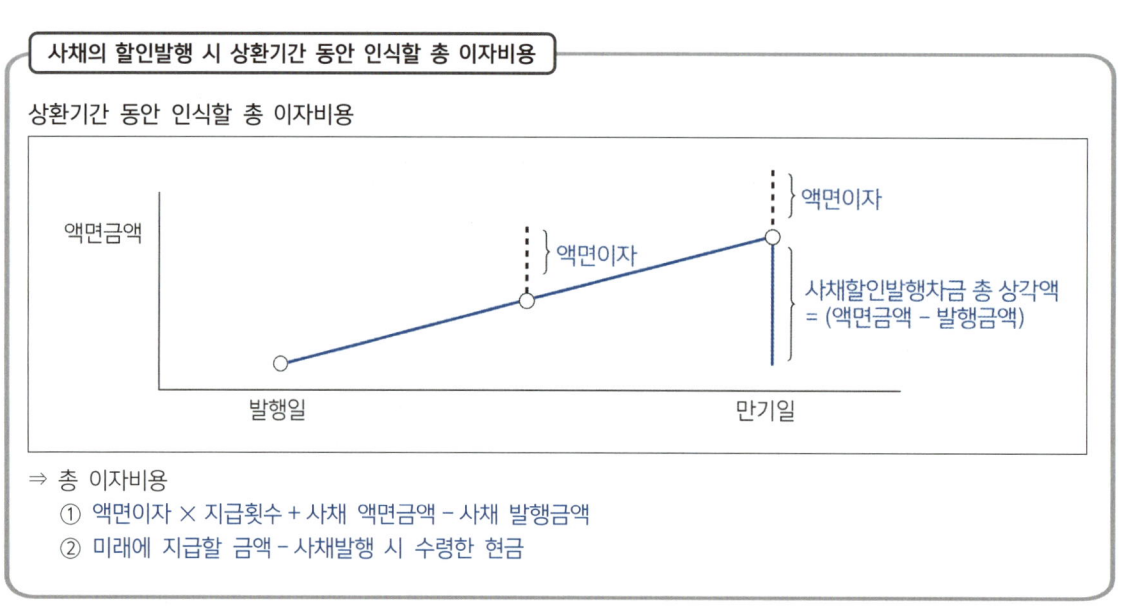

(3) 사채의 할인발행하에서 만기상환 시의 회계처리

사채의 상환기간 동안 매 보고 기간 말 유효이자율법에 따라 사채할인발행차금을 상각하면 만기 시점에는 사채할인발행차금은 모두 상각되어 잔액이 '0'이 된다. 순액법의 경우 매 보고기간 말에 유효이자율법에 따라 사채의 장부금액이 증가하여 만기 시점에는 사채의 장부금액이 액면금액과 동일하여진다. 그러므로 만기 시점에 상환 시 회계처리는 액면발행과 동일하다.

사례연습 2. 사채의 할인발행

A사는 20×1년 초에 만기 20×3년 말, 액면금액 ₩ 100,000, 액면이자율 연 8%, 이자 지급일은 매년 12월 31일, 만기상환일은 20×3년 12월 31일인 사채를 발행하였다.
관련 현가계수는 아래와 같다.

구분	이자율 8%	이자율 10%	이자율 6%
3기간 현가계수	0.79383	0.75131	0.83962
3기간 연금현가계수	2.57710	2.48685	2.67301

동 사채의 발행 당시 시장이자율이 10%인 경우 아래의 물음에 답하시오. (단, 소수점 첫째자리에서 반올림한다)

[물음 1]
동 사채의 발행 시부터 만기상환 시까지 회계처리를 보이시오.

[물음 2]
동 사채의 만기까지 A사가 인식할 총 이자비용을 구하시오.

풀이

[물음 1]
1. 발행일
(1) 회계처리

[발행 시 – 순액법]

(차) 현금	95,026	(대) 사채[1]	95,026

[1] (8,000 × 2.48685) + (100,000 × 0.75131) = 95,026

[발행 시 – 총액법]

(차) 현금	95,026	(대) 사채	100,000
사채할인발행차금	4,974		

(2) 발행일의 재무상태표

B/S

사채	100,000
(사채할인발행차금)	(4,974)
사채 장부금액	95,026

⇒ 발행일의 사채할인발행차금 잔액: 100,000 − 95,026 = 4,974

2. 매 보고기간 말
(1) 20×1년 말
   1) 회계처리
   [매 보고기간 말 – 순액법]

(차) 이자비용[2]	9,503	(대) 현금	8,000
		사채	1,503

[2] 95,026 × 10% = 9,503

[매 보고기간 말 - 총액법]

(차) 이자비용	9,503	(대) 현금	8,000
		사채할인발행차금	1,503

2) 20×1년 말 재무상태표

B/S

		사채	100,000
		(사채할인발행차금)	(3,471)
		사채 장부금액	96,529

⇒ 기말 사채의 장부금액 산정방법
① PV(잔여기간의 CF) by 취득 시 유효 R: $(8,000/1.1) + (108,000/1.1^2) = 96,529$
② 기초 사채의 장부금액 × (1 + 유효 R) - 액면이자: [95,026 × (1 + 10%)] - 8,000 = 96,529
③ 기초 사채의 장부금액 + (유효이자 - 액면이자): 95,026 + (9,503 - 8,000) = 96,529
⇒ 20×1년 말 사채할인발행차금 상각액: 96,529 - 95,026 = 1,503

3) 20×1년 포괄손익계산서

I/S

이자비용	기초 사채의 장부금액 × 유효 R × 보유기간/12
	95,026 × 10% = 9,503
	or
	액면이자 + (기말 사채의 장부금액 - 기초 사채의 장부금액)
	8,000 + (96,529 - 95,026) = 9,503

(2) 20×2년 말

1) 회계처리

[매 보고기간 말 - 순액법]

(차) 이자비용[3]	9,653	(대) 현금	8,000
		사채	1,653

[3] 96,529 × 10% = 9,653

[매 보고기간 말 - 총액법]

(차) 이자비용	9,653	(대) 현금	8,000
		사채할인발행차금	1,653

2) 20×2년 말 재무상태표

B/S

		사채	100,000
		(사채할인발행차금)	(1,653)
		사채 장부금액	98,182

⇒ 기말 사채의 장부금액 산정방법
① PV(잔여기간의 CF) by 취득 시 유효 R: 108,000/1.1 = 98,182
② 기초 사채의 장부금액 × (1 + 유효 R) - 액면이자: [96,529 × (1 + 10%)] - 8,000 = 98,182
③ 기초 사채의 장부금액 + (유효이자 - 액면이자): 96,529 + (9,653 - 8,000) = 98,182
⇒ 20×2년 말 사채할인발행차금 상각액: 98,182 - 96,529 = 1,653

3) 20×2년 포괄손익계산서

I/S

이자비용	기초 사채의 장부금액 × 유효 R × 보유기간/12
	96,529 × 10% = 9,653
	or
	액면이자 + (기말 사채의 장부금액 - 기초 사채의 장부금액)
	8,000 + (98,182 - 96,529) = 9,653

(3) 20×3년 말
  1) 회계처리
  [매 보고기간 말 – 순액법]

(차) 이자비용[4]	9,818	(대) 현금	8,000
		사채	1,818

  [4] 98,182 × 10% = 9,818

  [매 보고기간 말 – 총액법]

(차) 이자비용	9,818	(대) 현금	8,000
		사채할인발행차금	1,818

  2) 20×3년 말 재무상태표

  B/S

		사채	100,000
		(사채할인발행차금)	(−)
		사채 장부금액	100,000

  ⇒ 기말 사채의 장부금액 산정방법
    ① 기초 사채의 장부금액 × (1 + 유효 R) − 액면이자: [98,182 × (1 + 10%)] − 8,000 = 100,000
    ② 기초 사채의 장부금액 + (유효이자 − 액면이자): 98,182 + (9,818 − 8,000) = 100,000
  ⇒ 20×3년 말 사채할인발행차금 상각액: 100,000 − 98,182 = 1,818

  3) 20×3년 포괄손익계산서

  I/S

이자비용	기초 사채의 장부금액 × 유효 R × 보유기간/12
	98,182 × 10% = 9,818
	or
	액면이자 + (기말 사채의 장부금액 − 기초 사채의 장부금액)
	8,000 + (100,000 − 98,182) = 9,818

3. 만기상환 시
  회계처리
  [20×3년 말 − 순액법, 총액법 동일]

(차) 사채	100,000	(대) 현금	100,000

[물음 2]
사채의 만기까지 A사가 인식할 총 이자비용: (8,000 × 3년) + 100,000 − 95,026 = 28,974

기출문제

1. ㈜한국은 20×1년 1월 1일에 액면금액 ₩ 1,000,000, 표시이자율 연 8%, 이자 지급일 매년 12월 31일, 만기 3년인 사채를 할인발행하였다. 만기까지 상각되는 연도별 사채할인발행차금 상각액은 다음과 같다.

20×1. 12. 31.	20×2. 12. 31.	20×3. 12. 31.
₩ 15,025	₩ 16,528	₩ 18,195

이에 대한 설명으로 옳지 않은 것은?

2020년 국가직 7급

① 20×2년 12월 31일에 인식할 이자비용은 ₩ 96,528이다.
② 20×1년 1월 1일 사채의 발행금액은 ₩ 950,252이다.
③ 이 사채의 표시이자율은 유효이자율보다 낮다.
④ 이 사채의 발행기간에 매년 인식하는 이자비용은 동일한 금액이다.

해설

유효이자율: ?%

```
        20×1년        20×2년        20×3년
                    ┌─────────────────────────────────┐
                  80,000        80,000        1,000,000
                  액면이자       액면이자       액면금액(8%)
                                               80,000
                                               액면이자
PV 950,252
```

이 사채의 발행기간에 매년 인식하는 이자비용은 매년 증가한다.

▶ 오답체크
① 20×2년 말 이자비용: 96,528
  = 액면이자 (1,000,000 × 8%) + 상각액 16,528
② 20×1년 초 발행금액(역산): 950,252
  = 액면금액 1,000,000 − Σ상각액 (18,195 + 16,528 + 15,025)
③ 상각액이 증가하므로 할인발행이며, 할인발행의 표시이자율은 유효이자율보다 낮다.

참고 액면이자율과 시장이자율의 관계에 따른 사채의 발행유형

구분	이자율 간의 관계	액면금액과 발행금액의 관계
액면발행	시장이자율 = 액면이자율	발행금액 = 액면금액
할인발행	시장이자율 > 액면이자율	발행금액 < 액면금액
할증발행	시장이자율 < 액면이자율	발행금액 > 액면금액

답 ④

4. 할증발행

(1) 사채의 할증발행 시 발행일의 회계처리

사채의 액면이자율이 시장이자율보다 높다면 사채는 할증금액으로 발행될 것이며, 이를 할증발행이라고 한다. 사채는 일반적으로 정보이용자에게 유용한 정보를 제공하기 위하여 사채 계정을 액면금액으로 기록하며, 액면금액과 발행금액의 차액은 사채할증발행차금 계정으로 처리하는 것이 일반적이다. 사채할증발행차금은 사채의 가산계정으로 사채에 가산하는 형식으로 표시한다. 사채에서 사채할증발행차금을 가산한 금액을 사채의 장부금액이라고 한다.

> **Additional Comment**
> 사채할증발행차금은 재무상태표를 작성할 때 사채 계정에서 가산(표시)한다. 한국채택국제회계기준에서는 사채할증발행차금의 사용에 대해서 명시적 언급이 없기 때문에 사채할증발행차금 계정을 사용하지 않고 사채를 순액으로 계상할 수도 있다. 단, 사채할증발행차금의 잔액이나 사채할증발행차금의 상각액을 묻는 문제가 아니라면 사채할증발행차금을 사용한 총액법 회계처리와 사채할증발행차금을 사용하지 않는 순액법 회계처리의 사채의 장부금액이나 이자비용이 일치한다.

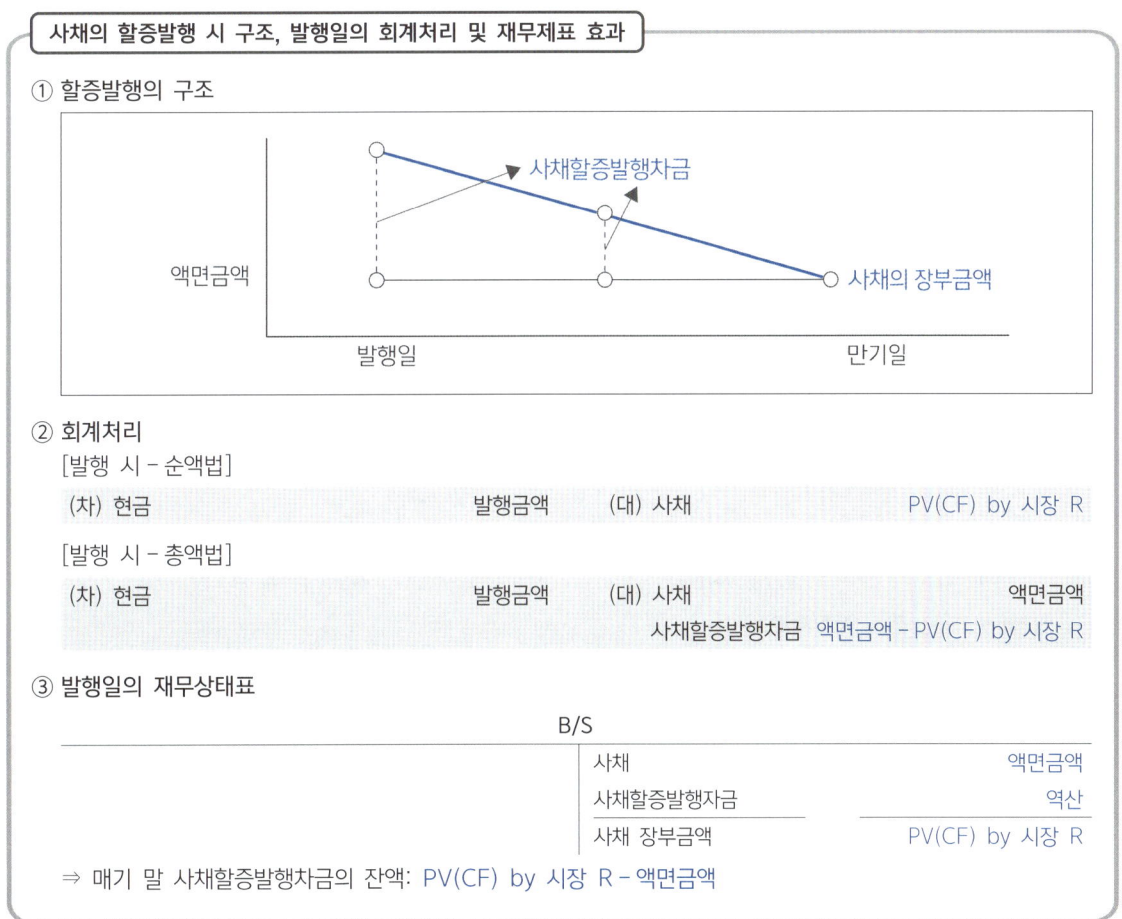

사채의 할증발행 시 구조, 발행일의 회계처리 및 재무제표 효과

① 할증발행의 구조

② 회계처리

[발행 시 - 순액법]

| (차) 현금 | 발행금액 | (대) 사채 | PV(CF) by 시장 R |

[발행 시 - 총액법]

| (차) 현금 | 발행금액 | (대) 사채 | 액면금액 |
| | | 사채할증발행차금 | 액면금액 - PV(CF) by 시장 R |

③ 발행일의 재무상태표

B/S

	사채	액면금액
	사채할증발행차금	역산
	사채 장부금액	PV(CF) by 시장 R

⇒ 매기 말 사채할증발행차금의 잔액: PV(CF) by 시장 R - 액면금액

(2) 사채의 할증발행 시 매 보고기간 말의 회계처리

사채할증발행차금은 액면이자를 시장이자율보다 많이 지급함에 따른 대가를 투자자에게 미리 수령한 금액으로 이자와 동일한 성격이다. 사채할증발행차금은 사채의 상환기간에 걸쳐 유효이자율법에 따라 상각하여 이자비용에서 차감한다.

유효이자율법에서는 직전 이자 지급일의 장부금액에 유효이자율을 곱한 유효이자를 이자비용으로 인식하고, 액면이자와의 차액은 사채할증발행차금 상각액으로 인식한다. 또한 순액법으로 회계처리하는 경우에는 동 금액만큼 사채의 장부금액을 감소시킨다. 그러므로 매 보고기간 말 유효이자율법에 따라 인식한 이자비용에 고려되는 사채할증발행차금의 상각액은 사채의 장부금액 변동액과 일치한다.

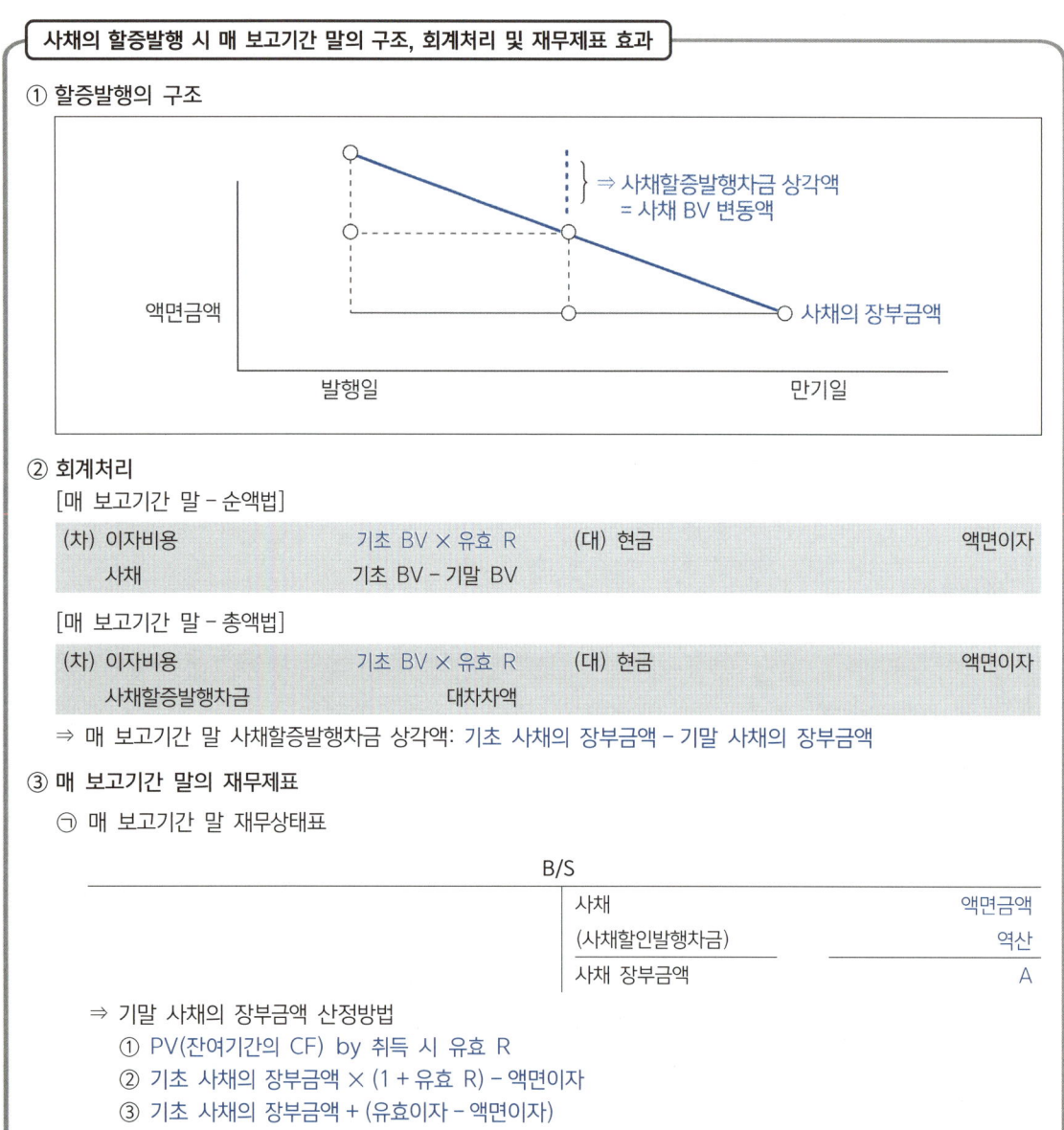

ⓒ 매 보고기간 포괄손익계산서

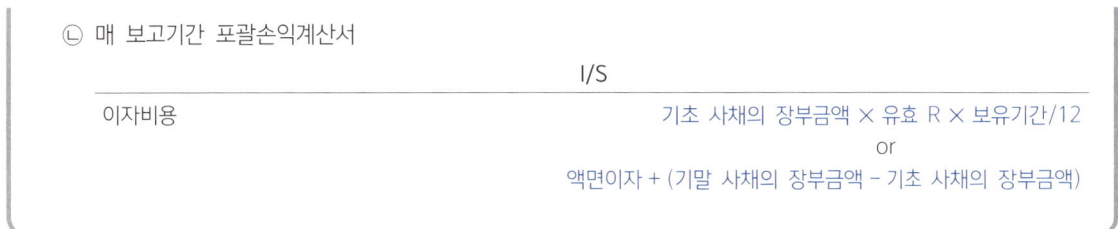

사채의 상환기간 동안 사채의 발행금액보다 더 지급하는 금액은 성격적으로 모두 이자에 해당하므로 사채의 발행자가 상환기간 동안에 인식할 총 이자비용은 액면이자의 합계액과 사채할증발행차금의 차감이나 사채의 미래 현금흐름의 합계액 - 사채의 발행금액(현재가치)로 계산된다.

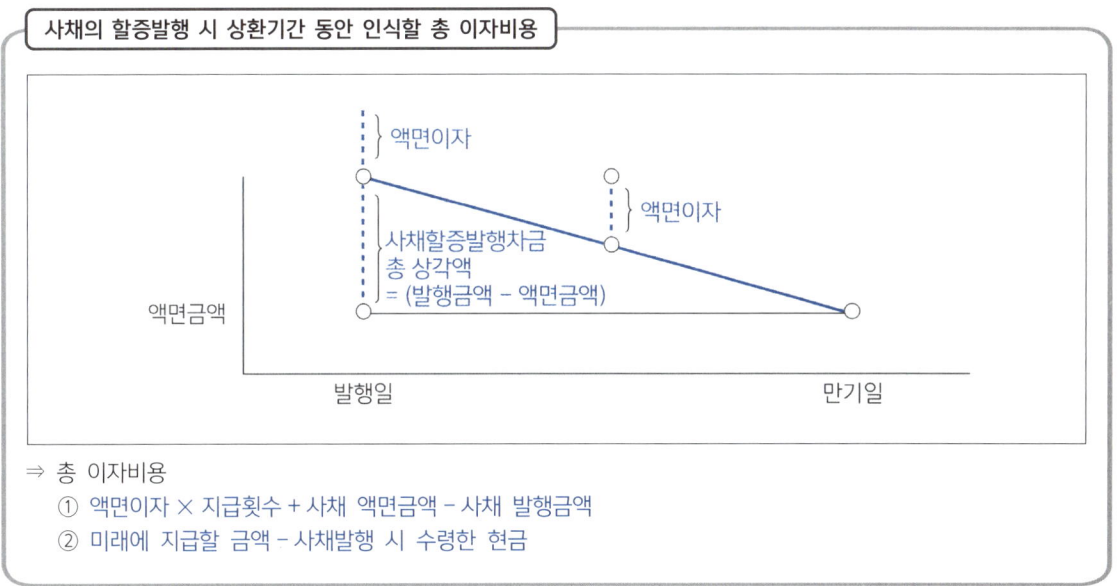

(3) 사채의 할증발행하에서 만기상환 시의 회계처리

사채의 상환기간 동안 매 보고기간 말 유효이자율법에 따라 사채할증발행차금을 상각하면 만기 시점에는 사채할증발행차금은 모두 상각되어 잔액이 '0'이 된다. 순액법의 경우 매 보고기간 말에 유효이자율법에 따라 사채의 장부금액이 감소하여 만기 시점에는 사채의 장부금액이 액면금액과 동일해진다. 그러므로 만기 시점에 상환 시 회계처리는 액면발행과 동일하다.

Self Study

정액법과 유효이자율법의 비교

사채가 할인 또는 할증 발행되는 경우 사채할인(할증)발행차금을 정액법으로 상각할 수도 있다. 정액법은 사채할인(할증)발행차금을 사채의 상환기간 동안 균등하게 상각하는 것이다. 따라서 사채의 상환기간 동안 이자비용이 균등하게 인식된다. 국제회계기준에서는 이자비용은 유효이자율법으로 인식하도록 규정하고 있으므로 사채할인(할증)발행차금을 정액법으로 상각하는 방법은 인정하지 않는다.

구분	정액법		유효이자율법	
	할인발행 시	할증발행 시	할인발행 시	할증발행 시
이자비용	일정	일정	증가	감소
표시이자	일정	일정	일정	일정
사채발행차금 상각액	일정	일정	증가	증가
사채의 장부금액	증가	감소	증가	감소

사례연습 3. 사채의 할증발행

A사는 20×1년 초에 만기 20×3년 말, 액면금액 ₩100,000, 액면이자율 연 8%, 이자 지급일은 매년 12월 31일, 만기상환일은 20×3년 12월 31일인 사채를 발행하였다. 관련 현가계수는 아래와 같다.

구분	이자율 8%	이자율 10%	이자율 6%
3기간 현가계수	0.79383	0.75131	0.83962
3기간 연금현가계수	2.57710	2.48685	2.67301

동 사채의 발행 당시 시장이자율이 6%인 경우 아래의 물음에 답하시오. (단, 소수점 첫째자리에서 반올림한다)

[물음 1]
동 사채의 발행 시부터 만기상환 시까지 회계처리를 보이시오.

[물음 2]
동 사채의 만기까지 A사가 인식할 총 이자비용을 구하시오.

풀이

[물음 1]
1. 발행일
(1) 회계처리

[발행 시 - 순액법]

(차) 현금	105,346	(대) 사채[1]	105,346

[1] (8,000 × 2.67301) + (100,000 × 0.83962) = 105,346

[발행 시 - 총액법]

(차) 현금	105,346	(대) 사채	100,000
		사채할증발행차금	5,346

(2) 발행일의 재무상태표

	B/S	
	사채	100,000
	사채할증발행차금	5,346
	사채 장부금액	105,346

⇒ 발행일의 사채할증발행차금 잔액: 105,346 − 100,000 = 5,346

2. 매 보고기간 말

(1) 20×1년 말

1) 회계처리

[매 보고기간 말 − 순액법]

(차) 이자비용[2]	6,321	(대) 현금	8,000
사채	1,679		

[2] 105,346 × 6% = 6,321

[매 보고기간 말 − 총액법]

(차) 이자비용	6,321	(대) 현금	8,000
사채할증발행차금	1,679		

2) 20×1년 말 재무상태표

	B/S	
	사채	100,000
	사채할증발행차금	3,667
	사채 장부금액	103,667

⇒ 기말 사채의 장부금액 산정방법
① PV(잔여기간의 CF) by 취득 시 유효 R: $(8,000/1.06) + (108,000/1.06^2) = 103,667$
② 기초 사채의 장부금액 × (1 + 유효 R) − 액면이자: [105,346 × (1 + 6%)] − 8,000 = 103,667
③ 기초 사채의 장부금액 + (유효이자 − 액면이자): 105,346 + (6,321 − 8,000) = 103,667

⇒ 20×1년 말 사채할증발행차금 상각액: 105,346 − 103,667 = 1,679

3) 20×1년 포괄손익계산서

	I/S
이자비용	기초 사채의 장부금액 × 유효 R × 보유기간/12
	105,346 × 6% = 6,321
	or
	액면이자 + (기말 사채의 장부금액 − 기초 사채의 장부금액)
	8,000 + (103,667 − 105,346) = 6,321

(2) 20×2년 말

1) 회계처리

[매 보고기간 말 − 순액법]

(차) 이자비용[3]	6,220	(대) 현금	8,000
사채	1,780		

[3] 103,667 × 6% = 6,220

[매 보고기간 말 − 총액법]

(차) 이자비용	6,220	(대) 현금	8,000
사채할증발행차금	1,780		

2) 20×2년 말 재무상태표

	B/S	
	사채	100,000
	사채할증발행차금	1,887
	사채 장부금액	101,887

⇒ 기말 사채의 장부금액 산정방법
① PV(잔여기간의 CF) by 취득 시 유효 R: 108,000/1.06 = 101,887
② 기초 사채의 장부금액 × (1 + 유효 R) − 액면이자: [103,667 × (1 + 6%)] − 8,000 = 101,887
③ 기초 사채의 장부금액 + (유효이자 − 액면이자): 103,667 + (6,220 − 8,000) = 101,887
⇒ 20×2 말 사채할증발행차금 상각액: 103,667 − 101,887 = 1,780

3) 20×2년 포괄손익계산서

	I/S	
이자비용		기초 사채의 장부금액 × 유효 R × 보유기간/12
		103,667 × 6% = 6,220
		or
		액면이자 + (기말 사채의 장부금액 − 기초 사채의 장부금액)
		8,000 + (101,887−103,667) = 6,220

(3) 20×3년 말
1) 회계처리
[매 보고기간 말 − 순액법]

(차) 이자비용[4]	6,113	(대) 현금	8,000
사채	1,887		

[4] 101,887 × 6% = 6,113

[매 보고기간 말 − 총액법]

(차) 이자비용	6,113	(대) 현금	8,000
사채할증발행차금	1,887		

2) 20×3년 말 재무상태표

	B/S	
	사채	100,000
	사채할증발행차금	(−)
	사채 장부금액	100,000

⇒ 기말 사채의 장부금액 산정방법
① 기초 사채의 장부금액 × (1 + 유효 R) − 액면이자: [101,887 × (1 + 6%)] − 8,000 = 100,000
② 기초 사채의 장부금액 + (유효이자 − 액면이자): 101,887 + (6,113 − 8,000) = 100,000
⇒ 20×3년 말 사채할증발행차금 상각액: 101,887 − 100,000 = 1,887

3) 20×3년 포괄손익계산서

	I/S	
이자비용		기초 사채의 장부금액 × 유효 R × 보유기간/12
		101,887 × 6% = 6,113
		or
		액면이자 + (기말 사채의 장부금액 − 기초 사채의 장부금액)
		8,000 + (100,000 − 101,887) = 6,113

3. 만기상환 시 회계처리
   [20×3년 말 – 순액법, 총액법 동일]
   (차) 사채　　　　　　　　　　　　　100,000　　　(대) 현금　　　　　　　　　　　　　100,000

[물음 2]
사채의 만기까지 A사가 인식할 총 이자비용: (8,000 × 3년) + 100,000 − 105,346 = 18,654

기출문제

2. 사채의 발행 및 발행 후 회계처리에 대한 설명으로 옳지 않은 것은?　　　2014년 국가직 7급

① 상각후원가로 측정하는 사채의 경우 사채발행비가 발생한다면 액면발행, 할인발행, 할증발행 등 모든 상황에서 유효이자율은 사채발행비가 발생하지 않는 경우보다 높다.
② 사채를 할증발행한 경우 사채 이자비용은 현금 이자 지급액에 사채할증발행차금 상각액을 가산하여 인식한다.
③ 사채의 할증발행 시 유효이자율법에 의해 상각하는 경우 기간 경과에 따라 매기 인식하는 할증발행차금의 상각액은 증가한다.
④ 사채의 할인발행 시 유효이자율법에 의해 상각하는 경우 기간 경과에 따라 매기 인식하는 할인발행차금의 상각액은 증가한다.

해설

사채를 할증발행한 경우 사채 이자비용은 현금 이자 지급액에 사채할증발행차금 상각액을 차감하여 인식한다.

참고 액면이자율과 시장이자율의 관계에 따른 사채의 발행유형

구분	이자율 간의 관계	액면금액과 발행금액의 관계
액면발행	시장이자율 = 액면이자율	발행금액 = 액면금액
할인발행	시장이자율 > 액면이자율	발행금액 < 액면금액
할증발행	시장이자율 < 액면이자율	발행금액 > 액면금액

참고 사채 할인발행 시 보고기간 말의 회계처리

[매 보고기간 말 – 총액법]
(차) 이자비용　　　　　기초 BV × 유효 R　　　(대) 현금　　　　　　　　　액면이자
　　　　　　　　　　　　　　　　　　　　　　　　사채할인발행차금　　　　대차차액

[매 보고기간 말 – 순액법]
(차) 이자비용　　　　　기초 BV × 유효 R　　　(대) 현금　　　　　　　　　액면이자
　　　　　　　　　　　　　　　　　　　　　　　　사채　　　　　　　　　　기말 BV − 기초 BV

참고 사채 할증발행 시 보고기간 말의 회계처리

[매 보고기간 말 – 총액법]
(차) 이자비용　　　　　기초 BV × 유효 R　　　(대) 현금　　　　　　　　　액면이자
　　　사채할증발행차금　대차차액

[매 보고기간 말 – 순액법]
(차) 이자비용　　　　　기초 BV × 유효 R　　　(대) 현금　　　　　　　　　액면이자
　　　사채　　　　　　　기초 BV − 기말 BV

답 ②

3 거래원가와 시장이자율 및 유효이자율

상각후원가 측정 금융부채는 최초 인식 시에 공정가치로 측정하고 거래원가는 해당 공정가치에서 차감한다. 그러므로 거래원가가 발생한 경우 사채의 발행금액은 사채의 미래 현금흐름을 시장이자율로 할인한 현재가치 금액에 거래원가를 차감한 금액이 된다.

> 사채의 발행금액: PV(CF) by 시장이자율 − 거래원가

Additional Comment
거래원가는 금융부채의 발행과 직접 관련된 증분원가로, 금융부채의 발행이 없었다면 생기지 않았을 원가를 말한다. 거래원가는 대리인(판매대리인 역할을 하는 종업원 포함), 고문, 중개인, 판매자에게 지급하는 수수료와 중개수수료, 감독기구와 증권거래소의 부과금과 양도세 등이 포함된다. 거래원가에는 채무할증액, 채무할인액, 금융원가, 내부관리원가, 내부보유원가는 포함되지 않는다.

여기서 추가되는 개념이 유효이자율이다. 유효이자율은 거래원가를 차감한 사채의 발행금액과 사채의 미래 현금흐름의 현재가치를 일치시키는 이자율이다. 그러므로 거래원가가 존재한다면 사채발행으로 인하여 순수하게 유입된 금액(= 사채발행금액 − 거래원가)과 사채의 미래 현금흐름의 현재가치를 일치시키는 유효이자율을 다시 산정하여야 한다.

> 사채의 발행금액: PV(CF) by 유효이자율

이에 따라 거래원가가 없다면 사채의 발행 시 시장이자율과 유효이자율은 일치하지만 거래원가가 있다면 사채의 발행 시 시장이자율과 유효이자율이 일치하지 않는다.

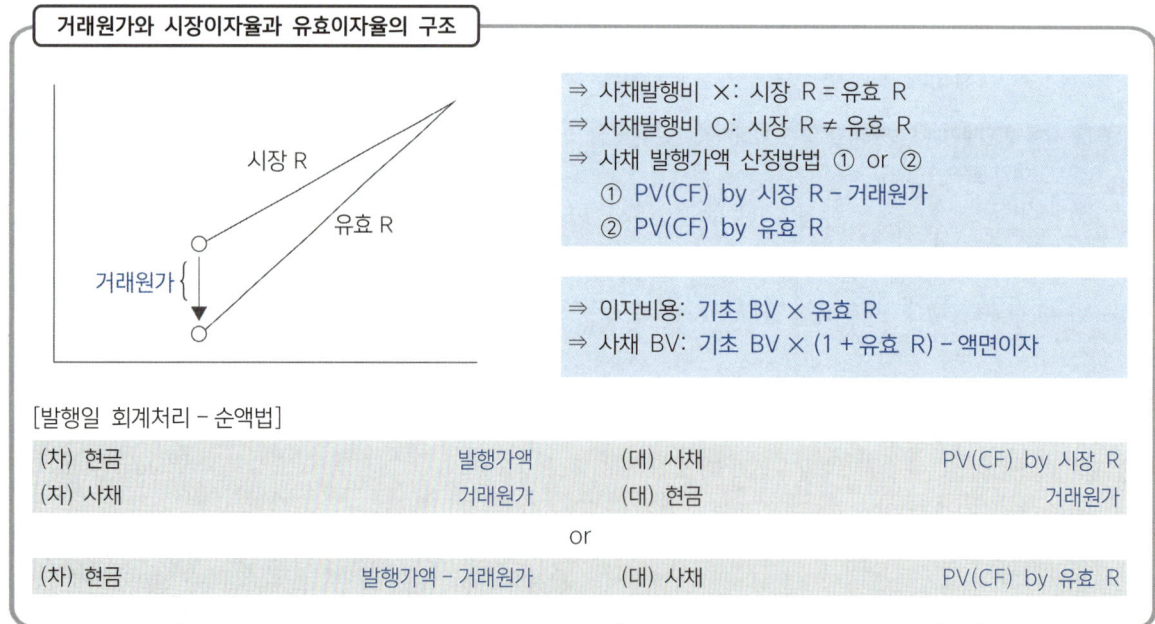

거래원가와 시장이자율과 유효이자율의 구조

⇒ 사채발행비 X: 시장 R = 유효 R
⇒ 사채발행비 O: 시장 R ≠ 유효 R
⇒ 사채 발행가액 산정방법 ① or ②
 ① PV(CF) by 시장 R − 거래원가
 ② PV(CF) by 유효 R

⇒ 이자비용: 기초 BV × 유효 R
⇒ 사채 BV: 기초 BV × (1 + 유효 R) − 액면이자

[발행일 회계처리 − 순액법]

| (차) 현금 | 발행가액 | (대) 사채 | PV(CF) by 시장 R |
| (차) 사채 | 거래원가 | (대) 현금 | 거래원가 |

or

| (차) 현금 | 발행가액 − 거래원가 | (대) 사채 | PV(CF) by 유효 R |

> **기출문제**

3. 상각후원가 측정 금융부채로 분류하는 사채의 회계처리에 대한 설명으로 옳지 않은 것은?

2021년 국가직 9급

① 사채발행 시 사채발행비가 발생한 경우의 유효이자율은 사채발행비가 발생하지 않는 경우보다 높다.
② 사채의 액면이자율이 시장이자율보다 낮은 경우 사채를 할인발행하게 된다.
③ 사채를 할증발행한 경우 사채의 장부금액은 시간이 흐를수록 감소한다.
④ 사채의 할인발행과 할증발행의 경우 사채발행차금 상각액이 모두 점차 감소한다.

해설
사채의 할인발행차금과 할증발행차금은 시간의 경과에 따라 모두 증가한다. 답 ④

4 이자 지급일 사이의 사채발행

1. 이자 지급일 사이의 사채발행의 이해

사채와 같은 채무상품의 발행자는 이자 지급일 현재의 채무상품 보유자에게 이자 지급기간에 발생한 이자를 모두 지급한다. 이는 채무상품의 보유자는 자신의 보유기간에 관계없이 이자 지급일에 이자계산 기간의 전체 이자를 모두 수취하는 것을 말한다.

Additional Comment
매년 12월 31일에 이자를 지급하는 조건으로 20×1년 초에 발행된 채무상품을 투자자가 12월 1일에 취득하여 12월 말까지 보유하면 투자자는 그 채무상품을 1개월만 보유하였더라도 12월 말에 12개월분 이자를 모두 받는다.

채무상품의 발행자는 이자 지급일 현재 채무상품 보유자에게 이자계산 기간의 모든 이자를 지급하기 때문에 이자 지급일 사이에 채무상품을 매매할 경우 최종 이자 지급일부터 중도 매매일까지 발생한 이자(= 경과이자)만큼 가산한 금액으로 매매대가가 결정된다.

회사가 사채를 발행하였으나, 투자자의 입장에서 사채의 조건이 만족스럽지 않아 사채의 발행일에 사채를 취득하지 않다가 일정 기간이 경과된 후에 취득하기도 하는데, 이를 이자 지급일 사이의 사채발행이라고 한다. 이때 이자 지급일 사이에 사채를 발행할 때 경과이자만큼 더 수취한 금액은 사채의 발행가액이 아니라 미지급이자에 해당한다.

Additional Comment
이자 지급기간이 1월 1일부터 12월 31일인 사채를 4월 1일에 발행(= 투자자가 이 시점에서 사채를 취득)하였다면, 발행자는 3개월분의 경과이자만큼 대가를 더 받는다. 그 이유는 발행자는 사채의 발행일로부터 9개월이 경과된 12월 말에 미리 받은 3개월분 경과이자를 포함하여 12개월분 이자를 투자자에게 지급하게 되는데 이때 발행자가 미리 받은 3개월분의 이자 때문에 실질적으로 발행자는 결국 9개월분의 이자만 지급한 셈이 된다.

2. 이자 지급일 사이의 사채발행 시 사채의 발행금액

이자 지급일 사이에 사채를 발행하는 경우 사채발행으로 인한 현금 수령액은 발행일 현재 사채의 미래 현금흐름을 실제 발행일의 시장이자율로 할인한 현재가치가 된다. 이 금액은 명목상 발행일의 발행금액을 미래가치로 환산하는 방법을 사용하여 계산한다. 따라서 실제 발행일의 현금 수령액은 명목상 발행일의 발행금액에 명목상 발행일부터 실제 발행일 사이의 실질이자를 가산한 금액이 된다. 여기서 주의할 점은 모든 금액을 계산할 때 실제 발행일의 시장이자율을 사용하여야 한다는 것이다.

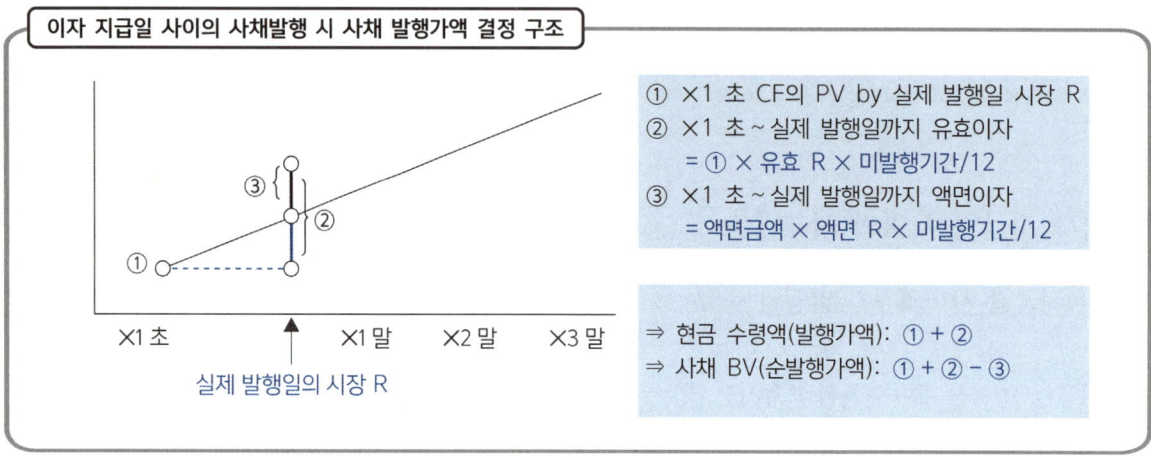

Additional Comment

이자 지급일 사이에 사채를 발행하는 경우 발행금액의 계산 시 사용되는 시장이자율은 명목상 발행일의 시장이자율이 아닌 실제 발행일의 시장이자율이 되어야 한다. 그 이유는 사채의 발행금액은 언제나 시장에서 거래되는 공정가치로 결정되며, 특정일 현재 사채의 공정가치는 사채의 미래 현금흐름을 동 일자의 시장이자율로 할인한 현재가치금액이 된다.

3. 이자 지급일 사이의 사채발행 시 발행일의 회계처리(할인발행 가정)

사채발행으로 수령한 현금과 사채의 순발행금액과의 차이는 명목상 발행일과 실제 발행일 사이에 발생한 경과이자에 해당된다. 경과이자는 별도로 구분하여 미지급이자로 인식하며, 이자 지급일에 표시이자를 지급할 때 동 지급액과 상계한다.

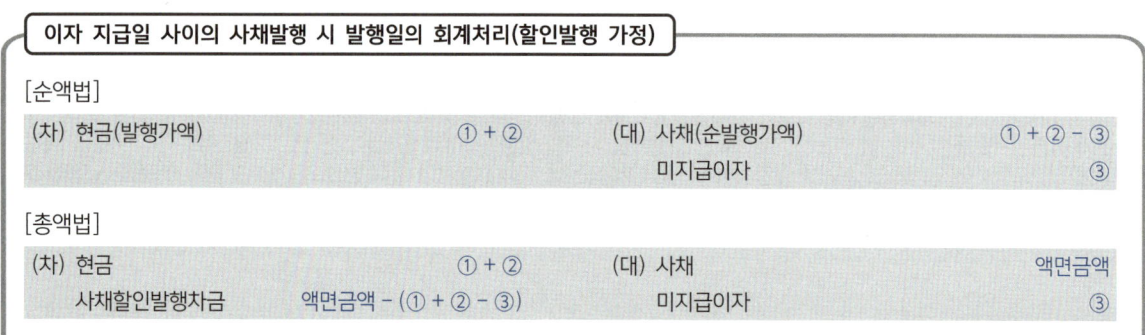

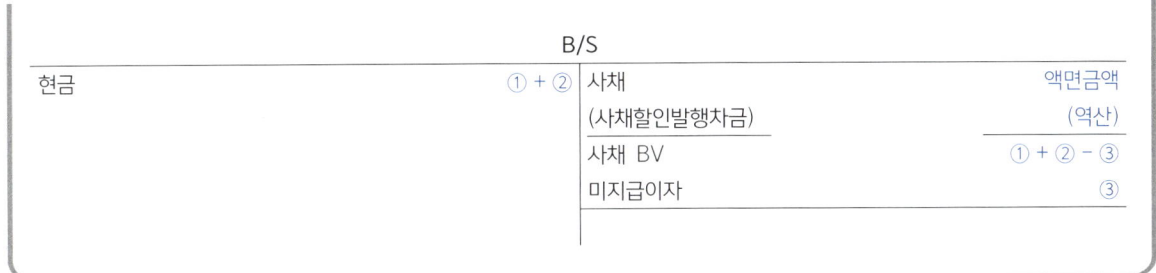

4. 이자 지급일 사이의 사채발행 시 보고기간 말의 회계처리(할인발행 가정)

실제 발행일부터 이자 지급일까지의 이자비용은 동 기간의 표시이자에 사채할인발행차금 상각액을 가산한 금액이 된다. 이자 지급일 사이에 사채를 발행한 경우 사채할인발행차금 상각액은 명목상 발행일에 사채를 발행하였다고 가정하고 1년치 상각액을 계산한 후 실제 발행일부터 이자 지급일까지의 기간에 해당하는 금액을 계산하는 방법을 사용하여 상각한다.

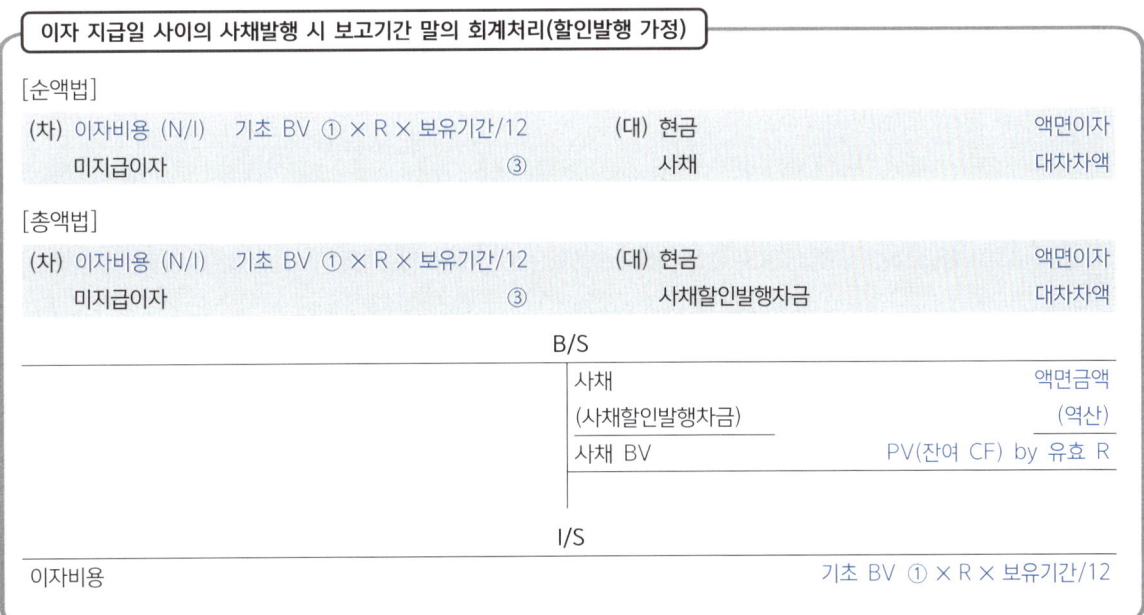

> **Self Study**
> 1. 사채의 기중 발행 시, 발행한 회계연도의 이자비용 산정 시에 실제 발행일의 장부가액이 아닌 1월 1일 발행을 가정한 현금흐름의 현재가치(①)를 기준으로 이자비용을 산정한다.
> 2. 사채의 기중 발행은 발행한 회계연도의 기말 미지급이자의 회계처리 이후에는 기초 발행과 동일하게 이자비용과 장부가액을 산정한다.

사례연습 4. 이자 지급일 사이의 사채발행

㈜뚱땡은 20×1년 초에 액면 ₩100,000, 액면이자율 10%, 만기 20×2년의 사채를 발행하였는데, 사채의 이자는 20×1년 1월 1일부터 계산하도록 되어 있으나 실제 발행은 20×1년 4월 1일에 이루어졌다. ㈜뚱땡의 결산일은 12월 31일이다. 20×1년 초의 시장이자율은 10%, 20×1년 4월 1일의 시장이자율은 12%이다. (단, 12%, 2년 연금현가계수는 1.69, 현가계수는 0.79이다) 동 거래와 관련하여 ㈜뚱땡이 20×1년에 해야 할 회계처리를 보이시오.

풀이

(1) 사채의 CF분석

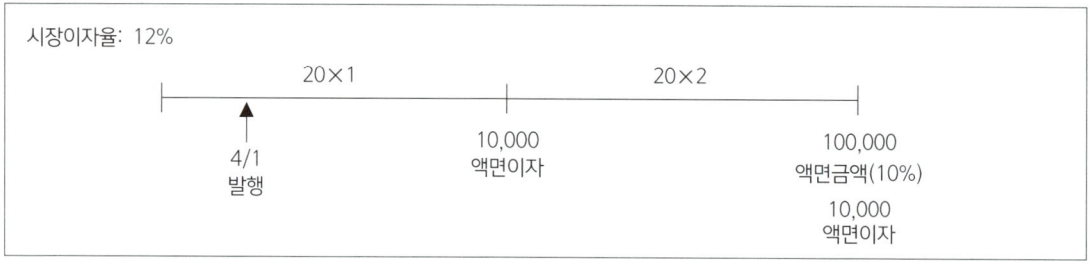

(2) 이자 지급일 사이의 사채발행 시의 구조

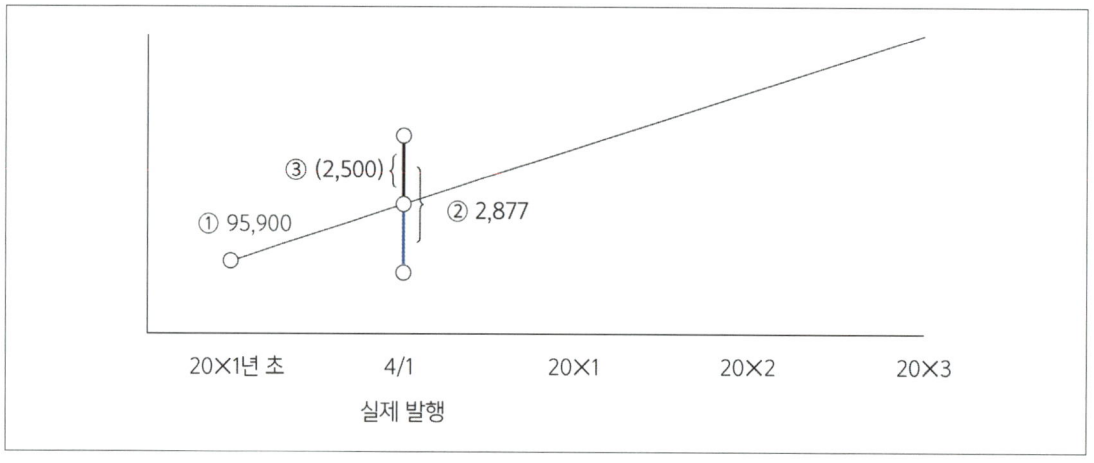

(3) 수식 정리
  1) 기중 발행 시 필수 요소
   ① 20×1년 초 CF의 PV by 실제 발행일 시장 R: (10,000×1.69) + (100,000 × 0.79) = 95,900
   ② 20×1년 1/1 ~ 4/1까지 유효이자: 95,900(①) × 12% × 3/12 = 2,877
   ③ 20×1년 1/1 ~ 4/1까지 액면이자(미지급이자): 100,000 × 10% × 3/12 = 2,500
     ⇒ 20×1년 4월 1일 사채발행 시 현금 수령액(발행가액): 95,900(①) + 2,877(②) = 98,777
     ⇒ 20×1년 4월 1일 사채발행 시 B/S상 장부가액(순발행가액): (①) + (②) − (③) = 96,277
  2) 이자비용
     ⇒ 20×1년의 사채의 이자비용: 95,900(①) × 12% × 9/12 = 8,631
     ⇒ 사채의 총 이자비용: [100,000 + (10,000 × 2년)] − 98,777 = 21,223
  3) 사채할인발행차금
     ⇒ 20×1년 4월 1일 사채할인발행차금: 100,000 − 96,277 = 3,723
     ⇒ 20×1년 사채할인발행차금 상각액: [(95,900 × 1.12) − 10,000] − 96,277 = 1,131

(4) 회계처리 및 F/S효과

　1) 발행 시점

　　[순액법]

(차) 현금(발행가액)	① + ② 98,777	(대) 사채(순발행가액)	① + ② − ③ 96,277
		미지급이자	③ 2,500

　　[총액법]

(차) 현금	① + ② 98,777	(대) 사채	액면금액 100,000
사채할인발행차금	액면금액 − (① + ② − ③) 3,723	미지급이자	③ 2,500

B/S

현금	① + ② 98,777	사채	액면금액 100,000
		(사채할인발행차금)	(역산) (3,723)
		사채 BV	① + ② − ③ 96,277
		미지급이자	③ 2,500

　2) 20×1년 말

　　[순액법]

(차) 이자비용(N/I)	기초 BV ① × R × 보유기간/12 8,631	(대) 현금	액면이자 10,000
미지급이자	③ 2,500	사채	대차차액 1,131

　　[총액법]

(차) 이자비용(N/I)	기초 BV ① × R × 보유기간/12 8,631	(대) 현금	액면이자 10,000
미지급이자	③ 2,500	사채할인발행차금	대차차액 1,131

B/S

		사채	액면금액 100,000
		(사채할인발행차금)	(역산) (2,592)
		사채 BV	PV(잔여 CF) by 유효 R 97,408

I/S

이자비용	기초 BV ① × R × 보유기간/12 95,900 × 12% × 9/12 = 8,631

> **기출문제**

4. ㈜한국은 1월 1일 액면금액 ₩50,000(액면이자율 연 8%, 이자 매년 말 후급)의 사채를 발행하고자 하였으나, 실제로 같은 해 4월 1일에 발행하였다. 1월 1일과 4월 1일의 유효이자율은 10%로 동일한 것으로 가정하며, 1월 1일 사채의 현재가치는 ₩47,513이다. 다음 설명 중 옳지 않은 것은? (단, 사채발행비는 발생되지 않았고, 사채이자는 월 단위로 계산하며, 소수점 발생 시 소수점 이하 첫째자리에서 반올림한다)

2018년 국가직 7급

① 4월 1일의 사채 액면이자 미지급액은 ₩1,000이다.
② 4월 1일의 사채 장부금액은 ₩47,701이다.
③ 4월 1일의 현금 수령액은 ₩48,701이다.
④ 4월 1일의 사채할인발행차금은 ₩2,487이다.

해설

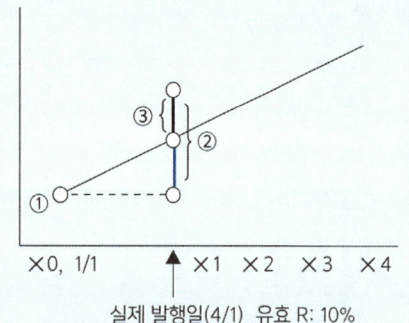

실제 발행일(4/1) 유효 R: 10%

① 1월 1일 CF의 PV = PV(CF) by 실제 발행일 R
 • 47,513
② 1월 1일 ~ 실제 발행일까지 유효이자
 = ① × 유효 R × 미보유 / 12
 • 47,513 × 10% × 3/12 = 1,188
③ 1월 1일 ~ 실제 발행일까지 액면이자
 = 액면금액 × 액면 R × 미보유 / 12
 • 50,000 × 8% × 3/12 = 1,000
⇒ 현금 수령액(발행가액): ① + ② = 48,701
⇒ 사채 BV(순발행가액): ① + ② − ③ = 47,701

4월 1일의 사채할인발행차금은 2,299이다.
⇒ 2,299 = 액면금액 50,000 − 기말 BV 47,701

> **참고** 기중 사채발행 시 회계처리(순액법)

(차) 현금	48,701	(대) 사채	47,701
		미지급이자	1,000

답 ④

5 사채의 상환

1. 사채상환손익의 발생 이유

사채를 만기일 이전에 상환하는 경우 사채의 상환금액은 장부금액과 일치하지 않게 되므로 상환에 따른 손익이 발생하게 된다. 사채의 상환금액은 상환일 현재 사채의 시장가치로 사채상환손익은 사채의 시장가치와 장부금액의 차액으로 계산된다. 사채의 상환금액은 사채의 미래 현금흐름을 상환일 현재의 시장이자율로 할인한 현재가치금액이며 사채의 장부금액은 상환일 현재 사채의 미래 현금흐름을 사채발행 시의 시장이자율(또는 유효이자율)로 할인한 현재가치금액이다. 즉, 사채의 상환금액과 장부금액은 미래 현금흐름을 현재가치로 평가할 때 적용하는 이자율만 다를 뿐 다른 모든 부분이 동일하다.

> ① 사채의 상환금액: PV(상환 시점의 잔여 CF) by 상환 시점의 시장이자율
> ② 사채의 장부금액: PV(상환 시점의 잔여 CF) by 발행 시점의 유효이자율

Additional Comment

시장이자율이 변동하면 사채의 시장가치가 변동한다. 사채의 시장가치는 사채의 미래 현금흐름을 시장이자율로 할인한 현재가치이므로 시장이자율과 반비례한다. 즉, 시장이자율이 상승하면 사채의 시장가치가 하락하고, 시장이자율이 하락하면 사채의 시장가치가 상승한다. 이 경우 시장이자율이 상승하면 사채의 상환금액은 장부금액에 미달하여 사채상환이익이 발생한다. 반대의 경우 시장이자율이 하락하면 사채의 상환금액은 장부금액을 초과하여 사채상환손실이 발생한다.

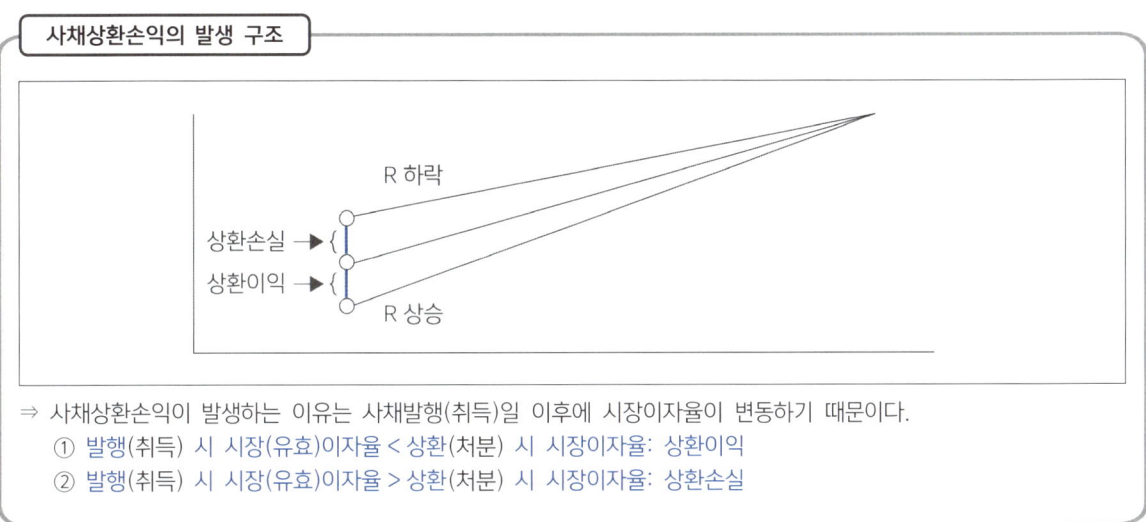

사채상환손익의 발생 구조

⇒ 사채상환손익이 발생하는 이유는 사채발행(취득)일 이후에 시장이자율이 변동하기 때문이다.
① 발행(취득) 시 시장(유효)이자율 < 상환(처분) 시 시장이자율: 상환이익
② 발행(취득) 시 시장(유효)이자율 > 상환(처분) 시 시장이자율: 상환손실

2. 이자 지급일 사이의 일부 조기상환 시 사채의 상환손익

사채를 이자 지급일 사이에 상환하는 경우 사채의 장부금액은 직전 이자 지급일의 사채 장부금액에 직전 이자 지급일로부터 상환일까지의 사채발행차금 상각액을 가감한 금액이다. 또한, 사채상환으로 유출된 현금에는 직전 이자 지급일로부터 실제 상환일까지의 경과이자가 포함되어 있으므로 사채의 상환 시 기준이 되는 금액은 직전 이자 지급일부터 상환일까지의 경과이자를 포함한 금액이다.

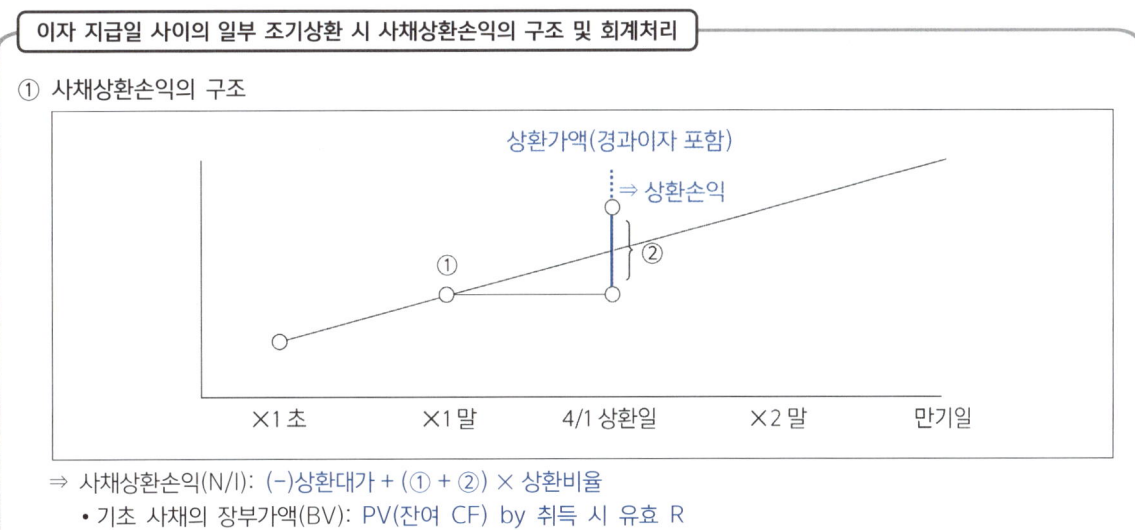

이자 지급일 사이의 일부 조기상환 시 사채상환손익의 구조 및 회계처리

① 사채상환손익의 구조

⇒ 사채상환손익(N/I): (−)상환대가 + (① + ②) × 상환비율
• 기초 사채의 장부가액(BV): PV(잔여 CF) by 취득 시 유효 R
• 기초 ~ 상환 시점까지 유효이자: ① × 취득 시 유효 R × 보유기간/12

② 사채상환 시 회계처리(순액법)

(차) 이자비용	××	(대) 미지급이자	××
		사채	××
(차) 미지급이자	××	(대) 현금	××
사채	××	사채상환이익	××

기출문제

5. ㈜한국은 2007년 1월 1일 3년 만기, 액면 ₩ 1,000의 사채를 발행하였다. 이 사채의 액면이자율은 5%, 유효이자율은 10% 그리고 이자 지급일은 매년 12월 31일이다. ㈜한국이 2009년 7월 1일 경과이자를 포함하여 현금 ₩ 950을 지급하고 이 사채를 조기상환할 때, 사채상환손익은? (단, 2008년 12월 31일 현재 사채할인발행차금의 미상각잔액은 ₩ 40으로 가정한다) 2010년 국가직 7급

① ₩ 58 손실 ② ₩ 58 이익
③ ₩ 68 손실 ④ ₩ 68 이익

해설

09년 사채상환손익: 58 이익
(1) 08년 말 BV: 960
   기말 BV = 액면금액 − 사채발행차금
   960 = 1,000 − 40
(2) 상환 시점까지 유효이자: 48
   이자비용 = 기초 BV × 유효 R × 보유기간/12
   48 = 960 × 10% × 6/12
(3) 상환 시 사채 BV + 미지급이자[= (1) + (2)]: 1,008 = 960 + 48
(4) 사채상환 시 회계처리

| (차) 사채 BV + 미지급이자 | 1,008 | (대) 현금 | 950 |
| | | 상환이익 | 58 |

답 ②

Self Study

주요 산식 정리

기초 발행 시 발행가액	PV(CF) by 시장 R − 사채발행비 or PV(CF) by 유효 R
이자 지급일 사이의 발행 시 현금 수령액 = 발행가액	① + ②
이자 지급일 사이의 발행 시 순발행가액	① + ② − ③
B/S상 사채할인발행차금 잔액	사채 액면가액 − 사채의 BV
사채할인발행차금 상각액 = 사채 상각액	기말 사채의 BV − 기초 사채의 BV
이자비용(이자 지급일 사이의 발행 포함)	① × 유효 R × 당기 보유기간/12
총 이자비용	(액면금액 + Σ액면이자) − (① + ②)
사채상환손익	(−)상환대가 + (① + ②) × 상환비율
사채상환 회계연도 이자비용	• 미상환분: ① × 유효 R × 12/12 × (1 − 상환비율) • 상환분: ① × 유효 R × 당기 보유기간/12 × 상환비율

1. 사채의 기초 BV or 사채의 기초 발행 가정 시 발행가액
2. 미발행기간의 유효이자: ① × 유효 R × 당기 미발행기간/12
3. 미발행기간의 미수이자(액면이자): 액면가액 × 액면 R × 당기 미발행기간/12

핵심 빈출 문장

01 할인발행은 유효이자율이 표시이자율보다 큰 경우이다.

02 할증발행의 경우 발행연도의 현금 지급이자는 사채 이자비용보다 크다.

03 상각후원가로 측정하는 사채의 경우 사채발행비가 발생한다면 액면발행, 할인발행, 할증발행 등 모든 상황에서 유효이자율은 사채발행비가 발생하지 않는 경우보다 높다.

MEMO

확인 문제

01 사채의 발행유형의 비교

사채의 발행에 관한 설명으로 옳지 않은 것은?

2015년 국가직 9급

① 할인발행은 유효이자율이 표시이자율보다 큰 경우이다.
② 할증발행의 경우 발행연도의 현금 지급이자는 사채 이자비용보다 크다.
③ 할인발행의 경우 만기가 가까워질수록 사채의 이자비용이 감소한다.
④ 할증발행과 할인발행은 사채의 만기금액이 동일하다.

02 사채의 발행유형의 비교

사채의 발행 및 발행 후 회계처리에 대한 설명으로 옳지 않은 것은?

2014년 국가직 7급

① 상각후원가로 측정하는 사채의 경우 사채발행비가 발생한다면 액면발행, 할인발행, 할증발행 등 모든 상황에서 유효이자율은 사채발행비가 발생하지 않는 경우보다 높다.
② 사채를 할증발행한 경우 사채 이자비용은 현금 이자 지급액에 사채할증발행차금 상각액을 가산하여 인식한다.
③ 사채의 할증발행 시 유효이자율법에 의해 상각하는 경우 기간 경과에 따라 매기 인식하는 할증발행차금의 상각액은 증가한다.
④ 사채의 할인발행 시 유효이자율법에 의해 상각하는 경우 기간 경과에 따라 매기 인식하는 할인발행차금의 상각액은 증가한다.

03 사채의 할인발행 시 매 보고기간 말의 회계처리(이자비용)

㈜한국은 2013년 1월 1일 자금조달을 위해 액면가액 ₩ 10,000, 표시이자율 6%, 만기 3년, 매년 말 이자 지급 조건의 사채를 발행하였다. 사채를 발행할 당시 시장이자율이 12%였다면, 2014년도에 인식할 사채 관련 이자비용은? (단, 사채발행 시 사채의 현재가치는 아래의 현재가치표를 이용하여 계산하고, 계산과정에서 현가계수 외의 소수점 이하는 소수 첫째 자리에서 반올림한다)

2015년 국가직 9급

기간	6%		12%	
	단일금액	연금	단일금액	연금
3년	0.84	2.67	0.71	2.40

① ₩ 696
② ₩ 1,025
③ ₩ 1,076
④ ₩ 1,198

정답 및 해설

01
할인발행의 경우 만기가 가까워질수록 사채의 이자비용이 증가한다.

참고 시간의 경과에 따른 할인발행과 할증발행의 비교

구분	할인발행	할증발행
장부금액	증가	감소
이자비용	증가	감소
상각액	증가	증가

02
사채를 할증발행한 경우 사채 이자비용은 현금 이자 지급액에 사채할증발행차금 상각액을 차감하여 인식한다.

참고 사채 할인발행 시 보고기간 말의 회계처리

[매 보고기간 말 - 총액법]

| (차) 이자비용 | 기초 BV × 유효 R | (대) 현금 | 액면이자 |
| | | 사채할인발행차금 | 대차차액 |

[매 보고기간 말 - 순액법]

| (차) 이자비용 | 기초 BV × 유효 R | (대) 현금 | 액면이자 |
| | | 사채 | 기말 BV - 기초 BV |

참고 사채 할증발행 시 보고기간 말의 회계처리

[매 보고기간 말 - 총액법]

| (차) 이자비용 | 기초 BV × 유효 R 대 | (대) 현금 | 액면이자 |
| 사채할증발행차금 | 차차액 | | |

[매 보고기간 말 - 순액법]

| (차) 이자비용 | 기초 BV × 유효 R | (대) 현금 | 액면이자 |
| 사채 | 기초 BV - 기말 BV | | |

03
시장이자율: 12%

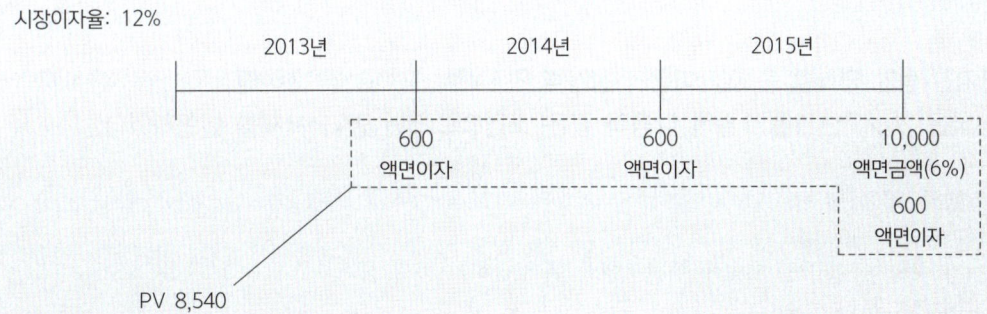

2014년도 사채 이자비용: 1,076
(1) 13년 초 BV: 8,540 = (10,000 × 0.71) + [(10,000 × 6%) × 2.40]
(2) 13년 말 BV: 8,965
  1) 기말 BV = 기초 BV × (1 + 유효 R) - 액면이자
    8,965 ≒ [8,540 × (1 + 0.12)] - (10,000 × 6%)
  2) 기말 BV = 기초 BV + 상각액
    8,965 ≒ 8,540 + [(8,540 × 12%) - (10,000 × 6%)]
(3) 14년 이자비용: 1,076
  이자비용 = 기초 BV × 유효 R = 8,965 × 12% = 1,076

정답 01 ③ 02 ② 03 ③

04 상환기간 동안 인식할 총 이자비용

㈜서울이 20×1년 1월 1일에 액면금액 ₩500,000, 매년 말 액면이자 8%, 3년 만기인 사채를 할인발행하였다. 사채할인발행차금은 유효이자율법에 따라 상각한다. 20×1년 말과 20×2년 말 사채 장부금액이 <보기>와 같고, 해당 사채가 만기상환되었다고 할 때, ㈜서울이 20×2년부터 20×3년까지 2년간 사채와 관련하여 인식한 총 이자비용은?

2020년 서울시 7급

<보기>
- 20×1년 말 사채 장부금액: ₩482,600
- 20×2년 말 사채 장부금액: ₩490,900

① ₩86,500
② ₩89,100
③ ₩97,400
④ ₩106,500

05 상환기간 동안 인식할 총 이자비용과 상각액

㈜한국은 20×7년 1월 1일에 다음과 같은 조건으로 3년 만기 사채를 발행하였다.

- 발행일: 20×7년 1월 1일
- 액면금액: ₩100,000
- 이자 지급: 매년 12월 31일에 액면금액의 연 8% 이자 지급
- 발행가액: ₩105,344

발행일 현재 유효이자율은 6%이며, 유효이자율법에 따라 이자를 인식하고 이자는 매년 12월 31일에 지급한다. 연도별 상각액은 20×7년도 ₩1,679, 20×8년도 ₩1,780, 20×9년도 ₩1,885이며, 상각액 합계액은 ₩5,344이다. 이 사채발행 시부터 만기까지 인식할 총 이자비용은? (단, 사채발행비는 발생하지 않았다)

2019년 국가직 7급

① ₩5,344
② ₩18,656
③ ₩24,000
④ ₩42,656

정답 및 해설

04

2년간 총 이자비용: 97,400
총 이자비용 산식
(1) (액면이자 × 지급횟수) + (사채 액면금액 − 사채 발행금액)
   97,400 = [(500,000 × 8%) × 2] + (500,000 − 482,600)
(2) 미래에 지급할 금액 − 사채발행 시 수령한 현금
   97,400 = {500,000 + [(500,000 × 8%) × 2]} − 482,600

참고 사채 할인발행 시 상환기간 동안 인식할 총 이자비용

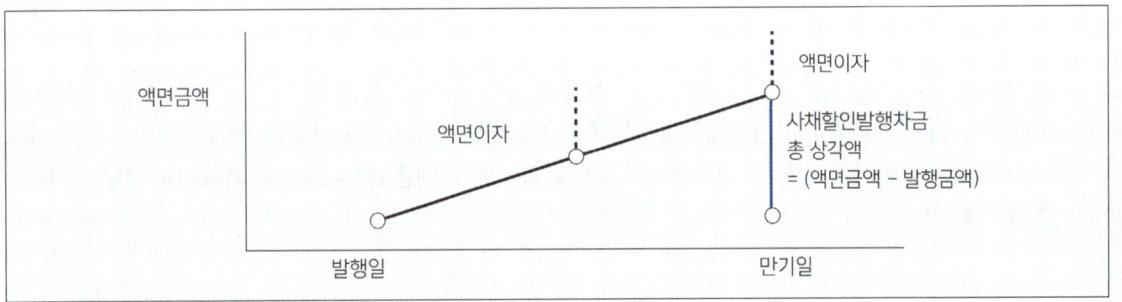

⇒ 총 이자비용
  ① 액면이자 × 지급횟수 + 사채 액면금액 − 사채 발행금액
  ② 미래에 지급할 금액 − 사채발행 시 수령한 현금

05

유효이자율: 6%

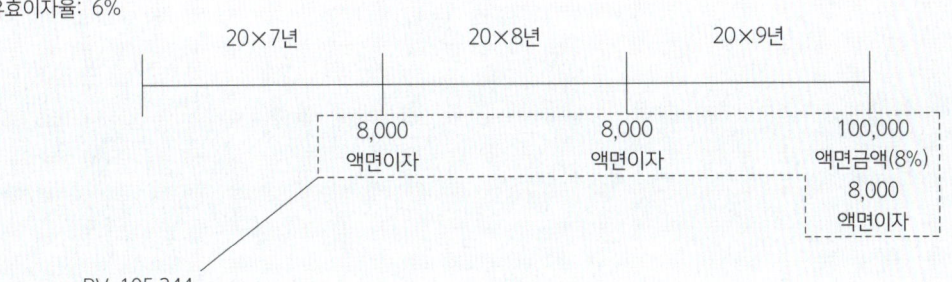

3년간 총 이자비용: 18,656
총 이자비용 산식
(1) (액면이자 × 지급횟수) + (사채 액면금액 − 사채 발행금액)
   18,656 = [(100,000 × 8%) × 3] + (100,000 − 105,344)
(2) 미래에 지급할 금액 − 사채발행 시 수령한 현금
   18,656 = {100,000 + [(100,000 × 8%) × 3]} − 105,344

정답 04 ③   05 ②

06 사채할인발행차금의 상각 효과

사채의 회계처리와 관련하여 사채할인발행차금을 유효이자율법에 따라 상각할 때 재무상태에 미치는 영향으로 옳은 것은? (단, 유효이자율은 0보다 크다) 2025년 국가직 7급

① 자본의 증가, 부채의 증가
② 자본의 증가, 부채의 감소
③ 자본의 감소, 부채의 증가
④ 자본의 감소, 부채의 감소

07 거래원가와 시장이자율 및 유효이자율   CH. 2 → ③ 거래원가와 시장이자율 및 유효이자율 ▶ 350p

㈜한국은 20×8년 1월 1일에 3년 만기 사채를 발행하였다. 매년 말 액면이자를 지급하고 유효이자율법에 따라 사채할인발행차금을 상각한다. 20×9년 말 이자와 관련된 회계처리는 <보기>와 같고, <보기>의 거래가 반영된 20×9년 말 사채의 장부금액은 ₩430,000이다. 이 경우 사채의 유효이자율은?   2019년 서울시 7급

― <보기> ―

(차) 이자비용	60,000	(대) 현금	30,000
		사채할인발행차금	30,000

① 14 %   ② 15 %
③ 16 %   ④ 17 %

08 사채의 상환 계산형 문제   CH. 2 → ⑤ 사채의 상환 ▶ 356p

㈜서울은 액면금액이 ₩100,000, 표시이자율이 연 10%(1년에 1회 이자 지급)인 사채를 이자 지급일에 현금 ₩113,000을 지급하고 조기상환하였다. 이때 사채상환손실이 ₩8,000이었다면, 상환 시점의 사채할인발행차금은?   2018년 서울시 7급

① ₩8,000   ② ₩5,000
③ ₩3,000   ④ ₩2,000

정답 및 해설

06
사채할인발행차금의 상각 효과: 이자비용 증가, 사채 증가, 자본 감소

07
사채의 유효이자율: 15%
(1) 기초 BV: 400,000
　　기말 BV = 기초 BV + (유효이자 − 액면이자 = 상각액 = 430,000 − (60,000 − 30,000 = 30,000) = 400,000
(2) 유효이자율: 15%
　　유효이자율 = 유효이자 ÷ 장부금액 = 60,000 ÷ (430,000 − 30,000) = 15%

08
상환 시점의 사채할인발행차금(역산): 5,000
(1) 상환 전 BV: 95,000 = (113,000 − 8,000) − (100,000 × 10%)
(2) 상환 전 사채할인발행차금: 5,000 = 100,000 − 95,000
(3) 상환 시 회계처리

(차) 사채	100,000	(대) 현금	113,000
미지급이자	10,000	사채할인발행차금	5,000
상환손실	8,000		

정답 06 ③　07 ②　08 ②

09 사채의 상환 계산형 문제

㈜한국은 2014년 1월 1일 액면금액 ₩10,000인 사채(3년 만기, 표시이자율 5%)를 할인발행하였다. 2015년 1월 1일 동 사채의 장부금액은 ₩9,600이고, 2015년도에 발생한 이자비용은 ₩600이다. ㈜한국이 2016년 1월 1일 해당 사채를 ₩9,800에 조기상환하였다면, 이에 대한 분개로 옳은 것은?

2016년 국가직 7급

	차변		대변	
①	사채	₩10,000	현금	₩9,800
			사채상환이익	₩200
②	사채	₩10,000	현금	₩9,800
	사채상환손실	₩100	사채할인발행차금	₩300
③	사채	₩10,000	현금	₩9,800
	사채상환손실	₩700	사채할인발행차금	₩900
④	사채	₩10,000	현금	₩9,800
	사채상환손실	₩800	사채할인발행차금	₩1,000

10 사채의 상환의 회계처리

㈜한국은 20×1년 1월 1일 액면가액 ₩1,000,000(표시이자율 연 10%, 이자 지급일 매년 말 후급, 만기일 20×3년 12월 31일)의 사채를 발행하였으며 발행 당시 유효이자율은 12%였다. 이 사채를 20×2년 1월 1일에 ₩1,000,000에 상환하였다. 상환 당시의 분개는?

2011년 국가직 7급

①	(차)	사채	×××	(대)	현금	×××
		사채상환손실	×××		사채할증발행차금	×××
②	(차)	사채	×××	(대)	현금	×××
		사채할증발행차금	×××		사채상환이익	×××
③	(차)	사채	×××	(대)	현금	×××
		사채상환손실	×××		사채할인발행차금	×××
④	(차)	사채	×××	(대)	현금	×××
		사채할인발행차금	×××		사채상환이익	×××

정답 및 해설

09
2016년 사채상환손익: 100 손실
(1) 2015년 말 BV: 9,700
　기말 BV = 기초 BV + 상각액 = 9,600 + [600 − (10,000 × 5%)] = 9,700
(2) 사채상환 시 회계처리

(차) 사채	9,700	(대) 현금	9,800
상환손실	100		

10
[사채발행 시 회계처리]

(차) 현금	XXX	(대) 사채	XXX
사채할인발행차금	XXX		

[사채상환 시 회계처리]

(차) 사채	XXX	(대) 현금	XXX
상환손실	XXX	사채할인발행차금	XXX

정답　09 ②　10 ③

11 상각표(사채의 할인발행)

㈜한국은 20×1년 1월 1일에 액면금액 ₩ 120,000, 만기 2년, 이자 지급일이 매년 12월 31일인 사채를 발행하였다. ㈜한국의 회계담당자는 다음과 같은 유효이자율법에 의한 상각표를 작성하였다. ㈜한국의 동 사채에 대한 설명으로 옳은 것은?

2019년 국가직 9급

날짜	이자 지급	유효이자	상각액	장부금액
20×1. 1. 1.				₩ 115,890
20×1. 12. 31.	₩ 10,800	₩ 12,748	₩ 1,948	₩ 117,838
20×2. 12. 31.	₩ 10,800	₩ 12,962	₩ 2,162	₩ 120,000

① 사채의 표시이자율은 연 8%이다.
② 20×1년 말 사채할인발행차금 상각액은 ₩ 2,162이다.
③ 20×2년 말 사채관련 유효이자비용은 ₩ 12,962이다.
④ 사채의 유효이자율은 연 12%이다.

12 상각표(사채의 할인발행과 상환)

㈜지방은 20×3년 1월 1일에 액면금액 ₩ 1,000, 표시이자율 연 7%, 만기 2년, 매년 말에 이자를 지급하는 사채를 발행하였다. 다음은 ㈜지방이 작성한 사채 상각표의 일부를 나타낸 것이다.

일자	유효이자	표시이자	사채할인발행차금 상각	장부금액
20×3. 1. 1.				?
20×3. 12. 31.	?	?	₩ 25	?
20×4. 12. 31.	?	?	₩ 27	₩ 1,000

위의 자료를 이용한 사채에 대한 설명으로 옳지 않은 것은?

2014년 지방직 9급

① 2년간 이자비용으로 인식할 총 금액은 ₩ 140이다.
② 사채의 발행가액은 ₩ 948이다.
③ 20×4년 1월 1일에 사채를 ₩ 1,000에 조기상환할 경우 사채상환손실은 ₩ 27이다.
④ 사채의 이자비용은 매년 증가한다.

정답 및 해설

11

▶ 오답체크

① 사채의 표시이자율은 연 9%이다.
  표시이자율 = 액면이자 ÷ 액면금액 = 10,800 ÷ 120,000 = 9%
② 20×1년 말 사채할인발행차금 상각액은 1,948이다.
  상각액 = 유효이자 − 액면이자 = 12,748 − 10,800 = 1,948
④ 사채의 유효이자율은 연 11%이다.
  유효이자율 = 유효이자 ÷ 장부금액 = 12,748 ÷ 115,890 = 11%

[참고] 상각표 보는 방법
기초 BV + (유효이자 − 액면이자 = 상각액) = 기말 BV
(1) ×1년 말 BV 도출과정 ⇒ 115,890 + (12,748 − 10,800 = 1,948) = 117,838
(2) ×2년 말 BV 도출과정 ⇒ 117,838 + (12,962 − 10,800 = 2,162) = 120,000

12

2년간 이자비용으로 인식할 총 금액은 192이다.
총 이자비용 산식 = 미래에 지급할 금액 − 사채발행 시 수령한 현금 ⇒ 192 = {1,000 + [(1,000 × 7%) × 2]} − 948

▶ 오답체크

② [참고] 상각표 보는 방법
  기초 BV + (유효이자 − 액면이자 = 상각액) = 기말 BV
  (1) ×3년 말 BV 도출과정(역산) ⇒ 1,000 − (97 − 70 = 27) = 973
  (2) ×3년 초 BV 도출과정(역산) ⇒ 973 − (95 − 70 = 25) = 948
③ 사채상환 시 회계처리

(차) 사채	973	(대) 현금	1,000
상환손실	27		

④ 상각액이 증가하므로 할인발행이며, 할인발행의 이자비용은 매년 증가한다.

정답 11 ③ 12 ①

해커스공무원 학원·인강
gosi.Hackers.com

해커스공무원 정윤돈 회계학 재무회계 기본서

II
심화편

PART 09	자본
PART 10	금융자산(1)
PART 11	금융자산(2)
PART 12	고객과의 계약에서 생기는 수익
PART 13	건설계약
PART 14	회계변경 및 오류수정
PART 15	주당이익
PART 16	현금흐름표
PART 17	법인세회계
PART 18	합병과 관계기업투자주식
PART 19	재무비율
PART 20	재무보고를 위한 개념체계

PART 09 자본

CHAPTER 1 자본의 의의와 측정, 분류

1 자본의 의의와 측정

1. 자본의 의의

자본은 기업의 경제적 자원 중 주주들에게 귀속되는 지분을 말한다. 자본은 보유한 경제적 자원에 대한 주주의 청구권을 나타내기 때문에 주주지분 또는 소유주지분이라고도 하며, 채권자의 지분인 부채를 차감한 이후의 지분이라는 의미에서 잔여지분이라고도 한다. 또한 자본을 자금의 개념으로 이해하는 경우, 기업 소유주의 순수한 자금이라는 의미에서 자기자본이라고도 하는데 이러한 개념하에서는 기업의 자산은 총자본이라고 표현하며 부채는 타인자본이라고 표현한다.

> 자산 - 부채 = 자본(주주지분, 소유주지분, 잔여지분, 자기자본)

2. 자본의 측정

'재무보고를 위한 개념체계'에 따르면 자본은 별도로 측정할 수 없으며, 자산과 부채를 측정한 결과 그 차액으로만 계산된다. 즉, 자산에서 부채를 차감한 잔여지분으로, 독립적으로 측정할 수 없으며, 평가의 대상이 아니다.

Additional Comment

재무상태표에 표시되는 자본의 금액은 독립적으로 인식하고 측정하는 대상이 아니라 자산과 부채 금액의 인식과 측정에 따라 종속적으로 결정되는 특징이 있다. 일반적으로 자본총액은 그 기업이 발행한 주식의 시가총액, 또는 순 자산을 나누어서 처분하거나 계속기업을 전제로 기업 전체를 처분할 때 받을 수 있는 총액과는 다른 금액이다. 만약 이 금액이 자본총액과 일치하는 경우 이는 우연의 일치이다.

Self Study

자본은 평가의 대상이 아니다(인식과 측정기준은 구비되어 있지 않다). 그러므로 최초 인식일 이후 매기 말 공정가치 변동에 대한 후속 측정을 하지 않는다.

2 자본의 분류

자본은 자산과 부채가 증감하게 된 원인별로 구분하여 재무상태표에 표시된다. 자산과 부채가 증감하게 된 원인이 되는 거래는 자본거래와 손익거래로 구분된다.

① 자본거래: 현재 또는 잠재적 주주와의 거래
② 손익거래: 자본거래 이외의 모든 거래

자본거래는 해당 거래의 결과가 포괄손익계산서에 영향을 주지 않고 곧바로 재무상태표에 반영되지만, 손익거래의 결과는 포괄손익계산서에서 수익과 비용으로 인식될 수 있으며, 이렇게 인식된 거래의 결과는 최종적으로 재무상태표에 반영된다.

또한 손익거래의 결과로 발생하는 손익은 당기손익과 기타포괄손익으로 구분된다. 개념적으로 당기손익은 실현손익을 의미하고, 기타포괄손익은 실현되지 않은 손익을 의미하지만, 한국채택국제회계기준에서는 이러한 개념을 엄격히 적용하여 손익을 구분하지는 않는다.

자본은 발생 원천에 따라 불입자본과 유보이익으로 구분된다. 일반적으로 불입자본은 지분참여자와의 거래인 자본거래를 통해 유입된 자본을 의미하고 유보이익은 손익거래의 결과 인식된 포괄손익의 누적액을 의미한다. 여기서 포괄손익은 다시 당기손익과 기타포괄손익으로 구분되기 때문에, 유보이익도 당기손익의 누적부분은 이익잉여금이라고 하고 기타포괄손익의 누적부분은 기타포괄손익누계액이라고 한다.

자본거래와 손익거래의 구조

재무상태표		포괄손익계산서
자산	부채	수익
	자본	(비용)
	자본거래(주주와의 거래)	
	손익거래 – 이익잉여금 ← 누적	당기순이익(N/I)
	– 기타포괄손익누계액(OCI) ← 누적	기타포괄손익(OCI 변동)
		총포괄손익

1. 자본거래

자본거래의 결과는 당기손익에 반영되어서는 안 되며, 자본거래의 결과로 발생한 이익과 손실은 거래별로 서로 상계한 이후의 잔액만을 표시한다. 상계한 후의 잔액이 대변잔액이면 자본에 가산하여 표시하고, 차변잔액이면 자본에서 차감하여 표시한다.

한국채택국제회계기준 기준서 제1001호 '재무제표 표시'에서는 자본을 납입자본, 이익잉여금 및 기타 자본구성요소로 분류하도록 하고 있다. 따라서 자본거래의 결과는 납입자본이나 기타 자본구성요소로 분류되어야 하는데, 한국채택국제회계기준의 규정은 강제 규정이 아니므로 기업들이 스스로 판단하여 분류를 변경하여 표시할 수도 있다.

◎ 자본의 분류

거래의 구분	한국채택국제회계기준	일반기업회계기준
자본거래	납입자본	자본금
		자본잉여금
손익거래	기타 자본요소	자본조정
		기타포괄손익누계액
	이익잉여금	이익잉여금

또한, 자본거래의 결과에는 손익이 발생하지 않고 부(-)의 자본이 발생하는 경우(예 자기자본)도 있다. 이 경우, 부(-)의 자본은 자본에서 차감하여 표시하고 납입자본이나 기타 자본구성요소로 적절하게 구분하여 표시한다.

자본거래의 결과로 증가하는 자본은 주주들에게 배당할 수 없으며, 자본전입이나 결손보전 이외의 목적에는 사용할 수 없다.

(1) 자본금(순자산에 미치는 효과: +)

자본금이란 주주가 납입한 자본 중 상법의 규정에 따라 자본금으로 계상한 부분을 의미한다.

보통주자본금	보통주 발행주식수 × 액면금액
우선주자본금	우선주 발행주식수 × 액면금액

(2) 자본잉여금(순자산에 미치는 효과: +)

자본잉여금이란 자본금 이외에 주주들이 추가로 출자한 금액을 의미한다.

(3) 자본조정(순자산에 미치는 효과: +, -)

자본조정이란 납입자본 중 자본금과 자본잉여금을 제외한 임시적인 자본항목으로 자본에서 차감 또는 가산되어야 하는 항목을 의미한다.

> **Self Study**
> 일반적으로 납입자본은 출자된 자본을 의미하므로 문제에서 특별한 언급이 없으면 납입자본은 자본금과 주식발행초과금으로 한다.

2. 손익거래

손익거래의 결과는 원칙적으로 모두 당기손익이 포함되어야 한다. 그러나 손익거래의 결과이지만 정책적인 목표나 기타의 이유로 인하여 당기손익에 포함시키기 어려운 경우에는 포괄손익계산서의 기타포괄손익으로 하여 총포괄이익에 포함시킨다.

기타포괄손익은 총포괄손익에 포함한 직후 누적금액을 재무상태표의 자본 항목으로 구분하여 보고하는데 후속적으로 당기손익으로 재분류되거나 다른 자본 항목으로 대체될 수 있다. 누적금액이 자본 항목으로 보고되는 기타포괄손익은 기타 자본구성요소에 포함시킨다.

재무상태표에 당기순이익의 누적액을 이익잉여금으로 보고하며, 당기순손실의 누적액을 결손금으로 보고한다. 이익잉여금과 결손금은 재무상태표에 동시에 표시되는 것이 아니라 누적이익인 경우에는 이익잉여금으로, 누적손실인 경우에는 결손금으로 표시한다.

(1) 기타포괄손익(순자산에 미치는 효과: +, -)

구분	내용
재분류 조정 O	FVOCI금융자산(채무상품)에 대한 투자에서 발생한 손익
	해외사업환산손익
	파생상품평가손익(현금흐름위험회피에서 위험회피대상이 비금융자산이나 비금융부채가 아닌 경우에 발생하는 평가손익 중 효과적인 부분)
	관계기업 및 공동기업의 재분류되는 지분법기타포괄손익
재분류 조정 ×	순확정급여부채(자산)의 재측정요소
	유형·무형자산의 재평가잉여금의 변동손익
	FVOCI금융자산(지분상품)에 대한 투자에서 발생한 손익
	FVPL금융부채(지정)의 신용위험 변동으로 인한 공정가치 변동손익
	파생상품평가손익(현금흐름위험회피에서 위험회피대상이 비금융자산이나 비금융부채인 경우)
	관계기업 및 공동기업의 재분류되지 않는 지분법기타포괄손익

(2) 이익잉여금(결손금)(순자산에 미치는 효과: +, -)

매년 발생한 당기순익에서 배당이나 자본조정 항목의 상각 등으로 사용한 금액을 차감한 잔액을 의미한다.

법정적립금	법규에 따라 강제적으로 적립된 이익잉여금
임의적립금	회사의 선택에 따라 임의적으로 적립된 이익잉여금
미처분이익잉여금 (미처리결손금)[1]	회사가 창출한 당기순손익 중 배당, 자본조정 항목의 상각 또는 다른 이익잉여금 계정으로 대체되지 않고 남은 이익잉여금

[1] 미처리결손금은 후속적으로 임의적립금이나 이익준비금의 다른 잉여금이나 자본잉여금으로 대체함

CHAPTER 2 자본금

1 자본금의 의의

기업이 발행하는 주식 1주의 금액이 정관에 정해져 있는 주식을 액면주식이라고 하고, 1주의 금액이 정해져 있지 않은 주식을 무액면주식이라고 한다. 자본금은 발행주식이 액면주식인지 아니면 무액면주식인지에 따라 다르게 결정된다.

액면주식의 자본금은 발행주식수에 액면금액을 곱한 금액을 말한다. 우리나라 상법은 회사의 정관에 규정이 있는 경우 무액면주식의 발행을 허용하고 있다.

> **Additional Comment**
> 주식회사는 설립과 동시에 회사가 발행할 주식의 총수와 액면주식을 발행하는 경우 1주의 금액(액면금액) 및 회사의 설립 시에 발행하는 주식의 총수를 정관에 기재하여야 한다. 이때 발행할 수 있는 주식의 총수를 수권주식수라고 한다. 수권주식수는 회사가 발행할 수 있는 주식의 총수일 뿐, 실제로 발행된 주식 수를 의미하는 것은 아니다.

2 주식의 종류

1. 보통주

보통주는 기본적인 소유권을 나타내는 주식으로, 기업의 최종위험을 부담하는 잔여지분의 성격을 갖는 주식을 말한다. 한 가지 종류의 주식만을 발행하는 경우 당해 주식은 모두 보통주가 된다. 기업이 발행한 보통주를 보유하고 있는 자를 보통주주라고 하는데, 보통주주는 기본적으로 의결권과 신주인수권을 가진다. 의결권은 주식회사의 최고 의사결정기관인 주주총회에 참석하여 이익의 배당 및 경영진의 선임 등 기업의 중요한 영업 및 재무정책결정에 참여할 수 있는 권리를 말한다. 또한, 신주인수권은 기업이 추가적으로 주식을 발행하는 경우 동 신주를 우선적으로 배정받을 수 있는 권리를 말한다.

2. 우선주

기업이 여러 종류의 주식을 발행한 경우 보통주와 구분되는 다른 종류의 주식을 우선주라고 한다. 우선주에는 일반적으로 보통주에 기본적으로 내재되어 있는 의결권과 신주인수권이 제한된다. 이에 따라 우선주주가 보통주주에 비해 우선적 권리를 가지는 것이 일반적이다. 우선주에 대한 논의는 'CHAPTER 5 우선주'에서 보도록 한다.

CHAPTER 3 자본거래

1 자본금의 증가 거래(= 증자)

기업의 자본금을 증가시키는 절차를 증자라고 하는데, 이는 자본총계 전체의 증가가 아닐 수도 있다. 그 이유는 기업의 자본금이 증가될 때 기업의 순자산이 함께 증가할 수도 있지만 경우에 따라서는 순자산이 변동하지 않는 자본금의 증가도 있기 때문이다.

1. 유상증자 - 현금출자

기업이 사업에 필요한 자금을 주식의 발행으로 조달할 경우 현재의 주주 또는 제3자로부터 현금을 납입 받고 신주를 발행·교부한다. 이 경우 자본금은 기업이 유지해야 할 최소한의 자본을 말하며, 재무상태표에 보고될 자본금은 실제로 발행된 주식의 액면총액을 말한다. 그러나 주식의 발행금액은 일반적으로 액면금액과 일치하지 않는다. 발행주식이 액면주식일 경우 발행가액과 액면금액의 일치 여부에 따라 액면발행, 할증발행 또는 할인발행으로 구분된다. 이를 정리하면 다음과 같다.

> ① 액면발행: 발행가액 = 액면금액
> ② 할증발행: 발행가액 > 액면금액
> ③ 할인발행: 발행가액 < 액면금액

주식의 발행금액이 액면금액을 초과하는 경우 그 금액을 주식발행초과금의 과목으로 하여 자본 항목으로 표시하고, 주식의 발행금액이 액면금액을 미달하는 경우 동 금액은 주식할인발행차금의 과목으로 하여 부(-)의 자본 항목으로 표시한다.

주식발행가액 > 액면금액	발행가액 - 액면금액 = 주식발행초과금(자본잉여금)
주식발행가액 < 액면금액	액면금액 - 발행가액 = 주식할인발행차금(자본조정)

주식발행초과금과 주식할인발행차금은 발생 순서와 관계없이 서로 우선 상계한다. 주식할인발행차금은 주주총회에서 이익잉여금의 처분으로 상각할 수 있다.

유상증자 시에는 신주발행수수료, 주권인쇄비, 인지세 등 거래원가가 발생하는데, 이러한 거래원가 중 해당 자본거래가 없었다면 회피할 수 있고 해당 자본거래에 직접 관련하여 생긴 증분원가는 자본에서 차감하여 회계처리한다. 유상증자 시 발생하는 거래원가를 신주발행비라고 하는데, 신주발행비는 주식의 발행으로 납입되는 현금액을 감소시키므로 주식의 발행금액에서 차감한다.

유상증자 - 현금출자의 회계처리

[할증발행]

(차) 현금	발행금액	(대) 자본금	액면금액 × 발행주식수
		주식발행초과금[1]	대차차액
(차) 주식발행초과금	××	(대) 현금	신주발행비 등

[할인발행]

(차) 현금	발행가액	(대) 자본금	액면금액 × 발행주식수
주식할인발행차금[1]	대차차액		
(차) 주식할인발행차금	××	(대) 현금	신주발행비 등

[1] 주식발행초과금과 주식할인발행차금은 서로 우선 상계

Additional Comment

자본거래는 수익과 비용이 발생하는 거래가 아니므로 자본거래에서 발생하는 차익은 자본잉여금으로 자본거래에서 발생한 차손은 이미 인식한 관련 자본잉여금과 우선 상계하고, 미상계된 잔액은 자본조정으로 분류하였다가 이익잉여금과 상계한다. 자본거래에서 발생한 차손을 손익거래에서 발생한 이익잉여금과 상계하는 것이 논리적으로 적절하지 않을 수 있지만, 자본거래에서 발생한 차손을 미래의 여러 기간 동안 이월시켜 재무제표에 표시하는 것보다 조기에 이익잉여금과 상계하는 것이 실무상 간편할 수 있다는 점에서 논리상 수용된 회계처리이다.

Self Study

1. 상법상 법정자본금은 주주총회의 결의 등 상법상 자본절차를 밟지 않는 한 자본금을 감소시킬 수 없다. 따라서 **자본금 계정은 발행주식수에 액면금액을 곱한 금액으로 한다.** (할인발행의 경우도 동일하다)
2. 중도에 거래를 포기한 자본거래의 원가는 비용으로 인식한다.

사례연습 1. 유상증자(현금출자)

각 일자별로 회계처리를 보이고, 각 일자별 재무상태표를 보이시오.

(1) 12월 말 결산법인인 ㈜포도는 20×1년 초에 보통주 1주(액면금액 ₩100)를 주당 ₩100에 액면발행하였다.
(2) ㈜포도는 20×1년 10월 1일에 보통주 1주를 주당 ₩120에 할증발행하였다.
(3) ㈜포도는 20×1년 11월 1일에 보통주 1주를 주당 ₩50에 할인발행하였다. 이때, 주당 ₩10의 신주발행비가 발생하였다.

풀이

(1) 20×1년 초

(차) 현금	발행금액 100	(대) 자본금	액면금액 × 발행주식수 100

B/S

현금	100		
		자본금	100

(2) 20×1년 10월 1일

(차) 현금	발행금액 120	(대) 자본금	액면금액 × 발행주식수 100
		주식발행초과금	대차차액 20

B/S

현금	220		
		자본금	200
		자본잉여금	20

(3) 20×1년 11월 1일

(차) 현금	발행금액 50	(대) 자본금	액면금액 × 발행주식수 100
주식발행초과금	우선 상계 20		
주식할인발행차금	대차차액 30		
(차) 주식할인발행차금	신주발행비 10	(대) 현금	10

B/S

현금	260		
		자본금	300
		자본잉여금	0
		자본조정	(40)

2. 유상증자 - 현물출자

주식을 발행하는 회사는 현금을 납입 받는 것이 일반적이지만 현금 이외의 자산(다른 회사의 주식이나 부동산 등)을 납입 받는 경우도 있는데, 이를 현물출자라고 한다. 즉, 현물출자는 신주발행의 대가로 현금이 납입되는 것이 아니라 유형자산 등의 비화폐성자산이 납입되는 것을 말한다.

주식을 발행하는 회사의 입장에서 현금을 납입 받든 현금 이외의 자산을 납입 받든 관계없이 회사의 순자산은 실질적으로 증가하므로 현물출자도 유상증자에 해당한다.

현물출자의 경우, 자본을 직접 측정할 수 없으므로 현물출자 자산의 공정가치를 주식의 발행금액으로 한다. 다만, 주식의 공정가치가 현물출자 자산의 공정가치보다 더 신뢰성 있게 측정할 수 있는 경우에는 주식의 공정가치를 주식의 발행금액으로 한다.

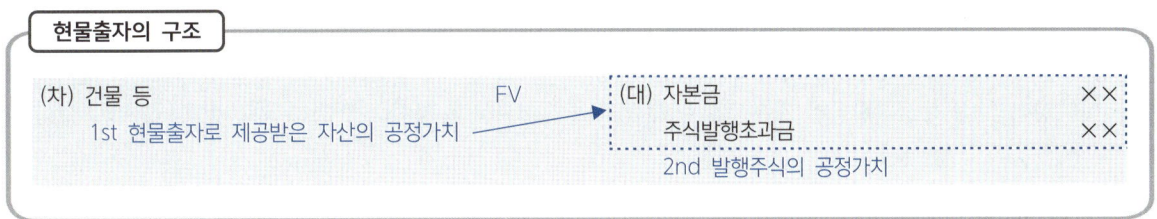

사례연습 2. 유상증자(현물출자)

㈜포도는 특허권과의 교환으로 액면금액 ₩10,000인 보통주 10주를 발행하였다. 다음 각 경우의 특허권의 취득가액은 얼마인가?

[물음 1]
특허권의 공정가치는 알 수 없으나 ㈜투뚱스의 보통주의 시가는 주당 ₩18,000으로 알려져 있다.

[물음 2]
㈜포도가 비상장회사여서 주식의 시가는 알 수 없으나 특허권의 공정가치가 ₩200,000인 것으로 알려져 있다.

풀이

[물음 1]
특허권의 취득가액: 180,000

(차) 특허권	FV 180,000	(대) 자본금	100,000
		주식발행초과금	80,000
		2nd 발행주식의 공정가치	

[물음 2]
특허권의 취득가액: 200,000

(차) 특허권	200,000	(대) 자본금	100,000
1st 현물출자한 자산의 공정가치		주식발행초과금	100,000

3. 무상증자

상법에서는 주주총회 또는 이사회의 결의에 의하여 자본잉여금 또는 이익잉여금 중 법정적립금의 전부 또는 일부를 자본금으로 전입(액면발행만 가능)하고, 그 전입액에 대해서는 신주를 발행하여 주주에게 무상으로 교부할 수 있도록 하고 있는데 이를 무상증자라고 한다.

무상증자의 회계처리

(차) 자본잉여금 or 법정적립금(이익준비금)	××	(대) 자본금	××

유상증자는 주식발행으로 현금이 유입되기 때문에 실질적으로 순자산이 증가하지만, 무상증자는 자본잉여금 또는 이익잉여금 중 법정적립금이 자본금으로 대체되는 것이므로 순자산의 변동(= 자본총계의 변동) 없이 발행주식수만 증가할 뿐이다.

Additional Comment
무상증자는 기업의 실질적인 순자산의 증가를 가져오지 않지만 일반적으로 유통주식수가 적은 상장기업이 실시한다. 시장에서 유통되는 특정 기업의 주식 수가 많지 않을 경우, 주가를 조작하려는 세력들은 소량의 주식거래만으로도 주가를 크게 변동시킬 수 있다. 그러므로 주가변동에 따른 주주들의 피해를 막기 위해 무상증자를 통해 유통주식수를 늘리는 경우가 많다.

2 자본금의 감소 거래(= 감자)

기업의 자본금을 감소시키는 절차를 감자라고 하는데, 이는 자본총계 전체의 감소가 아닐 수도 있다. 그 이유는 기업의 자본금이 감소될 때 기업의 순자산이 함께 감소할 수도 있지만 경우에 따라서는 순자산이 변동하지 않는 자본금의 감소도 있기 때문이다.

1. 유상감자

유상감자는 기존의 주주들에게 현금 등의 대가를 지급하고 해당 주주들로부터 주식을 반환받아 소각하는 것을 말한다. 주식을 소각하는 경우에는 현금이 유출되어 자본총계가 감소하게 되므로 실질적 감자라고 한다. 기업이 신주를 발행하였을 때 자본금이 증가하였던 것처럼, 발행되었던 주식을 다시 매입하여 소각하는 경우 기업의 자본금은 감소하게 된다. 이때 지급한 현금 등의 대가와 감소된 자본금의 차액이 생길 수도 있는데, 지급한 현금 등의 대가가 더 많다면 감자차손이 발생하고 감소된 자본금이 더 많다면 감자차익이 발생한다.

감자대가 < 주식의 액면금액	주식의 액면금액 − 감자대가 = 감자차익(자본잉여금)
감자대가 > 주식의 액면금액	감자대가 − 주식의 액면금액 = 감자차손(자본조정)

유상감자의 대가가 액면금액에 미달하는 경우 동 미달액은 감자차익의 과목으로 하여 자본잉여금으로 분류한다. 유상감자의 대가가 액면금액을 초과하는 경우 동 초과액은 감자차손의 과목으로 하여 자본조정으로 분류한다. 감자차익과 감자차손은 발생 순서에 관계없이 서로 우선 상계한다. 감자차손은 주주총회에서 이익잉여금의 처분으로 상각할 수 있다.

유상감자의 회계처리

[감자대가 < 액면금액]

(차) 자본금	액면금액	(대) 현금	감자대가
		감자차익[1]	대차차액

[감자대가 > 액면금액]

(차) 자본금	액면금액	(대) 현금	감자대가
감자차손[1]	대차차액		

[1] 감자차익과 감자차손은 서로 우선 상계

Self Study

한국채택국제회계기준에서는 감자차손익을 계산하는 방법에 대해 별도로 규정하지 않고 있다. 그럼에도 불구하고 감자 시 감자 관련 손익을 주식의 액면금액과 비교하여 계산하는 이유는 우리나라 상법상 자본잉여금은 결손보전과 자본금 전입을 제외하고는 처분하지 못하도록 규정하고 있기 때문이다. 다만, 실제 문제에서는 감자에 대하여 최초 발행가액에서 차감하는지 액면금액에서 차감하는지를 명확히 제시하고 있다.

사례연습 3. 유상감자

12월 말 결산법인인 ㈜포도는 20×1년 초에 보통주 3주(액면금액 ₩100)를 주당 ₩200에 할증발행하였다.

(1) ㈜포도는 20×1년 10월 1일에 보통주 1주를 주당 ₩90에 취득하고 즉시 소각하였다.
(2) ㈜포도는 20×1년 11월 1일에 보통주 1주를 주당 ₩120에 취득하고 즉시 소각하였다.

각 일자별로 회계처리를 보이고, 각 일자별 재무상태표를 보이시오.

풀이

(1) 20×1년 1월 1일

(차) 현금	발행금액 600	(대) 자본금	액면금액 × 발행주식수 300
		주식발행초과금	대차차액 300

B/S

현금	600		
		자본금	300
		자본잉여금	300

(2) 20×1년 10월 1일

(차) 자본금	액면금액 100	(대) 현금	감자대가 90
		감자차익	대차차액 10

B/S

현금	510		
		자본금	200
		자본잉여금	310

(3) 20×1년 11월 1일

(차) 자본금	액면금액 100	(대) 현금	감자대가 120
감자차익	우선 상계 10		
감자차손	대차차액 10		

B/S

현금	390		
		자본금	100
		자본잉여금	300
		자본조정	(10)

2. 무상감자

무상감자는 주주들에게 대가를 지급하지 않고 주당 액면금액을 감액시키거나 주식 수를 일정비율로 감소시키는 것을 말한다. 무상감자는 현금유출도 없고 자본이 감소하지도 않으므로 형식적 감자라고 한다.

무상감자의 회계처리

(차) 자본금	××	(대) 이월결손금	××
		감자차익	××

일반적으로 무상감자는 누적결손금이 커지는 경우 결손보전 등의 목적으로 감자대가의 지급 없이 무상으로 주식을 상환하여 소각시키는 자본거래로 자본금을 감소시키지만 순자산의 총액은 변하지 않는다. 무상감자의 경우 감자대가가 없으므로 감자차익만 발생하고, 감자차손은 발생하지 않는다. 감자차손이 발생하려면, 감소되는 자본금보다 보전할 결손금이 더 많아야 하는데, 이는 보전되지 않은 결손금을 보유하는 상태에서 자본거래 손익을 발생시키는 결과가 된다. 자본거래 손실은 주주총회의 결의를 통하여 미처분이익잉여금이 상계될 부분인데, 아직 결손금이 남아 있는 회사에 미처분이익잉여금이란 있을 수 없다. 그러므로 결손보전의 과정에서 감자차손이 발생하는 회계처리는 적절하지 않다.

> **Additional Comment**
> 무상감자는 보통 미처리결손금이 있는 기업에서 대주주인 경영자가 자기가 보유하는 주식을 미처리결손금과 상계하는 방식으로 부실 경영에 대한 책임을 지는 과정에서 발생한다. 경우에 따라 미처리결손금이 없는 기업도 무상감자를 할 수 있으나 실익은 없다.

Self Study

증자와 감자거래의 재무제표효과 비교

구분		자본금	자본총계
증자거래	유상증자	증가	증가
	무상증자	증가	변동 없음
감자거래	유상감자	감소	감소
	무상감자	감소	변동 없음

기출문제

1. ㈜한국은 2016년 초 보통주 200주(주당 액면금액 ₩5,000, 주당 발행금액 ₩6,000)를 발행하였으며, 주식 발행과 관련된 직접원가 ₩80,000과 간접원가 ₩10,000이 발생하였다. ㈜한국의 주식 발행에 대한 설명으로 옳은 것은? (단, 기초 주식할인발행차금은 없다고 가정한다) 2017년 국가직 9급

   ① 자본의 증가는 ₩1,200,000이다.
   ② 자본잉여금의 증가는 ₩120,000이다.
   ③ 주식발행초과금의 증가는 ₩110,000이다.
   ④ 주식발행과 관련된 직·간접원가 ₩90,000은 비용으로 인식한다.

   해설
   자본잉여금 120,000 증가 = 200,000 - 80,000

   ▶ 오답체크
   ① 자본(= 현금의 증감) 1,110,000 증가 = 1,200,000 - (80,000 + 10,000)
   ③ 주식발행초과금(자본잉여금) 120,000 증가 = 200,000 - 80,000
   ④ 주식발행과 관련된 간접원가 ₩10,000은 비용으로 인식한다.

   참고 유상증자 시 회계처리

(차) 현금[1)	1,200,000	(대) 자본금[2)	1,000,000
		주식발행초과금	200,000

   1) 현금: 200주 × @6,000 = 1,200,000
   2) 자본금: 200주 × @5,000 = 1,000,000

(차) 주식발행초과금	80,000	(대) 현금	80,000
(차) 비용	10,000	(대) 현금	10,000

   답 ②

3 자기주식

1. 자기주식의 의의

자기주식이란 주식회사가 이미 발행한 자기지분상품을 소각하거나 추후에 재발행할 목적으로 재취득한 것을 말한다. 기업회계기준서 제1032호 '금융상품: 표시'에서는 기업이 자기지분상품을 재취득하는 경우에 이러한 지분상품을 자본에서 차감한다고 규정하고 있다. 그러므로 자기지분상품을 매입, 매도, 발행, 소각하는 경우의 손익은 당기손익으로 인식하지 않는다.

> **Additional Comment**
> 상장기업의 경우 자사 주식의 주가가 하락할 때 주가를 일정 수준으로 유지하기 위하여 자기주식을 취득하는 경우가 많다. 또한 적대적 인수합병의 방어 차원에서 대주주 지분율을 높이기 위하여 자기주식을 취득하기도 한다.

> **Self Study**
> 자기주식은 자산이 아닌 자본의 차감계정으로 본다. 그 이유는 자기주식을 자산으로 보는 견해는 자기가 자신의 소유주가 된다는 것이므로 논리적으로 타당하지 않고, 자기주식은 의결권, 배당청구권 등 주주의 기본적인 권리가 제한되어 있어 보유로 인한 효익을 얻을 수 없기 때문이다. 그러므로 자기주식의 취득은 불입자본의 환급일 뿐이며, 취득 시 유통주식수가 감소하므로 미발행주식이 증가한 것과 동일하다고 본다.

2. 자기주식의 회계처리

자기주식은 부(-)의 자본이므로 취득 목적에 관계없이 자본에서 차감하여 표시한다. 자기주식은 장부에 어떠한 금액으로 기록할 지에 따라 원가법과 액면금액법으로 구분된다.

> ① 원가법: 자기주식을 최초 원가로 인식하며 자본총계에서 차감하는 방법으로 공시
> ② 액면금액법: 자기주식을 액면금액으로 인식하며 자본금에서 차감하는 방법으로 공시

한국채택국제회계기준에서는 이 중 어느 방법을 사용하여야 하는지에 대한 규정이 없으나, 본서는 시험 목적상 원가법에 근거한 회계처리를 다루도록 한다.

(1) 자기주식의 취득

기업이 자기지분상품인 자기주식을 유상으로 취득하는 경우 취득원가로 기록하고, 유통 중인 주식이 아님을 공시하기 위해 자본의 차감 항목으로 하여 재무상태표에 공시(자본조정)한다.

> **자기주식 취득의 회계처리**
>
> (차) 자기주식   자본조정(자본의 차감)   (대) 현금   취득원가

> **Self Study**
> 자기주식을 2회 이상 연속 취득하였는데 취득 시점마다 취득단가가 상이한 경우 매각 또는 소각 시 어떤 원가의 흐름을 가정해야 하는지가 이슈가 될 수 있다. 한국채택국제회계기준에서는 별도의 규정이 없으므로 실제 출제가 된다면 문제의 조건에서 확인하여야 할 것이다.

(2) 자기주식의 처분

기업이 보유한 자기주식을 외부로 처분할 시 처분금액이 장부금액을 초과하는 경우 초과액은 자기주식처분이익의 과목으로 하여 자본잉여금으로 처리한다. 만일 처분금액이 장부금액에 미달하는 경우에는 미달액은 자기주식처분손실의 과목으로 하여 부(-)의 자본으로 분류하고 자본조정으로 처리한다.

처분대가 > 취득가액	처분대가 - 취득가액 = 자기주식처분이익(자본잉여금)
처분대가 < 취득가액	취득가액 - 처분대가 = 자기주식처분손실(자본조정)

자기주식처분이익과 자기주식처분손실은 발생 순서에 관계없이 서로 우선 상계한다. 자기주식처분손실은 주주총회에서 이익잉여금의 처분으로 상각할 수 있다.

자기주식 처분의 회계처리

[처분대가 > 취득금액]
(차) 현금   처분대가   (대) 자기주식   취득금액
                                          자기주식처분이익[1]   대차차액

[처분대가 < 취득금액]
(차) 현금   처분대가   (대) 자기주식   취득금액
    자기주식처분손실[1]   대차차액

[1] 자기주식처분이익과 자기주식처분손실은 서로 우선 상계

(3) 자기주식의 소각

기업이 취득한 자기주식을 소각시키는 자본거래를 말한다. 이는 결과적으로 자본을 감소시키는 감자거래이므로 소각되는 주식의 자본금을 감소시키고, 감소되는 자본금과 자기주식의 취득원가를 비교하여 자본금 감소금액이 더 많은 경우에는 감자차익의 과목으로 하여 자본잉여금으로 처리하고 자본금 감소금액이 더 적은 경우에는 감자차손의 과목으로 하여 자본조정으로 처리한다.

자본금 감소액 > 취득원가	자본금 감소액 - 취득원가 = 감자차익(자본잉여금)
자본금 감소액 < 취득원가	취득원가 - 자본금 감소액 = 감자차손(자본조정)

감자차익과 감자차손은 발생 순서에 관계없이 서로 우선 상계한다. 감자차손은 주주총회에서 이익잉여금의 처분으로 상각할 수 있다. 또한 자기주식의 소각을 통하여 자본의 구성내역만 변동할 뿐이지 자본총계에 미치는 영향은 없다.

자기주식 소각의 회계처리

[취득금액 < 액면금액]
(차) 자본금   액면금액   (대) 자기주식   취득원가
                                          감자차익[1]   대차차액

[취득금액 > 액면금액]
(차) 자본금   액면금액   (대) 자기주식   취득원가
    감자차손[1]   대차차액

[1] 감자차익과 감자차손은 서로 우선 상계

사례연습 4. 자기주식

12월 말 결산법인인 ㈜포도는 20×1년 초에 보통주 3주(액면금액 ₩ 100)를 주당 ₩ 100에 액면발행하였다.

(1) ㈜포도는 20×1년 10월 1일에 자기주식 3주를 주당 ₩ 80에 취득하였다.
(2) ㈜포도는 20×1년 11월 1일에 자기주식 1주를 주당 ₩ 100에 재발행하였다.
(3) ㈜포도는 20×1년 11월 30일에 자기주식 1주를 주당 ₩ 50에 재발행하였다.
(4) ㈜포도는 20×1년 12월 1일에 자기주식 1주를 소각하였다.

각 일자별로 회계처리를 보이고, 각 일자별 재무상태표를 보이시오.

풀이

(1) 20×1년 1월 1일

| (차) 현금 | 발행금액 300 | (대) 자본금 | 액면금액 × 발행주식수 300 |

B/S
현금	300		
		자본금	300

(2) 20×1년 10월 1일

| (차) 자기주식 | 취득금액 240 | (대) 현금 | 취득금액 240 |

B/S
현금	60		
		자본금	300
		자본조정	(240)

(3) 20×1년 11월 1일

| (차) 현금 | 재발행금액 100 | (대) 자기주식 | 취득금액 80 |
| | | 자기주식처분이익 | 대차차액 20 |

B/S
현금	160		
		자본금	300
		자본잉여금	20
		자본조정	(160)

(4) 20×1년 11월 30일

(차) 현금	재발행금액 50	(대) 자기주식	취득금액 80
자기주식처분이익	우선 상계 20		
자기주식처분손실	대차차액 10		

B/S
현금	210		
		자본금	300
		자본잉여금	0
		자본조정	(90)

(5) 20×1년 12월 1일

(차) 자본금	100	(대) 자기주식	80
		감자차익	20

B/S

현금	210		
		자본금	200
		자본잉여금	20
		자본조정	(10)

기출문제

2. 20×1년 초 설립한 ㈜한국의 자본거래는 다음과 같다. ㈜한국의 20×1년 말 자본총액은?

2020년 서울시 7급

- 20×1년 1월: 보통주 1,000주(주당 액면가 ₩5,000)를 액면발행하였다.
- 20×1년 3월: 자기주식 200주를 주당 ₩6,000에 매입하였다.
- 20×1년 4월: 자기주식 200주를 주당 ₩7,000에 매입하였다.
- 20×1년 5월: 3월에 구입한 자기주식 100주를 주당 ₩8,000에 처분하였다.
- 20×1년 9월: 3월에 구입한 자기주식 100주를 주당 ₩9,000에 처분하였다.

① ₩3,600,000
② ₩4,100,000
③ ₩5,000,000
④ ₩5,500,000

해설

20×1년 말 자본총액: 4,100,000
= 기초 0 + 증가 (5,000,000 + 800,000 + 900,000) − 감소 (1,200,000 + 1,400,000)
(1) 자본(기초, 설립): 0
(2) 1월(유상증자): +5,000,000 = 1,000주 × @5,000
(3) 3월(자기주식 취득): −1,200,000 = 200주 × @6,000
(4) 4월(자기주식 취득): −1,400,000 = 200주 × @7,000
(5) 5월(자기주식 처분): +800,000 = 100주 × @8,000
(6) 9월(자기주식 처분): +900,000 = 100주 × @9,000

참고 자본총계에 미치는 영향 풀이 Tool

자본의 변동(1 + 2)　　　　　　= 1. 자본거래 = + 현금 유입 − 현금 유출 or 자산·부채 증감
= 기말 자본 − 기초 자본　　　　　　　　　　+
　　　　　　　　　　　　　　　2. 손익거래(= ① + ②)　　　① N/I
　　　　　　　　　　　　　　　= 총포괄손익　　　　　　　② OCI 변동

* 자기주식 취득 및 처분 문제에서 자본총계 계산 시
  (1) 취득 시 현금 지급액 = 자본 감소액
  (2) 처분 시 현금 수령액 = 자본 증가액

답 ②

CHAPTER 4 손익거래

1 이익잉여금의 의의와 종류

1. 이익잉여금의 의의

이익잉여금은 회사의 정상적인 영업활동, 자산의 처분 및 기타의 손익거래에서 발생한 이익을 원천으로 하여 회사 내에 유보되어 있는 잉여금을 말한다. 즉, 재무상태표의 이익잉여금은 누적된 당기순이익에서 배당으로 사외유출되거나 자본의 다른 항목으로 대체된 금액을 차감한 후의 잔액을 의미한다.

이익잉여금의 정의

이익잉여금 = Σ [(수익 – 비용) – 배당(사외유출) ± 자본전입·이입]

* 회사설립 시점부터 이익잉여금 계산 시점까지를 나타냄

Additional Comment

잉여금을 자본잉여금과 이익잉여금으로 구분하는 이유는 잉여금을 발생 원천에 따라 분류함으로써 배당가능잉여금과 배당불가능잉여금에 관한 정보를 제공하기 위해서이다. 배당할 수 있는 잉여금은 손익거래로부터 발생한 잉여금에 국한되어야 한다. 배당 가능한 이익잉여금과 유지하여야 할 자본잉여금을 명확하게 구분하지 않으면, 자본잉여금이 배당의 형태로 주주에게 환급되어 기업재정의 기초를 위태롭게 할 수 있다. 또한 배당 가능한 이익이 자본잉여금에 포함되면 주주에게 배당할 수 있는 잉여금이 감소된다.

2. 이익잉여금의 종류

이익잉여금은 기본적으로 모두 주주에게 배당할 수 있는 것은 아니다. 모든 이익을 배당하면 기업이 미래에 사업을 위하여 재투자할 재원이 부족하게 되며, 채권자 보호도 제대로 이루어질 수 없을 것이다. 따라서 이익잉여금은 기본적으로 주주에 대한 배당이 가능한 자본 항목이지만, 각종 법률에서 배당을 제한하기 위해 법정적립금을 규정하거나 기업이 자발적으로 임의적립금을 적립하여 배당이 일시적으로 불가능하도록 한 부분이 있다. 또한 기업이 지속적으로 당기순손실을 보고하는 경우에는 이익잉여금이 부(-)의 금액이 될 수도 있는데, 이러한 경우에는 재무상태표에 결손금으로 표시된다. 이러한 결손금은 임의적립금이나 법정적립금, 자본잉여금으로 처리하거나 감자의 방법으로 자본금과 상계하기도 한다.

이익잉여금의 종류

이익잉여금	법정적립금(이익준비금)	영구적으로 현금배당 불가능
	임의적립금	일시적으로 현금배당 불가능
	미처분이익잉여금	즉시 현금배당 가능

(1) 법정적립금과 이익준비금

법정적립금은 법률에 따라 기업의 이익 중 일부를 적립한 것으로서, 이익준비금이 대표적인 항목이다. 이익준비금은 우리나라의 상법에 따라 기업이 자본금의 1/2에 달할 때까지 매기 결산 시 주식배당을 제외한 이익배당액(현금배당과 현물배당)의 1/10 이상을 적립한 금액이다. 이익준비금을 적립하는 이유는 회사가 가득한 이익을 주주들이 모두 배당으로 가져가는 것을 막기 위해서 이익으로 배당하려는 금액의 10% 이상을 회사 내에 유보하도록 하는 것이다.

(2) 임의적립금

임의적립금은 정관이나 주주총회 결의에 의하여 이익잉여금 중 사내에 유보한 이익잉여금을 말한다. 임의적립금은 적립 목적이나 금액 등을 기업이 재량적으로 결정할 수 있다. 이에 기업들은 사업확장적립금, 감채기금적립금, 재해손실적립금 등 다양한 목적에 따라 임의적으로 적립할 수 있다. 기업이 가득한 이익 중 법정적립금과 임의적립금 적립액을 빼고 난 후에 주주들에게 배당할 수 있는 금액(배당가능이익)이 결정되므로 기업이 가득한 이익을 주주들이 배당으로 모두 가져가지 못하도록 법정적립금뿐만 아니라 임의적립금도 적립하는 것이다.

(3) 미처분이익잉여금

회사가 창출한 당기순손익 중 배당, 자본조정 항목의 상각 또는 다른 이익잉여금 계정으로 대체되지 않고 남아 있는 이익잉여금을 말한다. 즉, 기업의 미처분이익잉여금은 기업이 유보시킨 당기순이익 중에서 아직 배당되지 않거나 적립금으로 적립되지 않거나 자본조정과 상각되지 않아 배당의 재원 또는 추가적인 적립금의 적립재원이 될 수 있는 금액을 말한다.

> **미처분이익잉여금의 구조**
>
> 미처분이익잉여금 = Σ[당기순손익 + 임의적립금 이입 − 이익잉여금처분(배당, 적립 등)]

2 이익잉여금의 변동

미처분이익잉여금은 기업이 유보시킨 당기순이익 중에서 배당되지 않거나 적립금으로 적립되지 않거나 자본조정과 상각되지 않아 배당의 재원 또는 추가적인 적립금의 적립재원이 될 수 있는 금액이다. 미처분이익잉여금의 처분 권한은 주주총회에 있다. 이러한 미처분이익잉여금은 다음과 같은 원인으로 변동한다.

1. 당기순손익의 대체

회계순환과정 중 보고기간 동안 집계된 당기손익은 집합손익에 집계되었다가 미처분이익잉여금에 대체함으로써 마감된다. 이러한 과정에서 미처분이익잉여금이 증가하지만 당기순손실이 대체되는 경우에는 미처분이익잉여금이 감소되기도 한다.

```
┌─ 당기순손익의 이익잉여금 대체 회계처리 ─────────────────────────────────┐
│ [당기순이익 대체]                                                          │
│   (차) 집합손익              N/I      (대) 미처분이익잉여금          ××   │
│ [당기순손실 대체]                                                          │
│   (차) 미처분이익잉여금      ××      (대) 집합손익                  N/I  │
└────────────────────────────────────────────────────────────────────────────┘
```

2. 기타포괄손익누계액의 대체

한국채택국제회계기준에 열거된 기타포괄손익의 항목은 기타포괄손익누계액에 누적적으로 집계되었다가, 해당 항목이 실현되는 경우 동 항목은 당기손익으로 재분류되거나 미처분이익잉여금에 직접 대체되어 미처분이익잉여금이 변동한다.

```
┌─ 기타포괄손익누계액의 이익잉여금 대체 회계처리 ───────────────────────────┐
│ [기타포괄이익누계액 대체]                                                  │
│   (차) 기타포괄손익누계액(예 재평가잉여금)  ××   (대) 미처분이익잉여금  ××│
│ [기타포괄손실누계액 대체]                                                  │
│   (차) 미처분이익잉여금  ××   (대) 기타포괄손실누계액(예 금융자산평가손실) ××│
└────────────────────────────────────────────────────────────────────────────┘
```

3. 배당

(1) 배당의 정의

배당은 기업의 경영활동의 결과를 통해 창출한 이익을 주주들에게 배분하는 것으로 자기자본에 대한 이자라고 할 수 있다. 배당은 현금으로 지급되는 것이 일반적이지만 경우에 따라서는 주식 등 다른 형태로 지급되기도 한다.

(2) 배당 관련 일자의 정의

배당의 회계처리에 있어서 배당기준일, 배당결의일, 배당지급일은 중요한 의미를 갖는다.

① **배당기준일**

특정일 현재 주주명부에 기재된 주주들에게 배당을 받을 권리가 있다고 할 때 그 특정일이 배당기준일이다. 배당기준일 현재 주주라면 배당을 받을 권리가 있으며, 그 다음날에 주주가 된 사람은 배당을 받을 권리가 없다. 일반적으로 연 1회 배당을 지급할 때 배당기준일은 결산일이다.

② **배당결의일**

배당지급에 대한 결의는 주주총회 결의사항이다. 따라서 배당결의일은 주주총회 결의일이며, 주주총회 결의일에 비로소 회사는 배당금을 지급해야 할 의무가 발생한다.

③ **배당지급일**

배당을 결의했다고 해서 즉시 배당금이 지급되는 것은 아니다. 배당금은 상법에 따라 배당결의일로부터 1개월 내에 지급되며, 이 날이 배당지급일이다.

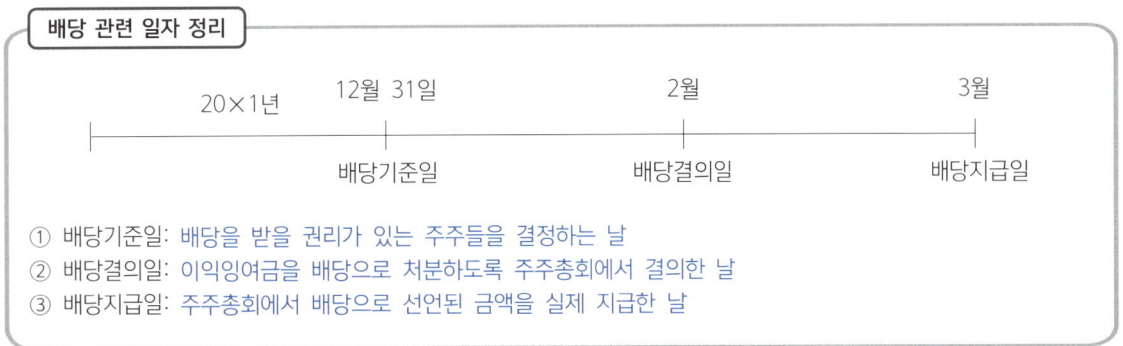

① 배당기준일: 배당을 받을 권리가 있는 주주들을 결정하는 날
② 배당결의일: 이익잉여금을 배당으로 처분하도록 주주총회에서 결의한 날
③ 배당지급일: 주주총회에서 배당으로 선언된 금액을 실제 지급한 날

(3) 현금배당

현금배당은 배당금을 현금으로 지급하는 것으로 실질적인 채무는 배당선언일에 발생한다. 회사는 배당선언일에 미지급배당금으로 처리하고, 실제 배당금을 현금 지급하는 시점에 현금 지급액과 상계한다. 기업이 현금배당을 하게 되면, 미처분이익잉여금의 감소와 함께 자본총계가 감소하게 된다.

현금배당의 회계처리

[배당기준일]

회계처리 없음

[배당결의일]

(차) 미처분이익잉여금　　1.1A　　(대) 미지급배당금(유동부채)　　A
　　　　　　　　　　　　　　　　　　이익준비금　　　　　　　　　　0.1A

[배당지급일]

(차) 미지급배당금　　××　　(대) 현금　　××

Self Study

1. 배당 시에 회사가 자기주식을 보유하고 있다면 미발행주식설에 입각하여 발행주식수에서 회사가 보유한 자기주식 수를 차감한 주식 수를 기준으로 배당을 지급한다.
2. 미지급배당금은 주주에게 지급할 확정된 금액이고, 보통 12개월(상법상은 1개월 이내) 이내 지급하여야 하기 때문에 유동부채로 분류한다.
3. 배당가능이익의 계산: 이익잉여금 중 배당으로 처분할 수 있는 금액은 배당가능이익을 한도로 한다. 이때 상법에 따르면 이익배당액(주식배당 제외) 중 10% 이상을 이익준비금으로 적립해야 하므로 주주에게 배당할 수 있는 최대금액은 다음과 같이 계산된다.
⇒ 배당 최대금액: (미처분이익잉여금 + 임의적립금 이입액 - 기타 법정적립금 적립액 - 기타 이익잉여금 처분액) ÷ 1.1

(4) 주식배당

주식배당은 회사가 주식을 신규로 발행하여 주주들에게 배당하는 것을 말한다. 기업이 주식배당을 하게 되면, 현금배당과 같이 미처분이익잉여금이 감소하지만 자본의 총액은 감소하지 않는다는 특징이 있다.

Additional Comment

주식배당을 하는 회사는 자금을 지출하지 않고 주주의 배당압력을 줄일 수 있으며, 기업의 순자산에는 변화를 주지 않고 주식의 유통을 원활하게 하는 장점이 있다. 또한, 주주의 입장에서는 무상으로 교부받은 주식을 시가로 처분함으로써 실질적인 현금배당을 받는 혜택이 있다고 볼 수 있다.

주식배당의 회계처리에는 다음과 같은 방법이 있다.

① 액면금액법: 주식배당 시 주식의 액면금액만큼의 이익잉여금을 자본금으로 대체시키는 방법
② 공정가치법: 배당되는 주식배당을 결의 시점의 주식의 공정가치만큼 이익잉여금을 자본금과 자본잉여금으로 대체시키는 방법

액면금액법은 주식배당이 투자자의 수익이 아니라는 것에 주안점을 두었다. 즉, 주식배당은 주주의 지분을 보다 많은 수의 주식으로 분할하는 것에 불과하므로 투자자에게 수익이 발생하지 않는다는 것이다. 우리나라 상법에서는 주식배당을 액면금액법으로 회계처리하도록 하였다. 주식배당은 배당선언일에 회계처리하고, 미교부주식배당의 과목으로 하여 자본조정으로 처리한다. 해당 미교부주식배당은 실제 주식을 발행·교부하는 시점에 자본금으로 대체한다.

주식배당(액면금액법)의 회계처리

[배당기준일]

회계처리 없음

[배당결의일]

| (차) 미처분이익잉여금 | ×× | (대) 미교부주식배당(자본조정) | ×× |

[배당지급일]

| (차) 미교부주식배당 | ×× | (대) 자본금 | ×× |

(5) 중간배당

연 1회의 결산기를 정한 회사는 정관에 정한 경우 영업연도 중 1회에 한하여 이사회의 결의로 일정한 날을 정하여 그 날의 주주에 대하여 배당을 할 수 있는데, 이러한 배당을 중간배당이라고 한다. 중간배당은 현금배당이나 현물배당만이 가능하고 이사회의 결의로 배당한다는 점에서 정기주주총회에서 결의되어 지급되는 연차배당과는 다르다.

중간배당도 이익배당이므로 이익준비금을 적립하여야 한다. 따라서 정기주주총회에서 이익준비금을 적립할 금액은 중간배당액과 정기주주총회에서 결의될 연차배당액의 합계액을 기준으로 계산하여야 한다.

중간배당의 회계처리

[중간배당의 이사회 결의 시]

| (차) 미처분이익잉여금 | A | (대) 미지급배당금 | A |

[중간배당 지급 시]

| (차) 미지급배당금 | A | (대) 현금 | A |

[해당 연도 주주총회 결의 시 중간배당에 대한 이익준비금 적립]

| (차) 미처분이익잉여금 | 0.1A | (대) 이익준비금 | 0.1A |

(6) 주식분할과 주식병합

주식분할은 하나의 주식을 여러 개의 주식으로 분할하는 것이고 주식병합은 여러 개의 주식을 하나의 주식으로 병합하는 것을 말한다. 주식분할과 주식병합은 자본 구성내역에 변동이 없기 때문에 회계처리하지 않는다.

Additional Comment

주식분할은 주식을 추가로 주주들에게 분배해 준다는 점에서 주식배당과 동일하나, 자본 구성내역에 변동이 없다는 점에서 배당가능한 이익잉여금이 자본으로 대체되어 자본 구성내역에 변동이 있는 주식배당과 다르다.

Self Study

무상증자, 주식배당, 주식분할, 주식병합의 비교

구분	무상증자	주식배당	주식분할	주식병합
발행주식수	증가	증가	증가	감소
주당 액면금액	불변	불변	감소	증가
자본금 총액	증가	증가	불변	불변
자본잉여금	감소 가능	불변	불변	불변
이익잉여금	감소 가능	감소	불변	불변

기출문제

3. 주식배당, 무상증자, 주식분할, 주식병합에 대한 설명으로 가장 옳지 않은 것은? 2019년 서울시 7급

① 주식배당, 무상증자의 경우 총자본은 변하지 않는다.
② 무상증자, 주식분할의 경우 자본금이 증가한다.
③ 주식병합의 경우 발행주식수가 감소하지만 주식분할의 경우 발행주식수가 증가한다.
④ 주식분할의 경우 주당 액면금액이 감소하지만 주식배당, 무상증자의 경우 주당 액면금액은 변하지 않는다.

해설

(1) 무상증자: 발행주식수 증가, 액면가 불변, 자본금 증가, 자본잉여금 감소 가능, 이익잉여금 감소 가능
(2) 주식분할: 발행주식수 증가, 액면가 감소, 자본금 불변, 자본잉여금 불변, 이익잉여금 불변

답 ②

4. 법정적립금, 임의적립금의 적립과 이입

(1) 법정적립금과 이익준비금

법정적립금은 법률에 따라 기업의 이익 중 일부를 적립한 것으로서, 이익준비금이 대표적인 항목이다. 이익준비금은 우리나라의 상법에 따라 기업이 자본금의 1/2에 달할 때까지 매기 결산 시 주식배당을 제외한 이익배당액(현금배당과 현물배당)의 1/10 이상을 적립한 금액이다. 단, 상법에서는 이익준비금으로 적립할 금액의 최저한도만을 규정한 것이므로 이익배당이 없는 경우에도 이익준비금은 적립 가능하다.

> **이익준비금의 최소적립액과 회계처리**
>
> 이익준비금의 최소적립액 = Min[이익배당가능액 × 10%, 자본금 × 1/2 − 이익준비금 기적립분]
>
> [법정적립금의 적립]
> (차) 미처분이익잉여금　　××　　(대) 이익준비금　　××
>
> [법정적립금을 재원으로 한 결손보전]
> (차) 이익준비금　　××　　(대) 미처분이익잉여금　　××
>
> * 이익준비금의 적립은 주주총회에서 결정되며, 주주총회일에 회계처리함

Additional Comment

법정적립금은 무상증자나 결손보전으로 사용할 수 있다. 법정적립금을 자본금으로 대체하는 것은 무상증자이며, 법정적립금을 미처리결손금과 상계하는 것은 결손보전이다.

(2) 임의적립금

임의적립금은 정관이나 주주총회 결의에 의하여 이익잉여금 중 사내에 유보한 이익잉여금을 말한다. 임의적립금은 적립 목적이나 금액 등을 기업이 재량적으로 결정할 수 있다. 기업이 가득한 이익 중 법정적립금과 임의적립금 적립액을 빼고 난 후에 주주에 대한 배당가능이익이 결정되므로 기업이 가득한 이익을 주주들이 배당으로 모두 가져가지 못하도록 법정적립금뿐만 아니라 임의적립금도 적립하는 것이다.

임의적립금의 적립 목적이 달성되었다면, 차기 이후의 주주총회에 해당 임의적립금을 다시 미처분이익잉여금으로 환원시킨 후 다른 목적의 임의적립금을 적립하거나 배당으로 사외유출할 수도 있다. 이렇게 임의적립금을 미처분이익잉여금으로 환원하는 것을 임의적립금의 이입이라고 한다.

> **임의적립금의 적립과 이입의 회계처리**
>
> [임의적립금의 적립]
> (차) 미처분이익잉여금　　××　　(대) 임의적립금　　××
>
> [임의적립금의 이입]
> (차) 임의적립금　　××　　(대) 미처분이익잉여금　　××

Additional Comment

기업이 임의적립금을 적립한다고 해서 당해 목적에 사용할 자금이 마련되는 것은 아니다. 그러나 기업은 주주들의 배당압력을 회피할 수단으로 임의적립금을 이용하거나, 추후 특정 부분에 사용하기 위해서 현재는 배당재원이 있음에도 불구하고 배당할 수 없는 사실을 알려주는 역할로 임의적립금을 이용한다.

5. 자본거래 손실의 상각

주식할인발행차금, 감자차손 및 자기주식처분손실 등과 같이 자본거래 손실은 회사와 주주와의 거래를 통해 회사가 손실을 입은 것이기 때문에 주주의 입장에서 본다면 회사로부터 이익을 배분받은 것으로 볼 수 있다. 그러므로 자본거래 손실은 주주에 대한 배당으로 해석할 수도 있다. 그러나 우리나라의 경우 이익잉여금의 처분 권한이 주주총회에 있으므로 이를 배당으로 회계처리하지 않고, 자본조정으로 처리한 후 주주총회의 결의를 통하여 미처분이익잉여금과 상계하도록 하고 있다.

> **자본거래 손실 상각의 회계처리**
>
> [자본거래 손실 상각]
> (차) 미처분이익잉여금　　　　××　　　(대) 주식할인발행차금 등　　××
>
> * 자본거래 손실 상각의 회계처리는 주주총회일에 수행함

6. 결손금의 처리

영업활동의 결과 당기순손실이 발생할 수도 있다. 이때 회사는 당기순손실을 포함한 결손금을 다른 잉여금과 상계하여 제거할 수도 있고 차기로 이월시킬 수도 있다. 여기서 결손금(전기이월미처분결손금 포함)의 처리란 결손금을 이익잉여금(법정적립금과 임의적립금) 또는 자본잉여금과 상계하여 장부에서 제거하는 것이며 이를 결손보전이라고도 한다. 결손금은 자본금과 상계할 수도 있는데, 이를 무상감자라고 한다.
결손금의 처리도 주주총회의 승인을 받아야 하기 때문에 당기 말 재무상태표에는 처리하기 전의 결손금이 표시되며, 결손금처리에 대한 회계처리는 주주총회일에 이루어진다.

> **결손금 처리의 회계처리**
>
> [결산일 마감분개]
> (차) 미처리결손금　　　　××　　　(대) 집합손익　　　　××
>
> [주주총회일의 결손금처리]
> (차) 법정적립금　　　　××　　　(대) 미처리결손금　　××
> 　　 임의적립금　　　　××
> 　　 자본잉여금　　　　××
>
> * 결손금 처리의 회계처리는 주주총회일에 수행함

Additional Comment

미처리결손금 중 얼마의 금액을 처리해야 하는지는 기업이 결정할 사항이다. 미처리결손금 전액을 다른 잉여금과 상계할 수도 있고 일부만 상계할 수도 있으며, 전혀 상계하지 않고 차기로 이월할 수도 있다. 미처리결손금을 처리할 때 상계 대상 잉여금은 자본잉여금, 법정적립금 및 임의적립금이 될 수 있는데, 상법에는 미처리결손금의 상계 순서를 정하고 있지 않다.

➕ 참고 | 자본거래가 자본에 미치는 영향

1. 자본거래가 자본총계에 미치는 영향 분류

구분	세부 항목	자본총계에 미치는 영향
자본의 증감	주주와의 거래로 자산·부채의 증감 ⇒ 현금 유출·유입 및 자산·부채의 변동	○
	당기순손익(N/I)	
	기타포괄손익(OCI)	
자본 구성내역의 변동	무상증자/감자, 주식배당/분할/병합	×
	이익준비금 적립	
	자본거래 손실 상계	
	임의적립금 적립, 이입	

2. 자본총계에 미치는 영향 풀이 TOOL

자본의 변동(1 + 2) = 1. 자본거래 = + 현금 유입 − 현금 유출 or 자산·부채 증감
= 기말 자본 − 기초 자본   +
                                 2. 손익거래 = (① + ②)   ① N/I
                                    = 총포괄손익   ② OCI 변동

3. 거래별 자본총계에 미치는 효과

구분		자본총계 영향	금액
자본거래	유상증자	+	발행가액
	유상감자	−	감자대가
	자기주식 취득	−	취득가액
	자기주식 재발행	+	재발행가액
	자기주식 소각	변동 없음	
	이익배당	−	현금배당액
	무상증자/주식배당/주식분할/주식병합	변동 없음	
	이익준비금/임의적립금 적립	변동 없음	
	총포괄이익	+	총포괄이익

기출문제

4. <보기>는 ㈜서울의 2018년 1월 1일 자본 관련 자료이다. 2018년 5월 초에 보통주 200주를 주당 ₩4,500에 발행(유상증자)하였으며, 11월 말에 자기주식 100주를 주당 ₩6,000에 현금 취득하였다. 2018년도 당기순이익이 ₩500,000이었다면, 2018년 말 자본총액은? 2019년 서울시 9급

<보기>
- 자본금
  보통주자본금 ₩10,000,000 (주당 액면금액 ₩5,000)
- 자본잉여금
  주식발행초과금 ₩1,000,000
- 이익잉여금 ₩2,300,000
  자본총액 ₩13,300,000

① ₩13,800,000　　　　② ₩14,100,000
③ ₩14,300,000　　　　④ ₩14,700,000

해설

18년 말 자본총액: 14,100,000 = 기초 13,300,000 + 증가 (900,000 + 500,000) – 감소 600,000
(1) 자본거래: + 300,000 = 900,000 – 600,000
　 1) 유상증자: + 900,000 = 200주 × @4,500
　 2) 자기주식 취득: – 600,000 = 100주 × @6,000
(2) 손익거래: + 500,000

답 ②

3 이익잉여금의 처분 시기와 회계처리, 이익잉여금처분계산서

1. 이익잉여금의 처분 시기

이익잉여금 처분에 따른 회계처리의 시기는 주주총회 결의일이다. 기업의 결산일이 20×1년 12월 31일인 경우 20×1년도 주주총회는 일반적으로 20×2년 2월에 개최되어 이익잉여금의 처분을 포함한 여러 가지 사항에 대해 결정한다. 만약에 20×1년도 주주총회가 20×2년 2월 15일에 개최되어 이익잉여금의 처분에 대한 내용을 승인했다면 동 일자에 관련 회계처리를 장부에 반영한다. 그 이유는 20×1년 12월 31일에는 이익잉여금의 처분에 대한 아무런 결정이 없었기 때문이다. 그러므로 20×1년 말 재무상태표에 표시되는 이익잉여금의 잔액은 처분하기 전의 금액이다.

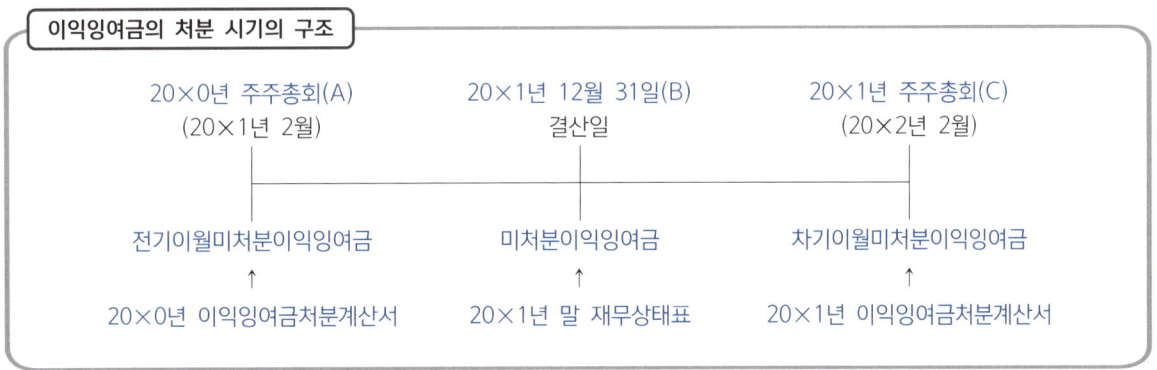

2. 이익잉여금의 처분 회계처리

(1) 주주총회 이후 결산일까지의 회계기간 동안 미처분이익잉여금의 변동내역(A ⇒ B)

미처분이익잉여금은 전기에서 처분되지 않고 당기로 이월된 전기이월미처분이익잉여금에 중간배당액을 차감하고 당기순이익을 가산하여 산출한다. 이때 재평가잉여금 중 사용기간 동안 이익잉여금으로 대체한 금액도 미처분이익잉여금에 가산한다.

미처분이익잉여금을 계산하는 내용은 보고기간 말에 회계처리하고, 보고기간 말 현재 재무상태표의 자본에는 미처분이익잉여금으로 보고된다.

```
결산일의 미처분이익잉여금의 계산구조 및 회계처리

기말 미처분이익잉여금(B): 전기이월미처분이익잉여금(A) + 재평가잉여금 대체액 -
                         중간배당액(이익준비금 적립액 포함 ×) + 당기순이익

(차) 이월이익잉여금(A)      ××      (대) 중간배당지급액        ××
    집합손익(N/I)          ××           미처분이익잉여금(B)    ××
    재평가잉여금            ××
```

Self Study

미처분이익잉여금은 재무상태표상 미처분이익잉여금과 일치하여야 한다. 이는 임의적립금 이입액과 이익잉여금 처분액에 대한 회계처리는 보고기간 말이 아닌 차기에 개최되는 주주총회에서 승인한 시점에 이루어지기 때문이다.

(2) 결산일 이후 주주총회일 직후까지의 회계기간 동안 미처분이익잉여금의 변동내역(B ⇒ C)

적립 목적이 달성된 임의적립금은 처분 이전의 상태로 환원하여 다시 처분할 수 있다. 임의적립금을 처분 이전의 상태로 환원하는 것을 임의적립금의 이입이라고 하는데, 임의적립금을 이입하는 회계처리는 정기주주총회일에 하여야 한다.

보고기간 말의 미처분이익잉여금과 임의적립금이입액의 합계액은 처분 가능한 이익잉여금이 된다. 처분 가능한 이익잉여금은 관련 법령 및 정관에서 정한 순서에 따라 적절한 방법으로 처분한다.

미처분이익잉여금은 다음과 같은 순서로 처분하고, 남은 잔액은 차기로 이월된다. 미처분이익잉여금을 처분하는 회계처리도 정기주주총회일에 하여야 한다.

① 이익준비금 적립액
② 이익잉여금처분에 의한 상각액: 주식할인발행차금 상각액, 자기주식처분손실, 감자차손
③ 배당금: 현금배당, 주식배당
④ 임의적립금 적립액

주주총회일 직후의 미처분이익잉여금의 계산구조 및 회계처리

차기이월미처분이익잉여금(B): 미처분이익잉여금(B) + 임의적립금 이입액 − 현금배당 − 주식배당 − 이익준비금 적립 − 임의적립금 적립 − 자본거래 손실 상각 등

(차) 미처분이익잉여금(B)	××	(대) 이익준비금	××
		주식할인발행차금	××
		미지급배당금	××
		미교부주식배당금	××
		사업확장적립금 등	××
		이월이익잉여금(C)	××

기출문제

5. 20×1년 자본과 관련한 다음 정보를 이용할 때, 20×1년 말 재무상태표에 표시될 이익잉여금은?

2019년 지방직 9급

- 20×1년 기초 이익잉여금 ₩200
- 2월 25일: 주주총회에서 현금 ₩100 배당 결의와 함께 이익준비금 ₩10과 배당평균적립금 ₩20 적립 결의
- 6월 30일: 전기 이전부터 보유하던 장부금액 ₩30의 자기주식을 ₩32에 매각
- 20×1년 당기순이익 ₩250

① ₩320
② ₩350
③ ₩352
④ ₩450

해설

20×1년 말 이익잉여금: 350 = 기초 200 + 증가 250 − 감소 100
(1) 이익잉여금(기초): 200
(2) 2월(배당결의): −100
(3) 6월(자기주식 처분): 이익잉여금과 관련 없음
(4) 손익거래: +250

답 ②

CHAPTER 5 우선주 - 이익배당우선주

우선주는 보통주에 비하여 특정 사항에 대해 우선적 지위를 갖는 주식으로 그 내용에 따라 이익배당우선주, 전환우선주, 상환우선주로 나눌 수 있다. 일반적으로 우선주는 주주총회에서 회사의 제반업무에 대한 의결권이 없다. 배당에 관한 우선권이 부여된 우선주에는 누적적 우선주와 참가적 우선주가 있다.

1. 누적적 우선주와 비누적적 우선주

(1) 누적적 우선주

누적적 우선주는 특정 회계연도에 사전에 정해진 최소배당률에 미달하여 배당금을 지급한 경우, 지급하지 못한 배당금을 이후 회계연도에 우선적으로 지급하여야 하는 의무가 있는 우선주를 말한다.

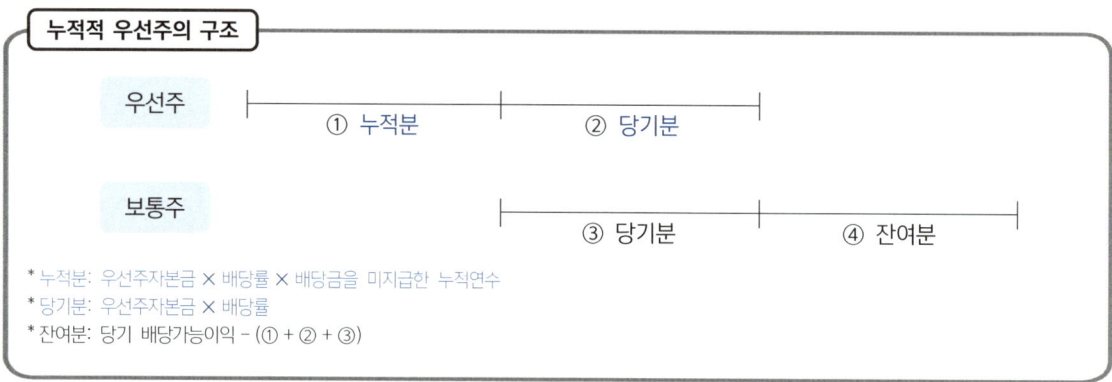

(2) 비누적적 우선주

비누적적 우선주는 특정 회계연도에 사전에 정해진 최소배당률에 미달하여 배당금을 지급한 경우, 지급하지 못한 배당금을 이후 회계연도에 우선적으로 지급해야 하는 의무가 없는 우선주를 말한다.

2. 참가적 우선주와 비참가적 우선주

(1) 참가적 우선주

사전에 약정된 일정 배당률을 우선적으로 수령하고 지급한 후 보통주가 우선주 배당률과 동일한 금액을 배당받는 경우, 동 금액을 초과하여 배당금으로 처분된 금액에 대하여 이익배당에 참여할 권리가 부여된 우선주를 말한다. 이러한 우선주는 일정 부분의 우선배당을 받고 잔여이익이 있는 경우에 추가적 배당에 보통주와 동일한 자격으로 참가할 수 있는 완전참가적 우선주와 일정 부분의 배당참여만 허용하고 그 이상에 대해서는 참가할 수 없는 부분 참가적 우선주가 있다. 즉, 완전참가적 우선주는 배당률에 제한이 없으나 부분 참가적 우선주는 최대배당률이 정해져 있다. 만약, 누적적·비참가적 우선주인 경우에는 과거 회계연도에 지급하지 못한 누적배당금을 먼저 계산하고 동 금액을 차감한 이후의 배당선언액을 배분하여야 한다.

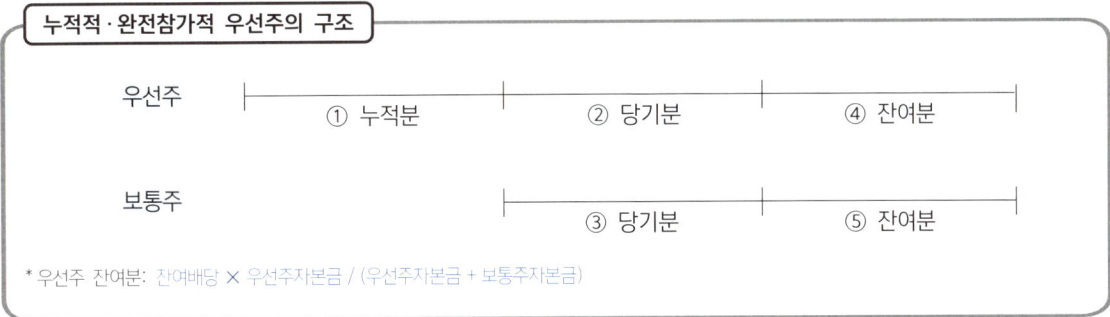

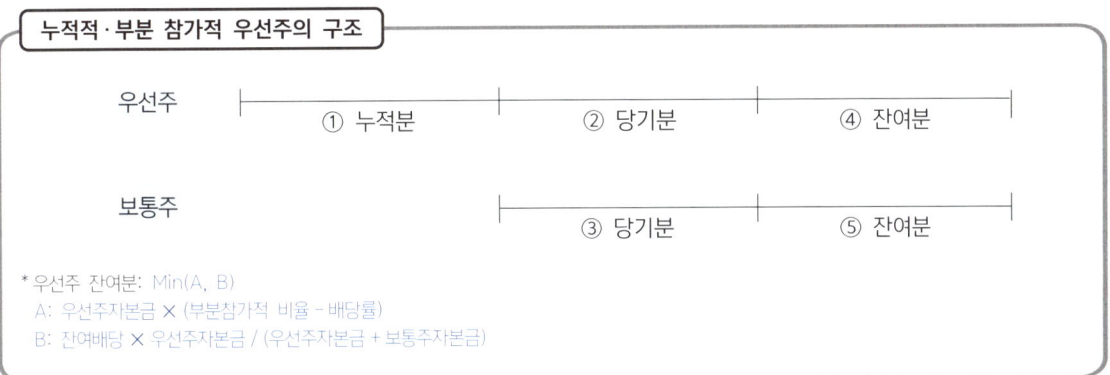

(2) 비참가적 우선주
약정된 배당을 받은 후에 잔여이익에 대해서 참가할 수 없는 우선주를 말한다.

구분	우선주	보통주
누적분	① 우선주자본금 × 최소배당률 × 배당금을 수령 못한 누적연수	-
당기분	② 우선주자본금 × 최소배당률	③ 보통주자본금 × 최소배당률
잔여분	④ 우선주 잔여분: Min(A, B) • A: 우선주자본금 × (부분 참가적 비율 − 최소배당률) • B: 잔여배당 × 우선주자본금 / (우선주자본금 + 보통주자본금)	배당가능액 − ①②③④
합계	⑤ 우선주 배당액	보통주 배당액 = 배당가능액 − ⑤

이익배당 우선주 풀이법 – 누적적·부분 참가적 우선주

🔖 사례연습 5. 이익배당우선주

12월 말 결산법인인 ㈜베르테르는 20×4년 초에 보통주 10,000주와 우선주 6,000주를 발행하여 설립되었다. 관련 자료는 다음과 같다.

> (1) 회사가 보고한 3년간의 연도별 당기순손익
>
> | 20×4년 당기순손실 | ₩ (290,000) |
> |---|---|
> | 20×5년 당기순손실 | ₩ (220,000) |
> | 20×6년 당기순이익 | ₩ 840,000 |
>
> (2) 보통주와 우선주의 주당 액면금액은 각각 ₩ 100이며, 우선주는 배당률 5%의 누적적·부분 참가적(10% 까지)이다. ㈜베르테르의 자본금은 설립일 이후 변동이 없었다.
> (3) 모든 배당은 현금배당이며, 이익준비금은 법정 최소한을 적립하고, 20×6년에 이익준비금을 적립하더라도 자본금의 1/2에 미달한다.

20×7년 초 정기주주총회에서 보통주와 우선주에 배당 가능한 금액은 얼마인가?

[풀이]

(1) 현금배당가능 미처분이익잉여금: (840,000 − 290,000 − 220,000) ÷ (1 + 10%) = 300,000
(2) 보통주와 우선주의 배당가능액

구분	우선주	보통주
누적분	① 우선주자본금 × 최소배당률 × 배당금을 수령 못한 누적연수 6,000주 × @100 × 5% × 2년(20×4, 20×5) = 60,000	−
당기분	② 우선주자본금 × 최소배당률 6,000주 × @100 × 5% = 30,000	③ 보통주자본금 × 최소배당률 10,000주 × @100 × 5% = 50,000

잔여분	④ 우선주 잔여분: Min(A, B)
	• A: 우선주자본금 × (부분 참가적 비율 − 최소배당률)
	  600,000 × (10% − 5%) = 30,000
	• B: 잔여배당 × 우선주자본금/(우선주자본금 + 보통주자본금)
	  (300,000 − 90,000 − 50,000) × 600,000/1,600,000 = 60,000
		배당가능액 − ①②③④

합계	⑤ 우선주 배당액 120,000	보통주 배당액 = 배당가능액 − ⑤ 300,000 − 120,000 = 180,000

핵심 빈출 문장

01 발행자가 보유자에게 미래의 시점에 확정된 금액을 의무적으로 상환해야 하는 우선주는 금융부채로 분류한다.

02 현물배당을 실시할 경우, 각 보고기간 말과 결제일에 기업은 미지급배당의 장부금액을 검토하고 조정한다. 이 경우 미지급배당의 장부금액 변동은 분배금액에 대한 조정으로 자본으로 인식한다.

MEMO

확인 문제

01 자본의 구성

다음의 장부마감 전 자료를 토대로 계산한 기말 자본은? (단, 수익과 비용에는 기타포괄손익 항목이 포함되어 있지 않다)

2016년 9급 회계원리

수익합계	₩ 2,000,000	비용합계	₩ 1,000,000
자본금	₩ 1,000,000	주식발행초과금	₩ 500,000
이익잉여금	₩ 500,000	자기주식	₩ 100,000
감자차익	₩ 100,000	재평가잉여금	₩ 200,000

① ₩ 3,500,000 ② ₩ 3,300,000
③ ₩ 3,200,000 ④ ₩ 3,000,000

02 현물출자

CH. 3 → 1 → 2. 유상증자 - 현물출자 ▶ 379p

㈜한국의 2016년 자본 관련 거래가 다음과 같을 때, 2016년에 증가한 주식발행초과금은? (단, 기초 주식할인발행차금은 없다고 가정한다)

2017년 국가직 9급

- 3월 2일: 보통주 100주(주당 액면금액 ₩ 500)를 주당 ₩ 700에 발행하였다.
- 5월 10일: 우선주 200주(주당 액면금액 ₩ 500)를 주당 ₩ 600에 발행하였다.
- 9월 25일: 보통주 50주(주당 액면금액 ₩ 500)를 발행하면서 그 대가로 건물을 취득하였다. 취득 당시 보통주의 주당 공정가치는 ₩ 1,000이었다.

① ₩ 20,000 ② ₩ 40,000
③ ₩ 45,000 ④ ₩ 65,000

정답 및 해설

01
기말 자본의 금액: 3,200,000 = 1,500,000 + 1,700,000
(1) 자본거래: 1,500,000
   1) 자본금: +1,000,000
   2) 자본잉여금: +600,000
      - 주식발행초과금: 500,000
      - 감자차익: 100,000
   3) 자본조정: −100,000
      자기주식: −100,000
(2) 손익거래: 1,700,000
   1) 당기순이익: +1,000,000 = 총 수익 2,000,000 − 총 비용 1,000,000
   2) 이익잉여금: +500,000
   3) 재평가잉여금: +200,000

02
16년에 증가한 주식발행초과금: 65,000
(1) 3월 2일(유상증자): +20,000 = 100주 × @(700 − 500)
(2) 5월 10일(유상증자): +20,000 = 200주 × @(600 − 500)
(3) 9월 25일(현물출자): +25,000 = 50주 × @(1,000 − 500)

[참고] 누적 회계처리

3월 유상증자	(차) 현금[1]	70,000	(대) 자본금[2] 주식발행초과금	50,000 20,000
	[1] 현금: 100주 × @700 = 70,000 [2] 자본금: 100주 × @500 = 50,000			
5월 유상증자	(차) 현금[3]	120,000	(대) 자본금[4] 주식발행초과금	100,000 20,000
	[3] 현금: 200주 × @600 = 120,000 [4] 자본금: 200주 × @500 = 100,000			
9월 현물출자	(차) 건물[6]	50,000	(대) 자본금[5] 주식발행초과금	25,000 25,000
	[5] 자본금: 50주 × @500 = 25,000 [6] 발행금액(건물): 50주 × @1,000 = 50,000			

정답 01 ③ 02 ④

03 자기주식거래

㈜한국은 액면가액 ₩5,000인 주식 10,000주를 주당 ₩5,000에 발행하였다. ㈜한국은 유통주식수의 과다로 인한 주가관리 차원에서 20×1년에 1,000주를 매입·소각하기로 주주총회에서 결의하였다. ㈜한국은 두 번에 걸쳐 유통주식을 매입하여 소각하였는데 20×1년 6월 1일에 주당 ₩4,000에 500주를 매입한 후 소각했고, 20×1년 9월 1일에 주당 ₩7,000에 500주를 매입한 후 소각했다고 한다면 20×1년 9월 1일의 감자차손익 잔액은?

2011년 국가직 7급

① 감자차익   ₩500,000
② 감자차손   ₩1,000,000
③ 감자차손   ₩500,000
④ 감자차익   ₩1,000,000

04 자본거래 서술형 문제

자본에 대한 설명으로 옳지 않은 것은? (단, 자기주식의 회계처리는 원가법을 따른다)

2019년 국가직 7급

① 자기주식을 취득원가보다 낮은 금액으로 매각한 경우 자기주식처분손실이 발생하며 포괄손익계산서에 비용으로 계상한다.
② 감자 시 주주에게 지급하는 대가가 감소하는 주식의 액면금액보다 적을 때에는 차액을 감자차익으로 기록한다.
③ 실질적 감자의 경우 자본금과 자산이 감소하며, 감자차익 또는 감자차손이 발생할 수 있다.
④ 결손을 보전하기 위한 목적으로 형식적 감자를 실시하는 경우 자본금 감소가 이월결손금보다 큰 경우에는 감자차익이 발생한다.

05 자본거래가 자본에 미치는 영향

다음 각 항목이 재무상태표의 자본금, 이익잉여금 및 자본총계에 미치는 영향으로 옳지 않은 것은?

2012년 지방직 9급

항목	자본금	이익잉여금	자본총계
① 무상증자	증가	증가	증가
② 주식배당	증가	감소	불변
③ 주식분할	불변	불변	불변
④ 유상증자	증가	불변	증가

정답 및 해설

03

×1년 9월 1일의 감자차손 잔액: 500,000 = 500주 × [@(5,000 − 4,000) + @(5,000 − 7,000)]

참고 누적 회계처리

유상증자	(차) 현금[1]	50,000,000	(대) 자본금[2]	50,000,000	
	[1] 현금: 10,000주 × @5,000 = 50,000,000				
	[2] 자본금: 액면발행이므로 현금과 동일, 주식발행초과금 없음				
6월 자기주식 취득	(차) 자기주식[3]	2,000,000	(대) 현금	2,000,000	
	[3] 자기주식: 500주 × @4,000 = 2,000,000				
6월 자기주식 소각	(차) 자본금[4]	2,500,000	(대) 자기주식[5]	2,000,000	
			감자차익	500,000	
	[4] 자본금: 500주 × @5,000 = 2,500,000				
	[5] 자기주식: 500주 × @4,000 = 2,000,000				
9월 자기주식 취득	(차) 자기주식[6]	3,500,000	(대) 현금	3,500,000	
	[6] 자기주식: 500주 × @7,000 = 3,500,000				
9월 자기주식 소각	(차) 자본금[7]	2,500,000	(대) 자기주식[8]	3,500,000	
	감자차익	500,000			
	감자차손	500,000			
	[7] 자본금: 500주 × @5,000 = 2,500,000				
	[8] 자기주식: 500주 × @7,000 = 3,500,000				

04

자기주식을 취득원가보다 낮은 금액으로 매각한 경우 자기주식처분손실이 발생하며 재무상태표의 자본(자본조정)으로 처리한다.

05

참고 무상증자, 주식배당 주식분할, 주식병합의 비교

구분	유상증자	무상증자	주식배당	주식분할
발행주식수	증가	증가	증가	증가
주당 액면금액	불변	불변	불변	감소
자본금 총액	증가	증가	증가	불변
자본잉여금	불변	감소 가능	불변	불변
이익잉여금	불변	감소 가능	감소	불변
자본 총액	불변	불변	불변	증가

정답 03 ③ 04 ① 05 ①

06 자본거래 계산형 문제(자본잉여금)

CH. 3 자본거래 ▶ 377p

㈜한국의 20×1년 초 자본잉여금은 ₩1,000,000이다. 당기에 다음과 같은 거래가 발생하였을 때, 20×1년 말 자본잉여금은? (단, 다음 거래를 수행하는 데 충분한 계정 금액을 보유하고 있으며, 자기주식에 대하여 원가법을 적용한다)

2020년 국가직 9급

- 2월에 1주당 액면금액이 ₩2,000인 보통주 500주를 1주당 ₩3,000에 발행하였다.
- 3월에 주주총회에서 총액 ₩200,000의 배당을 결의하였다.
- 4월에 자기주식 100주를 1주당 ₩2,500에 취득하였다.
- 3월에 결의한 배당금을 4월에 현금으로 지급하였다.
- 4월에 취득한 자기주식 40주를 9월에 1주당 ₩4,000에 처분하였다.

① ₩1,000,000
② ₩1,110,000
③ ₩1,510,000
④ ₩1,560,000

07 자본거래 계산형 문제

CH. 3 자본거래 ▶ 377p

20×1년 1월 1일에 설립한 ㈜한국의 자본관련 거래는 다음과 같다.

일자	거래 내역
1월 1일	보통주 1,000주를 주당 ₩120(액면금액 ₩100)에 발행하고, 주식발행과 관련된 직접비용을 ₩700을 현금 지급하였다.
7월 1일	보통주 1,000주를 주당 ₩90(액면금액 ₩100)에 발행하고, 주식발행과 관련된 직접비용은 발생하지 않았다.

이와 관련된 설명으로 옳은 것은?

2022년 국가직 9급

① 1월 1일 현금 ₩120,000이 증가한다.
② 1월 1일 주식발행과 관련된 직접비용 ₩700을 비용으로 계상한다.
③ 7월 1일 자본금 ₩90,000이 증가한다.
④ 12월 31일 재무상태표에 주식발행초과금으로 표시할 금액은 ₩9,300이다.

정답 및 해설

06

20×1년 말 자본잉여금: 1,560,000 = 기초 1,000,000 + 증가 (500,000 + 60,000)
(1) 자본(기초): 1,000,000
(2) 2월(유상증자): + 500,000 = 500주 × @(3,000 − 2,000)
(3) 3월(배당결의): 자본잉여금과 관련 없음
(4) 4월(배당지급): 자본잉여금과 관련 없음
(5) 4월(자기주식 취득): 자본잉여금과 관련 없음
(6) 4월(자기주식 처분): + 60,000 = 40주 × @(4,000 − 2,500)

참고 누적 회계처리

2월 유상증자	(차) 현금[1]	1,500,000	(대) 자본금[2] 주식발행초과금		1,000,000 500,000
	[1] 현금: 500주 × @3,000 = 1,500,000 [2] 자본금: 500주 × @2,000 = 1,000,000				
3월 배당결의	* 현금배당의 결의 (차) 미처분이익잉여금	200,000	(대) 미지급배당		200,000
	* 주식배당의 결의 (차) 미처분이익잉여금	200,000	(대) 미교부주식배당		200,000
4월 배당지급	* 현금배당의 지급 (차) 미지급배당	200,000	(대) 현금		200,000
	* 주식배당의 지급 (차) 미교부주식배당	200,000	(대) 자본금		200,000
4월 자기주식 취득	(차) 자기주식[3]	250,000	(대) 현금		250,000
	[3] 자기주식: 100주 × @2,500 = 250,000				
4월 자기주식 처분	(차) 현금[4]	160,000	(대) 자기주식[5] 자기주식처분이익		100,000 60,000
	[4] 현금: 40주 × @4,000 = 160,000 [5] 자기주식: 40주 × @2,500 = 100,000				

07

[1월 1일 회계처리]

(차) 현금	1,000주 × 120 − 700	(대) 자본금 주식발행초과금	100,000 19,300

[7월 1일 회계처리]

(차) 현금 주식발행초과금	1,000주 × 90 10,000	(대) 자본금	100,000

정답 06 ④ 07 ④

08 자본거래 계산형 문제(무상증자·주식배당)

다음은 ㈜한국의 2015년 12월 31일 자본 내역이다.

자본	
자본금(액면금액 @₩ 500)	₩ 3,000,000
주식발행초과금	₩ 1,500,000
이익준비금	₩ 2,000,000
미처분이익잉여금	₩ 5,500,000
	₩ 12,000,000

㈜한국은 주권상장법인이며, 2016년 2월 주주총회에서 2,000주의 주식배당과 이익준비금을 재원으로 한 2,000주의 무상증자를 실시하기로 하였다. 주식배당과 무상증자를 실시하여 주식을 교부하였다면, ㈜한국의 자본금은?

2016년 지방직 9급

① ₩ 3,000,000　　　② ₩ 4,000,000
③ ₩ 5,000,000　　　④ ₩ 6,000,000

09 자본총계에 미치는 영향

자본총액에 영향을 주지 않는 거래는?

2018년 서울시 9급

① 당기손익-공정가치 측정 금융자산에 대하여 평가손실이 발생하다.
② 이익준비금을 자본금으로 전입하다.
③ 주주로부터 자산을 기부받다.
④ 자기주식을 재발행하다.

정답 및 해설

08
㈜한국의 자본금: 5,000,000
(1) 자본금(기초): +3,000,000
(2) 주식배당: +1,000,000 = 2,000주 × @500

배당결의	(차) 미처분이익잉여금[1]	1,000,000	(대) 미교부주식배당	1,000,000
	[1] 미처분이익잉여금: 2,000주 × @500 = 1,000,000			
배당지급	(차) 미교부주식배당	1,000,000	(대) 자본금	1,000,000

(3) 무상증자: +1,000,000 = 2,000주 × @500

무상증자	(차) 이익준비금	1,000,000	(대) 자본금[2]	1,000,000
	[2] 자본금: 2,000주 × @500 = 1,000,000			

09
무상증자: 자본총계 불변

(차) 이익준비금(자본 감소)　　　　　　　　　(대) 자본금(자본 증가)

▶ 오답체크
① 평가손실 발생: 자본총계 감소
　　(차) 금융자산평가손실(비용 발생)　　　　　(대) FVPL금융자산(자산 감소)
③ 자산의 수증: 자본총계 증가
　　(차) 자산(자산 증가)　　　　　　　　　　　(대) 자산수증이익(수익 발생)
④ 자기주식 처분: 자본총계 증가
　　(차) 현금(자산 증가)　　　　　　　　　　　(대) 자기주식(자본 감소)

정답　08 ③　09 ②

10 자본총계에 미치는 영향

㈜서울의 2018년 초와 2018년 말의 총자산은 각각 ₩ 150,000과 ₩ 270,000이며. 2018년 초와 2018년 말의 총부채는 각각 ₩ 80,000과 ₩ 120,000이다. ㈜서울은 2018년 중 ₩ 50,000의 유상증자를 실시하고 현금배당 ₩ 10,000과 주식배당 ₩ 7,000을 실시하였다. ㈜서울의 2018년 기타포괄손익이 ₩ 10,000인 경우 2018년 포괄손익계산서의 당기순이익은?   2018년 서울시 9급

① ₩ 30,000
② ₩ 37,000
③ ₩ 40,000
④ ₩ 47,000

11 이익배당우선주

CH. 5 우선주 - 이익배당우선주 ▶ 400p

㈜한국은 20×1년 1월 1일 영업을 시작하였으며, 20×2년 말 현재 자본금 계정은 다음과 같다.

- 보통주(주당 액면가액 ₩ 5,000, 발행주식수 80주) ₩ 400,000
- 우선주 A ₩ 200,000
  (배당률 10%, 비누적적·비참가적; 주당 액면가 ₩ 5,000, 발행주식수 40주)
- 우선주 B ₩ 400,000
  (배당률 5%, 누적적·완전참가적; 주당 액면가 ₩ 5,000, 발행주식수 80주)

모든 주식은 영업개시와 동시에 발행하였으며, 그 이후 아직 배당을 한 적이 없다. 20×3년 초 ₩100,000의 배당을 선언하였다면 배당금 배분과 관련하여 옳은 것은?   2018년 국가직 9급

① 보통주 소유주에게 배당금 ₩ 20,000 지급
② 보통주 소유주에게 배당금 우선 지급 후 우선주 A 소유주에게 배당금 지급
③ 우선주 A 소유주에게 배당금 ₩ 30,000 지급
④ 우선주 B 소유주에게 배당금 ₩ 50,000 지급

정답 및 해설

10

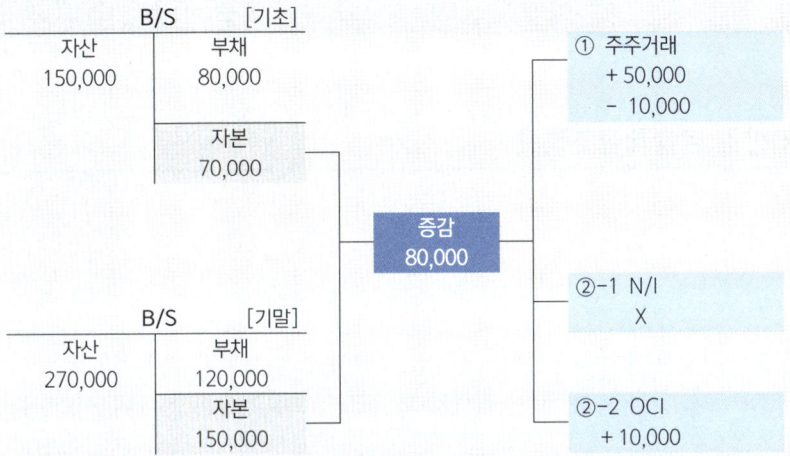

⇒ 150,000 − 70,000 = (50,000 − 10,000) + X + 10,000
∴ X = 30,000

(1) 자본(기초): 70,000 = 자산 150,000 − 부채 80,000
(2) 자본(기말): 150,000 = 자산 270,000 − 부채 120,000
(3) 자본증가: 80,000 = 기말 150,000 − 기초 70,000
(4) 자본거래 증감: 40,000 = 유상증자 50,000 − 현금배당 10,000
(5) 총포괄손익: 40,000 = 증가 80,000 − 증감 40,000
(6) 당기순이익: 30,000 = 총포괄손익 40,000 − 기타포괄손익 10,000

11

구분	우선주 A(10%)	우선주 B(5%)	보통주(5%)
누적분	−	20,000	−
당기분	20,000	20,000	20,000
잔여분	−	10,000	10,000
합계	20,000	50,000	30,000

(1) 우선주 A 배당금: 20,000
  1) 누적분: 0
  2) 당기분: 20,000 = 200,000 × 10%
    * 잔여배당: 20,000 = 100,000 − (20,000 + 20,000 + 20,000 + 20,000)
  3) 잔여분: 0
(2) 우선주 B 배당금: 50,000
  1) 누적분: 20,000 = 400,000 × 5%
  2) 당기분: 20,000 = 400,000 × 5%
    * 잔여배당: 20,000 = 100,000 − (20,000 + 20,000 + 20,000 + 20,000)
  3) 잔여분: 10,000 = 20,000 × 400,000 / (400,000 + 400,000)
(3) 보통주 배당금: 30,000
  1) 누적분: 0
  2) 당기분: 20,000 = 400,000 × 5%
    * 잔여배당: 20,000 = 100,000 − (20,000 + 20,000 + 20,000 + 20,000)
  3) 잔여분: 10,000 = 20,000 − 10,000

정답 10 ① 11 ④

PART 10 금융자산(1)

CHAPTER 1 현금및현금성자산과 은행계정조정표

1 현금및현금성자산

1. 현금

현금은 유동성이 가장 높으며 교환의 매개수단 중에서 가장 대표적인 자산이다. 회계적인 측면에서 현금이란 통화뿐만 아니라 통화와 언제든지 교환할 수 있는 통화대용증권까지 포함되며, 보유현금뿐만 아니라 요구불예금도 포함하는 개념이다.

2. 현금성자산

현금성자산이란 유동성이 매우 높은 단기 투자자산으로, 확정된 금액의 현금으로 전환이 용이하고 가치 변동의 위험이 경미한 자산이다. 이때 단기란 일반적으로 3개월 이내를 의미하므로 투자자산은 취득일로부터 만기일 또는 상환일까지의 기간이 3개월 이내인 경우에만 현금성자산으로 분류된다.

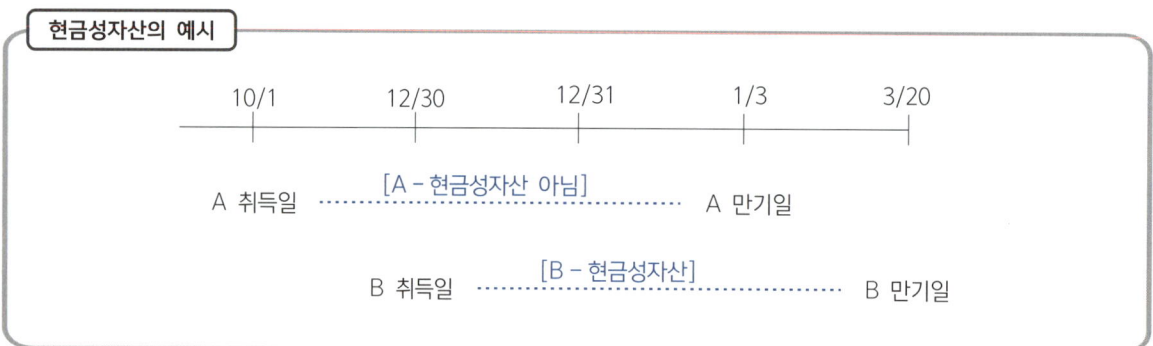

> **Self Study**
> 1. 현금성자산은 만기일이나 상환일이 있어야 하므로 지분상품은 현금성자산에서 제외한다. 다만, 상환일이 정해져 있고 취득일부터 상환일까지의 기간이 단기인 상환우선주는 현금성자산에 포함한다.
> 2. 현금성자산의 예는 아래와 같다.
>   ① 취득 당시 만기가 3개월 이내에 도래하는 단기 채무상품
>   ② 취득 당시 상환기일이 3개월 이내에 도래하는 상환우선주
>   ③ 취득 당시 3개월 이내의 환매조건인 환매채

현금및현금성자산의 정리

통화	지폐와 동전
통화대용 증권	타인발행당좌수표, 자기앞수표, 송금수표, 우편환증서, 만기가 된 공·사채이자표, 배당금지급통지서, 국세환급통지서 등
요구불예금	당좌예금, 보통예금 등
현금성자산	유동성이 매우 높은 단기 투자자산으로, 확정된 금액의 현금으로 전환이 용이하고 가치변동의 위험이 중요하지 않은 자산(투자자산은 취득일로부터 만기일 또는 상환일까지의 기간이 3개월 이내)

⇒ 현금 분류 시 주의할 항목
  ① 선일자수표: 수취채권으로 분류
  ② 우표, 수입인지: 선급비용으로 분류
  ③ 당좌차월과 당좌예금: 상계 불가(동일 은행 가능)
  ④ 당좌개설보증금: 비유동자산으로 분류
  ⑤ 교환, 상환 목적 사용이 제한된 요구불예금: 현금및현금성자산으로 분류 불가하나 사용제한 기간에 따라 유동자산, 비유동자산 분류

⇒ 정기예금·정기적금·환매채·양도성예금증서 등
  ① 취득일로부터 3개월 이내 만기도래: 현금성자산
  ② 보고기간 말부터 1년 이내 만기도래: 유동자산
  ③ 보고기간 말부터 1년 이후 만기도래: 비유동자산

⇒ 상환일이 정해져 있고 취득일부터 상환일까지의 기간이 3개월 이내인 우선주: 현금성자산

★ 사례연습 1. 현금및현금성자산

다음은 ㈜현주의 20×1년 결산자료의 일부이다. 부도수표는 B은행에 입금한 수표에서 발생한 것이며, 당좌예금 잔액은 두 은행 모두 정확한 잔액이다. 또한 지점 전도금은 영업활동자금으로 보낸 것이다. ㈜현주가 재무상태표에 표시할 현금및현금성자산의 금액은 얼마인가?

(1)	통화	₩700,000	(2)	차입금 담보제공예금	₩200,000
(3)	B은행 당좌예금	₩55,000	(4)	만기도래 국채이자표	₩135,000
(5)	차용증서	₩30,000	(6)	타인발행약속어음	₩300,000
(7)	선일자수표	₩27,000	(8)	타인발행당좌수표	₩180,000
(9)	우편환증서	₩38,000	(10)	수입인지	₩20,000
(11)	부도수표	₩34,000	(12)	국세환급통지서	₩400,000
(13)	국채(만기 1년)	₩50,000	(14)	배당금지급통지서	₩120,000
(15)	직원급여가불증	₩100,000	(16)	지점 전도금	₩140,000
(17)	A은행 당좌차월	₩30,000	(18)	당좌개설보증금	₩22,000
(19)	여행자수표	₩100,000	(20)	자기앞수표	₩500,000

[풀이]

현금성자산: (1) + (3) + (4) + (8) + (9) + (12) + (14) + (16) + (19) + (20) = 2,368,000
(2): 사용이 제한된 예금은 현금및현금성자산으로 분류될 수 없다.
(5), (6), (7), (11), (15): 대여금 및 수취채권으로 분류한다.
(10): 선급비용으로 분류한다.
(13): 단기 금융자산으로 분류한다.
(17): 차입금, (18): 장기 금융자산으로 분류한다.

기출문제

1. 재무상태표에 현금및현금성자산으로 표시될 금액은? 2020년 국가직 9급

• 수입인지	₩ 50,000
• 송금수표	₩ 50,000
• 선일자수표	₩ 50,000
• 자기앞수표	₩ 100,000
• 타인발행수표	₩ 100,000
• 당좌개설보증금	₩ 100,000
• 취득 당시 만기 120일인 양도성예금증서	₩ 100,000

① ₩ 400,000 ② ₩ 350,000
③ ₩ 300,000 ④ ₩ 250,000

해설
50,000(송금수표) + 100,000(자기앞수표) + 100,000(타인발행수표) = 250,000   답 ④

2 은행계정조정표

내부통제제도하에서 기업실체는 모든 지출을 당좌수표를 발행하여 결제한다. 당좌수표는 당좌예금의 잔액이 있는 경우에만 발행할 수 있으며, 특정일 현재 은행 측 당좌예금 계정의 잔액은 회사 측 당좌예금 계정의 잔액과 항상 일치하여야 한다. 여러 가지 원인으로 인하여 이들 잔액들은 서로 일치하지 않는데, 이들의 불일치하는 원인을 확인하는 과정을 은행계정조정이라고 한다.

1. 은행계정조정표

일정 시점에서 회사 측의 당좌예금원장잔액과 은행 측의 당좌예금잔액이 회사나 은행 측 착오 또는 기록 시점의 불일치로 차이가 발생할 수 있기 때문에 이들 양자 간의 차이를 조사하여 수정하여야 하는데, 이때 작성하는 표를 은행계정조정표라고 한다.

은행계정조정표의 양식

구분	회사	은행
수정 전 잔액	×× ≠	××
은행미기입예금	–	입금(+)
은행수수료	출금(-)	–
미결제수표	–	출금(-)
미통지입금	입금(+)	–
부도수표	출금(-)	–
은행오류	–	입금·출금(±)
회사오류	입금·출금(±)	–
직원 횡령액	출금(-)	–
수정 후 잔액	×× =	××

2. 은행 측 원인

(1) 미기입예금
회사가 현금을 은행에 입금하고 회계처리하였으나, 은행에서 다음 날 입금처리한 경우이다. 이 경우 회사 측은 잔액이 올바른 것이므로 은행 측 잔액에 동 금액을 가산한다.

(2) 미결제수표
회사가 당좌수표를 발행하고 당좌예금 계정에서 차감처리하였으나, 은행에는 수표가 제시되지 않아 은행이 당좌예금 계정에서 차감하지 못한 경우이다. 이 경우에는 회사 측 잔액이 올바른 것이므로 은행 측 잔액에서 동 금액을 차감한다.

3. 회사 측 원인

(1) 미통지입금
거래처에서 외상대금을 회사의 당좌예금에 입금하였거나, 은행이 회사가 추심 의뢰한 어음대금을 입금하였으나 회사가 이를 알지 못한 경우로, 은행 측 잔액이 올바른 것이므로 회사 측 잔액에 동 금액을 가산한다.

사례연습 2. 은행계정조정표

㈜광화문은 20×3년 12월 24일 자금담당 직원이 은행에서 회사자금을 인출하여 횡령하고 잠적한 사건이 발생하였다. 12월 24일 현재 회사 장부상 당좌예금 계정잔액을 검토한 결과 ₩76,000으로 확인되었다. 그리고 동 일자의 은행 예금잔액증명서상 금액은 ₩40,000으로 확인되었다. 회사 측 잔액과 은행 측 잔액이 차이가 나는 이유를 조사한 결과는 다음과 같았다. 아래의 자료 이외에는 차이가 날 이유가 없다면 자금담당 직원이 횡령한 것으로 의심되는 금액은 얼마인가?

- ㈜광화문이 ₩50,000을 입금하였으나 예금잔액증명서에는 반영되지 않았다.
- 은행에서 수수료 ₩10,000을 인출하였으나 ㈜광화문에서는 이를 반영하지 못하고 있었다.
- ㈜광화문에서 당좌수표 ₩40,000을 발행하였으나 아직 은행에 제시되지 않았다.
- 매출거래처는 통보하지 않고 ㈜광화문의 당좌예금 계좌에 외상대금 ₩16,000을 송금하였다.
- 은행은 ㈜을지로의 발행수표 ₩12,000을 실수로 ㈜광화문의 당좌예금 계좌에서 인출하여 지급하였다.

풀이

구분	은행	회사
수정 전 잔액	40,000	76,000
은행미기입예금	50,000	
은행수수료		(10,000)
미결제수표	(40,000)	
미통지입금		16,000
은행오류	12,000	
직원 횡령액		(×××)
수정 후 잔액	62,000	62,000

⇒ 직원 횡령액: 20,000

기출문제

2. ㈜한국의 20×6년 12월 31일에 당좌예금 장부상 잔액이 ₩37,500이었고, 당좌예금과 관련된 다음의 사건이 확인되었다면, ㈜한국이 거래은행에서 받은 20×6년 12월 31일자 예금잔액증명서상 당좌예금 잔액은?

2018년 지방직 9급

> ㄱ. ㈜한국의 거래처에서 매출대금 ₩15,000을 은행으로 입금하였으나, ㈜한국은 이 사실을 알지 못했다.
> ㄴ. 은행은 당좌거래 관련 수수료 ₩2,000을 ㈜한국의 예금계좌에서 차감하였다.
> ㄷ. 은행 측 잔액증명서에는 반영되어 있으나 ㈜한국의 장부에 반영되지 않은 다른 예금에 대한 이자수익이 ₩5,000있다.
> ㄹ. 은행 측 잔액증명서에는 반영되어 있으나 ㈜한국의 장부에 반영되지 않은 부도수표가 ₩6,000 있다.
> ㅁ. ㈜한국은 은행에 ₩47,000을 예금하면서 ₩74,000으로 잘못 기록하였으나, 은행계좌에는 ₩47,000으로 올바로 기록되어 있다.

① ₩22,500
② ₩24,500
③ ₩34,500
④ ₩76,500

해설

구분	회사	은행
수정 전	37,500	22,500
미통지입금	15,000	
수수료	(−)2,000	
이자수익	5,000	
부도수표	(−)6,000	
회사 기록 오류	(−)27,000	
수정 후	22,500	22,500

답 ①

CHAPTER 2 수취채권의 손상

1 수취채권의 손상

손상이란 기업이 미래에 현금을 요구할 수 있는 권리인 수취채권(매출채권, 미수금 등)의 명목금액 중 회수되지 않은 금액을 말한다. 그러므로 손상처리된 수취채권은 기업이 보유하고 있는 수취채권 중 거래처의 파산, 채무자의 지급능력 저하 등 여러 이유로 회수가 불가능한 채권을 말한다.

수취채권이 회수가 불가능하게 되면 기업은 이를 비용(손상차손)으로 인식하고 자산을 감소시킨다. 수취채권 중 매출채권의 손상차손은 판매비와 관리비로 처리하고, 미수금 등 기타 채권의 손상차손은 영업외비용으로 처리한다.

2 손상의 회계처리

1. 직접차감법과 충당금설정법

손상의 회계처리방법에는 손상차손으로 인식하는 시점에 따라 직접차감법과 충당금설정법이 있다.

(1) 직접차감법

직접차감법은 매출채권의 손상이 확정된 시점에 손상차손을 인식하고 매출채권을 감소시키는 방법이다.

Example

20×1년 말 매출채권 ₩100,000이며, 이 중 20×2년에 ₩3,000의 손상이 확정되었다.

[20×2년 손상 확정 시]

| (차) 손상차손 | 3,000 | (대) 매출채권 | 3,000 |

(2) 충당금설정법

⇒ 기말 B/S상 매출채권 BV: 기말 매출채권(D) - 기말 손실충당금(A: D × 손실률)
⇒ N/I 영향: 기초 손실충당금 - 손상 확정 + 채권 회수 - 기말 손실충당금

① 손실충당금의 설정 및 손상 확정

충당금설정법은 보고기간 말 매출채권의 기대신용손실을 추정하여 손상차손으로 인식하고, 이를 손실충당금으로 설정하는 방법이다. 손실충당금은 자산의 차감계정으로 재무제표상 매출채권에서 차감하는 형식으로 표시된다.

차기에 매출채권에서 손상이 확정되면 매출채권을 감소시키고 손실충당금과 상계하고, 손실충당금보다 손상이 더 많이 확정되면 추가로 손상차손으로 처리하며, 손실충당금보다 손상이 더 적게 확정되면 차기 손실충당금을 설정할 때 이를 반영한다.

B/S			
매출채권	××		
(손실충당금)	(기대신용손실)		
	BV		

[보고기간 말]
(차) 손상차손	××	(대) 손실충당금	××

[손상 확정 시]
(차) 손실충당금	BV	(대) 매출채권	손상 확정액
손상차손	대차차액		

Self Study

충당금설정법은 직접차감법과 비교하여 아래와 같은 장점 때문에 IFRS는 손상의 회계처리로 충당금설정법을 사용한다.
1. 합리적인 수익·비용 대응이 가능하다.
2. 매출채권의 재무상태표상 금액을 회수 가능한 금액으로 평가하여 보다 유용한 정보를 제공한다.

② 손실충당금의 환입

보고기간 말 매출채권에 대한 기대신용손실을 추정한 후, 수정 전 손실충당금과 비교하여 차액을 손상차손과 손실충당금으로 처리한다.

[기말 기대신용손실(④) > 손실충당금 잔액(① + ② - ③)]
(차) 손상차손	××	(대) 손실충당금	××

[기말 기대신용손실(④) < 손실충당금 잔액(① + ② - ③)]
(차) 손실충당금	××	(대) 손실충당금환입	××

손실충당금			
당기 손상 확정	③	기초 손실충당금	①
		손상채권의 회수	②
기말 손실충당금	④ 기말 매출채권 × 설정율	손상차손(손실충당금환입)	대차차액

③ 손상상각채권의 회수

손상상각채권을 회수하는 경우 아래와 같이 회계처리 한다.

(차) 현금	××	(대) 손실충당금	××

2. 손상의 추정방법

수취채권은 채무상품이므로 기대손실모형을 적용하여 기대신용손실을 손실충당금으로 설정하고 당기손익(N/I)으로 처리하여야 한다. 기대신용손실은 신용위험의 유의적인 증가 여부에 따라 12개월 기대신용손실 또는 전체기간 기대신용손실을 각각 손실충당금으로 측정하여야 한다.

기대신용손실로 측정할 때 수취채권을 인식한 시점부터 경과된 기간 또는 연체기간을 기준으로 몇 개의 집단으로 나누어 각 집단별로 다른 손실예상률을 곱하여 계산할 수 있는데 이러한 방법을 연령분석법이라고 한다.

연령분석법

구분	총장부금액		손실률		손실 예상액
30일 이내	××	×	A%	=	××
30일 초과 60일 이내	××	×	B%	=	××
60일 초과 90일 이내	××	×	C%	=	××
90일 초과 120일 이내	××	×	D%	=	××
120일 초과	××	×	E%	=	××
	××				기대신용손실

기출문제

3. ㈜한국의 20×8년 손실충당금의 기초 잔액은 ₩ 30이고 20×8년 12월 31일에 매출채권 계정을 연령별로 채무불이행률을 검사하고, 다음의 연령분석표를 작성하였다.

결제일 경과기간	매출채권	채무불이행률
미경과	₩ 90,000	1%
1일 ~ 30일	₩ 18,000	2%
31일 ~ 60일	₩ 9,000	5%
61일 ~ 90일	₩ 6,000	15%
91일 이상	₩ 4,000	30%

20×9년 1월 10일에 거래처인 ㈜부도의 파산으로 인해 매출채권 ₩ 4,500의 회수 불능이 확정되었다. ㈜한국이 20×9년 1월 10일 인식할 손상차손은? 2019년 국가직 7급

① ₩ 630 ② ₩ 660
③ ₩ 690 ④ ₩ 720

해설

(1) 20×9년 초 손실충당금: 3,810
 * (90,000 × 1%) + (18,000 × 2%) + (9,000 × 5%) + (6,000 × 15%) + (4,000 × 30%)

(2) 20×9년 1월 10일 손상차손: 4,500 − 3,810 = 690

답 ③

CHAPTER 3 금융자산의 제거

금융자산의 양도란 금융자산의 보유자가 금융자산의 현금흐름을 수취할 권리 등을 거래 상대방에게 이전하는 것을 말한다. 또한 금융자산의 제거란 인식의 반대개념으로 이미 인식된 금융자산을 재무상태표에서 삭제하는 것을 말한다. 금융자산의 양도와 관련하여 유의할 점은 양도하였다는 사실 자체가 제거를 충족시키는 것이 아니라 제거조건을 충족한 양도의 경우에만 금융자산을 제거한다는 것이다.

> 양도: 현금흐름 수취 권리 이전
>   ↯
> 제거: 재무상태표에서 삭제
>
> | 제거 ○ | (차) 현금 | ×× | (대) 금융자산 | ×× |
> | 제거 × | (차) 현금 | ×× | (대) 차입금 | ×× |
>
> *제거조건이 충족된 양도의 경우에만 금융자산을 재무상태표에서 삭제함

1 금융자산의 제거 여부의 판단

금융자산의 제거는 이미 인식된 금융자산을 재무상태표에서 삭제하는 것으로 다음 중 하나에 해당하는 경우에만 제거한다.

> ① 금융자산의 현금흐름에 대한 계약상 권리가 소멸하는 경우
> ② 금융자산을 아래와 같은 방법으로 양도하고 그 양도가 제거의 조건을 충족하는 경우
>   ㉠ 금융자산의 현금흐름을 수취할 계약상 권리를 양도한 경우
>   ㉡ 금융자산의 현금흐름을 수취할 계약상 권리를 보유하고 있으나, 해당 현금흐름을 하나 이상의 거래 상대방(최종 수취인)에게 지급할 계약상 의무를 부담하는 경우

금융자산 제거의 회계처리는 아래와 같이 분류한다.

구분			회계처리
현금흐름에 대한 계약상 권리 소멸			제거
현금흐름에 대한 계약상 권리의 양도	위험과 보상의 대부분 이전		제거, 양도 시 부담하는 권리와 의무를 자산·부채로 인식
	위험과 보상의 대부분 보유		계속 인식하고 양도 시 대가로 받은 금액 부채로 인식
	보유도 이전도 아닌 경우	통제권 상실	제거, 양도 시 부담하는 권리와 의무를 자산·부채로 인식
		통제권 보유	금융자산에 지속적으로 관여하는 정도까지 금융자산 계속 인식

여기서 통제의 상실과 보유 여부는 양수자가 그 자산을 매도할 수 있는 능력을 가지고 있는지에 따라 결정한다. 즉, 양수자가 자산 전체를 독립된 제3자에게 매도할 수 있는 실질적 능력을 가지고 있으며 양도에 추가 제약을 할 필요 없이 그 능력을 일방적으로 행사할 수 있다면 통제를 상실한 것이다.

2 제거조건을 충족하는 양도

금융자산 전체가 제거조건을 충족하는 양도로 금융자산을 양도하고, 해당 양도자산의 관리용역을 제공하기로 하고 수수료를 그 대가로 지급받기로 한 경우, 관리용역 제공 계약과 관련하여 자산이나 부채를 인식한다.

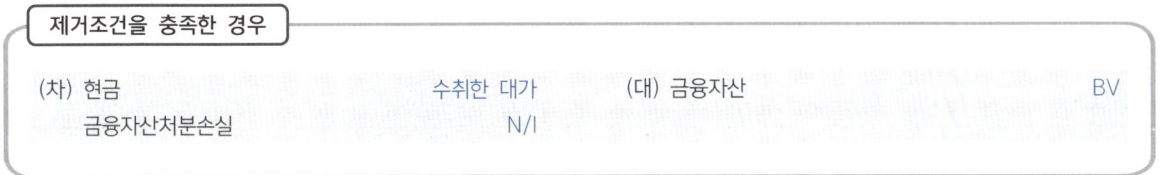

제거조건을 충족한 경우

(차) 현금   수취한 대가   (대) 금융자산   BV
     금융자산처분손실   N/I

3 제거조건을 충족하지 못한 양도

제거조건을 충족하지 못한 양도는 양도자가 양도한 금융자산에 대해서 소유에 따른 위험과 보상의 대부분을 보유하고 있는 형태의 양도이다. 따라서 양도자산 전체를 계속하여 인식하며 수취한 대가를 금융부채로 인식한다.
양도자산을 계속 인식하는 경우 양도자산과 관련 부채는 상계하지 않고, 양도자산과 관련 부채에서 발생하는 어떤 수익과 어떤 비용도 상계하지 않는다.

4 받을어음의 할인

어음의 할인이란 거래처로부터 받을어음을 만기일 전에 금융기관에 이전하고 조기에 현금을 수령하는 것이다. 어음상의 채권은 확정채권이므로 외상매출금의 팩토링과는 달리 매출할인 등의 금액을 유보할 필요가 없다. 따라서 어음할인으로 인한 현금 수령액은 어음의 만기가치에서 할인료를 차감한 잔액이 된다.

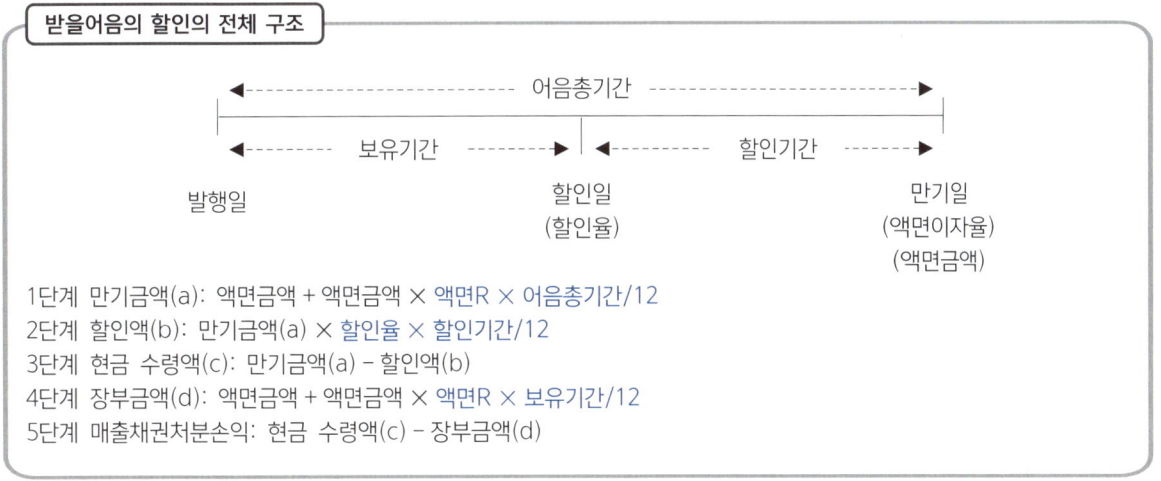

받을어음의 할인의 전체 구조

1단계 만기금액(a): 액면금액 + 액면금액 × 액면R × 어음총기간/12
2단계 할인액(b): 만기금액(a) × 할인율 × 할인기간/12
3단계 현금 수령액(c): 만기금액(a) − 할인액(b)
4단계 장부금액(d): 액면금액 + 액면금액 × 액면R × 보유기간/12
5단계 매출채권처분손익: 현금 수령액(c) − 장부금액(d)

금융자산의 제거요건을 만족하는 거래인 경우에는 받을어음(매출채권)의 장부금액과 수령한 현금의 차이를 매출채권처분손실로 인식한다. 만약, 제거요건을 충족하지 못한다면 현금 수령액을 단기차입금의 차입으로 인식하고, 매출채권처분손실은 이자비용으로 처리한다.

구분	제거요건 충족 ○			제거요건 충족 ×		
할인 시	(차) 현금 　　매출채권처분손실	(c) (c-d)	(대) 매출채권　　　(액면) 　　이자수익 (보유기간이자)	(차) 현금 　　이자비용	(c) (c - d)	(대) 단기차입금　　(액면) 　　이자수익 (보유기간이자)
만기 시	회계처리 없음			(차) 단기차입금		(대) 매출채권

사례연습 3. 받을어음의 할인

20×1년 6월 1일 ㈜대한은 판매대금으로 만기가 20×1년 9월 30일인 액면금액 ₩ 1,200,000의 어음을 거래처로부터 수취하였다. ㈜대한은 20×1년 9월 1일 동 어음을 은행에서 할인하였으며, 은행의 할인율은 연 12%였다. 동 어음이 무이자부어음인 경우와 연 10% 이자부어음인 경우로 구분하여 어음할인 시 ㈜대한이 인식할 매출채권처분손실(금융자산처분손실)을 계산하면 각각 얼마인가? (단, 어음할인은 제거조건을 충족하며, 이자는 월할 계산한다)

풀이

(1) 전체 구조

(2) 무이자부어음의 경우
　　1단계 만기금액(a): 액면금액 + 액면금액 × 액면 R × 어음총기간/12
　　　　　　　　　　　1,200,000
　　2단계 할인액(b): 만기금액(a) × 할인율 × 할인기간/12
　　　　　　　　　　 1,200,000 × 12% × 1/12 = 12,000
　　3단계 현금 수령액(c): 만기금액(a) - 할인액(b)
　　　　　　　　　　　　 1,200,000 - 12,000 = 1,188,000
　　4단계 장부금액(d): 액면금액 + 액면금액 × 액면 R × 보유기간/12
　　　　　　　　　　　 1,200,000
　　5단계 매출채권처분손익: 현금 수령액(c) - 장부금액(d)
　　　　　　　　　　　　　 1,188,000 - 1,200,000 = (12,000)

(3) 이자부어음의 경우
　　1단계 만기금액(a): 액면금액 + 액면금액 × 액면 R × 어음총기간/12
　　　　　　　　　　　 1,200,000 + (1,200,000 × 10% × 4/12) = 1,240,000
　　2단계 할인액(b): 만기금액(a) × 할인율 × 할인기간/12
　　　　　　　　　　 1,240,000 × 12% × 1/12 = 12,400
　　3단계 현금 수령액(c): 만기금액(a) - 할인액(b)
　　　　　　　　　　　　 1,240,000 - 12,400 = 1,227,600
　　4단계 장부금액(d): 액면금액 + 액면금액 × 액면R × 보유기간/12
　　　　　　　　　　　 1,200,000 + (1,200,000 × 10% × 3/12) = 1,230,000
　　5단계 매출채권처분손익: 현금 수령액(c) - 장부금액(d)
　　　　　　　　　　　　　 1,227,600 - 1,230,000 = (2,400)

구분	제거요건 충족 ○				제거요건 충족 ×			
할인 시	(차) 현금	1,227,600	(대) 매출채권	1,200,000	(차) 현 금	1,227,600	(대) 단기차입금	1,200,000
	처분손실	2,400	이자수익	30,000	이자비용	2,400	이자수익	30,000
만기 시	회계처리 없음				(차) 단기차입금	1,200,000	(대) 매출채권	1,200,000

기출문제

4. ㈜한국은 20×1년 4월 1일에 고객에게 상품 판매대가로 이자부약속어음(만기 5개월, 이자율 연 5%, 액면가액 ₩72,000)을 수령하였다. 이 어음을 2개월간 보유한 후 자금사정으로 ₩72,030을 받고 할인하였다. 이 어음의 할인율과 어음처분손실은? (단, 이자는 월할 계산하며, 어음의 할인은 제거요건을 충족한다)

2018년 국가직 7급

	할인율	어음처분손실
①	8%	₩570
②	8%	₩1,470
③	12%	₩570
④	12%	₩1,470

해설

(1) 만기수령액: 72,000 + (72,000 × 5% × 5/12) = 73,500
(2) 할인액: 73,500 × 할인율 × 3/12 = 73,500 − 72,030 = 1,470, 할인율: 8%
(3) 처분손실: 72,030 − [72,000 + (72,000 × 5% × 2/12)] = (−)570

답 ①

핵심 빈출 문장

01 현금성자산이란 유동성이 매우 높은 단기 투자자산으로, 확정된 금액이 현금으로 전환이 용이하고 가치 변동의 위험이 경미한 자산이다.

02 충당금설정법은 직접차감법과 비교하여 여러 장점 때문에 IFRS는 손상의 회계처리로 충당금설정법을 사용한다.

03 금융자산의 양도와 관련하여 유의할 점은 양도하였다는 사실 자체가 제거를 충족시키는 것이 아니라 제거조건을 충족한 양도의 경우에만 금융자산을 제거한다는 것이다.

04 제거조건을 충족하지 못한 양도는 양도자가 양도한 금융자산에 대해서 소유에 따른 위험과 보상의 대부분을 보유하고 있는 형태의 양도이다. 따라서 양도자산 전체를 계속하여 인식하며 수취한 대가를 금융부채로 인식한다.

확인 문제

01 현금및현금성자산

다음은 2013년 12월 31일 현재 ㈜한국이 보유하고 있는 항목들이다. ㈜한국이 2013년 12월 31일의 재무상태표에 현금및현금성자산으로 표시할 금액은?

2014년 국가직 9급

• 지급기일이 도래한 공채이자표	₩ 5,000
• 당좌거래개설보증금	₩ 3,000
• 당좌차월	₩ 1,000
• 수입인지	₩ 4,000
• 선일자수표(2014년 3월 1일 이후 통용)	₩ 2,000
• 지폐와 동전 합계	₩ 50,000
• 2013년 12월 20일에 취득한 만기일이 2014년 2월 20일인 양도성예금증서	₩ 2,000
• 2013년 10월 1일에 취득한 만기일이 2014년 3월 31일인 환매채	₩ 1,000

① ₩ 56,000
② ₩ 57,000
③ ₩ 58,000
④ ₩ 59,000

정답 및 해설

01
현금및현금성자산: 57,000 = 5,000(만기도래 공사채이자표) + 50,000(지폐와 동전) + 2,000(취득일부터 만기일까지의 기간이 3개월 이내인 양도성예금증서)

정답 01 ②

02 현금및현금성자산

CH. 1 → **1** 현금및현금성자산 ▶ 414p

기말재무상태표에 현금 및 현금성자산으로 보고될 금액은?

2022년 국가직 9급

• 우표	₩ 4,000
• 당좌차월	₩ 50,000
• 당좌예금	₩ 10,000
• 타인발행 수표	₩ 20,000
• 지폐와 주화	₩ 12,000
• 우편환증서	₩ 5,000
• 수입인지	₩ 8,000
• 환매채 (취득 당시 60일 이내 환매조건)	₩ 40,000
• 보통예금	₩ 16,000

① ₩ 98,000 ② ₩ 103,000
③ ₩ 116,000 ④ ₩ 166,000

03 은행계정조정표

CH. 1 → **2** 은행계정조정표 ▶ 416p

2013년 12월 31일 은행계정조정 후 ㈜대한의 장부상 정확한 당좌예금 계정의 잔액은 ₩ 300,000이다. 이 금액은 거래은행이 보내온 2013년 12월 31일 은행계정명세서의 잔액과 차이가 있는데, 차이가 나는 원인은 다음과 같다.

- ㈜대한이 발행한 수표 ₩ 5,000을 거래은행이 실수로 ₩ 500으로 처리하였다.
- ㈜대한의 기발행 미지급수표는 ₩ 20,000이다.
- 거래은행이 미처 기입하지 못한 ㈜대한의 당좌예금 입금액이 ₩ 10,000이다.
- ㈜민국이 발행한 수표 ₩ 4,000을 거래은행이 실수로 ㈜대한의 계정에서 차감하였다.

거래은행이 보내온 2013년 12월 31일 은행계정명세서의 잔액은?

2014년 국가직 7급

① ₩ 289,500 ② ₩ 290,500
③ ₩ 310,500 ④ ₩ 309,500

04 은행계정조정표

은행계정조정표 작성을 위한 은행 측 조정사항은?

2025년 국가직 9급

① ㈜한국이 20×1년 12월 30일에 발행한 수표 ₩200,000이 대한은행에서는 아직 인출되지 않았다.
② ㈜한국이 20×1년 12월 31일에 거래처로부터 수취한 수표 ₩300,000을 장부상 입금처리 한 후 대한은행에 입금하였으나 부도수표로 판명되어 은행에서는 입금처리 하지 않았다.
③ 대한은행이 20×1년 12월 28일에 추심한 받을 어음 금액 ₩100,000이 있었으나 ㈜한국에 이를 통보하지 않았다.
④ 대한은행이 20×1년의 당좌거래수수료 ₩50,000을 ㈜한국의 계좌에서 출금처리 하였으나 ㈜한국은 장부에 반영하지 않았다.

정답 및 해설

02
현금및현금성자산: 10,000 + 20,000 + 12,000 + 5,000 + 40,000 + 16,000 = 103,000

03

은행계정조정표			
수정 전 회사 측 잔액		수정 전 은행 측 잔액	310,500(역산)
		오류	(4,500)
		기발행 미지급수표	(20,000)
		미기입예금	10,000
		수표오류	4,000
수정 후 회사 측 잔액	300,000	수정 후 은행 측 잔액	300,000

04
기발행미인출수표는 은행의 조정사항이다.

정답 02 ② 03 ③ 04 ①

05 수취채권의 손상 추정방법

20×1년 1월 1일 ㈜한국의 매출채권에 대한 손실충당금 잔액은 ₩10,000이다. ㈜한국은 20×1년 중 ₩20,000의 매출채권을 회수불능으로 판단하여 장부에서 제거하였다. 20×1년 말 매출채권 잔액은 ₩700,000이며, 기대신용손실은 ₩40,000으로 추정하였다. ㈜한국이 20×1년도 포괄손익계산서에 인식할 손상차손은?

2025년 국가직 9급

① ₩10,000
② ₩20,000
③ ₩40,000
④ ₩50,000

06 수취채권의 손상의 추정방법

㈜한국의 결산일 현재 매출채권은 ₩6,150,000이다. 매출채권의 기대신용손실과 관련된 자료가 다음과 같을 때, 회수 가능한 매출채권 추정액은?

2010년 국가직 7급

• 기초 매출채권 손실충당금잔액	₩300,000
• 당기 중 회수 불능으로 기대신용손실처리한 매출채권	₩400,000
• 당기 매출채권의 채권 손상차손	₩950,000

① ₩5,100,000
② ₩5,200,000
③ ₩5,300,000
④ ₩7,000,000

07 받을어음의 할인

㈜한국은 고객에게 상품을 판매하고 그 대가로 액면가액 ₩10,000,000, 만기 3개월, 이자율 연 9%인 약속어음을 수령하였다. ㈜한국은 이 어음을 2개월간 보유한 후 은행에서 할인할 때 ₩10,122,750을 수령하였다. 이 어음에 대한 은행의 연간 할인율은? (단, 이자는 월할 계산한다고 가정한다)

2012년 국가직 9급

① 10%
② 11%
③ 12%
④ 13%

08 받을어음의 할인

CH. 3 → 4 받을어음의 할인 ▶ 423p

㈜한국은 2011년 3월 1일에 상품 판매대금 ₩ 400,000을 만기 3개월의 어음(액면이자율 연 9%)으로 수령하였다. ㈜한국은 5월 1일에 대한은행에서 연 12% 이자율로 동 어음을 할인하였다. 이 받을어음의 할인이 금융자산의 제거조건을 충족할 때, ㈜한국이 행할 회계처리는? (단, 이자는 월할 계산한다)

2013년 국가직 7급

① (차변) 현금　　　　　₩ 404,910　　금융자산처분손실　　　　₩ 1,090
　(대변) 매출채권　　　₩ 400,000　　이자수익　　　　　　　　₩ 6,000
② (차변) 현금　　　　　₩ 404,800　　금융자산처분손실　　　　₩ 1,200
　(대변) 매출채권　　　₩ 400,000　　이자수익　　　　　　　　₩ 6,000
③ (차변) 현금　　　　　₩ 406,000　　금융자산처분손실　　　　₩ 3,000
　(대변) 매출채권　　　₩ 400,000　　이자수익　　　　　　　　₩ 9,000
④ (차변) 현금　　　　　₩ 402,000　　금융자산처분손실　　　　₩ 2,000
　(대변) 매출채권　　　₩ 400,000　　이자수익　　　　　　　　₩ 4,000

정답 및 해설

05
손실충당금 t계정: 기초 10,000 + 손상차손 = 손상확정 20,000 + 기말 40,000, 손상차손: 50,000

06
(1) 손실충당금의 T계정

손실충당금			
당기 손상 확정	③ 400,000	기초 손실충당금	① 300,000
		손상채권의 회수	② -
기말 손실충당금	대차차액 850,000	손상차손(손실충당금환입)	④ 950,000

(2) 기말 매출채권의 장부금액: 6,150,000 - 850,000(기말 손실충당금) = 5,300,000

07
(1) 어음의 만기가치: 10,000,000 + (10,000,000 × 0.09 × 3/12) = 10,225,000
(2) 할인료: 10,225,000 × A × 1/12
(3) 현금 수령액: 10,225,000 - (10,225,000 × A/12) = 10,122,750
　⇒ 할인율A: 12%

08
(1) 어음의 만기가치: 400,000 + (400,000 × 9% × 3/12) = 409,000
(2) 할인료: 409,000 × 12% × 1/12 = 4,090
(3) 현금 수령액: 409,000 - 4,090 = 404,910
(4) 이자수익: 400,000 × 0.09 × 2/12 = 6,000
(5) 매출채권처분손실: 404,910 - 406,000 = (-)1,090

정답　05 ④　06 ③　07 ③　08 ①

PART 11 금융자산(2)

CHAPTER 1 금융자산 일반

1 금융자산의 의의 및 분류 시 판단기준

1. 의의

금융상품은 거래 당사자 어느 한쪽(금융상품 보유자)에게는 금융자산이 생기게 하고 동시에 거래 상대방(금융상품 발행자)에게 금융부채나 지분상품을 발생시키는 모든 계약을 말한다.

◎ 금융상품

금융자산		지분상품 및 금융부채
① 현금 　 금융상품		
② 다른 기업의 지분상품	← 계약 →	① 지분상품
③ 계약상 권리(채무상품)	← 계약 →	② 금융부채
④ 자기지분상품 관련 계약	← 계약 →	③ 금융부채(자기지분상품 관련 계약)

금융자산은 계약에 의해 현금이나 다른 금융자산을 수취할 권리를 말한다. 금융자산으로 보는 사례는 아래와 같다.

(1) 현금

유동성이 가장 높으며 교환의 매개수단 중에서 가장 대표적인 자산이다.

(2) 다른 기업의 지분상품

기업의 자산에서 모든 부채를 차감한 후의 잔여지분을 나타내는 모든 계약이다.

(3) 다음 중 어느 하나에 해당하는 계약상 권리

> ① 거래 상대방에게서 현금 등 금융자산을 수취할 계약상 권리
> ② 잠재적으로 유리한 조건으로 거래 상대방과 금융자산이나 금융부채를 교환하기로 한 계약상 권리

(4) 자기지분상품으로 결제하거나 결제할 수 있는 다음 중 하나의 계약

> ① 수취할 자기지분상품의 수량이 변동 가능한 비파생상품
> ② 확정수량의 자기지분상품을 확정금액의 현금 등 금융자산과 교환하여 결제하는 방법 외의 방법으로 결제하거나 결제할 수 있는 파생상품

2. 금융자산의 분류 시 판단기준

금융자산은 다음 두 가지 사항 모두에 근거하여 후속적으로 상각후원가, 기타포괄손익 - 공정가치, 당기손익 - 공정가치로 측정되도록 분류한다.

> ① 금융자산의 계약상 현금흐름 특성(원리금의 지급 여부)
> ② 금융자산의 관리를 위한 사업모형(보유 목적)

(1) 금융자산의 계약상 현금흐름 특성

금융자산을 분류하기 위해서는 해당 금융자산의 계약상 현금흐름이 특정일에 원금과 원금잔액에 대한 이자 지급(이하 '원리금 지급')만으로 구성되어 있는지를 판단하여야 한다.

> ① 원리금만으로 구성: 원금과 원금잔액에 대한 이자 지급만으로 구성된 계약상 현금흐름
> ② 원리금 이외로 구성: 원리금 지급만으로 구성되지 않은 기타의 계약상 현금흐름

(2) 금융자산의 보유 목적에 따른 분류(사업모형)

사업모형은 현금흐름을 창출하기 위해 금융자산을 관리하는 방식을 의미한다. 사업모형은 다음과 같이 구분한다.

① **계약상 현금흐름을 수취하기 위해 자산을 보유하는 것이 목적인 사업모형**

이러한 형태의 사업모형에서는 기업의 금융자산 보유의도를 해당 금융자산의 계약상 현금흐름을 수취하기 위한 목적으로 이루기 위한 것으로 본다.

사업모형의 목적인 계약상 현금흐름을 수취하기 위해 금융자산을 보유하는 것이더라도 그러한 모든 금융상품을 만기까지 보유할 필요는 없다. 따라서 금융자산의 매도가 일어나거나 미래에 일어날 것으로 예상되는 경우에도 사업모형은 계약상 현금흐름을 수취하기 위해 금융자산을 보유하는 것일 수 있다.

② **계약상 현금흐름의 수취와 금융자산의 매도 둘 다를 통해 목적을 이루는 사업모형**

이러한 형태의 사업모형에서는 기업의 금융자산 보유의도를 해당 금융자산의 계약상 현금흐름 수취와 금융자산의 매도 둘 다를 통해 목적을 이루기 위한 것으로 본다. 주요 경영진은 계약상 현금흐름의 수취와 금융자산의 매도 둘 다가 사업모형의 목적을 이루는 데 필수적이라고 결정한다.

계약상 현금흐름을 수취하기 위해 금융자산을 보유하는 것이 목적인 사업모형과 비교하여 이러한 사업모형에서는 대체로 더 빈번하게 더 많은 금액을 매도할 것이다. 이러한 사업모형의 목적을 이루기 위해서는 금융자산의 매도가 부수적이 아니라 필수적이기 때문이다.

③ **그 밖의 사업모형**

금융자산의 매도를 통해 현금흐름을 실현할 목적인 사업모형, 공정가치 기준으로 관리하고 그 성과를 평가하는 금융자산의 포트폴리오, 단기매매의 정의를 충족하는 금융자산 포트폴리오 등이 있다.

○ **사업모형**

사업모형	내용
① 계약상 현금흐름의 수취	만기까지 보유할 필요 ×
② 계약상 현금흐름의 수취 + 금융자산의 매도	금융자산의 매도가 필수적 ○
③ 그 밖의 사업모형	금융자산의 매도를 통해 현금흐름 실현
	공정가치 기준으로 관리하는 성과를 평가
	단기매매의 정의를 충족

> **Self Study**
> 1. 사업모형에 대한 판단은 주장이 아닌 실질평가(Factual Assessment)를 통해 이루어지며, 기업이 수행하는 업무를 통해 관측 가능하여야 한다. 또한 사업모형은 개별 상품에 대한 경영진의 의도와는 무관하므로 금융상품별 분류접근법이 아니며 더 높은 수준으로 통합하여 결정하여야 한다. 그러나 하나의 기업은 금융상품을 관리하는 둘 이상의 사업모형을 가질 수 있다. 따라서 분류가 보고실체(기업 전체) 수준에서 결정될 필요는 없다.
> 2. 사업모형은 특정 사업 목적을 이루기 위해 금융자산의 집합을 함께 관리하는 방식을 반영하는 수준에서 결정한다.
> 3. 계약상 현금흐름의 수취와 금융자산의 매도 둘 다를 통해 목적을 이루는 사업모형은 계약상 현금흐름의 수취와 금융자산의 매도 둘 다가 사업모형의 목적을 이루는 데에 필수적이기 때문에 이러한 사업모형에서 일어나야만 하는 매도의 빈도나 금액에 대한 기준은 없다.

2 금융자산의 분류 및 후속 측정

금융자산은 해당 금융자산의 계약상 현금흐름의 특성과 금융자산의 관리를 위한 사업모형에 근거하여 후속적으로 다음과 같이 상각후원가, 기타포괄손익 – 공정가치, 당기손익 – 공정가치로 측정되도록 분류한다.

○ **금융자산의 분류**

구분	계약상 현금흐름의 특성	사업모형	금융자산의 계정분류
투자 채무상품	원리금으로만 구성	현금흐름 수취 목적	상각후원가 측정 금융자산 (AC금융자산)
		현금흐름 수취 + 매도 목적	기타포괄손익 – 공정가치 측정 금융자산 (FVOCI금융자산)
	원리금 이외로 구성	기타의 목적	당기손익 – 공정가치 측정 금융자산 (FVPL금융자산)
	선택권(최초 인식 시점 선택 가능 ⇒ 이후 취소 불가): 회계불일치를 제거하거나 유의적으로 줄이기 위한 경우		당기손익 – 공정가치 측정 금융자산 (FVPL금융자산)
투자 지분상품	원리금 이외로 구성	기타의 목적	당기손익 – 공정가치 측정 금융자산 (FVPL금융자산)
	선택권(최초 인식 시점 선택 가능 ⇒ 이후 취소 불가) ① 단기매매 항목 × ② 사업결합에서 취득자가 인식하는 조건부 대가 ×		기타포괄손익 – 공정가치 측정 금융자산 (FVOCI금융자산)

1. 상각후원가 측정 금융자산(AC금융자산)

다음 두 가지 조건을 모두 충족하는 경우에 해당한다.

(1) 계약상 현금흐름을 수취하기 위해 보유하는 것이 목적인 사업모형하에서 금융자산을 보유한다.

(2) 금융자산의 계약조건에 따라 특정일에 원리금 지급만으로 구성되어 있는 현금흐름이 발생한다.

2. 기타포괄손익-공정가치 측정 금융자산(FVOCI금융자산)

다음 두 가지 조건을 모두 충족하는 경우에 해당한다.

(1) 계약상 현금흐름의 수취와 금융자산의 매도 둘 다를 통해 목적을 이루는 사업모형하에서 금융자산을 보유한다.

(2) 금융자산의 계약 조건에 따라 특정일에 원리금 지급만으로 구성되어 있는 현금흐름이 발생한다.

3. 당기손익-공정가치 측정 금융자산(FVPL금융자산)

상각후원가 측정 금융자산이나 기타포괄손익 - 공정가치 측정 금융자산으로 분류되지 않는 경우(예 단기매매 항목, 공정가치 기준으로 관리하고 그 성과를 평가하는 금융자산의 포트폴리오)

4. 예외사항

(1) FVOCI금융자산(지분상품)

지분상품은 SPPI를 충족하지 못하므로 FVPL금융자산으로 분류된다. 그런데 당해 지분상품을 장기간 보유하면서 공정가치 변동을 당기손익으로 인식하면, 당기순이익의 변동성이 증가할 뿐만 아니라 당기순이익이 기업의 성과를 제대로 보여주지 못할 수 있다. 그러므로 이러한 문제를 해소하기 위해서 기업은 단기매매 목적도 아니고 조건부 대가도 아닌 지분상품을 FVOCI금융자산으로 분류되도록 선택할 수 있다. 이러한 선택은 최초 인식 시점에만 가능하며, 이후에 취소할 수 없다.

(2) FVPL금융자산(채무상품)

AC금융자산(채무상품) 또는 FVOCI금융자산(채무상품)으로 분류될 항목을 FVPL금융자산으로 지정할 수 있다. 단, FVPL 항목으로의 지정은 회계불일치를 제거하거나 유의적으로 줄이는 경우에 한하여 가능하다. FVPL로 측정되지 않는 금융자산과 금융부채를 모두 FVPL 항목으로 지정하면 회계불일치를 제거하거나 또는 유의적으로 감소시킬 수 있기 때문에 보다 목적적합한 정보를 제공할 수 있다. 이러한 지정은 최초 인식 시점에서만 가능하며, 한번 지정하면 이를 취소할 수 없다.

금융자산의 성격별 분류

구분	지분상품(원리금의 지급 ×)	채무상품(원리금의 지급 ○)
AC금융자산	해당사항 없음	계약상 현금흐름 수취 사업모형
FVOCI금융자산	최초 인식 시점에 선택 가능[1]	계약상 현금흐름 수취와 매도 사업모형
FVPL금융자산	원칙	그 외 모든 금융자산

↑ 추후 재분류 가능 (AC ↔ FVOCI)
↑ 추후 재분류 불가 (FVOCI 지분상품)
↑ 추후 재분류 가능 (FVOCI ↔ FVPL 채무)

[1] 단기매매 항목 or 사업결합의 조건부 대가 제외

CHAPTER 2 투자지분상품

1 투자지분상품의 분류 및 특성

지분상품에 대한 모든 투자는 공정가치로 측정하고 FVPL금융자산으로 분류하여야 한다. 다만, 지분상품에 대한 투자로 단기매매 항목이 아니고 사업결합에서 취득자가 인식하는 조건부 대가가 아닌 지분상품으로 최초 인식 시점에 후속적인 공정가치 변동을 기타포괄손익으로 표시하기로 한 경우 FVOCI금융자산으로 분류할 수 있다. 지분상품에 대한 투자손익을 OCI로 분류하면 이를 취소할 수 없다.

지분상품에 대한 투자는 손상차손을 인식하는 대상 자산이 아니며, 항상 공정가치로 측정하여야 한다.

◐ 투자지분상품의 분류 및 특성

구분	FVPL금융자산(원칙)	FVOCI금융자산[1]
최초 인식 시 측정	취득 시점의 FV	취득 시점의 FV
취득에 직접 관련된 거래원가	당기비용처리	최초 인식하는 FV에 가산
후속 측정	FV측정, 평가손익 N/I처리	FV측정, 평가손익 OCI처리
재분류	불가	불가
처분손익	인식 ○	재분류조정 허용 × 처분 시 거래원가가 있다면 처분손실 발생
손상	인식 ×	인식 ×
N/I 영향	≠	
OCI 영향	≠	
총포괄손익 영향	=	

[1] 지분상품에 대한 투자로 단기매매 항목이 아니고 사업결합에서 취득자가 인식하는 조건부 대가가 아닌 지분상품을 FVOCI금융자산으로 분류할 수 있음. 그러나 이러한 선택은 이후에 취소할 수 없음

2 FVPL금융자산(지분상품)의 분류 및 측정

1. 최초 인식 – 최초 측정

FVPL금융자산(지분상품)은 금융상품의 계약 당사자가 되는 때에 재무상태표에 인식하며, 최초 인식 시점의 공정가치로 측정한다. 취득에 직접 관련된 거래원가(중개수수료 등)는 당기비용으로 처리한다.

(차) FVPL금융자산	최초 인식 시점의 FV	(대) 현금	××
수수료비용(N/I)	거래원가		

2. 보유에 따른 손익

(1) 현금배당

지분상품의 발행회사는 회계연도 중 획득한 이익을 배당의 형태로 주주들에게 배분한다. 현금배당은 지분상품의 발행회사가 배당을 선언하는 경우 배당수익의 과목으로 하여 당기손익에 반영하고, 동 금액을 미수배당금으로 인식한다. 배당금은 지분상품의 보유기간에 관계없이 수령할 금액 전액을 배당수익으로 인식한다.

○ 현금배당의 회계처리

배당기준일	회계처리 없음			
배당선언일	(차) 미수배당금	××	(대) 배당수익	N/I
배당수령일	(차) 현금	××	(대) 미수배당금	××

(2) 무상증자·주식배당

지분상품의 발행회사가 무상증자나 주식배당을 실시하여 신주를 취득하는 경우 투자회사는 자산의 증가로 보지 않는다. 따라서 무상증자나 주식배당으로 취득하는 신주의 취득금액은 당해 무상증자 등의 권리락이 실시되는 시점에서 신주와 구주의 종류에 관계없이 주식 수 비례에 따라 구주의 장부금액을 안분하여 산정(주식 수 증가로 주당 평균단가 변동)한다.

Self Study

1. 동일한 금융자산을 수회에 걸쳐 다른 가격으로 취득한 경우 당해 금융자산의 단위당 원가는 원가흐름의 가정을 사용하여 종목별로 산정하여(일반적으로 이동평균법) 사용한다.
2. 무상증자나 주식배당으로 취득한 지분상품은 기존에 보유하고 있는 지분상품과 동일한 종목으로 분류한다.

   예 무상증자 or 주식배당

일자	구분	주식 수	× 주당 취득원가	= BV
1/1	기초 주식	100주	@110	11,000
7/1	무상증자	10주	@100(역산)	11,000

3. FVPL금융자산(지분상품)과 FVOCI금융자산(지분상품)의 보유에 따른 손익은 동일하다.

3. 기말 평가 및 처분

(1) 기말 평가

FVPL금융자산(지분상품)은 보고기간 말의 공정가치로 평가하고 장부금액과의 차액은 FVPL금융자산평가손익으로 하여 당기손익(N/I)으로 처리한다. 이 경우 FVPL금융자산(지분상품)의 장부금액은 전기 이전에 취득한 경우에는 전기 말의 공정가치를, 당기에 취득한 경우에는 취득원가를 말한다. 단, 보고기간 말의 공정가치에서는 거래원가를 차감하지 아니한다.

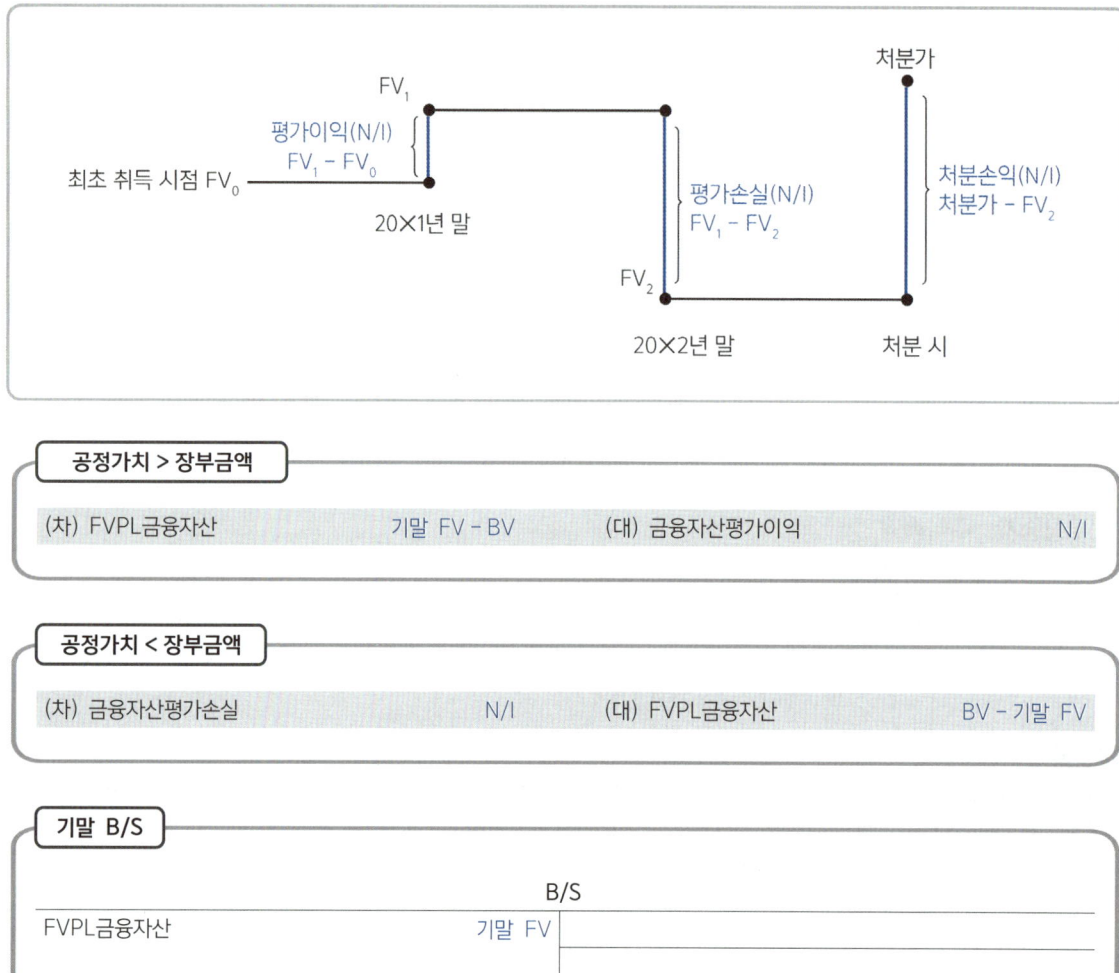

공정가치 > 장부금액

| (차) FVPL금융자산 | 기말 FV − BV | (대) 금융자산평가이익 | N/I |

공정가치 < 장부금액

| (차) 금융자산평가손실 | N/I | (대) FVPL금융자산 | BV − 기말 FV |

기말 B/S

B/S	
FVPL금융자산	기말 FV

(2) 처분

FVPL금융자산(지분상품)을 처분하는 경우 처분금액과 장부금액의 차액은 FVPL금융자산처분손익으로 하여 당기손익(N/I)으로 인식한다. 이 경우 장부금액은 당기에 취득한 경우에는 취득원가를, 전기 이전에 취득한 경우에는 전기 말의 공정가치를 말한다. 이때 FVPL금융자산(지분상품)의 처분과 직접 관련하여 발생하는 거래원가는 처분금액에서 차감하여 FVPL금융자산처분손익에 반영한다.

(차) 현금	처분금액 - 거래원가	(대) FVPL금융자산	BV
		금융자산처분이익	N/I

기출문제

1. 12월 결산법인 ㈜서울은 20×1년 2월 20일 ㈜경기의 주식 100주를 취득하고 당기손익 - 공정가치 측정 범주로 분류하였다. 20×1년 12월 31일 ㈜경기의 1주당 공정가치는 ₩ 1,200이다. 20×2년 3월 1일 ㈜경기는 무상증자 20%를 실시하였으며, ㈜서울은 무상신주 20주를 수령하였다. 20×2년 7월 1일 ㈜경기의 주식 60주를 ₩ 81,000에 처분하고 거래원가 ₩ 1,000을 차감한 금액을 수령하였을 경우 동 거래가 20×2년 ㈜서울의 법인세차감전순이익에 미치는 영향은? 2020년 서울시 7급

   ① ₩ 21,000 증가 ② ₩ 20,000 증가
   ③ ₩ 9,000 증가 ④ ₩ 8,000 증가

   해설 ----

   20×2년 법인세비용차감전순이익에 미치는 영향: + 20,000
   * 처분이익(N/I): 20,000 이익 = (81,000 - 1,000) - (60주 × @1,000)

   (1) 무상증자: 영향 없음(주식 수와 주당 단가는 변동함)

구분	무상증자 전	무상증자 후
FVPL 주식 수	100주	120주 = 100 × (1 + 0.2)주
주당 BV	1,200	1,000 = 120,000 ÷ 120주
BV	120,000	120,000

   (2) 처분이익(N/I): 20,000 이익 = (81,000 - 1,000) - (60주 × @1,000)
   * 무상증자로 주당 단가는 @1,000으로 변동

   (3) 처분 시 회계처리

(차) 현금[1]	80,000	(대) FVPL금융자산[2]	60,000
		금융자산처분이익	20,000

   [1] 현금: 81,000 - 1,000 = 80,000
   [2] FVPL금융자산: 60주 × @1,000 = 60,000

   답 ②

3 FVOCI금융자산(지분상품)의 분류 및 측정

1. 최초 인식 - 최초 측정

FVOCI금융자산(지분상품)은 금융상품의 계약 당사자가 되는 때에 재무상태표에 인식하며, 최초 인식 시점의 공정가치로 측정한다. 취득에 직접 관련된 거래원가(중개수수료 등)는 최초 인식하는 공정가치에 가산한다.

| (차) FVOCI금융자산 | 최초 인식 시점의 FV + 거래원가 | (대) 현금 | ×× |

2. 기말 평가 및 처분

(1) 기말 평가

FVOCI금융자산(지분상품)은 보고기간 말의 공정가치로 측정하여 재무상태표에 보고한다. 이때 지분상품의 공정가치와 장부금액의 차액은 FVOCI금융자산평가손익으로 하여 기타포괄손익(OCI)으로 인식한다.

기타포괄손익(OCI)으로 인식한 FVOCI금융자산평가손익의 누계액은 재무상태표의 자본 항목으로 표시하며, 후속적으로 당기손익으로 이전되지 않는다. 다만, 자본 내에서 누적손익(이익잉여금)으로 이전할 수는 있다.

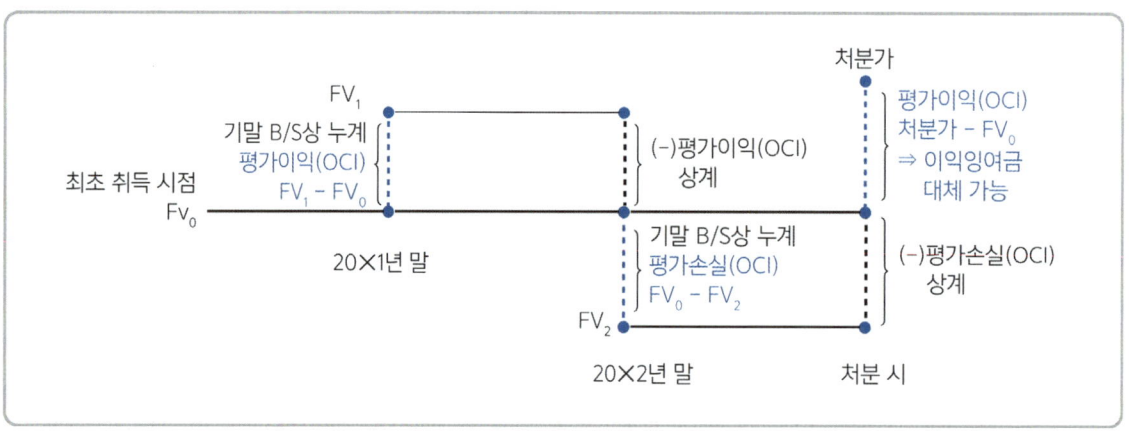

평가이익이 발생한 경우

| (차) FVOCI금융자산 | 기말 FV - BV | (대) 금융자산평가이익 | OCI |

* 기초에 평가손실이 있는 경우 평가손실과 서로 우선 상계

평가손실이 발생한 경우

| (차) 금융자산평가손실 | OCI | (대) FVOCI금융자산 | BV - 기말 FV |

* 기초에 평가이익이 있는 경우 평가이익과 서로 우선 상계

> **기말 F/S**
>
> B/S
> ──
> FVOCI금융자산   기말 FV
>   금융자산평가손익   기말 FV − 취득 FV
>
> * 최초 취득 시 FV = 기말 FV − B/S상 OCI 누계액
>
> I/S
> ──
> N/I 영향: 배당수익
> OCI 변동: 기말 B/S상 OCI누계액 − 기초 B/S상 OCI누계액

(2) 처분

FVOCI금융자산(지분상품)은 처분하는 경우 처분 시의 공정가치(처분금액)으로 먼저 평가하고 동 평가손익은 기타포괄손익(OCI)으로 처리한다. 기타포괄손익으로 처리한 FVOCI금융자산평가손익의 누계액은 다른 자본 항목으로 대체할 수는 있으나 당기손익으로 재분류할 수는 없다. 그러므로 FVOCI금융자산(지분상품)은 처분하는 경우에도 처분손익을 인식하지 않는다. (단, 처분 시 거래원가가 존재하면 처분손실은 인식한다)

(차) FVOCI금융자산	처분 시 FV − BV	(대) 금융자산평가이익	처분 시 FV − BV
(차) 현금	처분 시 FV − 처분비용	(대) FVOCI금융자산	처분 시 FV
금융자산처분손실	N/I		

한편, FVOCI금융자산(지분상품)의 경우에는 기업이 '이익잉여금으로 대체'를 선택하지 않는 한, 보유 중에 발생한 FVOCI금융자산평가손익은 해당 증권이 처분된 후에도 장부에 남게 된다.

| (차) 금융자산평가이익 | B/S상 누계액 | (대) 미처분이익잉여금 | ×× |

Self Study

1. FVPL금융자산(지분상품)은 제거일에 재측정하지 않고 처분하는 회계처리를 한다. FVPL금융자산(지분상품)의 공정가치 변동에 따른 평가손익은 당기손익으로 인식하기 때문에 제거일에 공정가치로 재측정 후 처분하는 회계처리와 제거일에 공정가치로 재측정하지 않고 처분하는 회계처리가 당기손익에 미치는 효과가 동일하다.
2. FVOCI금융자산으로 분류한 지분상품의 공정가치 변동에 따른 평가손익은 기타포괄손익으로 인식하기 때문에 반드시 제거일에 공정가치로 재측정 후 처분하는 회계처리를 하여야 한다. 처분 시 거래원가가 없다면 FVOCI금융자산으로 분류한 투자지분상품의 처분손익은 없다.

기출문제

2. ㈜한국은 20×1년 중에 지분증권을 ₩6,000에 현금으로 취득하였으며, 이 가격은 취득 시점의 공정가치와 동일하다. 지분증권 취득 시 매매수수료 ₩100을 추가로 지급하였다. 동 지분증권의 20×1년 말 공정가치는 ₩7,000이며, ㈜한국은 20×2년 초에 지분증권 전부를 ₩7,200에 처분하였다. ㈜한국이 지분증권을 취득 시 기타포괄손익 – 공정가치 측정 금융자산으로 분류한 경우 20×1년과 20×2년 당기순이익에 미치는 영향은? 2020년 지방직 9급

	20×1년 당기순이익에 미치는 영향	20×2년 당기순이익에 미치는 영향
①	₩900 증가	₩1,100 증가
②	₩1,000 증가	₩1,100 증가
③	영향 없음	₩900 증가
④	영향 없음	영향 없음

해설

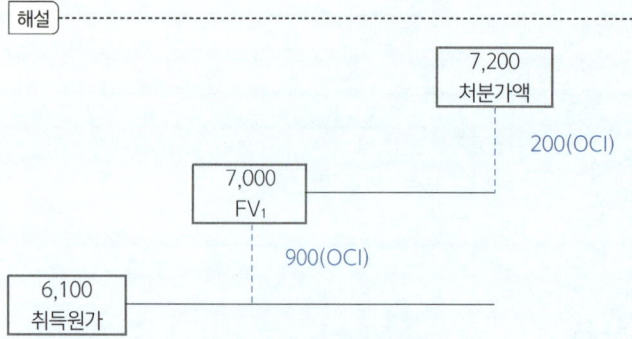

(1) 20×1년 당기순이익에 미치는 영향: 영향 없음
    = FVOCI금융자산(지분상품)이므로 N/I영향 없음
(2) 20×2년 당기순이익에 미치는 영향: 영향 없음
    = FVOCI금융자산(지분상품)이므로 N/I영향 없음

참고 FVOCI금융자산(지분상품)의 처리
(1) FVOCI금융자산(지분상품)은 최초 인식 시점에 공정가치로 측정하고, 취득과 직접 관련된 거래원가는 최초 취득 시 FV에 가산한다.
    ∴ 수수료 100은 취득원가에 가산 ⇒ 취득원가: 6,100 = 6,000 + 100
(2) FVOCI금융자산(지분상품)은 보고기간 말의 공정가치로 평가하고 장부금액과의 차액은 기타포괄손익으로 처리한다.
    ∴ 20×1년의 차액 900은 기타포괄손익(평가이익) 처리
(3) FVOCI금융자산(지분상품)은 처분 시 공정가치 평가를 수행하고 당기손익으로 재분류를 금지한다. (단, 처분 시 거래원가가 있다면 처분손이 발생하며, 기타포괄손익누계액은 다른 자본 항목으로 대체할 수는 있다)
    ∴ 20×2년의 차액 200은 기타포괄손익(평가이익) 처리

답 ④

사례연습 1. 투자지분상품

12월 말 결산법인인 ㈜현주는 20×1년 초에 설립되었고, 20×1년 7월 1일에 A사의 주식 100주를 ₩1,000에 취득하였다. ㈜현주는 동 지분상품에 대하여 취득 시점에 FVOCI금융자산으로 분류하였다. 각 연도별 ㈜현주가 보유한 A사의 주식의 공정가치는 다음과 같다.

20×1년 말	20×2년 말	20×3년 5월 1일
₩1,200	₩900	₩1,300

㈜현주는 동 주식을 20×3년 5월 1일에 ₩1,300에 전액 처분하였다. (단, 금융자산평가손익의 누계액은 다른 자본 항목으로 대체한다)

[물음 1]
㈜현주가 각 회계연도의 재무제표에 인식할 다음의 금액들을 각각 계산하고 동 거래로 ㈜현주가 매년 수행할 회계처리를 보이시오.

구분	20×1년 말	20×2년 말	20×3년 5월 1일
B/S에 계상될 FVOCI금융자산			
B/S에 계상될 FVOCI금융자산평가손익			
I/S의 당기손익에 미치는 영향			
I/S의 기타포괄손익에 미치는 영향			
I/S의 총포괄손익에 미치는 영향			

[물음 2]

만약, ㈜현주가 동 지분상품을 FVPL금융자산으로 분류하였을 경우, ㈜현주가 각 회계연도의 재무제표에 인식할 다음의 금액들을 각각 계산하고 동 거래로 ㈜현주가 매년 수행할 회계처리를 보이시오.

구분	20×1년 말	20×2년 말	20×3년 5월 1일
B/S에 계상될 FVPL금융자산			
I/S의 당기손익에 미치는 영향			
I/S의 기타포괄손익에 미치는 영향			
I/S의 총포괄손익에 미치는 영향			

풀이

[물음 1]

구분	20×1년 말	20×2년 말	20×3년 5월 1일
B/S에 계상될 FVOCI금융자산	1,200	900	-
B/S에 계상될 FVOCI금융자산평가손익	200	(100)	-
I/S의 당기손익에 미치는 영향	-	-	-
I/S의 기타포괄손익에 미치는 영향	200	(300)	400
I/S의 총포괄손익에 미치는 영향	200	(300)	400

(1) 분석

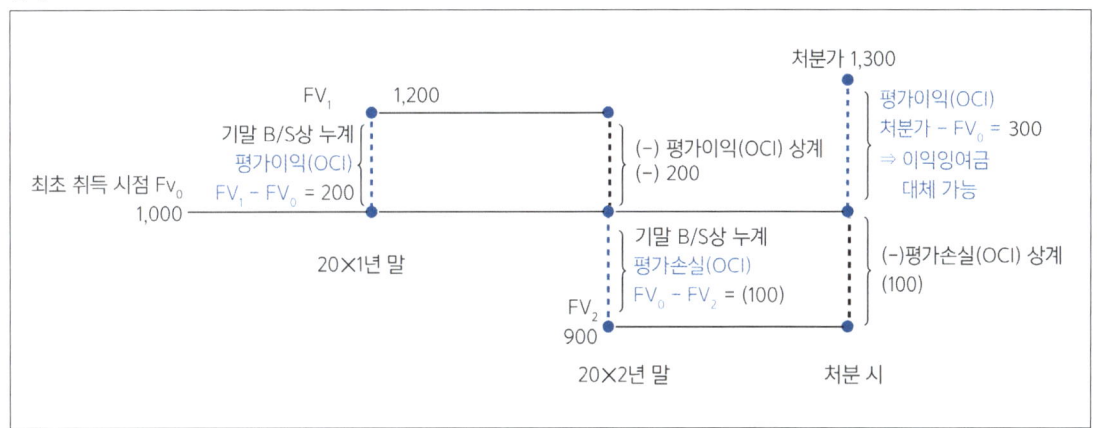

(2) 20×1년의 F/S 및 회계처리

B/S

FVOCI금융자산	기말 FV 1,200		
		금융자산평가손익	기말 FV - 취득 FV 200

I/S

N/I: -

OCI: 기말 B/S상 OCI누계액 - 기초 B/S상 OCI누계액
    200 - 0 = 200

[20×1년 말 회계처리]

(차) FVOCI금융자산	200	(대) 금융자산평가이익	200

(3) 20×2년의 F/S 및 회계처리

B/S
FVOCI금융자산	기말 FV 900		
		금융자산평가손익	기말 FV − 취득 FV (100)

I/S
N/I: −
OCI: 기말 B/S상 OCI누계액 − 기초 B/S상 OCI누계액
 (100) − 200 = (300)

[20×2년 말 회계처리]

(차) 금융자산평가이익	200	(대) FVOCI금융자산	300
금융자산평가손실	100		

(4) 20×3년 5월 1일의 회계처리

(차) 현금	1,300	(대) FVOCI금융자산	900
		금융자산평가손실	100
		금융자산평가이익	300
(차) 금융자산평가이익	300	(대) 미처분이익잉여금	300

[물음 2]

구분	20×1년 말	20×2년 말	20×3년 5월 1일
B/S에 계상될 FVPL금융자산	1,200	900	−
I/S의 당기손익에 미치는 영향	200	(300)	400
I/S의 기타포괄손익에 미치는 영향	−	−	−
I/S의 총포괄손익에 미치는 영향	200	(300)	400

(1) 분석

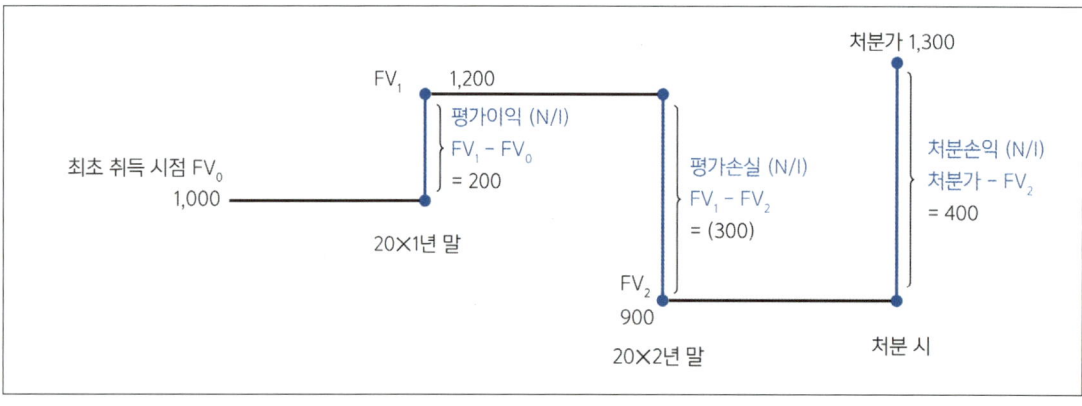

(2) 20×1년의 F/S 및 회계처리

B/S
FVPL금융자산　　　　　　　　　기말 FV 1,200

I/S
N/I: 금융자산평가손익 = 기말 FV – BV
　　　　　　　　　1,200 – 1,000 = 200
OCI: –

[20×1년 말 회계처리]
(차) FVPL금융자산　　　　　200　　(대) 금융자산평가이익　　　　200

(3) 20×2년의 F/S 및 회계처리

B/S
FVPL금융자산　　　　　　　　　기말 FV 900

I/S
N/I: 금융자산평가손익 = 기말 FV – BV
　　　　　　　　　900 – 1,200 = (300)
OCI: –

[20×2년 말 회계처리]
(차) 금융자산평가손실　　　300　　(대) FVPL금융자산　　　　　300

(4) 20×3년 5월 1일의 회계처리
(차) 현금　　　　　　　　1,300　　(대) FVPL금융자산　　　　　900
　　　　　　　　　　　　　　　　　　금융자산처분이익　　　　400

Self Study

지분상품의 분류별 손익비교

구분	FVPL금융자산(지분상품)	FVOCI금융자산(지분상품)
당기손익에 영향		
1) 평가손익	FV – BV	–
2) 처분손익	처분금액 – BV	–
기타포괄손익에 영향		
1) 평가손익	–	FV – BV
2) 처분 시 평가손익	–	처분금액 – BV

⇒ 지분상품의 경우 FVPL금융자산과 FVOCI금융자산의 총포괄손익에 미치는 영향은 동일하다.

CHAPTER 3 투자채무상품

1 투자채무상품의 분류 및 특성

투자 목적으로 취득한 채무상품은 계약상 현금흐름이 원금과 이자로만 구성되어 있으며, 원리금을 수취할 목적으로만 채무상품을 취득하는 경우에는 AC금융자산으로 분류한다. 만약, 계약상 현금흐름이 원금과 이자로만 구성되어 있으며, 원리금을 수취하면서 동시에 해당 채무상품을 매도할 목적으로 취득하는 경우에는 FVOCI금융자산으로 분류한다. 이를 제외한 채무상품의 취득은 모두 FVPL금융자산으로 분류한다.

금융자산을 FVPL금융자산으로 지정하여 서로 다른 기준에 따라 자산이나 부채를 측정하거나 그에 따른 손익을 인식하는 경우에 측정이나 인식의 불일치를 제거하거나 유의적으로 줄이는 경우에는 최초 인식 시점에 해당 금융자산을 FVPL금융자산으로 지정할 수 있다. 다만, 한번 지정하면 이를 취소할 수 없다.

한편, FVPL금융자산은 손상차손 인식의 대상이 아니며, AC금융자산과 FVOCI금융자산은 손상차손을 인식한다.

● 투자채무상품의 분류 및 특성

구분	AC금융자산	FVOCI금융자산	FVPL금융자산
사업모형	계약상 CF수취	계약상 CF수취 + 매도	기타의 목적
최초 인식 시 측정	취득 시점의 FV	취득 시점의 FV	취득 시점의 FV
취득에 직접 관련된 거래원가	최초 인식하는 FV에 가산	최초 인식하는 FV에 가산	당기비용처리
후속 측정 - 상각	상각 ○ - 유효이자율법	상각 ○ - 유효이자율법	상각 × - 액면이자율법
후속 측정 - FV평가	FV 측정 ×	FV 측정, 평가손익 OCI처리	FV 측정, 평가손익 N/I처리
재분류	허용	허용	허용
처분손익	인식 ○	인식 ○(재분류조정 ○)	인식 ○
손상	인식 ○	인식 ○	인식 ×
N/I 영향	=		≠
OCI 영향		≠	
총포괄손익 영향	≠	=	

* 채무상품 중 서로 다른 기준에 따라 자산이나 부채를 측정하거나 그에 따른 손익을 인식하는 경우에 발생하는 측정이나 인식의 불일치(회계불일치)를 제거하거나 유의적으로 줄이기 위한 경우, 금융자산의 최초 인식 시점에 AC금융자산이나 FVOCI금융자산으로 분류될 채무상품을 FVPL금융자산으로 분류할 수 있음. 다만, 이러한 선택은 이후에 취소할 수 없음.

2 FVPL금융자산(채무상품)의 분류 및 측정

1. 최초 인식 - 최초 측정

FVPL금융자산(채무상품)은 금융상품의 계약 당사자가 되는 때에 재무상태표에 인식하며, 최초 인식 시점의 공정가치로 측정한다. 취득에 직접 관련된 거래원가(중개수수료 등)는 당기비용으로 처리한다.

(차) FVPL금융자산	최초 인식 시점의 채무상품 FV	(대) 현금	××
(차) 수수료비용(N/I)	거래원가	(대) 현금	××

Additional Comment

FVPL금융자산(채무상품)의 취득과 직접 관련된 거래원가를 당기비용으로 처리하는 이유는 최초 원가에 가산하는 경우와 당기손익에 미친 영향이 동일하기 때문이다. 그러나 AC금융자산(채무상품)이나 FVOCI금융자산(채무상품)은 거래원가의 처리방법에 따라 당기손익이 달라지기 때문에 거래원가를 최초 원가에 가산한다.

2. 보유에 따른 손익 - 이자수익

채무상품의 보유기간 중에 수령하는 표시이자는 투자회사의 보유기간에 해당하는 금액만 이자수익으로 인식한다.

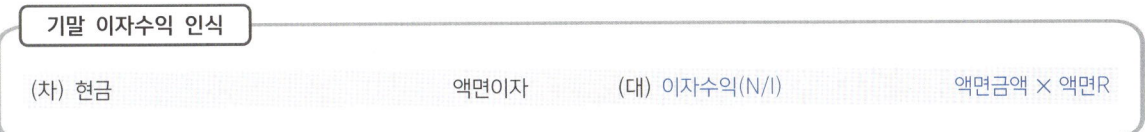

Self Study

채무상품의 보유기간 중 발생하는 이자수익은 유효이자율법에 의하여 인식하는 것이 원칙이지만 FVPL금융자산(채무상품)의 경우 중요성 측면에서 유효이자가 아닌 표시이자만을 이자수익으로 인식할 수 있다.

3. 기말 평가 및 처분

(1) 기말 평가

FVPL금융자산(채무상품)은 보고기간 말의 공정가치로 평가하고 장부금액과의 차액은 FVPL금융자산평가손익으로 하여 당기손익(N/I)으로 처리한다.

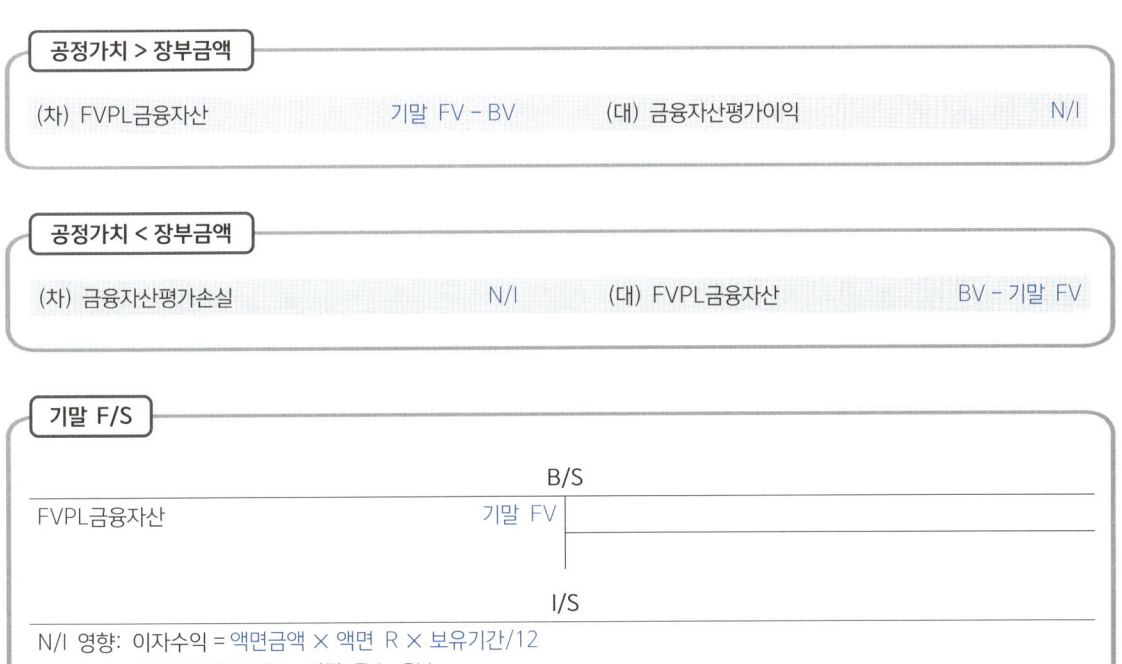

(2) 처분

FVPL금융자산(채무상품)을 처분하는 경우 처분금액과 장부금액과의 차액은 FVPL금융자산처분손익으로 하여 당기손익(N/I)으로 인식한다.

(차) 현금	처분금액 - 거래원가	(대) FVPL금융자산	BV
		금융자산처분이익	대차차액

3 AC금융자산(채무상품)의 분류 및 측정

1. 최초 인식 - 최초 측정

AC금융자산(채무상품)은 금융상품의 계약 당사자가 되는 때에 재무상태표에 인식하며, 최초 인식 시점의 공정가치로 측정한다. 취득에 직접 관련된 거래원가(중개수수료 등)는 최초 인식하는 공정가치에 가산한다.

(차) AC금융자산	최초 인식 시점의 채무상품 FV	(대) 현금	××
(차) AC금융자산	거래원가	(대) 현금	××

2. 보유에 따른 손익 - 이자수익

채무상품은 계약상 현금흐름인 원리금을 수취하는 상품으로 이자수익을 인식하여야 하는데, 이자수익은 유효이자율법으로 계산한다. 유효이자율법으로 계산하는 이자수익은 신용이 손상되지 않은 경우의 금융자산의 총장부금액에 유효이자율을 적용하여 계산한다.

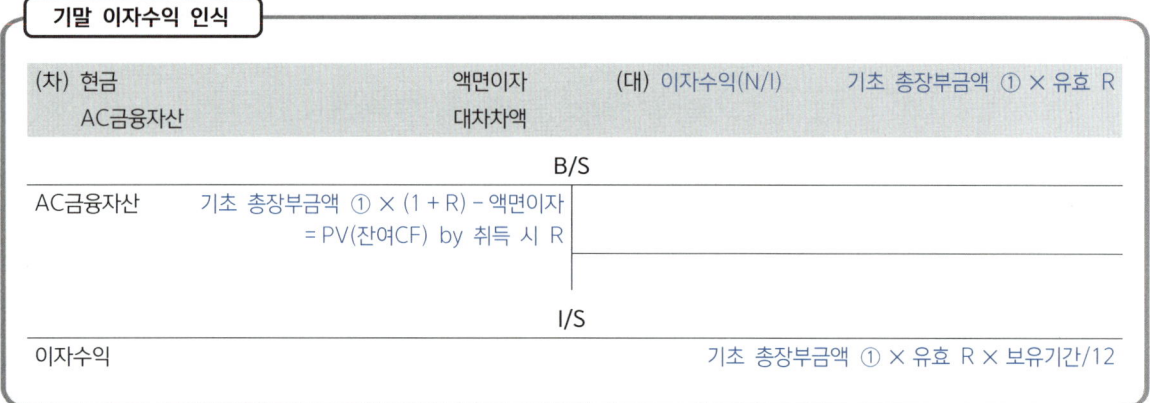

> **Self Study**
> 1. 유효이자율: 금융자산이나 금융부채의 기대존속기간에 추정 미래 현금 지급액이나 수취액의 현재가치를 금융자산의 총장부금액이나 금융부채의 상각후원가와 정확히 일치시키는 이자율
> 2. 유효이자율법: 금융자산이나 금융부채의 상각후원가를 계산하고 관련 기간의 이자수익이나 이자비용을 당기손익으로 인식하고 배분하는 방법

3. 기말 평가 및 처분

(1) 기말 평가

AC금융자산(채무상품)은 계약상 현금흐름을 수취하기 위해 보유하는 것이 목적인 사업모형하에서 보유하는 금융자산이므로 보고기간 말의 공정가치로 측정하지 않는다.

(2) 처분

AC금융자산(채무상품)은 만기일 이전에 처분하는 경우 처분금액과 총장부금액(기대신용손실모형을 적용하지 않는 경우)의 차액을 AC금융자산처분손익으로 하여 당기손익(N/I)으로 인식한다.

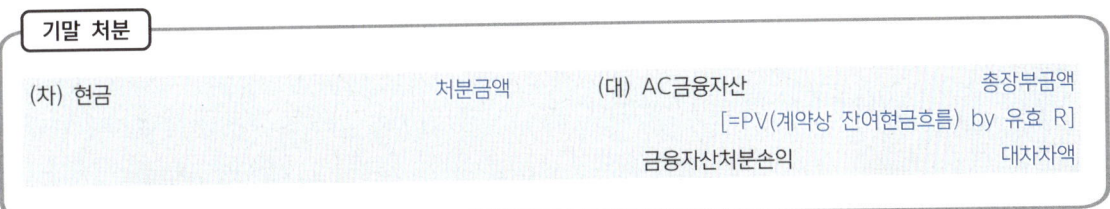

채무상품을 이자 지급일 사이에 처분하는 경우 채무상품의 처분금액 중에는 직전 이자 지급일부터 처분일까지의 경과이자가 포함되어 있으므로 동 금액을 처분금액과는 별도로 하여 이자수익을 인식한다.

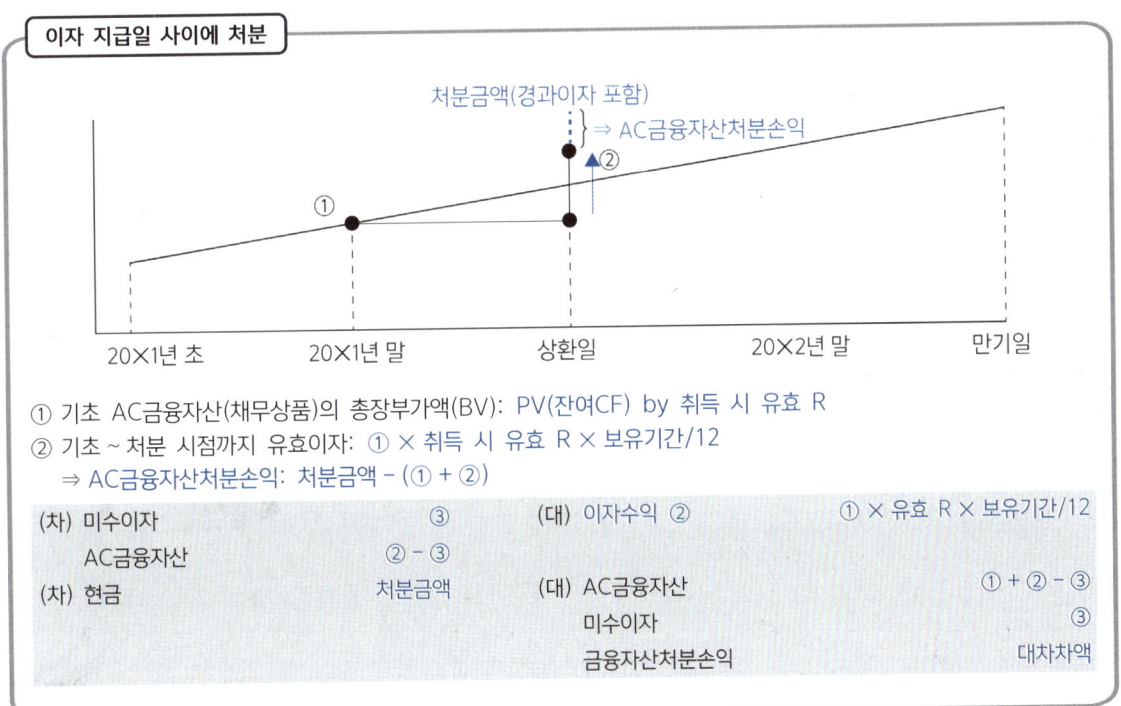

① 기초 AC금융자산(채무상품)의 총장부가액(BV): PV(잔여CF) by 취득 시 유효 R
② 기초 ~ 처분 시점까지 유효이자: ① × 취득 시 유효 R × 보유기간/12
⇒ AC금융자산처분손익: 처분금액 − (① + ②)

(차) 미수이자	③	(대) 이자수익 ②	① × 유효 R × 보유기간/12
AC금융자산	② − ③		
(차) 현금	처분금액	(대) AC금융자산	① + ② − ③
		미수이자	③
		금융자산처분손익	대차차액

> **Self Study**
> 만약 문제에서 AC금융자산(채무상품)의 전체를 처분하고 이로 인한 당기손익에 미치는 영향을 묻는다면, 아래와 같이 쉽게 계산할 수 있다.
> ⇒ N/I에 미치는 영향: 자산의 변동 = 처분 시 처분금액 − 기초 AC금융자산(채무상품)

사례연습 2. AC금융자산(채무상품)

12월 말 결산법인인 ㈜현주는 20×1년 초에 액면금액 ₩100,000의 A사의 사채를 ₩84,150에 취득하고 AC금융자산으로 분류하였다. A사의 사채의 만기일은 20×4년 말로 취득일의 유효이자율은 10%이고 표시이자율은 5%이다. 이자 지급일은 매년 12월 31일이다. 관련 현가계수는 다음과 같다. (4년, 10% 현가계수: 0.68301, 연금현가계수: 3.16987)

[물음 1]
20×1년 ~ 20×2년 말까지 동 금융자산과 관련한 F/S효과와 회계처리를 보이시오.

[물음 2]
㈜현주는 동 AC금융자산을 20×3년 4월 1일에 ₩98,000에 처분하였다. 동 거래가 ㈜현주의 당기손익에 미치는 영향을 구하고, 20×3년에 해야 할 회계처리를 하시오.

풀이

[물음 1]
(1) 20×1년의 F/S효과 및 회계처리

B/S
AC금융자산   총장부금액 ① × (1 + R) − 액면이자
             (84,150 × 1.1) − 5,000 = 87,565

I/S
N/I 영향: 이자수익 = 기초 총장부금액 × 유효 R × 보유기간/12
                 = 84,150 × 10% = 8,415
OCI 변동: −

[20×1년 초]
| (차) AC금융자산 | 84,150 | (대) 현 금 | 84,150 |

[20×1년 말]
| (차) 현 금 | 5,000 | (대) 이자수익 | 8,415 |
| AC금융자산 | 3,415 | | |

(2) 20×2년의 F/S효과 및 회계처리

B/S
AC금융자산   총장부금액 ① × (1 + R) − 액면이자
             (87,565 × 1.1) − 5,000 = 91,322

I/S
N/I 영향: 이자수익 = 기초 총장부금액 × 유효 R × 보유기간/12
                 = 87,565 × 10% = 8,757
OCI 변동: −

[20×2년 말]
| (차) 현 금 | 5,000 | (대) 이자수익 | 8,757 |
| AC금융자산 | 3,757 | | |

[물음 2]
(1) 처분손익 계산

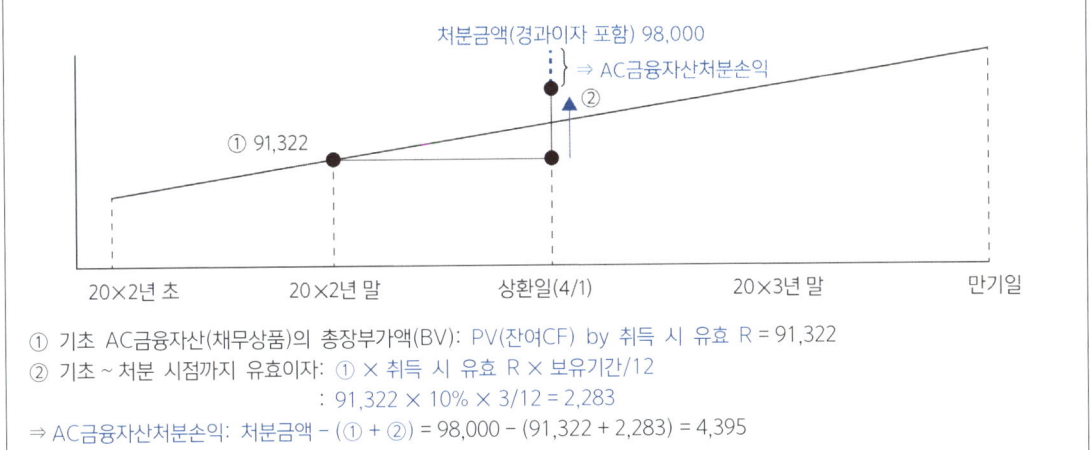

① 기초 AC금융자산(채무상품)의 총장부가액(BV): PV(잔여CF) by 취득 시 유효 R = 91,322
② 기초 ~ 처분 시점까지 유효이자: ① × 취득 시 유효 R × 보유기간/12
   : 91,322 × 10% × 3/12 = 2,283
⇒ AC금융자산처분손익: 처분금액 − (① + ②) = 98,000 − (91,322 + 2,283) = 4,395

(2) 회계처리

(차) 미수이자	③ 5,000 × 3/12 = 1,250	(대) 이자수익 ②	① × 유효 R × 보유기간/12 2,283	
AC금융자산	② − ③ 1,033			
(차) 현금	처분금액 98,000	(대) AC금융자산	① + ② − ③ 92,355	
		미수이자	③ 1,250	
		금융자산처분이익	대차차액 4,395	

(3) 20×3년 N/I 영향: (1) + (2) = 98,000 − 91,322(자산의 증감) = 6,678
   1) 이자수익: 2,283
   2) 처분이익: 4,395

기출문제

3. ㈜한국은 20×1년 초 채무상품 A를 ₩950,000에 취득하고, 상각후원가 측정 금융자산으로 분류하였다. 채무상품 A로부터 매년 말 ₩80,000의 현금이자를 수령하며, 취득일 현재 유효이자율은 10%이다. 채무상품 A의 20×1년 말 공정가치는 ₩980,000이며, 20×2년 초 해당 채무상품 A의 50%를 ₩490,000에 처분하였을 때 ㈜한국이 인식할 처분손익은? 2019년 지방직 9급

① 처분손실 ₩7,500   ② 처분손익 ₩0
③ 처분이익 ₩7,500   ④ 처분이익 ₩15,000

해설

20×2년 인식할 처분손익: 7,500 이익
(1) ×1년 취득원가(AC금융자산): 950,000
(2) ×1년 말 BV: 965,000
   1) 기말 BV = 기초 BV × (1 + 유효 R) − 액면이자
      965,000 = [950,000 × (1 + 0.1)] − 80,000
   2) 기말 BV = 기초 BV + 상각액
      965,000 = 950,000 + [(950,000 × 10%) − 80,000]
(3) ×2년 처분이익(N/I): 7,500 = 490,000 − (965,000 × 50%)

> [참고] AC금융자산(채무상품)의 처리
> (1) AC금융자산(채무상품)은 최초 인식 시점에 공정가치로 측정하고, 취득과 직접 관련된 거래원가는 최초 취득 시 FV에 가산한다.
> (2) AC금융자산(채무상품)은 보고기간 말의 공정가치로 평가하지 않는다.
>   ∴ ×1년 말의 공정가치 980,000은 해당 문제에서는 불필요한 자료
> (3) AC금융자산(채무상품)은 처분 시 처분금액과 총장부금액의 차액은 AC금융자산처분손익으로 하여 당기손익으로 인식한다.
>   (단, 처분 시 거래원가가 있다면 처분금액에서 차감하여 AC금융자산처분손익에 반영한다) 답 ③

4 FVOCI금융자산(채무상품)의 분류 및 측정

1. 최초 인식 - 최초 측정

FVOCI금융자산(채무상품)은 금융상품의 계약 당사자가 되는 때에 재무상태표에 인식하며, 최초 인식 시점의 공정가치로 측정한다. 취득에 직접 관련된 거래원가(중개수수료 등)는 최초 인식하는 공정가치에 가산한다.

| (차) FVOCI금융자산 | 최초 인식 시점의 채무상품 FV | (대) 현금 | ×× |
| (차) FVOCI금융자산 | 거래원가 | (대) 현금 | ×× |

2. 보유에 따른 손익 - 이자수익

채무상품은 계약상 현금흐름인 원리금을 수취하는 상품으로 이자수익을 인식하여야 하는데, 이자수익은 유효이자율법으로 계산한다. 유효이자율법으로 계산하는 이자수익은 신용이 손상되지 않은 경우 금융자산의 총장부금액에 유효이자율을 적용하여 계산한다.

| (차) 현금 | 액면이자 | (대) 이자수익(N/I) | 기초 총장부금액 × 유효 R |
| FVOCI금융자산 | 대차차액 | | |

> **Self Study**
> 1. FVOCI금융자산(채무상품)의 경우 유효이자율법에 따라 이자수익을 먼저 인식한 후에 평가손익을 인식한다.
> 2. FVOCI금융자산으로 분류되는 채무상품의 이자수익 인식 시 기준이 되는 금액은 공정가치 평가를 반영한 장부금액이 아니라 총장부금액이다.

3. 기말 평가 및 처분

(1) 기말 평가

FVOCI금융자산(채무상품)은 보고기간 말의 공정가치로 측정하여 재무상태표에 보고한다. FVOCI금융자산(채무상품)의 공정가치와 총장부금액의 차액은 FVOCI금융자산평가손익으로 하여 기타포괄손익(OCI)으로 인식한다. 기타포괄손익으로 인식한 FVOCI금융자산평가손익의 누계액은 재무상태표의 자본 항목으로 표시하고, 해당 금융자산을 제거할 때 재분류조정으로 자본에서 당기손익(N/I)으로 재분류한다.

[평가이익이 발생한 경우]

| (차) FVOCI금융자산 | 기말 FV - BV | (대) 금융자산평가이익 | OCI |

*기초에 평가손실이 있는 경우 평가손실과 서로 우선 상계

평가손실이 발생한 경우

(차) 금융자산평가손실   OCI   (대) FVOCI금융자산   BV - 기말 FV

* 기초에 평가이익이 있는 경우 평가이익과 서로 우선 상계

기말 F/S

B/S
FVOCI금융자산	기말 FV		
		금융자산평가손익	기말 FV - 기말 총장부금액

* 기말 총장부금액 = 기말 FV - B/S상 OCI누계액

I/S

N/I 영향: 이자수익 = 기초 총장부금액[= PV(잔여CF) by 유효 R] × 유효 R
OCI 변동: 기말 B/S상 OCI누계액 - 기초 B/S상 OCI누계액

(2) 처분

FVOCI금융자산(채무상품)은 만기일 이전에 처분하는 경우 처분금액과 총장부금액의 차액은 FVOCI금융자산처분손익으로 하여 당기손익(N/I)으로 인식에 반영한다. 이때 공정가치 평가로 인하여 자본 항목으로 인식된 FVOCI금융자산평가손익의 누계액은 당해 채무상품을 처분하는 시점에 FVOCI금융자산처분손익으로 재분류한다.

FVOCI금융자산(채무상품)을 처분하는 경우에는 처분금액으로 평가를 먼저 하여 FVOCI금융자산평가손익을 인식하고, 추후에 처분에 관한 회계처리를 한다. 이때 인식한 FVOCI금융자산평가손익은 기타포괄손익(OCI)으로 인식하여 자본 항목으로 처리한 후 재분류조정을 통하여 당기손익(N/I)으로 대체한다.

① 1단계 - 평가

(차) FVOCI금융자산   처분금액 - BV   (대) 금융자산평가손익   처분금액 - BV

② 2단계 - 처분

(차) 현금   처분금액   (대) FVOCI금융자산   처분금액

③ 3단계 - 재분류조정

(차) 금융자산평가손익   처분금액 - 총장부금액   (대) 금융자산처분이익   N/I

Self Study

1. FVOCI금융자산(지분상품)의 경우에는 평가손익 누계액을 당기손익으로 재분류하지 않는다.
2. FVOCI금융자산처분손익(기대손실모형 적용 ×): 처분금액 - 처분 시점의 총장부금액

사례연습 3. FVOCI금융자산(채무상품)

12월 말 결산법인인 ㈜현주는 20×1년 초에 액면금액 ₩100,000의 A사의 사채를 ₩84,150에 취득하고 FVOCI금융자산으로 분류하였다. A사의 사채의 만기일은 20×4년 말로 취득일의 유효이자율은 10%이고 표시이자율은 5%이다. 이자 지급일은 매년 12월 31일이다.

> (1) A사의 사채의 공정가치는 20×1년 말에 ₩95,000, 20×2년 말에 ₩90,000이다.
> (2) 관련 현가계수는 다음과 같다. 4년, 10% 현가계수: 0.68301, 연금현가계수: 3.16987

[물음 1]
20×1년 ~ 20×2년 말까지 동 금융자산과 관련한 F/S효과와 회계처리를 보이시오.

[물음 2]
㈜현주는 동 FVOCI금융자산을 20×3년 말에 ₩98,000(액면이자 제외)에 처분하였다. 동 거래가 ㈜현주의 당기손익에 미치는 영향 및 기타포괄손익에 미치는 영향을 구하고, 20×3년에 해야 할 회계처리를 하시오.

[풀이]

[물음 1]
(1) 20×1년의 F/S효과 및 회계처리

B/S
FVOCI금융자산	기말 FV 95,000		
		금융자산평가이익	기말 FV − 총장부금액
			95,000 − [(84,150 × 1.1) − 5,000] = 7,435

I/S

N/I 영향: 이자수익 = 기초 총장부금액 × 유효 R × 보유기간/12
         = 84,150 × 10% = 8,415

OCI 변동: 기말 B/S상 OCI누계액 − 기초 B/S상 OCI누계액
         = 7,435 − 0 = 7,435

[20×1년 초]
(차) FVOCI금융자산	84,150	(대) 현금	84,150

[20×1년 말]
(차) 현금	5,000	(대) 이자수익	8,415
FVOCI금융자산	3,415		
(차) FVOCI금융자산	7,435	(대) 금융자산평가이익	7,435

(2) 20×2년의 F/S효과 및 회계처리

B/S
FVOCI금융자산	기말 FV 90,000		
		금융자산평가이익	기말 FV − 총장부금액
			90,000 − [(87,565 × 1.1) − 5,000] = (1,322)

I/S

N/I 영향: 이자수익 = 기초 총장부금액 × 유효 R × 보유기간/12
         = 87,565 × 10% = 8,757

OCI 변동: 기말 B/S상 OCI누계액 − 기초 B/S상 OCI누계액
         = (1,322) − 7,435 = (8,757)

[20×2년 말]

(차) 현금	5,000	(대) 이자수익	8,757
FVOCI금융자산	3,757		
(차) 금융자산평가이익	7,435	(대) FVOCI금융자산	8,757
금융자산평가손실	1,322		

[물음 2]

I/S

N/I 영향: 이자수익 = 기초 총장부금액 × 유효 R × 보유기간/12
= 91,322 × 10% = 9,132
금융자산처분손익 = 기말 FV − 기말 총장부금액
= 98,000 − [(91,322 × 1.1) − 5,000] = 2,546
OCI 변동: 기말 B/S상 OCI누계액 − 기초 B/S상 OCI누계액
= 0 − (1,322) = 1,322

[20×3년 말]

• 이자수익

(차) 현금	5,000	(대) 이자수익	9,132
FVOCI금융자산	4,132		

• 1단계 − 평가

(차) FVOCI금융자산[1]	3,868	(대) 금융자산평가손실	1,322
		금융자산평가이익	2,546

[1] 98,000 − (90,000 + 4,132) = 3,868

• 2단계 − 처분

(차) 현금	98,000	(대) FVOCI금융자산	98,000

• 3단계 − 재분류조정

(차) 금융자산평가이익	2,546	(대) 금융자산처분이익	2,546

기출문제

4. ㈜한국은 20×1년 초 타사발행 사채 A(액면금액 ₩ 500,000, 액면이자율 연 8%, 유효이자율 연 10%, 이자 매년 말 후급)를 ₩ 460,000에 취득하고, 이를 '기타포괄손익 – 공정가치 측정 금융자산'으로 분류하였다. 사채 A의 20×1년 기말 공정가치는 ₩ 520,000이며, 20×2년 초 사채 A의 50%를 ₩ 290,000에 처분하였다. 사채 A와 관련하여 ㈜한국이 인식할 20×1년 평가이익과, 20×2년 처분이익은?

2018년 국가직 7급

① 평가이익 ₩ 54,000, 처분이익 ₩ 30,000
② 평가이익 ₩ 54,000, 처분이익 ₩ 57,000
③ 평가이익 ₩ 60,000, 처분이익 ₩ 30,000
④ 평가이익 ₩ 60,000, 처분이익 ₩ 57,000

해설

(1) 20×1년 인식할 평가손익(OCI): 54,000 이익
  * 54,000 = 520,000 − 466,000
(2) 20×2년 인식할 처분손익(N/I): 57,000 이익
  * 57,000 = 290,000 − (466,000 × 50%)

(1) ×1년 말 BV: 466,000
  1) 기말 BV = 기초 BV × (1 + 유효 R) − 액면이자
    466,000 = [460,000 × (1 + 0.1)] − (500,000 × 8%)
  2) 기말 BV = 기초 BV + 상각액
    466,000 = 460,000 + [(460,000 × 10%) − (500,000 × 8%)]
(2) ×1년 평가이익(OCI): 54,000 = 520,000 − 466,000
(3) ×2년 처분이익(N/I): 57,000 = 290,000 − (466,000 × 50%)

참고 FVOCI금융자산(채무상품)의 처리

(1) FVOCI금융자산(채무상품)은 최초 인식 시점에 공정가치로 측정하고, 취득과 직접 관련된 거래원가는 최초 취득 시 FV에 가산한다.
(2) FVOCI금융자산(채무상품)은 보고기간 말의 공정가치로 평가하고 총장부금액과의 차액은 기타포괄손익으로 처리한다.
  ∴ ×1년의 차액 54,000은 기타포괄손익(평가이익) 처리
(3) FVOCI금융자산(채무상품)은 처분 시 처분금액으로 평가를 수행하고 총장부금액과의 차액은 금융자산처분손익으로 하여 당기손익으로 인식한다. 자본 항목으로 인식된 금융자산평가손익 누계액은 처분 시점에 금융자산처분손익(N/I)으로 재분류 한다. (단, 처분 시 거래원가가 있다면 처분금액에서 차감하여 금융자산처분손익에 반영한다)
  ∴ ×2년의 차액 57,000은 기타포괄손익(평가이익) 처리 후 재분류조정을 통해 당기손익(처분이익) 처리

답 ②

CHAPTER 4 금융자산의 손상 7급 대비용

1 기대손실모형

금융자산은 AC금융자산과 FVOCI금융자산(FVOCI금융자산 - 지분상품은 제외)의 경우에만 손상차손을 인식한다. 기업회계기준서 제1109호 '금융상품'에서는 신용이 손상되지 않은 경우에도 기대신용손실을 추정하여 인식하는데 이러한 모형을 기대손실모형이라고 한다.

손상은 자산의 가치훼손을 말한다. 한국채택국제회계기준 기준서 제1109호가 적용되기 이전의 금융자산 손상회계는 가치가 이미 훼손되어 손실이 발생한 경우 해당 손실을 인식하는 발생손실모형에 근거하였다. 여기에는 손실을 적시에 보고하지 못하므로 신용위험 관련 정보를 조기에 알려주지 못하는 단점이 있다. 반면, 한국채택국제회계기준 기준서 제1109호에서 규정한 손상 회계는 미래 가치훼손이 기대될 때 손실을 측정하여 인식하는 기대신용손실모형(ECL)에 근거하므로 회계정보를 통해 신용위험을 적시에 보고할 수 있다.

> **Self Study**
> 1. 기대손실모형의 장단점
>   ① 장점
>   - 손상인식 지연에 따른 이자수익의 과대계상 문제를 완화할 수 있다.
>   - 금융자산을 보유하는 기간에 걸쳐 손실예상액을 비용으로 인식할 수 있어 수익과 비용의 적절한 대응이 가능하다.
>   ② 단점
>   - 손상회계의 복잡성이 증가한다.
>   - 기대신용손실을 추정하기 위한 객관적 증거들을 확보하기 어렵다.
> 2. 지분상품은 계약상 현금흐름 특성이 없으므로 손상을 인식하지 않는다.
> 3. 신용위험은 채무증권발행자가 '계약상 현금흐름의 지급을 계약조건에 따라 적정하게 이행하지 못할 위험'으로 정의한 것이다.

1. 신용손실과 기대손실

(1) 신용손실

신용손실은 계약에 따라 지급받기로 한 모든 계약상 현금흐름과 수취할 것으로 예상하는 모든 계약상 현금흐름의 차이(모든 현금 부족액)를 최초 유효이자율(또는 취득 시 신용 시 손상되어 있는 금융자산은 신용조정 유효이자율)로 할인한 금액을 말한다.

> 신용손실 = PV(계약상 현금흐름 - 수취할 것으로 예상되는 현금흐름)
> ① 모든 현금 부족액
> ② 최초의 유효이자율(취득 시 손상되어 있는 금융자산은 신용조정 유효이자율 사용)

(2) 기대신용손실

기대신용손실은 개별 채무불이행 발생 위험으로 가중평균한 신용손실을 말하며, 다음 사항을 반영하여 측정한다.

> ① **확률**: 일정 범위의 발생 가능한 결과를 평가하여 산정한 금액으로서 편의가 없고 확률로 가중한 금액
> ② **현재가치**: 화폐의 시간가치
> ③ **예측정보**: 보고기간 말에 과거사건, 현재 상황과 미래 경제적상황의 예측에 대한 정보로서 합리적이고 뒷받침될 수 있으며 과도한 원가나 노력 없이 이용할 수 있는 정보

기대신용손실은 측정할 때 가능한 시나리오를 모두 고려할 필요는 없다. 그러나 신용손실의 발생 가능성이 매우 낮더라도 신용손실이 발생할 가능성과 발생하지 아니할 가능성을 반영하여 신용손실이 발생할 위험이나 확률을 고려한다. (≠ 발생가능성이 가장 높은 결과 or 단일최선의 추정치)

기대신용손실을 측정할 때 고려하는 가장 긴 기간은 신용위험에 노출되는 최장 계약기간(연장옵션 포함)이며, 이보다 더 긴 기간이 사업관행과 일관된다고 하더라도 최장 계약기간을 넘어설 수 없다.

> **Self Study**
> 예측정보는 각기 다른 금융상품에 목적적합하여야 하고, 특정 항목에 대한 목적적합성은 신용위험의 특정 동인에 따라 금융상품 간에 상이하여야 한다.

2. 유효이자율과 신용조정 유효이자율

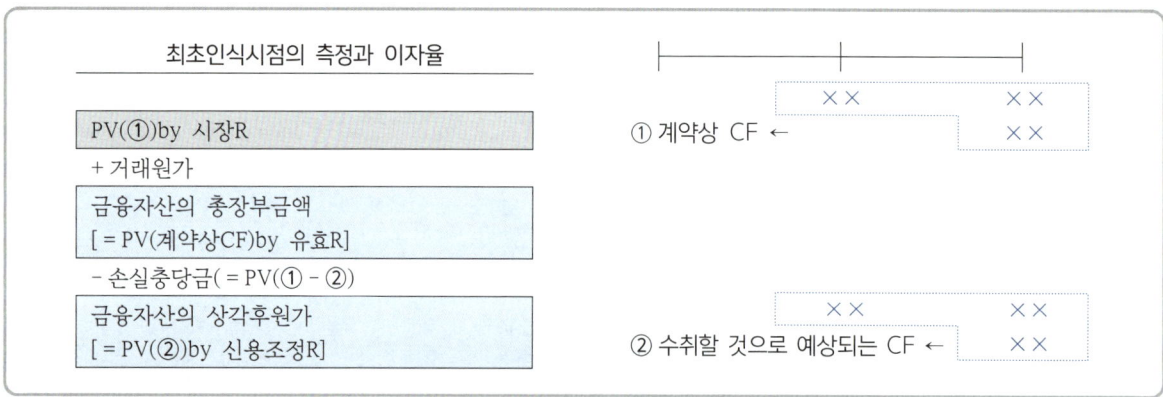

(1) 유효이자율

유효이자율은 금융자산의 추정 미래현금 수취액의 현재가치를 금융자산의 총장부금액과 정확히 일치시키는 이자율을 말한다. 유효이자율을 계산할 때 해당 금융상품의 모든 계약조건을 고려하여 기대현금흐름을 추정하지만 기대신용손실은 고려하지 아니한다.

(2) 신용조정 유효이자율

기업은 취득 시 신용이 손상되어 있는 채무증권을 크게 할인된 가격으로 취득하는데, 그 이유는 이미 발생한 손상이 가격에 반영되어 있기 때문이다. 따라서 취득 시 신용이 손상되어 있는 채무증권의 취득시점 공정가치는 손상을 반영한 금액인 상각후원가이다.

일반채무증권은 그 취득시점에 계약에 따른 원리금 수취액의 현재가치를 총장부금액에 일치시키는 유효이자율에 따라 이자수익을 인식한다. 그런데 만일 이러한 기대신용손실모형 규정을 취득 시 신용이 손상되어 있는 채무증권에도 그대로 적용하면 이자수익이 과도하게 인식된다. 계약상 원리금은 그대로인데 취득시점 공정가치가 손상을 반영하여 크게 할인되어 있으므로 유효이자율이 지나치게 높게 산정되기 때문이다. 이를 방지하기 위해 신용조정 유효이자율을 산정하도록 규정하고 있다. 이는 조정된 미래현금흐름(계약에 따른 원리금을 이미 발생한 신용손실을 고려하여 감액시킨 현금흐름)의 현재가치를 상각후원가(즉, 취득시 신용이 손상되어 있는 채무증권의 취득시점 공정가치)와 일치시켜 주는 이자율이다. 그리고 최초 인식 시점부터의 이자수익은 신용조정 유효이자율을 상각후원가에 적용하여 인식한다.

기업회계 기준서 제1119호 '금융상품'에서는 금융자산의 총장부금액과 상각후원가를 각각 아래와 같이 정의하고 있다.

> ① **금융자산의 총장부금액**: 손실충당금을 조정하기 전 금융자산의 상각후원가
> ② **금융자산의 상각후원가**: 최초 인식시점에 측정한 금융자산에서 상환된 원금을 차감하고, 최초 인식금액과 만기금액의 차액에 유효이자율법을 적용하여 계산한 상각누계액을 가감한 금액에서 손실충당금을 조정한 금액

2 일반적 접근법

구분		내용
신용이 손상되지 않은 경우	신용위험 유의적으로 증가 ×	12개월 기대신용손실을 손실충당금으로 인식 = 전체기간신용손실 추정액 × 12개월 이내 채무불이행 발생확률
	신용위험 유의적으로 증가 O	전체기간 기대신용손실을 손실충당금으로 인식[1] = 전체기간신용손실 추정액 × 전체기간 채무불이행 발생확률
신용이 손상된 경우		전체기간 기대신용손실을 손실충당금으로 인식
취득 시 신용이 손상된 경우		전체기간 기대신용손실을 손실충당금으로 인식

[1] 연체일수가 30일 초과하는 경우 신용위험이 유의적으로 증가한 것으로 간주함(반증가능)

1. 신용이 손상되지 않은 경우

금융자산의 신용이 손상되지는 않았지만 신용위험이 발생한 금융자산과 신용이 손상된 금융자산으로 구분하여 기대신용손실을 추정하고 이를 손실충당금으로 인식하도록 규정하고 있다.

손실충당금은 매 보고기간 말에 신용위험의 유의적인 증가 여부에 따라 다음과 같이 측정하고 손실충당금을 조정하기 위한 기대신용손실·환입은 손상차손·환입으로 당기손익에 인식한다. 다만, 취득 시 신용이 손상되어 있는 금융자산은 전체기간 기대신용손실의 누적변동분만을 손실충당금으로 인식한다.

(1) 신용위험이 유의적으로 증가하지 않은 경우

보고기간 말에 12개월 기대신용손실에 해당하는 금액으로 손실충당금을 측정하고, 이를 손상차손으로 당기손익에 인식한다. 여기서 12개월 기대신용손실은 전체기간 신용손실에 보고기간 말 후 12개월 이내의 채무불이행 발생확률을 적용하여 계산한 금액이다.

(2) 신용위험이 유의적으로 증가한 경우

최초 인식 후에 전체기간 기대신용손실에 해당하는 금액으로 손실충당금을 측정하고, 이를 손상차손으로 당기손익으로 인식한다. 여기서 전체기간 기대신용손실은 전체기간 신용손실에 보고기간 말 후 전체기간의 채무불이행 발생확률을 적용하여 계산한 금액이다.

> **Self Study**
> 1. **신용위험**: 금융상품의 당사자 중 일방이 의무를 이행하지 않아 상대방에게 재무손실을 입힐 위험
> 2. **시장위험**: 시장가격의 변동으로 인하여 금융상품의 공정가치나 미래현금흐름이 변동할 위험
> 3. 최초 인식 후 금융상품의 신용위험이 유의적으로 증가하였는지는 매 보고기간 말에 평가한다. 보고기간 말에 금융상품의 신용위험이 낮다고 판단된다면 최초 인식 후에 해당 금융상품의 신용위험이 유의적으로 증가하지 않았다고 볼 수 있다.
> 4. 연체상태보다 더 미래 전망적인 정보를 이용하기 위해 과도한 원가나 노력이 필요한 경우에는 연체 정보를 사용하여 최초 인식 후에 신용위험이 유의적으로 증가하였는지를 판단할 수 있다. 연체란 계약상 지급기일이 도래하였지만 계약상대방이 지급하기로 한 금액을 지급하지 못한 경우를 말한다.
>
> | 원리금수취일부터 30일 이내 | 신용위험이 유의적으로 증가하지 않음 |
> |---|---|
> | 원리금수취일부터 30일 초과 90일 이내 | 신용위험이 유의적으로 증가함(반증 가능) |
> | 원리금수취일부터 90일 초과 | 채무불이행(신용이 손상됨)(반증 가능) |

2. 신용이 손상된 경우

금융자산이 후속적으로 신용이 손상된 경우에는 전체기간 기대신용손실을 손상차손으로 인식한다. 금융자산의 추정미래현금흐름에 악영향을 미치는 하나 이상의 사건이 생긴 경우에 해당 금융자산의 신용이 손상된 것이다. 금융자산의 신용이 손상된 증거는 다음의 사건에 대한 관측 가능한 정보를 포함한다.

> ① **채무자의 재무적 상황**: 발행자나 차입자의 유의적인 재무적 어려움
> ② **채무불이행 발생**: 채무불이행이나 연체 등 계약 위반
> ③ **차입조건의 변경**: 차입자의 재무적 어려움에 관련된 경제적이나 계약상 이유로 당초 차입조건의 불가피한 완화
> ④ **채무자의 파산가능성**: 차입자의 파산 가능성이 높아지거나 그 밖의 재무구조조정 가능성이 높아짐
> ⑤ **활성시장의 소멸**: 재무적 어려움으로 해당 금융자산에 대한 활성시장의 소멸
> ⑥ **신용손실의 발생**: 이미 발생한 신용손실을 반영하여 크게 할인한 가격으로 금융자산을 매입하거나 창출하는 경우

3 AC금융자산의 손상

1. 의의

신용이 손상된 경우에는 상각후원가(= 총장부금액 − 손실충당금)에 유효이자율을 적용하여 이자수익을 계산한다. 신용손상의 시기에 따라 이자수익은 다음과 같이 계산한다.

> ① **취득 시 신용이 손상되어 있는 경우 이자수익**: 최초 인식시점 상각후원가 × 신용조정유효이자율
> ② **후속적으로 신용이 손상된 경우 이자수익**: 후속 보고기간 상각후원가 × 유효이자율
> ③ **신용이 손상되지 않은 경우**: 후속 보고기간 총장부금액 × 유효이자율

2. 신용이 손상되지 않은 경우 기말 평가

AC금융자산은 신용이 손상되지 않은 경우에도 기대신용손실을 측정하여 손실충당금을 인식하는 기대손실모형을 적용한다. 손실충당금으로 인식할 금액은 신용위험이 유의적으로 증가하였는지 여부에 따라 다음과 같이 회계처리한다.

신용위험이 유의적으로 증가하지 않은 경우

(차) 금융자산손상차손   N/I   (대) 손실충당금   12개월 기대신용손실 적용

신용위험이 유의적으로 증가한 경우

(차) 금융자산손상차손   N/I   (대) 손실충당금   전체기간 기대신용손실 적용

금융자산손상차손은 당기손익으로 처리하고 전기 이전에 인식한 손실충당금이 있는 경우에는 당기 말 손실충당금의 차액을 손상차손(환입)으로 인식한다.

최초 인식 후에 신용위험이 보고기간 말 현재 유의적으로 증가하였다면, 전체기간 기대신용손실로 손상을 측정하되, 실제로 신용은 아직 손상되지 않았다면 이자수익은 유효이자율을 총장부금액에 적용하여 인식한다.

기대손실모형 적용 – 신용이 손상되지 않은 경우

B/S

AC금융자산	총장부금액
(손실충당금)	(××)
	상각후원가

I/S

이자수익	기초총장부금액 × 유효R × 보유기간/12
손상차손	기말 B/S상 손실충당금 – 기초 B/S상 손실충당금

Self Study

AC금융자산은 계약상 원리금의 회수만을 목적으로 하는 사업모형에서 보유하고 있는 금융자산으로 보고기간 말의 공정가치는 회수가능하지 않고 실제로 회수하는 금액과도 관련성이 없는 기회손익을 반영하는 것이므로 AC금융자산은 보고기간 말의 공정가치를 평가하지 않는다.

3. 신용이 손상되지 않은 경우 처분

AC금융자산은 기대손실모형을 사용하여 손실충담금을 인식하여야 하므로 처분시점의 장부금액은 총장부금액에서 손실충당금을 차감한 금액이다.

(차) 현금   처분금액   (대) AC금융자산   총장부금액
      손실충당금   BV   금융자산처분손익   대차차액

⇒ 금융자산처분손실: 처분금액 – (총장부금액 – 손실충당금)
                     처분금액 – [PV(잔여CF)by유효R – 손실충당금]

4. 신용이 손상된 경우 - 손상 발생

AC금융자산의 신용이 손상된 경우에는 기대신용손실을 계산하여 손상차손을 인식하여야 한다. 보고기간 말에 신용이 손상된 금융자산(취득 시 신용이 손상되어 있는 금융자산은 제외)의 기대신용손실은 해당 자산의 총장부금액과 추정미래현금흐름을 최초 유효이자율로 할인한 현재가치(= 회수가능액)의 차이로 측정한다.

> 신용이 손상된 경우 손상차손: ① - ② - ③
> ① 총장부금액: PV(기존CF)by최초유효R
> ② 회수가능액: PV(추정CF)by최초유효R
> ③ 손실충당금 BV: 신용이 손상되기 전에 인식한 기대신용손실 누계액

손상 회계를 수행한 후의 채무증권의 상각후원가는 '총장부금액에서 손실충당금을 차감한 금액'이다.

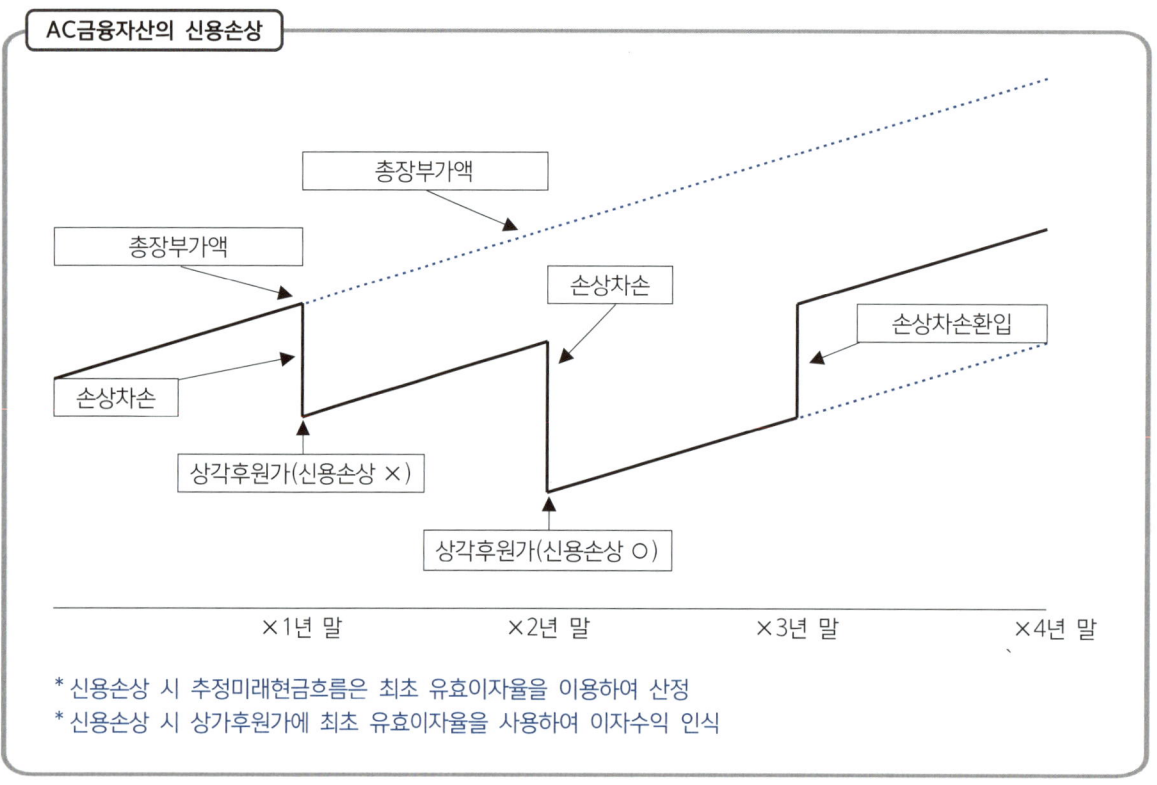

* 신용손상 시 추정미래현금흐름은 최초 유효이자율을 이용하여 산정
* 신용손상 시 상각후원가에 최초 유효이자율을 사용하여 이자수익 인식

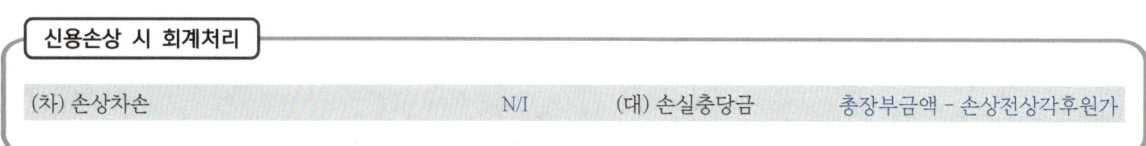

신용손상 발생 시 F/S분석

	B/S	
AC금융자산	총장부금액	
	= PV(최초CF)by최초유효R	
(손실충당금)	총장부금액 − 회수가능액	

	I/S
이자수익	기초 총장부금액 × 최초유효R × 보유기간/12
손상차손	기말 총장부금액 − 회수가능액 − 손실충당금

보유기간 말 현재 신용이 이미 손상된 경우는 '최초 인식 후에 신용위험이 유의적으로 증가한' 경우의 부분집합이므로 전체기간 기대신용손실로 손상을 측정한다. 다만, 이자수익은 유효이자율을 상각후원가에 적용한다. 여기서 상각후원가란 총장부금액에서 손실충당금을 차감한 금액을 가리킨다. 따라서 어떤 금융자산을 보유하는 중에 실제로 신용이 손상되면 해당 증권의 후속기간 이자수익은 신용손상이 발생하지 않았을 경우에 비하여 적게 인식된다.

손상이 발생한 채무증권은 손상 발생을 확인한 다음 보고기간부터 전체기간 기대신용손실로 손실충당금을 인식하고, 최초 인식 시 사용한 유효이자율로 이자수익을 인식한다. 그러나 손상이 발생하였으므로, 총장부금액에서 손실충당금을 차감한 상각후원가에 유효이자율을 적용하여 이자수익을 인식하도록 함으로써, 투자액 중 손상된 부분으로부터의 이자수익의 인식을 허용하지 않는다.

5. 신용이 손상된 경우 – 손상차손환입 발생

AC금융자산은 신용이 손상된 이후 회계기간에 기대신용손실이 감소한 경우에는 동 변동액을 금융자산손상차손환입으로 인식한다고 당기손익에 반영한다.

금융자산의 손상차손환입: ① − ②
① PV(추정CF) by 최초유효R
② 상각후원가(신용손상 시 상각후원가에 최초 유효이자율을 이용한 유효이자율법 적용)

손상차손환입 시 회계처리

(차) 손실충당금	PV(추정CF) − 상각후원가	(대) 손상차손환입	N/I

> **손상차손환입 시 F/S분석**
>
> | B/S | |
> |---|---|
> | AC금융자산 | 총장부금액 |
> | (손실충당금) | 총장부금액 − PV(추정CF) |
>
> | I/S | |
> |---|---|
> | 이자수익 | 기초 상각후원가 × 최초유효R × 보유기간/12 |
> | 손상차손환입 | PV(추정CF)by최초유효R − 기말 상각후원가 |

기출문제

5. ㈜한국은 20×1년 초 ㈜대한이 발행한 사채를 ₩ 1,050,000에 취득하고, 상각후원가측정금융자산으로 분류하였다. 사채 관련 자료는 다음과 같다.

- 액면가액: ₩ 1,000,000(만기 3년)
- 표시이자율: 연 12%(매년 말 지급)
- 발행시 유효이자율: 연 10%
- 취득시 사채의 신용은 손상되어 있지 않음
- 기대신용손실

기대신용손실	20×1년 말	20×2년 말
12개월	₩ 2,000	₩ 4,000
전체기간	₩ 5,000	₩ 5,000

㈜한국은 상각후원가측정금융자산의 신용위험에 대해 20×1년 말에는 유의하게 증가하지 않았다고 판단하였으나, 20×2년 말에는 유의하게 증가하였다고 판단하였다. 20×3년 초 상각후원가측정금융자산을 ₩ 1,000,000에 처분하였을 경우 처분손익은?

2022년 국가직 7급

① 처분손실 ₩ 13,500
② 처분이익 ₩ 13,500
③ 처분손실 ₩ 18,500
④ 처분이익 ₩ 18,500

해설

(1) 20×3년 초 AC금융자산의 상각후원가: 1,013,500
  * (1,050,000 × 1.1 − 120,000) × 1.1 − 120,000 − 5,000 = 1,013,500
(2) 처분손실: 1,000,000 − 1,013,500 = (−)13,500

답 ①

4 금융자산의 재분류 [7급 대비용]

금융자산은 관리를 위한 사업모형이 변경하는 경우에만 영향 받는 모든 금융자산을 재분류한다. 금융자산의 재분류는 사업모형을 변경하는 경우에만 가능하므로 사업모형이 없는 지분상품이나 파생상품은 재분류가 불가능하다.

금융자산을 재분류하는 경우 재분류일은 금융자산의 재분류를 초래하는 사업모형의 변경 후 첫 번째 보고기간의 첫 번째 날을 의미하며, 재분류는 재분류일부터 전진적으로 적용한다.

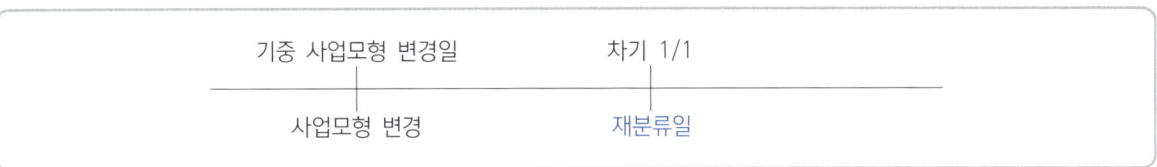

Self Study

1. 재분류 전에 인식한 손익(손상차손 및 손상차손환입, 이자수익 등)은 다시 작성되지 않는다.
2. 아래의 경우에는 사업모형의 변경이 아니다.
   ① 특정 금융자산과 관련된 의도의 변경(시장 상황이 유의적으로 변경되는 경우도 포함)
   ② 금융자산에 대한 특정 시장의 일시적 소멸
   ③ 기업 내 서로 다른 사업모형을 갖고 있는 부문 간 금융자산의 이전
3. 재분류 회계의 큰 특징은 첫째로 재분류일이 새로운 범주 자산의 최초 인식일이므로 공정가치로 측정한다는 것과 둘째로 재분류 전에 인식한 손익(손상차손·환입)이나 이자는 다시 작성하지 않는다는 것이다.

1. AC금융자산에서 다른 범주로의 재분류

(1) AC금융자산에서 FVPL금융자산으로의 변경

금융자산을 AC금융자산에서 FVPL금융자산으로 재분류하는 경우 재분류일의 공정가치로 측정한다. 재분류 전 상각후원가와 공정가치의 차이는 당기손익으로 인식한다.

(2) AC금융자산에서 FVOCI금융자산으로의 변경

금융자산을 AC금융자산에서 FVOCI금융자산으로 재분류하는 경우 재분류일의 공정가치로 측정하고 금융자산의 재분류 전 상각후원가와 공정가치의 차이는 기타포괄손익으로 인식한다. 이 경우, 유효이자율이나 기대신용손실 측정치는 조정되지 않는다. 그러나 총장부금액에 대한 조정으로 인식된 손실충당금은 제거하는 대신에 재분류일 기대손실누계액을 기타포괄손익으로 인식한다.

2. FVOCI금융자산에서 다른 범주로의 재분류

(1) FVOCI금융자산에서 FVPL금융자산으로의 변경

금융자산을 FVOCI금융자산에서 FVPL금융자산으로 분류하는 경우 계속 공정가치로 측정한다. 그러므로 재분류일의 공정가치와 장부금액의 차이는 없다. 재분류일 현재 FVOCI금융자산의 공정가치 평가로 인한 OCI누계액은 재분류일에 재분류조정으로 당기손익으로 재분류한다.

(2) FVOCI금융자산에서 AC금융자산으로의 변경

금융자산을 FVOCI금융자산에서 AC금융자산으로 재분류하는 경우 재분류일의 공정가치로 측정한다. 재분류 전에 인식한 OCI누계액은 자본에서 제거하고 재분류일의 금융자산 공정가치에서 조정한다. 한편, 유효이자율이나 기대신용손실 측정치는 조정하지 않는다. 그러나 기타포괄손익으로 조정한 손실충당금은 재분류일부터 금융자산의 총장부금액에 대한 조정으로 인식한다.

3. FVPL금융자산에서 다른 범주로의 재분류

(1) FVPL금융자산에서 AC금융자산으로의 변경

금융자산을 FVPL금융자산에서 AC금융자산으로 재분류하는 경우 재분류일의 공정가치가 새로운 총장부금액이 되며, 재분류일을 AC금융자산의 최초 인식일로 본다. 그러므로 유효이자율은 재분류일의 공정가치(= 새로운 총장부금액)와 추정미래현금흐름의 현재가치를 일치시키는 이자율로 재분류일의 현행 시장이자율과 동일하다.

재분류일 현재 재분류 직전 FVPL금융자산은 공정가치로 측정되어 있으므로 재분류금액인 공정가치와 장부금액은 차이가 없다.

(2) FVPL금융자산에서 FVOCI금융자산으로의 변경

금융자산을 FVPL금융자산에서 FVOCI금융자산으로 재분류하는 경우 계속 공정가치로 측정한다. 이 경우 재분류일의 공정가치가 새로운 총장부금액이 되며, 재분류일을 FVOCI금융자산의 최초 인식일로 본다. 그러므로 유효이자율은 재분류일의 공정가치(= 새로운 총장부금액)와 추정미래현금흐름의 현재가치를 일치시키는 이자율로 재분류일의 현행 시장이자율과 동일하다.

재분류일 현재 재분류 직전 FVPL금융자산은 공정가치로 측정되어 있으므로 재분류금액인 공정가치와 장부금액은 차이가 없다.

기출문제

6. 금융자산의 재분류에 대한 설명으로 옳지 않은 것은?   2022년 국가직 7급

① 금융자산을 기타포괄손익 - 공정가치 측정 범주에서 당기손익 - 공정가치 측정 범주로 재분류하는 경우에 계속 공정가치로 측정하며, 재분류 전에 인식한 기타포괄손익누계액은 재분류일에 재분류조정으로 자본에서 당기손익으로 재분류한다.

② 금융자산을 기타포괄손익 - 공정가치 측정 범주에서 상각후원가 측정 범주로 재분류하는 경우에 재분류일의 공정가치로 측정하며, 재분류 전에 인식한 기타포괄손익누계액은 자본에서 제거하고 재분류일의 금융자산의 공정가치에서 조정한다.

③ 금융자산을 상각후원가 측정 범주에서 기타포괄손익 - 공정가치 측정 범주로 재분류하는 경우에 재분류 전 상각후원가와 공정가치의 차이에 따른 손익은 기타포괄손익으로 인식하며, 유효이자율과 기대신용손실 측정치는 재분류로 인해 조정한다.

④ 금융자산을 당기손익 - 공정가치 측정 범주에서 상각후원가 측정 범주로 재분류하는 경우에 재분류일의 공정가치가 새로운 총장부금액이 된다.

해설
금융자산을 상각후원가 측정 범주에서 기타포괄손익 - 공정가치 측정 범주로 재분류하는 경우에 재분류 전 상각후원가와 공정가치의 차이에 따른 손익은 기타포괄손익으로 인식하며, 유효이자율과 기대신용손실 측정치는 재분류로 인해 조정하지 않는다.

답 ③

핵심 빈출 문장

01 원리금 지급만으로 구성되는 계약상 현금흐름은 기본 대여계약과 일관된다. 기본 대여계약과 관련없는 계약상 현금흐름의 위험이나 변동성에 노출시키는 계약조건은 원리금 지급만으로 구성되는 계약상 현금흐름이 생기지 않는다.

02 사업모형의 목적인 계약상 현금흐름을 수취하기 위해 금융자산을 보유하는 것이더라도 그러한 모든 금융상품을 만기까지 보유할 필요는 없다. 따라서 금융자산의 매도가 일어나거나 미래에 일어날 것으로 예상되는 경우에도 사업모형은 계약상 현금흐름을 수취하기 위해 금융자산을 보유하는 것일 수 있다.

03 사업모형은 특정 사업 목적을 이루기 위해 금융자산의 집합을 함께 관리하는 방식을 반영하는 수준에서 결정한다.

04 계약상 현금흐름의 수취와 금융자산의 매도 둘 다를 통해 목적을 이루는 사업모형은 계약상 현금흐름의 수취와 금융자산의 매도 둘 다가 사업모형의 목적을 이루는 데에 필수적이기 때문에 이러한 사업모형에서 일어나야만 하는 매도의 빈도나 금액에 대한 기준은 없다.

05 지분상품에 대한 투자로 단기매매 항목이 아니고 사업결합에서 취득자가 인식하는 조건부 대가가 아닌 지분상품으로 최초 인식 시점에 후속적인 공정가치 변동을 기타포괄손익으로 표시하기로 한 경우 금융자산을 기타포괄손익 - 공정가치 측정 금융자산으로 측정할 수 있다. 이러한 선택은 이후에 취소할 수 없다.

06 채무상품 중 서로 다른 기준에 따라 자산이나 부채를 측정하거나 그에 따른 손익을 인식하는 경우에 발생하는 측정이나 인식의 불일치(회계불일치)를 제거하거나 유의적으로 줄이기 위한 경우 금융자산을 당기손익 - 공정가치 측정 금융자산으로 측정할 수 있다. 이러한 선택은 이후에 취소할 수 없다.

07 금융자산은 최초 인식 시점에 공정가치로 측정한다. 최초 인식 시점의 공정가치는 일반적으로 제공한 대가의 공정가치인 거래가격이지만 거래가격과 다르다면 최초 인식 시점에 그 차이를 당기손익으로 인식한다.

확인 문제

01 금융자산의 보유 목적에 따른 분류(사업모형)

CH. 1 → ■ → 2. → (2) 금융자산의 보유 목적에 따른 분류(사업모형) ▶ 433p

다음 거래로 취득한 금융자산의 세부 분류와 측정금액은?

2017년 국가직 7급

> ㈜한국은 한국거래소에서 투자 목적으로 ㈜서울의 주식 1주를 ₩10,000에 구입하고 수수료 ₩1,000을 지급하였다. ㈜한국은 당해 주식을 단기간 내에 매각할 예정이다.

① FVPL금융자산 ₩11,000　　② FVOCI금융자산 ₩11,000
③ FVPL금융자산 ₩10,000　　④ FVOCI금융자산 ₩10,000

02 FVPL금융자산(지분상품) 계산형 문제(N/I 영향)

CH. 2 → ■ FVPL금융자산(지분상품)의 분류 및 측정 ▶ 437p

㈜서울은 20×1년 초에 ㈜한국의 주식을 거래원가 ₩10,000을 포함하여 ₩510,000에 취득하고, 당기손익 - 공정가치 측정 금융자산으로 분류하였다. 20×1년 말과 20×2년 말 공정가치는 각각 ₩530,000과 ₩480,000 이고, 20×3년에 ₩490,000에 처분하였을 때, 주식 처분으로 당기손익에 미치는 영향은?

2019년 서울시 7급

① 손익 영향없음　　② ₩8,000 이익
③ ₩10,000 이익　　④ ₩12,000 이익

정답 및 해설

01
(1) 금융자산의 분류 판단
  1) 투자 목적으로 주식 취득: 투자지분상품에 해당
  2) 단기간 내에 매각 예정: 그 밖의 사업모형에 해당
  ∴ FVPL금융자산(지분상품)에 해당함
(2) 측정금액 판단
  1) FVPL금융자산(지분상품)은 최초 인식 시점에 공정가치로 측정하고, 취득과 직접 관련된 거래원가는 발생 즉시 당기비용으로 처리한다.
  2) FVPL금융자산(지분상품)의 취득 관련 수수료 1,000은 발생 즉시 당기비용으로 처리하고, 취득원가에 가산하지 않는다.
  ∴ 취득원가: 10,000

02

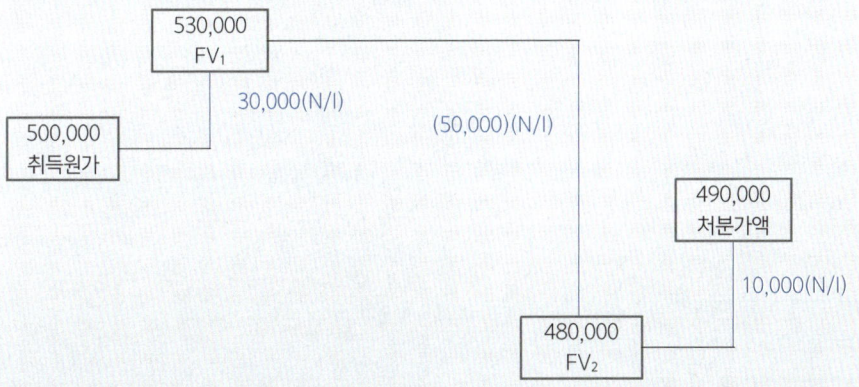

×3년 처분이익(N/I): 10,000 이익 = 490,000 - 480,000
∴ ×3년 당기순이익 증가분: 처분이익 10,000만큼 증가

참고 FVPL금융자산(지분상품)의 처리
(1) FVPL금융자산(지분상품)은 최초 인식 시점에 공정가치로 측정하고, 취득과 직접 관련된 거래원가는 발생 즉시 당기비용으로 처리한다.
  ∴ 수수료 10,000은 취득원가에서 차감 ⇒ 취득원가: 500,000 = 510,000 - 10,000
(2) FVPL금융자산(지분상품)은 보고기간 말의 공정가치로 평가하고 장부금액과의 차액은 당기손익으로 처리한다.
  ∴ ×1년의 차액 30,000은 당기손익(평가이익) 처리
  ∴ ×2년의 차액 50,000은 당기손익(평가손실) 처리
(3) FVPL금융자산(지분상품)은 처분 시 처분금액과 장부금액의 차액은 금융자산처분손익으로 하여 당기손익으로 인식한다. (단, 처분 시 거래원가가 있다면 처분금액에서 차감하여 금융자산처분손익에 반영한다)
  ∴ ×3년의 차액 10,000은 당기손익(처분이익) 처리

정답 01 ③ 02 ③

03 FVPL금융자산(지분상품) 계산형 문제(종합: 주식배당)

㈜한국의 FVPL금융자산 거래가 다음과 같은 경우, 2015년의 법인세비용차감전순손익에 미치는 영향은? (단, 단가산정은 평균법에 의한다)
2015년 지방직 9급

- 2014년에 A사의 주식 100주(액면금액 주당 ₩5,000)를 ₩500,000에 취득하였으며, 2014년 말 공정가치는 ₩550,000이다.
- 2015년 2월에 A사는 현금배당 10%(액면기준)와 주식배당 10%를 동시에 실시하였으며, ㈜한국은 A사로부터 배당금과 주식을 모두 수취하였다.
- 2015년 10월에 보유 중이던 A사의 주식 중 55주를 주당 ₩6,000에 처분하였다.
- 2015년 말 A사의 주식의 주당 공정가치는 ₩7,000이다.

① ₩160,000 증가 ② ₩185,000 증가
③ ₩205,000 증가 ④ ₩215,000 증가

정답 및 해설

03

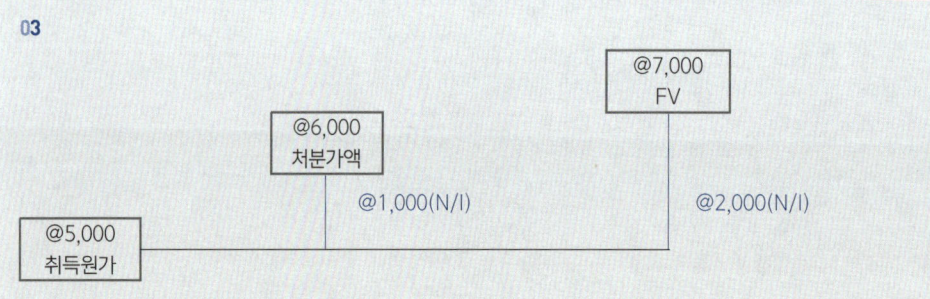

15년 법인세비용차감전순이익에 미치는 영향: +215,000
* 현금배당 50,000 + 처분이익 55,000 + 평가이익 110,000

(1) 현금배당: 50,000 = 100주 × @5,000 × 10%
(2) 주식배당: 영향 없음(주식 수와 주당 단가는 변동함)

구분	무상증자 전	무상증자 후
FVPL 주식 수	100주	110주 = 100 × (1 + 0.1)주
주당 BV	5,500	5,000 = 550,000 ÷ 110주
BV	550,000	550,000

(3) 처분이익(N/I): 55,000 이익 = 55주 × @(6,000 − 5,000)
(4) 평가이익(N/I): 110,000 이익 = (110 − 55)주 × @(7,000 − 5,000)
  * 주식배당으로 주당 단가는 @5,000으로 변동

정답 03 ④

04 FVOCI금융자산(지분상품) 계산형 문제(OCI 영향)
CH. 2 → 3 FVOCI금융자산(지분상품)의 분류 및 측정 ▶ 440p

㈜서울은 20×1년 중에 지분상품을 ₩101,000의 현금을 지급하고 취득하였다. 취득 시 지급한 현금에는 ₩1,000의 취득 관련 거래원가가 포함되어 있으며, ㈜서울은 지분상품을 기타포괄손익 – 공정가치 측정 금융자산으로 분류하는 것을 선택하였다. ㈜서울은 20×2년 2월 초에 지분상품 전부를 처분하였다. ㈜서울이 20×1년도 재무제표와 20×2년도 재무제표에 상기 지분상품과 관련하여 인식할 기타포괄손익의 변동은? (단, 20×1년 말과 20×2년 2월 초 지분상품의 공정가치는 각각 ₩120,000과 ₩125,000이며, 처분 시 거래원가는 고려하지 않는다) 2019년 서울시 9급

	20×1년	20×2년
①	기타포괄이익: ₩19,000 증가	변동 없음
②	기타포괄이익: ₩19,000 증가	₩5,000 증가
③	기타포괄이익: ₩20,000 증가	변동 없음
④	기타포괄이익: ₩20,000 증가	₩5,000 증가

정답 및 해설

04

```
                            125,000
                            처분가액
                              │
                              │ 5,000(OCI)
                120,000 ─────┘
                 FV₁
                  │
                  │ 19,000(OCI)
    101,000 ─────┘
    취득원가
```

(1) 20×1년 인식할 기타포괄손익의 변동: +19,000
    = ×1년 평가손익(OCI): 19,000 이익 = 120,000 – 101,000
    ∴ ×1년 기타포괄이익 증가분: 평가이익 19,000만큼 증가
(2) 20×2년 인식할 기타포괄손익의 변동: +5,000
    = ×2년 평가손익(OCI): 5,000 이익 = 125,000 – 120,000
    ∴ ×2년 기타포괄이익 증가분: 평가이익 5,000만큼 증가

참고 FVOCI금융자산(지분상품)의 처리
(1) FVOCI금융자산(지분상품)은 최초 인식 시점에 공정가치로 측정하고, 취득과 직접 관련된 거래원가는 최초 취득 시 FV에 가산한다.
    * 취득원가: 101,000 (해당 문제는 취득 거래원가가 고려된 금액을 제시함)
(2) FVOCI금융자산(지분상품)은 보고기간 말의 공정가치로 평가하고 장부금액과의 차액은 기타포괄손익으로 처리한다.
    ∴ 20×1년의 차액 19,000은 기타포괄손익(평가이익) 처리
(3) FVOCI금융자산(지분상품)은 처분 시 공정가치 평가를 수행하고 당기손익으로 재분류를 금지한다. (단, 처분 시 거래원가가 있다면 처분손익 발생하며, 기타포괄손익누계액은 다른 자본 항목으로 대체할 수는 있다)
    ∴ ×2년의 차액 5,000은 기타포괄손익(평가이익) 처리

정답 04 ②

05 FVOCI금융자산(지분상품) 계산형 문제(F/S효과)

CH. 2 → 3 FVOCI금융자산(지분상품)의 분류 및 측정 ▶ 440p

㈜대한은 2014년 12월 1일에 ㈜민국의 주식을 ₩1,500,000에 취득하고 기타포괄손익 – 공정가치 측정 금융자산으로 분류하였다. 동 주식의 공정가치는 2014년 말 ₩1,450,000이었으며, 2015년 말 ₩1,600,000이었다. ㈜대한이 2016년 중에 동 주식을 ₩1,650,000에 처분하였을 경우, 2016년의 당기순이익 및 총포괄이익에 미치는 영향은? (단, 세금효과는 고려하지 않는다)

2016년 지방직 9급 변형

	당기순이익	총포괄이익
①	영향 없음	₩ 50,000 증가
②	₩150,000 증가	₩150,000 증가
③	₩ 50,000 증가	₩ 50,000 감소
④	₩ 50,000 증가	₩100,000 감소

정답 및 해설

05

(1) 16년 당기순이익에 미치는 영향: 영향 없음
 * FVOCI금융자산(지분상품)이므로 N/I영향 없음
(2) 16년 총포괄이익에 미치는 영향(= 자산의 변동): + 50,000 = 1,650,000 − 1,600,000

정답 05 ①

06 투자지분상품 계산형 문제(종합: 지분상품의 분류별 비교)

CH. 2 → **1** 투자지분상품의 분류 및 특성 ▶ 436p

㈜한국은 2016년 중 기타포괄손익 – 측정 금융자산으로 A주식을 매입하였고, 단기시세차익 목적으로 B주식을 매입하였다. ㈜한국은 2016년 말 A주식과 B주식을 보유하고 있으며, 두 주식에 대한 취득원가와 공정가치는 다음과 같다. 2016년 말 재무제표에 미치는 영향으로 옳지 않은 것은? (단, 취득한 주식은 발행기업에 유의한 영향을 미치지 않는다)

2016년 국가직 7급

종목	취득원가	2016년 말 공정가치
A주식	₩ 100,000	₩ 90,000
B주식	₩ 60,000	₩ 70,000

① 당기순이익이 ₩ 10,000 증가한다.
② 기타포괄손익이 ₩ 10,000 감소한다.
③ 이익잉여금은 변하지 않는다.
④ 총포괄손익은 변하지 않는다.

정답 및 해설

06

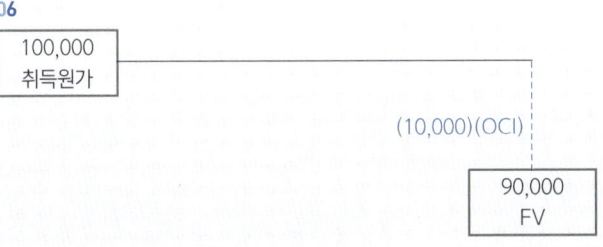

(1) A주식: FVOCI금융자산(지분상품)의 경우
  1) 취득원가: 100,000
  2) 16년 말 FV: 90,000
  3) 16년 평가손익(OCI): 10,000 손실 = 100,000 − 90,000

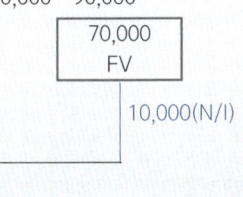

(2) B주식: FVPL금융자산(지분상품)의 경우
  1) 금융자산의 분류 판단: FVPL금융자산(지분상품)
    단기시세차익 목적으로 주식 취득: 투자지분상품에 해당
    ∴ FVPL금융자산(지분상품)에 해당
  2) 취득원가: 60,000
  3) 16년 말 FV: 70,000
  4) 16년 평가손익(N/I): 10,000 이익 = 70,000 − 60,000

∴ B주식(FVPL)의 평가이익 10,000만큼 이익잉여금 증가

▶ 오답체크
① B주식(FVPL)의 평가이익 10,000만큼 N/I 증가
② A주식(FVOCI)의 평가손실 10,000만큼 OCI 감소
④ 총포괄손익에 미치는 영향: 0 = (−)10,000 + (+)10,000

정답 06 ③

07 투자지분상품 계산형 문제(종합: 지분상품의 분류별 비교) CH. 2 → **1** 투자지분상품의 분류 및 특성 ▶ 436p

12월 말 결산법인인 ㈜대한은 20×3년도 초에 ㈜민국의 주식 1,000주를 1주당 ₩2,000에 취득하였다. 20×3년도 말 ㈜민국 주식의 주당 공정가치는 ₩2,400이다. ㈜대한은 20×4년도 중 보유 중인 ㈜민국의 주식 500주를 주당 ₩2,200에 처분하였다. ㈜대한이 ㈜민국의 주식을 FVPL금융자산으로 분류하는 경우와 기타포괄손익 – 공정가치 측정 금융자산으로 분류하는 경우 ㈜대한이 20×4년도 포괄손익계산서에 반영할 유가증권처분손익은?

2014년 지방직 9급 변형

	FVPL금융자산		기타포괄손익 – 공정가치 측정 금융자산	
①	처분손실	₩100,000	처분이익	₩0
②	처분손실	₩100,000	처분손실	₩100,000
③	처분이익	₩100,000	처분손실	₩100,000
④	처분이익	₩100,000	처분이익	₩100,000

정답 및 해설

07

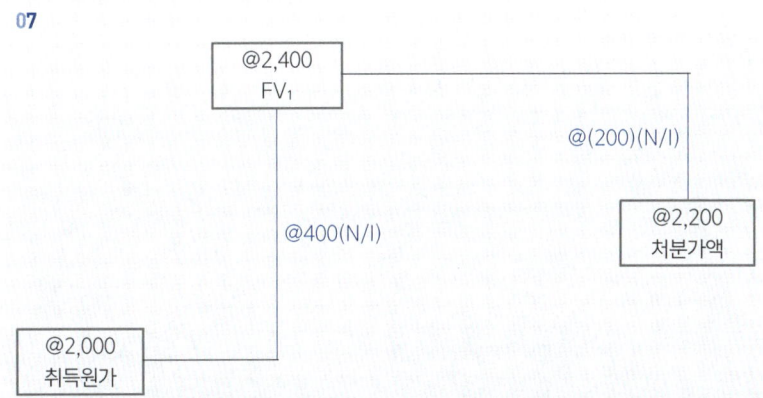

분류: FVPL금융자산(지분상품)의 경우
×4년 처분손익(N/I): 100,000 손실 = 500주 × @(2,400 − 2,200)

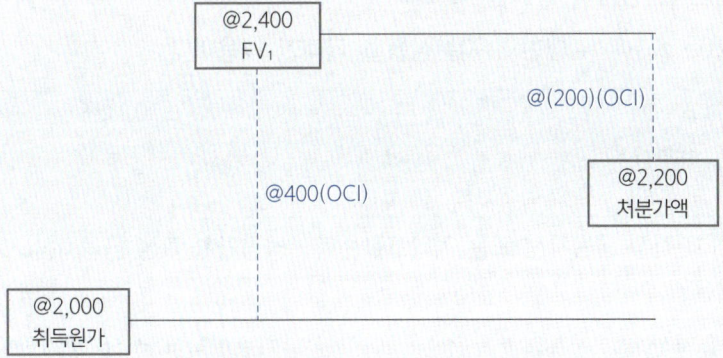

분류: FVOCI금융자산(지분상품)의 경우
×4년 처분손익(N/I): 0
* FVOCI금융자산(지분상품)은 처분 시 거래원가가 있다면 처분손실이 발생하나, 해당 문제에서는 처분 거래원가가 없으므로 처분손실이 발생하지 않음

정답 07 ①

08 투자지분상품 계산형 문제(종합: 지분상품의 분류별 비교)

다음은 ㈜한국이 보유하고 있는 금융자산에 관한 자료이다. 2012년 취득 시 A사 주식은 당기손익-공정가치 측정 금융자산으로, B사와 C사 주식은 기타포괄손익 - 공정가치 측정 금융자산으로 분류하였으며, 2013년 중에 B사 주식을 ₩ 130,000에 처분하였다. 이 주식들과 관련된 손익을 인식할 때 2013년도에 증가되는 기타포괄이익은? (단, 기타포괄손익 - 공정가치 측정 금융자산은 중대한 영향력을 행사할 수 없다)

2013년 지방직 9급 변형

종목	취득원가	2012년 말 공정가액	2013년 말 공정가액
A사 주식	₩ 100,000	₩ 120,000	₩ 110,000
B사 주식	₩ 90,000	₩ 80,000	–
C사 주식	₩ 80,000	₩ 100,000	₩ 120,000
합계	₩ 270,000	₩ 300,000	₩ 230,000

① ₩ 30,000
② ₩ 40,000
③ ₩ 50,000
④ ₩ 70,000

09 투자지분상품 계산형 문제(종합: 지분상품의 분류별 비교)

다음은 ㈜한국이 20×1년과 20×2년에 ㈜대한의 지분상품을 거래한 내용이다.

20×1년			20×2년
취득금액	매입수수료	기말 공정가치	처분금액
₩ 1,000	₩ 50	₩ 1,100	₩ 1,080

동 지분상품을 당기손익 - 공정가치 측정 금융자산 또는 기타포괄손익 - 공정가치 측정 금융자산으로 분류하였을 경우, 옳지 않은 것은?

2022년 국가직 7급

① 당기손익 - 공정가치 측정 금융자산으로 분류하였을 경우, 20×1년 당기순이익이 ₩ 50 증가한다.
② 기타포괄손익 - 공정가치 측정 금융자산으로 분류할 경우, 20×1년 기타포괄손익누계액이 ₩ 50 증가한다.
③ 당기손익 - 공정가치 측정 금융자산으로 분류하였을 경우, 20×2년 당기순이익이 ₩ 20 감소한다.
④ 기타포괄손익 - 공정가치 측정 금융자산으로 분류할 경우, 20×2년 기타포괄손익누계액이 ₩ 30 감소한다.

정답 및 해설

08

[A사 주식]

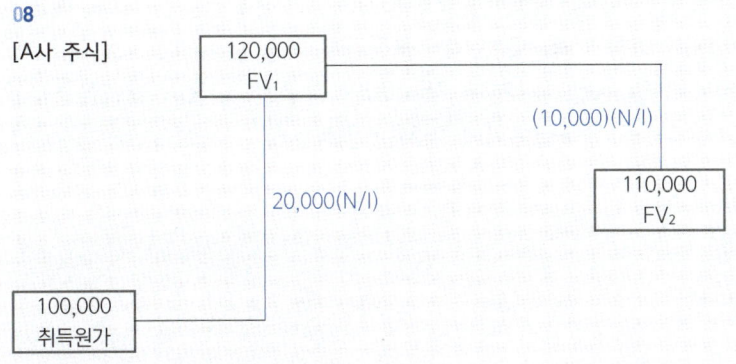

A사의 주식: FVPL금융자산(지분상품)
13년 평가손익(N/I): 10,000 손실 = 120,000 − 110,000
∴ 13년 기타포괄이익 증가분: 0

[B사 주식]

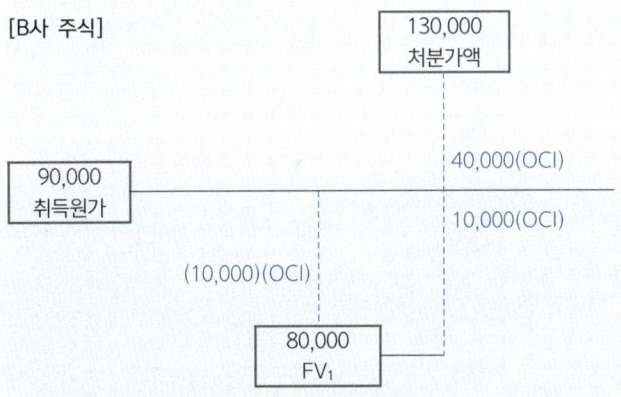

B사의 주식: FVOCI금융자산(지분상품)
13년 처분손익(OCI): 50,000 이익 = 130,000 − 80,000
∴ 13년 기타포괄이익 증가분: 처분이익 50,000만큼 증가

[C사 주식]

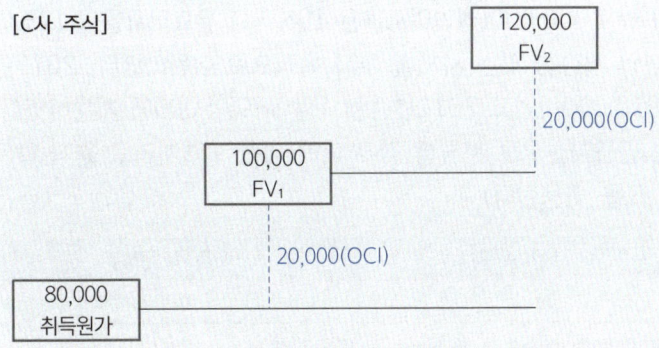

C사의 주식: FVOCI금융자산(지분상품)
13년 평가손익(OCI): 20,000 이익 = 120,000 − 100,000
∴ 13년 기타포괄이익 증가분: 평가이익 20,000만큼 증가

09
기타포괄손익 − 공정가치 측정 금융자산으로 분류할 경우, 20×2년 처분으로 인하여 기타포괄손익은 ₩ 20 감소한다.

정답 08 ④ 09 ④

10 FVOCI금융자산(채무상품) 계산형 문제(F/S효과) CH. 3 → 4 FVOCI금융자산(채무상품)의 분류 및 측정 ▶ 452p

㈜서울은 20×1년 초 ㈜한국이 발행한 사채(액면금액 ₩100,000, 표시이자율 연 10%, 매년 말 이자 지급)를 ₩90,000에 취득하고, 이를 '기타포괄손익 – 공정가치 측정 금융자산'으로 분류하였다. ㈜한국이 발행한 사채의 20×1년말 공정가치가 ₩95,000인 경우, ㈜한국이 발행한 사채와 관련된 회계처리가 ㈜서울의 20×1년도 총포괄손익에 미치는 영향은? 2020년 서울시 7급

① ₩10,000 감소
② 영향 없음
③ ₩10,000 증가
④ ₩15,000 증가

11 FVOCI금융자산(채무상품) 계산형 문제(F/S효과) CH. 3 → 4 FVOCI금융자산(채무상품)의 분류 및 측정 ▶ 452p

㈜대한은 2011년 1월 1일 액면금액이 ₩1,000,000(액면이자율은 10%이고 유효이자율이 12%이며 매년 말 이자 지급)이고 만기가 3년인 시장성 있는 사채를 투자 목적으로 취득하였다. 2011년 12월 31일 이 사채의 공정가치는 ₩970,000이었고 2012년 1월 1일 ₩974,000에 처분하였다. 취득 시 기타포괄손익 – 공정가치 측정 금융자산으로 분류할 경우 이에 대한 회계처리로 옳지 않은 것은? (단, 현재가치이자요소는 다음 표를 이용한다) 2012년 국가직 7급 변형

기간	이자율(10%)	이자율(12%)
1년	0.91	0.89
2년	0.83	0.80
3년	0.75	0.71
합계	2.49	2.40

① 취득 시점에서의 공정가치는 ₩950,000이다.
② 2011년 12월 31일에 인식하여야 할 총 이자수익은 ₩114,000이다.
③ 2011년 12월 31일 공정가치 평가 전 장부금액은 ₩964,000이다.
④ 2012년 1월 1일 처분 시 기타포괄손익 – 공정가치 측정 금융자산의 처분이익은 ₩4,000이다.

정답 및 해설

10

20×1년 총포괄이익에 미치는 영향: +15,000
(1) 평가이익(OCI): 5,000 = 95,000 − 90,000
(2) 이자수익(N/I): 10,000 = 100,000 × 10%

별해 총포괄이익 = 자산변동액(주주거래 ×, 부채 변동 ×) = 95,000 − 90,000 + 10,000 = 15,000

11

[2011년의 F/S효과]

B/S			
FVOCI금융자산	기말 FV 970,000	금융자산평가이익	FV − 기말 총장부금액 970,000 − 964,000 = 6,000

* 총장부금액: [950,000 × (1 + 0.12)] − (1,000,000 × 10%) = 964,000

I/S

N/I 영향: 이자수익 = 기초 총장부금액 × 유효 R × 보유기간/12
　　　　　114,000 = 950,000 × 12% × 12/12

OCI 변동: 기말 B/S상 OCI누계액 − 기초 B/S상 OCI누계액
　　　　　6,000 = 6,000 − 0

* 기말 B/S상 OCI누계액: 970,000 − {[950,000 × (1 + 0.12)] − (1,000,000 × 10%)} = 6,000

2012년 1월 1일 처분 시 기타포괄손익 − 공정가치 측정 금융자산의 처분이익은 ₩10,000이다.
금융자산처분이익: 10,000 = (974,000 − 970,000) + (970,000 − 964,000)

▶ 오답체크
① 최초 장부금액: 950,000 = (1,000,000 × 0.71) + [(1,000,000 × 10%) × 2.4]
② 11년 이자수익(N/I): 114,000
　　이자수익 = 기초 총장부금액 × 유효 R × 보유기간/12
　　114,000 = 950,000 × 12% × 12/12
③ 평가 전 BV: 964,000 = [950,000 × (1 + 0.12)] − (1,000,000 × 10%) = 964,000

정답 10 ④　11 ④

PART 12 고객과의 계약에서 생기는 수익

CHAPTER 1 수익의 의의

1 수익의 정의

기준서 제1115호에서는 수익을 자산의 유입 또는 가치의 증가나 부채의 감소 형태로 자본의 증가를 가져오는, 특정 회계기간에 생긴 경제적효익의 증가로서, 지분참여자의 출연(예 유상증자 등)과 관련된 것은 제외하는 것으로 정의하고 있다. 즉, 지분출자와 같은 지분참여자와의 자본거래를 제외한 모든 거래에서 발생한 자본(순자산)의 증가를 수익으로 본다.

2 전통적인 수익의 인식방법

수익의 인식이란 언제, 얼마의 금액으로 수익을 재무제표에 계상하는가를 다루는 것이다. 수익은 자산의 증가 또는 부채의 감소와 연계하여 정의하기 때문에 자산의 증가 또는 부채의 감소를 인식할 수 없다면 수익도 인식할 수 없다. 전통적으로 회계에서는 수익의 가득과정이 완료되고(가득기준), 실현 또는 실현 가능할 때(실현조건) 수익을 인식하는 실현주의에 따라 수익을 인식하였다.

> **실현주의에 따른 수익 인식**
>
> 수익 인식 원칙: 실현주의
> ⇒ ① + ② 모두 만족 시 수익 인식
>
> ① 가득기준(의무이행): 수익의 가득과정이 완료
> ② 실현기준(권리의 측정): 수익이 실현되었거나 실현 가능

또한 이러한 전통적 수익의 인식방법은 가득조건과 실현조건이 언제 충족되는가에 따라 진행기준, 완성기준, 인도기준 또는 회수기일도래기준 등 다양한 인식기준이 제시되었다. 종전의 수익 관련 기준서인 제1018호는 재화의 판매에 대해서는 인도기준을 적용하고, 용역의 제공에 대해서는 진행기준을 적용하여 수익을 인식하도록 규정하였다.

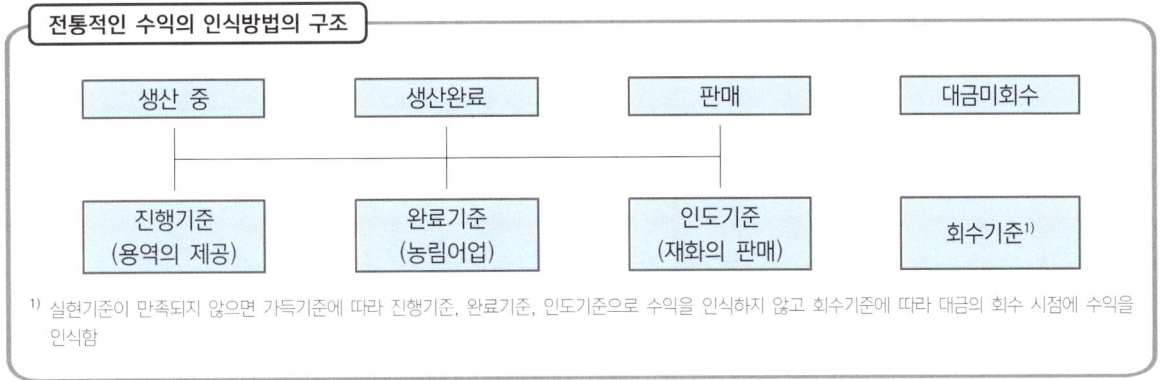

> **Additional Comment**
>
> 최근 거래의 형태를 보면 하나의 계약에 재화의 판매와 용역의 제공이 섞여 있을 수도 있고, 재화만을 판매하더라도 인도 시점이나 판매 대가의 변동과 관련하여 다양한 조건이 부가되는 경우도 있어 전통적인 수익의 인식방법으로는 수익 인식의 명확한 회계처리가 이루어지지 못하는 경우가 많다. 또한 기준서 제1018호 이외의 수익과 관련하여 제정된 여러 기준서 및 해석서 간에 일관성이 없는 문제도 다수 제기되었다. 이에 경제적으로 유사한 거래에 대해서 동일한 회계처리가 이루어지고, 복잡한 거래에도 적용할 수 있도록 하기 위하여 기준서 제1115호 '고객과의 계약에서 생기는 수익'이 제정되었다.

CHAPTER 2 고객과의 계약에서 생기는 수익

1 기준서 제1115호 '고객과의 계약에서 생기는 수익'의 적용

기업회계기준서 제1115호 '고객과의 계약에서 생기는 수익'에서는 계약 상대방이 고객인 경우에만 그 계약에 대하여 해당 기준서를 적용한다. 고객이란 기업의 통상적인 활동의 산출물인 재화나 용역을 대가와 교환하여 획득하기로 기업과 계약한 당사자를 말한다. 만약 계약 당사자가 여기에 해당하지 않는다면 수익이 발생하더라도 기준서 제1115호를 적용하지 않는다.

> **Additional Comment**
>
> 예를 들어 계약 상대방이 기업의 통상적인 활동의 산출물을 취득하기 위해서가 아니라 어떤 활동이나 과정(예 협업약정에 따른 자산 개발)에 참여하기 위해 기업과 계약하였고, 그 계약 당사자들이 그 활동이나 과정에서 생기는 위험과 효익을 공유한다면, 그 계약 상대방은 고객이 아니다.

또한, 고객이나 잠재적 고객에게 판매를 쉽게 하기 위해 행하는 같은 사업영역에 있는 기업 사이의 비화폐성 교환에 대해서도 기준서 제1115호를 적용하지 않는다.

Additional Comment

두 정유사가 서로 다른 특정 지역에 있는 고객의 수요를 적시에 충족하기 위해, 두 정유사끼리 유류를 교환하기로 합의한 계약은 고객과의 계약이 아니므로 적용하지 않는다.

2 고객과의 계약에서 생기는 수익의 인식 5단계

고객과의 계약에서 생기는 수익을 인식할 때는 다음의 단계를 거쳐야 한다.

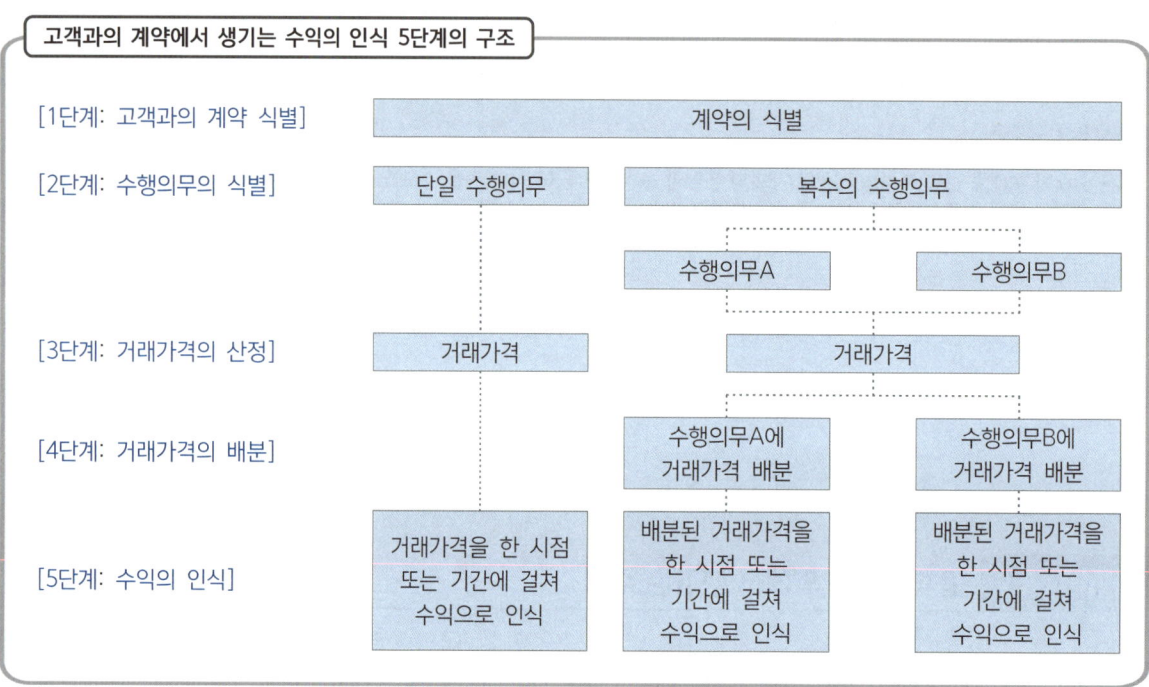

사례연습 1. 고객과의 계약에서 생기는 수익의 인식 5단계의 적용

해커스공무원은 통상적인 경우 수강생들에게 교재를 ₩1,000에 판매하고, 강의를 월 ₩60씩 24개월 약정으로 ₩1,440(= 월 ₩60 × 24개월)에 판매하여 ₩2,440을 총 수익으로 회계처리하고 있다. 해커스공무원은 교재와 강의서비스를 묶어서 ₩240을 할인한 ₩2,200의 가격으로 수강생들에게 패키지상품을 판매하기로 하고 교재의 할인을 원하는 수강생들과 강의료의 할인을 원하는 수강생들을 위해 두 가지의 패키지를 제공하기로 하였다.

A. 교재 보조금 ₩240을 지급하는 패키지: 교재 ₩760 + 강의료 ₩1,440 = ₩2,200
B. 강의료 ₩240을 할인해주는 패키지: 교재 ₩1,000 + 강의료 ₩1,200 = ₩2,200

이 두 가지 패키지 중 어느 것을 판매하는 경우에도 해커스공무원이 인식하는 수익은 같아야만 한다. 이를 고객과의 계약에서 생기는 수익의 인식 5단계에 따라 적용해 보시오.

> [풀이]
> (1) Step 1: 계약의 식별
>   교재와 강의료를 대가와 교환하여 획득하기로 계약한 당사자이므로 고객과의 계약이다.
> (2) Step 2: 수행의무의 식별
>   교재의 인도와 강의서비스를 제공하여야 한다.
> (3) Step 3: 거래가격의 산정
>   거래가격은 2,200이다.
> (4) Step 4: 거래가격의 배분
>   거래가격 2,200을 교재 판매가격 1,000과 24개월 강의서비스 제공가격 1,440의 비율로 배분하면 교재의 판매 대가는 902, 강의서비스의 대가는 1,298으로 배분된다.
> (5) Step 5: 수익의 인식
>   교재 판매의 대가 902는 교재가 인도될 때, 강의서비스의 대가 1,298은 매월 54씩 24개월간 수익으로 각각 인식한다.

3 표시

계약 당사자 중 어느 한 편이 계약을 수행했을 때, 기업의 수행 정도와 고객의 지급과의 관계에 따라 그 계약을 계약자산이나 계약부채로 재무상태표에 표시한다. 고객이 대가를 지급하기 전이나 지급기일 전에 기업이 고객에게 재화나 용역의 이전을 수행할 경우 기업은 계약자산을 인식한다. 이에 반해, 대가를 받을 무조건적인 권리는 수취채권으로 구분하여 표시한다.

> ① 계약자산: 기업이 고객에게 이전한 재화나 용역에 대하여 그 대가를 받을 기업의 권리로 그 권리에 시간의 경과 외의 조건이 있는 자산
> ② 계약부채: 기업이 고객에게 이미 받은 대가 또는 지급기일이 된 대가에 상응하여 고객에게 재화나 용역을 이전하여야 하는 기업의 의무
> ③ 수취채권: 기업이 고객에게 대가를 받을 무조건적인 권리

기업이 고객에게 재화나 용역을 이전하기 전에 고객이 대가를 지급하거나 기업이 대가를 받을 무조건적인 권리를 갖고 있는 경우에는 지급받은 때나 지급받기로 한 때 중 이른 시기에 그 계약을 계약부채로 표시한다. 또한, 고객이 대가를 지급하기 전이나 지급기일 전에 기업이 고객에게 재화나 용역의 이전을 수행하는 경우에는 계약자산으로 표시한다. 단, 수취채권으로 표시한 금액은 제외한다.

계약자산과 계약부채, 수취채권의 회계처리

수행의무 이행		현금 수령 O	(차) 현금	(대) 계약수익
	현금 수령 ×	무조건적 권리 ×	(차) 계약자산	(대) 계약수익
		무조건적 권리 O	(차) 수취채권	(대) 계약수익
수행의무 이행 ×		현금 수령 O	(차) 현금	(대) 계약부채
	현금 수령 ×	무조건적 권리 ×	회계처리 없음	
		무조건적 권리 O	(차) 수취채권	(대) 계약부채

Self Study

'무조건적 권리 × ⇒ 무조건적 권리 O'로 변경 시 회계처리

(차) 수취채권	××	(대) 계약자산	××

사례연습 2. 표시

각 물음은 서로 독립적이다.

[물음 1]
12월 말 결산법인인 ㈜한영은 20×1년 1월 1일 고객에게 3월 31일에 제품을 이전하는 계약을 체결하였다. 고객은 계약에 따라 20×1년 1월 31일에 대가 ₩1,000을 미리 지급하여야 한다. 그런데 고객은 20×1년 3월 1일에 대가를 지급하였다. ㈜한영은 20×1년 3월 31일에 제품을 이전하는 수행의무를 이행하였다.
1) ㈜한영이 고객과 체결한 계약이 취소할 수 있는 계약이라고 할 경우 각 일자에 해야 할 회계처리를 하시오.
2) ㈜한영이 고객과 체결한 계약이 취소할 수 없는 계약이라고 할 경우 각 일자에 해야 할 회계처리를 하시오.

[물음 2]
12월 말 결산법인인 ㈜한영은 20×1년 1월 1일 고객 갑에게 제품A와 제품B를 이전하는 계약을 체결하였다. 계약에 따르면 제품A를 먼저 인도하고, 제품A의 인도 대가는 제품B의 인도를 조건으로 한다. 즉, 대가 ₩1,000은 제품A와 제품B를 모두 이전한 다음에만 받을 권리가 생긴다. 계약의 수행의무는 제품A와 제품B를 이전하는 것이며, 계약대가는 제품의 상대적 개별 판매가격에 기초하여 제품A와 제품B에 각각 ₩400과 ₩600을 배분한다. ㈜한영이 고객과 체결한 계약에서 제품A와 제품B를 이전하는 수행의무를 이행하는 시점에 해야 할 회계처리를 하시오.

풀이

[물음 1]
(1) • 20×1. 1. 1.: 회계처리 없음
  • 20×1. 1. 31.: 회계처리 없음
  • 20×1. 3. 1.

| (차) 현금 | 1,000 | (대) 계약부채 | 1,000 |

  • 20×1. 3. 31.

| (차) 계약부채 | 1,000 | (대) 계약수익 | 1,000 |

  * 계약을 취소할 수 있으므로 대가의 지급기일인 20×1년 1월 31일에 ㈜한영은 대가를 받을 무조건적인 권리를 갖지 못함

(2) • 20×1. 1. 1.: 회계처리 없음
  • 20×1. 1. 31.

| (차) 수취채권 | 1,000 | (대) 계약부채 | 1,000 |

  • 20×1. 3. 1.

| (차) 현금 | 1,000 | (대) 수취채권 | 1,000 |

  • 20×1. 3. 31.

| (차) 계약부채 | 1,000 | (대) 계약수익 | 1,000 |

  * 계약을 취소할 수 없으므로 대가의 지급기일인 20×1년 1월 31일에 ㈜한영은 대가를 받을 무조건적인 권리를 갖기 때문에 수취채권으로 인식하여야 함

[물음 2]
(1) 제품A의 이전

| (차) 계약자산 | 400 | (대) 계약수익 | 400 |

(2) 제품B의 이전

| (차) 수취채권 | 1,000 | (대) 계약자산 | 400 |
| | | 계약수익 | 600 |

CHAPTER 3 STEP 1 - 계약의 식별

1 계약의 정의 및 존재

1. 계약의 정의

계약은 둘 이상의 당사자 사이에 집행 가능한 권리와 의무가 생기게 하는 합의이다. 계약상 권리와 의무의 집행가능성은 법률적인 문제이다. 계약은 서면으로, 구두로, 기업의 사업 관행에 따라 암묵적으로 체결할 수 있다.

고객과의 어떤 계약은 존속기간이 고정되지 않을 수도 있고, 당사자 중 한 편이 언제든지 종료하거나 수정할 수도 있다. 한편 계약에서 정한 바에 따라 주기적으로 자동 갱신될 수도 있다. 이와 같은 경우 계약 당사자들이 현재 집행 가능한 권리와 의무가 있는 계약의 존속기간(계약기간)에 적용한다.

2. 계약의 존재

계약의 각 당사자가 전혀 수행되지 않은 계약에 대해 상대방에게 보상하지 않고(예 위약금 없이 계약 해지 가능) 종료할 수 있는 일방적이고 집행 가능한 권리를 갖는다면, 그 계약은 존재하지 않는다고 본다. 다음의 기준을 모두 충족한다면, 계약은 전혀 수행되지 않은 것이다.

① 기업이 약속한 재화나 용역을 아직 고객에게 이전하지 않았다.
② 기업이 약속한 재화나 용역에 대하여 어떤 대가도 아직 받지 않았고 아직 받을 권리도 없다.

2 계약의 식별 요건 및 계약인지 여부의 판단

1. 계약의 식별 요건

기업회계기준서 제1115호 '고객과의 계약에서 생기는 수익'에 따르면 다음 기준을 모두 충족하는 때에만 고객과의 계약은 식별 가능하고 고객과의 계약으로 회계처리한다.

① 계약 당사자들이 계약을 승인하고 각자의 의무를 수행하기로 확약한다.
② 이전할 재화나 용역에 관련된 각 당사자의 권리를 식별할 수 있다.
③ 이전할 재화나 용역의 지급조건을 식별할 수 있다.
④ 계약에 상업적 실질이 있다.
⑤ 고객에게 이전할 재화나 용역에 대하여 받을 권리를 갖게 될 대가의 회수가능성이 높다.

2. 계약인지 여부의 판단

고객과의 계약이 계약 개시 시점에 계약에 해당하는지에 대한 식별기준을 충족하는 경우에는 사실과 상황에 유의적인 변동 징후가 없는 한 이러한 기준들을 재검토하지 않는다. 예를 들어 고객의 대가 지급능력이 유의적인 징후가 존재한다면 위의 기준을 재검토해야 한다. 만일 고객과의 계약이 식별기준을 충족하지 못한다면, 나중에 충족되는지를 식별하기 위해 그 계약을 지속적으로 검토한다.

계약 개시 시점에 식별기준 충족 여부	내용
식별기준을 충족	유의적인 변동 징후가 없다면 재검토하지 않음
식별기준을 미충족	충족하는지 여부를 지속적으로 검토

고객과의 계약이 식별기준을 충족하지 못하지만 고객에게 대가를 받은 경우에는 고객에게서 받은 대가는 수익으로 인식하기 전까지 부채로 인식하며, 이렇게 인식된 부채는 계약과 관련된 사실 및 상황에 따라, 재화나 용역을 미래에 이전하거나 받은 대가를 환불해야 하는 의무를 나타낸다. 이 모든 경우에 그 부채는 고객에게서 받은 대가로 측정하고 다음 사건 중 어느 하나가 일어난 경우에만 받은 대가를 수익으로 인식한다.

① 고객에게 재화나 용역을 이전해야 하는 의무가 남아 있지 않고, 고객이 약속한 대가를 모두(또는 대부분) 받았으며 그 대가는 환불되지 않는다.
② 계약이 종료되었다고 고객에게서 받은 대가는 환불되지 않는다.

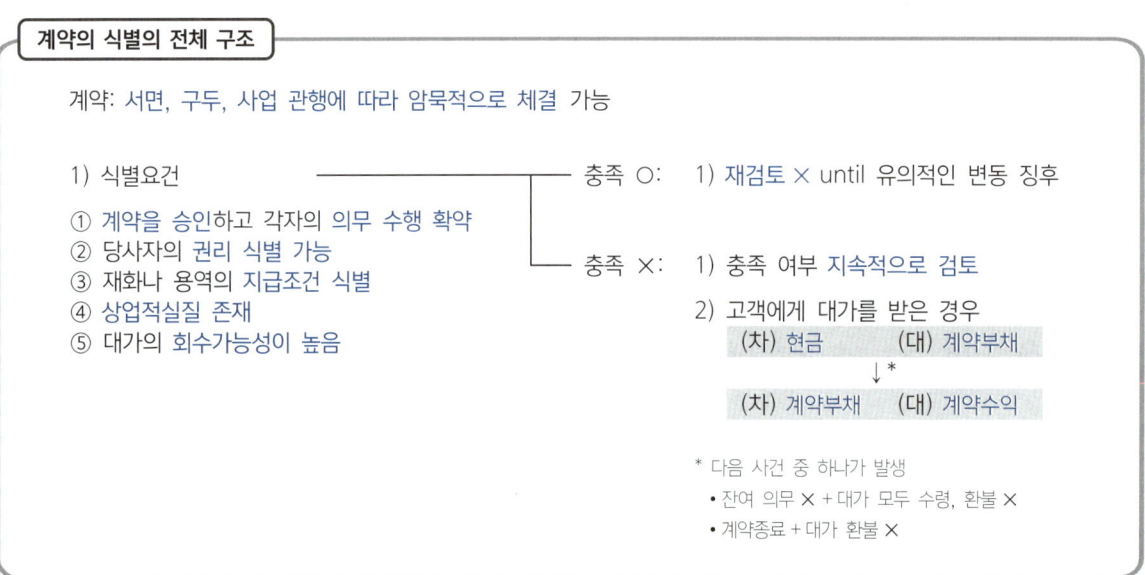

3 계약변경

1. 계약변경

(1) 계약변경의 의의

계약변경이란 계약 당사자들이 승인한 계약 범위나 계약가격(또는 둘 다)의 변경을 의미하며, 주문변경, 공사변경, 수정이라고도 한다. 계약 당사자가 집행 가능한 권리와 의무를 새로 설정하거나 기존의 집행 가능한 권리와 의무를 변경하기로 승인할 때 계약변경이 존재한다. 계약 당사자들이 계약변경을 승인하지 않았다면, 계약변경의 승인을 받을 때까지는 기존 계약에 기준서 제1115호를 계속 적용한다.

(2) 계약변경의 회계처리

계약변경의 회계처리를 요약하면 다음과 같다.

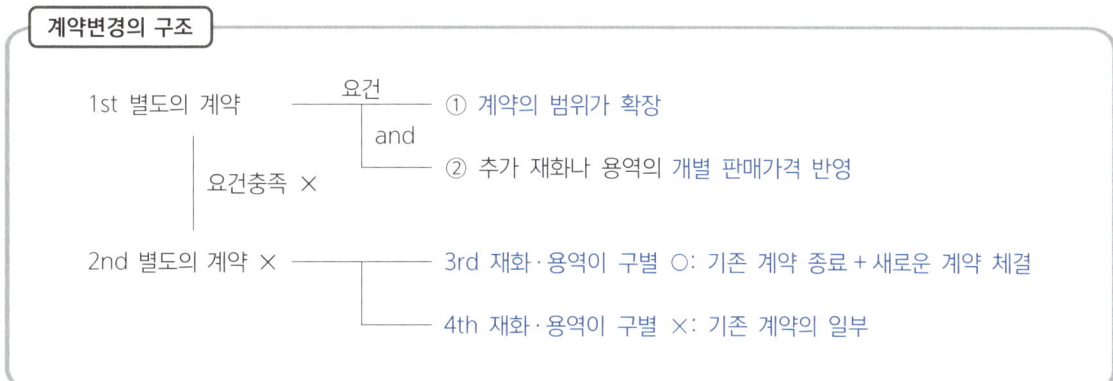

① 별도의 계약에 해당

별도의 계약에 해당하기 위해서는 다음의 두 가지 조건을 모두 충족하여야 한다.

> ㉠ 구별되는 약속한 재화나 용역이 추가되어 계약의 범위가 확장된다.
> ㉡ 계약가격이 추가로 약속한 재화나 용역의 개별 판매가격에 특정 계약 상황을 반영하여 적절히 조정한 대가만큼 상승한다. (≒ 개별 판매가격을 반영한다)

계약변경에 따라 추가로 약속한 재화나 용역이 구별되고, 재화나 용역의 가격이 개별 판매가격을 반영하여 적절히 조정되었다면 이는 별도로 계약을 체결한 것이나 다름이 없다. 따라서 기존 계약대로 회계처리하고, 변경된 계약은 새로운 계약으로 보고 별도로 회계처리한다.

Additional Comment
계약가격이 추가로 약속한 재화나 용역의 개별 판매가격에 특정 계약 상황을 반영하여 적절히 조정한 대가만큼 상승한다는 의미는 다음과 같다. 예를 들면 기업은 기존 고객이 받는 할인을 고려하여 추가 재화나 용역의 개별 판매가격을 조정할 수 있는데, 이는 새로운 고객에게 비슷한 재화나 용역을 판매할 때 들 판매 관련 원가를 들일 필요가 없기 때문이다.

② 별도의 계약에 해당하지 않는 경우

계약변경이 별도 계약이 아니라면, 나머지 재화·용역이 그 이전에 이전한 재화·용역과 구별되는지에 따라 다음과 같이 회계처리한다.

> ㉠ 나머지 재화나 용역이 이전한 재화나 용역과 구별되는 경우: 계약변경은 기존 계약을 종료하고 새로운 계약을 체결하는 것처럼 회계처리한다. 이때 나머지 수행의무에 배분하는 대가는 다음 항목의 합계이다.
> • 고객이 약속한 대가(고객에게 이미 받은 대가 포함) 중 거래가격 추정치에는 포함되었으나 아직 수익으로 인식되지 않은 금액
> • 계약변경의 일부로 약속한 대가
> ㉡ 나머지 재화나 용역이 구별되지 않아서 계약변경일에 부분적으로 이행된 단일 수행의무의 일부를 구성하는 경우: 계약변경은 기존 계약의 일부인 것처럼 회계처리한다. 계약변경이 거래가격과 수행의무의 진행률에 미치는 영향은 계약변경일에 수익을 조정(수익의 증액이나 감액)하여 인식한다.
> ㉢ 나머지 재화나 용역이 ㉠과 ㉡의 경우로 결합된 경우: 변경된 계약에서 이행되지 아니한 수행의무(일부 미이행 포함)에 미치는 계약변경의 영향을 목적에 맞는 방법으로 회계처리한다.

Example 계약변경의 사례

1. 별도의 계약

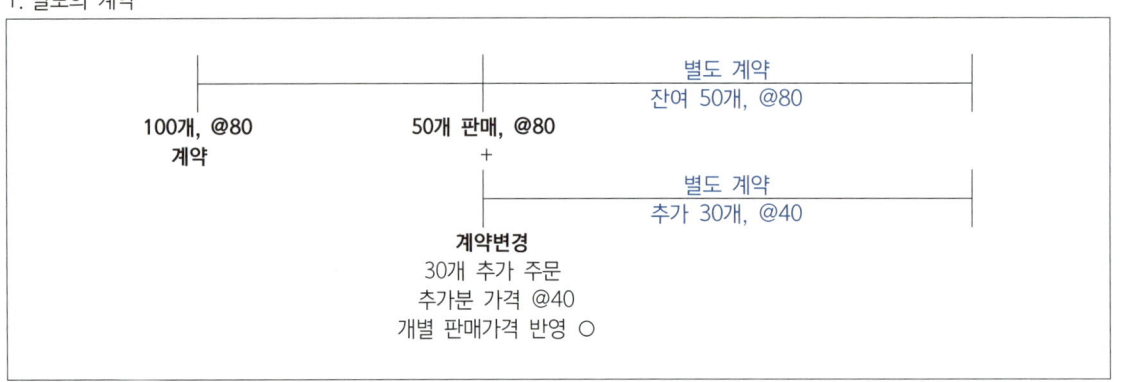

2. 별도의 계약 × + 재화나 용역의 구분 ○: 기존 계약 종료 + 새로운 계약 체결

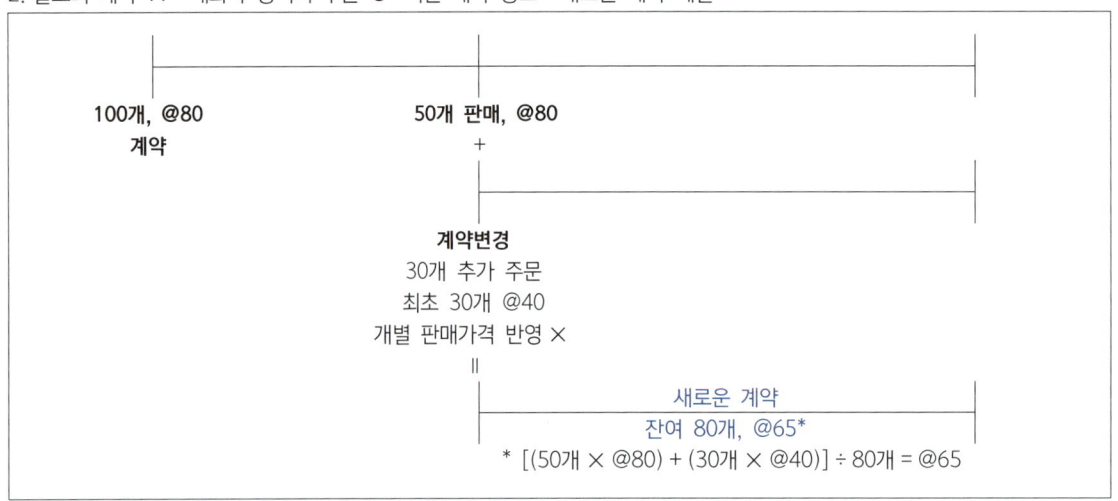

3. 별도의 계약 × + 재화나 용역의 구분 ×: 기존 계약의 일부

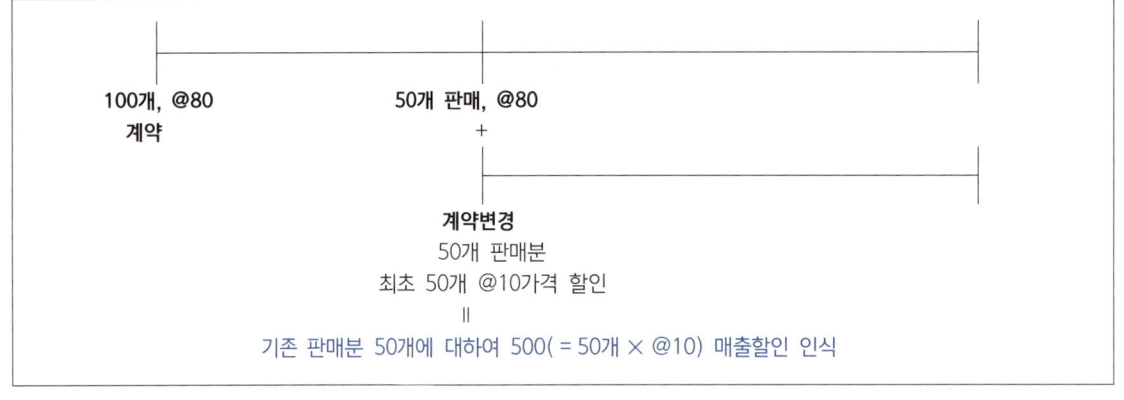

📋 사례연습 3. 계약 변경

경기통상은 제품 120개를 수원상회에게 ₩ 12,000(단위당 ₩ 100)에 판매하기로 계약하고, 제품은 6개월에 걸쳐 수원상회에게 인도하기로 하였다. 경기통상이 제품 60개를 수원상회에 인도하고 난 후, 다음과 같은 계약의 변동이 있었다. 각각의 사례는 독립적이며 이에 대한 회계처리를 설명하시오.

[물음 1]
경기통상에서 처음 납품한 제품 60개에 하자가 있어, 단위당 ₩ 15씩 총 ₩ 900을 공제받기로 하였다.

[물음 2]
추가로 제품 30개를 고객에게 납품하기로 계약을 변경하여, 납품수량이 총 150개로 변경되었다. 추가 제품 30개에 대한 가격은 단골 고객임을 감안하여, 종전 100개에 대한 단가 ₩ 100에서 5% 할인된, 단위당 ₩ 95으로 변경하였다(새로운 단가는 개별판매가격을 반영한 가격이다).

[물음 3]
추가 제품 30개를 구매하는 협상을 진행하면서, 두 기업은 처음에 단위당 ₩ 80에 총 ₩ 2,400에 판매하기로 합의하였다. 새로운 단가는 개별 판매가격을 반영하지 않은 가격이다.

― 풀이 ―

[물음 1]
이 변경은 재화나 용역이 구별되지 않고 이미 부분적으로 이행된 단일 수행의무의 일부를 구성하고 있기 때문에 변경일에 계약변경의 누적효과인 에누리 900은 기존 매출액 6,000에서 차감한다.

[물음 2]
제품 30개를 추가하는 계약변경은 종전과 구별되는 재화와 용역이 추가되었다. 그리고 단골고객에 대한 5%의 할인은 개별 판매가격을 반영한 것으로 판단되어 별도 계약으로 회계처리한다. 이에 따라 기업은 원래 계약의 제품 120개에 개당 100씩 수익을 인식하고, 별도계약인 제품 30개에 대하여는 개당 95씩 수익을 인식한다.

[물음 3]
여기서 추가 제품 30개에 대한 80의 협상가격은 개별 판매가격을 반영하지 않았다고 판단한다. 다만 인도할 나머지 제품이 이미 이전한 제품과 구별되기 때문에 원래 계약이 종료되고 새로운 계약이 체결된 것처럼 회계처리한다. 따라서 미래에 인도할 90개의 제품의 단가는 다음과 같이 평균 단가 93.33을 적용한다.
* [(당초 계약 미인도분 60개 × 100원) + (추가 계약분 30개 × 80원)] ÷ 향후 이전할 90개 = @93.33

기출문제

1. 20×1년 1월 1일 ㈜세무는 제품 200개를 고객에게 1년에 걸쳐 개당 ₩1,000에 판매하기로 약속하였다. 각 제품에 대한 통제는 한 시점에 이전된다. ㈜세무는 20×1년 4월 1일 동일한 제품 100개를 개당 ₩800에 고객에게 추가 납품하기로 계약을 변경하였으며, 동 시점까지 기존 계약 수량 200개 가운데 30개에 대한 통제를 고객에게 이전하였다. 추가된 제품은 구별되는 재화에 해당하며, 추가 제품의 계약금액은 개별 판매가격을 반영하지 않는다. 20×1년 4월 1일부터 6월 30일까지 기존 계약 수량 중 58개와 추가 계약 수량 중 50개의 통제를 고객에게 이전하였다. 동 거래와 관련하여 ㈜세무가 20×1년 1월 1일부터 6월 30일 사이에 인식할 총 수익은?

   ① ₩100,000
   ② ₩100,800
   ③ ₩118,000
   ④ ₩130,000

   해설
   (1) 20×1년 4월 1일까지 판매한 제품 수익: 30개 × 1,000 = 30,000
   (2) 20×1년 4월 1일부터 6월 30일까지 판매한 제품 수익: 108개 × 926 = 100,000
   　* 계약변경 후 제품의 개당 판매가격: [(170개 × 1,000) + (100개 × 800)] ÷ 270개 = 926
   (3) 20×1년 1월 1일부터 6월 30일 사이에 인식할 총 수익: 30,000 + 100,000 = 130,000
   　⇒ 계약변경으로 이미 이전한 것과 구별되는 재화가 추가되었으나, 추가 재화의 판매가격이 추가되는 제품의 개별 판매가격을 반영하지 못한다. 그러므로 동 계약변경은 별도의 계약에 해당하지 않고 기존 계약이 종료되고 새로운 계약이 시작된 것으로 회계처리한다.
   　　답 ④

CHAPTER 4 STEP 2 - 수행의무의 식별

1 수행의무의 의의

수행의무란 고객과의 계약에서 재화나 용역을 이전하기로 한 약속을 말한다. 기업은 수행의무를 이행하여야 수익을 인식할 수 있으므로 기업이 이행해야 할 수행의무가 무엇인지 식별하는 것이 중요하다.

> **Additional Comment**
>
> 수익은 계약별로 인식하는 것이 아니라 식별된 수행의무별로 인식한다. 따라서 계약에 포함된 수행의무가 여러 개일 경우 이를 각각의 수행의무로 식별할 것인지, 아니면 몇 개의 수행의무를 하나로 합쳐서 식별할 것인지를 구분할 필요가 있다. 예를 들어 제품을 판매하면서 5년 동안 유지·보수 서비스도 함께 제공하기로 했을 때 이를 제품의 판매와 유지·보수 서비스의 제공이라는 두 가지의 수행의무로 식별할 것인지, 아니면 이를 하나의 수행의무로 식별할 것인지에 따라 연도별 수익 인식액이 달라질 수 있다.

기업은 계약 시점에 고객과의 계약에서 약속한 재화나 용역을 검토하여 고객에게 다음 중 어느 하나를 이전하기로 한 각 약속을 하나의 수행의무로 식별한다.

> ① 구별되는 재화나 용역(또는 재화나 용역의 묶음)
> ② 실질적으로 서로 같고 고객에게 이전하는 방식도 같은 일련의 구별되는 재화나 용역

2 수행의무의 적용 시 주의사항

일반적으로 고객과의 계약에는 기업이 고객에게 이전하기로 약속한 재화나 용역을 분명히 기재한다. 그러나 고객과의 계약에서 식별되는 수행의무는 계약에 분명히 기재한 재화나 용역에만 한정되지 않을 수도 있다. 이는 계약 체결일에 기업의 사업 관행, 공개한 경영방침, 특정 서명서에서 암시되는 약속을 기업이 재화나 용역을 고객에게 이전할 것이라는 정당한 기대를 하도록 한다면, 이러한 약속도 고객과의 계약에 포함될 수 있기 때문이다.

계약을 이행하기 위해 수행하여야 하지만 고객에게 재화나 용역을 이전하는 활동이 아니라면 그 활동은 수행의무에 포함되지 않는다. 예를 들어 용역 제공자는 계약을 준비하기 위해 다양한 관리 업무를 수행할 필요가 있을 수 있다. 관리 업무를 수행하더라도, 그 업무를 수행함에 따라 고객에게 용역이 이전되지는 않기 때문에 그 준비활동은 수행의무가 아니다.

> **Additional Comment**
>
> 고객의 고객에 대한 약속도 수행의무가 될 수 있다. 예를 들어 A사가 소매상인 B사에게 재화를 판매하고 B사가 최종소비자에게 다시 재화를 판매하였는데, A사가 B사를 거치지 않고 직접 최종소비자에게 특정 서비스를 제공하는 경우가 있다. 이러한 경우 A사가 제공하는 서비스가 B사와의 계약에 명시되지 않았더라도 사업 관행에 해당된다면 A사는 재화 판매와 서비스 제공이라는 두 가지 수행의무를 부담한다.

3 구별되는 재화나 용역을 이전하기로 한 약속

계약 개시 시점에 고객에게 약속한 재화나 용역을 구별하여 이를 하나의 수행의무로 식별한다. 하나의 계약에 하나의 수행의무가 포함될 수 있지만, 하나의 계약에 여러 수행의무가 포함될 수도 있다. 또한, 하나의 수행의무가 재화나 용역의 이전으로만 각각 구성되어 있을 수 있지만, 재화와 용역의 이전이 결합하여 구성되어 있을 수도 있다.

고객에게 약속한 재화나 용역이 구별되어야 그 재화나 용역이 비로소 수행의무가 되고, 이후 각 수행의무별로 수익을 인식할 수 있다. 따라서 고객에게 약속한 재화나 용역이 구별되는지뿐만 아니라 계약 내에 재화나 용역을 이전하기로 한 약속이 여러 개일 경우 각각의 약속이 계약상 구별되는지에 대해서 논의할 필요가 있다. 다음 기준을 모두 충족한다면 고객에게 약속한 재화나 용역은 구별되는 것이다.

> ① 고객이 재화나 용역 그 자체에서 효익을 얻거나 고객이 쉽게 구할 수 있는 다른 자원과 함께하여 그 재화나 용역에서 효익을 얻을 수 있다.
> ② 고객에게 재화나 용역을 이전하기로 하는 약속을 계약 내의 다른 약속과 별도로 식별해낼 수 있다.

약속한 재화나 용역이 구별되지 않는다면, 구별되는 재화나 용역의 묶음을 식별할 수 있을 때까지 그 재화나 용역을 약속한 다른 재화나 용역과 결합한다. 경우에 따라서는 그렇게 함으로써 기업이 계약에서 약속한 재화나 용역 모두를 단일 수행의무로 회계처리하는 결과를 가져올 것이다.

Self Study

고객에게 재화나 용역을 이전하기로 하는 약속이 별도로 식별되는지를 파악할 때, 그 목적은 계약상 그 약속의 성격이 각 재화나 용역을 개별적으로 이전하는 것인지, 아니면 약속된 재화나 용역을 투입한 결합 품목(들)을 이전하는 것인지를 판단하는 것이다. 고객에게 재화나 용역을 이전하기로 하는 둘 이상의 약속을 별도로 식별해 낼 수 없음을 나타내는 요소에는 다음이 포함되지만, 이에 한정되지는 않는다.

1. 기업은 해당 재화나 용역과 그 계약에서 약속한 다른 재화나 용역을 통합하는[이 통합으로 고객이 계약한 결합산출물(들)에 해당하는 재화나 용역의 묶음이 됨] 유의적인 용역을 제공한다. 다시 말해서, 기업은 고객이 특정한 결합산출물(들)을 생산하거나 인도하기 위한 투입물로서 그 재화나 용역을 사용하고 있다. 결합산출물(들)은 둘 이상의 단계, 구성요소, 단위를 포함할 수 있다.
2. 하나 이상의 해당 재화나 용역은 그 계약에서 약속한 하나 이상의 다른 재화나 용역을 유의적으로 변형 또는 고객 맞춤화하거나, 계약에서 약속한 하나 이상의 다른 재화나 용역에 의해 변형 또는 고객 맞춤화된다.
3. 해당 재화나 용역은 상호의존도나 상호 관련성이 매우 높다. 다시 말해서 각 재화나 용역은 그 계약에서 하나 이상의 다른 재화나 용역에 의해 유의적으로 영향을 받는다. 예를 들면 어떤 경우에는 기업이 각 재화나 용역을 별개로 이전하여 그 약속을 이행할 수 없을 것이기 때문에 둘 이상의 재화나 용역은 서로 유의적으로 영향을 주고 받는다.

사례연습 4. 수행의무의 식별

다음의 각 사례는 독립적이다.

> **[사례 1]**
> 기업(소프트웨어 개발자)은 2년 동안 소프트웨어 라이선스를 이전하고, 설치용역을 수행하며, 특정되지 않은 소프트웨어 갱신(update)과 기술지원(온라인과 전화)을 제공하는 계약을 고객과 체결하였다. 기업은 라이선스, 설치용역, 기술지원을 별도로 판매한다. 설치용역은 각 이용자의 유형(예 마케팅, 재고관리, 기술정보)에 맞추어 웹 스크린을 변경하는 것을 포함한다. 설치용역은 일상적으로 다른 기업이 수행하는데 소프트웨어를 유의적으로 변형하지 않는다. 소프트웨어는 갱신과 기술지원이 없어도 가동되는 상태이다.
>
> **[사례 2]**
> 약속한 재화와 용역은 [사례 1]과 같다. 다만 계약에서는 설치용역의 일부로 고객이 사용하고 있는 다른 고객 맞춤 소프트웨어 어플리케이션에 접근할 수 있도록 소프트웨어에 유의적인 새로운 기능성을 추가하기 위해 실질적인 고객 맞춤화를 규정한다. 그 고객 맞춤화 설치용역은 다른 기업이 제공할 수도 있다.
>
> **[사례 3]**
> 제약회사인 ㈜한영은 승인된 제약화합물에 대한 특허권을 고객에게 10년 동안 라이선스하고 약의 제조도 약속한다. 이 약은 성숙기 제품이므로 기업은 약에 대한 어떠한 지원활동도 하지 않을 것이다. 이는 기업의 사업 관행과 일관된다. 약의 제조 과정이 매우 특수하기 때문에 이 약을 제조할 수 있는 다른 기업은 없다. 그러므로 라이선스는 제조 용역과 별도로 구매할 수 없다.

각 사례별로 아래의 양식에 따라 하나의 수행의무로 식별되는지, 각각의 수행의무로 식별되는지를 나타내시오.

구분	하나의 수행의무로 식별	각각의 수행의무로 식별
사례	○	-

[풀이]

구분	하나의 수행의무로 식별	각각의 수행의무로 식별
사례 1	-	○
사례 2	○	-
사례 3	○	-

[사례 1] ⇒ 각각의 수행의무로 식별
기업은 비록 소프트웨어를 고객의 시스템에 통합하더라도 설치용역은 소프트웨어 라이선스를 사용하거나 그 라이선스에서 효익을 얻는 고객의 능력에 유의적으로 영향을 미치지 않는다고 본다. 설치용역은 일상적이고 다른 공급자가 제공할 수 있기 때문이다.

[사례 2] ⇒ 하나의 수행의무로 식별
기업은 라이선스를 이전하기로 한 약속을 고객 맞춤화 설치용역과 별도로 식별할 수 없으므로 기업회계기준서 제1115호 문단 27(2)의 기준을 충족하지 못한다고 판단한다. 그러므로 소프트웨어 라이선스와 고객 맞춤화 설치용역은 구별되지 않는다.

[사례 3] ⇒ 하나의 수행의무로 식별
㈜한영은 제조용역 없이는 고객이 라이선스에서 효익을 얻을 수 없으므로, ㈜한영은 라이선스와 제조용역을 단일 수행의무로 회계처리한다.

4 일련의 구별되는 재화나 용역을 이전하기로 한 약속(= 시리즈로 이전하기로 한 약속)

기업이 일정 기간에 같은 재화나 용역을 연속적으로 제공(예 청소용역 제공 등)하는 경우 회계처리의 단순화를 위하여 이를 단일 수행의무로 식별하도록 규정하고 있다. 즉, 일련의 구별되는 재화나 용역이 기간에 걸쳐 이행하는 수행의무의 기준을 충족하고 같은 방법을 사용하여 진행률을 측정한다면, 여러 개의 수행의무로 보지 않고 단일 수행의무로 본다. 그리고 단일 수행의무를 기간에 걸쳐 이행하는 것으로 보기 때문에 기간에 걸쳐 수익을 인식한다.

CHAPTER 5 | STEP 3 - 거래가격의 산정

1 거래가격의 정의

거래가격은 고객에게 약속한 재화나 용역을 이전하고 그 대가로 기업이 받을 권리를 갖게 될 것으로 예상하는 금액이며, 제3자를 대신해서 회수한 금액(예 판매세)은 제외한다. 거래가격은 궁극적으로 기업이 수익으로 인식할 금액인데, 다음의 사항이 미치는 영향을 모두 고려하여 거래가격을 산정한다.

> ① 변동대가
> ② 변동대가 추정치의 제약
> ③ 계약에 있는 유의적인 금융요소
> ④ 비현금 대가
> ⑤ 고객에게 지급할 대가

2 변동대가

계약에서 약속한 대가는 고정금액, 변동금액 또는 둘 다를 포함할 수 있다. 계약에서 약속한 대가에 변동금액이 포함된 경우에 고객에게 약속한 재화나 용역을 이전하고 그 대가로 받을 권리를 갖게 될 금액을 추정해야 한다. 대가는 할인, 리베이트, 환불, 공제, 가격할인, 장려금, 성과보너스, 위약금이나 그 밖의 비슷한 항목 때문에 변동될 수 있다.

Additional Comment

예를 들어 기업이 ₩1,000에 교량을 건설하기로 고객과의 계약을 체결하였는데, 특정일로부터 1개월 이내에 건물을 완성하지 못할 경우 ₩200의 위약금을 지급하기로 했다면, 이 계약은 약속된 대가가 고정금액 ₩800과 변동금액 ₩200으로 구성되어 있는 것으로 본다. 그러므로 위약금을 지급할 가능성을 고려하여 변동금액을 추정한 후 이를 거래가격에 포함시켜야 하므로 거래가격은 ₩1,000보다 낮아질 수 있다. 또한 계약에 표시된 가격이 고정되어 있더라도 기업이 대가를 받을 권리가 미래 사건의 발생 여부에 달려 있는 경우 대가는 변동될 수도 있다. 예를 들어 반품권이 부여된 판매를 하거나, 성과보너스를 받기로 약속한 경우, 대가는 변동될 수 있다.

1. 변동대가의 추정방법

기업이 대가를 받을 권리가 미래 사건의 발생 여부에 달려있는 경우에도 약속한 대가는 변동될 수 있다. 변동대가는 다음 중에서 기업이 받을 권리를 갖게 될 대가를 더 잘 예측할 것으로 예상하는 방법을 사용하여 추정한다.

> ① 기댓값: 기댓값은 가능한 대가의 범위에 있는 모든 금액에 각 확률을 곱한(probability - weighted) 금액의 합이다. 기업에 특성이 비슷한 계약이 많은 경우에 기댓값은 변동대가(금액)의 적절한 추정치일 수 있다.
> ② 가능성이 가장 높은 금액: 가능성이 가장 높은 금액은 가능한 대가의 범위에서 가능성이 가장 높은 단일 금액(계약에서 가능성이 가장 높은 단일 결과치)이다. 계약에서 가능한 결과치가 두 가지뿐일 경우(예 기업이 성과보너스를 획득하거나 획득하지 못하는 경우)에는 가능성이 가장 높은 금액이 변동대가의 적절한 추정치가 될 수 있다.

2. 변동대가 추정치의 제약

추정한 변동대가 전부를 거래가격에 포함시키는 것은 아니다. 왜냐하면 추정한 변동대가 중 유의한 금액이 미래에 달라질 수 있기 때문이다. 그러므로 변동대가와 관련된 불확실성이 나중에 해소될 때, 이미 인식한 누적 수익금액 중 유의적인 부분을 되돌리지 않을 가능성이 매우 높은 정도까지만 추정된 변동대가의 일부나 전부를 거래가격에 포함하도록 하는데, 이를 변동대가 추정치의 제약이라고 한다.

> **Additional Comment**
> 예를 들어 기업이 변동대가의 불확실성이 있는 상태에서 변동대가 추정치를 반영하여 20×1년도 매출액을 100억 원으로 보고하였는데, 20×2년 중에 변동대가의 불확실성이 해소되면서 전년도 매출액이 100억 원이 아닌 40억 원으로 보고했어야 한다고 인정하고 전년도 재무제표를 소급하여 수정한다면 정보이용자는 상당한 혼란에 빠질 것이다. 따라서 기준서 제1115호는 변동대가의 추정치가 너무 불확실하거나, 기업이 고객에게 재화나 용역을 이전하고 그 대가로 받을 권리를 갖게 될 금액을 충실하게 나타내지 못하는 경우에는 이를 거래가격에 포함시키지 않도록 하였다. 즉 후속 보고기간에 유의적으로 되돌리지 않을 금액이 가장 목적적합한 수익의 추정치이며 미래에 되돌리지 않을 금액은 재무제표 정보이용자들이 기업의 미래 수익을 더 잘 예측하는데 도움을 줄 것이라는 주장을 반영한 것이다.

3. 변동대가의 재검토

각 보고기간 말의 상황과 보고기간의 상황 변동을 충실하게 표현하기 위하여 보고기간 말마다 추정 거래가격을 새로 수정한다. 거래가격의 후속 변동은 계약 개시 시점과 같은 기준으로 계약상 수행의무에 배분한다.

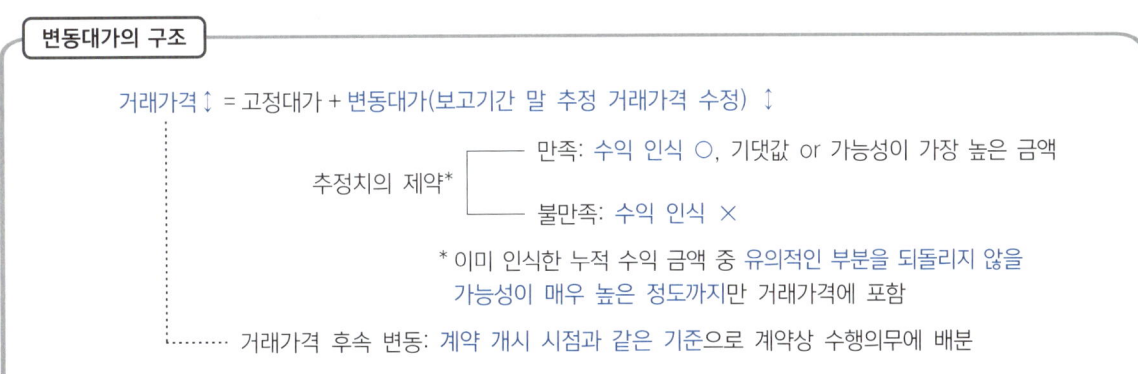

4. 환불부채

고객에게 받은 대가의 일부나 전부를 고객에게 환불할 것으로 예상하는 경우에는 환불부채를 인식한다. 환불부채는 기업이 받았거나 받을 대가 중에서 권리를 갖게 될 것으로 예상하지 않는 금액이므로 거래가격에서 차감한다. 환불부채는 보고기간 말마다 상황의 변동을 반영하여 새로 수정한다.

> **환불부채의 회계처리**
>
> (차) 현금   거래가격   (대) 계약수익   대차차액
>   환불부채(매기 말 재검토)   환불 예상액

3 비현금 대가

고객이 현금 외의 형태로 대가를 약속한 계약의 경우에 거래가격을 산정하기 위하여 비현금 대가를 공정가치로 측정한다. 비현금 대가의 공정가치를 합리적으로 추정할 수 없는 경우에는, 그 대가와 교환하여 고객에게 약속한 재화나 용역의 개별 판매가격을 참조하여 간접적으로 그 대가를 측정한다.

> **Example**
>
> A사는 차량을 제작하여 고객에게 판매하는데, 고객이 신차를 구매하면서 사용하던 A사 제작 중고차를 A사에 반납하면 신차 가격에서 일정 금액을 할인해주는 판촉활동을 시행하고 있다. 신차의 판매가격이 ₩20,000인데, 고객이 사용하던 중고차의 공정가치를 ₩15,000으로 측정하고 ₩5,000을 현금으로 수령하기로 하였을 때 A사가 신차 판매 시 수익으로 인식할 금액은 다음과 같다.
> ⇒ A사가 수익으로 인식할 금액: 현금 ₩5,000과 중고차의 공정가치 ₩15,000을 합한 ₩20,000을 수익으로 인식한다.

4 계약에 있는 유의적인 금융요소

1. 원칙

거래가격을 산정할 때, 계약 당사자들 간에 명시적으로나 암묵적으로 합의한 지급시기 때문에 고객에게 재화나 용역을 이전하면서 유의적인 금융 효익이 고객이나 기업에 제공되는 경우에는 화폐의 시간가치가 미치는 영향을 반영하여 약속된 대가를 조정한다. 그 상황에서 계약은 유의적인 금융요소를 포함한다.

유의적인 금융요소를 반영하여 약속한 대가를 조정하는 목적은 약속한 재화나 용역을 고객에게 이전할 때 그 고객이 그 재화나 용역의 대금을 현금으로 결제하였다면 지급하였을 가격을 반영하는 금액 즉, 현금판매가격으로 수익을 인식하기 위해서이다.

> **Additional Comment**
>
> 예를 들어 현금판매가격이 ₩10,000인 상품을 24개월의 할부조건으로 판매하면서 매월 ₩500씩 총 ₩12,000을 수령하기로 고객과 합의했을 때, 기업이 수익으로 인식할 금액은 ₩12,000이 아니라 현금판매가격인 ₩10,000이다. 그리고 ₩12,000과 ₩10,000이 차이 ₩2,000은 대금 회수기간에 걸쳐 금융수익으로 인식한다. 이러한 경우 ₩10,000이 아니라 ₩12,000을 매출로 인식하면 수익의 귀속시기와 수익의 분류가 모두 왜곡되는 문제가 발생한다.

> **Self Study**
>
> 계약을 개시할 때 기업이 고객에게 약속한 재화나 용역을 이전하는 시점과 고객이 그에 대한 대가를 지급하는 시점 간의 기간이 1년 이내일 것이라고 예상한다면 유의적인 금융요소의 영향을 반영하여 약속한 대가를 조정하지 않는 실무적 간편법을 사용할 수 있다.

2. 할인율

유의적인 금융요소를 반영하여 약속한 대가를 조정할 때에는 계약 개시 시점에 기업과 고객이 별도 금융거래를 한다면 반영하게 될 할인율을 사용한다. 이 할인율은 고객이나 기업이 제공하는 담보나 보증(계약에 따라 이전하는 자산을 포함)뿐만 아니라 계약에 따라 금융을 제공받는 당사자의 신용 특성도 반영할 것이다. 기업이 고객에게 재화나 용역을 이전할 때 고객이 그 재화나 용역의 대가를 현금으로 결제한다면 지급할 가격으로 약속한 대가의 명목금액을 할인하는 이자율을 식별하여 그 할인율을 산정할 수 있다. 계약 개시 후에는 이자율이나 그 밖의 상황이 달라져도 그 할인율을 새로 수정하지 않는다.

포괄손익계산서에는 금융효과(이자수익)를 고객과의 계약에서 생기는 수익과 구분하여 표시한다.

3. 계약에 있는 유의적인 금융요소

(1) 할부판매에 포함된 유의적인 금융요소

할부판매는 재화를 고객에게 이전하고 거래가격은 미래의 일정 기간에 걸쳐 회수하는 형태의 판매를 말한다. 고객에게 재화를 이전하는 시점과 대가를 지급하는 시점까지의 기간이 1년 이내일 것으로 예상하는 단기 할부판매는 유의적인 금융요소가 포함되어 있지 않으므로 약속한 대가를 조정하지 않는다(= 간편법 사용). 따라서 대가가 장기간에 걸쳐서 지급되는 장기 할부판매만 현재가치로 평가한 금액을 수익으로 인식하고 유의적인 금융요소는 이자수익으로 구분하여 인식한다.

(2) 선수금에 포함된 유의적인 금융요소

할부판매와는 달리 대가를 먼저 수취하고 재화를 나중에 고객에게 이전하는 경우에는 대가의 수취 시점과 재화의 이전 시점 사이의 기간이 1년 이상인 장기라면 유의적인 금융요소가 포함된 것이다. 유의적인 금융요소는 거래가격에서 조정하여야 한다.

기업은 먼저 고객과의 계약을 체결하고 대가를 수취한 시점에 계약부채로 인식한다. 계약부채는 재화를 이전하는 시점까지 유효이자율법을 적용하여 이자비용을 인식하고 장부금액에 가산한다. 유효이자율법을 적용한 계약부채는 재화의 이전 시점에 수익으로 인식한다.

```
┌─ 선수금에 포함된 유의적인 금융요소의 회계처리 ─────────────┐
│ [대가의 수령 시점]                                          │
│   (차) 현금              ××       (대) 계약부채        A    │
│ [이자비용의 인식]                                           │
│   (차) 이자비용       A × 내재 R   (대) 계약부채        B    │
│ [재화의 이전 시점]                                          │
│   (차) 계약부채         A + B      (대) 수익          A + B │
└────────────────────────────────────────────────────────────┘
```

> **사례연습 5. 선수금에 포함된 유의적인 금융요소**
>
> 12월 말 결산법인인 ㈜포도는 20×1년 1월 1일 제품 1개를 판매하는 계약을 체결하고 계약 체결 시점에 현금 ₩2,000을 수령하였다. ㈜포도는 제품을 2년 후인 20×2년 말에 이전하기로 하였으며, 이자율은 5%이다. ㈜포도가 각 일자에 해야 할 회계처리를 하시오.
>
> **풀이**
>
> [20×1. 1. 1.]
> (차) 현금　　　　　　　　　　　　　　2,000　　　(대) 계약부채　　　　　　　　　　2,000
>
> [20×1. 12. 31.]
> (차) 이자비용　　　　　2,000 × 5% = 100　　　(대) 계약부채　　　　　　　　　　　100
>
> [20×2. 12. 31.]
> (차) 이자비용　　(2,000 + 100) × 5% = 105　　(대) 계약부채　　　　　　　　　　　105
> (차) 계약부채　　　　　　　　　　　　2,205　　　(대) 매출　　　　　　　　　　　　2,205

5 고객에게 지급할 대가

1. 고객이 기업에게 이전하는 재화나 용역의 대가가 아닌 경우

기업이 고객에게 현금 등의 대가를 별도로 지급하는 경우가 있다. 고객에게 지급한 대가는 고객에게 제공한 재화나 용역의 할인 또는 환불의 형태이거나, 고객에게 제공받을 재화나 용역의 대가를 지급하는 형태, 혹은 두 형태가 통합된 형태일 수 있다. 고객에게 지급할 대가가 고객에게서 제공받을 재화나 용역에 대한 대가가 아닌 경우 거래가격인 수익에서 차감하여 회계처리한다(⇒ 판매관리비로 회계처리하지 않는다). 이때 고객에게 지급할 대가에 변동금액이 포함되는 경우에는 전술한 변동대가의 추정에 따라 거래가격을 추정한다.

> **Additional Comment**
>
> 예를 들어 기업이 유통업자에게 상품을 판매하고, 후속적으로 유통업자 또는 유통업자의 고객에게 대가를 지급할 수 있다. 소매상인 고객에게 재화를 판매하면서 고객이 그 재화를 보관하는 데 사용할 냉장고를 무상으로 제공하기로 계약한 경우가 여기에 해당한다.

2. 고객이 기업에게 이전하는 재화나 용역의 대가인 경우

기업이 고객에게 지급할 대가가 고객에게서 받은 구별되는 재화나 용역에 대한 지급이라면 그에 대한 회계처리는 아래와 같다.

> ① 원칙: 다른 공급자에게 구매한 경우와 같은 방법으로 처리
> ② 재화나 용역의 공정가치를 초과: 초과액을 거래가격에서 차감
> ③ 재화나 용역의 공정가치를 추정불가능: 전액을 거래가격에서 차감

Example

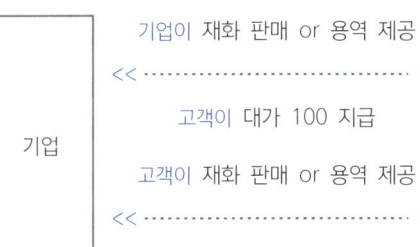

Case	거래가격
1) 원칙	100
2) FV 40	100 − (50 − 40)
3) FV ?	100 − 50

📕 사례연습 6. 고객에게 지급할 대가

A사는 20×1년 11월 1일 고객B에게 자체 제작한 생산설비를 ₩ 400,000에 판매하는 계약을 체결하였다. 생산설비의 판매대가는 전액 계약 개시 시점에 수령하였다고 가정한다. A사는 계약 개시 시점에 고객B에게 환불되지 않는 금액 ₩ 50,000을 지급하였다. 이 금액은 A사가 고객B에게 경영자문을 받은 대가에 해당하며, 고객B는 통상적인 경영자문에 대하여 ₩ 40,000을 대가로 받는다. A사가 20×1년도에 수익으로 인식할 금액은 얼마인가?

풀이

(1) 생산설비의 판매금액: 400,000
(2) 고객에게 지급할 대가: 50,000 − 40,000 = 10,000
  ⇒ 수익 인식액: (1) − (2) = 390,000

* 고객에게 지급할 대가가 경영자문의 대가(공정가치)를 초과하므로 동 초과액을 수익에서 차감함. 만일 경영자문의 대가(공정가치)를 합리적으로 추정할 수 없는 경우에는 전액을 수익에서 차감함

CHAPTER 6 | STEP 4 - 거래가격의 배분

거래가격을 배분하는 목적은 기업이 고객에게 약속한 재화나 용역을 이전하고 그 대가로 받을 권리를 갖게 될 금액을 나타내는 금액으로 각 수행의무(또는 구별되는 재화나 용역)에 거래가격을 배분하는 것이다.

> **Additional Comment**
> 'STEP 2'에서 수행의무가 하나로 식별되었다면 'Step 3'에서 산정한 거래가격을 단일 수행의무의 거래가격으로 보면 된다. 그러나 'STEP 2'에서 여러 개의 수행의무가 식별되었다면 'Step 3'에서 결정된 거래가격을 각 수행의무에 적절하게 배분해야 한다.

1 개별 판매가격에 기초한 배분

여러 개의 수행의무가 식별된 경우 거래가격을 식별된 각 수행의무에 배분해야 하는데, 이때 각 수행의무의 상대적 개별 판매가격을 기준으로 한다.

거래가격을 상대적 개별 판매가격에 기초하여 각 수행의무에 배분하기 위하여 계약 개시 시점에 계약상 각 수행의무의 대상인 구별되는 재화나 용역의 개별 판매가격을 산정하고 이 개별 판매가격에 비례하여 거래가격을 배분한다.

개별 판매가격을 직접 관측할 수 없다면 개별 판매가격을 추정한다. 개별 판매가격을 추정할 때, 합리적인 범위에서 구할 수 있는 시장조건, 기업 특유 요소, 고객이나 고객층에 대한 정보를 포함한 모든 정보를 고려한다. 이때, 관측 가능한 투입변수들을 최대한 사용하고 비슷한 상황에서는 추정방법을 일관되게 적용한다. 재화나 용역의 개별 판매가격을 적절하게 추정하는 방법에는 다음이 포함되지만 이에 한정되지는 않는다.

> ① 시장평가 조정 접근법: 기업이 재화나 용역을 판매하는 시장을 평가하여 그 시장에서 고객이 그 재화나 용역에 대해 지급하려는 가격을 추정
> ② 예상원가 이윤 가산 접근법: 수행의무를 이행하기 위한 예상원가를 예측하고 여기에 그 재화나 용역에 대한 적절한 이윤을 더하여 추정
> ③ 잔여접근법: 재화나 용역의 개별 판매가격은 총 거래가격에서 계약에서 약속한 그 밖의 재화나 용역의 관측 가능한 개별 판매가격의 합계를 차감하여 추정

거래가격의 배분의 구조

- 직접 관측 가능 ○ ⇒ 개별 판매가격(at 계약 개시 시점)에 비례하여 거래가격 배분
- 직접 관측 가능 × ⇒ 개별 판매가격 추정(at 계약 개시 시점)하여 거래가격 배분
  - 시장평가 조정 접근법: 재화·용역을 판매하는 시장에서 지급하려는 가격
  - 예상원가 이윤 가산 접근법: 예상원가 + 적절한 이윤
  - 잔여접근법: 총 거래가격 − 관측 가능한 개별 판매가격의 합계액

> **사례연습** 7. 개별 판매가격에 기초한 배분
>
> 12월 말 결산법인인 ㈜포도는 제품A, B, C를 함께 판매하였다. 총 거래가격은 ₩ 100이다. 제품A의 개별 판매가격은 ₩ 50으로 시장에서 거래되고 있는 반면, 제품B와 제품C는 개별 판매되지 않는다. 다만, 경쟁사는 제품B와 매우 비슷한 제품을 ₩ 25에 판매하고 있다. 제품C는 동일/유사 제품의 시장가격을 확인할 수 없으나, C의 생산원가는 ₩ 50이며, 이윤은 원가의 50%를 가산한다. 이 경우에 거래가격을 각 수행의무인 제품들에 배분하라.
>
> [풀이]
>
> (1) 판매가격의 추정
> 　1) 제품A: 50(판매가격)
> 　2) 제품B: 25(시장평가 조정 접근법)
> 　3) 제품C: 50 × (1 + 50%) = 75(예상원가 이윤 가산 접근법)
> (2) 각 수행의무별 거래가격 배분액
> 　1) 제품A: 100 × 50/150 = 33
> 　2) 제품B: 100 × 25/150 = 17
> 　3) 제품C: 100 × 75/150 = 50

2 할인액의 배분

계약에서 약속한 재화나 용역의 개별 판매가격 합계가 계약에서 약속한 대가를 초과하면 고객은 재화나 용역의 묶음을 구매하면서 할인을 받은 것이다.

> **Example** 할인
>
> 제품A와 제품B의 개별 판매가격이 각각 ₩ 200과 ₩ 300인데, 이를 묶어서 판매하는 계약을 체결하면서 대가를 ₩ 450으로 정했다면 고객은 ₩ 50만큼 할인을 받은 것이다.

할인액 배분의 초점은 할인액을 모든 수행의무에 비례하여 배분하는가, 아니면 일부 수행의무에만 배분하는가에 있다. 할인액은 다음과 같이 배분한다.

> ① 할인액이 계약상 모든 수행의무와 관련된 경우: 할인액을 계약상 모든 수행의무에 비례하여 배분
> ② 할인액이 계약상 일부 수행의무에만 관련된 경우: 할인액을 계약상 일부 수행의무에만 배분

그러나 다음 기준을 모두 충족하면, 할인액 전체를 계약상 하나 이상이나 전부는 아닌 일부 수행의무들에만 배분한다. 또한 이 경우, 잔여접근법을 사용하여 재화나 용역의 개별 판매가격을 추정하기 전에 그 할인액을 배분한다. (⇒ 잔여접근법은 개별 판매가격을 추정하는 방법이지, 거래가격을 배분하는 방법이 아니다)

> ① 기업이 계약상 각각 구별되는 재화나 용역을 보통 따로 판매한다.
> ② 또 기업은 ①의 재화나 용역 중 일부를 묶고 그 묶음 내의 재화나 용역의 개별 판매가격보다 할인하여 그 묶음을 보통 따로 판매한다.
> ③ ②에서 기술한 재화나 용역의 각 묶음의 할인액이 계약의 할인액과 실질적으로 같고, 각 묶음의 재화나 용역을 분석하면 계약의 전체 할인액이 귀속되는 수행의무(들)에 대한 관측 가능한 증거를 제공한다.

3 변동대가의 배분

거래가격에 변동대가가 포함되어 있는 경우 변동대가를 계약의 모든 수행의무에 배분하는 것이 적절한지, 아니면 일부의 수행의무에만 배분하는 것이 적절한지 판단해야 한다.

계약에서 약속한 변동대가는 계약 전체에 기인할 수 있고 계약의 특정 부분에 기인할 수도 있다. 아래의 모든 기준을 모두 충족하면, 변동대가를 전부 하나의 수행의무에 배분하거나 단일 수행의무의 일부를 구성하는 구별되는 재화나 용역에 배분한다.

> ① 수행의무를 이행하거나 구별되는 재화나 용역을 이전하는 기업의 노력과 변동 지급조건이 명백하게 관련되어 있다.
> ② 계약상 모든 수행의무와 지급조건을 고려할 때, 변동대가를 전부 그 수행의무나 구별되는 재화 또는 용역에 배분하는 것이 거래가격의 배분의 목적에 맞는다.

4 거래가격의 변동

계약을 개시한 다음에 거래가격은 여러 가지 이유로 변동될 수 있다. 여기에는 약속한 재화나 용역의 대가로 받을 권리를 갖게 될 것으로 예상하는 금액을 바뀌게 하는 불확실한 사건의 해소나 그 밖의 상황 변화가 포함된다.

거래가격의 후속 변동은 계약 개시 시점과 같은 기준(⇒ 계약 개시 시점에 정한 개별 판매가격 기준)으로 계약상 수행의무에 배분한다. 따라서 계약을 개시한 후의 개별 판매가격의 변동을 반영하기 위해서 거래가격을 다시 배분하지는 않는다. 이행된 수행의무에 배분되는 금액은 거래가격이 변동되는 기간에 수익으로 인식하거나 수익에서 차감한다.

Example

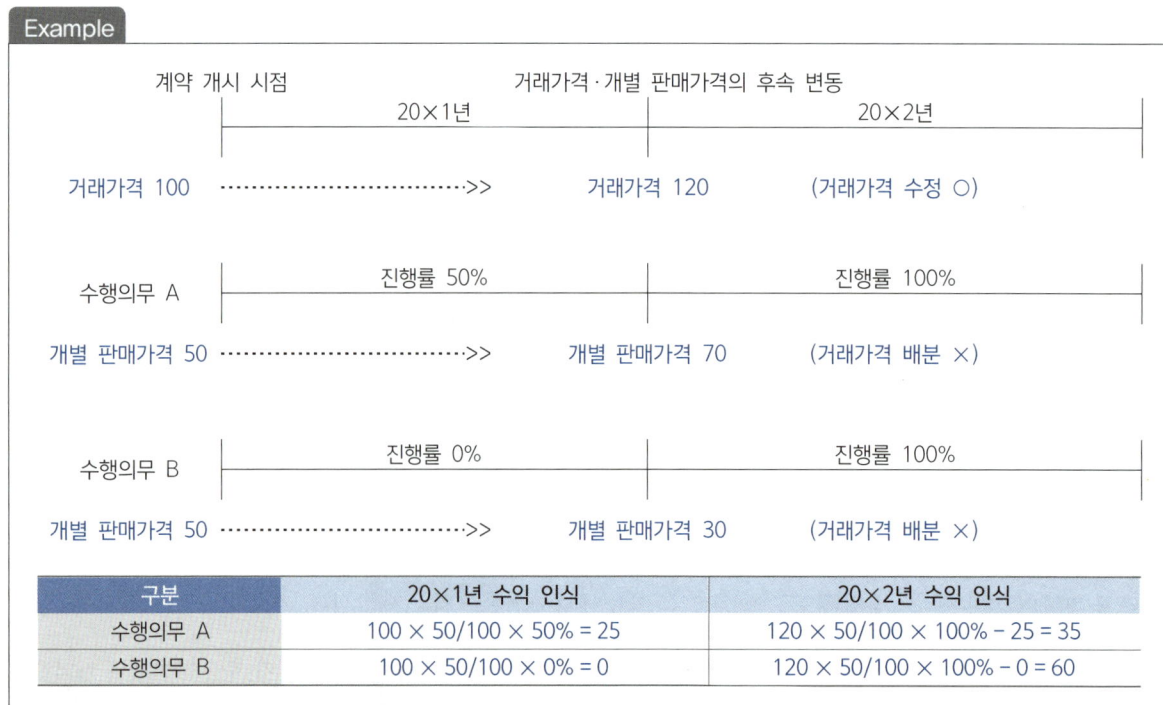

CHAPTER 7 STEP 5 – 수익의 인식

1 수행의무의 이행(= 자산에 대한 통제의 이전)

고객에게 약속한 재화나 용역, 즉 자산을 이전하여 수행의무를 이행할 때 또는 기간에 걸쳐 이행하는 대로 수익을 인식한다. 수행의무는 기업이 고객에게 약속한 재화나 용역, 즉 자산을 이전함으로써 이행된다. 자산은 고객이 그 자산을 통제할 때 또는 기간에 걸쳐 통제하게 되는 대로 이전된다.

> **Additional Comment**
> 과거에는 재화의 판매에 대해서는 인도기준을 적용하고, 용역의 제공에 대해서는 진행기준을 적용하여 수익을 인식하였다. 그러나 기준서 제1115호에서는 재화의 판매인지 용역의 제공인지를 구분하지 않고, 기간에 걸쳐 수행의무를 이행하면 기간에 걸쳐 수익을 인식하고, 한 시점에 수행의무를 이행하면 한 시점에 수익을 인식하도록 규정하고 있다. 수행의무는 고객에게 약속한 재화나 용역, 즉 자산을 이전함으로써 이행되는데 자산은 고객이 통제를 할 때(또는 기간에 걸쳐 통제하게 되는 대로) 이전된다. 즉, 고객이 자산을 통제할 수 있다면 자산은 이전되는 것이며, 기업은 수행의무를 이행한 것이므로 기간에 걸쳐 또는 한 시점에 수익을 인식한다.

자산에 대한 통제란 자산을 사용하도록 지시하고 자산의 나머지 효익의 대부분을 획득할 수 있는 능력을 말한다. 통제에는 다른 기업이 자산의 사용을 지시하고 그 자산에서 효익을 획득하지 못하게 하는 능력이 포함된다.

2 한 시점에 이행되는 수행의무

수행의무가 기간에 걸쳐 이행되지 않는다면, 그 수행의무는 한 시점에 이행되는 것이다. 한 시점에 해당하는 수행의무는 고객이 약속된 자산을 통제하고 기업이 수행의무를 이행하는 시점에 수익을 인식한다. 고객이 약속된 자산을 통제하여 수행의무를 이행하는 시점의 예는 다음과 같다.

> ① 기업은 자산에 대해 현재 지급청구권이 있다.
> ② 고객에게 자산의 법적 소유권이 있다.
> ③ 기업이 자산의 물리적 점유를 이전한다.
> ④ 자산의 소유에 따른 유의적인 위험과 보상이 고객에게 있다.
> ⑤ 고객이 자산을 인수하였다.

3 기간에 걸쳐 이행되는 수행의무

다음 기준 중 어느 하나를 충족하면, 기업은 재화나 용역에 대한 통제를 기간에 걸쳐 이전하므로, 기간에 걸쳐 수행의무를 이행하는 것이고 기간에 걸쳐 수익을 인식한다.

> ① 고객은 기업이 수행하는 대로 기업의 수행에서 제공하는 효익을 동시에 얻고 소비한다.
> ② 기업은 수행하여 만들어지거나 가치가 높아지는 대로 고객이 통제하는 자산을 기업이 만들거나 그 자산 가치를 높인다.
> ③ 기업이 수행하여 만든 자산이 기업 자체에는 대체 용도가 없고, 지금까지 수행을 완료한 부분에 대해 집행 가능한 지급청구권이 기업에 있다.

사례연습 8. 수익의 인식

다음 각 사례별로 기간에 걸쳐 이행하는 수행의무인지, 한 시점에 이행되는 수행의무인지를 밝히시오.

[물음 1]
기업은 고객에게 전문가 의견을 제공하는 컨설팅 용역을 제공하기로 고객과 계약을 체결하였다. 전문가 의견은 고객에게 특정된 사실 및 상황에 관련된다. 기업이 약속한 대로 수행하지 못하는 경우 외의 사유로 고객이 컨설팅 용역계약을 종료한다면, 고객은 계약에 따라 기업의 발생원가에 15% 이윤을 더하여 보상해야 한다. 15% 이윤은 기업이 비슷한 계약에서 벌어들이는 이윤에 가깝다.

[물음 2]
기업은 장비를 건설하기로 고객과 계약을 체결한다. 계약의 지급 일정에서는 고객이 계약 개시 시점에 계약가격의 10%인 선급금을 지급하고, 건설기간에 정기적으로 계약가격의 50%에 해당하는 금액까지 지급하며, 건설이 완료되어 장비가 규정된 성능시험을 통과한 후에 계약가격의 40%를 최종 지급하도록 정하였다. 기업이 약속한 대로 수행하지 못하는 경우가 아니라면 이미 지급받은 금액은 환불되지 않는다. 고객이 계약을 종료할 경우에 기업은 고객에게서 받은 기성금(progress payment)만 보유할 권리가 있다. 기업은 고객에게서 보상받을 권리가 더는 없다.

[풀이]

[물음 1]
기업이 자신의 의무를 이행할 수 없고 고객이 의견을 제공하는 다른 컨설팅 기업을 고용하는 경우에 다른 컨설팅 기업은 기업이 지금까지 완료한 작업을 실질적으로 다시 수행할 필요가 있을 것이다. 기업이 수행한 진행 중인 작업의 효익을 다른 컨설팅 기업이 이용할 수 없을 것이기 때문이다. 전문가 의견의 성격은 고객이 그 의견을 받을 때에만 기업의 수행에서 효익을 얻을 수 있게 된다는 것이다. 그러나 기업은 지금까지 수행을 완료한 부분에 대해 원가에 적정한 이윤(다른 계약에서의 이윤에 가까움)을 더한 금액만큼 집행 가능한 지급청구권이 있다. 따라서 기업은 수행의무의 진행률을 측정하여 기간에 걸쳐 수익을 인식한다.

[물음 2]
기업이 약속한 대로 이행하지 못하는 경우가 아닌 사유로 고객이 계약을 종료하는 경우에는 고객의 지급액이 환불되지 않더라도, 계약의 모든 기간 내내 지급받은 누적 금액이 적어도 지금까지 수행을 완료한 부분에 대해 기업에 보상해야 할 금액에 상당하다고 예상되지 않는다. 이는 건설하는 동안 여러 차례 고객이 지급한 대가의 누적 금액이 그 시점에 부분적으로 완료된 장비의 판매가격보다 적을 것이기 때문이다. 따라서 기업은 지금까지 수행을 완료한 부분에 대해 지급청구권이 없다. 기업이 지금까지 수행을 완료한 부분에 대해 지급청구권이 없기 때문에 기업의 수행의무는 기간에 걸쳐 이행되지 않는다. 따라서 기업은 장비가 기업에 대체 용도가 있는지를 파악할 필요가 없다. 기업은 동 계약을 한 시점에 이행하는 수행의무로 회계처리한다.

4 진행률의 측정과 진행기준에 따른 수익인식

기간에 걸쳐 이행하는 수행의무 각각에 대해, 그 수행의무 완료까지의 진행률을 측정하여 기간에 걸쳐 수익을 인식한다. 진행률을 측정하는 목적은 고객에게 약속한 재화나 용역에 대한 통제를 이전하는 과정에서 기업의 수행 정도를 나타내기 위한 것이다. 기간에 걸쳐 이행하는 각 수행의무에는 하나의 진행률 측정방법을 적용하며 비슷한 상황에서의 비슷한 수행의무에는 그 방법을 일관되게 적용한다.

시간이 흐르면서 상황이 바뀜에 따라 수행의무의 산출물 변동을 반영하기 위해 진행률을 새로 수정한다. 즉, 기간에 걸쳐 이행하는 수행의무의 진행률은 보고기간 말마다 다시 측정한다. 진행률의 변동은 기업회계기준서 제1008호 '회계정책, 회계추정의 변경 및 오류'에 따라 회계추정의 변경으로 회계처리한다.

CHAPTER 8 거래형태별 수익의 인식의 적용 사례

1 본인과 대리인

1. 본인과 대리인의 고려 사항

기업이 고객에게 재화나 용역을 제공하는 데에 다른 당사자가 관여할 수 있다. 이 경우 기업이 고객에게 재화나 용역을 제공하기로 한 약속이 정해진, 재화나 용역 자체를 제공하는 수행의무(⇒ 기업이 본인)인지, 아니면 다른 당사자가 고객에게 재화나 용역을 제공하도록 기업이 주선하는 것(⇒ 기업이 대리인)인지를 판단하여야 한다.

2. 본인과 대리인의 구분 및 수익의 인식

기업이 본인이라면 이전되는 재화나 용역과 교환하여 받을 권리를 갖게 될 것으로 예상하는 대가의 총액을 수익으로 인식하는 반면, 기업이 대리인이라면 다른 당사자와 고객 간의 거래를 주선하는 대가로 받을 보수나 수수료(순액)를 수익으로 인식한다.

기업이 본인인지, 아니면 대리인인지 판단하는 데 핵심 요소는 고객에게 재화나 용역을 이전하기 전에 기업이 그 정해진 재화나 용역을 통제하는지의 여부에 달려있다. 만약에 기업이 고객에게 재화나 용역을 이전하기 전에 통제할 수 있다면 본인이고, 통제할 수 없다면 대리인이다.

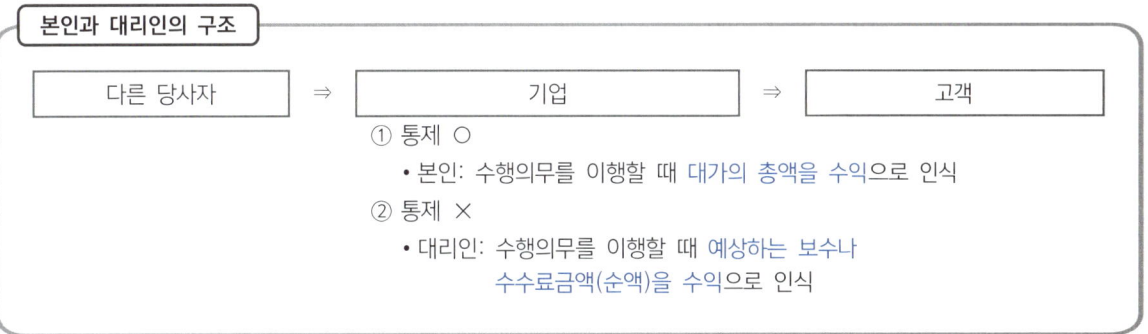

Additional Comment

기업이 다른 당사자로부터 재화를 ₩200에 이전받아 ₩300에 이전할 경우, 기업이 본인이라면 ₩200의 재고자산 매입을 인식한 후, 고객에게 재화를 이전할 때 ₩300의 매출을 총액으로 인식하고 매출원가로 ₩200을 인식한다. 그러나 이 거래에서 기업이 다른 당사자의 대리인이라면 매출을 총액으로 인식하는 것이 아니라 다른 당사자로부터 받기로 한 수수료만 수익으로 인식한다. 고객에게 재화나 용역을 제공하는 거래에서 기업이 본인인지, 아니면 대리인인지에 따라 인식할 수익금액이 달라지기 때문에 이를 구분하는 것은 매우 중요하다. 우리나라에서는 매출 규모로 기업의 순위를 매기기도 하고, 상장기업은 매출액이 일정 금액 이하로 지속될 경우 관리종목으로 지정되어 상장폐지에 이를 수도 있으므로 회사가 대리인 역할을 했음에도 불구하고 본인의 역할을 한 것으로 위장하여 총액으로 매출액을 인식하는 경우가 적지 않다.

3. 위탁약정과 위탁판매

최종 고객에게 판매하기 위해 기업이 제품을 다른 당사자(예 중개인이나 유통업자)에게 인도하는 경우, 그 다른 당사자가 그 시점에 제품을 통제하게 되었는지를 평가한다. 만약에 그 다른 당사자가 그 제품을 통제한다면 이는 일반적인 판매에 해당되지만, 다른 당사자가 그 제품을 통제하지 못하는 경우에는 다른 당사자에게 인도한 제품을 위탁약정에 따라 보유하는 것이다. 따라서 인도된 제품이 위탁물로 보유된다면 제품을 다른 당사자에게 인도할 때 수익을 인식하지 않는다. 이러한 위탁약정의 대표적인 예로 위탁판매를 들 수 있다.

위탁판매는 제품의 판매를 다른 기업에게 위탁하고 그 다른 기업이 제품을 판매하게 되면 그 대가로 수수료를 지급하는 형태의 판매이다. 이때 상품의 판매를 위탁한 기업을 위탁자, 상품의 판매를 위탁받은 기업을 수탁자라고 한다.

(1) 위탁판매 시 위탁자의 회계처리

① 적송품의 적송 시 회계처리

위탁자는 제품 등을 수탁자에게 발송하고 적송품으로 대체하여 관리한다. 위탁자가 수탁자에게 적송품을 발송하는 경우에는 운임이 발생하는데, 이를 적송운임이라고 한다. 적송운임은 적송품을 판매가능한 상태로 만들기 위하여 발생한 지출이므로 적송품의 원가로 처리한다.

(차) 적송품	××	(대) 재고자산	××
		현금	적송운임

② 적송품의 판매 시 회계처리

위탁자는 고객에게 제품 등의 통제를 이전하는 시점인 수탁자가 제3자에게 적송품을 판매하는 시점에 수익을 인식한다. 위탁자가 위탁판매로 수령하게 되는 금액은 판매금액에서 수탁수수료, 판매운임 등을 차감한 잔액이 된다.

(차) 수취채권	수탁자로부터 수령액	(대) 매출	판매된 총액
판매비	위탁수수료		
(차) 매출원가	××	(대) 적송품	××

③ 수탁자로부터 현금 수령 시

(차) 현금	××	(대) 수취채권	××

(2) 위탁판매 시 수탁자의 회계처리

① 수탁품의 수령 시 회계처리

위탁자가 보낸 상품은 수탁자의 소유가 아니기 때문에 회계처리를 하지 않는다.

② 수탁품의 판매 시

수탁품의 판매대금은 위탁자에 대한 예수금이므로 수탁수수료를 제외한 금액을 수탁판매 계정으로 기록한다.

(차) 현금	××	(대) 수탁판매(예수금)	××
		수수료수익	××

③ 위탁자에게 송금 시

수탁품의 판매대금에서 수탁수수료를 차감한 금액을 위탁자에게 송금할 때 수탁판매 계정을 현금으로 대체한다. 따라서 수탁자의 수행의무는 대리인으로서 재화나 용역의 제공을 주선하는 것이므로 제3자에게 제품의 통제를 이전하는 시점에 수탁수수료(순액)를 수익으로 인식한다.

(차) 수탁판매(예수금)	××	(대) 현금	××

기출문제

2. ㈜대한은 20×1년 12월 초 위탁판매를 위해 ㈜민국에게 단위당 원가 ₩ 1,200인 상품 500개를 적송하면서 운임 ₩ 30,000을 현금 지급하였다. 20×2년 1월 초 위탁판매와 관련하여 ㈜대한은 ㈜민국에서 다음과 같은 판매현황을 보고받았다.

매출액	400개 × @₩ 1,500 =	₩ 600,000
판매수수료	₩ 18,000	
운임 및 보관료	₩ 12,000	(₩ 30,000)
㈜대한에게 송금한 금액		₩ 570,000

㈜대한이 위탁판매와 관련하여 20×1년 재무제표에 인식할 매출액과 적송품 금액은? (단, ㈜대한은 계속기록법을 채택하고 있다)   2018년 국가직 7급

	매출액	적송품 금액
①	₩ 570,000	₩ 120,000
②	₩ 570,000	₩ 126,000
③	₩ 600,000	₩ 120,000
④	₩ 600,000	₩ 126,000

해설

(1) 매출액: 600,000
(2) 적송품: 126,000 = 1,200 × 100개 + 30,000 × 100개/500개

답 ④

2 상품권

상품권을 발행한 기업이 수행할 의무는 상품권을 구매한 고객에게 상품에 대한 통제를 이전하는 것이다. 따라서 상품에 대한 통제를 이전하는 시점에 수익을 인식하여야 한다.

1. 상품권의 판매 시 회계처리

상품권 발행회사는 상품권을 발행하여 현금을 받는 시점에 상품권의 액면금액을 계약부채의 과목으로 하여 부채로 인식한다. 만약 상품권을 할인발행하는 경우에는 상품권의 액면금액과 수령한 현금의 차액을 상품권할인액의 과목으로 인식하고 계약부채의 차감계정으로 재무상태표에 공시한다.

(차) 현금	현금 수령액	(대) 계약부채	액면금액
상품권할인액	대차차액		

2. 상품권의 회수 시 회계처리

상품권 발행회사는 상품을 고객에게 인도하는 시점에 수행의무를 이행하는 것이므로 상품권의 액면금액은 수익으로 인식하고 상품권할인액은 매출에누리로 처리하여 수익에서 차감한다. 또한 상품권의 액면금액과 상품 판매가격과의 차액은 현금으로 수수하고 관련 회계처리는 아래와 같다.

[고객에게 현금을 지급한 경우]

(차) 계약부채	액면금액	(대) 매출	판매가격
		현금(지급액)	××
(차) 매출에누리	××	(대) 상품권할인액	××

[고객으로부터 현금을 수령한 경우]

(차) 계약부채	액면금액	(대) 매출	××
현금	××		
(차) 매출에누리	××	(대) 상품권할인액	××

Self Study

상품권 회수 시 수익으로 인식할 금액
⇒ 1매당 발행금액 × 회수 매수 + 현금 수령액 − 현금 지급액

> **사례연습** 9. 상품권
>
> ㈜세종은 20×3년 1월 1일 액면금액 ₩50,000인 상품권 2,000매를 1매당 ₩48,000에 최초로 발행하였다. 고객은 상품권 액면금액의 60% 이상을 사용하면 잔액을 현금으로 돌려 받을 수 있으며, 상품권의 만기는 발행일부터 2년이다. ㈜세종은 20×3년 12월 31일까지 회수된 상품권 400매에 대해 상품 인도와 더불어 잔액 ₩1,200,000을 현금으로 지급하였다. ㈜세종이 20×3년 중 상품권과 관련하여 인식할 순매출액을 구하시오.
>
> **풀이**
>
> 순매출액: 18,000,000
> 48,000 × 400매 − 1,200,000 = 18,000,000
>
> **참고** 회계처리
> [20×3. 1. 1.]
> (차) 현금　　　　　　　96,000,000　　(대) 계약부채　　　　100,000,000
> 　　 상품권할인액　　　 4,000,000
> [20×3. 12. 31.]
> (차) 계약부채　　　　　20,000,000　　(대) 매출　　　　　　 18,800,000
> 　　　　　　　　　　　　　　　　　　　　 현금　　　　　　　 1,200,000
> (차) 매출에누리　　　　　 800,000　　(대) 상품권할인액　　　　800,000

3 미인도청구약정

미인도청구약정이란 기업이 고객에게 제품의 대가를 청구하지만 미래 한 시점에 고객에게 이전할 때까지 기업이 제품을 물리적으로 점유하는 계약을 말한다. 미인도청구약정의 경우 고객이 언제 제품을 통제하게 되는지를 파악하여 기업이 그 제품을 이전하는 수행의무를 언제 이행하였는지를 판단하여 수익을 인식하여야 한다. 미인도청구약정의 경우 고객이 언제 제품을 통제하게 되는지 파악하여 수익을 인식한다. 일부 계약에서는 계약조건에 따라 제품이 고객의 사업장에 인도되거나 제품이 선적될 때에 통제가 이전되나, 일부 계약에서는 기업이 제품을 물리적으로 점유하고 있더라도 고객이 제품을 통제할 수 있다. 이 경우 다음 기준을 모두 충족하여야 한다.

> ① 미인도청구약정의 이유가 실질적이어야 한다. (예 고객이 그 약정을 요구하였다)
> ② 제품은 고객의 소유물로 구분하여 식별되어야 한다.
> ③ 고객에게 제품을 물리적으로 이전할 준비가 현재 되어 있어야 한다.
> ④ 기업이 제품을 사용할 능력을 가질 수 없거나 다른 고객에게 이를 넘길 능력을 가질 수 없다.

제품의 미인도청구 판매를 수익으로 인식하는 경우 나머지 수행의무(예 보관용역)가 있어 거래가격의 일부를 보관용역에 배분해야 하는지를 고려한다.

4 보증

1. 보증의 의의와 유형

기업은 제품(재화 or 용역)의 판매와 관련하여 계약, 법률, 기업의 사업 관행에 따라 보증을 제공하는 것이 일반적이다. 기업이 제품 판매와 함께 보증을 제공할 경우 회계처리의 핵심은 제공한 보증이 별개의 수행의무에 해당되는 지를 판단하는 것이다. 만약에 보증이 별개의 수행의무에 해당된다면 거래가격을 배분하여 제품 판매와 보증에 대한 수익을 각각 인식해야 한다.

보증은 고객이 보증을 별도로 구매할 수 있는 선택권을 가지고 있는지 여부에 따라 달라진다. 고객이 보증에 대하여 별도로 가격을 정하거나 협상하여 보증을 별도로 구매할 수 있는 선택권이 있다면, 그 보증은 구별되는 용역이다. 기업이 계약에서 기술한 기능성이 있는 제품에 더하여 고객에게 용역을 제공하기로 약속한 것이기 때문이다. 이러한 상황에서는 약속한 보증을 수행의무로 회계처리하고, 그 수행의무에 거래가격의 일부를 배분한다.

고객에게 보증을 별도로 구매할 수 있는 선택권이 없는 경우에는 보증을 확신 유형의 보증과 용역 유형의 보증으로 구분할 수 있다. 확신 유형의 보증과 용역 유형의 보증에 대한 설명은 다음과 같다.

> ① 확신 유형의 보증: 관련 제품이 합의된 규격에 부합하므로 당사자들이 의도한 대로 작동할 것이라는 확신을 고객에게 주는 보증
> ② 용역 유형의 보증: 관련 제품이 합의된 규격에 부합한다는 확신에 더하여 고객에게 용역을 제공하는 보증

확신 유형의 보증은 수행의무가 아니므로 기준서 제1037호 '충당부채, 우발부채, 우발자산'에 따라 충당부채로 회계처리하는 반면, 용역 유형의 보증은 수행의무에 해당되므로 거래가격을 배분한다.

보증 유형의 판단의 구조

1st 구매선택권 ○	보증은 구별되는 용역이므로 약속한 보증은 수행의무이며, 거래가격의 일부를 배분
	↓
2nd 구매선택권 ×	3rd 확신 유형의 보증: 수행의무가 아니므로 충당부채를 인식
	4th 용역 유형의 보증: 수행의무이므로 거래가격의 일부를 배분

Self Study

보증이 합의된 규격에 제품이 부합한다는 확신에 더하여 고객에게 용역을 제공하는 것인지를 평가할 때, 다음과 같은 요소를 고려한다.
1. 법률에서 보증을 요구하는지 여부: 법률에 따라 기업이 보증을 제공하여야 한다면 그 법률의 존재는 약속한 보증이 수행의무가 아님을 나타낸다.
2. 보증기간: 보증기간이 길수록, 약속한 보증이 수행의무일 가능성이 높다.
3. 기업이 수행하기로 약속한 업무의 특성: 제품이 합의된 규격에 부합한다는 확신을 주기 위해 기업이 정해진 업무를 수행할 필요가 있다면 그 업무는 수행의무를 생기게 할 것 같지는 않다.

2. 보증의 유형별 회계처리

(1) 고객에게 보증을 별도로 구매할 수 있는 선택권이 있는 경우

고객에게 보증을 별도로 구매할 수 있는 선택권이 있다면 기업은 고객에게 보증을 대가로 획득하고 보증이라는 용역을 판매한 것이다. 따라서 제품의 인도와 보증은 모두 수행의무이며, 거래가격의 일부를 보증에 배분하여야 한다. 제품의 인도는 한 시점에 이행하는 수행의무이므로 인도 시점에 수익을 인식하고 보증은 기간에 걸쳐 이행하는 수행의무이므로 기간에 걸쳐 수익을 인식한다.

고객에게 보증을 별도로 구매할 수 있는 선택권이 있는 경우의 회계처리의 예시

	무상A/S기간	추가 보증기간
		구매선택권 구입

재화 100 판매
구매선택권 20 판매

(차) 현금	120	(대) 매출	100
		계약부채	20
(차) 매출원가	××	(대) 재고자산	××
(차) 보증비용[1]	××	(대) 보증충당부채	××

[1] 무상A/S기간에 예상 지출: 충당부채

(2) 고객에게 보증을 별도로 구매할 수 있는 선택권이 없는 경우

고객에게 보증을 별도로 구매할 수 있는 선택권이 없는 경우에는 확신 유형의 보증이라면, 이 보증을 기준서 제1037호 '충당부채, 우발부채, 우발자산'에 따라 회계처리한다. 만약 용역의 보증이라면 제품의 인도와 보증은 별도의 수행의무이므로 거래가격의 일부를 보증에 배분하여야 한다.

고객에게 보증을 별도로 구매할 수 있는 선택권이 없는 경우 - 확신 유형의 보증의 회계처리의 예시

무상A/S기간	
확신유형의 보증	

재화 100 판매

(차) 현금	100	(대) 매출	100
(차) 매출원가	××	(대) 재고자산	××
(차) 보증비용	××	(대) 보증충당부채	××

```
┌─ 고객에게 보증을 별도로 구매할 수 있는 선택권이 없는 경우 - 용역 유형의 보증의 회계처리의 예시 ─┐
│                         무상A/S기간      │ 추가 무상A/S기간                            │
│                                          │ 용역 유형의 보증                            │
│   재화 100 판매                                                                         │
│   용역유형의 보증 개별 판매가격 20                                                      │
│   (차) 현금                    100        (대) 매출¹⁾                        83         │
│                                            계약부채                          17         │
│   (차) 매출원가                ××         (대) 재고자산                      ××         │
│   (차) 보증비용²⁾              ××         (대) 보증충당부채                  ××         │
│   1) 100 × 100/(100 + 20) = 83                                                          │
│   2) 확신 유형의 보증의 예상 지출: 충당부채                                             │
└─────────────────────────────────────────────────────────────────────────────────────────┘
```

5 반품권이 부여된 판매

일부 계약에서는 기업이 고객에게 제품에 대한 통제를 이전하고, 다양한 이유(예 제품 불만족)로 제품을 반품할 권리를 고객에게 부여하기도 한다. 반품권이 있는 판매에서 수익금액을 산정할 때 변동대가의 인식 및 측정 원칙을 사용한다.

반품권이 있는 제품과 환불 대상이 되는 제공한 일부 용역의 이전을 회계처리하기 위하여, 다음 사항을 모두 인식하며, 반품기간에 언제라도 반품을 받기로 하는 기업의 약속은 환불할 의무에 더하여 수행의무로 회계처리하지 않는다.

> ① 기업이 받을 권리를 갖게 될 것으로 예상하는 대가를 이전하는 제품에 대한 수익으로 인식(⇒ 반품이 예상되는 제품에 대해서는 수익을 인식하지 않음)
> ② 환불부채 인식
> ③ 환불부채를 결제할 때 고객에게서 제품을 회수할 기업의 권리에 대하여 자산과 이에 상응하는 매출원가 조정을 인식

반품권이 있는 판매의 경우에는 반품을 예상할 수 없는 경우와 반품을 예상할 수 있는 경우로 구분하여 회계처리한다.

1. 반품을 예상할 수 없는 경우

반품을 예상할 수 없다면 제품을 이전할 때 수익으로 인식하지 않는다. 그 이유는 이미 인식한 누적 수익금액 중 유의적인 부분을 되돌리지 않을 가능성이 매우 높다고 결론을 내릴 수 없기 때문이다. 따라서 이 경우에는 반품권과 관련된 불확실성이 해소되는 시점에 수익을 인식하고 기업은 받은 대가를 전액 환불부채로 인식해야 한다. 또한, 반품을 예상할 수 없는 경우에는 수익을 인식할 수 없으므로 관련 매출원가를 인식하지 아니하고 고객에게 제품을 이전할 때 고객에게서 제품을 회수할 기업의 권리에 대해서 반환재고회수권의 계정으로 하여 별도의 자산으로 인식한다.

```
┌─ 반품을 예상할 수 없는 경우의 회계처리 ─────────────────────────────────┐
│  (차) 현금                        ××    (대) 환불부채              현금 수령액  │
│  (차) 반환재고회수권               BV    (대) 재고자산                   ××  │
└──────────────────────────────────────────────────────────────┘
```

2. 반품을 예상할 수 있는 경우

받았거나 또는 받을 금액 중 기업이 권리를 갖게 될 것으로 예상하는 부분은 수익을 인식하고 관련 매출원가를 인식한다. 반면에 받았거나 또는 받을 금액 중 기업이 권리를 갖게 될 것으로 예상하지 않는 부분은 고객에게 제품을 이전할 때 수익으로 인식하지 않고, 환불부채로 인식한다.

환불부채를 결제할 때 고객에게서 제품을 회수할 기업의 권리에 대해 인식하는 자산은 처음 측정할 때 제품의 이전 장부금액에서 그 제품 회수에 예상되는 원가와 반품된 제품이 기업에 주는 가치의 잠재적인 감소를 포함하여 차감한다.

추후에 실제로 반품이 되는 경우에 기업은 환불부채 중 반품된 부분을 제외한 나머지 부분을 수익으로 인식한다. 수익으로 인식된 반환재고회수권은 매출원가로 인식하여 대응시킨다. 한편, 반품된 부분은 환불부채와 현금을 각각 차감한 후 재고자산을 증가시키고 반환재고회수권 및 반품 회수에 예상되는 비용과 차이가 발생하는 경우 추가적으로 대차차액을 반품비용으로 인식한다.

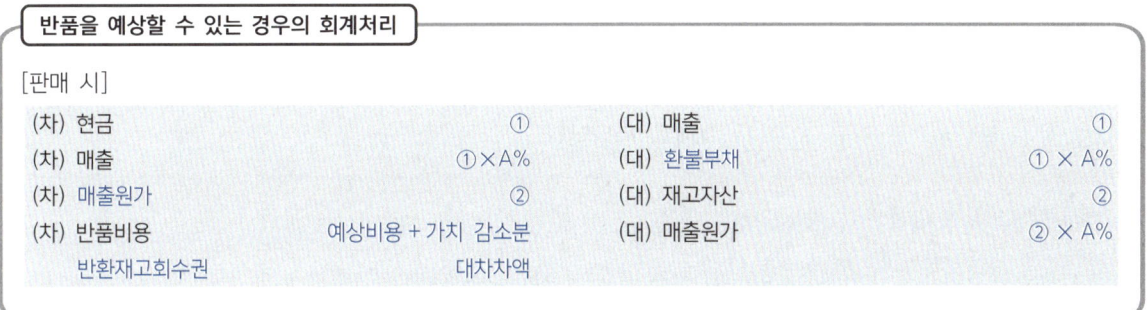

사례연습 10. 반품권이 부여된 판매

A회사의 B회사와 20×1년 말에 반품가능 조건 현금의 판매액은 ₩10,000이며, 매출원가율은 70%이다. 그리고 업계평균 반품률은 1%이며, 업계평균 반품률을 이용하여 반품으로 인한 환불액을 신뢰성 있게 추정 가능하다. 가방이 반품될 경우 수선만하면 판매가치의 감소는 없다. 그리고 가방이 반품될 경우 수선에 총 ₩20이 지출될 것으로 추정된다.

[물음 1]
A회사가 20×1년 수익으로 인식할 금액을 구하고 회계처리를 보이시오.

[물음 2]
A회사가 업계평균 반품률을 모르는 경우 20×1년 말 재무상태표에 계상될 부채와 관련된 회계처리를 보이시오.

> 풀이

[물음 1]
(1) 수익으로 인식할 금액: 10,000 × (1 - 1%) = 9,900
(2) 비용으로 인식할 금액: [(7,000) × (1 - 1%)] + (20) = 6,950
(3) 회계처리
　　[판매 시]

(차) 현금	① 10,000	(대) 매출	① 10,000
(차) 매출	① × A% 100	(대) 환불부채	① × A% 100
(차) 매출원가	② 7,000	(대) 재고자산	② 7,000
(차) 반품비용	예상비용 + 가치 감소분 20	(대) 매출원가	② × A% 70
반환재고회수권	대차차액 50		

[물음 2]
(1) 부채 인식액: 환불부채 10,000
(2) 회계처리
　　[판매 시]

| (차) 현금 | 현금 수령액 10,000 | (대) 환불부채 | 현금 수령액 10,000 |
| (차) 반환재고회수권 | BV 7,000 | (대) 재고자산 | BV 7,000 |

6 재매입약정

재매입약정은 자산을 판매하고, 그 자산을 다시 사기로 약속하거나 다시 살 수 있는 선택권을 갖는 계약이다. 재매입약정은 일반적으로 다음의 3가지 형태로 나타난다.

> ① 선도계약: 자산을 다시 사야 하는 기업의 의무
> ② 콜옵션계약: 자산을 다시 살 수 있는 기업의 권리
> ③ 풋옵션계약: 고객이 요청하면 자산을 다시 사야 하는 기업의 의무

1. 선도나 콜옵션

기업이 자산을 판매하였는데 기업이 그 자산을 다시 사야 하는 의무가 있거나 그 자산을 다시 살 수 있는 권리가 있다면, 고객은 당해 자산을 통제하지 못한다. 즉, 기업이 선도나 콜옵션을 가지고 있다면, 고객은 자산을 통제하지 못한다. 그 이유는 고객이 자산을 물리적으로 점유하고 있더라도 자산의 사용을 지시하고 자산의 나머지 효익의 대부분을 획득할 수 있는 고객의 능력이 제한되기 때문이다. 고객이 자산을 통제하지 못하므로 기업은 자산을 판매할 때 수익을 인식하지 못한다.
선도나 콜옵션의 재매입약정은 다음과 같이 회계처리한다.

| 선도나 콜옵션 | 판매가격 > 재매입약정 | 리스계약 |
| | 판매가격 ≤ 재매입약정 | 금융약정 |

위의 선도, 콜옵션에서 재매입약정이 금융약정이라면, 기업은 자산을 계속 인식하고 고객에게 받은 대가는 금융부채로 인식하고, 고객에게서 받은 대가와 고객에게 지급해야 하는 대가의 차이를 이자비용으로 인식한다. 만약 콜옵션이 행사되지 않은 채 소멸된다면 부채를 제거하고 수익을 인식한다.

2. 풋옵션

고객에게 풋옵션이 있는 경우에는 계약 개시 시점에 고객이 그 권리를 행사할 경제적 유인이 유의적인지를 고려한다. 고객이 그 권리를 행사하면 사실상 고객이 일정 기간 특정 자산의 사용권에 대한 대가를 기업에 지급하는 결과가 된다. 따라서 고객이 그 권리를 행사할 경제적 유인이 유의적이라면, 이 약정을 기준서 제1017호 '리스'에 따라 리스로 회계처리한다. 고객이 자산의 원래 판매가격보다 낮은 가격으로 권리를 행사할 경제적 유인이 유의적이지 않다면, 이 약정을 반품권이 있는 제품의 판매처럼 회계처리한다.

자산을 다시 사는 가격이 원래 판매가격 이상이고, 자산의 예상 시장가치보다 높다면 그 계약은 금융약정으로 회계처리한다. 자산을 다시 사는 가격이 원래 판매가격 이상이고 자산의 예상 시장가치 이하이며, 고객이 자산의 권리를 행사할 경제적 유인이 유의적이지 않다면, 이 약정을 반품권이 있는 제품의 판매처럼 회계처리한다. 이를 정리하면 다음과 같다.

풋옵션	판매가격 > 재매입약정	① 고객이 권리를 행사할 유인이 유의적임: 리스계약 ② 고객이 권리를 행사할 유인이 유의적이지 않음: 반품권이 있는 판매
	판매가격 ≤ 재매입약정	① 재매입가격 ≥ 예상 시장가치: 금융약정 ② 재매입가격 ≤ 예상 시장가치 & 고객이 권리를 행사할 유인이 유의적이지 않은 경우: 반품권이 있는 판매

위의 풋옵션에서 재매입약정이 금융약정이라면, 기업은 자산을 계속 인식하고 고객에게서 받은 대가는 금융부채로 인식하고, 고객에게서 받은 대가와 고객에게 지급해야 하는 대가의 차이를 이자비용으로 인식한다. 만약 풋옵션이 행사되지 않은 채 소멸된다면 부채를 제거하고 수익을 인식한다.

> **Self Study**
> 재매입약정을 금융약정, 리스, 반품권이 있는 판매로 구분하는 것은 아래와 같이 정리할 수 있다.
> 1. 기업 손해(재매입대가 > 판매가격) + 행사 가능성 유의적임(재매입대가 > 재매입 시점 예상 시장가치): 금융약정
> 2. 기업 이익(재매입대가 < 판매가격) + 행사 가능성 유의적임(재매입대가 > 재매입 시점 예상 시장가치): 리스거래
> 3. 행사 가능성이 유의적이지 않음: 반품권이 있는 판매

3. 재매입약정이 금융약정에 해당하는 경우

① 기업이 자산을 원래 판매가격 이상의 금액으로 다시 살 수 있거나, ② 다시 사야 하는 경우 또는 ③ 자산의 재매입가격이 원래 판매가격 이상이고, 자산의 예상 시장가치보다 높은 경우에는 금융약정으로 회계처리한다.

> **Additional Comment**
> 예를 들어 기업이 고객에게 자산을 ₩1,000에 판매하고, 1년 후에 이를 ₩1,100에 다시 살 수 있는 권리가 있거나 다시 사야 한다면, 이러한 거래의 실질은 기업이 고객에게 자산을 담보로 제공하고 고객으로부터 ₩1,000을 차입한 후 1년 후에 이자를 포함하여 ₩1,100을 갚으면서 담보로 맡겼던 자산을 찾아오는 것과 거래의 실질이 다르지 않으므로 금융약정으로 회계처리한다. 또한 기업이 고객에게 자산은 ₩1,000에 판매하고 1년 후에 고객의 요청이 있다면(즉, 풋옵션을 행사한다면) 자산을 ₩1,100에 다시 사야하는데, 자산의 예상 시장가치가 ₩1,020이라고 하면 고객은 풋옵션을 행사할 가능성이 매우 높다. 왜냐하면 고객은 시장가치가 ₩1,020밖에 되지 않아 자산을 ₩1,100에 받고 회사에 반환할 수 있기 때문이다. 이러한 거래의 실질은 기업이 고객에게 자산을 담보로 제공하고 고객으로부터 ₩1,000을 차입한 후 1년 후에 이자를 포함하여 ₩1,100을 갚으면서 담보로 맡겼던 자산을 찾아오는 것과 거래의 실질이 다르지 않으므로 이 경우에도 금융약정으로 회계처리한다.

재매입약정이 금융약정이라면, 기업은 자산을 계속 인식하고 고객에게 받은 대가는 금융부채로 인식하고, 고객에게 받은 대가와 고객에게 지급해야 하는 대가의 차이를 이자비용으로 인식한다.

[판매일]			
(차) 현금	고객에게 받은 대가	(대) 단기차입금	A
[기말 or 재매입 시점]			
(차) 이자비용	고객에게 지급할 대가 B - A	(대) 미지급이자	B - A
* 판매일과 재매입 시점 사이에 결산일이 있으면 기간 배분하여 이자비용 인식			
[재매입할 시점]			
(차) 단기차입금	A	(대) 현금	B
미지급이자	B - A		

만일 옵션이 행사되지 않은 채 소멸된다면 부채를 제거하고 수익을 인식한다. 이때 미지급이자로 인식한 금액도 같이 수익으로 인식하여야 한다.

[판매일]			
(차) 현금	고객에게 받은 대가	(대) 단기차입금	A
[기말 or 재매입 시점]			
(차) 이자비용	고객에게 지급할 대가 B - A	(대) 미지급이자	B - A
* 판매일과 재매입 시점 사이에 결산일이 있으면 기간 배분하여 이자비용 인식			
[재매입할 시점]			
(차) 단기차입금	A	(대) 매출	B
미지급이자	B - A		
(차) 매출원가	××	(대) 재고자산	××

🟦 사례연습 11. 재매입약정

아래의 각 상황별 A사가 각 일자별로 해야 할 회계처리를 보이시오.

[상황 1]
A사는 20×1년 1월 1일에 원가 ₩ 800,000의 재고자산을 ₩ 1,000,000에 판매하기로 고객과의 계약을 체결하였다. 계약에는 20×1년 3월 31일 이전에 그 자산을 ₩ 1,050,000에 다시 살 권리를 기업에 부여하는 콜옵션이 포함되어 있다. A사는 20×1년 3월 31일에 콜옵션을 행사하였다.

[상황 2]
A사는 20×1년 1월 1일에 원가 ₩ 800,000의 재고자산을 ₩ 1,000,000에 판매하기로 고객과의 계약을 체결하였다. 계약에는 20×1년 3월 31일 이전에 그 자산을 ₩ 1,050,000에 다시 살 권리를 기업에 부여하는 콜옵션이 포함되어 있다. A사는 20×1년 3월 31일까지 콜옵션을 행사하지 않았다.

풀이

[상황 1]
[20×1년 1월 1일]

(차) 현금	1,000,000	(대) 단기차입금	1,000,000

[20×1년 3월 31일]

(차) 이자비용	50,000	(대) 미지급이자	50,000
(차) 단기차입금	1,000,000	(대) 현금	1,050,000
미지급이자	50,000		

[상황 2]
[20×1년 1월 1일]

(차) 현금	1,000,000	(대) 단기차입금	1,000,000

[20×1년 3월 31일]

(차) 이자비용	50,000	(대) 미지급이자	50,000
(차) 단기차입금	1,000,000	(대) 매출	1,050,000
미지급이자	50,000		
(차) 매출원가	800,000	(대) 재고자산	800,000

기출문제

3. 12월 말 결산법인인 ㈜서울은 20×1년 12월 1일 고객에게 A제품을 ₩ 50,000(원가 ₩ 40,000)에 인도하고 현금을 수령하였으며, ㈜서울은 20×2년 3월 31일에 동 A제품을 고객으로부터 ₩ 58,000에 재매입할 수 있는 콜옵션을 보유하고 있다. 20×2년 3월 31일 A제품의 시장가치는 20×1년 12월 1일 예상과 동일한 ₩ 58,000이며, ㈜서울은 20×2년 3월 31일 콜옵션을 행사하지 않았다. 동 거래에 대한 설명으로 가장 옳은 것은?   2020년 서울시 7급

① ㈜서울은 20×1년 12월 1일 해당 거래를 리스계약으로 회계처리한다.
② ㈜서울이 20×1년 12월 31일 해당 거래로 인식할 이자비용은 없다.
③ ㈜서울이 20×1년 12월 1일 해당 거래로 인식할 매출액은 ₩ 50,000이다.
④ ㈜서울이 20×2년 3월 31일 해당 거래로 인식할 매출액은 ₩ 58,000이다.

해설

(1) 판단: 판매자가 손해를 보고, 옵션을 행사할 가능성이 높으므로 금융약정으로 회계처리한다.
(2) 회계처리

[20×1. 12. 1.]

(차) 현금	50,000	(대) 금융부채	50,000

[20×1. 12. 31.]

(차) 이자비용	2,000	(대) 금융부채	2,000

[20×2. 3. 31.]

(차) 이자비용	6,000	(대) 금융부채	6,000
(차) 금융부채	58,000	(대) 매출	58,000
(차) 매출원가	40,000	(대) 재고자산	40,000

답 ④

7 라이선싱

라이선스는 기업의 지적재산에 대한 고객의 권리를 정하는 것을 말한다. 지적재산에 대한 라이선스에 소프트웨어, 기술, 영화, 음악, 그 밖의 형태의 미디어와 오락물, 프랜차이즈, 특허권, 상표권과 저작권 등이 포함될 수 있으나 이것에 한정되지는 않는다.

1. 수행의무의 식별

고객에게 라이선스를 부여하는 약속에 더하여, 고객에게 다른 재화나 용역을 이전하기로 약속할 수 있다. 예를 들어 신기술 특허권에 대한 라이선스를 이전하면서 관련 제조용역도 이전하기로 약속할 수 있다. 이 경우 라이선스를 부여하는 약속이 그 밖에 약속한 재화나 용역과 계약에서 구별되는지 여부에 따라 라이선스의 회계처리는 달라진다.

> ① 라이선스를 부여하는 약속이 그 밖에 약속한 재화나 용역과 계약에서 구별되지 않는 경우
>   ⇒ 라이선스를 부여하는 약속과 그 밖에 약속한 재화나 용역을 함께 단일 수행의무로 회계처리
> ② 라이선스를 부여하는 약속이 그 밖에 약속한 재화나 용역과 계약에서 구별되는 경우
>   ⇒ 라이선스가 고객에게 한 시점에 이전(지적재산 사용권)되는지 아니면 기간에 걸쳐 이전(지적재산 접근권)되는지를 판단하여 별도의 수행의무로 회계처리

반면에 다른 유형의 계약과 마찬가지로, 고객과의 계약에 그 밖의 약속한 재화나 용역에 추가하여 별도의 라이선스를 부여하는 약속이 포함된다면, 해당 계약에서 각각의 수행의무를 식별한 후 개별적으로 수익을 인식해야 한다.

라이선스를 부여하는 약속이 그 밖에 약속한 재화나 용역과 구별되고, 라이선스를 부여하는 약속이 별도의 수행의무라면 라이선스에 대한 수익인식을 별도로 수행해야 한다. 이 경우 수익인식시기를 결정하기 위해서는 해당 라이선스가 고객에게 기간에 걸쳐 이전되는 라이선스 접근권인지, 해당 라이선스가 고객에게 한 시점에 이전되는 라이선스 사용권인지를 판단해야 한다.

2. 수익인식: 지적재산 사용권

라이선스 사용권은 라이선스를 부여하는 시점에 존재하는 기업의 지적재산을 사용할 권리를 말한다. 라이선스 접근권에 대한 판단기준을 충족하지 못하면, 기업이 한 약속의 성격은 라이선스를 고객에게 부여하는 시점에 형식과 기능성 면에서 해당 라이선스가 존재하는 대로 지적재산의 사용권을 제공하는 것이다. 이는 라이선스를 이전하는 시점에 고객이 라이선스의 사용을 지시할 수 있고 라이선스에서 생기는 나머지 효익의 대부분을 획득할 수 있음을 뜻한다. 라이선스를 부여하는 약속이 지적재산에 대한 사용권에 해당한다면 라이선스 제공자의 수행의무는 한 시점에 이행되는 것이므로 사용권을 이전한 시점에 수익으로 인식한다.

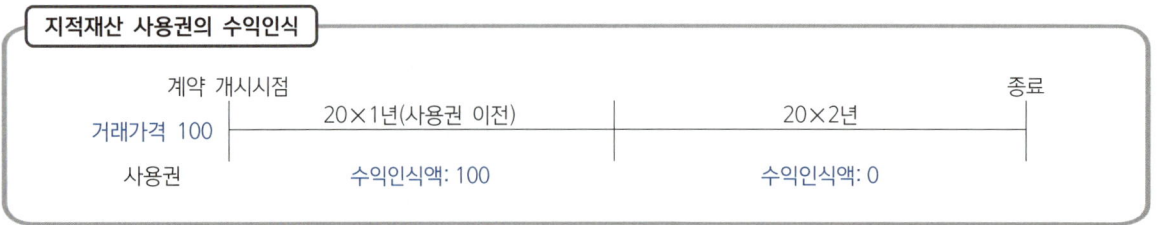

라이선스에 대한 수익은 고객이 라이선스를 사용하여 효익을 얻을 수 있는 기간이 시작되기 전에는 인식할 수 없다. 예를 들어 소프트웨어의 라이선스 사용기간은 7월 1일에 시작되는데, 고객이 소프트웨어를 사용할 수 있게 하는 접속번호를 8월 1일에 제공하였다면 8월 1일 전에 수익을 인식할 수 없다.

3. 수익인식: 지적재산 접근권

라이선스를 부여하는 약속이 계약에서 그 밖에 약속한 재화나 용역과 구별되는 경우에는 별도의 수행의무로 회계처리하여야 한다. 이때 기간에 걸쳐 수행의무가 이전된다면, 라이선스 기간 전체에 걸쳐 존재하는 기업의 지적재산에 접근할 권리에 해당하고 이를 지적재산 접근권이라고 한다. 다음의 기준을 모두 충족한다면, 라이선스를 부여하는 기업의 약속의 성격은 기업의 지적재산에 접근권을 제공하는 것이다.

① 고객이 권리를 갖는 지적재산에 유의적으로 영향을 미치는 활동을 기업이 할 것을 계약에서 요구하거나 고객이 합리적으로 예상한다.
② 라이선스로 부여한 권리 때문에 고객은 식별되는 기업 활동의 긍정적 또는 부정적 영향에 직접 노출된다.
③ 그 활동이 행해짐에 따라 재화나 용역을 고객에게 이전하는 결과를 가져오지 않는다.

라이선스를 부여하는 약속이 지적재산에 대한 접근권에 해당한다면 라이선스 제공자의 수행의무는 해당 기간에 걸쳐 이행되는 것이므로 라이선스 기간에 걸쳐 수익으로 인식한다.

Additional Comment

예를 들어 프로축구팀이 자신이나 소속 선수들의 이름 및 로고를 2년 동안 고객에게 라이선스하고, 고객은 그 이름과 로고를 티셔츠나 머그컵 등에 사용하여 판매하는 계약을 체결하는 경우 프로축구팀이 명성 유지를 위하여 특정 활동을 수행하도록 계약에서 요구하거나, 그러한 활동을 할 것이라고 고객이 합리적으로 예상할 것이다. 그리고 이러한 프로축구팀의 활동은 고객의 효익에 긍정적 또는 부정적 영향을 미칠 수 있다. 프로축구팀의 활동으로 경기 성적이 전년도에 비해 유의하게 상승한다면 프로축구팀의 이름이나 로고가 들어간 상품의 판매에 유의하게 증가하여 고객의 효익도 증가할 것이며, 반대로 경기 성적이 좋지 않거나 소속 선수가 사회적 물의를 일으켰다면 그 프로축구팀의 이름이나 로고가 들어간 상품의 판매가 유의하게 감소하여 고객의 효익도 감소할 것이다. 그러므로 이러한 종류의 라이선스는 접근권에 해당하므로 기간에 걸쳐 수행의무를 이행하는 것으로 본다.

4. 판매기준 로열티와 사용기준 로열티

판매기준 또는 사용기준 로열티는 접근권이기 때문에 기간에 걸쳐 수익을 인식해야 하지만, 인식할 수익금액의 변동성이 높다는 불확실성 때문에 수익인식의 예외를 적용한다. 즉, 대가가 고객의 후속 판매나 사용에 기초하는 지적재산의 라이선스에 대해서는 불확실성이 해소될 때까지(고객이 나중에 판매하거나 사용할 때까지) 기업은 변동금액에 대한 수익을 인식하지 않는다. 따라서 판매기준 또는 사용기준 로열티의 수익은 다음 중 나중의 사건이 일어날 때(또는 일어나는 대로) 인식한다.

> ① 고객이 관련된 후속적인 판매를 하거나 라이선스를 사용
> ② 판매기준 또는 사용기준 로열티의 일부나 전부가 배분된 수행의무를 이행(또는 일부 이행)함

단, 위의 요구사항은 그 로열티가 다음 중 어느 하나에 해당하는 경우에 적용한다.

> ① 지적재산의 라이선스에만 관련됨
> ② 지적재산의 라이선스가 로열티가 관련되는 지배적인 항목

기출문제

4. 다음 자료를 이용한 ㈜한국이 20×1년도 포괄손익계산서에 인식할 게임접근권에 대한 수익은? (단, 수익은 월할 계산한다)   2025년 국가직 9급

> • ㈜한국은 게임기기를 ₩ 95,000에 판매하고 게임접근권(1년 접근조건)을 ₩ 5,000에 판매하고 있다.
> • 20×1년 10월 1일에 ㈜한국은 100명의 고객에게 2% 할인된 가격으로 게임기기와 게임접근권을 묶음 판매하였다.
> • 게임기기 판매와 게임접근권 판매는 각각 구별되는 수행의무로 식별하였으며, 게임접근권 판매의 수행의무는 기간에 걸쳐 이행된다.

① ₩ 100,000
② ₩ 122,500
③ ₩ 367,500
④ ₩ 490,000

해설
접근권수익: (95,000 + 5,000) × (1 − 2%) × 5,000 / (95,000 + 5,000) × 100명 × 3/12 = 122,500

답 ②

핵심 빈출 문장

01 고객이나 잠재적 고객에게 판매를 쉽게 하기 위해 행하는 같은 사업영역에 있는 기업 사이의 비화폐성 교환의 경우에도 기준서 제1115호를 적용하지 않는다.

02 계약은 서면으로, 구두로, 기업의 사업 관행에 따라 암묵적으로 체결할 수 있다.

03 고객과의 계약이 계약 개시 시점에 계약에 해당하는지에 대한 판단기준을 충족하는 경우에는 사실과 상황에 유의적인 변동 징후가 없는 한 이러한 기준들을 재검토하지 않는다. 만일 고객과의 계약이 식별기준을 충족하지 못한다면, 나중에 충족되는지를 판단하기 위해 그 계약을 지속적으로 검토한다.

04 고객에게서 받은 대가는 수익으로 인식하기 전까지 부채로 인식하며, 인식된 부채는 계약과 관련된 사실 및 상황에 따라, 재화나 용역을 미래에 이전하거나 받은 대가를 환불해야 하는 의무를 나타낸다.

05 계약 당사자가 집행 가능한 권리와 의무를 새로 설정하거나 기존의 집행 가능한 권리와 의무를 변경하기로 승인할 때 계약변경이 존재한다. 다음 두 조건을 모두 충족하는 경우에 계약변경은 별도 계약으로 회계처리한다.
① 구별되는 약속한 재화나 용역이 추가되어 계약의 범위가 확장된다.
② 계약가격이 추가로 약속한 재화나 용역의 개별 판매가격에 특정 계약 상황을 반영하여 적절히 조정한 대가만큼 상승한다.

06 계약변경이 별도 계약이 아니라면, 계약변경일에 아직 이전되지 않은 약속한 재화나 용역(나머지 약속한 재화나 용역)은 아래와 같이 회계처리한다.
① 나머지 재화나 용역이 구별되는 경우: 기존 계약을 종료하고 새로운 계약을 체결한 것으로 회계처리
② 나머지 재화나 용역이 구별되지 않는 경우: 기존 계약의 일부인 것처럼 회계처리

07 용역 제공자는 계약을 준비하기 위해 다양한 관리 업무를 수행할 필요가 있을 수 있다. 관리 업무를 수행하더라도, 그 업무를 수행함에 따라 고객에게 용역이 이전되지는 않는다. 그러므로 그 준비활동은 수행의무가 아니다.

08 고객과의 계약에서 식별되는 수행의무는 계약에 분명히 기재한 재화나 용역에만 한정되지 않을 수 있다. 고객에게 이전할 것이라는 정당한 기대를 하도록 한다면, 이러한 약속도 고객과의 계약에 포함될 수 있다.

09 계약 개시 시점에 고객에게 약속한 재화나 용역을 구별하여 이를 하나의 수행의무로 식별한다. 하나의 계약에 하나의 수행의무가 포함될 수 있지만, 하나의 계약에 여러 수행의무가 포함될 수도 있다.

10 기업이 일정 기간에 같은 재화나 용역을 연속적으로 제공하는 상황처럼 실질적으로 서로 같고 고객에게 이전하는 방식도 같은 일련의 구별되는 재화나 용역을 이전하는 약속은 다음의 요건을 충족한다면 하나의 수행의무로 본다. 이 경우 단일 수행의무를 기간에 걸쳐 이행하는 것이므로 기간에 걸쳐 수익을 인식한다.

11 변동대가와 관련된 불확실성이 나중에 해소될 때, 이미 인식한 누적 수익금액 중 유의적인 부분을 되돌리지 않을 가능성이 매우 높은 정도까지만 추정된 변동대가의 일부나 전부를 거래가격에 포함한다.

12 각 보고기간 말의 상황과 보고기간의 상황 변동을 충실하게 표현하기 위하여 보고기간 말마다 추정 거래가격을 새로 수정한다. 거래가격의 후속 변동은 계약 개시 시점과 같은 기준으로 계약상 수행의무에 배분한다.

13 변동대가의 추정치가 너무 불확실하고, 기업이 고객에게 재화나 용역을 이전하고 그 대가로 받을 권리를 갖게 될 금액을 충실하게 나타내지 못하는 경우에는 해당 변동대가의 추정치는 거래가격에 포함시키지 않으며, 수익으로 인식하지 않는다.

14 환불부채는 기업이 받았거나 받을 대가 중에서 권리를 갖게 될 것으로 예상하지 않는 금액이므로 거래가격에서 차감한다. 환불부채는 보고기간 말마다 상황의 변동을 반영하여 새로 수정한다.

15 고객이 현금 외의 형태로 대가를 약속한 계약의 경우에 거래가격을 산정하기 위하여 비현금 대가를 공정가치로 측정한다. 비현금 대가의 공정가치를 합리적으로 추정할 수 없는 경우에는, 그 대가와 교환하여 고객에게 약속한 재화나 용역의 개별 판매가격을 참조하여 간접적으로 그 대가를 측정한다. 단, 상업적 실질이 없는 성격과 가치가 유사한 재화나 용역의 교환이나 스왑거래는 계약으로 식별할 수 없으므로, 수익이 발생하는 거래로 보지 않는다.

16 기업이 고객에게 재화나 용역을 이전할 때 고객이 그 재화나 용역의 대가를 현금으로 결제한다면 지급할 가격으로 약속한 대가의 명목금액을 할인하는 이자율을 식별하여 그 할인율로 산정할 수 있다. 계약 개시 후에는 이자율이나 그 밖의 상황이 달라져도 그 할인율을 새로 수정하지 않는다.

17 계약을 개시할 때 기업이 고객에게 약속한 재화나 용역을 이전하는 시점과 고객이 그에 대한 대가를 지급하는 시점 간의 기간이 1년 이내일 것이라고 예상한다면 유의적인 금융요소의 영향을 반영하여 약속한 대가를 조정하지 않는 실무적 간편법을 사용할 수 있다.

18 고객에게 지급할 대가가 고객에게서 제공받을 재화나 용역에 대한 대가가 아닌 경우 거래가격인 수익에서 차감하여 회계처리한다.

19 거래가격을 상대적 개별 판매가격에 기초하여 각 수행의무에 배분하기 위하여 계약 개시 시점에 계약상 각 수행의무의 대상인 구별되는 재화나 용역의 개별 판매가격을 산정하고 이 개별 판매가격에 비례하여 거래가격을 배분한다. 개별 판매가격을 직접 관측할 수 없다면 개별 판매가격을 추정한다.

20 거래가격의 후속 변동은 계약 개시 시점과 같은 기준으로 계약상 수행의무에 배분한다. 따라서 계약을 개시한 후의 개별 판매가격 변동을 반영하기 위해 거래가격을 다시 배분하지는 않는다. 이행된 수행의무에 배분되는 금액은 거래가격이 변동되는 기간에 수익으로 인식하거나 수익에서 차감한다.

21 다음 기준 중 어느 하나를 충족하면, 기업은 재화나 용역에 대한 통제를 기간에 걸쳐 이전하므로 기간에 걸쳐 진행기준으로 수익을 인식한다.
① 고객은 기업이 수행하는 대로 기업의 수행에서 제공하는 효익을 동시에 얻고 소비한다.
② 기업은 수행하여 만들어지거나 가치가 높아지는 대로 고객이 통제하는 자산을 기업이 만들거나 그 자산 가치를 높인다.
③ 기업은 수행하여 만든 자산이 기업 자체에는 대체 용도가 없고, 지금까지 수행을 완료한 부분에 대해 집행 가능한 지급청구권이 기업에 있다.

22 기간에 걸쳐 이행하는 수행의무 각각에 대해, 그 수행의무 완료까지의 진행률을 측정하여 기간에 걸쳐 수익을 인식한다. 진행률을 측정하는 목적은 고객에게 약속한 재화나 용역에 대한 통제를 이전하는 과정에서 기업의 수행 정도를 나타내기 위한 것이다. 기간에 걸쳐 이행하는 각 수행의무에는 하나의 진행률 측정방법을 적용하며 비슷한 상황에서의 비슷한 수행의무에는 그 방법을 일관되게 적용한다.

23 수행의무의 진행률을 합리적으로 측정할 수 있는 경우에만, 기간에 걸쳐 이행하는 수행의무에 대한 수익을 인식한다. 만일 수행의무의 진행률을 합리적으로 측정할 수 없는 경우에는 수행의무의 산출물을 합리적으로 측정할 수 있을 때까지 발생원가의 범위에서만 수익을 인식한다.

24 고객과의 계약체결 증분원가가 회수될 것으로 예상된다면 이를 자산으로 인식한다. 계약 체결 여부와 무관하게 드는 계약체결 원가는 계약 체결 여부와 관계없이 고객에게 그 원가를 명백히 청구할 수 있는 경우가 아니라면 발생 시점에 비용으로 인식한다.

25 고객에게 재화나 용역이 이전되기 전에 기업이 그 특정 재화나 용역을 통제한다면 이 기업은 본인이다.

26 기업의 수행의무가 다른 당사자가 특정 재화나 용역을 제공하도록 주선하는 것이라면 이 기업은 대리인이다.

확인 문제

01 수익의 인식 5단계 - 1단계: 고객과의 계약 식별

'고객과의 계약에서 생기는 수익'에 제시되어 있는 고객과의 계약을 식별하기 위한 기준과 일치하는 내용은?

2019년 국가직 9급

① 계약 당사자들이 계약을 서면으로만 승인해야 하며, 각자의 의무를 수행하기로 확약한다.
② 이전할 재화나 용역에 대한 각 당사자의 권리를 식별할 수 있다면, 재화나 용역의 대가로 받는 지급조건은 식별할 수 없어도 된다.
③ 계약에 상업적 실질 없이 재화나 용역을 서로 주고받을 수 있다.
④ 고객에게 이전할 재화나 용역에 대하여 받을 권리를 갖게 될 대가의 회수가능성이 높다.

02 수익의 인식 5단계 - 3단계: 거래가격의 산정

고객과의 계약으로부터 발생하는 수익에서 거래가격의 산정에 대한 설명으로 옳지 않은 것은?

2020년 국가직 9급

① 거래가격을 산정하기 위해서는 계약조건과 기업의 사업 관행을 참고한다.
② 기업에 특성이 비슷한 계약이 많은 경우에 '기댓값'은 변동대가(금액)의 적절한 추정치일 수 있다.
③ 고객과의 계약에서 약속한 대가는 고정금액, 변동금액 또는 둘 다를 포함할 수 있다.
④ 비현금 대가의 공정가치가 대가의 형태만이 아닌 이유로 변동된다면, 변동대가 추정치의 제약규정을 적용하지 않는다.

03 수익의 인식 5단계 - 3단계: 거래가격의 산정

'고객과의 계약에서 생기는 수익'의 측정에 대한 설명으로 옳지 않은 것은?

2019년 국가직 7급

① 거래가격은 고객에게 약속한 재화나 용역을 이전하고 그 대가로 기업이 받을 권리를 갖게 될 것으로 예상하는 금액이며, 제3자를 대신하여 회수한 금액(예 일부 판매세)도 포함한다.
② 계약에서 약속한 대가에 변동금액이 포함된 경우에 고객에게 약속한 재화나 용역을 이전하고 그 대가로 받을 권리를 갖게 될 금액을 추정한다.
③ 고객이 현금 외의 형태로 대가를 약속한 계약의 경우에 거래가격을 산정하기 위하여 비현금 대가를 공정가치로 측정한다.
④ 고객에게 지급할 대가에는 기업이 고객에게 지급하거나 지급할 것으로 예상하는 현금 금액을 포함한다.

04 수익의 인식 5단계 – 3단계: 거래가격의 산정

'고객과의 계약에서 생기는 수익'에 대한 설명으로 옳지 않은 것은? 2018년 국가직 7급

① 기댓값으로 변동대가를 추정하는 경우 가능한 대가의 범위에서 가능성이 가장 높은 단일 금액으로 추정한다.
② 변동대가와 관련된 불확실성이 나중에 해소될 때, 이미 인식한 누적 수익금액 중 유의적인 부분을 되돌리지 않을 가능성이 매우 높을지를 평가할 때는 수익의 환원가능성 및 크기를 모두 고려한다.
③ 비현금 대가의 공정가치를 합리적으로 추정할 수 없는 경우에는, 그 대가와 교환하여 고객에게 약속한 재화나 용역의 개별 판매가격을 참조하여 간접적으로 그 대가를 측정한다.
④ 고객에게 약속한 재화나 용역, 즉 자산을 이전하여 수행의무를 이행할 때 수익을 인식한다.

정답 및 해설

01
▶ 오답체크
① 계약 당사자들이 계약을 (서면으로, 구두로, 그 밖의 사업 관행에 따라) 승인하고 각자의 의무를 수행하기로 확약한다.
② 이전할 재화나 용역과 관련된 각 당사자의 권리를 식별할 수 있고, 이전할 재화나 용역의 지급조건을 식별할 수 있다.
③ 계약에 상업적 실질이 있다.

02
비현금 대가의 공정가치가 대가의 형태만이 아닌 이유로 변동된다면, 변동대가 추정치의 제약규정[제1115호 고객과의 계약에서 발생한 수익 문단 56~58]을 적용한다.

03
거래가격은 고객에게 약속한 재화나 용역을 이전하고 그 대가로 기업이 받을 권리를 갖게 될 것으로 예상하는 금액이며, 제3자를 대신하여 회수한 금액(예 일부 판매세)은 수익금액에서 제외한다.

04
기댓값으로 변동대가를 추정하는 경우에는 가능한 대가의 범위에 있는 모든 금액에 각 확률을 곱한 금액의 합으로 추정한다.

정답 01 ④ 02 ④ 03 ① 04 ①

05 수익의 인식 5단계 - 4단계: 거래가격의 배분

'고객과의 계약에서 생기는 수익'에 대한 설명으로 옳지 않은 것은? 2020년 국가직 7급

① 거래가격을 배분하는 목적은 기업이 고객에게 약속한 재화나 용역을 이전하고 그 대가로 받을 권리를 갖게 될 금액을 나타내는 금액으로 각 수행의무에 거래가격을 배분하는 것이다.
② 개별 판매가격을 추정하기 위해 시장평가 조정 접근법을 적용하는 경우 개별 판매가격은 총 거래가격에서 계약에서 약속한 그 밖의 재화나 용역의 관측 가능한 개별 판매가격의 합계를 차감하여 추정한다.
③ 할인액 전체가 계약상 하나 이상의 일부 수행의무에만 관련된다는 관측 가능한 증거가 있는 때 외에는, 할인액을 계약상 모든 수행의무에 비례하여 배분한다.
④ 거래가격의 후속 변동은 계약 개시 시점과 같은 기준으로 계약상 수행의무에 배분하므로, 계약을 개시한 후의 개별 판매가격 변동을 반영하기 위해 거래가격을 다시 배분하지 않는다.

06 수익의 인식 5단계(종합)

수익의 인식에 관한 설명으로 옳지 않은 것은?

① 거래가격은 고객에게 약속한 재화나 용역을 이전하고 그 대가로 기업이 받을 권리를 갖게 될 것으로 예상하는 금액이며, 제3자를 대신해서 회수한 금액(예 일부 판매세)은 제외한다.
② 약속한 재화나 용역이 구별되지 않는다면, 구별되는 재화나 용역의 묶음을 식별할 수 있을 때까지 그 재화나 용역을 약속한 다른 재화나 용역과 결합한다.
③ 변동대가(금액)는 기댓값 또는 가능성이 가장 높은 금액 중에서 고객이 받을 권리를 갖게 될 대가(금액)를 더 잘 예측할 것으로 예상하는 방법을 사용하여 추정한다.
④ 계약의 각 당사자가 전혀 수행되지 않은 계약에 대해 상대방(들)에게 보상하지 않고 종료할 수 있는 일방적이고 집행 가능한 권리를 갖는다면, 그 계약은 존재하지 않는다고 본다.

07 수익의 인식 5단계(종합)

고객과의 계약에서 생기는 수익에서 측정에 대한 설명으로 옳지 않은 것은? 2022년 국가직 9급

① 기업이 받을 권리를 갖게 될 변동대가(금액)에 미치는 불확실성의 영향을 추정할 때에는 그 계약 전체에 하나의 방법을 일관되게 적용한다.
② 거래가격은 고객에게 약속한 재화나 용역을 이전하고 그 대가로 기업이 받을 권리를 갖게 될 것으로 예상하는 금액이며, 제삼자를 대신해서 회수한 금액도 포함된다.
③ 거래가격을 산정하기 위하여 기업은 재화나 용역을 현행 계약에 따라 약속대로 고객에게 이전할 것이고 이 계약은 취소·갱신·변경 되지 않을 것이라고 가정한다.
④ 계약에서 약속한 대가에 변동금액이 포함된 경우에 고객에게 약속한 재화나 용역을 이전하고 그 대가로 받을 권리를 갖게 될 금액을 추정한다.

08 거래형태별 수익의 인식(종합)

수익의 인식 시점이 재화·용역의 판매 시점인 경우로 가장 옳지 않은 것은? 2020년 서울시 7급

① 반품가능 재화의 판매로서 반품 관련 위험을 신뢰성 있게 추정할 수 없는 경우
② 수탁자가 재화의 소유에 따른 효익과 위험을 부담하지 않고 위탁자의 대리인으로서 재화를 맡아서 판매하는 위탁판매
③ 할부대금의 회수가 장기에 걸쳐 분할되어 있는 장기 할부판매
④ 상품권발행 후 재화를 인도하고 상품권을 받은 경우

정답 및 해설

05
개별 판매가격을 추정하기 위해 잔여접근법을 적용하는 경우 개별 판매가격은 총 거래가격에서 계약에서 약속한 그 밖의 재화나 용역의 관측 가능한 개별 판매가격의 합계를 차감하여 추정한다.

06
변동대가(금액)는 기댓값 또는 가능성이 가장 높은 금액 중에서 기업이 받을 권리를 갖게 될 대가(금액)를 더 잘 예측할 것으로 예상하는 방법을 사용하여 추정한다.

07
거래가격은 고객에게 약속한 재화나 용역을 이전하고 그 대가로 기업이 받을 권리를 갖게 될 것으로 예상하는 금액이며, 제삼자를 대신해서 회수한 금액도 제외된다.

08
반품가능 재화의 판매로서 반품 관련 위험을 신뢰성 있게 추정할 수 없는 경우에는 반품기간이 종료되거나 구매자가 매입의사를 표시할 때 수익으로 인식한다.

정답 05 ② 06 ③ 07 ② 08 ①

09 수익의 인식 5단계
고객과의 계약에서 생기는 수익에서 수행의무의 이행에 대한 설명으로 옳지 않은 것은?

2025년 국가직 9급

① 고객에게 약속한 재화나 용역, 즉 자산을 이전하여 수행의무를 이행할 때(또는 기간에 걸쳐 이행하는 대로) 수익을 인식한다.
② 고객이 자산을 통제하는지를 판단할 때, 그 자산을 재매입하는 약정을 고려하지 않는다.
③ 수행의무가 기간에 걸쳐 이행되지 않는다면, 그 수행의무는 한 시점에 이행되는 것이다.
④ 수행의무의 진행률을 합리적으로 측정할 수 있는 경우에만, 기간에 걸쳐 이행하는 수행의무에 대한 수익을 인식한다.

10 거래형태별 수익의 인식(위탁판매)
㈜한국은 20×1년부터 상품 A(단위당 판매가 ₩100,000, 단위당 매입원가 ₩60,000)의 위탁판매를 시작하면서, 수탁자에게 단위당 ₩10,000의 판매수수료를 지급하기로 하였다. 20×1년 ㈜한국이 수탁자에게 적송한 상품 A는 100개이며, 적송운임 ₩40,000은 ㈜한국이 부담하였다. 수탁자는 이 중 50개를 20×1년에 판매하였다. 20×1년 ㈜한국이 상품 A의 위탁판매와 관련하여 인식할 당기이익은?

2019년 지방직 9급

① ₩1,460,00
② ₩1,480,000
③ ₩1,500,000
④ ₩2,960,000

11 거래형태별 수익의 인식(반품권이 부여된 판매)
㈜세무는 20×1년 12월 31일 개당 원가 ₩150인 제품 100개를 개당 ₩200에 현금 판매하였다. ㈜세무는 판매 후 30일 이내에 고객이 반품하면 전액 환불해주고 있다. 반품률은 5%로 추정되며, 반품제품 회수비용, 반품제품의 가치 하락 및 판매 당일 반품은 없다. 동 거래에 관한 설명으로 옳지 않은 것은?

① 20×1년 인식할 매출액은 ₩19,000이다.
② 20×1년 인식할 이익은 ₩4,000이다.
③ '환불이 발생할 경우 고객으로부터 제품을 회수할 권리'를 20×1년 말 자산으로 인식하며, 그 금액은 ₩750이다.
④ 동 거래의 거래가격은 변동대가에 해당하기 때문에 받을 권리를 갖게 될 금액을 추정하여 수익으로 인식한다.

정답 및 해설

09
재매입약정의 경우 통제권이 이전되지 않을 수 있다.

10
(1) 매출: 50개 × 100,000 = 5,000,000
(2) 매출원가: 50개 × 60,400* = 3,020,000
 * [(100개 × 60,000) + 40,000]/100개 = 60,400
(3) 판매수수료: 50개 × 10,000 = 500,000
⇒ 당기이익: (1) + (2) + (3) = 1,480,000

11

(차) 현금	20,000	(대) 매출	20,000
(차) 매출	1,000	(대) 환불부채[1]	1,000
(차) 매출원가	15,000	(대) 재고자산	15,000
(차) 반품비용	0	(대) 매출원가[2]	750
반환재고회수권	750		

[1] 20,000 × 5% = 1,000
[2] 15,000 × 5% = 750

참고 반품 조건부로 판매되는 경우 환불부채의 측정치는 변동될 수 있으므로 반품 조건부 판매의 거래가격은 변동대가에 해당한다.

정답 09 ② 10 ② 11 ②

PART 13 건설계약

CHAPTER 1 건설계약 일반

1 건설계약의 의의

건설계약이란 교량, 건물, 댐, 파이프라인, 도로, 정제시설, 기계장치, 선박 또는 터널과 같은 자산을 건설하기 위하여 구체적으로 협의된 계약을 의미한다. 즉, 단일 자산의 건설이나 설계, 기술 및 기능 또는 그 최종 목적이나 용도에 있어서 밀접하게 상호 연관되거나 상호의존적인 복수 자산의 건설을 위해 구체적으로 협의된 계약을 말한다.

건설계약에 따라서 건설공사가 수행되는 가장 대표적인 것은 도급공사이다. 도급공사에서 시공사는 건설공사의 완성을 약정하고, 시행사가 그 결과에 대하여 대가의 지급을 약정한다.

건설업	분양공사: 시행사 = 시공사	⇒	재화의 판매: 인도기준
	도급공사: 시행사 ≠ 시공사	⇒	용역의 제공: 진행기준

건설계약은 계약금액의 결정방식에 따라 정액계약과 원가보상계약으로 분류된다. 어떤 건설계약은 정액계약과 원가보상계약의 성격을 모두 가질 수 있다.

정액계약	계약금액을 정액으로 하거나 산출물 단위당 가격을 정액으로 하는 건설계약으로 경우에 따라서 물가연동조항을 포함함
원가보상계약	원가의 일정 비율이나 정액의 수수료를 원가에 가산하여 보상받는 건설계약으로 이 경우 원가는 당사자 간에 인정되는 계약서에 정의된 원가를 의미함

2 계약수익

계약수익은 건설 사업자인 시공사가 발주자인 시행사로부터 지급받을 총 공사계약금액을 말하며 수령하였거나 수령할 대가의 공정가치로 측정한다. 이 경우 수령하였거나 수령할 대가의 공정가치는 지급받을 공사계약금액에 근거하며, 다음의 항목으로 구성된다.

측정	구성
수령하였거나 수령할 대가의 FV	① 최초에 합의된 계약금액 ② 공사변경, 보상금 및 장려금에 따라 추가되는 금액

1. 거래가격의 산정

(1) 포상금과 장려금

포상금과 장려금은 변동가능대가로 회계처리한다. 포상금과 장려금은 기대가치 또는 최선의 추정치 중 기업이 수취할 것으로 기대되는 금액을 보다 적절히 예측하는 방법으로 계약수익에 포함된다. 이들 금액은 누적 수익금액이 유의적으로 감소하지 않을 가능성이 매우 높은 경우에 한하여 거래가격에 포함된다. 기업은 유사한 형태의 이행 의무로부터의 경험을 평가하고, 이러한 경험에 기초하여 누적 수익금액을 유의적으로 감소시킬 가능성을 예측한다.

(2) 고객이 제공한 자재

계약의 충족을 돕기 위하여 고객으로부터 제공받은 재화나 용역(자재, 장비 또는 인력)의 가치는 기업이 제공된 재화나 용역을 통제한다면 비현금 대가로서 수익으로 인식한다. 비현금 대가는 공정가치로 측정하고, 공정가치를 합리적으로 추정할 수 없는 경우에만 이전되는 재화나 용역의 판매가격을 참조하여 측정한다.

(3) 보상금

보상금은 변동가능대가로 회계처리한다. 보상금은 기대가치 또는 최선의 추정치 중 기업이 수취할 것으로 기대되는 금액을 보다 적절히 예측하는 방법으로 계약수익에 포함된다. 이들 금액은 보상금과 관련된 불확실성이 후속적으로 해결되었을 때 누적 수익금액이 유의적으로 감소하지 않을 가능성이 매우 높은 경우에 한하여 거래가격에 포함된다.

3 계약원가

계약원가는 계약 체결일로부터 최종 완료일까지의 기간에 당해 계약에 귀속될 수 있는 총원가를 말한다. 계약원가는 다음 세 가지로 구성된다.

1. 특정 계약에 직접 관련된 원가

(1) 현장인력 노무원가, 직접재료원가, 계약에 사용된 생산설비와 건설장비의 감가상각비, 운반에 소요되는 원가, 임차원가, 예상 하자보수 원가를 포함한 복구 및 보증공사의 추정원가 및 제3자의 보상금 청구 등
(2) 특정 공사에만 사용할 목적으로 구입한 원재료, 생산설비 및 건설장비를 계약원가에 산입한 경우에는 공사가 완료된 후에 처분하여 받은 대가를 계약원가에서 차감한다.

2. 특정 공사에 배분할 수 있는 공통원가

(1) 보험료, 직접 관련되지 않은 설계와 기술지원 원가, 기타 건설 간접원가
(2) 공통원가는 체계적이고 합리적인 방법에 따라 배분(정상조업도 수준에 기초)되며, 비슷한 성격의 원가는 동일하게 적용한다.

3. 계약조건에 따라 발주자에게 청구할 수 있는 기타 원가

계약조건에 따라 보상받을 수 있는 일부 일반 관리원가와 연구 · 개발원가 등

> **Self Study**
> 1. 계약직접원가는 계약수익에 포함되지 않은 부수적 이익만큼 차감될 수 있다. (예 부수적 이익의 예로 잉여자재를 판매하거나 계약 종료 시점에 생산설비와 건설장비를 처분하여 발생하는 이익)
> 2. 계약공통원가는 체계적이고 합리적인 방법에 따라 배분, 유사한 성격의 모든 원가에 일관되게 적용한다. 이러한 원가배분은 건설활동의 정상조업도 수준에 기초한다.
> 3. 계약에 보상이 명시되지 않은 일반 관리원가, 판매원가, 연구·개발원가 및 특정 계약에 사용하지 않는 유휴 생산설비나 건설장비의 감가상각비와 같이 계약활동에 귀속될 수 없거나 특정 계약에 배분할 수 없는 원가는 계약원가에서 제외한다.

4 진행률

건설계약은 기업이 수행하여 만든 자산이 기업 자체에는 대체 용도가 없고, 지금까지 수행을 완료한 부분에 대해 집행 가능한 지급청구권이 기업에 있는 경우 기간에 걸쳐 이행하는 수행의무이므로 진행률을 측정하여 기간에 걸쳐 수익을 인식한다. 그러나 수행의무의 진행률을 합리적으로 측정할 수 없는 경우에는 수행의무의 산출물을 합리적으로 측정할 수 있을 때까지 발생원가의 범위에서만 수익을 인식한다.

구분	수익의 인식 방법	계약수익의 인식금액
진행률을 합리적으로 추정 O	진행기준	계약수익 × 진행률
진행률을 합리적으로 추정 ×	회수기준	발생원가의 범위 내

계약의 진행률은 계약의 성격에 따라 다음과 같은 방법 등으로 측정할 수 있다.

구분		계약진행률의 산정공식
투입가치비율	원가법	실제 누적 계약원가 ÷ 추정 총 계약원가
	투하노력법	실제 투하노력량 ÷ 추정 총 투하노력량
산출가치비율	완성단위법	실제 완성작업량 ÷ 추정 총 완성작업량
	완성가치법	실제 완성작업가치 ÷ 추정 총 완성작업가치

진행률을 원가기준으로 결정하는 경우 누적 발생계약원가에는 수행한 공사를 반영하는 계약원가만 포함한다. 따라서 공사를 수행하기 위해 투입하였으나 예상 밖으로 낭비된 원가나 비효율에서 생긴 원가는 계약의 진행 정도를 나타내지 못한다면 누적 발생계약원가에서 제외한다.

$$\text{누적진행률} = \frac{\text{누적 발생원가}}{\text{추정 총 계약원가}} = \frac{\text{전기 누적 발생원가} + \text{당기 발생원가}}{\text{당기 누적 발생원가} + \text{추가 예정 원가}}$$

진행기준에 따라 계약수익은 특정 진행률까지 발생한 계약원가에 대응되어, 그 결과로 진행률에 비례하여 계약수익, 계약비용 및 계약이익이 보고된다.

> **Self Study**
>
> 진행률 산정과 관련하여 고려할 사항들은 아래와 같다.
> 1. 발주자에게 수령한 기성금과 선수금은 흔히 수행한 공사의 정도를 반영하지 못하므로 진행률 산정 시 제외한다.
> 2. 진행률을 원가기준법으로 결정하는 경우 수행한 공사를 반영하는 계약원가만 누적 발생계약원가에 포함한다. 따라서 아래의 원가는 진행률 산정 시 제외한다.
>   ① 현장에서 인도되었거나 계약상 사용을 위해 준비되었지만 아직 계약공사를 위해 설치, 사용 또는 적용이 되지 않은 재료의 원가와 같은 계약상 미래 활동과 관련된 원가 (단, 재료가 계약을 위해 별도로 제작된 경우는 진행률 산정 시 반영)
>   ② 하도급계약에 따라 수행될 공사에 대해 하도급자에게 선급한 금액
>   ③ 공사를 수행하기 위해 투입하였으나 예상 밖으로 낭비된 원가나 비효율에서 생긴 원가는 계약의 진행정도를 나타내지 못한다면 누적 발생계약원가에서 제외하는 것이 합리적이다.

CHAPTER 2 건설계약의 회계처리

1 계약수익의 인식

건설계약은 건설계약의 결과를 신뢰성 있게 추정할 수 있을 때 진행기준에 따라 계약수익을 인식한다. 진행기준은 매 회계기간마다 누적기준에 따라 계약수익과 계약원가의 현행 추정치를 기초로 적용한다. 그러므로 계약수익이나 계약원가의 추정치 변경효과나 계약결과의 추정치 변경효과는 이루어진 회계기간과 그 후 기간의 당기손익으로 인식되는 수익과 비용의 금액 결정에 사용한다.

2 건설계약의 재무제표 공시

현행 건설계약 지침은 수익을 인식했지만 청구하지 않았을 때 미청구 채권(미청구공사)을 기록하도록 요구한다. 미청구 채권은 고객에게 거래명세서가 제출되었을 때 청구채권으로 이전한다. 건설회사는 고객이 대금을 지급하기 전에 용역을 제공했을 때 회사의 이행에 따른 대금에 대한 권리의 성격에 따라 계약자산 또는 채권을 기록한다.

건설회사가 대금지급에 대한 권리를 갖고 있을 때, 계약자산에서 공사미수금(채권)으로의 이전은 거래명세서 시점과 일치하지 않을 수 있다. 재무상태표에 인식하는 청구액을 초과하는 원가 및 원가를 초과하는 청구는 계약자산과 계약부채로 인식되어야 한다.

B/S				I/S			
계약자산	××	계약부채	××	계약원가	××	계약수익	××
수취채권	××			계약이익	××		

* 누적 수익 > 누적 대금청구액: 계약자산 = 누적 수익 − 누적 대금청구액
* 누적 수익 < 누적 대금청구액: 계약부채 = 누적 대금청구액 − 누적 수익
* 계약수익: 계약원가 + 계약손익

3 건설계약의 회계처리 및 산식 정리

1. 계약원가 발생과 기말 계약손익 인식

회계처리

[원가투입 시]
(차) 미성공사   A   (대) 현금   A

[기말 결산 시]
(차) 계약자산   B   (대) 계약수익   B
(차) 계약원가   A   (대) 미성공사   A

산식정리

누적수익	계약원가(누적) + 계약손익(누적) = 계약수익(누적) = 총 계약금액 × 누적진행률
계약손익	(총 계약수익 × 누적진행률) − (총 계약원가 × 누적진행률) − 전기까지 인식한 누적 손익 (총 계약수익 − 총 계약원가) × 누적진행률 − 전기까지 인식한 누적 손익

건설계약을 착공하게 되면 재료원가, 노무원가 등의 계약직접원가와 계약공통원가가 발생한다. 계약직접원가와 체계적·합리적인 방법으로 배분한 계약공통원가의 발생액은 미성공사로 인식한다.

진행기준은 건설계약금액을 진행률에 따라 각 회계기간에 배분한 금액을 수익으로 인식한다. 건설계약의 진행률은 누적진행률이고 건설계약금액은 공사변경 등의 사유로 변경될 수 있으므로 당기 계약수익은 당기 말 건설계약금액에 당기 진행률을 곱한 당기 누적 계약수익에서 전기말까지 인식한 전기 누적 계약수익을 차감하여 산출한다.

계약원가는 관련된 계약수익에 대응되는 금액이 인식되어야 한다. 그러므로 계약원가로 인식할 금액은 추정 총 계약원가를 진행률에 따라 각 회계기간에 배분한 금액이 된다. 진행률을 원가기준으로 산정하는 경우 추정 총 계약원가에 진행률을 곱한 금액은 누적 발생계약원가와 동일한 금액이 되므로 당기에 계약원가로 인식할 금액은 당기 발생계약원가와 동일하다.

진행기준에서는 건설계약금액을 진행기준에 따라 계약수익으로 인식하듯이 추정 총 계약원가도 진행률에 따라 계약원가로 인식한다. 그러므로 계약이익은 총계약이익을 진행률에 따라 배분한 금액과 일치한다.

2. 계약대금의 청구와 수령

> **회계처리**
>
> | 대금 청구 시
누적 계약수익 < 누적 대금청구액 | (차) 수취채권 | ×× | (대) 계약자산
계약부채 | 전기분
×× |
> |---|---|---|---|---|
> | 대금 회수 시 | (차) 현금 | ×× | (대) 수취채권 | ×× |

> **산식정리**
>
> | 수취채권 | 누적 대금청구액 − 누적 현금 회수액 |
> |---|---|

시공사는 공사기간 중에 시행사에게 건설계약대금을 청구하게 된다. 건설계약대금의 청구를 통하여 회수가 가능하게 된 금액은 수취채권으로 차변에 인식하고 대변에 계약자산으로 인식한 금액과 상계하여 잔액을 계약자산으로 표시하고 부족분은 계약부채로 표기한다. 수취채권은 시공사가 시행사로부터 수령할 채권으로 자산으로 분류한다.

시공사가 시행사에게 건설계약대금을 청구하면 건설계약대금을 수령하게 된다. 시공사는 시행사로부터 수령한 건설계약대금을 수취채권과 상계한다.

3. 공사 완공

> **회계처리**
>
> | 공사 완료 시 | (차) 현금 | ×× | (대) 수취채권 | ×× |
> |---|---|---|---|---|

건설계약과 관련된 공사가 완공되면 현금과 수취채권의 장부금액은 건설계약금액과 일치하게 된다. 그러므로 공사가 완공되는 시점에 현금과 수취채권을 서로 상계하여 재무상태표에서 제거한다.

> **Self Study**
> 총 계약원가에 대한 추정치가 변경되면 발주자와 협의하여 도급금액을 변경하는 경우가 있다. 이와 같이 계약원가나 도급금액이 변경될 경우, K-IFRS는 이러한 변경을 회계추정의 변경으로 보아 그 변경으로 인한 효과를 당기와 당기 이후의 기간에 반영하도록 규정하고 있다.

사례연습 1. 건설계약의 기본

A회사는 20×1년 초에 B회사와 건물 건설계약을 체결하였다. 공사계약액은 ₩1,200이고 20×3년 12월 31일까지 공사를 끝내기로 하였다. 관련 자료는 다음과 같다.

구분	20×1년	20×2년	20×3년
당기 발생원가	₩200	₩300	₩500
추정 총 계약원가	₩1,000	₩1,000	₩1,000
공사대금 청구액	₩400	₩400	₩400
공사대금 회수액	₩200	₩500	₩500

동 건설계약과 관련하여 A회사의 20×1년과 20×2년의 부분F/S를 작성하고 회계처리를 보이시오.

풀이

(1) 진행률 산정

구분	20×1년	20×2년	20×3년
당기 누적원가	200	500	1,000
추정 총 계약원가	1,000	1,000	1,000
진행률	20%	50%	100%

(2) 20×1년
[F/S 작성]

B/S
계약자산	0	계약부채	160
수취채권	200		

I/S
계약원가	200	계약수익	240
계약이익	40		

① 누적 수익: 1,200 × 20% = 240
② 누적 수익 240 < 누적 대금청구액 400
  ⇒ 계약부채 160(= 400 − 240)
③ 수취채권: 400 − 200 = 200
④ 계약이익:
  ⇒ (1,200 − 1,000) × 20% − 0 = 40

[회계처리]

원가투입 시	(차) 미성공사	200	(대) 현금		200
기말 결산 시	(차) 계약자산	240	(대) 계약수익		240
	(차) 계약원가	200	(대) 미성공사		200
대금 청구 시	(차) 수취채권	400	(대) 계약자산		240
			계약부채		160
대금 회수 시	(차) 현금	200	(대) 수취채권		200

(3) 20×2년
[F/S 작성]

B/S			
계약자산	0	계약부채	200
수취채권	100		

① 누적 수익: 1,200 × 50% = 600
② 누적 수익 600 < 누적 대금청구액 800
  ⇒ 계약부채 200(= 800 − 600)
③ 수취채권: 800 − 700 = 100
④ 계약이익:
  ⇒ (1,200 − 1,000) × 50% − 40 = 60

I/S			
계약원가	300	계약수익	360
계약이익	60		

[회계처리]

원가투입 시	(차) 미성공사	300	(대) 현금	300	
기말 결산 시	(차) 계약부채	160	(대) 계약수익	360	
	계약자산	200			
	(차) 계약원가	300	(대) 미성공사	300	
대금 청구 시	(차) 수취채권	400	(대) 계약자산	200	
			계약부채	200	
대금 회수 시	(차) 현금	500	(대) 수취채권	500	

기출문제

1. 다음은 ㈜대한이 2011년 수주하여 2013년 완공한 건설공사에 관한 자료이다.

구분	2011	2012	2013
당기 발생계약원가	₩ 20억	₩ 40억	₩ 60억
총 계약원가 추정액	₩ 80억	₩ 100억	₩ 120억
계약대금 청구액	₩ 30억	₩ 40억	₩ 50억
계약대금 회수액	₩ 20억	₩ 30억	₩ 70억

이 건설계약의 최초 계약금액은 ₩ 100억이었으나, 2012년 중 설계변경과 건설원가 상승으로 인해 계약금액이 ₩ 120억으로 변경되었다. ㈜대한이 2012년에 인식할 계약손익은? (단, 진행율은 누적 발생계약원가를 총 계약원가 추정액으로 나누어 계산한다)　　2013년 국가직 7급

① ₩ 5억 손실　　　　　　　　② ₩ 3억 손실
③ ₩ 3억 이익　　　　　　　　④ ₩ 7억 이익

해설
(1) 2011년도 진행률: 20억 ÷ 80억 = 25%
(2) 2012년도 진행률: 60억 ÷ 100억 = 60%
(3) 2011년도 누적 계약손익: (100억 − 80억) × 25% = 5억
(4) 2012년도 누적 계약손익: (120억 − 100억) × 60% = 12억
(5) 2012년도 당기 계약손익: 12억 − 5억 = 7억

정답 ④

기출문제

2. ㈜한국은 20×1년 1월 1일 총 계약금액 ₩60,000의 건설공사를 수주하였다. ㈜한국이 진행기준을 사용하여 해당 건설공사를 회계처리하는 경우, 20×2년 말 재무상태표에 표시할 미청구공사(= 계약자산) 금액은?

2017년 국가직 7급

항목	20×1년	20×2년	20×3년
누적 발생계약원가	₩8,000	₩35,000	₩50,000
총 계약 예정 원가	₩40,000	₩50,000	₩50,000
계약대금 청구액	₩10,000	₩30,000	₩20,000
계약대금 회수액	₩7,000	₩28,000	₩25,000

① ₩2,000
② ₩12,000
③ ₩40,000
④ ₩42,000

해설

(1) 20×2년 진행률: 35,000 ÷ 50,000 = 70%
(2) 20×2년 누적수익: 60,000 × 70% = 42,000
(3) 20×2년 누적 대금 청구액: 10,000 + 30,000 = 40,000
(4) 20×2년 말 재무상태표상 계약자산: 42,000 - 40,000 = 2,000

답 ①

CHAPTER 3 건설계약의 특수상황

1 손실이 예상되는 건설계약

전체 공사에서 계약이익이 예상될 때는 진행기준에 따라 수익을 인식하고 그에 대응하여 비용을 인식한다. 그러나 전체 공사에서 계약손실이 예상될 때(= 총 계약원가가 총 계약수익을 초과할 가능성이 높은 경우)에는 향후 예상되는 손실을 즉시 비용으로 인식한다. 이러한 처리는 진행기준을 적용하는 경우에도 손실이 예상되는 경우에는 이를 이연하지 않고 조기에 손실을 인식하여 보다 보수적인 회계처리를 하기 위한 것이다.

	20×1년	20×2년	20×3년
당기 계약손익	1st A	3rd B(역산)	5th C(역산)
20×2년 누적 계약손익	2nd 총 계약수익 - 20×2년 추정 총 계약원가 = A + B		
20×3년 누적 계약손익		4th 총 계약수익 - 20×3년 총 계약원가 = A + B + C	

계약손실이 예상되는 경우 계약손익
⇒ (총계약수익 − 추정총계약원가) × 누적진행률 − 전기누적계약손익 + (총계약수익 − 추정총계약원가) × (1 − 누적진행률)

⇒ $\dfrac{(총계약수익 - 추정총계약원가) \times 100\%}{A+B} - \dfrac{전기누적계약손익}{A}$

예상되는 손실에 대한 회계처리는 아래와 같다.

1. 예상손실 인식 회계처리 1안
[예상손실 인식 회계기간]
 (차) 손실부담계약손실   ××   (대) 손실부담계약충당부채   ××
[예상손실 환입 회계기간]
 (차) 손실부담계약충당부채   ××   (대) 손실부담계약손실환입   ××

2. 예상손실 인식 회계처리 2안
[예상손실 인식 회계기간]
 (차) 예상손실   ××   (대) 미성공사   ××
[예상손실 환입 회계기간]
 (차) 미성공사   ××   (대) 예상손실환입   ××

특정 회계연도에 계약손실이 발생하였지만 전체공사에서 이익이 예상되는 경우에는 예상 손실액을 조기에 인식할 필요가 없다. 이는 전기까지 이익을 계상한 상황에서 추정 총 계약원가가 급격히 증가하여 그 동안 인식한 계약이익 중 일부를 감소시켜야 하는 경우에 해당하며 이때는 미래 예상 손실액을 조기 인식하지 않고 해당 회계연도분의 손실만을 인식한다.

● 건설계약의 손실 인식

계약체결 후 공사 착수 이전	즉시 예상 손실액 인식
건설 중 추정 총 예정 원가 > 총 계약수익	예상 손실액을 전액 당기비용 인식
공사 전체 이익 예상, 특정 연도 계약손실 발생	당기 발생 손익만 반영

사례연습 2. 손실이 예상되는 건설계약

20×1년 초에 ㈜대박건설은 서울시와 도서관 건물을 건설하는 계약을 체결하였다. 공사기간은 20×3년 말까지이며 총 공사계약금액은 ₩1,000,000이다. 관련 자료는 다음과 같다.

구분	20×1년	20×2년	20×3년
공사진행률	30%	80%	100%
추정 총 계약원가	₩800,000	₩1,050,000	₩1,100,000
당기 발생계약원가	₩240,000	₩600,000	₩260,000
진행 청구액	₩250,000	₩500,000	₩250,000
현금 회수액	₩200,000	₩400,000	₩400,000

[물음 1]
㈜대박건설이 20×1년 ~ 20×3년간 각 연도별로 인식할 계약이익(손실)을 구하시오.

[물음 2]
㈜대박건설이 20×1년부터 20×3년까지 해야 할 회계처리를 보이시오.

> 풀이

[물음 1]
진행률 산정

	20×1년	20×2년	20×3년
당기 계약이익	1st A 60,000	3rd B(역산) (110,000)	5th C(역산) (50,000)
20×2년 누적 계약손익		2nd 총 계약수익 − 20×2년 추정 총 계약원가 = A + B (1,000,000 − 1,050,000) = (50,000)	
20×3년 누적 계약이익			4th 총 계약수익 − 20×3년 총 계약원가 = A + B + C (1,000,000 − 1,100,000) = (100,000)

* A(20×1년 계약이익) = (1,000,000 − 800,000) × 30% = 60,000

[물음 2]
(1) 20×1 회계처리

원가투입 시	(차) 미성공사	240,000	(대) 현금	240,000
기말 결산 시	(차) 계약자산	300,000	(대) 계약수익	300,000
	(차) 계약원가	240,000	(대) 미성공사	240,000
대금 청구 시	(차) 수취채권	250,000	(대) 계약자산	250,000
대금 회수 시	(차) 현금	200,000	(대) 수취채권	200,000

(2) 20×2년 회계처리

원가투입 시	(차) 미성공사	600,000	(대) 현금	600,000
기말 결산 시	(차) 계약자산	500,000	(대) 계약수익	500,000
	(차) 계약원가	600,000	(대) 미성공사	600,000
	(차) 손실부담계약손실	10,000	(대) 손실부담계약충당부채	10,000
대금 청구 시	(차) 수취채권	500,000	(대) 계약자산	500,000
대금 회수 시	(차) 현금	400,000	(대) 수취채권	400,000

(3) 20×3년 회계처리

원가투입 시	(차) 미성공사	260,000	(대) 현금	260,000
기말 결산 시	(차) 계약자산	200,000	(대) 계약수익	200,000
	(차) 계약원가	260,000	(대) 미성공사	260,000
	(차) 손실부담계약충당부채	10,000	(대) 손실부담계약손실환입	10,000
대금 청구 시	(차) 수취채권	250,000	(대) 계약자산	250,000
대금 회수 시	(차) 현금	400,000	(대) 수취채권	400,000

핵심 빈출 문장

01 계약직접원가는 계약수익에 포함되지 않은 부수적 이익만큼 차감될 수 있다. (예 부수적 이익의 예로 잉여자재를 판매하거나 계약 종료 시점에 생산설비와 건설장비를 처분하여 발생하는 이익)

02 발주자에게 수령한 기성금과 선수금은 흔히 수행한 공사의 정도를 반영하지 못하므로 진행률 산정 시 제외한다.

03 특정 회계연도에 계약손실이 발생하였지만 전체공사에서 이익이 예상되는 경우에는 예상 손실액을 조기에 인식할 필요가 없다. 이는 전기까지 이익을 계상한 상황에서 추정 총 계약원가가 급격히 증가하여 그 동안 인식한 계약이익 중 일부를 감소시켜야 하는 경우에 해당하며 이때는 미래 예상 손실액을 조기 인식하지 않고 해당 회계연도분의 손실만을 인식한다.

MEMO

확인 문제

01 건설계약 계산형 문제(계약손익)

2007년 3월 1일에 ㈜대한건설은 정부로부터 건물 신축공사를 수주하였다. 총 공사계약금액은 ₩120,000이며, 완성 시점인 2009년 말까지 건설과 관련된 모든 원가자료는 다음과 같다. ㈜대한건설이 진행기준을 적용할 때 2008년에 인식할 공사이익은? 2010년 지방직 9급

	2007년	2008년	2009년
발생한 누적 공사원가	₩20,000	₩60,000	₩80,000
추가로 소요될 원가 추정액	₩40,000	₩20,000	-
총 공사원가 추정액	₩60,000	₩80,000	₩80,000

① ₩10,000
② ₩20,000
③ ₩30,000
④ ₩40,000

02 건설계약 계산형 문제(종합)

㈜대한은 2014년 1월 1일에 도로건설계약(공사기간: 2014. 1. 1. ~ 2016. 12. 31.)을 체결하고 공사를 진행하였다. 총 계약수익은 ₩300,000이며, 이 도로를 건설하는 데 필요한 총 계약원가는 ₩200,000으로 추정되었다. 당해 건설계약에서 실제로 발생한 누적 계약원가가 다음과 같을 때, 이 건설계약에 대한 설명으로 옳지 않은 것은? (단, 진행률은 실제 발생한 누적 계약원가를 추정 총 계약원가로 나눈 비율로 계산한다) 2016년 국가직 9급

구분	2014년	2015년	2016년
누적 계약원가	₩50,000	₩130,000	₩200,000

① 2014년의 계약진행률은 25%이다.
② 2016년의 계약수익은 ₩105,000이다.
③ 2015년까지의 누적 계약진행률은 65%이다.
④ 2015년에 인식할 계약이익은 ₩65,000이다.

정답 및 해설

01
(1) 2007년 진행률: 20,000 ÷ (20,000 + 40,000) = 1/3
(2) 2008년 진행률: 60,000 ÷ (60,000 + 20,000) = 75%
(3) 2007년 누적 계약이익: (120,000 − 60,000) × 1/3 = 20,000
(4) 2008년 누적 계약이익: (120,000 − 80,000) × 75% = 30,000
(5) 2008년 계약이익: 30,000 − 20,000 = 10,000

02
(1) 2014년 누적 계약이익: (300,000 − 200,000) × 25% = 25,000
(2) 2015년 누적 계약이익: (300,000 − 200,000) × 65% = 65,000
(3) 2015년 당기 계약이익: (2) − (1) = 40,000

▶ 오답체크
① 14년 누적진행률: 50,000 ÷ 200,000 = 25%
② (1) 2015년 누적 계약수익: 300,000 × 65% = 195,000
　(2) 2016년 누적 계약수익: 300,000 × 100% = 300,000
　(3) 2016년 당기 계약수익: (2) − (1) = 105,000
③ 15년 누적진행률: 130,000 ÷ 200,000 = 65%

정답　01 ①　02 ④

03 손실이 예상되는 건설계약

㈜한국은 20×1년 초에 한국도로공사와 고속도로 1구간의 건설계약을 ₩800,000에 체결하였다. 해당 고속도로는 20×3년 말에 완공되었으며, 동 건설계약과 관련된 자료는 다음과 같다.

구분	20×1년	20×2년	20×3년
당기 발생원가	₩130,000	₩380,000	₩340,000
추정 총 계약원가	₩650,000	₩850,000	₩850,000
계약대금 청구액	₩150,000	₩350,000	₩300,000
계약대금 회수액	₩120,000	₩360,000	₩320,000

㈜한국이 이 건설계약에 대한 설명으로 옳지 않은 것은? (단, 공사진행률은 주어진 자료를 사용하여 계산한다)

2011년 국가직 7급 변형

① 20×2년에 인식할 계약수익은 ₩320,000이다.
② 20×2년에 인식할 계약손실은 ₩60,000이다.
③ 20×2년에 수취채권의 기말 장부금액은 ₩20,000이다.
④ 20×1년에 인식할 계약이익은 ₩30,000이다.

정답 및 해설

03

	20×1년	20×2년	20×3년
당기 계약이익(손실)	1st A 30,000[1]	3rd B(역산) (80,000)	5th C(역산) 0
20×2년 누적 계약손익		2nd 총 계약수익 − 20×2년 추정 총 계약원가 = A + B (800,000 − 850,000) = (50,000)	
20×3년 누적 계약이익			4th 총 계약수익 − 20×3년 총 계약원가 = A + B + C (800,000 − 850,000) = (50,000)

[1] A(20×1년 계약이익) = (800,000 − 650,000) × 20% = 30,000
(1) 20×1년 진행률: 130,000 ÷ 650,000 = 20%
(2) 20×2년 진행률: (130,000 + 380,000) ÷ 850,000 = 60%
(3) 20×2년 계약수익: 800,000 × 60% − 800,000 × 20% = 320,000
(4) 20×2년 수취채권: (150,000 + 350,000) − (120,000 + 360,000) = 20,000

정답 03 ②

PART 14 회계변경 및 오류수정

CHAPTER 1 회계변경과 오류수정의 기초

1 회계변경

1. 의의

회계변경은 기업회계기준이나 법령의 제정, 개정, 경제 환경의 변화, 기술 및 경영 환경의 변화 등으로 기업이 현재 채택하고 있는 회계정책이나 회계추정을 다른 회계정책이나 회계추정으로 변경하는 것을 말한다.

회계변경의 구성

회계변경	회계정책의 변경	GAAP ○	⇒	GAAP ○
	회계추정의 변경	추정방법 A	⇒	추정방법 B

Additional Comment

기업이 재무제표를 작성할 때 거래나 사건 또는 상황에 대해서 두 가지 이상의 회계정책 중 한 가지를 선택하여 적용하는 경우가 있다. 예를 들어 재고자산의 단가를 결정할 때 선입선출법과 평균법 중 한 가지 방법을 선택하거나, 유형자산에 대해서 원가모형과 재평가모형 중 한 가지 방법을 선택하는 경우가 여기에 해당한다. 또한 재무제표를 작성하는 과정에서 회계추정이 필요한 경우도 많다. 예를 들어 유형자산의 내용연수를 추정한다든가, 충당부채의 발생금액을 추정하는 경우가 여기에 해당한다. 기업이 선택한 회계정책이나 회계추정은 매년 일관성 있게 적용하여야 한다. 기업이 임의로 회계정책이나 회계추정을 변경하면 재무제표의 비교가능성이 낮아질 수 있기 때문이다. 그러나 기업 환경이 변하고 회계추정을 변경하지 못하게 하면 오히려 목적적합한 회계정보를 제공하기 어려울 수 있다. 회계변경이란 기업이 선택하고 적용하여 오던 회계정책이나 회계추정을 변경하는 것을 말한다. 변경의 타당성이 인정된다면 과년도에 적용했던 회계정책이나 회계추정을 변경함으로써 더 유용한 회계정보를 제공할 수 있을 것이다.

2. 회계정책의 변경

(1) 회계정책

회계정책이란 기업이 재무제표를 작성·표시하기 위하여 적용하는 구체적인 원칙, 근거, 관습, 규칙 및 관행을 말한다. 우리나라는 거래, 기타 사건 또는 상황에 한국채택국제회계기준을 구체적으로 적용하는 경우, 그 항목에 적용되는 회계정책은 한국채택국제회계기준을 적용하여 결정될 것이다.

(2) 회계정책의 일관성

한국채택국제회계기준에서 특정 범주별로 서로 다른 회계정책을 적용하도록 규정하거나 허용하는 경우를 제외하고는 유사한 거래, 기타 사건 및 상황에는 동일한 회계정책을 선택하여 일관성 있게 적용한다. 만약 한국채택국제회계기준에서 범주별로 서로 다른 회계정책을 적용하도록 규정하거나 허용하는 경우, 각 범주에 대하여 선택한 회계정책을 일관성 있게 적용한다.

(3) 회계정책의 변경

회계정책의 변경은 재무제표의 작성과 보고에 적용하던 회계정책을 다른 회계정책으로 바꾸는 것이다. 회계정책은 기업이 재무제표를 작성·표시하기 위하여 적용하는 구체적인 원칙, 근거, 관습, 규칙 및 관행을 말한다.

회계정책의 변경은 한국채택국제회계기준에서 인정하는 회계정책에서 한국채택국제회계기준에서 인정하는 또 다른 회계정책으로 변경하는 것을 말한다. 따라서 회계정책의 변경은 한국채택국제회계기준에서 대체적인 회계처리방법을 허용하는 경우에만 가능하다. 회계정책의 변경은 두 가지 회계정책을 기업이 임의로 선택할 수 있는 경우에만 가능하며, 이러한 경우는 다음과 같다.

① 유형자산을 원가모형에서 재평가모형으로, 재평가모형에서 원가모형으로 변경
② 투자부동산을 원가모형에서 공정가치모형으로, 공정가치모형에서 원가모형으로 변경
③ 재고자산의 단가결정방법을 선입선출법에서 가중평균법으로, 가중평균법에서 선입선출법으로 변경
④ 재고자산의 저가기준평가 시 항목별에서 조별로, 조별에서 항목별로 변경

Additional Comment

회계정책의 변경은 한국채택국제회계기준에서 인정된 회계원칙에서 한국채택국제회계기준에서 인정하는 다른 대체적인 회계원칙으로 변경하는 것을 의미한다는 것에 유의해야 한다. 만약 한국채택국제회계기준에서 인정하지 않는 원칙으로 변경하는 것은 오류이므로 허용되지 않으며, 한국채택국제회계기준에서 인정하지 않는 원칙에서 인정하는 원칙으로 변경하는 것은 회계정책의 변경이 아니라 오류수정이다.

(4) 회계정책의 변경이 가능한 경우

다음 중 하나의 경우에 해당한다면 기업은 회계정책을 변경할 수 있다.

① 한국채택국제회계기준에서 회계정책의 변경을 요구하는 경우
② 회계정책의 변경을 반영한 재무제표가 특정 거래, 기타 사건 또는 상황의 재무상태, 재무성과 또는 현금흐름에 미치는 영향에 대하여 신뢰성 있고 더 목적적합한 정보를 제공하는 경우

(5) 회계정책의 변경에 해당하지 않는 경우

다음의 경우는 회계정책의 변경에 해당하지 않는다.

① 과거에 발생한 거래와 실질이 다른 거래, 기타 사건 또는 상황에 대하여 다른 회계정책을 적용하는 경우
② 과거에 발생하지 않았거나 발생하였어도 중요하지 않았던 거래, 기타 사건 또는 상황에 대하여 새로운 회계정책을 적용하는 경우

Self Study

한국채택국제회계기준을 조기 적용하는 것은 자발적인 회계정책의 변경에 해당하지 아니한다. 거래, 기타 사건 또는 상황에 구체적으로 적용되는 한국채택국제회계기준이 없는 경우, 경영진은 유사한 개념체계를 사용하여 회계기준을 개발하는 회계기준제정기구가 가장 최근에 발표한 회계기준에 기초한 회계정책을 적용할 수 있다. 만약 회계기준의 개정에 따라 회계정책을 변경하기로 하였다면, 이 경우에 회계변경은 자발적인 회계정책의 변경으로 회계처리하고 공시한다.

3. 회계추정의 변경

(1) 회계추정

회계추정이란 최근의 이용 가능하고 신뢰성 있는 정보에 기초한 판단으로 자산과 부채의 현재 상태를 평가하거나 자산과 부채와 관련된 예상되는 미래경제적효익과 의무를 평가하는 것을 말한다. 사업활동에 내재된 불확실성으로 인하여 재무제표의 많은 항목이 정확히 측정될 수 없고 추정될 수밖에 없으며, 추정은 최근의 이용 가능하고 신뢰성 있는 정보에 기초한 판단을 수반한다. 회계추정이 필요할 수 있는 항목의 예는 다음과 같다.

① 손상
② 재고자산의 진부화
③ 금융자산이나 금융부채의 공정가치
④ 감가상각자산의 내용연수 또는 감가상각자산에 내재된 미래경제적효익의 기대소비형태(= 감가상각방법)
⑤ 품질보증의무

Additional Comment

유형자산의 감가상각방법은 자산의 미래경제적효익이 소비되는 형태를 반영하여 결정하므로 기업이 특정 방법을 임의적으로 선택할 수 있는 것이 아니고 자산의 미래경제적효익이 소비되는 형태에 적합한 방법이 무엇인지를 판단하고 그 방법만을 사용하여야 한다. 그러므로 유형자산의 감가상각방법을 변경하는 것은 당해 자산의 미래경제적효익이 소비되는 형태가 변경되어야만 가능하다. 이와 같은 이유로 유형자산의 감가상각방법을 변경하는 것은 회계정책의 변경이 아니고, 회계추정의 변경에 해당한다.

(2) 회계추정의 변경

회계추정의 변경은 새로운 정보의 획득, 새로운 상황의 전개 등에 따라 지금까지 사용해오던 회계적 추정치를 바꾸는 것을 말한다. 회계추정은 기업 환경의 불확실성하에서 미래의 재무적 결과를 사전적으로 예측하는 것을 말한다. 회계추정의 변경은 아래와 같다.

① 재고자산 진부화 정도에 대한 판단 변경
② 감가상각자산의 상각방법, 잔존가치 및 내용연수의 변경
③ 품질보증의무(충당부채)의 추정의 변경
④ 자산의 손상차손 추정의 변경
⑤ 거래가격에 반영할 변동대가 추정치의 변경
⑥ 반품권이 있는 판매에서 반품비율 추정의 변경
⑦ 기간에 걸쳐 자산의 통제가 이전되는 경우 진행률 추정의 변경

Additional Comment

기준서 제1113호 '공정가치 측정'에서 공정가치 측정을 위해 사용하는 가치평가기법을 일관되게 적용하되, 새로운 정보를 구하거나 가치평가기법이 개선되는 등의 상황에서는 가치평가기법이나 그 적용방법을 변경할 수 있도록 하였으며 이를 회계추정의 변경으로 회계처리하도록 규정하고 있다. 그러나 측정기준의 변경(예 역사적 원가에서 공정가치로의 변경)은 회계추정의 변경이 아니라 회계정책의 변경에 해당한다. 회계추정의 변경은 오류의 수정과 구분되어야 한다. 회계추정의 변경은 새로운 상황의 전개 등에 따라 지금까지 사용해왔던 회계추정치를 바꾸는 것이므로, 당초에 잘못된 정보에 근거하여 설정된 회계추정치를 바꾸는 것은 회계추정의 변경이 아니라 오류수정에 해당한다.

2 오류수정

1. 전기오류의 정의

전기오류란 과거 기간 동안에 재무제표를 작성할 때 신뢰할 만한 정보를 이용하지 못했거나 잘못 이용하여 발생한 재무제표에서의 누락이나 왜곡표시를 말한다. 여기서 신뢰할 만한 정보는 다음을 모두 충족하는 정보를 의미한다.

① 해당 기간 재무제표의 발행승인일에 이용 가능한 정보
② 당해 재무제표의 작성과 표시를 위하여 획득하여 고려할 것이라고 합리적으로 기대하는 정보

이러한 오류에는 산술적 계산오류, 회계정책의 적용 오류, 사실의 간과 또는 해석의 오류 및 부정 등의 영향을 포함한다.

2. 오류수정의 정의

오류수정은 당기 중에 발견한 당기의 잠재적 오류나 후속 기간 중에 발견한 전기 이전의 오류를 재무제표의 발행승인일 전에 수정하는 것을 말한다. 즉 일반적으로 인정되지 아니한 회계원칙에서 일반적으로 인정된 회계원칙으로 수정하는 것이 오류수정이다.

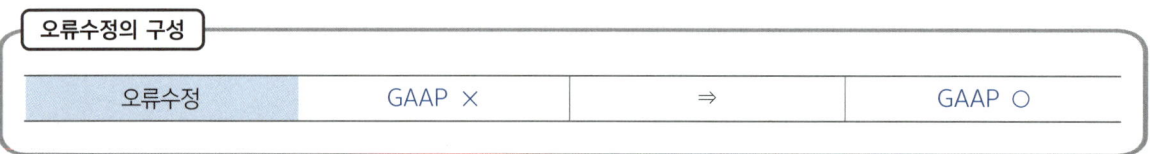

오류수정의 구성

| 오류수정 | GAAP × | ⇒ | GAAP ○ |

오류수정은 회계추정의 변경과 구별된다. 회계적 추정치는 성격상 추가 정보가 알려지는 경우 수정이 필요할 수도 있는 근사치의 개념이다. 예로 우발상황의 결과에 따라 인식되는 손익은 오류의 수정에 해당하지 않는다.

3 회계처리방법

회계변경을 회계처리하기 위해서는 회계변경 시점을 먼저 정하는 것이 필요하다. 기업이 회계변경을 하기로 결정한 실제 시점에 관계없이 회계변경은 회계변경을 한 회계연도의 기초 시점에 이루어진 것으로 간주한다.

> **Additional Comment**
>
> 20×1년 중 회계변경을 하였다면 20×1년 1월 1일에 회계변경이 이루어진 것으로 본다.

회계변경과 오류수정에 대한 회계처리방법으로는 손익을 수정하는 시기에 따라 소급법과 전진법이 있다.

1. 소급법

소급법은 회계변경을 한 회계연도의 기초 시점에서 당해 회계변경이 이익잉여금에 미친 누적효과를 계산하여 새로운 회계정책이 처음부터 적용되어 온 것처럼 소급하여 수정하는 방법을 말한다.

> **Example** 소급법의 적용
>
> A사는 20×1년 초에 재고자산 원가흐름의 가정을 이동평균법에서 선입선출법으로 변경하였다. 이 경우 변경 전의 방법인 이동평균법에 의한 기초 재고자산금액이 ₩500이고, 처음부터 변경 후의 방법인 선입선출법을 사용하였다면 기초 재고자산금액이 ₩400으로 계산되었다. 이동평균법을 적용한 경우의 기초 이월이익잉여금은 ₩1,000이라고 할 때, 변경 전 재무상태표를 변경 후 재무상태표로 수정하기 위해서는 장부금액이 다른 항목들을 수정하면 되는데 이때 소급법을 적용하여 회계처리하면 다음과 같다.
>
> (차) 이익잉여금 100   (대) 재고자산 100

이때 회계변경이 회계변경을 한 회계연도의 기초 이월이익잉여금에 미친 효과를 회계변경의 누적효과라고 하는데, 변경 전 방법을 적용한 경우의 기초 이월이익잉여금과 변경 후 방법을 처음부터 적용하였다고 가정하는 경우의 기초 이월이익잉여금의 차이를 말한다. 결국 누적효과는 변경 전 방법에 의한 당해 항목의 기초 장부금액과 변경 후 방법을 처음부터 적용한 경우 당해 항목의 기초 장부금액의 차이와 같다.

> **회계변경의 누적효과**
>
> 순자산의 증감 및 변화를 일으키는 사건인 거래에서 자본거래가 아닌 손익거래의 경우에는 자산과 부채의 증감은 수익과 비용의 증가를 동반하게 된다. 그러므로 회계변경에 따른 누적효과는 다음과 같이 계산할 수 있다.
> ① 변경 전 방법에 의한 기초 이월이익잉여금 - 변경 후 방법에 의한 기초 이월이익잉여금
> ② 변경 전 방법에 의한 기초 장부금액 - 변경 후 방법에 의한 기초 장부금액

> **Additional Comment**
>
> 소급적용이란 새로운 회계정책을 처음부터 적용한 것처럼 거래, 기타 사건 및 상황에 적용하고, 과거 재무제표를 새로운 회계정책을 적용하여 수정하는 방법을 말한다. 소급적용은 회계변경의 누적효과를 이익잉여금으로 처리하며, 회계변경으로 인하여 새롭게 채택한 회계정책을 처음부터 적용한 것으로 가정하므로 비교재무제표를 공시할 때 비교 대상이 되는 과거 연도의 재무제표를 새로운 회계처리방법을 적용하여 수정하여야 한다.

> **Self Study**
>
> 회계변경을 소급적용하는 경우에는 회계변경의 누적효과가 비교재무제표를 공시할 때 비교 대상이 되는 과거 연도의 재무제표에 반영되므로 재무제표의 비교가능성이 제고된다는 장점이 있으나, 과거의 재무제표를 새로운 회계정책에 따라 소급하여 수정하므로 재무제표의 신뢰성이 훼손되는 단점이 있다.

2. 전진법

전진법은 회계변경 이전에 보고된 재무제표에 어떠한 수정도 하지 않으며, 회계변경의 누적효과도 계산하지 않는 방법을 말한다. 전진법은 회계변경의 영향을 회계변경을 한 이후의 회계기간에만 반영하므로 미래적 처리법이라고도 한다.

> **Example 전진법의 적용**
>
> A사는 20×1년 초에 재고자산 원가흐름의 가정을 이동평균법에서 선입선출법으로 변경하였다. 이 경우 변경 전의 방법인 이동평균법에 의한 기초 재고자산금액이 ₩ 500이고, 처음부터 변경 후의 방법인 선입선출법을 사용하였다면 기초 재고자산금액이 ₩ 400으로 계산되었다. 이동평균법을 적용한 경우의 기초 이월이익잉여금은 ₩ 1,000이라고 할 때, 전진법을 적용하여 기초 재고자산의 장부금액에 대한 수정은 없다.

> **Self Study**
>
> 전진법의 장점은 실무적용이 간편하고 재무제표의 신뢰성을 유지할 수 있다는 것이다. 단점으로는 비교가능성이 저하되고 회계변경의 효과를 파악하기 어렵다는 것이다.

소급법, 전진법의 비교

구분	변경 전 기초 BV	누적효과 반영	변경 후 기초 BV	당기효과 반영	변경 후 기말 BV
소급법		이익잉여금		당기손익	
전진법		기초 장부가액으로 신규 취득 가정			

3. 한국채택국제회계기준의 적용

한국채택국제회계기준에서는 회계정책의 변경은 소급적용하며, 회계추정의 변경은 전진적용하도록 규정하고 있다. 또한, 중요한 전기 오류는 소급하여 수정하도록 규정하고 있다.

한국채택국제회계기준의 적용

구분	적용
회계정책의 변경 ⇒	소급적용
회계추정의 변경 ⇒	전진적용
중요한 전기 오류의 수정 ⇒	소급적용
중요하지 않은 전기 오류의 수정 ⇒	IFRS 규정 없음

* 회계정책의 변경과 회계추정의 변경을 구분할 수 없는 경우에는 회계추정의 변경으로 봄

> **Additional Comment**
>
> 한국채택국제회계기준에서는 중요하지 않은 전기 오류의 수정에 대하여 명문화된 규정이 없다. 수험 목적상 문제에 특별한 언급이 없다면 오류수정의 회계처리는 모두 중요한 오류라고 가정하고 풀이하는 것이 옳다.

사례연습 1. 회계변경 및 오류수정의 회계처리

㈜한영은 20×1년 초에 내용연수 5년, 잔존가치 0인 기계장치를 ₩100에 구입하여 정액법으로 상각하던 중 20×2년 초에 내용연수를 2년으로 변경하였다. (단, 법인세는 없는 것으로 가정한다)

[물음 1]
위의 회계변경을 소급법으로 회계처리하는 경우에 ㈜한영이 20×2년에 해야 할 회계처리를 제시하시오.

[물음 2]
위의 회계변경을 전진법으로 회계처리하는 경우에 ㈜한영이 20×2년에 해야 할 회계처리를 제시하시오.

풀이

[물음 1]
소급법 적용

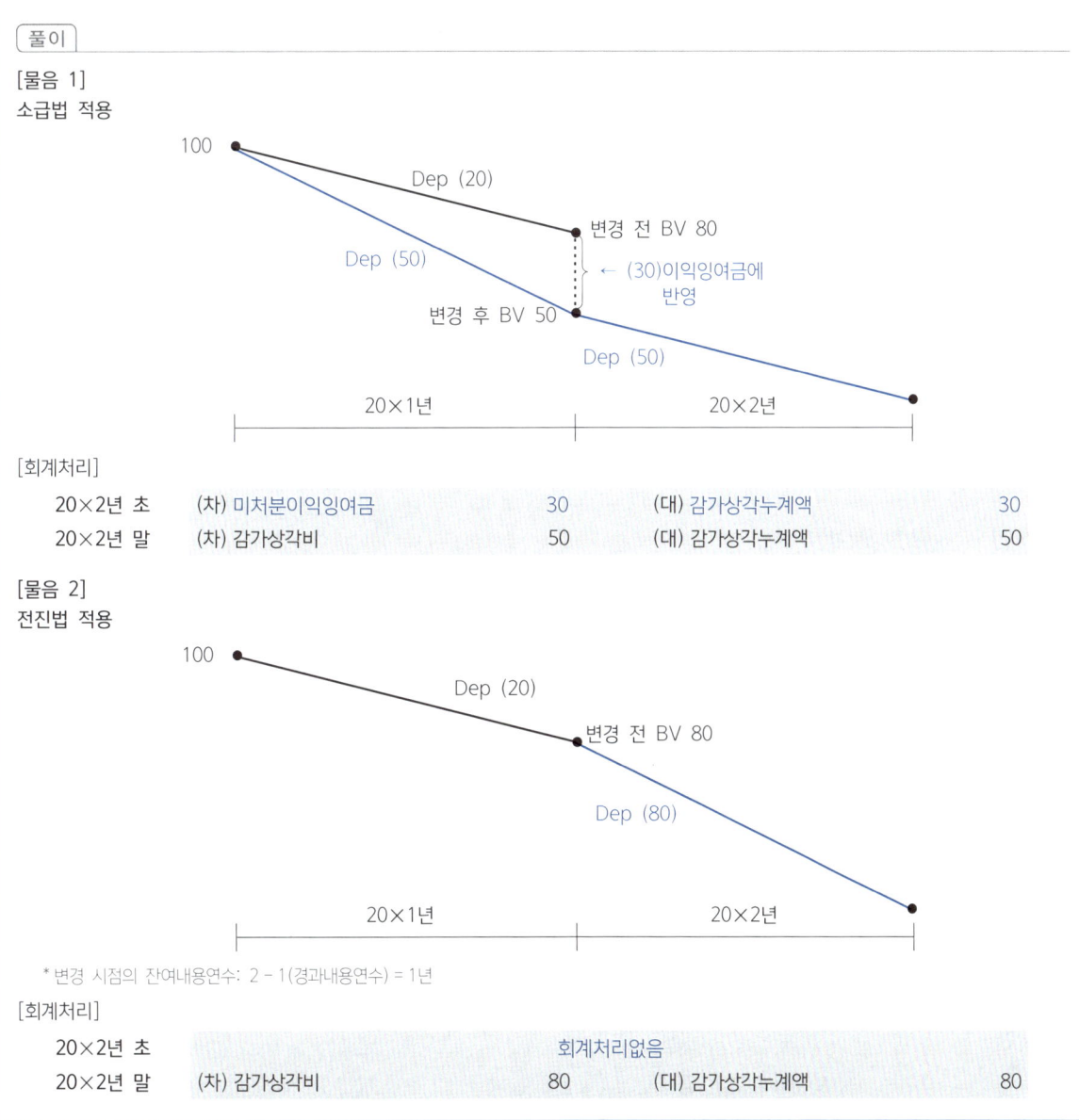

[회계처리]

20×2년 초	(차) 미처분이익잉여금	30	(대) 감가상각누계액	30
20×2년 말	(차) 감가상각비	50	(대) 감가상각누계액	50

[물음 2]
전진법 적용

* 변경 시점의 잔여내용연수: 2 - 1(경과내용연수) = 1년

[회계처리]

20×2년 초		회계처리없음		
20×2년 말	(차) 감가상각비	80	(대) 감가상각누계액	80

CHAPTER 2 회계정책의 변경의 적용

1 원칙

회계정책의 변경은 특정 기간에 미치는 영향이나 누적효과를 실무적으로 결정할 수 없는 경우를 제외하고는 다음과 같이 처리한다.

> ① 경과규정이 있는 한국채택국제회계기준을 최초 적용하는 경우에 발생하는 회계정책의 변경은 해당 경과규정에 따라 회계처리한다.
> ② 경과규정이 없는 한국채택국제회계기준을 최초 적용하는 경우에 발생하는 회계정책의 변경이나 자발적인 회계정책의 변경은 소급적용한다.

회계정책의 변경을 소급적용하는 경우 비교표시되는 가장 이른 과거 기간의 영향을 받는 자본의 각 구성요소의 기초 금액과 비교 공시되는 각 과거 기간의 기타 대응금액을 새로운 회계정책이 처음부터 적용된 것처럼 조정한다.

> **Additional Comment**
> 한국채택국제회계기준 기준서 제1016호 '유형자산'과 제1038호 '무형자산'에 따라 자산을 재평가하는 회계정책을 최초로 적용하는 경우의 회계정책의 변경은 이 기준서를 적용하지 않고 해당 기준서에 따라 회계처리한다. 따라서 유형자산이나 무형자산에 대하여 원가모형에서 재평가모형으로 최초 적용하는 회계변경에 대해서는 해당 경과규정에 따라 전진적용해야 하며, 이후에 다시 원가모형으로 회계정책을 변경하는 경우에는 한국채택국제회계기준 기준서 제1008호 '회계정책, 회계추정의 변경 및 오류'에 따라 소급적용해야 한다.

2 예외 - 소급적용의 한계

회계정책의 변경은 특정 기간에 미치는 영향이나 누적효과를 실무적으로 결정할 수 없는 경우를 제외하고 소급적용한다. 그러나 특정 기간에 미치는 영향이나 누적효과를 실무적으로 결정할 수 없다면 아래와 같이 회계처리해야 한다.

> ① 비교표시되는 하나 이상의 과거 기간의 비교정보에 대해 특정 기간에 미치는 회계정책의 변경의 영향을 실무적으로 결정할 수 없는 경우, 실무적으로 소급적용할 수 있는 가장 이른 회계기간의 자산 및 부채의 기초 장부금액에 새로운 회계정책을 적용하고, 그에 따라 변동하는 자본의 구성요소의 기초 금액을 조정한다.
> ② 당기 기초 시점에 과거 기간 전체에 대한 새로운 회계정책 적용의 누적효과를 실무적으로 결정할 수 없는 경우 실무적으로 적용할 수 있는 가장 이른 날부터 새로운 회계정책을 전진적용하여 비교정보를 재작성한다.

회계정책의 변경 구조

원칙	경과규정이 있는 경우	경과규정에 따라 회계처리
	경과규정이 없는 경우	소급적용
예외	일부 기간에 대해 실무적 적용이 어려운 경우	실무적으로 적용 가능한 기간부터 소급적용
	과거 기간 전체에 대해 실무적 적용이 어려운 경우	실무적으로 적용할 수 있는 가장 이른날부터 전진적용

사례연습 2. 회계정책의 변경

A사는 20×1년부터 구입 및 판매를 시작한 제품에 대하여 재고자산의 원가흐름의 가정으로 선입선출법을 사용하여 왔으나 20×3년에 총평균법으로 변경하였다. 이 변경은 정당한 변경이다. 이와 관련된 자료는 다음과 같다.

구분	20×1년	20×2년	20×3년
매출원가(선입선출법)	₩ 1,200,000	₩ 1,800,000	₩ 1,900,000
기말 재고(선입선출법)	₩ 400,000	₩ 800,000	₩ 750,000
기말 재고(총평균법)	₩ 300,000	₩ 650,000	₩ 500,000

[물음 1]
A사가 20×3년도에 회계변경과 관련하여 해야 할 회계처리를 보이시오.

[물음 2]
20×3년도 비교포괄손익계산서에 비교 공시되는 매출원가는 각각 얼마인지 계산하시오.

풀이

[물음 1]
(1) 재고자산의 차이 분석

구분	20×1년	20×2년	20×3년
20×1년 변경에 따른 재고자산 차이	(100,000)	100,000	
20×2년 변경에 따른 재고자산 차이		(150,000)	150,000
20×3년 변경에 따른 재고자산 차이			(250,000)
합계 = 연도별 당기순이익에 미치는 영향	(100,000)	(50,000)	(100,000)

(2) 회계변경에 따른 회계처리

(차) 매출원가[2]	100,000	(대) 재고자산[1]	250,000
이익잉여금	150,000		

[1] 500,000 − 750,000 = (250,000)
[2] 150,000 − 250,000 = (100,000)

[물음 2]

구분	20×2년	20×3년
수정 전 매출원가	1,800,000	1,900,000
회계변경효과	50,000	100,000
수정 후 매출원가	1,850,000	2,000,000

* 회계정책의 변경을 소급재작성하는 경우 비교 목적으로 표시되는 전기 재무제표의 모든 금액은 변경 후의 방법으로 재작성되어야 함. 회계변경이 전기의 매출원가에 미친 영향은 전기에 회계변경을 하였다고 가정하고 계산할 수 있음

> **실제시험 풀이용 TOOL** 재고자산 정책의 변경

원가흐름의 가정의 변경에 따른 기말 재고자산의 차이를 문제에서 제시할 경우

구분	20×1년	20×2년
20×1년 재고자산 차이 금액: A	A	(A)
20×2년 재고자산 차이 금액: B		B

⇒ 평가방법 변경에 따른 20×1년 변경된 매출원가: − 당초 20×1년 매출원가 + A
⇒ 평가방법 변경에 따른 20×2년 변경된 매출원가: − 당초 20×2년 매출원가 + (A) + B
⇒ 평가방법 변경에 따른 20×1년 변경된 당기손익: 당초 20×1년 당기손익 + A
⇒ 평가방법 변경에 따른 20×2년 변경된 당기손익: 당초 20×2년 당기손익 + (A) + B
⇒ 평가방법 변경에 따른 20×1년 초 변경된 이익잉여금: 당초 20×1년 초 이익잉여금 + A
⇒ 평가방법 변경에 따른 20×2년 말 변경된 이익잉여금: 당초 20×2년 말 이익잉여금 + B

* 자산의 증감 및 변화를 일으키는 사건인 거래에서 자본거래가 아닌 손익거래의 경우에는 자산과 부채의 증감은 수익과 비용의 증감을 동반하게 됨. 따라서 원가흐름의 가정의 변경에 따른 각 연도별 재고자산의 변동은 각 연도별 매출원가의 변동에 영향을 미침. 전기 말의 변동에 따른 매출원가의 변동은 당기 기초 이익잉여금에 영향을 미침. 또한 재고자산의 경우 전기 말 장부금액이 당기 말 장부금액으로 이월되어 당기 매출원가에도 영향을 미치게 됨을 주의하자.

기출문제

1. ㈜한국이 20×1년에 재고자산 평가방법을 선입선출법에서 총평균법으로 변경한 결과 20×1년 기초 재고자산과 기말 재고자산이 각각 ₩50,000, ₩20,000 감소하였다. 이와 같은 회계변경이 ㈜한국의 20×1년 기초 이익잉여금과 당기순이익에 미치는 영향은?　　　　　　　　2019년 지방직 9급

	기초 이익잉여금	당기순이익
①	₩50,000 감소	₩20,000 감소
②	₩50,000 증가	₩20,000 감소
③	₩50,000 감소	₩30,000 증가
④	영향 없음	₩30,000 증가

해설
(1) 20×1년 기초 이익잉여금에 미치는 영향: − 50,000
(2) 20×1년 당기순이익에 미치는 영향: + 30,000 = 50,000 − 20,000

[정산표]

구분	20×0년 말	20×1년 말
수정 전 N/I		
×0년 말 재고자산 감소	− 50,000	+ 50,000
×1년 말 재고자산 감소		− 20,000
수정 후 N/I	− 50,000	+ 30,000

(1) 20×0년 말 재고자산
　1) 당기: 자산 감소 ⇒ 이익 감소
　2) 차기: 반대효과 발생(자동조정)
(2) 20×1년 말 재고자산: 자산 감소 ⇒ 이익 감소

답 ③

CHAPTER 3 | 회계추정의 변경의 적용

회계추정의 변경효과는 다음의 회계기간에 당기손익에 포함하여 전진적으로 인식한다. 회계추정의 변경효과의 전진적용이란 회계추정의 변경효과를 당기 및 그 후의 회계기간에 인식하는 것을 말한다.

> ① 변경이 발생한 기간에만 영향을 미치는 경우에만 변경이 발생한 기간
> ② 변경이 발생한 기간과 미래 기간에 모두 영향을 미치는 경우에는 변경이 발생한 기간과 미래 기간

회계추정의 변경이 자산 및 부채의 장부금액을 변경하거나 자본의 구성요소에 관련되는 경우, 회계추정을 변경한 기간에 관련 자산, 부채 또는 자본 구성요소의 장부금액을 조정하여 회계추정의 변경효과를 인식한다.

Self Study
회계정책의 변경과 회계추정의 변경을 구분하는 것이 어려운 경우에는 회계추정의 변경으로 본다.

★ 사례연습 3. 회계추정의 변경

자동차 부품을 제조·납품하는 A사가 20×1년 초에 부품의 자동제조설비를 ₩30,000,000에 취득하였고 원가모형을 적용한다. 동 설비자산의 내용연수는 8년, 잔존가치는 ₩1,000,000으로 추정하였으며 이중체감법으로 감가상각한다. A사는 20×3년 초에 설비자산에 대해서 ₩5,000,000의 수선비를 지출하였는데 이로 인하여 내용연수가 4년 더 연장될 것으로 추정하였으며, 회사는 20×3년부터 감가상각방법을 정액법으로 변경하기로 하였는데, 이는 기업 환경의 변화로 인해 정액법이 동 설비자산의 미래경제적효익의 기대소비형태를 보다 잘 반영한다고 판단되었기 때문이다. 이 경우, 20×3년도 설비자산에 대한 감가상각비 인식의 회계처리를 하시오. (단, 법인세에 대한 영향은 고려하지 않는다)

풀이

(차) 감가상각비　　　　　　　　　2,087,500　　　(대) 감가상각누계액　　　　　　2,087,500

(1) 20×1년 감가상각비: 30,000,000 × 2/8 = 7,500,000
(2) 20×2년 감가상각비: (30,000,000 − 7,500,000) × 2/8 = 5,625,000
(3) 20×3년 감가상각비: (30,000,000 − 7,500,000 − 5,625,000 + 5,000,000 − 1,000,000)/(8 − 2 + 4) = 2,087,500

기출문제

2. 회계변경을 회계정책의 변경과 회계추정의 변경으로 분류할 때, 그 분류가 다른 것은?

2017년 국가직 9급

① 감가상각자산의 감가상각방법을 정률법에서 정액법으로 변경
② 감가상각자산의 내용연수를 10년에서 15년으로 변경
③ 감가상각자산의 잔존가치를 취득원가의 10%에서 5%로 변경
④ 감가상각자산의 측정모형을 원가모형에서 재평가모형으로 변경

해설

회계정책의 변경에 해당한다.
참고 측정기준의 변경: 회계정책의 변경에 해당한다.

▶ 오답체크
①, ②, ③ 회계추정의 변경에 해당한다.

답 ④

CHAPTER 4 오류수정의 적용

1 오류수정의 회계처리

1. 원칙

당기 중에 발견한 당기의 잠재적 오류는 재무제표의 발행승인일 전에 수정한다. 그러나 중요한 오류를 후속 기간에 발견하는 경우 이러한 전기오류는 해당 후속 기간의 재무제표에 비교표시된 재무정보를 재작성하여 수정한다.

중요한 전기오류가 발견된 이후 최초로 발행을 승인하는 재무제표에 다음의 방법으로 전기오류를 소급하여 수정한다.

① 오류가 발생한 과거 기간의 재무제표가 비교표시되는 경우에는 그 재무정보를 재작성
② 오류가 비교표시되는 가장 이른 과거 기간 이전에 발생한 경우에는 비교표시되는 가장 이른 과거 기간의 자산, 부채 및 자본의 기초 금액을 재작성

Self Study
1. 전기 오류가 처음부터 발생하지 않은 것처럼 재무제표 구성요소의 인식, 측정 및 공시를 수정하는 것을 소급재작성이라고 하며, 한국채택국제회계기준은 중요한 전기 오류의 경우 재무제표를 소급재작성해야 한다고 명시하였다.
2. 한국채택국제회계기준 기준서 제1008호 '회계정책, 회계추정의 변경 및 오류'에서는 중요하지 않은 오류의 처리방법에 대해서는 규정하고 있지 않다.

2. 예외 - 소급재작성의 한계점

전기 오류는 특정 기간에 미치는 오류의 영향이나 오류의 누적효과를 실무적으로 결정할 수 없는 다음의 경우를 제외하고는 소급재작성에 의하여 수정한다.

① 비교표시되는 하나 이상 과거 기간의 비교정보에 대해 특정 기간에 미치는 오류의 영향을 실무적으로 결정할 수 없는 경우, 실무적으로 소급재작성할 수 있는 가장 이른 회계기간의 자산, 부채 및 자본의 기초 금액을 재작성
② 당기 기초 시점에 과거 기간 전체에 대한 오류의 누적효과를 실무적으로 결정할 수 없는 경우, 실무적으로 적용할 수 있는 가장 이른 날부터 전진적으로 오류를 수정하여 비교정보를 재작성

Self Study

전기 오류의 수정은 오류가 발견된 기간의 당기손익으로 보고하지 않는다. 따라서 과거 재무자료의 요약을 포함한 과거 기간의 정보는 실무적으로 적용할 수 있는 최대한 앞선 기간까지 소급재작성한다.

중요한 오류의 구조

구분		회계처리
중요한 오류	당기에 발견	재무제표 발행승인일 전에 수정
	전기 오류의 발견	누적효과를 실무적으로 결정할 수 없는 경우를 제외하고는 소급수정함
예외	일부 기간 실무적 적용 불가	실무적으로 적용 가능한 기간부터 소급적용
	과거 기간 전체 실무적 적용 불가	실무적으로 적용할 수 있는 가장 이른 날부터 전진적용

기출문제

3. 회계정책, 회계추정의 변경, 오류의 수정에 대한 설명으로 옳지 않은 것은? 2020년 지방직 9급

① 회계정책의 변경은 특정 기간에 미치는 영향이나 누적효과를 실무적으로 결정할 수 없는 경우를 제외하고는 소급적용한다.
② 회계정책의 변경과 회계추정의 변경을 구분하는 것이 어려운 경우에는 이를 회계정책의 변경으로 본다.
③ 측정기준의 변경은 회계추정의 변경이 아니라 회계정책의 변경에 해당한다.
④ 전기 오류는 특정 기간에 미치는 오류의 영향이나 오류의 누적효과를 실무적으로 결정할 수 없는 경우를 제외하고는 소급재작성에 의하여 수정한다.

해설

회계정책의 변경과 회계추정의 변경을 구분하는 것이 어려운 경우에는 이를 '회계추정의 변경'으로 본다.   답 ②

2 회계오류의 유형

회계오류가 재무제표에 미치는 영향이 중요하다면 반드시 수정되어야 한다. 중요한 오류를 발견하였을 경우 오류수정분개를 통하여 재무제표에 반영되며, 이러한 오류는 당기순이익에 영향을 미치지 않는 오류와 당기순이익에 영향을 미치는 오류로 구분한다. 당기순이익에 영향을 미치는 오류는 자동조정오류와 비자동조정오류로 구분된다.

> ① 자동조정오류: 회계오류가 발생한 회계연도와 그 다음 회계연도의 장부가 마감되는 경우, 당해 회계오류가 두 회계연도에 걸쳐 서로 상쇄되어 수정분개의 필요가 없는 오류
> ② 비자동조정오류: 회계오류가 발생한 회계연도와 그 다음 회계연도의 장부가 마감된 경우에도 회계오류가 자동적으로 상쇄되지 않는 오류

Self Study
> 당기순이익에 영향을 미치지 않는 오류들은 단순한 계정분류상의 오류로 재무상태표 오류와 손익계산서 오류로 구분된다. 이들 오류는 당기순이익에 미치는 영향이 없고 중요하지 않으므로 본서에서는 당기순이익에 영향을 미치는 오류에 대해서만 설명한다.

1. 자동조정오류

자동조정오류는 회계오류가 발생한 다음 회계연도의 장부가 마감된 경우 회계오류가 자동적으로 상쇄되어 오류수정분개가 필요 없는 오류를 말한다. 자동조정오류에는 다음과 같은 오류가 포함된다.

> ① 재고자산 과대·과소계상 오류
> ② 매입 과대·과소계상 오류
> ③ 선급비용, 미지급비용, 선수수익, 미수수익 과소계상 오류
> ④ 매출채권손실충당금 과소계상 오류(직접상각법을 사용한 경우 포함)
> ⑤ 충당부채 과소계상 오류

Additional Comment
> 자동조정오류는 주로 기간귀속과 관련하여 전기와 당기의 유동 항목을 과대계상하거나 과소계상함에 따라 이익잉여금과 당기순이익에 영향을 미치게 되며, 오류가 발생한 보고기간의 오류효과는 오류가 발생한 다음 보고기간에 반대의 효과를 나타내어 자동적으로 조정된다. 예로 ×1년 기말 재고자산을 ₩100 과대계상하였다면 이로 인해 ×1년 매출원가는 ₩100 과소계상되었을 것이다. 이로 인해 ×1년 당기순이익은 ₩100 과대계상되어 ×1년 말 이익잉여금도 ₩100 과대계상되게 된다. 그러나 동 기말 재고자산 과대계상액이 ×2년 기초 재고자산을 ₩100 과대계상하여 ×2년에 매입과 기말 재고자산에 오류가 없다면 ×2년에 매출원가가 ₩100 과대계상 된다. 이로 인하여 ×2년 말 이익잉여금은 ×1년 기말 재고자산 과대계상에 따른 효과로부터 받는 영향이 없어지게 된다.
>
> | 구분 | 재고자산 | | 매출원가 | | 당기순이익 | | 이익잉여금 |
> |---|---|---|---|---|---|---|---|
> | 20×1년 | 기말 재고 100 과대 | ⇒ | 100 과소 | ⇒ | 100 과대 | ⇒ | 100 과대 |
> | 20×2년 | 기초 재고 100 과대 | ⇒ | 100 과대 | ⇒ | 100 과소 | ⇒ | 100 과소 |
> | ⇒ 20×2년 말 현재 20×1년 재고자산 오류로 인한 20×1 ~ 20×2년 이익잉여금 누적효과 | | | | | | | - |

자동조정오류는 재무상태표와 손익계산서에 영향을 미친 계정과목이 하나밖에 없다는 공통점을 갖고 있다. 따라서 자동조정오류는 오류를 수정하는 회계연도의 재무상태표와 손익계산서의 영향을 아래의 재무상태표 등식을 이용하여 자산·부채의 과대·과소계상 효과가 연도별 손익에 미치는 효과를 구하면 간단하게 수정분개를 할 수 있다.

재무상태표 등식을 이용한 자동조정오류의 손익효과

자산	부채	자본(이익)	오류수정(N/I 영향)	
			오류발생 회계기간	다음 회계기간
자산 과대		이익 과대	−	+
자산 과소		이익 과소	+	−
	부채 과대	이익 과소	+	−
	부채 과소	이익 과대	−	+

사례연습 4. 미지급비용 미계상 오류

20×1년 초에 설립한 A사는 20×1년 말 차입금에 대한 미지급이자 ₩50,000을 인식하지 않고 20×2년 초에 ₩50,000의 이자를 지급할 때 이자비용을 인식하였다. A사의 20×1년 당기순이익은 ₩100,000이고 20×2년 당기순이익은 ₩200,000이다.

[물음 1]
미지급비용의 오류를 20×2년에 발견한 경우 오류수정분개를 보이시오.

[물음 2]
20×1년과 20×2년의 정확한 당기순이익과 20×1년 말과 20×2년 말에 재무상태표에 계상될 정확한 이익잉여금을 구하시오.

풀이

[물음 1]

(차) 이익잉여금 50,000 (대) 이자비용 50,000

[물음 2]
(1) 재무제표 영향

구분	20×1년	20×2년
미지급비용 기초 잔액	−	50,000 과소계상
미지급비용 기말 잔액	50,000 과소계상	−
당기 이자비용	50,000 과소계상	50,000 과대계상
당기순이익에 미치는 영향	50,000 과대계상	50,000 과소계상
기말 이익잉여금에 미치는 영향	50,000 과대계상	−

(2) 재무상태표 등식을 이용한 풀이

자산	부채	자본(이익)	오류수정(N/I 영향)	
			오류발생 회계기간(20×1년)	다음 회계기간(20×2년)
	부채 과소 50,000	이익 과대 50,000	(−)50,000	+ 50,000

(3) 당기손익과 이익잉여금 잔액에 미치는 영향

구분	20×1년	20×2년
수정 전 당기순이익	100,000	200,000
미지급비용 과소계상(20×1년)	(50,000)	50,000
수정 후 당기순이익	50,000	250,000
올바른 기말 이익잉여금 잔액	50,000	50,000 + 250,000 = 300,000

사례연습 5. 미수수익 미계상 오류

20×1년 초에 설립한 A사는 20×1년 말에 정기예금 미수이자 ₩ 50,000을 인식하지 않고 20×2년 초에 ₩ 50,000의 이자를 수령할 때 이자수익을 인식하였다. A사의 20×1년 당기순이익은 ₩ 100,000이고 20×2년 당기순이익은 ₩ 200,000이다.

[물음 1]
미수이자의 오류를 20×2년에 발견한 경우 오류수정분개를 보이시오.

[물음 2]
20×1년과 20×2년의 정확한 당기순이익과 20×1년 말과 20×2년 말에 재무상태표에 계상될 정확한 이익잉여금을 구하시오.

풀이

[물음 1]

| (차) 이자수익 | 50,000 | (대) 이익잉여금 | 50,000 |

[물음 2]
(1) 재무제표 영향

구분	20×1년	20×2년
미수이자 기초 잔액	-	50,000 과소계상
미수이자 기말 잔액	50,000 과소계상	-
당기 이자수익	50,000 과소계상	50,000 과대계상
당기순이익에 미치는 영향	50,000 과소계상	50,000 과대계상
기말 이익잉여금에 미치는 영향	50,000 과소계상	-

(2) 재무상태표 등식을 이용한 풀이

자산	부채	자본 (이익)	오류수정(N/I 영향)	
			오류발생 회계기간(20×1년)	다음 회계기간(20×2년)
자산 과소 50,000		이익 과소 50,000	+ 50,000	- (-)50,000

(3) 당기손익과 이익잉여금 잔액에 미치는 영향

구분	20×1년	20×2년
수정 전 당기순이익	100,000	200,000
미수이자 과소계상(20×1년)	50,000	(50,000)
수정 후 당기순이익	150,000	150,000
올바른 기말 이익잉여금 잔액	150,000	150,000 + 150,000 = 300,000

사례연습 6. 선급비용 미계상 오류

20×1년 초에 설립한 A사는 20×2년도 보험료 ₩50,000을 20×1년 말에 지급하면서 모두 비용처리하였다. A사의 20×1년 당기순이익은 ₩100,000이고 20×2년 당기순이익은 ₩200,000이다.

[물음 1]
선급비용의 오류를 20×2년에 발견한 경우 오류수정분개를 보이시오.

[물음 2]
20×1년과 20×2년의 정확한 당기순이익과 20×1년 말과 20×2년 말에 재무상태표에 계상될 정확한 이익잉여금을 구하시오.

풀이

[물음 1]

(차) 보험료　　　　　　　　　　　50,000　　(대) 이익잉여금　　　　　　　　　　　50,000

[물음 2]
(1) 재무제표 영향

구분	20×1년	20×2년
선급비용 기초 잔액	–	50,000 과소계상
선급비용 기말 잔액	50,000 과소계상	–
당기 보험료	50,000 과대계상	50,000 과소계상
당기순이익에 미치는 영향	50,000 과소계상	50,000 과대계상
기말 이익잉여금에 미치는 영향	50,000 과소계상	–

(2) 재무상태표 등식을 이용한 풀이

자산	부채	자본 (이익)	오류수정(N/I 영향)	
			오류발생 회계기간(20×1년)	다음 회계기간(20×2년)
자산 과소 50,000		이익 과소 50,000	+ 50,000	(–)50,000

(3) 당기손익과 이익잉여금 잔액에 미치는 영향

구분	20×1년	20×2년
수정 전 당기순이익	100,000	200,000
선급비용 과소계상(20×1년)	50,000	(50,000)
수정 후 당기순이익	150,000	150,000
올바른 기말 이익잉여금 잔액	150,000	150,000 + 150,000 = 300,000

사례연습 7. 선수수익 미계상 오류

20×1년 초에 설립한 A사는 20×2년도 임대료 ₩50,000을 20×1년 말에 수령하면서 모두 수익처리하였다. A사의 20×1년 당기순이익은 ₩100,000이고 20×2년 당기순이익은 ₩200,000이다.

[물음 1]
선수수익의 오류를 20×2년에 발견한 경우 오류수정분개를 보이시오.

[물음 2]
20×1년과 20×2년의 정확한 당기순이익과 20×1년 말과 20×2년 말에 재무상태표에 계상될 정확한 이익잉여금을 구하시오.

풀이

[물음 1]

(차) 이익잉여금	50,000	(대) 임대료수익	50,000

[물음 2]
(1) 재무제표 영향

구분	20×1년	20×2년
선수수익 기초 잔액	-	50,000 과소계상
선수수익 기말 잔액	50,000 과소계상	-
당기 임대료수익	50,000 과대계상	50,000 과소계상
당기순이익에 미치는 영향	50,000 과대계상	50,000 과소계상
기말 이익잉여금에 미치는 영향	50,000 과대계상	-

(2) 재무상태표 등식을 이용한 풀이

자산	부채	자본 (이익)	오류수정(N/I 영향)	
			오류발생 회계기간(20×1년)	다음 회계기간(20×2년)
자산 과대 (-)50,000		이익 과대 (-)50,000	+ 50,000	- (-)50,000

(3) 당기손익과 이익잉여금 잔액에 미치는 영향

구분	20×1년	20×2년
수정 전 당기순이익	100,000	200,000
선수수익 과소계상(20×1년)	(50,000)	50,000
수정 후 당기순이익	50,000	250,000
올바른 기말 이익잉여금 잔액	50,000	50,000 + 250,000 = 300,000

사례연습 8. 재고자산 과대계상 오류

20×1년 초에 설립한 A사는 20×1년 말에 기말 재고자산을 ₩ 50,000을 과대계상하였다. A사의 20×1년 당기순이익은 ₩ 100,000이고 20×2년 당기순이익은 ₩ 200,000이다.

[물음 1]
재고자산의 오류를 20×2년에 발견한 경우 오류수정분개를 보이시오.

[물음 2]
20×1년과 20×2년의 정확한 당기순이익과 20×1년 말과 20×2년 말에 재무상태표에 계상될 정확한 이익잉여금을 구하시오.

풀이

[물음 1]

| (차) 이익잉여금 | 50,000 | (대) 매출원가 | 50,000 |

[물음 2]
(1) 재무제표 영향

구분	20×1년	20×2년
재고자산 기초 잔액	–	50,000 과소계상
재고자산 기말 잔액	50,000 과대계상	–
당기 매출원가	50,000 과소계상	50,000 과대계상
당기순이익에 미치는 영향	50,000 과대계상	50,000 과소계상
기말 이익잉여금에 미치는 영향	50,000 과대계상	–

(2) 재무상태표 등식을 이용한 풀이

자산	부채	자본 (이익)	오류수정(N/I 영향)	
			오류발생 회계기간(20×1년)	다음 회계기간(20×2년)
자산 과대 (−)50,000		이익 과대 (−)50,000	+ 50,000	− (−)50,000

(3) 당기손익과 이익잉여금 잔액에 미치는 영향

구분	20×1년	20×2년
수정 전 당기순이익	100,000	200,000
재고자산 과대계상(20×1년)	(50,000)	50,000
수정 후 당기순이익	50,000	250,000
올바른 기말 이익잉여금 잔액	50,000	50,000 + 250,000 = 300,000

참고 | 전기오류수정분개와 비교재무제표 재작성의 의미

오류수정에 대한 회계처리를 이해하는 과정에서 혼동되는 것은 오류수정의 분개와 비교표시되는 과년도 재무제표의 재작성이다. 예를 들어 20×1년에 감가상각비 ₩2,000을 과소계상한 오류(중요한 오류)를 20×2년(당기)에 발견하였다면 비교표시되는 20×1년도 재무제표의 감가상각비와 감가상각누계액을 각각 ₩2,000씩 증가시키는 재작성 절차를 밟아야 하다. 이 경우 다음과 같은 오류수정분개를 생각할 수 있다.

| (차) 감가상각비 | 2,000 | (대) 감가상각누계액 | 2,000 |

그러나 이러한 분개는 20×1년도 재무제표의 재작성 관점에서의 오류수정분개이다. 그러나 분개는 장부에 기록하는 절차이므로 20×1년도 장부가 이미 마감되어 있는 이상 20×1년도 장부에 위의 분개를 반영할 수는 없다.
전년도 장부의 수정과 비교표시되는 전년도 재무제표의 재작성은 다르다. 전년도 재무제표를 재작성하라는 의미는 전년도 장부를 수정하라는 것이 아니라 비교표시되는 전년도 재무제표의 금액을 수정하라는 의미이다. 따라서 위의 사례에서 전기오류의 수정분개는 다음의 분개로 하여 20×2년도에 반영해야 하며, 전년도 재무제표의 재작성은 별도로 이루어져야 한다.

| (차) 이익잉여금 | 2,000 | (대) 감가상각누계액 | 2,000 |

사례연습 9. 다양한 자동조정 오류

12월 말 결산법인인 ㈜포도는 20×2년도 외부감사 회계법인을 교체하였다. 담당 공인회계사는 외부감사 과정 중에 아래와 같은 사실을 확인하였다.

(1) 20×1년과 20×2년 ㈜포도의 수정 전 당기순이익은 각각 ₩300,000, ₩200,000이다.
(2) 20×1년 선급비용 ₩20,000 과소계상, 선수수익 누락 ₩30,000
(3) 20×2년 재고자산 ₩40,000 과대계상

[물음 1]
위의 오류를 모두 수정하였을 때 ㈜포도의 20×1년 당기순이익을 구하시오.
[물음 2]
위의 오류를 모두 수정하였을 때 ㈜포도의 20×2년 당기순이익을 구하시오.
[물음 3]
위의 오류를 모두 수정하였을 때 ㈜포도의 20×1년 이익잉여금에 미친 영향을 구하시오.
[물음 4]
위의 오류를 모두 수정하였을 때 ㈜포도의 20×2년 이익잉여금에 미친 영향을 구하시오.

풀이

[물음 1] 20×1년 정확한 당기순이익: 290,000
[물음 2] 20×2년 정확한 당기순이익: 170,000
[물음 3] 20×1년 이익잉여금에 미치는 영향: 20,000 - 30,000 = (10,000)
[물음 4] 20×2년 이익잉여금에 미치는 영향: 20,000 - 30,000 - 20,000 + 30,000 - 40,000 = (40,000)

참고 당기손익과 이익잉여금 잔액에 미치는 영향

구분	20×1년	20×2년
수정 전 N/I	300,000	200,000
20×1년 선급비용 과소	20,000	(20,000)
20×1년 선수수익 누락	(30,000)	30,000
20×2년 재고자산 과대		(40,000)
수정 후 N/I	290,000	170,000

참고 20×2년 말 수정분개

20×1년 선급비용 과소계상	(차) 비용	20,000	(대) 이익잉여금	20,000
20×1년 선수수익 과소계상	(차) 이익잉여금	30,000	(대) 수익	30,000
20×2년 재고자산 과대계상	(차) 매출원가	40,000	(대) 재고자산	40,000

기출문제

4. ㈜한국은 당기에 다음과 같은 오류를 발견하고, 장부마감 전에 이를 수정하였다. 오류수정 전 당기순이익이 ₩100,000이라고 할 때, 오류수정 후 당기순손익은?

2019년 지방직 9급

- 당기 7월 1일 수령한 선수임대료 ₩120,000을 전액 임대료수익으로 계상하였다. (단, 임대기간은 당기 7월 1일부터 차기 6월 30일까지이다)
- 당기 발생 미지급급여 ₩100,000을 누락하고 인식하지 않았다.
- 당기 발생 미수이자 ₩40,000을 누락하고 인식하지 않았다.
- 도착지인도조건으로 당기 12월 29일 선적하여 차기 1월 5일 인도 예정인 상품에 대해 당기 12월 29일에 매출 ₩200,000과 매출원가 ₩150,000을 인식하였다.

① 당기순이익 ₩30,000
② 당기순이익 ₩70,000
③ 당기순손실 ₩70,000
④ 당기순손실 ₩150,000

해설

참고 오류수정정산표

구분	오류수정사항
수정 전 N/I	100,000
(1) 임대료수익	−60,000 (=120,000 × 6/12)
(2) 미지급급여	−100,000
(3) 미수이자	+40,000
(4) 수익 취소	−200,000
비용 취소	+150,000
수정 후 N/I	−70,000

(1) 임대료수익 취소: 부채 증가 ⇒ 이익 감소
(2) 미지급급여 인식: 부채 증가 ⇒ 이익 감소
(3) 미수이자 인식: 자산 증가 ⇒ 이익 증가
(4) 기말 재고자산 조정
　1) 매출 취소: 자산 감소 ⇒ 이익 감소
　2) 매출원가 취소: 자산 증가 ⇒ 이익 증가

답 ③

2. 비자동조정오류

비자동조정오류란 두 보고기간을 초과하여 오류의 효과가 지속되는 오류를 말하며, 일반적으로 비유동 항목과 관련하여 발생한다. 비자동조정오류가 주로 발생하는 계정은 유형자산, 무형자산, 사채 등이 있다.

비자동조정오류는 자동조정오류를 제외한 모든 오류들로 자동조정오류와는 달리 재무상태표와 손익계산서에 영향을 미친 계정과목이 여러 개라는 특징이 있다. 따라서 비자동조정오류도 자동조정오류와 마찬가지로 오류를 수정하는 회계연도의 재무상태표와 손익계산서에 영향을 미친 계정과목과 금액을 계산하여 수정분개를 하면 된다. 비자동조정오류를 발견한 경우 오류수정분개를 하는 순서는 다음과 같이 수행하는 것이 유용하다.

비자동조정오류의 오류수정분개 순서

① 재무상태표 계정의 차이를 조정 ⇒ ② 당기손익의 차이를 조정 ⇒ ③ 대차차액을 이익잉여금으로 처리

또한 중요한 오류를 발견한 경우 재무상태표와 포괄손익계산서에 미치는 영향을 분석하고 오류수정분개를 수행해야 한다. 다양한 오류가 복합적으로 발생한 경우 오류로 인한 기말 재무상태표효과와 연도별 손익효과를 파악하기 어렵다. 이 경우 정산표를 이용하여 오류를 집계하면 위의 효과를 쉽고 빠르게 파악할 수 있다.

오류수정정산표의 예시

구분	20×1년	20×2년
수정 전 N/I	××	××
20×1년 자동조정오류	××	(××)
	(××)	××
20×2년 자동조정오류		××
		(××)
비자동조정오류	××	××
	(××)	(××)
수정 후 N/I	××	××

사례연습 10. 자동조정오류와 비자동조정오류의 오류수정정산표를 통한 풀이

보고기간 말이 12월 31일 A사는 20×3년도의 재무제표를 작성하던 중 아래의 중요한 오류를 발견하였다.

> (1) 20×1년 말 재고자산을 ₩ 4,000 과대평가하였으며, 20×2년 말 재고자산을 ₩ 10,000 과대평가하였으며, 20×3년 말 재고자산을 ₩ 5,000 과소평가하였다.
> (2) 20×1년 말 미수이자를 ₩ 5,000 과소계상하였으며, 20×2년 말 미수이자를 ₩ 4,000 과소계상하였다.
> (3) 회사는 매년 12월 급여를 다음 해 1월에 지급하고 1월에 해당 급여 ₩ 12,000을 비용처리하였다.
> (4) 20×2년 1월 1일에 ₩ 10,000에 취득한 유형자산을 모두 비용으로 처리하였다. 유형자산은 내용연수 5년으로 하고, 잔존가치 없이 정액법으로 감가상각한다.

[물음 1]
오류수정 전 20×2년 말 이익잉여금이 ₩ 500,000이라고 할 때, 오류수정 후 20×2년 말 이익잉여금을 계산하시오. (단, 법인세효과는 고려하지 않는다)

[물음 2]
오류수정 전 20×3년 말 당기순이익이 ₩ 400,000이라고 할 때, 오류수정 후 20×3년 당기순이익을 계산하시오.

풀이

[물음 1]
20×2년 말 수정 후 이익잉여금: 500,000 − 11,000 + 1,000 = 490,000

[물음 2]
20×3년 말 수정 후 당기순이익: 400,000 + 9,000 = 409,000

[오류수정정산표의 작성]

구분	20×1년	20×2년	20×3년
(1) 20×1년 재고자산 과대평가	(4,000)	4,000	
(1) 20×2년 재고자산 과대평가		(10,000)	10,000
(1) 20×3년 재고자산 과소평가			5,000
(2) 20×1년 미수이자 과소계상	5,000	(5,000)	
(2) 20×2년 미수이자 과소계상		4,000	(4,000)
(3) 20×1년 미지급급여 과소계상	(12,000)	12,000	
(3) 20×2년 미지급급여 과소계상		(12,000)	12,000
(3) 20×3년 미지급급여 과소계상			(12,000)
(4) 유형자산 과소계상		10,000	
(4) 감가상각비 미계상		(2,000)	(2,000)
합계	(11,000)	1,000	9,000

기출문제

5. ㈜서울은 20×1년과 20×2년에 당기순이익으로 각각 ₩1,000,000과 ₩2,000,000을 보고하였다. 그러나 20×1년과 20×2년의 당기순이익에서 <보기>와 같은 중요한 오류가 포함되어 있었다. 이러한 오류가 20×1년과 20×2년의 당기순이익에 미친 영향으로 가장 옳은 것은? 2018년 서울시 7급

<보기>

구분	20×1년	20×2년
감가상각비	₩100,000 과대계상	₩200,000 과대계상
기말 선급보험료	₩30,000 과소계상	₩20,000 과소계상
기말 미지급임차료	₩10,000 과대계상	₩40,000 과대계상
기말 재고자산	₩70,000 과소계상	₩50,000 과소계상

	20×1년	20×2년
①	₩210,000 과대계상	₩200,000 과대계상
②	₩210,000 과대계상	₩200,000 과소계상
③	₩210,000 과소계상	₩200,000 과대계상
④	₩210,000 과소계상	₩200,000 과소계상

해설

(1) 20×1년 당기순이익에 미치는 영향: −210,000
(2) 20×2년 당기순이익에 미치는 영향: −200,000

참고 오류수정정산표

구분	20×1년	20×2년
20×1년 감가상각비	−100,000	
20×2년 감가상각비		−200,000
20×1년 기말 선급보험료	−30,000	+30,000
20×2년 기말 선급보험료		−20,000
20×1년 기말 미지급임차료	−10,000	+10,000
20×2년 기말 미지급임차료		−40,000
20×1년 기말 재고자산	−70,000	+70,000
20×2년 기말 재고자산		−50,000
당기순이익에 미친 영향	−210,000	−200,000

(1) 20×1년 감가상각비(비자동조정오류): 비용 발생 ⇒ 이익 감소
(2) 20×2년 감가상각비(비자동조정오류): 비용 발생 ⇒ 이익 감소
(3) 20×1년 기말 선급보험료
 1) 당기: 자산 감소 ⇒ 이익 감소
 2) 차기: 반대효과 발생(자동조정오류)
(4) 20×2년 기말 선급보험료: 자산 감소 ⇒ 이익 감소
(5) 20×1년 기말 미지급임차료
 1) 당기: 부채 증가 ⇒ 이익 감소
 2) 차기: 반대효과 발생(자동조정오류)
(6) 20×2년 기말 미지급임차료: 부채 증가 ⇒ 이익 감소
(7) 20×1년 기말 재고자산
 1) 당기: 자산 감소 ⇒ 이익 감소
 2) 차기: 반대효과 발생(자동조정오류)
(8) 20×2년 기말 재고자산: 자산 감소 ⇒ 이익 감소

답 ④

핵심 빈출 문장

01 전기 오류는 특정 기간에 미치는 오류의 영향이나 오류의 누적효과를 실무적으로 결정할 수 없는 경우를 제외하고는 소급재작성에 의하여 수정한다.

02 회계정책의 변경과 회계추정의 변경을 구분하는 것이 어려운 경우에는 회계추정의 변경으로 본다.

03 당기 기초 시점에 과거 기간 전체에 대한 새로운 회계정책 적용의 누적효과를 실무적으로 결정할 수 없는 경우, 실무적으로 적용할 수 있는 가장 이른 날부터 새로운 회계정책을 전진적용하여 비교정보를 재작성한다.

04 과거에 발생하였지만 중요하지 않았던 거래, 기타 사건 또는 상황에 대하여 새로운 회계정책을 적용하는 경우는 회계정책의 변경에 해당하지 않는다.

확인 문제

01 회계정책의 변경
회계정책, 회계추정의 변경 및 오류에 대한 설명으로 옳지 않은 것은? 2022년 국가직 7급

① 과거에 발생한 거래와 실질이 다른 거래, 기타 사건 또는 상황에 대하여 다른 회계정책을 적용하는 것은 회계정책의 변경에 해당하지 아니한다.
② 추정의 근거가 되었던 상황의 변화, 새로운 정보의 획득, 추가적인 경험의 축적이 있는 경우 추정의 수정이 필요할 수 있다. 성격상 추정의 수정은 과거기간과 연관되지 않으며 오류수정으로 보지 아니한다.
③ 당기 기초시점에 과거기간 전체에 대한 오류의 누적효과를 실무적으로 결정할 수 없는 경우, 실무적으로 적용할 수 있는 가장 이른 날부터 전진적으로 오류를 수정하여 비교정보를 재작성한다.
④ 전기오류의 수정은 오류가 발견된 기간의 당기손익으로 보고하고, 과거 재무자료의 요약을 포함한 과거기간의 정보는 실무적으로 적용할 수 있는 최대한 앞선 기간까지 소급재작성한다.

02 오류수정의 회계처리
다음은 ㈜한국의 비품과 관련된 내용이다. 오류수정분개로 옳은 것은? 2013년 국가직 9급

> ㈜한국은 2011년 1월 1일 비품에 대해 수선비 ₩10,000을 비용으로 회계처리 했어야 하나 이를 비품의 장부가액에 가산하여 정액법으로 상각하였다. 2011년 1월 1일 수선비 지출 시 비품의 잔여내용연수는 5년이고 잔존가치는 없다. 2013년도 재무제표 마감 전 수선비 지출에 대한 오류가 발견되었다. (단, 법인세효과는 무시하며 해당 비품의 최초 취득원가는 ₩500,000이다)

① (차) 이익잉여금 ₩10,000 (대) 비품 ₩10,000
　　 감가상각누계액 ₩6,000　　　 감가상각비 ₩6,000
② (차) 이익잉여금 ₩10,000 (대) 비품 ₩10,000
　　 감가상각누계액 ₩2,000　　　 감가상각비 ₩2,000
③ (차) 이익잉여금 ₩4,000   (대) 비품 ₩10,000
　　 감가상각누계액 ₩6,000
④ (차) 이익잉여금 ₩6,000   (대) 비품 ₩10,000
　　 감가상각누계액 ₩6,000　　　 감가상각비 ₩2,000

정답 및 해설

01
전기오류의 수정은 오류가 발생한 과거기간의 재무제표가 비교표시되는 경우에는 그 재무정보를 재작성하고, 오류가 비교표시되는 가장 이른 과거기간 이전에 발생한 경우에는 비교표시되는 가장 이른 과거기간의 자산, 부채 및 자본의 기초금액을 재작성한다.

02

회사의 F/S	⇒	오류수정분개	⇐	올바른 F/S
B/S [13년 말]				B/S [13년 말]
비품 10,000		감누 6,000 | 비품 10,000		
감누 6,000		이잉 4,000		
		+		
I/S [13년]				I/S [13년]
Dep: 2,000 = (10,000 − 0)×1/5		이잉 2,000 | Dep 2,000		
		=		
		감누 6,000 | 비품 10,000		
		이잉 6,000 | Dep 2,000		

(1) 회사의 회계처리

최초 취득	(차) 비품	500,000	(대) 현금	500,000
11년 수선	(차) 비품	10,000	(대) 현금	10,000
11년 Dep	(차) 감가상각비[1]	102,000	(대) 감가상각누계액	102,000
	[1] 감가상각비: [(500,000 + 10,000) − 0] × 1/5 = 102,000			
13년 Dep	(차) 감가상각비[2]	102,000	(대) 감가상각누계액	102,000
	[2] 감가상각비: [(500,000 + 10,000) − 0] × 1/5 = 102,000			

(2) 올바른 회계처리

최초 취득	(차) 비품	500,000	(대) 현금	500,000
11년 수선	(차) 수선비	10,000	(대) 현금	10,000
11년 Dep	(차) 감가상각비[3]	100,000	(대) 감가상각누계액	100,000
	[3] 감가상각비: (500,000 − 0) × 1/5 = 100,000			
13년 Dep	(차) 감가상각비[4]	100,000	(대) 감가상각누계액	100,000
	[4] 감가상각비: (500,000 − 0) × 1/5 = 100,000			

(3) 차이조정(오류수정분개)

오류수정	(차) 감가상각누계액	6,000	(대) 비품	10,000
	이익잉여금	4,000		
	(차) 이익잉여금	10,000	(대) 감가상각비	10,000

정답 01 ④ 02 ④

03 오류수정의 회계처리

12월 말 결산법인인 ㈜한국은 당기와 전기금액을 비교표시하는 형태로 재무제표를 작성하고 있다. ㈜한국은 2011년 급여 ₩ 20,000에 대한 회계처리를 누락하고, 2011년도 결산이 마무리된 후인 2012년 6월 30일에 급여를 지급하여 비용으로 계상하였다. ㈜한국이 2012년 11월 1일에 이러한 오류를 발견하였다면, 전기오류수정을 위한 회계처리로 옳은 것은? 2012년 국가직 9급

	(차변)		(대변)	
①	급여	₩ 20,000	현금	₩ 20,000
②	이익잉여금	₩ 20,000	급여	₩ 20,000
③	급여	₩ 20,000	이익잉여금	₩ 20,000
④	미지급급여	₩ 20,000	급여	₩ 20,000

04 회계오류의 유형

장부를 마감하기 전에 발견한 오류 중 당기순이익에 영향을 미치는 항목은? 2013년 국가직 7급

① 기타포괄손익 - 공정가치 측정 금융자산에 대한 평가이익을 계상하지 않았다.
② 자기주식처분이익을 과소계상하였다.
③ 매각예정으로 분류하였으나 중단영업의 정의를 충족하지 않는 비유동자산을 재측정하여 인식하는 평가손익을 중단영업손익에 포함하였다.
④ 원가모형을 적용하는 유형자산의 손상차손을 계상하지 않았다.

05 회계변경 및 오류수정 계산형 문제(재고자산)

㈜대한은 ㈜민국에게 판매를 위탁한 상품 중 기말 현재 판매되지 않은 상품(원가 ₩ 10,000)을 기말 재고자산에 판매가(₩ 15,000)로 포함시켰다. 이로 인한 당기와 차기의 순이익에 미치는 영향으로 옳은 것은? 2016년 국가직 9급

① 당기에만 순이익이 과대계상된다.
② 당기에만 순이익이 과소계상된다.
③ 순이익이 당기에는 과대, 차기에는 과소계상된다.
④ 순이익이 당기에는 과소, 차기에는 과대계상된다.

정답 및 해설

03

	회사의 F/S	⇒	오류수정분개		⇐	올바른 F/S
	I/S [11년]					I/S [11년]
			급여 20,000 / 미지급급여 20,000			급여: 20,000
	I/S [12년]					I/S [12년]
	급여: 20,000		이익잉여금 20,000 / 급여 20,000			

(1) 회사의 회계처리

11년	(차) –	–	(대) –	–
12년	(차) 급여	20,000	(대) 현금	20,000

(2) 올바른 회계처리

11년	(차) 급여	20,000	(대) 미지급급여	20,000
12년	(차) 미지급급여	20,000	(대) 현금	20,000

(3) 차이조정(오류수정분개)

오류수정	(차) 이익잉여금	20,000	(대) 급여	20,000

04

유형자산 손상차손: N/I

▶ 오답체크
① FVOCI금융자산평가이익: OCI
② 자기주식처분이익: 자본잉여금
③ 당기순이익 = 계속영업손익 + 중단영업손익
∴ 총액의 변화는 없음

05

재고자산 [당기]					재고자산 [차기]			
기초	고정	매출원가	↓		기초	↑	매출원가	↑
매입	고정	기말	↑		매입	고정	기말	고정
		이익	↑				이익	↓

정답 03 ② 04 ④ 05 ③

06 회계변경 및 오류수정 계산형 문제(재고자산)

㈜대한은 2016년에 처음 회계감사를 받았는데, 기말 상품재고에 대하여 다음과 같은 오류가 발견되었다. 각 연도별로 ㈜대한이 보고한 당기순이익이 다음과 같을 때, 2016년의 오류수정 후 당기순이익은? (단, 법인세효과는 무시한다)   2016년 국가직 9급

연도	당기순이익	기말 상품재고 오류
2014년	₩ 15,000	₩ 2,000(과소평가)
2015년	₩ 20,000	₩ 3,000(과소평가)
2016년	₩ 25,000	₩ 2,000(과대평가)

① ₩ 25,000
② ₩ 23,000
③ ₩ 22,000
④ ₩ 20,000

07 회계변경 및 오류수정 계산형 문제(종합)

㈜한국의 2016년 회계오류수정 전 법인세비용차감전순이익은 ₩ 300,000이다. 회계오류가 다음과 같을 때, 회계오류수정 후 2016년도 법인세비용차감전순이익은?   2016년 국가직 7급

회계오류 사항	2015년	2016년
기말 재고자산 오류	₩ 8,000 과소계상	₩ 4,000 과대계상
선급비용을 당기비용으로 처리	₩ 3,000	₩ 2,000

① ₩ 287,000
② ₩ 288,000
③ ₩ 289,000
④ ₩ 290,000

정답 및 해설

06

2016년 수정 후 N/I: 20,000 = 25,000 − (3,000 + 2,000)

참고 오류수정정산표

구분	2014년	2015년	2016년
수정 전 N/I	15,000	20,000	25,000
14년 기말 재고자산	+ 2,000	− 2,000	
15년 기말 재고자산		+ 3,000	− 3,000
16년 기말 재고자산			− 2,000
수정 후 N/I	17,000	21,000	20,000

(1) 14년 기말 재고
  1) 당기: 과소 → 자산 증가조정 ⇒ 이익 증가
  2) 차기: 반대효과 발생(자동조정오류)
(2) 15년 기말 재고
  1) 당기: 과소 → 자산 증가조정 ⇒ 이익 증가
  2) 차기: 반대효과 발생(자동조정오류)
(3) 16년 기말 재고: 과대 → 자산 감소조정 ⇒ 이익 감소

07

2016년도 법인세차감전순이익: 287,000 = 300,000 − (8,000 + 4,000 + 3,000 − 2,000)

참고 오류수정정산표

구분	2015년	2016년
수정 전 N/I		300,000
15년 기말 재고자산	+ 8,000	− 8,000
16년 기말 재고자산		− 4,000
15년 선급비용	+ 3,000	− 3,000
16년 선급비용		+ 2,000
수정 후 N/I		287,000

(1) 15년 기말 재고
  1) 당기: 과소 → 자산 증가조정 ⇒ 이익 증가
  2) 차기: 반대효과 발생(자동조정오류)
(2) 16년 기말 재고: 과대 → 자산 감소조정 ⇒ 이익 감소
(3) 15년 선급비용
  1) 당기: 비용 취소 → 자산 증가조정 ⇒ 이익 증가
  2) 차기: 반대효과 발생(자동조정오류)
(4) 16년 선급비용: 비용 취소 → 자산 증가조정 ⇒ 이익 증가

정답 06 ④ 07 ①

08 회계변경 및 오류수정 서술형 문제(종합)

회계정책이나 회계추정의 변경과 관련된 설명으로 옳지 않은 것은? 2014년 국가직 7급

① 측정기준의 변경은 회계추정의 변경이 아니라 회계정책의 변경에 해당한다.
② 유형자산에 대한 감가상각방법의 변경은 회계추정의 변경으로 간주한다.
③ '일반적으로 인정되는 회계원칙'이 아닌 회계정책에서 '일반적으로 인정되는 회계원칙'의 회계정책으로의 변경은 오류수정이다.
④ 소급법은 재무제표의 신뢰성은 유지되지만 비교가능성이 상실된다.

09 회계변경 및 오류수정 계산형문제

㈜한국은 휴대전화 판매를 영위하는 회사이며, 다음의 거래를 누락한 상태에서 당기순이익을 ₩40,000으로 산정하였다. 다음 거래를 추가로 반영할 경우 포괄손익계산서상 당기순이익은?

2022년 국가직 9급

• 미수이자수익 발생	₩10,000
• 선수수익의 수익실현	₩40,000
• 매출채권의 현금회수	₩20,000
• 매입채무의 현금상환	₩7,000
• 미지급이자비용 발생	₩3,000

① ₩50,000
② ₩87,000
③ ₩100,000
④ ₩110,000

정답 및 해설

08
소급법은 재무제표의 기간 간 비교가능성이 제고되지만, 신뢰성이 손상된다.

09
수정 후 당기순이익: 40,000 + 10,000 + 40,000 − 3,000 = 87,000
* 매출채권의 현금회수와 매입채무의 현금상환은 자산과 부채가 직접 변동하므로 손익에 영향을 주지 않음

정답 08 ④ 09 ②

PART 15 주당이익

CHAPTER 1 주당이익의 기초

1 주당이익의 의의

재무제표이용자가 기업의 성과를 평가하고 미래의 이익을 예측하는 데 일반적으로 사용하는 지표 중의 하나가 주당이익이다. 주당이익(earning per share, EPS)은 당기순이익에서 우선주 배당금 등을 차감한 금액을 가중평균유통보통주식수로 나누어 계산한다. 즉 주당이익은 보통주 1주에 귀속될 당기순이익을 의미한다.

> **주당이익**
>
> $$\text{주당이익} = \frac{\text{보통주에게 귀속되는 이익}(= \text{당기순이익} - \text{우선주 배당금 등})}{\text{가중평균유통보통주식수}}$$

기업이 조달한 자금은 크게 타인자본과 자기자본으로 구분할 수 있으며, 자기자본은 다시 보통주자본과 우선주자본으로 나눌 수 있다. 기업은 조달한 자금으로 기업 경영을 하는 대가로 자본의 공급자에게 사용대가를 지불한다. 타인자본의 공급자인 채권자에게는 이자의 형태로 대가를 지급하고, 우선주의 주주에게는 배당의 형태로 대가를 지급한다. 당기순이익은 이미 채권자에 대한 이자비용이 차감된 후의 금액이므로, 당기순이익에서 우선주 주주에게 배당할 금액을 차감하면 보통주의 주주에게 귀속될 당기순이익(= 보통주 귀속 당기순이익)이 도출된다.

증자나 감자 등 다양한 자본거래가 발생할 수 있으므로 유통보통주식수는 회계기간 중에 변동될 수 있다. 따라서 주당이익을 계산할 때 분모의 유통보통주식수는 가중평균한 주식 수를 이용한다.

> **Additional Comment**
>
> 기업이 회계기간 동안 영위한 경영활동의 성과는 포괄손익계산서에 당기순이익으로 보고된다. 당기순이익의 크기는 일반적으로 기업의 규모에 비례하므로 단순히 당기순이익의 크기만으로 기업의 경영성과를 판단하는 것은 합리적이지 않다. 예를 들어 A사의 당기순이익은 ₩100,000이지만 B사의 당기순이익은 ₩10,000이라고 한다면 당기순이익의 단순 비교에서는 A사가 더 나은 경영성과를 달성하였다고 판단할 수 있다. 그러나 A사는 100,000주가 B사는 100주가 유통되는 회사로 주식 수의 변동이 없다고 한다면 A기업의 1주당 경영성과는 ₩1이지만 B기업의 1주당 경영성과는 ₩100임을 알 수 있다.
>
> | 구분 | A사 | B사 |
> | --- | --- | --- |
> | 당기순이익 | ₩100,000 | ₩10,000 |
> | ÷ 주식 수 | ÷ 100,000주 | ÷ 100주 |
> | = 주당이익 | = ₩1/주 | = ₩100/주 |
>
> 즉, 주당이익은 보통주 1주당 이익이 얼마인지를 나타내는 지표이다.

2 주당이익의 종류

주당이익은 기본주당이익과 희석주당이익으로 구분된다. 기본주당이익은 특정 회계기간에 실제 유통 중인 보통주식수에 기초하여 계산한 주당이익을 말한다.

기업은 보통주로 전환될 수 있는 전환우선주, 전환사채, 신주인수권 등을 발행하기도 하는데, 이러한 금융상품을 잠재적보통주라고 한다. 잠재적보통주는 아직 유통보통주에 포함되지는 않았지만 언제든지 보통주로 전환될 경우 유통보통주식수를 증가시켜 기본주당이익을 감소시킬 수 있는 잠재력이 있다.

희석주당이익은 특정 회계기간에 잠재적보통주가 모두 보통주로 전환되었다고 가정하고 다시 계산한 주당이익을 말한다. 희석주당이익은 잠재적보통주를 발행한 기업이 기본주당이익에 추가하여 공시하는 주당이익으로서 기업의 주당이익이 잠재적보통주로 인하여 더 낮아질 수 있다는 정보를 제공한다.

또한 주당이익은 분자에 보통주이익을 당기순이익으로 하느냐 계속영업이익으로 하느냐에 의해서도 구분된다. 따라서 주당이익은 기본주당이익과 기본주당계속영업이익 및 희석주당이익과 희석주당계속영업이익으로 구분된다.

주당이익의 종류

분자	÷ 분모	= 주당이익 종류
보통주 귀속 당기순이익	가중평균유통보통주식수	기본주당이익(기본EPS)
(–) 중단영업손익		
보통주 귀속 계속영업이익		기본주당계속영업이익
	+ 잠재적보통주식수	
보통주 귀속 당기순이익		희석주당이익(희석EPS)
(–) 중단영업손익	= 총 유통보통주식수	
보통주 귀속 계속영업이익		희석주당계속영업이익

Additional Comment

한국채택국제회계기준은 현재 및 잠재적 투자자들에게 현재의 주당이익이 잠재적보통주의 권리 행사로 인하여 가장 보수적인 경우의 주당이익에 대하여 공시함으로써 투자자들을 보호하기 위하여 희석주당이익을 기본주당이익과 별도로 공시하도록 하고 있다. 또한 현재 및 잠재적 투자자들은 기본주당이익을 통해서 최대 배당가능액을 파악하고, 희석주당이익을 통하여 최소 배당가능액을 파악할 수 있다.

CHAPTER 2 기본주당이익

1 기본주당이익의 의의

기본주당이익은 실제로 발행되어 유통되는 보통주식 1주당 이익을 말하는 것인데, 기본주당순이익과 기본주당계속영업이익으로 구분된다. 기본주당순이익은 보통주에 귀속되는 특정 회계기간의 당기순이익을 해당 기간에 유통된 보통주식수를 가중평균한 주식 수인 가중평균유통보통주식수로 나누어 계산하고, 기본주당계속영업이익은 보통주에 귀속되는 특정 회계기간의 계속영업이익을 가중평균유통보통주식수로 나누어 계산한다.

기본주당이익의 계산 구조

$$기본주당계속영업이익 = \frac{계속영업이익 - 우선주 배당 등}{가중평균유통보통주식수} = \frac{보통주계속영업이익}{가중평균유통보통주식수}$$

$$기본주당순이익 = \frac{당기순이익 - 우선주 배당 등}{가중평균유통보통주식수} = \frac{보통주당기순이익}{가중평균유통보통주식수}$$

2 보통주당기순이익과 보통주계속영업이익

보통주당기순이익(계속영업이익)은 당기순이익(계속영업이익)에서 우선주 배당금 등을 차감한 금액을 말하며 순수하게 보통주에 귀속되는 이익을 말한다.

보통주당기순이익(계속영업이익)

보통주당기순이익(보통주계속영업이익) = 당기순이익(계속영업이익) − 우선주 배당금 등

보통주이익을 계산할 때에는 법인세비용과 부채로 분류되는 우선주에 대한 배당금을 포함한 특정 회계기간에 인식된 모든 수익과 비용 항목은 보통주에 귀속되는 특정 회계기간의 당기순이익에 고려된다. 다만, 우선주 배당금 등을 고려할 때에는 다음과 같은 사항들에 주의를 기울여야 한다.

1. 비누적적 우선주

보통주당기순이익은 당기순이익에서 자본으로 분류된 우선주에 대하여 당해 회계기간과 관련하여 배당 결의된 세후 우선주 배당금을 차감하여 산정한다. 이때 기업이 중간배당을 실시한 경우에는 우선주에 대한 중간배당액도 당기순이익에서 차감한다. 우선주 배당금은 실제 지급한 배당금이 아니라 정기주주총회에서 배당할 것으로 결의된 배당금을 말한다.

> **Additional Comment**
> 20×1년의 주당이익을 계산하는 경우 차감할 우선주 배당금은 20×2년 초에 개최되는 20×1년도 정기주주총회에서 배당금으로 선언할 예정인 금액을 말한다. 그러므로 20×1년 초에 개최되는 20×0년도 정기주주총회에서 배당금을 지급하는 것은 고려하지 않는다.

2. 누적적 우선주

누적적 우선주는 배당결의 여부와 관계없이 당해 회계기간과 관련한 세후 배당금을 당기순이익에서 차감하여 보통주당기순이익을 계산한다. 그러므로 전기 이전의 기간과 관련하여 당기에 지급되거나 결의된 누적적 우선주 배당금은 보통주당기순이익의 계산에서 제외한다.

> **Example** 우선주 배당금 - 자본금 ₩100, 배당률 10%

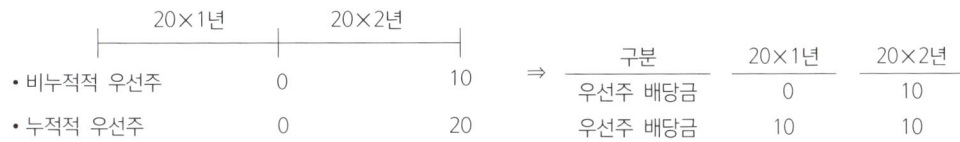

⇒ 비누적적 우선주의 경우 20×1년에 배당금에 대한 지급결의가 없다면 당기순이익에서 차감하지 않는다. 누적적 우선주의 경우 20×1년에 배당금에 대한 지급결의가 없어도 당기순이익에서 차감하여 보통주귀속당기순이익을 구하고 20×2년에 20×1년 미지급배당을 지급하여도 20×2년도 지급분만을 당기순이익에서 차감하여 20×2년도 보통주귀속당기순이익을 구한다.

> **Additional Comment**
> 누적적 우선주의 경우 과년도 연체 배당금을 당기에 지급하더라도 이를 제외하고 당해 연도분 우선주 배당금만 당기순이익에서 차감한다. 이는 연체 배당금의 지급으로 인하여 매년 공시되는 주당이익의 비교가능성이 낮아지는 것을 피하기 위해서이다. 또한 누적적 우선주의 경우에는 배당 결의가 없더라도 당해 연도분 우선주 배당금을 차감하는 반면, 비누적적 우선주의 경우에는 배당 결의가 있어야만 우선주 배당금을 차감한다는 점에 유의하여야 한다.

3 가중평균유통보통주식수

주당이익은 보통주 귀속 당기순이익을 유통보통주식수로 나누어 계산한다. 그런데 회계기간 중 유통보통주식수가 변동되는 경우 이를 적절하게 가중평균해야 하며, 이를 가중평균유통보통주식수라고 한다. 즉, 특정 회계기간의 가중평균유통보통주식수는 기초의 유통보통주식수에 회계기간 중 취득된 자기주식수 또는 신규 발행된 보통주식수를 각각의 유통기간에 따른 가중치를 고려하여 조정한 보통주식수이다. 이 경우 보통주 유통기간에 따른 가중치는 그 회계기간의 총 일수에 대한 특정 보통주의 유통일수의 비율로 산정한다.

> **Additional Comment**
> 기본주당순이익은 보통주당기순이익을 가중평균유통보통주식수로 나눈 금액으로, 보통주의 발행으로 유입된 현금을 운용하여 보통주당기순이익을 창출하였다는 의미로 해석된다. 따라서 논리상으로는 보통주가 가중평균유통보통주식수에 포함되기 위해서는 당해 보통주의 발행으로 기업에 현금유입이 있어야 한다. 전기 이전에 발행된 보통주의 경우에는 당해 보통주의 발행으로 유입된 현금이 회계기간 전체에 걸쳐 당기순이익을 창출한다. 그러나 당기 중 발행된 보통주는 현금이 유입된 날부터 보고기간 말까지의 기간에만 당기순이익을 창출하므로 전기 이전에 발행된 보통주와 동일하게 고려할 수 없다. 따라서 가중평균유통보통주식수는 당해 회계연도에 평균적으로 유통되는 보통주식수의 수량으로 계산한다.

1. 유상증자, 신주인수권행사, 주식선택권 행사

자원의 변동을 유발하면서 주식 수가 변동하는 경우 가중평균유통보통주식수를 산정하기 위한 보통주유통일수 계산의 기산일은 통상 주식발행의 대가를 받을 권리가 발생하는 시점인 주식발행일이다. 따라서 유상증자, 신주인수권 행사, 주식선택권 행사 등은 현금을 받을 권리가 발생하는 시점이 주식발행일이다.

2. 자기주식의 취득, 처분, 유상감자

자기주식을 취득하거나 유상감자로 인하여 유통보통주식수를 줄이는 경우에는 취득 시점부터 처분 시점까지의 기간, 유상감자 시행일부터의 기간을 차감하여 유통주식수를 계산한다. 물론 처분 이후에는 가중평균유통주식수에 포함된다.

> **★ 사례연습 1. 유상증자, 자기주식, 신주인수권**
>
> 다음은 ㈜한영의 20×1년 기본주당이익의 계산에 필요한 자료이다. ㈜한영의 보고기간은 1월 1일부터 12월 31일까지이다.
>
> 1. 기초 자본금: 보통주자본금(액면 ₩ 5,000): 10,000주
> 2. 당기 중 자본금 변동 내역
>   (1) 7월 1일: 유상증자 500주
>   (2) 7월 1일: 자기주식 300주 취득
>   (3) 10월 1일: 신주인수권부사채의 신주인수권 행사 1,000주
>   (4) 10월 1일: 자기주식 200주 재발행
>
> ㈜한영의 20×1년 기본주당이익을 산정하기 위한 유통보통주식수를 계산하시오. (단, 월할 계산한다)
>
> **풀이**
>
>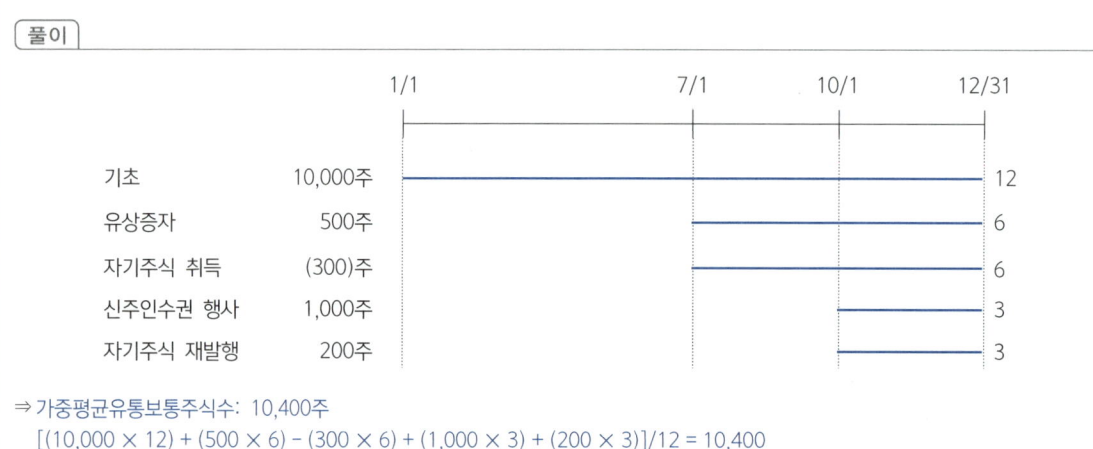
>
> ⇒ 가중평균유통보통주식수: 10,400주
> [(10,000 × 12) + (500 × 6) − (300 × 6) + (1,000 × 3) + (200 × 3)]/12 = 10,400

3. 무상증자, 주식배당, 주식분할, 주식병합

무상증자, 주식배당, 주식분할의 경우에는 추가로 대가를 받지 않고 기존 주주들에게 보통주를 발행하므로 자원은 증가하지 않고 유통보통주식수만 증가한다. 한편, 주식병합은 일반적으로 자원의 실질적인 유출 없이 유통보통주식수를 감소시킨다.

무상증자, 주식배당, 주식분할, 주식병합의 경우 당해 사건이 있기 전의 유통보통주식수는 비교표시되는 최초 기간의 개시일에 그 사건이 일어난 것처럼 비례적으로 조정한다.

Additional Comment

무상증자 등을 가중평균유통보통주식수의 산정에 포함시키기 위해서는 무상증자 등의 비율을 먼저 계산하고, 무상증자 등을 실시하기 이전의 주식 수는 모두 무상증자 등의 비율만큼 증가한 것으로 보아 가중평균유통보통주식수를 조정한다. 이때 무상증자 등의 비율은 무상증자 등으로 발행한 주식 수를 무상증자 등을 실시하기 이전의 주식 수로 나눈 비율을 말한다.
⇒ 무상증자비율: 무상증자로 발행된 주식 수 ÷ 무상증자 전 주식 수
예를 들어 무상증자비율이 10%인 무상증자를 실시하는 경우에 무상증자 전의 유통보통주식수에 (1 + 10%)를 곱하여 새로운 유통보통주식수를 구한다.

당기 주당이익을 계산하는 경우라면 무상증자로 발행된 보통주는 다음과 같이 산정한다. 이러한 방식을 원구주를 따르는 방식이라고 한다.

① 구주에 대한 무상증자: 기초 시점에 실시된 것으로 보아 가중평균유통보통주식수를 조정
② 유상신주에 대한 무상증자: 유상증자의 주금납입기일에 실시된 것으로 보아 가중평균유통보통주식수를 조정

사례연습 2. 유상증자, 주식배당, 신주인수권, 무상증자

다음은 ㈜한영의 20×1년 기본주당이익의 계산에 필요한 자료이다. ㈜한영의 보고기간은 1월 1일부터 12월 31일까지이다.

1. 기초 자본금: 보통주자본금(액면 ₩ 5,000) 10,000주
2. 당기 중 자본금 변동 내역
   (1) 7월 1일: 유상증자 500주
   (2) 7월 1일: 주식배당 (10%)
   (3) 10월 1일: 신주인수권부사채의 신주인수권 행사 1,000주
   (4) 10월 1일: 무상증자 (20%)

㈜한영의 20×1년 기본주당이익을 산정하기 위한 유통보통주식수를 계산하시오. (단, 월할 계산한다)

풀이

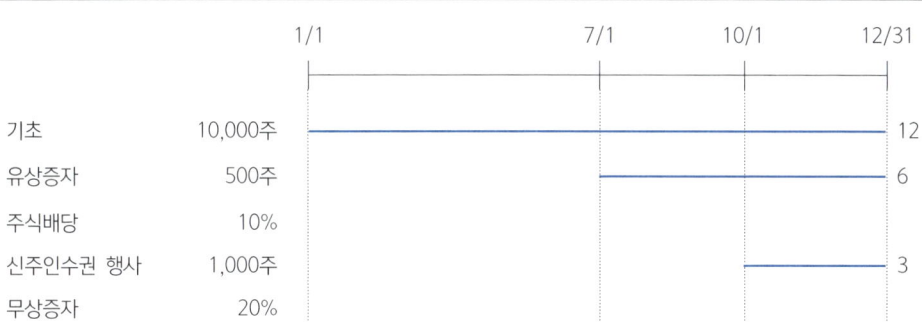

⇒ 가중평균유통보통주식수: 13,830주
[(10,000 × 1.1 × 1.2 × 12) + (500 × 1.1 × 1.2 × 6) + (1,000 × 1.2 × 3)]/12 = 13,830

4. 주주우선배정 신주발행(= 공정가치 미만의 유상증자)

일반적으로 보통주는 공정가치로 발행되므로 무상증자 요소를 수반하지 아니한다. 그러나 주주우선배정 신주발행의 경우에는 행사가격이 주식의 공정가치보다 작은 것이 보통이므로 이러한 주주우선배정 저가신주발행은 무상증자 요소를 수반하게 된다. 이 경우 공정가치에 의한 유상증자와 무상증자가 혼합된 성격으로 보아 각각의 논리에 따라 가중평균하여 유통보통주식수를 산정한다.

공정가치 미만의 유상증자가 실시된 경우 무상증자비율은 공정가치 유상증자가 먼저 실시되고 무상증자는 나중에 실시된 것으로 간주하여 계산한다.

> **공정가치 미만의 유상증자의 가중평균유통보통주식수 산정 TOOL**
>
> 1st FV기준 발행 가능 유상증자 주식 수: 유상증자 납입액 ÷ 유상증자 권리 행사일 전의 FV
> 2nd 무상증자 주식 수: 총 발행주식수 − FV기준 발행 가능 유상증자 주식 수
> 3rd 무상증자 비율: 무상증자 주식 수 ÷ (유상증자 전 주식 수 + FV기준 발행 가능 유상증자 주식 수)

주주우선배정 신주발행에서 공정가치 이하로 유상증자를 실시한 경우에는 공정가치 유상증자 시 발행 가능 주식수는 납입일을 기준으로 조정하고, 무상증자 주식 수에 대해서는 원구주에 따른다.

> **★사례연습 3. 주주우선배정 신주발행**
>
> 다음은 ㈜한영의 20×1년 기본주당이익의 계산에 필요한 자료이다. ㈜한영의 보고기간은 1월 1일부터 12월 31일까지이다.
>
> > 1. 기초 자본금: 보통주자본금 (액면 ₩5,000) 9,000주
> > 2. 당기 중 자본금 변동 내역
> >   (1) 7월 1일: 보통주 유상증자 (액면 ₩5,000) 2,000주
> >   (2) 7월 1일의 유상증자는 주주우선배정 신주발행에 해당되며, 유상증자(권리 행사) 전일의 보통주식의 시가는 ₩20,000, 유상증자 시 발행금액은 ₩10,000이다.
> >   (3) 10월 1일: 주식선택권 행사 500주
>
> ㈜한영의 20×1년 기본주당이익을 산정하기 위한 유통보통주식수를 계산하시오. (단, 월할 계산한다)
>
> [풀이]
>
> (1) 주주우선배정 FV 미만 신주발행
>   1st FV 기준 발행 가능 유상증자 주식 수: 10,000 × 2,000주 ÷ 20,000 = 1,000주
>   2nd 무상증자 주식 수: 2,000주 − 1,000주 = 1,000주
>   3rd 무상증자 비율: 1,000주 ÷ (9,000 + 1,000)주 = 10%

(2) 가중평균유통보통주식수 산정

⇒ 가중평균유통보통주식수: 10,575주
[(9,000 × 1.1 × 12) + (1,000 × 1.1 × 6) + (500 × 3)]/12 = 10,575

사례연습 4. 기본주당이익

20×5년 1월 1일 현재 ㈜한국이 기발행한 보통주 500,000주(1주당 액면금액 ₩ 5,000)와 배당률 연 10%의 비누적적 전환우선주 150,000주(1주당 액면금액 ₩ 10,000)가 유통 중이다. 전환우선주는 20×3년 3월 1일에 발행되었으며, 1주당 보통주 1주로 전환이 가능하다. 20×5년도에 발생한 보통주식의 변동 상황을 요약하면 다음과 같다.

구분	내용	변동 주식 수	유통주식수
1월 1일	기초 유통보통주식수	–	500,000주
4월 1일	전환우선주 전환	100,000주	600,000주
9월 1일	1대 2로 주식분할	600,000주	1,200,000주
10월 1일	자기주식 취득	(200,000주)	1,000,000주

20×5년도 당기순이익은 ₩ 710,000,000이며, 회사는 현금배당을 결의하였다. ㈜한국의 20×5년도 기본주당순이익은 얼마인가? (단, 기중에 전환된 전환우선주에 대해서는 우선주배당금을 지급하지 않으며, 가중평균유통보통주식수 계산 시 월할 계산한다. 단수차이로 인해 오차가 있는 경우 가장 근사치를 선택한다)

[풀이]

(1) 보통주당기순이익: 710,000,000 − 50,000,000[1] = 660,000,000
  [1] 우선주 배당금: (150,000 − 100,000)주 × 10,000 × 10% = 50,000,000

(2) 가중평균유통보통주식수

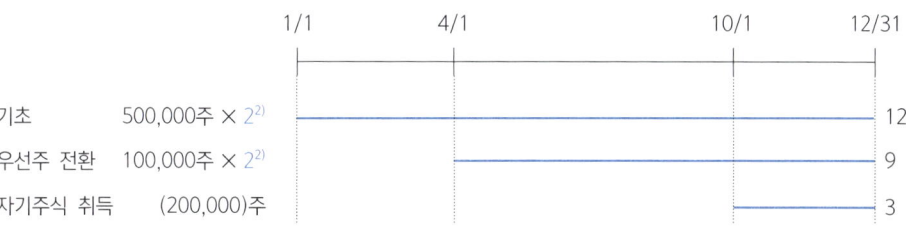

[2] 주식분할 ⇒ 가중평균유통보통주식수: [(500,000 × 2 × 12) + (100,000 × 2 × 9) − (200,000 × 3)]/12 = 1,100,000주

(3) 기본주당순이익: 660,000,000 ÷ 1,100,000주 = 600/주

> **기출문제**

1. 다음의 자료를 이용하여 산출한 ㈜한국의 20×1년 말 주가이익비율(PER)은? (단, 가중평균유통보통주식수는 월할 계산한다)   2018년 국가직 7급

   - 20×1년도 당기순이익: ₩ 88
   - 20×1년 1월 1일 유통보통주식수: 30주
   - 20×1년 7월 1일 유상증자: 보통주 25주(주주우선배정 신주발행으로 1주당 발행가액은 ₩ 4이며, 이는 유상증자 권리락 직전 주당 종가 ₩ 5보다 현저히 낮음)
   - 20×1년 12월 31일 보통주 시가: 주당 ₩ 6

   ① 1.5   ② 2.0
   ③ 2.5   ④ 3.0

   해설
   (1) 공정가치 미만 유상증자
       1) 공정가치 유장증자 주식 수: $25 \times 4 \div 5 = 20$
       2) 무상증자 비율: $(25 - 20) \div (30 + 20) = 10\%$
   (2) 가중평균유통보통주식수: $[(30 \times 1.1 \times 12) + (20 \times 1.1 \times 6)]/12 = 44$주
   (3) 주당이익: $88 \div 44주 = @2/주당$
   (4) PER = 주가 ÷ 주당이익 = 6/2 = 3   답 ④

CHAPTER 3 희석주당이익

1 희석주당이익의 의의

보유자에게 보통주를 받을 수 있는 권리가 부여된 금융상품이나 계약 등을 잠재적보통주라고 한다. 잠재적보통주의 예는 다음과 같다.

> ① 전환증권: 보통주로 전환할 수 있는 채무증권(전환사채) or 지분증권(전환우선주)
> ② 주식인수권: 옵션(신주인수권)과 주식매입권(주식선택권)
> ③ 조건부발행보통주: 계약상 조건이 충족되면 발행될 보통주(조건부발행보통주) 등

잠재적보통주가 당기 중에 보통주로 바뀌지 않았다면 유통보통주식수가 변동되지 않으므로 기본주당이익도 영향을 받지 않는다. 그러나 잠재적보통주가 보통주로 바뀌었다고 가정하면 유통보통주식수가 증가할 것이므로 주당이익은 낮아질 수 있다.
희석주당이익은 잠재적보통주가 모두 보통주로 바뀌었다고 가정하고 다시 계산한 가상의 주당이익을 말한다.

> **Additional Comment**
>
> 희석주당이익은 잠재적보통주를 발행한 기업의 기본주당이익이 과대 표시될 수 있음을 보여주는 메시지를 정보이용자에게 전달한다. 정보이용자는 기본주당이익뿐만 아니라 희석주당이익의 정보를 함께 제공받음으로써 기업의 수익력을 보다 정확하게 분석할 수 있다.

2 희석주당이익의 계산

희석주당이익은 잠재적보통주가 보통주로 전환되었다고 가정하고 다음과 같이 기본주당이익 계산 시의 분모와 분자를 조정하여 계산한다.

희석주당이익의 산정방법

$$\text{희석주당이익} = \frac{\text{보통주당기손익} + \text{세후 잠재적보통주이익}}{\text{가중평균유통보통주식수} + \text{잠재적보통주식수}}$$

$$\text{희석주당계속영업이익} = \frac{\text{보통주계속영업이익} + \text{세후 잠재적보통주이익}}{\text{가중평균유통보통주식수} + \text{잠재적보통주식수}}$$

잠재적보통주가 보통주로 전환되었다고 가정할 경우 위의 희석주당이익 계산식의 분모만 증가하는 경우가 일반적이다. 그러나 전환사채가 보통주로 전환되었다면 더 이상 이자비용이 발생하지 않을 것이므로 분자의 이자비용이 제거되어야 한다. 따라서 이러한 경우에는 **희석주당이익 계산 시 분모뿐만 아니라 분자도 조정**된다.

기출문제

2. 다음은 ㈜한국에 관한 20×1년 자료이다. 이를 이용하여 계산한 ㈜한국의 20×1년 희석주당이익은? (단, 가중평균유통주식수는 월할 계산하며, 소수점 발생 시 소수점 이하 첫째자리에서 반올림한다)

2019년 국가직 7급

- 기초 유통보통주식수 2,000주(액면금액 ₩1,000)
- 기초 유통우선주식수 1,000주(비누적적·비참가적 전환우선주, 액면금액 ₩1,000, 전환비율 1:1)
- 7월 1일 보통주 600주 시장가격으로 발행
- 기말까지 미전환된 전환우선주는 액면금액의 5 %를 배당
- 기중 전환된 우선주는 없었다.
- 당기순이익은 ₩1,000,000

① ₩ 264　　　　　　　② ₩ 278
③ ₩ 288　　　　　　　④ ₩ 303

해설

(1) 보통주 귀속 당기순이익 + N/I 가산효과: 1,000,000
(2) 가중평균유통보통주식수: [(2,000 × 12) + (600 × 6)]/12 = 2,300
(3) 잠재적보통주: 1,000
(4) 희석주당이익: 1,000,000 ÷ (2,300 + 1,000) = 303

답 ④

핵심 빈출 문장

01 누적적 우선주는 배당결의 여부와 관계없이 당해 회계기간과 관련된 세후 배당금을 보통주에 귀속되는 당기순손익에서 차감한다.

02 할증배당우선주의 할인발행차금은 유효이자율법으로 상각하여 이익잉여금에 가산하고, 주당이익을 계산할 때 우선주 배당금으로 처리한다.

03 비누적적 우선주는 당해 회계기간과 관련하여 배당 결의된 세후 배당금을 보통주에 귀속되는 당기순손익에서 차감한다.

04 기업이 공개매수 방식으로 우선주를 재매입할 때 우선주의 주주에게 지급한 대가의 공정가치가 우선주의 장부금액을 초과하는 부분은 보통주에 귀속되는 당기순손익을 계산할 때 차감한다.

05 부채로 분류되는 상환우선주에 대한 배당금은 보통주에 귀속되는 당기순손익을 계산할 때 조정하지 않는다.

MEMO

확인 문제

01 주당이익 계산형 문제(가중평균유통보통주식수)

㈜대한의 2010 회계연도 보통주에 귀속되는 당기순이익이 ₩ 1,000,000일 때 2010년 12월 31일 결산일 현재 기본주당이익을 산출하기 위한 가중평균유통보통주식수는? (단, 가중평균유통보통주식수는 월할로 계산한다)

2011년 국가직 9급

<유통보통주식수의 변동>

일자	내용	주식수
2010년 1월 1일	기초	12,000주
2010년 3월 1일	유상증자	3,000주
2010년 7월 1일	자기주식 취득	3,000주
2010년 9월 1일	유상증자	6,000주

① 9,000주　　② 15,000주
③ 18,000주　　④ 21,000주

정답 및 해설

01
(1) 1월 1일 기초: 12,000주 × 12/12 = 12,000
(2) 3월 1일 유상증자: 3,000주 × 10/12 = 2,500
(3) 7월 1일 자기주식 취득: 3,000주 × 6/12 = (1,500)
(4) 9월 1일 유상증자: 6,000주 × 4/12 = 2,000
⇒ 가중평균유통보통주식수: 12,000 + 2,500 − 1,500 + 2,000 = 15,000주

정답 01 ②

02 주당이익 계산형 문제(주당순이익)

다음은 ㈜한국이 발행한 주식 관련 정보이다. 2012년 기본주당순이익은? 2013년 지방직 9급

- 가중평균유통보통주식수 10,000주
- 2012년도 당기순이익 ₩ 4,000,000
- 2011년 7월 1일 우선주 3,000주 발행(액면배당률 4%, 액면가액 ₩ 5,000)

① ₩ 310 ② ₩ 330
③ ₩ 340 ④ ₩ 370

03 주당이익 계산형 문제(가중평균유통보통주식수)

다음 ㈜한국의 20×1년 보통주 변동내역은 다음과 같다.

- 기초유통보통주식수 6,000주
- 7월 1일 보통주 무상증자 500주
- 9월 1일 보통주 공정가치 발행 유상증자 900주

20×1년 가중평균유통보통주식수는? (단, 기간은 월할 계산한다) 2022년 지방직 9급

① 6,550주 ② 6,800주
③ 6,900주 ④ 7,400주

04 주당이익 계산형 문제(주당순이익)

㈜한국의 2011년 당기순이익은 ₩ 3,000,000이다. ㈜한국의 2011년 1월 1일 유통주식수는 10,000주이며, 4월 1일 자기주식 1,000주를 취득하였고, 10월 1일에는 유상증자를 통해 3,000주를 발행하였다. 2011년 우선주 배당금이 ₩ 400,000인 경우, ㈜한국의 주당순이익은? (단, 가중평균유통주식수는 월수로 계산한다) 2011년 국가직 9급

① ₩ 200 ② ₩ 250
③ ₩ 260 ④ ₩ 300

05 PER와 EPS

㈜한국의 주식은 주당 ₩ 1,000에 시장에서 거래되고 있다. 다음 자료를 이용하여 계산한 ㈜한국의 가중평균유통보통주식수는? (단, 우선주는 없다)

2012년 국가직 7급

• 당기순이익	₩ 60,000
• 주가수익률(PER)	5(500 %)
• 부채총계	₩ 3,000,000
• 자본금	₩ 200,000
• 자본총계	₩ 1,000,000

① 200주 ② 300주
③ 400주 ④ 500주

정답 및 해설

02
(1) 보통주 귀속 당기순이익: 3,400,000 = 당기순이익 4,000,000 − 우선주 배당 600,000[1]
    [1] 우선주 배당: 3,000주 × 5,000 × 4% = 600,000
(2) 기본주당순이익: 3,400,000 ÷ 10,000주 = 340

03
가중평균유통보통주식수: (6,000 + 500) × 12/12 + 900 × 4/12 = 6,800

04
(1) 가중평균유통보통주식수: 10,000 − 750 + 750 = 10,000주
  • 1월 1일: 10,000주 × 12/12 = 10,000
  • 4월 1일: (1,000)주 × 9/12 = (750)
  • 10월 1일: 3,000주 × 3/12 = 750
(2) 보통주 귀속 당기순이익 = 3,000,000 − 우선주 배당금 400,000 = 2,600,000
(3) 주당순이익: 2,600,000 ÷ 10,000주 = 260

05
(1) 주가수익률(PER): 1주당 시장가격 1,000 ÷ 주당순이익 EPS = 5
  ⇒ 주당순이익 = 200
(2) 200(EPS) = 보통주 귀속 당기순이익(N/I − 우선주 귀속분) 60,000 ÷ 가중평균유통보통주식수
  ⇒ 가중평균유통보통주식수 = 300

정답 02 ③ 03 ② 04 ③ 05 ②

PART 16 현금흐름표

CHAPTER 1 현금흐름표의 기초

1 현금흐름표의 정의

'재무제표의 작성과 표시를 위한 개념체계'에서는 자금을 특정하게 정의 하지는 않지만 기준서 제1007호 '현금흐름표'에서는 자금의 개념을 현금및현금성자산으로 정의하고 재무상태변동표로 현금흐름표를 작성하도록 하고 있다. 현금흐름표는 일정 기간 동안 특정 기업의 현금이 어떻게 조달되고 사용되는지를 나타내는 재무제표이다. 이는 기업의 기간별 현금의 유입과 유출 내용을 표시함으로써 향후 발생할 기업자금의 과부족현상을 미리 파악할 수 있는 정보를 제공하는 재무제표이다.

> **Additional Comment**
> 재무제표이용자는 기업이 현금및현금성자산을 어떻게 창출하고 사용하는지에 대하여 관심이 있다. 이것은 기업활동의 성격에 관계없이, 그리고 금융회사의 경우와 같이 현금이 그 기업의 상품으로 간주될 수 있는지의 여부와 관계없이 모든 기업에 적용된다. 기업은 주요 수익활동이 서로 다르더라도 본질적으로 동일한 이유에서 현금을 필요로 한다. 기업은 영업활동을 수행하고, 채무를 상환하며, 투자자에게 투자수익을 분배하기 위하여 현금이 필요하다.

2 현금흐름표의 유용성

발생주의 기준으로 만들어진 재무제표인 재무상태표와 포괄손익계산서는 기업이 선택한 회계정책에 따라 회계정보의 의미가 달라질 수 있다. 반면, 현금흐름표는 현금주의 기준에 의하여 실제 기업이 벌어들이고 사용한 현금을 표시하기 때문에 발생주의 포괄손익계산서에 비해 신뢰성이 높다. 또한 발생주의 기준에 따른 포괄손익계산서는 기업의 현금흐름을 정확히 반영하지 못하는 경우가 많다.

발생주의에 따른 손익과 기업의 현금흐름의 예시

구분	20×1년 말 손익	회계처리				20×1년 말 현금흐름
수익	100	(차) 외상매출금	100	(대) 매출	100	-
비용	(80)	(차) 매출원가	80	(대) 현금	80	(80)

현금흐름표는 재무제표이용자들의 현금흐름 정보에 대한 요구를 충족시키기 위하여 작성된다. 현금흐름표는 한 회계기간 동안 발생한 현금유입과 유출에 관한 정보를 제공하는 재무보고서를 말하고 현금흐름 정보의 효익은 다음과 같다.

① 기업의 미래 현금흐름 예측과 평가에 대한 유용한 정보를 제공한다.
② 기업의 자금창출능력 및 자금조달의 필요성에 대한 정보를 제공한다.
③ 투자 및 재무활동에 대한 정보를 제공한다.
④ 당기순이익과 영업활동으로 인한 현금흐름을 비교하여 이익의 질을 평가할 수 있다.

3 현금의 개념

현금흐름표는 재무상태의 변동에 관한 보고서 중 현금을 자금개념으로 파악하고 현금흐름을 보고하는 재무보고서이다. 현금흐름표의 작성기준이 되는 현금의 범위는 현금및현금성자산을 말한다. 즉, 현금이란 보유하고 있는 현금, 요구불예금을 말하며, 현금성자산이란 유동성이 매우 높은 단기 투자자산으로 확정된 금액의 현금으로 전환이 용이하고 가치변동의 위험이 중요하지 않은 자산을 의미한다. 그러한 은행거래약정이 있는 경우 은행잔고는 예금과 차월 사이에서 자주 변동하는 특성이 있다.

은행 차입은 일반적으로 재무활동으로 볼 수 있으나 금융회사의 요구에 따라 즉시 상환하여야 하는 당좌차월은 기업의 현금관리의 일부를 구성하므로 현금및현금성자산의 구성요소에 포함된다.

> **현금흐름표의 현금**
> B/S상의 현금및현금성자산 − 금융회사의 요구에 따라 즉시 상환하여야 하는 당좌차월

현금및현금성자산을 구성하는 항목 간의 이동은 영업활동, 투자활동 및 재무활동의 일부가 아닌 현금 관리의 일부이므로 현금흐름에서 제외한다.

4 기업의 활동 구분

현금흐름표는 회계기간 동안 발생한 현금흐름을 영업활동, 투자활동 및 재무활동으로 분류하여 보고한다. 기업이 사업 특성을 고려하여 가장 적절한 방법으로 영업활동, 투자활동 및 재무활동에서 발생하는 현금흐름을 표시한다. 활동에 따른 분류는 이러한 활동이 기업의 재무상태와 현금및현금성자산의 금액에 미치는 영향을 재무제표이용자가 평가할 수 있도록 정보를 제공한다. 또한 이 정보는 각 활동 간의 관계를 평가하는 데 사용될 수 있다. 하나의 거래에는 서로 다른 활동으로 분류되는 현금흐름이 포함될 수 있다. 예를 들어, 이자와 차입금을 함께 상환하는 경우 이자 지급은 영업활동으로 분류될 수 있고 원금상환은 재무활동으로 분류된다.

> **기업의 활동 구분**
>
> | <당기 발생거래> | 현금흐름표 | | 현금흐름표 | |
> |---|---|---|---|---|
> | 현금거래 → | 현금유입 | ×× | 영업활동 현금흐름 | ×× |
> | 비현금거래 | 현금유출 | ×× → | 투자활동 현금흐름 | ×× |
> | | 현금의 증감 | ×× | 재무활동 현금흐름 | ×× |
> | | | | 현금의 증감 | ×× |

1. 영업활동

영업활동은 기업의 주요 수익창출활동, 그리고 투자활동이나 재무활동이 아닌 기타의 활동에서 발생한다. 영업활동에서 발생하는 현금흐름의 금액은 기업의 외부의 재무자원에 의존하지 않고 영업을 통하여 차입금 상환, 영업능력의 유지, 배당금 지급 및 신규투자 등에 필요한 현금흐름을 창출하는 정도에 대한 중요한 지표가 된다. 역사적 영업현금흐름의 특정 구성요소에 대한 정보를 다른 정보와 함께 사용하면, 미래 영업현금흐름을 예측하는 데 유용하다.

영업활동 현금흐름은 일반적으로 당기순이익의 결정에 영향을 미치는 거래나 그 밖의 사건의 결과로 발생한다. 영업활동 현금흐름의 예는 다음과 같다.

> ① 재화의 판매와 용역 제공에 따른 현금유입
> ② 로열티, 수수료, 중개료 및 기타수익에 따른 현금유입
> ③ 재화의 용역의 구입에 따른 현금유출
> ④ 종업원과 관련하여 직·간접적으로 발생하는 현금유출
> ⑤ 보험회사의 경우 수입보험료, 연금 및 기타 급부과 관련된 현금유입과 현금유출
> ⑥ 법인세의 납부 또는 환급. 단, 재무활동과 투자활동에 명백히 관련된 것은 제외
> ⑦ 단기매매목적으로 보유하는 계약에서 발생하는 현금유입과 현금유출

설비 매각과 같은 일부 거래에서도 인식된 당기순이익의 결정에 포함되는 처분손익이 발생할 수 있다. 그러나 그러한 거래와 관련된 현금흐름은 투자활동 현금흐름이다. 그러나 타인에게 임대할 목적으로 보유하다가 후속적으로 판매목적으로 보유하는 자산을 제조하거나 취득하기 위한 현금 지급액은 영업활동 현금흐름이다. 이러한 자산의 임대 및 후속적인 판매로 수취하는 현금도 영업활동 현금흐름이다.

기업은 단기매매목적으로 유가증권이나 대출채권을 보유할 수 있으며, 이때 유가증권이나 대출채권은 판매를 목적으로 취득한 재고자산과 유사하다. 따라서 단기매매목적으로 보유하는 유가증권의 취득과 판매에 따른 현금흐름은 영업활동으로 분류한다. 마찬가지로 금융회사의 현금 선지급이나 대출채권은 주요 수익창출활동과 관련되어 있으므로 일반적으로 영업활동으로 분류한다.

2. 투자활동

투자활동은 장기성 자산 및 현금성자산에 속하지 않는 기타 투자자산의 취득과 처분활동을 말한다. 투자활동 현금흐름은 미래 수익과 미래 현금흐름을 창출할 자원의 확보를 위하여 지출된 정도를 나타내기 때문에 현금흐름을 별도로 구분 공시하는 것이 중요하다. 재무상태표에 자산으로 인식되는 지출만이 투자활동으로 분류하기에 적합하다. 투자활동 현금흐름의 예는 다음과 같다.

> ① 유형자산, 무형자산 및 기타 장기성 자산의 취득에 따른 현금유출(자본화된 개발원가와 자가건설 유형자산에 관련된 지출 포함)
> ② 유형자산, 무형자산 및 기타 장기성 자산의 처분에 따른 현금유입
> ③ 다른 기업의 지분상품이나 채무상품 및 조인트벤처 투자지분의 처분에 따른 현금유출·유입(현금성자산으로 간주되는 단기매매목적으로 보유하는 상품의 처분은 제외)
> ④ 제3자에 대한 선급금 및 대여금의 현금 유출·유입(금융회사의 현금 선지급과 대출채권은 제외)
> ⑤ 선물계약, 선도계약, 옵션계약 및 스왑계약에 따른 현금 유출·유입(단기매매목적으로 계약을 보유하거나 현금유입·유출을 재무활동으로 분류하는 경우 제외)

3. 재무활동

재무활동은 기업의 납입자본과 차입금의 크기 및 구성내용에 변동을 가져오는 활동을 말한다.

재무활동 현금흐름은 미래현금흐름에 대한 자본 제공자의 청구권을 예측하는 데 유용하기 때문에 현금흐름을 별도로 구분 공시하는 것이 중요하다. 재무활동 현금흐름의 예는 다음과 같다.

① 주식이나 기타 지분상품의 발행에 따른 현금유입
② 주식의 취득이나 상환에 따른 소유주에 대한 현금유출
③ 담보·무담보사채 및 어음의 발행과 기타 장·단기차입에 따른 현금유입
④ 차입금의 상환에 따른 현금유출
⑤ 리스이용자의 리스부채 상환에 따른 현금유출

재무상태표 계정의 일반적인 활동별 분류

자산	영업활동	투자활동	부채·자본	영업활동	재무활동
현금및현금성자산 (당좌차월 차감)			매입채무(선급금포함)	○	
단기매매목적 금융자산	○		미지급비용/선수수익	○	
유가증권		○	미지급법인세	○	
매출채권(선수금포함)	○		충당부채(영업활동관련)	○	
선급비용/미수수익	○		퇴직급여충당금	○	
재고자산	○		단기차입금	○	○
대여금/미수금		○	기타부채		○
투자자산		○	장기차입금		○
유형/무형자산		○	자본(당기순이익 제외)		○

4. 특수한 항목의 활동 구분 – 이자와 배당금

이자와 배당금의 수취 및 지급에 따른 현금흐름은 각각 별도로 공시한다. 각 현금흐름은 매 기간 일관성 있게 영업활동, 투자활동 또는 재무활동으로 분류한다. 기준서 제1023호 '차입원가'에 따라 회계기간 동안 지급한 이자금액은 당기손익의 비용 항목으로 인식하는지 또는 자본화하는지에 관계없이 현금흐름표에 총 지급액을 공시한다.

금융회사의 경우 이자 지급, 이자수입 및 배당금수입은 일반적으로 영업활동 현금흐름으로 분류한다. 그러나 다른 업종의 경우 이러한 현금흐름의 분류방법에 대하여 합의가 이루어지지 않았다. 따라서 이자 지급, 이자수입 및 배당금수입은 당기순이익의 결정에 영향을 미치므로 영업활동 현금흐름으로 분류할 수 있다. 그러나 대체적인 방법으로 이자 지급은 재무자원을 획득하는 원가이므로 재무활동 현금흐름으로, 이자수입 및 배당금수입은 투자자산에 대한 수익이므로 투자활동 현금흐름으로 분류할 수 있다.

배당금의 지급은 재무자원을 획득하는 비용이므로 재무활동 현금흐름으로 분류할 수 있다. 대체적인 방법으로 재무제표이용자가 영업활동 현금흐름에서 배당금을 지급할 수 있는 기업의 능력을 판단하는 데 도움을 주기 위하여 영업활동 현금흐름의 구성요소로 분류할 수도 있다.

5 현금흐름표의 양식과 기타 사항

현금흐름표는 현금흐름을 영업활동, 투자활동 및 재무활동으로 구분하여 표시한다. 영업활동 현금흐름 중 영업에서 창출된 현금을 표시하는 방법에는 직접법과 간접법이 있는데, 기준서 제1007호 '현금흐름표'에서는 직접법을 사용할 것을 권장하고 있다.

현금흐름표(간접법)

현금흐름표

A회사		20×1년 1월 1일부터 20×1년 12월 31일
Ⅰ. 영업활동 현금흐름		
법인세비용차감전순이익	××	
영업활동과 무관한 손익 등	××	
이자·배당·법인세 관련 손익 등	××	
영업활동으로 인한 자산·부채의 변동	××	
영업에서 창출된 현금	××	××
이자 수취·지급	××	
법인세의 납부	××	
배당금 수취·지급	××	
영업활동 순현금흐름		××
Ⅱ. 투자활동 현금흐름		××
1. 투자활동으로 인한 현금유입액	××	
2. 투자활동으로 인한 현금유출액	(××)	
Ⅲ. 재무활동 현금흐름		××
1. 재무활동으로 인한 현금유입액	××	
2. 재무활동으로 인한 현금유출액	(××)	
Ⅳ. 현금및현금성자산의 순증가		××
Ⅴ. 기초 현금및현금성자산		××
Ⅵ. 기말 현금및현금성자산		××

기출문제

1. 영업활동 현금흐름의 예로 옳지 않은 것은?   2019년 지방직 9급

① 단기매매목적으로 보유하는 계약에서 발생하는 현금유입과 현금유출
② 종업원과 관련하여 직·간접으로 발생하는 현금유출
③ 로열티, 수수료, 중개료 및 기타수익에 따른 현금유입
④ 리스이용자의 리스부채 상환에 따른 현금유출

해설
리스이용자의 리스부채 상환에 따른 현금유출은 재무활동에 해당한다.   답 ④

CHAPTER 2 현금흐름표의 작성방법

개별 거래들은 거래의 성격에 따라 다음과 같이 나누어 질 수 있으며 각각의 항목을 조합하여 포괄손익계산서의 당기손익과 현금흐름표의 현금흐름을 계상할 수 있다.

거래의 구분

구분	각 활동별 관련 손익	각 활동별 비관련 손익
손익거래	A	B
각 활동별 자산·부채의 변동	C	D

→ A + B: 포괄손익계산서

↓

A + C: 현금흐름표

1 직접법의 작성 논리

직접법이란 관련 활동에서 발생한 수익·비용, 관련 자산·부채의 증감을 고려하여 관련 현금흐름을 구하는 방법이다.

직접법은 총현금유입과 총현금유출을 주요 항목별로 구분하여 표시하는 방법을 말한다.

직접법의 작성 논리

(+) 해당 활동 관련 손익	A
(+) 해당 활동 관련 자산·부채의 증감	C
영업활동 현금흐름	A + C

2 간접법의 작성 논리

현금흐름은 직접법과 간접법 두 가지 방법 중 하나를 선택하여 작성할 수 있는데, 간접법이란 당기순이익에서 비현금 수익·비용, 영업활동 이외에서 발생한 수익·비용, 영업활동 관련 자산·부채의 증감을 고려하여 관련 활동의 현금흐름을 구하는 방법이다.

또한 간접법은 당기순손익에 현금을 수반하지 않는 거래, 과거 또는 미래의 영업활동 현금유입이나 현금유출의 이연 또는 발생, 투자활동 현금흐름이나 재무활동 현금흐름과 관련된 손익 항목의 영향을 조정하여 표시하는 방법을 말한다.

간접법의 작성 논리

포괄손익계산서상 N/I	A + B
(−) 활동 비관련 손익	(B)
(+) 활동 관련 자산·부채의 증감	C
영업활동 현금흐름	A + C

Self Study

한국채택국제회계기준에서는 간접법보다 직접법을 적용하는 것이 미래 현금흐름을 추정하는 데 보다 유용한 정보를 제공하므로 영업활동 현금흐름을 보고하는 경우에는 직접법 사용을 권장한다.

참고 | 자산과 부채의 증감에 따른 현금흐름

관련 활동에서 자산의 증가는 현금의 감소를 관련 활동에서 자산의 감소는 현금의 증가를 가져온다. 또한 관련 활동에서 부채(자본)의 증가는 현금의 증가를, 관련 활동에서 부채(자본)의 감소는 현금의 감소를 가져온다.

구분	회계처리				현금의 증감
자산의 증가	(차) 자산	××	(대) 현금	××	감소
자산의 감소	(차) 현금	××	(대) 자산	××	증가
부채의 증가	(차) 현금	××	(대) 부채	××	증가
부채의 감소	(차) 부채	××	(대) 현금	××	감소

CHAPTER 3 영업활동으로 인한 현금흐름

영업활동 현금흐름은 기업의 주요 수익창출활동, 그리고 투자활동이나 재무활동이 아닌 기타의 활동에서 발생하는 현금흐름을 말한다. 한국채택국제회계기준에서는 영업활동 현금흐름은 총현금유입과 총현금유출을 주요 항목별로 구분하여 표시하는 방법인 직접법 또는 당기순이익에서 당기순이익 조정 항목을 가감하여 표시하는 방법인 간접법 중 선택하여 하나의 방법으로 보고할 수 있도록 규정하고 있다.

1 직접법

직접법은 총현금유입과 총현금유출을 주요 항목별로 구분하여 표시하는 방법을 말한다. 즉, 직접법은 영업활동을 보다 세부적인 여러 활동으로 구분하여 구분된 세부 단위 현금흐름의 합계로서 영업활동 현금흐름을 계산하는 방법이다.

한국채택국제회계기준에서는 영업활동 현금흐름을 보고하는 경우 직접법을 사용할 것을 권장한다. 직접법을 적용하여 표시한 현금흐름은 간접법에 의한 현금흐름에서는 파악할 수 없는 정보를 제공하며, 미래 현금흐름을 추정하는 데 보다 유용한 정보를 제공하기 때문이다.

1. 고객으로부터 유입된 현금유입액

고객으로부터 유입된 현금액은 기업이 재화나 용역을 고객들에게 판매하거나 제공하고 회수한 현금액으로 매출로 인한 현금유입액이라고도 한다. 고객으로부터 유입된 현금액을 계산하기 위해서는 먼저 매출과 관련된 계정들을 파악하여야 하는데, 그 내용과 현금유입액 산정방법은 아래와 같다.

고객으로부터 유입된 현금유입액

① 계정분석법

고객으로부터 유입된 현금유입액(A + C)	××
1. 매출활동 관련 손익(A)	××
(1) 매출액	+
(2) 손상차손	−
(3) 매출채권 처분손익	+, −
(4) 환율변동손익(매출채권 관련)	+, −
2. 매출활동 관련 자산·부채 증감(C)	××
(1) 매출채권 증감	+, −
(2) 손실충당금 증감	+, −
(3) 선수금 증감	+, −

② 약식분개법

(차) 손상차손	××	(대) 매출	××
매출채권처분손실	××	매출채권 감소	××
환율변동손실(매출채권 관련)	××	손실충당금 증가	××
현금유입액	대차차액	선수금 증가	××

Self Study

문제에서 손실충당금은 제시되어 있으나 손상차손이 주어져 있지 않다면, 반드시 손상차손을 확인 후 TOOL에 적용하여야 한다.
⇒ 손상차손: 기초 손실충당금 + 설정액(손상차손, 환입액)(역산) − 손상확정 = 기말 손실충당금

📖 사례연습 1. 고객으로부터 유입된 현금유입액

다음 자료를 참고로 고객으로부터 수취한 현금유입액은 얼마인가?

구분	기초	기말
매출채권	₩ 8,000	₩ 10,000
손실충당금	₩ (600)	₩ (400)
선수금	₩ 500	₩ 900

- 외화환산손실: ₩ 1,000(매출채권 관련 부분은 ₩ 800)
- 매출액: ₩ 20,000
- 손상차손: ₩ 200

[풀이]

약식분개법

(차) 손상차손	200	(대) 매출	20,000
매출채권 증가	2,000	선수금 증가	400
환율변동손실(매출채권 관련)	800		
손실충당금 감소	200		
현금유입액	**17,200**		

2. 공급자에게 지급하는 현금유출액

공급자에 대한 현금유출액은 손익계산서의 매출원가, 물류원가 및 관리비와 관련된 현금유출액을 말한다. 공급자에 대한 현금유출액은 재고자산의 매입과 관련된 현금유출액을 의미하므로 이를 계산하기 위한 내용과 산정방법은 아래와 같다.

공급자에게 지급하는 현금유출액

① 계정분석법

공급자에게 지급한 현금유출액(A + C)	(××)
1. 매입활동 관련 손익(A)	(××)
(1) 매출원가(매입 + 평가손실·감모손실)	–
(2) 채무면제이익	+
(3) 환율변동손익(매입채무 관련)	+, –
2. 매입활동 관련 자산·부채 증감(C)	××
(1) 상품 증감	+, –
(2) 선급금 증감	+, –
(3) 매입채무 증감	+, –

② 약식분개법

(차) 매출원가(평가손실, 감모 포함)	××	(대) 채무면제이익	××
환율변동손실(매입채무 관련)	××	상품 감소	××
매입채무 감소	××	선급금 감소	××
		현금유출액	**대차차액**

★ 사례연습 2. 공급자에게 지급하는 현금유출액

다음 자료를 참고로 공급자에게 지급한 현금을 구하라.

구분	기초	기말
재고자산	₩ 8,000	₩ 10,000
매입채무	₩ 6,000	₩ 15,000
선급금	₩ 2,000	₩ 1,000

- 매출원가: 30,000(감모손실이 포함되어 있지 않음)
- 재고자산감모손실: 400
- 외화환산이익: 1,000(매입채무 관련 환산이익 200)
- 매입채무 관련 채무면제이익: 500

[풀이]

약식분개법

(차) 매출원가(평가손실, 감모 포함)	30,400	(대) 채무면제이익	500
재고자산 증가	2,000	외화환산이익	200
		선급금 감소	1,000
		매입채무 증가	9,000
		현금유출액	21,700

3. 종업원에 대한 현금유출액

종업원에 대한 현금유출액은 종업원에게 지급한 급여 등과 관련된 현금유출액을 의미하므로 이를 계산하기 위해서는 먼저 종업원급여와 관련된 계정들을 파악하여야 하는데 해당 계정과 산정방법은 아래와 같다.

종업원에 대한 현금유출액

① 계정분석법

종업원에 대한 현금유출액(A + C)	(××)
1. 기타 영업활동 관련 손익(A)	(××)
(1) 급여, 퇴직급여	−
2. 기타 영업활동 관련 자산·부채 증감(C)	××
(1) 선급급여, 미지급급여, 확정급여채무	+, −

② 약식분개법

(차) 급여, 퇴직급여	××	(대) 미지급급여 증가	××
선급급여 증가	××	확정급여채무 증가	××
		현금유출액	대차차액

4. 이자로 인한 현금유입액

이자의 수취는 영업활동이나 투자활동 중 하나의 활동으로 분류할 수 있다. 이자의 수취를 영업활동으로 분류하기로 하면 영업에서 창출된 현금 다음에 표시하고, 투자활동으로 분류하기로 하면 투자활동에서 현금유입으로 표시한다.

이자의 수취와 관련된 손익계산서 계정은 이자수익 외에는 없다. 손익계산서의 이자수익에는 AC금융자산(채무상품)이나 FVOCI금융자산(채무상품)의 유효이자율법에 의한 할인차금 상각액이 포함되어 있으므로 이 금액은 이자수익에서 차감하여야 한다.

이자로 인한 현금유입액을 계산하기 위해서는 먼저 관련된 계정들을 파악하여야 하는데 해당 계정과 산정방법은 아래와 같다.

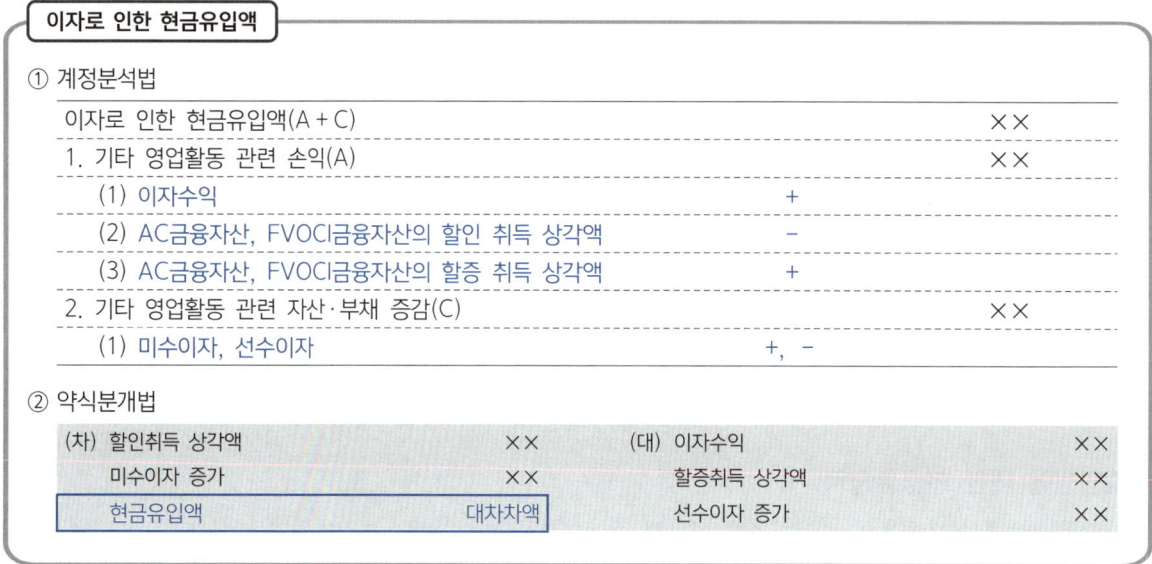

Self Study

AC금융자산의 할인, 할증액에 대한 상각액은 투자활동과 관련된 자산이므로 투자활동과 관련된 손익으로 분석하여야 한다.

(차) 현금	액면이자(영업활동)	(대) 이자수익	I/S상 이자수익
AC금융자산	상각액(투자활동)		

> **사례연습 3. 이자로 인한 현금유입액**

다음은 ㈜A사의 기초 및 기말 재무제표에서 발췌한 자료이다.

(1) 기초 및 기말 재무상태표에서 추출한 자료

구분	기초	기말
미수이자	₩ 20,000	₩ 15,000
선수이자	₩ 50,000	₩ 60,000

(2) 당기 포괄손익계산서상의 이자수익은 ₩ 150,000으로 AC금융자산(채무상품)을 할인 취득하여 발생한 할인차금 상각액은 ₩ 10,000이 포함되어 있다.

㈜A사의 이자로 인한 현금유입액은 얼마인가?

풀이

[약식분개법]

(차) 할인취득 상각액	10,000	(대) 이자수익	150,000
현금유입액	155,000	미수이자 감소	5,000
		선수이자 증가	10,000

5. 이자로 인한 현금유출액

이자의 지급은 영업활동이나 재무활동 중 하나의 활동으로 분류할 수 있다. 이자의 지급을 영업활동으로 분류하기로 하면 영업에서 창출된 현금 다음에 표시하고, 재무활동으로 분류하기로 하면 재무활동에서 현금유출로 표시한다.

이자의 지급과 관련된 손익계산서 계정은 이자비용 외에는 없다. 손익계산서의 이자비용에는 사채할인발행차금 상각액이 포함되어 있을 수 있다. 사채할인발행차금의 당기 변동분은 사채의 발행으로 증가한 금액과 사채할인발행차금 상각액으로 감소한 금액으로 구분된다. 사채의 발행으로 증가한 금액은 사채발행으로 인한 현금유입액과 관련되어 있으므로 재무활동으로 분류하여야 한다. 따라서 이자비용으로 인식한 금액만을 이자비용에서 제외하여야 하며 이를 위해서는 사채할인발행차금 상각액만을 고려하여야 한다. 만일 사채할증발행차금이 있는 경우에는 사채할증발행차금 상각액만을 고려하여야 한다.

또한 이자의 지급은 자본화 여부에 관계없이 회계기간 중 유출된 총 현금액을 표시하여야 하므로 적격자산에 자본화한 금액도 고려하여야 한다.

이자로 인한 현금유출액을 계산하기 위해서는 먼저 관련된 계정들을 파악하여야 하는데 해당 계정과 산정방법은 아래와 같다.

이자로 인한 현금유출액

① 계정분석법

이자로 인한 현금유출액(A + C)	(××)
1. 기타 영업활동 관련 손익(A)	(××)
(1) 이자비용	−
(2) 사채할인발행차금 상각액	+
(3) 사채할증발행차금 상각액	−
2. 기타 영업활동 관련 자산·부채 증감(C)	××
(1) 선급이자, 미지급이자	+, −

② 약식분개법

(차) 이자비용	××	(대) 사채할인발행차금 상각액	××
사채할증발행차금 상각액	××	미지급이자 증가	××
선급이자 증가	××	현금유출액	대차차액

Self Study

사채발행차금의 상각에 따른 이자비용은 재무활동과 직접 관련된 손익이므로 이에 대한 분석을 배제한다. 결국, 포괄손익계산서의 유효이자비용 중 표시이자비용은 영업활동으로 분석하지만, 상각 이자비용은 관련 계정의 활동에서 분석한다.

사례연습 4. 이자로 인한 현금유출액

다음은 ㈜탁구의 기초 및 기말 재무제표에서 발췌한 자료이다.

(1) 기초 및 기말 재무상태표에서 추출한 자료

구분	기초	기말
선급이자	₩ 20,000	₩ 40,000
미지급이자	₩ 40,000	₩ 45,000

(2) 포괄손익계산서 상의 이자비용은 ₩ 200,000으로 사채할인발행차금 상각액 ₩ 30,000이 포함되어 있으며, 당기에 자본화한 차입원가는 ₩ 30,000이다.

㈜탁구의 이자로 인한 현금유출액은 얼마인가?

풀이

약식분개법

(차) 이자비용	200,000	(대) 사채할인발행차금 상각액	30,000
선급이자 증가	20,000	미지급이자 증가	5,000
건설중인자산 증가(자본화 차입원가)	30,000	현금유출액	215,000

> **기출문제**

2. 당기 현금흐름표상 고객으로부터의 현금유입액은 ₩ 54,000이고 공급자에 대한 현금유출액은 ₩ 31,000이다. 포괄손익계산서상의 매출채권손상차손이 ₩ 500일 때, 다음 자료를 이용하여 매출총이익을 계산하면? [단, 매출채권(순액)은 매출채권에서 손실충당금을 차감한 금액이다]

2019년 지방직 9급

과목	기초	기말
매출채권(순액)	₩ 7,000	₩ 9,500
매입채무	₩ 4,000	₩ 6,000
재고자산	₩ 12,000	₩ 9,000

① ₩ 20,500　　② ₩ 21,000
③ ₩ 25,000　　④ ₩ 31,000

해설

약식분개 풀이

(차) 매출채권증가	2,500	(대) 매입채무 증가	2,000
현금유입액	54,000	재고자산 감소	3,000
매출채권손상차손	500	현금유출액	31,000
		매출총이익(역산)	21,000

답 ②

2 간접법

직접법은 영업에서 창출된 현금을 고객으로부터 유입된 현금이나 공급자와 종업원에 대한 현금유출 등의 세부적인 활동으로 구분하여 계산하는 방법이다. 이에 반해 간접법은 영업에서 창출된 현금을 세부적인 활동으로 구분하지 않고 전체를 하나로 묶어서 계산한다.

간접법에 따른 영업활동 현금흐름의 구조

포괄손익계산서상 법인세비용차감전순이익	A + B
(-) 영업활동 비관련 손익	(B)
(+) 영업활동 관련 자산·부채의 증감	C
영업활동 현금흐름	A + C

간접법에서는 먼저 영업에서 창출된 현금과 관련된 모든 손익계산서 계정들을 순액으로 표시한 후 영업에서 창출된 현금과 관련된 모든 재무상태표 계정의 순증감액을 계산하여 영업에서 창출된 현금을 계산한다. 국제회계기준에서는 이자와 배당금의 수취 및 지급에 따른 현금흐름과 법인세로 인한 현금흐름은 항상 별도로 공시하도록 하고 있다. 그러므로 국제회계기준에 의하여 영업활동 현금흐름을 간접법으로 표시하는 경우에는 영업에서 창출된 현금인 매출, 매입과 종업원 관련 현금흐름만 간접법으로 표시하며, 영업활동으로 간주한 현금인 이자, 배당금과 법인세 관련 현금흐름은 직접법으로 표시해서 영업에서 창출된 현금과 분리하여 공시한다.

한국채택국제회계기준에 의한 영업활동 현금흐름의 간접법 계산

Ⅰ. 법인세비용차감전순이익 or 당기순이익 (A + B)	Ⅰ	
(1) 영업활동과 관련이 없는 손익 차감 (- B)	××	
(2) 이자손익, 배당금·법인세 관련 손익 차감 (- B)	××	⇒ 간접법
(3) 영업활동 관련 자산·부채의 증감 (+ C)	××	
Ⅱ. 영업에서 창출된 현금 (A + C)	Ⅱ	
(1) 이자 수취·지급	××	
(2) 배당금 수취	××	⇒ 직접법
(3) 법인세 납부	××	
Ⅲ. 영업활동 순현금흐름	Ⅲ	

영업활동 현금흐름의 간접법 계산을 위해서 당기순이익이나 법인세비용에서 가감되어야 하는 손익들은 다음과 같다.

① 가산할 항목: 이자비용(영업활동으로 분류한 경우), 감가상각비, 무형자산상각비, 손상차손(대여금 및 미수금 해당분), 외환손실(대여금 및 미수금 해당분), AC금융자산·FVOCI금융자산의 처분손실 및 손상차손, 유형자산·무형자산의 처분손실 및 손상차손, 이자비용(재무활동으로 분류한 경우), 주식보상비용(주식결제형인 경우), 사채상환손실
② 차감할 항목: 이자수익, 배당수익(영업활동으로 분류 및 투자활동으로 분류한 경우), 손실충당금 환입(대여금 및 미수금 해당분), 외환이익(대여금 및 미수금 해당분), AC금융자산·FVOCI금융자산 처분이익 및 손상차손환입, 유형자산·무형자산의 처분이익 및 손상차손환입, 사채상환이익

Self Study

공무원 시험 목적상 영업활동 순현금흐름을 구하는 문제만 출제되고 영업에서 창출된 현금을 별도로 구하지 않으므로 아래와 같이 풀이하는 것이 좋다.

Ⅰ. 법인세비용차감전순이익 or 당기순이익 (A + B)	Ⅰ
(1) 영업활동과 관련이 없는 손익 차감 (- B)	××
(2) 영업활동 관련 자산·부채의 증감 (+ C)	××
Ⅱ. 영업활동 순현금흐름	Ⅱ

사례연습 5. 영업활동 현금흐름(간접법)

다음 자료를 이용할 경우 20×1년도 현금흐름표에 계상될 영업활동 순현금흐름은 얼마인가?

당기순이익	₩ 250,000
감가상각비	₩ 40,000
사채상환이익	₩ 35,000
FVOCI금융자산처분손실	₩ 20,000
법인세지급	₩ 80,000
유상증자	₩ 110,000

[자산 및 부채 계정잔액의 일부]

구분	20×1년 1월 1일	20×1년 12월 31일
매출채권(순액)	₩ 50,000	₩ 70,000
대여금	₩ 110,000	₩ 130,000
유형자산(순액)	₩ 135,000	₩ 95,000
매입채무	₩ 40,000	₩ 30,000
미지급비용	₩ 30,000	₩ 45,000

[풀이]

당기순이익 (A + B)	250,000
영업활동과 관련이 없는 손익 차감 (− B)	
감가상각비	40,000
사채상환이익	(35,000)
FVOCI금융자산처분손실	20,000
영업활동 관련 자산·부채의 증감 (+ C)	
매출채권(순액) 증가	(20,000)
매입채무 감소	(10,000)
미지급비용 증가	15,000
영업활동 순현금흐름	260,000

기출문제

3. ㈜한국의 20×1년도 당기순이익 ₩ 100,000이고, 감가상각비 ₩ 10,000, 유형자산처분이익 ₩ 8,000이다. 영업활동과 관련 있는 자산과 부채의 기말금액에서 기초금액을 차감한 변동금액이 다음과 같을 때, ㈜한국의 20×1년 영업활동 현금흐름은? 2020년 국가직 7급

- 매출채권 ₩ 9,000 증가
- 매입채무 ₩ 5,000 증가
- 선급비용 ₩ 4,000 감소
- 미지급비용 ₩ 3,000 감소

① ₩ 95,000　　② ₩ 99,000
③ ₩ 101,000　　④ ₩ 105,000

[해설]

당기순이익 (A + B)	100,000
영업활동과 관련이 없는 손익 차감 (− B)	
감가상각비	10,000
유형자산처분이익	(8,000)
영업활동 관련 자산·부채의 증감 (+ C)	
매출채권(순액) 증가	(9,000)
선급비용 감소	4,000
매입채무 증가	5,000
미지급비용 감소	(3,000)
영업활동 순현금흐름	99,000

답 ②

CHAPTER 4 투자활동으로 인한 현금흐름

투자활동 현금흐름은 장기성자산 및 현금성자산에 속하지 않는 기타 투자자산의 취득과 처분활동을 말한다. 투자활동 현금흐름은 미래 수익과 미래 현금흐름을 창출할 자원의 확보를 위하여 지출된 정도를 나타내기 때문에 현금흐름을 별도로 구분 공시하는 것이 중요하다. 또한 재무상태표에 자산으로 인식되는 지출만이 투자활동으로 분류하기에 적합하다.

한국채택국제회계기준에서는 영업활동 현금흐름과 달리 투자활동 현금흐름은 총 현금유입과 총 현금유출을 주요 항목별로 구분하여 총액으로 표시하는 것을 원칙으로 하고 있다. 투자활동 현금흐름을 발생시키는 자산은 크게 유형자산, 무형자산, 투자부동산, AC금융자산, FVOCI금융자산 등이 있으나 본서에서는 기본서의 취지에 맞게 유형자산에 대해서만 다루도록 한다.

유형자산과 관련된 현금흐름은 유형자산의 처분으로 인한 현금유입액과 유형자산의 취득으로 인한 현금유출액으로 구분된다. 유형자산과 관련된 현금흐름을 계산하기 위해서는 유형자산과 관련된 계정들을 파악하여야 하는데 그 내용과 계산방법은 아래와 같다.

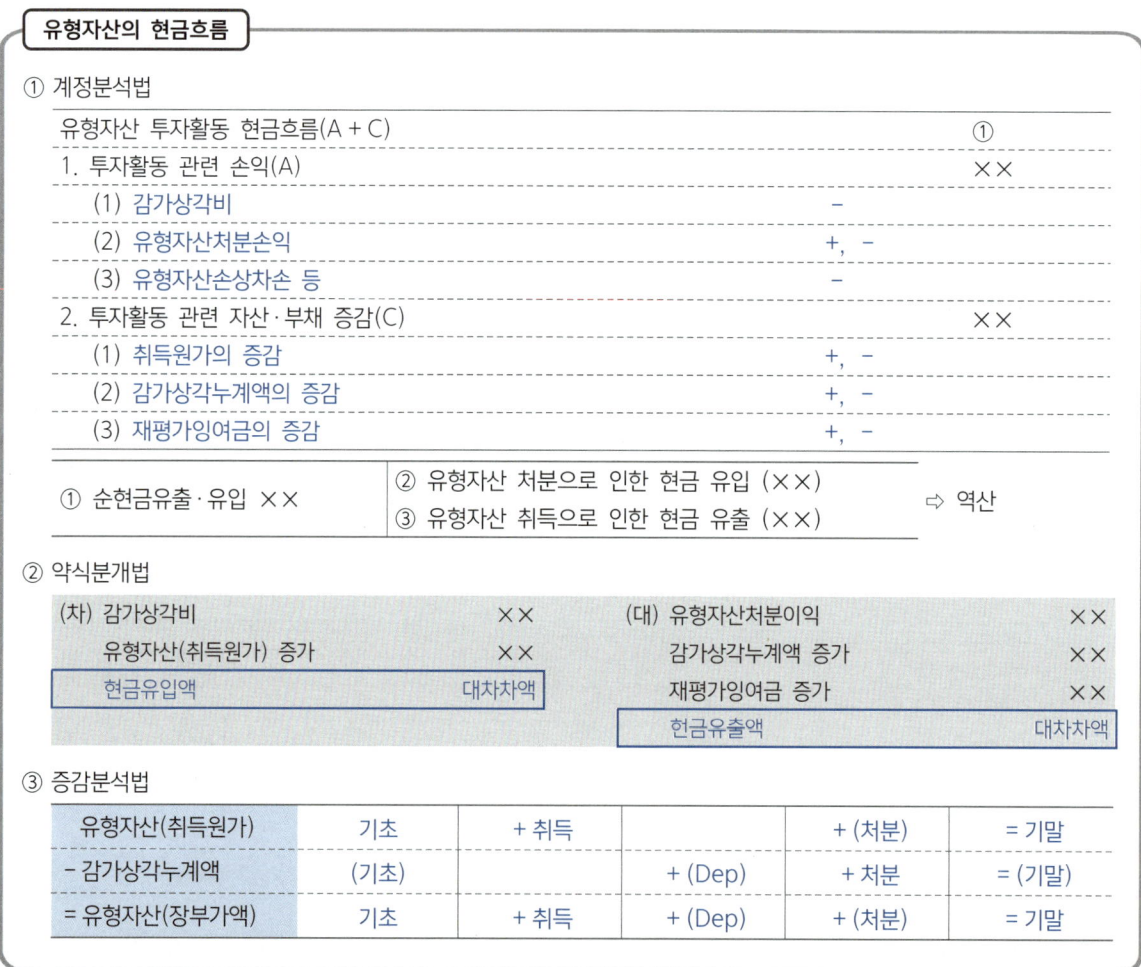

사례연습 6. 유형자산의 현금흐름

다음은 A사의 20×1년도 비교재무제표 중 기계장치와 관련된 부분들만 발췌한 것으로, A사는 기계장치를 원가모형으로 측정한다. A사는 당기에 처분한 기계장치의 처분금액은 ₩ 75,000으로 처분금액 중 ₩ 12,000은 20×2년도에 받기로 하였다. A사가 20×1년도에 기계장치의 취득으로 유출된 현금을 계산하시오.

계정과목	20×1년	20×0년
기계장치	₩ 300,000	₩ 150,000
감가상각누계액	₩ (52,000)	₩ (45,000)
감가상각비	₩ 45,000	
유형자산처분이익	₩ 15,000	

풀이

(1) 약식분개법

(차) 감가상각비	45,000	(대) 유형자산처분이익	15,000
유형자산(취득원가) 증가	150,000	감가상각누계액 증가	7,000
미수금의 증가	12,000	**현금유출액**	**248,000**
현금유입액	63,000		

(2) 증감분석법

	기초	+ 취득(역산)		+ (처분)	= 기말
유형자산(취득원가)	150,000	248,000		+ (98,000)	300,000
− 감가상각누계액	(기초) (45,000)		+ (Dep) + (45,000)	+ 처분(역산) + 38,000	= (기말) (52,000)

* 처분 시 회계처리

(차) 현금	63,000	(대) 기계장치(역산)	98,000
미수금	12,000	처분이익	15,000
감가상각누계액	38,000		

기출문제

4. <보기>는 ㈜한국의 현금흐름표 작성을 위한 자료 중 일부이다. 당기 중 취득원가가 ₩ 50,000, 감가상각누계액이 ₩ 20,000인 기계장치를 처분하면서 유형자산처분손실 ₩ 5,000이 발생하였다. 기계장치와 관련하여 ㈜한국의 당기 현금흐름표에 표시될 투자활동 현금흐름(순액)은? 2019년 서울시 7급

<보기>

계정과목	기초	기말
기계장치	₩ 200,000	₩ 250,000
감가상각누계액	(50,000)	(80,000)

① 순유입 ₩ 55,000 ② 순유입 ₩ 75,000
③ 순유출 ₩ 55,000 ④ 순유출 ₩ 75,000

해설

약식분개 풀이

(차) 기계장치 증가	50,000	(대) 감가상각누계액 증가	30,000
처분손실	5,000	현금유출액	75,000
감가상각비[1]	50,000		

[1] 감가상각누계액 증감: 감가상각비 − 20,000(처분) = 30,000, ∴ 감가상각비: 50,000

답 ④

CHAPTER 5 재무활동으로 인한 현금흐름

재무활동 현금흐름은 기업의 납입자본과 차입금의 크기 및 구성 내용에 변동을 가져오는 활동을 말하며, 자본과 차입금의 조달, 환급 및 상환에 관한 활동을 포함한다. 재무활동 현금흐름은 미래 현금흐름에 대한 자본제공자의 청구권을 예측하는 데 유용하기 때문에 현금흐름을 별도로 구분 공시하는 것이 중요하다.
한국채택국제회계기준에서는 영업활동 현금흐름과 달리 재무활동 현금흐름은 총 현금유입과 총 현금유출을 주요 항목별로 구분하여 총액으로 표시하는 것을 원칙으로 하고 있다.

1 사채 관련 현금흐름

사채와 관련된 현금흐름은 사채의 발행으로 인한 현금유입액과 사채의 상환으로 인한 현금유출액으로 구분된다. 사채와 관련된 이자비용은 사채의 현금흐름과 별도로 구분하여 이자의 지급으로 보고하여야 하므로 여기서는 고려하지 않는다.

사채와 관련된 손익계산서 계정에는 사채상환손익 등의 계정이 있으며, 사채와 관련하여 인식한 이자비용 중 사채의 발행금액과 액면금액과의 차액을 유효이자율법으로 상각한 금액(= 사채할인발행차금 상각액이나 사채할증발행차금 상각액)은 관련된 계정이 된다. 그러나 이자비용 중 표시이자는 이자의 지급으로 표시하여야 하므로 관련된 계정이 아니다.

사채와 관련된 현금흐름을 계산하기 위해서는 사채와 관련된 계정들을 파악하여야 하는데 그 내용과 계산방법은 아래와 같다.

사채의 현금흐름

① 약식분개법

(차) 사채할인발행차금 증가	××	(대) 사채의 증가	××
사채할인발행차금 상각액	××	사채할증발행차금 증가	××
사채상환손실	××	사채할증발행차금 상각액	××
현금유입액	**대차차액**	**현금유출액**	**대차차액**

② 증감분석법

	기초	+ 발행	+ (상환)		= 기말
사채	기초	+ 발행	+ (상환)		= 기말
사채할인발행차금	(기초)	+ (발행)	+ 상환[1]	+ 상각	= (기말)

[1] 사채상환손실 = - 상환대가 + 사채 장부금액(= 액면금액 - 사채할인발행차금)

2 자본거래 관련 현금흐름

1. 유상증자

유상증자와 관련된 현금흐름은 관련된 손익계산서 계정이 없으며, 관련된 재무상태표 계정은 납입자본만 있다. 납입자본은 주식배당으로도 변동하므로 주식배당으로 인해 감소한 이익잉여금도 관련된 계정이 된다. 이들만 고려하면 유상증자로 인한 현금유입액을 계산할 수 있다.

2. 배당금

배당금은 현금배당만이 현금흐름에 해당하며, 이익잉여금이 관련된 재무상태표 계정이 된다. 이익잉여금은 현금배당 외에도 당기순이익과 주식배당으로도 변동하므로 이를 고려하여야 한다. 당기순이익은 집합손익 계정을 마감하면서 이익잉여금을 증가시키므로 차변에 기록하여야 하며, 주식배당은 납입자본을 증가시키므로 동 증가액만을 고려하면 배당의 지급액을 계산할 수 있다.

> **Self Study**
> 유상증자와 유상감자 및 배당으로 인한 현금흐름은 재무상태표상 자본거래 관련 자본의 증감을 조정하여 직접 산출하고, 자본거래로 인한 자본의 변동효과는 포괄손익계산서에 인식되지 않으므로 별도로 손익효과를 고려할 필요는 없다. 단, 재무상태표상의 이익잉여금의 증감을 분석하는 경우에는 이익잉여금에서 당기순이익효과를 제거해야 한다. 당기순이익은 다른 활동을 분석할 때 이미 고려되었기 때문이다.

핵심 빈출 문장

01 이자와 차입금을 함께 상환하는 경우, 이자 지급은 영업활동으로 분류될 수 있고 원금상환은 재무활동으로 분류된다.

02 회전율이 높고 금액이 크며 만기가 짧은 항목과 관련된 재무활동에서 발생하는 현금흐름은 순증감액으로 보고할 수 있다.

03 타인에게 임대할 목적으로 보유하다가 후속적으로 판매목적으로 보유하는 자산을 제조하거나 취득하기 위한 현금 지급액은 영업활동 현금흐름이다.

04 간접법보다 직접법을 적용하는 것이 미래 현금흐름을 추정하는 데 보다 유용한 정보를 제공하므로 영업활동 현금흐름을 보고하는 경우에는 직접법을 사용할 것을 권장한다.

05 지분상품은 현금성자산에서 제외하므로 상환일이 정해져 있고 취득일부터 상환일까지의 기간이 3개월 이내인 우선주의 경우에도 현금성자산으로 분류한다.

확인 문제

01 영업활동 현금흐름(직접법)

㈜서울은 발생기준회계를 적용하고 있다. 20×0년 포괄손익계산서에 보고된 이자비용은 ₩65,000이다. 20×0년 동안 현금으로 지급된 이자는 ₩58,000이다. 20×0년 기초 시점의 미지급이자가 ₩12,000이고, 20×0년 기초, 기말 시점의 선급이자가 각각 ₩1,800과 ₩1,400일 때, 20×0년 기말 시점의 미지급이자는?

2020년 서울시 7급

① ₩11,600　　　　　　　　　　② ₩12,400
③ ₩18,600　　　　　　　　　　④ ₩19,400

02 영업활동 현금흐름(직접법)

경비용역을 제공하는 ㈜공무는 20×5년에 경비용역수익과 관련하여 현금 ₩1,000,000을 수령하였다. 경비용역 제공과 관련한 계정 잔액이 다음과 같을 때, ㈜공무의 20×5년 포괄손익계산서상 경비용역수익은? (단, 경비용역수익과 관련된 다른 거래는 없다)

2018년 지방직 9급

구분	20×5년 1월 1일	20×5년 12월 31일
미수용역수익	₩700,000	₩800,000
선수용역수익	₩500,000	₩400,000

① ₩800,000　　　　　　　　　　② ₩1,000,000
③ ₩1,100,000　　　　　　　　　　④ ₩1,200,000

정답 및 해설

01

(1) 약식분개법에 의한 풀이

(차) 이자비용	65,000	(대) 현금	58,000
		선급이자 감소	400
		미지급이자 증가(대차차액)	6,600

(2) 기말 시점의 미지급이자: 12,000 + 6,600 = 18,600

02

약식분개법

(차) 미수용역수익 증가	100,000	(대) 경비용역수익(대차차액)	1,200,000
선수용역수익 감소	100,000		
현금 수령액	1,000,000		

정답　01 ③　02 ④

03 영업활동 현금흐름(직접법)

㈜한국의 2014년도 포괄손익계산서에 임차료와 이자비용은 각각 ₩150,000과 ₩100,000으로 보고되었고, 재무상태표 잔액은 다음과 같다. ㈜한국이 2014년도에 현금으로 지출한 임차료와 이자비용은?

2017년 지방직 9급

구분	2014년 초	2015년 초
선급임차료	-	₩15,000
미지급이자	₩40,000	-

   임차료   이자비용
① ₩135,000 ₩60,000
② ₩135,000 ₩100,000
③ ₩165,000 ₩100,000
④ ₩165,000 ₩140,000

04 영업활동 현금흐름(직접법)

㈜한국의 20×1년도 미수이자와 선수임대료의 기초잔액과 기말잔액은 다음과 같다. 당기 중 현금으로 수령한 이자는 ₩7,000이고 임대료로 인식한 수익은 ₩10,000이다. ㈜한국의 이자수익과 임대수익에 대한 설명으로 옳지 않은 것은?

2017년 국가직 7급

구분	기초 잔액	기말 잔액
미수이자	₩2,000	₩3,200
선수임대료	₩4,000	₩3,500

① 수익으로 인식된 이자수익은 ₩8,200이다.
② 현금으로 수령한 임대료는 ₩9,500이다.
③ 이자와 임대료로 인한 수익 증가액은 ₩17,700이다.
④ 이자와 임대료로 인한 현금 증가액은 ₩16,500이다.

05 영업활동 현금흐름(직접법)

당기 매출액은 ₩ 300,000이고 채권손상차손은 ₩ 20,000이다. 매출채권과 손실충당금의 기초 및 기말 자료가 다음과 같을 때, 고객으로부터 유입된 현금은? (단, 매출은 모두 외상매출로만 이루어진다)

2016년 지방직 9급

구분	기초	기말
매출채권	₩ 300,000	₩ 500,000
손실충당금	₩ 20,000	₩ 20,000

① ₩ 80,000
② ₩ 100,000
③ ₩ 200,000
④ ₩ 280,000

정답 및 해설

03

(1) 임차료 현금 지급액

(차) 선급임차료 증가	15,000	(대) 현금	165,000
임차료(대차차액)	150,000		

(2) 이자비용 현금 지급액

(차) 미지급이자 감소	40,000	(대) 현금	140,000
이자비용(대차차액)	100,000		

04

(1) 미수이자 관련 회계처리

(차) 미수이자 증가	1,200	(대) 이자수익	8,200
현금(대차차액)	7,000		

(2) 선수임대료 관련 회계처리

(차) 선수임대료 감소	500	(대) 임대료수익	10,000
현금(대차차액)	9,500		

⇒ 이자와 임대료로 인한 수익 증가액은 8,200 + 10,000 = 18,200이다.

▶ 오답체크
① 수익으로 인식된 이자수익 8,200(= 1,200 + 7,000)이다.
② 현금으로 수령한 임대료는 9,500(= 10,000 − 500)이다.
④ 이자와 임대료로 인한 현금 증가액은 16,500(= 7,000 + 9,500)이다.

05

(차) 매출채권 증가	200,000	(대) 매출액	300,000
손상차손	20,000		
현금(대차차액)	80,000		

정답 03 ④ 04 ③ 05 ①

06 영업활동 현금흐름(직접법)

다음의 자료를 이용하여 20×3년의 현금흐름표를 직접법에 의하여 작성할 경우 공급자에 대한 현금유출액은?

2014년 지방직 9급

- 20×3년 보고기간 동안 매출원가는 ₩ 50,000이다.
- 20×3년 재고자산 및 매입채무 관련 자료

구분	20×3년 1월 1일	20×3년 12월 31일
재고자산	₩ 5,000	₩ 7,000
매입채무	₩ 2,000	₩ 3,000

① ₩ 49,000 ② ₩ 50,000
③ ₩ 51,000 ④ ₩ 52,000

07 영업활동 현금흐름(직접법)

㈜한국의 2013년도 손익계산서에는 이자비용이 ₩ 2,000 계상되어 있고, 현금흐름표에는 현금이자지출액이 ₩ 1,500 계상되어 있다. ㈜한국이 자본화한 이자비용은 없으며 2013년 12월 31일의 선급이자비용은 2012년 12월 31일에 비해 ₩ 200만큼 감소하였다. 2012년 12월 31일의 재무상태표에 미지급이자비용이 ₩ 300인 경우 2013년 12월 31일의 재무상태표에 표시되는 미지급이자는?

2014년 국가직 9급

① ₩ 1,000 ② ₩ 800
③ ₩ 600   ④ ₩ 300

08 영업활동 현금흐름(간접법)

㈜한국의 20×1년 법인세비용차감전순이익은 ₩ 1,000,000이다. 다음 자료를 이용하여 간접법으로 구한 영업활동현금흐름은?

2020년 지방직 9급

감가상각비	₩ 50,000	유상증자	₩ 2,000,000
유형자산처분손실	₩ 20,000	건물의 취득	₩ 1,500,000
사채의 상환	₩ 800,000	매출채권의 증가	₩ 150,000
매입채무의 감소	₩ 100,000	재고자산의 증가	₩ 200,000

① ₩ 320,000   ② ₩ 620,000
③ ₩ 1,070,000 ④ ₩ 1,380,000

09 영업활동 현금흐름(간접법)

20×6년 초에 컴퓨터 매매업을 시작한 ㈜한국에 대한 회계정보이다. 영업활동으로부터 조달된 현금액은?

2018년 지방직 9급

- 포괄손익계산서 (20×6년 1월 1일부터 12월 31일까지)

매출액	₩ 700,000
매출원가	₩ 400,000
매출총이익	₩ 300,000
이자비용	₩ 150,000
감가상각비	₩ 35,000
당기순이익	₩ 115,000

- 현금을 제외한 유동자산과 유동부채의 20×6년 기말 잔액

매출채권	₩ 20,000
재고자산	₩ 12,000
매입채무	₩ 15,000

① ₩ 103,000 ② ₩ 133,000
③ ₩ 152,000 ④ ₩ 173,000

정답 및 해설

06

(차) 재고자산 증가	2,000	(대) 매입채무 증가	1,000
매출원가	50,000	현금(대차차액)	51,000

07

(차) 이자비용	2,000	(대) 현금 지급	1,500
		선급이자비용 감소	200
		미지급이자 증가(대차차액)	300

⇒ 2013년 말 미지급이자: 300 + 300 = 600

08
영업활동 현금흐름: 1,000,000 + 50,000 + 20,000 − 150,000 − 100,000 − 200,000 = 620,000

09
영업활동 현금흐름: 115,000(당기순이익) + 35,000(감가상각비) − 20,000(매출채권 증가) − 12,000(재고자산 증가) + 15,000(매입채무 증가) = 133,000

정답 06 ③ 07 ③ 08 ② 09 ②

10 영업활동 현금흐름(간접법)

㈜한국의 2016년도 재무제표 자료는 다음과 같다. 2016년도 영업활동 현금흐름이 ₩ 1,000,000인 경우 당기순이익은?   2017년 지방직 9급

• 채권손상차손	₩ 30,000	• 매출채권(장부금액)증가액	₩ 80,000
• 감가상각비	₩ 100,000	• 재고자산평가손실	₩ 20,000
• 건물처분이익	₩ 200,000	• 재고자산(장부금액)감소액	₩ 50,000

① ₩ 1,130,000
② ₩ 1,100,000
③ ₩ 1,080,000
④ ₩ 870,000

11 영업활동 현금흐름(간접법)

㈜한국은 내부보고 목적으로 현금기준에 따라 순이익을 산출한 후 이를 발생기준으로 수정하여 외부에 공시하고 있다. ㈜한국의 현금기준 순이익이 ₩ 55,000일 경우, 다음 자료를 토대로 계산한 발생기준 순이익은? (단, 법인세효과는 무시한다)   2016년 국가직 9급

<재무상태표>	기초 금액	기말 금액
매출채권	₩ 15,000	₩ 20,000
매입채무	₩ 25,000	₩ 32,000
미수수익	₩ 10,000	₩ 8,000
<포괄손익계산서>	당기 발생금액	
감가상각비	₩ 3,000	

① ₩ 48,000
② ₩ 54,000
③ ₩ 56,000
④ ₩ 59,000

정답 및 해설

10

당기순이익(역산)	x = 1,130,000
감가상각비	100,000
건물처분이익	(200,000)
매출채권 증가	(80,000)
재고자산 감소	50,000
영업활동 현금흐름	1,000,000

11

발생주의 당기순이익(역산)	x = 48,000
매출채권 증가	(5,000)
매입채무 증가	7,000
미수수익 감소	2,000
감가상각비	3,000
현금주의 당기순이익	55,000

정답 10 ① 11 ①

12 영업활동 현금흐름(간접법)

㈜한국은 다음과 같이 1개월 동안의 경영성과에 대해 현금기준 포괄손익계산서를 작성하였다. 발생기준 포괄손익계산서로 작성할 경우 당기순이익은? (단, 법인세는 무시한다) 2015년 국가직 9급

(1) 현금기준 포괄손익계산서 (3월 1일 ~ 3월 31일)
- 매출 관련 현금 수입   ₩1,820,000
- 급료 및 일반관리비 관련 현금 지출 ₩1,220,000
- 당기순이익   ₩600,000

(2) 3월 1일과 3월 31일의 매출채권, 매입채무, 미지급비용, 선급비용 내역

	3월 1일	3월 31일
매출채권	₩35,000	₩43,000
매입채무	₩48,000	₩54,000
미지급비용	₩42,000	₩35,000
선급비용	₩21,000	₩26,000

① ₩590,000 ② ₩600,000
③ ₩610,000 ④ ₩614,000

13 영업활동 현금흐름(간접법)

다음은 ㈜대한의 현금흐름에 관한 자료이다. ㈜대한의 당기 영업활동으로 인한 현금흐름은 ₩1,000일 때, 당기순이익은? 2013년 국가직 7급

- 재고자산의 증가   ₩1,000
- 매출채권의 감소   ₩800
- FVPL금융자산평가손실   ₩900
- 유형자산처분이익   ₩600
- 차량운반구의 취득   ₩2,500
- 미지급비용의 증가   ₩700
- 감가상각비   ₩200
- 자기주식처분이익   ₩1,100
- 매입채무의 감소   ₩500
- 단기차입금의 증가   ₩3,000

① ₩800 ② ₩700
③ ₩600 ④ ₩500

정답 및 해설

12

발생주의 당기순이익(역산)	614,000
매출채권 증가	(8,000)
매입채무 증가	6,000
미지급비용 감소	(7,000)
선급비용 증가	(5,000)
현금주의 당기순이익	600,000

13

당기순이익(역산)	X = 500
재고자산 증가	(1,000)
매출채권 감소	800
FVPL금융자산평가손실	900
유형자산처분이익	(600)
미지급비용 증가	700
감가상각비	200
매입채무 감소	(500)
영업활동 현금흐름	1,000

(1) FVPL금융자산평가손실

    (차) 평가손실   900   (대) FVPL금융자산   900

    * FVPL금융자산평가손익이 발생한 경우 현금유출 또는 유입이 발생하지 않음
(2) 유형자산처분이익은 투자활동 이익이므로 차감한다.
(3) 차량운반구의 취득은 투자활동이다.
(4) 자기주식처분이익은 재무활동 관련된 재무상태표 계정이다.
(5) 단기차입금의 증가는 재무활동이다.

정답 12 ④   13 ④

14 발생기준과 현금기준의 비교

다음은 ㈜한국의 20×1년 11월에 발생한 거래이다.

- 상품 ₩70,000을 외상으로 매입하다.
- 원가 ₩70,000의 상품을 ₩100,000에 외상으로 판매하다.

㈜한국은 20×1년 12월에 상품 판매대금 ₩100,000 중 ₩50,000을 회수하였고, 상품의 매입원가 ₩70,000 중 ₩35,000을 현금으로 지급하였다. 현금기준에 의한 20×1년의 순현금유입액과 발생기준에 의한 20×1년의 순이익은?

2020년 지방직 9급

	현금기준에 의한 20×1년 순현금유입액	발생기준에 의한 20×1년 순이익
①	₩15,000	₩15,000
②	₩15,000	₩30,000
③	₩30,000	₩15,000
④	₩30,000	₩30,000

15 발생기준과 현금기준의 비교

㈜한국은 매월 말 결산을 하고 재무제표를 작성한다. 20×9년 4월에 다음과 같은 자료 및 거래가 있었다.

- 20×9년 4월 상품을 ₩200,000에 판매하면서 ₩150,000은 현금 수취하고 ₩50,000은 5월에 받기로 하였다.
- 20×9년 4월 1일 상품재고는 ₩50,000이 있었다.
- 20×9년 4월 중에 상품 ₩100,000을 구입하면서 ₩80,000은 현금 지급하고 ₩20,000은 5월에 지급하기로 하였다.
- 20×9년 4월 30일 기말에 남아 있는 상품은 ₩10,000이다.
- 20×9년 4월 종업원급여가 ₩10,000 발생하였고 결산일 현재 ₩5,000은 지급하지 않았다.
- 20×9년 4월 1일 향후 3개월 치 광고비 ₩3,000을 현금 지급하였고, 향후 2개월 치 임대수익 ₩2,000을 현금 수령하였다.

㈜한국의 20×9년 4월 현금기준의 순이익과 발생기준의 순이익의 차이는?

2019년 국가직 7급

① ₩14,000 ② ₩16,000
③ ₩18,000 ④ ₩20,000

16 발생주의와 현금주의의 비교

㈜한국의 현금주의에 의한 당기 매출액은 ₩10,000이다. 기초 매출채권잔액이 ₩5,000이고 기말 매출채권잔액이 ₩3,000인 경우, ㈜한국의 발생주의에 의한 당기 매출액은? 2015년 지방직 9급

① ₩5,000
② ₩8,000
③ ₩10,000
④ ₩12,000

정답 및 해설

14
(1) 순현금유입액: 50,000(유입) − 35,000(유출) = 15,000
(2) 발생기준 순이익: 100,000(매출) − 70,000(매출원가) = 30,000

15
(1) 현금기준의 순이익: 64,000
  1) 상품판매: 150,000
  2) 상품구입: (−)80,000
  3) 종업원급여: (−)5,000
  4) 광고비: (−)3,000
  5) 임대수익: 2,000
(2) 발생기준의 순이익: 50,000
  1) 매출: 200,000
  2) 매출원가: 50,000 + 100,000 − 10,000 = (−)140,000
  3) 급여: (−)10,000
  4) 광고비: (−)3,000 × 1/3 = (−)1,000
  5) 임대수익: 2,000 × 1/2 = 1,000
  ⇒ 차이: 64,000 − 50,000 = 14,000

16

(차) 현금	10,000	(대) 매출채권 감소	2,000
		매출액(대차차액)	8,000

정답 14 ② 15 ① 16 ②

17 발생주의와 현금주의의 비교

㈜한국은 보험료 지급 시 전액을 자산으로 회계처리하며 20×1년 재무상태표상 기초와 기말 선급보험료는 각각 ₩200,000과 ₩310,000이다. 20×1년 중 보험료를 지급하면서 자산으로 회계처리한 금액이 ₩1,030,000이라면, 20×1년 포괄손익계산서상 보험료 비용은? *2022년 국가직 9급*

① ₩520,000
② ₩920,000
③ ₩1,030,000
④ ₩1,140,000

18 투자활동 현금흐름(약식분개법)

㈜한국은 2016년 중 취득원가 ₩20,000인 토지를 ₩30,000에 처분하고 대금은 1년 후에 받기로 했으며, 장부금액 ₩60,000(취득원가 ₩100,000, 감가상각누계액 ₩40,000)인 건물을 현금 ₩70,000에 처분하였다. ㈜한국의 2016년 현금흐름표상 투자활동으로 인한 현금유입액은? *2016년 국가직 9급*

① ₩60,000
② ₩70,000
③ ₩80,000
④ ₩100,000

19 현금흐름표 서술형

현금흐름표에 관한 설명으로 옳지 않은 것은? *2023년 국가직 9급*

① 현금흐름표는 일정시점의 현금유입액과 현금유출액에 대한 정보를 제공하는 재무제표이다.
② 현금흐름표상의 현금흐름은 영업활동으로 인한 현금흐름, 투자활동으로 인한 현금흐름, 재무활동으로 인한 현금흐름으로 분류된다.
③ 현금흐름표는 다른 재무제표와 같이 사용되는 경우 순자산의 변화, 재무구조(유동성과 지급능력 포함), 그리고 변화하는 상황과 기회에 적응하기 위하여 현금흐름의 금액과 시기를 조절하는 능력을 평가하는 데 유용한 정보를 제공한다.
④ 역사적 현금흐름정보는 미래현금흐름의 금액, 시기 및 확실성에 대한 지표로 자주 사용된다. 또한 과거에 추정한 미래현금흐름의 정확성을 검증하고, 수익성과 순현금흐름 간의 관계 및 물가 변동의 영향을 분석하는 데 유용하다.

정답 및 해설

17
(1) 선급보험료 t계정: 기초 200,000 + 현금지급 1,030,000 = 감소(보험료 비용) + 기말 310,000
(2) 보험료비용: 920,000

18

(차)	미수금	30,000	(대)	토지	20,000
	현금(대차차액)	70,000		토지처분이익	10,000
	감가상각누계액	40,000		건물	100,000
				건물처분이익	10,000

19
현금흐름표는 일정기간 동안의 현금유입액과 현금유출액에 대한 정보를 제공하는 재무제표이다.

정답 17 ② 18 ② 19 ①

PART 17 법인세회계 [7급 대비용]

CHAPTER 1 법인세회계의 기초

1 법인세회계의 의의

기업은 사업을 영위하는 과정에서 법인세를 부담한다. 법인세부담액은 회계기준에 따라 산출된 법인세비용차감전순이익에 기초하여 계산하는 것이 아니라 과세당국이 제정한 법인세법에 따라 산출된 과세소득에 기초하여 계산한다. 회계기준에 따라 산출된 법인세비용차감전순이익을 회계이익이라고 하는데, 일반적으로 회계이익과 과세소득은 일치하지 않는다.

> 회계이익 = 회계기준에 따라 산출된 법인세비용 차감 전 회계기간의 손익
> ≠
> 과세소득 = 법인세법에 따라 산출된 회계기간의 이익 ⇒ 조세부담의 기준금액

회계이익과 과세소득의 차이는 기업의 조세부담을 감면하거나 미래에 이연시키는 조세정책 때문에 발생하기도 하지만 회계기준과 세법에서 규정하고 있는 손익의 범위가 서로 다르거나, 손익의 귀속시기 및 자산·부채의 측정기준이 서로 다르기 때문에 발생하기도 한다.

기업회계에서 수익은 실현주의에 따라 인식하고 비용은 수익·비용대응주의에 따라 인식하여 회계이익을 산정하도록 규정하고 있지만 법인세법은 수익은 권리확정주의에 따라 인식하고 비용은 의무확정주의에 따라 인식하여 과세소득을 산정하도록 규정하고 있어 둘 간의 이익 차이가 발생하게 된다.

법인세법에 따라 산출된 과세소득을 기초로 계산된 법인세비용을 회계이익에서 차감하여 당기순이익을 보고하게 되면 회계이익과 관련이 없는 금액이 법인세비용으로 계상되어 수익·비용이 올바로 대응되지 않는다. 따라서 회계이익을 기준으로 산출된 법인세비용을 회계이익에서 차감하여 당기순이익을 보고하면 회계이익이 동일할 때 당기순이익도 동일하게 되므로 올바른 대응을 할 수 있게 된다.

> **회계이익과 과세소득에 따른 법인세비용**
>
> ① A사의 20×1년과 20×2년의 회계이익과 과세소득
>
> | 구분 | 20×1년 | 20×2년 |
> |---|---|---|
> | 회계이익 | ₩ 4,000 | ₩ 4,000 |
> | 과세소득 | ₩ 5,000 | ₩ 3,000 |
>
> ② 과세소득을 기초로 계산한 법인세를 회계이익에서 차감하여 당기순이익 계산
>
> | 구분 | 20×1년 | 20×2년 |
> |---|---|---|
> | 회계이익 | ₩ 4,000 | ₩ 4,000 |
> | (-) 법인세비용 | 5,000 × 20% = (1,000) | 3,000 × 20% = (600) |
> | (=) 당기순이익 | 3,000 | 3,400 |
>
> ③ 회계이익을 기초로 산출된 법인세비용을 회계이익에서 차감하여 당기순이익 계산
>
> | 구분 | 20×1년 | 20×2년 |
> |---|---|---|
> | 회계이익 | ₩ 4,000 | ₩ 4,000 |
> | (-) 법인세비용 | 4,000 × 20% = (800) | 4,000 × 20% = (800) |
> | (=) 당기순이익 | ₩ 3,200 | ₩ 3,200 |

수익·비용의 올바른 대응을 위해서 회계이익에 해당하는 법인세비용을 회계이익에서 차감하여야 한다. 이는 법인세를 여러 회계기간에 걸쳐 배분하는 이연법인세회계, 즉 법인세의 기간 간 배분과 법인세를 동일한 회계기간 내에서 발생 원인별로 배분하는 기간 내 배분을 하는 경우에만 가능하다.

2 회계이익과 과세소득

회계이익은 한국채택국제회계기준에 의하여 산출된 법인세비용 차감 전 회계기간의 손익을 말하며 과세소득은 과세당국이 제정한 법규인 법인세법에 따라 납부할 법인세를 산출하는 대상이 되는 회계기간의 이익 즉, 법인세부담액인 당기 법인세를 산출하는 대상 소득을 말한다.

회계이익은 수익에서 비용을 차감하여 계산하며, 과세소득은 익금에서 손금을 차감하여 계산한다. 수익과 익금 그리고 비용과 손금은 서로 유사한 개념이지만 완전하게 일치하지는 않는다.

> ① 회계이익: 수익 - 비용 = 법인세비용차감전순이익
> ② 과세소득: 익금 - 손금 = 과세소득

이렇게 회계이익과 과세소득의 차이를 발생시키는 항목들은 다음의 4가지 요소로 구분할 수 있다.

> ① 익금산입: 기업회계상 수익이 아니지만 법인세법상 익금에 해당하는 경우
> ② 익금불산입: 기업회계상 수익이지만 법인세법상 익금에 해당하지 않는 경우
> ③ 손금산입: 기업회계상 비용이 아니지만 법인세법상 손금에 해당하는 경우
> ④ 손금불산입: 기업회계상 비용이지만 법인세법상 손금에 해당하지 않는 경우

익금산입과 손금불산입은 회계이익보다 과세소득을 크게 한다는 점에서, 손금산입과 익금불산입은 회계이익보다 과세소득을 작게 한다는 점에서 각각 동일한 효과를 갖는다. 과세소득은 회계이익에서 이들 항목들을 가감한 금액으로 산출하는데 이러한 과정을 세무조정이라고 한다.

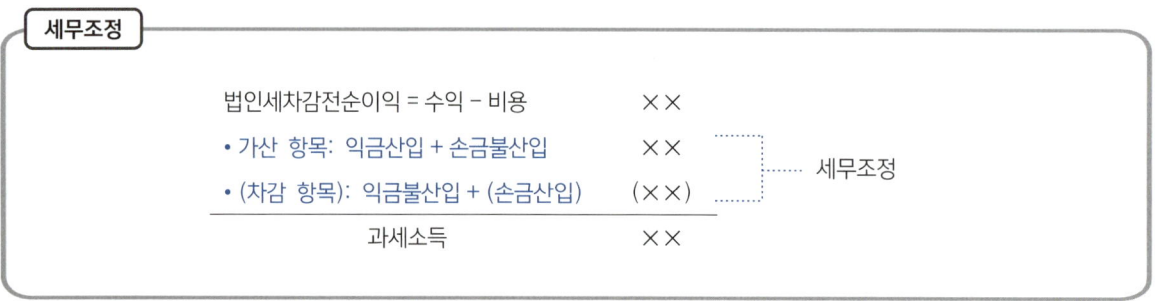

Additional Comment

과세소득은 익금에서 손금을 차감하여 직접법으로 산정하여야 하나 대부분의 수익과 익금, 비용과 손금이 일치하기 때문에 회계이익에서 출발하여 차이나는 부분만을 조정하여 과세소득을 산출하는 간접법을 사용하는데 이를 세무조정이라고 한다.

3 소득처분

세무조정을 하는데 세무조정의 결과가 누구에게 귀속되었는지 여부를 결정하여야 한다. 이를 소득처분이라고 하는데, 소득처분은 유보와 사외유출로 구분된다.
유보는 세무조정금액이 사외로 유출되지 않고 기업내부에 남아 기업회계상 자산·부채, 즉 회계상 순자산과 법인세법상 자산·부채, 즉 세무상 순자산의 차이를 발생시키는 경우의 소득처분을 말한다. 반면 사외유출은 세무조정금액이 기업외부로 유출되어 제3자에게 귀속되는 경우의 소득처분을 말한다.

1. 유보

유보로 소득처분된 항목들은 미래의 회계기간에 걸쳐 과세소득에 반대의 영향을 미친다. 즉, 당기의 회계이익에 가산된 항목은 차기 이후의 회계이익에서 차감되고, 당기의 회계이익에서 차감된 항목은 차기 이후의 회계이익에 가산된다. 이때 회계이익에 가산하는 경우를 유보라고 하고, 회계이익에서 차감하는 경우를 △유보라고 한다. 유보로 소득처분된 항목은 기업회계나 법인세법에서 모두 수익(또는 비용)과 익금(또는 손금)으로 인정되지만, 귀속되는 회계기간이 다른 경우에 발생한다.

Self Study

1. 유보로 소득처분된 항목은 당기 과세소득을 증가시켜 당기 법인세를 증가시키지만, 동 금액이 차기 이후의 과세소득을 감소시켜 차기 이후의 법인세를 감소시키게 된다.
2. △유보로 소득처분된 항목은 당기 과세소득을 감소시켜 당기 법인세를 감소시키지만, 동 금액이 차기 이후의 과세소득을 증가시켜 차기 이후의 법인세를 증가시키게 된다.

2. 사외유출

사외유출로 소득처분된 항목들은 당기 과세소득에만 영향을 미치고 차기 이후 회계기간의 과세소득에는 영향을 미치지 않는다. 사외유출 항목은 특정 항목이 기업회계에서 수익·비용으로 인정되지만 법인세법에서 익금·손금으로 인정되지 않거나, 기업회계에서 수익·비용으로 인정되지 않지만 법인세법에서 익금·손금으로 인정되는 경우에 발생한다. 사외유출 항목은 당기 과세소득을 증감시키지만 동 금액이 차기 이후의 과세소득에 미치는 영향이 없다는 점에서 차기 이후의 과세소득에 영향을 미치는 유보 항목과 구분된다.

4 일시적차이와 영구적차이

일시적차이는 회계이익과 과세소득의 차이 중 유보 또는 △유보로 소득처분된 항목을 말한다. 한국채택국제회계기준 제1012호 '법인세'에서는 일시적차이를 재무상태표상 자산 또는 부채의 장부금액과 세무기준액의 차이로 정의하고 있다. 이때 자산이나 부채의 세무기준액은 세무상 당해 자산 또는 부채에 귀속되는 금액으로 이러한 일시적차이는 다음의 두 가지로 구분된다.

> ① 가산할 일시적차이: 미래 회계기간의 과세소득 결정 시 가산할 금액이 되는 일시적차이(△유보)
> ② 차감할 일시적차이: 미래 회계기간의 과세소득 결정 시 차감할 금액이 되는 일시적차이(유보)

한편, 세무조정사항 중 사외유출 항목들은 일반적으로 영구적차이라고 하지만 기업회계기준서 제1012호 '법인세'에서는 별도로 정의하고 있지 않다.

구분	당기		차기 이후	
법인세비용차감전순익	××			
가산				
• 일시적차이	××	⇒	(××)	유보(미래에 차감할 일시적차이)
• 영구적차이	××			
(차감)				
• (일시적차이)	(××)	⇒	××	△유보(미래에 가산할 일시적차이)
• (영구적차이)	(××)			
과세소득	××		××	

5 법인세 신고·납부 시기 및 회계처리

기업은 현행 법인세법에 따라 기중에 원천징수나 중간예납 등을 통하여 당기 법인세 중 일부를 미리 납부하도록 규정하고 있는데 동 납부액은 당기법인세자산(= 선급법인세)으로 하여 자산으로 인식한다. 또한 결산일에 회사가 납부하여야 할 법인세 부담액인 당기법인세를 산정하여 당기법인세자산과 상계하고 당기법인세 산정액이 더 큰 경우에는 차액을 당기법인세부채로 처리한다. 기업은 다음 회계연도 3월 31일까지 세무조정내역에 따라 과세당국에 법인세를 신고·납부한다.

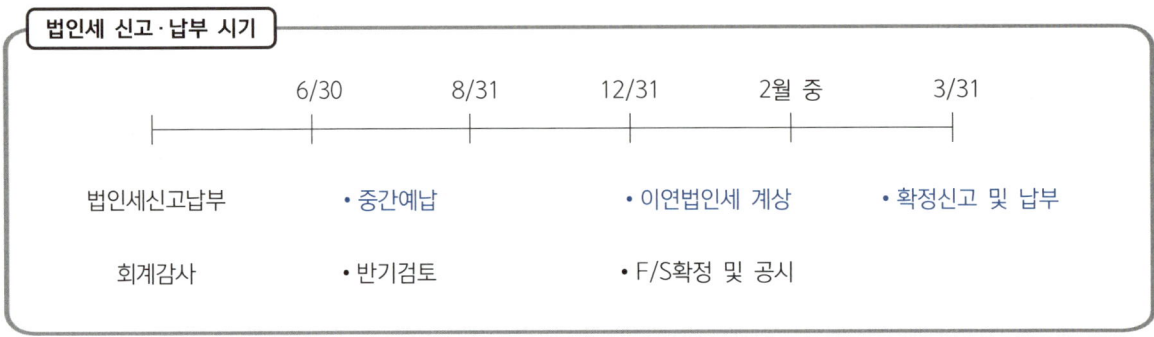

1. 원천징수 및 중간예납 시

기업은 회계기간 중 원천징수나 중간예납을 통하여 법인세를 미리 납부하게 된다. 원천징수나 중간예납을 통하여 미리 납부한 법인세는 납부 시점에 당기법인세자산(또는 선급법인세)으로 처리한다.

2. 보고기간 말

기업은 보고기간 말 현재 당기 법인세를 추정하여 법인세비용과 당기법인세부채로 각각 인식한다. 원천징수세액과 중간예납세액이 있는 경우에는 법인세 추정액에서 원천징수세액 등을 차감한 금액을 당기법인세부채의 과목으로 인식한다.

3. 법인세신고일(납부일)

정기주주총회에서 재무제표가 확정되면 기업은 이를 기초로 실제 납부할 당기 법인세를 계산하기 위해 세무조정을 한다. 기업은 세무조정을 한 결과를 과세당국에 세무조정계산서의 형식으로 신고하고 법인세를 납부하여야 한다.

세무조정의 결과로 계산되는 당기 법인세는 보고기간 말에 이미 인식한 법인세 추정액과 일치하지 않는 것이 일반적이다. 이때 보고기간 말에 추정한 법인세와 실제 법인세와의 차액은 법인세를 추납하거나 환급한 회계기간의 법인세비용에 가산한다.

법인세 신고·납부 시기의 회계처리

중간예납	(차) 당기법인세자산(A)	××	(대) 현금	××
이연법인세 계상	(차) 이연법인세자산 법인세비용	×× ××	(대) 당기법인세자산(A) 당기법인세부채(B) ⇒ 당기 납부세액: A + B	×× ××
확정신고·납부	(차) 당기법인세부채	××	(대) 현금	××

★ 사례연습 1. 법인세 신고·납부 시기의 회계처리

12월 말 결산법인인 ㈜한영은 20×1년 중 법인세 중간예납으로 ₩1,000의 법인세를 납부하였다. ㈜한영은 20×1년도 정기주주총회가 종료된 이후 법인세를 실제로 계산한 결과 당기 법인세는 ₩3,200으로 계산되었으며, 20×2년 3월 말에 법인세를 신고·납부하였다.

㈜한영이 법인세와 관련하여 각 일자에 해야 할 회계처리를 보이시오.

풀이

중간예납	(차) 당기법인세자산(A)	1,000	(대) 현금	1,000
이연법인세 계상	(차) 법인세비용	3,200	(대) 당기법인세자산(A) 당기법인세부채(B) ⇒ 당기 납부세액: A + B = 3,200	1,000 2,200
확정신고·납부	(차) 당기법인세부채	2,200	(대) 현금	2,200

CHAPTER 2 법인세의 기간 간 배분

1 기간 간 배분의 의의

이연법인세회계는 일시적차이에 대한 세금효과를 인식하여 포괄손익계산서의 법인세비용에서 그 효과를 가감하고, 동 금액을 재무상태표에 이연법인세자산·부채로 인식하는 회계를 의미한다. 이연법인세회계는 일시적차이에 대한 세금효과를 여러 회계기간에 걸쳐 배분하므로 법인세의 기간 간 배분이라고도 한다.

> **이연법인세회계의 예**
>
> A사는 20×1년 초에 ₩100,000을 연 10%의 적금에 불입하였다. 적금의 만기는 20×2년으로 적금의 이자는 만기에 일시지급한다. A회사는 2년간 동 거래 이외에는 거래가 없었다. (법인세율은 매년 30%이다)
>
> ① 회계이익과 과세소득의 구분
>
> | 구분 | 20×1년 | 20×2년 |
> |---|---|---|
> | 회계이익 | 100,000 × 10% = 10,000 | 100,000 × 10% = 10,000 |
> | 과세소득 | - | 100,000 × 10% × 2 = 20,000 |
>
> ② 과세소득을 기초로 계산한 법인세를 회계이익에서 차감하여 당기순이익 계산
>
> | 구분 | 20×1년 | 20×2년 |
> |---|---|---|
> | 회계이익 | 10,000 | 10,000 |
> | (−) 법인세비용 | − | 20,000 × 30% = (6,000) |
> | (=) 당기순이익 | 10,000 | 4,000 |
>
> ⇒ 동일한 회계이익에 대하여 법인세효과로 인해 서로 다른 당기순이익 발생
>
> ③ 이연법인세회계
>   ㉠ 20×1년 이연법인세회계
>
>   (차) 법인세비용　　　　3,000　　　(대) 이연법인세부채　　　　3,000
>
>   ㉡ 20×2년 이연법인세회계
>
>   (차) 이연법인세부채　　3,000　　　(대) 현금(법인세 지급액)　　6,000
>   　　　법인세비용　　　　3,000
>
> ④ 이연법인세회계 적용 후 당기순이익 계산
>
> | 구분 | 20×1년 | 20×2년 |
> |---|---|---|
> | 회계이익 | 10,000 | 10,000 |
> | (−) 법인세비용 | (3,000) | (3,000) |
> | (=) 당기순이익 | 7,000 | 7,000 |
>
> ⇒ 동일한 회계이익에 대하여 법인세효과 반영 이후에도 동일한 당기순이익 발생

2 이연법인세자산

이연법인세자산은 차감할 일시적차이로 인하여 미래 기간에 경감될 법인세액을 말하며, 차감할 일시적차이 외에 이월공제 가능한 세무상 결손금이나 세액공제로 인하여 미래 기간에 경감될 법인세액도 이연법인세자산에 해당한다.

> 이연법인세자산 = 실현 가능한 차감할 일시적차이 × 소멸되는 회계연도의 평균세율

1. 법인세의 계산구조

당기 법인세는 단순히 과세소득에 법인세율을 곱한 금액으로 계산되는 것이 아니라 실제로는 과세소득에서 이월결손금 등을 차감한 금액으로 과세표준을 계산하고, 과세표준에 법인세율을 곱한 금액으로 산출세액을 계산한다. 그러나 당기 법인세는 실제 납부할 법인세를 말하므로 산출세액에서 세액공제를 차감한 금액인 결정세액을 계산한다.

			일시적차이	영구적차이
법인세차감전순이익	××			
• 가산 항목	××	⇒	유보	기타사외유출, 기타
• (차감 항목)	(××)	⇒	△유보	기타
각사업연도소득금액	××		이연법인세자산(부채)	
• (이월결손금)	(××)	⇒	이연법인세자산	
과세표준	××			
×세율(t)				
산출세액	××			
• (세액공제)	(××)	⇒	이연법인세자산	
결정세액	××			
• (기납부세액)	(××)			
차감납부세액	××			

Self Study

1. 이월결손금은 부(-)의 과세소득인 결손금이 발생하는 경우 차기 이후에 발생한 과세소득에서 차감해 주는 것으로 차기 이후의 법인세를 감소시킨다.
2. 이월결손금은 차기 이후의 법인세를 감소시키므로 차감할 일시적차이와 동일한 세금효과를 갖는다. 따라서 이월결손금 등으로 인한 차기 이후의 법인세 감소분은 이연법인세자산으로 인식하고 발생한 회계기간의 법인세수익으로 인식한다.

2. 이연법인세자산의 인식

이연법인세자산은 자산의 정의에 비추어 볼 때 그 요건을 충족하므로 자산성이 인정된다.

이연법인세자산 자산성	① 과거에 발생한 거래나 사건의 결과임 ② 미래에 과세소득과 법인세부담액을 감소시킴으로써 간접적으로 미래의 현금흐름을 창출하는 효익을 가지고 있음 ③ 미래의 경제적효익에 대한 배타적인 권리를 가지고 있음

차감할 일시적차이는 미래 회계기간에 과세소득에서 차감되는 형태로 소멸된다. 그런데 미래 회계기간에 과세소득이 충분하지 않다면 과세소득의 차감을 통하여 경제적효익이 유입될 수 없다. 따라서 차감할 일시적차이가 사용될 수 있는 과세소득의 발생가능성이 높은 경우에만 차감할 일시적차이에 대한 이연법인세자산을 인식한다. 아래의 경우에는 차감할 일시적차이의 실현가능성이 높은 것으로 판단할 수 있다.

이연법인세자산 실현가능성 검토	① **충분한 가산할 일시적차이**: 차감할 일시적차이의 소멸이 예상되는 회계기간에 소멸이 예상되는 충분한 가산할 일시적차이가 있는 경우 ② **충분한 과세소득**: 차감할 일시적차이가 소멸될 회계기간에 동일 과세당국과 동일 과세대상 기업에 관련된 충분한 과세소득이 발생할 가능성이 높은 경우 ③ **세무정책에 의한 과세소득의 창출**: 세무정책으로 적절한 기간에 과세소득을 창출할 수 있는 경우 ④ **결손금이 다시는 발생할 가능성이 없는 원인에서 발생**: 미사용 세무상 결손금이 다시 발생할 가능성이 없는 식별 가능한 원인으로부터 발생한 경우

3. 이연법인세자산의 평가

이연법인세자산의 장부금액은 매 보고기간 말에 검토한다. 이연법인세자산의 일부 또는 전부에 대한 혜택이 사용되기에 충분한 과세소득이 발생할 가능성이 더 이상 높지 않다면 이연법인세자산의 장부금액을 감액시킨다. 감액된 금액은 사용되기에 충분한 과세소득이 발생할 가능성이 높아지면 그 범위 내에서 환입한다.

또한 인식되지 않은 이연법인세자산에 대해서는 매 보고기간 말에 재검토한다. 미래 과세소득에 의해 이연법인세자산이 회수될 가능성이 높아진 범위까지 과거 인식되지 않은 이연법인세자산을 인식한다.

3 이연법인세부채

이연법인세부채는 가산할 일시적차이로 인하여 미래 기간에 추가로 부담하게 될 법인세금액을 말하며, 원칙적으로 모든 가산할 일시적차이에 대하여는 이연법인세부채를 인식하여야 한다. 즉, 이연법인세부채는 이연법인세자산과 달리 그 실현가능성 여부를 따지지 않고 전액 부채로 계상하여야 한다.

> 이연법인세부채 = 가산할 일시적차이 × 소멸되는 회계연도의 평균세율

이연법인세부채는 부채의 정의에 비추어 볼 때 그 요건을 충족하므로 부채성이 인정된다.

이연법인세부채 부채성	① 과거에 발생한 거래나 사건의 결과임 ② 미래의 과세소득을 증가시키게 되므로 이연된 법인세의 지급의무가 현재 시점에 존재함 ③ 세금의 납부는 자원의 유출이 예상되는 의무임

4 적용할 세율

1. 법인세효과에 적용할 세율
당기법인세자산과 부채는 보고기간 말까지 제정되었거나 실질적으로 제정된 현재의 세율을 사용하여 과세당국에 납부할 것으로 예상되는 금액으로 측정한다. 또한 이연법인세자산과 부채는 보고기간 말까지 제정되었거나 실질적으로 제정된 세율에 근거하여 당해 자산과 부채가 실현되거나 결제될 회계기간에 적용될 것으로 기대되는 미래의 세율을 사용하여 측정한다.

2. 누진세율이 적용되는 경우
과세대상 수익의 수준에 따라 적용되는 세율이 다른 누진세율 구조의 경우에는 일시적차이가 소멸될 것으로 예상되는 기간의 과세소득에 적용될 것으로 기대되는 평균세율을 사용하여 이연법인세자산과 부채를 측정한다.

5 다기간에서 법인세의 기간 간 배분 절차

◎ 법인세 납부세액의 계산구조 및 회계처리

			일시적차이	영구적차이
법인세차감전순이익	××			
• 가산 항목	××	⇒	유보	기타사외유출, 기타
• (차감 항목)	(××)	⇒	△유보	기타
각사업연도소득금액	××		이연법인세자산(부채)(A)	
• (이월결손금)	(××)	⇒	이연법인세자산(A)	
과세표준	××			
× 세율(t)				
산출세액	××			
• (세액공제)	(××)	⇒	이연법인세자산(A)	
결정세액(B)	××			
• (기납부세액)(C)	(××)			
차감납부세액(B − C)	××			

법인세비용 및 이연법인세 계상	(차) 이연법인세자산(A)	3rd	(대) 당기법인세자산(C)	1st
	법인세비용	대차차액	당기법인세부채(B − C)	2nd

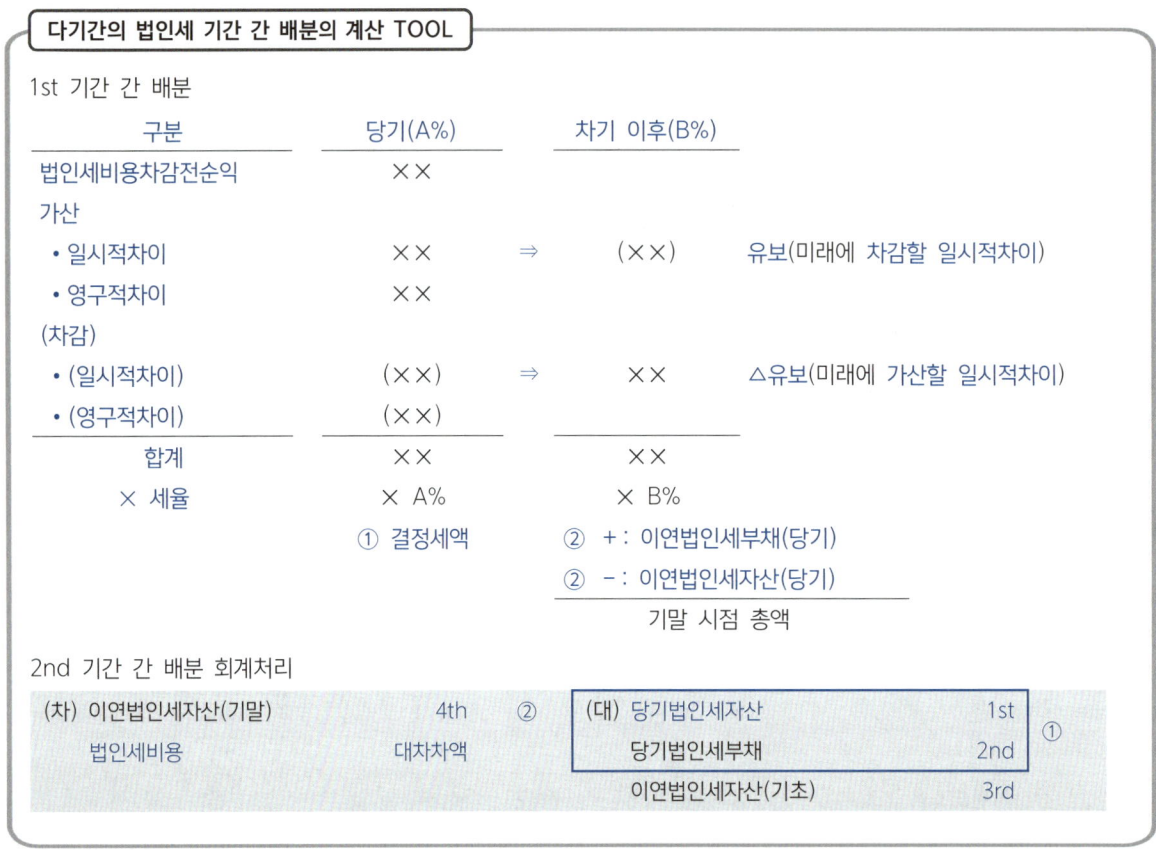

이연법인세회계는 두 회계기간 이상인 다기간의 경우에는 이연법인세회계의 적용이 복잡하다. 다기간의 이연법인세를 회계처리하는 순서는 아래와 같다.

① 당기 법인세를 계산한다.
② 기초 현재와 기말 현재의 이연법인세자산(부채)을 계산한다.
③ 회계처리를 통해 대차차액으로 법인세비용을 계산한다.

1. 당기 법인세

당기 법인세는 과세소득에 당기 법인세율을 곱하여 계산한다. 과세소득은 회계이익에서 회계이익과 과세소득의 차이를 가감하여 계산한다.

2. 이연법인세자산과 부채

기말 현재 이연법인세자산·부채는 보고기간 말 현재 누적 일시적차이가 소멸되는 회계기간에 적용될 것으로 기대되는 세율을 사용하여 측정한다. 따라서 보고기간 말 현재 누적 일시적차이를 소멸되는 회계기간별로 구분하고, 소멸되는 회계기간의 예상 법인세율을 곱한 금액으로 법인세효과를 계산한다.

3. 법인세비용

이연법인세자산·부채의 기초 금액과 기말 금액의 차이를 회계처리하고, 당기 법인세를 당기법인세부채로 인식하면 대차차액을 법인세비용으로 인식한다.

> **Self Study**
> 1. 평균유효세율: 법인세비용 ÷ 법인세비용차감전순이익
>   기업회계기준서 제1012호 '법인세'에 따르면 평균유효세율은 별도로 공시한다.
> 2. 평균세율: 예상법인세부담액 ÷ 예상과세소득

★ 사례연습 2. 법인세의 기간 간 배분

12월 31일 결산법인인 ㈜현주의 20×4년도 법인세와 관련한 세무조정사항은 다음과 같다.

법인세비용차감전순이익	₩2,000,000
접대비 한도초과액	₩100,000
감가상각비 한도초과액	₩50,000
FVPL금융자산평가이익	₩20,000

한국채택국제회계기준상 감가상각비가 세법상 감가상각비 한도를 초과한 ₩50,000 중 ₩30,000은 20×5년에 소멸되고, ₩20,000은 20×6년에 소멸될 것이 예상된다. 또한 FVPL금융자산은 20×5년 중에 처분될 예정이다. ㈜현주의 연도별 과세소득에 적용될 법인세율은 20×4년 25%, 20×5년 28%이고, 20×6년도부터는 30%가 적용된다. 20×3년 12월 31일 현재 이연법인세자산(부채)잔액은 없었다. 20×4년도의 법인세비용과 당기법인세부채를 구하시오. (단, 이연법인세자산의 실현가능성은 높고 이연법인세자산·부채는 상계요건을 충족하였다)

풀이

1st 기간 간 배분

구분	당기(25%)	20×5년(28%)	20×6년(30%)
법인세비용차감전순이익	₩2,000,000		
접대비 한도초과액	₩100,000		
감가상각비 한도초과액	₩50,000	₩(30,000)	₩(20,000)
FVPL금융자산평가이익	₩(20,000)	₩20,000	
합계	₩2,130,000	₩(10,000)	₩(20,000)
× 세율	× 25%	× 28%	× 30%
	① 532,500	② (2,800)	② (6,000)

2nd 기간 간 배분 회계처리

(차) 이연법인세자산(기말)	4th ② 8,800	(대) 당기법인세자산	1st 0	①
법인세비용	대차차익 523,700	당기법인세부채	2nd 532,500	
		이연법인세자산(기초)	3rd 0	

기출문제

1. ㈜한국의 2016년 법인세비용차감전순이익은 ₩ 500,000이다. 세무조정 결과, ₩ 100,000의 차감할 일시적차이와 ₩ 150,000의 가산할 일시적차이가 발생하였다. 차감할 일시적차이는 모두 2017년에 소멸되고, 가산할 일시적차이는 2018년 이후에 소멸될 것으로 예상된다. 법인세율은 2016년에 30%이고, 개정된 세법에 따라 2017년에 25%, 2018년 이후에는 20%가 적용된다. 2016년 말 회계처리로 옳은 것은? (단, 이연법인세자산은 미래 과세소득의 발생가능성이 높다)   2016년 국가직 7급

	차변		대변	
①	법인세비용	₩ 140,000	당기법인세부채	₩ 135,000
	이연법인세자산	₩ 25,000	이연법인세부채	₩ 30,000
②	법인세비용	₩ 130,000	당기법인세부채	₩ 135,000
	이연법인세자산	₩ 30,000	이연법인세부채	₩ 25,000
③	법인세비용	₩ 170,000	당기법인세부채	₩ 165,000
	이연법인세자산	₩ 25,000	이연법인세부채	₩ 30,000
④	법인세비용	₩ 160,000	당기법인세부채	₩ 165,000
	이연법인세자산	₩ 30,000	이연법인세부채	₩ 25,000

해설

구분	2016년	2017년	2018년
법인세비용차감전순이익	500,000		
차감할 일시적차이	100,000	(−)100,000	
가산할 일시적차이	(−)150,000		150,000
합계	450,000	(100,000)	150,000
× 세율	× 30%	× 25%	× 20%
	135,000	(25,000)	30,000

(1) 이연법인세자산: 100,000 × 25% = 25,000
(2) 이연법인세부채: 150,000 × 20% = 30,000
(3) 당기법인세부채: (500,000 + 100,000 − 150,000) × 30% = 135,000

(차)	이연법인세자산	25,000	(대)	당기법인세부채	135,000
	법인세비용	140,000		이연법인세부채	30,000

답 ①

6 법인세효과의 재무제표 공시

법인세효과와 관련된 재무제표에 표시되는 항목들은 다음과 같다.

B/S		I/S
이연법인세자산(비유동)	이연법인세부채(비유동)	법인세비용
	당기법인세부채(유동)	
	자본에 가감하는 효과	

1. 당기법인세자산과 당기법인세부채의 표시

당기법인세자산은 해당 회계기간에 과세당국으로부터 환급받을 법인세를 말하고, 당기법인세부채는 과세당국에 추가로 납부할 법인세를 말한다. 다음의 조건을 모두 충족하는 경우에만 당기법인세자산과 당기법인세부채를 상계하여 재무상태표에 유동자산이나 유동부채로 표시한다.

① 상계결제권리: 기업이 인식된 금액에 대한 법적으로 집행가능한 상계권리를 가지고 있다.
② 순액결제의도: 기업이 순액으로 결제하거나, 자산을 실현하는 동시에 부채를 결제할 의도가 있다.

종속기업이 없는 단일 실체의 경우에는 상계의 요건을 만족하는 것이 일반적이다. 하지만 종속기업이 있는 연결 실체의 경우에는 지배기업과 종속기업이 각각 법인세를 신고·납부할 의무를 가지고 있으므로 상계의 요건을 만족할 수 없는 경우가 더 일반적이다.

2. 이연법인세자산과 이연법인세부채의 표시

다음의 조건을 모두 충족하는 경우에만 이연법인세자산과 이연법인세부채를 상계하여 재무상태표에 비유동자산이나 비유동부채로 표시한다.

B/S공시	비유동자산(부채)으로 공시
상계요건	① 기업이 당기법인세자산과 당기법인세부채를 상계할 수 있는 법적으로 집행 가능한 권리를 가지고 있음 ② 이연법인세자산과 이연법인세부채가 다음의 각 경우에 동일한 과세당국에 의해서 부과되는 법인세와 관련되어 있음 • 과세대상 기업이 동일한 경우 • 과세대상 기업이 다르지만 당기법인세부채와 자산을 순액으로 결제할 의도가 있거나, 유의적인 금액의 이연법인세부채가 결제되거나 이연법인세자산이 회수될 미래의 각 회계기간마다 자산을 실현하는 동시에 부채를 결제할 의도가 있는 경우

Self Study

이연법인세자산·부채는 현재가치로 할인하지 않는다.

CHAPTER 3 법인세의 기간 내 배분

1 기간 내 배분의 의의

법인세법은 순자산증가설에 따라 과세소득을 산정하므로 당기순이익 이외의 원인으로 순자산이 증가하는 경우에도 과세소득이 증가할 수 있다. 회계이익을 제외한 순자산의 증가분이 과세소득에 포함되는 경우 당기 법인세를 회계이익에서 차감하여 당기순이익으로 보고하게 되면 회계이익과 관련이 없는 법인세가 회계이익에서 차감되므로 회계이익과 법인세비용의 적절한 대응이 불가능하게 된다.

이렇듯 특정 회계기간에 발생한 법인세를 발생 원인에 따라 회계이익과 자본 항목으로 배분하는 회계를 법인세 기간 내 배분이라고 한다. 법인세의 기간 내 배분은 동일한 회계기간 내에서 당기 법인세를 여러 항목으로 배분하는 점에서 서로 다른 회계기간 간에 법인세를 배분하는 법인세의 기간 간 배분과 다르다.

2 당기 법인세의 기간 내 배분

당기 법인세는 회계이익과 관련된 법인세와 자본 항목과 관련된 법인세로 각각 배분하고, 자본 항목과 관련된 법인세는 당해 자본 항목과 직접 상계한다.

법인세법의 과세소득에 포함되는 자본 항목은 법인세를 차감한 후의 순액을 재무상태표에 공시한다. 회계이익과 관련된 법인세는 포괄손익계산서에 표시할 때 법인세를 차감하기 전의 금액과 구분하여 법인세비용의 과목으로 구분표시한다.

3 이연법인세의 기간 내 배분

이연법인세는 회계이익과 관련된 법인세와 자본 및 기타포괄손익과 관련된 법인세로 각각 배분하고, 이 중 기타포괄손익과 관련된 법인세는 포괄손익계산서에 다음 중 하나의 방법으로 표시한다. 그러나 어떠한 경우에도 재무상태표에는 기타포괄손익을 관련 법인세효과를 차감한 후의 순액으로 표시한다.

① 관련 법인세효과를 차감한 순액으로 표시
② 기타포괄손익의 구성요소와 관련된 법인세효과 반영 전 금액으로 표시하고, 각 항목들에 관련된 법인세효과는 단일 금액으로 합산하여 표시

법인세법의 과세소득에 포함되는 자본 항목은 법인세를 차감한 후의 순액으로 재무상태표에 공시한다. 회계이익과 관련된 법인세는 포괄손익계산서에 표시할 때 법인세를 차감하기 전의 금액과 구분하여 법인세비용으로 구분 표시한다.

4 유형별 기간 내 배분

1. 당기손익 이외의 계정으로 인한 법인세효과

일시적차이가 당기손익으로 인식한 항목과 관련하여 발생하였기 때문에 그 일시적차이에 대해서 이연법인세자산·부채를 인식할 때 상대 계정을 당기손익으로 회계처리하였다. 그런데 일시적차이는 기타포괄손익으로 인식한 항목과 관련하여 발생하기도 한다. 예를 들어 재평가모형을 적용하는 토지의 공정가치가 증가하여 보고기간 말에 토지의 장부금액을 증액시키면서 재평가잉여금을 인식할 경우 세법에서는 원가법만 인정하므로 토지에 대해서 가산할 일시적차이가 발생한다. 그런데 기타포괄손익인 재평가잉여금과 관련하여 이연법인세부채를 인식하면서 상대 계정을 법인세비용으로 회계처리하면, 기타포괄손익 때문에 법인세비용이 변동되어 당기순손익이 영향을 받는 문제가 발생한다. 따라서 이연법인세의 상대계정을 당기손익(법인세비용)이 아닌 기타포괄손익으로 인식한다.

2. 자기주식처분과 관련된 당기법인세

자기주식을 취득원가보다 높은 금액으로 처분할 경우 자기주식처분이익을 인식하는데, 자기주식처분이익이 과세소득에 가산되므로 당기법인세부채가 증가한다. 그런데 당기법인세부채의 상대 계정을 법인세비용으로 회계처리하면, 자본잉여금 때문에 법인세비용이 변동되어 당기순손익이 영향을 받는 문제가 발생한다. 따라서 자기주식처분이익에 대하여 당기법인세부채를 인식할 때 상대 계정으로 법인세비용(당기손익)을 인식하지 않고, 직접 자기주식처분이익을 감소시키는 회계처리를 한다.

반대로 자기주식처분손실이 발생할 경우 이를 자본조정으로 회계처리하므로 회계이익에는 포함되지 않지만, 과세소득에서 차감되어야 하므로 회계이익에서 차감하는 세무조정을 한다. 그러나 자기주식처분손실도 일시적차이가 아니므로 이연법인세는 인식하지 않는다. 따라서 자기주식처분손실로 인하여 덜 부담하는 법인세는 법인세수익(법인세비용의 차감)이 아니라 직접 자기주식처분손실에서 차감한다.

Example

법인세비용차감전손익: ₩100,000, 당기세율 10%, 당기 자기주식처분이익 ₩10,000 발생

① 법인세 조정
　<익금산입> 자기주식처분이익 10,000 (기타)

② 기간 간 배분

구분	당기(10%)	차기
법인세차감전손익	₩100,000	-
자기주식처분이익	₩10,000	-
계	₩110,000	-
	×10%	
	① ₩11,000	

③ 회계처리

1st 기간 간 배분	(차) 법인세비용	11,000	(대) 당기법인세부채	① 11,000
2nd 기간 내 배분	(차) 자기주식처분이익	1,000	(대) 법인세비용	1,000

④ F/S 효과

B/S			I/S
당기법인세부채	11,000		N/I 영향: 법인세비용 10,000
자기주식처분이익	9,000		OCI 영향: -

3. 유형자산의 재평가잉여금

한국채택국제회계기준은 유형자산이나 무형자산에 대해서 재평가모형의 적용을 허용하지만, 세법에서는 원가법만 허용한다. 따라서 기업의 유·무형자산에 대해서 재평가모형을 적용할 경우 재무상태표상 유·무형자산의 장부금액과 세무기준액 간에 차이가 발생한다.

법인세비용은 회계이익(법인세비용차감전순손익)과 관련하여 인식하는 비용이지, 기타포괄손익과 관련하여 인식하는 비용이 아니다. 따라서 기타포괄손익인 재평가잉여금과 관련하여 이연법인세부채를 인식할 경우 상대 계정을 기타포괄손익으로 회계처리하여야 한다.

> **Example**
>
> 법인세비용차감전손익: ₩100,000, 당기세율 10%, 차기 이후 세율 12%, 당기 재평가잉여금(토지) ₩10,000 발생
>
> ① 법인세 조정
>   <익금산입> 재평가잉여금 10,000 (기타)
>   <익금불산입> 토지 10,000 (△유보)
>
> ② 기간 간 배분
>
> | 구분 | 당기(10%) | 차기 이후(12%) |
> |---|---|---|
> | 법인세차감전손익 | ₩100,000 | – |
> | 재평가잉여금 | ₩10,000 | – |
> | 토지 | ₩(10,000) | ₩10,000 |
> | 계 | ₩100,000 | ₩10,000 |
> | | ×10% | ×12% |
> | | ① ₩10,000 | ② ₩1,200 |
>
> ③ 회계처리
>
> 1st 기간 간 배분
> (차) 법인세비용 11,200   (대) 당기법인세부채 ① 10,000
>   이연법인세부채   ② 1,200
>
> 2nd 기간 내 배분
> (차) 재평가잉여금 1,200   (대) 법인세비용 1,200
>
> ④ F/S 효과
>
> B/S
> 당기법인세부채 10,000
> 이연법인세부채   1,200
> 재평가잉여금   8,800
>
> I/S
> N/I 영향: 법인세비용 10,000
> OCI 영향: 8,800

> **기출문제**

2. <보기>는 ㈜서울의 20×1년 법인세와 관련된 거래내용이다. ㈜서울의 20×1년 법인세비용차감전순이익은 ₩ 1,000,000이며, 당기 과세소득에 적용될 법인세율은 10%이다. 20×1년 포괄손익계산서의 법인세비용은? (단, 향후 세율은 일정하며, 과세소득은 20×1년과 동일하고 전기 이월 일시적차이는 없다)

2018년 서울시 7급

―――――― <보기> ――――――
- 20×1년 접대비 한도초과액은 ₩ 100,000이다.
- 20×1년 7월 1일 ₩ 50,000에 취득한 자기주식을 20×1년 8월 31일 ₩ 100,000에 처분하였다.
- 20×1년 ₩ 100,000에 취득한 토지는 20×1년 12월 31일 공정가치는 ₩ 150,000이며 ㈜서울은 유형자산에 대하여 재평가모형을 적용하고 있으나, 세법은 이를 인정하지 않는다.

① ₩ 105,000   ② ₩ 110,000
③ ₩ 115,000   ④ ₩ 120,000

해설

법인세비용: (1,000,000 + 100,000) × 10% = 110,000
* 세율이 변동하지 않으므로 영구적차이만 조정한 과세소득을 기준으로 세율을 곱하면 법인세비용을 쉽게 구할 수 있음

답 ②

핵심 빈출 문장

01 이연법인세는 가산할(차감할) 일시적차이와 관련하여 미래 회계기간에 납부(회수)할 법인세액을 말한다.

02 일시적차이는 재무상태표상 자산 또는 부채의 장부금액과 세무기준액의 차이로 미래 회계기간의 과세소득결정 시에 가산하거나 차감되는 차이이다.

03 당기 및 과거 기간에 대한 당기법인세 중 납부되지 않은 부분을 당기법인세부채로 인식한다.

04 모든 가산할 일시적차이에 대하여 이연법인세부채를 인식하는 것을 원칙으로 한다.

05 이연법인세자산은 차감할 일시적차이가 사용될 수 있는 과세소득의 발생가능성이 높은 경우에만 인식한다.

06 공정가치로 평가된 자산의 장부가액이 세무가액보다 크다면 그 차이가 가산할 일시적차이이며 이에 대하여 이연법인세부채를 인식해야 한다.

07 차감할 일시적차이를 활용할 수 있을 만큼 미래 기간의 과세소득이 충분하지 못한 경우에는 차감할 일시적차이의 법인세효과 중 실현가능성이 불확실한 부분은 이연법인세자산에서 직접 차감한다.

08 실현가능성이 불확실하여 인식하지 아니한 이연법인세자산은 향후 실현가능성이 확실해지는 경우 재인식할 수 있다.

09 이연법인세자산과 부채는 보고기간 말까지 제정되었거나 실질적으로 제정된 세율에 근거하여 당해 자산이 실현되거나 부채가 결제될 회계기간에 적용될 것으로 기대되는 세율을 사용하여 측정한다.

10 과세대상 수익의 수준에 따라 적용되는 세율이 다른 경우에는 일시적차이가 소멸될 것으로 예상되는 기간의 과세소득에 적용될 것으로 기대되는 평균세율을 사용하여 이연법인세 자산·부채를 측정한다.

11 당기법인세자산과 당기법인세부채는 동일한 과세당국과 관련된 경우 각각 상계하여 표시할 수 있으며, 이는 이연법인세자산과 이연법인세부채도 동일하다.

12 재무상태표상 자산 항목 또는 부채 항목과 관련되지 않은 이연법인세자산과 이연법인세부채는 모두 비유동 항목으로 공시한다.

확인 문제

01 법인세의 기간 간 배분

㈜다음은 2012년 초에 설립된 ㈜한국의 법인세 관련 자료이다. 2012년 말 재무상태표에 계상될 이연법인세자산(또는 부채)은? [단, 이연법인세자산(또는 부채)의 인식조건은 충족된다]

2013년 국가직 7급

- 2012년도 법인세비용차감전순이익이 ₩50,000이다.
- 세무조정 결과 회계이익과 과세소득의 차이로 인해 차감할 일시적차이는 ₩10,000이고, 접대비 한도 초과액은 ₩5,000이다.
- 법인세 세율은 20%이며 차기 이후 세율 변동은 없을 것으로 예상된다.

① 이연법인세자산 ₩3,000
② 이연법인세자산 ₩2,000
③ 이연법인세부채 ₩3,000
④ 이연법인세부채 ₩2,000

정답 및 해설

01
기말 이연법인세자산: 차감할 일시적차이 10,000 × 20% = 2,000

정답 01 ②

02 법인세의 기간 간 배분

㈜한국의 2012년 법인세비용차감전순이익은 ₩30,000이다. 2011년 말 이연법인세부채는 ₩2,000이며, 2012년 말 현재 장래의 과세소득을 증가시키는 가산할 일시적차이는 ₩10,000이다. 법인세율은 매년 30%로 일정하고, 법인세에 부가되는 세액은 없다고 가정한다. 2012년 법인세부담액이 ₩7,000일 경우 ㈜한국의 2012년 당기순이익과 2012년 말 이연법인세자산(또는 이연법인세부채)은? 2012년 국가직 9급

	당기순이익	이연법인세자산(부채)
①	₩22,000	이연법인세부채 ₩3,000
②	₩22,000	이연법인세자산 ₩3,000
③	₩24,000	이연법인세부채 ₩3,000
④	₩24,000	이연법인세자산 ₩3,000

03 법인세의 기간 간 배분

법인세에 대한 설명으로 옳지 않은 것은? 2022년 국가직 7급

① 일시적차이는 재무상태표상 자산 또는 부채의 장부금액과 세무기준액의 차이이며, 가산할 일시적차이와 차감할 일시적차이로 구분된다.
② 자산의 세무기준액은 자산의 장부금액이 회수될 때 기업에 유입될 과세대상 경제적효익에서 세무상 차감될 금액을 말하며, 만약 그러한 경제적효익이 과세대상이 아니라면, 자산의 세무기준액은 장부금액과 일치한다.
③ 미사용 세무상결손금과 세액공제가 사용될 수 있는 미래 과세소득의 발생가능성이 높은 경우 그 범위 안에서 이월된 미사용 세무상결손금과 세액공제에 대하여 이연법인세자산을 인식한다.
④ 이연법인세자산의 일부 또는 전부에 대한 혜택이 사용되기에 충분한 과세소득이 발생할 가능성이 더 이상 높지 않다면 이연법인세자산의 장부금액을 감액시키며, 이후 감액된 금액은 사용되기에 충분한 과세소득이 발생할 가능성이 높아져도 환입하지 않는다.

정답 및 해설

02
(1) 기말 이연법인세부채: 가산할 일시적차이 10,000 × 30% = 3,000
(2) 법인세회계처리

(차) 이연법인세부채(기초)	2,000	(대) 당기법인세부채	7,000
법인세비용	8,000	이연법인세부채(기말)	3,000

(3) 당기순이익: 30,000 - 8,000(법인세비용) = 22,000

03
이연법인세자산의 일부 또는 전부에 대한 혜택이 사용되기에 충분한 과세소득이 발생할 가능성이 더이상 높지 않다면 이연법인세자산의 장부금액을 감액시키며, 이후 감액된 금액은 사용되기에 충분한 과세소득이 발생할 가능성이 높아진다면 환입한다.

정답 02 ① 03 ④

PART 18 합병과 관계기업투자주식

CHAPTER 1 사업결합과 합병회계

1 합병회계 개요

합병 시 현금이나 주식 등의 이전대가를 지급하고 피합병법인의 식별 가능한 자산과 부채를 공정가치로 인수한다.

1. 영업권

식별 가능한 순자산 FV	이전대가
영업권(B/S)	

⇒ 영업권 회계처리: 상각×, 매년 손상검토, 손상된 영업권은 추후 환입불가

2. 염가매수차익

식별 가능한 순자산 FV	이전대가
	염가매수차익(N/I)

⇒ 염가매수차익 회계처리: 취득일에 당기순이익으로 처리

2 인식원칙

구분	자산과 부채의 정의	인식기준
사업결합거래	충족시켜야 함	충족할 필요가 없음
일반 거래	충족시켜야 함	미래경제적효익의 유출(입)가능성이 높고 신뢰성 있는 측정이 가능해야 함

* 피취득자의 영업활동을 종료하거나 피취득자의 고용관계를 종료하거나 재배치하는 것과 같은 계획의 실행에 의해 미래에 발생할 것으로 예상되지만 의무가 아닌 원가는 취득일의 부채가 아님
* 취득자가 인식의 원칙과 조건을 적용할 경우에 피취득자의 이전 재무제표에 자산과 부채로 인식되지 않았던 자산과 부채가 일부 인식될 수 있음

1. 식별 가능한 자산과 부채

취득자는 사업결합에서 취득한 식별 가능한 무형자산을 영업권과 분리하여 인식한다. 무형자산은 분리 가능하거나 계약적·법적 권리인 경우 식별 가능하다.

구분	요건	인식여부
식별 가능	① 분리가능성의 기준: 매각, 이전, 라이선스, 임대 교환을 할 수 있음을 의미 ② 계약적·법적 기준	영업권과 분리하여 인식
식별 불가능	–	인식하지 않음

* 사업결합 전에 피취득자가 인식하였는지 여부에 관계없이 취득자는 취득일에 피취득자의 무형자산을 영업권과 분리하여 인식함. 이에 따라 피취득자가 진행하고 있는 연구·개발 프로젝트가 자산의 정의를 충족하고 식별 가능하다면 무형자산의 정의를 충족한 것으로 보아 무형자산으로 인식함

2. 식별 가능하지 않은 자산과 부채

구분	집합적 노동력	잠재적 계약
처리방법	영업권에 포함	영업권에 포함
비고	종업원이 보유하는 지식과 경험 ×	후속적으로도 영업권에서 재분류하지 않음

3 측정원칙 – 취득일의 공정가치

구분	내용
불확실한 현금흐름을 갖는 자산	평가충당금을 인식하지 않음
취득자가 사용하지 않거나 다른 방법으로 사용할 의도가 있는 자산	시장참여자의 최고 최선의 사용을 가정하여 측정

4 인식원칙과 측정원칙의 예외 – 우발부채, 보상자산

재무제표에 인식하지 않는 것이 원칙이나, 과거 사건에서 발생한 현재의무로 공정가치를 신뢰성 있게 측정할 수 있으면 경제적효익의 유출(입)가능성이 낮더라도 별도의 충당부채와 별도의 자산(취득일의 공정가치로 측정)으로 인식한다.

5 이전대가의 측정

1. 일반적인 경우

이전대가: 이전하는 자산의 공정가치 + 부담하는 부채의 공정가치 + 취득자가 발행한 지분의 공정가치

* 이전된 자산이나 부채가 사업결합 후 결합기업에 여전히 남아 있어 취득자가 당해 자산이나 부채에 대한 통제를 계속 보유하는 경우 취득자는 그 자산과 부채를 취득일 직전의 장부금액으로 측정함. 이러한 경우는 취득자의 자산이나 부채가 피취득자의 이전 소유주가 아니라 피취득자에게 이전되는 경우에 발생함

2. 취득 관련 원가

구분	처리방법	비고
사업결합중개수수료	당기비용처리	법률, 회계 비용
일반 관리원가	당기비용처리	내부취득부서의 유지원가
채무·지분상품의 발행원가	발행금액에서 차감	
자산 취득 부대원가	당해 자산의 취득원가 가산	취득세 등 특정 자산관련 비용

* 취득 관련 원가는 영업권의 측정에 영향을 미치지 않음

사례연습 1. 합병회계

㈜한강은 20×3년초 ㈜동해를 흡수합병하였다. 합병 당시 합병 회사의 발행주식은 2,000주이고 피합병회사의 발행주식은 1,200주이며, 피합병회사 주식 1.5주당 합병회사의 주식 1주를 교부하였다. 합병 당시 합병회사의 주식의 공정가치는 주당 ₩ 300이다. 또한 합병과 직접 관련된 비용 ₩ 50,000을 현금으로 지급하였다. 합병회사와 피합병회사의 재무상태가 아래와 같을 때, 이 흡수합병에서 영업권은 얼마인가?

	㈜한강	㈜동해	
	장부금액	장부금액	공정가치
당좌자산	₩ 50,000	₩ 36,000	₩ 32,000
재고자산	46,000	24,000	22,000
토지	190,000	40,000	96,000
건물(순액)	100,000	100,000	118,000
자산총계	₩ 386,000	₩ 200,000	₩ 268,000
유동부채	₩ 40,000	₩ 26,000	₩ 26,000
비유동부채	70,000	24,000	20,000
납입자본	200,000	120,000	
이익잉여금	44,000	22,000	
기타자본요소	32,000	8,000	
부채와 자본총계	₩ 386,000	₩ 200,000	

풀이

영업권의 측정
(1) 이전대가: 1,200주 ÷ 1.5 × 300 =   240,000
(2) 순자산의 공정가치: 268,000 - 46,000 =   (222,000)
(3) 영업권: 18,000

기출문제

1. 20×3년 초 ㈜대한은 ㈜세종의 보통주식 100%를 취득하여 흡수합병하면서 합병대가로 ₩200,000을 지급하였으며, 합병 관련 자문수수료로 ₩20,000이 지출되었다. 합병 시 ㈜세종의 재무상태표는 다음과 같다.

<table>
<tr><td colspan="4" align="center">재무상태표</td></tr>
<tr><td>㈜세종</td><td colspan="2" align="center">20×3년 1월 1일 현재</td><td align="right">(단위: 원)</td></tr>
<tr><td>매출채권</td><td align="right">₩ 46,000</td><td>매입채무</td><td align="right">₩ 92,000</td></tr>
<tr><td>상품</td><td align="right">50,000</td><td>납입자본</td><td align="right">60,000</td></tr>
<tr><td>토지</td><td align="right">78,000</td><td>이익잉여금</td><td align="right">22,000</td></tr>
<tr><td>자산총계</td><td align="right">₩ 174,000</td><td>부채와 자본총계</td><td align="right">₩ 174,000</td></tr>
</table>

20×3년 초 ㈜대한이 ㈜세종의 자산·부채에 대하여 공정가치로 평가한 결과, 매출채권과 매입채무는 장부금액과 동일하고, 상품은 장부금액 대비 20% 더 높고, 토지는 장부금액 대비 40% 더 높았다. ㈜대한이 흡수합병과 관련하여 인식할 영업권은 얼마인가?

① ₩ 76,800
② ₩ 86,800
③ ₩ 96,800
④ ₩ 118,000

해설
(1) 순자산: {46,000 + [50,000 × (1 + 20%)] + [78,000 × (1 + 40%)]} − 92,000 = 123,200
(2) 영업권: 200,000 − 123,200 = 76,800
* 합병 관련 자문수수료는 이전대가가 아니므로 당기비용으로 인식함

답 ①

CHAPTER 2 관계기업투자주식

1 지분법 회계처리의 기초

지분법은 관계기업에 대한 투자를 최초 인식 시 원가로 인식하고, 취득일 이후에 발생한 피투자자의 당기순손익 중 투자자의 몫에 해당하는 금액을 인식하기 위하여 장부금액을 가감하여 보고하는 회계처리방법을 말한다. 지분법에서는 피투자자의 당기손익 중 투자자의 몫을 투자자의 당기순손익으로 인식한다. 또한 피투자자에게서 받은 분배액은 투자자의 장부금액을 줄여준다. 피투자자의 순자산의 변동이 기타포괄손익의 증감으로 발생하는 경우에는 피투자자의 기타포괄손익의 변동 중 투자자의 몫은 투자자의 기타포괄손익으로 인식한다.

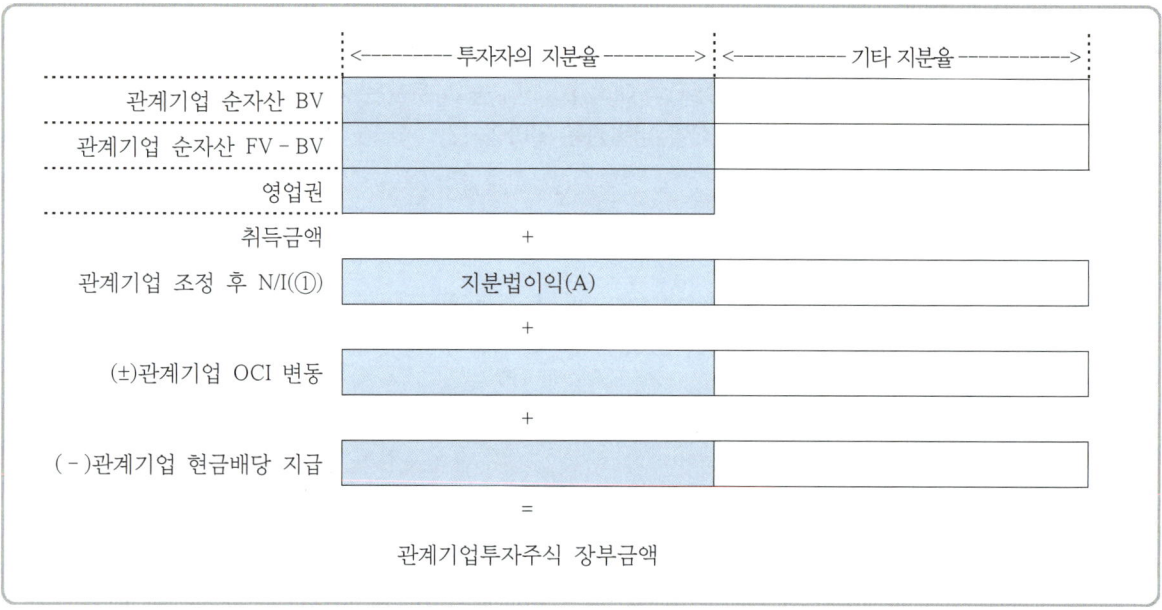

1. 유의적인 영향력 획득일 이후

구분	관계기업
관계기업 조정 전 N/I	××
투자평가차액 상각	(××)
내부거래 제거	
- 당기 미실현손익	(××)
- 전기 실현손익	××
관계기업 조정 후 N/I	① ××

* 관계기업투자주식은 내부거래 시 상향·하향 거래의 구분 없이 미실현손익·실현손익을 관계기업 N/I에 반영함

사례연습 2. 관계기업투자주식

20×1년 1월 1일 ㈜하늘은 ㈜포도의 보통주 20%를 영향력 행사 목적으로 ₩ 200,000에 취득하였다. 20×1년 1월 1일 현재 ㈜포도의 순자산의 장부금액은 ₩ 1,000,000이며 주식 취득일 현재 ㈜포도의 순자산의 장부금액과 공정가치는 일치하였다. ㈜포도의 매년 당기순이익과 현금배당액은 다음과 같다.

구분	당기순이익	기타포괄손익	현금배당
20×1	₩ 200,000	₩ 50,000	₩ 100,000
20×2	₩ 150,000	₩ (20,000)	₩ 80,000

[물음 1]
20×1년의 회계처리를 보이시오.

[물음 2]
20×2년의 회계처리를 보이시오.

풀이

[물음 1]

취득	(차) 관계기업투자주식	200,000	(대) 현금	200,000
기말	(차) 관계기업투자주식	40,000	(대) 지분법이익	40,000
	(차) 관계기업투자주식	10,000	(대) 관계기업기타포괄이익	10,000
배당	(차) 현금	20,000	(대) 관계기업투자주식	20,000

[물음 2]

기말	(차) 관계기업투자주식	30,000	(대) 지분법이익	30,000
	(차) 관계기업기타포괄이익	4,000	(대) 관계기업투자주식	4,000
배당	(차) 현금	16,000	(대) 관계기업투자주식	16,000

사례연습 3. 관계기업투자주식

20×1년 1월 1일 ㈜하늘은 ㈜포도의 보통주 20%를 영향력 행사를 목적으로 ₩300,000에 취득하였다. 20×1년 1월 1일 현재 ㈜포도의 순자산의 장부금액은 ₩1,000,000이다.

(1) 주식 취득일 현재 ㈜포도의 순자산 중 장부금액과 공정가치가 다른 항목은 다음과 같다.

구분	장부가액	공정가치	비고
건물	₩1,000,000	₩1,400,000	잔존내용연수 10년, 정액법, 잔존가치 0
재고	₩200,000	₩250,000	20×1년 중 판매

(2) 매년 순자산의 변동액은 다음과 같다.

구분	당기순이익	현금배당
20×1년	₩500,000	₩100,000
20×2년	₩300,000	₩80,000

[물음 1]
20×1년과 20×2년에 인식할 지분법이익을 구하시오.

[물음 2]
20×1년과 20×2년 말의 관계기업투자주식의 장부가액을 구하시오.

풀이

[물음 1]
(1) 20×1년 지분법이익: 410,000 × 20% = 82,000
(2) 20×2년 지분법이익: 260,000 × 20% = 52,000

구분	20×1년	20×2년
조정 전 ㈜포도의 N/I	500,000	300,000
매출원가 조정	(50,000)	
감가상각비 조정	(40,000)	(40,000)
조정 후 ㈜포도의 N/I	410,000	260,000

[물음 2]
(1) 20×1년 관계기업투자주식: 300,000 + 82,000 − (100,000 × 20%) = 362,000
(2) 20×2년 관계기업투자주식: 300,000 + 82,000 + 52,000 − (180,000 × 20%) = 398,000

참고 20×1년

	<----- 투자자의 지분율(20%) ----->	<--------- 기타 지분율 --------->
관계기업 순자산 BV 1,000,000	200,000	
관계기업 순자산 FV - BV 450,000	90,000	
영업권	10,000	
취득금액 300,000	+	
관계기업 조정 후 N/I(①) 410,000	지분법이익(A) 82,000	
	+	
(-)관계기업 현금배당 지급 -100,000	(20,000)	
	=	
	관계기업투자주식 장부금액 362,000	

1) 20×1년

구분	관계기업
관계기업 조정 전 N/I	500,000
투자평가차액 상각	
- 재고자산	(50,000)
- 건물 감가상각비	(40,000)
내부거래 제거	
- 당기 미실현손익	(-)
- 전기 실현손익	-
관계기업 조정 후 N/I	① 410,000

* 관계기업투자주식은 내부거래 시 상향·하향 거래의 구분 없이 미실현손익·실현손익을 관계기업 N/I에 반영함

참고 20×2년

	<----- 투자자의 지분율(20%) ----->	<--------- 기타 지분율 --------->
관계 기업 순자산 BV 1,000,000	200,000	
관계기업 순자산 FV - BV 450,000	90,000	
영업권	10,000	
취득금액 300,000	+	
관계기업 조정 후 N/I(①) 410,000 + 260,000	지분법이익(A) 20×1년 82,000, 20×2년 52,000	
	+	
(-)관계기업 현금배당 지급 -100,000 - 80,000	(20,000) (16,000)	
	=	
	관계기업투자주식 장부금액 398,000	

2) 20×2년

구분	관계기업
관계기업 조정 전 N/I	300,000
투자평가차액 상각	
- 재고자산	-
- 건물 감가상각비	(40,000)
내부거래 제거	
- 당기 미실현손익	(-)
- 전기 실현손익	-
관계기업 조정 후 N/I	① 260,000

* 관계기업투자주식은 내부거래 시 상향·하향 거래의 구분 없이 미실현손익·실현손익을 관계기업 N/I에 반영함

기출문제

2. ㈜대한은 20×1년 1월 1일에 ㈜민국의 발행주식 총수의 40%에 해당하는 100주를 총 ₩5,000에 취득하여, 유의적인 영향력을 행사하게 되어 지분법을 적용하기로 하였다. 취득일 현재 ㈜민국의 장부상 순자산가액은 ₩10,000이었고, ㈜민국의 장부상 순자산가액과 공정가치가 일치하지 않는 이유는 재고자산과 건물의 공정가치가 장부금액보다 각각 ₩2,000과 ₩400이 많았기 때문이다. 그런데 재고자산은 모두 20×1년 중에 외부에 판매되었으며, 20×1년 1월 1일 기준 건물의 잔존내용연수는 4년이고 잔존가치는 ₩0이며, 정액법으로 상각한다. ㈜민국은 20×1년도 당기순이익 ₩30,000과 기타포괄이익 ₩10,000을 보고하였으며, 주식50주(주당 액면 ₩50)를 교부하는 주식배당과 ₩5,000의 현금배당을 결의하고 즉시 지급하였다. ㈜대한이 20×1년도 재무제표에 보고해야 할 관계기업투자주식과 지분법손익은?

① 관계기업투자주식 ₩17,160 지분법이익 ₩11,160
② 관계기업투자주식 ₩17,160 지분법이익 ₩15,160
③ 관계기업투자주식 ₩18,160 지분법이익 ₩11,160
④ 관계기업투자주식 ₩18,160 지분법이익 ₩15,160

해설
(1) 지분법이익: 27,900 × 40% = 11,160

구분	20×1년
조정 전 ㈜민국의 N/I	₩30,000
매출원가 조정	(2,000)
감가상각비 조정	(100)
내부거래 미실현이익	-
내부거래 실현이익	-
조정 후 ㈜민국의 N/I	27,900

(2) 관계기업투자주식: 5,000 + 11,160 + (10,000 × 40%) − (5,000 × 40%) = 18,160

답 ③

확인 문제

01 사업결합과 합병회계

㈜한국은 ㈜민국에 대한 다음의 실사 결과를 이용하여 인수를 고려하고 있다.

- 자산의 장부가치: ₩ 4,000 (공정가치　?　)
- 부채의 장부가치: ₩ 2,500 (공정가치 ₩ 2,500)
- 자본금: ₩ 500　• 자본잉여금: ₩ 300　• 이익잉여금: ₩ 700

만약, 이 중 75%를 ₩ 2,000에 취득하고 영업권 ₩ 500을 인식한다면 ㈜민국의 자산의 공정가치는?

2020년 국가직 9급

① ₩ 3,500　　　　　　　　　② ₩ 4,000
③ ₩ 4,500　　　　　　　　　④ ₩ 5,000

02 사업결합과 합병회계

㈜한국은 ㈜민국을 합병하고 합병대가로 ₩ 20,000,000의 현금을 지급하였다. 합병 시점의 ㈜민국의 재무상태표상 자산총액은 ₩ 15,000,000이고 부채총액은 ₩ 9,000,000이다. ㈜민국의 재무상태표상 장부가치는 토지를 제외하고는 공정가치와 같다. 토지는 장부상 ₩ 5,000,000으로 기록되어 있으나, 공정가치는 합병 시점에 ₩ 10,000,000인 것으로 평가되었다. 이 합병으로 ㈜한국이 영업권으로 계상하여야 할 금액은?

2015년 국가직 9급

① ₩ 0　　　　　　　　　　② ₩ 4,000,000
③ ₩ 9,000,000　　　　　　　④ ₩ 14,000,000

정답 및 해설

01
(1) 영업권 = 이전대가 − 순자산의 공정가치 × 지분율
　　500 = 2,000 − (자산의 공정가치 − 2,500) × 75%
(2) 자산의 공정가치 = 4,500

02
(1) 영업권: 합병의 대가로 지급한 금액 − 취득한 순자산의 공정가치
　　= 20,000,000 − (15,000,000 + 5,000,000 − 9,000,000)
(2) 자산총액 중 토지의 장부가액: 5,000,000

정답　01 ③　02 ③

03 관계기업투자주식

㈜서울은 20×1년 1월 1일 ㈜경기의 발행주식 40%를 ₩800,000에 취득하여 지분법으로 평가하고 있다. 20×1년 1월 1일 ㈜경기의 순자산 장부금액은 ₩1,500,000이었으며, ㈜경기의 건물 장부금액은 공정가치보다 ₩300,000 과소평가되었다. 과소평가된 건물의 잔존내용연수는 6년, 정액법으로 감가상각된다고 가정한다. ㈜경기의 20×1년 당기순이익은 ₩100,000, 20×2년 당기순이익은 ₩200,000일 경우 20×2년 12월 31일 ㈜서울이 보고할 관계기업투자주식은?

2020년 서울시 7급

① ₩800,000
② ₩820,000
③ ₩880,000
④ ₩920,000

04 관계기업투자주식

㈜한국은 2016년 4월 1일에 ㈜대한의 의결권 있는 주식 25%를 ₩1,000,000에 취득하였다. 취득 당시 ㈜대한의 자산과 부채의 공정가치는 각각 ₩15,000,000, ₩12,000,000이다. ㈜대한은 2016년 당기순이익으로 ₩600,000을 보고하였으며 2017년 3월 1일에 ₩200,000의 현금배당을 지급하였다. 2017년 9월 1일에 ㈜한국은 ㈜대한의 주식 전부를 ₩930,000에 처분하였다. 위의 관계기업투자에 대한 설명으로 옳은 것은?

2018년 지방직 9급

① ㈜대한의 순자산 공정가치는 ₩3,000,000이므로 ㈜한국은 ㈜대한의 주식 취득 시 ₩250,000의 영업권을 별도로 기록한다.
② ㈜대한의 2016년 당기순이익은 ㈜한국의 관계기업투자주식의 장부금액을 ₩150,000만큼 증가시킨다.
③ ㈜대한의 현금배당은 ㈜한국의 당기순이익을 ₩50,000만큼 증가시킨다.
④ ㈜한국의 관계기업투자주식의 처분손실은 ₩70,000이다.

05 관계기업투자주식

㈜한국은 20×1년 초에 A사 유통보통주식 1,000주 가운데 30%에 해당하는 주식을 주당 ₩2,000에 취득함으로써 A사에 유의적인 영향력을 행사하게 되었다. A사는 20×1년 9월 말에 1주당 ₩50의 현금배당을 선언하고 지급하였으며, 20×1년 말에 당기순손실 ₩200,000을 보고하였다. ㈜한국이 20×1년 말 재무상태표에 표시할 관계기업투자주식은?

2022년 지방직 9급

① ₩525,000
② ₩540,000
③ ₩585,000
④ ₩600,000

정답 및 해설

03
20×2년 말 관계기업투자주식의 장부금액: 880,000
= 800,000 + (100,000 − 50,000[1]) × 40% + (200,000 − 50,000) × 40% = 880,000
[1] 투자평가차액 상각: 300,000 ÷ 6 = 50,000

04
600,000 × 25% = 150,000만큼 지분법이익이 증가한다.

▶ 오답체크
① 영업권은 별도로 표시되지 않는다.
③ 현금배당은 투자금의 회수로 보아 관계기업투자주식의 장부금액을 줄인다.
④ 관계기업투자주식의 처분 전 장부금액은 1,100,000[= 1,000,000 + (600,000 × 25%) − (200,000 × 25%)]이다. 그러므로 처분손실 170,000이 발생한다.

05
관계기업투자주식 장부금액: 2,000 × 300주 − 50 × 300주 − 200,000 × 30% = 525,000

정답   03 ③   04 ②   05 ①

PART 19 재무비율

CHAPTER 1 재무상태표 분석

재무상태표는 자본의 조달과 운용을 보여주는 한편 장단기 지급능력을 읽을 수 있는 정보를 제공한다.

재무상태표	
유동자산 　당좌자산 　　현금및예금 　　매출채권 　재고자산 비유동자산 　투자자산	총부채 　유동부채 　　매입채무 　　단기차입금 　비유동부채 　　장기차입금 자기자본 　자본금
총자산	총자본

1 유동성 분석

1. 유동비율
유동자산을 유동부채로 나눈 비율로서 단기 채무변제에 충당할 수 있는 유동자산이 얼마나 되는지를 나타내는 비율이다.

2. 당좌비율
당좌비율은 유동비율보다 기업의 단기 채무 지급능력을 보다 직접적으로 평가하기 때문에 산성시험비율(Acid Test Ratio)이라고도 한다.

3. 현금비율
유동부채를 커버할 수 있는 유동자산의 범위를 현금및현금성자산으로 한정한 비율이다.

4. 순운전자본비율
기업부실 예측모형의 투입변수로 많이 사용된다.

비율	산식	비고
유동비율	$\dfrac{유동자산}{유동부채} \times 100$	일반 목표비율: 200% 이상
당좌비율	$\dfrac{당좌자산}{유동부채} \times 100$	• 유동자산 중 재고자산을 제외한 비율 • 일반 목표비율: 100% 이상
현금비율	$\dfrac{현금 및 예금}{유동부채} \times 100$	• 현금보유정도, 가장 보수적 • 일반 목표비율: 20%
순운전자본비율	$\dfrac{유동자산 - 유동부채}{총자산} \times 100$	• 총자산대비 운전자본부담정도 • 순운전자본 = 유동자산 - 유동부채

기출문제

1. ㈜한국의 20×1년 매출액은 ₩ 3,000,000이고, 기초 재고자산은 ₩ 100,000이었다. 20×1년 말 유동부채는 ₩ 100,000, 유동비율은 400%, 당좌비율은 100%이다. 또한, 재고자산평균처리기간이 36일이라면 매출총이익은? (단, 재고자산은 상품으로만 구성되어 있고, 1년은 360일로 계산한다)

2021년 국가직 9급

① ₩ 0   ② ₩ 500,000
③ ₩ 1,000,000   ④ ₩ 2,000,000

해설
(1) 유동비율: 400% = 유동자산/100,000, 유동자산 = 400,000
(2) 당좌비율: 100% = (400,000 − 재고자산)/100,000, 재고자산 = 300,000
(3) 재고자산회전율: 360/36 = 매출원가/[(100,000 + 300,000) ÷ 2], 매출원가 = 2,000,000
(4) 매출총이익: 3,000,000 − 2,000,000 = 1,000,000

답 ③

2 레버리지 분석

타인자본의존도와 더불어 부채 상환능력을 판단하기 위한 분석이다.

1. 부채비율

부채가 자기자본을 초과하면 재무위험이 증가하여 기업의 지급능력이 악화되기 쉽고 청산 시 채권자에게 지급해야 할 금액이 커지므로 부채비율 100% 이하가 되어야 한다.

2. 자기자본비율

부채비율과 함께 기업의 안정성을 측정하는 비율이다.

3. 차입금의존도

총자본 중에서 차입금이 차지하는 비중을 나타내는 지표로서, 부채비율 및 자기자본비율과 더불어 기업의 안전성을 측정하는 비율로 이용된다.

4. 차입금평균이자율

차입금평균이자율은 장·단기차입금과 사채 등과 같은 이자 발생 부채에 대한 이자비용의 비율이다.

5. 이자보상비율

(1) 영업이익이 타인자본을 사용하여 발생하는 이자비용의 몇 배에 해당하는지를 나타내는 비율이다.
(2) 이자보상비율이 1배 정도의 수준이라는 것은 투자수익률이 채권자 자본비용에 미치지 못하고 있음을 의미하고, 이런 경우 기업가치는 감소한다.

비율	산식	비고
부채비율	$\dfrac{총부채}{자기자본} \times 100$	일반 목표비율: 100% 이하
자기자본비율	$\dfrac{자기자본}{총자본} \times 100$	• 총자본 중 자기자본비중 • 일반 목표비율: 50% 내외
차입금의존도	$\dfrac{단기 + 장기차입금}{총자본} \times 100$	• 총자본중 이자부 차입금비중 • 일반 목표비율: 30% 이하
차입금평균이자율	$\dfrac{이자비용}{차입금평균잔액} \times 100$	• 차입금에 대한 이자부담 정도 • 차입금평균잔액 = (기초 + 기말)/2
이자보상비율	$\dfrac{영업이익}{이자비용}$	• 영업이익을 통한 원리금상환능력 • 일반 목표비율: 3배 이상

3 자본배분의 안정성 분석

1. 비유동비율(고정비율)

(1) 비유동비율은 비유동자산을 자기자본으로 나눈 비율이다.
(2) 이는 자기자본이 비유동자산에 투입되어 있는 정도, 즉 자본의 고정화 정도를 측정하는 비율이다.

2. 비유동장기적합률(고정장기적합률)

(1) 비유동비율을 좀 더 확대한 비율이다.
(2) 즉, 비유동장기적합률은 자기자본 외에 비유동부채까지 확대하여 자본배분의 안정성을 측정하는 비율이다.

비율	산식	비고
비유동비율	$\dfrac{비유동자산}{자기자본} \times 100$	• 비유동자산투자의 자기자본 조달정도 • 일반 목표비율: 100% 이상
비유동장기적합율	$\dfrac{비유동자산}{자기자본 + 비유동부채} \times 100$	• 비유동자산의 자금조달 안정성 여부 • 일반 목표비율: 100% 이하

4 수익성 분석

1. 매출총이익률

매출총이익을 매출액으로 나눈 비율로서 기업의 생산마진을 측정하는 비율이다.

2. 매출영업이익률

영업이익을 매출액으로 나눈 비율로 기업의 영업마진을 측정한다.

3. 매출세전순이익률

(1) 세전순이익을 매출액으로 나눈 비율이다.
(2) 기업의 주된 영업활동뿐만 아니라 재무활동에서 발생한 경영성과를 동시에 포착한다.

4. 매출순이익률

(1) 당기순이익을 매출액으로 나눈 비율이다.
(2) 영업활동과 재무활동 및 기타 활동을 총망라한 경영활동의 성과를 최종적으로 평가하는 비율이다.

5. 총자본영업이익률

(1) 기업이 투자한 총자본(또는 총자산)에 대한 영업활동으로부터 얻는 이익의 비율이다.
(2) 총자본은 채권자 및 주주가 제공한 자본이다.

6. 자기자본순이익률(ROE: Return On Equity)

(1) 순이익을 자기자본으로 나눈 비율이다.
(2) 주주가 기업에 투자한 자본에 대해 벌어들이는 수익성을 측정하는 비율이다.

7. 총자본순이익률(ROI: Return On Investment)

(1) 순이익을 총자본으로 나눈 비율이다.
(2) 기업에 투자된 총자본이 최종적으로 얼마나 많은 이익을 창출하는지를 측정하는 비율이다.
(3) 기업의 종합적인 경영상태를 요약해서 나타내는 비율이다.

비율	산식	비고
매출총이익률	$\frac{매출총이익}{매출액} \times 100$	생산활동 효율성 및 생산마진
매출영업이익률	$\frac{영업이익}{매출액} \times 100$	• 전체적인 영업효율성 및 영업마진 • 기업고유활동 부분의 수익성
매출세전순이익률	$\frac{세전순이익}{매출액} \times 100$	경상마진
매출순이익률	$\frac{당기순이익}{매출액} \times 100$	• 최종적인 경영성과 • 생산 및 영업과 영업외적부문 포함
총자산(자본)영업이익률	$\frac{영업이익}{총자산(자본)} \times 100$	• 자기자본 및 타인자본에 대한 수익력 • 기업의 영업부문 투자수익률
자기자본순이익률(ROE)	$\frac{순이익}{자기자본} \times 100$	• 주주의 투자수익률 • 자기자본비용보다 커야 지급능력 유지
총자산순이익률(ROI)	$\frac{순이익}{총자산} \times 100$	종합적인 경영상태 요약

기출문제

2. ㈜한국의 2013년도 자료가 다음과 같을 때, ㈜한국의 2013년도 자기자본순이익률(ROE = 당기순이익 ÷ 자기자본)은? (단, 기타포괄손익은 없다고 가정한다) 2014년 국가직 9급

> - 자산총액: ₩ 2,000억(배당으로 인해 기초와 기말 금액이 동일함)
> - 매출액순이익률: 10%
> - 총자산회전율: 0.5
> - 부채비율(= 부채 ÷ 자기자본): 300 %

① 5 % ② 10 %
③ 15 % ④ 20 %

해설

(1) 총자산회전율 × 평균총자산 = 매출액
    0.5 × 2,000억 = 1,000억
(2) 매출액순이익률 × 매출액 = 당기순이익
    0.1 × 1,000억 = 100억
(3) 부채비율3 = 부채 ÷ 자본
    양쪽에 자본을 곱하면 자본 × 3 = 부채
(4) 자산 2,000억 − 부채 = 자본
    자산 2,000억 − 3자본 = 자본
    자본 = 500억
(5) 자기자본순이익률 = 100 ÷ 500 = 0.2

답 ④

5 활동성 분석

1. 총자산회전율

(1) 매출액을 총자산으로 나눈 비율이다.
(2) 총자산이 1년 동안 몇 번 회전했는지를 나타내는 비율이다.
(3) 기업의 투자한 총자산의 활용도를 총괄적으로 나타내는 지표이다.

2. 자기자본회전율

(1) 매출액을 자기자본으로 나눈 비율이다.
(2) 자기자본이 1년 동안 몇 번 회전했는지를 나타내는 비율이다.
(3) 주주가 투자한 자본의 활용도를 나타내는 지표이다.

3. 비유동자산회전율

(1) 매출액을 비유동자산으로 나눈 비율
(2) 비유동자산이 1년 동안 몇 번 회전했는지를 나타내는 비율이다.
(3) 기업이 보유하고 있는 비유동자산의 활용도를 나타내는 지표이다.

4. 재고자산회전율

(1) 매출액을 재고자산으로 나눈 비율로서 재고자산의 속도이다.
(2) 재고자산회전율이 높다는 것은 적은 재고자산으로 판매활동을 효율적으로 수행했음을 의미한다.

5. 매출채권회전율

(1) 매출액을 매출채권으로 나눈 비율로서 매출채권의 현금화 속도를 측정하는 비율이다.
(2) 비율이 높다는 것은 매출채권이 잘 관리되어 현금화 속도가 빠르다는 것을 의미한다.

6. 매입채무회전율

(1) 매출액을 매입채무로 나눈 비율로서 매입채무의 지급속도를 측정하는 비율이다.
(2) 이 비율은 매입채무가 원활하게 결제되고 있는지를 나타내는 지표이다.

7. 1회전 운전기간

원재료를 구입하고 이를 가공한 후 판매해서 현금으로 회수할 때까지의 기간이다.

8. 1회전 운전자본

1회전 운전기간 동안에 기업이 필요로 하는 운영자금의 규모이다.

비율	산식	비고
총자산 회전율	$\dfrac{\text{매출액}}{\text{총자산평잔}}$	• 총자산의 매출액 회전율 • 높을수록 수익성 기여
자기자본 회전율	$\dfrac{\text{매출액}}{\text{자기자본평잔}}$	높을수록 수익성 기여
비유동자산 회전율	$\dfrac{\text{매출액}}{\text{비유동자산평잔}}$	높을수록 수익성 기여
재고자산 회전율	$\dfrac{\text{매출원가}}{\text{재고자산평잔}}$	• 재고의 매출액 전환도 • 재고자산 부실화 가능성
매출채권 회전율	$\dfrac{\text{매출액}}{\text{매출채권평잔}}$	• 매출채권 현금화 속도 • 매출채권 대손 가능성
매입채무 회전율	$\dfrac{\text{매입}}{\text{매입채무평잔}}$	매입채무 지급속도
순운전자본	매출채권 + 재고자산 − 매입채무	영업순환기간 필요자금
회전기간	$\dfrac{1}{\text{회전율}}$(년)	특정자산 회수기간(년)
1회전 운전기간	재고회전기간 + 매출채권회전기간 − 매입채무회전기간 (1/재고자산회전율 + 1/매출채권회전율 − 1/매입채무회전율)	운전자금 현금전환기간(현금순환주기)
1회전 운전자본	(매출액 − 영업이익 − 감가상각비) × 1회전 운전기간(년)	1회전기간 필요자금

기출문제

3. 다음 자료를 이용할 경우 재고자산회전율은? (단, 재고자산회전율과 매입채무회전율의 분모 계산 시 기초와 기말의 평균값을 이용한다)

2017년 국가직 9급

- 기초 재고자산 ₩ 700,000
- 기초 매입채무 ₩ 340,000
- 매입채무회전율 4회
- 기말 재고자산 ₩ 500,000
- 기말 매입채무 ₩ 160,000

① 4회 ② 3회
③ 2회 ④ 1회

해설

(1) 매입채무회전율 × 평균매입채무 = 매입
   4회 × 250,000 = 1,000,000
(2) 재고자산회전율 = 매출원가 1,200,000[1] ÷ 평균재고자산 600,000[2]

[1] 매출원가 x = 700,000 + 1,000,000 − 500,000
    x = 1,200,000
[2] (700,000 + 500,000) ÷ 2

답 ③

확인 문제

01 유동성 분석

㈜한국의 현재 유동자산은 ₩100, 유동부채는 ₩200이다. 다음 거래가 ㈜한국의 유동비율에 미치는 영향으로 옳지 않은 것은?

2020년 국가직 9급

① 토지를 ₩30에 취득하면서 취득 대금 중 ₩10은 현금으로 지급하고 나머지는 2년 후에 지급하기로 한 거래는 유동비율을 감소시킨다.
② 재고자산을 현금 ₩10에 구입한 거래는 유동비율에 영향을 미치지 않는다.
③ 단기차입금을 현금 ₩20으로 상환한 거래는 유동비율에 영향을 미치지 않는다.
④ 3년 만기 사채를 발행하고 현금 ₩30을 수령한 거래는 유동비율을 증가시킨다.

02 유동성 분석

㈜한국은 상품을 ₩500에 구입하면서 대금 중 ₩250은 현금으로 지급하고 나머지는 3개월 이내에 갚기로 하였다. 이 거래 직전의 유동비율과 당좌비율이 각각 200%, 100%라고 할 때, 이 거래가 유동비율과 당좌비율에 미치는 영향으로 옳은 것은?

2017년 국가직 9급

	유동비율	당좌비율
①	감소	감소
②	변동 없음	감소
③	감소	변동 없음
④	변동 없음	변동 없음

정답 및 해설

01
단기차입금을 현금 20으로 상환한 거래는 유동자산 80/유동부채 80 = 44%이므로 유동비율(기존비율 50%)이 감소한다.

02

(차) 상품(유동자산)	500	(대) 현금(유동·당좌자산)	250
		매입채무(유동부채)	250

(1) 유동부채 증가 → 유동비율 감소
(2) 당좌자산 감소 + 유동부채 증가 → 당좌비율 감소

정답 01 ③ 02 ①

03 유동성 분석

다음은 ㈜한국의 2015년 12월 31일 재무상태표이다.

재무상태표			
㈜한국	2015년 12월 31일 현재		(단위: 원)
현금	₩ 2,000	매입채무	?
매출채권	?	단기차입금	₩ 2,000
재고자산	?	사채	₩ 10,000
유형자산	₩ 20,000	자본금	?
		이익잉여금	₩ 5,000
자산 합계	₩ 50,000	부채와 자본 합계	₩ 50,000

2015년 12월 31일 현재 유동비율이 300%일 때, 자본금은?   2016년 지방직 9급

① ₩ 15,000   ② ₩ 20,000
③ ₩ 23,000   ④ ₩ 25,000

04 자본배분의 안정성 분석

㈜한국은 거래처에서 수령한 받을어음을 담보로 어음금액을 어음기간 동안 은행에서 단기 차입하였다. 이 거래가 유동비율과 부채비율에 미치는 영향으로 옳은 것은? (단, 이 거래가 반영되기 전 회사의 유동비율은 100%, 부채비율은 200%이다)   2011년 국가직 7급

① 유동비율은 증가하고, 부채비율은 감소한다.
② 유동비율은 감소하고, 부채비율은 증가한다.
③ 유동비율은 변함없고, 부채비율은 증가한다.
④ 유동비율과 부채비율이 모두 증가한다.

05 수익성 분석

실지재고조사법을 사용하는 ㈜한국은 기말 현재 선적지인도기준으로 운송 중인 매입상품이 있다. 이 거래가 당기의 재무제표에 반영될 경우 당기의 총자산회전율과 이자보상비율에 미치는 영향으로 옳은 것은?   2012년 국가직 7급

① 총자산회전율은 감소하고, 이자보상비율은 증가한다.
② 총자산회전율은 증가하고, 이자보상비율은 감소한다.
③ 총자산회전율은 감소하고, 이자보상비율은 변함없다.
④ 총자산회전율은 증가하고, 이자보상비율은 변함없다.

06 활동성 분석

㈜한국의 매출채권회전율은 8회이고 재고자산회전율은 10회이다. 다음 자료를 이용한 ㈜한국의 매출총이익은? (단, 재고자산회전율은 매출원가를 기준으로 한다)

2018년 지방직 9급

과목	기초	기말
매출채권	₩ 10,000	₩ 20,000
재고자산	₩ 8,000	₩ 12,000

① ₩ 20,000
② ₩ 16,000
③ ₩ 13,000
④ ₩ 12,000

정답 및 해설

03

유동비율: $300\% = \dfrac{유동자산}{유동부채}$

▶ 오답체크
① 총자산: 50,000 = 유동자산 + 비유동자산(20,000)
   유동자산 = 30,000
② 유동자산 30,000 ÷ 3 = 유동부채 10,000
③ 부채, 자본합계 50,000 = 유동부채 10,000 + 사채 10,000 + 이익잉여금 5,000 + 자본금
   ⇒ 자본금 = 25,000

04

(차) 현금(유동자산)   (대) 단기차입금(유동부채)

- 유동비율 = $\dfrac{유동자산}{유동부채} = \dfrac{100}{100}$

- 부채비율 = $\dfrac{부채}{자본} = \dfrac{200}{100}$

동일 금액의 유동자산과 유동부채가 증가하기 때문에 유동비율은 불변, 유동부채가 증가하기 때문에 부채비율은 증가한다.

05

(1) 총자산회전율 = $\dfrac{매출액}{평균총자산}$

   기말 재고↑ → 총자산회전율↓

(2) 이자보상비율 = $\dfrac{영업이익}{이자비용}$

   기말 재고↑ → 매출원가↓ → 영업이익↑ → 이자보상비율↑

06

(1) 매출채권회전율(8) = 외상매출액(120,000) / 평균매출채권(15,000)
(2) 재고자산회전율(10) = 매출원가(100,000) / 평균재고자산(10,000)
(3) 매출총이익(20,000) = 매출액(120,000) − 매출원가(100,000)

정답 03 ④ 04 ③ 05 ① 06 ①

07 재무비율 서술형 문제(종합)
재무비율 분석과 관련된 설명으로 옳은 것은?　　　　　　　　　　　　　　　　　2016년 국가직 9급

① 영업활동의 수익성을 분석하는 주요 비율로 자기자본이익률과 이자보상비율이 사용된다.
② 총자산이익률은 매출액순이익률과 총자산회전율의 곱으로 표현할 수 있다.
③ 유동성비율은 기업의 단기 지급능력을 분석하는 데 사용되며 유동비율, 당좌비율, 총자산이익률이 주요 지표이다.
④ 이자보상비율은 기업의 이자지급능력을 측정하는 지표로 이자 및 법인세비용차감전이익을 이자비용으로 나누어 구하며 그 비율이 낮은 경우 지급능력이 양호하다고 판단할 수 있다.

08 재무비율 계산형 문제(종합)
<보기>는 ㈜서울의 재무비율과 관련된 자료이다. 재무비율에 대한 설명으로 가장 옳지 않은 것은?　　2020년 서울시 7급

<보기>
- 재무상태표 항목
  (1) 평균총자산: ₩40,000
  (2) 평균자기자본: ₩10,000
- 포괄손익계산서 항목
  (1) 매출액: ₩20,000
  (2) 당기순이익: ₩2,000
- 자기자본이익률은 매출액순이익률, 총자산회전율, 레버리지비율의 곱으로 계산된다.

① 레버리지비율은 3배이다.
② 매출액순이익률은 10%이다.
③ 총자산회전율은 0.5회이다.
④ 자기자본이익률은 20%이다.

09 재무비율 계산형 문제(종합)
다음 ㈜국제의 회계정보에 대한 설명으로 옳은 것은? (단, 당기 중 유통주식수의 변화는 없었다)　　2019년 지방직 9급

당기매출액	₩1,500,000
당기순이익	₩200,000
총자산순이익률	20%
발행주식수	50,000주
자기주식수	10,000주

① 주당순이익은 ₩5이다.
② 유통주식수는 50,000주이다.
③ 평균총자산은 ₩3,000,000이다.
④ 총자산회전율은 3회이다.

10 재무비율 계산형 문제(종합: 유동성 + 활동성)

㈜서울의 현재 당좌비율은 100%이고, 매출채권회전율은 10회이다. <보기>의 거래를 모두 반영할 경우 당좌비율과 매출채권회전율의 변동으로 가장 옳은 것은?

2018년 서울시 7급

―――― <보기> ――――
- 은행차입금에 대한 이자비용 ₩1,000,000을 현금으로 지급하였다.
- 재고자산 ₩2,000,000을 현금으로 구입하였다.
- 매출채권 ₩4,000,000을 현금으로 회수하였다.

	당좌비율	매출채권회전율
①	증가	증가
②	증가	감소
③	감소	증가
④	감소	감소

정답 및 해설

07

$$총자산이익률 = \frac{당기순이익}{총자산} = \frac{당기순이익}{매출액} \times \frac{매출액}{총자산}$$

▶ 오답체크
① 수익성을 분석하는 주요 비율 - 매출총이익률, 매출액영업이익률, 매출액순이익률, 총자본이익률, 자기자본이익률, 이자보상비율은 안정성 비율에 해당한다.
③ 유동성 비율은 유동비율, 당좌비율이 주요 지표이다. 총자산이익률은 수익성 지표에 해당한다.
④ 이자보상비율이 낮은 경우 지급능력이 양호하지 않다고 판단할 수 있다.

08
20% = 10% × 0.5 × 레버리지비율, 레버리지비율 = 4배

▶ 오답체크
② 매출액순이익률: 2,000/20,000 = 10%
③ 총자산회전율: 20,000/40,000 = 0.5
④ 자기자본이익률: 2,000/10,000 = 20%

09
(1) 유통주식수: 발행주식수 - 자기주식수 = 40,000주
(2) 주당순이익: 200,000 ÷ 40,000주 = 5
(3) 총자산이익률(0.2) = 당기순이익(200,000) ÷ 평균총자산(1,000,000)
(4) 총자산회전율(1.5): 매출액(1,500,000) ÷ 평균총자산(1,000,000)

10

(차) 이자비용	1,000,000	(대) 현금	1,000,000
(차) 재고자산	2,000,000	(대) 현금	2,000,000
(차) 현금	4,000,000	(대) 매출채권	4,000,000

∴ 당좌비율 감소, 매출채권회전율 증가

정답 07 ② 08 ① 09 ① 10 ③

11 재무비율 계산형 문제(종합: 유동성 + 활동성)

㈜한국의 20×1년 초 재고자산은 ₩ 25,000이고, 당기 매입액은 ₩ 95,000이다. ㈜한국의 20×1년 말 유동비율은 120%, 당좌비율은 70%, 유동부채는 ₩ 80,000일 때, 20×1년도 매출원가는? (단, 재고자산은 상품으로만 구성되어 있다)

2020년 국가직 9급

① ₩ 52,000 ② ₩ 64,000
③ ₩ 76,000 ④ ₩ 80,000

12 재무비율 계산형 문제(종합: 유동성 + 활동성)

㈜대한의 기초 재고자산과 기말 재고자산은 각각 ₩ 400, 유동부채는 ₩ 500, 매출총이익은 ₩ 6,000, 유동비율은 200%, 매출총이익률은 60%인 경우 재고자산회전율과 당좌비율은? (단, 재고자산회전율은 매출원가를 기준으로 한다)

2018년 국가직 7급

	재고자산회전율(회)	당좌비율(%)
①	10	60
②	10	120
③	25	60
④	25	120

13 재무비율 계산형 문제(종합: 유동성 + 활동성)

㈜한국의 20×1년 3월 20일 당좌비율은 75%, 유동비율은 140%이다. ㈜한국이 20×1년 3월 30일 매입채무를 현금 ₩ 100,000으로 상환할 경우, 당좌비율과 유동비율에 미치는 영향을 바르게 연결한 것은?

2023년 국가직 9급

	(당좌비율)	(유동비율)
①	증가	증가
②	감소	증가
③	감소	감소
④	변동 없음	변동 없음

정답 및 해설

11
(1) 유동비율(120%): 96,000(유동자산)/80,000(유동부채)
(2) 당좌비율(70%): 56,000(당좌자산)/80,000(유동부채)
(3) 기말 재고자산: 96,000(유동자산) − 56,000(당좌자산) = 40,000
(4) 매출원가: 25,000(기초 재고) + 95,000(당기 매입) − 40,000(기말 재고) = 80,000

12
(1) 재고자산회전율: 매출원가/평균재고자산
  * 4,000 ÷ [(400 + 400) ÷ 2] = 10
  * 매출원가: 6,000 × 0.4/0.6 = 4,000
(2) 당좌비율
  1) 유동비율: 유동자산/유동부채 = 1,000(역산)/500 = 200%
  2) 당좌비율: 당좌자산(= 유동자산 − 재고자산)/유동부채 = (1,000 − 400)/500 = 120%

13
(1) 당좌비율: (750,000 − 100,000)/(1,000,000 − 100,000) = 72%로 감소
(2) 유동비율: (1,400,000 − 100,000)/(1,000,000 − 100,000) = 144%로 증가
  별해 분모와 분자에 동일한 수를 적용하는 경우에 1보다 작으면 감소하고 1보다 크면 증가한다.

정답 11 ④ 12 ② 13 ②

14 유동성 분석

㈜한국의 20×1년 말 재무상태표는 다음과 같다. 유동비율과 당좌비율이 각각 150%와 120%일 때, 재고자산(A)과 장기차입금(B)을 바르게 연결한 것은?

2023년 지방직 9급

재무상태표			
유동자산		유동부채	
현금	₩ 2,000	매입채무	₩ 1,000
매출채권		단기차입금	
재고자산	A	비유동부채	
비유동자산	₩ 16,000	장기차입금	B
유형자산	₩ 8,000	부채총계	
투자부동산	₩ 2,000	자본금	₩ 5,000
무형자산	₩ 6,000	이익잉여금	₩ 8,000
		자본총계	₩ 13,000
자산총계	₩ 28,000	부채 및 자본 총계	₩ 28,000

    (A)   (B)
① ₩ 2,400   ₩ 7,000
② ₩ 2,400   ₩ 8,000
③ ₩ 7,600   ₩ 7,000
④ ₩ 7,600   ₩ 8,000

정답 및 해설

14
(1) 유동자산: 28,000 − 16,000 = 12,000
(2) 유동비율 150% = 유동자산 12,000 ÷ 유동부채, 유동부채: 8,000
(3) 비유동부채(= 장기차입금): 28,000 − 자본총계 13,000 − 유동부채 8,000 = 7,000
(4) 당좌비율 120% = 당좌자산(현금 + 매출채권) ÷ 유동부채 8,000, 당좌자산 9,600
(5) 재고자산: 유동자산 12,000 − 당좌자산 9,600 = 2,400

정답 14 ①

PART 20 재무보고를 위한 개념체계

CHAPTER 1 개념체계의 목적과 위상

1 개념체계의 의의

재무보고를 위한 개념체계는 회계기준위원회가 일관성 있는 회계기준을 제정·개정함에 있어 도움을 주며, 재무제표의 작성자가 회계기준이 정립되지 않은 새로운 거래에 대하여 회계정책을 개발하는 데 준거체계를 제공하는 지침으로서의 역할을 수행한다.

> **Additional Comment**
> 현재의 일반적으로 인정된 회계원칙은 주로 연역적인 방법으로 제정된다. 그러므로 회계목적을 기초로 하여 논리적인 방법으로 회계원칙을 도출하기 위해서는 재무보고의 목적과 이론을 정립할 필요가 있다. 이에 따라 재무보고를 위한 개념체계는 외부이용자를 위한 재무보고의 기초가 되는 개념을 정립하기 위하여 제정되었다.

2 개념체계의 위상(개념체계와 국제회계기준의 관계)

개념체계는 국제회계기준이 아니기 때문에 개념체계의 어떠한 내용도 회계기준이나 회계기준의 요구사항에 우선하지 않는다. 일반목적재무보고의 목적을 달성하기 위해 회계기준위원회에서 개념체계의 관점에서 벗어난 요구사항을 정하는 경우가 있다. 만약, 회계기준위원회가 그러한 사항을 정한다면, 해당 기준서의 결론도출 근거에 그러한 일탈에 대해 설명할 것이다.

개념체계와 국제회계기준의 관계

재무정보의 생산 → 재무정보의 수요

1순위 : 한국채택국제회계기준
2순위 : 재무보고를 위한 개념체계

개념체계는 회계기준위원회가 관련 업무를 통해 축적한 경험을 토대로 수시로 개정될 수 있다. 개념체계가 개정되었다고 자동으로 회계기준이 개정되는 것은 아니다. 회계기준을 개정하기로 한 경우, 회계기준위원회는 정규절차에 따라 의제에 프로젝트를 추가하고 해당 회계기준에 대한 개정안을 개발할 것이다.

개념체계의 위상

구분	내용	비고
개념체계의 위상	회계기준 아님	어떠한 내용도 회계기준이나 회계기준의 요구사항에 우선 ×

⇒ 일반목적재무보고의 목적을 달성하기 위해 개념체계의 관점에서 벗어난 요구사항을 정하는 경우가 있을 수 있다. 이 경우, 해당 기준서의 결론도출근거에 그러한 일탈에 대해 설명할 것이다.

Self Study
1. 개념체계는 회계기준위원회가 관련 업무를 통해 축적한 경험을 토대로 수시로 개정될 수 있다.
2. 개념체계가 개정되었다고 자동으로 회계기준이 개정되는 것은 아니다.

3 개념체계의 구조

현재의 개념체계는 일반목적재무보고의 목적, 유용한 재무정보의 질적특성, 보고기업의 개념, 재무제표 요소의 정의, 인식과 제거, 측정, 표시와 공시 및 자본유지개념으로 구성되어 있다. 국제회계기준위원회가 제정한 재무보고를 위한 개념체계는 아래와 같이 구성되어 있다.

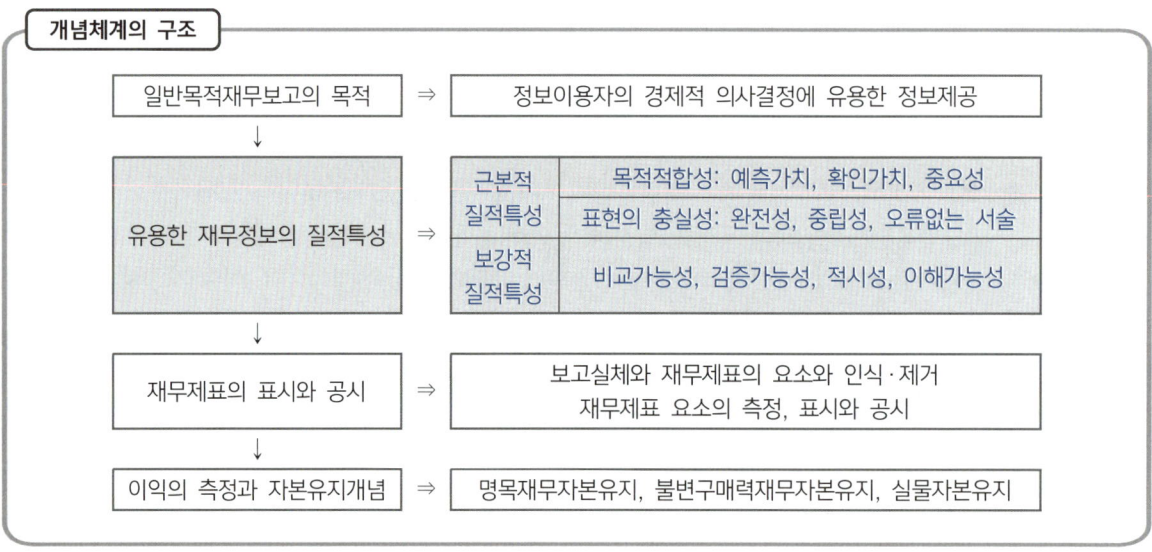

CHAPTER 2 일반목적재무보고의 목적

1 일반목적재무보고의 목적과 보고대상, 한계

1. 일반목적재무보고의 목적

일반목적재무보고의 목적은 현재 및 잠재적 투자자, 대여자 및 그 밖의 채권자가 기업에 자원을 제공하는 것과 관련된 의사결정을 할 때 유용한 보고기업 재무정보를 제공하는 것이다.

의사결정은 현재 및 잠재적 투자자, 대여자 및 그 밖의 채권자가 기대하는 수익(예 배당, 원금 및 이자의 지급 또는 시장가격의 상승)에 의존한다. 투자자, 대여자 및 기타 채권자의 수익에 대한 기대는 기업에 유입될 미래순현금유입의 금액, 시기 및 불확실성(전망) 및 기업의 경제적 자원에 대한 경영진의 수탁책임에 대한 그들의 평가에 달려 있다.

2. 일반목적재무보고의 대상이 되는 주요 이용자

현재 및 잠재적 투자자, 대여자 및 그 밖의 채권자 대부분은 정보를 제공하도록 보고기업에 직접 요구할 수 없고, 그들이 필요로 하는 재무정보의 많은 부분을 일반목적재무보고에 의존해야만 한다. 따라서 그들이 일반목적재무보고서의 대상이 되는 주요 이용자이다.

그러나 일반목적재무보고서는 현재 및 잠재적 투자자, 대여자 및 그 밖의 채권자가 필요로 하는 모든 정보를 제공하지 않으며 제공할 수도 없다. 때문에 정보이용자들은 일반 경제적 상황 및 기대, 정치적 사건과 정치 풍토, 산업 및 기업 전망과 같은 다른 원천에서 입수한 관련 정보를 고려할 필요가 있다.

일반목적재무보고의 주요 이용자

주요정보이용자 = 일반목적재무보고의 대상	현재 및 잠재적 투자자(예 보고기업의 관련 계정과목: 자본금, 사채)
	대여자(예 보고기업의 관련 계정과목: 차입금)
	그 밖의 채권자(예 보고기업의 관련 계정과목: 매입채무, 미지급금 등)

Self Study

1. 보고기업의 경영진은 해당 기업에 대한 재무정보에 관심이 있지만 경영진은 그들이 필요로 하는 재무정보를 내부에서 구할 수 있기 때문에 일반목적재무보고서에 의존할 필요가 없다.
2. 감독당국이나 일반대중과 같은 기타 정보이용자들도 일반목적재무보고가 유용하다고 여길 수 있다. 그러나 일반목적재무보고는 이러한 기타 집단을 주요 정보이용자로 하지 않는다.

3. 일반목적재무보고의 한계

일반목적재무보고는 보고기업의 가치를 보여주기 위해 고안된 것이 아니지만 현재 및 잠재적 투자자, 대여자 및 그 밖의 채권자가 보고기업의 가치를 추정하는 데 도움이 되는 정보를 제공한다.

주요 이용자들의 정보 수요 및 욕구는 다르고 상충되기도 하기 때문에 회계기준위원회는 회계기준을 제정할 때 주요 이용자가 최대 다수의 수요를 충족하는 정보를 제공하기 위해 노력할 것이다. 그러나 공통된 정보 수요에 초점을 맞춘다고 해서 보고기업으로 하여금 주요 이용자의 특정 일부에게 가장 유용한 추가 정보를 포함하지 못하게 하는 것은 아니다. (예 주주에게 가장 유용한 정보 중에 하나인 주당이익) 재무보고서는 정확한 서술보다는 상당 부분 추정, 판단 및 모형에 근거하며, 개념체계는 그 추정, 판단 및 모형의 기초가 되는 개념을 정한다. 이 개념은 회계기준위원회와 재무보고서의 작성자가 노력을 기울이는 목표이다.

일반목적재무보고의 한계	
일반목적 재무보고의 한계	정보이용자가 필요로 하는 모든 정보를 제공하지 않고 할 수 없음
	보고기업의 가치에 관한 정보를 제공하지 않음(가치추정에 도움이 되는 정보 제공)
	재무보고서는 정확한 서술보다는 상당 부분 추정, 판단 및 모형에 근거
	각 주요이용자들의 정보 수요 및 욕구는 다르고 상충되기도 함

2 일반목적재무보고서가 제공하는 정보

일반목적재무보고서는 보고기업의 재무상태에 관한 정보, 즉 기업의 경제적 자원(= 자산)과 보고기업에 대한 청구권(= 부채, 자본)에 관한 정보를 제공한다. 또한 재무보고서는 보고기업의 경제적 자원과 청구권을 변동시키는 거래와 그 밖의 사건의 영향에 대한 정보도 제공한다. 이 두 유형의 정보는 기업에 대한 자원 제공 관련 의사결정에 유용한 투입요소를 제공한다.

일반목적재무보고서가 제공하는 정보			관련 재무제표
구분			
경제적 자원과 청구권에 관한 정보			재무상태표
경제적 자원과 청구권의 변동에 관한 정보	재무성과로 인한 변동	발생기준회계를 반영	포괄손익계산서
		과거현금흐름을 반영	현금흐름표
	재무성과 이외로 인한 변동		현금흐름표와 자본변동표
경제적 자원 사용에 관한 정보			전체 재무제표

기출문제

1. 재무보고를 위한 개념체계에 대한 설명으로 옳지 않은 것은? 2025년 국가직 9급

① 보고기업의 경제적자원 및 청구권의 성격 및 금액에 대한 정보는 이용자들이 보고기업의 재무적 강점과 약점을 식별하는 데 도움을 줄 수 있다.
② 보고기업의 재무성과에 대한 정보는 그 기업의 경제적자원에서 해당 기업이 창출한 수익을 이용자들이 이해하는 데 도움을 준다.
③ 보고기업의 경제적자원 및 청구권은 채무상품이나 지분상품의 발행과 같이 재무성과 외의 사유로는 변동되지 않는다.
④ 한 기간의 보고기업의 현금흐름에 대한 정보는 이용자들이 기업의 미래 순현금유입 창출 능력을 평가하고 기업의 경제적자원에 대한 경영진의 수탁책임을 평가하는 데에도 도움이 된다.

해설

보고기업의 경제적자원 및 청구권은 채무상품이나 지분상품의 발행과 같이 재무성과 외의 사유로 변동된다. **답 ③**

CHAPTER 3 유용한 재무정보의 질적특성

재무정보가 정보이용자의 의사결정에 유용한 정보가 되기 위한 속성을 질적특성이라고 한다. 유용한 질적특성의 목적은 재무보고서에 포함된 재무정보에 근거하여 보고기업에 대한 의사결정을 할 때 현재 및 잠재적 투자자, 대여자와 그 밖의 채권자에게 가장 유용한 정보를 식별하는 것이다. 유용한 재무정보의 질적특성은 재무제표에서 제공되는 재무정보뿐만 아니라 그 밖의 방법으로 제공되는 재무정보에도 적용된다. 보고기업의 유용한 재무정보 제공 능력에 대한 포괄적 제약요인인 원가도 이와 마찬가지로 적용된다. 그러나 질적특성과 원가제약요인 적용 시 고려 사항은 정보의 유형별로 달라질 수 있다.

개념체계에서는 질적특성을 아래와 같이 근본적 질적특성과 보강적 질적특성으로 구분하고 있다.

유용한 재무정보의 질적특성의 구분

포괄적 제약	재무정보의 원가 < 재무정보의 효익	
근본적 질적특성	목적적합성	표현의 충실성
	• 예측가치	• 완전성 서술
	• 확인가치	• 중립성 서술
	• 중요성	• 오류 없는 서술
보강적 질적특성	비교가능성, 검증가능성, 적시성, 이해가능성	

> **Self Study**
> 오답유형: 유용한 재무정보의 질적특성은 재무제표에서 제공되는 재무정보에 적용되며, 그 밖의 방법으로 제공되는 재무정보에는 적용되지 않는다. (×)

1 근본적 질적특성과 보강적 질적특성의 의의, 적용절차 및 계층관계

1. 근본적 질적특성의 의의와 적용절차

(1) 근본적 질적특성의 의의

재무정보가 유용하기 위해서는 목적적합해야 하고 나타내고자 하는 바를 충실하게 표현해야 한다. 이를 근본적 질적특성이라고 하며 그 구성요소는 목적적합성과 표현의 충실성이다.

(2) 근본적 질적특성의 적용절차

정보가 유용하기 위해서는 목적적합하고 나타내고자 하는 바를 충실하게 표현해야 한다. 목적적합하지 않은 현상에 대한 표현충실성과 목적적합한 현상에 대한 충실하지 못한 표현 모두 이용자들의 좋은 결정을 내리는 데 도움이 되지 않는다. 개념체계에서는 근본적 질적특성을 적용하기 위한 가장 효율적이고 효과적인 절차를 제시하고 있는데 일반적으로 다음과 같다.

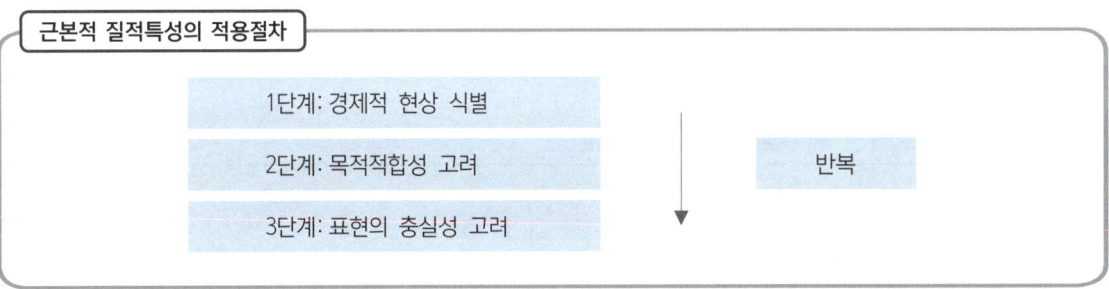

만약 식별된 경제적 현상의 목적적합한 정보의 유형이 충실하게 표현된다면, 근본적 질적특성의 충족 절차는 그 시점에 끝나게 된다. 그러나 그러하지 않은 경우에는 차선의 목적적합한 유형의 정보에 대해 그 절차를 반복해야 한다.

2. 보강적 질적특성의 의의와 적용절차

(1) 보강적 질적특성의 의의

재무정보가 비교 가능하고 검증 가능하며 적시성이 있고 이해 가능한 경우 재무정보의 유용성은 보강된다. 따라서 비교가능성, 검증가능성, 적시성 및 이해가능성은 목적적합성과 나타내고자 하는 바를 충실하게 표현하는 것 모두를 충족하는 정보의 유용성을 보강시키는 질적특성이다.

보강적 질적특성은 만일 어떤 두 가지 방법 모두 현상에 대하여 동일하게 목적적합한 정보이고 동일하게 충실한 표현을 제공하는 것이라면 이 두 가지 방법 가운데 어느 방법을 그 현상의 서술에 사용해야 할지 결정하는 데에 도움을 줄 수 있다.

(2) 보강적 질적특성의 적용절차

보강적 질적특성을 적용하는 것은 어떤 규정된 순서를 따르지 않는 반복적인 과정이다. 때로는 하나의 보강적 질적특성이 다른 질적특성의 극대화를 위해 감소되어야 할 수도 있다.

3. 근본적 질적특성과 보강적 질적특성의 계층관계

보강적 질적특성은 가능한 한 극대화되어야 한다. 그러나 보강적 질적특성은 정보가 목적적합하지 않거나 나타내고자 하는 바를 충실하게 표현하지 않으면, 개별적으로든 집단적으로든 그 정보를 유용하게 할 수 없다.

> **Self Study**
> 1. 질적특성의 적용
>   우선순위: 근본적 질적특성 > 보강적 질적특성
>   보강적 질적특성 내 비교가능성, 검증가능성, 적시성, 이해가능성 사이에는 우선순위가 없고 항목별 극대화·감소가 가능
> 2. 보강적 질적특성들은 규정된 순서에 따르지 않고 반복적인 과정을 통해 적용한다.
> 3. 오답유형: 개념체계는 유용한 정보가 되기 위한 근본적 질적특성을 적용하는데 있어서 가장 효율적이고 효과적인 일반적 절차를 제시하고 있지는 않다. (×)
> 4. 목적적합하지 않은 현상에 대한 충실한 표현과 목적적합한 현상에 대한 충실하지 못한 표현 모두 정보이용자가 좋은 결정을 내리는 데 도움이 되지 않는다.

2 근본적 질적특성의 세부 항목

1. 목적적합성

목적적합한 재무정보는 정보이용자의 의사결정에 차이가 나도록 할 수 있다. 정보는 일부 정보이용자가 이를 이용하지 않기로 선택하거나 다른 원천을 통하여 이미 이를 알고 있다고 할지라도 의사결정에 차이가 나도록 할 수 있다. 즉, 목적적합성은 정보이용자의 의사결정에 영향을 미쳐 차이가 발생할 수 있게 해주는 재무정보의 질적특성을 말한다. 재무정보가 목적적합성이 있는 정보가 되기 위해서는 예측가치와 확인가치를 가지고 있어야 하며 중요성이 고려되어야 한다.

(1) 예측가치와 확인가치

재무정보에 예측가치나 확인가치 또는 둘 다 있다면 그 재무정보는 의사결정에 차이가 나도록 할 수 있다. 예측가치는 기업실체의 미래 재무상태, 성과, 순현금흐름, 자본변동 등을 예측할 수 있는 능력을 말한다. 정보이용자들이 미래 결과를 예측하는 과정에 재무정보가 사용될 수 있다면, 그 재무정보는 예측가치를 가진다. 여기서 유의할 점은 재무정보가 예측가치를 갖기 위해서는 그 자체가 예측치 또는 예상치일 필요는 없다는 것이다.

확인가치는 기업실체의 재무상태, 성과, 순현금흐름 또는 자본변동에 대한 정보이용자의 당초 기대치 또는 예측치를 확인 또는 수정함으로써 정보이용자의 의사결정에 영향을 미칠 수 있는 능력을 말한다. 즉, 재무정보가 과거 평가에 대해 피드백을 제공한다면 확인가치를 갖는다. (⇒ 과거 평가를 확인하거나 변경시키는 것을 의미한다)

재무정보의 예측가치와 확인가치는 상호 연관되어 예측가치를 갖는 정보는 동시에 확인가치도 갖는 경우가 많다.

> **Additional Comment**
> 예를 들어, 미래 연도 수익의 예측 근거로 사용될 수 있는 당해 연도 수익 정보를 과거 연도에 행한 당해 연도 수익 예측치와 비교할 수 있고 그 결과는 정보이용자가 그 과거 예측에 사용한 절차를 수정하고 개선하는 데 도움을 줄 수 있다.

(2) 중요성

정보가 누락되거나 잘못 기재된 경우 정보이용자의 의사결정에 영향을 미치며 정보로서의 중요성을 갖는다. 중요성은 재무제표의 표시와 관련된 임계치나 판단기준으로서 회계 항목을 재무제표에 구분하여 표시하기 위한 요건으로 본다. 따라서 중요성은 기업마다 다를 수 있기 때문에 기업고유 중요성이라고 하며 인식을 위한 최소요건으로 부르고, 중요성에 대한 계량 임계치를 획일적으로 결정하거나 특정한 상황에서 무엇이 중요한지를 미리 결정할 수 없다.

개념체계에서 중요성을 목적적합성과 함께 설명하고 있지만, 목적적합성의 직접적인 속성으로 언급하고 있지는 않다. 그러므로 목적적합성의 직접적인 속성은 예측가치와 확인가치이고 중요성은 '기업의 특유한 측면의 목적적합성'이다.

목적적합성

구분	내용	비고
예측가치	미래 결과를 예측하기 위한 정보로서의 가치	자체가 예측치일 필요 ×
확인가치	과거 의사결정의 확인과 수정을 위한 정보로서의 가치	예측가치와 동시에 갖는 경우 많음
중요성	의사결정에 영향을 미칠 수 있는 정보로서의 가치	사전에 결정할 수 없음

Self Study
1. 목적적합한 재무정보는 정보이용자의 의사결정에 차이가 나도록 할 수 있다.
2. 재무정보가 예측가치를 갖기 위해서 그 자체가 예측치 또는 예상치일 필요는 없다.
3. 재무정보에 예측가치나 확인가치 또는 이 둘 모두가 있다면 그 재무정보는 의사결정에 차이가 나도록 할 수 있다.
4. 중요성은 개별 기업 재무보고서 관점에서 해당 정보와 관련된 항목의 성격이나 규모 또는 이 둘 모두에 근거하여 해당 기업에 특유한 측면의 목적적합성을 의미한다. 회계기준위원회는 중요성에 대한 획일적인 계량 임계치를 정하거나 특정한 상황에서 무엇이 중요한 것인지를 미리 결정할 수 없다.
5. 목적적합한 정보는 일부 정보이용자가 이를 이용하지 않기로 선택하거나 다른 원천을 통하여 이미 이를 알고 있다고 할지라도 의사 결정에 차이가 나도록 할 수 있다.

2. 표현의 충실성

재무보고서는 경제적 현상을 글과 숫자로 나타낸 것이다. 재무정보가 유용하기 위해서는 목적적합한 현상을 표현하는 것뿐만 아니라 나타내고자 하는 현상의 실질을 충실하게 표현해야 한다. 많은 경우 경제적 현상의 실질과 그 법적 형식은 같다. 만약 같지 않다면 법적 형식에 따른 정보만 제공해서는 경제적 현상을 충실하게 표현할 수 없을 것이다. (**예** 금융리스와 연결재무제표)

재무정보를 완벽하고 충실하게 표현하기 위해서는 다음과 같은 세 가지의 특성이 있어야 한다. 그 서술이 완전하고 중립적이며 오류가 없어야 한다는 것이다. 물론 완벽은 이루기 매우 어려우며 회계기준위원회의 목적은 가능한 한 이러한 특성을 극대화하는 것이다.

(1) 완전한 서술

완전한 서술은 필요한 기술과 설명을 포함하여 정보이용자가 서술되는 현상을 이해하는 데 필요한 모든 정보를 포함하는 것이다.

(2) 중립적 서술

중립적 서술은 재무정보의 선택이나 표시에 편의(Bias)가 없어야 한다는 것을 의미한다. 중립적 서술은 정보이용자가 재무정보를 유리하거나 불리하게 받아들일 가능성을 높이기 위해 편파적이거나 편중되거나 강조되거나, 경시되거나 그 밖의 방식으로 조작되지 않는다. 또한 중립적 정보는 목적이 없거나 행동에 대한 영향력이 없는 정보를 의미하지는 않는다. 오히려 목적적합한 재무정보는 정의상 정보이용자의 의사결정에 차이가 나도록 할 수 있는 정보이다.

> **신중성**
>
> ① 중립성은 신중을 기함으로써 뒷받침된다. 신중성은 불확실한 상황에서 판단할 때 주의를 기울이는 것이다. 신중을 기한다는 것은 자산과 수익이 과대평가되지 않고 부채와 비용이 과소평가되지 않는 것을 의미한다. 마찬가지로, 신중을 기한다는 것은 자산이나 수익의 과소평가나 부채나 비용의 과대평가를 허용하지 않는다.
> ② 신중을 기하는 것이 비대칭의 필요성(예 자산이나 수익을 인식하기 위해서는 부채나 비용을 인식할 때보다 더욱 설득력있는 증거가 필요)을 내포하는 것은 아니다. 그러한 비대칭은 유용한 재무정보의 질적특성이 아니다. 그럼에도 불구하고, 나타내고자하는 바를 충실하게 표현하는 가장 목적적합한 정보를 선택하려는 결정의 결과가 비대칭성이라면, 특정 회계기준에서 비대칭적인 요구사항을 포함할 수도 있다.

(3) 오류 없는 서술

오류가 없다는 것은 현상의 기술에 오류나 누락이 없고, 보고 정보를 생산하는 데 사용되는 절차의 선택과 적용 시 절차상의 오류가 없음을 의미한다. 그러나 오류 없는 서술이 모든 면에서 정확하다는 것을 의미하지는 않는다.

> **표현충실성**
>
> | 구분 | 내용 | 비고 |
> |---|---|---|
> | 완전한 서술 | 정보이용자가 현상을 이해하는 데 필요한 모든 정보의 제공 | - |
> | 중립적 서술 | 정보의 선택이나 표시에 편의가 없는 재무정보의 제공 | 목적이 없거나 영향력이 없는 정보라는 의미 × |
> | 오류 없는 서술 | 현상의 기술이나 절차상에 오류나 누락이 없는 정보의 제공 | 모든 면에서 정확하다는 의미 × |

> **Self Study**
> 1. 표현충실성을 충족한 재무정보는 그 자체가 반드시 유용한 정보를 만들어 내지는 않는다.
> 2. 오답유형: 오류가 없는 서술이란 서술의 모든 면에서 완벽하게 정확하다는 것을 의미한다. (×)
> 3. 추정치의 불확실성 수준이 충분히 크다면, 그 추정치가 별로 유용하지는 못할 것이다. 그러나 더 충실한 다른 표현을 할 수 없다면, 그 추정치가 최선의 이용 가능한 정보를 제공하는 것일 수 있다.

3 보강적 질적특성의 세부 항목

1. 비교가능성

비교가능성은 정보이용자가 항목 간의 유사점과 차이점을 식별하고 이해할 수 있게 하는 질적특성이다. 목적적합하고 충실하게 표현된 회계정보의 비교가능성이 높을 때 유용성이 더욱 보강된다.
비교가능성과 관련하여 유의할 점은 아래와 같다.

비교가능성은 다른 질적특성과 달리 하나의 항목에 관련된 것이 아니다. 비교하려면 최소한 두 항목이 필요하다. 동일한 항목에 대해 동일한 방법을 적용하는 것을 의미하는 일관성은 비교가능성과 관련이 있지만 동일한 것은 아니다. 일관성은 비교가능성이라는 목표를 달성하게 해주는 수단이라고 볼 수 있다.
비교가능성이 통일성을 뜻하는 것은 아니다. 정보가 비교 가능하기 위해서는 비슷한 것은 비슷하게 보이고 다른 것은 다르게 보여야 한다.
하나의 경제적 현상을 충실하게 표현하는 데 여러 방법이 있을 수 있으나 동일한 경제적 현상에 대해 대체적인 회계처리방법을 허용하면 비교가능성이 감소한다.
근본적 질적특성을 충족하면 어느 정도의 비교가능성은 달성될 수 있을 것이다. 목적적합한 경제적 현상에 대한 표현충실성은 자연히 다른 보고기업의 유사한 목적적합한 경제적 현상에 대한 표현충실성과 어느 정도 비교가능성을 가져야 한다.

예 비교가능성

기간 간	20×2년	20×1년
	××	××
기업 간	삼성전자	인텔
	××	××

① 최소 두 항목의 비교대상 필요
② 일관성(수단) ⇒ 비교가능성(목표) ≠ 통일성

2. 검증가능성

검증가능성은 정보이용자들이 정보가 나타내고자 하는 경제적 현상을 충실히 표현하는지를 확인하는 데 도움을 준다. 검증가능성은 합리적인 판단력이 있고 독립적인 서로 다른 관찰자가 어떤 서술이 충실한 표현이라는 데, 비록 반드시 완전히 일치하지는 못하더라도, 의견이 일치 할 수 있다는 것을 의미한다. 계량화된 정보가 검증 가능하기 위해서는 단일 점추정치여야 할 필요는 없다. 가능한 금액의 범위 및 관련된 확률도 검증될 수 있다.

3. 적시성

적시성은 의사결정에 영향을 미칠 수 있도록 의사결정자가 정보를 적시에 이용 가능하게 하는 것을 의미한다. 일반적으로 정보는 오래된 것일수록 유용성이 낮아진다. 그러나 일부 정보는 보고기간 말 후에도 오랫동안 적시성을 잃지 않을 수도 있다. 일부 정보이용자는 추세를 식별하고 평가할 필요가 있을 수 있기 때문이다.

4. 이해가능성

이해가능성은 이용자가 정보를 쉽게 이해할 수 있어야 한다는 것으로, 정보를 명확하고 간결하게 분류하고, 특징짓고 표시하는 것은 정보를 쉽게 이해할 수 있게 한다. 일부 현상은 본질적으로 복잡하여 이해하기 쉽지 않다. 이해하기 어려운 현상에 대한 정보를 재무보고서에서 제외하면 재무보고서의 정보를 이해하기 쉽게 할 수 있으나 그 보고서는 불완전하여 잠재적으로 오도할 수 있다.
재무보고서는 사업활동과 경제활동에 대한 합리적인 지식이 있고, 부지런히 정보를 검토하고 분석하는 이용자들을 위해 작성된다. 때로는 박식하고 부지런한 이용자들도 복잡한 경제적 현상에 대한 정보를 이해하기 위해 자문가의 도움을 받는 것이 필요할 수 있다.

보강적 질적특성

구분	내용	비고
비교가능성	기업 간 비교가능성과 기간 간 비교가능성이 있는 정보의 제공	비교가능성은 목표, 일관성은 수단
검증가능성	나타난 현상에 대해 정보이용자가 검증할 수 있는 정보의 제공	단일의 점추정치여야 할 필요 ×, 가능한 금액의 범위 및 관련된 확률도 검증가능
적시성	의사결정에 영향을 미칠 수 있도록 적시성 있는 정보의 제공	시간이 경과해도 적시성을 잃지 않을 수 있음
이해가능성	합리적 지식이 있는 정보이용자가 쉽게 이해할 수 있는 정보의 제공	복잡하고 이해하기 어려운 이유로 제외 ×, 부지런히 정보를 검토, 분석하는 정보이용자를 위해 작성

Self Study

1. 오답유형: 일관성은 비교가능성과 관련이 있지만 동일하지는 않다. 즉, 일관성은 목표이고 비교가능성은 그 목표를 달성하는 데 도움을 준다고 할 수 있다. (×)
2. 오답유형: 재무보고서는 사업활동과 경제활동에 대해 박식하고, 정보를 검토하고 분석하는 데 부지런한 정보이용자보다 모든 수준의 정보이용자들이 자력으로 이해할 수 있도록 작성되어야 한다. (×)

4 유용한 재무보고에 대한 원가 제약

원가는 재무보고로 제공될 수 있는 정보에 대한 포괄적인 제약요인이다. 재무정보의 보고에는 원가가 소요되고 해당 정보 보고의 효익이 그 원가를 정당화한다는 것이 중요한데, 이를 유용한 재무보고에 대한 원가제약이라고 한다. 여기서 주의해야 할 몇 가지 유형의 원가와 효익이 있다.

본질적인 주관성 때문에 재무정보의 특정 항목 보고의 원가 및 효익에 대한 평가는 개인마다 달라진다. 따라서 회계기준위원회는 단지 개별 보고기업과 관련된 것이 아닌, 재무보고 전반적으로 원가와 효익을 고려하려고 노력하고 있다. 그렇다고 원가와 효익의 평가가 모든 기업에 대하여 동일한 보고 요구사항을 정당화하는 것은 아니다. 기업 규모의 차이와 자본조달 방법(공모 또는 사모)의 차이, 이용자 요구의 차이, 그 밖의 다른 요인 때문에 달리하는 것이 적절할 수 있다.

유용한 재무보고에 대한 원가 제약

구분	내용	비고
정의	재무정보의 효익 > 재무정보의 원가	정보이용자가 목적적합하다고 보는 모든 정보를 제공하는 것은 가능하지 않음
판단	회계기준위원회에서 판단	본질적인 주관성 때문에 개인마다 다름

> **기출문제**
>
> **2. 유용한 재무정보의 질적특성에 대한 설명으로 옳지 않은 것은?** 2020년 지방직 9급
>
> ① 재무정보가 유용하기 위해서는 목적적합해야 하고 나타내고자 하는 바를 충실하게 표현해야 한다.
> ② 목적적합한 재무정보는 이용자들의 의사결정에 차이가 나도록 할 수 있다.
> ③ 이해가능성은 합리적인 판단력이 있고 독립적인 서로 다른 관찰자가 어떤 서술이 표현충실성에 있어, 비록 반드시 완전히 의견이 일치하지는 않더라도, 합의에 이를 수 있다는 것을 의미한다.
> ④ 비교가능성, 검증가능성, 적시성 및 이해가능성은 목적적합성과 나타내고자 하는 바를 충실하게 표현하는 것 모두를 충족하는 정보의 유용성을 보강시키는 질적특성이다.
>
> **해설**
> 검증가능성은 합리적인 판단력이 있고 독립적인 서로 다른 관찰자가 어떤 서술이 표현충실성에 있어, 비록 반드시 완전히 의견이 일치하지는 않더라도, 합의에 이를 수 있다는 것을 의미한다. 답 ③

CHAPTER 4 보고실체

1 재무제표

재무제표는 재무제표 요소의 정의를 충족하는 보고기업의 경제적 자원과 보고기업에 대한 청구권 및 경제적 자원과 청구권의 변동에 관한 정보를 제공한다.

1. 재무제표의 목적과 범위

재무제표의 목적은 보고기업에 유입될 미래 순현금흐름에 대한 전망과 보고기업의 경제적 자원에 대한 경영진의 수탁책임을 평가하는 데 유용한 보고기업의 자산, 부채, 자본, 수익 및 비용에 대한 재무정보를 재무제표이용자들에게 제공하는 것이다. 이러한 정보는 다음을 통해 제공된다.

> ① 자산, 부채 및 자본이 인식된 재무상태표(Statement of Financial Position)
> ② 수익과 비용이 인식된 재무성과표(Statement of Financial Performance)
> ③ 다음에 관한 정보가 표시되고 공시된 다른 재무제표와 주석
> ㉠ 인식된 자산, 부채, 자본, 수익 및 비용(각각의 성격과 인식된 자산 및 부채에서 발생하는 위험에 대한 정보를 포함)
> ㉡ 인식되지 않은 자산 및 부채(각각의 성격과 인식되지 않은 자산과 부채에서 발생하는 위험에 대한 정보를 포함)
> ㉢ 현금흐름
> ㉣ 자본청구권 보유자의 출자와 자본청구권 보유자에 대한 분배
> ㉤ 표시되거나 공시된 금액을 추정하는 데 사용된 방법, 가정과 판단 및 그러한 방법, 가정과 판단의 변경

Additional Comment

개념체계에서는 재무제표를 재무상태표와 재무성과표, 다른 재무제표와 주석으로 규정하고 있다. 여기서 말하는 재무성과표는 포괄손익계산서의 개념체계상 명칭이다. 또한 개념체계에서는 자본변동표와 현금흐름표를 그 밖의 재무제표라는 용어로 사용하고 있다. 이는 현금유입과 유출 및 자본청구권 보유자의 출자나 자본청구권 보유자에 대한 분배는 재무제표 요소가 아니며, 그러한 항목에 대한 정보를 제공하는 보고서는 인식된 요소를 요약하여 보여주지 않기 때문이다.

2. 보고기간(재무제표의 작성기간)

재무제표는 특정 기간인 보고기간에 대하여 작성되며, 보고기간 말과 보고기간 중에 존재했던 자산, 부채(미인식된 자산과 부채 포함) 및 자본과 보고기간 동안의 수익과 비용에 관한 정보를 제공한다.

재무제표이용자들이 변화와 추세를 식별하고 평가하는 것을 돕기 위해, 재무제표는 최소한 직전 연도에 대한 비교정보를 제공한다. 다음에 모두 해당하는 경우에는 미래에 발생할 수 있는 거래 및 사건에 대한 정보(미래전망 정보)를 재무제표에 포함한다.

① 그 정보가 보고기간 말 현재 또는 보고기간 중 존재했던 기업의 자산, 부채(미인식자산이나 부채 포함)나 자본 또는 보고기간의 수익이나 비용과 관련된 경우
② 재무제표이용자들에게 유용한 경우

3. 재무제표에 채택된 관점

재무제표는 기업의 현재 및 잠재적 투자자, 대여자와 그 밖의 채권자 중 특정 집단의 관점이 아닌 보고기업 전체의 관점에서 거래 및 그 밖의 사건에 대한 정보를 제공한다.

4. 보고기업

보고기업은 재무제표를 작성해야 하거나 작성하기로 선택한 기업이다. 보고기업은 단일의 실체이거나 어떤 실체의 일부일 수 있으며, 둘 이상의 실체로 구성될 수도 있다. 보고기업이 반드시 법적 실체일 필요는 없다. 보고기업별 재무제표는 다음과 같다.

① 연결재무제표(Consolidated Financial Statements): 한 기업(지배기업)이 다른 기업(종속기업)을 지배하는 경우 지배기업과 종속기업으로 구성되는 보고기업의 재무제표
② 비연결재무제표(Unconsolidated Financial Statements): 보고기업이 지배기업 단독인 경우의 재무제표
③ 결합재무제표(Combined Financial Statements): 지배·종속관계로 모두 연결되어 있지는 않은 둘 이상 실체들로 구성되는 보고기업의 재무제표

5. 재무제표 작성의 기본가정 - 계속기업의 가정

재무제표는 일반적으로 보고기업이 계속기업(Going Concern)이며 예측 가능한 미래에 영업을 계속할 것이라는 가정하에 작성된다. 따라서 기업이 청산을 하거나 거래를 중단하려는 의도가 없으며, 그럴 필요도 없다고 가정한다. 만약 그러한 의도나 필요가 있다면 재무제표는 계속기업과는 다른 기준에 따라 작성될 필요가 있을 수 있으며, 이 경우 사용된 기준을 재무제표에 기술한다.

> **Self Study**
>
> 계속기업의 가정은 아래 네 가지 회계처리의 근간이 된다.
> 1. 역사적 원가
> 2. 감가상각
> 3. 자산과 부채의 유동·비유동 항목 분류
> 4. 수익·비용 이연

CHAPTER 5 재무제표의 요소

개념체계에 정의된 재무제표 요소는 경제적 자원, 청구권 및 경제적 자원과 청구권의 변동과 연계되어 있다.

재무제표의 요소 전체 구조

정의	① 자산	② 부채	③ 자본	④ 수익	⑤ 비용
인식	① 목적적합한 정보의 제공			② 충실한 표현을 제공	
측정	① 역사적 원가		② 현행가치		
		공정가치	자산: 사용가치 부채: 이행가치	현행원가	
제거	① 자산의 제거 통제를 상실하였을 때		② 부채의 제거 현재의무를 더 이상 부담하지 않을 때		
표시와 공시	① 정보소통수단	② 목적과 원칙	③ 분류	④ 통합	

경제적 자원과 청구권은 보고기업의 재무상태를, 경제적 자원과 청구권의 변동은 보고기업의 재무성과를 각각 나타낸다. 보고기업의 재무상태 및 재무성과와 관련된 재무제표 요소는 다음과 같다.

① 보고기업의 재무상태와 관련된 요소
  ㉠ 자산: 과거 사건의 결과로 기업이 통제하는 현재의 경제적 자원
  ㉡ 부채: 과거 사건의 결과로 기업의 경제적 자원을 이전해야 하는 현재의무
  ㉢ 자본: 기업의 자산에서 모든 부채를 차감한 후의 잔여지분
② 보고기업의 재무성과와 관련된 요소
  ㉠ 수익: 자본의 증가를 가져오는 자산의 증가나 부채의 감소(자본청구권 보유자의 출자와 관련된 것은 제외)
  ㉡ 비용: 자본의 감소를 가져오는 자산의 감소나 부채의 증가(자본청구권 보유자에 대한 분배와 관련된 것은 제외)

1 자산

자산은 과거 사건의 결과로 기업이 통제하는 현재의 경제적 자원이다. 여기서 경제적 자원은 경제적효익을 창출할 잠재력을 지닌 권리이다. 자산은 권리, 경제적효익을 창출할 잠재력, 통제의 3가지 측면으로 구성된다.

1. 자산의 요건 – 현재 권리

경제적효익을 창출할 잠재력을 지닌 권리는 다른 당사자의 의무에 해당하는 권리와 다른 당사자의 의무에 해당하지 않는 권리로 다양한 형태가 있다.

많은 권리들은 계약과 법률 또는 이와 유사한 수단에 의해 성립된다. 예를 들어, 기업은 물리적 대상을 보유하거나 리스함으로써 획득할 수 있고, 채무상품이나 지분상품을 소유하거나 등록된 특허권을 소유함으로써 권리를 획득할 수 있다. 그러나 기업은 그 밖의 방법으로도 권리를 획득할 수 있다.

현금을 수취할 권리와는 달리, 일부 재화나 용역은 제공받는 즉시 소비된다. 이러한 재화나 용역으로 창출된 경제적효익을 얻을 권리는 기업이 재화나 용역을 소비하기 전까지 일시적으로 존재한다.

기업의 모든 권리가 그 기업의 자산이 되는 것은 아니다. 권리가 기업의 자산이 되기 위해서는, 해당 권리가 그 기업을 위해서 다른 모든 당사자들이 이용가능한 경제적효익을 초과하는 경제적효익을 창출할 잠재력이 있고, 그 기업에 의해 통제되어야 한다. 예를 들어, 유의적인 원가를 들이지 않고 모든 당사자들이 이용가능한 권리를 보유하더라도 일반적으로 그것은 기업의 자산이 아니다. 기업은 기업 스스로부터 경제적효익을 획득하는 권리를 가질 수는 없다. 따라서 다음의 경우에는 그 보고기업의 경제적 자원이 아니다.

① 기업이 발행한 후 재매입하여 보유하고 있는 채무상품이나 지분상품
② 만약 보고기업이 둘 이상의 법적 실체를 포함하는 경우, 그 법적 실체들 중 하나가 발행하고 다른 하나가 보유하고 있는 채무상품이나 지분상품

원칙적으로 기업의 권리 각각은 별도의 자산이다. 그러나 회계목적상 관련되어 있는 여러 권리가 단일 자산인 단일 회계단위로 취급되는 경우가 많다. 많은 경우에 물리적 대상에 대한 법적소유권에서 발생하는 권리의 집합은 단일자산으로 회계처리한다. 개념적으로 경제적 자원은 물리적 대상이 아니라 권리의 집합이다. 그럼에도 불구하고, 권리의 집합을 물리적 대상으로 기술하는 것이 때로는 그 권리의 집합을 가장 간결하고 이해하기 쉬운 방식으로 충실하게 표현하는 방법이 된다.

경우에 따라 권리의 존재 여부가 불확실할 수 있다. 예를 들어, 한 기업이 다른 당사자로부터 경제적 자원을 수취할 수 있는 권리가 있는지에 대해 서로 분쟁이 있을 수 있다. 그러한 존재불확실성이 해결(예 법원의 판결)될 때까지 기업은 권리를 보유하는지 불확실하고, 결과적으로 자산이 존재하는지도 불확실하다.

자산의 요건 – 현재권리의 존재

권리의 성격	법적·계약적 권리	계약·법률에 의해 권리가 발생
	기타의 권리	노하우의 획득이나 창작 or 실무관행 등으로 권리가 발생
재화나 용역을 제공받을 권리		해당 재화와 용역을 소비하기 전까지 일시적으로 권리가 존재
기업 스스로부터 경제적효익을 획득할 권리		자기사채와 자기주식은 권리로 볼 수 없음
여러 권리가 있는 자산		회계목적상 단일자산인 단일회계단위로 간주 가능
권리의 존재 여부가 불확실		결과적으로 자산의 존재 여부가 불확실하게 됨

2. 자산의 요건 - 경제적효익을 창출한 잠재력

경제적 자원은 경제적효익을 창출할 잠재력을 지닌 권리이다. 경제적 자원이 잠재력을 가지기 위해 권리가 경제적효익을 창출할 것이라고 확신하거나 그 가능성이 높아야 하는 것은 아니다. 권리가 이미 존재하고, 적어도 하나의 상황에서 그 기업을 위해 다른 모든 당사자들이 이용가능한 경제적효익을 초과하는 경제적효익을 창출할 필요가 있다.

경제적효익을 창출할 가능성이 낮더라도 권리가 경제적 자원의 정의를 충족할 수 있고, 따라서 자산이 될 수 있다. 그럼에도 불구하고, 그러한 낮은 가능성은 자산의 인식 여부와 측정 방법의 결정을 포함하여, 자산과 관련하여 제공해야 할 정보와 그 정보를 제공하는 방법에 대한 결정에 영향을 미칠 수 있다.

경제적 자원의 가치가 미래경제적효익을 창출할 현재의 잠재력에서 도출되지만, 경제적 자원은 그 잠재력을 포함한 현재의 권리이며, 그 권리가 창출할 수 있는 미래경제적효익이 아니다.

지출의 발생과 자산의 취득은 밀접하게 관련되어 있으나 양자가 반드시 일치하는 것은 아니다. 따라서 기업이 지출한 경우 이는 미래경제적효익을 추구했다는 증거가 될 수는 있지만, 자산을 취득했다는 확정적인 증거는 될 수 없다. 마찬가지로 관련된 지출이 없더라도 특정 항목이 자산의 정의를 충족하는 것을 배제하지는 않는다. 예를 들어, 자산은 정부가 기업에게 무상으로 부여한 권리 또는 기업이 다른 당사자로부터 증여받은 권리를 포함할 수 있다.

자산의 요건 - 경제적효익을 창출할 잠재력의 존재

경제적 자원의 개념		미래경제적효익을 창출할 잠재력을 지닌 현재의 권리
경제적효익 창출가능성	가능성 높음	자산의 정의 충족 시 자산으로 인식함
	가능성 낮음	자산의 정의 충족하여도 자산으로 인식되지 않을 수 있음
지출의 발생과 자산의 취득		반드시 일치하는 것은 아님

3. 자산의 요건 - 통제

통제는 경제적 자원을 기업에 결부시킨다. 통제의 존재 여부를 평가하는 것은 기업이 회계처리할 경제적 자원을 식별하는 데 도움이 된다. 기업은 경제적 자원의 사용을 지시하고 그로부터 유입될 수 있는 경제적효익을 얻을 수 있는 현재의 능력이 있다면 그 경제적 자원을 통제한다. 통제에는 다른 당사자가 경제적 자원의 사용을 지시하고 이로부터 유입될 수 있는 경제적효익을 얻지 못하게 하는 현재의 능력이 포함된다. 따라서 일방의 당사자가 경제적 자원을 통제하면 다른 당사자는 그 자원을 통제하지 못한다.

(1) 통제 - 사용지시권

기업은 경제적 자원을 자신의 활동에 투입할 수 있는 권리가 있거나 다른 당사자가 경제적 자원을 그들의 활동에 투입하도록 허용할 권리가 있다면, 그 경제적 자원의 사용을 지시할 수 있는 현재의 능력이 있다. 경제적 자원의 통제는 일반적으로 법적 권리를 행사할 수 있는 능력에서 비롯된다. 그러나 통제는 경제적 자원의 사용을 지시하고 이로부터 유입될 수 있는 효익을 얻을 수 있는 현재의 능력이 기업에게만 있도록 할 수 있는 경우에도 발생할 수 있다. 예를 들어, 기업이 공공의 영역에 속하지 않는 노하우에 접근할 수 있고 그 노하우를 지킬 수 있는 현재 능력이 있다면, 그 노하우가 등록된 특허에 의해 보호받지 못하더라도 노하우를 사용할 권리를 통제할 수 있다.

(2) 통제 - 효익획득권

기업이 경제적 자원을 통제하기 위해서는 해당 자원의 미래경제적효익이 다른 당사자가 아닌 그 기업에게 직접 또는 간접으로 유입되어야 한다. 통제의 이러한 측면은 모든 상황에서 해당 자원이 경제적효익을 창출할 것이라고 보장할 수 있음을 의미하지는 않는다. 그 대신, 자원이 경제적효익을 창출한다면 기업은 직접 또는 간접으로 그 경제적효익을 얻을 수 있음을 의미한다. 경제적 자원에 의해 창출되는 경제적효익의 유의적 변동에 노출된다는 것은 기업이 해당 자원을 통제한다는 것을 나타낼 수도 있다. 그러나 그것은 통제가 존재하는지에 대한 전반적인 평가에서 고려해야 할 하나의 요소일 뿐이다.

어떤 경우에는 한 당사자(본인)가 본인을 대신하고 본인을 위해 행동하도록 다른 당사자(대리인)를 고용한다. 예를 들어, 본인은 자신이 통제하는 재화를 판매하기 위해 대리인을 고용할 수 있다. 본인이 통제하는 경제적 자원을 대리인이 관리하고 있는 경우, 그 경제적 자원은 대리인의 자산이 아니다. 또한 본인이 통제하는 경제적 자원을 제3자에게 이전할 의무가 대리인에게 있는 경우 이전될 경제적 자원은 대리인의 것이 아니라 본인의 경제적 자원이기 때문에 그 의무는 대리인의 부채가 아니다.

자산의 요건 - 자원의 통제

통제 여부에 대한 판단기준	사용지시권	경제적 자원의 사용지시 능력이 관련 기업에게만 있어야 함
	효익획득권	경제적 자원의 미래효익이 관련 기업에게만 유입되어야 함
대리인이 관리하는 경제적 자원		본인이 통제하는 경우 해당 경제적 자원은 대리인의 자산이 아님

2 부채

부채는 과거사건의 결과로 기업이 경제적 자원을 이전해야 하는 현재의무이다. 부채가 존재하기 위해서는 다음의 3가지 조건을 모두 충족하여야 한다.

① 기업에게 의무가 있다.
② 의무는 경제적 자원을 이전하는 것이다.
③ 의무는 과거사건의 결과로 존재하는 현재의무이다.

1. 부채의 요건 - 현재의무의 존재

부채에 대한 첫 번째 조건은 기업에게 의무가 있다는 것이다. 의무란 기업이 회피할 수 있는 실제 능력이 없는 책무나 책임을 말한다. 의무는 항상 다른 당사자(또는 당사자들, 이하 같음)에게 이행해야 한다. 다른 당사자는 사람이나 또 다른 기업, 사람들 또는 기업들의 집단, 사회 전반이 될 수 있다. 의무를 이행할 대상인 당사자의 신원을 알 필요는 없다.

한 당사자가 경제적 자원을 이전해야 하는 의무가 있는 경우, 다른 당사자는 그 경제적 자원을 수취할 권리가 있다. 그러나 한 당사자가 부채를 인식하고 이를 특정 금액으로 측정해야 한다는 요구사항이 다른 당사자가 자산을 인식하거나 동일한 금액으로 측정해야 한다는 것을 의미하지는 않는다. 예를 들어, 한 당사자의 부채와 이에 상응하는 다른 당사자의 자산에 대해, 서로 다른 인식기준이나 측정 요구사항이 표현하고자 하는 것을 가장 충실히 표현하는 목적적합한 정보를 선택하기 위한 결정이라면, 특정 회계기준은 그러한 서로 다른 기준이나 요구사항을 포함할 수 있다.

(1) 법적의무와 의제의무
많은 의무가 계약과 법률 또는 이와 유사한 수단에 의해 성립되며, 당사자가 채무자에게 법적으로 집행할 수 있도록 한다. 그러나 기업이 실무 관행과 공개한 경영방침, 특정 성명(서)과 상충되는 방식으로 행동할 실제 능력이 없는 경우, 기업의 그러한 실무 관행, 경영방침이나 성명(서)에서 의무가 발생할 수도 있다. 그러한 상황에서 발생하는 의무는 의제의무라고 불린다.

(2) 조건부의무
일부 상황에서 경제적 자원을 이전하는 기업의 책무나 책임은 기업 스스로 취할 수 있는 미래의 특정 행동을 조건으로 발생한다. 그러한 미래의 특정 행동에는 특정 사업을 운영하는 것과 미래의 특정 시점에 특정 시장에서 영업하는 것 또는 계약의 특정 옵션을 행사하는 것을 포함한다. 이러한 상황에서 기업은 그러한 행동을 회피할 수 있는 실제 능력이 없다면 의무가 있다. 기업이 그 기업을 청산하거나 거래를 중단하는 것으로만 이전을 회피할 수 있고 그 외에는 이전을 회피할 수 없다면, 기업의 재무제표를 계속기업 기준으로 작성하는 것이 적절하다는 결론은 그러한 이전을 회피할 수 있는 실제 능력이 없다는 결론도 내포하고 있다. 기업이 경제적 자원의 이전을 회피할 수 있는 실제 능력이 있는지를 평가하는 데 사용되는 요소는 기업의 책무나 책임의 성격에 따라 달라질 수 있다. 예를 들어, 이전을 회피하기 위해 취하는 행동이 이전하는 것보다 유의적으로 더 불리한 경제적 결과를 가져온다면, 기업은 이전을 회피하기 위한 실제 능력이 없을 수 있다. 그러나 이전하고자 하는 의도나 높은 이전가능성은 기업이 이전을 회피할 실제 능력이 없다고 결론을 내릴 충분한 이유가 되지 않는다.

(3) 존재 여부가 불확실한 의무
의무가 존재하는지 불확실한 경우가 있다. 예를 들어, 다른 당사자가 기업의 범법행위 혐의에 대한 보상을 요구하는 경우, 그 행위가 발생했는지와 기업이 그 행위를 했는지, 또는 법률이 어떻게 적용되는지가 불확실할 수 있다. 예를 들어, 법원의 판결로 그 존재의 불확실성이 해소될 때까지 기업이 보상을 요구하는 당사자에게 의무가 있는지와 결과적으로 부채가 존재하는지 여부가 불확실하다.

부채의 요건 - 현재의무의 존재

현재의무	법적의무	계약 또는 법률에 의해 의무가 발생
	의제의무	실무 관행, 경영방침이나 특정 성명서에서 의무가 발생
조건부의무		해당 상황을 회피할 수 있는 능력이 없다면 의무가 존재함
의무의 존재가 불확실한 경우		부채의 존재 여부가 불확실하게 됨

2. 부채의 요건 - 경제적 자원의 이전

부채에 대한 두 번째 조건은 경제적 자원을 이전하는 것이 의무라는 것이다. 이 조건을 충족하기 위해 의무에는 기업이 경제적 자원을 다른 당사자에게 이전해야 할 잠재력이 있어야 한다. 그러한 잠재력이 존재하기 위해서는 기업이 경제적 자원의 이전을 요구받을 것이 확실하거나 그 가능성이 높아야 하는 것은 아니다. 예를 들어, 불확실한 특정 미래사건이 발생할 경우에만 이전이 요구될 수도 있다. 의무가 이미 존재하고 적어도 하나의 상황에서 기업이 경제적 자원을 이전하도록 요구되기만 하면 된다.

경제적 자원의 이전 가능성이 낮더라도 의무가 부채의 정의를 충족할 수 있다. 그럼에도 불구하고, 낮은 가능성은 부채의 인식 여부와 측정방법의 결정을 포함하여, 부채와 관련하여 제공해야 할 정보와 그 정보를 제공하는 방법에 대한 결정에 영향을 미칠 수 있다.

경제적 자원을 수취할 권리가 있는 당사자에게 그 경제적 자원을 이전해야 할 의무를 이행하는 대신에, 기업이 다음과 같이 결정하는 경우가 있다. 이러한 상황에서 기업은 해당 의무를 이행, 이전 또는 대체할 때까지 경제적 자원을 이전할 의무가 있다.

① 의무를 면제받는 협상으로 의무를 이행
② 의무를 제3자에게 이전
③ 새로운 거래를 체결하여 경제적 자원을 이전할 의무를 다른 의무로 대체

부채의 요건 - 경제적 자원의 이전 존재

경제적 자원의 이전		다른 당사자에게 경제적 자원을 이전하도록 요구받게 될 잠재력
경제적 자원의 이전 가능성	높은 경우	부채의 정의를 충족하면 부채로 인식함
	낮은 경우	부채의 정의를 충족하지만 부채로 인식되지 않을 수 있음
의무의 면제, 이전, 대체		해당 시점까지는 경제적 자원의 이전의무가 존재

3. 부채의 요건 - 과거사건의 결과로 의무 존재

부채에 대한 세 번째 조건은 의무가 과거사건의 결과로 존재하는 현재의무라는 것이다. 현재의무는 다음 모두에 해당하는 경우에만 과거사건의 결과로 존재한다.

① 기업이 이미 경제적효익을 얻었거나 조치를 취했고,
② 그 결과로 기업이 이전하지 않아도 되었을 경제적 자원을 이전해야 하거나 이전하게 될 수 있는 경우

기업이 얻은 경제적효익의 예에는 재화나 용역이 포함될 수 있다. 기업이 취한 조치의 예에는 특정 사업을 운영하거나 특정 시장에서 영업하는 것이 포함될 수 있다. 기업이 시간이 경과하면서 경제적효익을 얻거나 조치를 취하는 경우, 현재의무는 그 기간 동안 누적될 수 있다.

새로운 법률이 제정되면 그 법률의 적용으로 경제적효익을 얻게 되거나 조치를 취한 결과로 기업이 이전하지 않아도 되었을 경제적 자원을 이전해야 하거나 이전하게 될 수도 있는 경우에만 현재의무가 발생한다. 법률제정 그 자체만으로는 기업에 현재의무를 부여하기에 충분하지 않다. 이와 유사하게, 기업의 실무 관행과 공개된 경영방침 또는 특정 성명(서)은 그에 따라 경제적효익을 얻거나 조치를 취한 결과로 기업이 이전하지 않아도 되었을 경제적 자원을 이전해야 하거나 이전하게 될 수도 있는 경우에만 현재의무를 발생시킨다.

미래의 특정 시점까지 경제적 자원의 이전이 집행될 수 없더라도 현재의무는 존재할 수 있다. 예를 들어, 계약에서 미래의 특정 시점까지는 지급을 요구하지 않더라도 현금을 지급해야 하는 계약상 부채가 현재 존재할 수 있다. 이와 유사하게, 거래상대방이 미래의 특정 시점까지는 업무를 수행하도록 요구할 수 없더라도, 기업에게는 미래의 특정 시점에 업무를 수행해야 하는 계약상 의무가 현재 존재할 수 있다.

만약 기업이 이전하지 않아도 되었을 경제적 자원을 이전하도록 요구받거나 요구받을 수 있게 하는 경제적 효익의 수취나 조치가 아직 없는 경우, 기업은 경제적 자원을 이전해야 하는 현재의무가 없다. 예를 들어, 기업이 종업원의 용역을 제공받는 대가로 종업원에게 급여를 지급하는 계약을 체결한 경우, 기업은 종업원의 용역을 제공받을 때까지 급여를 지급할 현재의무가 없다. 그 전까지 계약은 미이행계약이며, 기업은 미래 종업원 용역에 대해서 미래급여를 교환하는 권리와 의무를 함께 보유하고 있다.

부채의 요건 - 과거사건의 결과로 의무 존재

현재의무발생 과거사건	기업이 이미 경제적효익을 얻었거나 조치를 취했으며 그 결과로 경제적자원을 이전해야 하거나 하게 될 수 있는 경우
새로운 법률의 제정	법률제정으로 경제적 자원을 이전해야 하는 경우에만 현재의무 존재
실무관행, 경영방침 등	실무관행 등으로 경제적 자원을 이전해야 하는 경우에만 현재의무 존재
자원의 집행이 이연되는 상황	특정 시점까지 경제적 자원의 이전이 집행되지 않아도 현재의무 존재
경제적효익의 수취가 없는 경우	의무발생 과거사건이 없으므로 현재의무가 존재하지 않음

3 자산과 부채에 대한 회계단위의 선택

1. 회계단위의 선택

회계단위는 인식기준과 측정개념이 적용되는 권리나 권리의 집합, 의무나 의무의 집합 또는 권리와 의무의 집합이다. 인식기준과 측정개념이 자산이나 부채 그리고 관련 수익과 비용에 어떻게 적용될 것인지를 고려할 때, 그 자산이나 부채에 대해 회계단위가 선택된다. 어떤 경우에는 인식을 위한 회계단위와 측정을 위한 회계단위를 서로 다르게 선택하는 것이 적절할 수 있다.

기업이 자산의 일부 또는 부채의 일부를 이전하는 경우, 그때 회계단위가 변경되어 이전된 구성요소와 잔여 구성요소가 별도의 회계단위가 될 수 있다. 원가가 다른 재무보고 결정을 제약하는 것처럼 회계단위 선택도 제약한다. 따라서 회계단위를 선택할 때에는 회계단위의 선택으로 인해 재무제표 이용자들에게 제공되는 정보의 효익이 그 정보를 제공하고 사용하는 원가를 정당화할 수 있는지를 고려하는 것이 중요하다. 일반적으로 자산, 부채, 수익과 비용의 인식 및 측정에 관련된 원가는 회계단위의 크기가 작아짐에 따라 증가한다. 따라서 일반적으로 동일한 원천에서 발생하는 권리 또는 의무는 정보가 더 유용하고 그 효익이 원가를 초과하는 경우에만 분리한다.

권리와 의무 모두 동일한 원천에서 발생하는 경우가 있다. 예를 들어, 일부 계약은 각 당사자의 권리와 의무 모두를 성립시킨다. 그러한 권리와 의무가 상호의존적이고 분리될 수 없다면, 이는 단일한 불가분의 자산이나 부채를 구성하며 단일의 회계단위를 형성한다. 미이행계약이 그 예이다. 반대로, 권리가 의무와 분리될 수 있는 경우 의무와 권리를 별도로 분리하여 하나 이상의 자산과 부채를 별도로 식별하는 것이 적절할 수 있다. 다른 경우에는 분리가능한 권리와 의무를 단일 회계단위로 묶어 단일의 자산이나 부채로 취급하는 것이 더 적절할 수 있다.

단일 회계단위로 권리와 의무의 집합과 의무를 처리하는 것은 자산과 부채를 상계하는 것과 다르다.

회계단위의 선택		
상호의존적 + 분리될 수 없는 경우		단일의 회계단위를 형성하여 단일의 자산, 부채로 식별
권리와 의무가 분리될 수 있는 경우	원칙	하나 이상의 자산과 부채로 식별
	예외	단일의 회계단위로 묶어 단일의 자산, 부채로 식별

2. 미이행계약에 대한 회계단위 선택

미이행계약은 계약당사자 모두가 자신의 의무를 전혀 수행하지 않았거나 계약당사자 모두가 동일한 정도로 자신의 의무를 부분적으로 수행한 계약이나 그 계약의 일부를 말한다.

미이행계약은 경제적 자원을 교환할 권리와 의무가 결합되어 확정된다. 그러한 권리와 의무는 상호의존적이어서 분리될 수 없다. 따라서 결합된 권리와 의무는 단일 자산 또는 단일 부채를 구성한다. 교환조건이 현재 유리할 경우 기업은 자산을 보유한다. 교환조건이 현재 불리한 경우에는 부채를 보유한다. 그러한 자산이나 부채가 재무제표에 포함되는지 여부는 그 자산 또는 부채에 대해 선택된 인식기준과 측정기준 및 손실부담계약인지에 대한 검토(해당되는 경우)에 따라 달라진다.

당사자 일방이 계약상 의무를 이행하면 그 계약은 더이상 미이행계약이 아니다. 보고기업이 계약에 따라 먼저 수행하는 것은 보고기업의 경제적 자원을 교환할 권리와 의무를 경제적 자원을 수취할 권리로 변경하는 사건이 되며 그 권리는 자산이다. 다른 당사자가 먼저 수행하는 것은 보고기업의 경제적 자원을 교환할 권리와 의무를 경제적 자원을 이전할 의무로 변경하는 사건이 되며 그 의무는 부채이다.

미이행계약에 대한 회계단위의 선택		
당사자 모두가 계약을 수행하지 않은 상태	교환조건이 유리	유리한 조건에 대한 자산을 보유
	교환조건이 불리	불리한 조건에 대한 부채를 보유
당사자 일방이 계약을 수행한 상태	보고기업이 먼저 수행	수취할 권리에 대한 자산을 보유
	다른 당사자가 먼저 수행	이전할 의무에 대한 부채를 보유

3. 계약상 권리와 의무의 실질을 고려한 회계단위의 선택

계약 조건은 계약당사자인 기업의 권리와 의무를 창출한다. 그러한 권리와 의무를 충실하게 표현하기 위해서는 재무제표에 그 실질을 보고한다. 어떤 경우에는 계약의 법적형식에서 권리와 의무의 실질이 분명하다. 다른 경우에는 그 권리와 의무의 실질을 식별하기 위해서 계약조건, 계약집합이나 일련의 계약을 분석할 필요가 있다.

계약의 모든 조건(명시적 또는 암묵적)은 실질이 없지 않는 한 고려되어야 한다. 암묵적 조건의 예에는 법령에 의해 부과된 의무가 포함될 수 있으며 실질이 없는 조건은 무시된다. 조건이 계약의 경제적 측면에서 구별될 수 있는 영향을 미치지 않는다면, 그 조건은 실질이 없다.

4 자본의 정의와 특성

자본은 기업의 자산에서 모든 부채를 차감한 후의 잔여지분이다. 자본청구권은 기업의 자산에서 모든 부채를 차감한 후의 잔여지분에 대한 청구권이다. 즉, 부채의 정의에 부합하지 않는 기업에 대한 청구권이다. 그러한 청구권은 계약, 법률 또는 이와 유사한 수단에 의해 성립될 수 있으며, 부채의 정의를 충족하지 않는 한 다음을 포함한다.

> ① 기업이 발행한 다양한 유형의 지분
> ② 기업이 또 다른 자본청구권을 발행할 의무

보통주 및 우선주와 같이 서로 다른 종류의 자본청구권은 보유자에게 서로 다른 권리를 부여할 수 있다. 법률, 규제 또는 그 밖의 요구사항이 자본금 또는 이익잉여금과 같은 자본의 특정 구성요소에 영향을 미치는 경우가 있다. 예를 들어, 그러한 요구사항 중 일부는 분배 가능한 특정 준비금이 충분한 경우에만 자본청구권 보유자에게 분배를 허용한다.

사업활동은 개인기업, 파트너십, 신탁 또는 다양한 유형의 정부 사업체와 같은 실체에서 수행되는 경우가 있다. 그러한 실체에 대한 법률 및 규제 체계는 회사에 적용되는 체계와 다른 경우가 있다. 예를 들어, 그러한 실체에 대한 자본청구권 보유자에게 분배제한이 거의 없을 수(있더라도 드물게) 있다. 그럼에도 불구하고, 개념체계의 자본의 정의는 모든 보고기업에 적용된다.

5 수익과 비용의 정의와 특성

수익은 자산의 증가 또는 부채의 감소로서 자본의 증가를 가져오며, 자본청구권 보유자의 출자와 관련된 것을 제외한다. 비용은 자산의 감소 또는 부채의 증가로서 자본의 감소를 가져오며, 자본청구권 보유자에 대한 분배와 관련된 것을 제외한다. 이러한 수익과 비용의 정의에 따라 자본청구권 보유자로부터의 출자는 수익이 아니며 자본청구권 보유자에 대한 분배는 비용이 아니다.

수익과 비용은 기업의 재무성과와 관련된 재무제표 요소이다. 재무제표 이용자들은 기업의 재무상태와 재무성과에 대한 정보가 필요하다. 따라서 수익과 비용은 자산과 부채의 변동으로 정의되지만 수익과 비용에 대한 정보는 자산과 부채에 대한 정보만큼 중요하다.

서로 다른 거래나 그 밖의 사건은 서로 다른 특성을 지닌 수익과 비용을 발생시킨다. 수익과 비용의 서로 다른 특성별로 정보를 별도로 제공하면 재무제표 이용자들이 기업의 재무성과를 이해하는 데 도움이 될 수 있다.

기출문제

3. '재무보고를 위한 개념체계'에 따르면 자산은 과거 사건의 결과로 기업이 통제하는 현재의 경제적 자원이며, 경제적 자원은 경제적효익을 창출할 잠재력을 지닌 권리이다. 자산과 관련된 다음의 설명 중 올바른 것은?

   ① 지출의 발생과 자산의 취득은 밀접하게 관련되어 있으므로 지출이 없다면 특정 항목은 자산의 정의를 충족할 수 없다.
   ② 기업은 기업 스스로부터 경제적효익을 획득하는 권리를 가질 수도 있다.
   ③ 잠재력이 있기 위해 권리가 경제적효익을 창출할 것이라고 확신하거나 그 가능성이 높아야 한다.
   ④ 경제적 자원의 가치가 미래경제적효익을 창출할 현재의 잠재력에서 도출되지만, 경제적 자원은 그 잠재력을 포함한 현재의 권리이며, 그 권리가 창출할 수 있는 미래경제적효익이 아니다.

해설

▶ 오답체크
① 지출의 발생과 자산의 취득은 밀접하게 관련되어 있으나 양자가 반드시 일치하는 것은 아니다. 따라서 기업이 지출한 경우 이는 미래경제적효익을 추구했다는 증거가 될 수는 있지만, 자산을 취득했다는 확정적인 증거는 될 수 없다. 마찬가지로 관련된 지출이 없더라도 특정 항목이 자산의 정의를 충족하는 것을 배제하지는 않는다.
② 기업은 기업 스스로부터 경제적효익을 획득하는 권리를 가질 수는 없다.
③ 잠재력이 있기 위해 권리가 경제적효익을 창출할 것이라고 확신하거나 그 가능성이 높아야 하는 것은 아니다. 권리가 이미 존재하고, 적어도 하나의 상황에서 그 기업을 위해 다른 모든 당사자들에게 이용가능한 경제적효익을 초과하는 경제적효익을 창출할 수 있으면 된다. 경제적효익을 창출할 가능성이 낮더라도 권리가 경제적 자원의 정의를 충족할 수 있고, 따라서 자산이 될 수 있다. 그럼에도 불구하고, 그러한 낮은 가능성은 자산의 인식 여부와 측정방법을 포함하여, 자산과 관련하여 제공해야 할 정보와 그 정보를 제공하는 방법에 대한 결정에 영향을 미칠 수 있다.

답 ④

CHAPTER 6 재무제표 요소의 인식과 제거

1 재무제표 요소의 인식

인식은 자산, 부채, 자본, 수익 또는 비용과 같은 재무제표 요소 중 하나의 정의를 충족하는 항목을 재무상태표나 재무성과표에 포함하기 위하여 포착하는 과정이다. 인식은 그러한 재무제표 중 하나에 어떤 항목(단독으로 또는 다른 항목과 통합하여)을 명칭과 화폐금액으로 나타내고, 그 항목을 해당 재무제표의 하나 이상의 합계에 포함시키는 것과 관련된다. 자산, 부채 또는 자본이 재무상태표에 인식되는 금액을 장부금액이라고 한다.
재무상태표와 재무성과표는 재무정보를 비교 가능하고 이해하기 쉽도록 구성한 구조화된 요약으로, 기업이 인식하는 자산, 부채, 자본, 수익 및 비용을 나타낸다. 이러한 요약의 구조상 중요한 특징은 재무제표에 인식하는 금액은 재무제표에 인식될 항목들이 연계되는 총계들과 (해당될 경우) 소계들에 포함된다는 점이다. 인식에 따라 재무제표 요소, 재무상태표 및 재무성과표가 다음과 같이 연계된다.

> ① 재무상태표의 보고기간 기초와 기말의 총자산에서 총부채를 차감한 것은 총자본과 같다.
> ② 보고기간에 인식한 자본변동은 다음과 같이 구성되어 있다.
>   ㉠ 재무성과표에 인식된 수익에서 비용을 차감한 금액
>   ㉡ 자본청구권 보유자로부터의 출자에서 자본청구권 보유자에 대한 분배를 차감한 금액

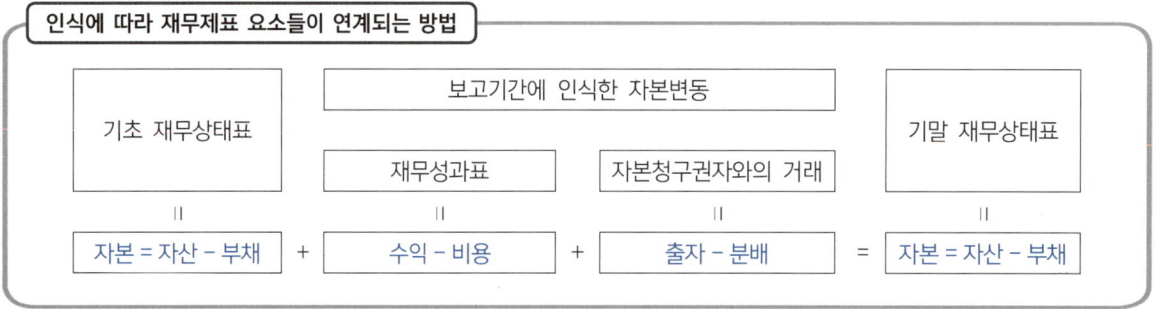

하나의 항목(또는 장부금액의 변동)의 인식은 하나 이상의 다른 항목의 인식 또는 제거가 필요하기 때문에 재무제표들은 다음과 같이 연계된다.

> ① 수익의 인식은 다음과 동시에 발생한다.
>   ㉠ 자산의 최초 인식 또는 자산의 장부금액의 증가
>   ㉡ 부채의 제거 또는 부채의 장부금액의 감소
> ② 비용의 인식은 다음과 동시에 발생한다.
>   ㉠ 부채의 최초 인식 또는 부채의 장부금액의 증가
>   ㉡ 자산의 제거 또는 자산의 장부금액의 감소

거래나 그 밖의 사건에서 발생된 자산이나 부채의 최초 인식에 따라 수익과 관련 비용을 동시에 인식할 수 있다. 예를 들어, 재화의 현금판매에 따라 수익(현금과 같은 자산의 인식으로 발생)과 비용(재화의 판매와 같이 다른 자산의 제거로 발생)을 동시에 인식하게 된다. 수익과 관련 비용의 동시 인식은 때때로 수익과 관련 원가의 대응을 나타낸다. '재무보고를 위한 개념체계'의 개념을 적용하면 자산과 부채의 변동을 인식할 때 이러한 대응이 나타난다. 그러나 원가와 수익의 대응은 개념체계의 목적이 아니다. 개념체계는 재무상태표에서 자산, 부채, 자본의 정의를 충족하지 않는 항목의 인식을 허용하지 않는다.

2 인식기준

자산, 부채 또는 자본의 정의를 충족하는 항목만이 재무상태표에 인식된다. 마찬가지로 수익이나 비용에 대한 정의를 충족하는 항목만이 재무성과표에 반영된다. 그러나 그러한 요소 중 하나의 정의를 충족하는 항목이라고 할지라도 항상 인식되는 것은 아니다.

요소의 정의를 충족하는 항목을 인식하지 않는 것은 재무상태표 및 재무성과표를 완전하지 않게 하고 재무제표에서 유용한 정보를 제외할 수 있다. 반면에, 어떤 상황에서는 요소의 정의를 충족하는 일부 항목을 인식하는 것이 오히려 유용한 정보를 제공하지 않을 수 있다. 자산이나 부채를 인식하고 이에 따른 결과로 수익, 비용 또는 자본변동을 인식하는 것이 재무제표 이용자들에게 다음과 같이 유용한 정보를 모두 제공하는 경우에만 자산이나 부채를 인식한다.

① 목적적합성: 자산이나 부채에 대한 그리고 이에 따른 결과로 발생하는 수익, 비용 또는 자본변동에 대한 목적적합한 정보
② 표현충실성: 자산이나 부채 그리고 이에 따른 결과로 발생하는 수익, 비용 또는 자본변동의 충실한 표현

한편, 질적특성의 제약요인인 원가는 다른 재무보고 결정을 제약하는 것처럼 인식에 대한 결정도 제약한다. 자산이나 부채를 인식할 때 원가가 발생한다. 재무제표 작성자는 자산이나 부채의 목적적합한 측정을 위해 원가를 부담한다. 재무제표 이용자들도 제공된 정보를 분석하고 해석하기 위해 원가를 부담한다. 재무제표 이용자들에게 제공되는 정보의 효익이 그 정보를 제공하고 사용하는 원가를 정당화할 수 있는 경우에 자산이나 부채를 인식한다. 어떤 경우에는 인식하기 위한 원가가 인식으로 인한 효익을 초과할 수 있다.

3 제거기준

제거는 기업의 재무상태표에서 인식된 자산이나 부채의 전부 또는 일부를 삭제하는 것이다. 제거는 일반적으로 해당 항목이 더 이상 자산 또는 부채의 정의를 충족하지 못할 때 발생한다.

> ① 자산은 일반적으로 기업이 인식한 자산의 전부 또는 일부에 대한 통제를 상실하였을 때 제거
> ② 부채는 일반적으로 기업이 인식한 부채의 전부 또는 일부에 대한 현재의무를 더 이상 부담하지 않을 때 제거

제거에 대한 회계 요구사항은 다음 두 가지를 충실히 표현하는 것을 목표로 한다. 제거가 두 가지 목표를 달성하기에 충분하지 않은 경우, 이전된 구성요소를 계속 인식함으로써 두 가지 목표를 달성할 수 있는 경우도 있다.

> ① 제거를 초래하는 거래나 그 밖의 사건 후의 잔여 자산과 부채(그 거래나 그 밖의 사건의 일부로 취득, 발생 또는 창출한 자산이나 부채 포함)
> ② 그 거래나 그 밖의 사건으로 인한 기업의 자산과 부채의 변동

CHAPTER 7 재무제표 요소의 측정

재무제표에 인식된 요소들은 화폐단위로 수량화되어 있다. 이를 위해 측정기준을 선택해야 한다. 측정기준은 측정 대상 항목에 대해 식별된 속성이다. 자산이나 부채에 측정기준을 적용하면 해당 자산이나 부채, 관련 수익과 비용의 측정치가 산출된다. 유용한 재무정보의 질적특성과 원가제약을 고려함으로써 서로 다른 자산, 부채, 수익과 비용에 대해 서로 다른 측정기준을 선택하게 될 수 있을 것이다. 개별 기준서에는 그 기준서에서 선택한 측정기준을 적용하는 방법이 기술될 필요가 있을 것이다. 측정기준은 역사적 원가와 현행가치가 있으며, 측정대상과 주어진 상황에 따라 다양한 방법으로 결합되어 사용된다.

측정기준의 종류

구분	유입가치	유출가치
과거	역사적 원가	해당사항 없음[1]
현재	현행원가	공정가치
미래	해당사항 없음[1]	사용가치 및 이행가치

[1] 과거에 유출된 자산과 미래에 유입될 자산은 현재 기업실체의 자산이 아니므로 측정에 대한 기준을 구비할 필요가 없음

1 측정기준 – 역사적 원가

역사적 원가 측정치는 적어도 부분적으로 자산, 부채 및 관련 수익과 비용을 발생시키는 거래나 그 밖의 사건의 가격에서 도출된 정보를 사용하여 자산, 부채 및 관련 수익과 비용에 관한 화폐적 정보를 제공한다. 현행가치와 달리 역사적 원가는 자산의 손상이나 손실부담에 따른 부채와 관련되는 변동을 제외하고는 가치의 변동을 반영하지 않는다.

자산을 취득하거나 창출할 때의 역사적 원가는 자산의 취득 또는 창출에 소요되는 원가의 가치로서, 자산을 취득 또는 창출하기 위하여 지급한 대가와 거래원가를 포함한다. 부채가 발생하거나 인수할 때의 역사적 원가는 발생시키거나 인수하면서 수취한 대가에서 거래원가를 차감한 가치이다.

시장 조건에 따른 거래가 아닌 사건으로 자산을 취득하거나 창출할 때 또는 부채를 발생시키거나 인수할 때, 원가를 식별할 수 없거나 그 원가가 자산이나 부채에 관한 목적적합한 정보를 제공하지 못할 수 있다. 이러한 경우 그 자산이나 부채의 현행가치가 최초 인식시점의 간주원가로 사용되며 그 간주원가는 역사적 원가로 후속 측정할 때의 시작점으로 사용된다.

자산의 역사적 원가는 다음의 상황을 나타내기 위하여 필요하다면 시간의 경과에 따라 갱신되어야 한다.
역사적 원가 측정기준을 금융자산과 금융부채에 적용하는 한 가지 방법은 상각후원가로 측정하는 것이다. 금융자산과 금융부채의 상각후원가는 최초로 인식할 때 결정된 이자율로 할인한 미래현금흐름 추정치를 반영한다. 변동금리상품의 경우, 할인율은 변동금리의 변동을 반영하기 위해 갱신된다. 금융자산과 금융부채의 상각후원가는 이자의 발생, 금융자산의 손상 및 수취 또는 지급과 같은 후속 변동을 반영하기 위해 시간의 경과에 따라 갱신된다.

2 측정기준 – 현행가치

현행가치 측정치는 측정일의 조건을 반영하기 위해 갱신된 정보를 사용하여 자산, 부채 및 관련 수익과 비용의 화폐적 정보를 제공한다. 이러한 갱신에 따라 자산과 부채의 현행가치는 이전 측정일 이후의 변동, 즉 현행가치에 반영되는 현금흐름과 그 밖의 요소의 추정치의 변동을 반영한다. 역사적 원가와는 달리, 자산이나 부채의 현행가치는 자산이나 부채를 발생시킨 거래나 그 밖의 사건의 가격으로부터 부분적으로라도 도출되지 않는다. 이러한 현행가치의 측정기준은 공정가치와 자산의 사용가치 및 부채의 이행가치, 현행원가를 포함한다.

1. 공정가치

공정가치(Fair Value)는 측정일에 시장참여자 사이의 정상거래에서 자산을 매도할 때 받거나 부채를 이전할 때 지급하게 될 가격이다. 공정가치는 기업이 접근할 수 있는 시장의 참여자 관점을 반영한다. 시장참여자가 경제적으로 최선의 행동을 한다면 자산이나 부채의 가격을 결정할 때 사용할 가정과 동일한 가정을 사용하여 그 자산이나 부채를 측정한다.

공정가치는 자산을 취득할 때 발생한 거래원가로 인해 증가하지 않으며 부채를 발생시키거나 인수할 때 발생한 거래원가로 인해 감소하지 않는다. 또한 공정가치는 자산의 궁극적인 처분이나 부채의 이전 또는 결제에서 발생할 거래원가를 반영하지 않는다.

공정가치는 활성시장에서 관측되는 가격으로 직접 결정될 수 있다. 만약 공정가치가 활성시장에서 직접 관측되지 않는 경우에도 현금흐름기준 측정기법 등을 사용하여 간접적으로 결정된다.

2. 자산의 사용가치 및 부채의 이행가치

사용가치는 기업이 자산의 사용과 궁극적인 처분으로 얻을 것으로 기대하는 현금흐름 또는 그 밖의 경제적 효익의 현재가치이다. 이행가치는 기업이 부채를 이행할 때 이전해야 하는 현금이나 그 밖의 경제적 자원의 현재가치이다. 이러한 현금이나 그 밖의 경제적 자원의 금액은 거래상대방에게 이전되는 금액뿐만 아니라 기업이 그 부채를 이행할 수 있도록 하기 위해 다른 당사자에게 이전할 것으로 기대하는 금액도 포함한다.

사용가치와 이행가치는 미래현금흐름에 기초하기 때문에 자산을 취득하거나 부채를 인수할 때 발생하는 거래원가는 포함하지 않는다. 그러나 사용가치와 이행가치에는 기업이 자산을 궁극적으로 처분하거나 부채를 이행할 때 발생할 것으로 기대되는 거래원가의 현재가치가 포함된다.

사용가치와 이행가치는 시장참여자의 관점보다는 기업 특유의 관점을 반영한다. 사용가치와 이행가치는 직접 관측될 수 없으며 현금흐름기준 측정기법으로 결정된다.

3. 현행원가

자산의 현행원가(Current Cost)는 측정일 현재 동등한 자산의 원가로서 측정일에 지급할 대가와 그 날에 발생할 거래원가를 포함한다. 부채의 현행원가는 측정일 현재 동등한 부채에 대해 수취할 수 있는 대가에서 그 날 발생할 거래원가를 차감한다. 현행원가는 역사적 원가와 마찬가지로 유입가치이다. 이는 기업이 자산을 취득하거나 부채를 발생시킬 시장에서의 가격을 반영한다. 이런 이유로, 현행원가는 유출가치인 공정가치, 사용가치 또는 이행가치와 다르다. 그러나 현행원가는 역사적 원가와 달리 측정일의 조건을 반영한다.

자산과 부채의 측정기준

구분		자산	부채
역사적 원가		과거 지급 대가 + 발생한 거래원가	과거 수취한 대가 − 발생한 거래원가
현행가치	현행원가	측정일에 동등한 자산의 원가로서 지급할 대가 + 발생한 거래원가	측정일에 동등한 부채에 대해 수취할 대가 − 발생한 거래원가
	공정가치	측정일에 시장참여자 사이의 정상거래에서 자산 매도 시 수령할 가격	측정일에 시장참여자 사이의 정상거래에서 부채 이전 시 지급할 가격
	사용가치 (이행가치)	측정일에 자산의 사용과 처분으로 인해 유입될 기대현금흐름의 현재가치	측정일에 부채의 이행으로 인해 유출된 기대현금흐름의 현재가치

3 자본의 측정

자본의 총장부금액(총자본)은 직접 측정하지 않는다. 이는 인식된 모든 자산의 장부금액에서 인식된 모든 부채의 장부금액을 차감한 금액과 동일하다. 일반목적재무제표는 기업의 가치를 보여주도록 설계되지 않았기 때문에 자본의 총장부금액은 일반적으로 다음과 동일하지 않을 것이다.

> ① 기업의 자본청구권에 대한 시가총액
> ② 계속기업을 전제로 하여 기업 전체를 매각할 때 조달할 수 있는 금액
> ③ 기업의 모든 자산을 매각하고 모든 부채를 상환하여 조달할 수 있는 금액

총자본을 직접 측정하지는 않지만, 자본의 일부 종류와 자본의 일부 구성요소에 대한 장부금액은 직접 측정하는 것이 적절할 수 있다. 예를 들어, 주식기준보상거래에서 발생하는 지분옵션은 직접 측정이 가능하다. 그럼에도 불구하고, 총자본은 잔여지분으로 측정되기 때문에 적어도 자본의 한 항목은 직접 측정할 수 없다.

자본의 개별항목 또는 자본의 구성요소의 장부금액은 일반적으로 양(+)의 값이지만 일부 상황에서는 음(-)의 값을 가질 수 있다. 마찬가지로 총자본은 일반적으로 양(+)의 값이지만 어떤 자산과 부채가 인식되는지와 어떻게 측정되는지에 따라 음(-)의 값을 가질 수 있다.

기출문제

4. 다음 <보기> 중 측정기준에 관한 재무보고를 위한 개념체계의 규정으로 옳은 것을 모두 고른 것은?

2020년 서울시 7급

<보기>
ㄱ. 측정기준은 측정 대상 항목에 대해 식별된 속성으로서 측정기준의 종류에는 역사적 원가, 공정가치 또는 이행가치 등이 있다.
ㄴ. 부채가 발생하거나 인수할 때의 역사적 원가는 발생시키거나 인수하면서 수취한 대가와 거래원가를 포함한 가치이다.
ㄷ. 시장 조건에 따른 거래가 아닌 사건의 결과로 자산을 취득하는 경우 원가를 식별할 수 없다면 그 자산의 현행가치가 최초 인식 시점의 간주원가로 사용된다.
ㄹ. 자산의 공정가치는 자산을 취득할 때 발생한 거래원가로 인해 증가할 수 있다.

① ㄱ, ㄷ
② ㄱ, ㄹ
③ ㄱ, ㄷ, ㄹ
④ ㄴ, ㄷ, ㄹ

해설

▶ 오답체크
ㄴ. 자산의 역사적 원가는 자산의 취득 또는 창출을 위하여 지급한 대가와 거래원가를 포함하고, 부채의 역사적 원가는 부채를 발생시키거나 인수하면서 수취한 대가에서 거래원가를 차감한 가치이다.
ㄹ. 공정가치는 측정일에 시장참여자 사이의 정상거래에서 자산을 매도할 때 받거나 부채를 이전할 때 지급하게 될 가격(유출가치)이며, 자산을 취득하거나 부채를 발생시키거나 인수할 때 발생한 거래원가로 인해 감소하거나 증가하지 않는다.

답 ①

CHAPTER 8 자본 및 자본유지개념

기초와 동일한 만족상태를 유지하면서 일정기간 동안 소비할 수 있는 최대금액을 경제학적 이익이라고 한다. 이를 회계에 적용한다면 기초 자본을 유지하고도 남은 부분이 이익이 된다. 이 경우, 당기 중에 추가출자나 소유주에 대한 배분 등이 있었다면 이를 제외하여 이익을 아래와 같이 산정할 수 있다.

> 기말 자본 − (기초 자본 + 추가출자 − 소유주에 대한 배분) = 이익
> 기말 자본 − 기초 자본 − (추가출자 − 소유주에 대한 배분) = 이익

Additional Comment

위의 식에서 문제가 되는 것은 기초자본을 어떻게 무엇으로 설정할 것이냐 하는 것이다. 유지해야 할 기초자본이 결정되면 이에 따라 이익은 자연스럽게 결정된다. 이렇게 기업이 유지하려고 하는 자본을 어떻게 정의하는지와 관련된 것이 자본유지개념이다.

1 자본의 개념

자본개념은 재무적 개념과 실물적 개념으로 나눌 수 있다. 자본의 재무적 개념이란 투자된 화폐액 또는 투자된 구매력을 자본으로 보는 것을 말하고, 자본의 실물적 개념은 1일 생산수량과 같은 기업의 생산능력을 자본으로 보는 것을 말한다.

기업은 재무제표 이용자의 정보요구에 기초하여 적절한 자본개념을 선택하여야 한다. 따라서 재무제표의 이용자가 주로 명목상의 투하자본이나 투하자본의 구매력 유지에 관심이 있다면 재무적 개념의 자본을 채택하여야 한다. 그러나 이용자의 주된 관심이 기업의 조업능력 유지에 있다면 실물적 개념의 자본을 채택하여야 한다. 현재 대부분의 기업은 자본의 재무적 개념에 기초하여 재무제표를 작성한다.

자본개념의 구조

구분		정의
재무자본유지개념	명목화폐단위	투자된 화폐액
	불변구매력단위	투자된 구매력
실물자본유지개념		조업능력(생산능력)

2 자본유지개념의 종류

기업의 이익을 측정하기 위하여 유지해야 할 자본개념은 재무자본유지와 실물자본유지로 구분할 수 있다.

1. 재무자본유지개념

재무자본유지개념에서 이익은 해당 기간 동안 소유주에게 배분하거나 소유주가 출연한 부분을 제외하고 기말 순자산의 재무적 측정금액이 기초 순자산의 재무적 측정금액(화폐자본)을 초과하는 경우에만 발생한다. 재무자본유지개념을 사용하기 위해서는 당해 재무자본을 명목화폐단위 또는 불변구매력단위를 이용하여 측정할 수 있으며, 재무자본유지개념하에서 측정기준의 선택은 기업이 유지하려는 재무자본의 유형과 관련이 있다. 따라서 재무자본유지개념은 특정한 측정기준의 적용을 요구하지 않는다.

> **재무자본유지개념에서 이익**
> 기말 화폐자본 − 기초 화폐자본, 특정한 측정기준의 적용 요구하지 않음

2. 실물자본유지개념

실물자본유지개념하에서 이익은 해당 기간 동안 소유주에게 배분하거나 소유주가 출연한 부분을 제외하고 기업의 기말 실물생산능력이나 조업능력, 또는 그러한 생산능력을 갖추기 위해 필요한 자원이나 기금이 기초실물생산능력(실물자본)을 초과하는 경우에만 발생한다. 개념체계에서는 실물자본유지개념을 사용하기 위해서는 당해 실물자본을 현행원가기준에 따라 측정해야 한다고 규정하고 있다.

> **실물자본유지개념에서 이익**
> 기말 실물자본 − 기초 실물자본, 현행원가기준에 따라 측정

3 자본유지개념의 측정기준과 이익

재무자본유지개념과 실물자본유지개념의 차이는 기업의 자산과 부채에 대한 가격변동 영향의 처리방법이다. 기초에 가지고 있던 자본만큼을 기말에도 가지고 있다면 이 기업의 자본은 유지된 것이며, 기초 자본을 유지하기 위해 필요한 부분을 초과하는 금액이 이익이다. 자본유지개념은 이익이 측정되는 준거기준을 제공함으로써 자본개념과 이익개념 사이의 연결고리를 제공한다. 자본유지개념은 기업의 자본에 대한 투자수익과 투자회수를 구분하기 위한 필수요건이다. 자본유지를 위해 필요한 금액을 초과하는 자산의 유입액만이 이익으로 간주될 수 있고 결과적으로 자본의 투자수익이 된다. 각 자본유지개념하에서 가격변동의 영향은 다음과 같다.

> **자본유지접근법의 이익측정방법**
>
> 수익 − 비용 = 기말 자본 − 기초 자본(유지할 자본) − 자본 거래
> ① 화폐단위
>   - Inf 반영 ×: 명목화폐자본유지
>   - Inf 반영 ○: 불변구매력화폐자본유지
> ② 실물자본: 실물자본유지(Inf 반영 ×)

1. 명목화폐자본유지

이익은 해당 기간 중 명목화폐자본의 증가액을 의미한다. 따라서 기간 중 보유한 자산가격의 증가 부분, 즉 가격변동에 따른 보유이익은 개념적으로 이익에 속한다. 그러나 보유이익은 자산이 교환거래에 따라 처분되기 전에는 이익으로 인식되지 않는다.

> **명목화폐자본유지의 정리**
>
> ① 이익: 기말 명목화폐자본 − 기초 명목화폐자본
> ② 자산측정방법: 제한 없음
> ③ 가격변동효과: 이익에 포함
> ④ 계산구조
>
> | B/S | | | |
> |---|---|---|---|
> | 현금 1st | 기말 현금 | 자본금 2nd | 기초 현금 |
> | | | 당기순이익 3rd | 대차차액 |

2. 불변구매력화폐자본유지

이익은 해당 기간 중 일반물가수준에 따른 가격상승을 초과하는 자산가격의 증가액을 의미하며, 그 이외의 가격증가 부분은 자본의 일부인 자본유지조정으로 처리된다.

> **불변구매력화폐자본유지의 정리**
>
> ① 이익: 기말 불변구매력화폐자본 − 기초 불변구매력화폐자본
> ② 자산측정방법: 제한 없음
> ③ 가격변동효과: 자본 항목
> ④ 계산구조
>
> | B/S | | | |
> |---|---|---|---|
> | 현금 1st | 기말 현금 | 자본금 2nd | 기초 현금 |
> | | | 자본유지 3rd | 기초 현금 × (1 + 물가상승률) − 기초 현금 |
> | | | 당기순이익 4th | 대차차액 |

3. 실물자본유지

이익은 해당 기간 중 실물생산능력의 증가액을 의미한다. 기업의 자산과 부채에 영향을 미치는 모든 가격변동은 해당 기업의 실물생산능력에 대한 측정치의 변동으로 간주되어 이익이 아니라 자본의 일부인 자본유지조정으로 처리된다.

실물자본유지의 정리

① 이익: 기말 실물생산능력 – 기초 실물생산능력
② 자산측정방법: 현행원가
③ 가격변동효과: 자본 항목
④ 계산구조

B/S			
현금 1st	기말 현금	자본금 2nd	기초 현금
		자본유지 3rd	기초 현금 × 기말가격/기초가격 – 기초 현금
		당기순이익 4th	대차차액

자본유지조정과 이익

구분		측정기준	일반물가수준 변동분	일반물가수준변동 초과분
재무자본유지개념	명목화폐단위	특정되지 않음	이익처리	이익처리
	불변구매력단위	특정되지 않음	자본유지조정	이익처리
실물자본유지개념		현행원가	자본유지조정	자본유지조정

Self Study

1. 재무제표 이용자가 주로 명목상의 투하자본이나 투하자본의 구매력 유지에 관심이 있다면 재무적 개념의 자본을 채택하여야 한다. 그러나 이용자의 주된 관심이 기업의 조업능력 유지에 있다면 실물적 개념의 자본을 사용하여야 한다.
2. 재무자본유지개념은 특정한 자산의 측정기준 적용을 요구하지 않는다. 재무자본유지개념하에서 측정기준의 선택은 기업이 유지하려는 재무자본의 유형과 관련이 있다.
3. 측정기준과 자본유지개념의 선택에 따라 재무제표의 작성에 사용되는 회계모형이 결정된다. 각각의 회계모형은 상이한 목적적합성과 신뢰성을 나타내며, 경영진은 다른 경우와 마찬가지로 목적적합성과 신뢰성 간에 균형을 추구하여야 한다.
4. 불변구매력단위 재무자본유지개념과 실물자본유지개념에서는 보유손익이 자본유지조정으로 처리될 수 있다. 명목화폐 재무자본유지개념에서는 보유손익은 모두 손익으로 처리한다.
5. 개념체계의 자본유지조정의 내용은 이론적인 것이며, 한국채택국제회계기준에서는 자산과 부채의 재평가 또는 재작성에 따른 순자산의 변동을 수익과 비용으로 처리한다. 다만, 이러한 수익과 비용은 당기손익이나 기타포괄손익으로 분류된다.

사례연습 1. 자본유지개념

㈜도도는 20×1년 초에 현금 ₩100을 출자하여 설립되었으며, 20×1년 영업과 관련된 자료는 다음과 같다.

1. 설립 시 재고자산 1단위를 단위당 ₩100에 매입하였으며, 20×1년 말에 재고자산 1단위를 ₩150에 판매하였다.
2. 20×1년의 물가상승률은 20%이며, 20×1년 말 재고자산 1단위의 현행원가는 ₩140이다.

명목재무자본유지개념, 불변구매력재무자본유지개념 및 실물자본유지개념에 따라 유지해야 할 자본과 이익을 측정하시오.

풀이

B/S			
현금	150	자본금(기초)	100
		자본유지조정	
		이익	

	명목화폐	불변구매력화폐	실물자본
	100	100	100
	-	20[1]	40[2]
	50	30	10

[1] 100 × (1 + 20%) − 100 = 20
[2] 140 − 100 = 40

기출문제

5. ㈜한국은 20×1년 초 보통주 1,000주(주당 액면금액 1,000)를 주당 1,500에 발행하고 전액 현금으로 받아 설립되었다. 설립과 동시에 영업을 개시한 ㈜한국은 20×1년 초 상품 400개를 개당 3,000에 현금으로 구입하고, 당기에 개당 4,500에 모두 현금으로 판매하여, 20×1년 말 ㈜한국의 자산총계는 현금 2,100,000이다. 20×1년 말 동 상품은 개당 4,000에 구입할 수 있다. 실물자본유지개념 하에서 ㈜한국의 20×1년도 당기순이익은 얼마인가?

① ₩100,000
② ₩250,000
③ ₩350,000
④ ₩450,000

해설

재무상태표

현금 ①		자본금 ②	
기말 현금	2,100,000	기초 현금 1,000주 × 1,500 = 1,500,000	
		자본유지 ③ 기초 현금 × 기말가격/기초가격 − 기초 현금 (1,500,000 × 4,000/3,000) − 1,500,000 = 500,000	
		당기순이익 ④ 대차차액 100,000	

답 ①

핵심 빈출 문장

01 재무보고를 위한 개념체계는 외부이용자를 위한 재무보고의 기초가 되는 개념으로 한국채택국제회계기준이 아니다. 또한 개념체계는 어떠한 내용도 회계기준이나 그 요구사항에 우선하지 않는다.

02 일반목적재무보고서는 보고기업의 가치를 보여주기 위해 고안된 것이 아니다. 그러나 그것은 현재 및 잠재적 투자자, 대여자와 그 밖의 채권자가 보고기업의 가치를 추정하는 데 도움이 되는 정보를 제공한다.

03 재무정보의 예측가치와 확인가치는 상호 연관되어 있어, 예측가치를 갖는 정보는 확인가치도 갖는다.

04 재무정보가 예측가치를 갖기 위해서는 그 자체가 예측치 또는 예상치일 필요는 없다.

05 중요성에 대한 획일적인 계량 임계치를 정하거나 특정한 상황에서 무엇이 중요한 것인지를 미리 결정할 수 없다.

06 재무보고서의 화폐금액을 직접 관측할 수 없어 추정해야만 하는 경우에는 측정불확실성이 발생한다. 합리적인 추정치의 사용은 재무정보 작성에 필수적인 부분이며, 추정이 명확하고 정확하게 기술되고 설명되는 한 정보의 유용성을 저해하지 않는다.

07 보강적 질적특성을 적용하는 것은 어떤 규정된 순서를 따르지 않는 반복적인 과정이다. 때로는 하나의 보강적 질적특성이 다른 질적특성의 극대화를 위해 감소되어야 할 수도 있다.

08 동일한 항목에 대해 동일한 방법을 적용하는 것을 의미하는 일관성은 비교가능성과 관련되지만 동일한 것은 아니다. 비교가능성이라는 목표를 달성하게 해주는 수단이라고 볼 수 있다.

09 계량화된 정보가 검증가능하기 위해 단일 점추정치이어야 할 필요는 없다. 가능한 금액의 범위 및 관련된 확률도 검증될 수 있다.

10 일부 현상은 본래 복잡하여 이해하기 어려울 수 있다. 그렇다고 해서 그 현상에 대한 정보를 재무보고서에서 제외하면 그 보고서는 완전성이 결여되어 정보이용자를 오도할 가능성이 있다.

11 기업의 모든 권리가 그 기업의 자산이 되는 것은 아니다. 권리가 기업의 자산이 되기 위해서는 그 기업을 위해서 해당 권리가 다른 모든 당사자들이 이용가능한 경제적효익을 초과하는 경제적효익을 창출할 잠재력이 있고, 그 기업에 의해 통제되어야 한다.

12 경제적효익을 창출할 가능성이 낮더라도 권리가 경제적 자원의 정의를 충족할 수 있으며 자산이 될 수 있다.

13 통제는 경제적 자원의 사용을 지시하고, 이로부터 유입될 수 있는 효익을 얻을 수 있는 현재의 능력이 기업에게만 있도록 할 수 있는 경우에도 발생할 수 있다.

14 한 당사자가 부채를 인식하고 이를 특정 금액으로 측정해야 한다는 요구사항이 다른 당사자가 자산을 인식하거나 동일한 금액으로 측정해야 한다는 것을 의미하지는 않는다.

15 자산, 부채 또는 자본의 정의를 충족하는 항목만이 재무상태표에 인식된다. 마찬가지로 수익이나 비용에 대한 정의를 충족하는 항목만이 재무성과표에 반영된다. 그러나 그러한 요소 중 하나의 정의를 충족하는 항목이라고 할지라도 항상 인식되는 것은 아니다.

16 공정가치는 자산을 취득할 때 발생한 거래원가로 인해 증가하지 않으며 부채를 발생시키거나 인수할 때 발생한 거래원가로 인해 감소하지 않는다. 또한 공정가치는 자산의 궁극적인 처분이나 부채의 이전 또는 결제에서 발생할 거래원가를 반영하지 않는다.

17 역사적 원가 측정기준을 사용할 경우, 다른 시점에 취득한 동일한 자산이나 발생한 부채가 재무제표에 다른 금액으로 보고될 수 있다. 이것은 보고기업의 기간 간 또는 같은 기간의 기업 간 비교가능성을 저하시킬 수 있다.

확인 문제

01 일반목적재무보고
일반목적재무보고에 대한 설명으로 옳지 않은 것은?   2019년 지방직 9급

① 현재 및 잠재적 투자자, 대여자 및 기타 채권자는 기업의 경영진 및 이사회가 기업의 자원을 사용하는 그들의 책임을 얼마나 효율적이고 효과적으로 이행해왔는지에 대한 정보를 필요로 한다.
② 일반목적재무보고의 목적은 현재 및 잠재적 투자자, 대여자 및 기타 채권자가 기업에 자원을 제공하는 것에 대한 의사결정을 할 때 유용한 보고기업 재무정보를 제공하는 것이다.
③ 외부 이해관계자들과 마찬가지로 보고기업의 경영진도 해당 기업의 경영의사결정을 위해 일반목적재무보고서에 가장 많이 의존한다.
④ 재무보고서는 정확한 서술보다는 상당 부분 추정, 판단 및 모형에 근거한다.

02 유용한 재무정보의 질적특성
'재무보고를 위한 개념체계'에서 제시된 회계정보의 질적특성에 대한 설명으로 옳지 않은 것은?

2020년 국가직 9급

① 표현충실성은 모든 면에서 정확한 것을 의미한다.
② 검증가능성은 정보가 나타내고자 하는 경제적 현상을 충실히 표현하는지를 정보이용자가 확인하는 데 도움을 준다.
③ 정보를 정확하고 간결하게 분류하고, 특정 지으며, 표시하는 것은 정보를 이해 가능하게 한다.
④ 적시성은 의사결정에 영향을 미칠 수 있도록 의사결정자가 정보를 제때에 이용 가능하게 하는 것을 의미한다.

정답 및 해설

01
경영자의 경우 내부에서 회계정보를 제공받기 때문에 일반목적재무보고서에 의존할 필요가 없다.

02
표현충실성은 모든 면에서 정확한 것을 의미하지 않는다.

정답 01 ③ 02 ①

03 유용한 재무제표의 질적특성
재무정보의 질적특성에 대한 설명으로 옳지 않은 것은?   2019년 지방직 9급

① 정보가 누락되거나 잘못 기재된 경우 특정 보고기업의 재무정보에 근거한 정보이용자의 의사결정에 영향을 줄 수 있다면 그 정보는 중요한 것이다.
② 재무정보에 예측가치, 확인가치 또는 이 둘 모두가 있다면 그 재무정보는 의사결정에 차이가 나도록 할 수 있다.
③ 검증가능성은 나타내고자 하는 현상을 충실하게 표현해야 한다는 표현충실성의 특성에 해당한다.
④ 이해가능성은 목적적합하고 충실하게 표현된 정보의 유용성을 보강시키는 질적특성에 해당한다.

04 유용한 재무정보의 질적특성
'재무보고를 위한 개념체계'에 관한 설명 중 가장 옳지 않은 것은?   2019년 서울시 9급

① 비교가능성은 한 보고기업 내에서 기간 간 또는 같은 기간 동안에 기업 간, 동일한 항목에 대해 동일한 방법을 적용하는 것을 의미하므로 일관성과 동일한 의미로 사용된다.
② 표현충실성을 위해서 서술은 완전하고 중립적이며, 오류가 없어야 한다. 여기서, 오류가 없다는 것은 모든 면에서 완벽하게 정확하다는 것을 의미하지는 않는다.
③ 정보가 누락되거나 잘못 기재된 경우 특정 보고기업의 재무정보에 근거한 정보이용자의 의사결정에 영향을 줄 수 있다면 그 정보는 중요한 것이다.
④ 재무정보에 예측가치, 확인가치 또는 이 둘 모두가 있다면 그 재무정보는 의사결정에 차이가 나도록 할 수 있다.

05 유용한 재무정보의 질적특성
재무정보의 질적특성에 대한 설명으로 옳지 않은 것은?   2018년 국가직 9급

① 유용한 재무정보의 근본적 질적특성은 목적적합성과 표현충실성이다.
② 재무정보에 예측가치, 확인가치 또는 이 둘 모두가 있다면 의사결정에 차이가 나도록 할 수 있다.
③ 검증가능성은 정보이용자가 항목 간의 유사점과 차이점을 식별하고 이해할 수 있게 하는 질적특성이다.
④ 적시성은 의사결정에 영향을 미칠 수 있도록 의사결정자가 정보를 제때에 이용 가능하게 하는 것을 의미한다.

06 근본적 질적특성의 세부 항목

'유용한 재무정보의 질적특성' 중 목적적합성에 대한 설명으로 옳지 않은 것은? 2020년 국가직 7급

① 재무정보에 예측가치, 확인가치 또는 이 둘 모두가 있다면 그 재무정보는 의사결정에 차이가 나도록 할 수 있다.
② 재무정보가 과거평가에 대해 피드백을 제공한다면(과거 평가를 확인하거나 변경시킨다면) 확인가치를 갖는다.
③ 재무정보의 예측가치와 확인가치는 상호 연관되어 있다.
④ 재무정보가 예측가치를 갖기 위해서는 그 자체가 명백한 예측치 또는 예상치 형태를 갖추어야만 한다.

07 근본적 질적특성의 세부 항목

재무정보의 질적특성 중 중요성에 대한 설명으로 옳은 것은? 2018년 지방직 9급

① 근본적 질적특성인 표현충실성을 갖추기 위한 요소이다.
② 인식을 위한 최소요건으로 정보이용자가 항목 간의 유사점과 차이점을 식별할 수 있게 된다.
③ 의사결정에 영향을 미칠 수 있도록 정보이용자가 정보를 적시에 이용 가능하게 하는 것을 의미한다.
④ 기업마다 다를 수 있기 때문에 기업 특유의 측면을 고려해야 한다.

정답 및 해설

03
검증가능성은 표현충실성에 해당하지 않고, 보강적 질적특성에 해당한다.

04
일관성은 한 보고기업 내에서 기간 간 또는 같은 기간 동안에 기업 간, 동일한 항목에 대해 동일한 방법을 적용하는 것을 의미하며 비교가능성과 동일한 의미는 아니다.

05
비교가능성은 정보이용자가 항목 간의 유사점과 차이점을 식별하고 이해할 수 있게 하는 질적특성이다.

06
재무정보가 예측가치를 갖기 위해서는 그 자체가 예측치 또는 예상치일 필요는 없다.

07
▶ 오답체크
① 중요성은 근본적 질적특성인 목적적합성을 갖추기 위한 요소이다.
② 비교가능성은 항목 간의 유사점과 차이점을 식별할 수 있게 된다.
③ 적시성은 의사결정에 영향을 미칠 수 있도록 정보이용자가 정보를 적시에 이용 가능하게 하는 것을 의미한다.

정답 03 ③ 04 ① 05 ③ 06 ④ 07 ④

08 보강적 질적특성의 세부 항목

재무보고를 위한 개념체계 중 목적적합하고 충실하게 표현된 정보의 유용성을 보강시키는 질적특성에 대한 설명으로 가장 옳지 않은 것은? 2018년 서울시 7급

① 적시성은 의사결정에 영향을 미칠 수 있도록 의사결정자가 정보를 제때에 이용 가능하게 하는 것을 의미한다.
② 보강적 질적특성을 적용하는 것은 어떤 규정된 순서를 따르지 않는 반복적인 과정이다. 때로는 하나의 보강적 질적특성이 다른 질적특성의 극대화를 위해 감소되어야 할 수도 있다.
③ 중립적 서술은 합리적인 판단력이 있고 독립적인 서로 다른 관찰자가 어떤 서술이 충실한 표현이라는 데 대체로 의견이 일치할 수 있다는 것을 의미한다.
④ 보강적 질적특성은 정보가 목적적합하지 않거나 충실하게 표현되지 않으면, 개별적으로든 집단적으로든 그 정보를 유용하게 할 수 없다.

09 재무제표 요소의 측정

'재무보고를 위한 개념체계'에서 제시된 '측정'에 대한 설명으로 옳지 않은 것은? 2020년 국가직 7급

① 역사적 원가와는 달리 자산이나 부채의 현행가치는 자산이나 부채를 발생시킨 거래나 그 밖의 사건의 가격으로부터 부분적으로라도 도출되지 않는다.
② 자산의 공정가치는 측정일 현재 동등한 자산의 원가로서 측정일에 지급할 대가와 그날에 발생할 거래원가를 포함한다.
③ 사용가치는 기업이 자산의 사용과 궁극적인 처분으로 얻을 것으로 기대하는 현금흐름 또는 그 밖의 경제적효익의 현재가치이다.
④ 사용가치와 이행가치는 직접 관측될 수 없으며 현금흐름기준 측정기법으로 결정된다.

10 재무제표 요소의 측정

재무제표 요소의 측정에 대한 다음의 설명과 가장 관련이 있는 측정기준은? 2019년 국가직 9급

- 자산은 동일하거나 동등한 자산을 현재시점에서 취득할 경우 대가로 지불해야 할 현금이나 현금성자산의 금액으로 평가한다.
- 부채는 현재시점에서 의무를 이행하는 데 필요한 현금이나 현금성자산의 할인하지 아니한 금액으로 평가한다.

① 역사적 원가
② 현행원가
③ 실현가능가치(이행가치)
④ 현재가치

11 재무보고를 위한 개념체계 서술형 문제(종합)
재무제표에 대한 설명으로 옳지 않은 것은? 2019년 지방직 9급

① 자산은 미래경제적효익이 기업에 유입될 가능성이 높고 해당 항목의 원가 또는 가치를 신뢰성 있게 측정할 수 있을 때 재무상태표에 인식한다.
② 역사적원가를 측정기준으로 사용할 때, 자산은 취득의 대가로 취득 당시에 지급한 현금 또는 현금성자산이나 그 밖의 대가의 공정가치로 기록한다.
③ 재무제표는 일반적으로 기업이 계속기업이며 예상 가능한 기간 동안 영업을 계속할 것이라는 가정 하에 작성된다.
④ 재무제표를 작성할 때 기업이 가장 보편적으로 채택하고 있는 측정기준은 공정가치이다.

12 재무보고를 위한 개념체계 서술형 문제(종합)
'재무보고를 위한 개념체계'에 대한 설명으로 옳지 않은 것은? 2019년 국가직 7급

① 재무제표 요소의 인식이란 재무제표 요소의 정의에 부합하고 인식기준을 충족하는 항목을 재무상태표나 포괄손익계산서에 반영하는 과정을 말한다.
② 일반목적재무보고의 목적은 현재 및 잠재적 투자자, 대여자 및 기타 채권자가 기업에 자원을 제공하는 것에 대한 의사결정을 할 때 유용한 보고기업 재무정보를 제공하는 것이다.
③ 비교가능성, 검증가능성, 중요성 및 적시성은 목적적합하고 충실하게 표현된 정보의 유용성을 보강해 주는 질적특성이다.
④ 부채의 의무는 정상적인 거래실무, 관행 또는 원활한 거래관계를 유지하거나 공평한 거래를 하려는 의도에서 발생할 수도 있다.

정답 및 해설

08
검증가능성은 합리적인 판단력이 있고 독립적인 서로 다른 관찰자가 어떤 서술이 충실한 표현이라는 데 대체로 의견이 일치할 수 있다는 것을 의미한다.

09
공정가치는 측정일에 지급할 대가와 그날에 발생할 거래원가를 포함하지 않는다.

10
현행원가에 대한 설명이다.

11
재무제표를 작성할 때 기업이 가장 보편적으로 채택하고 있는 측정기준은 역사적 원가이다.

12
비교가능성, 검증가능성, 적시성 및 이해가능성은 목적적합하고 충실하게 표현된 정보의 유용성을 보강해주는 질적특성이다.

정답 08 ③ 09 ② 10 ② 11 ④ 12 ③

13 재무제표 요소의 정의

재무보고를 위한 개념체계에 정의된 (가) ~ (다)에 들어갈 재무제표 요소를 바르게 연결한 것은?

2023년 국가직 9급

일반목적재무보고의 목적에서 논의된 사항	재무제표 요소	정의 또는 설명
재무성과를 반영하는 경제적자원 및 청구권의 변동	(가)	자본의 증가를 가져오는 자산의 증가나 부채의 감소로서, 자본청구권 보유자의 출자와 관련된 것은 제외
	비용	자본의 감소를 가져오는 자산의 감소나 부채의 증가로서, 자본청구권 보유자에 대한 분배와 관련된 것은 제외
청구권	(나)	과거사건의 결과로 기업의 경제적자원을 이전해야 하는 현재의무
	자본	기업의 자산에서 모든 부채를 차감한 후의 잔여지분
경제적자원	(다)	과거사건의 결과로 기업이 통제하는 현재의 경제적자원. 경제적자원은 경제적효익을 창출할 잠재력을 지닌 권리이다.

	(가)	(나)	(다)
①	자산	부채	수익
②	자산	수익	부채
③	수익	자산	부채
④	수익	부채	자산

14 자본유지개념

다음 자료를 이용하여 ㈜한국의 자본을 재무자본유지개념(불변구매력단위)과 실물자본유지개념으로 측정할 때, 20×1년도에 인식할 이익은? (단, 20×1년 중 다른 자본거래는 없다)

2022년 지방직 9급

구분	20×1년 초	20×1년 말
자산 총계	₩100,000	₩300,000
부채 총계	₩50,000	₩150,000
일반물가지수	100	150
재고자산 단위당 구입가격	₩1,000	₩2,000

	재무자본유지개념(불변구매력단위)	실물자본유지개념
①	₩75,000	₩50,000
②	₩75,000	₩100,000
③	₩100,000	₩50,000
④	₩100,000	₩100,000

15 자본유지개념

자본에 대한 설명으로 옳지 않은 것은? 2024년 국가직 9급

① 기업의 자산에서 모든 부채를 차감한 후의 잔여지분이다.
② 자본을 투자된 화폐액 또는 투자된 구매력으로 보는 재무적 개념 하에서 자본은 기업의 순자산이나 지분과 동의어로 사용된다.
③ 재무제표이용자들이 주로 명목상의 투하자본이나 투하자본의 구매력 유지에 관심이 있다면 재무적 개념의 자본을 채택하여야 한다.
④ 자본개념을 실무적으로 적용하는 데 측정의 어려움이 있다면 선택된 자본개념에 따라 이익의 결정 목표가 무엇인지 알 수 없다.

정답 및 해설

13
(가) 수익에 대한 설명이다.
(나) 부채에 대한 설명이다.
(다) 자산에 대한 설명이다.

14
(1) 재무자본유지개념하의 이익: (300,000 − 150,000) − (100,000 − 50,000) × 150/100 = 75,000
(2) 실물자본유지개념하의 이익: (300,000 − 150,000) − (100,000 − 50,000) × 2,000/1,000 = 50,000

15
자본개념을 실무적으로 적용하는 데 측정의 어려움이 있다면 선택된 자본개념에 따라 이익의 결정 목표가 무엇인지 알 수 있다.

정답 13 ④ 14 ① 15 ④

해커스공무원 학원·인강
gosi.Hackers.com

해커스공무원 정윤돈 회계학 재무회계 기본서

기타편

PART 21 차입원가의 자본화
PART 22 복합금융상품
PART 23 종업원급여
PART 24 리스

PART 21 차입원가의 자본화 [7급 대비용]

CHAPTER 1 차입원가의 기초

1 차입원가 및 차입원가의 자본화

차입원가는 자금의 차입과 관련하여 발생하는 이자 및 기타 원가를 말한다. 따라서 차입원가는 이자비용 과목의 당기비용으로 인식하는 것이 일반적이다. 그러나 의도된 용도로 사용하거나 판매 가능한 상태에 이르게 하는 데 상당한 기간을 필요로 하는 적격자산의 취득, 건설 또는 생산과 직접 관련된 차입원가는 당해 자산의 원가의 일부로 인식되는데 이를 차입원가 자본화라 한다.

Additional Comment

자산의 취득 등에 사용한 차입금에서 발생한 차입원가는 당해 자산으로부터 수익을 획득하기 위하여 지출된 것이다. 취득한 자산으로 인한 수익은 당해 자산이 사용 가능한 시점부터 발생한다. 그러므로 자산의 취득기간 동안 발생한 차입원가를 당기비용으로 처리하면 관련된 수익이 없음에도 불구하고 비용을 인식하게 되는 문제가 발생한다. 즉, 차입원가를 자산의 원가에 포함시키는 이유는 발생한 차입원가를 관련된 수익에 합리적으로 대응시키기 위한 것이다. 자본화한 차입원가는 유형자산의 경우 감가상각을 통해 관련된 수익이 발생하는 각 회계기간에 비용으로 인식되어 관련 수익에 적절하게 대응된다.

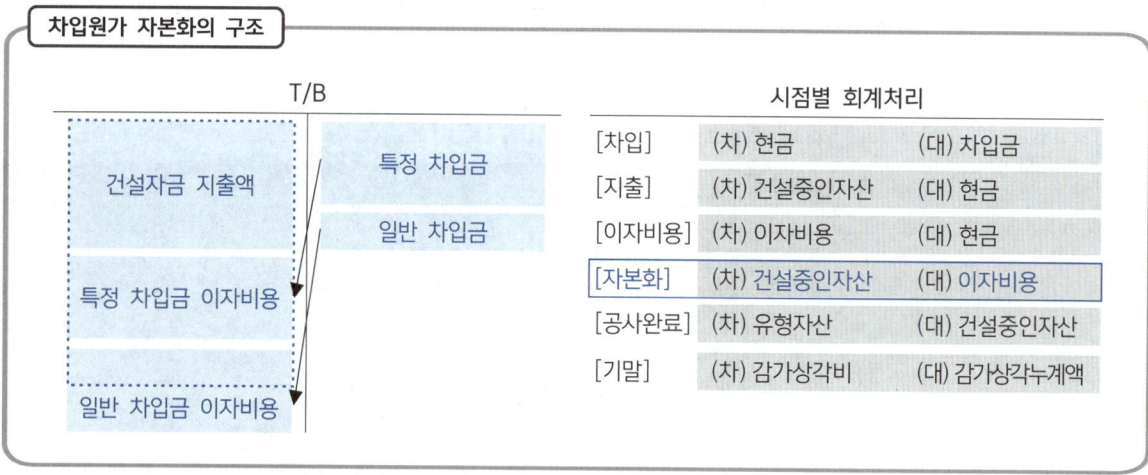

Self Study

1. 차입원가의 자본화는 의도된 용도로 사용하거나 판매 가능한 상태에 이르게 하는 데 상당한 기간을 필요로 하는 자산인 적격자산의 취득기간 중에 발생한 차입원가 중에서 일정 금액을 자산의 원가로 인식하는 것을 말한다. 한국채택국제회계기준에서는 일정한 요건을 만족하는 적격자산의 취득, 건설 또는 제조와 직접 관련된 차입원가는 당해 자산의 원가의 일부로 자본화하도록 규정하고 있다. (강제사항)
2. 차입원가: 이자비용 + 기타 원가(외화차입금과 관련된 외환차이 중 이자원가의 조정 부분)

2 적격자산

적격자산은 의도된 용도로 사용하거나 판매 가능한 상태에 이르게 하는 데 상당한 기간을 필요로 하는 자산을 말한다. 적격자산에는 다음과 같은 자산들이 포함된다.

① 재고자산   ② 제조설비자산   ③ 전력생산설비   ④ 무형자산   ⑤ 투자부동산   ⑥ 생산용식물

여기서 주의할 점은 금융자산이나 생물자산과 같이 최초 인식 시점에 공정가치나 순공정가치로 측정되는 자산은 적격자산에 해당하지 아니한다. 또한, 단기간 내에 제조되거나 다른 방법으로 생산되는 재고자산은 적격자산에 해당하지 아니한다. 취득 시점에 의도된 용도로 사용할 수 있거나 판매 가능한 상태에 있는 자산인 경우에도 적격자산에 해당하지 아니한다.

● 적격자산의 정리

정의	의도된 용도로 사용 가능하거나 판매 가능한 상태에 이르게 하는 데 상당한 기간을 필요로 하는 자산을 의미함
적격자산 해당 ×	① 금융자산이나 생물자산 또는 단기간 내에 생산되거나 제조되는 재고자산 ② 취득 시점에 의도한 용도로 사용할 수 있거나 판매 가능한 상태에 있는 자산

3 자본화 대상 차입원가

자본화 대상 차입원가는 적격자산의 취득, 건설 또는 생산과 직접 관련된 차입원가로 당해 적격자산과 관련된 지출이 발생하지 않았다면 부담하지 않았을 차입원가를 말한다. 한국채택국제회계기준에서는 자본화 대상이 되는 차입원가에 다음과 같은 항목들을 포함할 수 있다고 규정하고 있다.

① 유효이자율법을 사용하여 계산된 이자비용
② 리스부채 관련 이자
③ 외화차입금과 관련되는 외환차이 중 이자원가의 조정으로 볼 수 있는 부분

단, 복구충당부채에서 인식한 이자비용은 당기비용으로 인식하며 자본화하지 않는다. 복구충당부채는 적격자산의 취득을 위한 차입금이 아니며 복구충당부채와 관련한 이자비용은 유형자산의 사용 가능한 시점 이후부터 발생하여 이미 수익이 창출되고 있으므로 자본화하지 않고 비용처리를 시켜도 수익과 비용의 대응이 적절히 이루어지기 때문이다.

● 자본화 대상 차입원가의 정리

정의	당해 적격자산과 관련된 지출이 없었더라면 부담하지 않았을 차입원가
자본화 가능 차입원가 가능	① 유효이자율법에 의한 이자비용 ② 금융리스 관련 금융비용(금융리스부채의 이자비용) ③ 외화차입금과 관련되는 외환 차이 중 이자원가의 조정으로 볼 수 있는 부분
자본화 가능 차입원가 불가	복구충당부채 전입액

4 자본화기간

1. 자본화 개시

자본화 기간은 적격자산의 취득에 사용한 차입금에 대한 차입원가를 당해 자산의 원가로 처리하는 기간을 의미한다. 자산 취득에 사용된 자금에 대한 차입원가는 자본화 기간 동안 발생한 금액을 자본화하며, 자본화 중단 기간이 있는 경우 동 기간에 해당하는 차입원가는 당기비용으로 처리한다. 또한 적격자산을 의도된 용도로 사용하거나 판매 가능한 상태에 이르게 되면 자본화를 종료하고 그 이후 시점부터 발생하는 차입원가는 당기비용으로 처리한다.

Additional Comment

기업이 건설회사와 본사 사옥을 건설하는 계약을 체결하고 20×1년 2월 1일부터 건설하기 시작하였다. 또한 기업은 동 본사 사옥 건설을 위하여 금융기관에서 20×1년 3월 1일에 차입하여 동 일자부터 차입원가를 발생시키고 있다. 이 경우, 기업이 건설계약에 따른 계약금을 20×1년 5월 1일에 최초로 지출하였다고 하면 자본화 개시일은 위의 3가지 조건이 모두 만족되는 20×1년 5월 1일이 된다.

● 자본화 기간의 정리

구분	내용	비고
자본화 개시 시점 요건	① 적격자산에 대한 지출 ② 차입원가를 발생 ③ 적격자산을 의도된 용도로 사용하거나 판매 가능한 상태에 이르게 하는 데 필요한 활동을 수행하고 있음	모두 충족해야 자본화 개시 시점으로 봄

2. 자본화 중단

자산을 의도된 용도로 사용하거나 판매 가능한 상태에 이르게 하는 데 필요한 활동을 중단한 기간에도 차입원가는 발생할 수 있으나, 이러한 차입원가는 미완성된 자산을 보유함에 따라 발생하는 비용으로서 자본화조건을 충족하지 못한다. 따라서 적격자산에 대한 적극적인 개발활동을 중단한 기간에는 차입원가의 자본화를 중단한다.

그러나 상당한 기술 및 관리활동을 진행하고 있는 기간에는 차입원가의 자본화를 중단하지 않는다. 또한 자산을 의도된 용도로 사용하거나 판매 가능한 상태에 이르기 위한 과정에 있어 일시적인 지연이 필수적인 경우에는 차입원가의 자본화를 중단하지 않는다. (예 건설기간 동안 해당 지역의 하천수위가 높아지는 현상이 일반적이어서 교량건설이 지연되는 경우에는 차입원가의 자본화를 중단하지 않는다)

● 자본화 중단의 정리

구분	자본화 중단 여부
적극적인 개발활동을 중단한 기간	자본화 중단 ○
① 상당한 기술 및 관리활동을 진행하고 있는 기간 ② 일시적인 지연이 필수적인 경우	자본화 중단 ×

3. 자본화 종료

적격자산은 의도된 용도로 사용하거나 판매 가능한 상태에 이르게 하는 데 필요한 거의 모든 활동이 완료된 시점에 차입원가의 자본화를 종료한다.

● 자본화 종료의 정리

자본화 종료 시점	의도된 용도로 사용하거나 판매 가능한 상태에 이르게 하는 데 필요한 거의 모든 활동이 완료된 시점

CHAPTER 2 차입원가의 자본화

1 차입원가의 자본화의 계산을 위한 이해

자본화할 차입원가의 계산을 위해서는 적격자산에 대한 지출액을 어떠한 자금으로 사용하였는지 구분하고, 사용된 자금에서 발생한 차입원가를 산정하는 방법을 이용한다. 적격자산에 사용된 자금은 당해 적격자산과 직접적으로 관련되어 있는 자금과 간접적으로 관련되어 있는 자금으로 구분되며, 적격자산에 대한 지출액은 직접적으로 관련된 자금을 먼저 사용하고 간접적으로 관련된 자금을 나중에 사용하였다고 가정한다. 적격자산에 대한 지출액에 사용된 자금들과 그 순서는 다음과 같다.

> 1st 정부보조금과 건설 계약대금 수령액
> 2nd 특정 차입금: 적격자산과 직접 관련된 차입금
> 3rd 일반 차입금: 적격자산의 지출에 사용되었을 가능성이 있는 차입금
> 4th 자기자본

특정 차입금과 일반 차입금에서는 차입원가가 발생하지만 정부보조금과 건설 계약대금 수령액과 자기자본에서는 차입원가가 발생하지 않는다. 그러므로 자본화할 차입원가는 적격자산에 대한 지출액 중 특정 차입금과 일반 차입금으로 지출한 금액을 계산하고 동 차입금에서 발생한 차입원가를 산정하는 방법으로 산정된다.

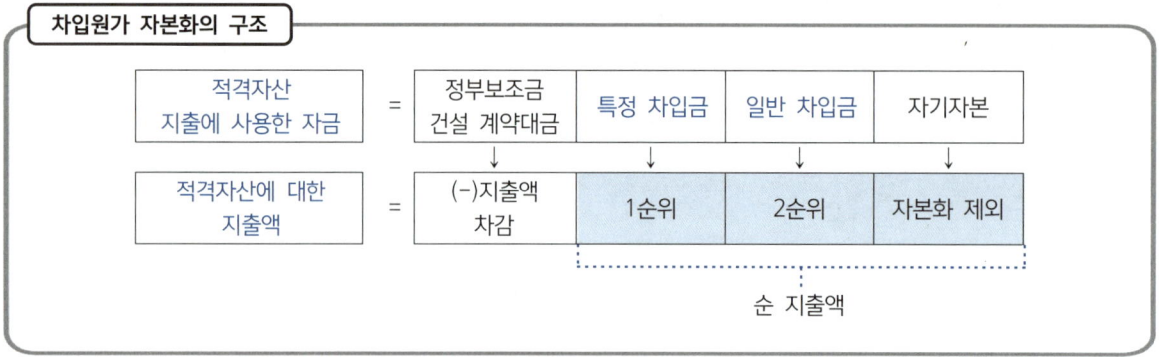

Self Study

한국채택국제회계기준은 실제 발생한 차입원가만 자본화하도록 규정하고, 자본의 실제원가 또는 내재원가는 '차입원가' 기준서의 적용 범위에 해당되지 않는다고 규정하고 있다. 그 이유는 자기자본에 대한 기회비용 성격을 갖는 자본비용에 대한 신뢰성 있는 측정이 어렵기 때문이다. 즉, 자금조달방법에 따라 취득원가가 달라지는 문제가 발생할 수 있기 때문이다.

2 차입원가의 자본화의 계산 구조

차입원가 자본화의 계산 구조는 1단계로 적격자산에 대한 연평균 지출액을 산정한다. 2단계로 특정 차입금의 연평균 지출액과 특정 차입금과 관련된 자본화된 차입원가 금액을 산정한다. 특정 차입금은 자본화 기간 중에 발생한 차입원가만 자본화하며 자본화 기간 중 당해 특정 차입금의 일시적 운용에서 발생한 일시투자수익은 차감한다. 특정 차입금은 적격자산에 대한 지출액과 직접적 대응관계를 갖고 있으므로 직접 자본화한다. 3단계로 일반 차입금의 자본화이자율을 구하고 일반 차입금과 관련된 자본화 차입원가 금액을 산정한다. 일반 차입금은 회계기간 전체에 걸쳐 발생한 차입원가를 대상으로 하여 일반 차입금의 일시적 운용에서 발생한 일시투자수익은 차감하지 아니한다. 일반 차입금은 특정 차입금과 달리 적격자산에 대한 지출액과 직접적 대응관계를 갖고 있지 않으므로 자본화이자율을 적용하는 간접법을 사용하여 자본화한다.

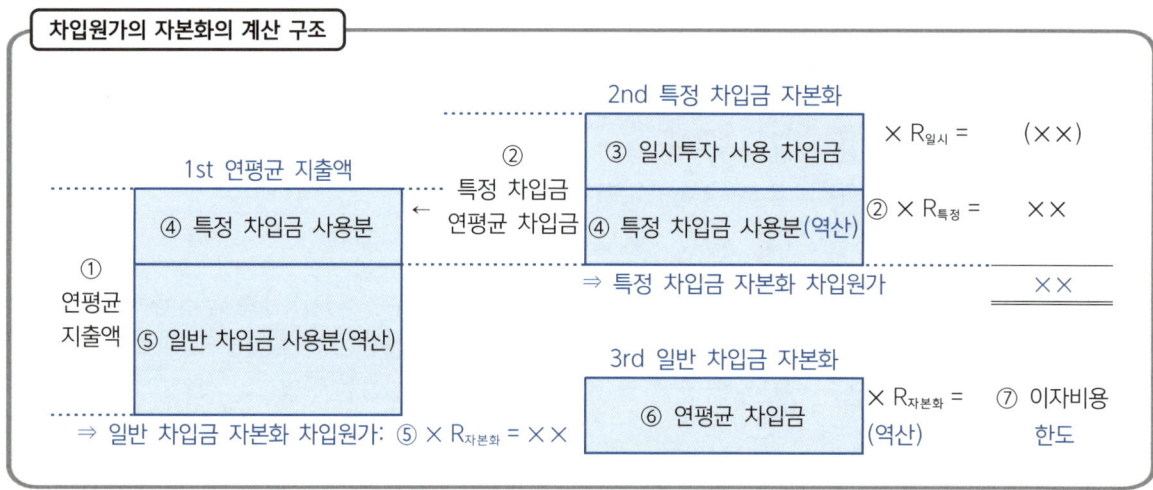

* 일반 차입금의 연평균 차입금과 이자비용

구분	차입금액(I)	적수(II)	연평균 차입금(III = I × II)	이자비용
A(R_1%)	××	×/12	××	III × R_1%
B(R_2%)	××	×/12	××	III × R_2%
합계			⑥ ××	⑦ ××

* 일반 차입금의 차입원가의 자본화 한도 적용
  * (적격자산 연평균 지출액 ① − 특정 차입금으로 사용한 연평균 지출액 ④) > 일반 차입금 연평균 지출액 ⑥: 한도 적용 O
  * (적격자산 연평균 지출액 ① − 특정 차입금으로 사용한 연평균 지출액 ④) < 일반 차입금 연평균 지출액 ⑥: 한도 적용 ×

3 1단계 − 적격자산의 연평균 지출액

적격자산에 대한 지출액은 현금의 지급, 다른 자산의 제공 또는 이자부 부채의 발생 등에 따른 지출액을 의미한다. 그러나 자금의 차입과 관련된 이자율은 연 이자율로 계약되는 것이 일반적이다. 그러므로 적격자산의 지출은 기초 시점이 아니라 회계기간 중에 발생하며 적격자산에 대한 지출액은 연 단위로 환산하여야 한다.

1. 공사기간

당기 중에 공사가 완료된 경우에는 그 기간까지만 평균지출액 계산에 포함한다. 여기서 평균지출액이란 보고기간 동안의 누적 지출액에 대한 평균을 의미한다.

2. 차입원가를 부담하지 않는 지출액

정부보조금과 건설 등의 진행에 따라 수취하는 금액, 유상증자 및 기타 내부 조달자금은 적격자산의 평균지출액에서 차감한다.

3. 자본화 중단 기간

자본화 중단 기간이 존재하면 평균지출액 산정 시 해당기간은 제외한다.

4 2단계 − 특정 차입금과 관련된 차입원가

1. 특정 차입금으로 사용한 연평균 지출액

적격자산에 대한 연평균 지출액 중 일반 차입금으로 사용한 금액을 계산하기 위해서 먼저 특정 차입금으로 사용한 금액을 계산한다. 적격자산에 대한 지출액이 연평균으로 계산되어지므로 특정 차입금으로 사용한 금액은 자본화 기간 중 특정 차입금의 연평균 차입액으로 계산하면 된다.

여기서 특정 차입금의 연평균 지출액은 자본화 기간 동안의 특정 차입금의 연평균 차입액에서 동 기간 중 일시투자에 지출된 연평균 차입액을 차감하여 산정한다.

2. 특정 차입금으로 자본화할 차입원가

적격자산의 취득, 건설 또는 제조와 직접 관련된 차입원가는 당해 적격자산과 관련된 지출이 발생하지 아니하였다면 부담하지 않았을 차입원가이다. 특정 적격자산을 취득하기 위한 목적으로 차입한 특정 차입금은 당해 적격자산과 직접 관련된 차입원가를 쉽게 식별할 수 있다.

특정 차입금에 대한 차입원가는 자본화 기간 동안 특정 차입금으로부터 발생한 차입원가에서 자본화 기간 동안 특정 차입금으로 조달된 자금의 일시적 운용에서 생긴 일시투자수익을 차감하여 자본화한다.

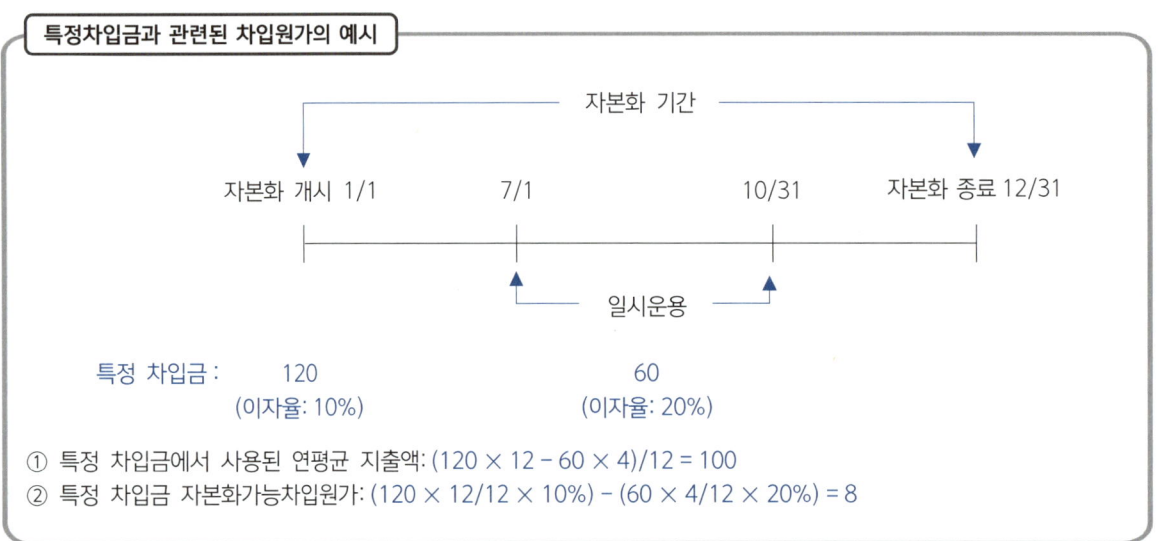

● 특정 차입금과 관련된 차입원가의 정리

단계	산식	비고
2단계: 특정 차입금 차입원가의 자본화	① 특정 차입금에서 사용한 연평균 지출액: 특정 차입금의 차입액 × 자본화 기간/12 - 일시투자액 × 일시투자 기간/12	⇒ 특정 차입금 자본화 기간은 차입금 상환일과 자본화 종료일 중 빠른 날에 종료
	② 자본화할 특정 차입금의 차입원가: 특정 차입금의 차입액 × 자본화 기간/12 × 차입 R - 일시투자액 × 일시투자 기간/12 × 일시투자 R	⇒ 자본화 개시 시점 이전, 자본화 중단 기간에 발생한 차입원가는 자본화하지 않음

5 3단계 - 일반 차입금과 관련된 차입원가

적격자산에 대한 지출액이 발생하면 연 단위로 환산하여 연평균 지출액을 구한 후, 특정 차입금이 먼저 사용되고 남은 부분에 대해서 일반 차입금이 사용된다고 가정한다. 그러나 특정 차입금과 다르게 일반 차입금은 적격자산의 취득을 위하여 직접 차입한 차입금이 아니므로 차입원가를 직접 자본화할 수 없다. 또한 일반 차입금은 상이한 이자율을 갖는 다양한 차입금으로 구성되어 있어서 어느 차입금을 사용하였다고 가정하는지에 따라 자본화할 차입원가의 금액이 달라진다. 이러한 문제점들을 극복하기 위하여 일반 차입금과 관련된 차입원가는 일반 차입금들을 평균적으로 사용하였다고 가정한다. 그러므로 일반 차입금과 관련하여 자본화할 차입원가는 적격자산에 대한 지출액에 자본화이자율을 곱하는 방식으로 계산한다.

1. 일반 차입금의 자본화 이자율(= 일반 차입금의 연평균 이자율)

자본화이자율은 회계기간에 존재하는 기업의 모든 차입금에서 발생한 차입원가를 가중평균하여 산정한다. 그러나 어떤 적격자산을 의도된 용도로 사용 또는 판매 가능하게 하는 데 필요한 대부분의 활동이 완료되기 전까지는, 그 적격자산을 취득하기 위해 특정 목적으로 차입한 자금에서 생기는 차입원가를 자본화이자율 산정에서 제외한다.

> **일반 차입금의 자본화이자율**
>
> $$\text{자본화이자율} = \frac{\text{해당 회계기간 동안 발생한 일반 차입금 총 차입원가}}{\text{회계기간 동안 일반 차입금의 연평균 차입금}}$$

> **예 일반 차입금의 자본화이자율**
>
> | 일반 차입금 | 차입액 | 적수 | 이자율 | 연평균 차입금 | 차입원가 |
> |---|---|---|---|---|---|
> | A | 100 | 12月 | 10% | 100 | 10 |
> | B | 200 | 6月 | 20% | 100 | 20 |
> | 합계 | | | | 200 | 30 |
>
> ⇒ 일반 차입금 자본화이자율: 30/200 = 15%
> ⇒ 일반 차입금의 한도: 30(해당 회계기간에 발생한 일반 차입금의 차입원가)

단, 일반 차입금의 경우 당해 적격자산의 자본화 개시가 회계기간 중에 시작되거나 회계기간 중 완료되는 경우 혹은 자본화 중단 기간이 있는 경우라고 하더라도 아직 일반 차입금이 상환되지 않았다면 자본화이자율을 회계기간 12개월 전체를 기준으로 산정해야 한다. 이는 자본화 기간에 발생한 차입원가만을 자본화하는 특정 차입금과 상이한 부분이다.

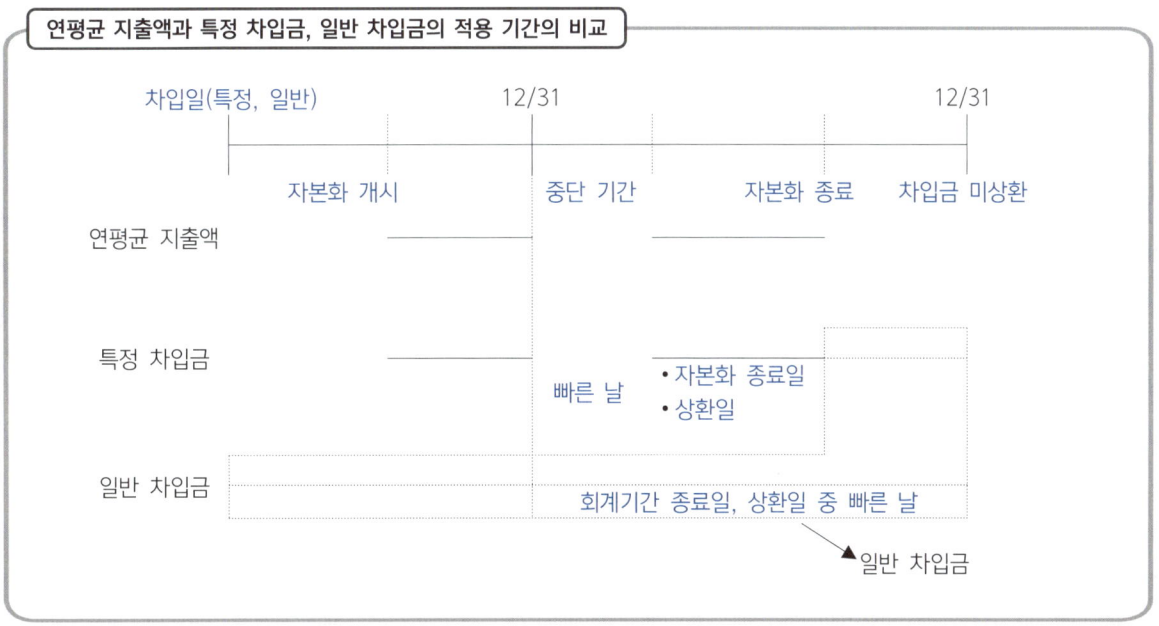
연평균 지출액과 특정 차입금, 일반 차입금의 적용 기간의 비교

2. 일반 차입금으로 자본화할 차입원가

일반 차입금은 적격자산의 연평균 지출액에서 특정 차입금이 먼저 사용되고 남은 부분에 대해서 일반 차입금이 사용되었다고 가정하기 때문에 연평균 지출액에서 특정 차입금의 연평균 지출액을 차감한 금액에 자본화이자율을 곱하여 일반 차입금에 대한 자본화가능차입원가를 계산한다.

이때 일반 차입금은 자본화이자율을 이용하여 자본화할 차입원가를 산정하기 때문에 자본화할 차입원가가 실제 발생한 차입원가를 초과할 수도 있다. 차입원가는 실제 발생한 차입원가만 자본화하여야 하므로, 일반 차입금과 관련하여 회계기간 동안 자본화할 차입원가는 자본화이자율 산정에 포함된 차입금으로부터 회계기간 동안 실제 발생한 차입원가를 초과할 수 없다. 또한 이 경우 일반 차입금에서 사용되었다고 가정되는 연평균 지출액이 실제 연평균 일반 차입액을 초과하는 부분이 있다면 이는 자기자본에서 사용된 부분으로 본다.

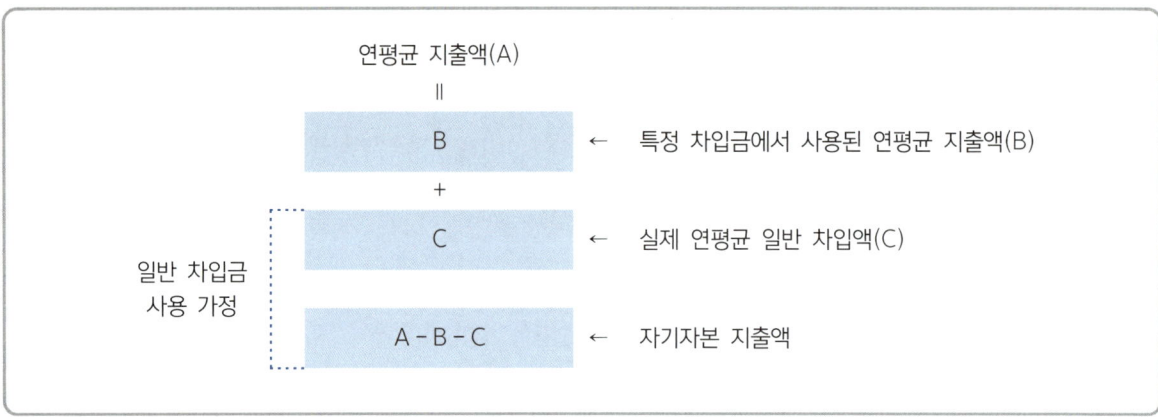

또한 일반 차입금의 경우 종류와 수가 많기 때문에 일시적 운용으로부터 획득한 일시투자수익도 자본화할 차입원가에서 차감하지 않는다.

> **일반 차입금 관련 자본화할 차입원가**
>
> 자본화 차입원가 = Min[①, ②]
> ① (연평균 지출액 – 특정 차입금에서 사용된 연평균 지출액) × 자본화이자율
> ② 해당 회계기간에 발생한 일반 차입금 차입원가

Self Study
1. 일반 차입금에 대한 자본화이자율 및 차입원가의 자본화 한도는 자본화 종료일과 상관없이 실제 회계기간 중 발생한 일반 차입금 차입원가를 기준으로 산정한다.
2. 일반 차입금은 일시투자수익이 있더라도 차입원가에서 차감하지 않는다.

참고 | 차입원가의 자본화의 재무제표효과

B/S			
건설중인자산	누적(지출액 + 차입원가의 자본화)	차입금	PV(CF)

I/S	
이자비용	당기 발생 이자비용 – 당기 자본화 이자비용

* 현금흐름표상 이자비용으로 인한 현금유출액
⇒ 포괄손익계산서상 이자비용 + 자본화된 차입원가 + 관련 자산·부채 증감

사례연습 1. 차입원가의 자본화 계산

12월 31일이 결산일인 ㈜합격은 보유하고 있던 토지에 건물을 신축하기 위하여 20×1년 1월 1일 건설회사와 도급계약을 체결하였다. 관련 자료는 다음과 같다.

(1) ㈜합격은 20×1년 4월 1일부터 4월 30일까지 건물설계, 건물 신축 관련 인가 업무를 완료하였고, 20×1년 5월 1일부터 본격적인 건물 신축공사를 시작하였다.
(2) ㈜합격의 건물 신축과 관련하여 다음과 같이 지출이 발생하였다.

20×1. 4. 1.	₩ 800,000
20×1. 7. 1.	₩ 3,000,000
20×2. 6. 30.	₩ 1,200,000

* 20×1년 4월 1일 A사는 정부로부터 동 건물 신축과 관련하여 ₩ 400,000을 보조받았음
(3) 동 건물은 20×2년 6월 30일 완공되었다.
(4) ㈜합격의 20×1년 중 차입금 현황은 다음과 같다.

차입금	차입일	차입금액	상환일	연이자율
A	20×1. 4. 1.	₩ 1,200,000	20×2. 3. 31.	12%
B	20×1. 7. 1.	₩ 3,000,000	20×2. 12. 31.	9%
C	20×0. 1. 1.	₩ 1,000,000	20×3. 12. 31.	12%

* 이들 차입금 중 차입금 A는 건물 신축을 위하여 개별적으로 차입되었으며, 이 중 ₩ 400,000은 20×1년 4월 1일부터 20×1년 6월 30일까지 연 10%의 이자 지급조건의 정기예금에 예치하였음. 차입금 B, C는 일반적으로 차입된 것임

[물음 1]
20×1년의 연평균 지출액은 얼마인가?

[물음 2]
20×1년의 자본화가능차입원가는 얼마인가?

풀이

[물음 1, 2]

[적수 산정]

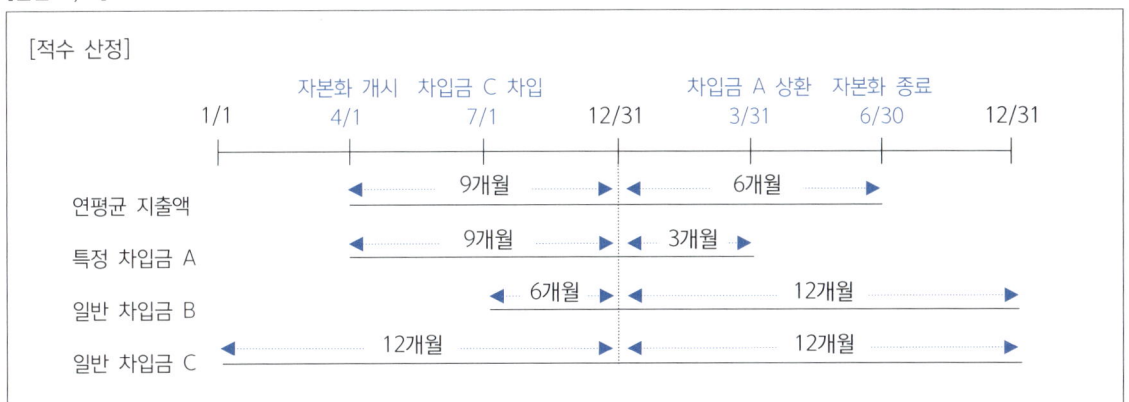

20×1년의 자본화가능차입원가: 98,000 + 102,000 = 200,000

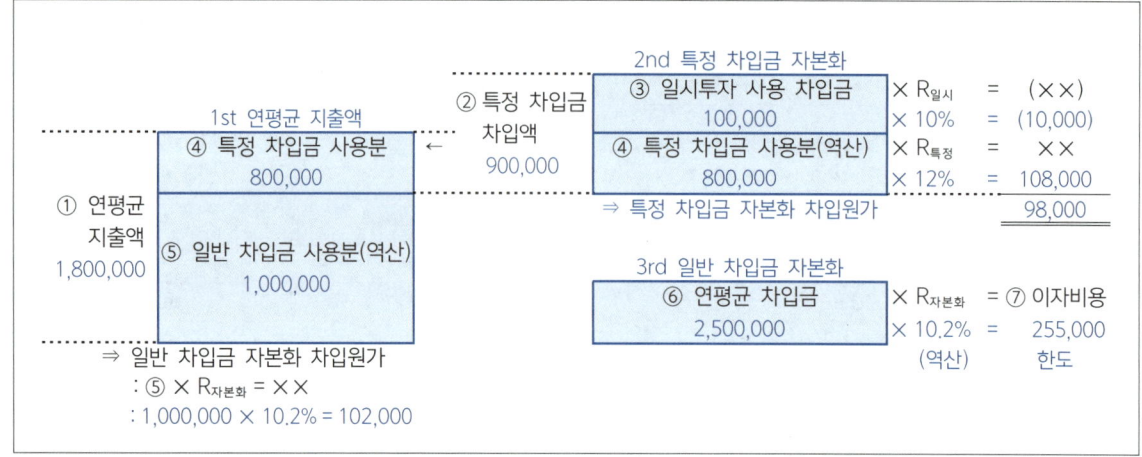

① 연평균 지출액: [(800,000 × 9) − (400,000 × 9) + (3,000,000 × 6)]/12 = 1,800,000
② 특정 차입금 연평균 차입금: 1,200,000 × 9/12 = 900,000
③ 일시투자 사용 연평균 차입금: 400,000 × 3/12 = 100,000
⑥, ⑦ 일반 차입금의 연평균 차입금과 이자비용

구분	차입금액(I)	적수(II)	연평균 차입금(III = I × II)	이자비용
B(9%)	3,000,000	6/12	1,500,000	1,500,000 × 9%
C(12%)	1,000,000	12/12	1,000,000	1,000,000 × 12%
합계			⑥ 2,500,000	⑦ 255,000

기출문제

1. ㈜삼삼기계는 공장을 신축하기로 하고 ㈜동서건설과 도급계약을 체결하였다. 공사는 20×1년 1월 1일에 ₩ 50,000,000, 7월 1일에 ₩ 100,000,000, 20×2년 1월 1일에 ₩ 50,000,000을 각각 지불하였다.

차입금	A	B	C
차입액	₩ 20,000,000	₩ 30,000,000	₩ 90,000,000
차입일	20×1. 1. 1.	20×0. 8. 1.	20×1. 9. 1.
상환일	20×2. 12. 31.	20×2. 7. 31.	20×3. 10. 31.
연 이자율	9%	8%	6%

이들 차입금 중에서 차입금 A는 공장신축을 위해 차입한 특정 차입금이며 차입과 동시에 ㈜동서건설에 지급하였고, 나머지 차입금은 일반 차입금이며 이자율은 모두 단리이다. ㈜삼삼기계가 건설 중인 신축공사에 대하여 20×1년도에 자본화할 총 차입원가의 금액은 얼마인가? (단, 계산 시 월할로 한다)

① ₩ 1,800,000　　② ₩ 4,200,000
③ ₩ 5,600,000　　④ ₩ 6,000,000

[해설]

(1) 적수 산정

(2) TOOL

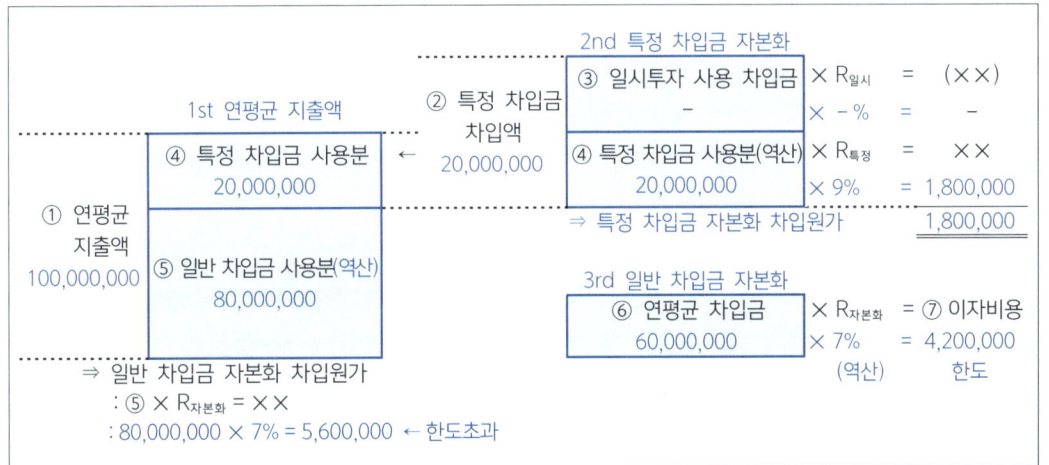

① 연평균 지출액: [(50,000,000 × 12) + (100,000,000 × 6)]/12 = 100,000,000
⑥, ⑦ 일반 차입금의 연평균 차입금과 이자비용

구분	차입금액(I)	적수(II)	연평균 차입금(III = I × II)	이자비용
B(8%)	30,000,000	12/12	30,000,000	30,000,000 × 8%
C(6%)	90,000,000	4/12	30,000,000	30,000,000 × 6%
합계			⑥ 60,000,000	⑦ 4,200,000

⇒ 20×1년 자본화할 총 차입원가: 1,800,000 + 4,200,000 = 6,000,000

답 ④

핵심 빈출 문장

01 금융자산은 적격자산이 될 수 없다. 또한 무형자산과 단기간 내에 제조되거나 다른 방법으로 생산되는 재고자산도 적격자산에 해당하지 않는다.

02 상당한 기술 및 관리활동을 진행하고 있거나 자산을 의도된 용도로 사용하거나 판매 가능한 상태에 이르기 위한 과정에 있는 기간에는 차입원가의 자본화를 중단하지 아니한다.

03 자본화이자율은 회계기간 동안 차입한 자금으로부터 발생한 차입원가를 가중평균하여 산정한다. 회계 기간 동안 자본화한 차입원가는 당해 기간 동안 실제 발생한 차입원가를 초과할 수 없다.

04 건물의 취득이 완료될 때까지 토지와 관련된 차입원가를 자본화한다. 다만, 토지의 취득 이전에 발생한 자본화가능차입원가는 토지의 취득원가로 계상하지만 토지의 취득 이후에 발생한 자본화가능차입원가는 건물의 취득원가에 계상한다.

05 특정 외화차입금의 경우 외환손실은 유사한 원화차입금의 이자비용을 한도로 한다.

06 일반적인 목적으로 자금을 차입하고 이를 적격자산의 취득을 위해 사용하는 경우 회계기간 동안 자본화한 차입원가는 회계기간 동안 실제 발생한 차입원가를 초과할 수 없다.

07 일반적인 목적으로 자금을 차입하고 이를 적격자산을 취득하기 위해 사용하는 경우에 한정하여 해당 자산 관련 지출액에 자본화이자율을 적용하는 방식으로 자본화가능차입원가를 산정한다. 자본화이자율은 회계기간에 존재하는 기업의 모든 차입금에서 발생된 차입원가를 가중평균하여 산정한다. 그러나 어떤 적격자산을 의도된 용도로 사용 또는 판매 가능하게 하는 데 필요한 대부분의 활동이 완료되기 전까지는, 그 적격자산을 취득하기 위해 특정 목적으로 차입한 자금에서 생기는 차입원가를 자본화이자율 산정에서 제외한다. 회계기간 동안 자본화한 차입원가는 해당 기간 동안 실제 발생한 차입원가를 초과할 수 없다.

MEMO

확인 문제

01 차입원가의 자본화 계산형 문제

㈜한국은 20×1년 7월 1일부터 공장건물 신축공사를 시작하여 20×2년 4월 30일에 완공하였다. ㈜한국이 공장건물의 차입원가를 자본화하는 경우 20×1년도 포괄손익계산서상 당기손익으로 인식할 이자비용은? (단, 이자비용은 월할 계산한다)

2019년 국가직 9급

<공사대금 지출>

20×1. 7. 1.	20×1. 10. 1.
₩ 50,000	₩ 40,000

<차입금 현황>

구분	금액	차입일	상환(예정)일	연 이자율
특정 차입금	₩ 50,000	20×1. 7. 1.	20×2. 4. 30.	8%
일반 차입금	₩ 25,000	20×1. 1. 1.	20×2. 6. 30.	10%

① ₩ 1,000　　② ₩ 1,500
③ ₩ 2,000　　④ ₩ 2,500

정답 및 해설

01
(1) 연평균 지출액: (50,000 × 6/12) + (40,000 × 3/12) = 35,000
(2) 특정 차입금 이자비용: 50,000 × 6/12 × 8% = 2,000
(3) 일반 차입금 이자비용: [35,000 − (50,000 × 6/12)] × 10% = 1,000
　* 일반 차입금의 한도: 25,000 × 12/12 × 10% = 2,500
(4) 이자비용(비용): 2,500 − 1,000 = 1,500

정답 01 ②

02 차입원가의 자본화 계산형 문제

㈜대한은 20×1년 1월 1일에 자가사용 목적으로 공장을 착공하여 20×2년 9월 30일 완공하였다. 공사 관련 지출과 차입금에 대한 자료는 다음과 같다. ㈜대한이 20×1년에 자본화할 차입원가는? (단, 차입금의 일시적 운용수익은 없으며, 기간은 월할 계산한다)

2019년 국가직 7급

<공사 관련 지출>

일자	금액
20×1. 1. 1.	₩ 3,000
20×1. 10. 1.	₩ 2,000

<차입금 내역>

구분	금액	이자율(연)	기간
특정 차입금	₩ 1,000	4 %	20×0. 12. 1. ~ 20×3. 12. 31.
일반 차입금 A	₩ 1,000	5 %	20×1. 1. 1. ~ 20×2. 11. 30.
일반 차입금 B	₩ 2,000	8 %	20×0. 7. 1. ~ 20×3. 6. 30.

① ₩ 40
② ₩ 175
③ ₩ 215
④ ₩ 280

03 차입원가 자본화 서술형 문제

차입원가에 대한 설명으로 옳지 않은 것은?

2023년 지방직 9급

① 적격자산이 물리적으로 완성된 경우라면 일상적인 건설 관련 후속 관리업무 등이 진행되고 있더라도 일반적으로 당해 자산을 의도된 용도로 사용(또는 판매) 가능한 것으로 본다.
② 적격자산을 의도된 용도로 사용(또는 판매) 가능하게 하는 데 필요한 활동은 당해 자산의 물리적인 제작활동을 포함하나 그 이전단계에서 이루어진 기술 및 관리상의 활동은 포함하지 않는다.
③ 적격자산의 건설활동을 여러 부분으로 나누어 완성하고, 남아있는 부분의 건설활동을 계속 진행하고 있더라도 이미 완성된 부분이 사용 가능하다면, 당해 부분을 의도된 용도로 사용(또는 판매) 가능하게 하는 데 필요한 대부분의 활동을 완료한 시점에 차입원가의 자본화를 종료한다.
④ 적격자산에 대한 지출은 현금의 지급, 다른 자산의 제공 또는 이자부 부채의 발생 등에 따른 지출액을 의미한다. 적격자산과 관련하여 수취하는 정부보조금과 건설 등의 진행에 따라 수취하는 금액은 적격자산에 대한 지출액에서 차감한다.

정답 및 해설

02

(1) 연평균 지출액: [(3,000 × 12) + (2,000 × 3)]/12 = 3,500
(2) 특정 차입금
    1) 특정 차입금의 연평균 차입금: 1,000
    2) 자본화 대상 차입원가: 1,000 × 4% = 40
(3) 일반 차입금
    1) 연평균 차입금: 1,000 + 2,000 = 3,000
    2) 실제 발생 이자비용(한도): (1,000 × 5%) + (2,000 × 8%) = 210
    3) 자본화이자율: 210 ÷ 3,000 = 7%
    4) 자본화 대상 차입원가: (3,500 − 1,000) × 7% = 175
⇒ 자본화되는 차입원가: 40 + 175 = 215

03

적격자산을 의도된 용도로 사용(또는 판매) 가능하게 하는 데 필요한 활동은 당해 자산의 물리적인 제작활동을 포함하고 그 이전단계에서 이루어진 기술 및 관리상의 활동도 포함한다.

정답 02 ③ 03 ②

PART 22 복합금융상품 [7급 대비용]

CHAPTER 1 복합금융상품의 의의 및 종류

1 복합금융상품의 의의

내부적으로 창출된 자금이 충분하지 않은 경우 기업은 다양한 형태의 증권을 발행하여 외부로부터 자금을 조달하는데, 이러한 증권의 하나로 복합금융상품이 있다. 복합금융상품은 형식적으로는 하나의 금융상품이지만 실질적으로는 둘 이상의 금융상품을 복합하여 만들어진 신종 금융상품으로 부채요소와 자본요소를 모두 가지고 있는 금융상품이다. 복합금융상품은 일반적으로 금융부채에 지분상품으로 전환할 수 있는 옵션이 결합된 형태로 발행된다.

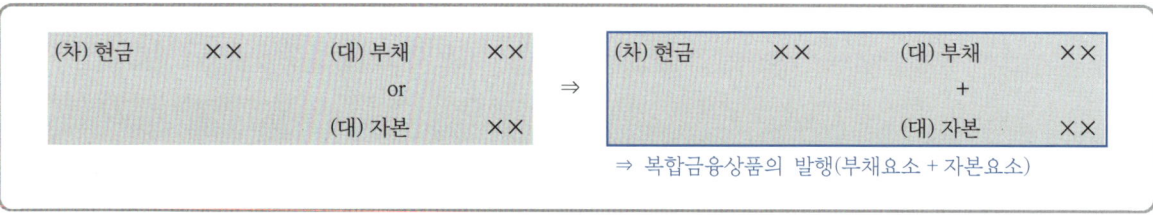

⇒ 복합금융상품의 발행(부채요소 + 자본요소)

복합금융상품의 발행자는 복합금융상품의 발행 시점에 금융부채를 발생시키는 부채요소와 발행자의 지분상품으로 전환할 수 있는 옵션을 보유자에게 부여하는 자본요소를 별도로 분리하여 인식한다.

2 복합금융상품의 종류

복합금융상품에는 전환사채와 신주인수권부사채가 있다.

① 전환사채(Convertible Bonds, CB): 사채를 보통주로 전환할 수 있는 권리(전환권)가 부여된 채무상품
② 신주인수권부사채(Bonds with Stock Warrant, BW): 보통주를 발행할 수 있는 권리(신주인수권)가 부여된 채무상품

1. 전환사채

유가증권의 소유자가 일정한 조건 하에 보통주로의 전환권을 행사할 수 있는 사채를 말한다. 전환사채는 보통주 전환권이 행사되어 전환사채가 전환되면 사채가 소멸하고 채권자로서의 지위가 소멸한다.

2. 신주인수권부사채

유가증권의 소유자가 일정한 조건하에 신주인수권을 행사하여 보통주 발행을 청구할 수 있는 권리가 부여된 사채를 말한다. 신주인수권을 청구하여도 사채가 소멸하지 않아 채권자로서의 지위를 유지한다는 점에서 전환사채와 다르다.

전환사채와 신주인수권부사채의 비교

구분	부채요소		자본요소	⇒	전환·행사 후
전환사채	일반 사채	+	보통주 전환권	전환	보통주
신주인수권부사채	일반 사채	+	보통주 인수권	행사	일반 사채 + 보통주

CHAPTER 2 전환사채

1 전환사채의 발행조건

전환사채(CB; Convertible Bond)는 당해 사채의 보유자가 일정한 조건 하에 전환권을 행사하면 사채 자체가 보통주로 전환되는 사채를 말한다. 그러므로 전환권을 행사하게 되면 전환사채의 발행자는 사채의 원금과 잔여 상환기간 동안의 이자를 지급할 의무가 소멸하게 된다.

> **Additional Comment**
>
> 투자자는 일반 사채보다 주식으로 전환할 수 있는 권리(= 전환권)가 부여된 전환사채를 더 선호할 것이다. 그 이유는 전환사채 취득 후 전환사채 발행회사의 주가가 상승할 경우 전환사채를 주식으로 전환하여 이를 매각하면 매매차익을 얻을 수 있기 때문이다. 또한 전환된 주식을 매각하지 않고 계속 보유할 경우 주주로서의 권리도 행사할 수 있다. 또한 전환사채의 발행회사는 전환사채를 발행함으로써 일반 사채보다 적은 이자비용(표시이자율이 낮게 때문에)으로 자금을 조달할 수 있는 이점이 있다. 또한 전환사채가 주식으로 전환되면 부채가 감소하고 자본이 증가하여 재무구조가 개선될 수 있으며, 전환사채가 주식으로 전환되면 사채의 만기상환에 따른 자금부담도 덜 수 있다.

1. 상환할증금 지급조건

전환사채에 부여되어 있는 전환권은 가치를 가지는데, 이를 전환권의 가치라고 한다. 전환사채는 전환권의 가치가 부여되어 있기 때문에 그 대가로 전환사채의 표시이자율은 전환권이 없는 일반 사채의 표시이자율보다 낮은 것이 일반적이다. 전환사채는 일반 사채보다 낮은 표시이자를 지급하므로, 전환권이 행사되지 않는 경우 보유자의 수익률이 일반 사채의 수익률보다 낮게 되므로 전환사채를 취득하지 않으려고 할 것이다. 전환사채 발행자의 주식이 전환사채의 이러한 낮은 수익률을 보상할 정도로 매력적이지 않아서 보유자가 전환권을 행사하지 않는 경우, 발행자는 표시이자 이외의 추가적인 보상을 하여야 한다.

추가적인 보상은 일반적으로 전환사채의 만기일에 액면금액에 일정 금액을 추가하여 지급하는 형태로 이루어진다. 이때 전환사채의 만기일에 액면금액에 추가하여 지급하는 금액을 상환할증금이라고 하며, 이러한 전환사채의 발행조건을 상환할증금 지급조건이라고 한다.

> **Additional Comment**
>
> 전환사채의 투자자의 입장에서 볼 때 전환사채의 표시이자율은 일반 사채의 표시이자율보다 매우 낮은데, 만약 미래에 주가가 상승하지 않아 전환권을 행사하지 못하고 만기상환일이 도래되면 당초에 일반 사채를 취득한 것보다 더 낮은 수익을 얻게 된다. 이러한 위험 때문에 전환사채가 발행되어도 투자자가 이를 매수하지 않을 가능성이 있다. 그러므로 전환사채를 중도에 전환하지 못하고 만기까지 보유할지도 모른다는 불안감 때문에 전환사채의 매수를 망설이는 투자자를 안심시키기 위하여 만기상환 시 상환할증금을 추가 지급하는 조건으로 전환사채를 발행하기도 한다.

2. 액면상환 조건

전환사채의 낮은 수익률을 충분히 보상할 정도로 전환사채 발행자의 주식이 매력적이라면, 보유자는 발행자가 어떠한 추가적인 보상을 하지 않는다고 하더라도 당해 전환사채를 취득하게 된다. 이렇게 전환권을 행사하지 않는 경우에 전환사채의 만기일에 액면금액만 지급하는 전환사채의 발행조건을 액면상환조건이라고 한다.

> **Self Study**
> 1. 상환할증금 지급조건 전환사채의 미래 현금흐름: 액면금액 + 액면이자 + 상환할증금
> 2. 액면상환 조건 전환사채의 미래 현금흐름: 액면금액 + 액면이자

2 전환사채의 현금흐름 분석

1. 상환할증금

전환사채의 표시이자율은 전환권이 없는 일반 사채의 표시이자율보다 낮으므로 전환사채의 보유자는 전환권을 행사하지 않는 경우 일반 사채에 투자하였을 경우보다 낮은 수익을 얻게 된다. 따라서 보유자는 전환권을 행사하지 않는 경우 일정 수익률을 보장해 줄 것을 전환사채의 발행자에게 요구하게 된다.

발행자가 전환권을 행사하지 않는 보유자에게 보장해 주는 만기수익률을 보장수익률이라고 한다. 보장수익률은 전환사채의 발행금액과 관계없이 전환사채의 액면금액과 상환할증금을 포함한 전환사채 미래 현금흐름의 현재가치를 일치시키는 할인율을 말한다.

> 액면금액 = PV(액면금액 + 액면(표시)이자 + 상환할증금) by 보장수익률

보장수익률이 표시이자율과 동일한 경우에는 발행자가 보유자에게 표시이자율만을 보장한 것이므로 만기일에 액면금액만을 상환한다. 그러나 보장수익률이 표시이자율보다 높은 경우에는 발행자가 표시이자율보다 높은 수익률을 보장한 것이므로 발행자는 전환사채의 상환기간에 걸쳐 보장수익률로 계산한 이자와 표시이자의 차액을 만기일에 액면금액에 상환할증금의 형태로 가산하여 상환하여야 한다. 즉, 상환할증금은 전환사채의 소유자가 만기까지 전환권을 행사하지 못하고, 만기에 현금으로 상환 받는 경우 사채 발행회사가 소유자에게 일정 수준의 수익률(보장수익률)을 보장하기 위하여 액면금액에 추가하여 지급하기로 약정한 금액으로 미지급 표시이자의 미래가치 개념이다.

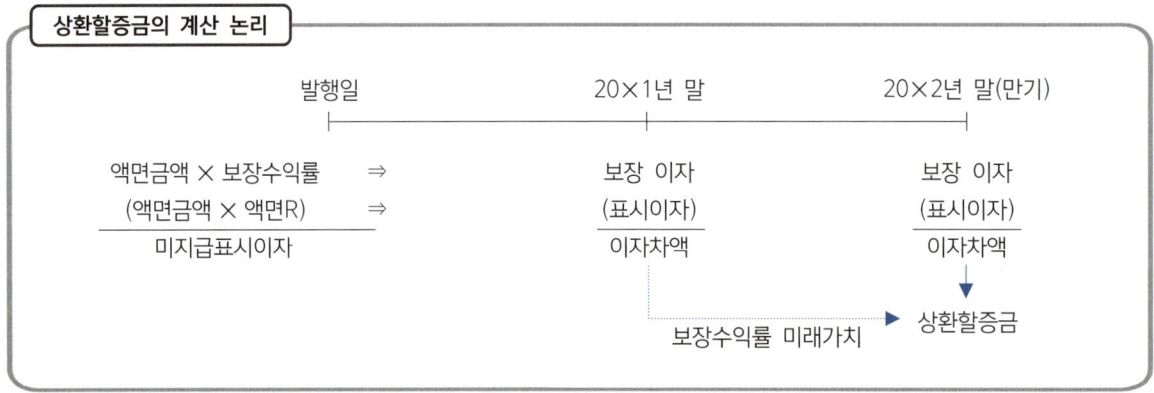

Additional Comment

전환사채는 전환권을 행사하는 경우 행사일 이후의 미래 현금흐름을 지급할 의무가 없기 때문에 발행자의 입장에서는 매년 지급하는 표시이자를 되도록 적게 지급하는 것이 유리하다. 따라서 전환사채 발행자는 보장수익률에 해당하는 이자와 표시이자율에 해당하는 이자의 차액을 만기에 일시불로 지급하게 되는데 이를 상환할증금이라고 한다.

상환할증금은 보장수익률과 표시이자율의 차이에 해당하는 이자를 만기일에 일시 지급한 금액이다. 따라서 상환할증금은 표시이자율에 의한 미래 현금흐름과 보장수익률에 의한 미래 현금흐름의 차액을 보장수익률로 계산한 미래가치 금액이 된다. 전환사채를 할인발행하거나 할증발행한 경우에도 상환할증금의 계산방법은 동일하다. 즉, 상환할증금은 전환사채의 발행금액과는 무관하게 결정된다.

> **상환할증금의 계산 산식**
>
> 상환할증금 = [전환사채 액면금액 × (보장수익률 − 표시이자율)] × 연금의 미래가치계수[1]
>   [1] 보장수익률을 적용
>
>   = 전환사채 액면금액 × 상환할증률[2]
>   [2] 상환할증률 = 상환할증금 ÷ 전환사채 액면금액

2. 전환권의 가치

전환사채는 부채요소에 해당하는 일반 사채에 자본요소에 해당하는 전환권이라는 옵션을 첨부하여 발행한 복합금융상품이다. 전환사채의 발행금액 중 일반 사채의 가치에 해당하는 부분은 부채로 분류하고, 전환권의 가치에 해당하는 부분은 자본으로 분류한다.

최초 인식 시점에서 부채요소의 공정가치는 계약상 정해진 미래 현금흐름을 당해 금융상품과 동일한 조건 및 유사한 신용상태를 가지며 실질적으로 동일한 현금흐름을 제공하지만 전환권이 없는 채무상품에 적용되는 그 시점의 시장이자율로 할인한 현재가치이다.

전환사채의 최초 장부금액을 부채요소와 자본요소에 배분하는 경우 자본요소는 전환사채 전체의 공정가치, 즉 전환사채의 최초 발행금액에서 부채요소에 해당하는 금액을 차감한 잔액으로 계산한다. 최초 인식 시점에서 부채요소와 자본요소에 배분된 금액의 합계는 항상 전환사채 전체의 공정가치와 동일해야 하므로 최초 인식 시점에는 어떠한 손익도 발생하지 않는다.

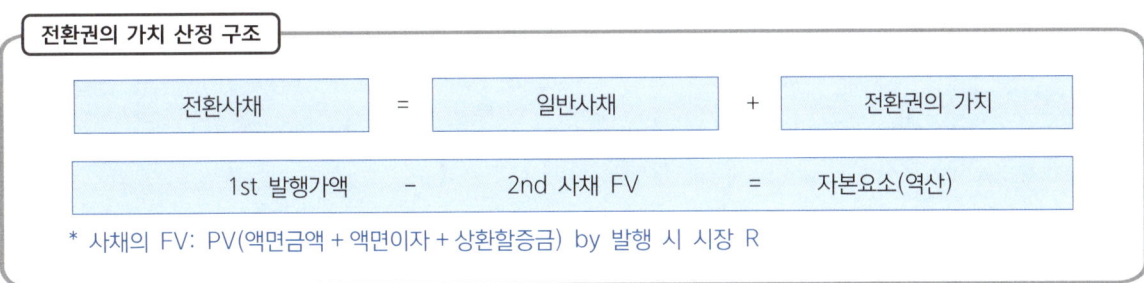

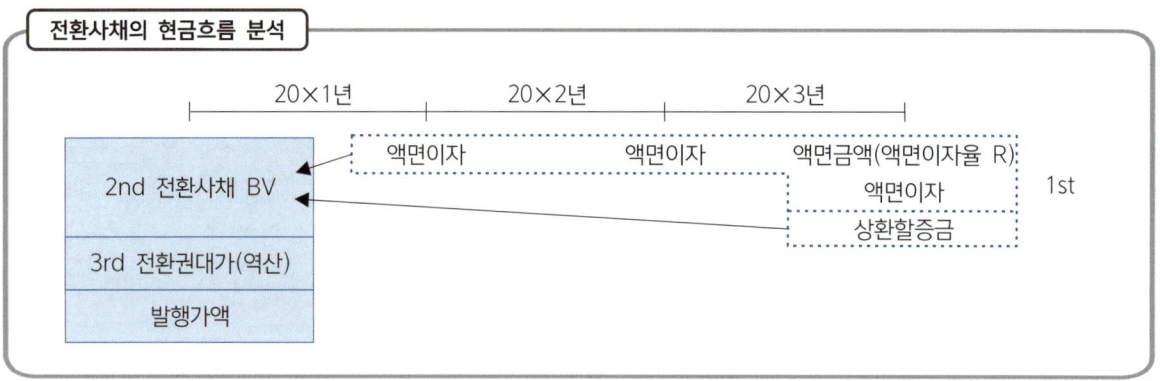

사례연습 1. 전환권의 가치

㈜한영은 20×1년 초에 전환사채를 발행하였다. ㈜한영의 결산일은 매년 12월 31일이며, 관련 자료는 다음과 같다.

(1) 전환사채는 액면 ₩100,000, 표시이자율 10%, 만기 3년, 이자는 매년 말 1회 지급조건이다.
(2) 전환사채의 발행가액은 ₩100,000이고, 전환조건은 사채액면 ₩10,000당 보통주 1주(액면 ₩5,000)이며, 상환할증금은 ₩6,749이다. 사채발행 당시의 시장이자율은 연 13%이다. (단, 13%, 3년의 연금현가요소는 2.36이고 13%, 3년 현가요소는 0.69이다)

㈜한영이 발행한 전환사채의 전환권대가를 구하시오.

풀이

전환권의 가치: 2,406
현금흐름의 분석

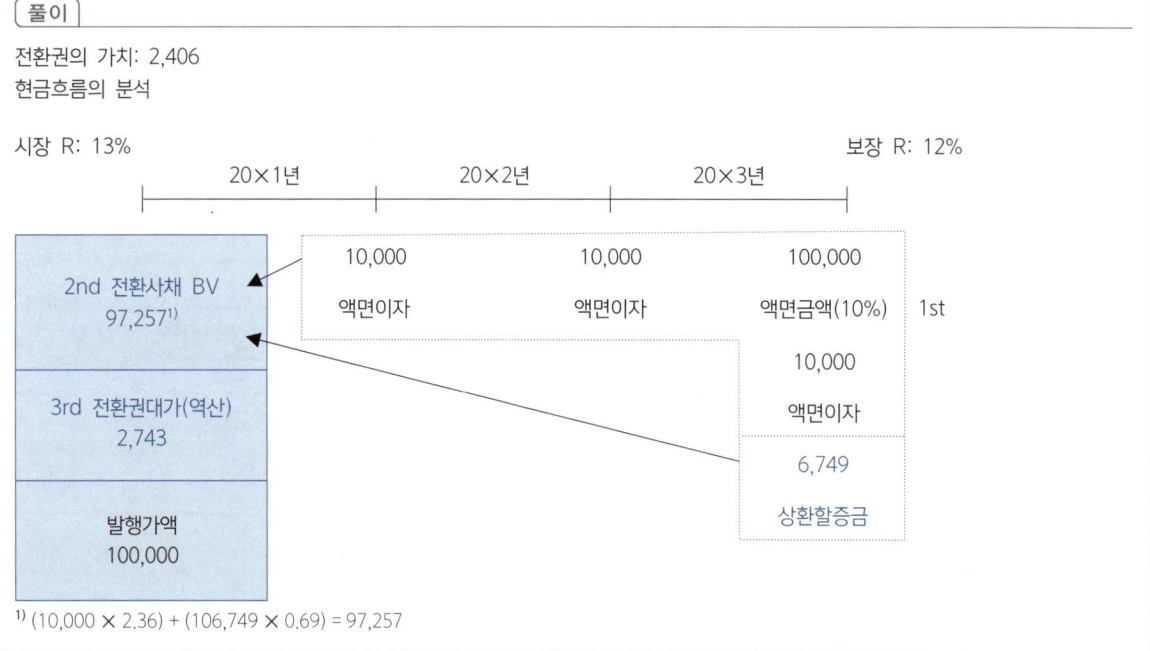

[1] (10,000 × 2.36) + (106,749 × 0.69) = 97,257

CHAPTER 3 신주인수권부사채

1 신주인수권부사채의 특징

신주인수권부사채(BW, Bond with Warrants)는 유가증권의 소유자가 일정한 조건하에 신주인수권을 행사하여 보통주 발행을 청구할 수 있는 권리가 부여된 사채이다. 전환사채의 경우와 발행 조건이 대체로 같지만, 투자자가 신수인수권을 청구하는 경우 추가 자금유입이 있다는 점과 사채가 소멸하지 않는다는 차이가 있다.

1. 신주인수권부사채와 전환사채의 비교

신주인수권부사채는 부채요소와 자본요소가 결합된 복합금융상품이라는 점에서 전환사채와 동일하지만, 권리를 행사하는 경우에도 여전히 일반사채의 상환의무가 존속된다는 점에서 권리행사 이후에 일반사채의 상환의무가 종료되는 전환사채와 차이가 있다.

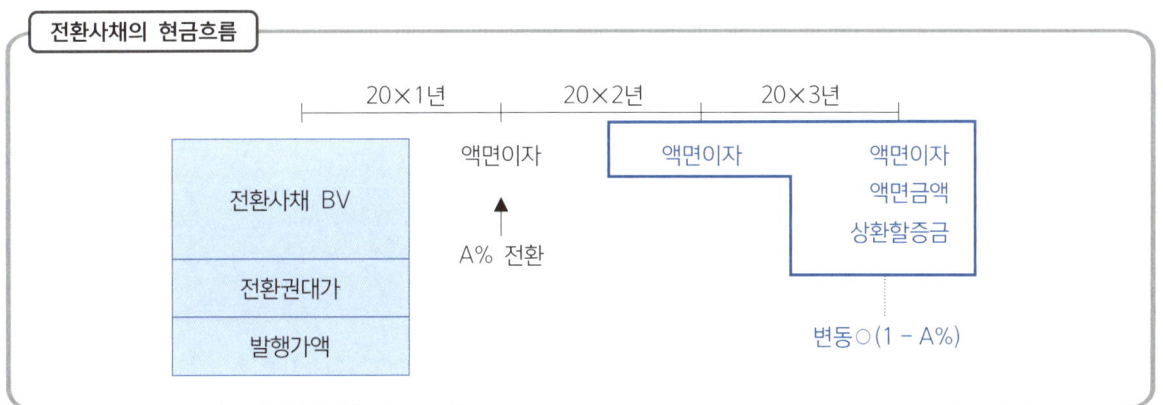

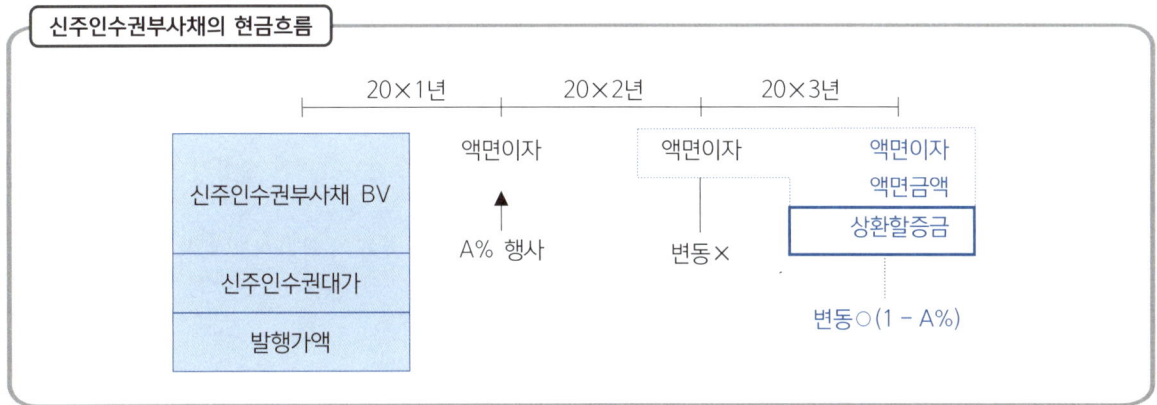

신주인수권부사채의 발행자는 만기일에 권리가 행사되지 않은 일반사채의 액면금액과 상환할증금뿐만 아니라 권리가 행사된 일반사채의 액면금액도 상환하여야 한다.

A% 전환·행사 가정 시 전환사채와 신주인수권부사채의 비교

구분	전환사채	신주인수권부사채
만기 지급액	(액면금액 + 상환할증금) × (1 - A%)	액면금액 + 상환할증금 × (1 - A%)
사채 BV	PV(액면금액, 액면이자, 상환할증금) × (1 - A%)	PV[액면금액, 액면이자, 상환할증금 × (1 - A%)]
이자비용	PV(액면금액, 액면이자, 상환할증금) × (1 - A%) × R	PV[액면금액, 액면이자, 상환할증금 × (1 - A%)] × R

2 신주인수권부사채의 액면발행

```
전환 전 B/S                  전환 후 B/S              관련손익
  신주인수권부사채              현금    신주인수권부사채     • 이자비용
  상환할증금                          -                  • 상환손실
  (신주인수권조정)      행사        (신주인수권조정)       • 조건변경손실
       BV             ⇒            BV
  신주인수권대가                  자본금
                                 주식발행초과금
```

1. 신주인수권부사채의 발행

신주인수권부사채의 발행금액 중 신주인수권대가는 자본항목으로 분류하고 후속적으로 신주인수권을 행사할 가능성이 변동하는 경우에도 부채요소와 자본요소의 분류를 수정하지 않는다.

상환할증금지급조건이 있는 경우 신주인수권부사채 발행자는 만기일에 신주인수권부사채의 액면금액에 상환할증금을 가산하여 상환한다. 신주인수권부사채 발행자는 신주인수권부사채 보유자가 신주인수권을 행사하지 않는다고 가정하여 만기일에 액면금액에 추가하여 지급하는 상환할증금을 부채로 인식한다.

신주인수권부사채의 발행일에는 상환할증금과 신주인수권대가의 합계금액을 신주인수권조정으로 인식한다. 신주인수권조정은 신주인수권부사채의 차감계정으로 표시하고 신주인수권부사채의 상환기간에 걸쳐 유효이자율법으로 상각하여 이자비용으로 인식한다.

신주인수권부사채의 발행 시 회계처리는 편의에 따라 아래와 같이 순액법과 총액법으로 나눌 수 있고 순액법과 총액법의 F/S효과는 모두 동일하다.

(1) 순액법 회계처리

(차) 현금	1st 발행가액	(대) 신주인수권부사채 ①	2nd PV(액면금액 + 액면이자 + 상환할증금)
		신주인수권대가 ②	대차차액

재무상태표	
신주인수권부사채	①
신주인수권대가(자본조정)	②

(2) 총액법 회계처리

(차) 현금	1st 발행가액	(대) 신주인수권부사채	2nd 액면금액
신주인수권조정	2nd (액면금액 + 상환할증금 – ①)	상환할증금	2nd 만기상환액
① 신주인수권부사채 BV		신주인수권대가 ②	대차차액

재무상태표

	신주인수권부사채	액면금액
	상환할증금	+ 만기상환액
	(신주인수권조정)	– 역산
	신주인수권부사채 BV	①
	신주인수권대가(자본조정)	②

2. 신주인수권 행사 전 이자비용의 인식과 만기 상환(행사 0%)

(1) 이자비용: 기초전환사채 BV[= PV(액면금액 + 액면이자 + 상환할증금)] × 취득 시장R

신주인수권부사채의 이자비용은 신주인수권부사채의 기초장부금액에 유효이자율을 곱하여 계산한다. 이자비용으로 인식한 금액과 표시이자의 차액은 액면발행의 경우 신주인수권조정 상각액으로 처리한다.

① 순액법 회계처리

(차) 이자비용	1st 기초 BV × 기초R	(대) 현금	2nd 액면이자
		신주인수권부사채	대차차액

② 총액법 회계처리

(차) 이자비용	1st 기초 BV × 기초R	(대) 현금	2nd 액면이자
		신주인수권조정	대차차액

(2) 만기 현금상환: 액면금액 + 상환할증금 만기지급액

신주인수권부사채의 만기 시에는 신주인수권조정은 전액이 상각되었으므로 신주인수권부사채의 장부금액은 액면금액에 상환할증금을 가산한 금액이 된다. 신주인수권부사채의 만기상환액은 장부금액과 일치하기에 상환으로 인한 손익은 발생하지 않는다. 또한, 미행사된 분에 대한 신주인수권대가는 다른 자본항목으로 대체할 수 있다.

① 순액법 회계처리

(차) 신주인수권부사채	액면금액 + 상환할증금 만기지급액	(대) 현금	××
(차) 신주인수권대가	발행 시 신주인수권대가	(대) 신주인수권대가소멸이익	자본항목

② 총액법 회계처리

(차) 신주인수권부사채	액면금액	(대) 현금	××
상환할증금	상환할증금 만기지급액		
(차) 신주인수권대가	발행 시 신주인수권대가	(대) 신주인수권대가소멸이익	자본항목

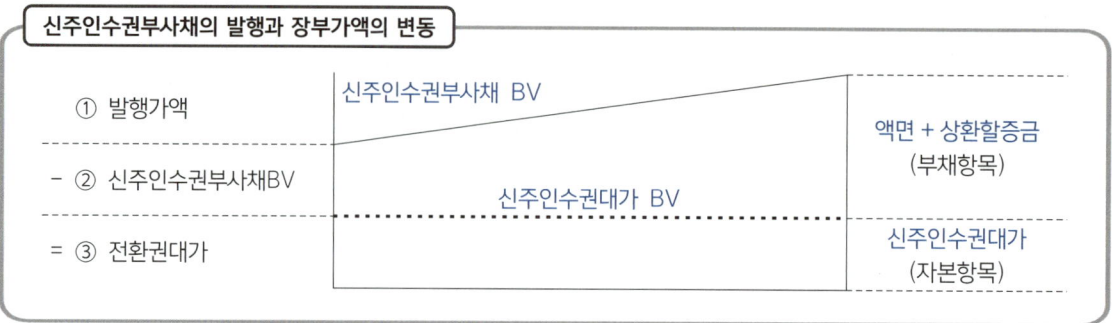

3. 신주인수권 행사(A% 행사)

신주인수권을 행사하는 경우 주식의 발행금액은 권리행사 시에 납입되는 금액과 권리행사되는 신주인수권대가의 합계금액으로 한다. 또한, 상환할증금 지급조건이 있는 경우에는 상환할증금 중 권리행사분에 해당하는 금액을 납입금액에 가산한다. 이때 상환할증금은 관련된 미상각 신주인수권조정을 차감한 후의 금액을 말한다. 신주인수권의 행사로 발행되는 주식의 수량은 행사가격에 따라 결정된다. 행사가격은 신주인수권의 권리행사 시 보유자가 취득하는 주식 1주당 납입할 현금을 의미한다.

(1) 순액법 회계처리

(차) 현금	행사주식수 × 행사가격	(대) 자본금	행사주식수 × 액면금액
신주인수권부사채	PV(상환할증금) × 행사비율		
신주인수권대가	발행 시 BV × 행사비율	주식발행초과금	대차차액

(2) 총액법 회계처리

(차) 현금	행사주식수 × 행사가격	(대) 신주인수권조정	상환할증금관련 × 행사비율
상환할증금	만기지급액 × 행사비율	자본금	행사주식수 × 액면금액
신주인수권대가	발행 시 BV × 행사비율	주식발행초과금	대차차액

* 행사주식수: 신주인수권 행사 시 납입할 현금 ÷ 행사가격

> **Self Study**
> 1. 행사 시 자본총계에 미치는 영향: 현금행사가격 + PV(상환할증금) × 행사비율
> 2. 행사 시 주식발행초과금의 증가액: 회계처리를 이용하여 풀이
> 3. 주식의 발행금액: 현금행사가격 + PV(상환할증금) × 행사비용 + 신주인수권대가 × 행사비율

4. 신주인수권 행사 이후의 이자비용 인식 및 만기 시 현금상환액(A% 행사)

신주인수권을 행사한 이후에도 발행자는 유효이자율법을 계속 적용하여 이자비용을 인식한다. 또한 신주인수권부사채의 만기일이 되면 신주인수권조정은 전액이 상각되었으므로 신주인수권부사채의 장부금액은 액면금액에 권리를 행사하지 않는 부분에 대한 상환할증금을 가산한 금액이다.

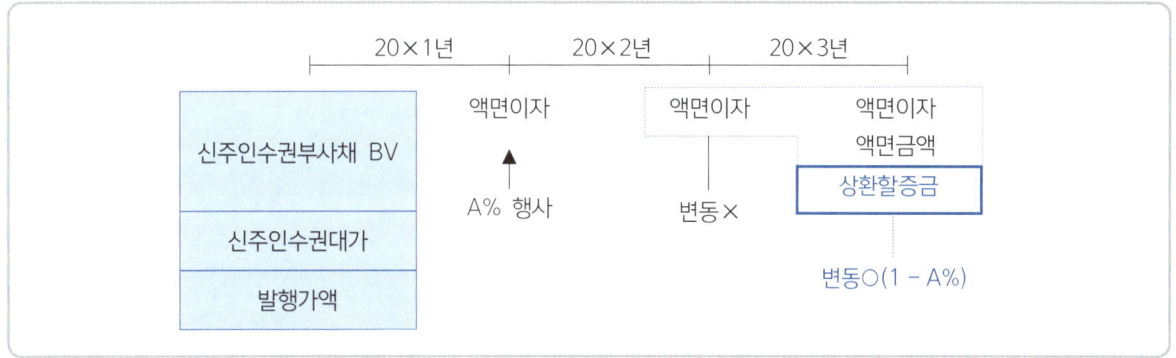

(1) 이자비용

　기초 BV[= PV(액면금액 + 액면이자 + 상환할증금 × (1 - 행사비율)] × 취득R

(2) 만기 현금상환

　액면금액 + 상환할증금 만기지급액 × (1 - 행사비율)

[★ 사례연습] 2. 신주인수권부사채

㈜한영은 20×1년 초에 신주인수권사채를 발행하였다. ㈜한영의 결산일은 매년 12월 31일이며, 관련 자료는 다음과 같다.

> (1) 신주인수권사채는 액면 ₩100,000, 표시이자율 10%, 만기 3년, 이자는 매년 말 1회 지급조건이다.
> (2) 신주인수권부사채의 발행가액은 ₩100,000이고, 행사조건은 사채액면 ₩10,000당 보통주 1주(액면 ₩5,000)를 ₩7,000에 매입할 수 있다. 보장수익률은 12%이고 상환할증률은 106.749%며, 사채발행 당시의 시장이자율은 연 13%이다. (단, 13%, 3년의 연금현가요소는 2.36115이고 13%, 3년 현가요소는 0.69305이다)

[물음 1]
㈜한영이 신주인수권부사채의 발행시점에 해야 할 회계처리를 보이고 F/S효과를 보이시오.

[물음 2]
동 거래가 20×1년의 ㈜한영의 당기손익에 미친 영향을 구하고 20×1년의 회계처리와 F/S효과를 보이시오.

[물음 3]
동 신주인수권부사채가 만기일까지 전환되지 않았을 경우, ㈜한영이 만기 시 해야 할 회계처리를 보이시오. (단, 이자비용 인식 회계처리는 제외)

[물음 4]
신주인수권이 20×1년 말 100% 행사되었을 때 행사로 인한 자본증가액과 주식발행초과금을 구하시오.

[물음 5]
신주인수권이 20×1년 말에 40% 행사되었을 때 아래의 물음에 답하시오.
1. 행사시점에 자본총계에 미친 영향은 얼마인가?
2. 행사시점에 주식발행초과금의 증가액은 얼마인가?

3. 40% 행사 이후 20×2년에 ㈜한영이 인식할 이자비용을 구하고 20×2년의 회계처리와 F/S효과를 보이시오. (단, 총액법으로 회계처리한다)
4. 40% 행사 이후 만기 시 ㈜한영이 상환할 금액은 얼마인가? (단, 액면이자 제외)

| 풀이 |

[물음 1]
(1) 현금흐름 분석

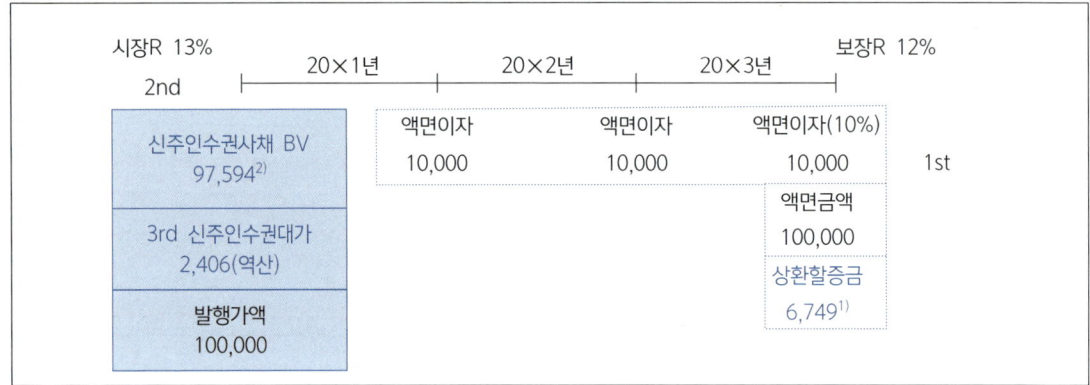

1) 100,000 × (12% − 10%) × (1 + 1.12 + 1.12²) = 6,749
2) 10,000 × 2.36115 + 106,749 × 0.69305 = 97,594

(2) 회계처리 및 F/S분석
 1) 순액법 회계처리

| (차) 현금 | 1st 발행가액 100,000 | (대) 신주인수권부사채 ① 2nd PV(액면금액 + 액면이자 + 상환할증금) 97,594 |
| | | 전환권대가 ② 대차차액 2,406 |

재무상태표

| 신주인수권부사채 | ① 97,594 |
| 신주인수권대가 | ② 2,406 |

 2) 총액법 회계처리

(차) 현금	1st 발행가액 100,000	(대) 신주인수권부사채	2nd 액면금액 100,000
신주인수권조정	2nd (액면금액 + 상환할증금 − ①) 9,155	상환할증금	2nd 만기상환액 6,749
① 신주인수권부사채 BV	97,594	신주인수권대가 ②	대차차액 2,406

재무상태표

신주인수권부사채	액면금액 100,000
상환할증금	+ 만기상환액 6,749
(신주인수권조정)	− 역산 (9,155)
신주인수권사채 BV	① 97,594
신주인수권대가	② 2,406

[물음 2]
20×1년 당기손익에 미친 영향:
⇒ 이자비용: 기초신주인수권부사채 BV[= PV(액면금액 + 액면이자 + 상환할증금)] × 취득 시장R
    : 97,594 × 13% = 12,687

(1) 순액법 회계처리

(차) 이자비용	1st 기초 BV × 기초R 12,687	(대) 현금	2nd 액면이자 10,000
		신주인수권부사채	대차차액 2,687

재무상태표

	신주인수권부사채	① 100,281
	신주인수권대가	② 2,406

(2) 총액법 회계처리

(차) 이자비용	1st 기초 BV × 기초R 12,687	(대) 현금	2nd 액면이자 10,000
		신주인수권조정	대차차액 2,687

재무상태표(×1년 말)

	신주인수권부사채	액면금액	100,000
	상환할증금	+ 만기상환액	6,749
	(신주인수권조정)	− 역산	(6,468)
	신주인수권부사채 BV	①	100,281
	신주인수권대가	②	2,406

⇒ 기말 신주인수권부사채 BV: PV(잔여CF) by 취득R = ① × (1 + R) − ③ = 97,594 × 1.13 − 10,000
    = 100,281

[물음 3]
만기 시 회계처리(행사 0%, 액면이자 지급 제외)

(1) 순액법 회계처리

(차) 신주인수권부사채	액면금액 + 상환할증금 만기지급액 106,749	(대) 현금	106,947
(차) 신주인수권대가	발행·시 신주인수권대가 2,406	(대) 신주인수권대가소멸이익	자본항목 2,406

(2) 총액법 회계처리

(차) 신주인수권부사채	액면금액 100,000	(대) 현금	106,947
상환할증금	상환할증금 만기지급액 6,749		
(차) 신주인수권대가	발행 시 신주인수권대가 2,406	(대) 신주인수권대가소멸이익	자본항목 2,406

[물음 4]
자본증가액: 행사가격 + PV(상환할증금) = 70,000 + 5,285 = 75,285
주식발행초과금: 27,691(회계처리 이용)
신주인수권부사채 100% 행사

(1) 순액법 회계처리

(차) 현금	행사주식수 × 행사가격 70,000	(대) 자본금	행사주식수 × 액면금액 50,000
신주인수권부사채	PV(상환할증금) × 행사비율 6,749/1.13² = 5,285		
신주인수권대가	발행 시 BV × 행사비율 2,406	주식발행초과금	대차차액 27,691

* 행사 주식수: 100,000 ÷ 10,000 = 10주

(2) 총액법 회계처리

(차) 현금	행사주식수* × 행사가격 70,000	(대) 신주인수권조정	BV × 행사비율 1,464
상환할증금	만기지급액 × 행사비율 6,749	자본금	행사주식수 × 액면금액 50,000
신주인수권대가	발행 시 BV × 행사비율 2,406	주식발행초과금	대차차액 27,691

* 행사 주식수: 100,000 ÷ 10,000 = 10주

[물음 5]
(40% 전환 시)

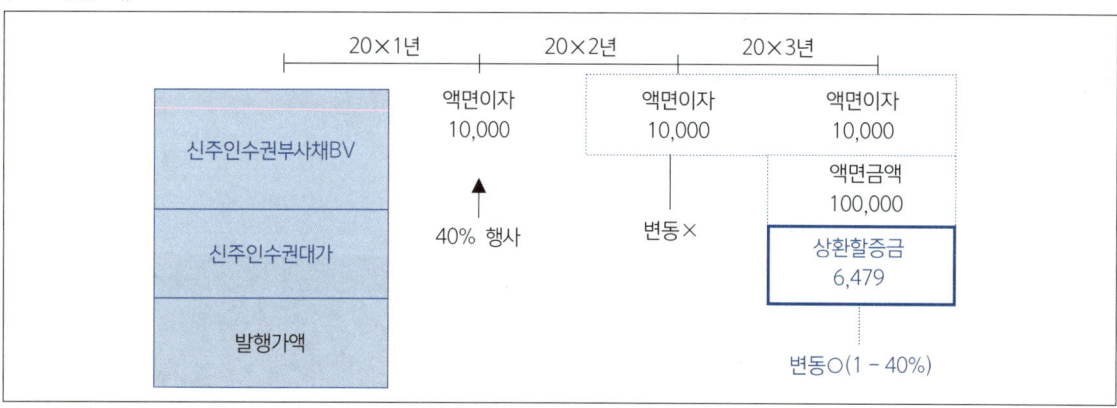

(1) 행사시점에 자본총계에 미친 영향: (70,000 + 6,749/1.13²) × 40% = 30,114
(2) 행사시점에 주식발행초과금의 증가액: 27,691 × 40% = 11,076

[총액법 회계처리]

(차) 현금	행사주식수 × 행사가격 70,000 × 40%	(대) 신주인수권조정	BV × 행사비율 1,464 × 40%
상환할증금	만기지급액 × 행사비율 6,749 × 40%	자본금	행사주식수 × 액면금액 50,000 × 40%
신주인수권대가	발행 시 BV × 행사비율 2,406 × 40%	주식발행초과금	대차차액 27,691 × 40%

(3) 20×2년에 ㈜한영이 인식할 이자비용: 12,762
   * 기초 PV(액면금액 + 액면이자 + 상환할증금 × (1 - 행사비율)) × 취득R
   = [10,000/1.13 + (110,000 + 6,749 × (1 - 40%)) / 1.13²] × 13% = 12,762

[총액법 회계처리]

(차) 이자비용	1st 기초 BV × 기초R 12,762	(대) 현금 신주인수권조정	2nd 액면이자 10,000 대차차액 2,762

재무상태표(×2년 말)

	신주인수권사채	액면금액 100,000
	상환할증금	+ 만기상환액 4,049
	(신주인수권조정)	− 역산 (5,882)
	신주인수권부사채 BV	① 98,167
	신주인수권대가	② 1,444

⇒ 기말 신주인수권사채 BV: PV(잔여CF)by취득R
   = 10,000/1.13 + (110,000 + 6,749 × (1 - 40%)) / 1.13² = 98,167

(4) 만기 시 ㈜한영이 상환할 금액: 104,049
   * 액면금액 + 상환할증금 만기지급액 × (1 - 행사비율) = 100,000 + 6,749 × (1 - 40%) = 104,049

확인 문제

01 전환권의 가치

12월 말 결산법인인 ㈜서울은 20X1년 1월 1일 액면금액 ₩100,000, 표시이자율 연 2%, 2년 만기 전환사채를 ₩97,000에 할인발행하였다. 이자는 매년 말 지급된다. 전환권을 행사하지 않는 경우 전환사채의 만기일에 상환할증금 ₩10,000을 액면금액에 추가하여 지급한다. 전환권이 없는 유사한 채무상품에 대한 현행 시장이자율은 10%(기간 2, 단일금액의 현가계수는 0.8, 연금의 현가계수는 1.5)일 때 전환사채 발행일의 전환권대가는?

2020년 서울시 7급

① ₩3,000
② ₩6,000
③ ₩8,000
④ ₩10,000

02 신주인수권부사채

㈜한국은 20×1년 초 다음의 조건으로 비분리형 신주인수권부사채를 액면발행하였다.

- 액면가액: ₩500,000(만기 3년)
- 표시이자율: 연 2%(매년 말 지급)
- 발행일 현재 일반사채 시장이자율: 연 10%
- 만기 상환할증금: ₩40,000

20×1년 초 신주인수권부사채 액면발행시 인식한 신주인수권대가가 ₩69,430일 경우, 20×1년 말 신주인수권부사채의 장부금액은?

2022년 국가직 7급

① ₩433,627
② ₩453,876
③ ₩463,627
④ ₩500,000

정답 및 해설

01
(1) 전환사채의 발행 시점의 공정가치: (110,000 × 0.8) + (2,000 × 1.5) = 91,000
(2) 전환권대가의 공정가치: 97,000 − 91,000 = 6,000

02
(1) 20×1년 초 신주인수권부사채 장부금액: 500,000 − 69,430 = 430,570
(2) 20×1년 말 신주인수권부사채 장부금액: 430,570 × 1.1 − 500,000 × 2% = 463,627

정답 01 ② 02 ③

PART 23 종업원급여 [7급 대비용]

CHAPTER 1 종업원급여의 의의 및 분류

1 종업원급여의 의의

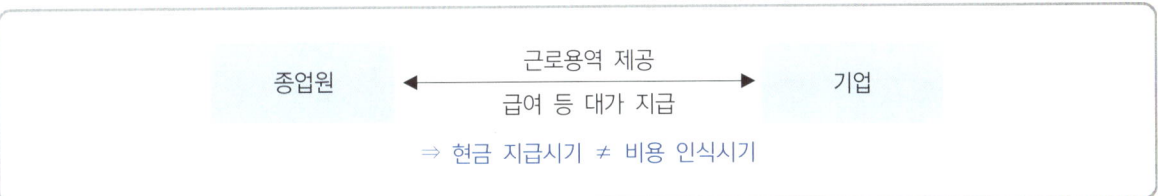

종업원이 근무기간 동안 근로를 제공함에 따라 기업의 수익이 증대된다. 이에 대한 보상으로 기업은 종업원에게 급여를 지급한다. 종업원급여는 종업원이 제공한 근무용역의 대가로 또는 종업원을 해고하는 대가로 기업이 제공하는 모든 종류의 보수를 말한다. 이때 주의할 점은 기업이 종업원급여로 현금을 지급하는 시기와 비용을 인식하는 시기가 서로 다를 수 있다는 것이다.

2 종업원급여의 분류

대가관계	지급시기	종업원급여 분류	인식	측정
근로제공의 대가	근속 중	단기종업원급여	근로제공 시 (발생주의)	명목가액
		장기종업원급여		현재가치
	퇴직 시	퇴직급여		명목가액, 현재가치
퇴직(해고)의 대가	퇴직 시	해고급여	해고 시	명목가액, 현재가치

CHAPTER 2 퇴직급여제도

1 퇴직급여제도의 의의

퇴직급여는 종업원이 퇴직한 이후에 지급하는 종업원급여로서 단기종업원급여와 해고급여는 제외한다. 퇴직급여는 지급시기가 종업원 퇴직 시점이지만 근로에 대한 대가이며, 종업원이 퇴직급여에 대한 수급권을 획득하는 시기가 근속기간 중이므로 예상 퇴직급여액을 당해 종업원의 근속기간 중에 비용으로 인식하고 이에 따른 부채를 계상해야 한다. 기업이 종업원에게 퇴직급여를 지급하는 근거가 되는 협약을 퇴직급여제도라 하고 퇴직급여제도는 제도의 주요 규약에서 도출되는 경제적 실질에 따라 다음과 같이 확정기여제도와 확정급여제도로 분류한다.

2 퇴직급여제도의 분류

구분	위험부담	불입액	지급액		회계처리	
확정기여형	종업원	확정	변동	기여	(차) 퇴직급여	(대) 현금
	⇒ 기업의 기여금 사전 확정 ⇒ 종업원 기금의 운용 책임			결산	회계처리 없음	
				지급	회계처리 없음	
확정급여형	기업	변동	확정	기여	(차) 사외적립자산	(대) 현금
	⇒ 종업원 퇴직금 사전 확정 ⇒ 기업 기금의 운용 책임			결산	(차) 퇴직급여	(대) 확정급여채무
				지급	(차) 확정급여채무	(대) 사외적립자산

1. 확정기여제도

기업이 별개의 실체(기금)에 고정 기여금을 납부하고, 그 기금의 책임하에 당기와 과거 기간에 종업원이 제공한 근무용역과 관련된 모든 급여를 지급하는 퇴직급여제도를 말한다.

(1) 확정기여제도의 특징

① 기업의 법적 의무나 의제의무는 기업이 기금에 출연하기로 약정한 금액으로 한정된다. 종업원이 받을 퇴직급여액은 기업과 종업원이 퇴직급여제도 보험회사에 출연하는 기여금과 그 기여금에서 발생한 투자수익에 따라 결정된다.

② 실제 급여액이 기대급여액에 미치지 못하게 될 위험인 보험수리적위험과 기여금을 재원으로 투자한 자산이 기대급여액을 지급하는 데 충분하지 못하게 될 위험인 투자위험은 종업원이 부담한다.

(2) 인식과 측정

① 인식

당해 회계기간과 관련된 기여금 납부 시에 비용으로 인식한다.

② 측정

㉠ 확정기여제도에서는 보고기업이 부담하는 채무가 당해 기간의 기여금으로 결정되기 때문에 채무나 비용을 측정하기 위해 보험수리적가정을 이용할 필요가 없다.

㉡ 기여금의 전부나 일부의 납부기일이 종업원이 관련 근무용역을 제공하는 연차보고기간 이후 12개월 이후에 도래하는 것으로 예상되는 경우를 제외하고는 현재가치 할인을 수행하지 않는다.

2. 확정급여제도

확정기여제도 이외의 모든 퇴직급여제도를 말한다.

(1) 확정급여제도는 기금이 별도로 적립되지 않는 경우도 있으나, 법률적으로 별개인 실체나 기금에 보고기업이 기여금을 납부하여 전부나 일부의 기금이 적립되는 경우도 있다. 기금이 적립되는 확정급여제도는 그 기금에서 종업원급여가 지급된다.

(2) 지급기일이 도래한 급여의 지급가능성은 기금의 재무상태와 투자성과뿐만 아니라 기금자산의 부족분을 보전할 수 있는 기업의 능력과 의도에도 달려 있다. 따라서 기업이 확정급여제도에 대해 인식하는 비용은 반드시 해당 기간에 지급기일이 도래한 기여금만을 의미하는 것은 아니다.

(3) 확정급여제도에서는 확정급여채무의 현재가치에서 사외적립자산의 공정가치를 차감한 금액을 재무상태표에 순확정급여부채(자산)로 보고한다. 이때 사외적립자산이 확정급여채무를 초과하는 초과적립액이 있는 경우 순확정급여자산은 자산인식상한을 한도로 한다. 자산인식상한은 제도에서 환급받는 형태로 또는 제도에 납부할 미래기여금을 절감하는 형태로 얻을 수 있는 경제적효익의 현재가치를 말한다.

실제시험 풀이용 TOOL 확정급여제도

확정급여채무				1. B/S 계정
지급액	××	기초	××	(1) 순확정급여부채
		근무원가(당기 + 과거)	A	⇒ Ⅰ − Ⅱ
		이자비용(기초 × 기초R)	B	(2) OCI누계
기말	Ⅰ	재측정요소(보험수리적손익)	①	⇒ Σ(② − ①)

2. I/S 계정
   (1) 퇴직급여(N/I)
       ⇒ A + B − C
   (2) 재측정요소 변동(OCI)
       ⇒ ② − ①

사외적립자산			
기초	××	지급액	××
기여금	××		
이자수익	C		
재측정요소	②	기말	Ⅱ

* 실제 이자수익: C + ②

핵심 빈출 문장

01 퇴직급여제도 중 확정급여제도하에서 보험수리적위험과 투자위험은 기업이 실질적으로 부담한다.

02 순확정급여부채(자산)의 재측정요소는 보험수리적손익, 순확정급여부채(자산)의 순이자에 포함된 금액을 제외한 사외적립자산의 수익, 순확정급여부채(자산)의 순이자에 포함된 금액을 제외한 자산인식상한효과의 변동으로 구성된다.

03 자산의 원가에 포함하는 경우를 제외한 확정급여원가의 구성요소 중 순확정급여부채의 재측정요소는 기타포괄손익으로 인식한다.

확인 문제

01 퇴직급여제도의 비교
종업원급여에 대한 내용 중 퇴직급여에 대한 설명으로 가장 옳은 것은? 2018년 서울시 7급

① 확정기여제도에서 기업이 보험수리적위험(급여가 예상에 미치지 못할 위험)과 투자위험(투자한 자산이 예상 급여액을 지급하는 데 충분하지 못할 위험)을 실질적으로 부담한다.
② 지배기업과 종속기업처럼 동일 지배 아래에 있는 기업들이 위험을 공유하는 확정급여제도는 복수사용자제도에 해당한다.
③ 확정급여제도에서는 종업원이 근무용역을 제공함에 따라 채무가 생기고, 그 급여가 미래의 근무용역 제공을 조건으로 지급되는지와 관계없이, 즉 급여가 가득되었는지와 관계없이 생긴다.
④ 기타포괄손익에 인식되는 순확정급여부채(자산)의 재측정요소는 후속 기간에 당기손익으로 재분류하며, 기타포괄손익에 인식된 금액은 자본 내에서 대체할 수 없다.

02 확정급여제도
종업원급여의 회계처리에 대한 설명으로 옳지 않은 것은? 2020년 지방직 9급

① 확정급여채무의 현재가치란 종업원이 당기와 미래 기간에 근무용역을 제공하여 생긴 채무를 결제하기 위해 필요한 예상 미래 지급액의 현재가치를 의미한다.
② 퇴직급여채무를 할인하기 위해 사용하는 할인율은 보고기간 말 현재 우량회사채의 시장수익률을 참조하여 결정한다.
③ 확정급여제도의 초과적립액이 있는 경우 순확정급여자산은 초과적립액과 자산인식상한 중에서 작은 금액으로 측정한다.
④ 기타포괄손익에 인식되는 순확정급여부채 또는 순확정급여자산의 재측정요소는 후속 기간에 당기손익으로 재분류하지 않는다.

정답 및 해설

01
▶ 오답체크
① 확정기여제도에서 종업원이 보험수리적위험(급여가 예상에 미치지 못할 위험)과 투자위험(투자한 자산이 예상 급여액을 지급하는 데 충분하지 못할 위험)을 실질적으로 부담한다.
② 복수사용자제도는 다수의 기업이 확정기여형 연금에 공동으로 가입하는 제도이다.
④ 기타포괄손익에 인식되는 순확정급여부채(자산)의 재측정요소는 후속 기간에 당기손익으로 재분류되지 않는다.

02
확정급여채무의 현재가치란 종업원이 당기와 과거 기간에 근무용역을 제공하여 발생한 채무를 결제하기 위해 필요한 예상 미래 지급액의 현재가치를 의미한다.

정답 01 ③ 02 ①

PART 24 리스 `7급 대비용`

CHAPTER 1 리스회계의 기초

1 리스의 의의

리스는 대가와 교환하여 식별되는 자산(기초자산)의 사용통제권을 일정 기간 이전하는 계약이나 계약의 일부를 말한다. 이때 대가와 교환하여 식별되는 자산의 사용 통제권을 일정 기간 제공하는 기업을 리스제공자라고 하며, 대가와 교환하여 자산의 사용 통제권을 일정 기간 얻게 되는 기업을 리스이용자라고 한다.

> **Additional Comment**
>
> 한국채택국제회계기준 제1116호 '리스'의 개정 이유
> 종전 리스 회계모형은 리스이용자와 리스제공자가 리스를 금융리스 아니면 운용리스로 분류하고 두 유형의 리스를 다르게 회계처리하도록 하여 리스이용자가 운용리스에서 생기는 자산과 부채를 인식하도록 요구하지 않았다. 이에 따라 대다수 리스 약정이 재무상태표에 나타나지 않거나, 영업용 자산과 레버리지 오도 및 거래 구조화유인이 발생하여 기업 간 비교가능성이 하락하고, 리스이용자의 부채추정이 어렵다는 문제점이 있었다. 이러한 이유로 새로운 기준서 제1116호 '리스'에서는 리스이용자가 모든 리스(일부 예외 제외)에 대하여 자산과 부채를 인식하는 단일 리스이용자 회계모형을 적용하기로 개정하였다. 그러나 리스제공자는 종전 기준서를 그대로 유지하여, 자산의 소유에 따른 위험과 보상의 대부분을 계속 보유하고 있다면 운용리스로 분류하고, 자산의 소유에 따른 위험과 보상의 대부분을 리스이용자에게 이전한다면 금융리스로 분류하도록 규정하고 있다. 기준서 제1116호 '리스'는 2019년 1월 1일 이후 최초로 시작되는 회계연도부터 적용된다. 이 기준서의 최초 적용일 이전에 기업회계기준서 제1115호 '고객과의 계약에서 생기는 수익'을 적용하는 기업은 이 기준서를 조기 적용한다.

> **Self Study**
>
> 기초자산: 리스제공자가 리스이용자에게 자산의 사용권을 제공하는, 리스의 대상이 되는 자산

2 리스의 식별

계약의 약정시점에, 계약 자체가 리스인지 계약이 리스를 포함하는지를 판단한다. 계약에서 대가와 교환하여, 식별되는 자산의 사용 통제권을 일정 기간 이전하게 한다면 그 계약은 리스이거나 리스를 포함한다. 계약이 식별되는 자산의 사용통제권을 일정 기간 이전하는지를 판단하기 위하여 고객이 사용기간 내내 다음 권리를 모두 갖는지를 판단한다.

> ① 식별되는 자산의 사용으로 생기는 경제적 효익의 대부분을 얻을 권리
> ② 식별되는 자산의 사용을 지시할 권리

3 단기리스와 소액 기초자산리스의 인식면제

리스이용자는 리스에 대해서 사용권자산과 부채를 인식한다. 그러나 다음의 ① 단기리스 ② 소액리스자산에 한해서는 사용권자산과 리스부채로 계상하지 않는 회계처리를 선택할 수 있다. 단기리스는 리스기간이 12개월 이내의 리스를 의미하며, 리스이용자가 특정금액으로 매수할 수 있는 권리가 있는 매수선택권이 있는 리스는 적용이 불가하며 이는 단기리스가 아니다.

소액기초자산 리스인식은 기초자산이 새것일 때의 가치에 기초하나 확정적이지 않다(예 노트북, 이동전화, 정수기, 사무용가구 등). 만약 리스이용자가 단기리스나 소액기초자산에 대해 사용권자산과 리스부채를 인식하지 않기로 선택한다면 리스이용자는 해당 리스에 관련되는 리스료를 리스기간에 걸쳐 정액기준이나 다른 체계적 기준에 따라 비용으로 인식한다. 다른 체계적인 기준이 리스이용자의 효익의 형태를 더 잘 나타내는 경우에는 그 기준을 적용할 수 있다.

> **Self Study**
> 1. 다음 조건을 모두 충족하는 경우에만 소액 기초자산이 될 수 있다.
>   ① 리스이용자가 기초자산 그 자체를 사용하여 효익을 얻거나 리스이용자가 쉽게 구할 수 있는 다른 자원과 함께 그 자산을 사용하여 효익을 얻을 수 있다.
>   ② 기초자산은 다른 자산에 대한 의존이나 다른 자산과의 상호관련성이 매우 높지는 않다.
> 2. 새것일 때 일반적으로 소액이 아닌 특성이 있는 자산이라면, 해당 기초자산 리스는 소액자산 리스에 해당하지 않는다. 예를 들면 자동차는 새것일 때 일반적으로 소액이 아닐 것이므로, 자동차 리스는 소액자산 리스에 해당하지 않을 것이다.
> 3. 단기리스에 대한 선택은 사용권이 관련되어 있는 기초자산의 유형별로 한다. 기초자산의 유형은 기업의 영업에서 특성과 용도가 비슷한 기초자산의 집합이다. 소액 기초자산 리스에 대한 선택은 리스별로 할 수 있다.
> 4. 기초자산이 소액인지는 절대적인 기준에 따라 평가하며 그 리스가 리스이용자에게 중요한지 여부와는 관계없다.

4 리스제공자의 리스 분류

리스제공자의 리스 분류는 기초자산의 소유에 따른 위험과 보상을 이전하는 정도에 기초한다. 기초자산의 소유에 따른 위험과 보상이 리스이용자에게 이전된다면, 이러한 경우 기초 자산은 리스이용자에게 실질적으로 판매된 것으로 볼 수 있다.

1. 금융리스

리스제공자는 기초자산의 소유에 따른 위험과 보상의 대부분을 이전하는 리스를 금융리스로 분류한다.

2. 운용리스

리스제공자는 기초자산의 소유에 따른 위험과 보상의 대부분을 이전하지 않는 리스를 운용리스로 분류한다. 리스는 리스약정일에 분류하며, 리스변경이 있는 경우에만 분류를 다시 판단한다. 추정의 변경(예 기초자산의 내용연수 또는 잔존가치 추정치의 변경)이나 상황의 변화(예 리스이용자의 채무불이행)는 회계 목적상 리스를 새로 분류하는 원인이 되지 않는다.

> **Self Study**
> 1. 위험: 유휴 생산능력이나 기술적 진부화로 생기는 손실 가능성과 경제적 상황의 변화로 생기는 수익의 변동성
> 2. 보상: 기초자산의 경제적 내용연수에 걸친 수익성 있는 운영과 가치의 상승이나 잔존가치 실현에서 생기는 차익

3. 금융리스로 분류되는 상황의 예

리스는 계약의 형식보다는 거래의 실질에 따라 금융리스나 운용리스로 분류한다. 리스가 일반적으로 금융리스로 분류되는 상황(개별적으로나 결합되어)의 예는 다음과 같다.

항목	내용
① 소유권이전 약정 기준	리스기간 종료시점까지 기초자산의 소유권이 리스이용자에게 이전되는 경우
② 염가매수선택권기준	리스이용자가 선택권을 행사할 수 있는 시점의 공정가치보다 충분하게 낮을 것으로 예상되는 가격으로 기초자산을 매수할 수 있는 선택권을 가지고 있으며, 그 선택권을 행사할 것이 리스약정일 현재 거의 확실한 경우
③ 리스기간 기준	리스기간이 기초자산의 경제적 내용연수의 상당부분을 차지하는 경우
④ 공정가치 회수 기준	리스약정일 현재 리스료를 내재이자율로 할인한 현재가치가 적어도 기초자산의 공정가치의 대부분에 상당하는 경우
⑤ 범용성 없는 자산 기준	리스이용자만이 중요한 변경 없이 사용할 수 있는 특수한 성격의 기초자산인 경우

CHAPTER 2 리스제공자 - 금융리스

1 금융리스 용어의 정의

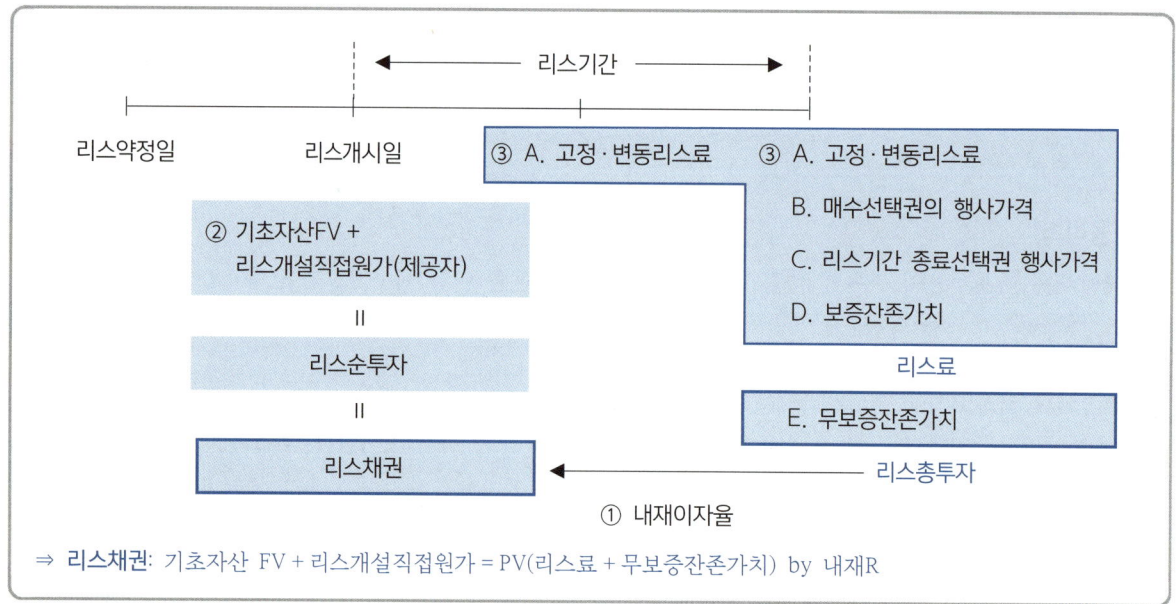

⇒ **리스채권**: 기초자산 FV + 리스개설직접원가 = PV(리스료 + 무보증잔존가치) by 내재R

Self Study
1. 금융리스는 리스자산의 소유에 따른 대부분의 위험과 보상을 실질적으로 리스이용자에게 이전되는 리스를 말한다.
2. 리스약정일에 금융리스, 운용리스 결정하고 리스채권의 금액을 결정한다.

1. 리스약정일

리스계약일과 리스의 주요 조건에 대하여 계약당사자들이 합의한 날 중 빠른 날을 말한다.

2. 리스개시일

리스개시일은 리스제공자가 리스이용자에게 기초자산을 사용할 수 있게 하는 날을 말한다.

3. 리스기간

리스기간은 리스개시일에 시작되고 리스제공자가 리스이용자에게 리스료를 면제해주는 기간이 있다면 그 기간도 포함한다. 리스기간은 리스이용자가 기초자산 사용권을 갖는 해지불능기간과 다음 기간을 포함한 기간을 말한다.

> ① 리스이용자가 리스 연장선택권을 행사할 것이 상당히 확실한 경우에 그 선택권의 대상 기간
> ② 리스이용자가 리스 종료선택권을 행사하지 않을 것이 상당히 확실한 경우에 그 선택권의 대상 기간

리스이용자가 연장선택권을 행사하거나 기초자산을 매수할 것이 상당히 확실한지, 리스 종료선택권을 행사하지 않을 것이 상당히 확실한지는 리스개시일에 평가한다. 리스의 해지불능기간이 달라진다면 리스기간을 변경한다.

Self Study
리스이용자가 리스 연장선택권을 행사하거나 리스 종료선택권을 행사하지 않을 것이 상당히 확실한지를 평가할 때, 리스이용자가 리스연장선택권을 행사하거나 리스 종료선택권을 행사하지 않을 경제적 유인이 생기게 하는 관련된 사실 및 상황을 모두 고려한다.

4. 공정가치

공정가치는 합리적인 판단력과 거래의사가 있는 독립된 당사자 사이의 거래에서 자산이 교환되거나 부채가 결제될 수 있는 금액을 말한다. 리스제공자가 기초자산을 신규로 취득하여 리스하는 경우 공정가치는 취득원가와 일치한다. (⇒ 기준서 제1113호 '공정가치 측정'에서 사용하는 공정가치의 정의와는 다르다)

5. 사용기간

사용기간은 고객과의 계약을 이행하기 위해 자산이 사용되는 총기간을 의미하며, 비연속적인 기간을 포함한다.

6. 경제적 내용연수와 내용연수

경제적 내용연수는 하나 이상의 사용자가 자산을 경제적으로 사용할 수 있을 것으로 예상하는 기간(= 기업의 사용 여부에 관계없이 자산의 전체 사용가능기간)이나 자산에서 얻을 것으로 예상하는 생산량 또는 이와 비슷한 단위 수량을 의미한다. 한편, 내용연수는 기업이 자산을 사용할 수 있을 것으로 예상하는 기간(= 기업이 해당 자산을 사용할 수 있는 기간)이나 자산에서 얻을 것으로 예상하는 생산량 또는 이와 비슷한 단위 수량을 말한다.

7. 리스료

리스료는 기초자산 사용권과 관련하여 리스기간에 리스이용자가 리스제공자에게 지급하는 금액으로 아래의 항목으로 구성된다.

> ① 고정리스료
> ② 지수나 요율(이율)에 따라 달라지는 변동리스료
> ③ 리스이용자가 매수선택권을 행사할 것이 상당히 확실한 경우에 그 매수선택권의 행사가격
> ④ 리스기간이 리스이용자의 종료선택권 행사를 반영하는 경우에, 그 리스를 종료하기 위하여 부담하는 금액

리스이용자의 경우에 리스료는 잔존가치보증에 따라 리스이용자가 지급할 것으로 예상되는 금액도 포함한다. 리스이용자가 비리스요소와 리스요소를 통합하여 단일 리스요소로 회계처리하기로 선택하지 않는다면 리스료는 비리스요소에 배분되는 금액을 포함하지 않는다.

리스제공자의 경우에 리스료는 잔존가치보증에 따라 리스이용자, 리스이용자의 특수관계자, 리스제공자와 특수 관계에 있지 않고 보증의무를 이행할 재무적 능력이 있는 제3자가 리스제공자에게 제공하는 잔존가치보증을 포함한다. 리스료는 비리스요소에 배분되는 금액은 포함하지 않는다.

> **Self Study**
> 지수나 요율(이율)에 따라 달라지는 변동리스료의 예로는 소비자물가지수에 연동되는 지급액, 기준금리에 연동되는 지급액, 시장 대여요율의 변동을 반영하기 위하여 변동되는 지급액이 포함된다.

8. 리스 인센티브

리스와 관련하여 리스제공자가 리스이용자에게 지급하는 금액이나 리스의 원가를 리스제공자가 보상하거나 부담하는 금액을 말한다. 리스 인센티브는 고정리스료에서 차감한다.

9. 잔존가치 보증

잔존가치 보증은 리스제공자와 특수 관계에 있지 않은 당사자가 리스제공자에게 제공한, 리스종료일의 기초자산 가치(또는 가치의 일부)가 적어도 특정 금액이 될 것이라는 보증을 말한다. 이에 반해 무보증잔존가치는 리스제공자가 실현할 수 있을지 확실하지 않거나 리스제공자의 특수관계자만이 보증한, 기초자산의 잔존가치 부분을 말한다. 따라서 리스종료일의 기초자산 추정잔존가치는 보증잔존가치와 무보증잔존가치로 구분된다.

> 리스종료일의 기초자산 추정잔존가치 = 보증잔존가치 + 무보증잔존가치

보증잔존가치는 리스제공자와 리스이용자가 각각의 입장에서 다르게 정의되며, 리스료에 포함한다.

구분	리스제공자	리스이용자
보증잔존가치	① 리스이용자 또는 ② 리스이용자의 특수관계자 또는 ③ 리스제공자와 특수관계가 없고 재무적으로 이행능력이 있는 제3자가 보증한 잔존가치	리스이용자
무보증잔존가치	리스제공자가 실현할 수 있을지 확실하지 않거나 리스제공자의 특수관계자만이 보증한 리스자산의 잔존가치로 리스료에 포함되지 않음	

리스종료일의 기초자산 추정잔존가치는 리스제공자가 회수할 수 있는지 여부에 따라 아래와 같이 구분된다.

(1) 회수불가능한 잔존가치
소유권 이전이 상당히 확실한 경우

(2) 회수가능한 잔존가치
소유권 이전이 상당히 확실하지 않은 경우(⇒ 리스종료일에 기초자산이 리스제공자에게 반환됨)

리스종료일의 추정잔존가치

구분	소유권의 이전	추정잔존가치
소유권이전 or 염가매수선택권 약정 O	거의 확실함	리스제공자의 미래CF ×
소유권이전 or 염가매수선택권 약정 ×	확실하지 않음	보증잔존가치 + 무보증잔존가치

10. 리스개설직접원가

리스개설직접원가는 리스를 체결하지 않았더라면 부담하지 않았을 리스체결의 증분원가를 말한다. 다만, 금융리스와 관련하여 제조자 또는 판매자인 리스제공자가 부담하는 원가는 리스개설직접원가에서 제외한다.

11. 리스의 내재이자율과 리스이용자의 증분차입이자율

리스의 내재이자율은 리스료 및 무보증잔존가치의 합계액을 기초자산의 공정가치와 리스제공자의 리스개설직접원가의 합계액과 동일하게 하는 할인율을 말한다.

$$\text{기초자산 FV + 리스개설직접원가(제공자)} = \text{PV(리스료 + 무보증잔존가치) by 내재이자율}$$

리스이용자의 증분차입이자율은 리스이용자가 비슷한 경제적 환경에서 비슷한 기간에 걸쳐 비슷한 담보로 사용권자산과 가치가 비슷한 자산 획득에 필요한 자금을 차입한다면 지급해야 하는 이자율을 말한다.

12. 리스총투자와 리스순투자

리스총투자는 금융리스에서 리스제공자가 수령할 리스료와 무보증잔존가치의 합계액을 의미한다. 리스순투자는 리스총투자를 내재이자율로 할인한 금액으로 리스자산의 공정가치와 리스제공자의 리스개설직접원가의 합계액을 말한다. 이때 리스총투자와 리스순투자의 차이를 미실현 금융수익(= 이자수익)이라고 한다.

$$\text{리스순투자} = \text{PV(리스총투자) by 내재이자율}$$

2 금융리스 리스제공자의 F/S분석 및 회계처리 분석

1. 리스제공자

(1) 리스제공자의 F/S

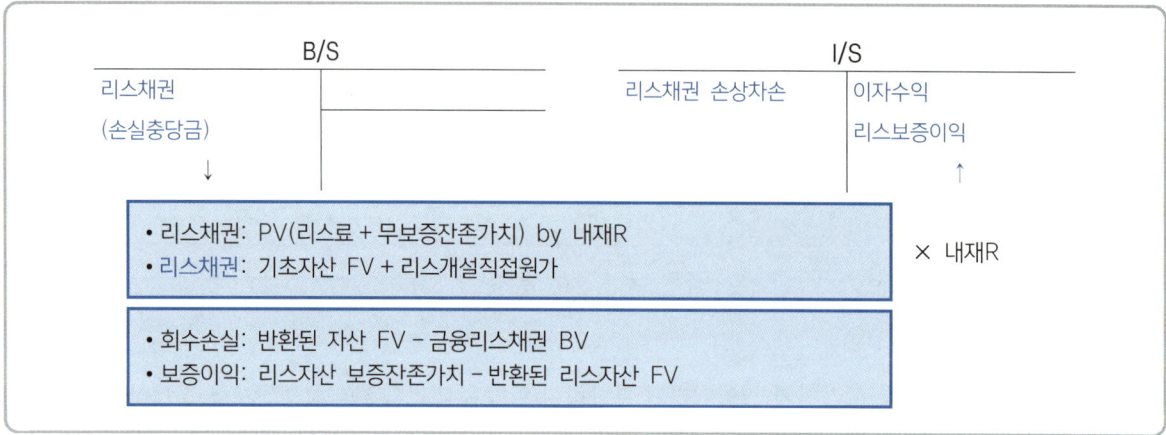

(2) 리스제공자의 회계처리(개시일과 결산일)

① 리스개시일 이전

| 개시일 | (차) 선급리스자산 | 리스자산 FV | (대) 현금 | 리스자산 FV |

리스제공자는 제조자나 판매자로부터 기초자산을 구입하고, 리스기간 개시일까지 선급리스자산(= 리스이용자에게 사용권을 대여할 목적으로 취득한 자산으로 아직 대여하지 않고 있는 자산)으로 계상한다.

② 리스개시일

| 개시일 | (차) 리스채권 | PV(리스료 + 무보증) by 내재R | (대) 선급리스자산 | 리스자산 FV |
| | | | 현금(제공자) | 리스개설직접원가 |

리스제공자는 리스기간 개시일에 리스순투자액을 수취채권(= 리스채권)으로 인식한다. 리스순투자액은 리스료와 무보증잔존가치의 합계액(= 리스총투자)을 내재이자율로 할인한 금액으로 기초자산의 공정가치와 리스개설직접원가의 합계액과 동일하다.

③ 결산일

결산일	(차) 현금	리스료	(대) 이자수익(N/I)	기초리스채권 × 내재R
			리스채권	대차차액
	(차) 리스채권손상차손		(대) 손실충당금	××
	PV(추정무보증잔존가치감소분)			

㉠ 이자수익 인식

리스제공자는 자신의 리스순투자 금액에 일정한 기간수익률을 반영하는 방식으로 리스기간에 걸쳐 금융수익을 인식한다. 또한 리스제공자는 체계적이고 합리적인 기준으로 리스기간에 걸쳐 금융수익이 배분되도록 한다. 리스제공자는 해당 기간의 리스료를 리스총투자에 대응시켜 원금과 미실현 금융수익을 줄인다. 따라서 금융수익은 리스제공자의 리스순투자 미회수분에 대하여 리스의 내재이자율을 적용하는 유효이자율법으로 인식한다.

④ 리스종료일
  ㉠ 기초자산의 소유권을 이전하는 경우

(차) 현금	××	(대) 리스채권	BV

소유권이전 약정이나 염가매수선택권 약정이 있는 경우 리스제공자는 리스종료일에 기초자산의 소유권을 리스이용자에게 이전하고 현금을 받는다. 만약, 리스채권의 장부금액과 현금수령액이 일치하지 않는 경우 동 차액을 리스제공자는 당기손익으로 인식한다.

  ㉡ 기초자산을 회수하는 경우

(1) 리스채권 장부금액(보증 + 무보증 잔존가치)

(2) 기초자산 보증잔존가치

(3) 기초자산 FV

리스제공자
1) 리스채권손상차손 : (1) - (3)
2) 보증이익 : (2) - (3)

소유권이전 약정이나 염가매수선택권 약정이 없는 경우 리스제공자는 리스종료일에 리스이용자로부터 기초자산을 반환받는다. 잔존가치 보증으로 인하여 리스이용자로부터 회수한 금액은 당기이익으로 인식하고, 반환받는 기초자산의 실제잔존가치와 리스채권의 장부금액의 차액은 아래와 같이 처리한다.

(차) 기초자산	회수 시 FV(3)	(대) 리스채권	BV(1)
리스채권손상차손(N/I)	(1) - (3)		
(차) 현금	××	(대) 보증이익(N/I)	(2) - (3)

⇒ 리스채권 손상차손: 반환된 리스자산의 FV - 리스채권 장부금액
⇒ 리스보증이익: 리스자산 보증잔존가치 - 반환된 리스자산의 FV
⇒ 리스제공자의 리스기간 종료 연도의 N/I 영향: 이자수익 + 리스채권손상차손 + 보증이익

Self Study
1. 기업회계기준서 제1116호 '리스'에서는 리스종료일에 기초자산을 반환받는 경우의 회계처리에 대하여 규정하고 있지 않다.
2. 리스기간 종료일에 기초자산의 실제잔존가치가 리스채권의 장부금액보다 큰 경우에는 반환받는 기초자산을 리스채권의 장부금액으로 인식한다.

사례연습

㈜한영은 회사에 필요한 기계장치를 리스하기로 결정하고, 이를 ㈜현주리스와 합의하였다. ㈜현주리스는 20×0년 12월 31일 이 기계장치를 현금으로 취득하고, 다음과 같은 조건으로 ㈜한영과 금융리스계약을 체결하였다.

> (1) 리스기간은 20×1년 1월 1일부터 20×3년 12월 31일까지이고, 기초자산의 취득원가는 ₩6,000,000이고, 경제적 내용연수는 5년이며, 예상잔존가치는 없다.
> (2) 리스기간개시일에 기초자산의 공정가치는 ₩6,000,000이며, 리스개설직접원가는 20×1년 1월 1일에 ㈜현주리스에서 ₩50,000이 발생하였다. 리스개설직접원가는 현금으로 지급되었다.
> (3) 고정리스료는 매년 12월 31일 지급하기로 하고, 리스기간 종료 후 ㈜현주리스는 기초자산의 소유권을 ₩500,000에 ㈜한영에 이전하기로 하였다.
> (4) 계약체결 당시 ㈜현주리스의 내재이자율은 연 10%이다. (3년 10% 현가계수: 0.75131, 연금현가계수: 2.48685)

[물음 1]
㈜현주리스의 리스기간개시일의 회계처리를 보이고, 리스기간 개시 일에 계상할 리스채권의 금액을 구하시오.

[물음 2]
동 거래에서 ㈜현주리스가 매년 수취할 고정리스료는 얼마인지 구하시오.

[물음 3]
㈜현주리스가 20×1년 말에 해야 할 회계처리를 하고, 20×1년 F/S효과를 보이시오.

[물음 4]
㈜현주리스가 20×3년 말에 해야 할 회계처리를 보이시오.

(풀이)

<리스의 현금흐름 분석>

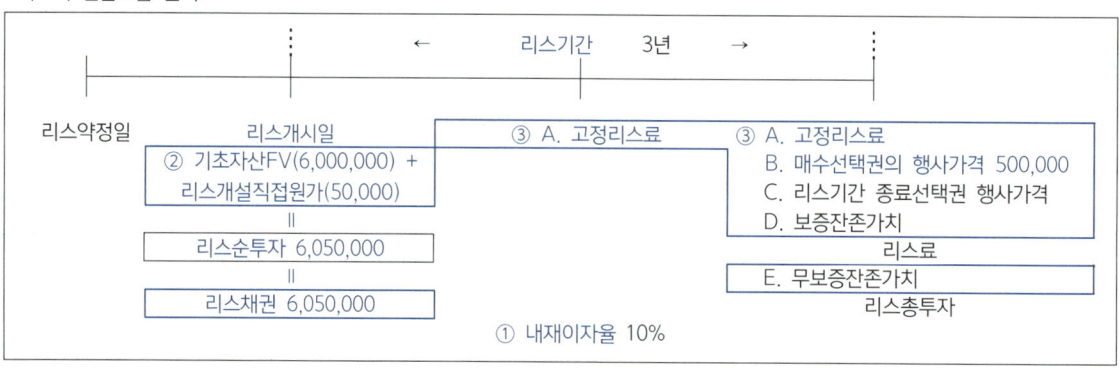

[물음 1]
리스 개시일에 리스채권: 6,050,000
[회계처리]

개시일	(차) 리스채권	PV(리스료 + 무보증)by내재R 6,050,000	(대) 선급리스자산 현금(제공자)	리스자산FV 6,000,000 리스개설직접원가 50,000

[물음 2]
매년 지급할 고정리스료(A): 2,281,740
- 리스채권 = PV(리스료 + 무보증잔존가치) by 내재R
  = 고정리스료(A) × 2.48685 + 매수선택권의 행사가격 500,000 × 0.75131
  = 기초자산 FV + 리스개설직접원가
  = 6,000,000 + 50,000 = 6,050,000

[물음 3]
(1) 회계처리

결산일	(차) 현금	고정리스료 2,281,740	(대) 이자수익(N/I) (대) 리스채권	기초리스채권 × 내재R 6,050,000 × 10% = 605,000 대차차액 1,676,740

(2) 20×1년 F/S효과

B/S   ×1년 말

리스채권   기초리스채권① × (1 + R) − ③
6,050,000 × 1.1 − 2,281,740 = 4,373,260

I/S

N/I 영향: 이자수익 = 기초리스채권 × 내재R × 보유기간/12
= 6,050,000 × 10% = 605,000

OCI 변동: -

[물음 4]
20×3년 말 회계처리

결산일	(차) 현금	고정리스료 2,281,740	(대) 이자수익(N/I) 리스채권	기초리스채권 × 내재R 252,885* 대차차액 2,028,855
	(차) 현금	500,000	(대) 리스채권	500,000

* 이자수익: (2,281,740 + 500,000) / 1.1 × 10% = 252,885

📘 사례연습

㈜서울은 회사에 필요한 기계장치를 리스하기로 결정하고, 이를 리스회사 ㈜한국리스와 합의하였다. ㈜한국리스는 20×0년 12월 31일 이 기계장치를 현금취득하고, 다음과 같은 조건으로 ㈜서울과 금융리스계약을 체결하였다.

<계약조건>
(1) 리스기간은 20×1년 1월 1일부터 20×3년 12월 31일까지이고, 리스자산의 취득원가는 ₩6,000,000이고, 경제적 내용연수는 5년이며, 예상잔존가치는 없다. 한편, 리스기간 종료 후 ㈜서울은 해당 리스자산을 반환하기로 하였다.
(2) 리스기간개시일에 기초자산의 공정가치는 ₩6,000,000이고, 리스개설직접원가는 20×1년 1월 1일에 ㈜한국리스에서 ₩50,000이 발생하였다. 리스개설직접원가는 모두 현금으로 지급되었다.
(3) 고정리스료는 매년 12월 31일 지급하기로 하고, 기초자산의 리스기간 종료 시 잔존가치는 ₩500,000으로 추정되며, ㈜서울은 예상잔존가치 ₩500,000 중 ₩200,000을 보증하였다.
(4) 계약체결 당시 ㈜한국리스의 내재이자율은 연 10%이다.

현재가치계수는 다음과 같다.

구분	단일금액 10%	정상연금 10%
3기간	0.75131	2.48685

단, 금액(₩)은 소수점 첫째자리에서 반올림하시오.

[물음 1]
㈜한국리스의 입장에서 다음 일자별 회계처리(분개)를 하시오. 또한 리스기간개시일에 계상할 리스채권의 금액을 구하시오.
1. 리스약정일의 회계처리(분개)
2. 리스기간개시일의 회계처리(분개)
3. 리스채권 금액

[물음 2]
리스료는 리스료의 현재가치와 무보증잔존가치의 현재가치 합계액이 리스자산의 공정가치와 리스제공자의 리스개설직접원가의 합계액과 일치되도록 결정한다. 이 경우 고정리스료는 얼마인지 구하시오.

[물음 3]
㈜한국리스의 입장에서 20×1년 12월 31일에 필요한 회계처리(분개)를 하시오.

[물음 4]
㈜한국리스의 입장에서 20×3년 12월 31일 리스자산 회수 시에 이자수익 계상을 제외한 필요한 모든 회계처리(분개)를 하시오. (단, 리스기간 종료 시 기초자산의 실제 잔존가치는 ₩100,000이다)

[풀이]

<리스의 현금흐름 분석>

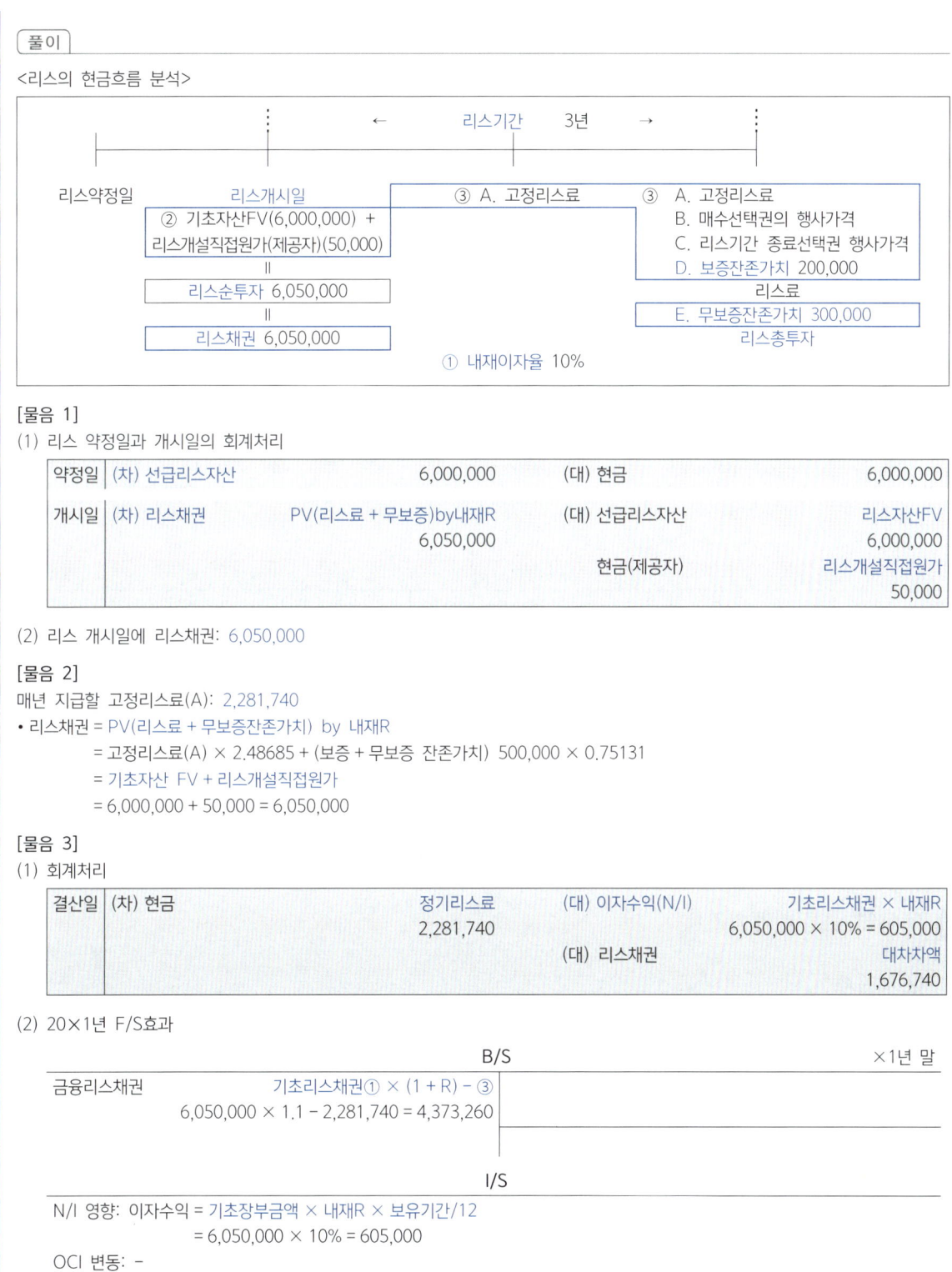

[물음 1]
(1) 리스 약정일과 개시일의 회계처리

약정일	(차) 선급리스자산	6,000,000	(대) 현금	6,000,000
개시일	(차) 리스채권	PV(리스료 + 무보증)by내재R 6,050,000	(대) 선급리스자산	리스자산FV 6,000,000
			현금(제공자)	리스개설직접원가 50,000

(2) 리스 개시일에 리스채권: 6,050,000

[물음 2]
매년 지급할 고정리스료(A): 2,281,740

- 리스채권 = PV(리스료 + 무보증잔존가치) by 내재R
  = 고정리스료(A) × 2.48685 + (보증 + 무보증 잔존가치) 500,000 × 0.75131
  = 기초자산 FV + 리스개설직접원가
  = 6,000,000 + 50,000 = 6,050,000

[물음 3]
(1) 회계처리

결산일	(차) 현금	정기리스료 2,281,740	(대) 이자수익(N/I)	기초리스채권 × 내재R 6,050,000 × 10% = 605,000
			(대) 리스채권	대차차액 1,676,740

(2) 20×1년 F/S효과

B/S ×1년 말

금융리스채권	기초리스채권① × (1 + R) − ③ 6,050,000 × 1.1 − 2,281,740 = 4,373,260	

I/S

N/I 영향: 이자수익 = 기초장부금액 × 내재R × 보유기간/12
 = 6,050,000 × 10% = 605,000

OCI 변동: −

[물음 4]

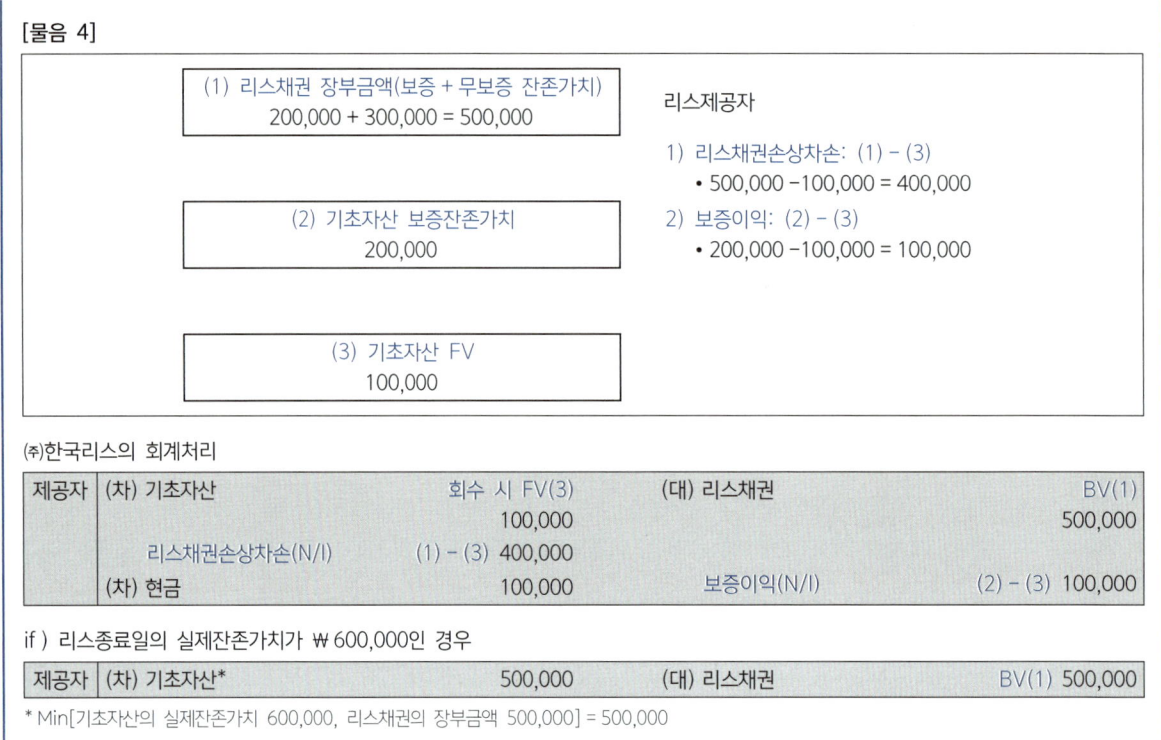

if) 리스종료일의 실제잔존가치가 ₩ 600,000인 경우

| 제공자 | (차) 기초자산* | 500,000 | (대) 리스채권 | BV(1) 500,000 |

* Min[기초자산의 실제잔존가치 600,000, 리스채권의 장부금액 500,000] = 500,000

CHAPTER 3 리스제공자 - 운용리스

1 운용리스의 회계처리

1. 리스제공자
(1) F/S효과 및 회계처리

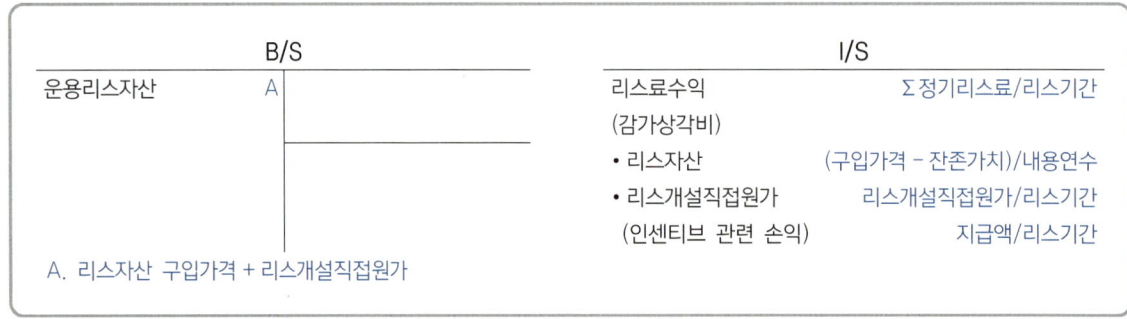

구분	리스제공자			
자산구입	(차) 선급리스자산	구입가격 + 직접원가	(대) 현금	××
리스개시일	(차) 운용리스자산	취득원가	(대) 선급리스자산	××
	운용리스자산	리스개설직접원가	현금	××
기말	(차) 현금	××	(대) 리스료수익(N/I)	××
	(차) 감가상각비(N/I)[1]	××	(대) 감가상각누계액	××
리스종료일	회계처리 없음			

[1] (취득원가 − 잔존가치) / 내용연수 + 리스개설직접원가 / 운용리스기간

리스제공자는 제조자나 판매자로부터 리스자산을 구입하고, 리스기간 개시일까지 선급리스자산으로 계상한다. 이후 리스기간 개시일에 리스자산의 취득원가를 운용리스자산으로 계산한다.

리스자산의 사용효익이 감소되는 기간적 형태를 더 잘 나타내는 다른 체계적인 인식기준이 없다면 비록 리스료가 매기 정액으로 수취되지 않더라도 리스제공자는 리스수익을 리스기간에 걸쳐 정액기준으로 인식한다. 또한 리스기간에 발생하는 감가상각비를 포함한 원가는 비용으로 인식한다.

2 운용리스의 주의사항

1. 운용리스료 수익·비용의 인식

운용리스과정에서 리스제공자와 리스이용자가 인식할 리스료수익과 비용은 다른 체계적인 인식기준이 없다면, 리스기간에 걸쳐 정액기준으로 인식한다.

⇒ 매기 인식할 운용리스료 수익·비용: Σ 정기리스료 ÷ 운용리스 기간

```
운용리스료 수익·비용
  연도       20×1    20×2    20×3      ⇒ 매년 인식할 리스료
  매년 리스료  100     200     300         : (100 + 200 + 300)/3 = 200
```

2. 감가상각비

리스제공자의 운용리스자산은 리스제공자가 소유한 다른 유사자산의 일반 감가상각정책과 일관성 있게 내용연수 동안 비용으로 인식한다. 또한 운용리스의 협상 및 계약단계에서 운용리스개설직접원가가 발생할 수 있다. 리스기간개시일에 발생한 운용리스개설직접원가는 자산으로 인식하고 운용리스자산의 장부금액에 가산하여 표시한다. 운용리스자산의 장부금액에 가산된 리스개설직접원가는 리스료수익에 대응하여 리스기간 동안 비용으로 인식한다.

(1) 운용리스자산의 취득원가

(취득원가 − 내용연수 종료 시 잔존가치) / 내용연수

(2) 리스개설직접원가

운용리스개설직접원가 / 운용리스기간

3. 운용리스 인센티브

운용리스를 계약하기 위해 리스제공자가 리스이용자에게 인센티브를 제공하는 경우가 있다. 신규 또는 갱신되는 운용리스 계약에 따른 모든 인센티브는 그 성격, 형식 또는 지급시점과 관계없이 리스자산의 사용을 위하여 합의된 순대가의 일부로 인식한다. 따라서 리스제공자는 리스자산 효익의 기간적 감소형태를 보다 잘 나타내는 다른 체계적인 인식기준이 없다면, 리스제공자는 인센티브의 총원가를 리스기간에 걸쳐 정액기준에 따라 리스수익에서 차감하여 인식한다.

리스이용자는 리스자산의 사용에 따른 효익의 기간적 형태를 보다 잘 나타내는 다른 체계적인 인식기준이 없다면, 인센티브의 총효익을 리스기간에 걸쳐 정액기준에 따라 리스비용에서 차감하여 인식한다.

구분	리스제공자
운용리스인센티브 관련 손익	리스기간에 걸쳐 리스수익에서 차감

★ 사례연습

㈜한국리스는 ㈜경기와 통신설비에 대해서 운용리스계약을 체결하였다. 관련 자료는 다음과 같다.

(1) ㈜한국리스는 20×1년 1월 1일에 취득원가가 ₩3,000,000인 통신설비를 취득 즉시 ㈜경기에게 인도하고 리스개설직접원가로 ₩90,000을 지출하였다. 그리고 ㈜경기가 부담해야 할 리스개설직접원가는 ₩60,000 이지만 이 중 ㈜한국리스가 계약에 따른 인센티브로 ₩30,000을 부담하였다.
(2) 리스기간은 3년이고, 고정리스료는 20×1년 말에 ₩600,000, 20×2년 말에 ₩800,000, 20×3년 말에 ₩1,000,000을 수취하기로 하였다.
(3) 통신설비의 내용연수는 5년이고, 잔존가치가 없으며, 정액법으로 감가상각한다.

상기 운용리스거래가 20×1년도 ㈜한국리스의 당기손익에 미치는 영향은 각각 얼마인가? 단, 양사의 결산일은 매년 12월 31일이며, 법인세효과는 무시한다.

풀이

㈜한국리스
(1) 당기손익에 미치는 영향: ① + ② + ③ + ④ = 160,000
　① 운용리스료 수익: Σ정기리스료 ÷ 운용리스 기간
　　(600,000 + 800,000 + 1,000,000) ÷ 3년 = 800,000
　② 운용리스자산 감가상각비: 선급리스자산 ÷ 내용연수
　　3,000,000 ÷ 5년 = (600,000)
　③ 리스개설직접원가 감가상각비: 리스개설직접원가 ÷ 운용리스 기간
　　90,000 ÷ 3년 = (30,000)
　④ 리스제공자가 제공한 인센티브 수익 차감액: 인센티브지급액 ÷ 운용리스 기간
　　30,000 ÷ 3년 = (10,000)

(2) 회계처리

구분	리스제공자			
자산구입	(차) 선급리스자산	3,000,000	(대) 현금	3,000,000
리스개시일	(차) 운용리스자산	3,000,000	(대) 선급리스자산	3,000,000
	운용리스자산	90,000	현금	90,000
	(차) 선급비용	30,000	현금	30,000
20×1년 말	(차) 현금	600,000	(대) 리스료수익(N/I)	790,000
	미수리스료	200,000	선급비용	10,000
	(차) 감가상각비(N/I)	630,000	(대) 감가상각누계액	630,000

CHAPTER 4 리스제공자가 제조자 또는 판매자인 금융리스

1. 리스제공자가 제조자 또는 판매자인 금융리스(판매형 리스)의 의의

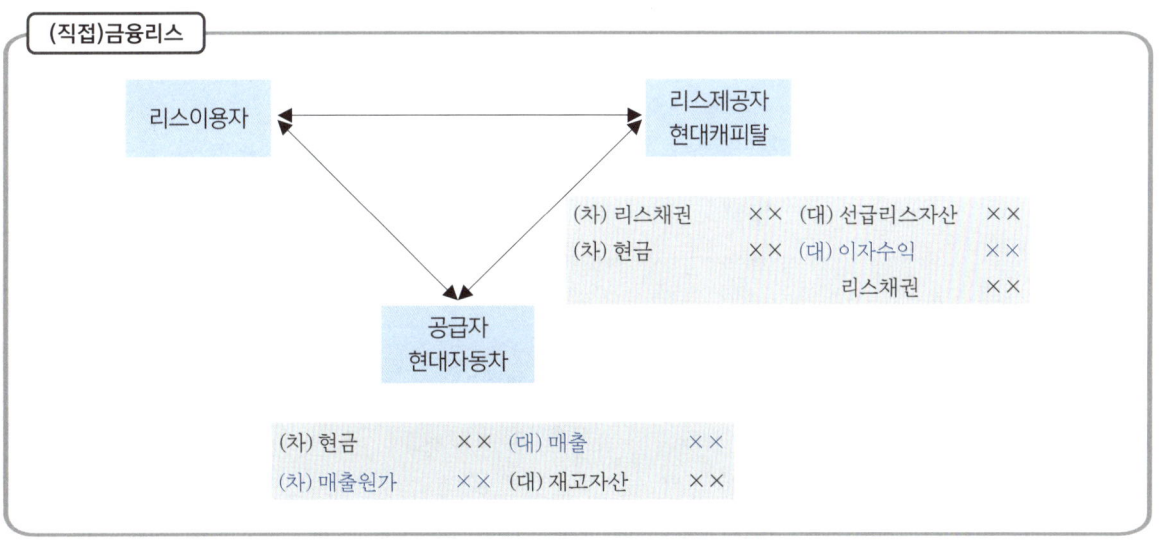

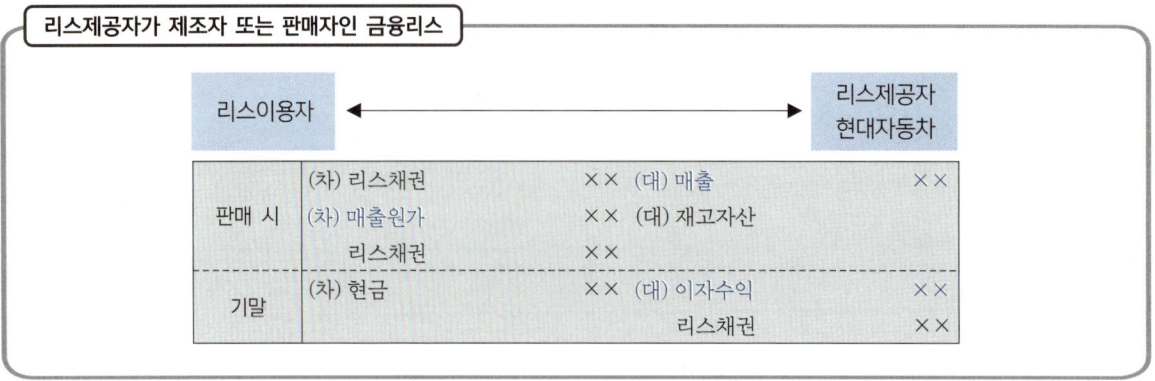

리스제공자가 제조자 또는 판매자인 금융리스는 제조자나 판매자가 제조 또는 구매한 자산을 금융리스형식으로 판매하는 경우의 리스를 말한다. 판매형리스에서 리스제공자는 다음과 같은 이익이 발생한다.

① 적용가능한 수령할인이나 매매할인을 반영한 정상적인 판매가격으로 리스자산을 일반판매할 때 발생하는 매출총이익
② 리스기간의 이자수익

제조자나 판매자인 리스제공자는 고객을 유치하기 위하여 인위적으로 낮은 이자율을 제시하기도 하는데 이러한 낮은 이자율의 사용은 거래 전체의 이익의 상당부분이 판매시점에 인식되는 결과를 초래한다. 따라서 인위적으로 낮은 이자율이 제시된 경우라도 시장이자율을 적용하였을 경우의 금액을 한도로 매출이익을 인식한다.

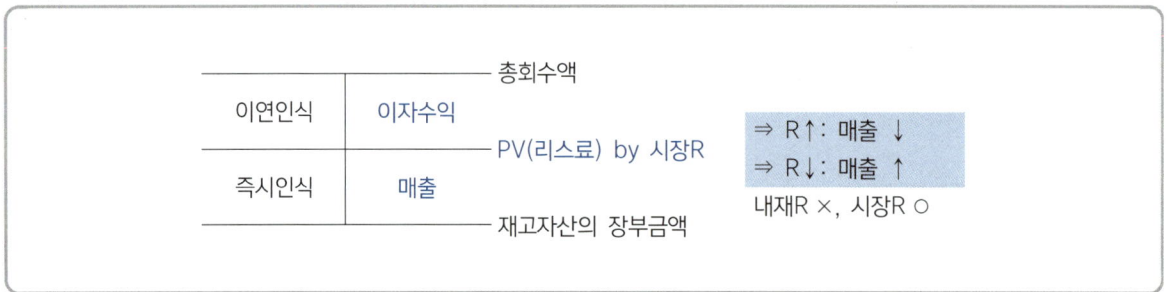

2. 리스제공자가 제조자 또는 판매자인 금융리스의 회계처리

개시일	(차) 리스채권	PV(리스료)	(대) 매출(N/I)	MIN[기초자산 FV, PV(리스료)]
	(차) 매출원가(N/I)	BV - PV(무보증잔존가치)	(대) 재고자산	BV
	리스채권	PV(무보증잔존가치)		
	(차) 판매관리비(N/I)	××	(대) 현금	리스개설직접원가
기말	(차) 현금	리스료	(대) 이자수익	기초리스채권 × 시장R
			리스채권	××

⇒ 판매시점에 리스제공자의 N/I 미치는 영향
  ① **매출액**: Min[기초자산 FV, PV(리스료) by 시장R]
  ② **매출원가**: 기초자산 BV - PV(무보증잔존가치) by 시장R
  ③ **리스제공자의 리스개설직접원가**: 판매관리비용 처리

CHAPTER 5 리스이용자

1 최초측정

리스제공자는 리스계약형태에 따라 운용리스와 금융리스로 구분하여 회계처리하지만, 리스이용자는 이러한 구분 없이 사용권자산과 리스부채로 리스개시일에 회계처리한다.

1. 리스부채의 측정

리스이용자는 리스개시일에 그날 현재 지급되지 않은 리스료의 현재가치로 리스부채를 측정한다. 리스의 내재이자율을 쉽게 산정할 수 있는 경우에는 그 이자율로 리스료를 할인한다. 그 이자율을 쉽게 산정할 수 없는 경우에는 리스이용자의 증분차입이자율을 사용한다.

리스개시일에 리스부채의 측정치에 포함되는 리스료는, 리스기간에 걸쳐 기초자산을 사용하는 권리에 대한 지급액 중 그날 현재 지급되지 않은 다음 금액으로 구성(⇒ 리스제공자가 금융리스의 리스개시일에 인식하는 리스순투자의 측정치에 포함하는 리스료와 동일)된다.

(1) **고정리스료**

실질적인 고정리스료를 포함하고, 받을 리스 인센티브는 차감한다(= 형식적 변동성, 실질적 지급회피 불가능.
예 매출 연동 리스료에 최초 임차료 조항 포함).

(2) **지수나 요율(이율)에 따라 달라지는 변동리스료**

처음에는 리스개시일의 지수나 요율(이율)을 사용하여 측정한다.

(3) **보증잔존가치**

잔존가치 보증에 따라 리스이용자가 지급할 것으로 예상되는 금액이다.

(4) **매수선택권의 행사가격**

리스이용자가 매수선택권을 행사할 것이 상당히 확실한 경우에 그 매수선택권의 행사가격이다.

(5) **리스이용자의 리스기간 종료선택권 행사가격**

리스기간이 리스이용자의 종료선택권 행사를 반영하는 경우에 그 리스를 종료하기 위하여 부담하는 금액이다.

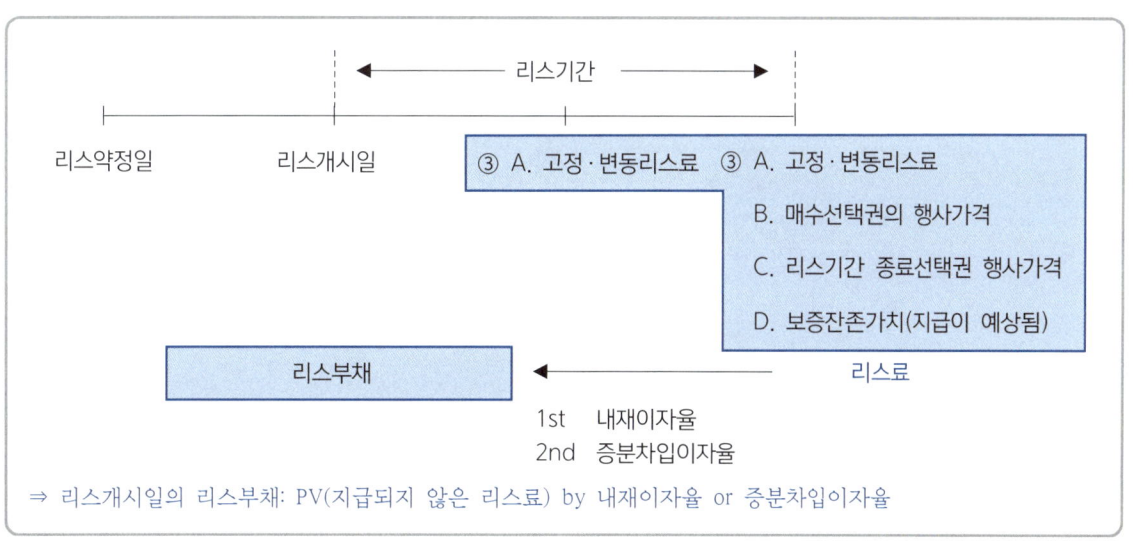

> **Self Study**
> 1. 리스이용자는 리스제공자의 리스분류에 관계없이 리스개시일에 리스부채를 인식한다.
> 2. 증분차입이자율: 리스이용자가 비슷한 경제적 환경과 기간에 비슷한 사용권자산을 획득하는 데 차입하는 자금의 지급하는 이자율
> 3. 리스부채를 인식하는 것이므로 이미 지급한 리스료는 포함하지 않는다.
> 4. 리스이용자는 잔존가치보증에 따라 리스이용자가 지급할 것으로 예상되는 금액을 리스료로 산정한다. 그러므로 리스이용자가 지급할 것으로 예상되지 않는 보증잔존가치는 리스료에 포함되지 않는다.

2. 사용권자산의 측정

리스이용자는 리스제공자의 리스분류에 관계없이 리스개시일에 사용권자산을 인식하고 재무상태표에 사용권자산을 다른 자산과 구분하여 표시하거나 공시한다. 사용권자산은 리스기간에 리스이용자가 기초자산을 사용할 권리(= 기초자산 사용권)를 나타내는 자산을 말한다. 사용권자산은 원가로 측정하며, 원가는 아래의 항목으로 구성된다.

(1) 리스부채의 최초 측정금액
(2) 리스개시일이나 그 전에 지급한 리스료(받은 리스 인센티브는 차감)
(3) 리스이용자가 부담하는 리스개설직접원가
(4) 리스 조건에서 요구하는 대로 기초자산을 해체하고 제거하거나, 기초자산이 위치한 부지를 복구하거나, 기초자산 자체를 복구할 때 리스이용자가 부담하는 원가의 추정치

(차) 사용권자산 현금	대차차액 받은 리스 인센티브	(대) 리스부채 선급리스료 현금 복구충당부채	PV(지급되지 않은 리스료) 개시일 전 미리 지급한 리스료 리스개설직접원가 PV(예상복구비용)

⇒ **개시일의 사용권자산**: 리스부채의 최초 측정액 + 개시일 전 지급한 리스료 + 리스개설직접원가 + 복구원가 추정치 − 받은 리스 인센티브

> **Self Study**
> 1. 리스이용자가 임차보증금을 제공하는 경우 현재가치 상당액은 금융자산으로 인식하고 현재가치할인 차금 상당액은 사용권자산으로 처리한다.
> 2. 리스 조건에서 요구하는 대로 기초자산을 해체하고 제거하거나, 기초자산이 위치한 부지를 복구하거나, 기초자산 자체를 복구할 때 리스이용자가 부담하는 원가의 추정은 사용권자산 원가의 일부로 그 원가를 인식한다. 리스이용자는, 특정한 기간에 재고자산을 생산하기 위하여 사용권자산을 사용한 결과로 그 기간에 부담하는 원가에는 기업회계기준서 제1002호 '재고자산'을 적용한다.

2 후속측정

1. 리스이용자의 F/S

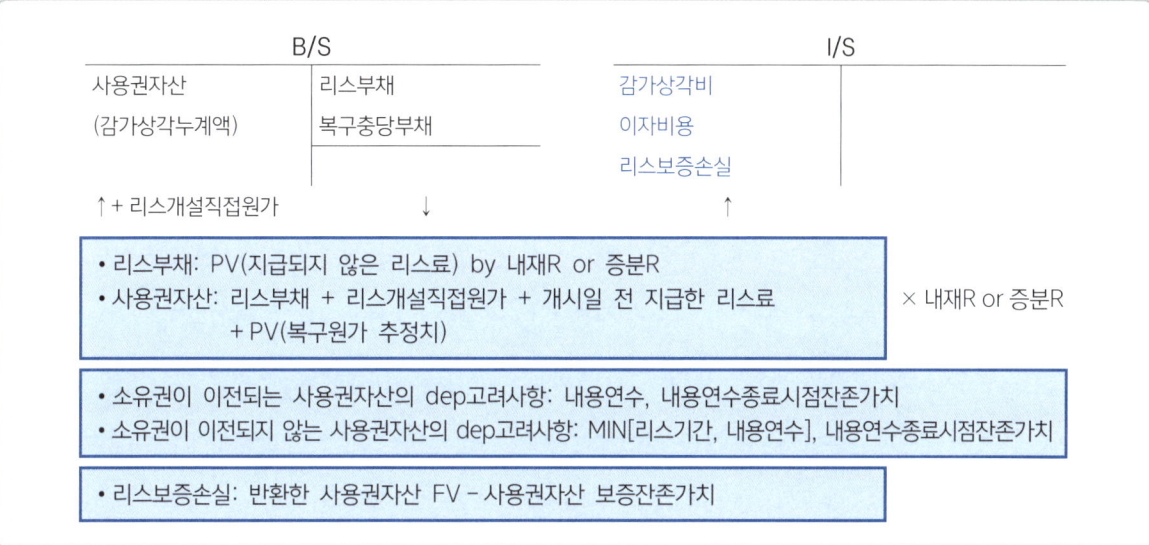

> **Self Study**
> 소유권이 이전되지 않는 사용권자산의 경우에도 리스이용자가 지급할 것으로 예상되지 않는 보증잔존가치는 리스료에 포함되지 않으므로 감가상각 시에도 보증잔존가치를 고려하지 않는다.

2. 리스부채의 후속측정

리스이용자는 리스기간 중 리스부채에 대한 이자를 반영하여 리스부채의 장부금액을 증액하고, 지급한 리스료를 반영하여 리스부채의 장부금액을 감액한다. 리스부채의 이자비용은 유효이자율법을 적용하여 인식하고 내재이자율을 쉽게 산정할 수 없을 경우 리스이용자의 증분차입이자율을 사용한다.

결산일	(차) 이자비용(N/I)	기초리스부채 × 내재R	(대) 현금	고정리스료
	리스부채	대차차액		

> **★ 사례연습**
>
> ㈜대한은 회사에 필요한 기계장치를 다음과 같은 조건으로 리스계약을 체결하였다.
>
> (1) 리스기간은 20×1년 1월 1일부터 20×3년 12월 31일까지, 고정리스료 ₩1,000,000은 매년 12월 31일 지급하기로 하였다.
> (2) 계약체결 당시 증분차입이자율은 연 12%이며, 내재이자율은 알지 못한다(3년 10% 현가계수: 0.75131, 연금현가계수: 2.48685, 3년 12% 현가계수: 0.71178 연금현가계수: 2.40183, 2년 12% 현가계수: 0.79719 연금현가계수 1.69005).

[물음 1]
㈜대한의 리스개시일에 계상할 리스부채금액은 얼마인가?

[물음 2]
㈜대한은 리스기간 종료전에 현재의 리스를 해지할 권리가 상당히 확실하다. 20×2년 12월 31일 해지를 통보하고 위약금 ₩ 700,000을 지급한다면 리스개시일에 리스부채 금액은 얼마인가?

[물음 3]
㈜대한은 리스기간 종료 후 기계장치를 ₩ 500,000에 매수선택권을 행사할 가능성이 상당히 확실한 경우 리스개시일에 리스부채 금액은 얼마인가?

[물음 4]
앞의 [물음 1]의 자료를 이용하여 ㈜대한의 리스부채와 관련하여 20×1년 재무제표 효과를 보이고, 20×1년 말 ㈜대한이 수행하여야 할 회계처리를 보이시오.

풀이

[물음 1]
리스개시일에 계상할 리스부채: PV(지급되지 않은 리스료)by내재이자율 or 증분차입이자율
$$1,000,000 \times 2.40183 = 2,401,830$$

if) 고정리스료 1회 분을 1월 1일 선급했다면 리스부채 금액은 얼마인가?
⇒ 고정리스료 1회분을 1월 1일에 선급한 경우의 리스부채
$$1,000,000 + 1,000,000 \times 2.40183 = 2,690,050$$

(차) 사용권자산	2,690,050	(대) 리스부채	1,690,050
		현금	1,000,000

[물음 2]
리스개시일에 계상할 리스부채: PV(지급되지 않은 리스료)by내재이자율 or 증분차입이자율
$$1,000,000 \times 1.69005 + 700,000 \times 0.79719 = 2,248,083$$

[물음 3]
리스개시일에 계상할 리스부채: PV(지급되지 않은 리스료)by내재이자율 or 증분차입이자율
$$1,000,000 \times 2.40183 + 500,000 \times 0.71178 = 2,757,720$$

[물음 4]
(1) F/S효과

B/S			
사용권자산		리스부채	1,690,050
(감가상각누계액)			

I/S			
감가상각비			
이자비용	288,220		
리스보증손실			

* 20×1년 말 리스부채: 2,401,830 × 1.12 - 1,000,000 = 1,690,050
* 20×1년 이자비용: 2,401,830 × 12% = 288,220

(2) 20×1년 말 회계처리

(차) 이자비용	288,220	(대) 현금	1,000,000
리스부채	711,780		

3. 사용권자산의 후속측정

사용권자산은 원가모형과 재평가모형(투자부동산으로 분류되는 경우에는 공정가치모형) 중 하나를 적용하여 측정한다. 리스이용자는 사용권자산을 감가상각할 때 기업회계기준서 제1016호 '유형자산'의 감가상각에 대한 요구사항을 적용하며, 사용권자산이 손상된 경우에는 기업회계기준서 제1036호 '자산손상'을 적용한다.

리스가 리스기간 종료시점에 이전에 리스이용자에게 기초자산의 소유권을 이전하는 경우나 사용권자산의 원가에 리스이용자가 매수선택권을 행사할 것임이 반영되는 경우에는, 리스이용자가 리스개시일부터 기초자산의 내용연수 종료시점까지 사용권자산을 감가상각한다. 이때 감가상각대상금액은 사용권자산의 원가에서 내용연수 종료시점의 잔존가치를 차감한 금액이다.

그 밖의 경우에는 리스이용자가는 리스개시일부터 사용권자산의 내용연수 종료일과 리스종료일 중 이른 날까지 사용권자산을 감가상각한다. 이때 감가상각대상금액은 사용권자산의 원가에서 내용연수 종료시점 잔존가치를 차감한 금액으로 한다.

구분	① 소유권을 이전 or 매수선택권을 행사	② 그 밖의 경우
감가상각기간	리스개시일부터 내용연수 종료시점까지	Min[리스종료일, 내용연수종료일]
잔존가치	내용연수 종료시점 잔존가치	내용연수 종료시점 잔존가치

| 결산일 | (차) 감가상각비 | ×× | (대) 감가상각누계액 | ×× |

사례연습

㈜대한은 회사에 필요한 기계장치를 다음과 같은 조건으로 리스계약을 체결하였다.

> (1) 리스기간은 20×1년 1월 1일부터 20×3년 12월 31일까지, 고정리스료 ₩1,000,000은 매년 12월 31일 지급하기로 하였다.
> (2) 리스기간 종료 후 ㈜대한은 리스자산에 대하여 ₩500,000의 복구비용을 추정할 수 있다. 복구비용에 적용되는 할인율은 연 12%이다.
> (3) 계약체결 당시 내재이자율은 연 12%이다. (3년 10% 현가계수: 0.75131, 연금현가계수: 2.48685, 3년 12% 현가계수: 0.71178, 연금현가계수: 2.40183, 2년 12% 현가계수: 0.79719, 연금현가계수 1.69005)
> (4) 기계장치의 경제적 내용연수는 4년, 잔존가치는 없으며 정액법으로 상각한다. 동 기계장치는 20×3년 12월 31일 리스기간 종료 후 반환하며 반환 시 보증한 금액은 없다.

[물음 1]
㈜대한의 리스개시일의 사용권자산의 금액은 얼마인가?

[물음 2]
㈜대한의 리스부채와 관련하여 20×1년 재무제표 효과를 보이고, 20×1년 말 ㈜대한이 수행하여야 할 회계처리를 보이시오.

[풀이]

[물음 1]

사용권자산: 고정리스료 1,000,000 × 2.40183 + 복구비용추정치 500,000 × 0.71178 = 2,757,720

(차) 사용권자산	2,757,720	(대) 리스부채	2,401,830
		복구충당부채	355,890

if) 고정리스료 1회 분을 1월 1일 선급했다면 사용권자산은 얼마인가?
- 사용권자산: 3,045,940

  고정리스료 1,000,000 + 1,000,000 × 1.69005 + 복구추정비용 500,000 × 0.71178 = 3,045,940

(차)사용권자산	3,045,940	(대) 리스부채	1,690,050
		현금	1,000,000
		복구충당부채	355,890

[물음 2]

(1) F/S효과

B/S

사용권자산	2,757,720	리스부채	1,690,050
(감가상각누계액)	(919,240)	복구충당부채	398,597

I/S

감가상각비	919,240		
이자비용	288,220		
전입액	42,707		

* 20×1년 감가상각비: (2,757,720 − 0) ÷ 3년 = 919,240
* 20×1년 이자비용: 2,401,830 × 12% = 288,220
* 20×1년 말 리스부채: 2,401,830 × 1.12 − 1,000,000 = 1,690,050
* 20×1년 말 복구충당부채: 355,890 × 1.12 = 398,597
* 20×1년 복구충당부채 전입액: 355,890 × 12% = 42,707

(2) 20×1년 말 회계처리

(차) 이자비용	288,220	(대) 현금	1,000,000
리스부채	711,780		
(차) 감가상각비	919,240	(대) 감가상각누계액	919,240
(차) 복구충당부채 전입액	42,707	(대) 복구충당부채	42,707

MEMO

MEMO

2026 대비 최신개정판

해커스공무원
정윤돈
회계학
재무회계 기본서

개정 5판 1쇄 발행 2025년 7월 4일

지은이	정윤돈 편저
펴낸곳	해커스패스
펴낸이	해커스공무원 출판팀
주소	서울특별시 강남구 강남대로 428 해커스공무원
고객센터	1588-4055
교재 관련 문의	gosi@hackerspass.com
	해커스공무원 사이트(gosi.Hackers.com) 교재 Q&A 게시판
	카카오톡 플러스 친구 [해커스공무원 노량진캠퍼스]
학원 강의 및 동영상강의	gosi.Hackers.com
ISBN	979-11-7404-266-8 (13320)
Serial Number	05-01-01

저작권자 ⓒ 2025, 정윤돈
이 책의 모든 내용, 이미지, 디자인, 편집 형태는 저작권법에 의해 보호받고 있습니다.
서면에 의한 저자와 출판사의 허락 없이 내용의 일부 혹은 전부를 인용, 발췌하거나 복제, 배포할 수 없습니다.

공무원 교육 1위,
해커스공무원 gosi.Hackers.com

· **해커스공무원 학원 및 인강**(교재 내 인강 할인쿠폰 수록)
· 정확한 성적 분석으로 약점 극복이 가능한 **합격예측 온라인 모의고사**(교재 내 응시권 및 해설강의 수강권 수록)
· 해커스 스타강사의 **공무원 회계학 무료 특강**

한경비즈니스 2024 한국품질만족도 교육(온·오프라인 공무원학원) 1위